第1回
心疾患－脳血管疾患死亡統計

人口動態統計特殊報告

THE FIRST REPORT OF STATISTICS ON DEATHS FROM HEART DISERSES AND CEREBROVASCULAR DISEASES

SPECIFIED REPORT OF VITAL STATISTICS

厚生労働省大臣官房統計情報部編
STATISTICS AND INFORMATION DEPARTMENT,
MINISTER'S SECRETARIAT,
MINISTRY OF HEALTH, LABOUR AND WELFARE

財団法人　厚生統計協会
HEALTH AND WELFARE STATISTICS ASSOCIATION

第1回

まえがき

　本報告書は、毎年公表している人口動態統計をもとに、年次推移の観察や都道府県別比較等、「心疾患」「脳血管疾患」による死亡の状況について分析を行い、人口動態統計特殊報告として取りまとめたものです。

　「心疾患」「脳血管疾患」は我が国の死因の第2位と第3位であり、両者を合わせると「循環器系の疾患」による死亡の9割以上を占め、人口の高齢化に伴い、生活習慣病の終末像という観点からも積極的に予防対策に取り組むべき疾患として、重要視されてきています。

　この「心疾患－脳血管疾患死亡統計」は今回が初めての刊行であり、本報告書を「心疾患」「脳血管疾患」に関する研究や各地域における保健・医療施策の基礎資料など広くご活用していただければ幸いです。

平成18年8月

厚生労働省大臣官房統計情報部長

桑 島 靖 夫

担　当　係
人口動態・保健統計課　計析第一係
電話　03（5253）1111
内線7470

第1回　心疾患－脳血管疾患死亡統計
人口動態統計特殊報告
－ 目　次 －

Ⅰ　解　説 ……………………………………………………………………………………… 15
　1　観察対象の範囲 ………………………………………………………………………… 16
　2　用語の解説 ……………………………………………………………………………… 18
　3　比率の解説 ……………………………………………………………………………… 20
　4　死因年次推移分類の変遷 ……………………………………………………………… 24

Ⅱ　結果の概要 ………………………………………………………………………………… 27
　1　心疾患－脳血管疾患死亡統計について ……………………………………………… 28
　2　主要死因別粗死亡率の状況 …………………………………………………………… 29
　　(1)　年次推移 …………………………………………………………………………… 29
　　　　図1　主要死因別にみた粗死亡率（人口10万対）の年次推移 ………………… 29
　　(2)　平成16年の状況 …………………………………………………………………… 29
　　　　表1　性別にみた主な死因別死亡数・粗死亡率（人口10万対）
　　　　　　・年齢調整死亡率（人口10万対）－平成16年－ ………………………… 30
　3　死因順位の年次推移 …………………………………………………………………… 30
　　　　表2　年次別にみた死因順位（第1～5位）の年次推移 ……………………… 31
　4　粗死亡率及び年齢調整死亡率 ………………………………………………………… 32
　　(1)　性別にみた年次推移 ……………………………………………………………… 32
　　　　図2　性別にみた心疾患－脳血管疾患の粗死亡率（人口10万対）
　　　　　　・年齢調整死亡率（人口10万対）の年次推移 …………………………… 32
　　(2)　平成16年の状況 …………………………………………………………………… 32
　　　　図3　性・年齢階級別にみた三大死因の粗死亡率（人口10万対）－平成16年－ …… 32
　　(3)　性・年齢階級別にみた年次推移 ………………………………………………… 33
　　　　図4　性・年齢（10歳階級）別にみた粗死亡率（人口10万対）の年次推移 ……… 33
　5　病類別にみた心疾患－脳血管疾患死亡の年次推移 ………………………………… 34
　　(1)　性・年齢階級別にみた心疾患死亡 ……………………………………………… 34
　　　　図5　心疾患の病類・性・年齢（10歳階級）別にみた粗死亡率（人口10万対）
　　　　　　の年次推移 ……………………………………………………………………… 34
　　　　表3　全死因－心疾患の性・病類・年齢（10歳階級）別粗死亡率（人口10万対） …… 35
　　(2)　性・年齢階級別にみた脳血管疾患死亡 ………………………………………… 36
　　　　図6　脳血管疾患の病類・性・年齢（10歳階級）別にみた粗死亡率（人口10万対）
　　　　　　の年次推移 ……………………………………………………………………… 36
　　　　表4　脳血管疾患の性・病類・年齢（10歳階級）別粗死亡率（人口10万対） ……… 37

6　配偶関係別にみた心疾患－脳血管疾患死亡 ……………………………………………… 38
　　　図7　性・年齢（10歳階級）・配偶関係別心疾患－脳血管疾患粗死亡率（人口10万対）
　　　　　　－平成12年－ ……………………………………………………………………… 38
　　　図8　性・配偶関係別心疾患－脳血管疾患年齢調整死亡率（人口10万対）
　　　　　　の年次比較 ………………………………………………………………………… 38
　　　表5　性・年齢（10歳階級）・配偶関係別心疾患－脳血管疾患死亡数
　　　　　　・粗死亡率（人口10万対）・年齢調整死亡率（人口10万対）の年次比較 …… 39

7　職業・産業別にみた心疾患－脳血管疾患死亡 …………………………………………… 40
　(1)　職業別の状況 ……………………………………………………………………………… 40
　　　図9　20～64歳の性・職業（大分類）別にみた心疾患－脳血管疾患年齢調整死亡率
　　　　　　（人口10万対）－平成7年度・平成12年度－ ………………………………… 40
　　　表6　20～64歳の性・職業（大分類）別にみた心疾患－脳血管疾患死亡数
　　　　　　・粗死亡率（人口10万対）・年齢調整死亡率（人口10万対） ………………… 41
　(2)　産業別の状況 ……………………………………………………………………………… 42
　　　表7　20～64歳の性・産業（大分類）別にみた心疾患－脳血管疾患死亡数
　　　　　　・粗死亡率（人口10万対）・年齢調整死亡率（人口10万対） ………………… 42

8　都道府県別にみた心疾患－脳血管疾患死亡 ……………………………………………… 43
　(1)　性別にみた年齢調整死亡率 …………………………………………………………… 43
　　　表8　性・都道府県別にみた心疾患－脳血管疾患年齢調整死亡率（人口10万対）
　　　　　　の年次比較と65歳平均余命 …………………………………………………… 43
　　　図10　男の年齢調整死亡率（人口10万対）と女の年齢調整死亡率（人口10万対）
　　　　　　の関係－平成16年－ ………………………………………………………… 44
　(2)　年齢調整死亡率と65歳平均余命の関係 …………………………………………… 45
　　　図11　年齢調整死亡率（人口10万対）と65歳平均余命の関係－平成12年－ ……… 45

9　死亡月別にみた心疾患－脳血管疾患死亡 ………………………………………………… 47
　(1)　平成16年の月別1日平均死亡数 ……………………………………………………… 47
　　　表9　主な死因別にみた月別1日平均死亡数－平成16年－ ……………………… 47
　　　図12　主な死因別にみた月別1日平均死亡指数（1月＝100）－平成16年－ ……… 47
　　　表10　主な死因別にみた月別1日平均死亡指数（1月＝100）－平成16年－ ……… 47
　(2)　性・年次別の状況 ……………………………………………………………………… 48
　　　図13　心疾患－脳血管疾患死亡の性・年次別にみた
　　　　　　月別1日平均死亡指数（1月＝100） ………………………………………… 48
　　　表11　心疾患－脳血管疾患死亡の性・年次別にみた
　　　　　　月別1日平均死亡指数（1月＝100） ………………………………………… 49
　　　表12　心疾患－脳血管疾患死亡の性・年次別にみた月別1日平均死亡数 ………… 49
　(3)　性・年齢階級別の状況 ………………………………………………………………… 50
　　　図14　心疾患－脳血管疾患死亡の性・年齢（10歳階級）別にみた
　　　　　　月別1日平均死亡指数（1月＝100）－平成16年－ ………………………… 50
　　　表13　心疾患－脳血管疾患死亡の性・年齢（10歳階級）別にみた
　　　　　　月別1日平均死亡指数（1月=100）－平成16年－ ………………………… 51
　　　表14　心疾患－脳血管疾患死亡の性・年齢（10歳階級）別にみた
　　　　　　月別1日平均死亡数－平成16年－ ………………………………………… 51

(4)	性・病類別の状況	52
	図15 心疾患－脳血管疾患死亡の性・病類別にみた月別1日平均死亡指数（1月=100）－平成16年－	52
	表15 心疾患－脳血管疾患死亡の性・病類別にみた月別1日平均死亡指数（1月=100）－平成16年－	53
	表16 心疾患－脳血管疾患死亡の性・病類別にみた月別1日平均死亡数－平成16年－	53
10	死亡の場所別にみた心疾患－脳血管疾患死亡	54
(1)	平成16年の主な死因の死亡の場所	54
	図16 主な死因の死亡の場所別構成割合－平成16年－	54
(2)	病類別の状況	54
	図17 病類別にみた心疾患－脳血管疾患の死亡の場所別構成割合－平成16年－	54
(3)	性・年齢階級別の状況	55
	図18 性・年齢（10歳階級）別にみた心疾患－脳血管疾患の死亡の場所別構成割合－平成16年－	55
(4)	都道府県別の状況	56
	表17 都道府県別にみた心疾患－脳血管疾患の死亡の場所別構成割合－平成16年－	56
	図19 都道府県別にみた心疾患－脳血管疾患の死亡の場所別構成割合－平成16年－	57
(5)	死因別にみた年次推移	58
	図20 心疾患－脳血管疾患の死亡の場所別構成割合の年次推移	58
11	入院・外来受療率との関係	59
	表18 都道府県別にみた心疾患－脳血管疾患粗死亡率（人口10万対）及び高血圧性疾患－糖尿病受療率（人口10万対）の年次比較	59
	図21 粗死亡率（人口10万対）と受療率（人口10万対）の関係－平成14年－	60
12	諸外国との比較	62
	図22 性・年齢（10歳階級）別心疾患－脳血管疾患粗死亡率（人口10万対）の国際比較	62
	表19 性・心疾患－脳血管疾患年齢調整死亡率（人口10万対）の国際比較	62
	表20 性・年齢（10歳階級）別心疾患－脳血管疾患粗死亡率（人口10万対）の国際比較	63
	図23 性・心疾患－脳血管疾患粗死亡率（人口10万対）の年次推移の国際比較	63

結果の概要（英訳版） ………… 65

Ⅲ 統計表及び解析表 ………… 117

第1表	主要死因別粗死亡率（人口10万対）－明治32年～平成16年－	118
第2表	性別死因順位（第1～10位）－明治32年～平成16年－	120
第3表	死亡数・粗死亡率（人口10万対）・年齢調整死亡率（人口10万対），全死因－心疾患－脳血管疾患・性別 －明治32年～平成16年－	126

第4表	心疾患死亡数・粗死亡率（人口10万対）・年齢調整死亡率（人口10万対），病類（簡単分類）・性・年齢（5歳階級）別　－昭和25年～平成16年－	132
第5表	脳血管疾患死亡数・粗死亡率（人口10万対）・年齢調整死亡率（人口10万対），病類（簡単分類）・性・年齢（5歳階級）別　－昭和26年～平成16年－	240
第6表	15歳以上死亡数，性・配偶関係・心疾患－脳血管疾患・病類（選択死因）・年齢（5歳階級）別　－平成7年・平成12年－	300
第7表	15歳以上死亡数，心疾患－脳血管疾患・病類（選択死因）・性・職業（大分類）別　－平成7年度・平成12年度－	312
第8表	15歳以上死亡数，心疾患－脳血管疾患・病類（選択死因）・性・産業（大分類）別　－平成7年度・平成12年度－	314
第9表	心疾患死亡数・粗死亡率（人口10万対）・年齢調整死亡率（人口10万対），都道府県（14大都市再掲）別－昭和35・40・45・50・55・60・平成2・7・12・16年－	316
第10表	脳血管疾患死亡数・粗死亡率（人口10万対）・年齢調整死亡率（人口10万対），都道府県（14大都市再掲）別－昭和35・40・45・50・55・60・平成2・7・12・16年－	322
第11表	年齢調整死亡率（人口10万対），性・心疾患－脳血管疾患・病類（選択死因）・都道府県別　－平成16年－	328
第12表	死亡数，死亡月・主な死因・病類（選択死因）・性別　－昭和25・30・35・40・45・50・55・60・平成2・7・12・16年－	330
第13表	死亡数，心疾患－脳血管疾患・死亡月・性・年齢（5歳階級）別　－平成16年－	346
第14表	死亡数，死亡月・都道府県（14大都市再掲）・心疾患－脳血管疾患・性別　－平成16年－	352
第15表	死亡数，死亡の場所・主な死因・性別　－昭和35・40・45・50・55・60・平成2・7～16年－	368
第16表	死亡数，死亡の場所・心疾患－脳血管疾患・病類（選択死因）・性別　－平成16年－	371
第17表	死亡数，心疾患－脳血管疾患・病類（選択死因）・死亡の場所・性・年齢（5歳階級）別　－平成16年－	372
第18表	死亡数，心疾患－脳血管疾患・性・死亡の場所・都道府県（14大都市再掲）別　－平成7・12・16年－	382
第19表	粗死亡率（人口10万対），心疾患－脳血管疾患・性・国別	400
第20表	粗死亡率（人口10万対），国・心疾患－脳血管疾患・性・年齢（10歳階級）別　－1951・1955・1960・1965・1970・1975・1980年以降－	402

Ⅳ　算出に用いた人口 425

The First Report of Statistics on Deaths from Heart Diseases and Cerebrovascular Diseases

Specified Report of Vital Statistics

Contents

I Definition ··· 15

  1. Scope of observation ··· 17

  2. Terms and definitions ·· 19

  3. How to read the data ··· 21

  4. Changes of classification of causes of death for annual time series comparison ············ 25

II Summary of results (Japanese Version) ·· 27

    Summary of results (English Version) ·· 65

  1. What are the statistics on deaths from heart diseases and cerebrovascular diseases? ·· 66

  2. Status of crude death rates from major causes ··· 67

    (1) Annual changes ·· 67

        Figure 1   Annual changes in crude death rates from major causes (per 100,000 population) ·· 67

    (2) Death rates in 2004 ··· 68

        Table 1   Number of deaths and crude death rates (per 100,000 population) from major death causes by sex, and age-adjusted death rates (per 100,000 population): 2004 ·· 68

  3. Annual changes in the ranking of causes of death ··· 68

        Table 2   Annual changes in the order of cause of deaths (1st - 5th places) ········ 69

  4. Crude death rates and age-adjusted death rates ··· 70

    (1) Annual changes by sex ··· 70

        Figure 2   Annual changes in crude death rates (per 100,000 population), and age-adjusted death rates (per 100,000 population) by sex, from heart diseases and cerebrovascular diseases ······················ 70

    (2) Status in 2004 ·· 71

        Figure 3   Crude death rates from the three leading causes of death (per 100,000 population), by sex and age group: 2004 ··················· 71

    (3) Annual changes by sex and age group ·· 71

        Figure 4   Annual changes in crude death rates by sex and age group (by 10-year age scale) (per 100,000 population) ······················· 72

5. Annual changes in deaths from heart diseases and cerebrovascular diseases
   by disease type ··· 73
   (1) Deaths from heart diseases by sex and age group ···································· 73
       Figure 5   Annual changes in crude death rates (per 100,000 population) from heart
                  diseases, by disease type, sex and age group (by 10-year age scale) ····· 73
   (2) Deaths from cerebrovascular diseases by sex and age group ························ 74
       Figure 6   Annual changes in crude death rates (per 100,000 population) from
                  cerebrovascular diseases, by disease type, sex and age group
                  (by 10-year age scale) ·· 74
6. Deaths from heart diseases and cerebrovascular diseases by marital status ············· 75
       Figure 7   Crude death rates (per 100,000 population) of heart diseases
                  and cerebrovascular diseases by sex, age group (by 10-year age scale)
                  and marital status: 2000 ·· 75
       Figure 8   Annual changes in age-adjusted death rates (per 100,000 population)
                  of heart diseases and cerebrovascular diseases by sex
                  and marital status ·· 75
       Table 3   Annual comparison of the number of deaths, crude death rates
                  (per 100,000 population) and age-adjusted death rates
                  (per 100,000 population) of heart diseases and cerebrovascular
                  diseases by sex, age group (by 10-year age scale) and marital status ···· 76
7. Deaths from heart diseases and cerebrovascular diseases by occupation and industry ···· 77
   (1) Status by occupation ··· 77
       Figure 9   Age-adjusted death rates from heart diseases and cerebrovascular
                  diseases (per 100,000 population), by sex and occupation
                  (in major categories) between age 20 and 64: FY1995 and FY2000 ······ 77
       Table 4   The number of deaths, crude death rates (per 100,000 population)
                  and age-adjusted death rates (per 100,000 population) of heart diseases
                  and cerebrovascular diseases, by sex and occupation
                  (in major categories) between age 20 and 64 ···························· 78
   (2) Status by industry ··· 79
       Table 5   The number of deaths, crude death rates (per 100,000 population) and
                  age-adjusted death rates (per 100,000 population) of heart diseases
                  and cerebrovascular diseases, by sex and industry
                  (in major categories) between age 20 and 64 ···························· 79
8. Deaths from heart diseases and cerebrovascular diseases by prefecture ················ 80
   (1) Age-adjusted death rates by sex ··· 80

Table 6	Annual comparison of age-adjusted death rates (per 100,000 population) of heart diseases and cerebrovascular diseases, by sex and prefecture, accompanied by average life expectancy at 65 years old	80
Figure 10	Relationship between the age-adjusted death rates (per 100,000 population) for males and for females: 2004	81

(2) Relationship between age-adjusted death rates and average life expectancy at the age of 65 ··· 82

Figure 11	Relationship between age-adjusted death rates (per 100,000 population) and average life expectancy at the age of 65: 2000	82

9. Deaths from heart diseases and cerebrovascular diseases by the month of death ········ 84

(1) Monthly average number of deaths per day in 2004 ································ 84

Table 7	Monthly average number of deaths per day, by major causes of death: 2004	84
Figure 12	Monthly average death index per day (January as 100), by major causes of death: 2004	84
Table 8	Monthly average death index per day (January as 100), by major causes of death: 2004	84

(2) Status by sex and year ··· 85

Figure 13	Monthly average death index per day (January as 100) for heart diseases and cerebrovascular diseases, by sex and year	85
Table 9	Monthly average death index per day (January as 100) for heart diseases and cerebrovascular diseases, by sex and year	86
Table 10	Monthly average number of deaths per day from heart diseases and cerebrovascular diseases, by sex and year	86

(3) Rates by sex and age group ··· 87

Figure 14	Monthly average death index per day (January as 100) for heart diseases and cerebrovascular diseases, by sex and age group (by 10-year age scale): 2004	87
Table 11	Monthly average death index per day (January as 100) for heart diseases and cerebrovascular diseases, by sex and age group (by 10-year age scale): 2004	88
Table 12	Monthly average number of deaths per day from heart diseases and cerebrovascular diseases, by sex and age group (by 10-year age scale): 2004	88

(4) Rates by sex and disease type ··· 89

Figure 15	Monthly average death index per day (January as 100) for heart diseases and cerebrovascular diseases, by sex and disease type: 2004	89

Table 13	Monthly average death index per day (January as 100) for heart diseases and cerebrovascular diseases, by sex and disease type: 2004	90
Table 14	Monthly average number of deaths per day from heart diseases and cerebrovascular diseases, by sex and disease type: 2004	90

10. Deaths from heart diseases and cerebrovascular diseases by location of death ············ 91

(1) Location of death for major causes of death in 2004 ································· 91

    Figure 16   Location of death for major causes of death: 2004 ······················ 91

(2) Rates by disease type ··· 91

    Figure 17   Location of death from heart diseases and cerebrovascular diseases by disease type: 2004 ··· 91

(3) Rates by sex and age group ·· 92

    Figure 18   Location of death from heart diseases and cerebrovascular diseases by sex and age group (by 10-year age scale): 2004 ······················· 92

(4) Rates by prefecture ··· 93

    Table 15   Locations of death from heart diseases and cerebrovascular diseases by prefecture: 2004 ··· 93

    Figure 19   Location of death from heart diseases and cerebrovascular diseases by prefecture: 2004 ··· 94

(5) Annual changes in location of death sorted by cause of death ·························· 95

    Figure 20   Annual changes in location of death from heart diseases and cerebrovascular diseases ··· 95

11. Correlation with the rate of inpatient or outpatient treatment ························· 96

    Table 16   Annual comparison of crude death rates from heart diseases and cerebrovascular diseases by prefecture (per 100,000 population), and rates of treatment for hypertensive disease and diabetes (per 100,000 population) ··· 96

    Figure 21   Correlation between crude death rates (per 100,000 population) and rates of treatment (per 100,000 population) : 2002 ····················· 97

12. International comparison ·· 99

    Figure 22   International comparison of crude death rates (per 100,000 population) from heart diseases and cerebrovascular diseases, by sex and age group (by 10-year age scale) ·················· 99

    Table 17   International comparison of age-adjusted death rates from heart diseases and cerebrovascular diseases, by sex (per 100,000 population) ·· 99

    Table 18   International comparison of crude death rates (per 100,000 population) from heart diseases and cerebrovascular diseases, by sex and age group (by 10-year age scale) ················ 100

Figure 23　International comparison of annual changes in crude death rates (per 100,000 population) from heart diseases and cerebrovascular diseases, by sex ·········· 100

13. Statistics (extract) (English Version) Statistics 1~5 ·········· 102

III Statistics and Analyses tables ·········· 117

　　Statistics 1　Crude death rates from major causes (per 100,000 population): From 1899 to 2004 ·········· 118

　　Statistics 2　Order of deaths by sex (from 1st to 10th places): From 1899 to 2004 ····· 120

　　Statistics 3　Numbers of deaths, crude death rates (per 100,000 population), and age-adjusted death rates (per 100,000 population) by sex, for all death causes, heart diseases and cerebrovascular diseases: From 1899 to 2004 ·········· 126

　　Statistics 4　Numbers of deaths, crude death rates (per 100,000 population), and age-adjusted death rates (per 100,000 population) from heart diseases, by disease type (large categories), sex and age group (by 5-year age scale): From 1950 to 2004 ·········· 132

　　Statistics 5　Numbers of deaths, crude death rates (per 100,000 population), and age-adjusted death rates (per 100,000 population) from cerebrovascular diseases, by disease type (large categories), sex and age group (by 5-year age scale): From 1951 to 2004 ·········· 240

　　Statistics 6　Numbers of deaths at the age of 15 or over from heart diseases and cerebrovascular diseases, by sex, marital status, disease type (selected causes), and age group (by 5-year age scale): 1995 and 2000 ···· 300

　　Statistics 7　Numbers of deaths at the age of 15 or over from heart diseases and cerebrovascular diseases, by sex, disease type (selected causes), and occupation (in major categories): FY1995 and FY2000 ·········· 312

　　Statistics 8　Numbers of deaths at the age of 15 or over from heart diseases and cerebrovascular diseases, by sex, disease type (selected causes), and industry (in major categories): FY1995 and FY2000 ·········· 314

　　Statistics 9　Numbers of deaths, crude death rates (per 100,000 population), and age-adjusted death rates (per 100,000 population) from heart diseases, by prefecture (and the 14 major cities, regrouped): 1960, 1965, 1970, 1975, 1980, 1985, 1990, 1995, 2000 and 2004 ·········· 316

Statistics 10　Numbers of deaths, crude death rates (per 100,000 population), and age-adjusted death rates (per 100,000 population) from cerebrovascular diseases, by prefecture (and the 14 major cities, regrouped): 1960, 1965, 1970, 1975, 1980, 1985, 1990, 1995, 2000 and 2004 ·· 322

Statistics 11　Age-adjusted death rates (per 100,000 population) from heart diseases and cerebrovascular diseases, by sex, disease type (selected causes) and prefecture: 2004 ·· 328

Statistics 12　Numbers of deaths from major death causes, by the month of death, disease type (selected causes) and sex: 1950, 1955, 1960, 1965, 1970, 1975, 1980, 1985, 1990, 1995, 2000 and 2004 ···················· 330

Statistics 13　Numbers of deaths from heart diseases and cerebrovascular diseases, by the month of death, sex and age group (by 5-year age scale): 2004 ···· 346

Statistics 14　Numbers of deaths from heart diseases and cerebrovascular diseases, by the month of death, prefecture (and the 14 major cities, regrouped) and sex: 2004 ·· 352

Statistics 15　Numbers of deaths from major death causes, by the location of death and sex: 1960, 1965, 1970, 1975, 1980, 1985, 1990 and from 1995 to 2004 ·· 368

Statistics 16　Numbers of deaths from heart diseases and cerebrovascular diseases, by the location of death, disease type (selected causes) and sex: 2004 ···· 371

Statistics 17　Numbers of deaths from heart diseases and cerebrovascular diseases, by disease type (selected causes), the location of death, sex and age group (by 5-year age scale): 2004 ······················· 372

Statistics 18　Numbers of deaths from heart diseases and cerebrovascular diseases, by sex, the location of death and prefecture (and the 14 major cities, regrouped): 1995, 2000 and 2004 ································ 382

Statistics 19　Crude death rates (per 100,000 population) from heart diseases and cerebrovascular diseases, by sex and country ·························· 400

Statistics 20　Crude death rates (per 100,000 population) from heart diseases and cerebrovascular diseases, by sex, country and age group (by 10-year age scale): 1951, 1955, 1960, 1965, 1970, 1975, 1980 and after ·· 402

IV　The population used for calculations ·· 425

I 解　　説
Part I　Definition

1　観察対象の範囲

観察対象は、次の表に示すとおりである。

地　域　範　囲	昭和18年以前	沖縄を含む旧内地（樺太を除く）
	昭和22～25年	北海道、本州、四国、九州に属する地域のうち、北海道根室支庁の一部、東京都小笠原支庁、島根県竹島、鹿児島県大島郡十島村北緯30度以南、沖縄全県を除く地域
	昭和26～47年	昭和26年12月5日以降：鹿児島県大島郡十島村北緯29～30度 　　　　　　　　　　（吐喝喇列島）を含む 昭和28年12月25日以降：同村北緯29度以南（奄美群島）を含む 昭和43年6月26日以降：東京都小笠原村を含む
	昭和48年以降	沖縄を含む。したがって、北海道、本州、四国、九州に属する地域のうち、北海道根室支庁の一部、島根県竹島を除く地域
観察対象の 地域的属性	昭和18年以前 昭和22年以降	死亡の場所が前掲の地域にあるもの
観察対象の 人的範囲	昭和18年以前	死亡者の本籍が沖縄、樺太を含む旧内地にあるもの
	昭和22年以降	死亡者の本籍が北海道、本州、四国、九州及び沖縄にあるもの （昭和58年3月以前には、北海道根室支庁の一部は含まない）
観　察　期　間	大正11年以前	各年1月1日から翌年3月31日までに届け出られたもののうち、1月1日～同年12月31日までの期間に事件発生のもの
	大正12～ 　　昭和18年	各年1月1日から翌年1月31日までに届け出られたもののうち、1月1日～同年12月31日までの期間に事件発生のもの
	昭　和　22　年	各年1月1日から12月31日までに届け出られたもののうち、同年中に事件発生のもの
	昭和23～42年	各年1月1日から翌年4月14日までに届け出られたもののうち、1月1日～同年12月31日までの期間に事件発生のもの
	昭和43～45年	各年1月1日から翌年2月14日までに届け出られたもののうち、1月1日～同年12月31日までの期間に事件発生のもの
	昭和46年以降	各年1月1日から翌年1月14日までに届け出られたもののうち、1月1日～同年12月31日までの期間に事件発生のもの
都道府県の 分類の基準	昭和18年以前 昭和22～24年	発生地に基づき各年1月1日現在の行政区画によって分類
	昭和25～46年	死亡当時の住所に基づき事件発生当時の行政区画によって分類
	昭和47年以降	死亡当時の住所に基づき届出当時の行政区画によって分類

1 Scope of observation

The scope of observation is as follows:

Geographical range	1943 and before	Homeland territory, including Okinawa and excluding Sakhalin
	1947 - 1950	Land of Hokkaido, Honshu, Shikoku and Kyushu, excluding part of Hokkaido's Nemuro Branch; Tokyo's Ogasawara Branch; Takeshima of Shimane Prefecture; South of Latitude 30°N of Toshima-mura, Oshima-gun of Kagoshima Prefecture; and entire Okinawa Prefecture
	1951 - 1972	December 5, 1951 and after: Includes latitude 29 - 30°N of Toshima-mura, Oshima-gun of Kagoshima Prefecture. (Incl. Tokara Islands) December 25, 1953: Includes South of latitude 29°N of the above village (Amami islands) June 26, 1968 and after: Includes Ogasawara Village, Tokyo.
	1973 and after	Includes Okinawa (I.e. and of Hokkaido, Honshu, Shikoku and Kyushu, excluding part of Hokkaido's Nemuro Branch and Takeshima of Shimane Prefecture).
Geographical property of observation subject	1943 and before 1947 and after	Those who died in a location included in the above
Personal range of observation subject	1943 and before	Those whose permanent domicile is located in the former homeland territory, including Okinawa and Sakhalin
	1947 and after	Those who died and have permanent domicile in Hokkaido, Honshu, Shikoku, Kyushu or Okinawa (Part of Hokkaido's Nemuro Branch is excluded until March 1983).
Observation period	1922 and before	Cases reported between January 1 and March 31 of the next year, and which occurred between January 1 and December 31 of the year.
	1923 -1943	Cases reported between January 1 and January 31 of the next year, and which occurred between January 1 and December 31 of the year.
	1947	Cases reported between January 1 and December 31 of the year, and which occurred in the same year.
	1948 - 1967	Cases reported between January 1 and April 14 the next year, and which occurred between January 1 and December 31 of the year.
	1968 - 1970	Cases reported between January 1 and February 14 the next year, and which occurred between January 1 and December 31 of the year.
	1971 and after	Cases reported between January 1 and January 14 the next year, and which occurred between January 1 and December 31 of the year.
Standards for prefecture definition	1943 and before 1947 - 1949	Defined by the administrative zoning as of January 1 of the year, based on the location of death
	1950 - 1971	Defined by the administrative zoning as of the time of occurrence, based on the address at the time of death.
	1972 and after	Defined by the administrative zoning as of the time of submission, based on the address at the time of death.

2　用語の解説

年　　　齢：死亡時の年齢である。

職業・産業：職業・産業の分類は、平成7年国勢調査及び平成12年国勢調査に用いた職業分類・産業分類の大分類に準拠している。

配偶関係：法律上の婚姻関係による。

心疾患
- 急性心筋梗塞
  心臓に酸素や栄養を送る冠状動脈が閉塞して心臓の筋肉が壊死を起こす疾患で激しい胸痛を伴う。
- その他の虚血性心疾患
  狭心症等、心臓に酸素や栄養を送る冠状動脈が狭窄し、血流不足となって発症する疾患。
- 不整脈及び伝導障害
  不整脈には心臓を拍動させる刺激発生の異常と伝導障害によるものとがある。伝導障害とは刺激の伝導経路に障害が起きた状態。
- 心不全
  心臓のポンプとしての機能が衰え、血液を送り出したり、戻ってきた血液を取り入れられなくなった状態。

脳血管疾患
- くも膜下出血
  脳動脈瘤が破裂して、脳のくも膜下腔に出血を来す疾患で激しい頭痛を伴う。
- 脳内出血
  脳の微小動脈瘤の破裂等により、脳内に出血が起きた状態で出血の部位によって症状や重傷度が異なる。
- 脳梗塞
  脳の血管が閉塞して脳が壊死を起こす疾患で主に動脈硬化による脳血栓症と、血管内に生じた血栓によって脳血管が閉塞する脳塞栓症とがある。

2 Terms and definitions

Age: Age at the time of death

Occupation / Industry: The classification of occupations and industries is based on the major categories in the occupation and industry classification, used for the Population Census of 1995 and 2000.

Marital status: Based on the legal stipulations on marital relationship

Heart diseases:
- Acute myocardial infarction
  Coronary artery, which delivers oxygen and nutrition to heart, is occluded, leading to necrosis of the heart muscle; causes acute chest pain.
- Other ischaemic heart disease
  The coronary artery, which delivers oxygen and nutrition to heart, is constricted, leading to a shortage of blood flow (e.g. angina pectoris).
- Arrhythmia and conduction disorder
  Arrhythmia includes abnormalities in the mechanism of the electrical stimulation that causes heartbeat, and conduction disorders.
  Conduction disorders refers to the disorders in the stimulation conduction channel.
- Heart failure
  The pumping function of the heart deteriorates, and is no longer able to pump out blood or receive the incoming bloodstream.

Cerebrovascular diseases:
- Subarachnoid haemorrhage
  A cerebral artery aneurysm bursts, causing bleeding in the subarachnoid cavity of the brain; causes intense pain.
- Intracerebral haemorrhage
  Bleeding is caused in the brain, due to the bursting of a minor cerebral artery aneurysm or other reasons. Symptoms and severity depend on the location of the bleeding.
- Cerebral infarction
  A cerebral blood vessel is occluded, leading to brain necrosis. Includes cerebral thrombosis, mainly caused by arterial sclerosis, and cerebral embolism, caused by thrombosis occurring in a blood vessel.

3　比率の解説

① 総粗死亡率

$$= \frac{\text{年間の総死亡数}}{\text{10月1日現在の日本人人口}} \times 100{,}000$$

② 心疾患（脳血管疾患）粗死亡率（総数・男・女）

$$= \frac{\text{年間の心疾患（脳血管疾患）死亡数（総数・男・女）}}{\text{10月1日現在の日本人人口（総数・男・女）}} \times 100{,}000$$

③ 年齢階級別心疾患（脳血管疾患）粗死亡率（総数・男・女）

$$= \frac{\text{年間の年齢階級別心疾患（脳血管疾患）死亡数（総数・男・女）}}{\text{10月1日現在の日本人（総数・男・女）の年齢階級別人口}} \times 100{,}000$$

④ 性・年齢階級・配偶関係別心疾患（脳血管疾患）粗死亡率（男・女）

$$= \frac{\text{年齢階級・配偶関係別心疾患（脳血管疾患）死亡数（男・女）}}{\text{国勢調査による年齢階級・配偶関係別人口（男・女）}} \times 100{,}000$$

注：配偶関係は、総数・有配偶・未婚・死別・離別である。

⑤ 性・職業（産業）別粗死亡率（男・女）

$$= \frac{\text{性・職業（産業）別死亡数（男・女）}}{\text{国勢調査による性・職業（産業）別人口（男・女）}} \times 100{,}000$$

⑥ 1日平均心疾患（脳血管疾患）死亡数

$$= \frac{\text{月間の心疾患（脳血管疾患）死亡数}}{\text{当該月の日数（30、31、28又は29）}}$$

⑦ 心疾患（脳血管疾患）年齢調整死亡率

$$= \frac{\text{（観察集団の年齢階級別心疾患（脳血管疾患）粗死亡率×基準人口集団の年齢階級別人口）の総和}}{\text{基準人口集団の総和}}$$

年齢調整死亡率とは、年齢構成の異なる人口集団の間での粗死亡率や、特定の年齢層に偏在する死因別粗死亡率について、その年齢構成の差を取り除いて比較ができるように調整した粗死亡率をいう。本報告では国際比較を除き、基準人口は、昭和60年モデル人口である。

3 How to read the data

1) Total crude death rate

$$= \frac{\text{Total number of deaths for the year}}{\text{Japanese population as of October 1}} \times 100{,}000$$

2) Crude death rate from heart diseases (cerebrovascular diseases) (Total, Male, Female)

$$= \frac{\text{Number of deaths from heart diseases (cerebrovascular diseases) for the year (Total, Male, Female)}}{\text{Japanese population as of October 1}} \times 100{,}000$$

3) Crude death rate from heart diseases (cerebrovascular diseases) by age group (Total, Male, Female)

$$= \frac{\text{Number of deaths from heart diseases (cerebrovascular diseases) by age group for the year (Total, Male, Female)}}{\text{Japanese population by age group as of October 1 (Total, Male, Female)}} \times 100{,}000$$

4) Crude death rate from heart diseases (cerebrovascular diseases) by sex, age group and marital status (Male, Female)

$$= \frac{\text{Number of deaths from heart diseases (cerebrovascular diseases) by age group and marital status (Male, Female)}}{\text{Population by age group and marital status in Population Census (Male, Female)}} \times 100{,}000$$

Note: Details of marital status are Total, Married, Single, Widowed and Divorced.

5) Crude death rate by sex and occupation (industry) (Male, Female)

$$= \frac{\text{Number of deaths by sex and occupation (industry) (Male, Female)}}{\text{Population by sex and occupation (industry) in Population Census (Male, Female)}} \times 100{,}000$$

6) Average number of deaths from heart diseases (cerebrovascular diseases) per day

$$= \frac{\text{Monthly number of deaths from heart diseases (cerebrovascular diseases)}}{\text{Number of days in the relevant month (30, 31, 28 or 29)}}$$

7) Age-adjusted death rate from heart diseases (cerebrovascular diseases)

$$= \frac{\text{Total of "<crude death rate from heart diseases (cerebrovascular diseases) by the age group in the observed group> mutiplied by <population by the same age group in Standard Population >"}}{\text{Total population of Standard Population group}}$$

Definition of the Age-adjusted death rates: the crude death rates which are adjusted to enable a comparison between population groups with different age distribution, or causes of death that distribute unevenly in particular age groups, by removing those differences in age distribution.

This report adopts the model population for 1985 as the standard population, except for international comparisons.

基準人口 －昭和60年モデル人口－

年　齢	基　準　人　口
0～4歳	8 180 000
5～9	8 338 000
10～14	8 497 000
15～19	8 655 000
20～24	8 814 000
25～29	8 972 000
30～34	9 130 000
35～39	9 289 000
40～44	9 400 000
45～49	8 651 000
50～54	7 616 000
55～59	6 581 000
60～64	5 546 000
65～69	4 511 000
70～74	3 476 000
75～79	2 441 000
80～84	1 406 000
85歳以上	784 000
総　数	120 287 000

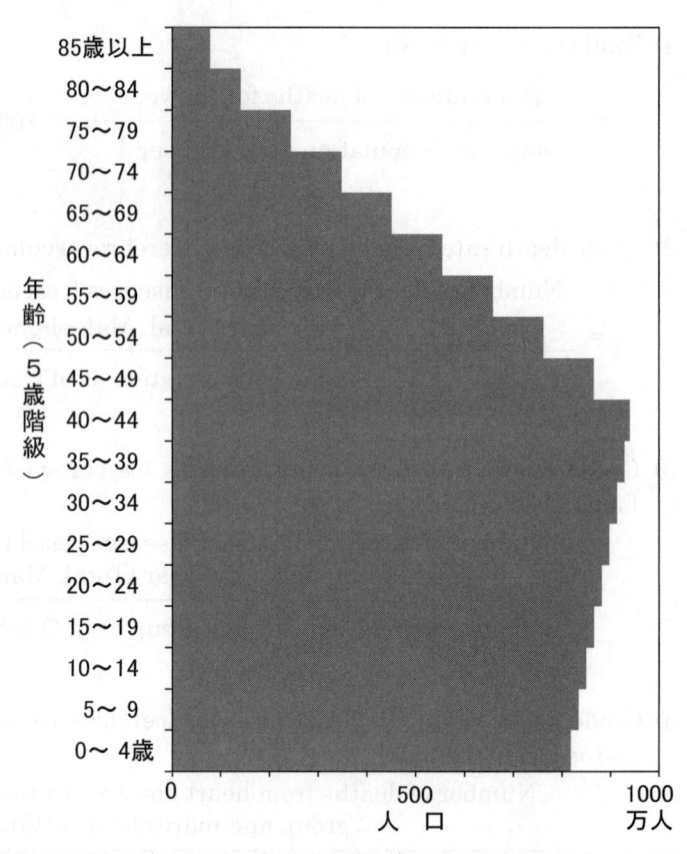

注：昭和60年モデル人口は、昭和60年国勢調査人口を基礎に、ベビーブームなどの極端な増減を補正し、四捨五入によって1000人単位としたものである。

－世界基準人口－

World standard population

年　齢	基準人口
0　　　歳	1 800
1～4	7 000
5～9	8 700
10～14	8 600
15～19	8 500
20～24	8 200
25～29	7 900
30～34	7 600
35～39	7 200
40～44	6 600
45～49	6 000
50～54	5 400
55～59	4 600
60～64	3 700
65～69	3 000
70～74	2 200
75～79	1 500
80～84	900
85＋	600
総　数	100 000

Standard population: Model population for 1985

Age	Standard population
0- 4 years old	8 180 000
5- 9	8 338 000
10-14	8 497 000
15-19	8 655 000
20-24	8 814 000
25-29	8 972 000
30-34	9 130 000
35-39	9 289 000
40-44	9 400 000
45-49	8 651 000
50-54	7 616 000
55-59	6 581 000
60-64	5 546 000
65-69	4 511 000
70-74	3 476 000
75-79	2 441 000
80-84	1 406 000
85 or over	784 000
Total	120 287 000

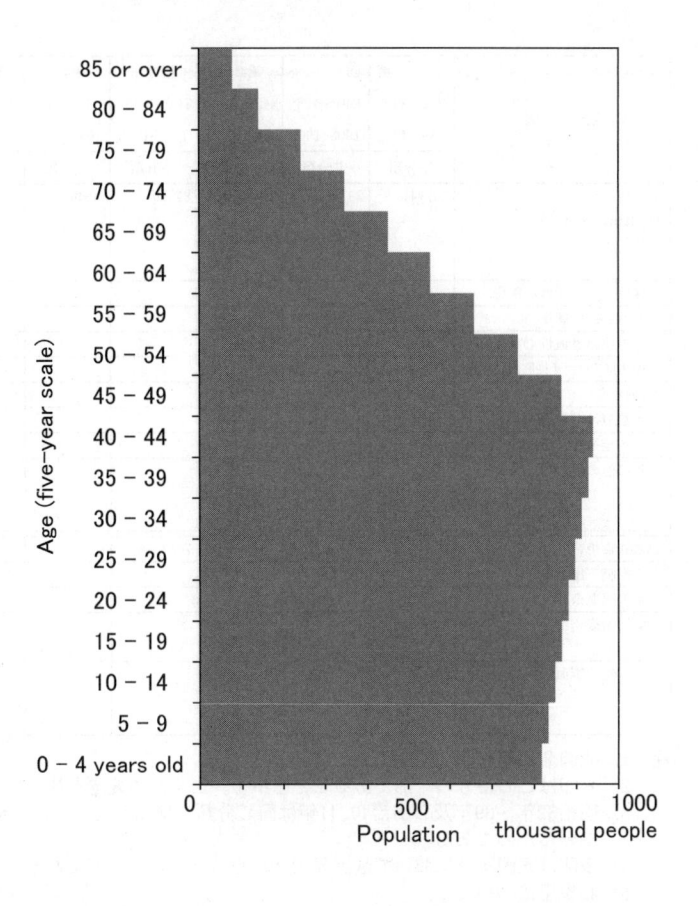

Note: The model population for 1985 was converted into 1,000 basis, by rounding, following the correction of extreme increases and decreases such as the baby boom, based on the data of the Population Census of 1985.

World standard population

Age group		World
0	Years	1 800
1-4		7 000
5-9		8 700
10-14		8 600
15-19		8 500
20-24		8 200
25-29		7 900
30-34		7 600
35-39		7 200
40-44		6 600
45-49		6 000
50-54		5 400
55-59		4 600
60-64		3 700
65-69		3 000
70-74		2 200
75-79		1 500
80-84		900
85+		600
Total		100 000

4 死因年次推移分類の変遷

死因	第1回 M32〜39年 1899-1906 中分類	第2回 M40〜41年 1908-1909 中分類	第3回 M42〜T11年 1909-1922 小分類	第4回 T12〜S7年 1923-1932 小分類	第5回 S8〜S18年 1933-1943 小分類	第6回 S21〜24年 1946-1949 小分類	第7回 S25〜32年 1950-1957 小分類	第8回 S33〜42年 1958-1967 小分類	第9回 S43〜53年 1968-1978 小分類	第10回 S54年〜H6年 1979-1994 小分類	第10回 H7年〜 1995- 小分類
心疾患 (高血圧性を除く)	24, *44	29, *51	83-85, 86	87-90	90-95	90-95	410-434	410-434	393-398, 410-429	393-398, 410-429	I01-I02.0, I05-I09, I20-I25, I27, I30-I51
慢性リウマチ性心疾患							410-416	410-416	393-398	393-398	I05-I09
急性心筋梗塞※							…	…	410	410	I21-I22
その他の虚血性心疾患※							…	…	411-414	411-414	I20, I24-I25
慢性非リウマチ性心内膜疾患							421	421	424	424	I34-I38
心筋症							…	…	425	425	I42
不整脈及び伝導障害※							433	433	427.2-427.9	426-427	I44-I49
心不全※							422	422	428	428	I50
その他の心疾患							420, 430-432, 434	420, 430-432, 434	420-423, 426-427.1, 429	415-417, 420-423, 429	I01-I02.0, I27, I30-I33, I40, I51
脳血管疾患	21	26	71-73	74-75, 83	82	83	330-334	330-334	430-438	430-438	I60-I69
くも膜下出血※							330	330	430	430	I60, I69.0
脳内出血※							331	331	431	431-432	I61, I69.1
脳梗塞※							332	332	432-434, 438.a	433-434, 437.7A-B	I63, I69.3
その他の脳血管疾患							333-334	333-334	435-437, 438.b	435-436, 437.0-.6.8.9, 438	I60-I69の 上記以外

注：1）死因名は第10回分類による。
2）＊印はこの番号の一部であることを示す。このため変遷を観察する場合は数字を計上していない。
3）明治32年〜39年及び明治40、41年は同じ分類を使用しているが、分類番号が異なるのは、再掲を組み入れて通し番号にしているためである。
4）※印は死因統計において選択死因と定められている死因である。
5）心疾患について
　①　明治41年以前は狭心症を含まず、昭和54年以降は心臓麻痺、心臓衰弱を含む。
　②　平成7年以降は、心臓併発症を伴うリウマチ熱（I01）・心臓併発症を伴うリウマチ性舞踏病（I02.0）を含み、肺塞栓症（I26）・その他の肺血管の疾患（I28）を含まない。
6）脳血管疾患について
　①　昭和25年は、B22にB46.b（352の一部、すなわちB22の後遺症及び1年以上経過したもの）を含めること。
　②　平成7年以降は、脳動静脈奇形の破裂（I60.8の一部）を含み、一過性脳虚血（G45）を含まない。

4 Changes of classification of causes of death for annual time series comparison

Cause of death	1st classification 1899-1906 Two-Character Category	1908-1909 Two-Character Category	2nd 1909-1922 Three-Character Category	3rd 1923-1932 Three-Character Category	4th 1933-1943 Three-Character Category	5th 1946-1949 Three-Character Category	6th 1950-1957 Three-Character Category	7th 1958-1967 Three-Character Category	8th 1968-1978 Three-Character Category	9th 1979-1994 Three-Character Category	10th 1995- Three-Character Category
Heart diseases (excl. hypertensive)	24, *44	29, *51	83-85, 86	87-90	90-95	90-95	410-434	410-434	393-398, 410-429	393-398, 410-429	I01-I02.0, I05-I09, I20-I25, I27, I30-I51
Chronic rheumatic heart diseases							410-416	410-416	393-398	393-398	I05-I09
Acute myocardial infarction							...	...	410	410	I21-I22
Other ischaemic heart diseases							...	...	411-414	411-414	I20, I24-I25
Chronic non-rheumatic endocarditis							421	421	424	424	I34-I38
Cardiomyopathy							...	...	425	425	I42
Arrhythmia and conduction disorder							433	433	427.2-427.9	426-427	I44-I49
Heart failure							422	422	428	428	I50
Other heart diseases							420, 430-432, 434	420, 430-432, 434	420-423, 426-427.1, 429	415-417, 420-423, 429	I01-I02.0, I27, I30-I133, I40, I51
Cerebrovascular diseases	21	26	71-73	74-75, 83	82	83	330-334	330-334	430-438	430-438	I60-I69
Subarachnoid haemorrhage							330	330	430	430	I60, I69.0
Cerebral haemorrhage							331	331	431	431-432	I61, I69.1
Cerebral infarction							332	332	432-434, 438.a	433-434, 437.7A-B	I63, I69.3
Other cerebrovascular diseases							333-334	333-334	435-437, 438.b	435-436, 437.0-.6.8.9, 438	I60-I69 (other than above)

Notes: 1) The names of "Causes of death" in this table are based on the 10th classification.
2) * indicates that the category covers only a part of the coded numbers, and therefore is not listed in the observation of changes.
3) Although the same classification is used for 1899 - 1906 and 1907 - 1908, the classification codes are different. This is because the numbers are given in sequel, including the partially indicated numbers.
4) † refers to the selectable causes of deaths in the cause of death statistics.
5) Heart diseases
   (1) The category "Heart diseases" does not include angina pectoris up to 1909, and does include heart attack and heart weakness starting in 1979.
   (2) Starting in 1995, the category "Heart diseases" includes rheumatic fever with cardiac complications (I01) and rheumatic chorea with cardiac complications (I02.0), and excludes pulmonary embolism (I26) and other pulmonary vascular diseases (I28).
6) Cerebrovascular diseases
   (1) In 1950, "Cerebrovascular diseases" included B46.b (Part of 352, after-effects of B22 and status of one year or more after B22) in B22.
   (2) Starting in 1995, the category "Cerebrovascular diseases" includes cerebral arteriovenous malformation (Part of I60.8), and excludes transient cerebral ischemia (G45).

II 結果の概要

1 心疾患-脳血管疾患死亡統計について

　我が国では、昭和33年以降、「悪性新生物」「心疾患」「脳血管疾患」が三大死因となっており、平成16年においても、「心疾患」「脳血管疾患」は死因の第2位と第3位を占め、循環器系の疾患として死亡統計及び疾病統計上、分析対象とすべき疾患である。

　現在、厚生労働省では「健康フロンティア戦略」や「医療制度改革」について全省的に取り組んでおり、生活習慣病の終末像としての「心疾患-脳血管疾患死亡」に関する基本的な分析を行い、これら政策の基礎資料とするため、初めて人口動態統計特殊報告（毎年公表している人口動態統計をもとにした報告）として「心疾患-脳血管疾患死亡統計」を取りまとめた。

　「心疾患-脳血管疾患死亡」に関する特殊報告の特徴は下記の3点である。
　1）基本的な数値の取りまとめを行った。
　　　〇粗死亡率、年齢調整死亡率の算出
　　　〇性・年齢階級別の分析
　　　〇年次推移の観察
　　　〇都道府県別比較　等
　2）新たな分析を行った。
　　　〇性・年齢階級別の死亡月の分析
　3）他調査データとの関係について分析を行った。
　　　〇生命表
　　　〇患者調査

表章記号の規約

計数のない場合	－
計数不明又は計数を表章することが不適当な場合	…

2 主要死因別粗死亡率の状況

(1) 年次推移

明治から現在に至る主要死因の粗死亡率（人口10万対）の推移をみると図1のとおりである。

明治から大正・昭和初期にかけては、「結核」、「肺炎」や「胃腸炎」など感染症が主であった。

「肺炎」は、大正7～9年にかけて「インフルエンザ」の大流行があり、その影響で高い粗死亡率を示している。

また、「不慮の事故」では、大正12年の関東大震災により粗死亡率が高くなっている。

その後、昭和20年代後半に感染症の粗死亡率は急速に低下し、かわって現在の三大死因である「悪性新生物」「心疾患」（平成7年以降の「心疾患」は「心疾患（高血圧性を除く）」である。以下同じ。）「脳血管疾患」が主たる死因となった。

「心疾患」は、平成7年1月施行の新しい死亡診断書において、「死亡の原因欄には、疾患の終末期の状態としての心不全、呼吸不全等は書かないでください。」という注意書きの事前周知の影響により平成6年に低下しているが、それ以降上昇傾向にある。

「脳血管疾患」は、昭和40年代をピークに低下傾向ではあるが、低下の幅は小さくなってきており、近年は低下から横ばい傾向となっている。（図1、統計表第1表）

図1　主要死因別にみた粗死亡率（人口10万対）の年次推移

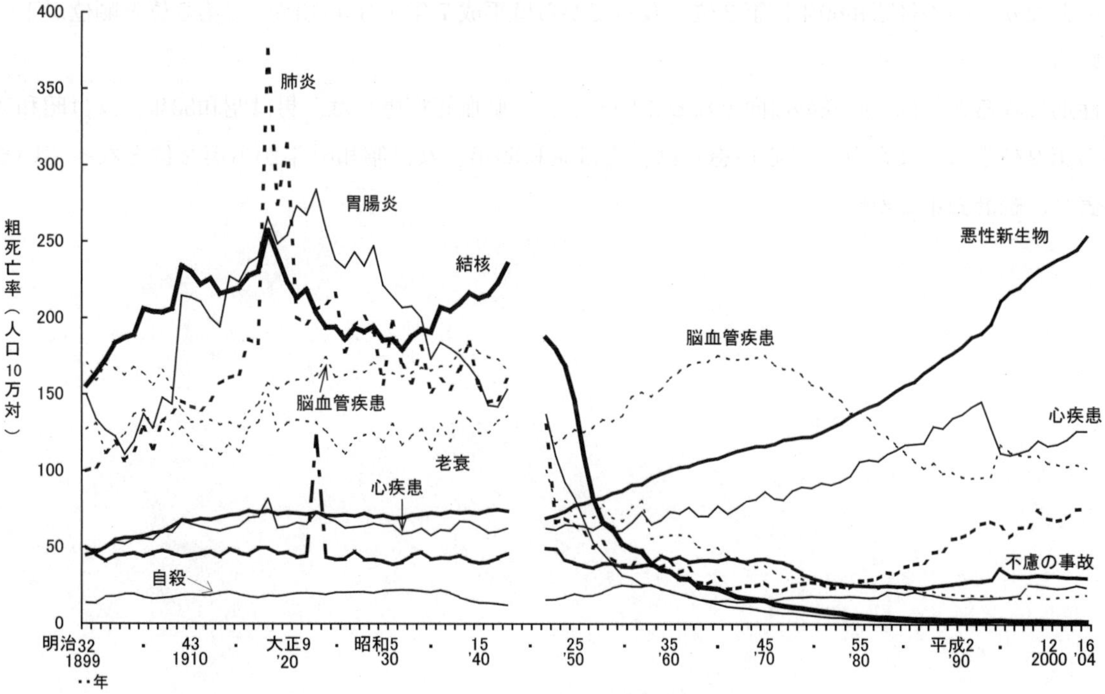

注：平成6年の心疾患の減少は、新しい死亡診断書（死体検案書）（平成7年1月1日施行）における「死亡の原因欄には、疾患の終末期の状態としての心不全、呼吸不全等は書かないでください。」という注意書きの事前周知の影響によるものと考えられる。

(2) 平成16年の状況

平成16年の状況をみると、全死亡数103万人のうち、「心疾患」は16万人、「脳血管疾患」は13万人となっており、両者を合計すると29万人となり「悪性新生物」に近い死亡数となっている。（表1）

表1　性別にみた主な死因別死亡数・粗死亡率(人口10万対)・年齢調整死亡率(人口10万対)　－平成16年－

死因	死亡数 総数	死亡数 男	死亡数 女	粗死亡率(人口10万対) 総数	粗死亡率(人口10万対) 男	粗死亡率(人口10万対) 女	年齢調整死亡率(人口10万対) 男	年齢調整死亡率(人口10万対) 女
全死因	1 028 602	557 097	471 505	815.2	904.4	730.1	588.3	297.1
悪性新生物	320 358	193 096	127 262	253.9	313.5	197.1	202.0	99.2
心疾患	159 625	77 465	82 160	126.5	125.8	127.2	80.6	44.2
急性心筋梗塞	44 463	24 180	20 283	35.2	39.3	31.4	25.3	11.5
その他の虚血性心疾患	26 822	14 834	11 988	21.3	24.1	18.6	15.5	6.7
不整脈及び伝導障害	20 274	10 070	10 204	16.1	16.3	15.8	10.7	5.7
心不全	51 588	21 047	30 541	40.9	34.2	47.3	21.2	14.9
脳血管疾患	129 055	61 547	67 508	102.3	99.9	104.5	62.5	37.0
くも膜下出血	14 737	5 543	9 194	11.7	9.0	14.2	6.6	7.4
脳内出血	32 060	17 643	14 417	25.4	28.6	22.3	19.0	9.3
脳梗塞	78 683	36 697	41 986	62.4	59.6	65.0	35.1	19.2
肺炎	95 534	51 306	44 228	75.7	83.3	68.5	48.8	20.4
不慮の事故	38 193	23 667	14 526	30.3	38.4	22.5	28.7	11.1

注：粗死亡率、年齢調整死亡率については、P20「比率の解説」を参照。

3　死因順位の年次推移

　死因順位の年次推移をみると、「心疾患」は、昭和30年～32年が第4位、昭和33～59年が第3位、昭和60年以降は平成7年・8年を除いて第2位と順位が上昇してきている。

　一方、「脳血管疾患」は、昭和26年から「結核」にかわって第1位となっていたが、昭和56年に第2位となり、その後昭和60年に第3位となってからは平成7年・8年を除いて第3位と順位が下降している。

　性別にみると、ほぼ同様の傾向となっているが、「脳血管疾患」は、男は昭和53年、女は昭和59年から第2位となっており、「心疾患」は、男は昭和59年、女は昭和61年から第2位となっている。
（表2、統計表第2表）

表2 年次別にみた死因順位(第1~5位)の年次推移

年次		第1位 死因	粗死亡率(人口10万対)	第2位 死因	粗死亡率(人口10万対)	第3位 死因	粗死亡率(人口10万対)	第4位 死因	粗死亡率(人口10万対)	第5位 死因	粗死亡率(人口10万対)
\multicolumn{12}{c}{総数}											
1951	昭和26年	脳血管疾患	125.2	全結核	110.3	肺炎及び気管支炎	82.2	悪性新生物	78.5	老衰	70.7
'55	30	脳血管疾患	136.1	悪性新生物	87.1	老衰	67.1	心疾患	60.9	全結核	52.3
'60	35	脳血管疾患	160.7	悪性新生物	100.4	心疾患	73.2	老衰	58.0	肺炎及び気管支炎	49.3
'65	40	脳血管疾患	175.8	悪性新生物	108.4	心疾患	77.0	老衰	50.0	不慮の事故	40.9
'70	45	脳血管疾患	175.8	悪性新生物	116.3	心疾患	86.7	不慮の事故	42.5	老衰	38.1
'75	50	脳血管疾患	156.7	悪性新生物	122.6	心疾患	89.2	肺炎及び気管支炎	33.7	不慮の事故	30.3
'80	55	脳血管疾患	139.5	悪性新生物	139.1	心疾患	106.2	肺炎及び気管支炎	33.7	老衰	27.6
'85	60	悪性新生物	156.1	心疾患	117.3	脳血管疾患	112.2	肺炎及び気管支炎	42.7	不慮の事故及び有害作用	24.6
'90	平成2年	悪性新生物	177.2	心疾患	134.8	脳血管疾患	99.4	肺炎及び気管支炎	60.7	不慮の事故及び有害作用	26.2
'95	7	悪性新生物	211.6	脳血管疾患	117.9	心疾患	112.0	肺炎	64.1	不慮の事故	36.5
2000	12	悪性新生物	235.2	心疾患	116.8	脳血管疾患	105.5	肺炎	69.2	不慮の事故	31.4
'04	16	悪性新生物	253.9	心疾患	126.5	脳血管疾患	102.3	肺炎	75.7	不慮の事故	30.3
\multicolumn{12}{c}{男}											
1951	昭和26年	脳血管疾患	126.3	全結核	121.0	老衰	85.6	悪性新生物	81.6	心疾患	64.0
'55	30	脳血管疾患	143.1	悪性新生物	94.1	心疾患	62.2	全結核	60.7	不慮の事故	56.8
'60	35	脳血管疾患	172.1	悪性新生物	111.0	心疾患	75.8	不慮の事故	64.9	肺炎及び気管支炎	53.2
'65	40	脳血管疾患	192.2	悪性新生物	122.1	心疾患	80.5	不慮の事故	63.6	肺炎及び気管支炎	40.1
'70	45	脳血管疾患	192.1	悪性新生物	132.9	心疾患	91.1	不慮の事故	65.6	肺炎及び気管支炎	37.4
'75	50	脳血管疾患	164.2	悪性新生物	140.5	心疾患	92.0	不慮の事故	45.4	肺炎及び気管支炎	36.9
'80	55	悪性新生物	163.7	脳血管疾患	142.9	心疾患	112.2	肺炎及び気管支炎	38.5	不慮の事故及び有害作用	37.0
'85	60	悪性新生物	187.4	心疾患	121.5	脳血管疾患	110.6	肺炎及び気管支炎	49.3	不慮の事故及び有害作用	36.1
'90	平成2年	悪性新生物	216.4	心疾患	135.7	脳血管疾患	95.6	肺炎及び気管支炎	70.0	不慮の事故及び有害作用	36.8
'95	7	悪性新生物	262.0	心疾患	114.4	脳血管疾患	114.2	肺炎	69.6	不慮の事故	46.3
2000	12	悪性新生物	291.3	心疾患	117.3	脳血管疾患	102.7	肺炎	76.0	不慮の事故	40.9
'04	16	悪性新生物	313.5	心疾患	125.8	脳血管疾患	99.9	肺炎	83.3	不慮の事故	38.4
\multicolumn{12}{c}{女}											
1951	昭和26年	脳血管疾患	124.1	老衰	107.6	全結核	100.1	悪性新生物	75.4	胃腸炎	67.1
'55	30	脳血管疾患	129.4	悪性新生物	80.3	老衰	80.0	心疾患	59.6	肺炎及び気管支炎	45.3
'60	35	脳血管疾患	149.7	悪性新生物	90.2	心疾患	70.8	老衰	70.7	肺炎及び気管支炎	45.6
'65	40	脳血管疾患	160.0	悪性新生物	95.2	心疾患	73.6	老衰	63.1	肺炎及び気管支炎	34.6
'70	45	脳血管疾患	161.4	悪性新生物	101.2	心疾患	83.1	老衰	49.2	肺炎及び気管支炎	31.1
'75	50	脳血管疾患	149.4	悪性新生物	105.2	心疾患	86.4	老衰	34.7	肺炎及び気管支炎	30.6
'80	55	脳血管疾患	136.5	悪性新生物	115.5	心疾患	100.5	老衰	35.4	肺炎及び気管支炎	29.2
'85	60	悪性新生物	125.9	脳血管疾患	113.9	心疾患	113.2	肺炎及び気管支炎	36.3	老衰	29.6
'90	平成2年	悪性新生物	139.3	心疾患	134.0	脳血管疾患	103.0	肺炎及び気管支炎	51.8	老衰	25.8
'95	7	悪性新生物	163.1	脳血管疾患	121.4	心疾患	109.6	肺炎	58.7	不慮の事故	27.0
2000	12	悪性新生物	181.4	心疾患	116.3	脳血管疾患	108.2	肺炎	62.7	老衰	23.7
'04	16	悪性新生物	197.1	心疾患	127.2	脳血管疾患	104.5	肺炎	68.5	老衰	27.8

注:1) 死因順位は人口動態統計、各種分類表の「死因順位に用いる分類項目」によるものである。
2) 昭和26~45年は、沖縄県を含まない。
3) 平成2年までの老衰は、「精神病の記載のない老衰」である。
4) 平成7年以降の「心疾患」は、「心疾患(高血圧性を除く)」である。
5) 平成7年の心疾患の減少は、新しい死亡診断書(死体検案書)(平成7年1月1日施行)における「死亡の原因欄には、疾患の終末期の状態としての心不全、呼吸不全等は書かないでください。」という注意書きの事前周知の影響によるものと考えられる。

4　粗死亡率及び年齢調整死亡率

(1) 性別にみた年次推移

「心疾患」の粗死亡率（人口10万対）をみると、平成5年までは上昇・低下を繰り返しつつも上昇傾向となっており、平成6年から一旦低下したが、平成9年からは再び上昇傾向となっている。

「脳血管疾患」の粗死亡率をみると、男女ともに昭和40年代をピークに低下傾向にあり、近年は低下から横ばい傾向となっている。

「心疾患」の年齢調整死亡率（人口10万対）をみると、昭和30年代前半から上昇・低下を繰り返しつつもほぼ横ばいであったものが、平成6年から低下に転じている。

「脳血管疾患」の年齢調整死亡率をみると、男は昭和40年をピークに大きな山を形成していたが、昭和40年代後半から大きく低下している。近年は平成元年以降、低下の幅がやや緩やかになってきている。女は昭和25年以降微増傾向でなだらかな山を形成していたが、昭和38年をピークに大きく低下し、男と同様に近年は低下の幅が緩やかになってきている。（図2、統計表第3表）

図2　性別にみた心疾患－脳血管疾患の粗死亡率（人口10万対）・年齢調整死亡率（人口10万対）の年次推移

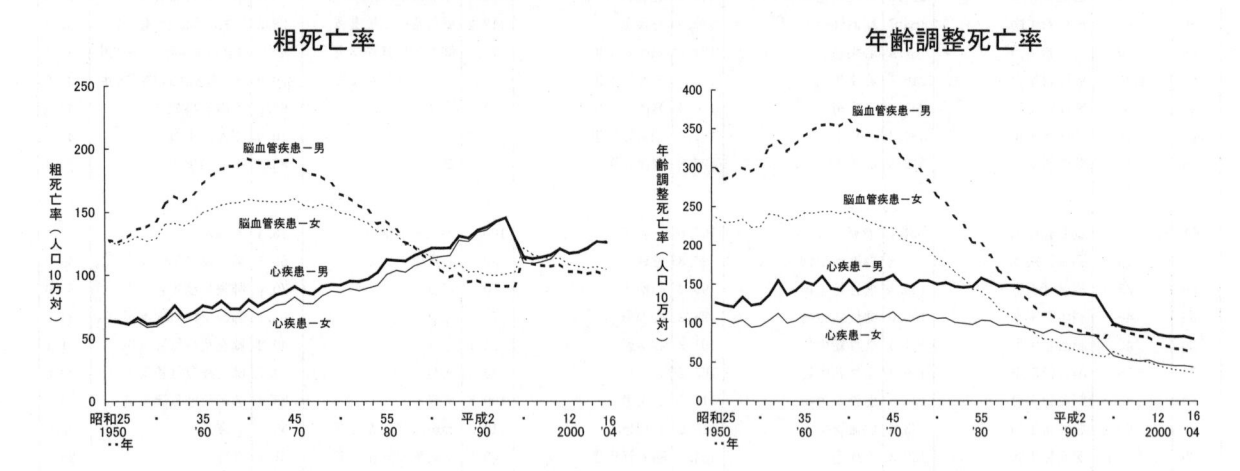

注：平成6年の心疾患の減少は、新しい死亡診断書（死体検案書）（平成7年1月1日施行）における「死亡の原因欄には、疾患の終末期の状態としての心不全、呼吸不全等は書かないでください。」という注意書きの事前周知の影響によるものと考えられる。

(2) 平成16年の状況

平成16年の三大死因の粗死亡率（人口10万対）を性・年齢階級別にみると、「心疾患」「脳血管疾患」は「悪性新生物」に比べ高年齢で急激に高くなっている。（図3）

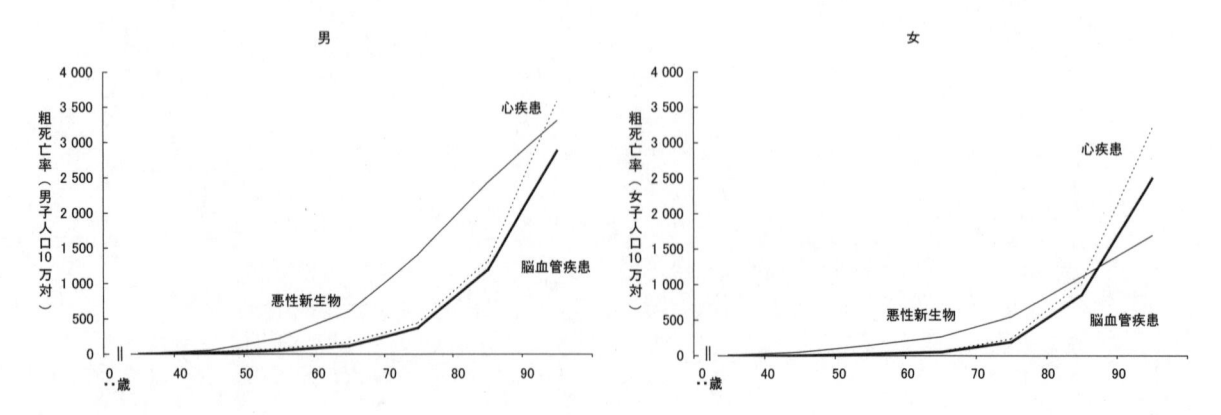

図3　性・年齢階級別にみた三大死因の粗死亡率（人口10万対）　－平成16年－

(3) 性・年齢階級別にみた年次推移

「全死因」の粗死亡率（人口10万対）を性・年齢階級別に年次推移をみると、男女ともすべての年齢階級で緩やかに低下傾向となっている。

「心疾患」の粗死亡率を性・年齢階級別に年次推移をみると、男女ともに60歳代から80歳代で平成6年に低下した後緩やかに低下傾向となっており、「脳血管疾患」は男女ともに「80～89歳」は昭和49年以降、「70～79歳」は昭和41年以降低下傾向となっている。

なお、「心疾患」「脳血管疾患」の「39歳以下」「90歳以上」については、表3・4に示しているが、「39歳以下」は数値が小さく、「90歳以上」は数値が大きいため、図4・5・6では省略する。
（図4、統計表第4・5表）

図4 性・年齢（10歳階級）別にみた粗死亡率（人口10万対）の年次推移

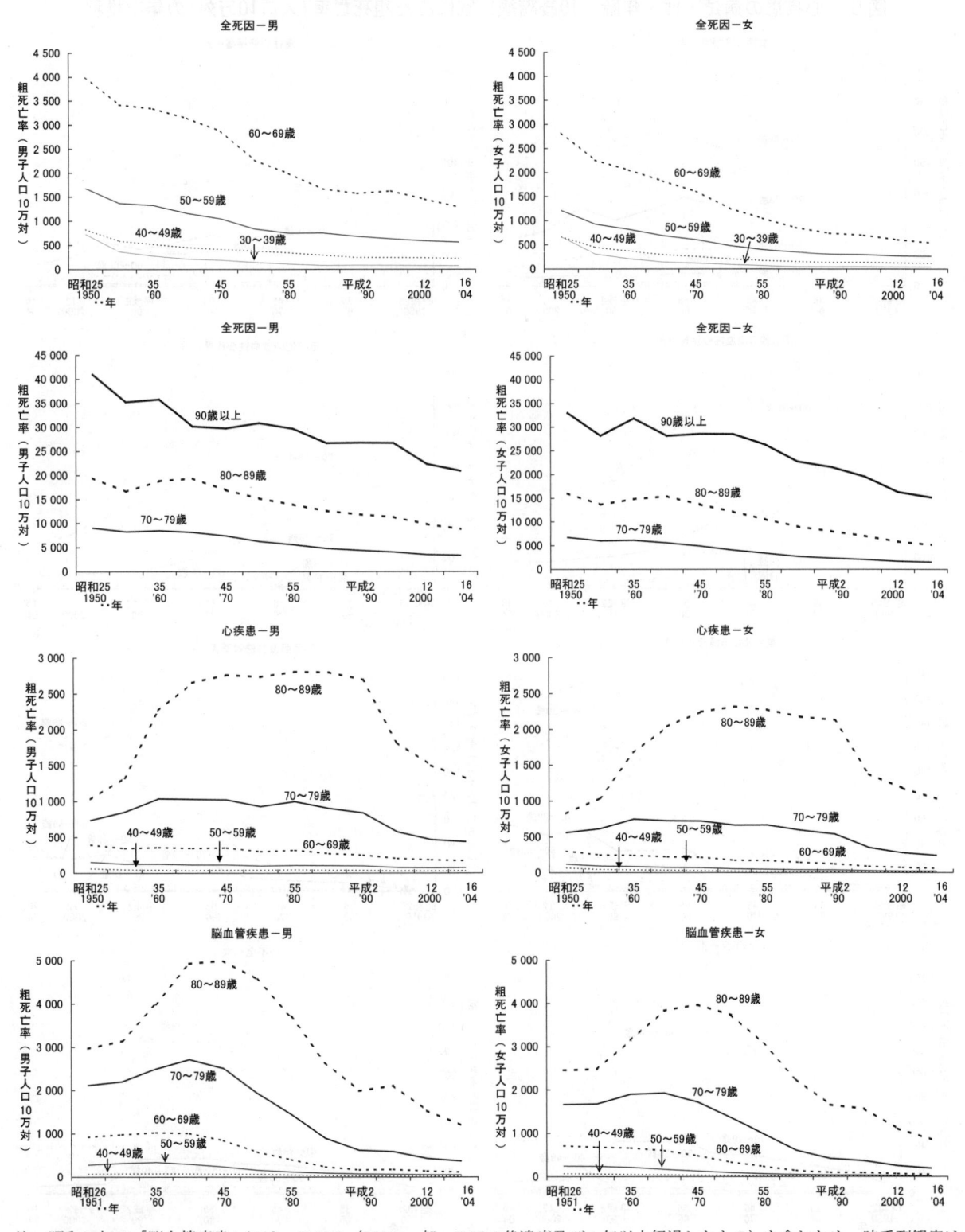

注：昭和25年の「脳血管疾患」には、B46.b（352の一部、B22の後遺症及び1年以上経過したもの）を含むため、時系列観察は昭和26年からとした。

5 病類別にみた心疾患－脳血管疾患死亡の年次推移
(1) 性・年齢階級別にみた心疾患死亡

「心疾患」の病類（死因統計において選択死因と定められているもの）・性・年齢階級別に粗死亡率（人口10万対）をみると、いずれの病類においても年齢階級が高くなるにしたがって粗死亡率が高く、上昇・低下の幅も大きくなっており、性別による差はあまりみられない。

「急性心筋梗塞」は男女ともに横ばいであったものが平成6年にいったん上昇しその後低下している。「その他の虚血性心疾患」は男女ともに「80～89歳」では昭和50年以降低下傾向となっている。「不整脈及び伝導障害」は男女ともにすべての年齢階級で上昇傾向となっている。「心不全」は男女ともにすべての年齢階級で平成6年に大きく低下した後、横ばいとなっている。（図5、表3）

図5 心疾患の病類・性・年齢（10歳階級）別にみた粗死亡率（人口10万対）の年次推移

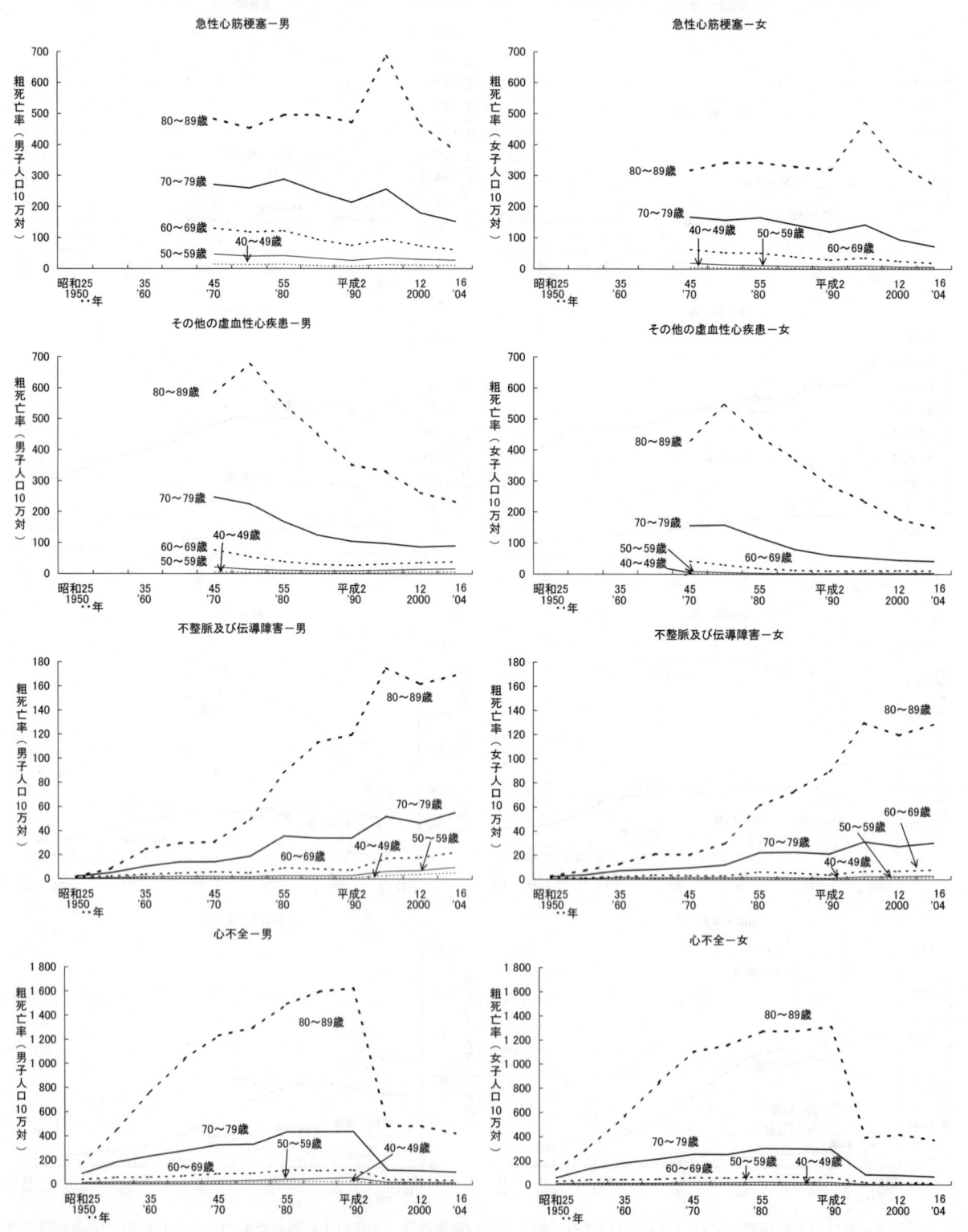

注：「急性心筋梗塞」及び「その他の虚血性心疾患」の昭和44年以前は分類項目がないため表章していない。

表3　全死因-心疾患の性・病類・年齢（10歳階級）別粗死亡率（人口10万対）

病類・年齢階級	昭和25年 1950	30年 '55	35年 '60	40年 '65	45年 '70	50年 '75	55年 '80	60年 '85	平成2年 '90	7年 '95	12年 2000	16年 '04
男												
全死因 総数	1 144.5	832.7	822.9	785.0	766.6	690.4	682.9	689.9	736.5	822.9	855.3	904.4
39歳以下	727.7	363.7	276.3	212.2	189.7	143.0	110.7	81.9	84.4	80.1	75.2	72.1
40〜49歳	825.6	584.8	517.8	452.9	414.0	383.0	344.8	294.2	244.6	244.1	240.2	224.1
50〜59歳	1 679.0	1 368.6	1 327.3	1 162.0	1 048.9	838.2	752.2	754.1	683.0	632.8	591.4	566.5
60〜69歳	3 991.7	3 417.2	3 338.1	3 143.1	2 873.7	2 271.5	1 993.6	1 671.8	1 574.7	1 625.1	1 454.7	1 289.9
70〜79歳	9 041.4	8 268.7	8 518.8	8 156.4	7 411.4	6 253.8	5 609.9	4 808.1	4 397.1	4 062.9	3 506.7	3 371.6
80〜89歳	19 444.4	16 638.7	18 883.1	19 370.4	16 975.2	15 222.1	13 952.3	12 624.3	11 896.8	11 366.2	9 805.1	8 835.5
90歳以上	41 011.8	35 271.9	35 823.2	30 164.6	29 773.4	30 858.0	29 681.6	26 700.5	26 796.0	26 734.7	22 373.4	20 940.2
心疾患 総数	64.0	62.2	75.8	80.5	90.9	92.1	112.5	121.4	135.7	114.4	117.3	125.8
39歳以下	14.2	10.3	9.2	8.3	8.9	8.1	8.8	7.2	8.0	6.1	6.5	6.7
40〜49歳	61.6	45.8	42.2	36.2	39.9	40.2	46.2	39.8	37.3	30.7	31.0	31.5
50〜59歳	151.6	125.5	124.9	114.3	114.9	100.2	108.2	104.1	101.2	77.8	74.5	75.1
60〜69歳	395.2	344.0	359.7	347.4	354.0	298.5	319.2	271.0	249.7	203.2	184.4	171.5
70〜79歳	738.1	851.9	1 038.6	1 030.6	1 023.6	930.1	998.1	903.5	841.9	577.3	469.4	441.2
80〜89歳	1 032.5	1 328.4	2 272.5	2 655.5	2 764.2	2 737.3	2 808.3	2 800.6	2 697.1	1 816.0	1 500.2	1 324.2
90歳以上	1 435.3	1 698.4	3 123.5	3 795.2	5 305.6	6 373.7	6 501.4	6 494.0	6 668.3	4 517.2	3 806.3	3 576.0
急性心筋梗塞 総数	…	…	…	…	25.7	25.7	30.6	29.9	29.7	46.6	40.6	39.3
39歳以下	…	…	…	…	1.5	1.2	1.0	0.7	0.6	1.2	1.4	1.3
40〜49歳	…	…	…	…	14.0	13.0	13.4	9.4	7.8	12.5	11.2	10.6
50〜59歳	…	…	…	…	46.7	39.5	41.1	33.3	25.9	34.2	29.6	27.1
60〜69歳	…	…	…	…	129.8	117.3	121.3	94.1	73.7	94.9	73.1	60.5
70〜79歳	…	…	…	…	270.4	259.0	287.1	247.0	212.8	255.6	179.0	152.2
80〜89歳	…	…	…	…	483.1	452.0	495.2	495.2	471.0	685.5	464.9	378.9
90歳以上	…	…	…	…	497.5	733.8	666.4	709.5	689.9	1 294.2	900.7	754.5
その他の虚血性心疾患 総数	…	…	…	…	18.7	18.4	16.4	15.6	15.7	19.1	21.0	24.1
39歳以下	…	…	…	…	0.7	0.3	0.2	0.2	0.3	0.5	0.8	0.9
40〜49歳	…	…	…	…	5.2	3.6	2.8	2.5	2.6	4.0	4.7	5.6
50〜59歳	…	…	…	…	21.1	13.4	10.5	9.2	8.9	11.5	14.5	15.9
60〜69歳	…	…	…	…	76.8	54.3	38.7	29.9	26.5	31.8	35.7	38.5
70〜79歳	…	…	…	…	247.2	225.0	166.8	124.2	104.1	97.1	86.1	89.9
80〜89歳	…	…	…	…	583.0	676.4	546.0	450.6	351.2	329.4	261.9	232.0
90歳以上	…	…	…	…	772.7	1 255.4	1 179.1	1 010.0	961.2	913.5	604.6	531.7
不整脈及び伝導障害 総数	0.2	0.4	0.8	1.1	1.3	1.6	3.5	4.3	5.1	10.6	12.3	16.3
39歳以下	0.0	0.1	0.1	0.1	0.1	0.1	0.3	0.3	0.3	0.9	1.2	1.6
40〜49歳	0.1	0.6	0.6	0.6	0.5	0.6	1.0	0.7	0.8	2.8	4.0	5.1
50〜59歳	0.5	0.8	1.6	2.0	1.9	1.7	2.7	2.5	2.7	6.4	7.1	9.7
60〜69歳	1.2	2.2	3.7	4.7	5.8	4.8	9.1	8.3	7.3	17.0	17.8	22.1
70〜79歳	2.0	5.0	10.3	13.9	14.0	18.6	35.6	34.1	34.0	52.0	46.7	55.1
80〜89歳	1.7	8.4	24.4	29.5	30.4	49.5	87.9	113.1	119.6	175.0	161.5	169.1
90歳以上	−	−	−	51.0	40.1	78.5	193.0	296.7	276.2	465.3	393.6	436.2
心不全 総数	5.7	11.1	15.5	21.0	29.7	35.6	51.5	62.6	76.2	27.3	32.5	34.2
39歳以下	0.7	1.3	1.8	2.6	4.3	4.8	5.4	4.8	5.6	1.9	2.1	1.6
40〜49歳	3.7	5.3	5.1	6.4	11.2	16.0	22.1	22.5	22.2	7.2	7.4	6.4
50〜59歳	11.6	15.9	16.5	19.2	24.6	30.8	40.5	48.0	54.5	16.5	15.9	14.6
60〜69歳	37.1	54.7	56.8	67.2	85.4	87.9	120.0	114.6	121.5	40.1	39.3	34.3
70〜79歳	87.6	183.2	234.5	278.0	325.6	331.5	434.3	437.1	438.7	120.4	114.9	103.6
80〜89歳	165.7	456.8	760.6	1 037.7	1 231.9	1 299.0	1 494.9	1 599.4	1 626.5	484.3	486.1	424.3
90歳以上	329.4	754.8	1 573.8	1 937.6	3 331.0	3 701.5	4 164.4	4 234.2	4 477.0	1 532.8	1 608.5	1 569.1
女												
全死因 総数	1 032.8	722.8	692.2	643.1	619.0	574.0	561.8	563.1	602.8	664.0	679.5	730.1
39歳以下	664.9	306.9	210.4	141.2	116.8	90.1	66.6	47.6	47.4	45.2	41.2	40.0
40〜49歳	665.9	445.4	370.2	296.2	255.9	207.4	172.4	153.1	133.2	135.2	124.3	112.2
50〜59歳	1 210.7	927.4	819.9	691.1	605.2	481.8	399.1	347.9	308.5	297.4	268.8	263.2
60〜69歳	2 817.1	2 255.7	2 052.0	1 825.5	1 607.7	1 251.5	1 046.5	857.6	738.0	696.5	603.9	537.6
70〜79歳	6 736.2	6 013.3	6 107.6	5 566.3	4 898.0	4 058.8	3 408.0	2 739.3	2 364.9	2 065.6	1 692.3	1 514.0
80〜89歳	16 017.7	13 657.6	14 860.2	15 421.9	13 699.4	12 162.4	10 590.9	9 010.1	8 018.2	7 028.2	5 809.0	5 156.6
90歳以上	32 928.5	28 149.7	31 788.4	28 134.0	28 546.3	28 499.9	26 316.5	22 762.1	21 606.0	19 574.7	16 310.0	15 194.9
心疾患 総数	64.3	59.6	70.8	73.6	82.7	86.4	100.5	113.3	134.0	109.6	110.3	127.2
39歳以下	19.9	13.6	10.9	7.3	5.9	4.6	4.1	3.3	3.7	2.3	2.3	2.5
40〜49歳	65.6	45.5	38.0	33.0	27.1	19.7	17.8	15.2	12.8	9.9	8.5	8.8
50〜59歳	119.0	93.3	86.0	72.5	69.2	52.7	48.0	40.3	35.7	25.7	20.5	20.8
60〜69歳	301.1	246.3	240.6	219.6	212.9	171.3	168.1	142.3	120.7	85.7	70.5	59.6
70〜79歳	561.6	614.5	748.0	726.4	721.8	664.0	666.4	595.8	539.5	352.5	277.0	239.9
80〜89歳	828.6	1 039.4	1 673.0	2 041.0	2 243.9	2 319.0	2 274.1	2 175.4	2 130.8	1 371.9	1 176.3	1 032.6
90歳以上	1 082.2	1 328.4	2 754.2	3 285.9	4 793.3	5 743.7	5 570.7	5 491.1	5 982.4	3 665.8	3 362.6	3 204.8
急性心筋梗塞 総数	…	…	…	…	16.6	17.3	20.1	21.1	22.5	38.1	32.6	31.4
39歳以下	…	…	…	…	0.4	0.3	0.3	0.2	0.2	0.3	0.3	0.3
40〜49歳	…	…	…	…	4.4	3.8	3.5	2.4	1.7	3.3	2.1	2.4
50〜59歳	…	…	…	…	18.3	13.0	11.3	8.8	6.8	9.5	6.4	6.0
60〜69歳	…	…	…	…	62.4	51.8	50.9	39.1	29.2	35.5	24.9	18.5
70〜79歳	…	…	…	…	166.4	157.0	164.8	141.9	129.2	142.1	94.1	72.3
80〜89歳	…	…	…	…	317.4	342.6	342.7	329.9	319.7	471.5	335.7	269.3
90歳以上	…	…	…	…	420.3	495.8	418.6	455.6	523.9	929.7	670.8	577.0
その他の虚血性心疾患 総数	…	…	…	…	15.1	17.6	16.2	15.9	16.1	18.0	17.8	18.6
39歳以下	…	…	…	…	0.2	0.2	0.1	0.1	0.1	0.2	0.2	0.2
40〜49歳	…	…	…	…	2.3	1.0	1.0	0.6	0.5	0.9	1.2	1.2
50〜59歳	…	…	…	…	9.1	5.2	3.4	2.4	2.2	3.0	2.9	3.4
60〜69歳	…	…	…	…	42.1	29.6	18.4	12.9	10.3	10.9	11.3	10.7
70〜79歳	…	…	…	…	156.3	157.8	117.1	80.0	60.5	52.6	44.8	41.5
80〜89歳	…	…	…	…	432.0	548.1	444.3	370.6	287.0	235.6	177.4	149.1
90歳以上	…	…	…	…	658.4	1 048.9	936.6	901.9	843.8	741.2	500.6	399.9
不整脈及び伝導障害 総数	0.2	0.3	0.7	1.0	1.1	1.4	3.1	4.0	5.3	10.1	11.8	15.8
39歳以下	0.1	0.1	0.1	0.1	0.1	0.1	0.1	0.2	0.2	0.3	0.4	0.6
40〜49歳	0.3	0.3	0.5	0.7	0.6	0.5	0.6	0.4	0.3	0.8	1.3	1.6
50〜59歳	0.5	0.6	1.6	1.3	1.5	1.4	1.7	1.1	1.0	2.2	2.4	3.0
60〜69歳	1.3	1.2	2.3	3.7	3.2	2.9	6.3	5.4	3.8	7.0	7.0	7.9
70〜79歳	2.2	3.7	7.3	8.3	9.7	12.0	22.2	22.6	21.2	31.2	27.4	30.2
80〜89歳	2.6	7.5	12.8	21.0	20.3	29.9	61.4	73.3	90.0	130.0	119.5	128.9
90歳以上	0.0	11.8	29.3	16.2	41.4	60.1	124.5	163.8	230.4	344.4	323.6	368.1
心不全 総数	5.3	11.0	16.2	22.2	31.8	37.4	50.9	62.6	80.4	30.8	41.3	47.3
39歳以下	0.8	1.2	1.4	1.7	2.4	2.4	2.5	2.2	2.4	0.7	0.8	0.7
40〜49歳	3.5	4.9	5.2	5.8	7.1	7.2	7.9	8.5	8.1	3.0	2.7	2.5
50〜59歳	8.9	12.7	12.1	13.5	17.7	17.5	20.5	19.2	19.8	6.3	5.4	5.7
60〜69歳	28.0	42.4	42.9	46.9	58.4	56.0	68.4	64.3	62.2	18.9	17.7	14.5
70〜79歳	57.9	135.6	183.5	216.0	254.0	254.0	303.2	301.9	296.9	84.3	78.6	67.2
80〜89歳	126.1	320.7	567.6	849.4	1 104.6	1 159.5	1 274.6	1 276.7	1 315.1	393.4	417.4	371.3
90歳以上	231.3	602.2	1 333.2	1 690.2	2 969.1	3 650.5	3 816.2	3 724.6	4 128.8	1 334.5	1 557.8	1 551.8

注：昭和60年の粗死亡率の算出においては、昭和60年国勢調査確定人口を用いたため人口動態統計報告書とは一致しない。

(2) 性・年齢階級別にみた脳血管疾患死亡

「脳血管疾患」について病類（死因統計において選択死因と定められているもの）・性・年齢階級別に粗死亡率（人口10万対）をみると、「くも膜下出血」は男の79歳以下、女の69歳以下は横ばいとなっており、女の70歳以上は昭和55年以降上昇したが、近年低下している。「脳内出血」はいずれの年齢階級も大幅に低下しており、特に高齢者の低下の幅が大きくなっている。「脳梗塞」は70歳以上で平成8年以降低下している。（図6、表4）

図6　脳血管疾患の病類・性・年齢（10歳階級）別にみた粗死亡率（人口10万対）の年次推移

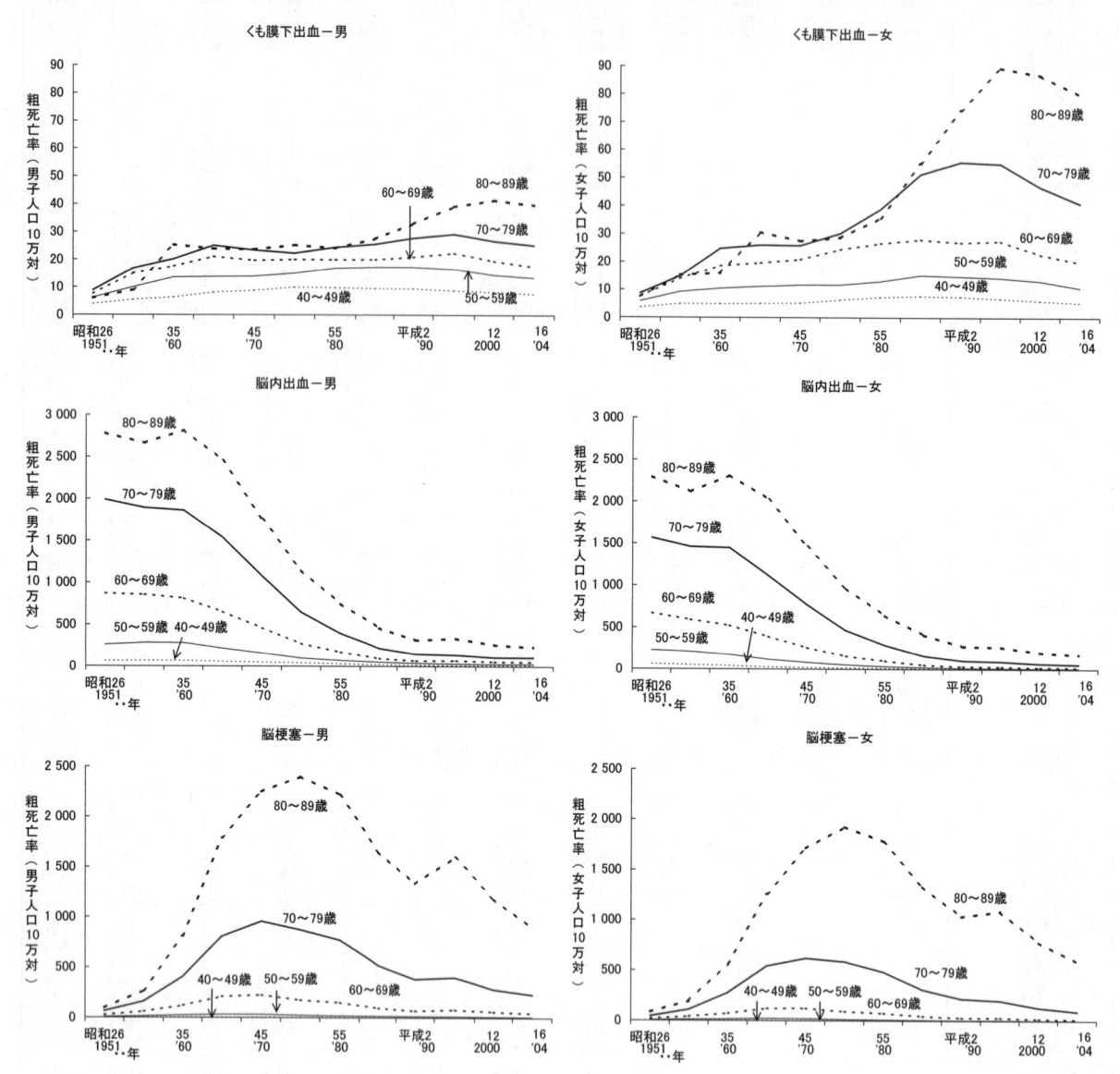

注：昭和25年の「脳血管疾患」には、B46.b（352の一部、B22の後遺症及び1年以上経過したもの）を含むため、時系列観察は昭和26年からとした。

表4　脳血管疾患の性・病類・年齢（10歳階級）別粗死亡率（人口10万対）

病類・年齢階級	昭和26年 1951	30年 '55	35年 '60	40年 '65	45年 '70	50年 '75	55年 '80	60年 '85	平成2年 '90	7年 '95	12年 2000	16年 '04
男												
脳血管疾患												
総数	126.3	143.0	172.1	192.2	191.5	164.3	142.7	110.5	95.6	114.2	102.7	99.9
39歳以下	3.7	3.2	3.9	5.5	6.4	5.0	4.5	2.9	2.8	2.4	2.3	2.4
40〜49歳	69.5	77.5	79.2	75.5	68.5	64.6	51.5	34.2	26.9	24.4	22.3	20.3
50〜59歳	278.6	319.0	340.6	295.9	238.3	162.8	122.3	93.0	74.4	65.6	54.4	49.9
60〜69歳	920.8	978.1	1 025.9	1 006.6	844.6	578.3	403.1	235.8	166.4	177.0	139.4	116.8
70〜79歳	2 117.1	2 199.7	2 499.8	2 719.2	2 516.6	1 936.4	1 450.3	897.9	616.7	588.9	428.9	371.4
80〜89歳	}2 970.9	3 143.5	3 997.0	4 929.3	4 996.6	4 573.2	3 710.2	2 645.9	1 984.8	2 109.6	1 528.9	1 195.5
90歳以上		3 259.6	4 297.8	4 275.9	5 889.4	6 558.4	5 910.4	4 825.8	4 209.4	4 866.2	3 391.1	2 878.5
くも膜下出血												
総数	1.8	3.0	4.0	4.8	5.3	5.8	6.4	7.0	8.1	9.0	9.0	9.0
39歳以下	0.6	0.8	1.0	1.2	1.6	1.4	1.3	1.0	1.2	1.1	1.1	1.1
40〜49歳	3.9	5.5	6.4	8.1	8.8	10.0	9.8	9.5	9.5	8.8	8.2	7.6
50〜59歳	6.2	10.0	13.6	13.8	14.0	15.1	16.9	17.2	17.2	16.5	14.5	13.5
60〜69歳	7.5	15.0	17.5	21.1	19.7	20.0	20.0	20.0	20.9	22.4	19.5	17.5
70〜79歳	8.9	16.8	20.2	25.1	23.4	22.3	24.5	25.5	27.8	29.2	26.8	25.2
80〜89歳	}6.0	9.0	25.3	23.9	23.7	25.2	24.1	27.6	32.9	39.2	41.4	39.7
90歳以上		−	24.2	14.6	17.2	27.7	24.1	28.5	38.1	47.9	51.0	53.7
脳内出血												
総数	117.5	123.4	132.4	117.3	92.6	63.9	46.8	32.0	26.3	29.0	27.3	28.6
39歳以下	2.4	1.9	2.3	3.4	3.8	2.8	2.4	1.4	1.2	1.0	0.9	1.0
40〜49歳	61.8	65.8	65.2	55.0	46.6	41.4	31.7	19.5	14.3	12.4	11.4	10.6
50〜59歳	259.3	281.8	280.0	215.1	157.0	98.3	71.0	50.9	39.5	33.1	27.5	26.5
60〜69歳	868.9	854.3	812.0	651.8	457.7	272.4	170.1	93.5	65.9	68.3	55.7	50.2
70〜79歳	1 990.4	1 892.5	1 862.6	1 539.3	1 075.9	646.7	393.1	216.8	146.3	135.7	108.8	106.7
80〜89歳	}2 779.9	2 662.8	2 817.7	2 456.8	1 759.5	1 144.3	746.3	459.4	313.2	334.8	259.8	231.8
90歳以上		2 779.2	2 857.1	1 966.8	1 551.1	1 163.1	832.3	614.4	478.8	521.8	429.4	395.5
脳梗塞												
総数	4.1	9.4	22.7	46.1	60.5	62.4	65.0	54.9	50.5	70.1	63.5	59.6
39歳以下	0.6	0.5	0.4	0.4	0.4	0.2	0.2	0.2	0.2	0.2	0.1	0.2
40〜49歳	2.5	3.8	3.8	4.3	4.0	4.2	3.9	2.7	2.0	2.4	1.8	1.5
50〜59歳	8.1	15.5	25.2	32.4	32.2	23.0	18.9	17.1	13.3	13.9	10.6	8.1
60〜69歳	25.9	60.0	119.9	208.3	224.8	173.8	149.4	95.7	67.4	79.6	60.3	45.4
70〜79歳	64.4	159.9	407.2	805.6	956.6	873.0	771.4	521.1	381.8	399.1	282.9	230.2
80〜89歳	}94.0	266.4	810.7	1 788.9	2 247.4	2 398.7	2 215.7	1 651.0	1 335.0	1 599.8	1 189.6	895.6
90歳以上		205.9	1 077.5	1 690.0	3 262.4	3 881.5	3 663.8	3 047.2	2 737.5	3 770.5	2 800.7	2 356.1
女												
脳血管疾患												
総数	124.1	129.4	149.6	160.0	160.7	149.4	136.4	113.9	103.0	121.4	108.2	104.5
39歳以下	3.8	3.1	3.0	2.8	3.0	2.6	2.2	1.6	1.3	1.4	1.3	1.2
40〜49歳	69.3	61.9	52.1	41.2	32.5	27.2	24.4	18.0	14.8	13.1	11.1	9.7
50〜59歳	244.9	238.7	214.2	167.2	130.1	92.2	66.7	49.4	36.4	33.1	27.3	24.3
60〜69歳	709.8	677.4	658.6	600.4	481.1	332.4	236.7	141.5	96.1	88.9	65.8	52.8
70〜79歳	1 662.7	1 674.6	1 897.3	1 926.9	1 719.7	1 357.3	987.6	609.9	419.2	364.9	251.7	193.2
80〜89歳	}2 456.6	2 485.0	3 149.5	3 833.8	3 969.4	3 730.8	3 072.8	2 239.9	1 651.9	1 558.6	1 102.4	857.0
90歳以上		2 497.3	3 598.4	4 063.5	5 186.7	5 977.4	5 562.5	4 531.8	3 906.0	4 209.5	2 992.2	2 498.7
くも膜下出血												
総数	1.9	2.9	3.8	4.4	5.0	6.0	7.5	10.0	11.9	14.1	14.5	14.2
39歳以下	0.7	0.6	0.7	0.8	0.9	0.9	0.7	0.6	0.5	0.6	0.6	0.6
40〜49歳	3.6	4.9	4.9	5.0	5.2	6.4	7.3	7.7	7.4	6.8	6.0	5.3
50〜59歳	5.9	9.2	10.4	11.1	11.6	11.7	13.0	15.1	14.7	14.2	13.0	10.7
60〜69歳	7.5	14.0	18.5	19.6	20.8	24.4	26.6	28.0	26.9	27.4	22.7	19.8
70〜79歳	8.7	14.8	24.7	25.9	25.8	30.2	38.9	51.3	55.7	55.0	46.8	40.8
80〜89歳	}7.4	15.2	15.9	30.6	27.4	28.7	35.8	55.3	74.4	89.4	86.8	79.7
90歳以上		23.6	25.1	13.5	20.7	26.7	27.9	36.5	54.4	90.7	102.1	95.6
脳内出血												
総数	115.3	111.6	114.6	95.0	73.6	52.7	39.6	27.8	22.0	24.5	22.2	22.3
39歳以下	2.4	1.6	1.5	1.4	1.4	1.1	0.9	0.6	0.5	0.5	0.4	0.4
40〜49歳	60.9	51.0	39.4	27.5	19.6	15.0	12.4	7.5	5.4	4.6	3.6	3.4
50〜59歳	228.6	210.3	173.3	115.7	80.6	53.4	34.0	23.0	14.4	12.3	10.1	9.7
60〜69歳	668.1	591.3	522.7	389.3	258.5	156.1	99.1	51.3	32.6	29.0	21.1	17.9
70〜79歳	1 565.6	1 458.8	1 447.8	1 116.5	770.5	464.5	290.1	158.2	102.8	92.4	67.5	56.1
80〜89歳	}2 293.8	2 117.4	2 312.8	2 027.3	1 464.2	966.2	641.6	411.1	274.5	264.8	200.6	171.4
90歳以上		2 007.3	2 373.9	1 830.6	1 544.6	1 171.8	856.3	596.8	451.3	456.1	351.6	313.2
脳梗塞												
総数	4.0	8.5	20.1	40.8	54.1	60.9	64.5	57.0	54.7	73.7	68.0	65.0
39歳以下	0.7	0.7	0.6	0.4	0.4	0.2	0.2	0.2	0.1	0.2	0.2	0.1
40〜49歳	3.4	3.9	4.7	4.7	3.7	2.6	2.0	1.6	1.3	1.3	1.1	0.9
50〜59歳	6.5	12.0	17.2	22.1	20.2	13.2	10.9	7.0	5.2	5.4	3.4	3.1
60〜69歳	19.4	40.3	71.7	120.4	121.9	91.1	74.5	46.1	29.9	29.3	19.7	13.3
70〜79歳	44.7	108.5	275.5	542.3	618.4	584.9	483.4	308.5	218.1	198.7	129.8	90.8
80〜89歳	}84.0	192.5	563.1	1 260.1	1 713.9	1 926.3	1 779.4	1 335.3	1 032.9	1 085.4	780.7	583.9
90歳以上		283.4	848.4	1 617.3	2 542.6	3 403.5	3 367.1	2 787.8	2 466.1	3 111.0	2 417.4	2 014.8

注：1）昭和60年の粗死亡率の算出においては、昭和60年国勢調査確定人口を用いたため人口動態統計報告書とは一致しない。
　　2）昭和26年の「80歳〜89歳」の数値は、80歳以上の数値である。

6 配偶関係別にみた心疾患－脳血管疾患死亡

平成7年・12年の性・配偶関係別に「心疾患」と「脳血管疾患」の粗死亡率（人口10万対）をみると、どの年齢階級においても男女ともに「有配偶」の粗死亡率が低く、「未婚」「離別」「死別」の粗死亡率が高くなっている。（図7、表5）

性・配偶関係別に「心疾患」と「脳血管疾患」の年齢調整死亡率（人口10万対）をみると、男女とも「有配偶」より、「未婚」「離別」「死別」の年齢調整死亡率が高くなっており、女より男の方が配偶関係による差が大きくなっている。平成7年と平成12年を比較すると、すべての配偶関係で平成12年の方が低くなっている。（図8、表5）

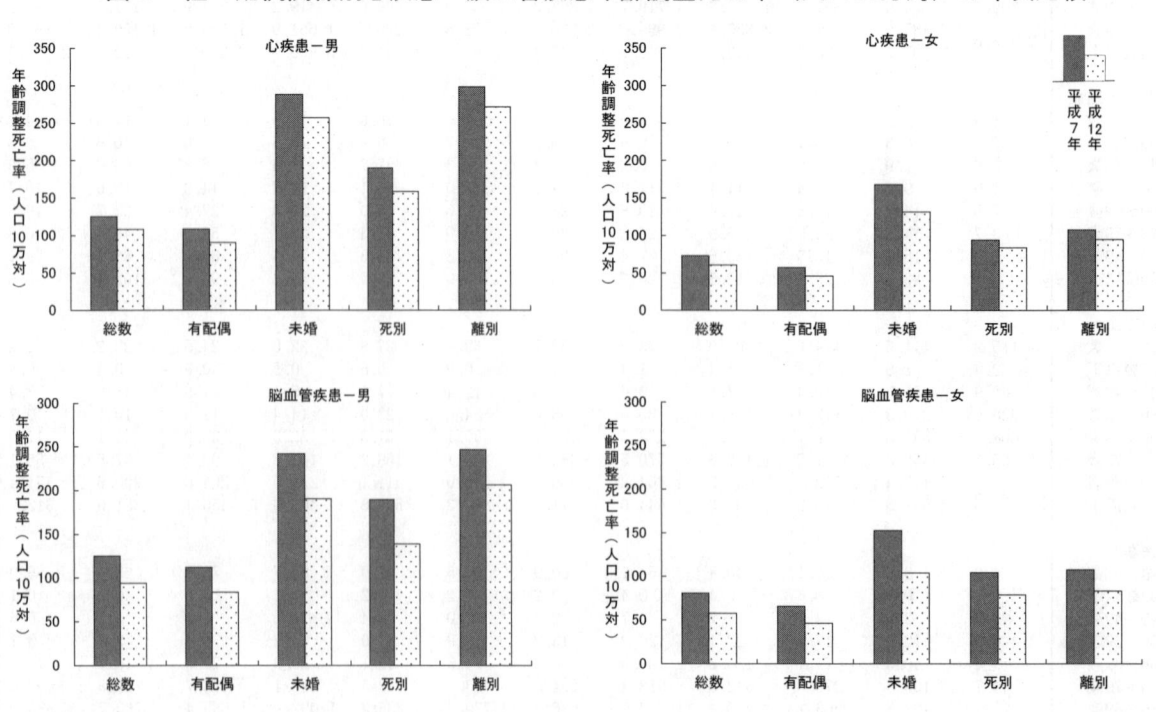

図7　性・年齢（10歳階級）・配偶関係別心疾患－脳血管疾患粗死亡率（人口10万対）－平成12年－

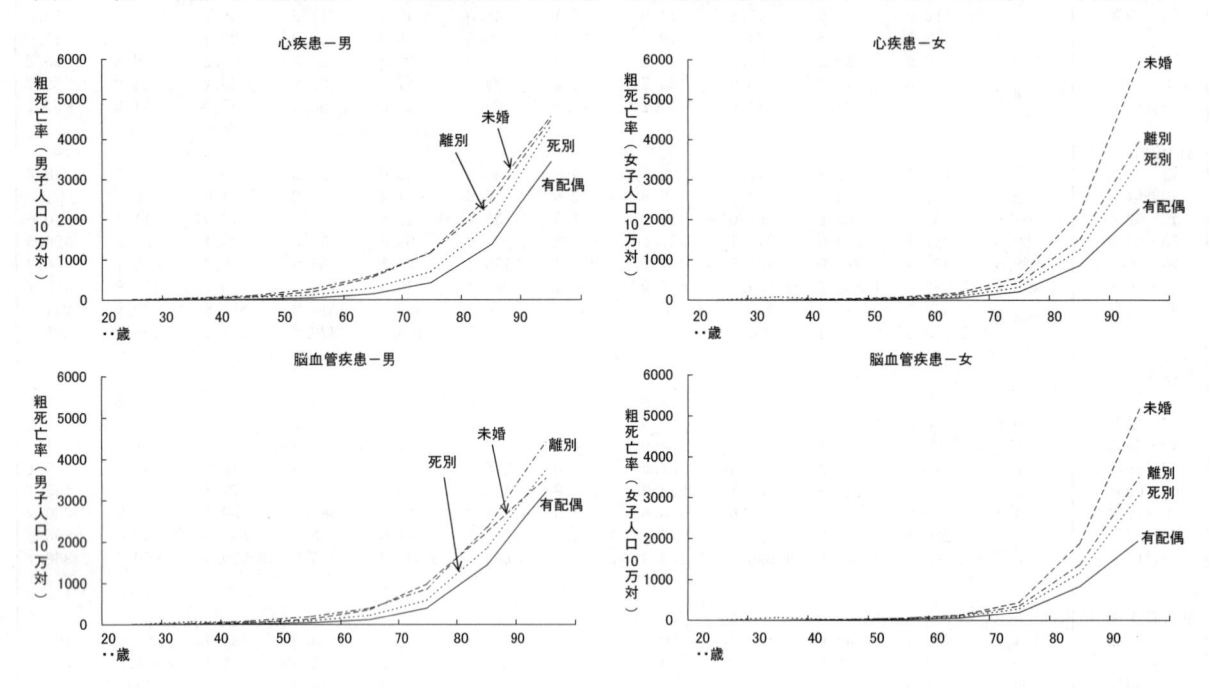

図8　性・配偶関係別心疾患－脳血管疾患年齢調整死亡率（人口10万対）の年次比較

表5　性・年齢（10歳階級）・配偶関係別心疾患－脳血管疾患死亡数・粗死亡率（人口10万対）・年齢調整死亡率（人口10万対）の年次比較

死因・年齢階級	総数 総数1)	総数 有配偶	総数 未婚	総数 死別	総数 離別	男 総数1)	男 有配偶	男 未婚	男 死別	男 離別	女 総数1)	女 有配偶	女 未婚	女 死別	女 離別
平成7年						**死亡数**									
心疾患 総数2)	138 789	61 127	8 542	62 629	6 179	69 458	46 312	4 800	14 613	3 560	69 331	14 815	3 742	48 016	2 619
20〜29歳	591	100	475	1	14	452	69	370	1	11	139	31	105	-	3
30〜39歳	1 195	515	535	29	112	913	381	446	7	77	282	134	89	22	35
40〜49歳	3 961	2 147	1 185	61	550	2 999	1 547	989	33	416	962	600	196	28	134
50〜59歳	8 626	5 619	1 361	412	1 201	6 441	4 217	1 055	194	950	2 185	1 402	306	218	251
60〜69歳	19 578	13 786	1 585	2 592	1 553	13 379	10 300	937	1 001	1 093	6 199	3 486	648	1 591	460
70〜79歳	35 178	19 820	1 572	12 354	1 357	18 391	14 194	508	3 037	612	16 787	5 626	1 064	9 317	745
80〜89歳	52 280	16 976	1 308	32 779	1 127	21 476	13 649	312	7 127	353	30 804	3 327	996	25 652	774
90歳以上	17 201	2 162	344	14 401	265	5 281	1 954	58	3 213	48	11 920	208	286	11 188	217
粗死亡率															
総数2)	132.9	96.2	29.3	768.6	200.4	136.9	145.7	29.6	1 141.5	319.1	129.1	46.7	29.0	699.1	133.1
20〜29歳	3.2	2.3	3.5	16.4	9.7	4.8	4.1	4.9	68.4	26.5	1.5	1.2	1.7	-	2.9
30〜39歳	7.6	4.5	15.1	68.5	24.2	11.5	7.2	18.7	78.8	48.3	3.6	2.1	7.7	65.8	11.6
40〜49歳	20.4	13.2	61.7	24.1	58.9	30.7	19.4	74.5	59.8	117.7	9.9	7.2	33.1	14.2	23.1
50〜59歳	51.4	39.4	164.4	52.7	150.7	77.8	58.0	229.2	129.6	291.0	25.7	20.0	83.3	34.5	53.3
60〜69歳	141.7	125.5	345.4	142.8	326.5	203.2	175.0	592.5	315.9	631.6	85.7	68.4	215.4	106.2	152.0
70〜79歳	442.4	413.5	885.2	450.2	660.4	577.3	519.5	1 328.4	841.6	1 265.4	352.3	272.9	763.5	390.9	474.1
80〜89歳	1 525.1	1 451.9	2 927.0	1 535.5	1 985.4	1 816.3	1 631.5	3 427.8	2 221.6	2 846.5	1 371.9	1 000.2	2 798.9	1 414.1	1 744.7
90歳以上	3 891.0	3 806.9	7 006.1	3 886.8	4 529.9	4 517.2	4 047.6	5 948.7	4 873.3	4 729.1	3 665.8	2 444.8	7 268.1	3 673.3	4 488.1
年齢調整死亡率						125.3	108.5	288.1	189.9	298.3	73.3	57.6	167.9	94.2	107.6
						死亡数									
脳血管疾患 総数2)	146 435	64 630	6 462	69 594	5 508	69 501	47 551	3 218	15 737	2 871	76 934	17 079	3 244	53 857	2 637
20〜29歳	186	43	138	-	5	113	19	92	-	2	73	24	46	-	3
30〜39歳	756	384	275	31	66	496	231	223	9	33	260	153	52	22	33
40〜49歳	3 652	2 340	775	67	464	2 383	1 390	667	18	303	1 269	950	108	49	161
50〜59歳	8 246	5 798	936	438	1 046	5 434	3 799	713	165	739	2 812	1 999	223	273	307
60〜69歳	18 085	12 975	1 207	2 537	1 324	11 654	9 173	676	901	871	6 431	3 802	531	1 636	453
70〜79歳	36 149	20 625	1 415	12 768	1 286	18 759	14 694	470	3 020	549	17 390	5 931	945	9 748	737
80〜89歳	59 943	20 094	1 330	37 364	1 073	24 948	16 145	300	8 139	331	34 995	3 949	1 030	29 225	742
90歳以上	19 377	2 371	345	16 389	244	5 689	2 100	52	3 485	43	13 688	271	293	12 904	201
粗死亡率															
総数2)	140.2	101.7	22.2	854.1	178.7	137.0	149.6	19.8	1 229.3	257.3	143.3	53.8	25.2	784.2	134.0
20〜29歳	1.0	1.0	1.0	-	3.5	1.2	1.1	1.2	-	4.8	0.8	0.9	0.7	-	2.9
30〜39歳	4.8	3.3	7.8	73.3	14.3	6.3	4.3	9.4	101.3	20.7	3.4	2.5	4.5	65.8	10.9
40〜49歳	18.8	14.4	40.4	26.5	49.7	24.4	17.4	50.2	32.6	85.8	13.1	11.5	18.2	24.8	27.7
50〜59歳	49.1	40.6	113.1	56.0	131.2	65.6	52.2	154.9	110.3	226.3	33.1	28.6	60.7	43.2	65.2
60〜69歳	130.9	118.1	263.0	139.8	278.3	177.0	155.9	427.5	283.9	503.3	88.9	74.6	176.5	109.2	149.7
70〜79歳	454.6	430.3	796.8	465.2	625.8	588.9	537.8	1 229.4	836.9	1 135.2	364.9	287.7	678.1	409.0	469.0
80〜89歳	1 748.6	1 718.6	2 976.3	1 750.3	1 890.3	2 109.6	1 929.8	3 296.0	2 537.1	2 669.1	1 558.6	1 187.2	2 894.5	1 611.3	1 672.6
90歳以上	4 383.2	4 175.0	7 026.5	4 423.4	4 170.9	4 866.2	4 349.4	5 333.3	5 285.8	4 236.5	4 209.5	3 185.2	7 446.0	4 236.7	4 157.2
年齢調整死亡率						125.2	111.7	241.9	189.6	246.6	80.7	65.9	152.8	104.5	107.6
平成12年						**死亡数**									
心疾患 総数2)	146 413	61 766	10 199	66 364	7 832	71 950	46 734	6 030	14 419	4 616	74 463	15 032	4 169	51 945	3 216
20〜29歳	620	98	501	-	17	478	72	393	-	11	142	26	108	-	6
30〜39歳	1 293	453	676	30	131	999	351	549	5	91	294	102	127	25	40
40〜49歳	3 275	1 565	1 189	46	466	2 577	1 189	1 003	28	349	698	376	186	18	117
50〜59歳	9 023	5 208	1 915	334	1 536	7 046	3 984	1 598	192	1 244	1 977	1 224	317	142	292
60〜69歳	18 516	12 284	1 839	2 279	2 062	13 079	9 245	1 297	951	1 541	5 437	3 039	542	1 328	521
70〜79歳	36 028	21 163	1 934	11 013	1 860	20 125	15 296	733	3 117	943	15 903	5 867	1 201	7 896	917
80〜89歳	53 198	17 875	1 495	32 411	1 357	20 849	13 860	300	6 303	368	32 349	4 015	1 195	26 108	989
90歳以上	24 335	3 120	526	20 251	403	6 711	2 737	72	3 823	69	17 624	383	454	16 428	334
粗死亡率															
総数2)	136.7	96.2	34.6	772.7	206.1	138.5	145.4	36.6	1 036.3	329.3	135.1	46.9	32.0	721.7	134.1
20〜29歳	3.5	2.3	3.7	-	8.6	5.2	4.2	5.4	-	18.9	1.6	1.0	1.8	-	4.3
30〜39歳	7.8	4.0	14.7	70.9	21.5	11.9	6.8	18.9	54.3	43.5	3.6	1.7	7.6	80.5	10.0
40〜49歳	19.8	11.8	60.5	24.5	53.2	31.1	18.5	73.7	66.0	105.4	8.5	5.5	30.9	12.4	21.4
50〜59歳	47.4	33.1	154.0	45.7	137.9	74.7	50.4	204.9	124.2	274.6	20.6	15.6	68.4	24.7	44.2
60〜69歳	125.3	104.8	350.1	131.0	333.7	184.8	149.5	571.2	298.9	609.5	70.6	54.8	181.8	93.4	142.7
70〜79歳	359.8	330.1	713.3	379.8	636.6	470.4	421.8	1 178.0	697.0	1 168.2	277.3	210.7	574.9	322.0	433.7
80〜89歳	1 287.0	1 213.5	2 242.6	1 338.8	1 685.3	1 503.5	1 381.3	2 649.2	1 916.3	2 448.1	1 177.9	855.1	2 159.3	1 248.0	1 510.2
90歳以上	3 478.9	3 228.9	5 705.0	3 600.3	4 051.9	3 814.0	3 429.0	4 551.2	4 329.0	4 466.0	3 366.3	2 278.5	5 944.0	3 464.6	3 975.7
年齢調整死亡率						108.1	90.6	257.1	158.4	271.7	61.0	46.2	131.4	83.9	94.9
						死亡数									
脳血管疾患 総数2)	132 449	58 575	6 869	60 636	6 164	63 081	43 051	3 659	12 931	3 319	69 368	15 524	3 210	47 705	2 845
20〜29歳	163	28	129	-	5	104	12	89	-	3	59	16	40	-	2
30〜39歳	687	300	288	27	69	462	188	219	6	47	225	112	69	21	22
40〜49歳	2 765	1 632	693	40	394	1 851	978	587	19	261	914	654	106	21	133
50〜59歳	7 778	5 001	1 221	344	1 187	5 146	3 124	993	133	874	2 632	1 877	228	211	313
60〜69歳	14 958	10 369	1 206	1 917	1 433	9 885	7 287	834	718	1 016	5 073	3 082	372	1 199	417
70〜79歳	32 842	19 967	1 548	9 827	1 458	18 391	14 417	611	2 637	696	14 451	5 550	937	7 190	762
80〜89歳	51 565	18 394	1 302	30 556	1 253	21 247	14 494	254	6 127	354	30 318	3 900	1 048	24 429	899
90歳以上	21 662	2 884	453	17 925	365	5 979	2 551	56	3 291	68	15 683	333	397	14 634	297
粗死亡率															
総数2)	123.7	91.2	23.3	706.0	162.2	121.4	133.9	22.2	929.4	236.8	125.9	48.4	24.6	662.8	118.6
20〜29歳	0.9	0.7	1.0	-	2.5	1.1	0.7	1.2	-	5.2	0.7	0.6	0.7	-	1.4
30〜39歳	4.1	2.7	6.3	67.1	11.3	5.5	3.6	7.5	65.2	22.5	2.8	1.9	4.1	67.6	5.5
40〜49歳	16.7	12.3	35.3	21.3	44.9	22.3	15.2	43.1	44.8	78.8	11.1	9.5	17.6	14.5	24.4
50〜59歳	40.8	31.8	98.2	47.1	106.6	54.5	39.5	127.3	86.0	192.9	27.4	23.9	49.2	36.6	47.4
60〜69歳	101.2	88.4	229.6	110.2	231.9	139.7	117.9	367.3	225.7	401.9	65.9	55.6	124.9	84.3	114.2
70〜79歳	328.0	311.4	571.0	338.9	499.0	429.9	397.6	982.0	589.6	862.2	252.0	199.3	448.5	293.2	360.4
80〜89歳	1 247.5	1 248.8	1 953.0	1 262.2	1 556.2	1 532.2	1 444.4	2 243.0	1 862.6	2 355.0	1 103.7	830.6	1 893.7	1 167.7	1 372.8
90歳以上	3 096.8	2 984.6	4 913.2	3 186.8	3 669.8	3 398.0	3 196.0	3 538.8	3 726.6	4 401.3	2 995.5	1 981.1	5 197.7	3 086.2	3 535.3
年齢調整死亡率						93.8	83.3	190.5	139.0	206.4	57.7	46.4	103.8	79.0	83.2

注：1）総数には、配偶関係不詳を含む。
　　2）総数には、15〜19歳及び年齢不詳を含む。

7 職業・産業別にみた心疾患－脳血管疾患死亡（平成7年度・12年度職業・産業別統計）

（1）職業別の状況

　20～64歳の者について、死亡時の職業に基づき、性・職業別に平成12年度の心疾患年齢調整死亡率（人口10万対）をみると、男では「無職」が最も高く、次いで「サービス職業従事者」「専門的・技術的職業従事者」となっており、「専門的・技術的職業従事者」「管理的職業従事者」は、平成7年度に比べ平成12年度は上昇している。

　平成12年度の脳血管疾患年齢調整死亡率をみると、男では「心疾患」と同様に「無職」が最も高く、次いで「サービス職業従事者」「農林漁業作業者」となっており、「専門的・技術的職業従事者」「管理的職業従事者」は、平成7年度に比べ平成12年度は上昇している。（図9、表6）

図9　20～64歳の性・職業（大分類）別にみた心疾患－脳血管疾患年齢調整死亡率（人口10万対）
－平成7年度・平成12年度－

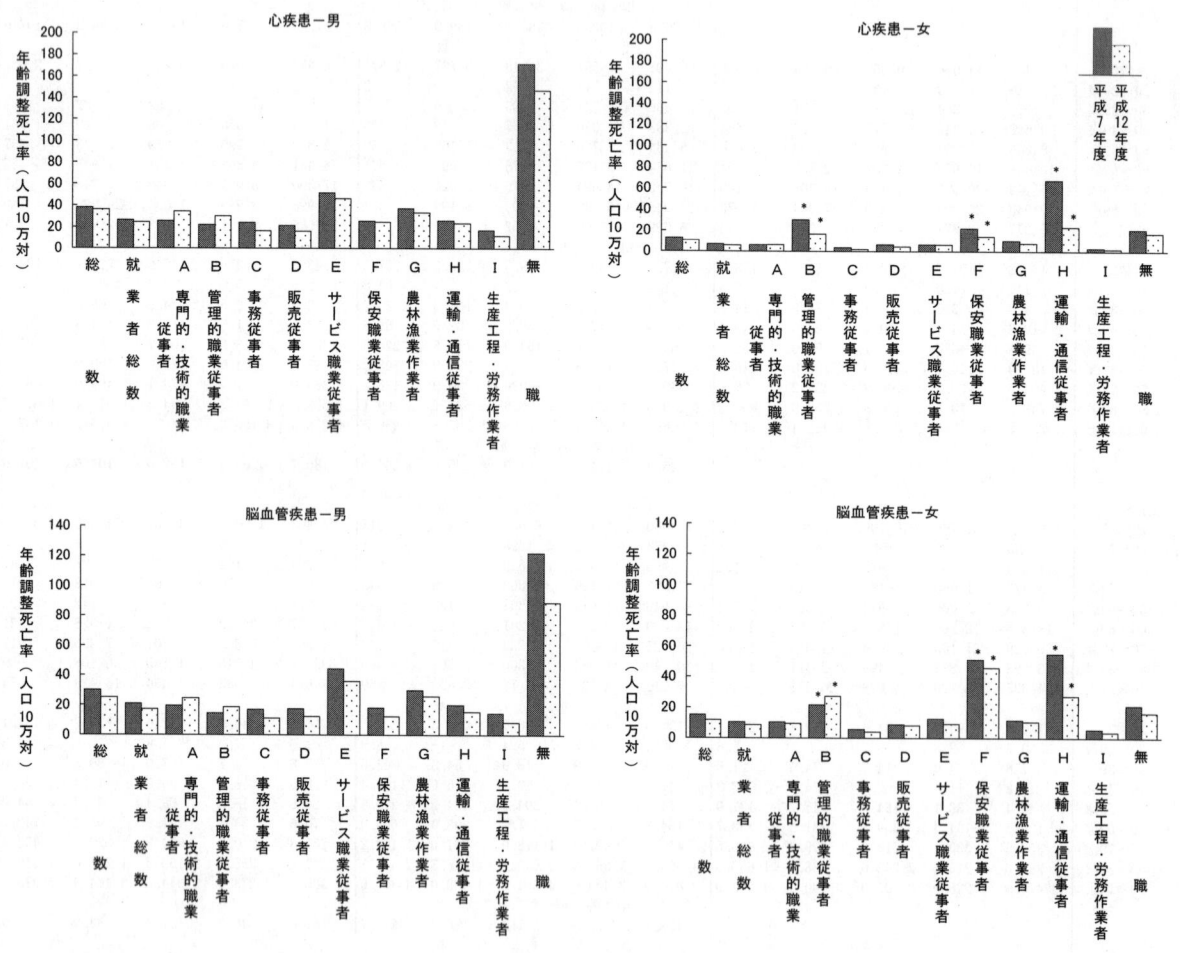

注：1）図中＊印の付してある箇所については、発生件数が100未満のもので数値が特に不安定であることに注意する必要がある。
　　2）「職業」は死亡時の職業である。

表6　20～64歳の性・職業（大分類）別にみた心疾患－脳血管疾患死亡数・
粗死亡率（人口10万対）・年齢調整死亡率（人口10万対）

職業	平成7年度 男 全死因	心疾患	脳血管疾患	女 全死因	心疾患	脳血管疾患	平成12年度 男 全死因	心疾患	脳血管疾患	女 全死因	心疾患	脳血管疾患
死亡数												
総数	134 921	16 502	13 165	64 328	5 825	6 844	131 635	16 329	11 391	60 831	4 911	5 511
就業者総数	79 277	9 808	7 808	19 717	1 566	2 479	73 130	9 046	6 445	18 633	1 360	2 146
A 専門的・技術的職業従事者	6 994	882	664	1 673	102	184	11 020	1 349	957	2 201	134	216
B 管理的職業従事者	5 225	677	508	738	*50	*72	5 000	602	429	695	*46	*66
C 事務従事者	8 018	1 018	742	2 760	181	303	6 262	758	531	2 302	122	258
D 販売従事者	8 523	1 084	897	2 409	206	298	7 330	889	691	2 011	146	272
E サービス職業従事者	6 046	767	654	2 813	221	442	6 031	765	579	2 660	230	367
F 保安職業従事者	1 346	198	139	107	*6	*12	1 365	228	119	119	*5	*13
G 農林漁業作業者	7 083	828	693	2 034	184	284	4 767	529	418	1 286	107	161
H 運輸・通信従事者	5 097	633	508	275	*35	*35	4 583	590	398	261	*22	*28
I 生産工程・労務作業者	18 971	2 265	1 932	2 497	205	381	12 489	1 563	1 107	1 872	138	256
J 分類不能の職業	11 974	1 456	1 071	4 411	376	468	14 283	1 773	1 216	5 226	410	509
無職	55 644	6 694	5 357	44 611	4 259	4 365	58 505	7 283	4 946	42 198	3 551	3 365
粗死亡率												
総数	346.6	42.4	33.8	165.7	15.0	17.6	336.9	41.8	29.2	156.8	12.7	14.2
就業者総数	229.9	28.4	22.6	85.2	6.8	10.7	219.6	27.2	19.4	80.4	5.9	9.3
A 専門的・技術的職業従事者	163.7	20.6	15.5	51.5	3.1	5.7	248.6	30.4	21.6	61.3	3.7	6.0
B 管理的職業従事者	254.5	33.0	24.7	371.8	*25.2	*36.3	385.4	46.4	33.1	492.1	*32.6	*46.7
C 事務従事者	187.2	23.8	17.3	38.4	2.5	4.2	145.5	17.6	12.3	32.1	1.7	3.6
D 販売従事者	154.5	19.7	16.3	76.9	6.6	9.5	131.8	16.0	12.4	66.8	4.8	9.0
E サービス職業従事者	383.8	48.7	41.5	98.7	7.8	15.5	358.1	45.4	34.4	82.9	7.2	11.4
F 保安職業従事者	165.1	24.3	17.1	275.1	*15.4	*30.9	156.2	26.1	13.6	248.7	*10.5	*27.2
G 農林漁業作業者	573.3	67.0	56.1	191.2	17.3	26.7	509.2	56.5	44.7	168.5	14.0	21.1
H 運輸・通信従事者	234.1	29.1	23.3	233.4	*29.7	*29.7	223.2	28.7	19.4	251.8	*21.2	*27.0
I 生産工程・労務作業者	153.3	18.3	15.6	48.4	4.0	7.4	105.8	13.2	9.4	38.5	2.8	5.3
無職	1 344.1	161.7	129.4	286.7	27.4	28.1	1 195.5	148.8	101.1	276.5	23.3	22.1
年齢調整死亡率												
総数	311.9	38.1	30.0	146.0	12.9	15.1	294.5	36.4	25.0	134.8	10.6	11.8
就業者総数	215.8	26.6	20.9	83.8	6.8	10.4	200.1	24.7	17.3	76.4	5.7	8.7
A 専門的・技術的職業従事者	204.0	25.7	19.5	81.0	6.1	10.5	287.3	34.6	24.6	87.2	6.2	9.6
B 管理的職業従事者	174.0	22.0	14.5	283.9	*30.1	*21.6	261.7	30.3	18.6	340.0	*16.6	*27.3
C 事務従事者	189.5	24.2	17.0	48.9	3.7	5.8	134.8	16.4	11.2	35.7	1.9	4.1
D 販売従事者	170.0	21.4	17.4	73.3	6.5	8.9	133.3	16.2	12.4	61.9	4.5	8.3
E サービス職業従事者	403.5	51.7	44.3	84.8	6.4	12.7	364.8	46.4	35.9	72.1	6.3	9.3
F 保安職業従事者	174.1	25.7	18.3	449.8	*22.1	*51.2	147.1	24.7	12.5	356.1	*14.3	*45.9
G 農林漁業作業者	334.8	37.3	29.9	112.0	10.1	11.7	318.3	33.4	25.9	95.3	7.7	10.7
H 運輸・通信従事者	212.6	26.1	20.0	394.8	*67.5	*54.9	187.5	23.5	15.5	298.8	*23.2	*27.3
I 生産工程・労務作業者	144.2	17.2	14.5	39.4	3.1	5.6	96.9	12.1	8.4	29.8	2.2	3.8
無職	1 398.7	171.5	121.8	231.5	20.8	21.1	1 172.3	147.1	88.7	221.2	17.4	16.4

注：1)　「J　分類不能の職業」には仕事の有無不詳を含む。
　　2)　表中*印の付してある数値については、発生件数が100未満のもので数値が特に不安定であることに注意する必要がある。
　　3)　「職業」は死亡時の職業である。

(2) 産業別の状況

　20～64歳の者について、死亡時の産業に基づき、性・産業別に平成12年度の「心疾患」と「脳血管疾患」の年齢調整死亡率（人口10万対）をみると、男では「無業」「電気・ガス・熱供給・水道業」「農業」が高くなっている。（表7）

表7　20～64歳の性・産業（大分類）別にみた心疾患－脳血管疾患死亡数・粗死亡率（人口10万対）・年齢調整死亡率（人口10万対）

産業	平成7年度 男 全死因	心疾患	脳血管疾患	女 全死因	心疾患	脳血管疾患	平成12年度 男 全死因	心疾患	脳血管疾患	女 全死因	心疾患	脳血管疾患
					死　亡　数							
総　　　　数	134 921	16 502	13 165	64 328	5 825	6 844	131 635	16 329	11 391	60 831	4 911	5 511
就業者総数	79 277	9 808	7 808	19 717	1 566	2 479	73 130	9 046	6 445	18 633	1 360	2 146
第1次産業	7 993	942	801	2 272	194	312	5 845	673	506	1 519	110	192
A　農　　業	6 334	777	637	1 994	170	281	4 505	517	394	1 320	*93	166
B　林　　業	472	*47	*47	*65	*4	*5	380	*52	*29	*40	*3	*6
C　漁　　業	1 187	118	117	213	*20	*26	960	104	*83	159	*14	*20
第2次産業	23 642	2 900	2 368	3 411	270	454	20 160	2 482	1 842	2 954	185	377
D　鉱　　業	961	122	103	157	*12	*23	805	*86	*88	123	*6	*14
E　建　設　業	11 391	1 332	1 151	924	*79	121	9 733	1 159	846	897	*61	108
F　製　造　業	11 290	1 446	1 114	2 330	179	310	9 622	1 237	908	1 934	118	255
第3次産業	31 945	4 066	3 203	8 685	647	1 131	29 410	3 697	2 596	8 050	583	974
G　電気・ガス・熱供給・水道業	1 901	226	176	219	*12	*26	1 649	188	152	186	*15	*17
H　運輸・通信業	5 697	726	550	398	*41	*51	5 245	689	415	408	*32	*38
I　卸売・小売業・飲食店	8 834	1 068	941	2 864	242	389	7 586	904	707	2 442	182	326
J　金融・保険業	1 089	129	100	394	*29	*42	914	118	102	291	*21	*37
K　不　動　産　業	839	111	*77	178	*8	*15	790	105	*51	160	*14	*13
L　サービス業	10 228	1 365	1 051	3 899	273	533	10 166	1 295	926	3 918	289	482
M　公　　務	3 357	441	308	733	*42	*75	3 114	398	243	645	*30	*61
N　分類不能の産業	15 697	1 900	1 436	5 349	455	582	17 715	2 194	1 501	6 110	482	603
無　　　　業	55 644	6 694	5 357	44 611	4 259	4 365	58 505	7 283	4 946	42 198	3 551	3 365
					粗　死　亡　率							
総　　　　数	346.6	42.4	33.8	165.7	15.0	17.6	336.9	41.8	29.2	156.8	12.7	14.2
就業者総数	229.9	28.4	22.6	85.2	6.8	10.7	219.6	27.2	19.4	80.4	5.9	9.3
第1次産業	652.6	76.9	65.4	208.0	17.8	28.6	632.0	72.8	54.7	190.5	13.8	24.1
A　農　　業	645.2	79.2	64.9	196.3	16.7	27.7	606.5	69.6	53.0	178.6	*12.6	22.5
B　林　　業	825.9	*82.2	*82.2	*549.5	*33.8	*42.3	921.2	*126.1	*70.3	*450.0	*33.8	*67.5
C　漁　　業	638.3	63.5	62.9	328.6	*30.9	*40.1	682.0	73.9	*59.0	321.9	*28.3	*40.5
第2次産業	179.6	22.0	18.0	61.8	4.9	8.2	163.9	20.2	15.0	62.0	3.9	7.9
D　鉱　　業	1 993.9	253.1	213.7	1 952.0	*149.2	*286.0	1 932.2	206.4	*211.2	1 618.4	*78.9	*184.2
E　建　設　業	224.0	26.2	22.6	94.4	*8.1	12.4	199.5	23.8	17.3	102.9	*7.0	12.4
F　製　造　業	140.6	18.0	13.9	51.4	3.9	6.8	130.3	16.8	12.3	49.8	3.0	6.6
第3次産業	160.5	20.4	16.1	53.1	4.0	6.9	149.1	18.7	13.2	46.4	3.4	5.6
G　電気・ガス・熱供給・水道業	634.9	75.5	58.8	414.8	*22.7	*49.2	557.0	63.5	51.3	381.3	*30.7	*34.8
H　運輸・通信業	183.0	23.3	17.7	64.5	*6.6	*8.3	172.9	22.7	13.7	57.9	*4.5	*5.4
I　卸売・小売業・飲食店	132.4	16.0	14.1	44.5	3.8	6.0	121.2	14.4	11.3	37.6	2.8	5.0
J　金融・保険業	121.3	14.4	11.1	39.3	*2.9	*4.2	111.9	14.5	12.5	32.9	*2.4	*4.2
K　不　動　産　業	246.4	32.6	*22.6	81.6	*3.7	*6.9	211.3	30.1	*14.6	71.4	6.3	5.8
L　サービス業	145.7	19.4	15.0	51.6	3.6	7.1	137.2	17.5	12.5	46.2	3.4	5.7
M　公　　務	215.6	28.3	19.8	151.0	*8.6	*15.4	200.5	25.6	15.6	131.2	*6.1	*12.4
無　　　　業	1 344.1	161.7	129.4	286.7	27.4	28.1	1 195.5	148.8	101.1	276.5	23.3	22.1
					年齢調整死亡率							
総　　　　数	311.9	38.1	30.0	146.0	12.9	15.1	294.5	36.4	25.0	134.8	10.6	11.8
就業者総数	215.8	26.6	20.9	83.8	6.8	10.4	200.1	24.7	17.3	76.4	5.7	8.7
第1次産業	404.1	46.1	37.1	145.9	9.1	13.2	425.4	46.2	33.7	123.2	7.5	13.9
A　農　　業	373.9	44.3	35.2	122.5	7.9	12.3	393.1	44.6	32.3	110.1	*7.1	11.5
B　林　　業	548.2	*48.9	*55.8	*464.0	*16.2	*19.0	648.7	*70.5	*38.9	*291.5	*11.1	*54.3
C　漁　　業	485.0	50.5	41.8	327.8	*23.4	*24.5	515.7	49.1	*39.1	262.2	*14.4	*36.8
第2次産業	165.4	20.1	16.2	57.1	4.5	7.4	147.1	18.0	13.0	53.7	3.5	6.5
D　鉱　　業	1 592.0	195.9	158.7	1 661.8	*126.0	*242.5	1 519.5	*164.2	*151.9	1 366.4	*59.2	*135.0
E　建　設　業	196.2	22.5	19.4	95.0	*7.4	11.4	172.5	20.2	14.3	89.1	*6.4	10.1
F　製　造　業	134.4	17.1	13.1	47.3	3.6	6.1	120.4	15.5	11.1	42.9	2.7	5.5
第3次産業	160.3	20.4	15.8	56.8	4.5	7.5	140.2	17.7	12.2	46.8	3.5	5.7
G　電気・ガス・熱供給・水道業	812.5	102.4	69.7	659.8	*45.4	*101.5	638.3	74.2	61.3	551.6	*46.6	*49.7
H　運輸・通信業	173.7	22.0	16.0	83.2	*10.8	*11.6	150.9	19.9	11.3	66.3	*4.9	*6.5
I　卸売・小売業・飲食店	137.6	16.6	14.4	44.9	4.0	6.0	118.4	14.2	10.9	35.6	2.7	4.7
J　金融・保険業	129.5	15.5	11.6	59.5	*5.4	*5.5	112.9	15.1	11.7	44.0	*3.2	*5.3
K　不　動　産　業	179.1	23.1	*16.2	65.3	*2.6	*5.4	150.0	19.7	*9.2	55.1	*4.5	*3.7
L　サービス業	144.0	19.1	14.8	56.5	4.2	7.9	130.5	16.6	11.8	47.9	3.7	6.0
M　公　　務	255.8	33.9	23.8	152.6	*9.5	*15.4	202.3	27.1	15.8	129.2	*6.3	*12.0
無　　　　業	1 398.7	171.5	121.8	231.5	20.8	21.1	1 172.3	147.1	88.7	221.6	17.4	16.4

注：1)「N　分類不能の産業」には仕事の有無不詳を含む。
　　2) 表中*印の付してある数値については、発生件数が100未満のもので数値が特に不安定であることに注意する必要がある。
　　3)「産業」は死亡時の産業である。

8 都道府県別にみた心疾患－脳血管疾患死亡

(1) 性別にみた年齢調整死亡率

平成16年の「心疾患」と「脳血管疾患」の年齢調整死亡率（人口10万対）を都道府県別にみると、「心疾患」の男では青森県が最も高く、次いで愛媛県、岩手県、女では愛媛県が最も高く、次いで埼玉県、徳島県となっている。「脳血管疾患」の男では青森県が最も高く、次いで岩手県、秋田県、女では岩手県が最も高く、次いで青森県、栃木県となっている。（表8、図10）

表8　性・都道府県別にみた心疾患－脳血管疾患年齢調整死亡率（人口10万対）の年次比較と65歳平均余命

都道府県	心疾患 男 平成12年	心疾患 男 平成16年 注：1),3)を参照	心疾患 女 平成12年	心疾患 女 平成16年 注：1),3)を参照	脳血管疾患 男 平成12年	脳血管疾患 男 平成16年 注：1),3)を参照	脳血管疾患 女 平成12年	脳血管疾患 女 平成16年 注：1),3)を参照	65歳平均余命 平成12年都道府県別生命表 男	65歳平均余命 平成12年都道府県別生命表 女
全国	85.8	80.6 (80.1)	48.5	44.2 (44.0)	74.2	62.5 (62.2)	45.7	37.0 (36.9)	17.56	22.46
北海道	87.3	84.9	50.1	48.0	72.1	62.2	43.7	36.9	17.79	22.87
青森	102.5	103.6	53.5	52.8	102.7	90.3	51.6	49.6	16.52	21.87
岩手	85.4	97.4	47.8	47.4	92.6	85.6	51.9	50.2	17.33	22.51
宮城	81.3	82.1	47.3	47.7	87.1	70.5	50.7	44.5	17.53	22.48
秋田	74.3	79.0	45.2	45.7	91.1	83.6	57.6	45.7	17.05	22.12
山形	84.3	84.5	45.4	45.3	83.1	74.6	52.7	43.7	17.57	22.18
福島	96.9	96.4	52.3	50.8	83.1	73.6	53.7	45.5	17.19	22.19
茨城	88.7	84.5	50.3	49.5	85.1	75.5	54.6	43.8	17.29	22.12
栃木	95.9	95.7	54.5	50.6	90.0	81.6	56.1	48.1	17.26	22.06
群馬	88.5	81.1	49.0	50.0	77.6	66.7	53.5	43.3	17.63	22.28
埼玉	92.7	86.5	53.8	53.8	77.3	65.8	50.2	44.2	17.55	22.14
千葉	90.6	90.2	54.7	50.1	77.1	63.5	45.5	42.0	17.67	22.25
東京	87.5	78.2	49.8	47.3	71.3	59.0	46.1	38.8	17.79	22.26
神奈川	79.1	72.4	43.7	43.9	71.2	58.1	48.1	40.4	17.78	22.50
新潟	77.9	78.2	41.2	41.8	79.4	73.7	47.0	42.3	17.60	22.85
富山	73.8	64.0	40.9	37.0	72.2	62.6	44.8	40.2	17.79	22.99
石川	85.8	78.4	47.9	45.9	71.8	62.1	39.3	36.3	17.55	22.90
福井	81.7	77.9	41.3	41.7	61.3	55.7	35.8	36.5	17.93	23.05
山梨	88.1	81.1	46.0	46.0	64.2	60.5	39.9	36.5	17.85	23.01
長野	78.7	73.4	39.8	43.6	87.3	71.7	53.4	46.1	18.38	22.91
岐阜	86.3	84.5	52.8	49.5	74.6	59.7	43.8	41.7	17.67	22.22
静岡	84.0	79.1	48.8	45.6	77.4	65.2	46.9	40.5	17.67	22.60
愛知	92.5	85.0	55.8	51.6	73.5	63.7	47.0	39.4	17.48	22.02
三重	86.5	82.5	49.7	46.5	74.0	63.5	42.7	39.9	17.51	22.39
滋賀	78.8	76.0	47.3	43.7	62.9	55.3	42.6	34.7	17.41	22.48
京都	84.7	80.8	49.7	47.6	63.5	55.2	41.2	34.3	17.74	22.63
大阪	89.3	84.0	51.9	51.2	63.4	53.5	38.8	33.6	16.98	21.93
兵庫	84.1	78.6	50.2	47.4	64.1	56.2	40.6	34.1	17.42	22.19
奈良	84.5	80.4	52.8	50.3	61.8	51.5	42.2	35.3	17.70	22.34
和歌山	101.8	91.6	53.6	51.2	69.2	54.4	42.0	36.0	17.23	22.17
鳥取	92.5	80.8	47.4	46.4	78.4	69.0	49.1	41.6	17.46	22.75
島根	72.0	76.9	40.4	43.3	70.8	58.4	37.6	33.2	17.77	23.27
岡山	82.1	77.8	42.6	43.7	69.4	60.5	44.0	37.1	17.73	22.97
広島	82.7	79.3	46.7	48.6	68.6	53.8	39.9	35.0	17.66	22.82
山口	79.2	81.8	52.5	48.8	77.1	68.4	47.7	40.7	17.21	22.49
徳島	92.1	85.6	49.7	53.3	77.2	63.7	45.7	38.2	17.37	22.38
香川	89.9	84.3	50.6	50.7	64.2	51.4	44.7	36.3	17.82	22.70
愛媛	99.1	100.9	51.6	56.3	73.3	58.8	42.9	36.9	17.73	22.53
高知	96.1	82.6	49.0	47.3	82.3	75.2	48.7	45.8	17.62	22.84
福岡	71.2	66.5	41.3	40.2	68.1	57.4	42.4	34.8	17.31	22.60
佐賀	79.6	73.9	42.9	41.8	67.8	61.1	44.1	37.4	17.34	22.82
長崎	81.6	75.9	43.8	46.8	72.7	65.4	45.1	37.9	17.36	22.69
熊本	74.4	70.5	43.4	42.9	64.9	59.8	39.8	36.5	18.15	23.08
大分	91.1	73.6	50.7	46.0	75.9	60.3	44.0	36.3	17.70	22.41
宮崎	83.4	87.6	44.8	43.1	73.5	61.2	48.2	41.4	17.72	23.05
鹿児島	84.7	78.9	44.9	45.5	85.8	69.8	49.7	46.0	17.38	22.56
沖縄	78.9	69.6	39.6	38.8	63.5	56.8	30.0	29.7	18.45	24.10

注：1) 年齢調整死亡率の基準人口は、昭和60年モデル人口である。ただし、平成16年都道府県別年齢調整死亡率算出にあたっては、80歳以上を一括して用いた。
2) 平成12年の年齢調整死亡率と平成16年の全国の年齢調整死亡率の算出に用いている粗死亡率は、国勢調査日本人人口（5歳階級、85歳以上一括）により算出している。
3) 平成16年の都道府県（全国のカッコ書きを含む）別年齢調整死亡率の算出に用いている粗死亡率は、10月1日現在推計人口（5歳階級、全国＝85歳以上一括、都道府県＝80歳以上一括）の総人口により算出している。
4) 都道府県は死亡した人の住所による。
5) 65歳平均余命は平成12年都道府県別生命表による。

平成16年の都道府県別の年齢調整死亡率（人口10万対）を性別にみると、「心疾患」「脳血管疾患」ともに男の年齢調整死亡率が高い県は女の年齢調整死亡率が高くなっている。（表8、図10）

図10　男の年齢調整死亡率（人口10万対）と女の年齢調整死亡率（人口10万対）の関係
－平成16年－

心疾患　男－女

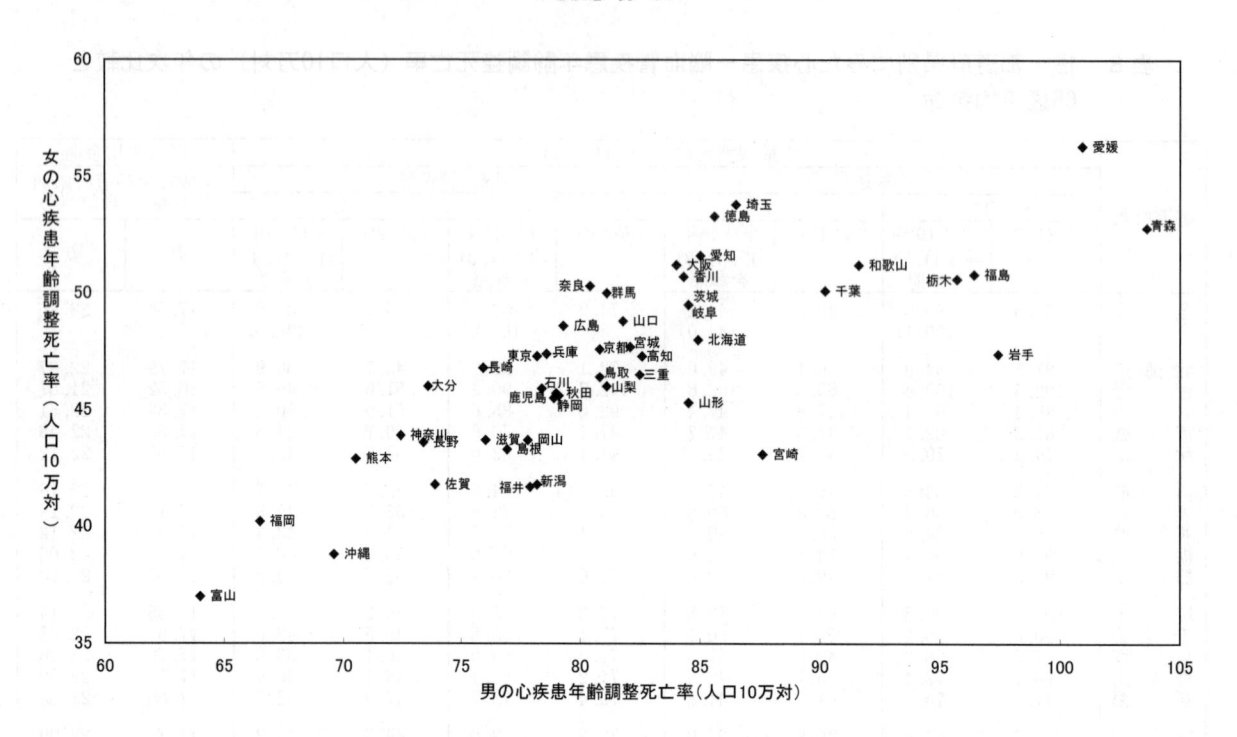

脳血管疾患　男－女

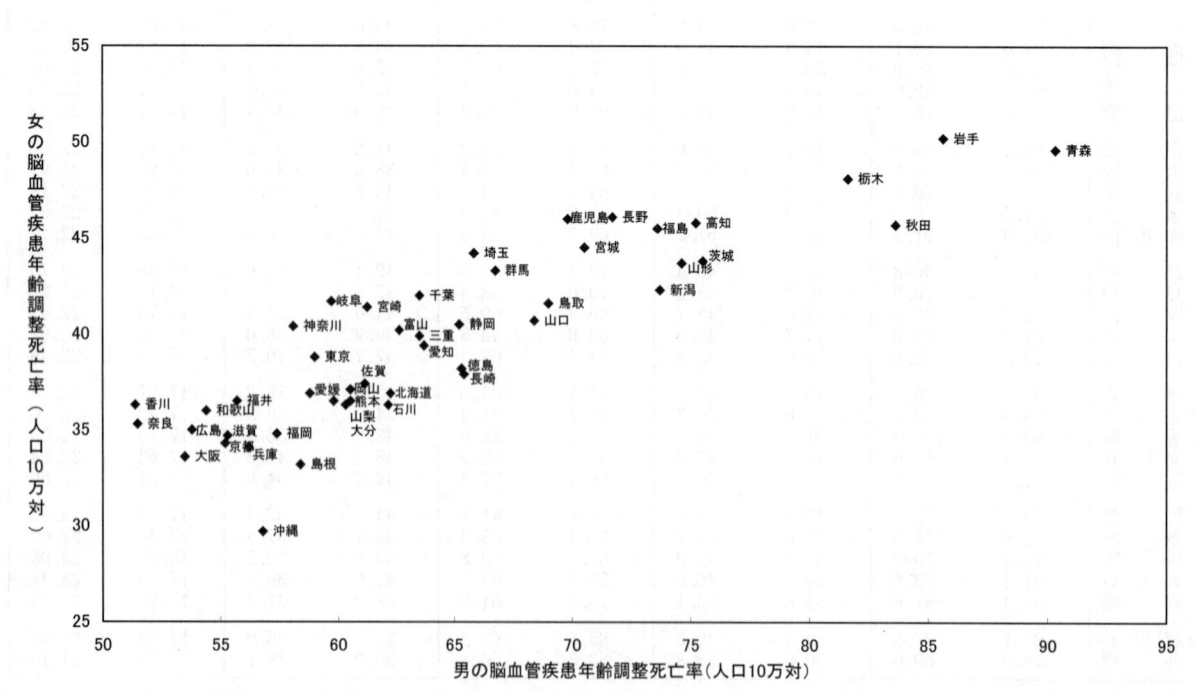

(2) 年齢調整死亡率と65歳平均余命の関係

都道府県別に平成12年の「心疾患」と「脳血管疾患」の年齢調整死亡率（人口10万対）と平成12年都道府県別生命表の65歳平均余命との関係をみると、両疾患とも女では年齢調整死亡率が低い都道府県の平均余命が長くなる傾向がある。（表8、図11）

図11　年齢調整死亡率（人口10万対）と65歳平均余命の関係　－平成12年－

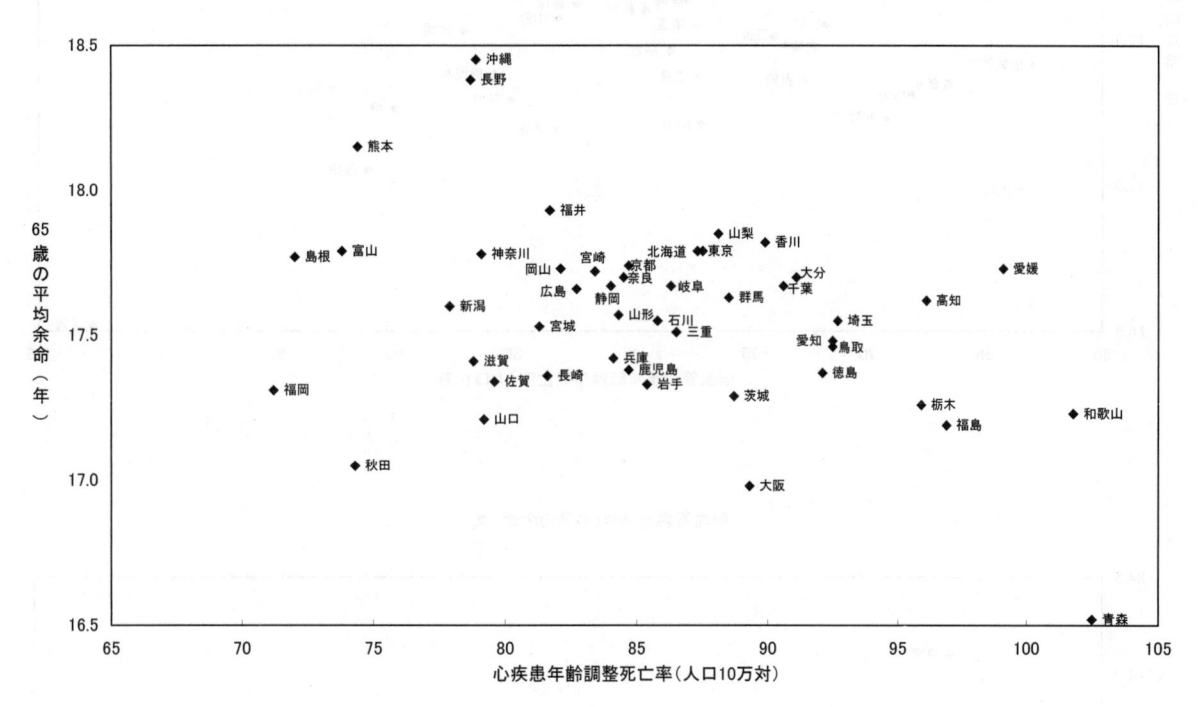

心疾患－65歳の平均余命　男

心疾患－65歳の平均余命　女

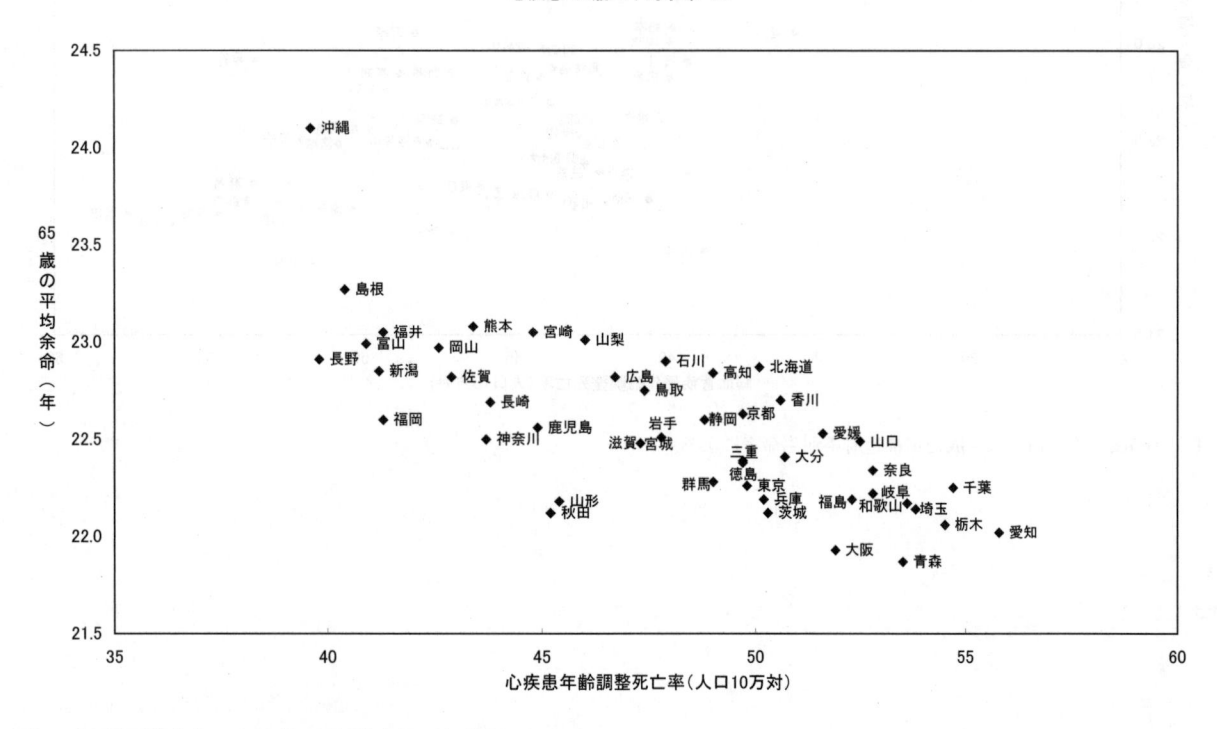

注：「65歳平均余命」は平成12年都道府県別生命表による。

脳血管疾患-65歳の平均余命　男

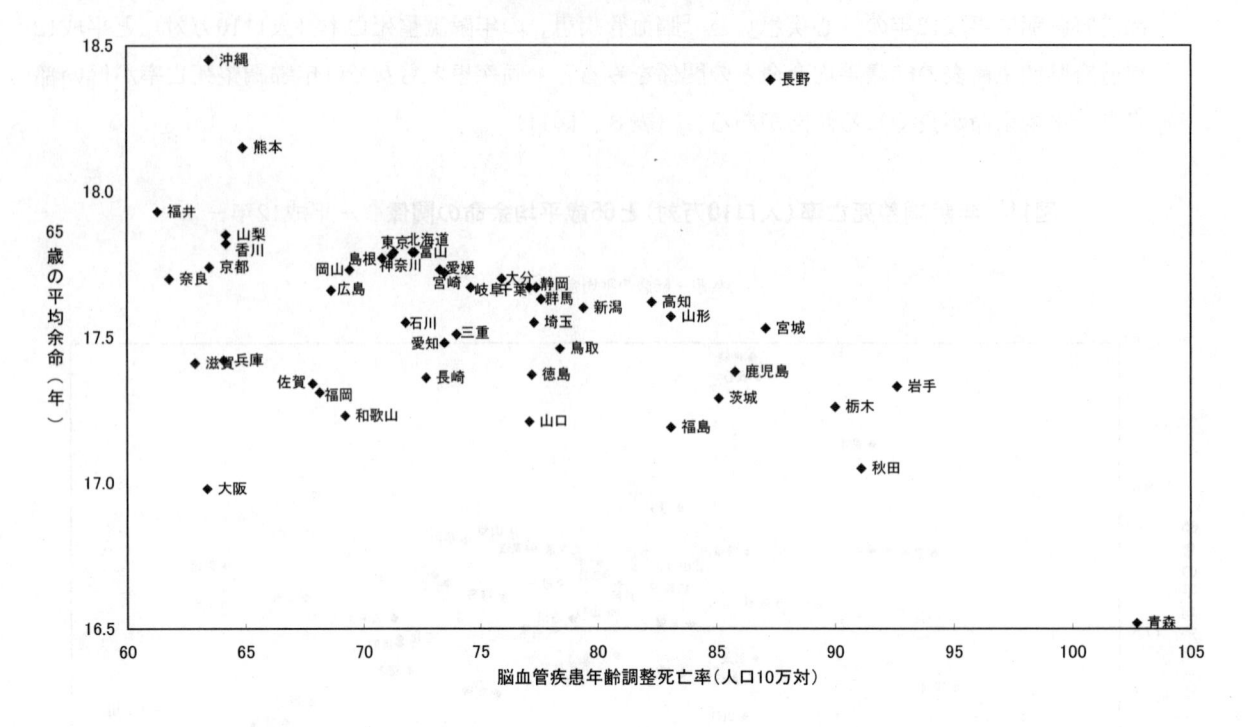

脳血管疾患-65歳の平均余命　女

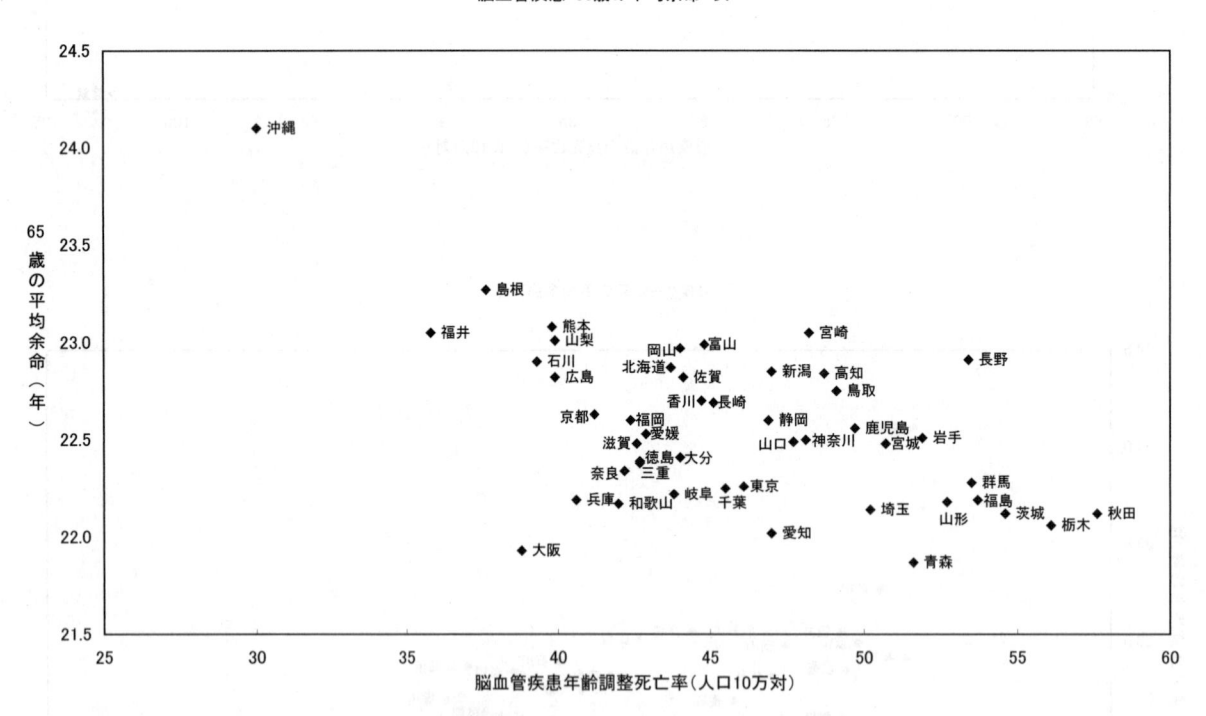

注：「65歳平均余命」は平成12年都道府県別生命表による。

9 死亡月別にみた心疾患－脳血管疾患死亡

(1) 平成16年の月別1日平均死亡数

平成16年の月別1日平均死亡数をみると、1月が最も多く、次いで2月、12月、3月と冬季（12月～3月をいう。以下同じ。）が多く、夏季（6月～9月をいう。以下同じ。）が少なく、性別にみても同様となっている。

これを主な死因別に1月を100とした指数でみると、男女ともに「悪性新生物」は月ごとの変動がほとんどないのに比べ、「心疾患」「脳血管疾患」は夏季に少なくなっており、特に「心疾患」は冬季と夏季の差が大きくなっている。「肺炎」は2月にインフルエンザの流行による山がみられる。
（表9、図12、表10）

表9 主な死因別にみた月別1日平均死亡数 －平成16年－

（単位：人）

死因・性		総数	1月	2月	3月	4月	5月	6月	7月	8月	9月	10月	11月	12月
全死因	総数	2 810.4	3 222.8	3 186.7	2 966.5	2 785.8	2 668.7	2 519.2	2 561.4	2 552.7	2 536.2	2 766.9	2 892.1	3 073.5
	男	1 522.1	1 735.0	1 705.0	1 606.2	1 508.7	1 450.1	1 369.4	1 394.5	1 389.4	1 383.5	1 504.6	1 567.2	1 655.3
	女	1 288.3	1 487.9	1 481.8	1 360.3	1 277.1	1 218.6	1 149.8	1 166.8	1 163.4	1 152.7	1 262.3	1 324.9	1 418.2
心疾患	総数	436.1	569.4	543.9	480.5	433.3	399.4	355.6	375.4	354.7	346.0	410.4	452.7	514.3
	男	211.7	278.3	262.5	232.7	208.5	191.9	172.8	180.7	172.6	166.7	200.5	219.8	253.8
	女	224.5	291.1	281.4	247.9	224.7	207.5	182.9	194.7	182.2	179.3	209.9	232.9	260.5
脳血管疾患	総数	352.6	422.9	418.9	387.4	346.7	333.1	309.0	301.7	301.7	304.5	349.6	358.3	398.8
	男	168.2	203.6	200.9	185.7	164.7	158.9	147.3	141.8	142.9	142.6	170.3	168.8	190.9
	女	184.4	219.3	217.9	201.7	182.0	174.2	161.7	160.0	158.8	161.9	179.3	189.4	207.9
悪性新生物	総数	875.3	889.9	872.3	867.6	866.8	858.9	853.8	861.3	883.0	879.5	892.9	893.0	884.2
	男	527.6	536.1	529.3	524.7	521.3	518.3	513.3	519.3	530.9	531.6	537.3	541.0	527.9
	女	347.7	353.8	343.0	342.8	345.4	340.5	340.5	342.0	352.2	347.9	355.6	352.0	356.3
肺炎	総数	261.0	321.8	342.1	286.7	259.7	244.8	221.6	218.1	217.2	216.1	238.7	269.9	298.3
	男	140.2	173.4	180.3	154.8	140.1	131.2	116.9	118.5	116.1	117.4	129.0	147.1	158.6
	女	120.8	148.4	161.8	131.9	119.6	113.6	104.7	99.6	101.1	98.8	109.7	122.8	139.6
4大死因以外	総数	885.3	1 018.9	1 009.6	944.3	879.4	832.5	779.1	805.0	796.1	790.0	875.3	918.2	978.0
	男	474.5	543.6	531.9	508.3	474.1	449.7	419.0	434.4	426.9	425.2	467.5	490.5	524.1
	女	410.8	475.3	477.7	436.0	405.3	382.9	359.9	370.5	369.1	364.9	407.8	427.7	453.9

図12 主な死因別にみた月別1日平均死亡指数（1月=100）－平成16年－

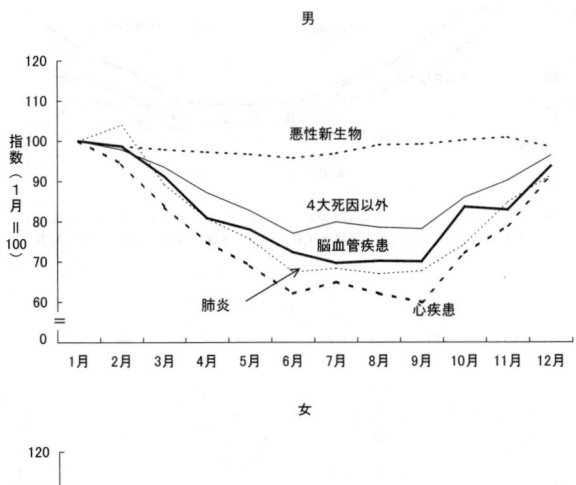

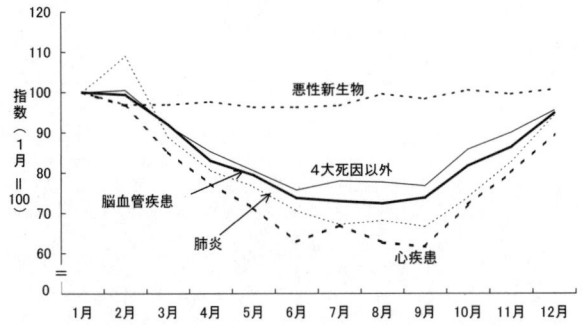

表10 主な死因別にみた月別1日平均死亡指数（1月=100）－平成16年－

死因・性		1月	2月	3月	4月	5月	6月	7月	8月	9月	10月	11月	12月
全死因	総数	100.0	98.9	92.0	86.4	82.8	78.2	79.5	79.2	78.7	85.9	89.7	95.4
	男	100.0	98.3	92.6	87.0	83.6	78.9	80.4	80.1	79.7	86.7	90.3	95.4
	女	100.0	99.6	91.4	85.8	81.9	77.3	78.4	78.2	77.5	84.8	89.0	95.3
心疾患	総数	100.0	95.5	84.4	76.1	70.1	62.5	65.9	62.3	60.8	72.1	79.5	90.3
	男	100.0	94.3	83.6	74.9	69.0	62.1	64.9	62.0	59.9	72.0	79.0	91.2
	女	100.0	96.7	85.2	77.2	71.3	62.8	66.9	62.6	61.6	72.1	80.0	89.5
脳血管疾患	総数	100.0	99.0	91.6	82.0	78.8	73.1	71.3	71.3	72.0	82.7	84.7	94.3
	男	100.0	98.7	91.2	80.9	78.1	72.3	69.6	70.2	70.0	83.6	82.9	93.8
	女	100.0	99.4	92.0	83.0	79.4	73.7	72.9	72.4	73.8	81.7	86.4	94.8
悪性新生物	総数	100.0	98.0	97.5	97.4	96.5	95.9	96.8	99.2	98.8	100.3	100.3	99.4
	男	100.0	98.7	97.9	97.2	96.7	95.7	96.9	99.0	99.2	100.2	100.9	98.5
	女	100.0	96.9	96.9	97.6	96.3	96.2	96.7	99.5	98.3	100.5	99.5	100.7
肺炎	総数	100.0	106.3	89.1	80.7	76.1	68.9	67.8	67.5	67.2	74.2	83.9	92.7
	男	100.0	104.0	89.3	80.8	75.7	67.4	68.3	66.9	67.7	74.4	84.8	91.5
	女	100.0	109.0	88.9	80.6	76.6	70.6	67.1	68.2	66.6	73.9	82.8	94.1
4大死因以外	総数	100.0	99.1	92.7	86.3	81.7	76.5	79.0	78.1	77.5	85.9	90.1	96.0
	男	100.0	97.9	93.5	87.2	82.7	77.1	79.9	78.5	78.2	86.0	90.2	96.4
	女	100.0	100.5	91.7	85.3	80.6	75.7	78.0	77.8	76.8	85.8	90.0	95.5

(2) 性・年次別の状況

これを年次別にみると、男女ともにいずれの年次においても冬季が多く夏季が少なくなっている。「脳血管疾患」では各年における月別1日平均死亡指数の差は縮小してきている。（図13、表11、表12）

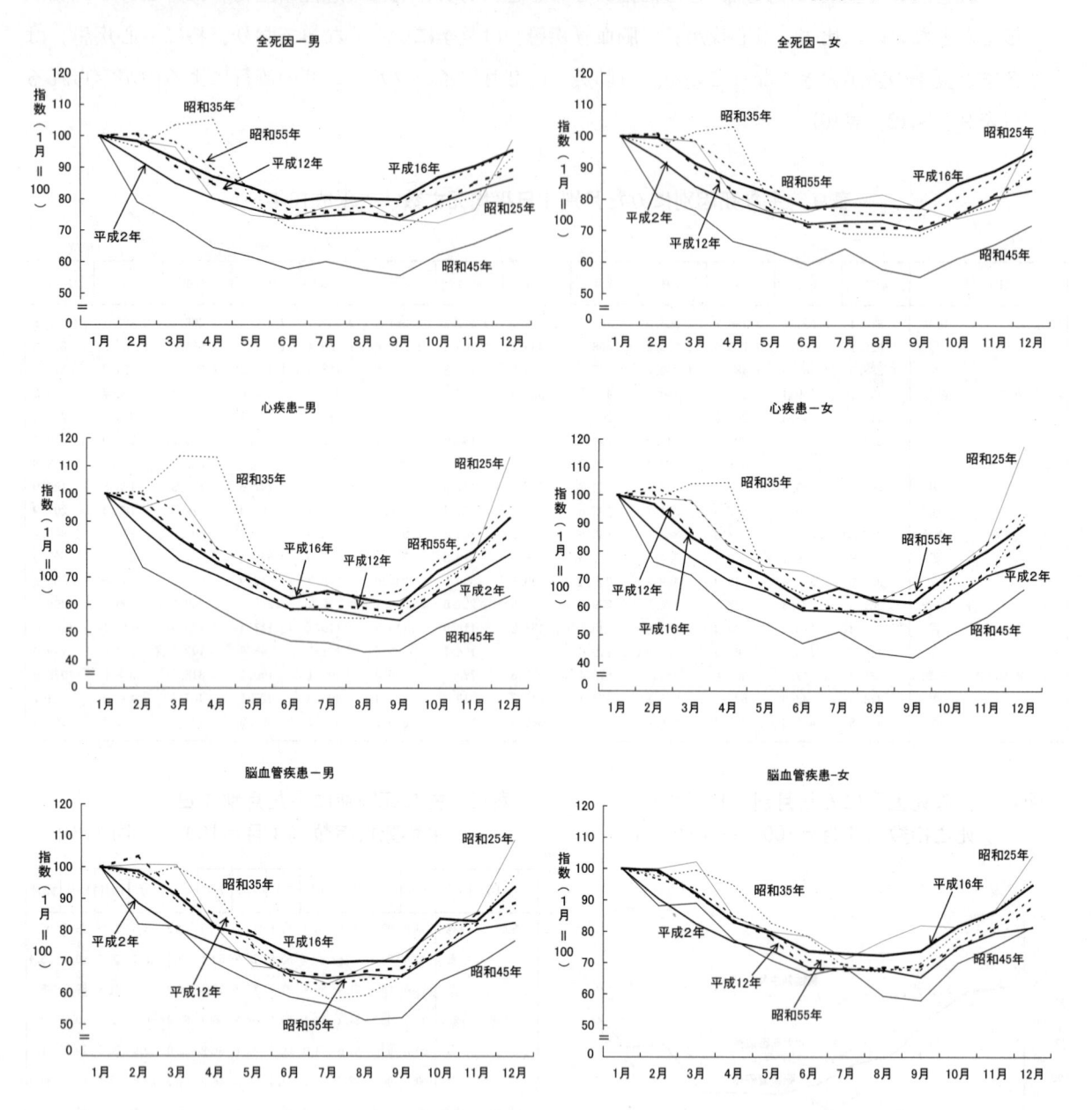

図13　心疾患－脳血管疾患死亡の性・年次別にみた月別1日平均死亡指数（1月=100）

表11　心疾患－脳血管疾患死亡の性・年次別にみた月別1日平均死亡指数（1月＝100）

性・年次		1月	2月	3月	4月	5月	6月	7月	8月	9月	10月	11月	12月
						全　死　因							
男	1950 昭和25年	100.0	98.3	96.3	80.1	74.8	73.5	77.3	79.5	73.4	72.4	76.3	98.6
	'60　　35年	100.0	96.4	103.4	105.0	79.4	70.9	68.9	69.2	69.7	77.4	80.6	93.3
	'70　　45年	100.0	78.9	72.5	64.4	61.4	57.7	60.0	57.3	55.7	62.1	65.7	70.6
	'80　　55年	100.0	100.6	98.1	89.6	83.5	76.6	76.2	77.3	78.7	84.8	89.5	95.1
	'90 平成2年	100.0	92.5	85.0	80.1	76.9	73.7	74.6	75.3	73.3	78.7	82.6	86.2
	2000　 12年	100.0	100.6	90.4	84.9	79.7	74.2	75.7	75.4	74.7	78.7	85.0	89.3
	'04　　16年	100.0	98.3	92.6	87.0	83.6	78.9	80.4	80.1	79.7	86.7	90.3	95.4
女	1950 昭和25年	100.0	99.2	98.4	81.3	75.8	76.0	79.7	81.5	77.4	74.0	76.8	99.8
	'60　　35年	100.0	96.6	101.4	103.0	78.5	73.0	69.0	69.0	68.5	74.7	78.7	90.0
	'70　　45年	100.0	80.8	76.3	66.6	63.4	59.1	64.3	57.8	55.3	61.1	65.7	71.7
	'80　　55年	100.0	100.6	98.5	89.5	84.1	77.8	76.1	75.1	75.1	80.5	86.9	94.0
	'90 平成2年	100.0	93.0	84.0	78.6	75.4	72.2	73.0	73.1	70.2	74.9	80.5	82.9
	2000　 12年	100.0	100.8	90.1	82.7	76.8	71.2	71.7	70.8	71.2	75.6	81.5	87.3
	'04　　16年	100.0	99.6	91.4	85.8	81.9	77.3	78.4	78.2	77.5	84.8	89.0	95.3
						心　疾　患							
男	1950 昭和25年	100.0	94.9	99.4	80.2	73.9	69.6	66.7	60.5	61.3	69.4	76.3	113.2
	'60　　35年	100.0	100.7	113.6	113.1	78.2	66.9	55.5	54.9	58.8	67.1	75.8	91.9
	'70　　45年	100.0	73.6	66.2	58.3	51.0	46.9	46.2	43.0	43.5	51.5	57.0	63.2
	'80　　55年	100.0	99.9	93.0	80.3	75.3	66.0	62.6	63.1	65.1	75.5	83.4	95.3
	'90 平成2年	100.0	87.1	75.9	70.5	64.1	58.4	58.2	56.0	54.4	63.7	70.4	78.3
	2000　 12年	100.0	98.0	83.8	77.3	68.8	58.2	59.6	58.8	57.1	64.5	75.5	85.5
	'04　　16年	100.0	94.3	83.6	74.9	69.0	62.1	64.9	62.0	59.9	72.0	79.0	91.2
女	1950 昭和25年	100.0	98.9	98.1	81.9	74.4	72.9	67.1	61.6	68.3	72.9	82.9	117.4
	'60　　35年	100.0	98.4	104.0	104.5	71.0	64.9	58.5	54.8	55.8	68.4	70.2	92.2
	'70　　45年	100.0	76.2	71.5	59.2	54.2	47.0	51.1	43.6	42.0	50.0	56.5	66.4
	'80　　55年	100.0	103.0	97.3	82.9	76.8	68.1	63.6	63.6	65.3	69.7	83.0	94.5
	'90 平成2年	100.0	87.2	77.9	69.7	65.6	58.8	58.4	58.5	55.5	62.1	71.3	75.7
	2000　 12年	100.0	100.8	87.1	76.3	67.0	59.7	59.6	56.9	56.6	62.1	73.3	83.5
	'04　　16年	100.0	96.7	85.2	77.2	71.3	62.8	66.9	62.6	61.6	72.1	80.0	89.5
						脳　血　管　疾　患							
男	1950 昭和25年	100.0	100.8	100.6	81.2	68.5	67.3	62.8	68.2	72.5	80.3	85.6	108.5
	'60　　35年	100.0	96.5	100.1	92.5	75.7	65.4	58.2	59.2	65.1	81.3	82.2	97.5
	'70　　45年	100.0	81.8	81.2	69.4	58.7	56.4	51.4	52.2	63.9	68.9	76.7	
	'80　　55年	100.0	97.7	89.4	81.6	74.8	63.8	62.8	64.3	65.5	74.9	81.9	87.0
	'90 平成2年	100.0	88.5	80.5	75.5	71.1	65.7	64.6	65.9	65.3	73.0	80.3	82.4
	2000　 12年	100.0	103.5	91.8	84.7	79.5	66.7	65.5	66.9	68.0	72.6	85.2	88.8
	'04　　16年	100.0	98.7	91.2	80.9	78.1	72.3	69.6	70.2	70.0	83.6	82.9	93.8
女	1950 昭和25年	100.0	98.1	100.2	82.0	77.2	75.9	70.0	75.5	80.3	80.9	86.7	104.0
	'60　　35年	100.0	97.5	99.5	94.7	78.3	68.0	67.1	69.8	80.1	86.4	96.6	
	'70　　45年	100.0	88.2	89.0	77.3	70.7	66.1	68.5	59.4	58.0	69.9	75.4	81.6
	'80　　55年	100.0	96.6	93.6	85.0	79.9	71.1	69.4	68.0	67.7	76.7	82.2	90.9
	'90 平成2年	100.0	90.4	82.5	76.7	74.1	68.4	68.0	67.6	65.4	74.9	79.5	81.3
	2000　 12年	100.0	98.9	91.6	83.5	78.1	68.0	67.6	68.5	68.8	74.7	81.5	87.9
	'04　　16年	100.0	99.4	92.0	83.0	79.4	73.7	72.9	72.4	73.8	81.7	86.4	94.8

表12　心疾患－脳血管疾患死亡の性・年次別にみた月別1日平均死亡数

（単位：人）

性・年次		総数	1月	2月	3月	4月	5月	6月	7月	8月	9月	10月	11月	12月
							全　死　因							
男	1950 昭和25年	1 279.7	1 535.4	1 509.1	1 479.2	1 230.1	1 147.8	1 128.4	1 187.5	1 220.1	1 126.6	1 111.4	1 172.0	1 514.1
	'60　　35年	1 031.5	1 220.9	1 177.2	1 262.4	1 282.0	969.2	865.6	841.5	844.8	850.6	944.8	984.1	1 138.8
	'70　　45年	1 062.7	1 582.1	1 248.7	1 146.6	1 019.6	972.0	912.4	948.8	907.3	880.5	982.0	1 039.7	1 117.6
	'80　　55年	1 067.3	1 220.4	1 228.2	1 196.6	1 093.7	1 018.8	935.2	929.5	942.8	960.8	1 034.4	1 091.9	1 160.0
	'90 平成2年	1 215.7	1 491.2	1 379.7	1 266.8	1 193.8	1 146.1	1 099.3	1 112.0	1 122.5	1 093.8	1 173.6	1 231.7	1 285.5
	2000　 12年	1 436.9	1 710.7	1 720.6	1 545.9	1 452.9	1 362.7	1 269.0	1 294.2	1 289.4	1 278.1	1 345.7	1 454.4	1 528.0
	'04　　16年	1 522.1	1 735.0	1 705.0	1 606.2	1 508.7	1 450.1	1 369.4	1 394.6	1 389.4	1 383.5	1 504.6	1 567.2	1 655.3
女	1950 昭和25年	1 199.5	1 411.9	1 400.3	1 388.7	1 147.2	1 070.7	1 073.2	1 125.7	1 150.6	1 092.6	1 044.5	1 084.7	1 409.4
	'60　　35年	899.1	1 076.9	1 040.1	1 092.4	1 109.5	843.3	786.0	743.3	743.1	737.7	804.9	847.4	969.7
	'70　　45年	890.6	1 300.3	1 051.1	992.6	865.8	825.0	769.0	835.8	751.1	719.0	795.0	853.9	932.4
	'80　　55年	907.5	1 049.4	1 056.1	1 033.5	938.8	882.0	816.1	798.6	787.9	788.2	845.2	912.2	986.3
	'90 平成2年	1 031.7	1 293.4	1 203.4	1 086.8	1 016.9	975.7	934.3	943.9	945.8	908.3	968.3	1 041.7	1 071.7
	2000　 12年	1 190.6	1 459.1	1 470.4	1 314.8	1 207.1	1 120.7	1 039.2	1 046.3	1 033.3	1 039.4	1 102.5	1 189.4	1 273.7
	'04　　16年	1 288.3	1 487.9	1 481.8	1 360.3	1 277.1	1 218.6	1 149.8	1 166.8	1 163.4	1 152.7	1 262.3	1 324.5	1 418.2
							心　疾　患							
男	1950 昭和25年	71.5	88.9	84.4	88.4	71.3	65.7	61.9	59.4	53.8	54.5	61.7	67.8	100.7
	'60　　35年	95.0	116.8	117.6	132.6	132.1	91.4	78.1	64.8	64.2	68.6	78.4	88.6	107.3
	'70　　45年	126.0	216.0	158.9	143.1	126.0	110.2	101.3	99.8	93.0	94.0	111.3	123.1	136.5
	'80　　55年	175.1	218.9	218.8	203.6	175.7	164.8	144.4	139.6	138.1	142.4	165.2	182.6	208.5
	'90 平成2年	224.0	321.6	280.0	244.1	226.7	206.2	187.7	187.1	180.1	174.8	205.0	226.3	251.6
	2000　 12年	197.1	267.5	262.2	224.2	206.7	178.8	155.6	159.4	157.2	152.7	172.6	202.0	228.8
	'04　　16年	211.7	278.3	262.5	232.7	208.5	191.9	172.8	180.7	172.6	166.7	200.5	219.8	253.8
女	1950 昭和25年	74.7	90.0	89.1	88.3	73.8	67.0	65.7	60.4	55.4	61.5	65.6	74.7	105.7
	'60　　35年	91.9	117.1	115.3	121.8	122.3	83.1	76.0	68.5	64.2	65.4	80.1	82.2	108.0
	'70　　45年	119.0	199.0	151.7	142.2	117.9	107.8	93.5	101.7	86.8	83.7	99.5	112.5	132.1
	'80　　55年	162.3	201.4	207.4	195.9	167.1	154.6	137.1	128.2	128.0	131.5	140.3	167.1	190.4
	'90 平成2年	229.3	327.6	285.8	255.2	228.4	215.0	192.7	191.5	191.7	181.7	203.5	233.7	248.0
	2000　 12年	203.8	277.2	279.6	241.5	211.6	185.7	165.4	165.1	157.7	156.9	172.2	203.3	231.5
	'04　　16年	224.5	291.1	281.4	247.9	224.7	207.5	182.9	194.7	182.2	179.3	209.9	232.9	260.5
							脳　血　管　疾　患							
男	1950 昭和25年	143.0	172.4	173.7	173.5	140.0	118.0	116.1	108.3	117.6	124.9	138.3	147.5	187.0
	'60　　35年	215.8	266.0	256.7	266.2	246.2	201.3	173.9	154.8	157.5	173.2	216.2	218.7	259.4
	'70　　45年	265.5	386.7	316.5	314.0	268.6	245.7	227.1	218.3	198.9	201.9	247.2	266.4	296.5
	'80　　55年	223.1	283.4	277.3	253.6	231.7	212.3	181.1	178.1	182.4	185.8	212.7	232.6	247.0
	'90 平成2年	157.9	207.7	183.8	167.2	147.9	147.7	136.6	134.2	136.9	135.5	151.6	166.8	171.1
	2000　 12年	172.5	212.9	220.3	195.5	180.3	168.6	142.1	139.5	142.5	144.8	154.5	181.4	189.0
	'04　　16年	168.2	203.6	200.9	185.7	164.7	158.9	147.3	141.8	142.9	142.6	170.3	168.8	190.9
女	1950 昭和25年	146.7	170.8	167.6	171.1	140.1	132.0	129.7	119.6	129.0	137.2	138.3	148.1	177.7
	'60　　35年	194.4	228.6	223.0	227.5	216.4	189.0	179.1	155.5	153.4	159.5	183.1	197.5	220.9
	'70　　45年	231.2	307.2	270.8	273.2	237.4	217.3	203.0	210.3	182.4	178.1	214.6	231.5	250.6
	'80　　55年	220.4	269.6	260.4	252.4	229.1	215.5	191.7	187.2	183.4	182.4	206.9	221.8	245.1
	'90 平成2年	176.2	227.9	205.9	187.9	174.7	168.9	155.8	154.8	154.0	149.0	170.6	181.2	185.2
	2000　 12年	189.6	235.0	232.4	215.2	196.2	183.5	159.9	158.8	161.0	161.7	175.5	190.9	206.6
	'04　　16年	184.4	219.3	217.9	201.7	182.0	174.2	161.7	160.0	158.8	161.9	179.3	189.4	207.9

(3) 性・年齢階級別の状況

　平成16年の1日平均死亡数（1月=100）を性・年齢階級別にみると、「全死因」では年齢が高くなるにしたがって夏季が少なくなっており、特に男の「80～89歳」「90歳以上」は顕著になっている。

　「心疾患」と「脳血管疾患」について年齢階級別にみると、男女ともに「40～49歳」「50～59歳」では月ごとの変動が大きく夏季の凹みは不明瞭となっており、特に「40～49歳」の1日平均死亡数が少ないため、月ごとの変動が大きくなっている。男の70歳以上、女の60歳以上では夏季の凹みが大きく、性別にみると男の方が大きくなっている。（図14、表13、表14）

図14　心疾患－脳血管疾患死亡の性・年齢（10歳階級）別にみた月別1日平均死亡指数（1月＝100）
－平成16年－

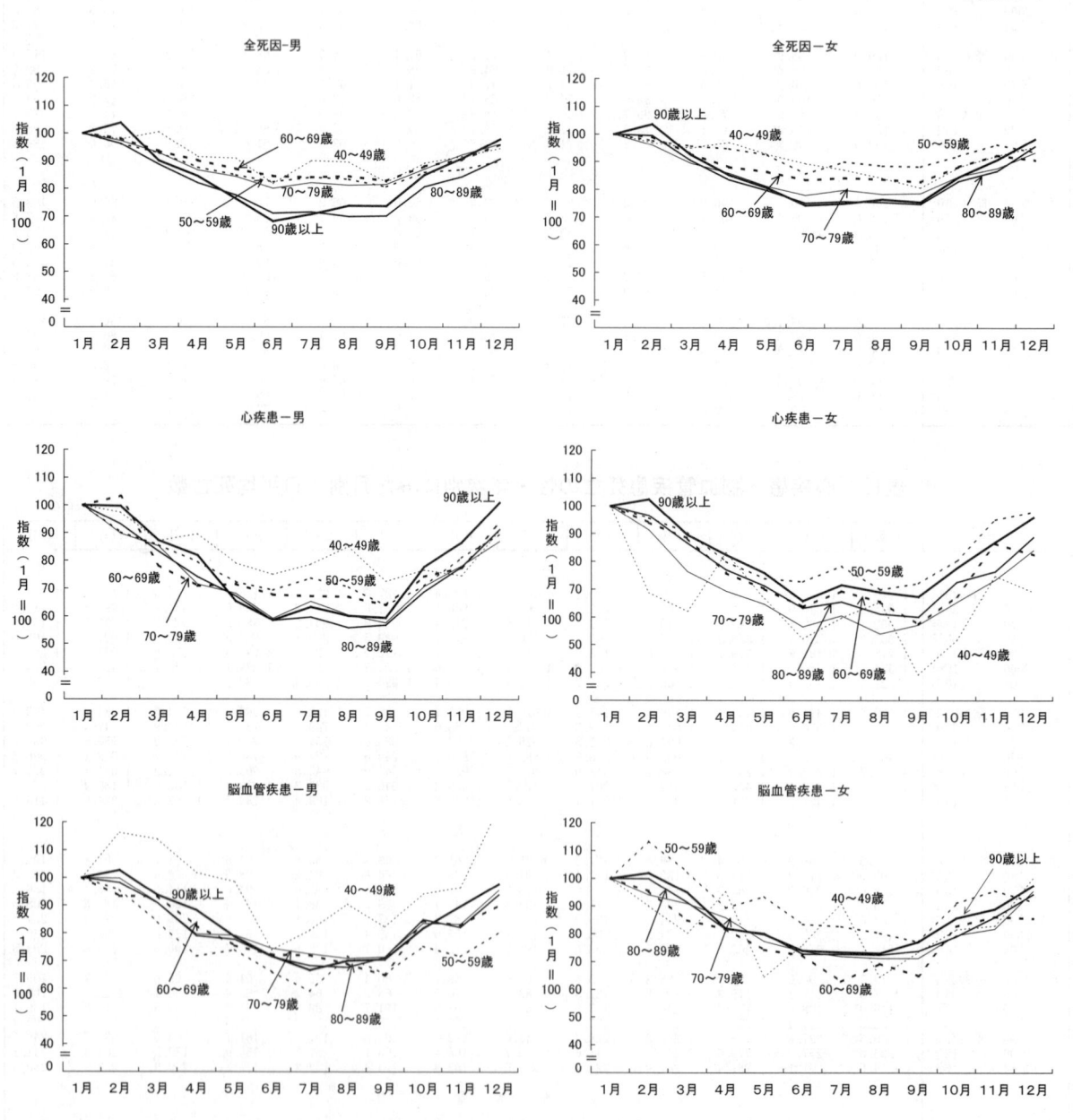

注：「39歳以下」は死亡数が少なく数値が不安定なため、図14では省略する。

表13　心疾患－脳血管疾患死亡の性・年齢（10歳階級）別にみた月別1日平均死亡指数（1月＝100）
－平成16年－

死因・性・年齢階級	1月	2月	3月	4月	5月	6月	7月	8月	9月	10月	11月	12月
全死因												
男　総　数	100.0	98.3	92.6	87.0	83.6	78.9	80.4	80.1	79.7	86.7	90.3	95.4
39歳以下	100.0	98.0	97.8	103.7	94.8	99.3	99.3	92.6	93.2	94.6	95.0	99.0
40～49歳	100.0	97.8	100.6	91.4	90.9	81.7	90.0	89.5	82.2	89.1	91.5	94.5
50～59歳	100.0	96.1	92.8	87.6	84.9	82.4	84.1	83.3	80.6	85.8	86.7	90.0
60～69歳	100.0	98.1	93.4	90.1	87.0	84.4	84.0	84.4	82.7	88.0	90.3	95.9
70～79歳	100.0	97.3	92.9	86.6	84.3	80.1	82.1	81.2	81.5	87.0	92.1	96.0
80～89歳	100.0	96.3	88.7	82.0	77.6	71.1	71.5	69.9	70.1	80.7	84.2	90.7
90歳以上	100.0	103.8	90.0	84.4	76.3	68.2	70.7	73.8	73.7	84.9	90.7	97.9
女　総　数	100.0	99.6	91.4	85.8	81.9	77.3	78.4	78.2	77.5	84.8	89.0	95.3
39歳以下	100.0	98.2	96.6	95.0	94.1	88.5	97.4	95.9	90.3	89.7	92.1	102.2
40～49歳	100.0	96.9	94.9	97.0	92.7	89.3	87.0	84.1	80.6	88.0	92.1	95.4
50～59歳	100.0	97.7	95.6	94.7	92.4	85.6	89.9	88.5	88.2	92.1	96.2	93.5
60～69歳	100.0	99.0	92.8	88.0	86.3	83.4	84.1	83.7	82.7	88.2	92.3	90.6
70～79歳	100.0	96.0	89.5	85.9	81.1	77.9	79.8	78.3	78.6	84.7	87.6	93.5
80～89歳	100.0	99.5	90.4	83.5	79.6	75.1	75.7	75.4	74.7	83.0	86.7	95.6
90歳以上	100.0	103.6	92.5	85.2	80.5	74.3	74.9	76.4	75.4	84.5	90.7	98.2
心疾患												
男　総　数	100.0	94.3	83.6	74.9	69.0	62.1	64.9	62.0	59.9	72.0	79.0	91.2
39歳以下	100.0	88.7	77.3	92.8	77.8	81.0	68.2	72.7	74.0	89.2	82.8	88.6
40～49歳	100.0	97.4	87.1	89.6	79.0	75.0	78.6	85.1	72.5	76.6	74.6	90.7
50～59歳	100.0	90.1	85.5	79.5	72.2	69.3	73.7	70.5	63.8	70.9	81.0	89.5
60～69歳	100.0	103.3	78.2	70.8	71.5	67.7	67.2	67.0	64.0	74.2	77.4	93.6
70～79歳	100.0	89.8	85.2	71.4	68.1	59.2	65.3	60.4	57.6	70.7	78.0	87.0
80～89歳	100.0	93.1	83.3	74.1	67.2	58.5	59.7	55.9	56.8	68.8	77.6	91.2
90歳以上	100.0	99.7	87.3	81.8	65.4	58.6	63.3	60.1	59.4	77.7	86.4	100.9
女　総　数	100.0	96.7	85.2	77.2	71.3	62.8	66.9	62.6	61.6	72.1	80.0	89.5
39歳以下	100.0	93.8	66.7	103.3	87.7	72.5	101.8	89.5	81.6	63.2	112.4	100.0
40～49歳	100.0	68.8	62.1	83.1	66.7	52.3	59.8	65.5	39.2	51.7	74.8	69.0
50～59歳	100.0	95.6	90.5	80.0	73.9	72.7	78.4	69.8	72.2	80.4	95.0	98.0
60～69歳	100.0	94.0	88.2	75.8	70.1	63.7	69.4	65.5	57.4	67.5	86.5	82.4
70～79歳	100.0	91.4	76.4	69.4	64.7	56.6	60.5	54.1	57.3	65.3	73.4	84.1
80～89歳	100.0	96.6	86.6	77.1	71.2	63.3	65.5	61.2	60.1	72.6	76.4	88.7
90歳以上	100.0	102.4	89.5	82.4	75.9	65.8	71.5	68.9	67.4	77.6	87.0	95.8
脳血管疾患												
男　総　数	100.0	98.7	91.2	80.9	78.1	72.3	69.6	70.2	70.0	83.6	82.9	93.8
39歳以下	100.0	108.7	60.3	106.9	77.6	96.2	81.0	91.4	69.5	101.7	85.5	89.7
40～49歳	100.0	116.3	113.9	101.8	98.5	73.9	81.0	90.5	82.2	94.2	96.5	125.5
50～59歳	100.0	95.5	84.0	71.6	73.9	66.0	59.1	71.8	65.2	75.3	71.6	80.3
60～69歳	100.0	93.3	93.2	82.6	75.5	72.2	72.0	68.9	64.8	84.4	82.9	90.1
70～79歳	100.0	99.8	91.0	79.6	79.2	74.5	72.5	70.9	71.4	83.6	83.2	95.5
80～89歳	100.0	98.2	90.9	79.0	77.7	71.5	68.3	67.7	71.2	84.9	82.1	93.9
90歳以上	100.0	102.7	93.7	88.2	78.7	71.7	66.7	70.1	70.5	81.7	89.7	97.8
女　総　数	100.0	99.4	92.0	83.0	79.4	73.7	72.9	72.4	73.8	81.7	86.4	94.8
39歳以下	100.0	93.5	66.7	99.0	91.7	107.6	175.0	95.8	103.3	112.5	99.0	112.5
40～49歳	100.0	90.0	80.3	95.2	64.5	76.1	90.8	64.5	73.4	81.6	82.9	100.0
50～59歳	100.0	113.4	102.3	89.3	93.4	83.4	82.6	80.3	77.1	91.1	95.6	91.5
60～69歳	100.0	95.4	84.9	81.7	74.3	72.3	62.9	69.3	64.9	82.7	86.1	85.5
70～79歳	100.0	94.0	90.9	85.9	77.3	73.7	71.9	71.2	71.2	79.5	81.8	95.4
80～89歳	100.0	99.9	91.4	81.7	80.2	72.8	72.7	72.5	73.8	79.1	86.1	94.2
90歳以上	100.0	101.9	94.9	81.9	79.8	74.0	73.4	73.0	77.1	85.7	88.9	97.4

表14　心疾患－脳血管疾患死亡の性・年齢（10歳階級）別にみた月別1日平均死亡数　－平成16年－
（単位：人）

死因・性・年齢階級	総数	1月	2月	3月	4月	5月	6月	7月	8月	9月	10月	11月	12月
全死因													
男　総　数	1 522.1	1 735.0	1 705.0	1 606.2	1 508.7	1 450.1	1 369.4	1 394.6	1 389.4	1 383.5	1 504.6	1 567.2	1 655.3
39歳以下	50.3	51.7	50.7	50.6	53.6	49.0	51.4	51.3	47.9	48.2	48.9	49.1	51.2
40～49歳	47.8	52.2	51.0	52.5	47.7	47.4	42.6	46.9	46.7	42.9	46.5	47.7	49.3
50～59歳	144.4	164.4	158.0	152.5	144.0	139.5	135.4	138.2	136.9	132.4	141.0	142.6	147.8
60～69歳	269.3	299.7	293.9	280.0	270.0	260.8	253.1	251.9	252.9	248.0	263.8	270.7	287.5
70～79歳	470.0	531.6	517.4	493.7	460.6	448.2	425.6	436.4	431.5	433.1	462.4	489.6	510.5
80～89歳	177.8	217.2	209.1	192.7	178.1	168.6	154.5	155.4	151.8	152.3	175.2	182.8	197.0
90歳以上	140.7	166.6	172.9	150.0	140.7	127.1	113.7	117.8	122.9	122.7	141.4	151.2	163.0
女　総　数	1 288.3	1 487.9	1 481.8	1 360.3	1 277.1	1 218.6	1 149.8	1 166.8	1 163.4	1 152.7	1 262.3	1 324.9	1 418.2
39歳以下	26.7	28.1	27.6	27.1	26.7	26.5	24.9	27.4	26.9	25.4	25.2	25.9	28.7
40～49歳	23.7	25.9	25.1	24.6	25.1	24.0	23.1	22.5	21.8	20.9	22.8	23.9	24.7
50～59歳	68.1	73.4	71.7	70.2	69.5	67.8	62.8	66.0	64.9	64.7	67.6	70.6	68.6
60～69歳	121.6	136.3	134.9	126.4	119.9	117.6	113.6	114.6	114.0	112.7	120.2	125.8	123.4
70～79歳	265.7	308.9	296.5	276.3	265.3	250.6	240.6	246.4	241.9	242.7	261.5	270.6	288.1
80～89歳	463.3	545.6	543.0	493.5	455.6	434.3	410.0	413.0	411.2	407.5	452.7	472.8	521.4
90歳以上	318.8	369.4	382.6	341.7	314.6	297.5	274.4	276.6	282.4	278.5	312.1	335.1	362.9
心疾患													
男　総　数	211.7	278.3	262.5	232.7	208.5	191.9	172.8	180.7	172.6	166.7	200.5	219.8	253.8
39歳以下	4.7	5.7	5.0	4.4	5.3	4.4	4.6	3.9	4.1	4.2	5.1	4.7	5.0
40～49歳	6.7	8.0	7.8	7.0	7.2	6.3	6.0	6.3	6.8	5.8	6.1	6.0	7.3
50～59歳	19.2	24.3	21.9	20.8	19.3	17.5	16.8	17.9	17.1	15.5	17.2	19.7	21.7
60～69歳	35.8	46.0	47.5	36.0	32.6	31.1	30.9	30.8	29.4	34.1	35.6	43.1
70～79歳	61.5	82.7	74.2	70.4	59.1	56.3	48.9	54.0	50.0	47.6	58.4	64.5	71.9
80～89歳	59.7	80.8	75.3	67.3	59.9	54.3	47.3	48.2	45.2	45.9	55.6	62.7	73.7
90歳以上	24.0	30.7	30.6	26.8	25.1	20.1	18.0	19.4	18.5	18.2	23.8	26.5	31.0
女　総　数	224.5	291.1	281.4	247.9	224.7	207.5	182.9	194.7	182.2	179.3	209.9	232.9	260.5
39歳以下	1.6	1.8	1.7	1.2	1.9	1.6	1.3	1.9	1.6	1.5	1.2	2.1	1.8
40～49歳	1.9	2.8	1.9	1.7	2.3	1.9	1.5	1.7	1.8	1.1	1.5	2.1	1.9
50～59歳	5.4	6.4	6.1	5.8	5.1	4.7	4.7	5.0	4.5	4.6	5.2	6.1	6.3
60～69歳	13.5	17.6	16.5	15.5	13.3	12.3	11.2	12.2	11.5	10.1	11.9	15.2	14.5
70～79歳	42.1	59.3	54.1	45.3	41.1	38.3	33.5	35.9	32.0	33.9	38.7	43.5	49.8
80～89歳	92.8	121.1	117.0	104.9	93.4	86.3	76.7	79.4	74.1	72.8	87.9	92.6	107.5
90歳以上	67.2	82.0	84.0	73.5	67.6	62.3	54.0	58.7	56.5	55.3	63.7	71.3	78.6
脳血管疾患													
男　総　数	168.2	203.6	200.9	185.7	164.7	158.9	147.3	141.8	142.9	142.6	170.3	168.8	190.9
39歳以下	1.7	1.9	2.0	1.1	2.0	1.5	1.8	1.5	1.7	1.3	1.9	1.6	1.7
40～49歳	4.3	4.4	5.1	5.0	4.5	3.3	3.6	4.0	3.6	4.2	4.3	5.5
50～59歳	12.7	16.7	16.0	14.0	12.0	12.4	11.0	9.9	12.0	10.9	12.6	12.0	13.4
60～69歳	24.4	29.9	27.9	27.8	24.7	22.5	21.6	21.5	20.6	19.4	25.2	24.8	26.9
70～79歳	51.8	62.1	61.9	56.5	49.4	49.1	46.3	45.0	44.1	44.3	51.9	51.5	59.3
80～89歳	53.9	65.6	64.4	59.6	51.8	51.0	46.9	44.8	44.4	46.7	55.7	53.9	61.6
90歳以上	19.3	23.0	23.6	21.5	20.3	18.1	16.5	15.3	16.1	16.2	18.8	20.6	22.5
女　総　数	184.4	219.3	217.9	201.7	182.0	174.2	161.7	160.0	158.8	161.9	179.3	189.4	207.9
39歳以下	0.8	0.8	0.7	0.5	0.8	0.7	0.9	1.4	0.7	0.8	0.9	0.8	0.9
40～49歳	2.0	2.5	2.2	2.0	2.3	1.6	1.9	2.2	1.6	1.8	2.0	2.0	2.5
50～59歳	6.3	6.9	7.8	7.0	6.1	6.4	5.7	5.7	5.5	5.3	6.3	6.6	6.3
60～69歳	11.9	14.9	14.2	12.7	12.2	11.1	10.8	9.4	10.4	9.7	12.4	12.9	12.8
70～79歳	33.9	41.0	38.6	37.3	35.2	31.7	30.2	29.5	29.2	29.2	32.6	33.5	39.1
80～89歳	77.0	92.0	92.0	84.1	75.2	73.6	67.0	66.9	66.7	67.9	72.8	79.2	86.7
90歳以上	52.4	61.2	62.4	58.1	50.2	48.9	45.3	44.9	44.7	47.2	52.5	54.4	59.6

(4) 性・病類別の状況

性・病類別にみると、男女ともに「心疾患」より「脳血管疾患」の方が病類による差が大きくなっている。特に女の「くも膜下出血」は「脳内出血」「脳梗塞」に比べ夏季の凹みが小さくなっている。（図15、表15、表16）

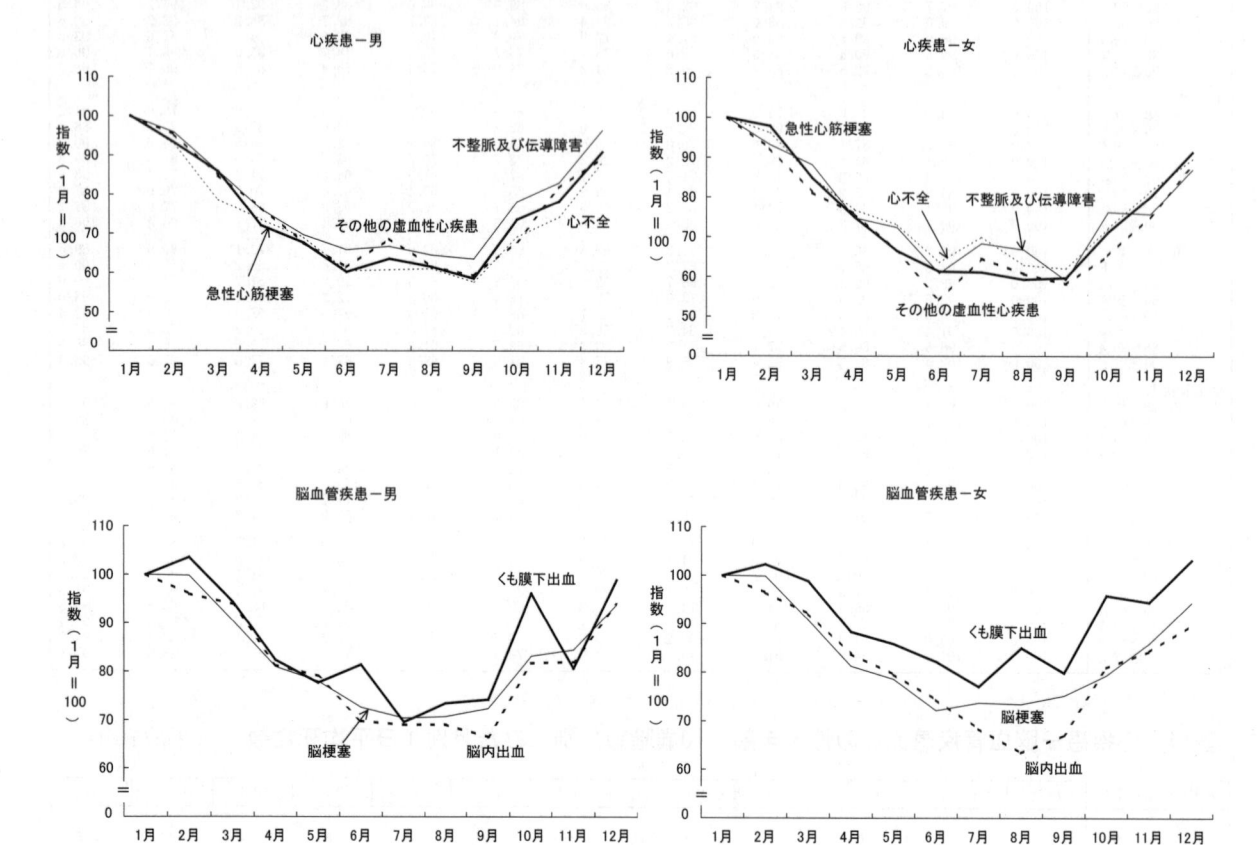

図15 心疾患－脳血管疾患死亡の性・病類別にみた月別1日平均死亡指数（1月＝100）－平成16年－

表15　心疾患－脳血管疾患死亡の性・病類別月別にみた1日平均死亡指数（1月=100）　－平成16年－

性・病類	1月	2月	3月	4月	5月	6月	7月	8月	9月	10月	11月	12月
男												
心疾患	100.0	94.3	83.6	74.9	69.0	62.1	64.9	62.0	59.9	72.0	79.0	91.2
急性心筋梗塞	100.0	93.2	85.9	72.0	67.6	60.2	63.5	61.5	58.5	73.5	78.2	90.8
その他の虚血性心疾患	100.0	95.2	84.8	76.5	67.6	61.3	68.6	61.5	59.2	67.9	81.7	89.3
不整脈及び伝導障害	100.0	95.8	86.0	76.1	69.6	65.8	66.7	64.5	63.5	78.1	82.9	96.3
心不全	100.0	92.8	78.6	73.5	68.9	60.4	60.7	61.0	57.6	69.1	74.1	88.2
脳血管疾患	100.0	98.7	91.2	80.9	78.1	72.3	69.6	70.2	70.0	83.6	82.9	93.8
くも膜下出血	100.0	103.6	94.3	82.3	77.7	81.4	69.6	73.4	74.2	96.2	80.6	98.9
脳内出血	100.0	96.0	93.9	81.3	79.0	69.8	69.0	69.1	66.5	81.7	81.9	93.9
脳梗塞	100.0	99.8	90.4	80.9	78.0	72.6	70.4	70.7	72.3	83.1	84.4	93.8
女												
心疾患	100.0	96.7	85.2	77.2	71.3	62.8	66.9	62.6	61.6	72.1	80.0	89.5
急性心筋梗塞	100.0	97.9	84.9	74.9	66.5	61.3	61.1	59.3	59.7	71.2	80.1	91.4
その他の虚血性心疾患	100.0	92.2	81.2	75.7	66.4	54.1	64.6	60.7	58.2	65.4	75.3	88.1
不整脈及び伝導障害	100.0	93.2	88.2	74.7	72.3	60.9	68.3	66.8	59.1	76.2	75.8	87.0
心不全	100.0	96.2	85.0	76.7	73.0	63.6	70.0	62.9	62.0	72.2	81.7	89.7
脳血管疾患	100.0	99.4	92.0	83.0	79.4	73.7	72.9	72.4	73.8	81.7	86.4	94.8
くも膜下出血	100.0	102.3	98.8	88.3	85.8	82.2	77.1	85.0	79.9	95.9	94.5	103.2
脳内出血	100.0	96.5	92.1	83.8	79.6	74.4	68.4	63.5	67.1	81.0	84.4	89.8
脳梗塞	100.0	99.9	90.8	81.3	78.6	72.2	73.8	73.5	75.2	79.4	85.9	94.4

表16　心疾患－脳血管疾患死亡の性・病類別にみた月別1日平均死亡数　－平成16年－

（単位：人）

性・病類	総数	1月	2月	3月	4月	5月	6月	7月	8月	9月	10月	11月	12月
男													
心疾患	211.7	278.3	262.5	232.7	208.5	191.9	172.8	180.7	172.6	166.7	200.5	219.8	253.8
急性心筋梗塞	66.1	87.6	81.7	75.3	63.1	59.3	52.7	55.6	53.9	51.3	64.4	68.5	79.6
その他の虚血性心疾患	40.5	53.3	50.7	45.2	40.7	36.0	32.7	36.5	32.7	31.5	36.2	43.5	47.6
不整脈及び伝導障害	27.5	34.9	33.5	30.0	26.6	24.3	23.0	23.3	22.5	22.2	27.3	29.0	33.6
心不全	57.5	78.0	72.4	61.3	57.3	53.8	47.1	47.4	47.6	44.9	53.9	57.8	68.8
脳血管疾患	168.2	203.6	200.9	185.7	164.7	158.9	147.3	141.8	142.9	142.6	170.3	168.8	190.9
くも膜下出血	15.1	17.6	18.2	16.6	14.5	13.7	14.3	12.3	12.9	13.1	16.9	14.2	17.4
脳内出血	48.2	58.9	56.6	55.3	47.9	46.5	41.1	40.6	40.7	39.2	48.1	48.3	55.3
脳梗塞	100.3	120.8	120.6	109.2	97.8	94.2	87.7	85.0	85.4	87.4	100.4	102.0	113.3
女													
心疾患	224.5	291.1	281.4	247.9	224.7	207.5	182.9	194.7	182.2	179.3	209.9	232.9	260.5
急性心筋梗塞	55.4	73.3	71.7	62.2	54.9	48.7	44.9	44.8	43.5	43.8	52.2	58.7	66.9
その他の虚血性心疾患	32.8	44.6	41.1	36.2	33.8	29.6	24.1	28.8	27.1	25.9	29.2	33.6	39.3
不整脈及び伝導障害	27.9	36.3	33.8	32.0	27.1	26.2	22.1	24.8	24.2	21.4	27.6	27.5	31.5
心不全	83.4	107.4	103.2	91.3	82.4	78.4	68.3	75.1	67.5	66.6	77.5	87.7	96.3
脳血管疾患	184.4	219.3	217.9	201.7	182.0	174.2	161.7	160.0	158.8	161.9	179.3	189.4	207.9
くも膜下出血	25.1	27.6	28.2	27.3	24.4	23.7	22.7	21.3	23.5	22.0	26.5	26.1	28.5
脳内出血	39.4	48.2	46.5	44.4	40.4	38.4	35.9	33.0	30.6	32.4	39.1	40.7	43.3
脳梗塞	114.7	137.0	136.9	124.4	111.4	107.7	98.9	101.1	100.7	103.1	108.8	117.8	129.4

10 死亡の場所別にみた心疾患－脳血管疾患死亡

(1) 平成16年の主な死因の死亡の場所

平成16年の主な死因について死亡の場所の構成割合をみると、いずれの死因でも「病院」の割合が多くなっている。また、「心疾患」の「自宅」の割合は、他の死因に比べて多くなっている。
(図16)

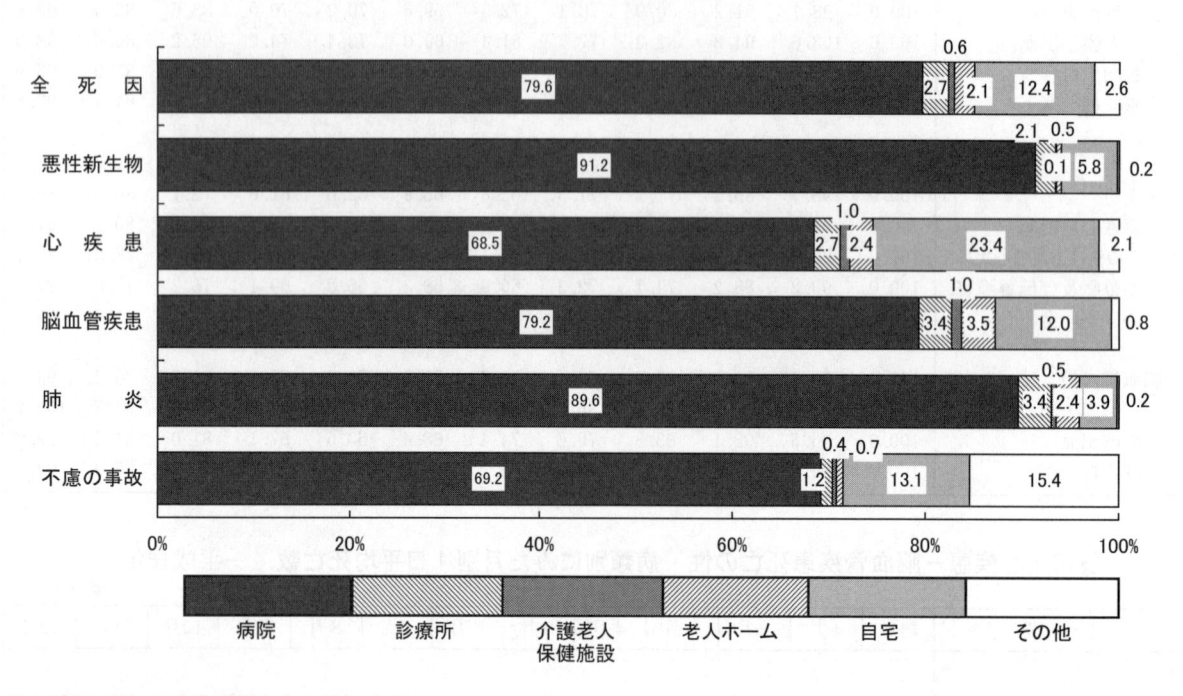

図16 主な死因の死亡の場所別構成割合 －平成16年－

死因	病院	診療所	介護老人保健施設	老人ホーム	自宅	その他
全死因	79.6	2.7	0.6	2.1	12.4	2.6
悪性新生物	91.2	2.1	0.1	0.5	5.8	0.2
心疾患	68.5	2.7	1.0	2.4	23.4	2.1
脳血管疾患	79.2	3.4	1.0	3.5	12.0	0.8
肺炎	89.6	3.4	0.5	2.4	3.9	0.2
不慮の事故	69.2	1.2	0.4	0.7	13.1	15.4

注：「その他」には助産所を含む。

(2) 病類別の状況

平成16年の「心疾患」と「脳血管疾患」について死亡の場所をそれぞれの病類別にみると、「心疾患」では、「その他の虚血性心疾患」で「病院」が少なく「自宅」が多くなっている。「脳血管疾患」では、「くも膜下出血」で「病院」が多く、「脳内出血」で「自宅」が多くなっている。
(図17)

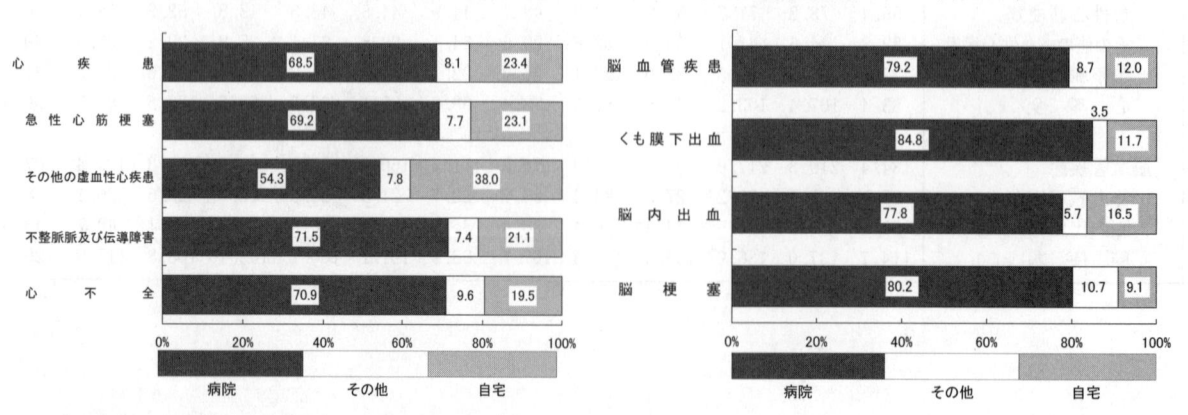

図17 病類別にみた心疾患－脳血管疾患の死亡の場所別構成割合 －平成16年－

心疾患	病院	その他	自宅
心疾患	68.5	8.1	23.4
急性心筋梗塞	69.2	7.7	23.1
その他の虚血性心疾患	54.3	7.8	38.0
不整脈脈及び伝導障害	71.5	7.4	21.1
心不全	70.9	9.6	19.5

脳血管疾患	病院	その他	自宅
脳血管疾患	79.2	8.7	12.0
くも膜下出血	84.8	3.5	11.7
脳内出血	77.8	5.7	16.5
脳梗塞	80.2	10.7	9.1

注：「その他」には診療所、介護老人保健施設、老人ホーム、助産所を含む。

(3) 性・年齢階級別の状況

性・年齢階級別に死亡の場所の構成割合をみると、「全死因」では、男女とも若年層の「病院」の割合が少なくなっている。

40歳代～80歳代の「心疾患」では年齢が高くなるにしたがって「病院」の割合が多くなるが、「脳血管疾患」では年齢による差が比較的小さくなっている。（図18）

図18 性・年齢（10歳階級）別にみた心疾患－脳血管疾患の死亡の場所別構成割合 －平成16年－

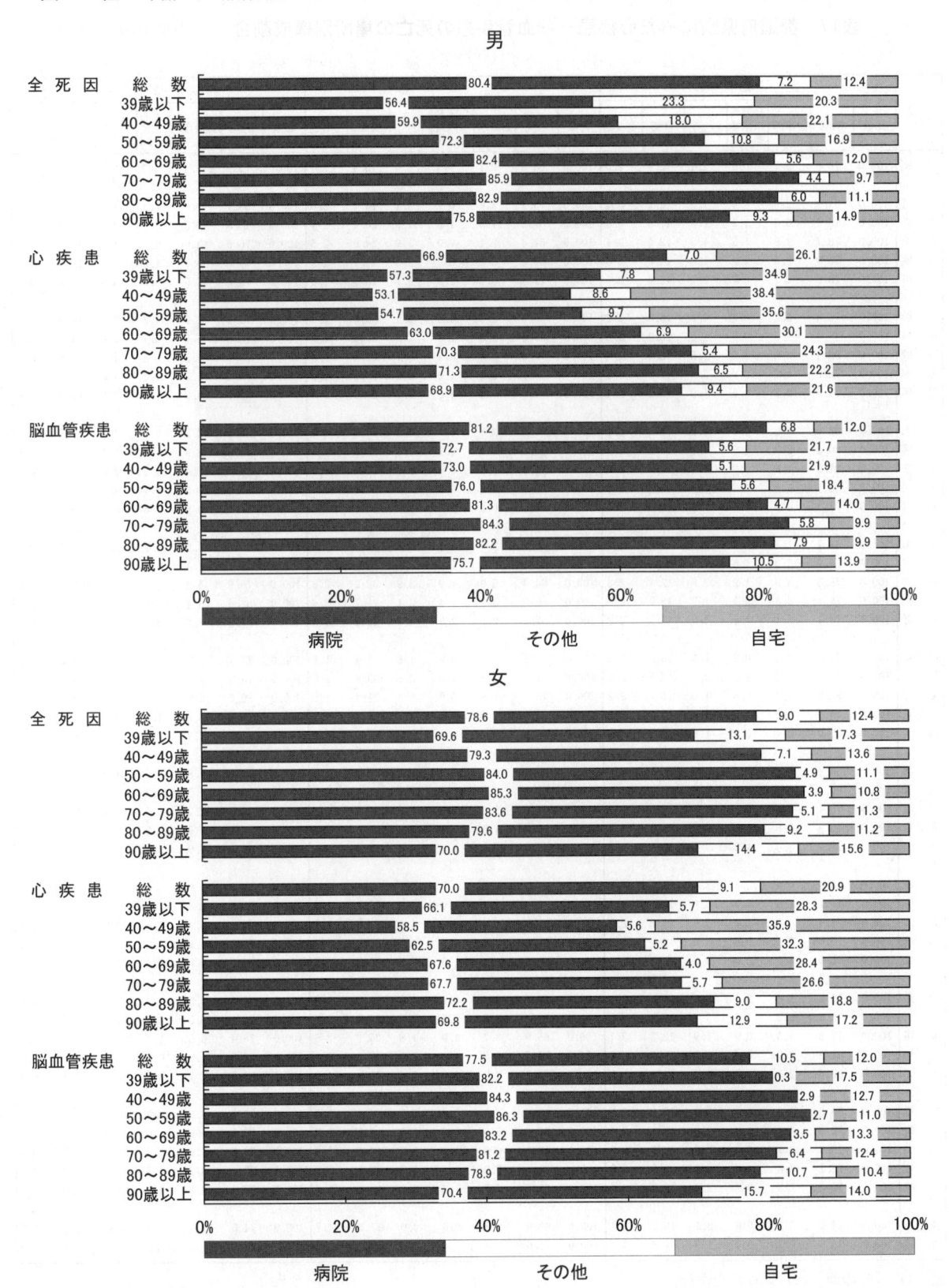

男

		病院	その他	自宅
全死因	総数	80.4	7.2	12.4
	39歳以下	56.4	23.3	20.3
	40～49歳	59.9	18.0	22.1
	50～59歳	72.3	10.8	16.9
	60～69歳	82.4	5.6	12.0
	70～79歳	85.9	4.4	9.7
	80～89歳	82.9	6.0	11.1
	90歳以上	75.8	9.3	14.9
心疾患	総数	66.9	7.0	26.1
	39歳以下	57.3	7.8	34.9
	40～49歳	53.1	8.6	38.4
	50～59歳	54.7	9.7	35.6
	60～69歳	63.0	6.9	30.1
	70～79歳	70.3	5.4	24.3
	80～89歳	71.3	6.5	22.2
	90歳以上	68.9	9.4	21.6
脳血管疾患	総数	81.2	6.8	12.0
	39歳以下	72.7	5.6	21.7
	40～49歳	73.0	5.1	21.9
	50～59歳	76.0	5.6	18.4
	60～69歳	81.3	4.7	14.0
	70～79歳	84.3	5.8	9.9
	80～89歳	82.2	7.9	9.9
	90歳以上	75.7	10.5	13.9

女

		病院	その他	自宅
全死因	総数	78.6	9.0	12.4
	39歳以下	69.6	13.1	17.3
	40～49歳	79.3	7.1	13.6
	50～59歳	84.0	4.9	11.1
	60～69歳	85.3	3.9	10.8
	70～79歳	83.6	5.1	11.3
	80～89歳	79.6	9.2	11.2
	90歳以上	70.0	14.4	15.6
心疾患	総数	70.0	9.1	20.9
	39歳以下	66.1	5.7	28.3
	40～49歳	58.5	5.6	35.9
	50～59歳	62.5	5.2	32.3
	60～69歳	67.6	4.0	28.4
	70～79歳	67.7	5.7	26.6
	80～89歳	72.2	9.0	18.8
	90歳以上	69.8	12.9	17.2
脳血管疾患	総数	77.5	10.5	12.0
	39歳以下	82.2	0.3	17.5
	40～49歳	84.3	2.9	12.7
	50～59歳	86.3	2.7	11.0
	60～69歳	83.2	3.5	13.3
	70～79歳	81.2	6.4	12.4
	80～89歳	78.9	10.7	10.4
	90歳以上	70.4	15.7	14.0

注：「その他」には診療所、介護老人保健施設、老人ホーム、助産所を含む。

（4）都道府県別の状況

都道府県別に死亡の場所の構成割合をみると、「全死因」で「病院」の割合は北海道で最も高く、和歌山県で最も低くなっている。

「心疾患」と「脳血管疾患」についてみると、「病院」の割合は「心疾患」「脳血管疾患」ともに福岡県で最も高く、「心疾患」では和歌山県で、「脳血管疾患」では長野県で最も低くなっている。（表17、図19）

表17　都道府県別にみた心疾患－脳血管疾患の死亡の場所別構成割合　－平成16年－

（単位：％）

都道府県	全死因 総数	病院	診療所	介護老人保健施設	老人ホーム	自宅	その他	心疾患 総数	病院	診療所	介護老人保健施設	老人ホーム	自宅	その他	脳血管疾患 総数	病院	診療所	介護老人保健施設	老人ホーム	自宅	その他
全 国	100.0	79.6	2.7	0.6	2.1	12.4	2.6	100.0	68.5	2.7	1.0	2.4	23.4	2.1	100.0	79.2	3.4	1.0	3.5	12.0	0.8
北海道	100.0	84.2	2.9	0.4	1.2	8.2	3.1	100.0	73.2	3.4	0.7	2.1	18.7	2.0	100.0	83.7	2.6	0.4	1.8	10.3	1.1
青 森	100.0	75.1	6.6	1.3	1.9	11.5	3.5	100.0	67.2	7.3	1.5	1.9	20.1	2.1	100.0	76.8	6.5	2.8	4.1	8.8	1.0
岩 手	100.0	78.7	2.8	1.5	1.9	12.0	3.1	100.0	67.4	2.1	2.0	1.9	24.0	2.5	100.0	76.8	3.9	2.3	4.4	11.8	0.8
宮 城	100.0	76.9	2.6	0.8	1.6	14.8	3.3	100.0	67.5	3.2	0.9	2.3	24.1	1.9	100.0	74.5	3.1	1.6	2.9	16.6	1.1
秋 田	100.0	78.8	2.2	0.7	2.7	12.9	2.7	100.0	71.4	3.6	1.9	3.1	18.8	1.4	100.0	75.8	2.5	0.9	3.9	15.9	1.0
山 形	100.0	76.4	2.2	1.7	3.5	15.0	2.2	100.0	66.0	2.6	0.8	3.9	25.6	1.3	100.0	72.6	2.7	1.2	7.5	14.9	1.0
福 島	100.0	78.7	2.5	0.6	1.5	13.9	2.8	100.0	67.5	2.8	1.0	1.2	25.8	1.8	100.0	76.8	3.7	0.7	3.0	14.9	0.9
茨 城	100.0	80.4	2.8	0.5	1.5	12.4	2.4	100.0	72.0	2.6	0.8	1.7	21.4	1.5	100.0	76.7	4.3	0.8	1.7	15.6	0.9
栃 木	100.0	78.6	4.2	0.8	2.5	11.9	2.1	100.0	68.7	3.1	1.0	2.2	23.3	1.6	100.0	75.4	5.5	1.3	4.6	12.5	0.7
群 馬	100.0	79.8	2.7	1.0	1.9	12.2	2.4	100.0	70.3	3.4	1.5	1.9	20.8	2.0	100.0	80.7	3.9	1.8	2.5	10.5	0.6
埼 玉	100.0	82.6	2.5	0.3	1.2	11.2	2.1	100.0	68.8	2.3	0.6	1.6	25.3	1.4	100.0	85.1	2.5	0.4	1.8	9.5	0.7
千 葉	100.0	80.4	2.3	0.5	1.1	13.2	2.5	100.0	65.8	1.7	0.7	1.3	28.3	2.1	100.0	82.6	2.9	0.9	1.6	11.2	0.8
東 京	100.0	81.5	1.6	0.2	1.8	12.9	2.0	100.0	72.6	1.6	0.4	1.9	21.9	1.6	100.0	82.0	2.4	0.4	2.6	12.1	0.7
神奈川	100.0	82.1	1.4	0.3	1.6	12.3	2.3	100.0	72.4	1.5	0.5	1.6	22.0	2.0	100.0	80.0	2.3	0.4	2.8	13.7	0.8
新 潟	100.0	77.1	0.6	1.2	3.0	15.9	2.3	100.0	67.4	0.4	1.5	2.7	26.2	1.8	100.0	71.1	0.9	1.8	5.3	20.2	0.8
富 山	100.0	82.7	1.8	0.7	2.3	10.3	2.2	100.0	75.9	2.0	1.3	2.3	17.3	1.3	100.0	85.1	2.6	1.1	3.7	7.3	0.2
石 川	100.0	79.2	3.0	1.5	2.4	11.1	2.9	100.0	64.5	3.4	2.4	2.6	25.5	2.6	100.0	80.7	2.4	2.7	4.6	8.6	1.0
福 井	100.0	76.5	3.9	1.2	3.6	12.4	2.6	100.0	64.4	5.0	1.9	3.9	22.2	2.6	100.0	76.9	4.2	1.3	7.3	9.7	0.6
山 梨	100.0	78.1	3.3	0.7	2.2	12.9	2.8	100.0	69.0	2.4	1.4	3.1	21.7	2.4	100.0	81.6	3.4	1.5	3.1	9.7	0.7
長 野	100.0	74.1	2.1	1.4	4.6	15.5	2.2	100.0	67.4	2.1	2.5	4.2	22.5	1.3	100.0	67.5	2.9	2.9	9.6	16.3	0.7
岐 阜	100.0	77.9	3.3	0.8	1.6	13.9	2.5	100.0	69.9	2.8	0.6	1.8	23.4	1.5	100.0	77.1	5.5	1.9	1.8	12.7	1.0
静 岡	100.0	78.1	2.6	0.6	3.0	13.5	2.2	100.0	67.8	2.5	1.0	2.8	23.8	2.0	100.0	74.0	4.4	0.9	4.6	15.5	0.6
愛 知	100.0	82.7	1.9	0.5	1.1	11.7	2.1	100.0	73.2	1.8	0.8	1.4	21.4	1.5	100.0	80.6	2.9	0.8	1.5	13.6	0.7
三 重	100.0	76.9	2.2	1.1	2.8	14.8	2.2	100.0	64.8	1.6	1.4	3.1	27.2	1.9	100.0	75.7	3.8	1.9	4.6	13.5	0.5
滋 賀	100.0	81.0	0.7	0.2	1.6	14.3	2.2	100.0	70.0	0.7	0.3	2.1	25.0	1.9	100.0	77.5	1.2	0.3	1.6	18.5	1.0
京 都	100.0	80.4	0.5	0.3	2.3	13.9	2.6	100.0	63.2	0.4	0.4	2.0	31.1	2.9	100.0	79.6	0.8	0.5	4.0	14.4	0.7
大 阪	100.0	80.6	0.9	0.2	1.2	13.9	3.0	100.0	61.4	0.8	0.5	2.1	32.0	3.2	100.0	86.5	1.2	0.3	1.8	9.5	0.7
兵 庫	100.0	78.1	2.1	0.4	2.4	14.2	2.8	100.0	67.0	2.2	0.6	2.9	24.9	2.4	100.0	78.5	2.7	0.5	4.3	13.2	0.7
奈 良	100.0	76.9	0.8	0.2	2.7	16.2	3.2	100.0	61.7	1.0	0.4	3.0	30.8	3.0	100.0	80.2	0.9	0.2	5.0	12.8	1.0
和歌山	100.0	72.7	3.6	1.2	3.6	16.4	2.5	100.0	58.2	3.0	1.6	4.8	30.4	2.0	100.0	72.3	5.9	2.1	4.8	13.6	1.2
鳥 取	100.0	73.4	4.6	2.3	3.4	13.1	3.2	100.0	60.2	5.2	4.3	4.1	22.7	3.4	100.0	71.5	4.9	4.4	5.9	12.9	0.5
島 根	100.0	77.1	1.6	1.0	3.9	13.7	2.7	100.0	67.4	1.4	1.0	4.9	23.7	1.6	100.0	73.3	2.4	1.6	7.1	14.5	1.2
岡 山	100.0	77.6	4.3	1.0	2.6	12.1	2.5	100.0	67.2	3.4	1.4	3.6	22.8	1.6	100.0	74.1	6.1	1.6	3.6	13.6	0.9
広 島	100.0	77.6	3.4	0.5	3.2	12.5	2.8	100.0	64.5	3.5	1.1	4.1	24.6	2.2	100.0	76.7	4.6	1.6	5.7	11.1	1.2
山 口	100.0	80.0	3.2	0.6	3.0	10.9	2.4	100.0	62.3	3.1	1.5	3.6	26.9	2.6	100.0	82.6	2.8	0.8	4.4	8.5	1.0
徳 島	100.0	75.2	5.4	0.4	3.6	11.0	2.4	100.0	66.1	5.4	3.2	4.6	19.2	1.8	100.0	75.6	6.3	3.3	4.4	9.7	0.8
香 川	100.0	75.3	5.3	1.4	3.1	12.3	2.6	100.0	62.7	4.7	2.5	4.8	24.6	2.0	100.0	78.0	5.3	1.7	4.2	10.5	0.3
愛 媛	100.0	77.3	4.5	0.9	1.9	12.7	2.7	100.0	65.9	3.7	1.0	1.8	25.1	2.5	100.0	78.4	6.5	1.3	3.1	10.3	0.3
高 知	100.0	82.8	2.2	0.4	1.0	10.0	3.7	100.0	72.5	2.8	1.0	1.5	19.3	2.9	100.0	83.6	1.9	0.2	1.4	11.2	1.8
福 岡	100.0	83.5	2.5	0.5	1.4	9.4	2.6	100.0	78.2	2.2	0.9	1.8	15.2	1.6	100.0	88.4	2.7	0.6	2.2	5.6	0.4
佐 賀	100.0	79.0	4.6	1.0	2.9	10.3	2.3	100.0	68.7	4.3	1.4	3.5	20.1	2.1	100.0	82.7	4.0	1.9	4.6	6.1	0.6
長 崎	100.0	79.9	5.1	0.7	2.0	9.7	2.6	100.0	70.6	5.9	1.5	3.7	16.4	1.9	100.0	78.6	5.5	1.0	4.9	9.3	0.7
熊 本	100.0	78.1	6.1	0.6	3.2	9.6	2.3	100.0	68.0	6.1	1.3	3.8	18.4	2.0	100.0	79.6	5.8	0.8	4.4	8.7	0.8
大 分	100.0	76.1	6.8	1.3	3.7	9.5	2.6	100.0	64.1	6.0	1.5	5.7	21.0	1.7	100.0	73.1	8.2	2.4	7.3	8.5	0.5
宮 崎	100.0	76.2	7.8	0.7	2.4	10.2	2.6	100.0	67.7	7.7	1.2	3.9	19.3	1.8	100.0	78.4	9.1	0.9	3.6	7.9	0.2
鹿児島	100.0	75.2	8.7	0.6	3.1	10.0	2.4	100.0	69.9	7.3	0.8	3.0	17.3	1.7	100.0	74.5	9.0	0.9	5.4	9.2	1.0
沖 縄	100.0	79.6	2.1	0.6	1.9	11.8	4.0	100.0	71.6	2.4	1.4	1.5	19.8	3.2	100.0	80.5	1.7	1.3	3.2	11.4	2.0

注：1）「その他」には助産所を含む。
　　2）都道府県は死亡した人の住所による。

図19 都道府県別にみた心疾患－脳血管疾患の死亡の場所別構成割合　－平成16年－

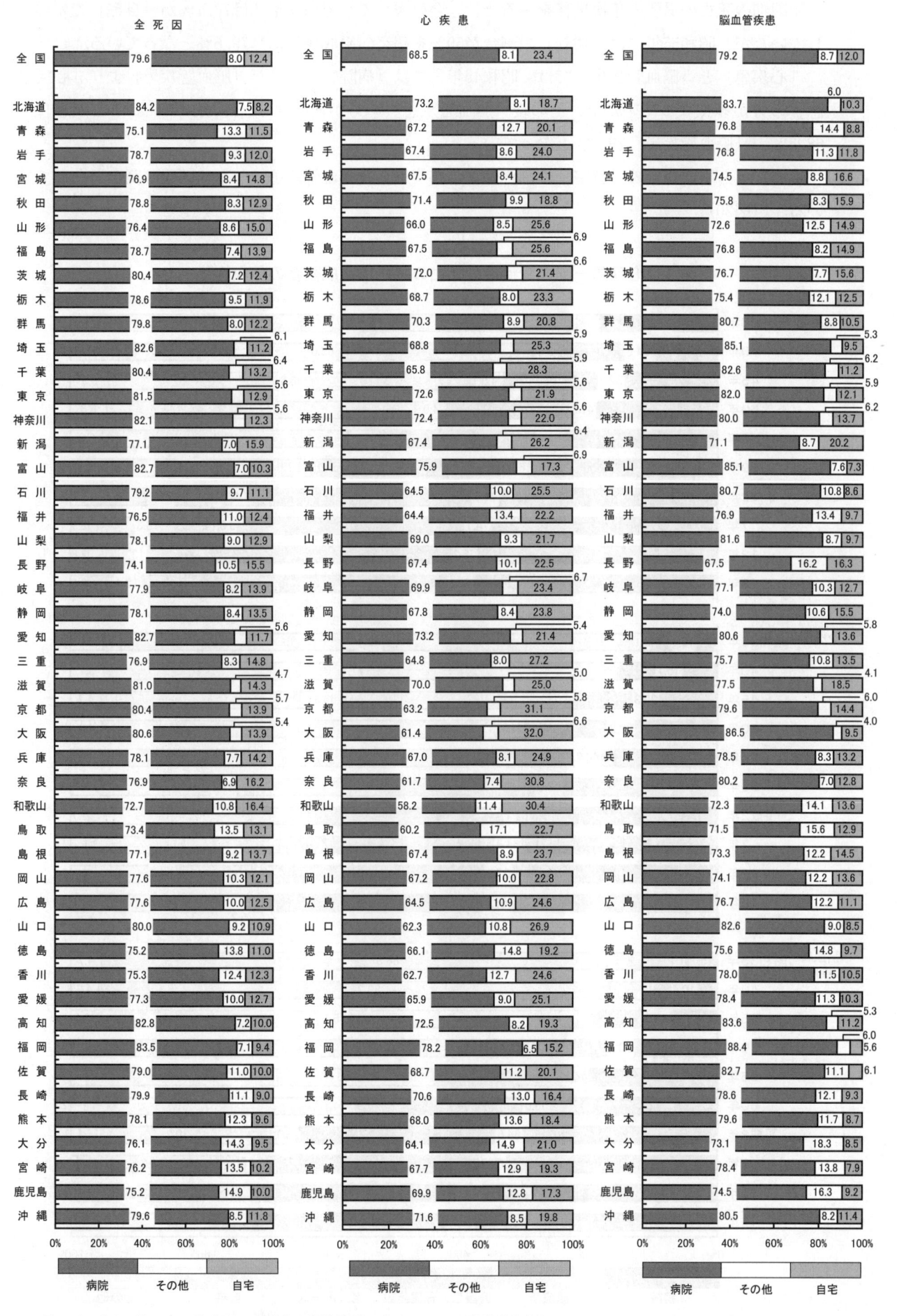

全死因

都道府県	病院	その他	自宅
全国	79.6	8.0	12.4
北海道	84.2	7.5	8.2
青森	75.1	13.3	11.5
岩手	78.7	9.3	12.0
宮城	76.9	8.4	14.8
秋田	78.8	8.3	12.9
山形	76.4	8.6	15.0
福島	78.7	7.4	13.9
茨城	80.4	7.2	12.4
栃木	78.6	9.5	11.9
群馬	79.8	8.0	12.2
埼玉	82.6	6.1	11.2
千葉	80.4	6.4	13.2
東京	81.5	5.6	12.9
神奈川	82.1	5.6	12.3
新潟	77.1	7.0	15.9
富山	82.7	7.0	10.3
石川	79.2	9.7	11.1
福井	76.5	11.0	12.4
山梨	78.1	9.0	12.9
長野	74.1	10.5	15.5
岐阜	77.9	8.2	13.9
静岡	78.1	8.4	13.5
愛知	82.7	5.6	11.7
三重	76.9	8.3	14.8
滋賀	81.0	4.7	14.3
京都	80.4	5.7	13.9
大阪	80.6	5.4	13.9
兵庫	78.1	7.7	14.2
奈良	76.9	6.9	16.2
和歌山	72.7	10.8	16.4
鳥取	73.4	13.5	13.1
島根	77.1	9.2	13.7
岡山	77.6	10.3	12.1
広島	77.6	10.0	12.5
山口	80.0	9.2	10.9
徳島	75.2	13.8	11.0
香川	75.3	12.4	12.3
愛媛	77.3	10.0	12.7
高知	82.8	7.2	10.0
福岡	83.5	7.1	9.4
佐賀	79.0	11.0	10.0
長崎	79.9	11.1	9.0
熊本	78.1	12.3	9.6
大分	76.1	14.3	9.5
宮崎	76.2	13.5	10.2
鹿児島	75.2	14.9	10.0
沖縄	79.6	8.5	11.8

心疾患

都道府県	病院	その他	自宅
全国	68.5	8.1	23.4
北海道	73.2	8.1	18.7
青森	67.2	12.7	20.1
岩手	67.4	8.6	24.0
宮城	67.5	8.4	24.1
秋田	71.4	9.9	18.8
山形	66.0	8.5	25.6
福島	67.5	6.9	25.6
茨城	72.0	6.6	21.4
栃木	68.7	8.0	23.3
群馬	70.3	8.9	20.8
埼玉	68.8	5.9	25.3
千葉	65.8	5.9	28.3
東京	72.6	5.6	21.9
神奈川	72.4	5.6	22.0
新潟	67.4	6.4	26.2
富山	75.9	6.9	17.3
石川	64.5	10.0	25.5
福井	64.4	13.4	22.2
山梨	69.0	9.3	21.7
長野	67.4	10.1	22.5
岐阜	69.9	6.7	23.4
静岡	67.8	8.4	23.8
愛知	73.2	5.4	21.4
三重	64.8	8.0	27.2
滋賀	70.0	5.0	25.0
京都	63.2	5.8	31.1
大阪	61.4	6.6	32.0
兵庫	67.0	8.1	24.9
奈良	61.7	7.4	30.8
和歌山	58.2	11.4	30.4
鳥取	60.2	17.1	22.7
島根	67.4	8.9	23.7
岡山	67.2	10.0	22.8
広島	64.5	10.9	24.6
山口	62.3	10.8	26.9
徳島	66.1	14.8	19.2
香川	62.7	12.7	24.6
愛媛	65.9	9.0	25.1
高知	72.5	8.2	19.3
福岡	78.2	6.5	15.2
佐賀	68.7	11.2	20.1
長崎	70.6	13.0	16.4
熊本	68.0	13.6	18.4
大分	64.1	14.9	21.0
宮崎	67.7	12.9	19.3
鹿児島	69.9	12.8	17.3
沖縄	71.6	8.5	19.8

脳血管疾患

都道府県	病院	その他	自宅
全国	79.2	8.7	12.0
北海道	83.7	6.0	10.3
青森	76.8	14.4	8.8
岩手	76.8	11.3	11.8
宮城	74.5	8.8	16.6
秋田	75.8	8.3	15.9
山形	72.6	12.5	14.9
福島	76.8	8.2	14.9
茨城	76.7	7.7	15.6
栃木	75.4	12.1	12.5
群馬	80.7	8.8	10.5
埼玉	85.1	5.3	9.5
千葉	82.6	6.2	11.2
東京	82.0	5.9	12.1
神奈川	80.0	6.2	13.7
新潟	71.1	8.7	20.2
富山	85.1	7.6	7.3
石川	80.7	10.8	8.6
福井	76.9	13.4	9.7
山梨	81.6	8.7	9.7
長野	67.5	16.2	16.3
岐阜	77.1	10.3	12.7
静岡	74.0	10.6	15.5
愛知	80.6	5.8	13.6
三重	75.7	10.8	13.5
滋賀	77.5	4.1	18.5
京都	79.6	6.0	14.4
大阪	86.5	4.0	9.5
兵庫	78.5	8.3	13.2
奈良	80.2	7.0	12.8
和歌山	72.3	14.1	13.6
鳥取	71.5	15.6	12.9
島根	73.3	12.2	14.5
岡山	74.1	12.2	13.6
広島	76.7	12.2	11.1
山口	82.6	9.0	8.5
徳島	75.6	14.8	9.7
香川	78.0	11.5	10.5
愛媛	78.4	11.3	10.3
高知	83.6	5.3	11.2
福岡	88.4	6.0	5.6
佐賀	82.7	11.1	6.1
長崎	78.6	12.1	9.3
熊本	79.6	11.7	8.7
大分	73.1	18.3	8.5
宮崎	78.4	13.8	7.9
鹿児島	74.5	16.3	9.2
沖縄	80.5	8.2	11.4

注：1）「その他」には診療所、介護老人保健施設、老人ホーム、助産所を含む。
　　2）都道府県は死亡した人の住所による。

(5) 死因別にみた年次推移

死因別の死亡の場所の年次推移をみると、「全死因」で、昭和35年には70.7%が「自宅」で死亡していたが、昭和55年には「病院」の割合が50%を超え、平成16年には79.6%となっている。

「心疾患」と「脳血管疾患」では、昭和45年までは「病院」の割合が「脳血管疾患」より「心疾患」の方が多くなっていたが、その後「脳血管疾患」の方が多くなり、平成16年には「心疾患」68.5%、「脳血管疾患」79.2%となっている。

平成12年と平成16年の「自宅」の割合は、「心疾患」「脳血管疾患」ともほぼ同じ割合となっている。（図20）

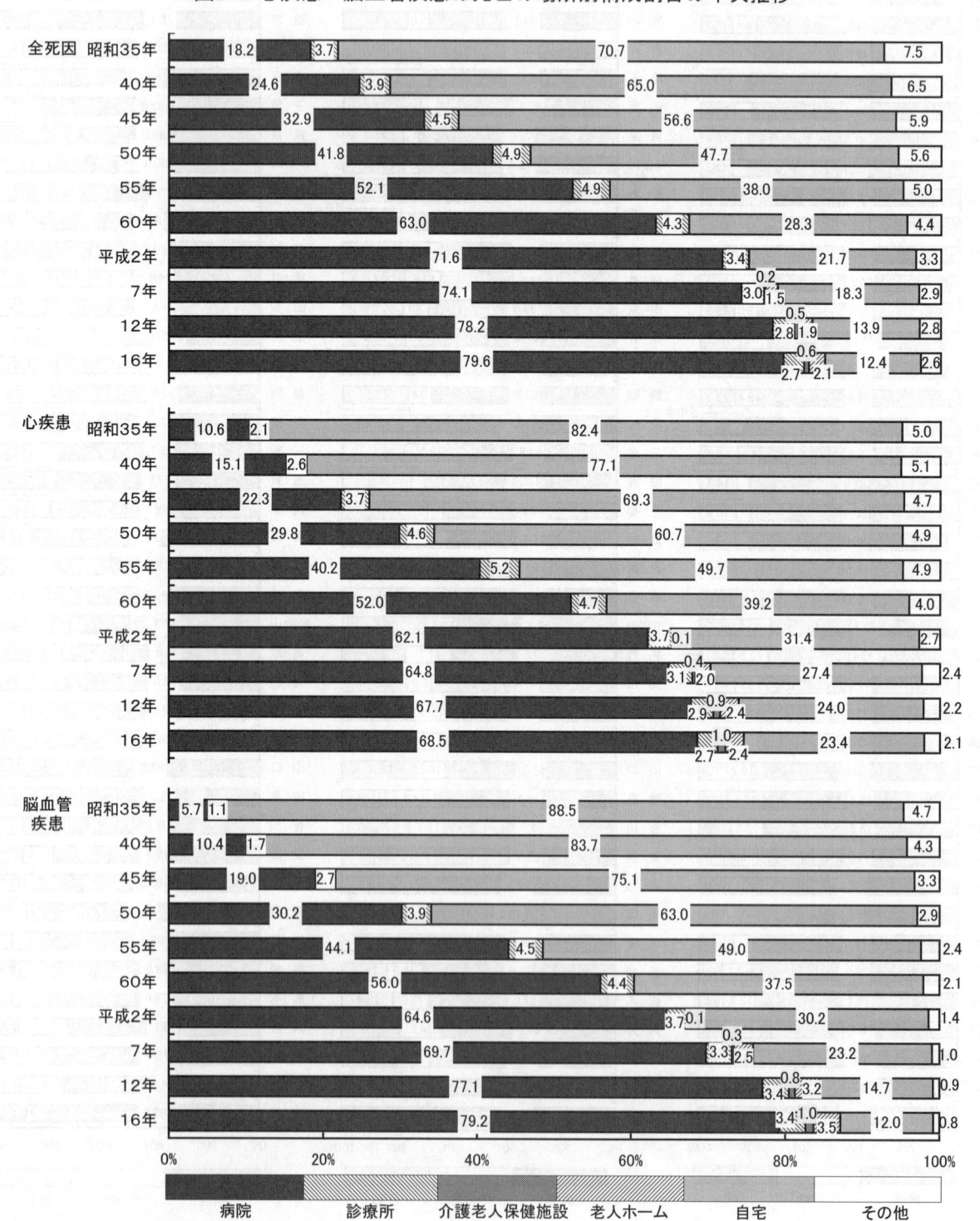

図20　心疾患－脳血管疾患の死亡の場所別構成割合の年次推移

全死因

年次	病院	診療所	介護老人保健施設	老人ホーム	自宅	その他
昭和35年	18.2	3.7			70.7	7.5
40年	24.6	3.9			65.0	6.5
45年	32.9	4.5			56.6	5.9
50年	41.8	4.9			47.7	5.6
55年	52.1	4.9			38.0	5.0
60年	63.0	4.3			28.3	4.4
平成2年	71.6	3.4			21.7	3.3
7年	74.1	3.0	0.2	1.5	18.3	2.9
12年	78.2	2.8	0.5	1.9	13.9	2.8
16年	79.6	2.7	0.6	2.1	12.4	2.6

心疾患

年次	病院	診療所	介護老人保健施設	老人ホーム	自宅	その他
昭和35年	10.6	2.1			82.4	5.0
40年	15.1	2.6			77.1	5.1
45年	22.3	3.7			69.3	4.7
50年	29.8	4.6			60.7	4.9
55年	40.2	5.2			49.7	4.9
60年	52.0	4.7			39.2	4.0
平成2年	62.1	3.7	0.1		31.4	2.7
7年	64.8	3.1	0.4	2.0	27.4	2.4
12年	67.7	2.9	0.9	2.4	24.0	2.2
16年	68.5	2.7	1.0	2.4	23.4	2.1

脳血管疾患

年次	病院	診療所	介護老人保健施設	老人ホーム	自宅	その他
昭和35年	5.7	1.1			88.5	4.7
40年	10.4	1.7			83.7	4.3
45年	19.0	2.7			75.1	3.3
50年	30.2	3.9			63.0	2.9
55年	44.1	4.5			49.0	2.4
60年	56.0	4.4			37.5	2.1
平成2年	64.6	3.7	0.1		30.2	1.4
7年	69.7	3.3	0.3	2.5	23.2	1.0
12年	77.1	3.4	0.8	3.2	14.7	0.9
16年	79.2	3.4	1.0	3.5	12.0	0.8

注：「その他」には助産所を含む。

11 入院・外来受療率との関係

「心疾患」と「脳血管疾患」の粗死亡率（人口10万対）と患者調査における「高血圧性疾患」と「糖尿病」の外来受療率（人口10万対）について都道府県別にみると、「心疾患」と「脳血管疾患」の粗死亡率が高い都道府県では「高血圧性疾患」の外来受療率が高くなる傾向がある。（表18、図21）

表18　都道府県別にみた心疾患－脳血管疾患粗死亡率（人口10万対）及び高血圧性疾患－糖尿病受療率（人口10万対）の年次比較

都道府県	平成11年 粗死亡率 心疾患	脳血管疾患	高血圧性疾患 入院	外来	糖尿病 入院	外来	平成14年 粗死亡率 心疾患	脳血管疾患	高血圧性疾患 入院	外来	糖尿病 入院	外来
全　国	120.4	110.8	17	514	32	146	121.0	103.4	11	466	27	146
北海道	126.4	102.3	42	620	58	193	123.1	99.3	27	523	48	179
青　森	139.6	140.1	16	663	37	173	143.8	133.2	14	649	33	193
岩　手	148.5	162.6	10	661	32	173	144.7	149.7	13	590	32	120
宮　城	109.9	122.0	10	575	27	166	112.0	112.8	8	594	21	169
秋　田	137.2	182.2	16	705	29	153	146.2	165.7	4	638	26	162
山　形	150.8	172.1	5	760	18	176	155.7	153.8	4	649	14	173
福　島	144.5	148.2	17	610	36	114	147.5	129.8	13	562	28	135
茨　城	123.6	126.7	10	510	26	135	130.2	121.1	9	466	25	129
栃　木	128.6	131.5	9	633	26	145	128.2	132.1	6	460	24	153
群　馬	129.2	124.6	7	473	21	118	127.5	119.1	8	530	17	138
埼　玉	97.1	83.1	9	455	21	122	101.5	83.3	5	398	18	119
千　葉	107.7	94.5	8	432	20	110	110.1	88.0	5	410	17	112
東　京	113.2	99.8	10	415	24	143	111.6	91.3	6	402	20	108
神奈川	86.1	90.6	8	416	20	101	91.4	81.2	6	316	16	114
新　潟	131.2	156.2	8	608	24	133	132.8	147.9	5	487	19	119
富　山	128.2	135.2	21	425	41	137	115.5	120.1	16	440	42	174
石　川	124.5	123.6	22	489	44	178	125.9	109.6	14	479	32	137
福　井	140.1	114.5	16	437	38	143	134.5	105.7	21	425	39	162
山　梨	142.9	120.9	6	400	16	118	137.2	115.1	6	445	20	167
長　野	130.1	165.2	6	527	19	115	137.3	159.0	4	515	13	146
岐　阜	129.3	113.2	7	557	24	160	140.8	107.6	6	468	19	147
静　岡	122.4	116.4	7	517	20	118	119.4	113.1	3	414	16	137
愛　知	110.3	90.9	6	378	20	138	111.3	85.7	4	384	19	135
三　重	128.8	117.3	9	517	24	153	133.0	110.4	6	438	20	151
滋　賀	112.2	96.3	9	491	20	132	112.5	88.4	6	383	21	139
京　都	125.1	104.8	15	413	32	136	126.0	94.0	9	409	28	164
大　阪	104.0	79.2	21	443	34	153	106.6	75.9	12	451	30	171
兵　庫	118.3	95.2	14	561	31	182	116.5	89.0	7	435	26	171
奈　良	118.8	97.8	11	511	26	153	120.9	82.8	6	416	19	160
和歌山	166.9	127.0	13	713	35	195	167.9	108.1	15	544	32	160
鳥　取	153.4	152.5	4	566	24	118	148.8	129.7	5	435	21	156
島　根	158.2	163.9	9	741	29	183	154.7	143.9	10	559	30	212
岡　山	134.3	128.7	14	520	34	132	139.6	114.6	9	508	29	169
広　島	126.3	110.8	18	675	38	224	124.2	102.4	11	589	34	220
山　口	157.1	146.6	53	590	46	153	156.2	137.6	25	463	42	138
徳　島	164.7	142.7	31	565	88	252	157.2	121.7	21	537	67	232
香　川	140.7	130.0	19	549	42	199	156.2	118.2	17	542	36	225
愛　媛	166.4	134.4	20	671	45	224	171.5	124.4	18	631	46	170
高　知	176.6	154.1	48	679	79	190	172.9	158.2	24	568	48	192
福　岡	105.6	98.8	37	495	54	157	101.6	93.1	19	433	39	125
佐　賀	122.7	124.5	26	653	39	160	122.6	117.5	23	617	35	193
長　崎	141.4	119.1	51	745	52	127	139.5	119.3	26	681	46	137
熊　本	141.5	120.7	37	643	58	138	133.0	114.2	27	573	47	159
大　分	156.3	131.5	48	552	50	153	151.5	124.8	27	570	38	153
宮　崎	134.4	125.2	28	685	37	114	140.5	117.9	15	565	31	152
鹿児島	152.6	159.4	45	640	50	158	140.9	145.7	30	734	47	152
沖　縄	83.8	62.4	46	288	41	86	86.3	60.9	11	336	21	77

注：「受療率」は患者調査による。

図21 粗死亡率（人口10万対）と受療率（人口10万対）の関係 －平成14年－

心疾患粗死亡率－高血圧性疾患外来受療率

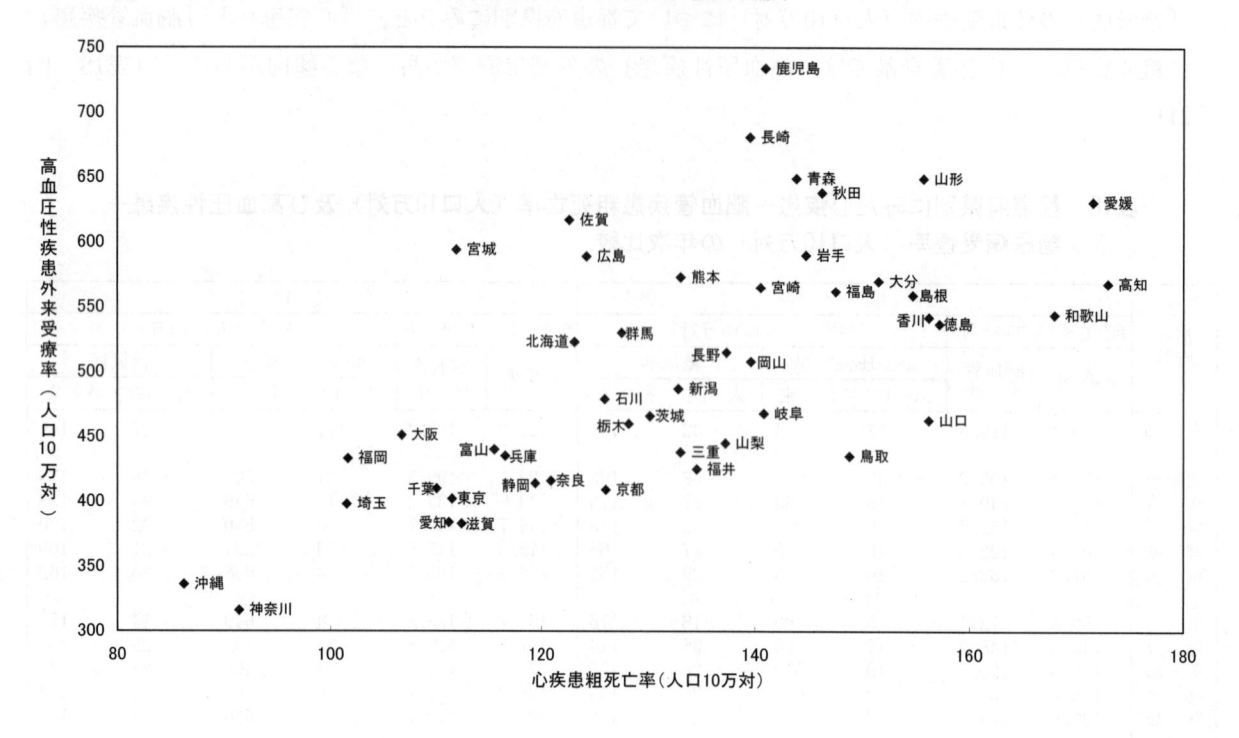

脳血管疾患粗死亡率－高血圧性疾患外来受療率

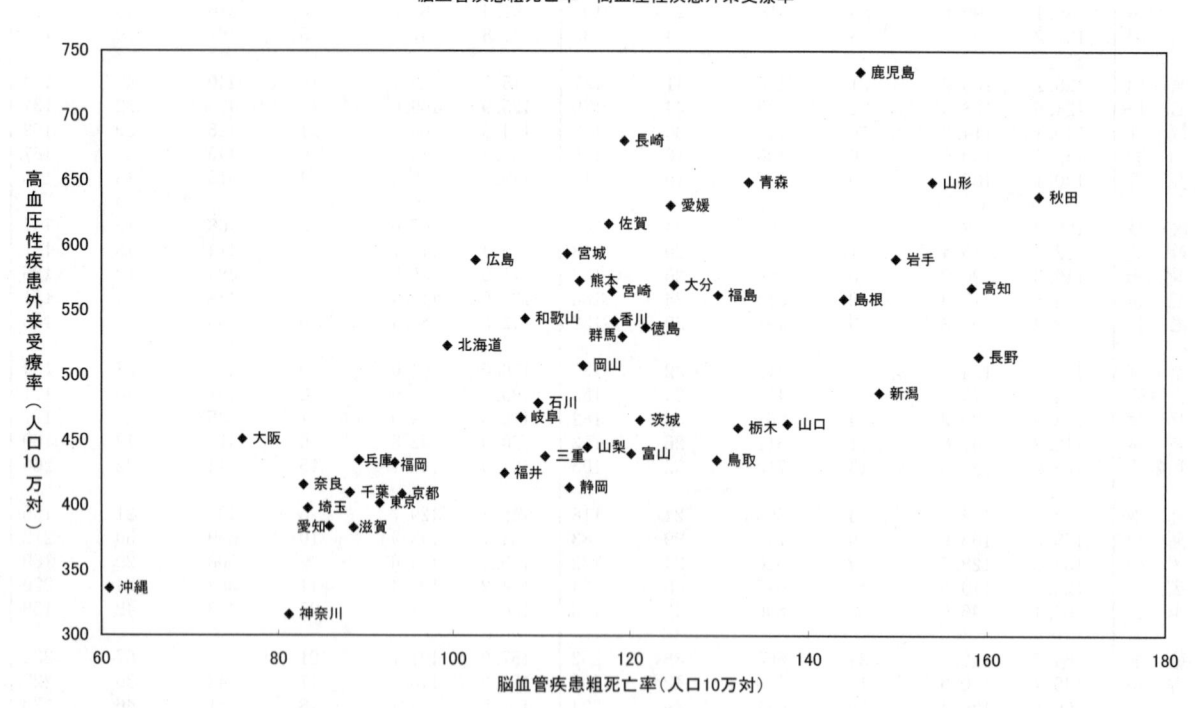

注：「受療率」は患者調査による。

心疾患粗死亡率－糖尿病外来受療率

脳血管疾患粗死亡率－糖尿病外来受療率

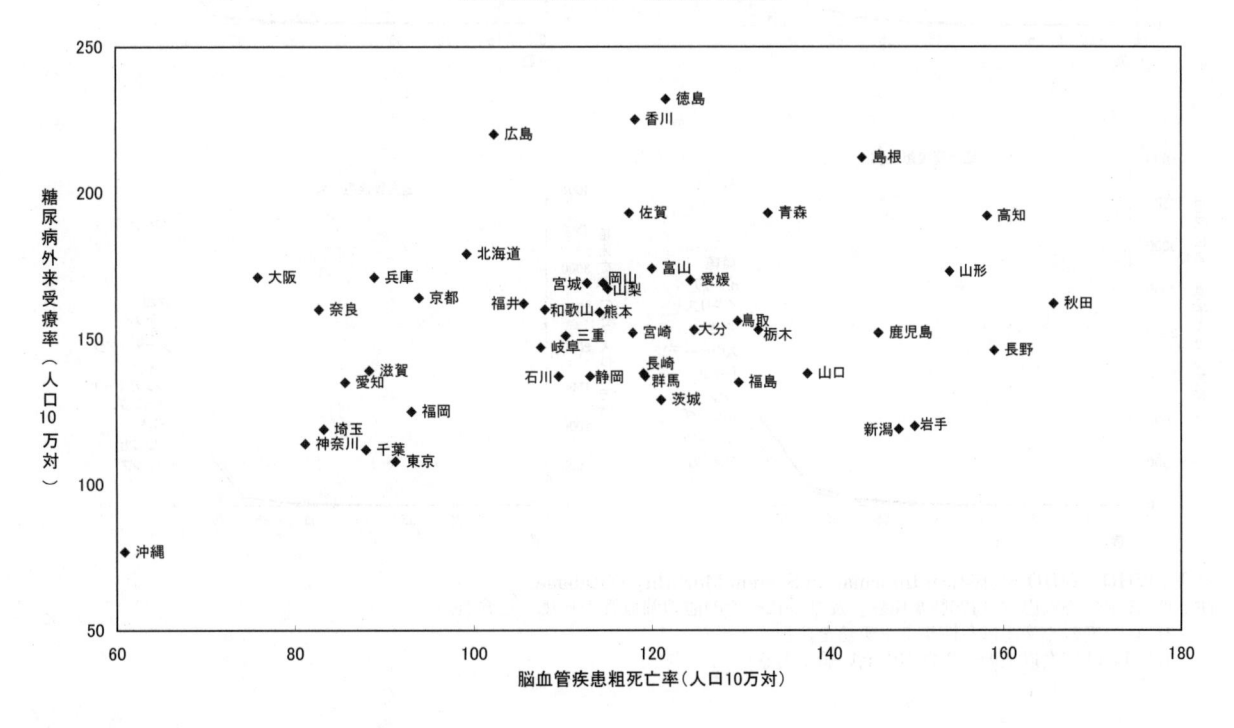

注：「受療率」は患者調査による。

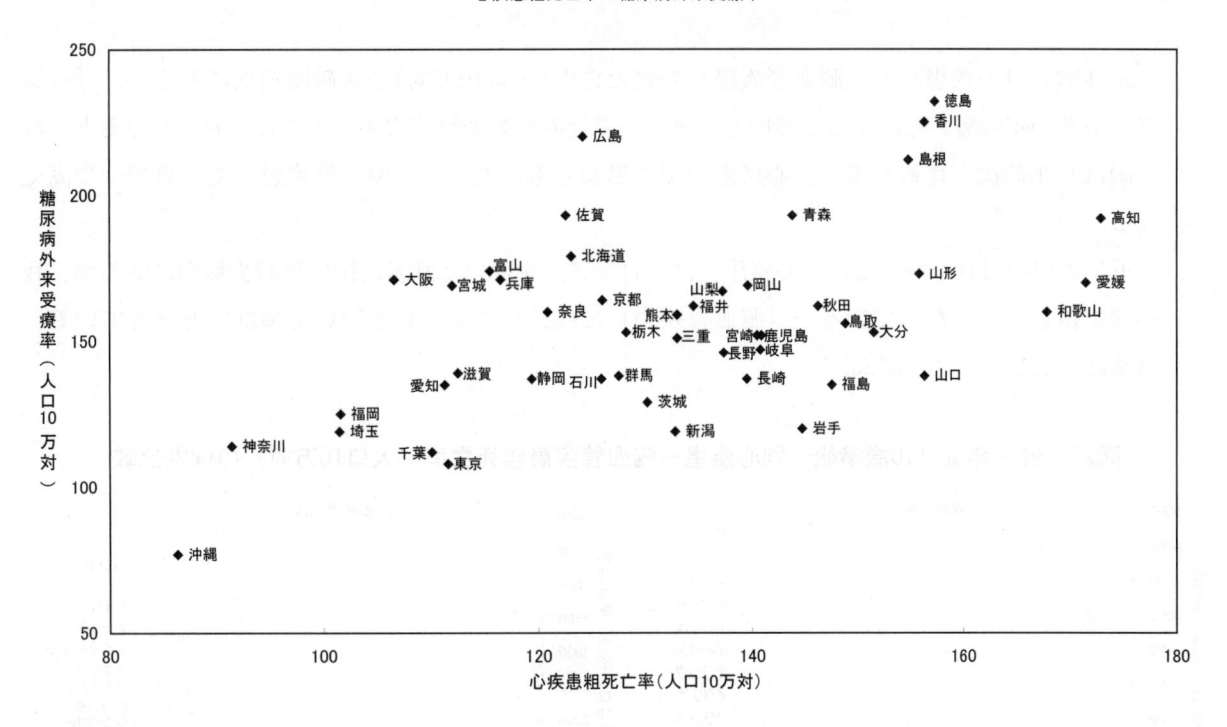

12　諸外国との比較

諸外国の「心疾患」と「脳血管疾患」の粗死亡率（人口10万対）を年齢階級別にみると、「ロシア」が若い年齢層から高くなっている。また、直近の年齢調整死亡率（人口10万対）をみると、我が国は欧米諸国と比較して、「心疾患」では男女ともに低く、「脳血管疾患」では男でやや高くなっている。

近年の年次推移をみると、「心疾患」は「ロシア」を除いた欧米諸国では減少傾向にあるが、我が国では横ばいとなっている。「脳血管疾患」では、「ロシア」を除いて横ばいとなっている。
（図22、表19、表20、図23）

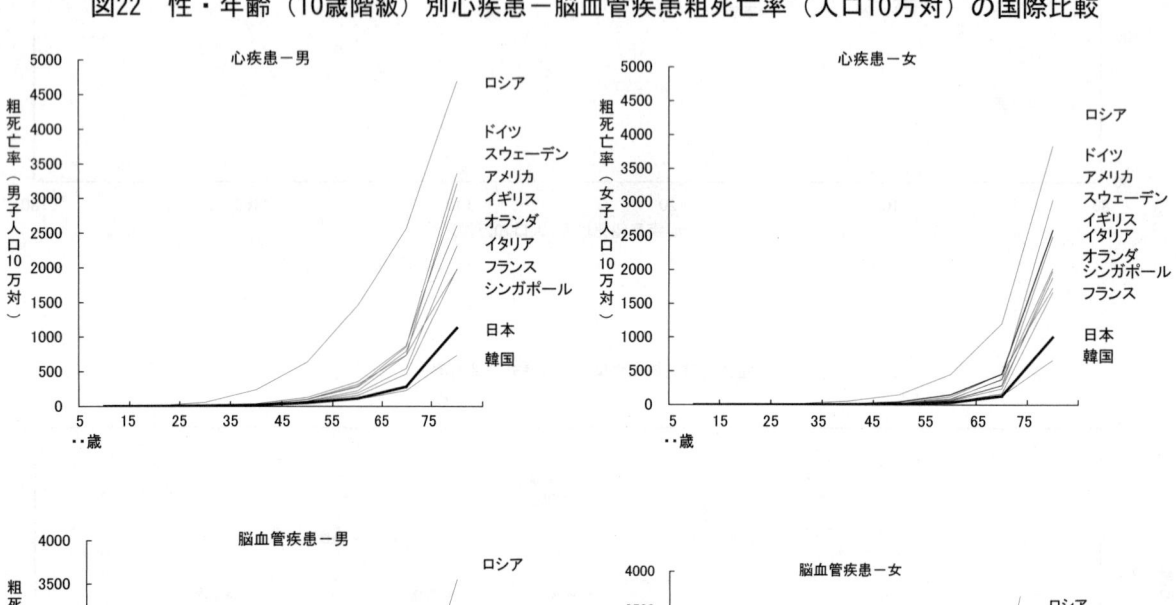

図22　性・年齢（10歳階級）別心疾患－脳血管疾患粗死亡率（人口10万対）の国際比較

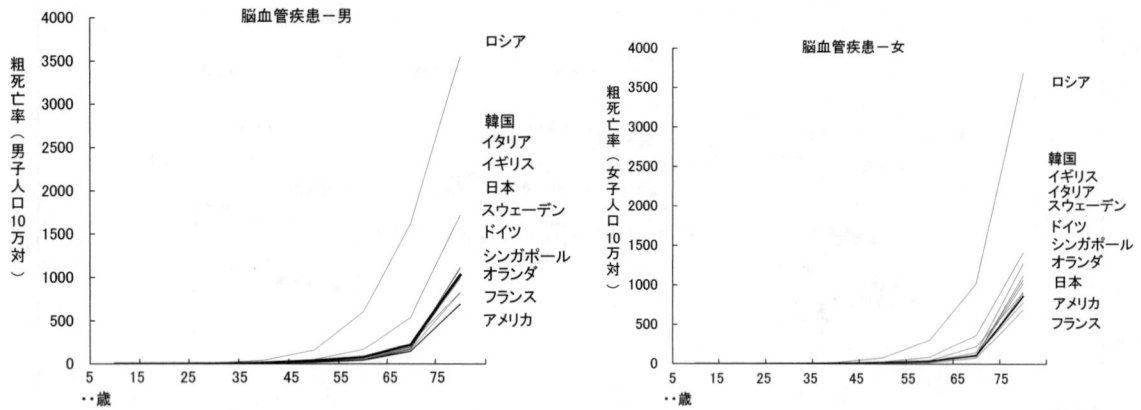

資料：WHO「WHO Statistical Information System Mortality Database」
注：1）日本の心疾患は「I26肺塞栓症」及び「I28 その他の肺血管の疾患」を含む。
　　2）ロシアの心疾患は急性リウマチ熱を含む。
　　3）国名は75歳以上の粗死亡率の高い順である。

表19　性・心疾患－脳血管疾患年齢調整死亡率（人口10万対）の国際比較

性	日本 2002年	アメリカ 2000年	韓国 2002年	シンガポール 2001年	フランス 2000年	ドイツ 2001年	イタリア 2001年	オランダ 2003年	ロシア 2002年	スウェーデン 2001年	イギリス 2002年
					心	疾	患				
男	69.1	187.9	51.2	140.8	108.7	186.4	127.6	136.8	512.0	165.2	159.5
女	43.4	122.5	32.8	90.5	65.3	123.3	80.9	82.1	243.0	99.9	92.4
					脳 血	管 疾	患				
男	55.2	35.4	102.6	46.6	34.4	46.5	49.2	38.9	267.0	45.6	50.9
女	37.4	35.3	73.1	44.1	28.1	40.8	43.2	37.1	201.1	42.4	51.7

資料：WHO「WHO Statistical Information System Mortality Database」
注：1）年齢調整死亡率の基準人口は世界基準人口である。日本も世界基準人口を用いた。
　　2）日本の心疾患は「I26 肺塞栓症」及び「I28 その他の肺血管の疾患」を含む。
　　3）ロシアの心疾患は急性リウマチ熱を含む。

表20　性・年齢（10歳階級）別心疾患－脳血管疾患粗死亡率（人口10万対）の国際比較

年齢階級	日本 2002年	アメリカ 2000年	韓国 2002年	シンガポール 2001年	フランス 2000年	ドイツ 2001年	イタリア 2001年	オランダ 2003年	ロシア 2002年	スウェーデン 2001年	イギリス 2002年
					心疾患 － 男						
総　数	122.9	241.8	39.0	121.1	172.4	285.2	236.1	193.8	553.4	321.6	262.7
5～14歳	0.7	0.7	0.8	－	0.4	0.6	1.1	0.4	0.7	0.9	0.4
15～24	3.5	3.1	2.4	3.8	1.8	2.1	3.2	2.8	8.8	1.9	2.0
25～34	7.6	8.8	5.8	5.0	3.9	6.1	8.7	5.7	59.8	3.5	6.0
35～44	19.7	38.2	17.4	25.1	22.0	26.9	22.9	24.7	239.0	15.1	27.0
45～54	53.7	131.9	43.0	103.7	67.5	101.5	73.9	83.4	637.9	78.3	103.0
55～64	115.1	356.3	100.9	317.0	157.5	292.2	192.5	214.3	1460.3	225.5	278.8
65～74	282.8	872.0	228.7	737.5	465.9	855.4	543.0	624.5	2563.3	733.2	792.9
75歳以上	1125.7	3011.9	734.4	1974.4	1981.8	3362.8	2315.1	2399.7	4688.7	3208.7	2605.3
					心疾患 － 女						
総　数	122.0	244.4	36.5	90.8	176.0	357.3	241.8	185.2	458.6	308.1	235.2
5～14歳	0.6	0.5	0.5	0.8	0.4	0.7	0.8	0.2	0.6	0.5	0.4
15～24	1.4	2.0	1.1	1.9	1.0	1.3	1.5	1.8	3.3	1.2	1.3
25～34	2.7	4.7	2.2	2.9	2.0	2.6	2.4	3.4	15.8	1.5	2.4
35～44	6.1	15.4	4.1	7.5	5.0	8.6	6.2	10.4	56.5	5.3	7.2
45～54	15.0	45.9	12.4	21.8	15.2	27.9	19.2	25.7	150.8	22.0	25.7
55～64	36.7	150.6	39.2	120.7	39.4	84.6	59.9	65.0	449.2	73.0	91.0
65～74	129.4	455.6	135.0	456.9	168.1	382.3	239.5	284.9	1199.9	290.3	374.0
75歳以上	997.7	2585.4	661.1	1735.2	1671.6	3037.3	1980.1	1885.9	3835.8	2495.1	2021.8
					脳血管疾患 － 男						
総　数	101.0	46.9	72.7	38.1	55.7	71.2	95.7	55.9	275.4	92.5	88.3
5～14歳	0.1	0.2	0.3	0.4	0.2	0.2	0.2	0.1	0.2	－	0.2
15～24	0.6	0.5	1.1	0.5	0.7	0.7	0.6	0.3	2.1	0.6	0.6
25～34	2.6	1.5	3.8	1.5	1.4	1.3	1.3	1.1	9.0	1.1	1.6
35～44	11.8	5.8	16.3	5.0	5.2	4.7	4.7	4.4	43.1	3.8	5.6
45～54	36.5	17.5	52.3	17.9	14.7	15.8	14.9	13.7	159.3	14.6	18.5
55～64	76.7	47.2	168.5	77.0	39.0	49.4	44.6	38.4	605.4	40.9	49.2
65～74	224.1	145.0	538.6	234.9	140.6	191.0	176.5	165.4	1619.3	174.8	202.0
75歳以上	1027.3	690.4	1717.6	829.5	699.8	989.2	1121.1	823.6	3553.4	1022.4	1101.4
					脳血管疾患 － 女						
総　数	105.6	71.8	81.7	44.3	74.2	118.8	132.4	85.2	396.6	131.6	138.0
5～14歳	0.2	0.2	0.2	－	0.2	0.2	0.2	0.3	0.2	0.2	0.2
15～24	0.6	0.5	1.1	0.5	0.6	0.7	0.4	0.8	1.2	－	0.5
25～34	1.5	1.5	1.5	1.1	1.6	1.2	1.4	1.7	4.0	0.3	1.3
35～44	4.9	5.7	6.7	2.8	3.9	4.3	3.5	6.5	17.7	2.7	5.4
45～54	17.4	14.5	25.4	8.1	8.3	10.5	10.3	13.6	76.9	11.5	15.7
55～64	36.3	35.3	87.7	43.4	18.0	24.3	23.5	24.2	304.0	27.4	35.6
65～74	107.7	115.1	366.8	222.0	76.1	115.0	108.6	100.7	1022.1	118.5	146.1
75歳以上	860.2	783.6	1414.8	913.0	690.7	1022.5	1120.4	898.7	3687.4	1072.6	1274.4

資料：WHO「WHO Statistical Information System Mortality Database」
注：1）日本の心疾患は「I26 肺塞栓症」及び「I28 その他の肺血管の疾患」を含む。
　　2）ロシアの心疾患は急性リウマチ熱を含む。

図23　性・心疾患－脳血管疾患粗死亡率（人口10万対）の年次推移の国際比較

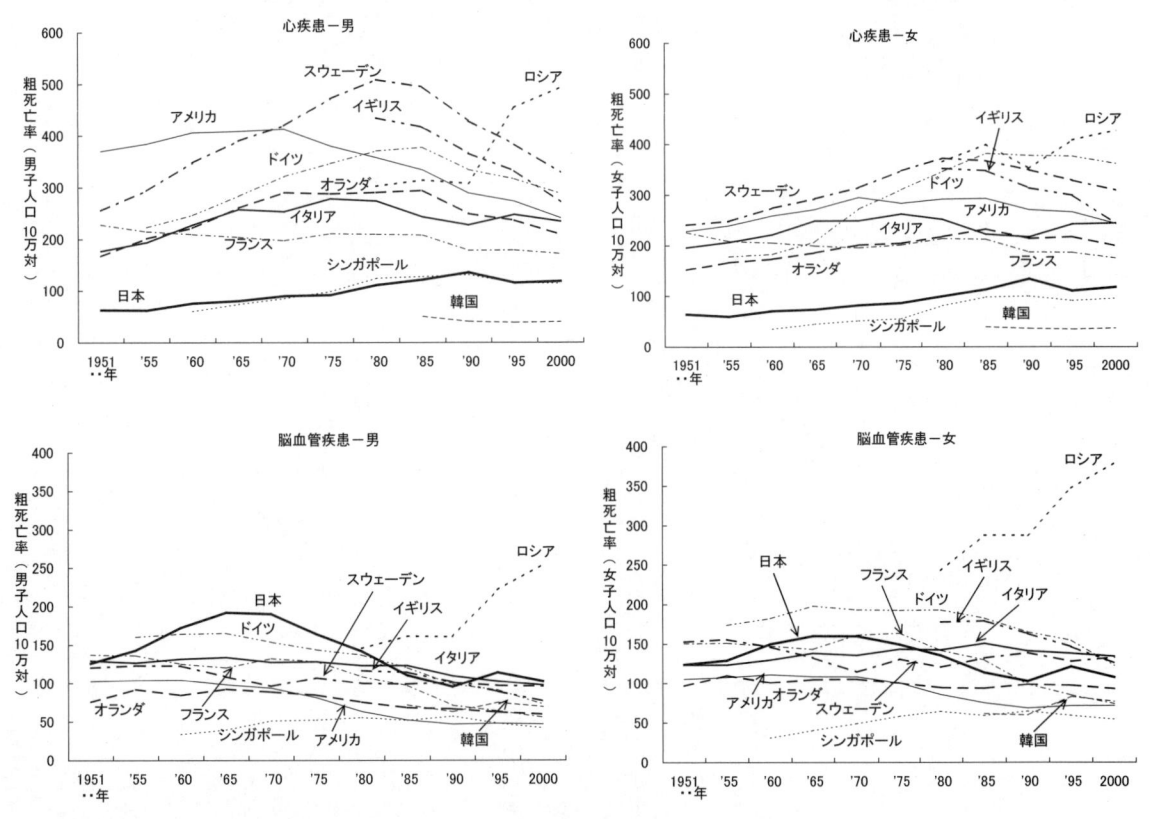

資料：WHO「WHO Statistical Information System Mortality Database」
注：1）日本の心疾患は「I26肺塞栓症」及び「I28 その他の肺血管の疾患」を含む。
　　2）ロシアの心疾患は急性リウマチ熱を含む。
　　3）1990年以前のドイツは旧西ドイツの数値である。

Summary of results (English Version)

1 What are the Statistics on Deaths from Heart Diseases and Cerebrovascular Diseases?

Since 1958, malignant neoplasms, heart diseases and cerebrovascular diseases have been the three main causes of death in Japan. Heart diseases and cerebrovascular diseases took the second and the third place, respectively, in the list of causes of death in 2004. These circulatory diseases therefore require analysis based on mortality and disease statistics.

At present, the Ministry of Health, Labour and Welfare commits itself to the Health Frontier Strategy and the Health Care Reform. And we make a fundamental analysis on deaths from Heart Diseases and Cerebrovascular Diseases, as the end result of lifestyle-related disease. So this report of "The Statistics on Deaths from Heart Diseases and Cerebrovascular Diseases" is the first Special Report based on Vital Statistics aimed at analyzing deaths from heart diseases and cerebrovascular diseases as the basis for the above policies.

The Special Report on Deaths from Heart Diseases and Cerebrovascular Diseases has the following three features:

1) **Covers fundamental data**
   · Calculation of crude death rates and age-adjusted death rates,
   · Analysis by sex and age groups,
   · Observation of annual changes,
   · Comparison between prefectures, etc.
2) **Makes a new analysis**
   · Analysis of the months in which the deaths occurred sorted by sex and age groups
3) **Analyzes relation with other statistical data.**
   · Life Tables
   · Patients Survey

Symbols used in tables

Magnitude zero	—
Data not available or Data inappropriate	...

2 Status of crude death rates from major causes

(1) Annual changes

Figure 1 indicates the annual changes in crude death rates from major causes, since the Meiji Era (per 100,000 population).

From the Meiji to the Taisho and early Showa Eras, infectious diseases such as tuberculosis, pneumonia and gastroenteritis were the main causes of death.

Between 1918 and 1920, a major outbreak of influenza led to a high crude death rate from pneumonia.

In the year 1923, the crude death rate from accidents was high, because of the Great Kanto Earthquake.

The crude death rates from infectious disease rapidly dropped in the early 1950s, and the present three main causes of death, malignant neoplasms, heart diseases (excluding hypertensive heart disease since 1995) and cerebrovascular diseases took their place.

The rate of heart diseases dropped in 1994, due to the notification of the change in guidelines prior to the implementation of a new death certificate form in January 1995, indicating: Do not enter 'heart failure' or 'respiratory failure' as the terminal status of disease in the "Cause of death" column. The rate, however, was on the upturn in the following years.

The rate of cerebrovascular diseases peaked between the late 1960s and early 1970s, and keeps on declining since then. However, the range of decline is becoming smaller, and the down curve is starting to flatten. (Figure 1, Statistics 1)

Figure 1 Annual changes in crude death rates from major causes (per 100,000 population)

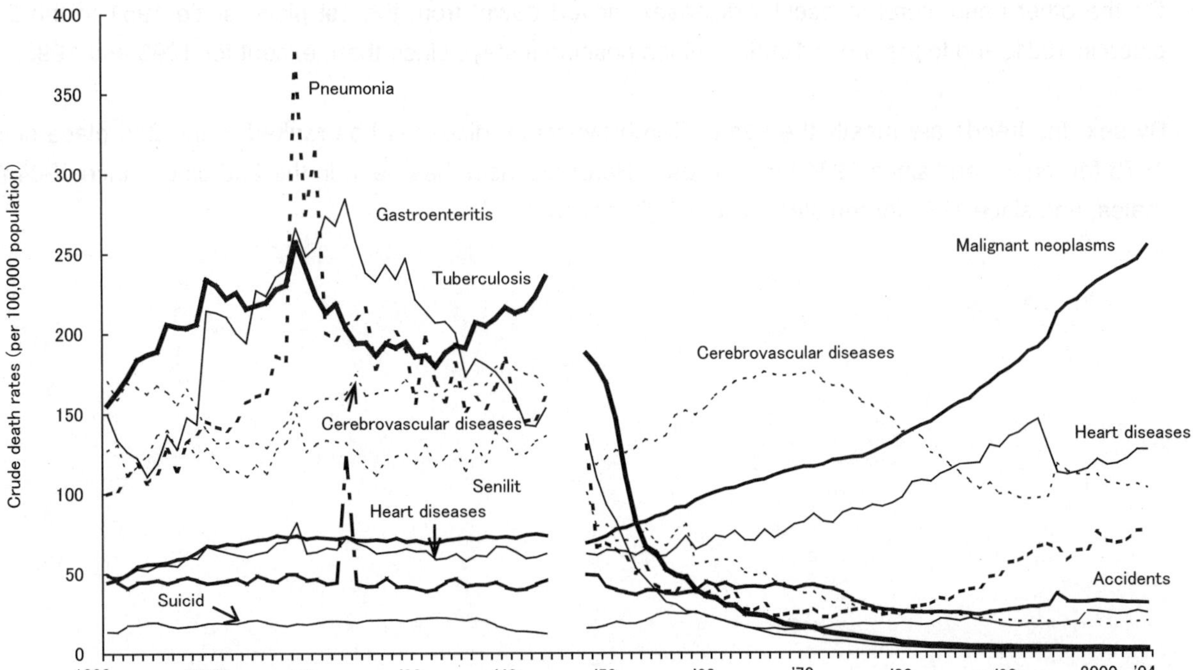

Note: The decrease in the rate of heart diseases in 1994 is considered to be the result of the guidelines announced prior to the implementation of a new death certificate (postmortem certificate) form on January 1, 1995, indicating: Do not enter heart failure or respiratory failure as the terminal status of disease in the 'Cause of death' column.

(2) Death rates in 2004

In 2004, there were 103 ten thousand deaths in all, of which 16 ten thousand from heart diseases and 13 ten thousand from cerebrovascular diseases. These two causes of death combine for a total of 29 ten thousand deaths, nearing the number of deaths from malignant neoplasms. (Table 1)

Table 1 Number of deaths and crude death rates (per 100,000 population) from major death causes by sex, and age-adjusted death rates (per 100,000 population): 2004

Cause of death	Number of deaths Total	Number of deaths Male	Number of deaths Female	Crude death rates (per 100,000 population) Total	Crude death rates Male	Crude death rates Female	Age-adjusted death rates (per 100,000 population) Male	Age-adjusted death rates Female
All causes	1 028 602	557 097	471 505	815.2	904.4	730.1	588.3	297.1
Malignant neoplasms	320 358	193 096	127 262	253.9	313.5	197.1	202.0	99.2
Heart diseases	159 625	77 465	82 160	126.5	125.8	127.2	80.6	44.2
Acute myocardial infarction	44 463	24 180	20 283	35.2	39.3	31.4	25.3	11.5
Other ischaemic heart diseases	26 822	14 834	11 988	21.3	24.1	18.6	15.5	6.7
Arrhythmia and conduction disorder	20 274	10 070	10 204	16.1	16.3	15.8	10.7	5.7
Heart failure	51 588	21 047	30 541	40.9	34.2	47.3	21.2	14.9
Cerebrovascular diseases	129 055	61 547	67 508	102.3	99.9	104.5	62.5	37.0
Subarachnoid haemorrhage	14 737	5 543	9 194	11.7	9.0	14.2	6.6	7.4
Intracerebral haemorrhage	32 060	17 643	14 417	25.4	28.6	22.3	19.0	9.3
Cerebral infarction	78 683	36 697	41 986	62.4	59.6	65.0	35.1	19.2
Pneumonia	95 534	51 306	44 228	75.7	83.3	68.5	48.8	20.4
Accidents	38 193	23 667	14 526	30.3	38.4	22.5	28.7	11.1

Note: See "How to read the rates" on page 21, for the details of crude death rates and age-adjusted death rates.

3 Annual changes in the ranking of causes of death

Regarding the annual changes in the ranking of causes of death, heart diseases rose from the 4th place in 1955 - 1957 to the 3rd in 1958 - 1984, and to the 2nd place since 1985, except for 1995 and 1996.

On the other hand, cerebrovascular diseases moved down, from the 1st place since 1951 to the 2nd place in 1981, and to the 3rd in 1985, in which position it stays since then, except for 1995 and 1996.

By sex, the trends are mostly the same. Cerebrovascular diseases has ranked in the 2nd place since 1978 for males, and since 1984 for females. Heart diseases has been in the 2nd place since 1984 for males, and since 1986 for females. (Table 2, Statistics 2)

Table 2 Annual changes in the order of cause of deaths (1st - 5th places)

Year	1st place Cause of death	Crude death rate (per 100,000 population)	2nd place Cause of death	Crude death rate (per 100,000 population)	3rd place Cause of death	Crude death rate (per 100,000 population)	4th place Cause of death	Crude death rate (per 100,000 population)	5th place Cause of death	Crude death rate (per 100,000 population)
					Total					
1951	Cerebrovascular diseases	125.2	Tuberculosis (all)	110.3	Pneumonia and bronchitis	82.2	Malignant neoplasms	78.5	Senility	70.7
'55	Cerebrovascular diseases	136.1	Malignant neoplasms	87.1	Senility	67.1	Heart diseases	60.9	Tuberculosis (all)	52.3
'60	Cerebrovascular diseases	160.7	Malignant neoplasms	100.4	Heart diseases	73.2	Senility	58.0	Pneumonia and bronchitis	49.3
'65	Cerebrovascular diseases	175.8	Malignant neoplasms	108.4	Heart diseases	77.0	Senility	50.0	Accidents	40.9
'70	Cerebrovascular diseases	175.8	Malignant neoplasms	116.3	Heart diseases	86.7	Accidents	42.5	Senility	38.1
'75	Cerebrovascular diseases	156.7	Malignant neoplasms	122.6	Heart diseases	89.2	Pneumonia and bronchitis	33.7	Accidents	30.3
'80	Cerebrovascular diseases	139.5	Malignant neoplasms	139.1	Heart diseases	106.2	Pneumonia and bronchitis	33.7	Senility	27.6
'85	Malignant neoplasms	156.1	Heart diseases	117.3	Cerebrovascular diseases	112.2	Pneumonia and bronchitis	42.7	Accidents and adverse effects	24.6
'90	Malignant neoplasms	177.2	Heart diseases	134.8	Cerebrovascular diseases	99.4	Pneumonia and bronchitis	60.7	Accidents and adverse effects	26.2
'95	Malignant neoplasms	211.6	Cerebrovascular diseases	117.9	Heart diseases	112.0	Pneumonia	64.1	Accidents	36.5
2000	Malignant neoplasms	235.2	Heart diseases	116.8	Cerebrovascular diseases	105.5	Pneumonia	69.2	Accidents	31.4
'04	Malignant neoplasms	253.9	Heart diseases	126.5	Cerebrovascular diseases	102.3	Pneumonia	75.7	Accidents	30.3
					Male					
1951	Cerebrovascular diseases	126.3	Tuberculosis (all)	121.0	Senility	85.6	Malignant neoplasms	81.6	Heart diseases	64.0
'55	Cerebrovascular diseases	143.1	Malignant neoplasms	94.0	Heart diseases	62.2	Tuberculosis (all)	60.7	Accidents	56.8
'60	Cerebrovascular diseases	172.1	Malignant neoplasms	111.0	Heart diseases	75.8	Accidents	64.9	Pneumonia and bronchitis	53.2
'65	Cerebrovascular diseases	192.2	Malignant neoplasms	122.1	Heart diseases	80.5	Accidents	63.6	Pneumonia and bronchitis	40.1
'70	Cerebrovascular diseases	192.1	Malignant neoplasms	132.9	Heart diseases	91.1	Accidents	65.6	Pneumonia and bronchitis	37.4
'75	Cerebrovascular diseases	164.2	Malignant neoplasms	140.5	Heart diseases	92.0	Accidents	45.4	Pneumonia and bronchitis	36.9
'80	Malignant neoplasms	163.7	Cerebrovascular diseases	142.9	Heart diseases	112.2	Pneumonia and bronchitis	38.5	Accidents and adverse effects	37.0
'85	Malignant neoplasms	187.4	Heart diseases	121.5	Cerebrovascular diseases	110.6	Pneumonia and bronchitis	49.3	Accidents and adverse effects	36.1
'90	Malignant neoplasms	216.4	Heart diseases	135.7	Cerebrovascular diseases	95.6	Pneumonia and bronchitis	70.0	Accidents and adverse effects	36.8
'95	Malignant neoplasms	262.0	Heart diseases	114.4	Cerebrovascular diseases	114.2	Pneumonia	69.6	Accidents	46.3
2000	Malignant neoplasms	291.3	Heart diseases	117.3	Cerebrovascular diseases	102.7	Pneumonia	76.0	Accidents	40.9
'04	Malignant neoplasms	313.5	Heart diseases	125.8	Cerebrovascular diseases	99.9	Pneumonia	83.3	Accidents	38.4
					Female					
1951	Cerebrovascular diseases	124.1	Senility	107.6	Tuberculosis (all)	100.1	Malignant neoplasms	75.4	Gastroenteritis	67.1
'55	Cerebrovascular diseases	129.4	Malignant neoplasms	80.3	Senility	80.0	Heart diseases	59.6	Pneumonia and bronchitis	45.3
'60	Cerebrovascular diseases	149.7	Malignant neoplasms	90.2	Heart diseases	70.8	Senility	70.7	Pneumonia and bronchitis	45.6
'65	Cerebrovascular diseases	160.0	Malignant neoplasms	95.2	Heart diseases	73.6	Senility	63.1	Pneumonia and bronchitis	34.6
'70	Cerebrovascular diseases	161.4	Malignant neoplasms	101.2	Heart diseases	83.1	Senility	49.2	Pneumonia and bronchitis	31.1
'75	Cerebrovascular diseases	149.4	Malignant neoplasms	105.2	Heart diseases	86.4	Senility	34.7	Pneumonia and bronchitis	30.6
'80	Cerebrovascular diseases	136.5	Malignant neoplasms	115.5	Heart diseases	100.5	Senility	35.4	Pneumonia and bronchitis	29.2
'85	Malignant neoplasms	125.9	Cerebrovascular diseases	113.9	Heart diseases	113.2	Pneumonia and bronchitis	36.3	Senility	29.6
'90	Malignant neoplasms	139.3	Heart diseases	134.0	Cerebrovascular diseases	103.0	Pneumonia and bronchitis	51.8	Senility	25.8
'95	Malignant neoplasms	163.1	Cerebrovascular diseases	121.4	Heart diseases	109.6	Pneumonia	58.7	Accidents	27.0
2000	Malignant neoplasms	181.4	Heart diseases	116.3	Cerebrovascular diseases	108.2	Pneumonia	62.7	Senility	23.7
'04	Malignant neoplasms	197.1	Heart diseases	127.2	Cerebrovascular diseases	104.5	Pneumonia	68.5	Senility	27.8

Notes: 1) The order of causes of death is based on the "Classification used in the order of causes of death," in the Vital Statistics and related classifications.
2) Values for 1951 through 1970 do not include data for Okinawa.
3) "Senility" in 1990 and before refers to "senility without the record of mental diseases."
4) "Heart Diseases" in 1995 and after excludes hypertensive heart disease.
5) The decrease in heart diseases in 1995 is considered to be the result of the guidelines announced prior to the implementation of a new death certificate (postmortem certificate) form on January 1, 1995, "Do not enter heart failure or respiratory failure as the terminal status of diseases in the column 'Cause of death'".

4 Crude death rates and age-adjusted death rates

(1) Annual changes by sex

The crude death rate from heart diseases (per 100,000 population) was generally on the rise until 1993, including repeated ups and downs. Although the rate went down for a while after 1994, the trend took an upturn again in 1997.

The crude death rate from cerebrovascular diseases peaked in the late 1960s and early 1970s for both males and females, and went down afterwards.   In recent years, the rate has started to flatten out from the downturn.

The age-adjusted death rate from heart diseases (per 100,000 population) was generally flat since the late 1950s, including repeated ups and downs, but took a downturn in 1994.

The age-adjusted death rate from cerebrovascular diseases marked a large peak in 1965 for males, and dropped vastly in the early 1970s. The range of decrease has been getting smaller since 1989. For females, the rate was slightly on the rise after 1950, marking a mild slope. It then peaked out in 1963, and is currently showing a minor drop, just like the data for males. (Figure 2, Statistics 3)

Figure 2 Annual changes in crude death rates (per 100,000 population), and age-adjusted death rates (per 100,000 population) by sex, from heart diseases and cerebrovascular diseases

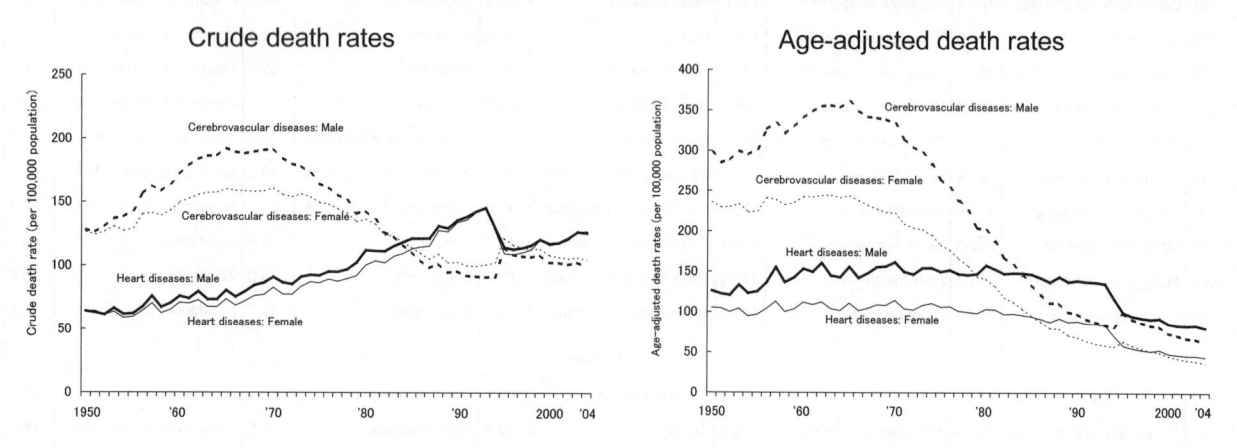

Note: The decrease in the rate of heart diseases in 1994 is considered to be the result of the guidelines announced prior to the implementation of a new death certificate (postmortem certificate) form on January 1, 1995, indicating: Do not enter heart failure or respiratory failure as the terminal status of disease in the 'Cause of death' column.

(2) Status in 2004

Crude death rates from the three main causes of death in 2004 (per 100,000 population), by sex and age group, indicate that the death rates from heart diseases and cerebrovascular diseases rose sharply in the older groups, compared with malignant neoplasms. (Figure 3)

Figure 3   Crude death rates from the three leading causes of death (per 100,000 population), by sex and age group: 2004

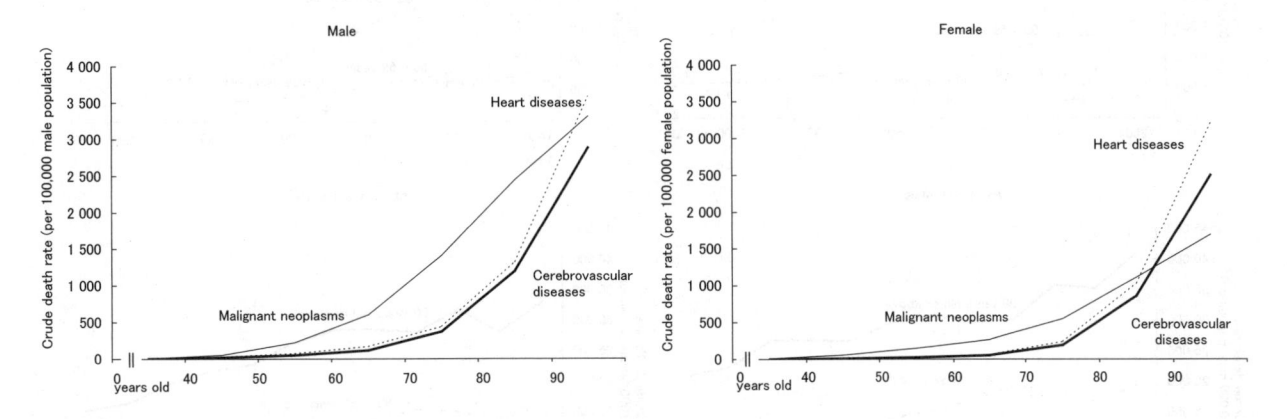

(3) Annual changes by sex and age group

Annual changes in the crude death rates from all causes (per 100,000 population), by sex and age group, indicate that the rates are on the mild downturn in all age groups.

Annual changes in the crude death rates from heart diseases indicate that the rates are on the mild downturn for both males and females in their 60s through 80s, following the marked drop in 1994. The rates for cerebrovascular diseases are also on the downturn for males and females, since 1974 for the age group 80 - 89, and since 1966 for the age group 70 - 79.

The data of 39 year-olds and younger, and 90 year-olds and older for heart diseases and cerebrovascular diseases are listed on Statistics 4 and 5, but are omitted in Figures 4 through 6, because the figures are too small for the age group 39 years and younger, and too large for the age group 90 years and older. (Figure 4, Statistics 4 and 5)

Figure 4 Annual changes in crude death rates by sex and age group (by 10-year age scale) (per 100,000 population)

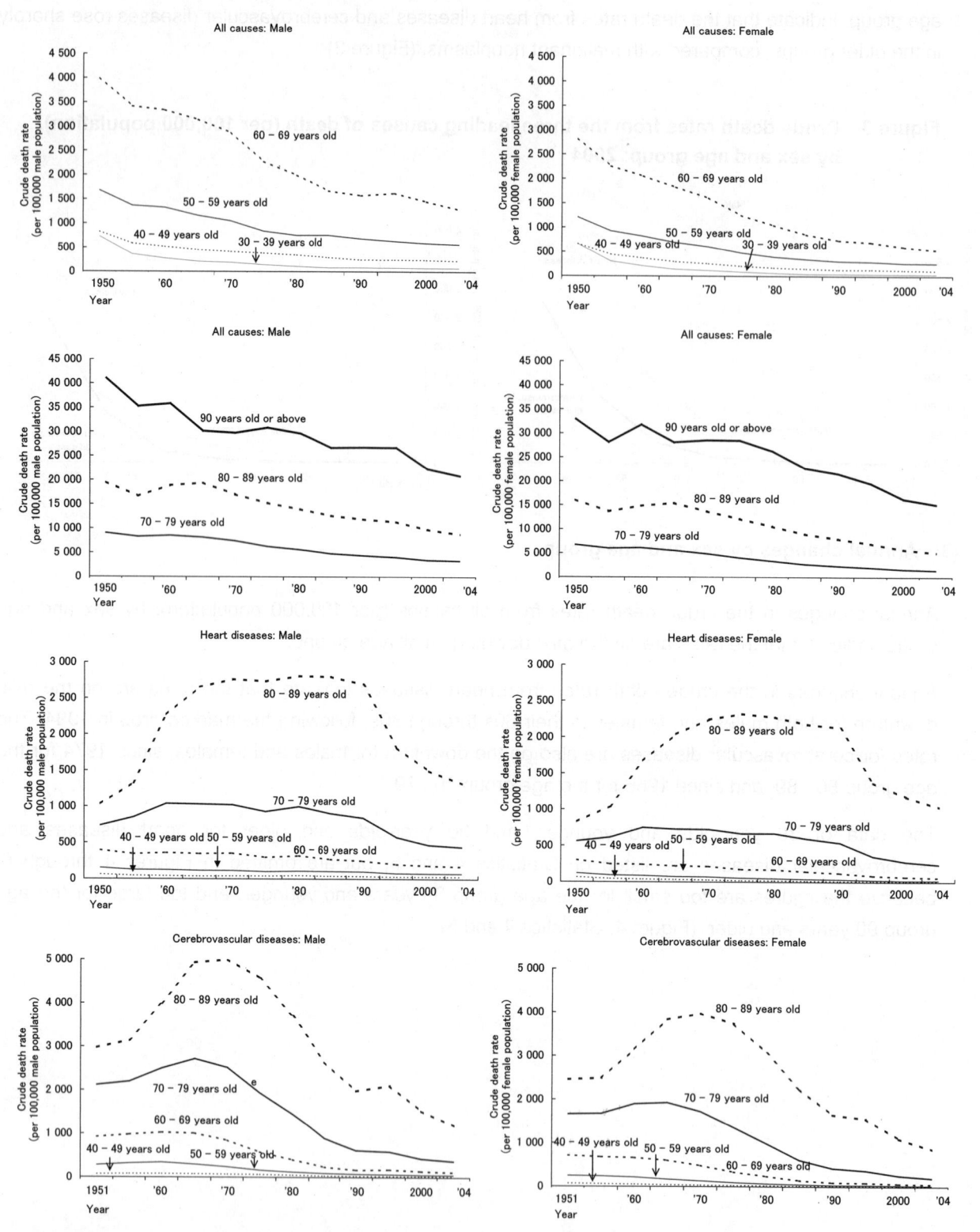

Note: Cerebrovascular diseases in 1950 includes B46.b (Part of 352, after-effects of B22 and status at one year or more after B22). The time-series observation therefore started in 1951.

5 Annual changes in deaths from heart diseases and cerebrovascular diseases by disease type

(1) Deaths from heart diseases by sex and age group

The crude death rates (per 100,000 population) by type of heart diseases (limited to those which are defined as "Selectable causes of death" in the death cause statistics), sex and age group, indicate that the older age groups are, the higher crude death rates from all types of heart diseases are and the larger up and down margins are, with little difference between sexes.

Acute myocardial infarction used to be flat for both males and females, then rose in 1994, and dropped again in the following years. Other ischaemic heart diseases is on the downturn since 1975 in the age group 80 - 89 years, for both males and females. Arrhythmia and conduction disorder is on the rise for both males and females, in all age groups. Heart failure dropped significantly in 1994 for both males and females in all age groups, and has flattened out since then. (Figure 5, Statistics 4)

Figure 5 Annual changes in crude death rates (per 100,000 population) from heart diseases, by disease type, sex and age group (by 10-year age scale)

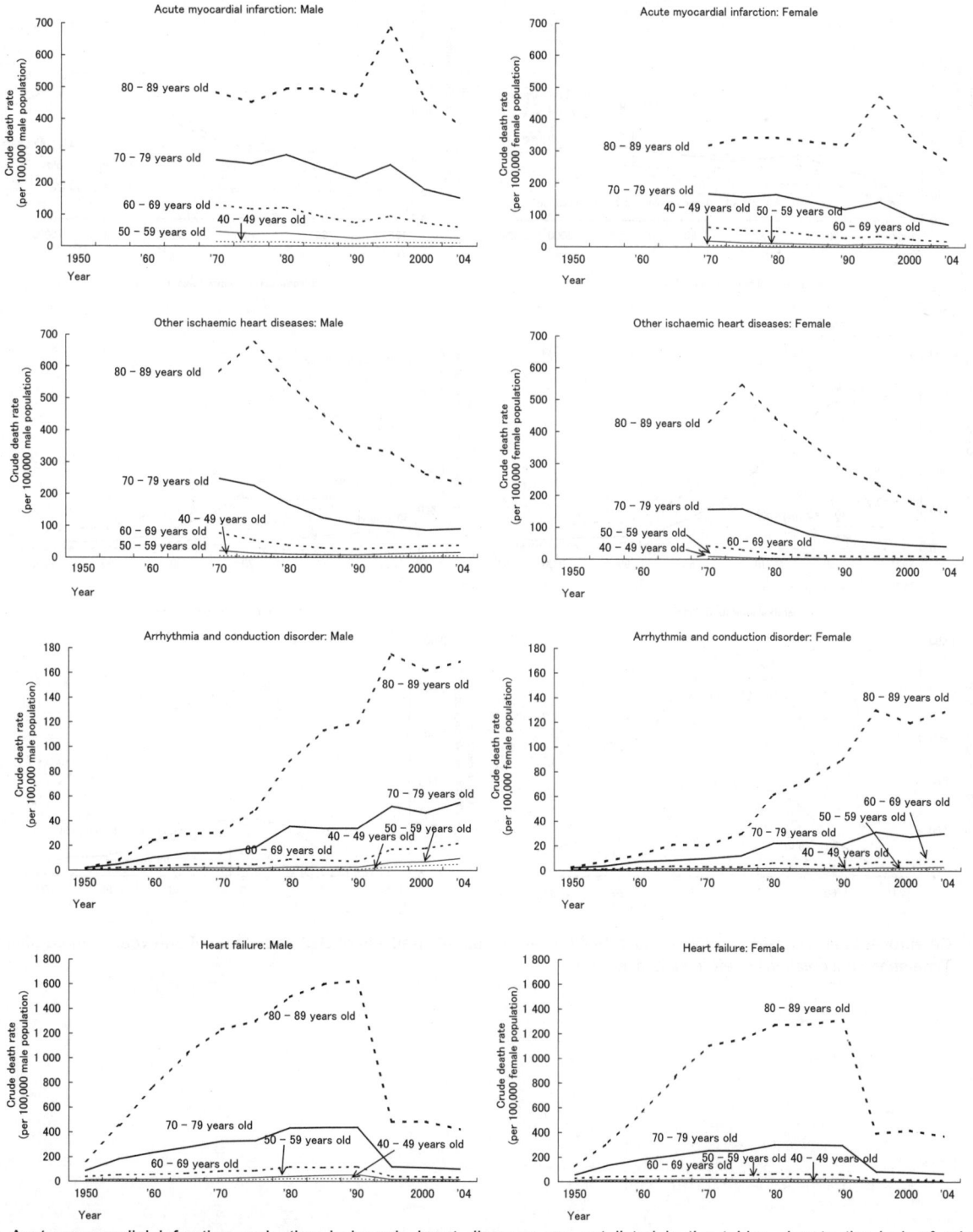

Note: Acute myocardial infarction and other ischaemic heart diseases are not listed in the tables, due to the lack of relevant classification in 1969 and before.

(2) Deaths from cerebrovascular diseases by sex and age group

The crude death rates (per 100,000 population) by type of cerebrovascular diseases (limited to those which are defined as "Selectable causes of death" in the death cause statistics), sex and age group indicate that the rates of Subarachnoid haemorrhage has flattened out for males aged 79 or below, and for females aged 69 or below. The rate for females aged 70 years and above rose in 1980, but dropped recently. The rates of Intracerebral haemorrhage have dropped vastly in all age groups, with a particularly large drop range in older age groups. Cerebral infarction has dropped for the group aged 70 years and older, since 1996. (Figure 6, Statistics 5)

Figure 6 Annual changes in crude death rates (per 100,000 population) from cerebrovascular diseases, by disease type, sex and age group (by 10-year age scale)

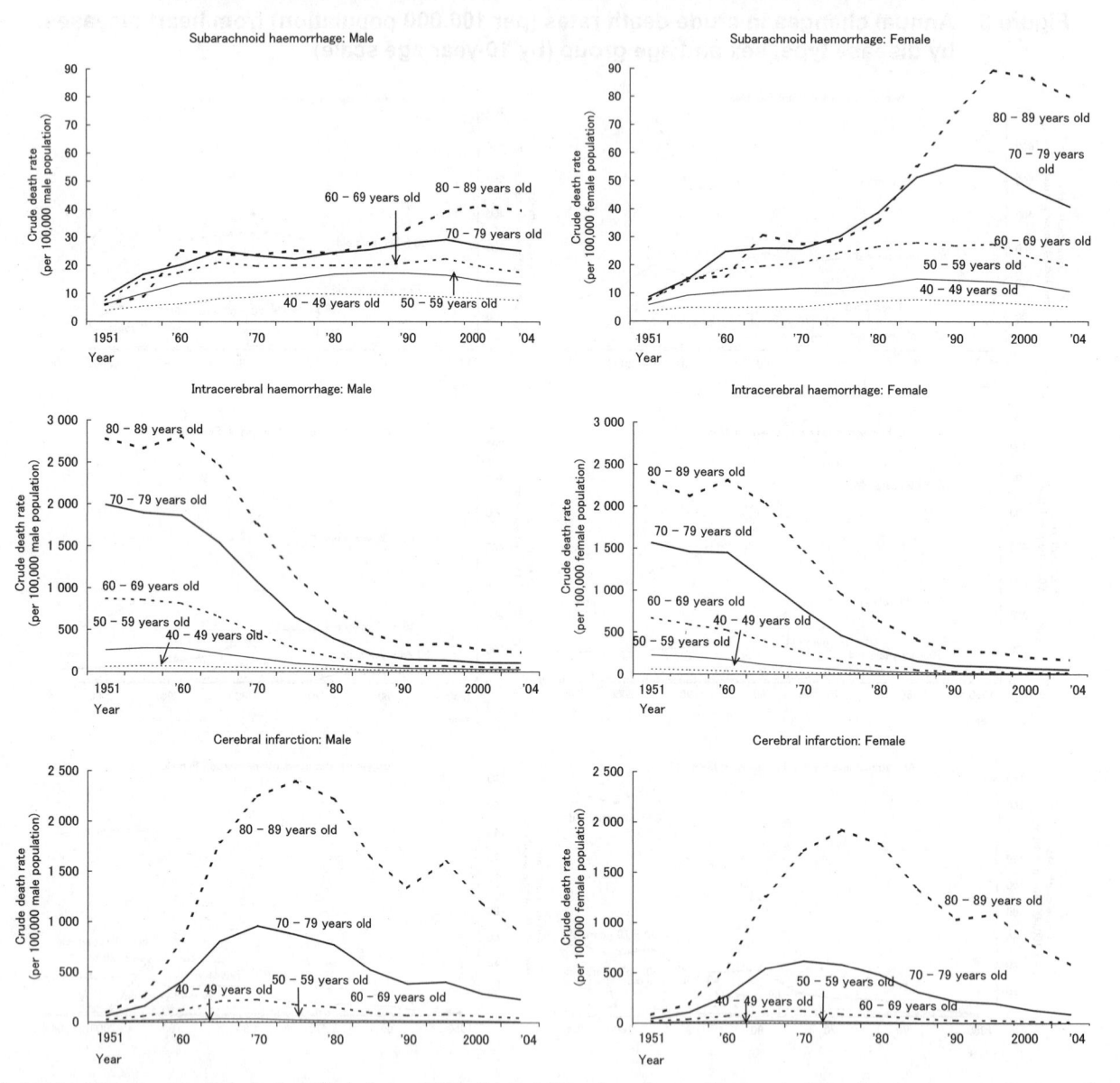

Note: Cerebrovascular diseases in 1950 includes B46.b (Part of 352, after-effects of B22 and status of one year or more after B22). Time-series observation therefore started in 1951.

6 Deaths from heart diseases and cerebrovascular diseases by marital status

The crude death rates (per 100,000 population) from heart diseases and cerebrovascular diseases by sex and marital status in 1995 and 2000 indicate that the crude death rates are lower in the Married group for both males and females, in all age groups. The rates in the Single, Divorced and Widowed groups are higher. (Figure 7, Table 3)

Age-adjusted death rates (per 100,000 population) of heart diseases and cerebrovascular diseases by sex and marital status indicate that the age-adjusted death rates are lower in the Married group for both males and females, than in the Single, Divorced and Widowed groups. The difference by marital status is larger for males than females.   A comparison of data for 1995 and 2000 shows the rates are lower in 2000 in all marital categories.   (Figure 8, Table 3)

Figure 7   Crude death rates (per 100,000 population) of heart diseases and cerebrovascular diseases by sex, age group (by 10-year age scale) and marital status: 2000

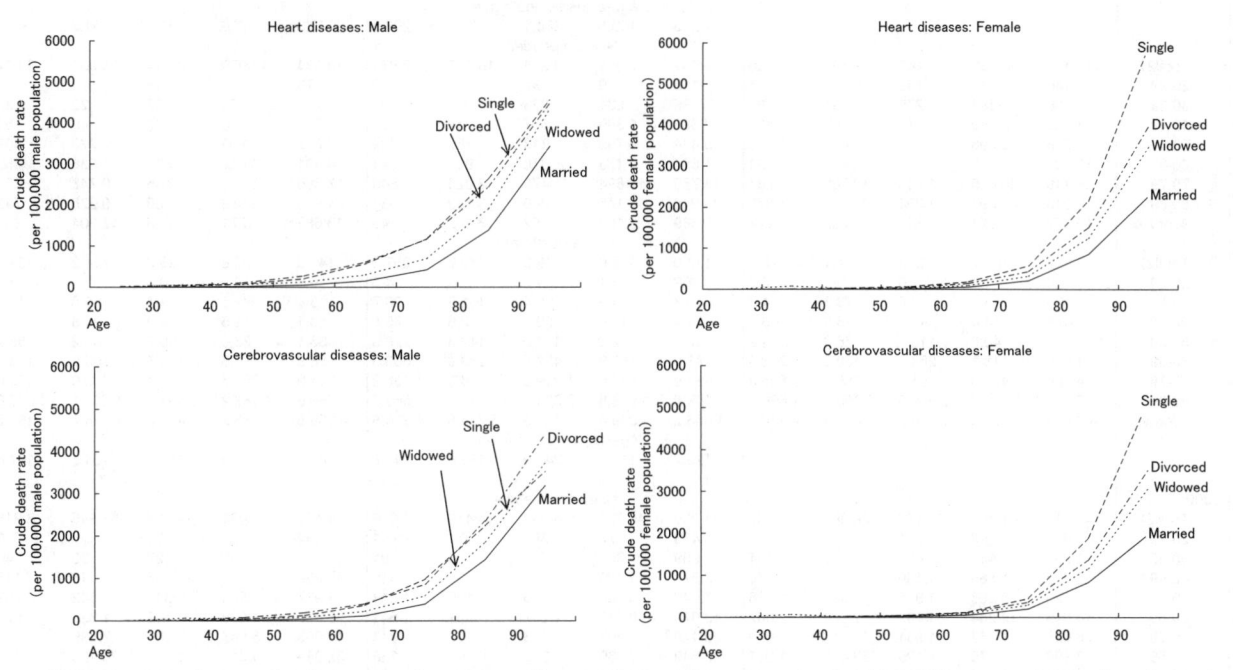

Figure 8   Annual changes in age-adjusted death rates (per 100,000 population) of heart diseases and cerebrovascular diseases by sex and marital status

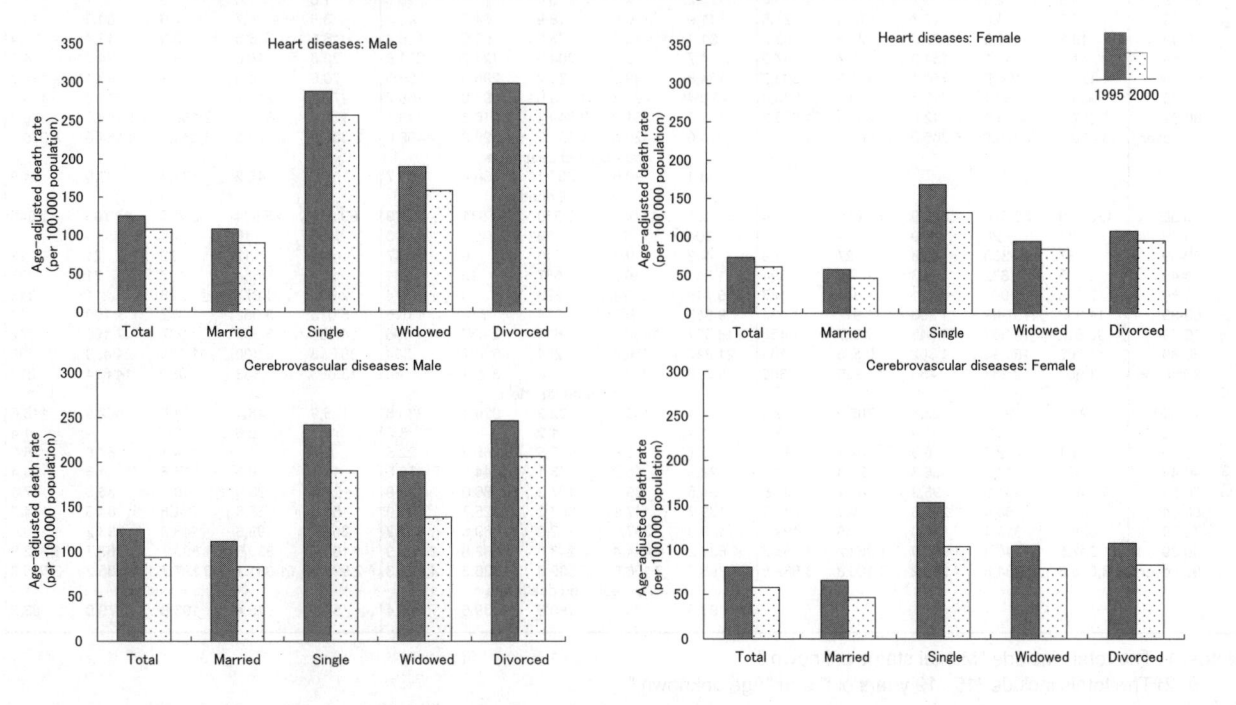

Table 3 Annual comparison of the number of deaths, crude death rates (per 100,000 population) and age-adjusted death rates (per 100,000 population) of heart diseases and cerebrovascular diseases by sex, age group (by 10-year age scale) and marital status

Cause of death /Age group	Total: Total1)	Total: Married	Total: Single	Total: Widowed	Total: Divorced	Male: Total1)	Male: Married	Male: Single	Male: Widowed	Male: Divorced	Female: Total1)	Female: Married	Female: Single	Female: Widowed	Female: Divorced
1995															
Heart diseases — Number of deaths															
Total2)	138 789	61 127	8 542	62 629	6 179	69 458	46 312	4 800	14 613	3 560	69 331	14 815	3 742	48 016	2 619
20-29	591	100	475	1	14	452	69	370	1	11	139	31	105	-	3
30-39	1 195	515	535	29	112	913	381	446	7	77	282	134	89	22	35
40-49	3 961	2 147	1 185	61	550	2 999	1 547	989	33	416	962	600	196	28	134
50-59	8 626	5 619	1 361	412	1 201	6 441	4 217	1 055	194	950	2 185	1 402	306	218	251
60-69	19 578	13 786	1 585	2 592	1 553	13 379	10 300	937	1 001	1 093	6 199	3 486	648	1 591	460
70-79	35 178	19 820	1 572	12 354	1 357	18 391	14 194	508	3 037	612	16 787	5 626	1 064	9 317	745
80-89	52 280	16 976	1 308	32 779	1 127	21 476	13 649	312	7 127	353	30 804	3 327	996	25 652	774
90orover	17 201	2 162	344	14 401	265	5 281	1 954	58	3 213	48	11 920	208	286	11 188	217
Crude death rate															
Total2)	132.9	96.2	29.3	768.6	200.4	136.9	145.7	29.6	1 141.5	319.1	129.1	46.7	29.0	699.1	133.1
20-29	3.2	2.3	3.5	16.4	9.7	4.8	4.1	4.9	68.4	26.5	1.5	1.2	1.7	-	2.9
30-39	7.6	4.5	15.1	68.5	24.2	11.5	7.2	18.7	78.8	48.3	3.6	2.1	7.7	65.8	11.6
40-49	20.4	13.2	61.7	24.1	58.9	30.7	19.4	74.5	59.8	117.7	9.9	7.2	33.1	14.2	23.1
50-59	51.4	39.4	164.4	52.7	150.7	77.8	58.0	229.2	129.6	291.0	25.7	20.0	83.3	34.5	53.3
60-69	141.7	125.5	345.4	142.8	326.5	203.2	175.0	592.5	315.4	631.6	85.7	68.4	215.4	106.2	152.0
70-79	442.4	413.5	885.2	450.2	660.4	577.3	519.5	1 328.4	841.6	1 265.4	352.3	272.9	763.5	390.9	474.1
80-89	1 525.1	1 451.9	2 927.0	1 535.5	1 985.4	1 816.0	1 631.5	3 427.8	2 221.6	2 846.5	1 371.9	1 000.2	2 798.9	1 414.1	1 744.7
90orover	3 891.0	3 806.9	7 006.1	3 886.8	4 529.9	4 517.2	4 047.0	5 948.7	4 873.3	4 729.1	3 665.8	2 444.8	7 268.1	3 673.3	4 488.1
Age-adjusted death rate						125.3	108.5	288.1	189.9	298.3	73.3	57.6	167.9	94.2	107.6
Cerebrovascular diseases — Number of deaths															
Total2)	146 435	64 630	6 462	69 594	5 508	69 501	47 551	3 218	15 737	2 871	76 934	17 079	3 244	53 857	2 637
20-29	186	43	138	-	5	113	19	92	-	2	73	24	46	-	3
30-39	756	384	275	31	66	496	231	223	9	33	260	153	52	22	33
40-49	3 652	2 340	775	67	464	2 383	1 390	667	18	303	1 269	950	108	49	161
50-59	8 246	5 798	936	438	1 046	5 434	3 799	713	165	739	2 812	1 999	223	273	307
60-69	18 085	12 975	1 207	2 537	1 324	11 654	9 173	676	901	871	6 431	3 802	531	1 636	453
70-79	36 149	20 625	1 415	12 768	1 286	18 759	14 694	470	3 020	549	17 390	5 931	945	9 748	737
80-89	59 943	20 094	1 330	37 364	1 073	24 948	16 145	300	8 139	331	34 995	3 949	1 030	29 225	742
90orover	19 377	2 371	345	16 389	244	5 689	2 100	52	3 485	43	13 688	271	293	12 904	201
Crude death rate															
Total2)	140.2	101.7	22.2	854.1	178.7	137.0	149.6	19.8	1 229.3	257.3	143.3	53.8	25.2	784.2	134.0
20-29	1.0	1.0	1.0	-	3.5	1.2	1.1	1.2	-	4.8	0.8	0.9	0.7	-	2.9
30-39	4.8	3.3	7.8	73.3	14.3	6.3	4.3	9.4	101.3	20.7	3.4	2.5	4.5	65.8	10.9
40-49	18.8	14.4	40.4	26.5	49.7	24.4	17.4	50.2	32.6	85.8	13.1	11.5	18.2	24.8	27.7
50-59	49.1	40.6	113.1	56.0	131.2	65.6	52.2	154.9	110.3	226.3	33.1	28.6	60.7	43.2	65.2
60-69	130.9	118.1	263.0	139.8	278.3	177.0	155.9	427.5	283.9	503.3	88.9	74.6	176.5	109.2	149.7
70-79	454.6	430.3	796.8	465.2	625.8	588.9	537.8	1 229.0	836.9	1 135.2	364.9	287.7	678.1	409.0	469.0
80-89	1 748.6	1 718.6	2 976.3	1 750.3	1 890.3	2 109.6	1 929.8	3 296.0	2 537.1	2 669.1	1 558.6	1 187.2	2 894.5	1 611.1	1 672.6
90orover	4 383.2	4 175.0	7 026.5	4 423.4	4 170.9	4 866.2	4 349.4	5 333.3	5 285.8	4 236.5	4 209.5	3 185.2	7 446.0	4 236.7	4 157.2
Age-adjusted death rate						125.2	111.7	241.9	189.6	246.6	80.7	65.9	152.8	104.5	107.6
2000															
Heart diseases — Number of deaths															
Total2)	146 413	61 766	10 199	66 364	7 832	71 950	46 734	6 030	14 419	4 616	74 463	15 032	4 169	51 945	3 216
20-29	620	98	501	-	17	478	72	393	-	11	142	26	108	-	6
30-39	1 293	453	676	30	131	999	351	549	5	91	294	102	127	25	40
40-49	3 275	1 565	1 189	46	466	2 577	1 189	1 003	28	349	698	376	186	18	117
50-59	9 023	5 208	1 915	334	1 536	7 046	3 984	1 598	192	1 244	1 977	1 224	317	142	292
60-69	18 516	12 284	1 839	2 279	2 062	13 079	9 245	1 297	951	1 541	5 437	3 039	542	1 328	521
70-79	36 028	21 163	1 934	11 013	1 860	20 125	15 296	733	3 117	943	15 903	5 867	1 201	7 896	917
80-89	53 198	17 875	1 495	32 411	1 357	20 849	13 860	300	6 303	368	32 349	4 015	1 195	26 108	989
90orover	24 335	3 120	526	20 251	403	6 711	2 737	72	3 823	69	17 624	383	454	16 428	334
Crude death rate															
Total2)	136.7	96.2	34.6	772.7	206.1	138.5	145.4	36.6	1 036.3	329.3	135.1	46.9	32.0	721.7	134.1
20-29	3.5	2.3	3.7	-	8.6	5.2	4.2	5.4	-	18.9	1.6	1.0	1.8	-	4.3
30-39	7.8	4.0	14.7	74.5	21.5	11.9	6.8	18.9	54.3	43.5	3.6	1.7	7.6	80.5	10.0
40-49	19.8	11.8	60.5	24.5	53.2	31.1	18.5	73.7	66.0	105.4	8.5	5.5	30.9	12.4	21.4
50-59	47.4	33.1	154.0	45.7	137.9	74.7	50.4	204.9	124.2	274.6	20.6	15.6	68.4	24.7	44.2
60-69	125.3	104.8	350.1	131.0	333.7	184.8	149.5	571.2	298.9	609.5	70.6	54.8	181.8	93.4	142.7
70-79	359.8	330.1	713.3	379.8	636.6	470.4	421.8	1 178.0	697.0	1 168.2	277.3	210.7	574.9	322.0	433.7
80-89	1 287.0	1 213.5	2 242.6	1 338.8	1 685.3	1 503.5	1 381.3	2 649.2	1 916.3	2 448.1	1 177.6	855.1	2 159.3	1 248.0	1 510.2
90orover	3 478.9	3 228.9	5 705.0	3 600.3	4 051.9	3 814.0	3 429.0	4 551.2	4 329.0	4 466.0	3 366.3	2 278.5	5 944.0	3 464.6	3 975.7
Age-adjusted death rate						108.1	90.6	257.1	158.4	271.7	61.0	46.2	131.4	83.9	94.9
Cerebrovascular diseases — Number of deaths															
Total2)	132 449	58 575	6 869	60 636	6 164	63 081	43 051	3 659	12 931	3 319	69 368	15 524	3 210	47 705	2 845
20-29	163	28	129	-	5	104	12	89	-	3	59	16	40	-	2
30-39	687	300	288	27	69	462	188	219	6	47	225	112	69	21	22
40-49	2 765	1 632	693	40	394	1 851	978	587	19	261	914	654	106	21	133
50-59	7 778	5 001	1 221	344	1 187	5 146	3 124	993	133	874	2 632	1 877	228	211	313
60-69	14 958	10 369	1 206	1 917	1 433	9 885	7 287	834	718	1 016	5 073	3 082	372	1 199	417
70-79	32 842	19 967	1 548	9 827	1 458	18 391	14 417	611	2 637	696	14 451	5 550	937	7 190	762
80-89	51 565	18 394	1 302	30 556	1 253	21 247	14 494	254	6 127	354	30 318	3 900	1 048	24 429	899
90orover	21 662	2 884	453	17 925	365	5 979	2 551	56	3 291	68	15 683	333	397	14 634	297
Crude death rate															
Total2)	123.7	91.2	23.3	706.0	162.2	121.4	133.9	22.2	929.4	236.8	125.9	48.4	24.6	662.8	118.6
20-29	0.9	0.7	1.0	-	2.5	1.1	0.7	1.2	-	5.2	0.7	0.6	0.7	-	1.4
30-39	4.1	2.7	6.3	67.1	11.3	5.5	3.6	7.5	65.2	22.5	2.8	1.9	4.1	67.6	5.5
40-49	16.7	12.3	35.3	21.3	44.9	22.3	15.2	43.1	44.8	78.8	11.1	9.5	17.6	14.5	24.4
50-59	40.8	31.8	98.2	47.1	106.6	54.5	39.5	127.3	86.0	192.9	27.4	23.9	49.2	36.6	47.4
60-69	101.2	88.4	229.6	110.2	231.9	139.7	117.9	367.3	225.7	401.9	65.9	55.6	124.8	84.3	114.2
70-79	328.0	311.4	571.0	338.9	499.0	429.9	397.6	982.0	589.6	862.2	252.0	199.3	448.5	293.2	360.4
80-89	1 247.5	1 248.8	1 953.0	1 262.2	1 556.2	1 532.2	1 444.4	2 243.0	1 862.8	2 355.0	1 103.7	830.6	1 893.7	1 167.7	1 372.8
90orover	3 096.8	2 984.6	4 913.2	3 186.8	3 669.8	3 398.0	3 196.0	3 539.8	3 726.6	4 401.3	2 995.5	1 981.1	5 197.7	3 086.2	3 535.3
Age-adjusted death rate						93.8	83.3	190.5	139.0	206.4	57.7	46.4	103.8	79.0	83.2

Notes: 1) The totals include "Marital status unknown."
2) The totals include "15 - 19 years old" and "Age unknown."

7 Deaths from heart diseases and cerebrovascular diseases by occupation and industry (Occupation and Industry Statistics FY1995 and FY2000)

(1) Status by occupation

The age-adjusted death rates from heart diseases (per 100,000 population), by sex and occupation FY2000, based on the occupation at the time of death between age 20 and 64, indicate that the rate is highest in "Unemployed" category for males, followed by Service Workers and Professional and Technical Workers. The rates for Professional and Technical Workers and Managers and Officials were higher in FY2000 than FY1995.

The age-adjusted death rates from cerebrovascular diseases (per 100,000 population), by sex and occupation in FY2000, the rate is highest in "Unemployed" category for males, like heart diseases, followed by Service Workers and Agricultural, Forestry and Fisheries Workers. The rates for Professional and Technical Workers and Managers and Officials were higher in FY2000 than FY1995. (Figure 9, Table 4)

Figure 9 Age-adjusted death rates from heart diseases and cerebrovascular diseases (per 100,000 population), by sex and occupation (in major categories) between age 20 and 64: FY1995 and FY2000

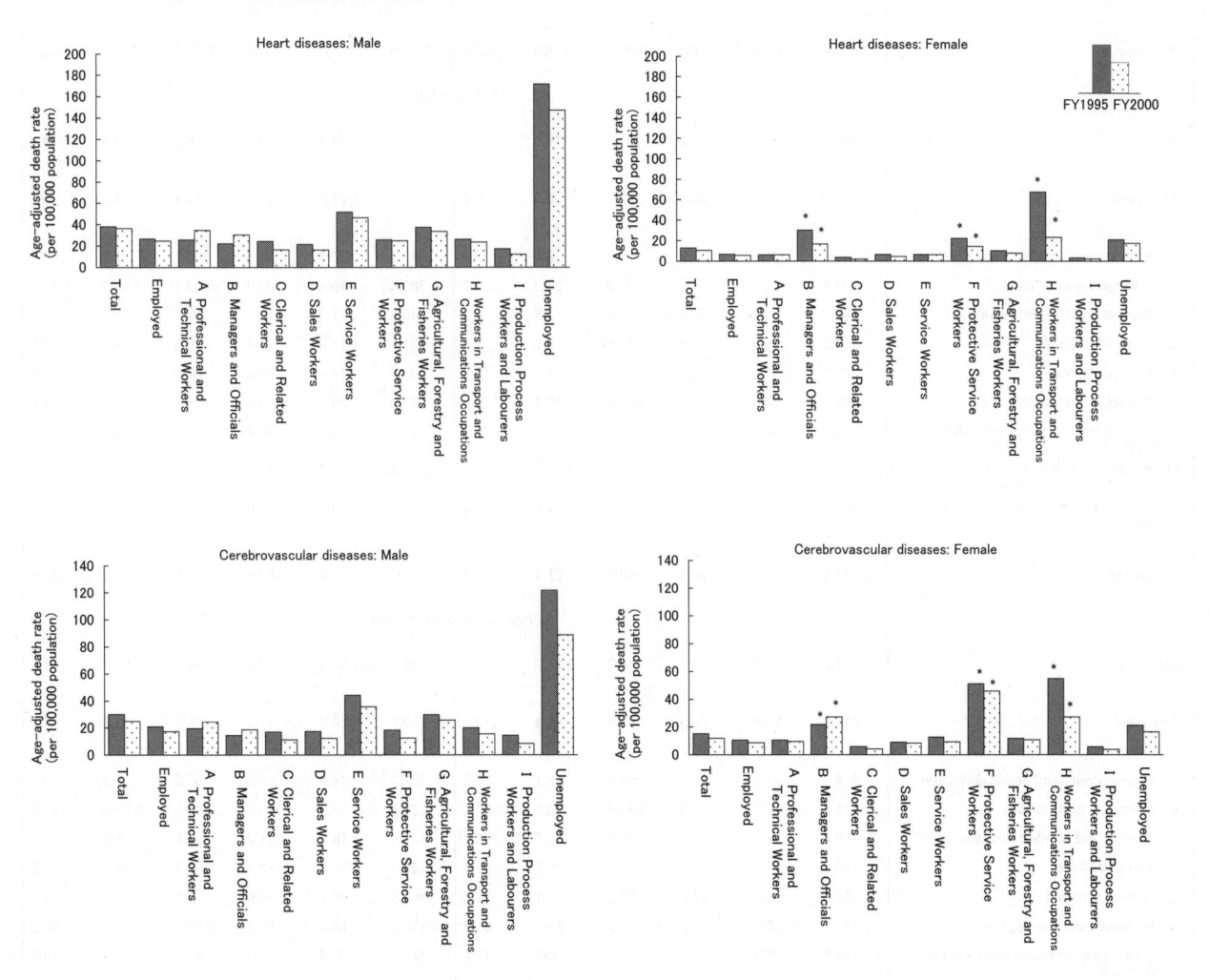

Notes: 1) Note that the figures marked with * are particularly unstable, due to the small number of deaths, below 100.
2) The occupation refers to the occupation at the time of death.

Table 4 The number of deaths, crude death rates (per 100,000 population) and age-adjusted death rates (per 100,000 population) of heart diseases and cerebrovascular diseases, by sex and occupation (in major categories) between age 20 and 64

Occupation	FY1995 Male All causes	FY1995 Male Heart diseases	FY1995 Male Cerebrovascular diseases	FY1995 Female All causes	FY1995 Female Heart diseases	FY1995 Female Cerebrovascular diseases	FY2000 Male All causes	FY2000 Male Heart diseases	FY2000 Male Cerebrovascular diseases	FY2000 Female All causes	FY2000 Female Heart diseases	FY2000 Female Cerebrovascular diseases
Number of deaths												
Total	134 921	16 502	13 165	64 328	5 825	6 844	131 635	16 329	11 391	60 831	4 911	5 511
Employed	79 277	9 808	7 808	19 717	1 566	2 479	73 130	9 046	6 445	18 633	1 360	2 146
A Professional and Technical Workers	6 994	882	664	1 673	102	184	11 020	1 349	957	2 201	134	216
B Managers and Officials	5 225	677	508	738	* 50	* 72	5 000	602	429	695	* 46	* 66
C Clerical and Related Workers	8 018	1 018	742	2 760	181	303	6 262	758	531	2 302	122	258
D Sales Workers	8 523	1 084	897	2 409	206	298	7 330	889	691	2 011	146	272
E Service Workers	6 046	767	654	2 813	221	442	6 031	765	579	2 660	230	367
F Protective Service Workers	1 346	198	139	107	* 6	* 12	1 365	228	119	119	* 5	* 13
G Agricultural, Forestry and Fisheries Workers	7 083	828	693	2 034	184	284	4 767	529	418	1 286	107	161
H Workers in Transport and Communications Occupations	5 097	633	508	275	* 35	* 35	4 583	590	398	261	* 22	* 28
I Production Process Workers and Labourers	18 971	2 265	1 932	2 497	205	381	12 489	1 563	1 107	1 872	138	256
J Workers not classifiable by Occupation	11 974	1 456	1 071	4 411	376	468	14 283	1 773	1 216	5 226	410	509
Unemployed	55 644	6 694	5 357	44 611	4 259	4 365	58 505	7 283	4 946	42 198	3 551	3 365
Crude death rate												
Total	346.6	42.4	33.8	165.7	15.0	17.6	336.9	41.8	29.2	156.8	12.7	14.2
Employed	229.9	28.4	22.6	85.2	6.8	10.7	219.6	27.2	19.4	80.4	5.9	9.3
A Professional and Technical Workers	163.7	20.6	15.5	51.5	3.1	5.7	248.6	30.4	21.6	61.3	3.7	6.0
B Managers and Officials	254.5	33.0	24.7	371.8	* 25.2	* 36.3	385.4	46.4	33.1	492.1	* 32.6	* 46.7
C Clerical and Related Workers	187.2	23.8	17.3	38.4	2.5	4.2	145.5	17.6	12.3	32.1	1.7	3.6
D Sales Workers	154.5	19.7	16.3	76.9	6.6	9.5	131.8	16.0	12.4	66.8	4.8	9.0
E Service Workers	383.8	48.7	41.5	98.7	7.8	15.5	358.1	45.4	34.4	82.9	7.2	11.4
F Protective Service Workers	165.1	24.3	17.1	275.1	* 15.4	* 30.9	156.2	26.1	13.6	248.7	* 10.5	* 27.2
G Agricultural, Forestry and Fisheries Workers	573.3	67.0	56.1	191.2	17.3	26.7	509.2	56.5	44.7	168.5	14.0	21.1
H Workers in Transport and Communications Occupations	234.1	29.1	23.3	233.4	* 29.7	* 29.7	223.2	28.7	19.4	251.8	* 21.2	* 27.0
I Production Process Workers and Labourers	153.3	18.3	15.6	48.4	4.0	7.4	105.8	13.2	9.4	38.5	2.8	5.3
Unemployed	1 344.1	161.7	129.4	286.7	27.4	28.1	1 195.5	148.8	101.1	276.5	23.3	22.1
Age-adjusted death rate												
Total	311.9	38.1	30.0	146.0	12.9	15.1	294.5	36.4	25.0	134.8	10.6	11.8
Employed	215.8	26.6	20.9	83.8	6.8	10.4	200.1	24.7	17.3	76.4	5.7	8.7
A Professional and Technical Workers	204.0	25.7	19.5	81.0	6.1	10.5	287.3	34.6	24.6	87.2	6.2	9.6
B Managers and Officials	174.0	22.0	14.5	283.9	* 30.1	* 21.6	261.7	30.3	18.6	340.0	* 16.6	* 27.3
C Clerical and Related Workers	189.5	24.2	17.0	48.9	3.7	5.8	134.8	16.4	11.2	35.7	1.9	4.1
D Sales Workers	170.0	21.4	17.4	73.3	6.5	8.9	133.3	16.2	12.4	61.9	4.5	8.3
E Service Workers	403.5	51.7	44.3	84.8	6.4	12.7	364.8	46.4	35.9	72.1	6.3	9.3
F Protective Service Workers	174.1	25.7	18.3	449.8	* 22.1	* 51.2	147.1	24.7	12.5	356.1	* 14.3	* 45.9
G Agricultural, Forestry and Fisheries Workers	334.8	37.3	29.9	112.0	10.1	11.7	318.3	33.4	25.9	95.3	7.7	10.7
H Workers in Transport and Communications Occupations	212.6	26.1	20.0	394.8	* 67.5	* 54.9	187.5	23.5	15.5	298.8	* 23.2	* 27.3
I Production Process Workers and Labourers	144.2	17.2	14.5	39.4	3.1	5.6	96.9	12.1	8.4	29.8	2.2	3.8
Unemployed	1 398.7	171.5	121.8	231.5	20.8	21.1	1 172.3	147.1	88.7	221.2	17.4	16.4

Notes: 1) "J Workers not classifiable by Occupation" includes "employment status unknown."
2) Note that the figures indicated with * are particularly unstable, due to the small number of deaths, below 100.
3) The "occupation" refers to the occupation at the time of death.

(2) Status by industry

The age-adjusted death rates from heart diseases and cerebrovascular diseases (per 100,000 population) by sex and industry in FY2000, based on the industry at the time of death between age 20 and 64, show that the rates are higher in "Unemployed", "Electricity, gas, heat supply and water", and "Agriculture" categories for males (Table 5).

Table 5 The number of deaths, crude death rates (per 100,000 population) and age-adjusted death rates (per 100,000 population) of heart diseases and cerebrovascular diseases, by sex and industry (in major categories) between age 20 and 64

Industry	FY1995 Male All causes	Male Heart diseases	Male Cerebrovascular diseases	FY1995 Female All causes	Female Heart diseases	Female Cerebrovascular diseases	FY2000 Male All causes	Male Heart diseases	Male Cerebrovascular diseases	FY2000 Female All causes	Female Heart diseases	Female Cerebrovascular diseases
Number of deaths												
Total	134 921	16 502	13 165	64 328	5 825	6 844	131 635	16 329	11 391	60 831	4 911	5 511
Employed	79 277	9 808	7 808	19 717	1 566	2 479	73 130	9 046	6 445	18 633	1 360	2 146
Primary industry	7 993	942	801	2 272	194	312	5 845	673	506	1 519	110	192
A Agriculture	6 334	777	637	1 994	170	281	4 505	517	394	1 320	*93	166
B Forestry	472	*47	*47	*65	*4	*5	380	*52	*29	*40	*3	*6
C Fisheries	1 187	118	117	213	*20	*26	960	104	*83	159	*14	*20
Secondary industry	23 642	2 900	2 368	3 411	270	454	20 160	2 482	1 842	2 954	185	377
D Mining	961	122	103	157	*12	*23	805	*86	*88	123	*6	*14
E Construction	11 391	1 332	1 151	924	*79	121	9 733	1 159	846	897	*61	108
F Manufacturing	11 290	1 446	1 114	2 330	179	310	9 622	1 237	908	1 934	118	255
Tertiary industry	31 945	4 066	3 203	8 685	647	1 131	29 410	3 697	2 596	8 050	583	974
G Electricity, gas, heat supply and water	1 901	226	176	219	*12	*26	1 649	188	152	186	*15	*17
H Transport and communications	5 697	726	550	398	*41	*51	5 245	689	415	408	*32	*38
I Wholesale and retail trade, eating and drinking places	8 834	1 068	941	2 864	242	389	7 586	904	707	2 442	182	326
J Finance and insurance	1 089	129	100	394	*29	*42	914	118	102	291	*21	*37
K Real estate	839	111	*77	178	*8	*15	736	105	*51	160	*14	*13
L Services	10 228	1 365	1 051	3 899	273	533	10 166	1 295	926	3 918	289	482
M Government (not elsewhere classified)	3 357	441	308	733	*42	*75	3 114	398	243	645	*30	*61
N Establishments not adequately described	15 697	1 900	1 436	5 349	455	582	17 715	2 194	1 501	6 110	482	603
Unemployed	55 644	6 694	5 357	44 611	4 259	4 365	58 505	7 283	4 946	42 198	3 551	3 365
Crude death rate												
Total	346.6	42.4	33.8	165.7	15.0	17.6	336.9	41.8	29.2	156.8	12.7	14.2
Employed	229.9	28.4	22.6	85.2	6.8	10.7	219.6	27.2	19.4	80.4	5.9	9.3
Primary industry	652.6	76.9	65.4	208.0	17.8	28.6	632.0	72.8	54.7	190.5	13.8	24.1
A Agriculture	645.2	79.2	64.9	196.3	16.7	27.7	606.5	69.6	53.0	178.6	*12.6	22.5
B Forestry	825.9	*82.2	*82.2	*549.5	*33.8	*42.3	921.2	*126.1	*70.3	*450.0	*33.8	*67.5
C Fisheries	638.3	63.5	62.9	328.6	*30.9	*40.1	682.0	73.9	*59.0	321.9	*28.3	*40.5
Secondary industry	179.6	22.0	18.0	61.8	4.9	8.2	163.9	20.2	15.0	62.0	3.9	7.9
D Mining	1 993.9	253.1	213.7	1 952.0	*149.2	*286.0	1 932.2	*206.4	*211.2	1 618.0	*78.9	*184.2
E Construction	224.0	26.2	22.6	94.4	*8.1	12.4	199.5	23.8	17.3	102.9	*7.0	12.4
F Manufacturing	140.6	18.0	13.9	51.4	3.9	6.8	130.3	16.8	12.3	49.8	3.0	6.6
Tertiary industry	160.5	20.4	16.1	53.1	4.0	6.9	149.1	18.7	13.2	46.4	3.4	5.6
G Electricity, gas, heat supply and water	634.9	75.5	58.8	414.8	*22.7	*49.2	557.0	63.5	51.3	381.3	*30.7	*34.8
H Transport and communications	183.0	23.3	17.7	64.5	*6.6	*8.3	172.9	22.7	13.7	57.9	*4.5	*5.4
I Wholesale and retail trade, eating and drinking places	132.4	16.0	14.1	44.5	3.8	6.0	121.2	14.4	11.3	37.6	2.8	5.0
J Finance and insurance	121.3	14.4	11.1	39.3	*2.9	*4.2	111.9	14.5	12.5	32.9	*2.4	*4.2
K Real estate	246.4	32.6	*22.6	81.6	*3.7	*6.9	211.3	30.1	*14.6	71.4	*6.3	*5.8
L Services	145.7	19.4	15.0	51.6	3.6	7.1	137.2	17.5	12.5	46.2	3.4	5.7
M Government (not elsewhere classified)	215.6	28.3	19.8	151.0	*8.6	*15.4	200.5	25.6	15.6	131.2	*6.1	*12.4
Unemployed	1 344.1	161.7	129.4	286.7	27.4	28.1	1 195.5	148.8	101.1	276.5	23.3	22.1
Age-adjusted death rate												
Total	311.9	38.1	30.0	146.0	12.9	15.1	294.5	36.4	25.0	134.8	10.6	11.8
Employed	215.8	26.6	20.9	83.8	6.8	10.4	200.1	24.7	17.3	76.4	5.7	8.7
Primary industry	404.1	46.1	37.1	145.9	9.1	13.2	425.4	46.2	33.7	123.2	7.5	13.9
A Agriculture	373.9	44.3	35.2	122.5	7.9	12.3	393.1	44.6	32.3	110.1	*7.1	11.5
B Forestry	548.2	*48.9	*55.8	*464.0	*16.2	*19.0	648.7	*70.5	*38.9	*291.5	*11.1	*54.3
C Fisheries	485.0	50.5	41.8	327.8	*23.4	*24.5	515.7	49.1	*39.1	262.2	*14.4	*36.8
Secondary industry	165.4	20.1	16.2	57.1	4.5	7.4	147.1	18.0	13.0	53.7	3.5	6.5
D Mining	1 592.0	195.9	158.7	1 661.8	*126.0	*242.5	1 519.5	*164.2	*151.9	1 366.4	*59.2	*135.0
E Construction	196.2	22.5	19.1	88.3	*7.4	11.4	172.5	20.2	14.3	89.1	*6.4	10.1
F Manufacturing	134.4	17.1	13.1	47.3	3.6	6.1	120.4	15.5	11.1	42.9	2.7	5.5
Tertiary industry	160.3	20.4	15.8	56.8	4.5	7.5	140.2	17.7	12.2	46.8	3.5	5.7
G Electricity, gas, heat supply and water	812.5	102.4	69.7	659.8	*45.4	*101.5	638.3	74.2	61.3	551.6	*46.6	*49.7
H Transport and communications	173.7	22.0	16.0	83.2	*10.8	*11.6	150.9	19.9	11.3	66.3	*4.9	*6.5
I Wholesale and retail trade, eating and drinking places	137.6	16.6	14.4	44.9	4.0	6.0	118.4	14.2	10.9	35.6	2.7	4.7
J Finance and insurance	129.5	15.5	11.6	59.5	*5.4	*6.5	112.9	15.4	11.7	44.0	*3.2	*6.3
K Real estate	179.1	23.1	*16.2	65.3	*2.6	*5.4	150.0	19.7	*9.2	55.1	*4.5	*3.7
L Services	144.0	19.1	14.8	56.5	4.2	7.9	130.5	16.6	11.8	47.9	3.7	6.0
M Government (not elsewhere classified)	255.8	33.9	23.8	152.6	*9.5	*15.4	202.3	27.1	15.8	129.2	*6.3	*12.0
Unemployed	1 398.7	171.5	121.8	231.5	20.8	21.1	1 172.3	147.1	88.7	221.2	17.4	16.4

Notes: 1) "N Establishments not adequately described" includes "Employment status unknown."
2) Note that the figures indicated with * are particularly unstable, due to the small occurrence below 100.
3) The "industry" refers to the industry at the time of death.

8 Deaths from heart diseases and cerebrovascular diseases by prefecture

(1) Age-adjusted death rates by sex

The age-adjusted death rates from heart diseases and cerebrovascular diseases (per 100,000 population) by prefecture in 2004, indicates that the rate of heart diseases for males is the highest in Aomori, followed by Ehime and Iwate, while the rate is the highest in Ehime for females, followed by Saitama and Tokushima. The rate of cerebrovascular diseases for males is the highest in Aomori, followed by Iwate and Akita, while the rate is the highest in Iwate for females, followed by Aomori and Tochigi. (Table 6, Figure 10)

Table 6 Annual comparison of age-adjusted death rates (per 100,000 population) of heart diseases and cerebrovascular diseases, by sex and prefecture, accompanied by average life expectancy at 65 years old

Prefecture	Heart diseases Male 2000	Heart diseases Male 2004 (See Notes 1) and 3))	Heart diseases Female 2000	Heart diseases Female 2004 (See Notes 1) and 3))	Cerebrovascular Male 2000	Cerebrovascular Male 2004 (See Notes 1) and 3))	Cerebrovascular Female 2000	Cerebrovascular Female 2004 (See Notes 1) and 3))	Life expectancy Male 2000	Life expectancy Female 2000
Japan	85.8	80.6 (80.1)	48.5	44.2 (44.0)	74.2	62.5 (62.2)	45.7	37.0 (36.9)	17.56	22.46
Hokkaido	87.3	84.9	50.1	48.0	72.1	62.2	43.7	36.9	17.79	22.87
Aomori	102.5	103.6	53.5	52.8	102.7	90.3	51.6	49.6	16.52	21.87
Iwate	85.4	97.4	47.8	47.4	92.6	85.6	51.9	50.2	17.33	22.51
Miyagi	81.3	82.1	47.3	47.7	87.1	70.5	50.7	44.5	17.53	22.48
Akita	74.3	79.0	45.2	45.7	91.1	83.6	57.6	45.7	17.05	22.12
Yamagata	84.3	84.5	45.4	45.3	83.1	74.6	52.7	43.7	17.57	22.18
Fukushima	96.9	96.4	52.3	50.8	83.1	73.6	53.7	45.5	17.19	22.19
Ibaraki	88.7	84.5	50.3	49.5	85.1	75.5	54.6	43.8	17.29	22.12
Tochigi	95.9	95.7	54.5	50.6	90.0	81.6	56.1	48.1	17.26	22.06
Gumma	88.5	81.1	49.0	50.0	77.6	66.7	53.5	43.3	17.63	22.28
Saitama	92.7	86.5	53.8	53.8	77.3	65.8	50.2	44.2	17.55	22.14
Chiba	90.6	90.2	54.7	50.1	77.1	63.5	45.5	42.0	17.67	22.25
Tokyo	87.5	78.2	49.8	47.3	71.3	59.0	46.1	38.8	17.79	22.26
Kanagawa	79.1	72.4	43.7	43.9	71.2	58.1	48.1	40.4	17.78	22.50
Niigata	77.9	78.2	41.2	41.8	79.4	73.7	47.0	42.3	17.60	22.85
Toyama	73.8	64.0	40.9	37.0	72.2	62.6	44.8	40.2	17.79	22.99
Ishikawa	85.8	78.4	47.9	45.9	71.8	62.1	39.3	36.3	17.55	22.90
Fukui	81.7	77.9	41.3	41.7	61.3	55.7	35.8	36.5	17.93	23.05
Yamanashi	88.1	81.1	46.0	46.0	64.2	60.5	39.9	36.5	17.85	23.01
Nagano	78.7	73.4	39.8	43.6	87.3	71.7	53.4	46.1	18.38	22.91
Gifu	86.3	84.5	52.8	49.5	74.6	59.7	43.8	41.7	17.67	22.22
Shizuoka	84.0	79.1	48.8	45.6	77.4	65.2	46.9	40.5	17.67	22.60
Aichi	92.5	85.0	55.8	51.6	73.5	63.7	47.0	39.4	17.48	22.02
Mie	86.5	82.5	49.7	46.5	74.0	63.5	42.7	39.9	17.51	22.39
Shiga	78.8	76.0	47.3	43.7	62.9	55.3	42.6	34.7	17.41	22.48
Kyoto	84.7	80.8	49.7	47.6	63.5	55.2	41.2	34.3	17.74	22.63
Osaka	89.3	84.0	51.9	51.2	63.4	53.5	38.8	33.6	16.98	21.93
Hyogo	84.1	78.6	50.2	47.4	64.1	56.2	40.6	34.1	17.42	22.19
Nara	84.5	80.4	52.8	50.3	61.8	51.5	42.2	35.3	17.70	22.34
Wakayama	101.8	91.6	53.6	51.2	69.2	54.4	42.0	36.0	17.23	22.17
Tottori	92.5	80.8	47.4	46.4	78.4	69.0	49.1	41.6	17.46	22.75
Shimane	72.0	76.9	40.4	43.3	70.8	58.4	37.6	33.2	17.77	23.27
Okayama	82.1	77.8	42.6	43.7	69.4	60.5	44.0	37.1	17.73	22.97
Hiroshima	82.7	79.3	46.7	48.6	68.6	53.8	39.9	35.0	17.66	22.82
Yamaguchi	79.2	81.8	52.5	48.8	77.1	68.4	47.7	40.7	17.21	22.49
Tokushima	92.1	85.6	49.7	53.3	77.2	65.3	42.7	38.2	17.37	22.38
Kagawa	89.9	84.3	50.6	50.7	64.2	51.4	44.7	36.3	17.82	22.70
Ehime	99.1	100.9	51.6	56.3	73.3	58.8	42.9	36.9	17.73	22.53
Kochi	96.1	82.6	49.0	47.3	82.3	75.2	48.7	45.8	17.62	22.84
Fukuoka	71.2	66.5	41.3	40.2	68.1	57.4	42.4	34.8	17.31	22.60
Saga	79.6	73.9	42.9	41.8	67.8	61.1	44.1	37.4	17.34	22.82
Nagasaki	81.6	75.9	43.8	46.8	72.7	65.4	45.1	37.9	17.36	22.69
Kumamoto	74.4	70.5	43.4	42.9	64.9	59.8	39.8	36.5	18.15	23.08
Oita	91.1	73.6	50.7	46.0	75.9	60.3	44.0	36.3	17.70	22.41
Miyazaki	83.4	87.6	44.8	43.1	73.5	61.2	48.2	41.4	17.72	23.05
Kagoshima	84.7	78.9	44.9	45.5	85.8	69.8	49.7	46.0	17.38	22.56
Okinawa	78.9	69.6	39.6	38.8	63.5	56.8	30.0	29.7	18.45	24.10

Notes: 1) The age-adjusted death rate uses the model population for 1985 as the standard population. However, the age groups of "80-89" and "90-" were used as one group of "80-" for the calculation of age-adjusted death rates by prefecture for 2004.
2) Crude death rates, which were base data of the calculation of age-adjusted death rates for 2000 and national age-adjusted death rate for 2004, were calculated with the Japanese population in Population Census (5-year age scale, 85 and over in a package).
3) Crude death rates, which were base data of the calculation of age-adjusted death rates by prefecture for 2004 (incl. figures in brackets for the national data), were calculated with the estimated overall population as of October 1 (5-year age scale, 85 and over in a package for the nation, and 80 and over in a package for prefectures).
4) The "Prefecture" refers to the prefecture of habitation at the time of death.
5) Life expectancy at the age 65 is based on the Life Tables by Prefecture 2000.

The age-adjusted death rates (per 100,000 population) by sex and prefecture in 2004 indicate that the higher are the age-adjusted death rates of the prefecture from heart diseases and cerebrovascular diseases for males, the higher are those for females. (Table 6, Figure 10)

Figure 10 Relationship between the age-adjusted death rates (per 100,000 population) for males and for females: 2004

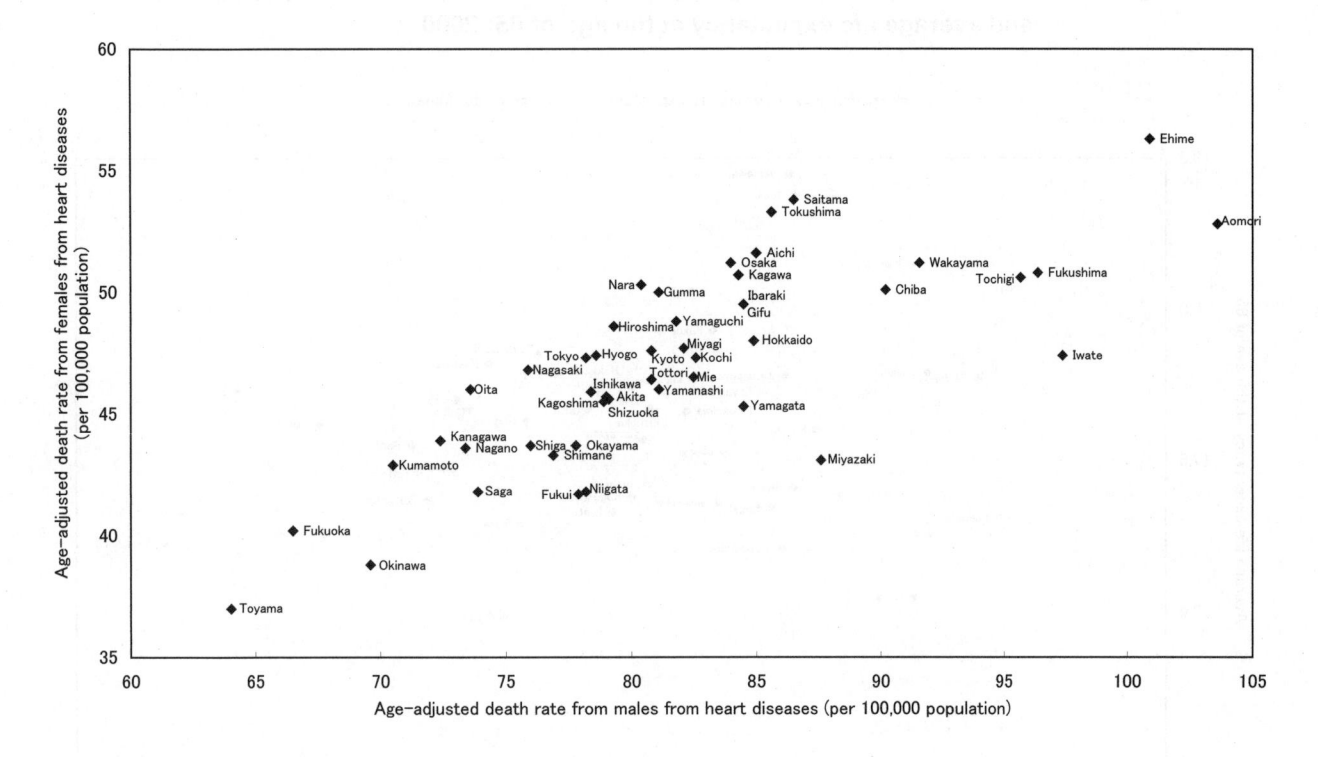

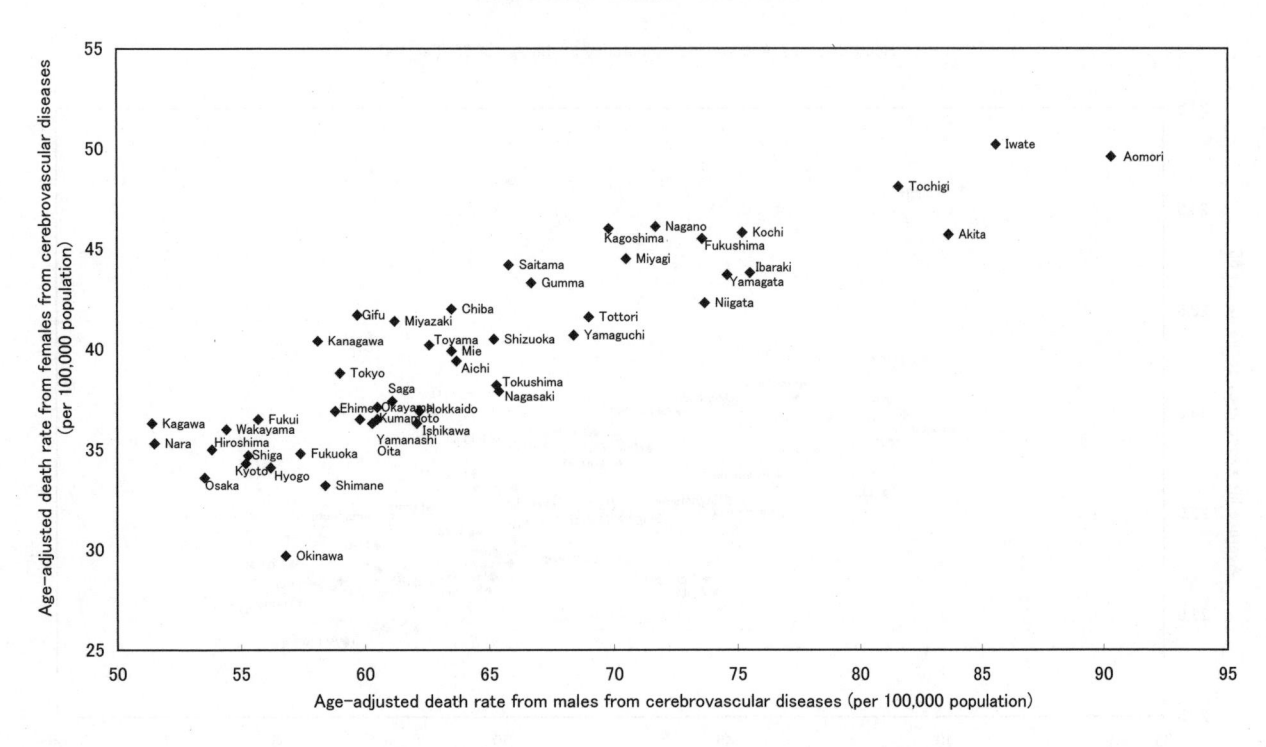

Heart diseases: Male and female

Cerebrovascular diseases: Male and female

(2) Relationship between age-adjusted death rates and average life expectancy at the age of 65

Concerning the relationship between age-adjusted death rates from heart diseases and cerebrovascular diseases (per 100,000 population) by prefecture in 2000, and average life expectancy at the age of 65 indicated in the Life Tables by Prefecture 2000, the average life expectancy appears to be longer in the prefectures with lower age-adjusted death rates for females in both disease categories. (Table 6, Figure 11)

Figure 11 Relationship between age-adjusted death rates (per 100,000 population) and average life expectancy at the age of 65: 2000

Heart diseases: Average life expectancy at the age of 65 (Male)

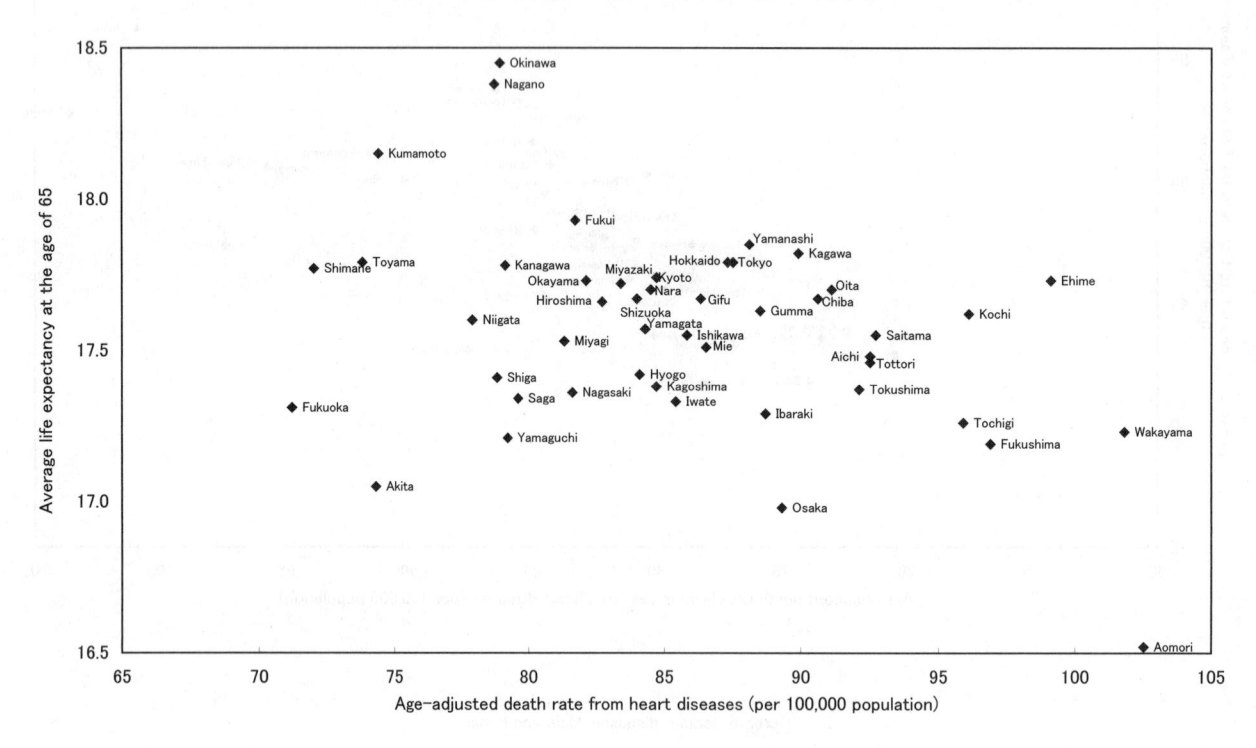

Heart diseases: Average life expectancy at the age of 65 (Female)

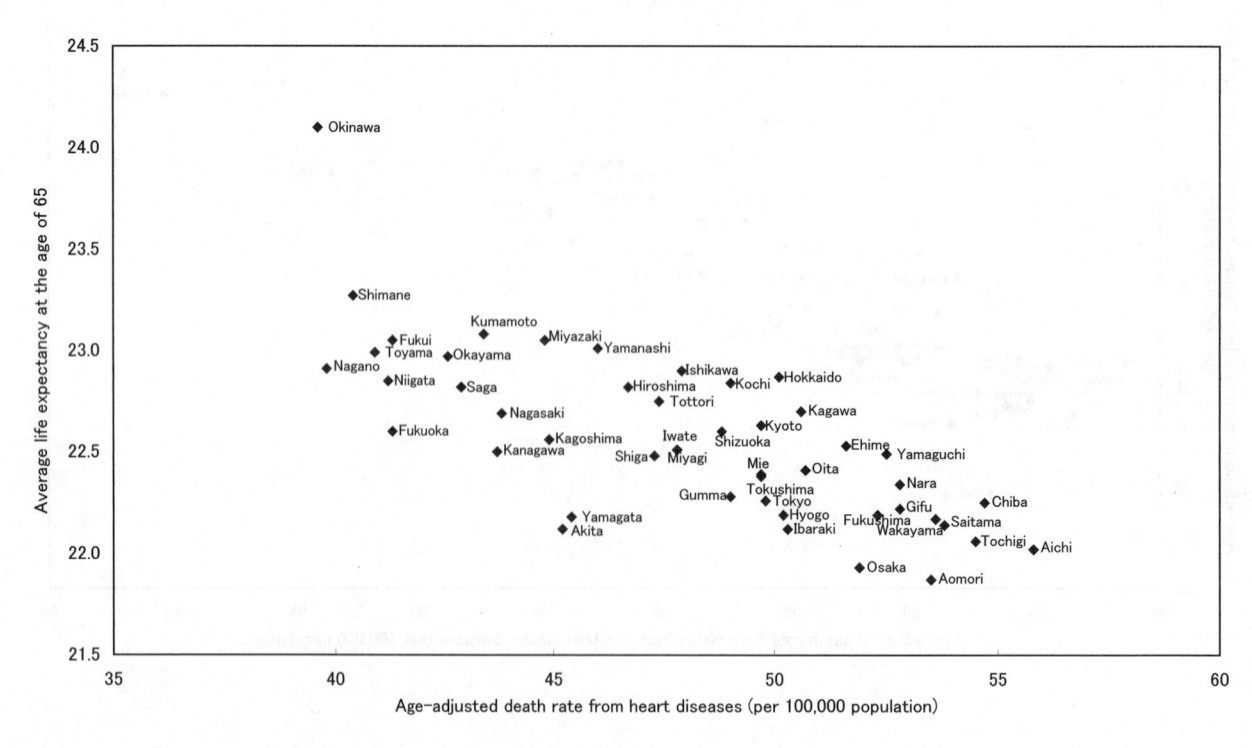

Note: The data of Average life expectancy at the age of 65 are based on the Life Tables by Prefecture 2000.

Cerebrovascular diseases: Average life expectancy at the age of 65 (Male)

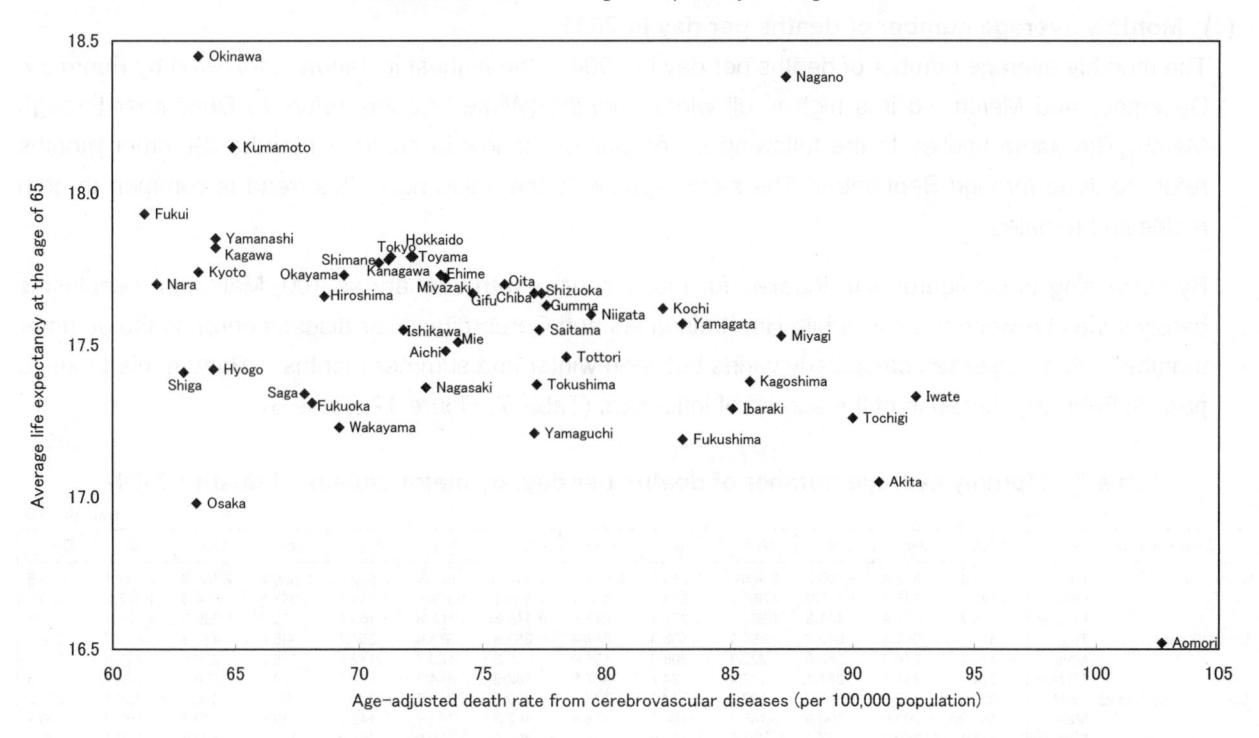

Cerebrovascular diseases: Average life expectancy at the age of 65 (Female)

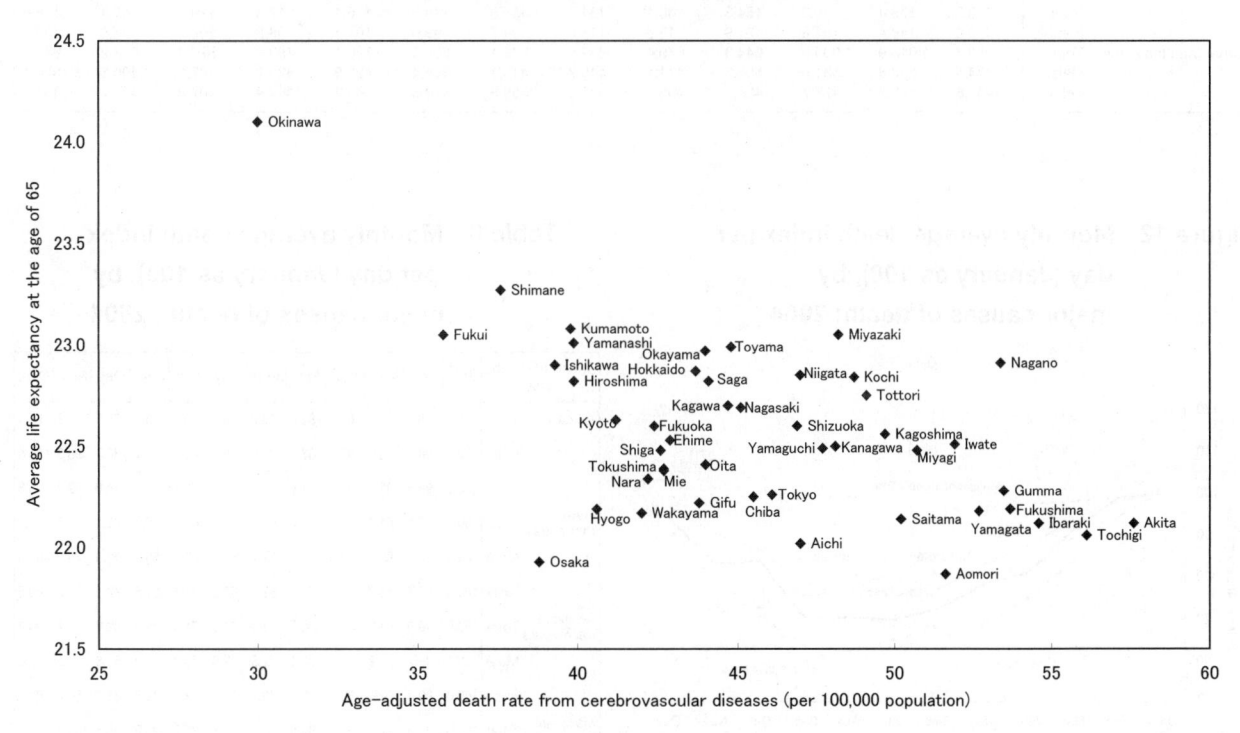

Note: The data of Average life expectancy at the age of 65 are based on the Life Tables by Prefecture 2000.

9　Deaths from heart diseases and cerebrovascular diseases by the month of death

(1) Monthly average number of deaths per day in 2004

The monthly average number of deaths per day in 2004 is the highest in January, followed by February, December and March, so it is high in all winter months (Winter months refers to December through March. The same applies to the following.). The number is low in summer months (Summer months refers to June through September. The same applies to the following.). This trend is common to both males and females.

By converting these figures into indexes for major causes with January as 100, Malignant neoplasms hardly varies between months, while Heart diseases and Cerebrovascular diseases drop in the summer months.　Heart diseases particularly varies between winter and summer months.　Pneumonia tends to peak in February, because of the spread of influenza. (Table 7, Figure 12, Table 8)

Table 7　Monthly average number of deaths per day, by major causes of death : 2004

(Unit: persons)

Cause of death / sex		Total	Jan.	Feb.	Mar.	Apr.	May	June	July	Aug.	Sep.	Oct.	Nov.	Dec.
All causes	Total	2 810.4	3 222.8	3 186.7	2 966.5	2 785.8	2 668.7	2 519.2	2 561.4	2 552.7	2 536.2	2 766.9	2 892.1	3 073.5
	Male	1 522.1	1 735.0	1 705.0	1 606.2	1 508.7	1 450.1	1 369.4	1 394.6	1 389.4	1 383.5	1 504.6	1 567.2	1 655.3
	Female	1 288.3	1 487.9	1 481.8	1 360.3	1 277.1	1 218.6	1 149.8	1 166.8	1 163.4	1 152.7	1 262.3	1 324.9	1 418.2
Heart diseases	Total	436.1	569.4	543.9	480.5	433.3	399.4	355.6	375.4	354.7	346.0	410.4	452.7	514.3
	Male	211.7	278.3	262.5	232.7	208.5	191.9	172.8	180.7	172.6	166.7	200.5	219.8	253.8
	Female	224.5	291.1	281.4	247.9	224.7	207.5	182.9	194.7	182.2	179.3	209.9	232.9	260.5
Cerebrovascular diseases	Total	352.6	422.9	418.9	387.4	346.7	333.1	309.0	301.7	301.7	304.5	349.6	358.3	398.8
	Male	168.2	203.6	200.9	185.7	164.7	158.9	147.3	141.8	142.9	142.6	170.3	168.8	190.9
	Female	184.4	219.3	217.9	201.7	182.0	174.2	161.7	160.0	158.8	161.9	179.3	189.4	207.9
Malignant neoplasms	Total	875.3	889.9	872.3	867.6	866.8	858.9	853.8	861.3	883.0	879.5	892.9	893.0	884.2
	Male	527.6	536.1	529.3	524.7	521.3	518.3	513.3	519.3	530.9	531.6	537.3	541.0	527.9
	Female	347.7	353.8	343.0	342.8	345.4	340.5	340.5	342.0	352.2	347.9	355.6	352.0	356.3
Pneumonia	Total	261.0	321.8	342.1	286.7	259.7	244.8	221.6	218.1	217.2	216.1	238.7	269.9	298.3
	Male	140.2	173.4	180.3	154.8	140.1	131.2	116.9	118.5	116.1	117.4	129.0	147.1	158.6
	Female	120.8	148.4	161.8	131.9	119.6	113.6	104.7	99.6	101.1	98.8	109.7	122.8	139.6
Other than the above	Total	885.3	1 018.9	1 009.6	944.3	879.4	832.5	779.1	805.0	796.1	790.0	875.3	918.2	978.0
	Male	474.5	543.6	531.9	508.3	474.1	449.7	419.1	434.4	426.9	425.2	467.5	490.5	524.1
	Female	410.8	475.3	477.7	436.0	405.3	382.9	359.9	370.5	369.1	364.9	407.8	427.7	453.9

Figure 12　Monthly average death index per day (January as 100), by major causes of death: 2004

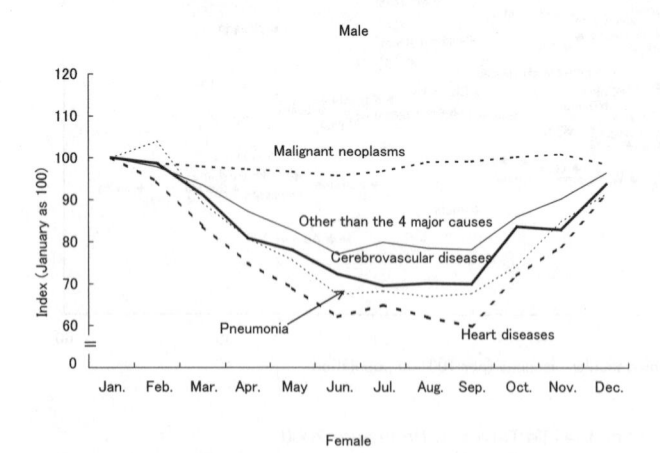

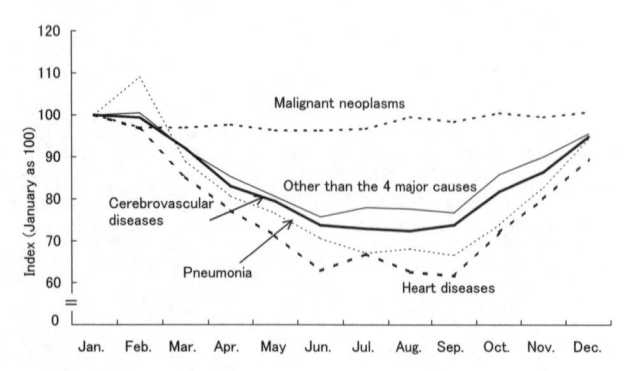

Male

Female

Table 8　Monthly average death index per day (January as 100), by major causes of death : 2004

Cause of death / sex		Jan.	Feb.	Mar.	Apr.	May	June	July	Aug.	Sep.	Oct.	Nov.	Dec.
All causes	Total	100.0	98.9	92.0	86.4	82.8	78.2	79.5	79.2	78.7	85.9	89.7	95.4
	Male	100.0	98.3	92.6	87.0	83.6	78.9	80.4	80.1	79.7	86.7	90.3	95.4
	Female	100.0	99.6	91.4	85.8	81.9	77.3	78.4	78.2	77.5	84.8	89.0	95.3
Heart diseases	Total	100.0	95.5	84.4	76.1	70.1	62.5	65.9	62.3	60.8	72.1	79.5	90.3
	Male	100.0	94.3	83.6	74.9	69.0	62.1	64.9	62.0	59.9	72.0	79.0	91.2
	Female	100.0	96.7	85.2	77.2	71.3	62.8	66.9	62.6	61.6	72.1	80.0	89.5
Cerebrovascular diseases	Total	100.0	99.0	91.6	82.0	78.8	73.1	71.3	71.3	72.0	82.7	84.7	94.3
	Male	100.0	98.7	91.2	80.9	78.1	72.3	69.6	70.2	70.0	83.6	82.9	93.8
	Female	100.0	99.4	92.0	83.0	79.4	73.7	72.9	72.4	73.8	81.7	86.4	94.8
Malignant neoplasms	Total	100.0	98.0	97.5	97.4	96.5	95.9	96.8	99.2	98.8	100.3	100.3	99.4
	Male	100.0	98.7	97.9	97.2	96.7	95.7	96.9	99.0	99.2	100.2	100.9	98.5
	Female	100.0	96.9	96.9	97.6	96.3	96.2	96.7	99.5	98.3	100.5	99.5	100.7
Pneumonia	Total	100.0	106.3	89.1	80.7	76.1	68.9	67.8	67.5	67.2	74.2	83.9	92.7
	Male	100.0	104.0	89.3	80.8	75.7	67.4	68.3	66.9	67.7	74.4	84.8	91.5
	Female	100.0	109.0	88.9	80.6	76.6	70.6	67.1	68.2	66.6	73.9	82.8	94.1
Other than the above	Total	100.0	99.1	92.7	86.3	81.7	76.5	79.0	78.1	77.5	85.9	90.1	96.0
	Male	100.0	97.9	93.5	87.2	82.7	77.1	79.9	78.5	78.2	86.0	90.2	96.4
	Female	100.0	100.5	91.7	85.3	80.6	75.7	78.0	77.7	76.8	85.8	90.0	95.5

(2) Status by sex and year

Status by year indicates that the indices are higher in winter months and lower in summer, in all years for both males and females. The difference in monthly average death indices per day between years is narrowing in cerebrovascular diseases. (Figure 13, Tables 9 and 10)

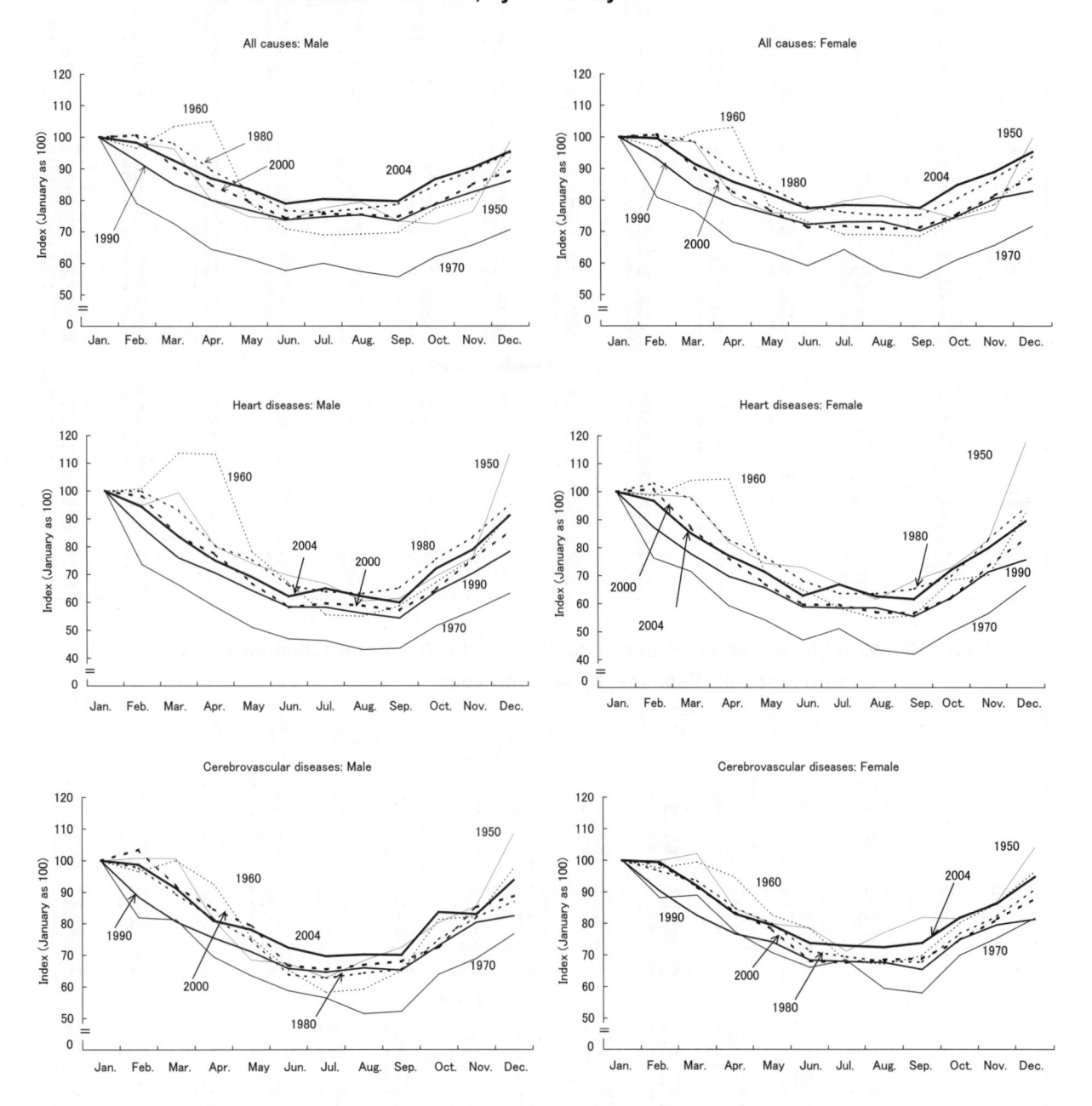

Figure 13   Monthly average death index per day (January as 100) for heart diseases and cerebrovascular diseases, by sex and year

Table 9 Monthly average death index per day (January as 100) for heart diseases and cerebrovascular diseases, by sex and year

Sex / year		Jan.	Feb.	Mar.	Apr.	May	June	July	Aug.	Sep.	Oct.	Nov.	Dec.
						All causes							
Male	1950	100.0	98.3	96.3	80.1	74.8	73.5	77.3	79.5	73.4	72.4	76.3	98.6
	'60	100.0	96.4	103.4	105.0	79.4	70.9	68.9	69.2	69.7	77.4	80.6	93.3
	'70	100.0	78.9	72.5	64.4	61.4	57.7	60.0	57.3	55.7	62.1	65.7	70.6
	'80	100.0	100.6	98.1	89.6	83.5	76.6	76.2	77.3	78.7	84.8	89.5	95.1
	'90	100.0	92.5	85.0	80.1	76.9	73.7	74.6	75.3	73.3	78.7	82.6	86.2
	2000	100.0	100.6	90.4	84.9	79.7	74.2	75.7	75.4	74.7	78.7	85.0	89.3
	'04	100.0	98.3	92.6	87.0	83.6	78.9	80.4	80.1	79.7	86.7	90.3	95.4
Female	1950	100.0	99.2	98.4	81.3	75.8	76.0	79.7	81.5	77.4	74.0	76.8	99.8
	'60	100.0	96.6	101.4	103.0	78.3	73.0	69.0	69.0	68.5	74.7	78.7	90.0
	'70	100.0	80.8	76.3	66.6	63.4	59.1	64.3	57.8	55.3	61.1	65.7	71.7
	'80	100.0	100.6	98.5	89.5	84.1	77.8	76.1	75.1	75.1	80.5	86.9	94.0
	'90	100.0	93.0	84.0	78.6	75.4	72.2	73.0	73.1	70.2	74.9	80.5	82.9
	2000	100.0	100.8	90.1	82.7	76.8	71.2	71.7	70.8	71.2	75.6	81.5	87.3
	'04	100.0	99.6	91.4	85.8	81.9	77.3	78.4	78.2	77.5	84.8	89.0	95.3
						Heart diseases							
Male	1950	100.0	94.9	99.4	80.2	73.9	69.6	66.7	60.5	61.3	69.4	76.3	113.2
	'60	100.0	100.7	113.6	113.1	78.2	66.9	55.5	54.9	58.8	67.1	75.8	91.9
	'70	100.0	73.6	66.2	58.3	51.0	46.9	46.2	43.0	43.5	51.5	57.0	63.2
	'80	100.0	99.9	93.0	80.3	75.3	66.0	63.8	63.1	65.1	75.5	83.4	95.3
	'90	100.0	87.1	75.9	70.5	64.1	58.4	58.2	56.0	54.4	63.7	70.4	78.3
	2000	100.0	98.0	83.8	77.3	66.8	58.2	59.6	58.8	57.1	64.5	75.5	85.5
	'04	100.0	94.3	83.6	74.9	69.0	62.1	64.9	62.0	59.9	72.0	79.0	91.2
Female	1950	100.0	98.9	98.1	81.9	74.4	72.9	67.1	61.6	68.3	72.9	82.9	117.4
	'60	100.0	98.4	104.0	104.5	71.0	64.9	58.5	54.8	55.8	68.4	70.2	92.2
	'70	100.0	76.2	71.5	59.2	54.2	47.0	51.1	43.6	42.0	50.0	56.5	66.4
	'80	100.0	103.0	97.3	82.9	76.8	68.1	63.6	63.6	65.3	69.7	83.0	94.5
	'90	100.0	87.2	77.9	69.7	65.6	58.8	58.4	58.5	55.5	62.1	71.3	75.7
	2000	100.0	100.8	87.1	76.3	67.0	59.7	59.6	56.9	56.6	62.1	73.3	83.5
	'04	100.0	96.7	85.2	77.2	71.3	62.8	66.9	62.6	61.6	72.1	80.0	89.5
						Cerebrovascular diseases							
Male	1950	100.0	100.8	100.6	81.2	68.5	67.3	62.8	68.2	72.5	80.3	85.6	108.5
	'60	100.0	96.5	100.1	92.5	75.7	65.4	58.2	59.2	65.1	81.3	82.2	97.5
	'70	100.0	81.8	81.2	69.4	63.5	58.7	56.4	51.4	52.2	63.9	68.9	76.7
	'80	100.0	97.7	89.4	81.6	74.8	63.8	62.8	64.3	65.5	74.9	81.9	87.0
	'90	100.0	88.5	80.5	75.5	71.1	65.7	64.6	65.9	65.3	73.0	80.3	82.4
	2000	100.0	103.5	91.8	84.7	79.2	66.7	65.5	66.9	68.0	72.6	85.2	88.8
	'04	100.0	98.7	91.2	80.9	78.1	72.3	69.6	70.2	70.0	83.6	82.9	93.8
Female	1950	100.0	98.1	100.2	82.0	77.2	75.9	70.0	75.5	80.3	80.9	86.7	104.0
	'60	100.0	97.5	99.5	94.7	82.7	78.3	68.0	67.1	69.8	80.1	86.4	96.6
	'70	100.0	88.2	89.0	77.3	70.7	66.1	68.5	59.4	58.0	69.9	75.4	81.6
	'80	100.0	96.6	93.6	85.0	79.9	71.1	69.4	68.0	67.7	76.7	82.2	90.9
	'90	100.0	90.4	82.5	76.7	74.1	68.4	68.0	67.6	65.4	74.9	79.5	81.3
	2000	100.0	98.9	91.6	83.5	78.1	68.0	67.6	68.5	68.8	74.7	81.2	87.9
	'04	100.0	99.4	92.0	83.0	79.4	73.7	72.9	72.4	73.8	81.7	86.4	94.8

Table 10 Monthly average number of deaths per day from heart diseases and cerebrovascular diseases, by sex and year

(Unit: persons)

Sex / year		Total	Jan.	Feb.	Mar.	Apr.	May	June	July	Aug.	Sep.	Oct.	Nov.	Dec.
							All causes							
Male	1950	1 279.7	1 535.4	1 509.1	1 479.2	1 230.1	1 147.8	1 128.4	1 187.5	1 220.1	1 126.6	1 111.4	1 172.0	1 514.1
	'60	1 031.5	1 220.9	1 177.2	1 262.4	1 282.0	969.7	865.6	841.5	844.8	850.6	944.8	984.1	1 138.8
	'70	1 062.7	1 582.1	1 248.7	1 146.6	1 019.6	972.0	912.4	948.8	907.3	880.5	982.0	1 039.7	1 117.6
	'80	1 067.3	1 220.4	1 228.2	1 196.6	1 093.7	1 018.8	935.2	929.5	942.8	960.8	1 034.4	1 091.9	1 160.0
	'90	1 215.7	1 491.2	1 379.7	1 266.8	1 193.8	1 146.1	1 099.3	1 112.0	1 122.5	1 093.8	1 173.6	1 231.7	1 285.5
	2000	1 436.9	1 710.7	1 720.6	1 545.9	1 452.9	1 362.7	1 269.0	1 294.2	1 289.4	1 278.1	1 345.7	1 454.4	1 528.0
	'04	1 522.1	1 735.0	1 705.0	1 606.2	1 508.7	1 450.1	1 369.4	1 394.6	1 389.4	1 383.5	1 504.6	1 567.2	1 655.3
Female	1950	1 199.5	1 411.9	1 400.3	1 388.7	1 147.2	1 070.7	1 073.2	1 125.7	1 150.6	1 092.6	1 044.5	1 084.7	1 409.4
	'60	899.1	1 076.9	1 040.1	1 092.4	1 109.5	843.3	786.0	743.3	743.1	737.7	804.9	847.4	969.7
	'70	890.6	1 300.3	1 051.1	992.6	865.8	825.0	769.0	835.8	751.1	719.7	795.0	853.9	932.4
	'80	907.5	1 049.4	1 056.1	1 033.5	938.8	882.0	816.1	798.6	787.9	788.2	845.2	912.2	986.3
	'90	1 031.7	1 293.4	1 203.4	1 086.8	1 016.9	975.7	934.3	943.9	945.8	908.3	968.3	1 041.7	1 071.7
	2000	1 190.6	1 459.1	1 470.4	1 314.8	1 207.1	1 120.7	1 039.2	1 046.3	1 033.3	1 039.4	1 102.5	1 189.4	1 273.7
	'04	1 288.3	1 487.9	1 481.8	1 360.3	1 277.1	1 218.6	1 149.8	1 166.8	1 163.4	1 152.7	1 262.3	1 324.9	1 418.2
							Heart diseases							
Male	1950	71.5	88.9	84.4	88.4	71.3	65.7	61.9	59.4	53.8	54.5	61.7	67.8	100.7
	'60	95.0	116.8	117.6	132.6	132.1	91.4	78.1	64.8	64.2	68.6	78.4	88.6	107.3
	'70	126.0	216.0	158.9	143.1	126.0	110.2	101.3	99.8	93.0	94.0	111.3	123.1	136.5
	'80	175.1	218.9	218.8	203.6	175.7	164.8	144.4	139.6	138.1	142.4	165.2	182.6	208.5
	'90	224.0	321.6	280.0	244.1	226.7	206.2	187.7	187.1	180.1	174.8	205.0	226.3	251.6
	2000	197.1	267.5	262.2	224.2	206.7	178.8	155.6	159.4	157.2	152.7	172.6	202.0	228.8
	'04	211.7	278.3	262.5	232.7	208.5	191.9	172.8	180.7	172.6	166.7	200.5	219.8	253.8
Female	1950	74.7	90.0	89.1	88.3	73.8	67.0	65.7	60.4	55.4	61.5	65.6	74.7	105.7
	'60	91.9	117.1	115.3	121.8	122.3	83.1	76.0	68.5	64.2	65.4	80.1	82.2	108.0
	'70	119.0	199.0	151.7	142.2	117.9	107.8	93.5	101.7	86.8	83.7	99.5	112.5	132.1
	'80	162.3	201.4	207.4	195.9	167.1	154.6	137.1	128.2	128.0	131.5	140.3	167.1	190.4
	'90	229.3	327.6	285.8	255.2	228.4	215.0	192.7	191.5	191.7	181.7	203.5	233.7	248.0
	2000	203.8	277.2	279.6	241.5	211.6	185.7	165.4	165.1	157.7	156.9	172.2	203.3	231.5
	'04	224.5	291.1	281.4	247.9	224.7	207.5	182.9	194.7	182.2	179.3	209.9	232.9	260.5
							Cerebrovascular diseases							
Male	1950	143.0	172.4	173.7	173.5	140.0	118.0	116.1	108.3	117.6	124.9	138.3	147.5	187.0
	'60	215.8	266.0	256.7	266.2	246.2	201.3	173.9	154.8	157.5	173.2	216.2	218.7	259.4
	'70	265.5	386.7	316.5	314.0	268.6	245.7	227.1	218.3	198.9	201.9	247.2	266.4	296.5
	'80	223.1	283.8	277.3	253.6	231.7	212.3	181.1	178.1	182.4	185.8	212.7	232.6	247.0
	'90	157.9	207.7	183.8	167.3	156.8	147.7	136.6	134.2	136.9	135.5	151.6	166.8	171.1
	2000	172.5	212.9	220.3	195.5	180.3	168.6	142.1	139.5	142.5	144.8	154.5	181.4	189.0
	'04	168.2	203.6	200.9	185.7	164.7	158.9	147.3	141.8	142.9	142.6	170.3	168.8	190.9
Female	1950	146.7	170.8	167.6	171.1	140.1	132.0	129.7	119.6	129.0	137.2	138.3	148.1	177.7
	'60	194.4	228.6	223.0	227.5	216.4	189.0	179.1	155.5	153.4	159.5	183.1	197.5	220.9
	'70	231.2	307.2	270.8	273.2	237.4	217.3	203.0	210.3	182.4	178.1	214.6	231.5	250.6
	'80	220.4	269.6	260.4	252.4	229.1	215.5	191.7	187.2	183.4	182.4	206.9	221.8	245.1
	'90	176.2	227.9	205.9	187.9	174.7	168.9	155.8	154.8	154.0	149.0	170.6	181.2	185.2
	2000	189.6	235.0	232.4	215.2	196.2	183.5	159.9	158.8	161.0	161.7	175.5	190.9	206.6
	'04	184.4	219.3	217.9	201.7	182.0	174.2	161.7	160.0	158.8	161.9	179.3	189.4	207.9

(3) Rates by sex and age group

The monthly average death index per day in 2004 (January as 100) by sex and age group indicates that the index is lower in summer months, for all causes, in the older age groups, particularly in those aged 80 - 89 years and 90 years and above.

The indices for heart diseases and cerebrovascular diseases by age group indicate that the drop during summer months is unclear for both males and females in the age groups 40 - 49 years and 50 - 59 years, because monthly changes are too large. Particularly in the age group 40 - 49 years, the monthly change is very large because of the low average number of deaths per day. The summer drop becomes large in the age group 70 years and above for males, and in the age group 60 years and above for females, and the range of drop is larger for males than females. (Figure 14, Tables 11 and 12)

Figure 14 Monthly average death index per day (January as 100) for heart diseases and cerebrovascular diseases, by sex and age group (by 10-year age scale): 2004

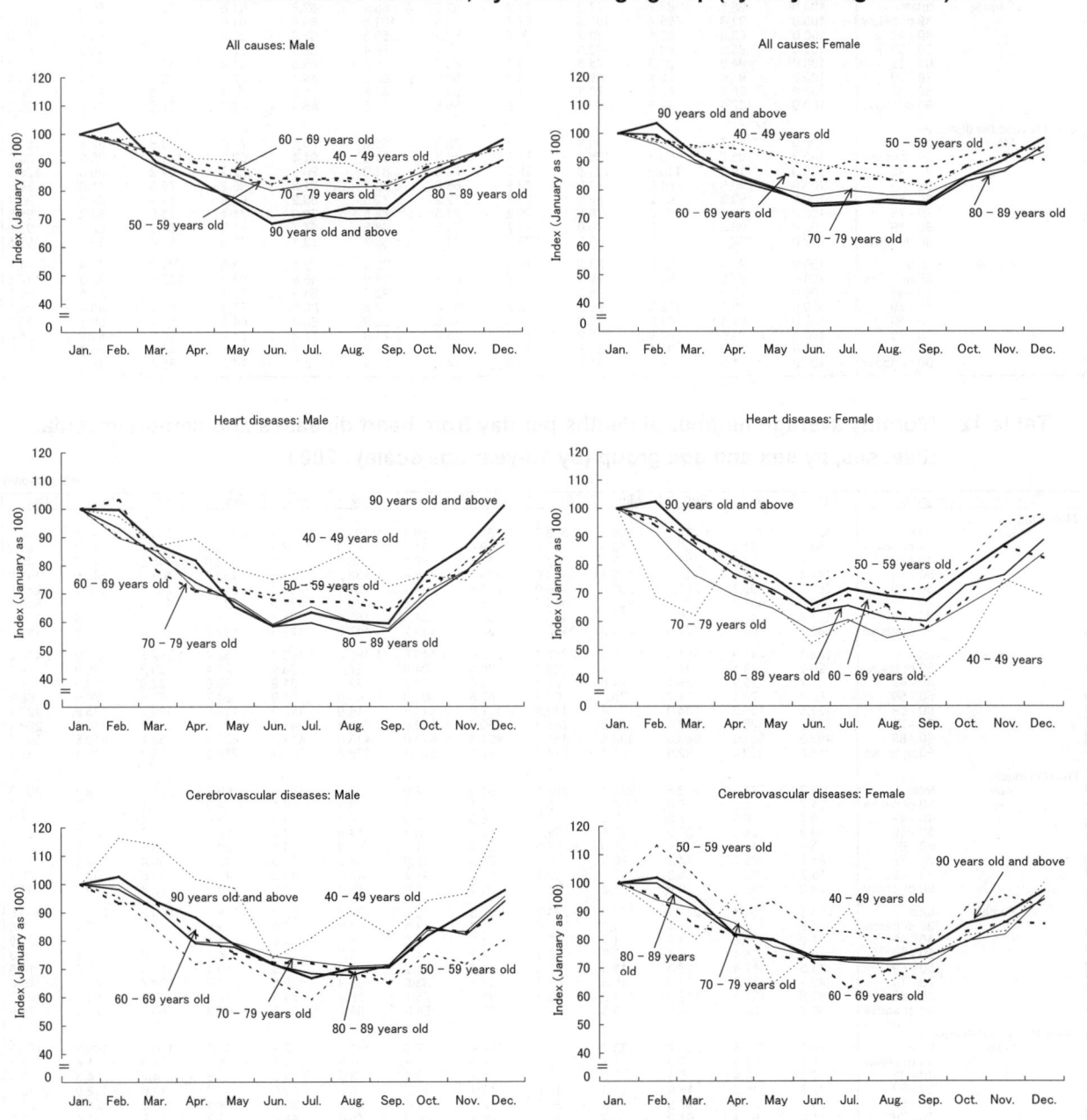

Note: The data for the group aged 39 years and younger are omitted in Figure 14, because they are unstable due to the small number of deaths.

Table 11 Monthly average death index per day (January as 100) for heart diseases and cerebrovascular diseases, by sex and age group (by 10-year age scale) : 2004

Cause / sex / age group			Jan.	Feb.	Mar.	Apr.	May	June	July	Aug.	Sep.	Oct.	Nov.	Dec.
All causes														
	Male	total	100.0	98.3	92.6	87.0	83.6	78.9	80.4	80.1	79.7	86.7	90.3	95.4
		39 or below	100.0	98.0	97.8	103.7	94.8	99.3	99.3	92.6	93.2	94.6	95.0	99.0
		40 - 49	100.0	97.8	100.6	91.4	90.9	81.7	90.0	89.5	82.2	89.1	91.5	94.5
		50 - 59	100.0	96.1	92.8	87.6	84.9	82.4	84.1	83.3	80.6	85.8	86.8	90.0
		60 - 69	100.0	98.1	93.4	90.1	87.0	84.4	84.0	84.4	82.7	88.0	90.3	95.9
		70 - 79	100.0	97.3	92.9	86.6	84.3	80.1	82.1	81.2	81.5	87.0	92.1	96.0
		80 - 89	100.0	96.3	88.7	82.0	77.6	71.1	71.5	69.9	70.1	80.7	84.2	90.7
		90 or above	100.0	103.8	90.0	84.4	76.3	68.2	70.7	73.8	73.7	84.9	90.7	97.9
	Female	total	100.0	99.6	91.4	85.8	81.9	77.3	78.4	78.2	77.5	84.8	89.0	95.3
		39 or below	100.0	98.2	96.6	95.0	94.1	88.5	97.4	95.9	90.3	89.7	92.1	102.2
		40 - 49	100.0	96.9	94.9	97.0	92.7	89.3	87.0	84.1	80.6	88.0	92.1	95.4
		50 - 59	100.0	97.7	95.6	94.7	92.4	85.6	89.9	88.5	88.2	92.1	96.2	93.5
		60 - 69	100.0	99.0	92.8	88.0	86.3	83.4	84.1	83.7	82.7	88.2	92.3	90.6
		70 - 79	100.0	96.0	89.5	85.9	81.1	77.9	79.8	78.3	78.6	84.7	87.6	93.3
		80 - 89	100.0	99.5	90.4	83.5	79.6	75.1	75.7	75.4	74.7	83.0	86.7	95.6
		90 or above	100.0	103.6	92.5	85.2	80.5	74.3	74.9	76.4	75.4	84.5	90.7	98.2
Heart diseases														
	Male	total	100.0	94.3	83.6	74.9	69.0	62.1	64.9	62.0	59.9	72.0	79.0	91.2
		39 or below	100.0	88.7	77.3	92.8	77.8	81.0	68.2	72.7	74.0	89.2	82.8	88.6
		40 - 49	100.0	97.4	87.1	89.6	79.0	75.0	78.6	85.1	72.5	76.6	74.6	90.7
		50 - 59	100.0	90.1	85.5	79.5	72.2	69.3	73.7	70.5	63.8	70.9	81.0	89.5
		60 - 69	100.0	103.3	78.2	70.8	71.5	67.7	67.2	67.0	64.0	74.2	77.4	93.6
		70 - 79	100.0	89.8	85.2	71.4	68.1	59.2	65.3	60.4	57.6	70.7	78.0	87.0
		80 - 89	100.0	93.1	83.3	74.1	67.2	58.5	59.7	55.9	56.8	68.8	77.6	91.2
		90 or above	100.0	99.7	87.3	81.8	65.4	58.6	63.3	60.1	59.4	77.7	86.4	100.9
	Female	total	100.0	96.7	85.2	77.2	71.3	62.8	66.9	62.6	61.6	72.1	80.0	89.5
		39 or below	100.0	93.8	66.7	103.3	87.7	72.5	101.8	89.5	81.6	63.2	112.4	100.0
		40 - 49	100.0	68.8	62.1	83.1	66.7	52.3	59.8	65.5	39.2	51.7	74.8	69.0
		50 - 59	100.0	95.6	90.5	80.0	73.9	72.7	78.4	69.8	72.2	80.4	95.0	98.0
		60 - 69	100.0	94.0	88.3	75.8	70.1	63.7	69.4	65.5	57.4	67.5	86.5	82.4
		70 - 79	100.0	91.4	76.4	69.4	64.7	56.6	60.5	54.1	57.3	65.3	73.4	84.1
		80 - 89	100.0	96.6	86.6	77.1	71.2	63.3	65.5	61.2	60.1	72.6	76.4	88.7
		90 or above	100.0	102.4	89.5	82.4	75.9	65.8	71.5	68.9	67.4	77.6	87.0	95.8
Cerebrovascular diseases														
	Male	total	100.0	98.7	91.2	80.9	78.1	72.3	69.6	70.2	70.0	83.6	82.9	93.8
		39 or below	100.0	108.7	60.3	106.9	77.6	96.2	81.0	91.4	69.5	101.7	85.5	89.7
		40 - 49	100.0	116.3	113.9	101.8	98.5	73.9	81.0	90.5	82.2	94.2	96.5	125.5
		50 - 59	100.0	95.5	84.0	71.6	73.9	66.0	59.1	71.8	65.2	75.3	71.6	80.3
		60 - 69	100.0	93.3	93.2	82.6	75.5	72.2	72.0	68.9	64.8	84.4	82.9	90.1
		70 - 79	100.0	99.8	91.0	79.6	79.2	74.5	72.5	70.9	71.4	83.6	83.2	95.5
		80 - 89	100.0	98.2	90.9	79.0	77.7	71.5	68.3	67.7	71.2	84.9	82.1	93.9
		90 or above	100.0	102.7	93.7	88.2	78.7	71.7	66.7	70.1	70.5	81.7	89.7	97.8
	Female	total	100.0	99.4	92.0	83.0	79.4	73.7	72.9	72.4	73.8	81.7	86.4	94.8
		39 or below	100.0	93.5	66.7	99.0	91.7	107.6	175.0	95.8	103.3	112.5	99.0	112.5
		40 - 49	100.0	90.0	80.3	95.2	64.5	76.1	90.8	64.5	73.4	81.6	82.9	100.0
		50 - 59	100.0	113.4	102.3	89.3	93.4	83.4	82.6	80.3	77.1	91.1	95.6	91.5
		60 - 69	100.0	95.4	84.9	81.7	74.3	72.3	62.9	69.3	64.9	82.7	86.1	85.5
		70 - 79	100.0	94.0	90.9	85.9	77.3	73.7	71.9	71.2	71.2	79.5	81.8	95.4
		80 - 89	100.0	99.9	91.4	81.7	80.2	72.8	72.7	72.5	73.8	79.1	86.1	94.2
		90 or above	100.0	101.9	94.9	81.9	79.8	74.0	73.4	73.0	77.1	85.7	88.9	97.4

Table 12 Monthly average number of deaths per day from heart diseases and cerebrovascular diseases, by sex and age group (by 10-year age scale) : 2004

(Unit: persons)

Cause / sex / age group			Total	Jan.	Feb.	Mar.	Apr.	May	June	July	Aug.	Sep.	Oct.	Nov.	Dec.
Male total															
	Male	total	1 522.1	1 735.0	1 705.0	1 606.2	1 508.7	1 450.1	1 369.4	1 394.6	1 389.4	1 383.5	1 504.6	1 567.2	1 655.3
		39 or below	50.3	51.7	50.7	50.6	53.6	49.0	51.4	51.3	47.9	48.2	53.8	49.1	51.2
		40 - 49	47.8	52.2	51.0	52.5	47.7	47.4	42.6	46.9	46.7	42.9	46.5	47.7	49.3
		50 - 59	144.4	164.4	158.0	152.5	144.0	139.5	135.4	138.2	136.9	132.4	141.0	142.6	147.8
		60 - 69	269.3	299.7	293.9	280.0	270.0	260.8	253.1	251.9	252.9	248.0	263.8	270.7	287.5
		70 - 79	470.0	531.6	517.4	493.7	460.6	448.2	425.6	436.4	431.5	433.1	462.4	489.6	510.5
		80 - 89	177.8	217.2	209.1	192.7	178.1	168.6	154.5	155.4	151.8	152.3	175.2	182.8	197.0
		90 or above	140.7	166.6	172.9	150.0	140.7	127.1	113.7	117.8	122.9	122.7	141.4	151.2	163.0
	Female	total	1 288.3	1 487.9	1 481.8	1 360.3	1 277.1	1 218.6	1 149.8	1 166.8	1 163.4	1 152.7	1 262.3	1 324.9	1 418.2
		39 or below	26.7	28.1	27.6	27.1	26.7	26.5	24.9	27.4	26.9	25.4	25.2	25.9	28.7
		40 - 49	23.7	25.9	25.1	24.6	25.1	24.0	23.1	22.5	21.8	20.9	22.8	23.9	24.7
		50 - 59	68.1	73.4	71.7	70.2	69.5	67.8	62.8	66.0	64.9	64.7	67.6	70.6	68.6
		60 - 69	121.6	136.3	134.9	126.4	119.9	117.6	113.6	114.6	114.0	112.7	120.2	125.8	123.4
		70 - 79	265.7	308.9	296.5	276.3	265.3	250.6	240.6	246.4	241.9	242.7	261.5	270.6	288.1
		80 - 89	463.3	545.6	543.0	493.5	455.6	434.3	410.0	413.0	411.2	407.5	452.7	472.8	521.4
		90 or above	318.8	369.4	382.6	341.7	314.6	297.5	274.4	276.6	282.4	278.5	312.1	335.1	362.9
Heart diseases															
	Male	total	211.7	278.3	262.5	232.7	208.5	191.9	172.8	180.7	172.6	166.7	200.5	219.8	253.8
		39 or below	4.7	5.7	5.0	4.4	5.3	4.4	4.6	3.9	4.1	4.2	5.1	4.7	5.0
		40 - 49	6.7	8.0	7.8	7.0	7.2	6.3	6.0	6.3	6.8	5.8	6.1	6.0	7.3
		50 - 59	19.2	24.3	21.9	20.8	19.3	17.5	16.8	17.9	17.1	15.5	17.2	19.7	21.7
		60 - 69	35.8	46.0	47.5	36.0	32.6	32.9	31.1	30.9	30.8	29.4	34.1	35.6	43.1
		70 - 79	61.5	82.7	74.2	70.4	59.1	56.3	48.9	54.0	50.0	47.6	58.4	64.5	71.9
		80 - 89	59.7	80.8	75.3	67.3	59.9	54.3	47.3	48.2	45.2	45.9	55.6	62.7	73.7
		90 or above	24.0	30.7	30.6	26.8	25.1	20.1	18.0	19.4	18.5	18.2	23.8	26.5	31.0
	Female	total	224.5	291.1	281.4	247.9	224.7	207.5	182.9	194.7	182.2	179.3	209.9	232.9	260.5
		39 or below	1.6	1.8	1.7	1.2	1.9	1.6	1.3	1.9	1.6	1.5	1.2	2.1	1.8
		40 - 49	1.9	2.8	1.9	1.7	2.3	1.9	1.5	1.7	1.8	1.1	1.5	2.1	1.9
		50 - 59	5.4	6.4	6.1	5.8	5.1	4.7	4.7	5.0	4.5	4.6	5.2	6.1	6.3
		60 - 69	13.5	17.6	16.5	15.5	13.3	12.3	11.2	12.2	11.5	10.1	11.9	15.2	14.5
		70 - 79	42.1	59.3	54.1	45.3	41.1	38.3	33.5	35.9	32.0	33.9	38.7	43.5	49.8
		80 - 89	92.8	121.1	117.0	104.9	93.4	86.3	76.7	79.4	74.1	72.8	87.9	92.6	107.5
		90 or above	67.2	82.0	84.0	73.5	67.6	62.3	54.0	58.7	56.5	55.3	63.7	71.3	78.6
Cerebrovascular diseases															
	Male	total	168.2	203.6	200.9	185.7	164.7	158.9	147.3	141.8	142.9	142.6	170.3	168.8	190.9
		39 or below	1.7	1.9	2.0	1.1	2.0	1.5	1.8	1.5	1.7	1.3	1.9	1.6	1.7
		40 - 49	4.3	4.4	5.1	5.0	4.5	4.4	3.3	3.6	4.0	3.6	4.2	4.3	5.5
		50 - 59	12.7	16.7	16.0	14.0	12.4	12.4	11.0	9.9	12.0	10.9	12.6	12.0	13.4
		60 - 69	24.4	29.9	27.9	27.8	24.7	22.5	21.6	21.5	20.6	19.4	25.2	24.8	26.9
		70 - 79	51.8	62.1	61.9	56.5	49.4	49.1	46.3	45.0	44.0	44.3	51.9	51.6	59.3
		80 - 89	53.9	65.6	64.4	59.6	51.8	51.0	46.9	44.8	44.4	46.7	55.7	53.9	61.6
		90 or above	19.3	23.0	23.6	21.5	20.3	18.1	16.5	15.3	16.1	16.2	18.8	20.6	22.5
	Female	total	184.4	219.3	217.9	201.7	182.0	174.2	161.7	160.0	158.8	161.9	179.3	189.4	207.9
		39 or below	0.8	0.8	0.7	0.5	0.8	0.7	0.8	1.4	0.7	0.8	0.9	0.8	0.9
		40 - 49	2.0	2.5	2.2	2.0	2.3	1.6	1.9	2.2	1.6	1.8	2.0	2.0	2.5
		50 - 59	6.3	7.6	7.8	7.0	6.1	6.4	5.7	5.7	5.5	5.3	6.3	6.6	6.3
		60 - 69	11.9	14.9	14.2	12.7	12.2	11.1	10.8	9.4	10.4	9.7	12.4	12.9	12.8
		70 - 79	33.9	41.0	38.6	37.3	35.2	31.7	30.2	29.5	29.2	29.2	32.6	33.5	39.1
		80 - 89	77.0	92.0	92.0	84.1	75.2	73.8	67.0	66.9	66.7	67.9	72.8	79.2	86.7
		90 or above	52.4	61.2	62.4	58.1	50.2	48.9	45.3	44.9	44.7	47.2	52.5	54.4	59.6

(4) Rates by sex and disease type

The rates by sex and disease type indicate that the difference between disease types is larger with cerebrovascular diseases than heart diseases. In particular, the summer drop in females is smaller for subarachnoid haemorrhage, than for intracerebral haemorrhage and cerebral infarction. (Figure 15, Tables 13 and 14)

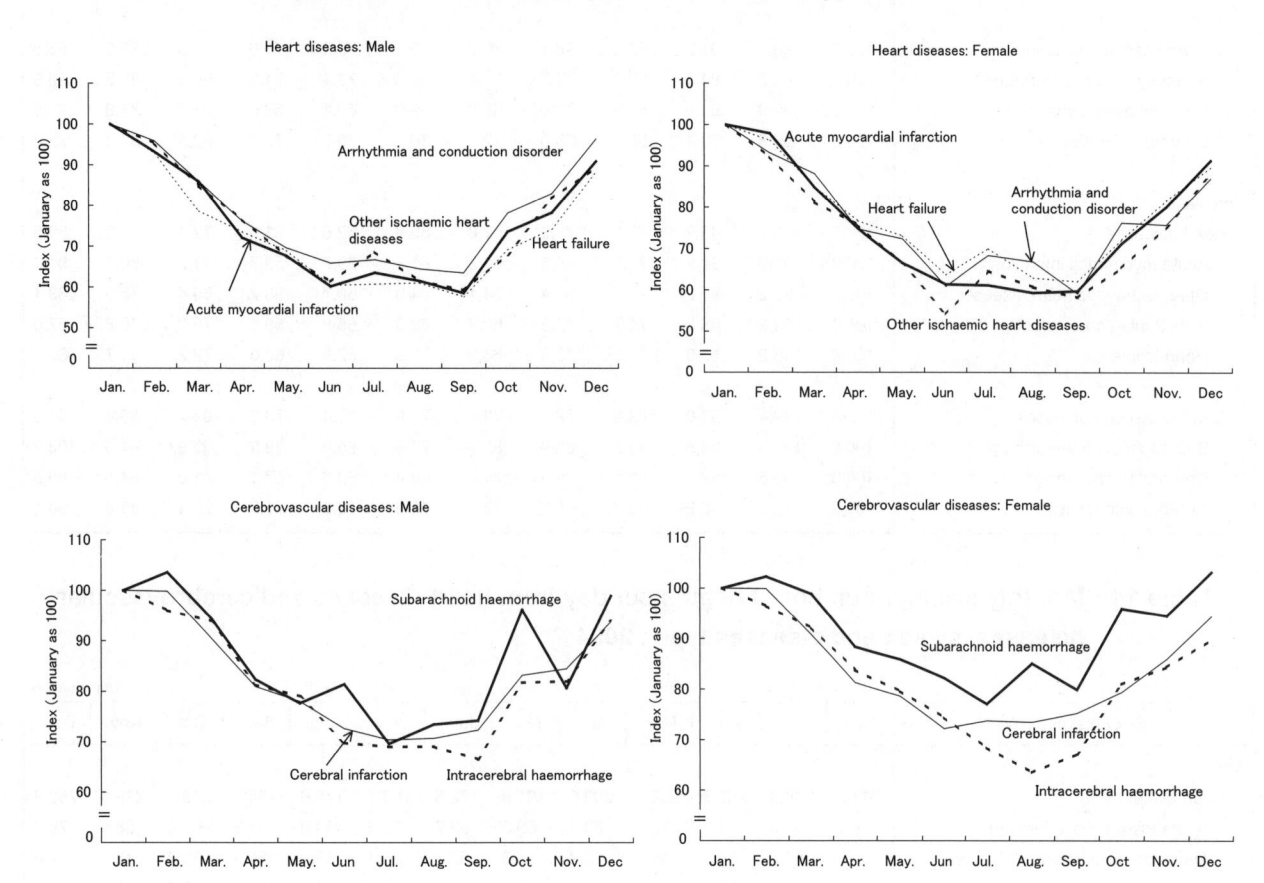

Figure 15   Monthly average death index per day (January as 100) for heart diseases and cerebrovascular diseases, by sex and disease type: 2004

Table 13 Monthly average death index per day (January as 100) for heart diseases and cerebrovascular diseases, by sex and disease type : 2004

Sex / disease type	Jan.	Feb.	Mar.	Apr.	May	June	July	Aug.	Sep.	Oct.	Nov.	Dec.
Male												
Heart diseases	100.0	94.3	83.6	74.9	69.0	62.1	64.9	62.0	59.9	72.0	79.0	91.2
Acute myocardial infarction	100.0	93.2	85.9	72.0	67.6	60.2	63.5	61.5	58.5	73.5	78.2	90.8
Other ischaemic heart diseases	100.0	95.2	84.8	76.5	67.6	61.3	68.6	61.5	59.2	67.9	81.7	89.3
Arrhythmia and conduction disorder	100.0	95.8	86.0	76.1	69.6	65.8	66.7	64.5	63.5	78.1	82.9	96.3
Heart failure	100.0	92.8	78.6	73.5	68.9	60.4	60.7	61.0	57.6	69.1	74.1	88.2
Cerebrovascular diseases	100.0	98.7	91.2	80.9	78.1	72.3	69.6	70.2	70.0	83.6	82.9	93.8
Subarachnoid haemorrhage	100.0	103.6	94.3	82.3	77.7	81.4	69.6	73.4	74.2	96.2	80.6	98.9
Cerebral haemorrhage	100.0	96.0	93.9	81.3	79.0	69.8	69.0	69.1	66.5	81.7	81.9	93.9
Cerebral infarction	100.0	99.8	90.4	80.9	78.0	72.6	70.4	70.7	72.3	83.1	84.4	93.8
Female												
Heart diseases	100.0	96.7	85.2	77.2	71.3	62.8	66.9	62.6	61.6	72.1	80.0	89.5
Acute myocardial infarction	100.0	97.9	84.9	74.9	66.5	61.3	61.1	59.3	59.7	71.2	80.1	91.4
Other ischaemic heart diseases	100.0	92.2	81.2	75.7	66.4	54.1	64.6	60.7	58.2	65.4	75.3	88.1
Arrhythmia and conduction disorder	100.0	93.2	88.2	74.7	72.3	60.9	68.3	66.8	59.1	76.2	75.8	87.0
Heart failure	100.0	96.2	85.0	76.7	73.0	63.6	70.0	62.9	62.0	72.2	81.7	89.7
Cerebrovascular diseases	100.0	99.4	92.0	83.0	79.4	73.7	72.9	72.4	73.8	81.7	86.4	94.8
Subarachnoid haemorrhage	100.0	102.3	98.8	88.3	85.8	82.2	77.1	85.0	79.9	95.9	94.5	103.2
Cerebral haemorrhage	100.0	96.5	92.1	83.8	79.6	74.4	68.4	63.5	67.1	81.0	84.4	89.8
Cerebral infarction	100.0	99.9	90.8	81.3	78.6	72.2	73.8	73.5	75.2	79.4	85.9	94.4

Table 14 Monthly average number of deaths per day from heart diseases and cerebrovascular diseases, by sex and diseases type : 2004

(Unit: persons)

Sex / disease type	Total	Jan.	Feb.	Mar.	Apr.	May	June	July	Aug.	Sep.	Oct.	Nov.	Dec.
Male													
Heart diseases	211.7	278.3	262.5	232.7	208.5	191.9	172.8	180.7	172.6	166.7	200.5	219.8	253.8
Acute myocardial infarction	66.1	87.6	81.7	75.3	63.1	59.3	52.7	55.6	53.9	51.3	64.4	68.5	79.6
Other ischaemic heart diseases	40.5	53.3	50.7	45.2	40.7	36.0	32.7	36.5	32.7	31.5	36.2	43.5	47.6
Arrhythmia and conduction disorder	27.5	34.9	33.5	30.0	26.6	24.3	23.0	23.3	22.5	22.2	27.3	29.0	33.6
Heart failure	57.5	78.0	72.4	61.3	57.3	53.8	47.1	47.4	47.6	44.9	53.9	57.8	68.8
Cerebrovascular diseases	168.2	203.6	200.9	185.7	164.7	158.9	147.3	141.8	142.9	142.6	170.3	168.8	190.9
Subarachnoid haemorrhage	15.1	17.6	18.2	16.6	14.5	13.7	14.3	12.3	12.9	13.1	16.9	14.2	17.4
Cerebral haemorrhage	48.2	58.9	56.6	55.3	47.9	46.5	41.1	40.6	40.7	39.2	48.1	48.3	55.3
Cerebral infarction	100.3	120.8	120.6	109.2	97.8	94.2	87.7	85.0	85.4	87.4	100.4	102.0	113.3
Female													
Heart diseases	224.5	291.1	281.4	247.9	224.7	207.5	182.9	194.7	182.2	179.3	209.9	232.9	260.5
Acute myocardial infarction	55.4	73.3	71.7	62.2	54.9	48.7	44.9	44.8	43.5	43.8	52.2	58.7	66.9
Other ischaemic heart diseases	32.8	44.6	41.1	36.2	33.8	29.6	24.1	28.8	27.1	25.9	29.2	33.6	39.3
Arrhythmia and conduction disorder	27.9	36.3	33.8	32.0	27.1	26.2	22.1	24.8	24.2	21.4	27.6	27.5	31.5
Heart failure	83.4	107.4	103.2	91.3	82.4	78.4	68.3	75.1	67.5	66.6	77.5	87.7	96.3
Cerebrovascular diseases	184.4	219.3	217.9	201.7	182.0	174.2	161.7	160.0	158.8	161.9	179.3	189.4	207.9
Subarachnoid haemorrhage	25.1	27.6	28.2	27.3	24.4	23.7	22.7	21.3	23.5	22.0	26.5	26.1	28.5
Cerebral haemorrhage	39.4	48.2	46.5	44.4	40.4	38.4	35.9	33.0	30.6	32.4	39.1	40.7	43.3
Cerebral infarction	114.7	137.0	136.9	124.4	111.4	107.7	98.9	101.1	100.7	103.1	108.8	117.8	129.4

10 Deaths from heart diseases and cerebrovascular diseases by location of death

(1) Location of death for major causes of death in 2004

When major causes of death in 2004 are sorted by location of death, the rate for in-hospital is higher for all causes of death. The in-home rate is higher for heart diseases than for other causes. (Figure 16)

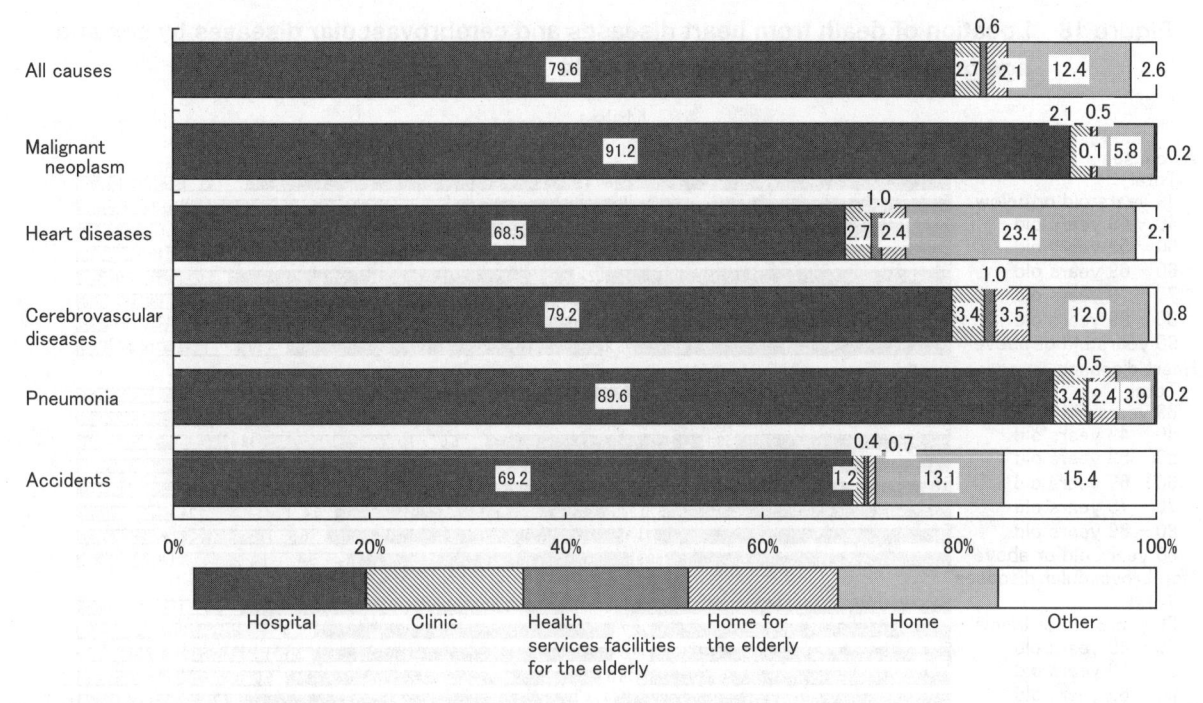

Figure 16   Location of death for major causes of death: 2004

Cause	Hospital	Clinic	Health services facilities for the elderly	Home for the elderly	Home	Other
All causes	79.6	2.7	2.1	0.6	12.4	2.6
Malignant neoplasm	91.2	2.1	0.1	0.5	5.8	0.2
Heart diseases	68.5	2.7	2.4	1.0	23.4	2.1
Cerebrovascular diseases	79.2	3.4	3.5	1.0	12.0	0.8
Pneumonia	89.6	3.4	2.4	0.5	3.9	0.2
Accidents	69.2	1.2	0.4	0.7	13.1	15.4

Note: "Other" includes maternity home.

(2) Rates by disease type

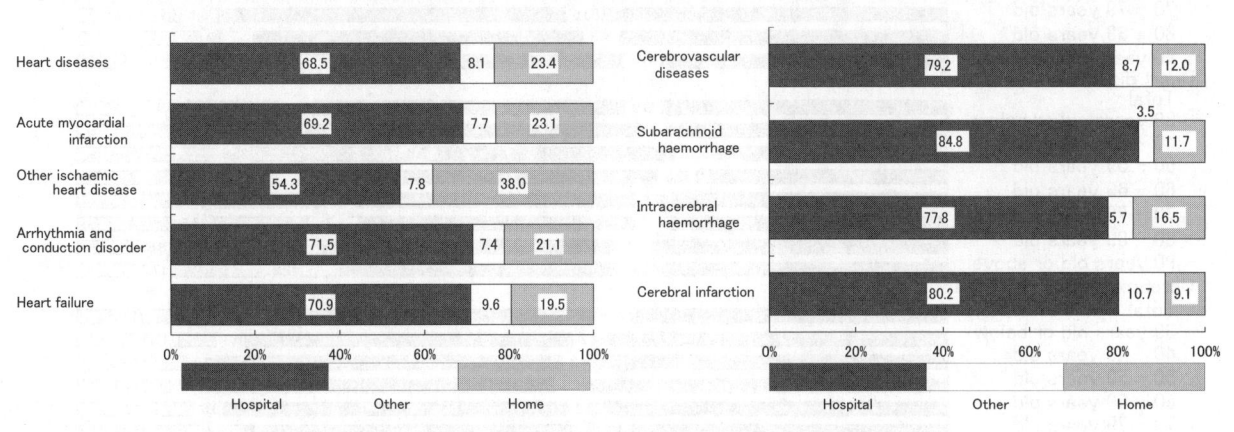

Data on the location of death from heart diseases and cerebrovascular diseases by disease type in 2004 indicate that, regarding heart diseases, the rate for in-hospital death drops and the rate for in-home death rises for the category of "other ischaemic heart diseases". Regarding cerebrovascular diseases, the rate of in-hospital death is high for subarachnoid haemorrhage, while the rate of in-home death is high for intracerebral haemorrhage. (Figure 17)

Figure 17   Location of death from heart diseases and cerebrovascular diseases by disease type: 2004

Heart	Hospital	Other	Home
Heart diseases	68.5	8.1	23.4
Acute myocardial infarction	69.2	7.7	23.1
Other ischaemic heart disease	54.3	7.8	38.0
Arrhythmia and conduction disorder	71.5	7.4	21.1
Heart failure	70.9	9.6	19.5

Cerebrovascular	Hospital	Other	Home
Cerebrovascular diseases	79.2	8.7	12.0
Subarachnoid haemorrhage	84.8	3.5	11.7
Intracerebral haemorrhage	77.8	5.7	16.5
Cerebral infarction	80.2	10.7	9.1

Note: "Other" includes clinics, health services facilities for the elderly, home for the elderly and maternity home.

(3) Rates by sex and age group

Location of death by sex and age group indicate that the rate of in-hospital death is lower in younger age groups, for both males and females with "All causes".

Between the ages of 40 and 80, the older is the age group is, the higher the rate of in-hospital death from heart diseases is. But the difference between age groups is relatively minor in the case of cerebrovascular diseases. (Figure 18)

Figure 18 Location of death from heart diseases and cerebrovascular diseases by sex and age group (by 10-year age scale): 2004

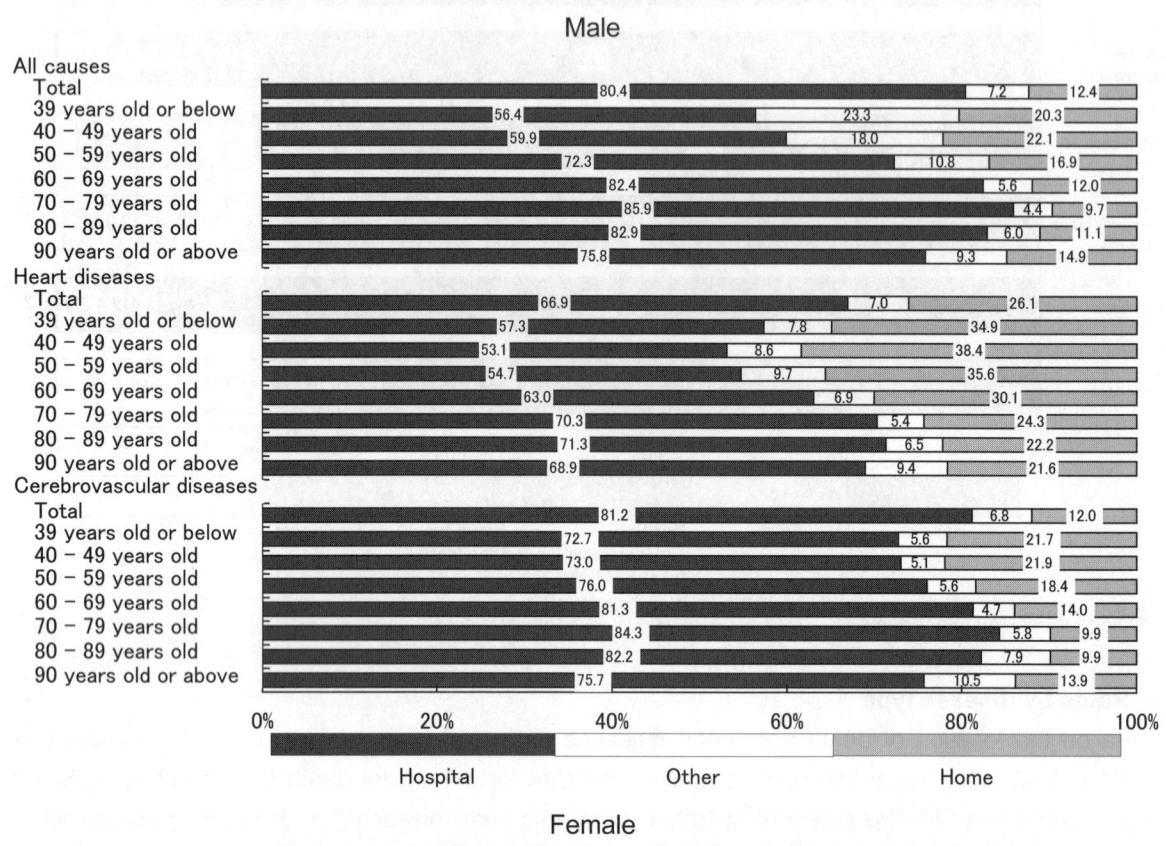

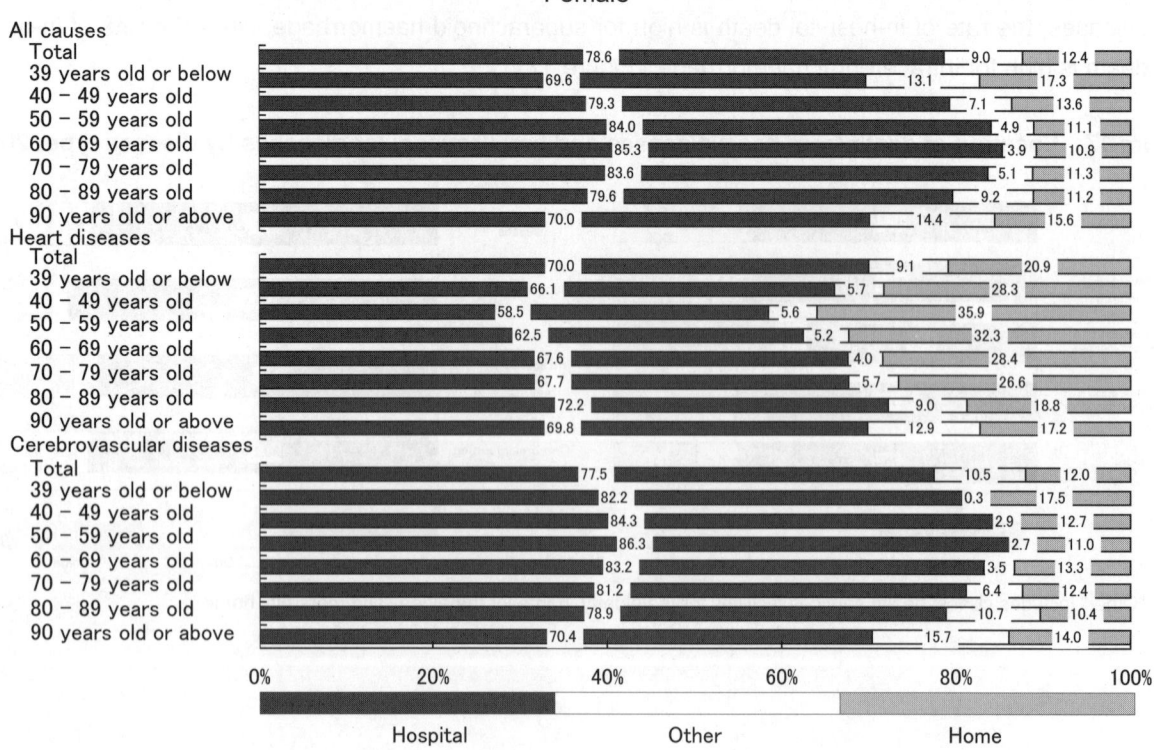

Male

All causes

Age group	Hospital	Other	Home
Total	80.4	7.2	12.4
39 years old or below	56.4	23.3	20.3
40 – 49 years old	59.9	18.0	22.1
50 – 59 years old	72.3	10.8	16.9
60 – 69 years old	82.4	5.6	12.0
70 – 79 years old	85.9	4.4	9.7
80 – 89 years old	82.9	6.0	11.1
90 years old or above	75.8	9.3	14.9

Heart diseases

Age group	Hospital	Other	Home
Total	66.9	7.0	26.1
39 years old or below	57.3	7.8	34.9
40 – 49 years old	53.1	8.6	38.4
50 – 59 years old	54.7	9.7	35.6
60 – 69 years old	63.0	6.9	30.1
70 – 79 years old	70.3	5.4	24.3
80 – 89 years old	71.3	6.5	22.2
90 years old or above	68.9	9.4	21.6

Cerebrovascular diseases

Age group	Hospital	Other	Home
Total	81.2	6.8	12.0
39 years old or below	72.7	5.6	21.7
40 – 49 years old	73.0	5.1	21.9
50 – 59 years old	76.0	5.6	18.4
60 – 69 years old	81.3	4.7	14.0
70 – 79 years old	84.3	5.8	9.9
80 – 89 years old	82.2	7.9	9.9
90 years old or above	75.7	10.5	13.9

Female

All causes

Age group	Hospital	Other	Home
Total	78.6	9.0	12.4
39 years old or below	69.6	13.1	17.3
40 – 49 years old	79.3	7.1	13.6
50 – 59 years old	84.0	4.9	11.1
60 – 69 years old	85.3	3.9	10.8
70 – 79 years old	83.6	5.1	11.3
80 – 89 years old	79.6	9.2	11.2
90 years old or above	70.0	14.4	15.6

Heart diseases

Age group	Hospital	Other	Home
Total	70.0	9.1	20.9
39 years old or below	66.1	5.7	28.3
40 – 49 years old	58.5	5.6	35.9
50 – 59 years old	62.5	5.2	32.3
60 – 69 years old	67.6	4.0	28.4
70 – 79 years old	67.7	5.7	26.6
80 – 89 years old	72.2	9.0	18.8
90 years old or above	69.8	12.9	17.2

Cerebrovascular diseases

Age group	Hospital	Other	Home
Total	77.5	10.5	12.0
39 years old or below	82.2	0.3	17.5
40 – 49 years old	84.3	2.9	12.7
50 – 59 years old	86.3	2.7	11.0
60 – 69 years old	83.2	3.5	13.3
70 – 79 years old	81.2	6.4	12.4
80 – 89 years old	78.9	10.7	10.4
90 years old or above	70.4	15.7	14.0

Note: "Other" includes clinics, health services facilities for the elderly, home for the elderly and maternity home.

(4) Rates by prefecture

Location of death by prefecture indicates that the rate of in-hospital death from all causes is the highest in Hokkaido, and lowest in Wakayama.

The rate of in-hospital death is the highest for both heart diseases and cerebrovascular diseases in Fukuoka, the lowest in Wakayama for heart disease, and in Nagano for cerebrovascular diseases. (Table 15, Figure 19)

Table 15 Locations of death from heart diseases and cerebrovascular diseases by prefecture: 2004

(Unit: %)

Prefecture	All causes Total	Hospital	Clinic	Health services facility for the elderly	Home for the elderly	Home	Other	Heart diseases Total	Hospital	Clinic	Health services facility for the elderly	Home for the elderly	Home	Other	Cerebrovascular diseases Total	Hospital	Clinic	Health services facility for the elderly	Home for the elderly	Home	Other
Japan	100.0	79.6	2.7	0.6	2.1	12.4	2.6	100.0	68.5	2.7	1.0	2.4	23.4	2.1	100.0	79.2	3.4	1.0	3.5	12.0	0.8
Hokkaido	100.0	84.2	2.9	0.4	1.2	8.2	3.1	100.0	73.2	3.4	0.7	2.1	18.7	2.0	100.0	83.7	2.6	0.4	1.8	10.3	1.1
Aomori	100.0	75.1	6.6	1.3	1.9	11.5	3.5	100.0	67.2	7.3	1.5	1.9	20.1	2.1	100.0	76.8	6.5	2.8	4.1	8.8	1.0
Iwate	100.0	78.7	2.8	1.5	1.9	12.0	3.1	100.0	67.4	2.1	2.0	1.9	24.0	2.5	100.0	76.8	3.9	2.3	4.4	11.8	0.8
Miyagi	100.0	76.9	2.6	0.8	1.6	14.8	3.3	100.0	67.5	3.2	0.9	2.3	24.1	1.9	100.0	74.5	3.1	1.6	2.9	16.6	1.1
Akita	100.0	78.8	2.2	0.7	2.7	12.9	2.7	100.0	71.4	3.6	1.9	3.1	18.8	1.4	100.0	75.8	2.5	0.9	3.9	15.9	1.0
Yamagata	100.0	76.4	2.2	0.7	3.5	15.0	2.2	100.0	66.0	2.6	0.8	3.9	25.6	1.3	100.0	72.6	2.7	1.2	7.5	14.9	1.0
Fukushima	100.0	78.7	2.5	0.6	1.5	13.9	2.8	100.0	67.5	2.8	1.0	1.2	25.6	1.8	100.0	76.8	3.7	0.7	3.0	14.9	0.9
Ibaraki	100.0	80.4	2.8	0.5	1.5	12.4	2.4	100.0	72.0	2.6	0.8	1.7	21.4	1.4	100.0	76.7	4.3	0.8	1.7	15.6	0.9
Tochigi	100.0	78.6	4.2	0.8	2.5	11.9	2.1	100.0	68.7	3.1	1.0	2.2	23.3	1.6	100.0	75.4	5.5	1.3	4.6	12.5	0.7
Gumma	100.0	79.8	2.7	1.0	1.9	12.2	2.4	100.0	70.3	3.4	1.5	1.9	20.8	2.0	100.0	80.7	3.9	1.8	2.5	10.5	0.6
Saitama	100.0	82.6	2.5	0.3	1.2	11.2	2.1	100.0	68.8	2.3	0.6	1.6	25.3	1.4	100.0	85.1	2.5	0.4	1.8	9.5	0.7
Chiba	100.0	80.4	2.3	0.5	1.1	13.2	2.5	100.0	65.8	1.7	0.7	1.3	28.3	2.1	100.0	82.6	2.9	0.9	1.6	11.2	0.8
Tokyo	100.0	81.5	1.6	0.2	1.8	12.9	2.0	100.0	72.6	1.6	0.4	1.9	21.9	1.6	100.0	82.0	2.4	0.2	2.6	12.1	0.7
Kanagawa	100.0	82.1	1.4	0.3	1.6	12.3	2.3	100.0	72.4	1.5	0.5	1.6	22.0	2.0	100.0	80.0	2.3	0.4	2.8	13.7	0.8
Niigata	100.0	77.1	0.6	1.2	3.0	15.9	2.3	100.0	67.4	0.4	1.5	2.7	26.2	1.8	100.0	71.1	0.9	1.8	5.3	20.2	0.8
Toyama	100.0	82.7	1.8	0.7	2.3	10.3	2.2	100.0	75.9	2.0	1.3	2.3	17.3	1.3	100.0	85.1	2.6	1.1	3.7	7.3	0.2
Ishikawa	100.0	79.2	3.0	1.5	2.4	11.1	2.9	100.0	64.5	3.4	1.4	2.6	25.5	2.6	100.0	80.7	2.4	2.7	4.6	8.6	1.0
Fukui	100.0	76.5	3.9	1.2	3.6	12.4	2.3	100.0	64.4	5.0	1.9	3.9	22.2	2.6	100.0	76.9	4.2	1.3	7.3	9.7	0.6
Yamanashi	100.0	78.1	3.3	0.7	2.2	12.9	2.8	100.0	69.0	2.4	1.4	3.1	21.7	2.4	100.0	81.6	3.4	1.5	3.1	9.7	0.7
Nagano	100.0	74.1	2.1	1.6	4.6	15.5	2.2	100.0	67.4	2.1	2.5	4.2	22.5	1.3	100.0	67.5	2.9	2.9	9.6	16.3	0.7
Gifu	100.0	77.9	3.3	0.8	1.6	13.9	2.5	100.0	69.9	2.8	0.6	1.8	23.4	1.5	100.0	77.1	5.5	1.9	1.8	12.7	1.0
Shizuoka	100.0	78.1	2.6	0.6	3.0	13.5	2.2	100.0	67.8	2.5	1.0	2.8	23.8	2.0	100.0	74.0	4.4	0.9	4.6	15.5	0.6
Aichi	100.0	82.7	1.9	0.5	1.0	11.7	2.2	100.0	73.2	1.8	0.8	1.4	21.4	1.5	100.0	80.6	2.9	0.8	1.5	13.6	0.7
Mie	100.0	76.9	2.2	1.1	2.8	14.8	2.2	100.0	64.8	1.6	1.4	3.1	27.2	1.9	100.0	75.7	3.8	1.9	4.6	13.5	0.5
Shiga	100.0	81.0	0.7	0.2	1.6	14.3	2.2	100.0	70.0	0.7	0.3	2.1	25.0	1.9	100.0	77.5	1.2	0.3	1.6	18.5	1.0
Kyoto	100.0	80.4	0.5	0.3	2.3	13.9	2.6	100.0	63.2	0.4	0.4	2.0	31.1	2.9	100.0	79.6	0.8	0.5	4.0	14.4	0.7
Osaka	100.0	80.6	0.9	0.2	1.2	13.9	3.0	100.0	61.4	0.8	0.5	2.1	32.0	3.2	100.0	86.5	1.2	0.3	1.8	9.5	0.7
Hyogo	100.0	78.1	2.1	0.4	2.4	14.2	2.8	100.0	67.0	2.2	0.6	2.9	24.9	2.4	100.0	78.5	2.7	0.5	4.3	13.2	0.7
Nara	100.0	76.9	0.8	0.2	2.7	16.2	3.2	100.0	61.7	1.0	0.4	3.0	30.8	3.0	100.0	80.2	0.9	0.2	5.0	12.8	1.0
Wakayama	100.0	72.7	3.6	1.2	3.6	16.4	2.5	100.0	58.2	3.0	1.6	4.8	30.4	2.0	100.0	72.3	5.9	2.1	4.8	13.6	1.2
Tottori	100.0	73.4	4.6	2.3	3.4	13.1	3.2	100.0	60.2	5.2	4.3	4.1	22.7	3.4	100.0	71.5	4.9	4.4	5.9	12.9	0.5
Shimane	100.0	77.1	1.6	1.0	3.9	13.7	2.7	100.0	67.4	1.4	1.0	4.9	23.7	1.6	100.0	73.3	2.4	1.6	7.1	14.5	1.2
Okayama	100.0	77.6	4.3	1.0	2.6	12.1	2.3	100.0	67.2	3.4	1.4	3.6	22.8	1.6	100.0	74.1	6.1	1.6	3.6	13.6	0.9
Hiroshima	100.0	77.6	3.4	0.5	3.2	12.5	2.8	100.0	64.5	3.5	1.1	4.1	24.6	2.2	100.0	76.7	4.6	0.6	5.7	11.1	1.2
Yamaguchi	100.0	80.0	3.2	0.6	3.0	10.9	2.4	100.0	62.3	3.1	1.5	3.6	26.9	2.6	100.0	82.6	2.8	0.8	4.4	8.5	1.0
Tokushima	100.0	75.2	5.4	2.4	3.6	11.0	2.4	100.0	66.1	5.2	3.2	4.6	19.2	1.8	100.0	75.6	6.3	3.3	4.4	9.7	0.8
Kagawa	100.0	75.3	5.3	1.4	3.1	12.3	2.6	100.0	62.7	4.7	2.5	3.6	24.6	2.0	100.0	78.0	5.3	1.7	4.0	10.5	0.5
Ehime	100.0	77.3	4.5	0.9	1.9	12.7	2.7	100.0	65.9	3.7	1.0	1.8	25.1	2.5	100.0	78.4	6.5	1.3	3.1	10.3	0.3
Kochi	100.0	82.8	2.2	0.4	1.0	10.0	3.7	100.0	72.5	2.8	1.0	1.5	19.3	2.9	100.0	83.6	1.9	0.2	1.4	11.2	1.8
Fukuoka	100.0	83.5	2.5	0.5	1.4	9.4	2.6	100.0	78.2	2.2	0.9	1.8	15.2	1.6	100.0	88.4	2.7	0.6	2.2	5.6	0.4
Saga	100.0	79.0	4.6	1.0	2.9	10.0	2.6	100.0	68.7	4.3	1.4	3.5	20.1	2.0	100.0	82.7	4.0	1.9	4.6	6.1	0.6
Nagasaki	100.0	79.9	5.1	0.7	2.8	9.0	2.4	100.0	70.6	5.9	1.5	3.7	16.4	1.9	100.0	78.6	5.5	1.0	4.9	9.3	0.7
Kumamoto	100.0	78.1	6.1	0.6	3.2	9.6	2.3	100.0	68.0	6.6	1.1	3.8	18.4	2.0	100.0	79.6	5.8	0.8	4.4	8.7	0.8
Oita	100.0	76.1	6.8	1.3	3.7	9.5	2.5	100.0	64.1	6.0	1.5	5.7	21.0	1.7	100.0	73.1	8.2	2.4	7.3	8.5	0.5
Miyazaki	100.0	76.2	7.8	0.7	2.4	10.2	2.6	100.0	67.7	7.7	1.2	2.2	19.3	1.8	100.0	78.4	9.1	0.9	3.6	7.9	0.2
Kagoshima	100.0	75.2	8.7	0.6	3.1	10.0	2.4	100.0	69.9	7.3	0.8	3.0	17.3	1.7	100.0	74.5	9.0	0.9	5.4	9.2	1.0
Okinawa	100.0	79.6	2.1	0.6	1.9	11.8	4.0	100.0	71.6	2.4	1.4	1.5	19.8	3.2	100.0	80.5	1.7	1.3	3.2	11.4	2.0

Notes: 1) "Other" includes maternity home.
2) The "Prefecture" refers to the prefecture of address at the time of death.

Figure 19 Location of death from heart diseases and cerebrovascular diseases by prefecture: 2004

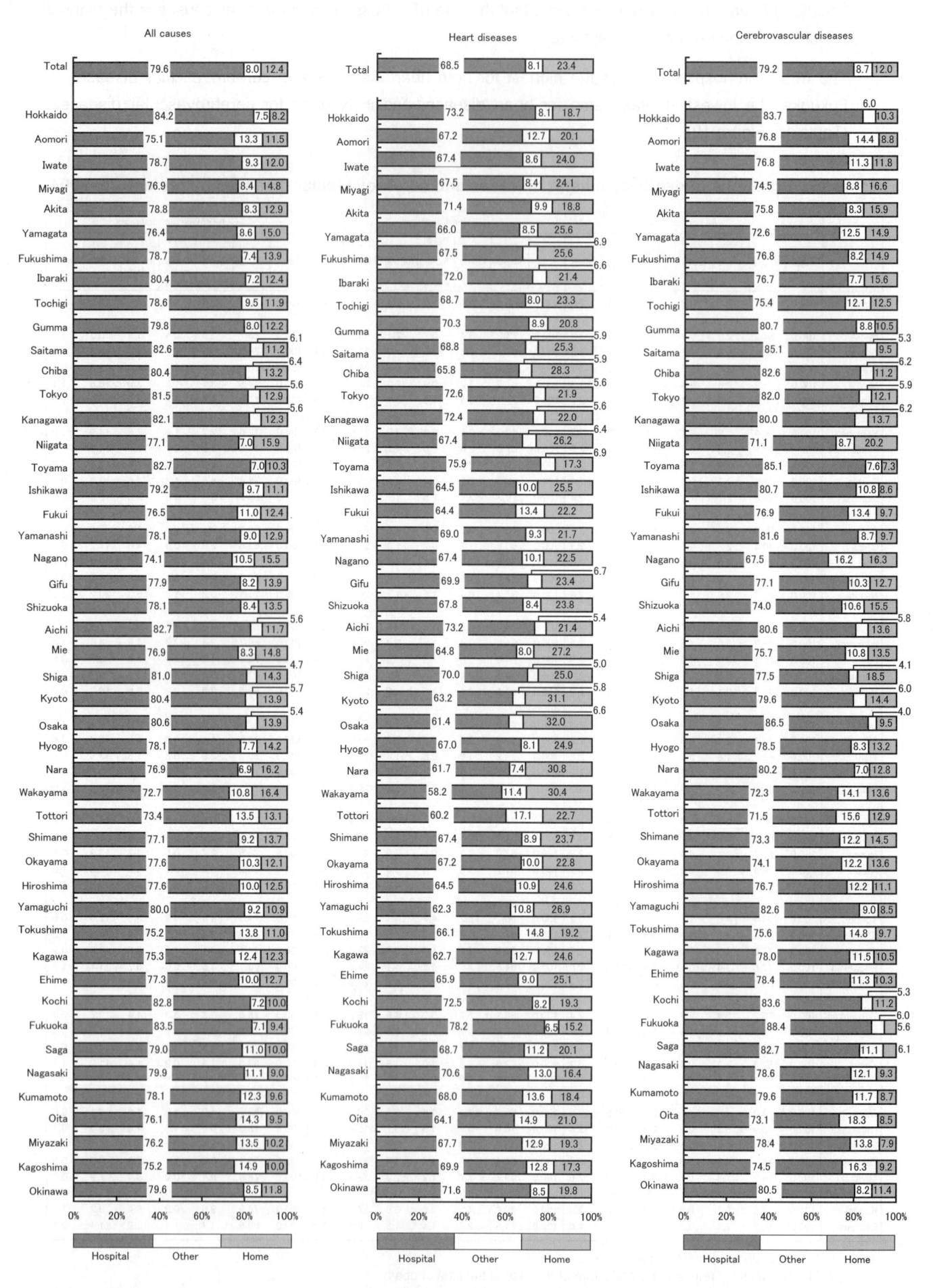

All causes

Prefecture	Hospital	Other	Home
Total	79.6	8.0	12.4
Hokkaido	84.2	7.5	8.2
Aomori	75.1	13.3	11.5
Iwate	78.7	9.3	12.0
Miyagi	76.9	8.4	14.8
Akita	78.8	8.3	12.9
Yamagata	76.4	8.6	15.0
Fukushima	78.7	7.4	13.9
Ibaraki	80.4	7.2	12.4
Tochigi	78.6	9.5	11.9
Gumma	79.8	8.0	12.2
Saitama	82.6	6.1	11.2
Chiba	80.4	6.4	13.2
Tokyo	81.5	5.6	12.9
Kanagawa	82.1	5.6	12.3
Niigata	77.1	7.0	15.9
Toyama	82.7	7.0	10.3
Ishikawa	79.2	9.7	11.1
Fukui	76.5	11.0	12.4
Yamanashi	78.1	9.0	12.9
Nagano	74.1	10.5	15.5
Gifu	77.9	8.2	13.9
Shizuoka	78.1	8.4	13.5
Aichi	82.7	5.6	11.7
Mie	76.9	8.3	14.8
Shiga	81.0	4.7	14.3
Kyoto	80.4	5.7	13.9
Osaka	80.6	5.4	13.9
Hyogo	78.1	7.7	14.2
Nara	76.9	6.9	16.2
Wakayama	72.7	10.8	16.4
Tottori	73.4	13.5	13.1
Shimane	77.1	9.2	13.7
Okayama	77.6	10.3	12.1
Hiroshima	77.6	10.0	12.5
Yamaguchi	80.0	9.2	10.9
Tokushima	75.2	13.8	11.0
Kagawa	75.3	12.4	12.3
Ehime	77.3	10.0	12.7
Kochi	82.8	7.2	10.0
Fukuoka	83.5	7.1	9.4
Saga	79.0	11.0	10.0
Nagasaki	79.9	11.1	9.0
Kumamoto	78.1	12.3	9.6
Oita	76.1	14.3	9.5
Miyazaki	76.2	13.5	10.2
Kagoshima	75.2	14.9	10.0
Okinawa	79.6	8.5	11.8

Heart diseases

Prefecture	Hospital	Other	Home
Total	68.5	8.1	23.4
Hokkaido	73.2	8.1	18.7
Aomori	67.2	12.7	20.1
Iwate	67.4	8.6	24.0
Miyagi	67.5	8.4	24.1
Akita	71.4	9.9	18.8
Yamagata	66.0	8.5	25.6
Fukushima	67.5	6.9	25.6
Ibaraki	72.0	6.6	21.4
Tochigi	68.7	8.0	23.3
Gumma	70.3	8.9	20.8
Saitama	68.8	5.9	25.3
Chiba	65.8	5.9	28.3
Tokyo	72.6	5.6	21.9
Kanagawa	72.4	5.6	22.0
Niigata	67.4	6.4	26.2
Toyama	75.9	6.9	17.3
Ishikawa	64.5	10.0	25.5
Fukui	64.4	13.4	22.2
Yamanashi	69.0	9.3	21.7
Nagano	67.4	10.1	22.5
Gifu	69.9	6.7	23.4
Shizuoka	67.8	8.4	23.8
Aichi	73.2	5.4	21.4
Mie	64.8	8.0	27.2
Shiga	70.0	5.0	25.0
Kyoto	63.2	5.8	31.1
Osaka	61.4	6.6	32.0
Hyogo	67.0	8.1	24.9
Nara	61.7	7.4	30.8
Wakayama	58.2	11.4	30.4
Tottori	60.2	17.1	22.7
Shimane	67.4	8.9	23.7
Okayama	67.2	10.0	22.8
Hiroshima	64.5	10.9	24.6
Yamaguchi	62.3	10.8	26.9
Tokushima	66.1	14.8	19.2
Kagawa	62.7	12.7	24.6
Ehime	65.9	9.0	25.1
Kochi	72.5	8.2	19.3
Fukuoka	78.2	6.5	15.2
Saga	68.7	11.2	20.1
Nagasaki	70.6	13.0	16.4
Kumamoto	68.0	13.6	18.4
Oita	64.1	14.9	21.0
Miyazaki	67.7	12.9	19.3
Kagoshima	69.9	12.8	17.3
Okinawa	71.6	8.5	19.8

Cerebrovascular diseases

Prefecture	Hospital	Other	Home
Total	79.2	8.7	12.0
Hokkaido	83.7	6.0	10.3
Aomori	76.8	14.4	8.8
Iwate	76.8	11.3	11.8
Miyagi	74.5	8.8	16.6
Akita	75.8	8.3	15.9
Yamagata	72.6	12.5	14.9
Fukushima	76.8	8.2	14.9
Ibaraki	76.7	7.7	15.6
Tochigi	75.4	12.1	12.5
Gumma	80.7	8.8	10.5
Saitama	85.1	5.3	9.5
Chiba	82.6	6.2	11.2
Tokyo	82.0	5.9	12.1
Kanagawa	80.0	6.2	13.7
Niigata	71.1	8.7	20.2
Toyama	85.1	7.6	7.3
Ishikawa	80.7	10.8	8.6
Fukui	76.9	13.4	9.7
Yamanashi	81.6	8.7	9.7
Nagano	67.5	16.2	16.3
Gifu	77.1	10.3	12.7
Shizuoka	74.0	10.6	15.5
Aichi	80.6	5.8	13.6
Mie	75.7	10.8	13.5
Shiga	77.5	4.1	18.5
Kyoto	79.6	6.0	14.4
Osaka	86.5	4.0	9.5
Hyogo	78.5	8.3	13.2
Nara	80.2	7.0	12.8
Wakayama	72.3	14.1	13.6
Tottori	71.5	15.6	12.9
Shimane	73.3	12.2	14.5
Okayama	74.1	12.2	13.6
Hiroshima	76.7	12.2	11.1
Yamaguchi	82.6	9.0	8.5
Tokushima	75.6	14.8	9.7
Kagawa	78.0	11.5	10.5
Ehime	78.4	11.3	10.3
Kochi	83.6	5.3	11.2
Fukuoka	88.4	6.0	5.6
Saga	82.7	11.1	6.1
Nagasaki	78.6	12.1	9.3
Kumamoto	79.6	11.7	8.7
Oita	73.1	18.3	8.5
Miyazaki	78.4	13.8	7.9
Kagoshima	74.5	16.3	9.2
Okinawa	80.5	8.2	11.4

Notes: 1) "Other" includes clinics, health services facilities for the elderly, home for the elderly and maternity home.
2) The "Prefecture" refers to the prefecture where the patient's home address was at the time of death.

(5) Annual changes in location of death sorted by cause of death

Annual changes in location of death sorted by cause of death indicate that 70.7% of people died at home from all causes in 1960, but the rate of in-hospital death exceeded 50% in 1980, continuing to increase to 79.6% in 2004.

The rate of in-hospital death was higher for heart diseases than for cerebrovascular diseases until 1970; since then, the rate for cerebrovascular diseases has exceeded that for heart diseases, marking 79.2% in 2004, compared to the rate for heart diseases at 68.5%.

The rates of in-home death in 2000 and 2004 are mostly at the same level for both heart diseases and cerebrovascular diseases. (Figure 20)

Figure 20   Annual changes in location of death from heart diseases and cerebrovascular diseases

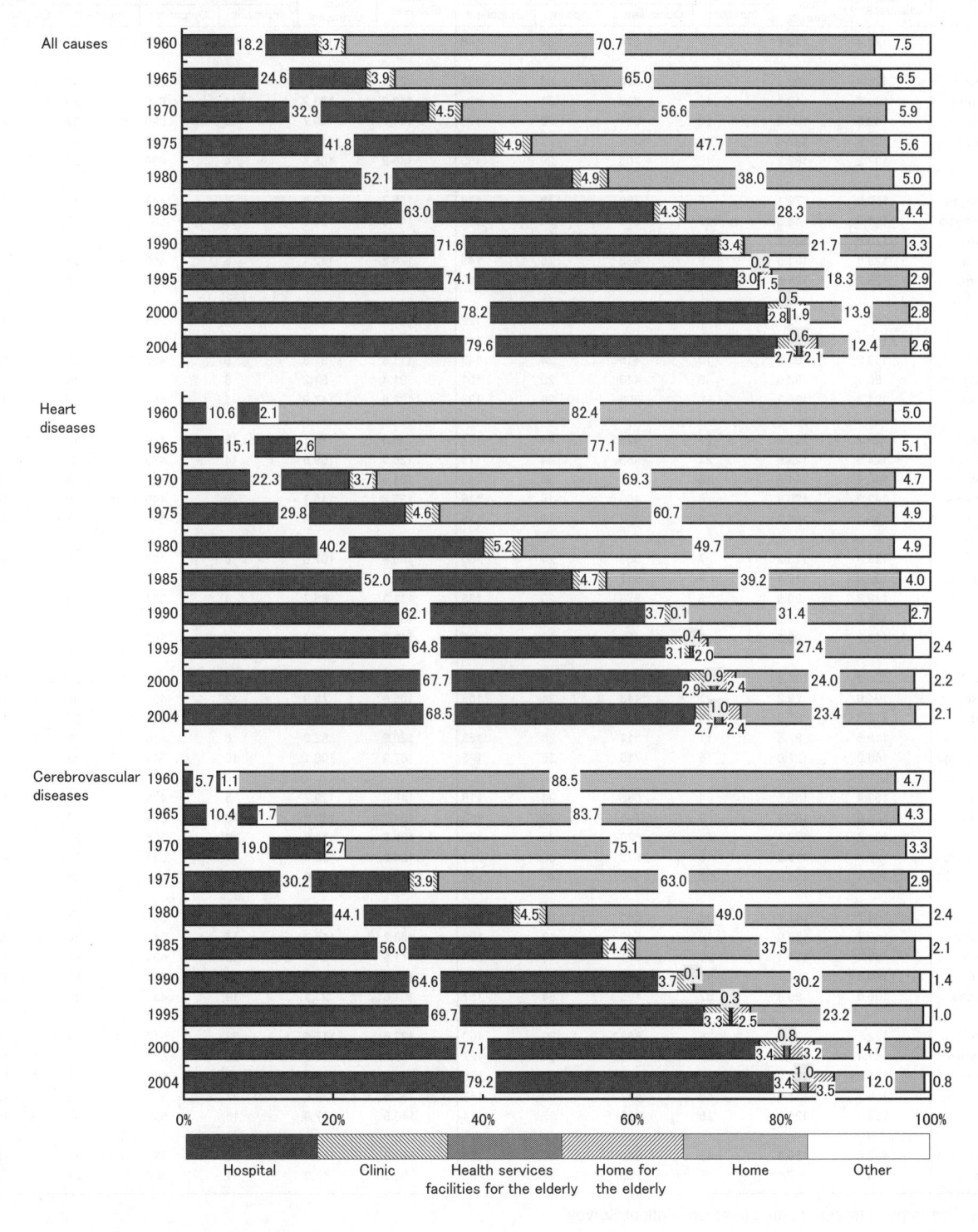

Category	Year	Hospital	Clinic	Health services facilities for the elderly	Home for the elderly	Home	Other
All causes	1960	18.2	3.7			70.7	7.5
	1965	24.6	3.9			65.0	6.5
	1970	32.9	4.5			56.6	5.9
	1975	41.8	4.9			47.7	5.6
	1980	52.1	4.9			38.0	5.0
	1985	63.0	4.3			28.3	4.4
	1990	71.6	3.4			21.7	3.3
	1995	74.1	3.0	1.5	0.2	18.3	2.9
	2000	78.2	2.8	1.9	0.5	13.9	2.8
	2004	79.6	2.7	2.1	0.6	12.4	2.6
Heart diseases	1960	10.6	2.1			82.4	5.0
	1965	15.1	2.6			77.1	5.1
	1970	22.3	3.7			69.3	4.7
	1975	29.8	4.6			60.7	4.9
	1980	40.2	5.2			49.7	4.9
	1985	52.0	4.7			39.2	4.0
	1990	62.1	3.7	0.1		31.4	2.7
	1995	64.8	3.1	2.0	0.4	27.4	2.4
	2000	67.7	2.9	2.4	0.9	24.0	2.2
	2004	68.5	2.7	2.4	1.0	23.4	2.1
Cerebrovascular diseases	1960	5.7	1.1			88.5	4.7
	1965	10.4	1.7			83.7	4.3
	1970	19.0	2.7			75.1	3.3
	1975	30.2	3.9			63.0	2.9
	1980	44.1	4.5			49.0	2.4
	1985	56.0	4.4			37.5	2.1
	1990	64.6	3.7	0.1		30.2	1.4
	1995	69.7	3.3	2.5	0.3	23.2	1.0
	2000	77.1	3.4	3.2	0.8	14.7	0.9
	2004	79.2	3.4	3.5	1.0	12.0	0.8

Note: "Other" includes matanity home.

11 Correlation with the rate of inpatient or outpatient treatment

The correlation between the crude death rates from heart diseases and cerebrovascular diseases (per 100,000 population), and the rates of outpatient treatment for hypertensive disease and diabetes (per 100,000 population) based on "Patient Survey", by prefecture, indicates that the rate of outpatient treatment for hypertensive disease tends to be higher in prefectures with high crude death rates from heart diseases and cerebrovascular diseases. (Table 16, Figure 21)

Table 16 Annual comparison of crude death rates from heart diseases and cerebrovascular diseases by prefecture (per 100,000 population), and rates of treatment for hypertensive disease and diabetes (per 100,000 population)

Prefecture	1999 Heart diseases	1999 Cerebrovascular diseases	1999 Hypertensive Inpatient	1999 Hypertensive Outpatient	1999 Diabetes Inpatient	1999 Diabetes Outpatient	2002 Heart diseases	2002 Cerebrovascular diseases	2002 Hypertensive Inpatient	2002 Hypertensive Outpatient	2002 Diabetes Inpatient	2002 Diabetes Outpatient
Total	120.4	110.8	17	514	32	146	121.0	103.4	11	466	27	146
Hokkaido	126.4	102.3	42	620	58	193	123.1	99.3	27	523	48	179
Aomori	139.6	140.1	16	663	37	173	143.8	133.2	14	649	33	193
Iwate	148.5	162.6	10	661	32	173	144.7	149.7	13	590	32	120
Miyagi	109.9	122.0	10	575	27	166	112.0	112.8	8	594	21	169
Akita	137.2	182.2	16	705	29	153	146.2	165.7	4	638	26	162
Yamagata	150.8	172.1	5	760	18	176	155.7	153.8	4	649	14	173
Fukushima	144.5	148.2	17	610	36	114	147.5	129.8	13	562	28	135
Ibaraki	123.6	126.7	10	510	26	135	130.2	121.1	9	466	25	129
Tochigi	128.6	131.5	9	633	26	145	128.2	132.1	6	460	24	153
Gumma	129.2	124.6	7	473	21	118	127.5	119.1	8	530	17	138
Saitama	97.1	83.1	9	455	21	122	101.5	83.3	5	398	18	119
Chiba	107.7	94.5	8	432	20	110	110.1	88.0	5	410	17	112
Tokyo	113.2	99.8	10	415	24	143	111.6	91.3	6	402	20	108
Kanagawa	86.1	90.6	8	416	20	101	91.4	81.2	6	316	16	114
Niigata	131.2	156.2	8	608	24	133	132.8	147.9	5	487	19	119
Toyama	128.2	135.2	21	425	41	137	115.5	120.1	16	440	42	174
Ishikawa	124.5	123.6	22	489	44	178	125.9	109.6	14	479	32	137
Fukui	140.1	114.5	16	437	38	143	134.5	105.7	21	425	39	162
Yamanashi	142.9	120.9	6	400	16	118	137.2	115.1	6	445	20	167
Nagano	130.1	165.2	6	527	19	115	137.3	159.0	4	515	13	146
Gifu	129.3	113.2	7	557	24	160	140.8	107.6	6	468	19	147
Shizuoka	122.4	116.4	7	517	20	118	119.4	113.1	3	414	16	137
Aichi	110.3	90.9	6	378	20	138	111.3	85.7	4	384	19	135
Mie	128.8	117.3	9	517	24	153	133.0	110.4	6	438	20	151
Shiga	112.2	96.3	9	491	20	132	112.5	88.4	6	383	21	139
Kyoto	125.1	104.8	15	413	32	136	126.0	94.0	9	409	28	164
Osaka	104.0	79.2	21	443	34	153	106.6	75.9	12	451	30	171
Hyogo	118.3	95.2	14	561	31	182	116.5	89.0	7	435	26	171
Nara	118.8	97.8	11	511	26	153	120.9	82.8	6	416	19	160
Wakayama	166.9	127.0	13	713	35	195	167.9	108.1	15	544	32	160
Tottori	153.4	152.5	4	566	24	118	148.8	129.7	5	435	21	156
Shimane	158.2	163.9	9	741	29	183	154.7	143.9	10	559	30	212
Okayama	134.3	128.7	14	520	34	132	139.6	114.6	9	508	29	169
Hiroshima	126.3	110.8	18	675	38	224	124.2	102.4	11	589	34	220
Yamaguchi	157.1	146.6	53	590	46	153	156.2	137.6	25	463	42	138
Tokushima	164.7	142.7	31	565	88	252	157.2	121.7	21	537	67	232
Kagawa	140.7	130.0	19	549	42	199	156.2	118.2	17	542	36	225
Ehime	166.4	134.4	20	671	45	224	171.5	124.4	18	631	46	170
Kochi	176.6	154.1	48	679	79	190	172.9	158.2	24	568	48	192
Fukuoka	105.6	98.8	37	495	54	157	101.6	93.1	19	433	39	125
Saga	122.7	124.5	26	653	39	160	122.6	117.5	23	617	35	193
Nagasaki	141.4	119.1	51	745	52	127	139.5	119.3	26	681	46	137
Kumamoto	141.5	120.7	37	643	58	138	133.0	114.2	27	573	47	159
Oita	156.3	131.5	48	552	50	153	151.5	124.8	27	570	38	153
Miyazaki	134.4	125.2	28	685	37	114	140.5	117.9	15	565	31	152
Kagoshima	152.6	159.4	45	640	50	158	140.9	145.7	30	734	47	152
Okinawa	83.8	62.4	46	288	41	86	86.3	60.9	11	336	21	77

Note: The rates of treatment are based on "Patient Survey".

Figure 21 Correlation between crude death rates (per 100,000 population) and rates of treatment (per 100,000 population) : 2002

Crude death rate from cerebrovascular diseases, and rate of outpatient treatment for hypertensive disease

Crude death rate from cerebrovascular diseases, and rate of outpatient treatment for hypertensive disease

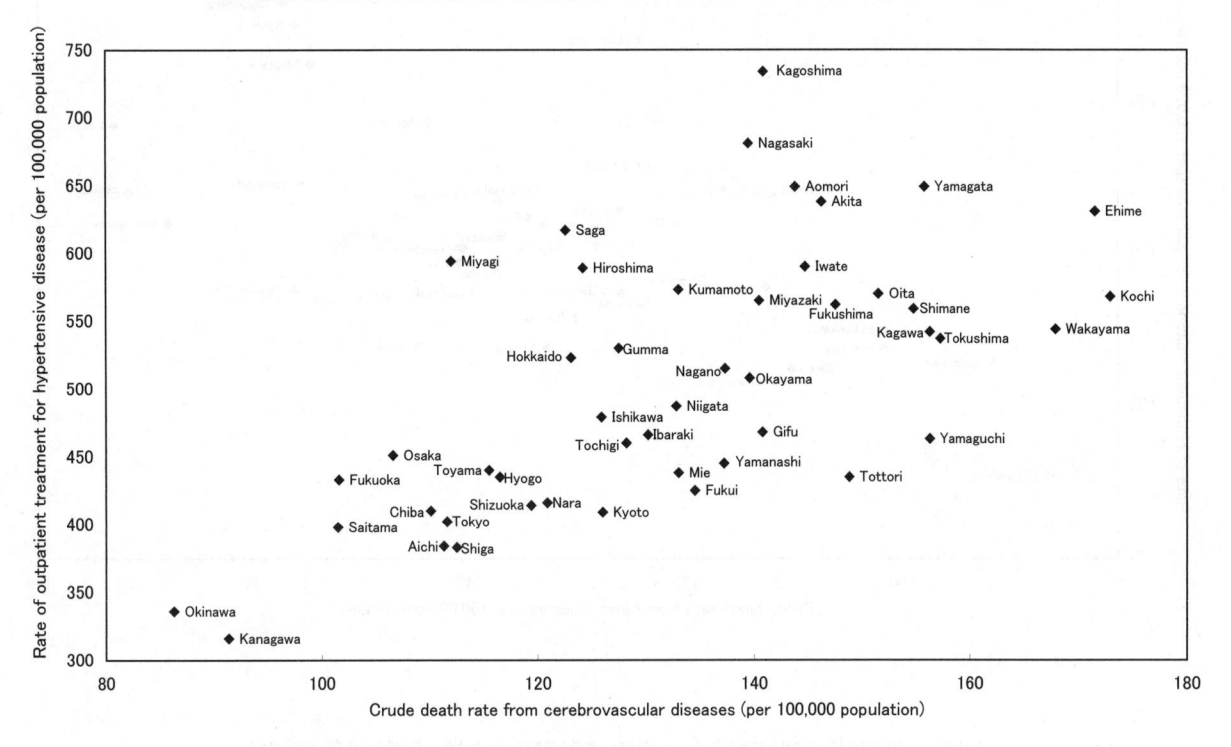

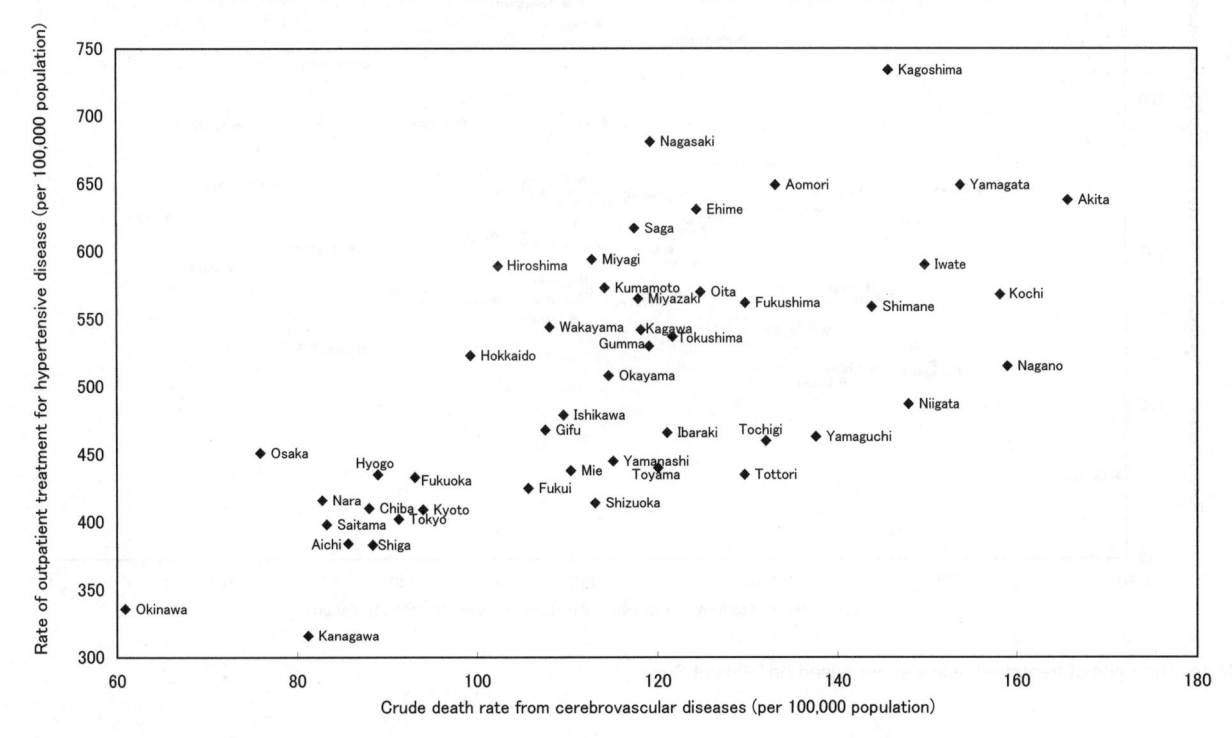

Note: The rates of treatment received are based on "Patient Survey".

Crude death rate from heart diseases, and rate of outpatient treatment for diabetes

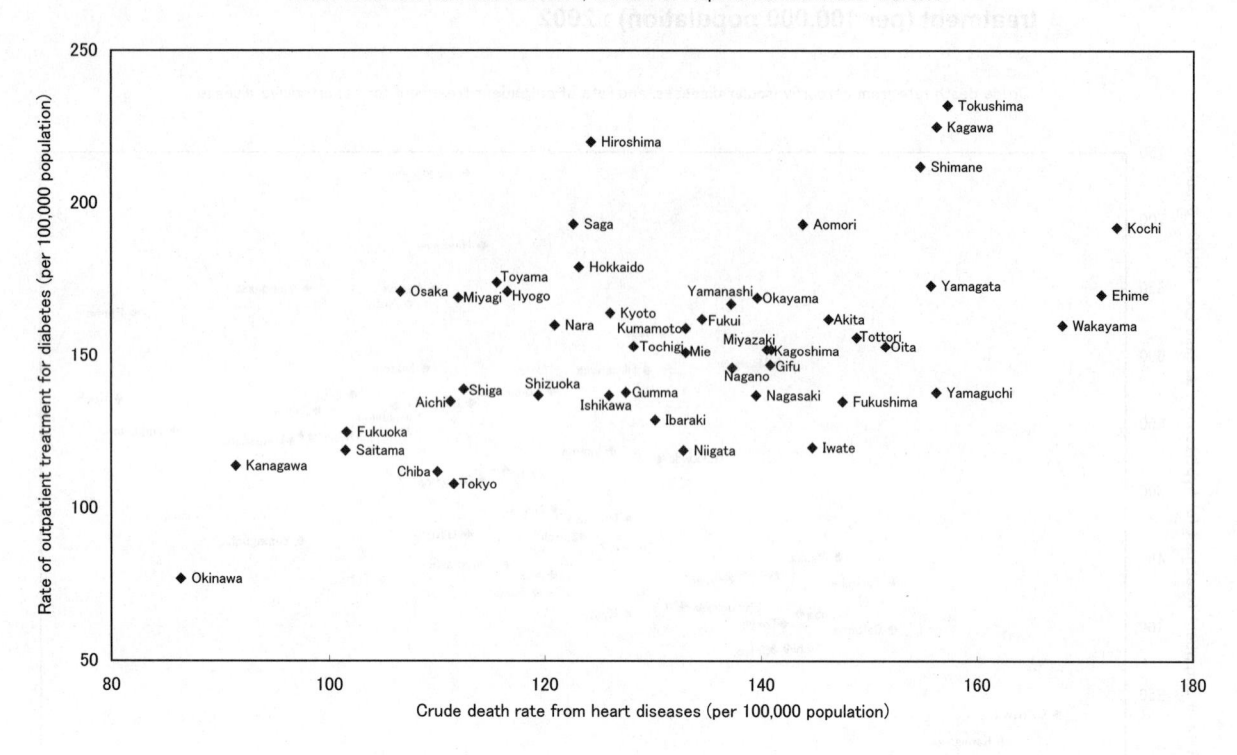

Crude death rate from cerebrovascular diseases, and rate of outpatient treatment for diabetes

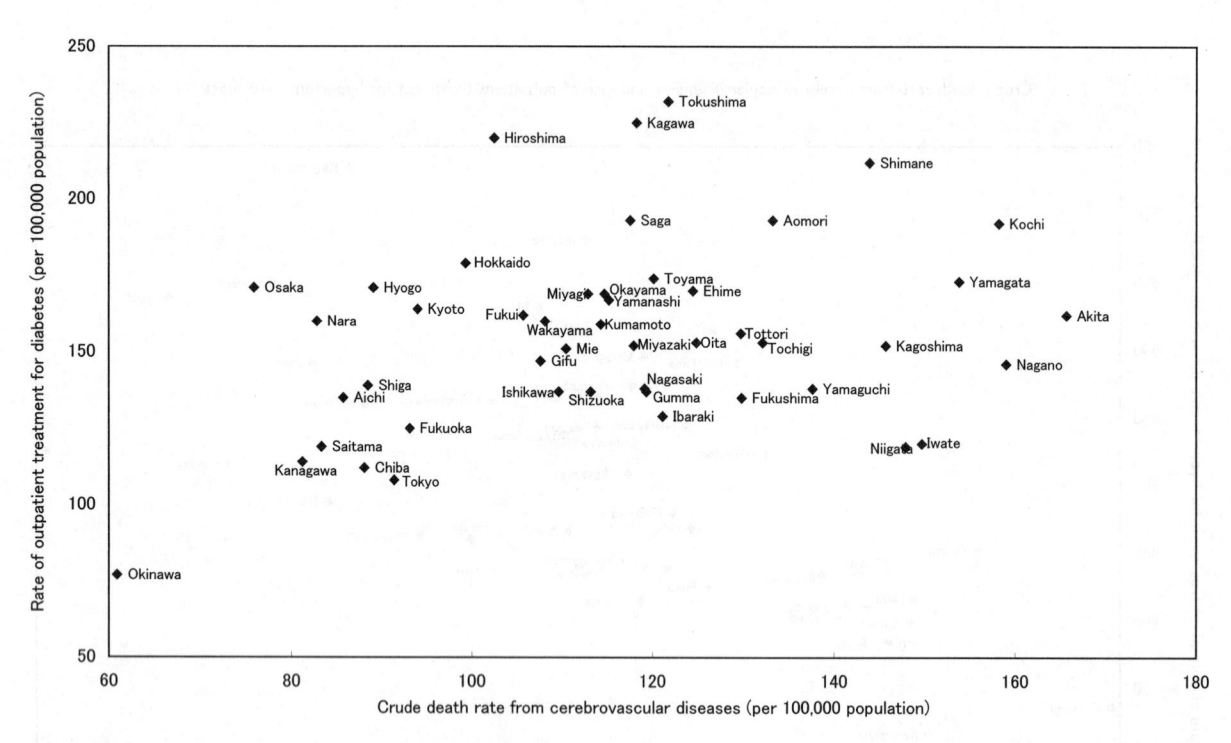

Note: The rates of treatment received are based on "Patient Survey".

12 International comparison

Crude death rates (per 100,000 population) from heart diseases and cerebrovascular diseases in different countries by age group indicate that the rates are higher even in younger age groups in Russia. Comparing Japan with other countries (USA, Korea, Singapore, France, Germany, Italy, Netherlands, Russia, Sweden and UK.), the latest age-adjusted death rates (per 100,000 population) indicate that the rate from heart diseases is lower in both males and females, while the death rate from cerebrovascular diseases is relatively higher in males.

Recent annual changes indicate that the rate of heart diseases is declining in the countries excluding Russia, but has flattened out in Japan. The rate is flat for cerebrovascular diseases in all countries excluding Russia. (Figure 22, Table 17, Table 18, Figure 23)

Figure 22   International comparison of crude death rates (per 100,000 population) from heart diseases and cerebrovascular diseases, by sex and age group (by 10-year age scale)

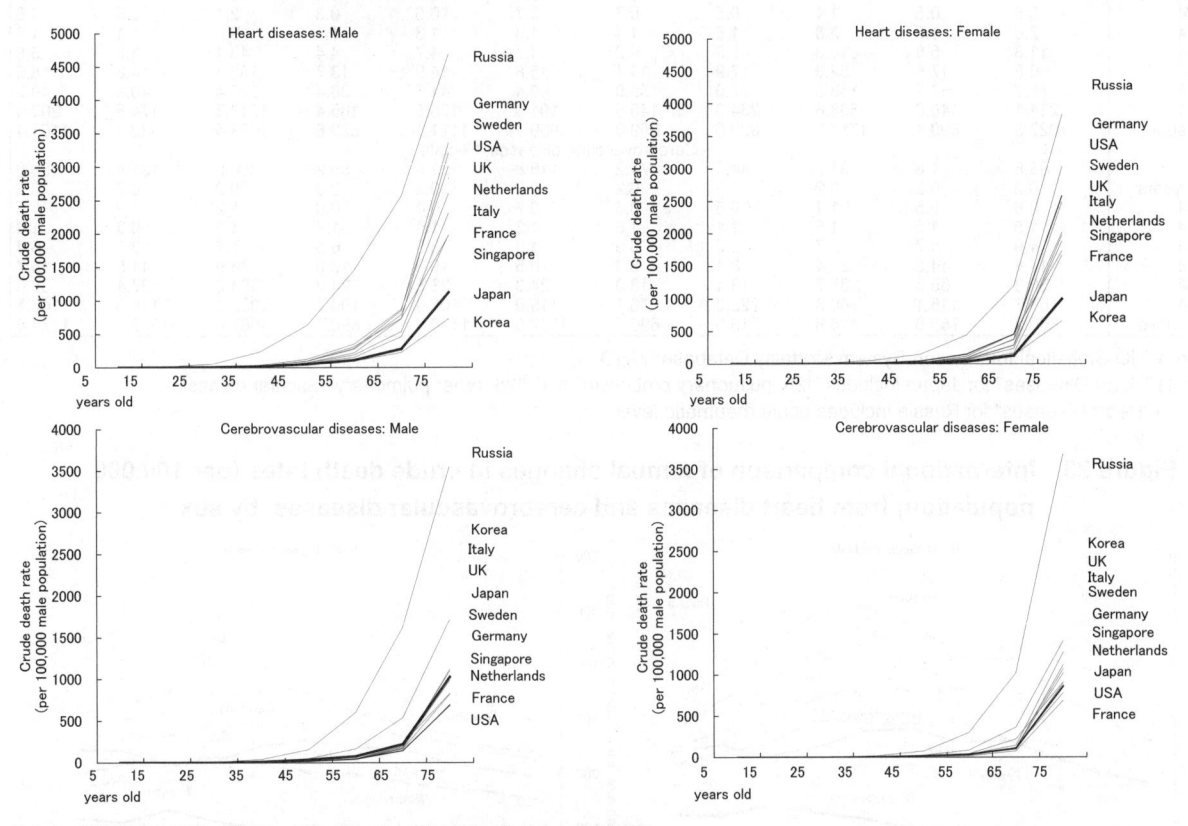

Source: WHO Statistical Information System Mortality Database, WHO
Notes: 1) "Heart diseases" for Japan includes "I26: pulmonary embolism" and "I28: other pulmonary vascular diseases".
   2) "Heart diseases" for Russia includes acute rheumatic fever.
   3) The country names are listed in the order of the high crude death rate for 75-year-olds and over.

Table 17   International comparison of age-adjusted death rates from heart diseases and cerebrovascular diseases, by sex (per 100,000 population)

Sex	Japan 2002	USA 2000	Korea 2002	Singapore 2001	France 2000	Germany 2001	Italy 2001	Netherlands 2003	Russia 2002	Sweden 2001	UK 2002
	Heart diseases										
Male	69.1	187.9	51.2	140.8	108.7	186.4	127.6	136.8	512.0	165.2	159.5
Female	43.4	122.5	32.8	90.5	65.3	123.3	80.9	82.1	243.0	99.9	92.4
	Cerebrovascular diseases										
Male	55.2	35.4	102.6	46.6	34.4	46.5	49.2	38.9	267.0	45.6	50.9
Female	37.4	35.3	73.1	44.1	28.1	40.8	43.2	37.1	201.1	42.4	51.7

Source: WHO Statistical Information System Mortality Database, WHO
Notes: 1) The standard population for age-adjusted death rate is the world population. Japan used the world population as well.
   2) "Heart diseases" for Japan includes "I26: pulmonary embolism" and "I28: other pulmonary vascular diseases".
   3) "Heart diseases" for Russia includes acute rheumatic fever.

Table 18 International comparison of crude death rates (per 100,000 population) from heart diseases and cerebrovascular diseases, by sex and age group (by 10-year age scale)

Age group	Japan 2002	USA 2000	Korea 2002	Singapore 2001	France 2000	Germany 2001	Italy 2001	Netherlands 2003	Russia 2002	Sweden 2001	UK 2002
Heart diseases: Male											
Total	122.9	241.8	39.0	121.1	172.4	285.2	236.1	193.8	553.4	321.6	262.7
5 - 14 years	0.7	0.7	0.8	-	0.4	0.6	1.1	0.4	0.7	0.9	0.4
15 - 24	3.5	3.1	2.4	3.8	1.8	2.1	3.2	2.8	8.8	1.9	2.0
25 - 34	7.6	8.8	5.8	5.0	3.9	6.1	8.7	5.7	59.8	3.5	6.0
35 - 44	19.7	38.2	17.4	25.1	22.0	26.9	22.9	24.7	239.0	15.1	27.0
45 - 54	53.7	131.9	43.0	103.7	67.5	101.5	73.9	83.4	637.9	78.3	103.0
55 - 64	115.1	356.3	100.9	317.0	157.5	292.2	192.5	214.3	1460.3	225.5	278.8
65 - 74	282.8	872.0	228.7	737.5	465.9	855.4	543.0	624.5	2563.3	733.2	792.9
75 or above	1125.7	3011.9	734.4	1974.4	1981.8	3362.8	2315.1	2399.7	4688.7	3208.7	2605.3
Heart diseases: Female											
Total	122.0	244.4	36.5	90.8	176.0	357.3	241.8	185.2	458.6	308.1	235.2
5 - 14 years	0.6	0.5	0.5	0.8	0.4	0.7	0.8	0.2	0.6	0.5	0.4
15 - 24	1.4	2.0	1.1	1.9	1.0	1.3	1.5	1.8	3.3	1.2	1.3
25 - 34	2.7	4.7	2.2	2.9	2.0	2.6	2.4	3.4	15.8	1.5	2.4
35 - 44	6.1	15.4	4.1	7.5	5.0	8.6	6.2	10.4	56.5	5.3	7.2
45 - 54	15.0	45.9	12.4	21.8	15.2	27.9	19.2	25.7	150.8	22.0	25.7
55 - 64	36.7	150.6	39.2	120.7	39.4	84.6	59.9	65.0	449.2	73.0	91.0
65 - 74	129.4	455.6	135.0	456.9	168.1	382.3	239.5	284.9	1199.9	290.3	374.0
75 or above	997.7	2585.4	661.1	1735.2	1671.6	3037.3	1980.1	1885.9	3835.8	2495.1	2021.8
Cerebrovascular diseases: Male											
Total	101.0	46.9	72.7	38.1	55.7	71.2	95.7	55.9	275.4	92.5	88.3
5 - 14 years	0.1	0.2	0.3	0.4	0.2	0.2	0.2	0.1	0.2	-	0.2
15 - 24	0.6	0.5	1.1	0.5	0.7	0.7	0.6	0.3	2.1	0.6	0.6
25 - 34	2.6	1.5	3.8	1.5	1.4	1.3	1.3	1.1	9.0	1.1	1.6
35 - 44	11.8	5.8	16.3	5.0	5.2	4.7	4.7	4.4	43.1	3.8	5.6
45 - 54	36.5	17.5	52.3	17.9	14.7	15.8	14.9	13.7	159.3	14.6	18.5
55 - 64	76.7	47.2	168.5	77.0	39.0	49.4	44.6	38.4	605.4	40.9	49.2
65 - 74	224.1	145.0	538.6	234.9	140.6	191.0	176.5	165.4	1619.3	174.8	202.0
75 or above	1027.3	690.4	1717.6	829.5	699.8	989.2	1121.1	823.6	3553.4	1022.4	1101.4
Cerebrovascular diseases: Female											
Total	105.6	71.8	81.7	44.3	74.2	118.8	132.4	85.2	396.6	131.6	138.0
5 - 14 years	0.2	0.2	0.2	-	0.2	0.2	0.2	0.3	0.2	0.2	0.2
15 - 24	0.6	0.5	1.1	0.5	0.3	0.7	0.4	0.8	1.2	-	0.5
25 - 34	1.5	1.5	1.5	1.1	1.6	1.2	1.4	1.7	4.0	0.3	1.3
35 - 44	4.9	5.7	6.7	2.8	3.9	4.3	3.5	6.5	17.7	2.7	5.4
45 - 54	17.4	14.5	25.4	8.1	8.3	10.5	10.3	13.6	76.9	11.5	15.7
55 - 64	36.3	35.3	87.7	43.4	18.0	24.3	23.5	24.2	304.0	27.4	35.6
65 - 74	107.7	115.1	366.8	222.0	76.1	115.0	108.6	100.7	1022.1	118.5	146.1
75 or above	860.2	783.6	1414.8	913.0	690.7	1022.5	1120.4	898.7	3687.4	1072.6	1274.4

Source: WHO Statistical Information System Mortality Database, WHO
Notes: 1) "Heart Diseases" for Japan includes "I26: pulmonary embolism" and "I28: other pulmonary vascular diseases".
2) "Heart Diseases" for Russia includes acute rheumatic fever.

Figure 23 International comparison of annual changes in crude death rates (per 100,000 population) from heart diseases and cerebrovascular diseases, by sex

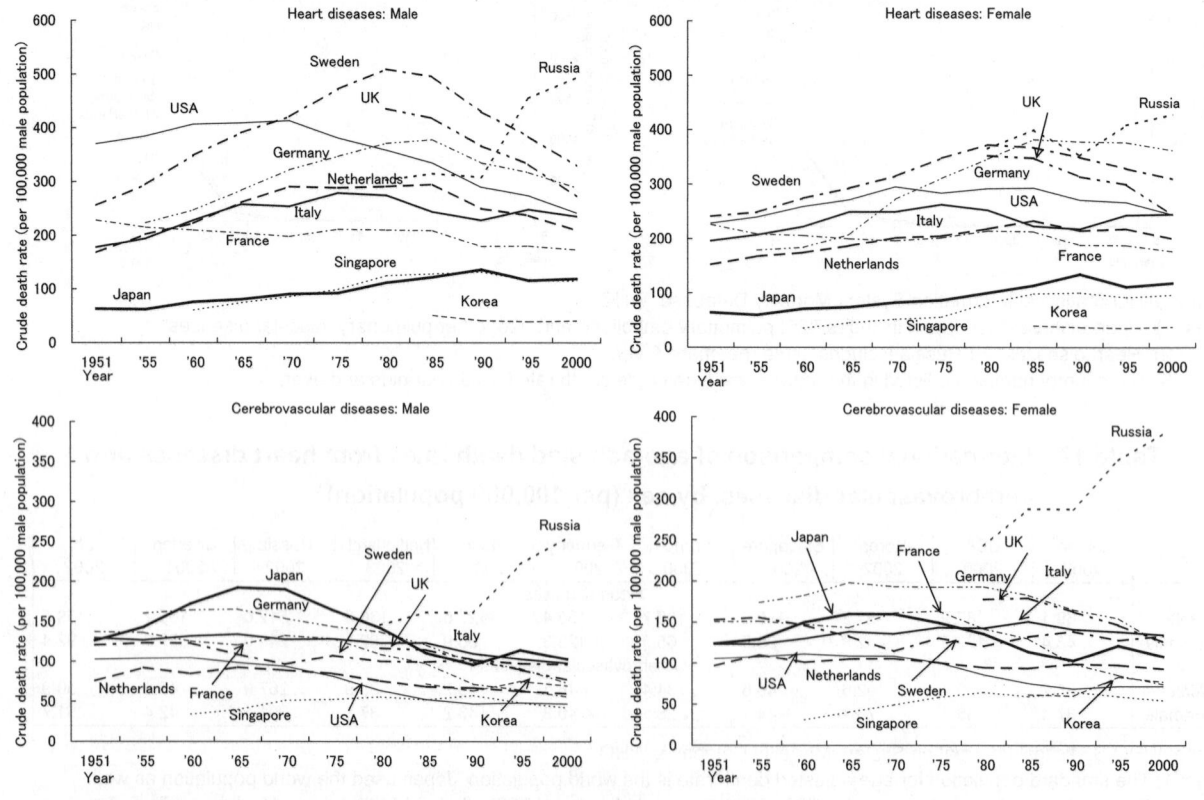

Source: WHO Statistical Information System Mortality Database, WHO
Notes: 1) "Heart Diseases" for Japan includes " I26: pulmonary embolism" and " I28: other pulmonary vascular diseases".
2) "Heart Diseases" for Russia includes acute rheumatic fever.
3) Values for Germany in 1990 and before refer to data of the former West Germany.

13 Statistics

Statistics 1　Crude death rates from major causes (per 100,000 population):From 1899 to 2004

Year	Tuberculosis	Malignant neoplasms	Heart diseases	Cerebrovascular diseases	Pneumonia	Accidents	Suicide	Senility	Gastroenteritis
1899	155.7	44.7	48.6	170.5	99.8	50.1	13.7	127.2	149.7
1900	163.7	46.4	48.1	159.2	102.3	45.3	13.4	131.0	133.8
1901	172.7	49.9	49.3	169.6	111.8	40.6	17.7	111.4	126.5
1902	183.6	54.7	53.0	166.7	119.0	44.6	17.9	117.4	122.5
1903	186.9	56.1	52.0	162.3	106.7	44.9	19.4	124.0	110.7
1904	189.1	56.3	55.1	168.2	113.0	46.2	19.4	136.8	119.3
1905	206.0	57.2	55.5	163.4	128.4	43.9	17.4	139.9	137.2
1906	204.2	59.2	54.8	156.1	114.3	46.2	16.3	128.0	127.9
1907	203.7	60.0	60.4	165.7	132.0	47.9	16.9	132.8	147.9
1908	206.1	63.5	59.6	153.8	138.1	46.0	17.4	123.4	143.5
1909	234.0	67.5	67.1	139.6	145.6	43.9	18.8	128.7	214.7
1910	230.2	67.1	65.0	131.9	142.1	44.7	19.1	120.2	213.4
1911	222.1	68.6	63.3	131.9	139.7	45.7	18.8	113.9	210.6
1912	225.8	68.1	61.7	133.4	146.1	47.2	18.7	114.2	200.3
1913	215.9	69.6	60.6	130.1	157.0	43.5	20.2	110.7	194.2
1914	217.8	71.0	62.4	131.8	160.7	49.0	20.9	118.3	227.3
1915	219.7	71.6	63.7	128.8	163.1	46.1	19.2	112.5	223.7
1916	227.7	73.7	69.2	138.2	186.0	44.7	17.9	127.8	235.7
1917	230.5	72.7	69.9	144.1	183.3	49.7	17.1	132.3	239.9
1918	257.1	73.6	81.8	157.6	375.5	49.6	18.5	149.9	266.1
1919	240.9	71.7	62.6	153.3	274.5	45.7	18.0	126.2	248.6
1920	223.7	72.6	63.5	157.6	313.9	46.8	19.0	131.3	254.2
1921	213.0	72.1	66.0	159.7	200.7	43.3	20.0	133.5	273.4
1922	218.7	71.6	65.0	159.3	196.3	44.4	20.1	132.4	267.5
1923	203.4	72.7	72.6	162.8	205.2	122.7	19.8	131.8	284.2
1924	194.0	70.8	69.1	174.6	209.6	43.7	19.1	125.7	258.0
1925	194.1	70.6	66.8	161.2	216.2	41.8	20.5	117.3	238.2
1926	186.1	71.0	62.5	162.5	178.0	42.2	20.6	111.3	232.7
1927	193.7	70.3	63.2	164.9	194.6	47.6	20.8	121.1	243.1
1928	191.1	72.0	63.8	164.5	201.0	41.6	20.8	123.4	234.1
1929	194.6	69.8	65.4	170.9	191.0	42.0	20.1	124.8	247.2
1930	185.6	70.6	63.8	162.8	156.8	40.8	21.6	118.8	221.4
1931	186.2	69.0	64.0	164.0	197.7	38.6	21.9	130.8	214.1
1932	179.4	69.1	58.7	161.6	169.6	40.2	22.2	116.7	206.9
1933	187.9	70.7	59.5	164.2	157.6	44.8	22.0	123.0	207.6
1934	192.5	71.5	62.2	167.5	181.7	46.9	21.3	127.4	200.2
1935	190.8	72.3	57.6	165.4	151.7	41.9	20.5	114.0	173.2
1936	207.0	71.6	61.2	168.5	160.0	43.1	22.0	130.7	184.0
1937	204.8	73.0	60.6	168.1	153.3	42.8	20.2	119.6	180.3
1938	209.6	72.3	66.8	178.6	166.4	44.6	17.2	138.6	175.7
1939	216.3	72.9	66.5	183.3	184.3	41.1	15.1	133.3	167.9
1940	212.9	72.1	63.3	177.7	154.4	39.5	13.7	124.5	159.2
1941	215.3	73.9	59.4	174.6	145.2	40.2	13.6	125.1	142.8
1942	223.1	74.5	60.1	173.2	146.5	43.0	13.0	132.6	142.0
1943	235.3	73.5	62.3	166.0	159.8	46.0	12.1	136.1	153.2
1947	187.2	69.0	62.2	129.4	130.1	49.3	15.7	100.3	136.8
1948	179.9	70.8	61.3	117.9	66.2	48.7	15.9	79.5	109.9
1949	168.9	73.2	64.5	122.6	68.7	41.9	17.4	80.2	92.6

Notes: 1) Exact comparison between years is unavailable, due to the revision of the cause of death classification.
　　　 2) "Cerebrovascular diseases" in 1950 includes B46.b (Part of 352, after-effects of B22 and status of one year or more after B22), and does not agree with the report in 1950.
　　　 3) The decrease in heart diseases in 1994 is considered to be the result of the guidelines announced prior to the implementation of a new death certificate (postmortem certificate) form in January, 1995, "Do not enter heart failure or respiratory failure as the terminal status of diseases in the column 'Cause of death'."
　　　 4) Values for 1943 only include data for Sakhalin.
　　　 5) Values for 1947 through 1972 do not include data for Okinawa.
　　　 6) Values for 1944 through 1946 are omitted due to the lack of data.
　　　 7) The crude death rates for 1985 are based on the "News Release and Compilation of National Census 1985."
　　　 8) "Gastroenteritis" is not indicated after 1995, following the revision of the cause of death classification.
　　　 9) Starting in 1995, the category "heart diseases" excludes hypertensive heart disease.

Year	Tuberculosis	Malignant neoplasms	Heart diseases	Cerebrovascular diseases	Pneumonia	Accidents	Suicide	Senility	Gastroenteritis
1950	146.4	77.4	64.2	127.1	65.1	39.5	19.6	70.2	82.4
1951	110.3	78.5	63.6	125.2	59.8	37.8	18.2	70.7	67.7
1952	82.2	80.9	61.3	128.5	49.9	36.4	18.4	69.3	53.1
1953	66.5	82.2	64.9	133.7	53.7	39.3	20.4	77.6	46.1
1954	62.4	85.3	60.2	132.4	42.7	39.4	23.4	69.5	39.0
1955	52.3	87.1	60.9	136.1	38.4	37.3	25.2	67.1	31.7
1956	48.6	90.7	66.0	148.4	38.6	36.8	24.5	75.8	30.0
1957	46.9	91.3	73.1	151.7	48.0	37.9	24.3	80.5	25.7
1958	39.4	95.5	64.8	148.6	38.3	38.9	25.7	55.5	25.1
1959	35.5	98.2	67.7	153.7	36.8	44.8	22.7	56.7	23.3
1960	34.2	100.4	73.2	160.7	40.2	41.7	21.6	58.0	21.2
1961	29.6	102.3	72.1	165.4	33.8	44.1	19.6	58.2	19.5
1962	29.3	103.2	76.2	169.4	36.6	40.3	17.6	57.5	18.0
1963	24.2	105.5	70.4	171.4	27.2	41.3	16.1	50.4	16.1
1964	23.6	107.3	70.3	171.7	26.3	41.6	15.1	48.4	14.6
1965	22.8	108.4	77.0	175.8	30.4	40.9	14.7	50.0	12.9
1966	20.3	110.9	71.9	173.8	22.9	43.0	15.2	44.6	11.3
1967	17.8	113.0	75.7	173.1	23.5	41.9	14.2	43.3	10.6
1968	16.8	114.6	80.2	173.5	25.0	40.2	14.5	39.4	10.2
1969	16.1	116.2	81.7	174.4	24.9	42.2	14.5	37.1	9.4
1970	15.4	116.3	86.7	175.8	27.1	42.5	15.3	38.1	8.3
1971	13.0	117.7	82.0	169.6	22.1	40.7	15.6	34.0	7.7
1972	11.9	120.4	81.2	166.7	21.9	40.1	17.0	30.8	7.1
1973	11.1	121.2	87.3	166.9	25.0	37.2	17.4	30.9	7.0
1974	10.4	122.2	89.8	163.0	26.1	33.0	17.5	29.7	6.3
1975	9.5	122.6	89.2	156.7	27.4	30.3	18.0	26.9	5.6
1976	8.5	125.3	92.2	154.5	26.6	28.0	17.6	26.4	4.9
1977	7.8	128.4	91.2	149.8	23.3	26.7	17.9	25.0	4.4
1978	7.2	131.3	93.3	146.2	24.7	26.2	17.6	24.4	4.3
1979	5.8	135.7	96.9	137.7	23.7	25.3	18.0	25.5	3.5
1980	5.5	139.1	106.2	139.5	28.4	25.1	17.7	27.6	3.3
1981	4.9	142.0	107.5	134.3	28.7	24.8	17.1	25.5	2.9
1982	4.5	144.2	106.7	125.0	29.9	24.7	17.5	23.3	2.5
1983	4.5	148.3	111.3	122.8	33.9	25.0	21.0	24.7	2.4
1984	4.1	152.5	113.9	117.2	32.5	24.6	20.4	24.1	2.1
1985	3.9	156.1	117.3	112.2	37.5	24.6	19.4	23.1	1.9
1986	3.4	158.5	117.9	106.9	39.1	23.7	21.2	22.2	1.6
1987	3.3	164.2	118.4	101.7	40.3	23.2	19.6	20.8	1.4
1988	3.2	168.4	129.4	105.5	46.8	24.8	18.7	21.6	1.3
1989	2.9	173.6	128.1	98.5	48.1	25.4	17.3	19.4	1.1
1990	3.0	177.2	134.8	99.4	55.6	26.2	16.4	19.7	1.3
1991	2.7	181.7	137.2	96.2	56.9	26.9	16.1	18.8	1.2
1992	2.7	187.8	142.2	95.6	60.2	28.1	16.9	18.9	1.2
1993	2.6	190.4	145.6	96.0	65.5	28.0	16.6	18.7	1.1
1994	2.5	196.4	128.6	96.9	67.2	29.1	16.9	18.9	1.3
1995	2.6	211.6	112.0	117.9	64.1	36.5	17.2	17.3	...
1996	2.3	217.5	110.8	112.6	56.9	31.4	17.8	16.7	...
1997	2.2	220.4	112.2	111.0	63.1	31.1	18.8	17.2	...
1998	2.2	226.7	114.3	110.0	63.8	31.1	25.4	17.1	...
1999	2.3	231.6	120.4	110.8	74.9	32.0	25.0	18.2	...
2000	2.1	235.2	116.8	105.5	69.2	31.4	24.1	16.9	...
2001	2.0	238.8	117.8	104.7	67.8	31.4	23.3	17.6	...
2002	1.8	241.7	121.0	103.4	69.4	30.7	23.8	18.0	...
2003	1.9	245.4	126.5	104.7	75.3	30.7	25.5	18.6	...
2004	1.8	253.9	126.5	102.3	75.7	30.3	24.0	19.1	...

Statistics 2 Order of deaths by year (from 1st to 10th places) : From 1899 to 2004

3-1

Year	1st place Cause of death	Crude death rate (per 100,000 population)	2nd place Cause of death	Crude death rate (per 100,000 population)	3rd place Cause of death	Crude death rate (per 100,000 population)	4th place Cause of death	Crude death rate (per 100,000 population)	5th place Cause of death	Crude death rate (per 100,000 population)
1899	Pneumonia and bronchitis	206.1	Cerebrovascular diseases	170.5	Tuberculosis (all)	155.7	Gastroenteritis	149.7	Senility	127.2
1900	Pneumonia and bronchitis	226.1	Tuberculosis (all)	163.7	Cerebrovascular diseases	159.2	Gastroenteritis	133.8	Senility	131.0
1905	Pneumonia and bronchitis	247.4	Tuberculosis (all)	206.0	Cerebrovascular diseases	163.4	Senility	139.9	Gastroenteritis	137.2
1910	Pneumonia and bronchitis	262.0	Tuberculosis (all)	230.2	Gastroenteritis	213.4	Cerebrovascular diseases	131.9	Senility	120.2
1915	Pneumonia and bronchitis	261.1	Gastroenteritis	223.7	Tuberculosis (all)	219.7	Cerebrovascular diseases	128.8	Senility	112.5
1920	Pneumonia and bronchitis	408.0	Gastroenteritis	254.2	Tuberculosis (all)	223.7	Influenza	193.7	Cerebrovascular diseases	157.6
1925	Pneumonia and bronchitis	275.6	Gastroenteritis	238.2	Tuberculosis (all)	194.1	Cerebrovascular diseases	161.2	Senility	117.3
1930	Gastroenteritis	221.4	Pneumonia and bronchitis	200.1	Tuberculosis (all)	185.6	Cerebrovascular diseases	162.8	Senility	118.8
1935	Tuberculosis (all)	190.8	Pneumonia and bronchitis	186.7	Gastroenteritis	173.2	Cerebrovascular diseases	165.4	Senility	114.0
1940	Tuberculosis (all)	212.9	Pneumonia and bronchitis	185.8	Cerebrovascular diseases	177.7	Gastroenteritis	159.2	Senility	124.5
1947	Tuberculosis (all)	187.2	Pneumonia and bronchitis	174.8	Gastroenteritis	136.8	Cerebrovascular diseases	129.4	Senility	100.3
1948	Tuberculosis (all)	179.9	Cerebrovascular diseases	117.9	Gastroenteritis	109.9	Pneumonia and bronchitis	98.6	Senility	79.5
1949	Tuberculosis (all)	168.9	Cerebrovascular diseases	122.6	Pneumonia and bronchitis	100.0	Gastroenteritis	92.6	Senility	80.2
1950	Tuberculosis (all)	146.4	Cerebrovascular diseases	127.1	Pneumonia and bronchitis	93.2	Gastroenteritis	82.4	Malignant neoplasms	77.4
1951	Cerebrovascular diseases	125.2	Tuberculosis (all)	110.3	Pneumonia and bronchitis	82.2	Malignant neoplasms	78.5	Senility	70.7
1952	Cerebrovascular diseases	128.5	Tuberculosis (all)	82.2	Malignant neoplasms	80.9	Senility	69.3	Pneumonia and bronchitis	67.1
1953	Cerebrovascular diseases	133.7	Malignant neoplasms	82.2	Senility	77.6	Pneumonia and bronchitis	71.3	Tuberculosis (all)	66.5
1954	Cerebrovascular diseases	132.4	Malignant neoplasms	85.3	Senility	69.5	Tuberculosis (all)	62.4	Heart diseases	60.2
1955	Cerebrovascular diseases	136.1	Malignant neoplasms	87.1	Senility	67.1	Heart diseases	60.9	Tuberculosis (all)	52.3
1956	Cerebrovascular diseases	148.4	Malignant neoplasms	90.7	Senility	75.8	Heart diseases	66.0	Tuberculosis (all)	48.6
1957	Cerebrovascular diseases	151.7	Malignant neoplasms	91.3	Senility	80.5	Heart diseases	73.1	Pneumonia and bronchitis	59.2
1958	Cerebrovascular diseases	148.6	Malignant neoplasms	95.5	Heart diseases	64.8	Senility	55.5	Pneumonia and bronchitis	47.6
1959	Cerebrovascular diseases	153.7	Malignant neoplasms	98.2	Heart diseases	67.7	Senility	56.7	Pneumonia and bronchitis	45.2
1960	Cerebrovascular diseases	160.7	Malignant neoplasms	100.4	Heart diseases	73.2	Senility	58.0	Pneumonia and bronchitis	49.3
1961	Cerebrovascular diseases	165.4	Malignant neoplasms	102.3	Heart diseases	72.1	Senility	58.2	Accidents	44.1
1962	Cerebrovascular diseases	169.4	Malignant neoplasms	103.2	Heart diseases	76.2	Senility	57.5	Pneumonia and bronchitis	45.0
1963	Cerebrovascular diseases	171.4	Malignant neoplasms	105.5	Heart diseases	70.4	Senility	50.4	Accidents	41.3
1964	Cerebrovascular diseases	171.7	Malignant neoplasms	107.3	Heart diseases	70.3	Senility	48.4	Accidents	41.6
1965	Cerebrovascular diseases	175.8	Malignant neoplasms	108.4	Heart diseases	77.0	Senility	50.0	Accidents	40.9
1966	Cerebrovascular diseases	173.8	Malignant neoplasms	110.9	Heart diseases	71.9	Senility	44.6	Accidents	43.0
1967	Cerebrovascular diseases	173.1	Malignant neoplasms	113.0	Heart diseases	75.7	Senility	43.3	Accidents	41.9
1968	Cerebrovascular diseases	173.5	Malignant neoplasms	114.6	Heart diseases	80.2	Accidents	40.2	Senility	39.4
1969	Cerebrovascular diseases	174.4	Malignant neoplasms	116.2	Heart diseases	81.7	Accidents	42.2	Senility	37.1
1970	Cerebrovascular diseases	175.8	Malignant neoplasms	116.3	Heart diseases	86.7	Accidents	42.5	Senility	38.1
1971	Cerebrovascular diseases	169.6	Malignant neoplasms	117.7	Heart diseases	82.0	Accidents	40.7	Senility	34.0
1972	Cerebrovascular diseases	166.7	Malignant neoplasms	120.4	Heart diseases	81.2	Accidents	40.1	Senility	30.8
1973	Cerebrovascular diseases	166.9	Malignant neoplasms	121.2	Heart diseases	87.3	Accidents	37.2	Pneumonia and bronchitis	31.3
1974	Cerebrovascular diseases	163.0	Malignant neoplasms	122.2	Heart diseases	89.8	Accidents	33.0	Pneumonia and bronchitis	32.6
1975	Cerebrovascular diseases	156.7	Malignant neoplasms	122.6	Heart diseases	89.2	Pneumonia and bronchitis	33.7	Accidents	30.3
1976	Cerebrovascular diseases	154.5	Malignant neoplasms	125.3	Heart diseases	92.2	Pneumonia and bronchitis	32.6	Accidents	28.0
1977	Cerebrovascular diseases	149.8	Malignant neoplasms	128.4	Heart diseases	91.2	Pneumonia and bronchitis	28.6	Accidents	26.7
1978	Cerebrovascular diseases	146.2	Malignant neoplasms	131.3	Heart diseases	93.3	Pneumonia and bronchitis	30.3	Accidents	26.2
1979	Cerebrovascular diseases	137.7	Malignant neoplasms	135.7	Heart diseases	96.9	Pneumonia and bronchitis	28.5	Senility	25.5
1980	Cerebrovascular diseases	139.5	Malignant neoplasms	139.1	Heart diseases	106.2	Pneumonia and bronchitis	33.7	Senility	27.6
1981	Malignant neoplasms	142.0	Cerebrovascular diseases	134.3	Heart diseases	107.5	Pneumonia and bronchitis	33.7	Senility	25.5
1982	Malignant neoplasms	144.2	Cerebrovascular diseases	125.0	Heart diseases	106.7	Pneumonia and bronchitis	35.0	Accidents and adverse effects	24.7
1983	Malignant neoplasms	148.3	Cerebrovascular diseases	112.8	Heart diseases	111.3	Pneumonia and bronchitis	39.3	Accidents and adverse effects	25.0
1984	Malignant neoplasms	152.5	Cerebrovascular diseases	117.2	Heart diseases	113.9	Pneumonia and bronchitis	37.6	Accidents and adverse effects	24.6
1985	Malignant neoplasms	156.1	Heart diseases	117.3	Cerebrovascular diseases	112.2	Pneumonia and bronchitis	42.7	Accidents and adverse effects	24.6
1986	Malignant neoplasms	158.5	Heart diseases	117.9	Cerebrovascular diseases	106.9	Pneumonia and bronchitis	43.9	Accidents and adverse effects	23.7
1987	Malignant neoplasms	164.2	Heart diseases	118.4	Cerebrovascular diseases	101.7	Pneumonia and bronchitis	44.9	Accidents and adverse effects	23.2
1988	Malignant neoplasms	168.4	Heart diseases	129.4	Cerebrovascular diseases	105.5	Pneumonia and bronchitis	51.6	Accidents and adverse effects	24.8
1989	Malignant neoplasms	173.6	Heart diseases	128.1	Cerebrovascular diseases	98.5	Pneumonia and bronchitis	52.7	Accidents and adverse effects	25.4
1990	Malignant neoplasms	177.2	Heart diseases	134.8	Cerebrovascular diseases	99.4	Pneumonia and bronchitis	60.7	Accidents and adverse effects	26.2
1991	Malignant neoplasms	181.7	Heart diseases	137.2	Cerebrovascular diseases	96.2	Pneumonia and bronchitis	62.0	Accidents and adverse effects	26.9
1992	Malignant neoplasms	187.8	Heart diseases	142.2	Cerebrovascular diseases	95.6	Pneumonia and bronchitis	65.0	Accidents and adverse effects	28.1
1993	Malignant neoplasms	190.4	Heart diseases	145.6	Cerebrovascular diseases	96.0	Pneumonia and bronchitis	70.6	Accidents and adverse effects	28.0
1994	Malignant neoplasms	196.4	Heart diseases	128.6	Cerebrovascular diseases	96.9	Pneumonia and bronchitis	72.4	Accidents and adverse effects	29.1
1995	Malignant neoplasms	211.6	Cerebrovascular diseases	117.9	Heart diseases	112.0	Pneumonia	64.1	Accidents	36.5
1996	Malignant neoplasms	217.5	Cerebrovascular diseases	112.6	Heart diseases	110.8	Pneumonia	56.9	Accidents	31.4
1997	Malignant neoplasms	220.4	Heart diseases	112.2	Cerebrovascular diseases	111.0	Pneumonia	63.1	Accidents	31.1
1998	Malignant neoplasms	226.7	Heart diseases	114.3	Cerebrovascular diseases	110.0	Pneumonia	63.8	Accidents	31.1
1999	Malignant neoplasms	231.6	Heart diseases	120.4	Cerebrovascular diseases	110.8	Pneumonia	74.9	Accidents	32.0
2000	Malignant neoplasms	235.2	Heart diseases	116.8	Cerebrovascular diseases	105.5	Pneumonia	69.2	Accidents	31.4
2001	Malignant neoplasms	238.8	Heart diseases	117.8	Cerebrovascular diseases	104.7	Pneumonia	67.8	Accidents	31.4
2002	Malignant neoplasms	241.7	Heart diseases	121.0	Cerebrovascular diseases	103.4	Pneumonia	69.4	Accidents	30.7
2003	Malignant neoplasms	245.4	Heart diseases	126.5	Cerebrovascular diseases	104.7	Pneumonia	75.3	Accidents	30.7
2004	Malignant neoplasms	253.9	Heart diseases	126.5	Cerebrovascular diseases	102.3	Pneumonia	75.7	Accidents	30.3

Notes: 1) The order of the causes of death is based on the "Classification used in the order of death causes," in the Vital Statistics and related classifications.
2) Values for 1947 through 1972 do not include data for Okinawa.
3) The data for 1949 and before includes 1st - 5th places, because the cause of death classification varies greatly between 1950 and afterwards.
4) "Other diseases unique to newborns" for 1967 and before refers to "Other diseases unique to newborns and unclassifiable immature babies."
5) "Senility" in 1994 and before refers to "senility without the record of mental diseases."
6) Starting in 1995, the category "heart disease" excludes hypertensive heart disease.
7) The decrease in heart disease in 1994 is considered to be the result of the guidelines announced prior to the implementation of a new death certificate (postmortem certificate) form on January 1, 1995, "Do not enter heart failure or respiratory failure as the terminal status of diseases in the column 'Causes of death'."

6th place		7th place		8th place		9th place		10th place		Year
Cause of death	Crude death rate (per 100,000 population)	Cause of death	Crude death rate (per 100,000 population)	Cause of death	Crude death rate (per 100,000 population)	Cause of death	Crude death rate (per 100,000 population)	Cause of death	Crude death rate (per 100,000 population)	
										1899
										1900
										1905
										1910
										1915
										1920
										1925
										1930
										1935
										1940
										1947
										1948
										1949
Senility	70.2	Heart diseases	64.2	Other diseases unique to newborns	62.2	Accidents	39.5	Nephritis and nephrosis	32.4	1950
Gastroenteritis	67.7	Heart diseases	63.6	Other diseases unique to newborns	56.0	Accidents	37.8	Nephritis and nephrosis	29.2	1951
Heart diseases	61.3	Gastroenteritis	53.1	Other diseases unique to newborns	47.3	Accidents	36.4	Nephritis and nephrosis	25.8	1952
Heart diseases	64.9	Gastroenteritis	46.1	Other diseases unique to newborns	42.1	Accidents	39.3	Nephritis and nephrosis	23.2	1953
Pneumonia and bronchitis	54.7	Accidents	39.4	Gastroenteritis	39.0	Other diseases unique to newborns	36.2	Suicide	23.4	1954
Pneumonia and bronchitis	48.3	Accidents	37.3	Gastroenteritis	31.7	Other diseases unique to newborns	31.4	Suicide	25.2	1955
Pneumonia and bronchitis	48.4	Accidents	36.8	Other diseases unique to newborns	30.5	Gastroenteritis	30.0	Suicide	24.5	1956
Tuberculosis (all)	46.9	Accidents	37.9	Other diseases unique to newborns	26.4	Gastroenteritis	25.7	Suicide	24.3	1957
Tuberculosis (all)	39.4	Accidents	38.9	Suicide	25.7	Gastroenteritis	25.1	Other diseases unique to newborns	23.4	1958
Accidents	44.8	Tuberculosis (all)	35.5	Gastroenteritis	23.3	Suicide	22.7	Other diseases unique to newborns	21.0	1959
Accidents	41.7	Tuberculosis (all)	34.2	Suicide	21.6	Gastroenteritis	21.2	Other diseases unique to newborns	18.5	1960
Pneumonia and bronchitis	41.6	Tuberculosis (all)	29.6	Suicide	19.6	Gastroenteritis	19.5	Other diseases unique to newborns	17.4	1961
Accidents	40.3	Tuberculosis (all)	29.3	Hypertensive disease	18.4	Gastroenteritis	18.0	Suicide	17.6	1962
Pneumonia and bronchitis	33.2	Tuberculosis (all)	24.2	Hypertensive disease	18.2	Suicide	16.1	Gastroenteritis	16.1	1963
Pneumonia and bronchitis	32.1	Tuberculosis (all)	23.6	Hypertensive disease	18.7	Suicide	15.1	Gastroenteritis	14.6	1964
Pneumonia and bronchitis	37.3	Tuberculosis (all)	22.8	Hypertensive disease	19.3	Suicide	14.7	Gastroenteritis	12.9	1965
Pneumonia and bronchitis	28.2	Tuberculosis (all)	20.3	Hypertensive disease	18.6	Suicide	15.2	Gastroenteritis	11.3	1966
Pneumonia and bronchitis	28.7	Hypertensive disease	18.3	Tuberculosis (all)	17.8	Suicide	14.2	Other diseases unique to newborns	11.4	1967
Pneumonia and bronchitis	31.8	Hypertensive disease	17.9	Tuberculosis (all)	16.8	Suicide	14.5	Liver cirrhosis	11.2	1968
Pneumonia and bronchitis	31.6	Hypertensive disease	17.0	Tuberculosis (all)	16.1	Suicide	14.5	Liver cirrhosis	11.8	1969
Pneumonia and bronchitis	34.1	Hypertensive disease	17.7	Tuberculosis (all)	15.4	Suicide	15.3	Liver cirrhosis	12.5	1970
Pneumonia and bronchitis	28.4	Hypertensive disease	16.7	Suicide	15.6	Tuberculosis (all)	13.0	Liver cirrhosis	12.5	1971
Pneumonia and bronchitis	28.1	Suicide	17.0	Hypertensive disease	16.5	Liver cirrhosis	12.8	Tuberculosis (all)	11.9	1972
Senility	30.9	Hypertensive disease	17.5	Suicide	17.4	Liver cirrhosis	13.2	Tuberculosis (all)	11.1	1973
Senility	29.7	Hypertensive disease	18.4	Suicide	17.5	Liver cirrhosis	13.4	Tuberculosis (all)	10.4	1974
Senility	26.9	Suicide	18.0	Hypertensive disease	17.8	Liver cirrhosis	13.6	Tuberculosis (all)	9.5	1975
Senility	26.4	Hypertensive disease	17.6	Suicide	17.6	Liver cirrhosis	13.8	Tuberculosis (all)	8.5	1976
Senility	25.0	Suicide	17.9	Hypertensive disease	17.0	Liver cirrhosis	13.6	Diabetes	8.4	1977
Senility	24.4	Suicide	17.6	Hypertensive disease	16.4	Liver cirrhosis	14.0	Diabetes	8.5	1978
Accidents and adverse effects	25.3	Suicide	18.0	Chronic liver diseases and liver cirrhosis	14.2	Hypertensive disease	14.0	Nephritis, nephrotic syndrome and nephrosis	8.0	1979
Accidents and adverse effects	25.1	Suicide	17.7	Chronic liver diseases and liver cirrhosis	14.2	Hypertensive disease	13.7	Nephritis, nephrotic syndrome and nephrosis	8.8	1980
Accidents and adverse effects	24.8	Suicide	17.1	Chronic liver diseases and liver cirrhosis	14.2	Hypertensive disease	13.0	Nephritis, nephrotic syndrome and nephrosis	9.1	1981
Senility	23.3	Suicide	17.5	Chronic liver diseases and liver cirrhosis	14.0	Hypertensive disease	11.7	Nephritis, nephrotic syndrome and nephrosis	9.7	1982
Senility	24.7	Suicide	21.0	Chronic liver diseases and liver cirrhosis	14.1	Hypertensive disease	11.3	Nephritis, nephrotic syndrome and nephrosis	10.3	1983
Senility	24.1	Suicide	20.4	Chronic liver diseases and liver cirrhosis	14.2	Hypertensive disease	10.9	Nephritis, nephrotic syndrome and nephrosis	10.6	1984
Senility	23.1	Suicide	19.4	Chronic liver diseases and liver cirrhosis	14.3	Nephritis, nephrotic syndrome and nephrosis	11.2	Hypertensive disease	10.6	1985
Senility	22.2	Suicide	21.2	Chronic liver diseases and liver cirrhosis	14.0	Nephritis, nephrotic syndrome and nephrosis	11.6	Hypertensive disease	9.7	1986
Senility	20.8	Suicide	19.6	Chronic liver diseases and liver cirrhosis	13.7	Nephritis, nephrotic syndrome and nephrosis	11.8	Hypertensive disease	8.8	1987
Senility	21.6	Suicide	18.7	Chronic liver diseases and liver cirrhosis	13.9	Nephritis, nephrotic syndrome and nephrosis	13.0	Hypertensive disease	8.4	1988
Senility	19.4	Suicide	17.3	Chronic liver diseases and liver cirrhosis	13.6	Nephritis, nephrotic syndrome and nephrosis	13.4	Hypertensive disease	7.6	1989
Senility	19.7	Suicide	16.4	Nephritis, nephrotic syndrome and nephrosis	14.0	Chronic liver diseases and liver cirrhosis	13.7	Diabetes	7.7	1990
Senility	18.8	Suicide	16.1	Nephritis, nephrotic syndrome and nephrosis	13.8	Chronic liver diseases and liver cirrhosis	13.7	Diabetes	7.8	1991
Senility	18.9	Suicide	16.9	Nephritis, nephrotic syndrome and nephrosis	14.8	Chronic liver diseases and liver cirrhosis	13.8	Diabetes	8.0	1992
Senility	18.7	Suicide	16.6	Nephritis, nephrotic syndrome and nephrosis	14.9	Chronic liver diseases and liver cirrhosis	13.6	Diabetes	8.3	1993
Senility	18.9	Suicide	16.9	Nephritis, nephrotic syndrome and nephrosis	15.1	Chronic liver diseases and liver cirrhosis	13.3	Diabetes	8.8	1994
Senility	17.3	Suicide	17.2	Liver diseases	13.7	Kidney diseases	13.0	Diabetes	11.4	1995
Suicide	17.8	Senility	16.7	Liver diseases	13.2	Kidney diseases	13.0	Diabetes	10.3	1996
Suicide	18.8	Senility	17.2	Kidney diseases	13.3	Liver diseases	13.3	Diabetes	9.9	1997
Suicide	25.4	Senility	17.1	Kidney diseases	13.3	Liver diseases	12.9	Diabetes	10.0	1998
Suicide	25.0	Senility	18.2	Kidney diseases	14.1	Liver diseases	13.2	Chronic obstructive pulmonary disease	10.4	1999
Suicide	24.1	Senility	16.9	Kidney diseases	13.7	Liver diseases	12.8	Chronic obstructive pulmonary disease	10.2	2000
Suicide	23.3	Senility	17.6	Kidney diseases	14.0	Liver diseases	12.6	Chronic obstructive pulmonary disease	10.4	2001
Suicide	23.8	Senility	18.0	Kidney diseases	14.4	Liver diseases	12.3	Chronic obstructive pulmonary disease	10.3	2002
Suicide	25.5	Senility	18.6	Kidney diseases	14.9	Liver diseases	12.5	Chronic obstructive pulmonary disease	10.8	2003
Suicide	24.0	Senility	19.1	Kidney diseases	15.2	Liver diseases	12.6	Chronic obstructive pulmonary disease	10.7	2004

Statistics 2 Order of deaths by year (from 1st to 10th places): Male

3-2

Year	1st place Cause of death	Crude death rate (per 100,000 population)	2nd place Cause of death	Crude death rate (per 100,000 population)	3rd place Cause of death	Crude death rate (per 100,000 population)	4th place Cause of death	Crude death rate (per 100,000 population)	5th place Cause of death	Crude death rate (per 100,000 population)
1951	Cerebrovascular diseases	126.3	Tuberculosis (all)	121.0	Senility	85.6	Malignant neoplasms	81.6	Heart diseases	64.0
1952	Cerebrovascular diseases	130.5	Tuberculosis (all)	91.2	Malignant neoplasms	85.0	Pneumonia and bronchitis	71.8	Heart diseases	61.3
1953	Cerebrovascular diseases	136.7	Malignant neoplasms	87.5	Pneumonia and bronchitis	75.3	Tuberculosis (all)	74.6	Heart diseases	66.3
1954	Cerebrovascular diseases	138.2	Malignant neoplasms	91.5	Tuberculosis (all)	72.0	Heart diseases	61.6	Accidents	60.3
1955	Cerebrovascular diseases	143.1	Malignant neoplasms	94.0	Heart diseases	62.2	Tuberculosis (all)	60.7	Accidents	56.8
1956	Cerebrovascular diseases	156.5	Malignant neoplasms	98.4	Heart diseases	67.6	Senility	61.0	Tuberculosis (all)	57.5
1957	Cerebrovascular diseases	162.6	Malignant neoplasms	100.0	Heart diseases	76.0	Pneumonia and bronchitis	63.6	Senility	63.5
1958	Cerebrovascular diseases	158.4	Malignant neoplasms	104.4	Heart diseases	67.1	Accidents	59.1	Pneumonia and bronchitis	50.9
1959	Cerebrovascular diseases	164.5	Malignant neoplasms	107.7	Heart diseases	70.3	Accidents	66.1	Pneumonia and bronchitis	49.0
1960	Cerebrovascular diseases	172.1	Malignant neoplasms	111.0	Heart diseases	75.8	Accidents	64.9	Pneumonia and bronchitis	53.2
1961	Cerebrovascular diseases	178.9	Malignant neoplasms	112.8	Heart diseases	74.1	Accidents	69.3	Pneumonia and bronchitis	44.4
1962	Cerebrovascular diseases	183.7	Malignant neoplasms	114.5	Heart diseases	79.6	Accidents	63.2	Pneumonia and bronchitis	48.2
1963	Cerebrovascular diseases	186.2	Malignant neoplasms	117.7	Heart diseases	73.3	Accidents	65.0	Senility	37.1
1964	Cerebrovascular diseases	186.5	Malignant neoplasms	120.9	Heart diseases	73.3	Accidents	63.5	Senility	35.1
1965	Cerebrovascular diseases	192.2	Malignant neoplasms	122.1	Heart diseases	80.5	Accidents	63.6	Pneumonia and bronchitis	40.1
1966	Cerebrovascular diseases	189.3	Malignant neoplasms	125.0	Heart diseases	75.3	Accidents	66.9	Senility	31.9
1967	Cerebrovascular diseases	188.2	Malignant neoplasms	127.4	Heart diseases	79.6	Accidents	64.9	Senility	31.4
1968	Cerebrovascular diseases	189.5	Malignant neoplasms	129.8	Heart diseases	84.4	Accidents	62.2	Pneumonia and bronchitis	33.9
1969	Cerebrovascular diseases	190.9	Malignant neoplasms	132.3	Heart diseases	86.4	Accidents	65.1	Pneumonia and bronchitis	34.6
1970	Cerebrovascular diseases	192.1	Malignant neoplasms	132.9	Heart diseases	91.1	Accidents	65.6	Pneumonia and bronchitis	37.4
1971	Cerebrovascular diseases	184.3	Malignant neoplasms	133.5	Heart diseases	86.6	Accidents	62.0	Pneumonia and bronchitis	31.2
1972	Cerebrovascular diseases	179.9	Malignant neoplasms	137.5	Heart diseases	85.2	Accidents	61.1	Pneumonia and bronchitis	30.9
1973	Cerebrovascular diseases	178.0	Malignant neoplasms	138.5	Heart diseases	91.1	Accidents	56.6	Pneumonia and bronchitis	33.9
1974	Cerebrovascular diseases	172.5	Malignant neoplasms	140.6	Heart diseases	92.5	Accidents	50.0	Pneumonia and bronchitis	35.8
1975	Cerebrovascular diseases	164.2	Malignant neoplasms	140.5	Heart diseases	92.0	Accidents	45.4	Pneumonia and bronchitis	36.9
1976	Cerebrovascular diseases	161.2	Malignant neoplasms	144.6	Heart diseases	95.2	Accidents	42.0	Pneumonia and bronchitis	36.0
1977	Cerebrovascular diseases	155.4	Malignant neoplasms	148.7	Heart diseases	95.0	Accidents	40.1	Pneumonia and bronchitis	31.6
1978	Malignant neoplasms	151.9	Cerebrovascular diseases	151.4	Heart diseases	97.0	Accidents	39.1	Pneumonia and bronchitis	34.2
1979	Malignant neoplasms	158.6	Cerebrovascular diseases	141.0	Heart diseases	102.2	Accidents and adverse effects	37.5	Pneumonia and bronchitis	32.3
1980	Malignant neoplasms	163.7	Cerebrovascular diseases	142.9	Heart diseases	112.2	Pneumonia and bronchitis	38.5	Accidents and adverse effects	37.0
1981	Malignant neoplasms	167.4	Cerebrovascular diseases	136.2	Heart diseases	111.5	Pneumonia and bronchitis	38.5	Accidents and adverse effects	36.7
1982	Malignant neoplasms	170.7	Cerebrovascular diseases	126.1	Heart diseases	111.2	Pneumonia and bronchitis	40.3	Accidents and adverse effects	36.3
1983	Malignant neoplasms	176.8	Cerebrovascular diseases	122.6	Heart diseases	115.4	Pneumonia and bronchitis	45.2	Accidents and adverse effects	36.4
1984	Malignant neoplasms	182.3	Heart diseases	118.4	Cerebrovascular diseases	116.1	Pneumonia and bronchitis	43.9	Accidents and adverse effects	36.1
1985	Malignant neoplasms	187.4	Heart diseases	121.5	Cerebrovascular diseases	110.6	Pneumonia and bronchitis	49.3	Accidents and adverse effects	36.1
1986	Malignant neoplasms	191.1	Heart diseases	121.3	Cerebrovascular diseases	104.0	Pneumonia and bronchitis	50.6	Accidents and adverse effects	34.5
1987	Malignant neoplasms	199.5	Heart diseases	121.5	Cerebrovascular diseases	98.4	Pneumonia and bronchitis	52.1	Accidents and adverse effects	33.7
1988	Malignant neoplasms	203.5	Heart diseases	131.1	Cerebrovascular diseases	101.4	Pneumonia and bronchitis	59.7	Accidents and adverse effects	35.6
1989	Malignant neoplasms	211.4	Heart diseases	129.5	Cerebrovascular diseases	94.6	Pneumonia and bronchitis	61.0	Accidents and adverse effects	36.3
1990	Malignant neoplasms	216.4	Heart diseases	135.7	Cerebrovascular diseases	95.6	Pneumonia and bronchitis	70.0	Accidents and adverse effects	36.8
1991	Malignant neoplasms	222.5	Heart diseases	138.4	Cerebrovascular diseases	92.2	Pneumonia and bronchitis	71.8	Accidents and adverse effects	37.9
1992	Malignant neoplasms	230.5	Heart diseases	142.6	Cerebrovascular diseases	91.5	Pneumonia and bronchitis	75.5	Accidents and adverse effects	39.0
1993	Malignant neoplasms	234.2	Heart diseases	145.4	Cerebrovascular diseases	91.0	Pneumonia and bronchitis	81.0	Accidents and adverse effects	38.5
1994	Malignant neoplasms	241.5	Heart diseases	129.6	Cerebrovascular diseases	91.2	Pneumonia and bronchitis	83.0	Accidents and adverse effects	39.6
1995	Malignant neoplasms	262.0	Heart diseases	114.4	Cerebrovascular diseases	114.2	Pneumonia	69.6	Accidents	46.3
1996	Malignant neoplasms	269.7	Heart diseases	112.9	Cerebrovascular diseases	108.8	Pneumonia	63.0	Accidents	41.7
1997	Malignant neoplasms	273.0	Heart diseases	114.0	Cerebrovascular diseases	107.5	Pneumonia	69.1	Accidents	41.1
1998	Malignant neoplasms	281.0	Heart diseases	116.0	Cerebrovascular diseases	106.9	Pneumonia	69.6	Accidents	40.7
1999	Malignant neoplasms	286.5	Heart diseases	120.6	Cerebrovascular diseases	108.3	Pneumonia	81.3	Accidents	41.6
2000	Malignant neoplasms	291.3	Heart diseases	117.3	Cerebrovascular diseases	102.7	Pneumonia	76.0	Accidents	40.9
2001	Malignant neoplasms	294.5	Heart diseases	118.1	Cerebrovascular diseases	102.5	Pneumonia	74.3	Accidents	40.6
2002	Malignant neoplasms	298.8	Heart diseases	121.7	Cerebrovascular diseases	101.0	Pneumonia	76.4	Accidents	39.4
2003	Malignant neoplasms	303.3	Heart diseases	126.6	Cerebrovascular diseases	102.7	Pneumonia	82.1	Accidents	38.9
2004	Malignant neoplasms	313.5	Heart diseases	125.8	Cerebrovascular diseases	99.9	Pneumonia	83.3	Accidents	38.4

Notes: 1) The order of the causes of death is based on the "Classification used in the order of death causes," in the Vital Statistics and related classifications.
2) Values for 1951 through 1972 do not include data for Okinawa.
3) The data for 1947 and before includes 1st - 5th places, because the cause of death classification varies greatly between 1950 and afterwards.
4) "Other diseases unique to newborns" for 1967 and before refers to "Other diseases unique to newborns and unclassifiable immature babies."
5) "Senility" in 1994 and before refers to "senility without the record of mental diseases."
6) Starting in 1995, the category "heart disease" excludes hypertensive heart disease.
7) The decrease in heart disease in 1994 is considered to be the result of the guidelines announced prior to the implementation of a new death certificate (postmortem certificate) form on January 1, 1995, "Do not enter heart failure or respiratory failure as the terminal status of diseases in the column 'Causes of death'."

6th place		7th place		8th place		9th place		10th place		Year
Cause of death	Crude death rate (per 100,000 population)	Cause of death	Crude death rate (per 100,000 population)	Cause of death	Crude death rate (per 100,000 population)	Cause of death	Crude death rate (per 100,000 population)	Cause of death	Crude death rate (per 100,000 population)	
										1951
										1952
										1953
										1954
										1955
										1956
										1957
Tuberculosis (all)	48.1	Senility	43.1	Suicide	30.7	Other diseases unique to newborns	26.4	Gastroenteritis	22.5	1958
Tuberculosis (all)	43.8	Senility	43.7	Suicide	26.6	Other diseases unique to newborns	24.0	Gastroenteritis	21.2	1959
Senility	44.8	Tuberculosis (all)	43.1	Suicide	25.1	Other diseases unique to newborns	21.3	Gastroenteritis	19.0	1960
Senility	43.8	Tuberculosis (all)	37.8	Suicide	22.3	Other diseases unique to newborns	20.4	Gastroenteritis	17.4	1961
Senility	43.5	Tuberculosis (all)	37.9	Suicide	20.4	Other diseases unique to newborns	18.5	Hypertensive disease	18.3	1962
Pneumonia and bronchitis	35.8	Tuberculosis (all)	31.7	Suicide	18.9	Hypertensive disease	18.0	Other diseases unique to newborns	17.0	1963
Pneumonia and bronchitis	34.5	Tuberculosis (all)	31.1	Hypertensive disease	18.2	Suicide	17.5	Other diseases unique to newborns	15.6	1964
Senility	36.3	Tuberculosis (all)	30.6	Hypertensive disease	19.0	Suicide	17.3	Other diseases unique to newborns	15.0	1965
Pneumonia and bronchitis	30.7	Tuberculosis (all)	27.2	Hypertensive disease	18.1	Suicide	17.4	Liver cirrhosis	13.9	1966
Pneumonia and bronchitis	31.0	Tuberculosis (all)	24.1	Hypertensive disease	17.8	Suicide	16.2	Liver cirrhosis	14.7	1967
Senility	28.4	Tuberculosis (all)	23.0	Hypertensive disease	17.3	Suicide	16.5	Liver cirrhosis	15.4	1968
Senility	26.7	Tuberculosis (all)	22.1	Suicide	16.4	Liver cirrhosis	16.3	Hypertensive disease	16.2	1969
Senility	26.9	Tuberculosis (all)	21.6	Liver cirrhosis	17.6	Suicide	17.4	Hypertensive disease	16.7	1970
Senility	24.1	Tuberculosis (all)	18.5	Suicide	17.9	Liver cirrhosis	17.8	Hypertensive disease	15.4	1971
Senility	21.9	Suicide	19.7	Liver cirrhosis	18.7	Tuberculosis (all)	16.8	Hypertensive disease	15.2	1972
Senility	22.2	Suicide	20.2	Liver cirrhosis	19.1	Tuberculosis (all)	15.9	Hypertensive disease	15.8	1973
Senility	20.5	Suicide	20.0	Liver cirrhosis	19.7	Hypertensive disease	16.2	Tuberculosis (all)	14.9	1974
Suicide	21.4	Liver cirrhosis	19.9	Senility	18.8	Hypertensive disease	15.9	Tuberculosis (all)	13.5	1975
Suicide	21.2	Liver cirrhosis	20.5	Senility	18.6	Hypertensive disease	15.6	Tuberculosis (all)	12.4	1976
Suicide	22.0	Liver cirrhosis	20.0	Senility	17.6	Hypertensive disease	14.8	Tuberculosis (all)	11.3	1977
Suicide	22.0	Liver cirrhosis	20.7	Senility	17.6	Hypertensive disease	14.3	Tuberculosis (all)	10.6	1978
Suicide	22.6	Chronic liver diseases and liver cirrhosis	21.1	Senility	18.1	Hypertensive disease	12.1	Tuberculosis	8.6	1979
Suicide	22.4	Chronic liver diseases and liver cirrhosis	20.9	Senility	19.7	Hypertensive disease	11.6	Nephritis, nephrotic syndrome and nephrosis	8.9	1980
Suicide	22.0	Chronic liver diseases and liver cirrhosis	20.7	Senility	18.3	Hypertensive disease	10.9	Nephritis, nephrotic syndrome and nephrosis	9.4	1981
Suicide	22.7	Chronic liver diseases and liver cirrhosis	20.4	Senility	16.5	Nephritis, nephrotic syndrome and nephrosis	9.8	Hypertensive disease	9.6	1982
Suicide	28.9	Chronic liver diseases and liver cirrhosis	20.4	Senility	17.5	Nephritis, nephrotic syndrome and nephrosis	10.5	Hypertensive disease	9.2	1983
Suicide	27.6	Chronic liver diseases and liver cirrhosis	20.5	Senility	17.3	Nephritis, nephrotic syndrome and nephrosis	10.8	Hypertensive disease	8.8	1984
Suicide	26.0	Chronic liver diseases and liver cirrhosis	20.4	Senility	16.4	Nephritis, nephrotic syndrome and nephrosis	11.4	Hypertensive disease	8.5	1985
Suicide	27.8	Chronic liver diseases and liver cirrhosis	19.7	Senility	15.4	Nephritis, nephrotic syndrome and nephrosis	11.8	Hypertensive disease	7.7	1986
Suicide	25.6	Chronic liver diseases and liver cirrhosis	19.3	Senility	14.5	Nephritis, nephrotic syndrome and nephrosis	11.8	Diabetes	7.1	1987
Suicide	23.8	Chronic liver diseases and liver cirrhosis	19.5	Senility	14.9	Nephritis, nephrotic syndrome and nephrosis	12.9	Diabetes	7.6	1988
Suicide	21.5	Chronic liver diseases and liver cirrhosis	18.9	Nephritis, nephrotic syndrome and nephrosis	13.3	Senility	13.1	Diabetes	7.3	1989
Suicide	20.4	Chronic liver diseases and liver cirrhosis	19.1	Nephritis, nephrotic syndrome and nephrosis	13.8	Senility	13.4	Diabetes	7.5	1990
Suicide	20.6	Chronic liver diseases and liver cirrhosis	18.9	Nephritis, nephrotic syndrome and nephrosis	13.7	Senility	12.7	Diabetes	7.7	1991
Suicide	22.3	Chronic liver diseases and liver cirrhosis	19.1	Nephritis, nephrotic syndrome and nephrosis	14.4	Senility	12.6	Diabetes	7.9	1992
Suicide	22.3	Chronic liver diseases and liver cirrhosis	18.9	Nephritis, nephrotic syndrome and nephrosis	14.9	Senility	12.1	Diabetes	8.2	1993
Suicide	23.1	Chronic liver diseases and liver cirrhosis	18.4	Nephritis, nephrotic syndrome and nephrosis	14.8	Senility	12.1	Diabetes	8.7	1994
Suicide	23.4	Liver diseases	19.0	Chronic obstructive pulmonary disease	15.5	Kidney diseases	12.8	Diabetes	11.7	1995
Suicide	24.3	Liver diseases	18.3	Chronic obstructive pulmonary disease	13.9	Kidney diseases	12.3	Diabetes	10.5	1996
Suicide	26.0	Liver diseases	18.6	Chronic obstructive pulmonary disease	14.3	Kidney diseases	12.6	Senility	10.4	1997
Suicide	36.5	Liver diseases	18.2	Chronic obstructive pulmonary disease	14.2	Kidney diseases	12.6	Diabetes	10.5	1998
Suicide	36.5	Liver diseases	18.7	Chronic obstructive pulmonary disease	15.8	Kidney diseases	13.5	Diabetes	10.8	1999
Suicide	35.2	Liver diseases	18.0	Chronic obstructive pulmonary disease	15.6	Kidney diseases	13.1	Diabetes	10.6	2000
Suicide	34.2	Liver diseases	17.7	Chronic obstructive pulmonary disease	15.7	Kidney diseases	13.3	Diabetes	10.3	2001
Suicide	35.2	Liver diseases	17.1	Chronic obstructive pulmonary disease	15.9	Kidney diseases	13.7	Diabetes	10.8	2002
Suicide	38.0	Liver diseases	17.4	Chronic obstructive pulmonary disease	16.8	Kidney diseases	14.1	Diabetes	10.9	2003
Suicide	35.6	Liver diseases	17.4	Chronic obstructive pulmonary disease	16.5	Kidney diseases	14.3	Diabetes	10.9	2004

Statistics 2 Order of deaths by year (from 1st to 10th places): Female

3-3

Year	1st place Cause of death	Crude death rate (per 100,000 population)	2nd place Cause of death	Crude death rate (per 100,000 population)	3rd place Cause of death	Crude death rate (per 100,000 population)	4th place Cause of death	Crude death rate (per 100,000 population)	5th place Cause of death	Crude death rate (per 100,000 population)
1951	Cerebrovascular diseases	124.1	Senility	107.6	Tuberculosis (all)	100.1	Malignant neoplasms	75.4	Gastroenteritis	67.1
1952	Cerebrovascular diseases	126.6	Senility	82.5	Malignant neoplasms	77.0	Tuberculosis (all)	73.5	Pneumonia and bronchitis	62.5
1953	Cerebrovascular diseases	130.8	Senility	92.1	Malignant neoplasms	77.2	Pneumonia and bronchitis	67.5	Heart diseases	63.5
1954	Cerebrovascular diseases	126.9	Senility	82.3	Malignant neoplasms	79.3	Heart diseases	58.8	Tuberculosis (all)	53.2
1955	Cerebrovascular diseases	129.4	Malignant neoplasms	80.3	Senility	80.0	Heart diseases	59.6	Pneumonia and bronchitis	45.3
1956	Cerebrovascular diseases	140.5	Senility	90.1	Malignant neoplasms	83.3	Heart diseases	64.4	Pneumonia and bronchitis	44.8
1957	Cerebrovascular diseases	141.2	Senility	96.8	Malignant neoplasms	82.9	Heart diseases	70.3	Pneumonia and bronchitis	54.9
1958	Cerebrovascular diseases	139.2	Malignant neoplasms	86.9	Senility	67.5	Heart diseases	62.5	Pneumonia and bronchitis	44.3
1959	Cerebrovascular diseases	143.2	Malignant neoplasms	89.0	Senility	69.2	Heart diseases	65.2	Pneumonia and bronchitis	41.5
1960	Cerebrovascular diseases	149.7	Malignant neoplasms	90.2	Heart diseases	70.8	Senility	70.7	Pneumonia and bronchitis	45.6
1961	Cerebrovascular diseases	152.5	Malignant neoplasms	92.1	Senility	72.1	Heart diseases	70.2	Pneumonia and bronchitis	39.0
1962	Cerebrovascular diseases	155.6	Malignant neoplasms	92.3	Heart diseases	72.8	Senility	71.0	Pneumonia and bronchitis	42.0
1963	Cerebrovascular diseases	157.1	Malignant neoplasms	93.7	Heart diseases	67.6	Senility	63.2	Pneumonia and bronchitis	30.6
1964	Cerebrovascular diseases	157.5	Malignant neoplasms	94.3	Heart diseases	67.4	Senility	61.2	Pneumonia and bronchitis	29.8
1965	Cerebrovascular diseases	160.0	Malignant neoplasms	95.2	Heart diseases	73.6	Senility	63.1	Pneumonia and bronchitis	34.6
1966	Cerebrovascular diseases	158.9	Malignant neoplasms	97.2	Heart diseases	68.6	Senility	56.9	Pneumonia and bronchitis	25.8
1967	Cerebrovascular diseases	158.5	Malignant neoplasms	99.1	Heart diseases	72.0	Senility	54.8	Pneumonia and bronchitis	26.6
1968	Cerebrovascular diseases	158.1	Malignant neoplasms	99.8	Heart diseases	76.2	Senility	50.1	Pneumonia and bronchitis	29.8
1969	Cerebrovascular diseases	158.5	Malignant neoplasms	100.7	Heart diseases	77.1	Senility	47.0	Pneumonia and bronchitis	28.8
1970	Cerebrovascular diseases	161.4	Malignant neoplasms	101.2	Heart diseases	83.1	Senility	49.2	Pneumonia and bronchitis	31.1
1971	Cerebrovascular diseases	155.4	Malignant neoplasms	102.5	Heart diseases	77.5	Senility	43.5	Pneumonia and bronchitis	25.7
1972	Cerebrovascular diseases	153.9	Malignant neoplasms	103.9	Heart diseases	77.4	Senility	39.2	Pneumonia and bronchitis	25.4
1973	Cerebrovascular diseases	156.2	Malignant neoplasms	104.5	Heart diseases	83.6	Senility	39.3	Pneumonia and bronchitis	28.7
1974	Cerebrovascular diseases	153.9	Malignant neoplasms	104.6	Heart diseases	87.2	Senility	38.5	Pneumonia and bronchitis	29.6
1975	Cerebrovascular diseases	149.4	Malignant neoplasms	105.2	Heart diseases	86.4	Senility	34.7	Pneumonia and bronchitis	30.6
1976	Cerebrovascular diseases	148.1	Malignant neoplasms	106.7	Heart diseases	89.3	Senility	33.9	Pneumonia and bronchitis	29.3
1977	Cerebrovascular diseases	144.4	Malignant neoplasms	108.8	Heart diseases	87.6	Senility	32.2	Pneumonia and bronchitis	25.6
1978	Cerebrovascular diseases	141.3	Malignant neoplasms	111.3	Heart diseases	89.7	Senility	31.1	Pneumonia and bronchitis	26.5
1979	Cerebrovascular diseases	134.5	Malignant neoplasms	113.5	Heart diseases	91.9	Senility	32.7	Pneumonia and bronchitis	24.7
1980	Cerebrovascular diseases	136.5	Malignant neoplasms	115.5	Heart diseases	100.5	Senility	35.4	Pneumonia and bronchitis	29.2
1981	Cerebrovascular diseases	132.4	Malignant neoplasms	117.3	Heart diseases	103.7	Senility	32.4	Pneumonia and bronchitis	29.0
1982	Cerebrovascular diseases	124.0	Malignant neoplasms	118.4	Heart diseases	102.3	Pneumonia and bronchitis	30.0	Senility	29.9
1983	Cerebrovascular diseases	123.0	Malignant neoplasms	120.8	Heart diseases	107.4	Pneumonia and bronchitis	33.6	Senility	31.8
1984	Malignant neoplasms	123.7	Cerebrovascular diseases	118.3	Heart diseases	109.6	Pneumonia and bronchitis	31.5	Senility	30.7
1985	Malignant neoplasms	125.9	Cerebrovascular diseases	113.9	Heart diseases	113.2	Pneumonia and bronchitis	36.3	Senility	29.6
1986	Malignant neoplasms	126.9	Heart diseases	114.6	Cerebrovascular diseases	109.7	Pneumonia and bronchitis	37.4	Senility	28.7
1987	Malignant neoplasms	130.1	Heart diseases	115.4	Cerebrovascular diseases	105.0	Pneumonia and bronchitis	37.9	Senility	26.9
1988	Malignant neoplasms	134.5	Heart diseases	127.7	Cerebrovascular diseases	109.3	Pneumonia and bronchitis	43.7	Senility	28.2
1989	Malignant neoplasms	137.1	Heart diseases	126.7	Cerebrovascular diseases	102.3	Pneumonia and bronchitis	44.7	Senility	25.5
1990	Malignant neoplasms	139.3	Heart diseases	134.0	Cerebrovascular diseases	103.0	Pneumonia and bronchitis	51.8	Senility	25.8
1991	Malignant neoplasms	142.4	Heart diseases	136.0	Cerebrovascular diseases	100.0	Pneumonia and bronchitis	52.6	Senility	24.8
1992	Malignant neoplasms	146.7	Heart diseases	141.8	Cerebrovascular diseases	99.6	Pneumonia and bronchitis	55.0	Senility	25.0
1993	Malignant neoplasms	148.3	Heart diseases	145.9	Cerebrovascular diseases	100.7	Pneumonia and bronchitis	60.6	Senility	25.0
1994	Malignant neoplasms	153.1	Heart diseases	127.6	Cerebrovascular diseases	102.4	Pneumonia and bronchitis	62.2	Senility	25.5
1995	Malignant neoplasms	163.1	Cerebrovascular diseases	121.4	Heart diseases	109.6	Pneumonia	58.7	Accidents	27.0
1996	Malignant neoplasms	167.2	Cerebrovascular diseases	116.2	Heart diseases	108.9	Pneumonia	51.1	Senility	22.8
1997	Malignant neoplasms	169.2	Cerebrovascular diseases	114.4	Heart diseases	110.4	Pneumonia	57.4	Senility	23.6
1998	Malignant neoplasms	174.6	Cerebrovascular diseases	113.1	Heart diseases	112.6	Pneumonia	58.3	Senility	23.6
1999	Malignant neoplasms	179.1	Heart diseases	120.3	Cerebrovascular diseases	113.2	Pneumonia	68.8	Senility	25.3
2000	Malignant neoplasms	181.4	Heart diseases	116.3	Cerebrovascular diseases	108.2	Pneumonia	62.7	Senility	23.7
2001	Malignant neoplasms	185.4	Heart diseases	117.5	Cerebrovascular diseases	106.8	Pneumonia	61.5	Senility	25.0
2002	Malignant neoplasms	187.1	Heart diseases	120.4	Cerebrovascular diseases	105.6	Pneumonia	62.7	Senility	25.6
2003	Malignant neoplasms	190.1	Heart diseases	126.4	Cerebrovascular diseases	106.6	Pneumonia	68.7	Senility	26.6
2004	Malignant neoplasms	197.1	Heart diseases	127.2	Cerebrovascular diseases	104.5	Pneumonia	68.5	Senility	27.8

Notes: 1) The order of the causes of death is based on the "Classification used in the order of death causes," in the Vital Statistics and related classifications.
2) Values for 1951 through 1972 do not include data for Okinawa.
3) The data for 1947 and before includes 1st - 5th places, because the cause of death classification varies greatly between 1950 and afterwards.
4) "Other diseases unique to newborns" for 1967 and before refers to "Other diseases unique to newborns and unclassifiable immature babies."
5) "Senility" in 1994 and before refers to "senility without the record of mental diseases."
6) Starting in 1995, the category "heart disease" excludes hypertensive heart disease.
7) The decrease in heart disease in 1994 is considered to be the result of the guidelines announced prior to the implementation of a new death certificate (postmortem certificate) form on January 1, 1995, "Do not enter heart failure or respiratory failure as the terminal status of diseases in the column 'Causes of death'."

6th place		7th place		8th place		9th place		10th place		Year
Cause of death	Crude death rate (per 100,000 population)	Cause of death	Crude death rate (per 100,000 population)	Cause of death	Crude death rate (per 100,000 population)	Cause of death	Crude death rate (per 100,000 population)	Cause of death	Crude death rate (per 100,000 population)	
										1951
										1952
										1953
										1954
										1955
										1956
										1957
Tuberculosis (all)	31.1	Gastroenteritis	27.7	Suicide	20.8	Other diseases unique to newborns	20.4	Accidents	19.3	1958
Tuberculosis (all)	27.4	Gastroenteritis	25.4	Accidents	24.2	Suicide	18.9	Other diseases unique to newborns	18.1	1959
Tuberculosis (all)	25.6	Gastroenteritis	23.3	Accidents	19.3	Suicide	18.2	Nephritis and nephrosis	16.5	1960
Tuberculosis (all)	21.7	Gastroenteritis	21.6	Accidents	19.9	Hypertensive disease	17.3	Suicide	16.9	1961
Tuberculosis (all)	21.0	Gastroenteritis	19.9	Hypertensive disease	18.6	Accidents	18.3	Suicide	14.8	1962
Accidents	18.4	Hypertensive disease	18.3	Gastroenteritis	17.9	Tuberculosis (all)	17.1	Suicide	13.4	1963
Hypertensive disease	19.2	Accidents	18.5	Tuberculosis (all)	16.4	Gastroenteritis	16.1	Suicide	12.9	1964
Hypertensive disease	19.6	Accidents	19.0	Tuberculosis (all)	15.2	Gastroenteritis	14.4	Suicide	12.2	1965
Accidents	19.9	Hypertensive disease	19.0	Tuberculosis (all)	13.6	Suicide	13.1	Gastroenteritis	12.8	1966
Accidents	19.8	Hypertensive disease	18.8	Suicide	12.2	Gastroenteritis	11.9	Tuberculosis (all)	11.7	1967
Accidents	19.0	Hypertensive disease	18.5	Suicide	12.5	Gastroenteritis	11.1	Tuberculosis (all)	10.8	1968
Accidents	20.0	Hypertensive disease	17.8	Suicide	12.7	Gastroenteritis	10.5	Tuberculosis (all)	10.2	1969
Accidents	20.4	Hypertensive disease	18.9	Suicide	13.3	Tuberculosis (all)	9.5	Gastroenteritis	9.5	1970
Accidents	20.1	Hypertensive disease	17.9	Suicide	13.3	Gastroenteritis	8.6	Nephritis and nephrosis	7.8	1971
Accidents	19.9	Hypertensive disease	17.7	Suicide	14.4	Gastroenteritis	8.0	Diabetes	7.5	1972
Hypertensive disease	19.1	Accidents	18.6	Suicide	14.8	Gastroenteritis	8.0	Diabetes	7.8	1973
Hypertensive disease	20.5	Accidents	16.6	Suicide	15.0	Diabetes	8.1	Gastroenteritis	7.5	1974
Hypertensive disease	19.7	Accidents	15.7	Suicide	14.6	Diabetes	8.2	Liver cirrhosis	7.5	1975
Hypertensive disease	19.6	Accidents	14.5	Suicide	14.1	Diabetes	8.5	Liver cirrhosis	7.2	1976
Hypertensive disease	19.2	Suicide	13.8	Accidents	13.8	Diabetes	8.6	Liver cirrhosis	7.4	1977
Hypertensive disease	18.4	Accidents	13.7	Suicide	13.4	Diabetes	8.7	Liver cirrhosis	7.6	1978
Hypertensive disease	15.8	Suicide	13.6	Accidents and adverse effects	13.5	Nephritis, nephrotic syndrome and nephrosis	7.8	Chronic liver diseases and liver cirrhosis	7.5	1979
Hypertensive disease	15.7	Accidents and adverse effects	13.6	Suicide	13.2	Nephritis, nephrotic syndrome and nephrosis	8.7	Chronic liver diseases and liver cirrhosis	7.7	1980
Hypertensive disease	15.1	Accidents and adverse effects	13.3	Suicide	12.4	Nephritis, nephrotic syndrome and nephrosis	8.9	Chronic liver diseases and liver cirrhosis	7.9	1981
Hypertensive disease	13.7	Accidents and adverse effects	13.6	Suicide	12.5	Nephritis, nephrotic syndrome and nephrosis	9.6	Chronic liver diseases and liver cirrhosis	7.9	1982
Accidents and adverse effects	13.9	Suicide	13.4	Hypertensive disease	13.4	Nephritis, nephrotic syndrome and nephrosis	10.1	Chronic liver diseases and liver cirrhosis	8.0	1983
Accidents and adverse effects	13.4	Suicide	13.3	Hypertensive disease	13.0	Nephritis, nephrotic syndrome and nephrosis	10.5	Diabetes	8.3	1984
Accidents and adverse effects	13.5	Suicide	13.1	Hypertensive disease	12.6	Nephritis, nephrotic syndrome and nephrosis	11.1	Chronic liver diseases and liver cirrhosis	8.4	1985
Suicide	14.9	Accidents and adverse effects	13.2	Hypertensive disease	11.6	Nephritis, nephrotic syndrome and nephrosis	11.4	Chronic liver diseases and liver cirrhosis	8.5	1986
Suicide	13.8	Accidents and adverse effects	13.2	Nephritis, nephrotic syndrome and nephrosis	11.8	Hypertensive disease	10.7	Chronic liver diseases and liver cirrhosis	8.3	1987
Accidents and adverse effects	14.3	Suicide	13.7	Nephritis, nephrotic syndrome and nephrosis	13.1	Hypertensive disease	10.3	Chronic liver diseases and liver cirrhosis	8.5	1988
Accidents and adverse effects	14.8	Nephritis, nephrotic syndrome and nephrosis	13.5	Suicide	13.1	Hypertensive disease	9.3	Chronic liver diseases and liver cirrhosis	8.6	1989
Accidents and adverse effects	15.9	Nephritis, nephrotic syndrome and nephrosis	14.1	Suicide	12.4	Hypertensive disease	9.4	Chronic liver diseases and liver cirrhosis	8.5	1990
Accidents and adverse effects	16.4	Nephritis, nephrotic syndrome and nephrosis	13.9	Suicide	11.8	Hypertensive disease	9.1	Chronic liver diseases and liver cirrhosis	8.7	1991
Accidents and adverse effects	17.6	Nephritis, nephrotic syndrome and nephrosis	15.2	Suicide	11.7	Chronic liver diseases and liver cirrhosis	8.8	Hypertensive disease	8.8	1992
Accidents and adverse effects	18.0	Nephritis, nephrotic syndrome and nephrosis	15.0	Suicide	11.1	Chronic liver diseases and liver cirrhosis	8.5	Diabetes	8.4	1993
Accidents and adverse effects	19.0	Nephritis, nephrotic syndrome and nephrosis	15.5	Suicide	10.9	Diabetes	8.9	Chronic liver diseases and liver cirrhosis	8.3	1994
Senility	23.4	Kidney diseases	13.2	Suicide	11.3	Diabetes	11.2	Liver diseases	8.6	1995
Accidents	21.5	Kidney diseases	13.7	Suicide	11.5	Diabetes	10.1	Liver diseases	8.4	1996
Accidents	21.5	Kidney diseases	14.0	Suicide	11.9	Diabetes	9.5	Liver diseases	8.2	1997
Accidents	21.8	Suicide	14.7	Kidney diseases	13.9	Diabetes	9.6	Liver diseases	7.8	1998
Accidents	22.7	Kidney diseases	14.7	Suicide	14.1	Diabetes	9.8	Liver diseases	8.0	1999
Accidents	22.3	Kidney diseases	14.4	Suicide	13.4	Diabetes	9.1	Liver diseases	7.8	2000
Accidents	22.6	Kidney diseases	14.8	Suicide	12.9	Diabetes	9.0	Liver diseases	7.7	2001
Accidents	22.3	Kidney diseases	15.1	Suicide	12.8	Diabetes	9.3	Liver diseases	7.7	2002
Accidents	22.9	Kidney diseases	15.7	Suicide	13.5	Diabetes	9.6	Liver diseases	7.8	2003
Accidents	22.5	Kidney diseases	16.0	Suicide	12.8	Diabetes	9.2	Liver diseases	8.0	2004

Statistics 3 Numbers of deaths, crude death rates (per 100,000 population), for all death causes, Heart diseases and cerebrovascular

Year	All causes Total Number of deaths	All causes Total Crude death rate (per 100,000 population)	All causes Male Number of deaths	All causes Male Crude death rate (per 100,000 population)	All causes Male Age-adjusted death rate (per 100,000 population)	All causes Female Number of deaths	All causes Female Crude death rate (per 100,000 population)	All causes Female Age-adjusted death rate (per 100,000 population)	Heart Total Number of deaths	Heart Total Crude death rate (per 100,000 population)	Heart Male Number of deaths
1899	932 087	2 147.5	476 249	2 181.0		455 828	2 113.4		21 113	48.6	10 533
1900	910 744	2 077.1	464 072	2 104.5		446 664	2 049.3		21 107	48.1	10 351
1901	925 810	2 087.1	468 524	2 101.2		457 278	2 072.8		21 869	49.3	10 597
1902	959 126	2 133.1	486 410	2 151.7		472 710	2 114.3		23 837	53.0	11 733
1903	931 008	2 044.1	472 249	2 062.1		458 755	2 025.9		23 665	52.0	11 576
1904	955 400	2 070.9	481 445	2 075.6		473 950	2 066.0		25 435	55.1	12 051
1905	1 004 661	2 155.0	505 290	2 157.4		499 365	2 152.5		25 888	55.5	12 460
1906	955 256	2 030.8	480 077	2 034.3		475 176	2 027.3		25 792	54.8	12 004
1907	1 016 798	2 144.4	512 110	2 153.0		504 681	2 135.8		28 645	60.4	13 456
1908	1 029 447	2 146.2	517 755	2 153.6		511 687	2 138.8		28 575	59.6	13 476
1909	1 091 264	2 247.5	550 267	2 262.1		540 992	2 232.9		32 580	67.1	15 747
1910	1 064 234	2 163.8	535 076	2 170.7		529 156	2 156.8		31 976	65.0	15 100
1911	1 043 906	2 094.0	526 141	2 105.2		517 762	2 082.8		31 555	63.3	14 926
1912	1 037 016	2 050.4	523 604	2 064.3		513 410	2 036.4		31 223	61.7	14 776
1913	1 027 257	2 002.3	521 210	2 025.1		506 042	1 979.2		31 092	60.6	14 682
1914	1 101 815	2 117.3	559 337	2 142.6		542 473	2 091.7		32 476	62.4	15 558
1915	1 093 793	2 073.5	556 179	2 101.6		537 610	2 045.2		33 586	63.7	15 991
1916	1 187 832	2 220.4	604 156	2 250.9		583 674	2 189.7		37 022	69.2	17 867
1917	1 199 669	2 216.1	609 310	2 243.6		590 359	2 188.5		37 862	69.9	18 405
1918	1 493 162	2 727.8	753 392	2 744.3		739 770	2 711.2		44 760	81.8	21 104
1919	1 281 965	2 329.4	648 984	2 351.2		632 981	2 307.5		34 426	62.6	16 396
1920	1 422 096	2 541.1	720 655	2 569.7		701 441	2 512.4		35 540	63.5	16 775
1921	1 288 570	2 274.0	659 328	2 320.6		629 242	2 227.1		37 420	66.0	18 299
1922	1 286 941	2 242.4	655 740	2 276.9		631 201	2 207.7		37 312	65.0	17 777
1923	1 332 485	2 292.7	679 072	2 327.4		653 405	2 257.6		42 184	72.6	20 807
1924	1 254 946	2 131.5	642 969	2 174.5		611 977	2 088.2		40 676	69.1	19 524
1925	1 210 706	2 026.7	621 357	2 070.3		589 349	1 982.8		39 895	66.8	19 485
1926	1 160 734	1 911.0	597 292	1 957.0		563 435	1 864.5		37 949	62.5	18 267
1927	1 214 323	1 969.4	624 311	2 015.1		590 012	1 923.3		38 971	63.2	18 717
1928	1 236 711	1 975.7	639 214	2 032.5		597 497	1 918.4		39 908	63.8	19 751
1929	1 261 228	1 987.4	645 994	2 025.7		615 234	1 948.8		41 532	65.4	20 508
1930	1 170 867	1 816.7	603 995	1 864.7		566 871	1 768.2		41 138	63.8	20 190
1931	1 240 891	1 895.7	642 146	1 951.9		598 745	1 839.0		41 867	64.0	20 666
1932	1 175 344	1 769.2	607 267	1 820.6		568 077	1 717.3		38 973	58.7	18 932
1933	1 193 987	1 770.7	618 496	1 827.5		575 491	1 713.4		40 111	59.5	19 662
1934	1 234 684	1 807.5	639 098	1 863.6		595 507	1 750.7		42 519	62.2	21 067
1935	1 161 936	1 677.8	603 566	1 737.7		558 367	1 617.5		39 902	57.6	19 936
1936	1 230 278	1 754.7	637 854	1 817.1		592 421	1 692.1		42 910	61.2	21 468
1937	1 207 899	1 710.2	625 625	1 781.0		582 274	1 640.1		42 822	60.6	21 480
1938	1 259 805	1 774.1	652 936	1 858.9		606 869	1 691.0		47 461	66.8	23 998
1939	1 268 760	1 777.5	658 589	1 869.6		610 171	1 687.7		47 442	66.5	23 783
1940	1 186 595	1 649.6	615 311	1 738.8		571 284	1 563.2		45 542	63.3	22 507
1941	1 149 559	1 603.7	597 373	1 721.2		552 186	1 493.4		42 543	59.4	20 974
1942	1 166 630	1 611.7	609 038	1 746.4		557 592	1 486.5		43 487	60.1	21 265
1943	1 219 073	1 672.6	638 135	1 835.5		580 938	1 524.1		45 428	62.3	21 894
1947	1 138 238	1 457.4	595 670	1 562.2	2 363.3	542 568	1 357.4	1 826.3	48 575	62.2	23 618
1948	950 610	1 188.2	493 573	1 261.4	1 929.0	457 037	1 118.2	1 539.5	49 046	61.3	23 927
1949	945 444	1 156.2	489 817	1 222.6	1 889.9	455 627	1 092.4	1 501.6	52 763	64.5	25 624
1950	904 876	1 087.6	467 073	1 144.5	1 858.6	437 803	1 032.8	1 457.8	53 377	64.2	26 108
1951	838 998	992.0	432 540	1 042.4	1 685.3	406 458	943.5	1 339.1	53 750	63.6	26 116
1952	765 068	891.1	395 205	937.7	1 571.2	369 863	846.3	1 236.8	52 603	61.3	25 825
1953	772 547	887.6	399 859	935.4	1 643.8	372 688	841.6	1 259.9	56 477	64.9	28 339
1954	721 491	817.2	379 658	875.2	1 516.8	341 833	761.1	1 132.7	53 128	60.2	26 729

and age-adjusted death rates (per 100,000 population) by sex,
diseases :From 1899 to 2004

diseases					Cerebrovascular diseases							
		Female			Total		Male			Female		
Crude death rate (per 100,000 population)	Age-adjusted death rate (per 100,000 population)	Number of deaths	Crude death rate (per 100,000 population)	Age-adjusted death rate (per 100,000 population)	Number of deaths	Crude death rate (per 100,000 population)	Number of deaths	Crude death rate (per 100,000 population)	Age-adjusted death rate (per 100,000 population)	Number of deaths	Crude death rate (per 100,000 population)	Age-adjusted death rate (per 100,000 population)
48.2		10 580	49.1		73 989	170.5	39 959	183.0		34 030	157.8	
46.9		10 756	49.3		69 799	159.2	37 857	171.7		31 942	146.5	
47.5		11 272	51.1		75 250	169.6	40 470	181.5		34 780	157.7	
51.9		12 104	54.1		74 935	166.7	40 444	178.9		34 491	154.3	
50.5		12 089	53.4		73 939	162.3	39 957	174.5		33 982	150.1	
52.0		13 384	58.3		77 588	168.2	41 844	180.4		35 744	155.8	
53.2		13 428	57.9		76 169	163.4	41 131	175.6		35 038	151.0	
50.9		13 788	58.8		73 449	156.1	39 979	169.4		33 470	142.8	
56.6		15 189	64.3		78 580	165.7	42 610	179.1		35 970	152.2	
56.1		15 099	63.1		73 760	153.8	40 168	167.1		33 592	140.4	
64.7		16 833	69.5		67 788	139.6	36 713	150.9		31 075	128.3	
61.3		16 876	68.8		64 888	131.9	35 578	144.3		29 310	119.5	
59.7		16 629	66.9		65 731	131.9	35 859	143.5		29 872	120.2	
58.3		16 447	65.2		67 489	133.4	36 787	145.0		30 702	121.8	
57.0		16 410	64.2		66 771	130.1	36 644	142.4		30 127	117.8	
59.6		16 918	65.2		68 571	131.8	37 202	142.5		31 369	121.0	
60.4		17 595	66.9		67 921	128.8	37 357	141.2		30 564	116.3	
66.6		19 155	71.9		73 912	138.2	40 458	150.7		33 454	125.5	
67.8		19 457	72.1		77 999	144.1	42 809	157.6		35 190	130.4	
76.9		23 656	86.7		86 262	157.6	47 370	172.5		38 892	142.5	
59.4		18 030	65.7		84 382	153.3	46 415	168.2		37 967	138.4	
59.8		18 765	67.2		88 186	157.6	49 181	175.4		39 005	139.7	
64.4		19 121	67.7		90 523	159.7	51 024	179.6		39 499	139.8	
61.7		19 535	68.3		91 433	159.3	51 183	177.7		40 250	140.8	
71.3		21 377	73.9		94 615	162.8	53 372	182.9		41 243	142.5	
66.0		21 152	72.2		102 810	174.6	57 851	195.6		44 959	153.4	
64.9		20 410	68.7		96 293	161.2	54 767	182.5		41 526	139.7	
59.9		19 682	65.1		98 688	162.5	55 732	182.6		42 956	142.1	
60.4		20 254	66.0		101 705	164.9	57 186	184.6		44 519	145.1	
62.8		20 157	64.7		102 985	164.5	58 087	184.7		44 898	144.2	
64.3		21 024	66.6		108 439	170.9	60 242	188.9		48 197	152.7	
62.3		20 948	65.3		104 942	162.8	58 276	179.9		46 666	145.6	
62.8		21 201	65.1		107 352	164.0	59 760	181.6		47 592	146.2	
56.8		20 041	60.6		107 378	161.6	59 299	177.8		48 079	145.3	
58.1		20 449	60.9		110 719	164.2	61 114	180.6		49 605	147.7	
61.4		21 452	63.1		114 447	167.5	63 333	184.7		51 114	150.3	
57.4		19 966	57.8		114 554	165.4	62 983	181.3		51 571	149.4	
61.2		21 442	61.2		118 152	168.5	65 323	186.1		52 829	150.9	
61.1		21 342	60.1		118 761	168.1	65 097	185.3		53 664	151.2	
68.3		23 463	65.4		126 861	178.6	69 991	199.3		56 870	158.5	
67.5		23 659	65.4		130 826	183.3	71 912	204.1		58 914	163.0	
63.6		23 035	63.0		127 847	177.7	70 075	198.0		57 772	158.1	
60.4		21 569	58.3		125 124	174.6	67 357	194.1		57 767	156.2	
61.0		22 222	59.2		125 349	173.2	67 144	192.5		58 205	155.2	
63.0		23 534	61.7		120 985	166.0	64 538	185.6		56 447	148.1	
61.9	113.3	24 957	62.4	97.8	101 095	129.4	51 841	136.0	318.7	49 254	123.2	235.3
61.1	111.6	25 119	61.5	97.4	94 329	117.9	46 779	119.5	278.0	47 550	116.3	221.7
64.0	119.9	27 139	65.1	104.1	100 278	122.6	49 172	122.7	285.8	51 106	122.5	232.3
64.0	126.2	27 269	64.3	105.4	105 728	127.1	52 188	127.9	297.9	53 540	126.3	236.3
62.9	122.7	27 634	64.1	104.9	105 858	125.2	52 388	126.3	285.3	53 470	124.1	229.4
61.3	120.9	26 778	61.3	100.2	110 359	128.5	55 011	130.5	288.8	55 348	126.6	230.0
66.3	133.6	28 138	63.5	104.3	116 351	133.7	58 421	136.7	299.7	57 930	130.8	233.8
61.6	123.2	26 399	58.8	94.9	116 925	132.4	59 940	138.2	295.2	56 985	126.9	223.5

Statistics 3 Numbers of deaths, crude death rates (per 100,000 population), for all death causes, Heart diseases and cerebrovascular

Year	All causes Total Number of deaths	All causes Total Crude death rate (per 100,000 population)	All causes Male Number of deaths	All causes Male Crude death rate (per 100,000 population)	All causes Male Age-adjusted death rate (per 100,000 population)	All causes Female Number of deaths	All causes Female Crude death rate (per 100,000 population)	All causes Female Age-adjusted death rate (per 100,000 population)	Heart Total Number of deaths	Heart Total Crude death rate (per 100,000 population)	Heart Male Number of deaths
1955	693 523	776.8	365 246	832.7	1 482.0	328 277	722.8	1 099.3	54 351	60.9	27 282
1956	724 460	802.6	381 395	859.9	1 557.2	343 065	747.4	1 146.2	59 543	66.0	29 993
1957	752 445	826.1	397 502	887.9	1 629.1	354 943	766.3	1 179.5	66 571	73.1	34 030
1958	684 189	743.6	363 647	804.0	1 438.5	320 542	685.2	1 036.1	59 603	64.8	30 358
1959	689 959	742.1	367 562	804.2	1 435.6	322 370	682.1	1 023.3	62 954	67.7	32 135
1960	706 599	756.4	377 526	822.9	1 476.1	329 073	692.2	1 042.3	68 400	73.2	34 755
1961	695 644	737.8	371 858	803.1	1 432.5	323 786	674.8	1 000.5	68 017	72.1	34 324
1962	710 265	746.2	380 826	814.7	1 464.6	329 439	680.2	1 004.2	72 493	76.2	37 230
1963	670 770	697.6	361 469	765.3	1 344.6	309 301	632.2	927.5	67 672	70.4	34 605
1964	673 067	692.6	363 531	761.4	1 324.6	309 536	626.0	906.9	68 328	70.3	34 986
1965	700 438	712.7	378 716	785.0	1 369.9	321 722	643.1	931.5	75 672	77.0	38 827
1966	670 342	676.7	363 356	747.2	1 273.2	306 986	608.7	867.3	71 188	71.9	36 607
1967	675 006	677.5	366 076	748.6	1 256.2	308 930	608.9	849.3	75 424	75.7	38 900
1968	686 555	681.1	372 931	753.7	1 254.8	313 624	611.2	839.6	80 866	80.2	41 766
1969	693 787	680.0	379 506	757.5	1 237.2	314 281	605.3	815.3	83 357	81.7	43 305
1970	712 962	691.4	387 880	766.6	1 234.6	325 082	619.0	823.3	89 411	86.7	45 988
1971	684 521	656.0	372 942	728.0	1 146.0	311 579	586.6	758.3	85 529	82.0	44 380
1972	683 751	646.6	372 833	719.1	1 120.9	310 918	576.9	735.4	85 885	81.2	44 192
1973	709 416	656.4	383 592	723.7	1 118.5	325 824	591.6	740.0	94 324	87.3	48 300
1974	710 510	649.4	381 869	711.4	1 087.7	328 641	589.7	724.3	98 251	89.8	49 655
1975	702 275	631.2	377 827	690.4	1 036.5	324 448	574.0	685.1	99 226	89.2	50 395
1976	703 270	625.6	378 630	684.3	1 012.5	324 640	568.7	664.0	103 638	92.2	52 673
1977	690 074	608.0	372 175	666.3	959.9	317 899	551.5	624.2	103 564	91.2	53 079
1978	695 821	607.6	375 625	666.5	939.9	320 196	550.6	604.8	106 786	93.3	54 643
1979	689 664	597.3	373 183	656.6	902.5	316 481	539.8	574.4	111 938	96.9	58 065
1980	722 801	621.4	390 644	682.9	923.5	332 157	561.8	579.8	123 505	106.2	64 103
1981	720 262	614.5	388 575	674.0	889.2	331 687	557.0	556.3	126 012	107.5	64 281
1982	711 883	603.2	385 494	664.0	849.6	326 389	544.4	523.4	125 905	106.7	64 578
1983	740 038	623.0	401 232	686.6	855.3	338 806	561.4	520.1	132 244	111.3	67 412
1984	740 247	619.3	402 220	684.1	831.1	338 027	556.6	498.4	136 162	113.9	69 582
1985	752 283	625.1	407 769	689.9	812.9	344 514	563.1	482.9	141 097	117.3	71 766
1986	750 620	620.6	406 918	684.6	785.0	343 702	558.8	461.7	142 581	117.9	72 072
1987	751 172	618.1	408 094	683.3	758.2	343 078	555.0	439.1	143 909	118.4	72 566
1988	793 014	649.9	428 094	713.9	770.8	364 920	588.0	445.9	157 920	129.4	78 640
1989	788 594	644.0	427 114	709.8	744.7	361 480	580.3	424.4	156 831	128.1	77 901
1990	820 305	668.4	443 718	736.5	747.9	376 587	602.8	423.0	165 478	134.8	81 774
1991	829 797	674.1	450 344	745.3	735.5	379 453	605.4	410.1	168 878	137.2	83 646
1992	856 643	693.8	465 544	768.3	735.2	391 099	622.0	404.5	175 546	142.2	86 384
1993	878 532	709.7	476 462	784.6	729.0	402 070	637.6	398.9	180 297	145.6	88 309
1994	875 933	706.0	476 080	782.5	705.7	399 853	632.4	380.3	159 579	128.6	78 868
1995	922 139	741.9	501 276	822.9	719.6	420 863	664.0	384.7	139 206	112.0	69 718
1996	896 211	718.6	488 605	799.5	677.4	407 606	641.0	357.2	138 229	110.8	68 977
1997	913 402	730.9	497 796	813.3	667.2	415 606	651.9	348.4	140 174	112.2	69 776
1998	936 484	747.7	512 128	835.3	664.7	424 356	663.7	342.2	143 120	114.3	71 134
1999	982 031	782.9	534 778	871.6	673.7	447 253	698.0	344.8	151 079	120.4	73 979
2000	961 653	765.6	525 903	855.3	634.2	435 750	679.5	323.9	146 741	116.8	72 156
2001	970 331	770.7	528 768	858.5	615.9	441 563	686.6	313.9	148 292	117.8	72 727
2002	982 379	779.6	535 305	869.1	602.5	447 074	694.0	304.9	152 518	121.0	74 986
2003	1 014 951	804.6	551 746	895.4	601.6	463 205	717.9	302.5	159 545	126.5	77 989
2004	1 028 602	815.2	557 097	904.4	588.3	471 505	730.1	297.1	159 625	126.5	77 465

Notes: 1) Age-adjusted death rates for 1943 and before are not listed, due to the lack of statistical data.
2) Values for 1944 through 1946 are omitted due to the lack of data.
3) Crude death rates for 1985 use the population as determined in the National Census 1985, and do not agree with the Vital Statistics report of the year.

and age-adjusted death rates (per 100,000 population) by sex,
diseases :From 1899 to 2004

diseases					Cerebrovascular diseases							
		Female			Total		Male			Female		
Crude death rate (per 100,000 population)	Age-adjusted death rate (per 100,000 population)	Number of deaths	Crude death rate (per 100,000 population)	Age-adjusted death rate (per 100,000 population)	Number of deaths	Crude death rate (per 100,000 population)	Number of deaths	Crude death rate (per 100,000 population)	Age-adjusted death rate (per 100,000 population)	Number of deaths	Crude death rate (per 100,000 population)	Age-adjusted death rate (per 100,000 population)
62.2	125.4	27 069	59.6	96.8	121 504	136.1	62 737	143.0	302.1	58 767	129.4	224.8
67.6	136.4	29 550	64.4	104.3	133 931	148.4	69 427	156.5	326.7	64 504	140.5	241.1
76.0	155.5	32 541	70.3	113.1	138 181	151.7	72 802	162.6	334.1	65 379	141.2	239.0
67.1	136.7	29 245	62.5	100.5	136 767	148.6	71 642	158.4	321.6	65 125	139.2	232.5
70.3	142.6	30 819	65.2	103.6	142 858	153.7	75 169	164.5	330.2	67 689	143.2	235.6
75.8	153.3	33 645	70.8	111.9	150 109	160.7	78 965	172.1	341.1	71 144	149.6	242.7
74.1	149.6	33 693	70.2	109.2	155 966	165.4	82 817	178.9	349.0	73 149	152.5	242.2
79.6	160.7	35 263	72.8	112.4	161 228	169.4	85 877	183.7	355.0	75 351	155.6	244.1
73.3	145.0	33 067	67.6	104.0	164 818	171.4	87 943	186.2	356.1	76 875	157.1	244.4
73.3	142.9	33 342	67.4	101.9	166 901	171.7	89 040	186.5	353.6	77 861	157.5	241.4
80.5	156.0	36 845	73.6	111.1	172 773	175.8	92 723	192.2	361.0	80 050	160.0	243.8
75.3	142.3	34 581	68.6	101.8	172 186	173.8	92 066	189.3	349.1	80 120	158.9	237.7
79.6	148.0	36 524	72.0	104.6	172 464	173.1	92 024	188.2	342.1	80 440	158.5	232.1
84.4	155.6	39 100	76.2	109.0	174 905	173.5	93 773	189.5	340.6	81 132	158.1	227.5
86.4	156.4	40 052	77.1	108.4	177 894	174.4	95 622	190.9	338.7	82 272	158.5	223.3
90.9	161.7	43 423	82.7	114.5	181 315	175.8	96 910	191.5	333.8	84 405	160.7	222.6
86.6	149.9	41 149	77.5	104.3	176 952	169.6	94 404	184.3	314.5	82 548	155.4	209.1
85.2	146.6	41 693	77.4	102.8	176 228	166.7	93 290	179.9	304.7	82 938	153.9	203.9
91.1	154.6	46 024	83.6	108.4	180 332	166.9	94 323	178.0	297.7	86 009	156.2	202.4
92.5	154.5	48 596	87.2	110.9	178 365	163.0	92 620	172.5	283.9	85 745	153.9	194.9
92.1	150.0	48 831	86.4	106.3	174 367	156.7	89 924	164.3	265.0	84 443	149.4	183.0
95.2	152.0	50 965	89.3	106.9	173 745	154.5	89 189	161.2	254.4	84 556	148.1	176.8
95.0	147.1	50 485	87.6	101.2	170 029	149.8	86 807	155.4	237.9	83 222	144.4	166.2
97.0	146.0	52 143	89.7	100.0	167 452	146.2	85 308	151.4	226.1	82 144	141.3	156.8
102.2	147.2	53 873	91.9	98.5	158 974	137.7	80 134	141.0	204.3	78 840	134.5	143.9
112.1	158.0	59 402	100.5	103.9	162 317	139.5	81 650	142.7	202.0	80 667	136.4	140.9
111.5	153.1	61 731	103.7	103.3	157 351	134.3	78 510	136.2	187.7	78 841	132.4	131.8
111.2	147.5	61 327	102.3	97.5	147 537	125.0	73 192	126.1	168.1	74 345	124.0	118.2
115.4	148.5	64 832	107.4	98.1	145 880	122.8	71 631	122.6	158.6	74 249	123.0	112.4
118.4	148.3	66 580	109.6	96.2	140 093	117.2	68 262	116.1	146.1	71 831	118.3	103.9
121.4	146.9	69 331	113.3	94.6	134 994	112.2	65 287	110.5	134.0	69 707	113.9	95.3
121.3	142.4	70 509	114.6	91.6	129 289	106.9	61 832	104.0	122.4	67 457	109.7	88.0
121.5	137.3	71 343	115.4	87.6	123 626	101.7	58 744	98.4	111.6	64 882	105.0	80.1
131.1	143.8	79 280	127.7	92.4	128 695	105.5	60 832	101.4	111.4	67 863	109.3	79.5
129.5	137.6	78 930	126.7	87.7	120 652	98.5	56 938	94.6	100.5	63 714	102.3	71.2
135.7	139.1	83 704	134.0	88.5	121 944	99.4	57 627	95.6	97.9	64 317	103.0	68.6
138.4	137.6	85 232	136.0	86.0	118 448	96.2	55 740	92.2	91.5	62 708	100.0	64.0
142.6	137.1	89 162	141.8	85.5	118 058	95.6	55 431	91.5	87.7	62 627	99.6	60.9
145.4	135.4	91 988	145.9	84.2	118 794	96.0	55 279	91.0	84.6	63 515	100.7	59.1
129.6	116.7	80 711	127.6	70.7	120 239	96.9	55 510	91.2	82.0	64 729	102.4	57.1
114.4	99.7	69 488	109.6	58.4	146 552	117.9	69 587	114.2	99.3	76 965	121.4	64.0
112.9	95.1	69 252	108.9	55.2	140 366	112.6	66 479	108.8	91.3	73 887	116.2	58.5
114.0	92.8	70 398	110.4	53.1	138 697	111.0	65 790	107.5	87.1	72 907	114.4	54.8
116.0	91.4	71 986	112.6	51.7	137 819	110.0	65 529	106.9	83.7	72 290	113.1	51.9
120.6	92.2	77 100	120.3	53.0	138 989	110.8	66 452	108.3	82.2	72 537	113.2	49.9
117.3	85.8	74 585	116.3	48.5	132 529	105.5	63 127	102.7	74.2	69 402	108.2	45.7
118.1	83.6	75 565	117.5	46.9	131 856	104.7	63 146	102.5	71.4	68 710	106.8	42.8
121.7	83.2	77 532	120.4	45.9	130 257	103.4	62 229	101.0	67.7	68 028	105.6	40.6
126.6	83.7	81 556	126.4	45.8	132 067	104.7	63 274	102.7	66.5	68 793	106.6	39.2
125.8	80.6	82 160	127.2	44.2	129 055	102.3	61 547	99.9	62.5	67 508	104.5	37.0

Statistics 4   Crude death rates for all causes of death and Heart diseases, by sex, disease type and age group (by 10-year age scale) (per 100,000 population) :From 1950 to 2004

Disease type / age group	1950	'55	'60	'65	'70	'75	'80	'85	'90	'95	2000	'04
					Male							
All causes												
Total	1 144.5	832.7	822.9	785.0	766.6	690.4	682.9	689.9	736.5	822.9	855.3	904.4
39 or below	727.7	363.7	276.3	212.2	189.7	143.0	110.7	81.9	84.4	80.1	75.2	72.1
40 - 49	825.6	584.8	517.8	452.9	414.0	383.0	344.8	294.2	244.6	244.1	240.2	224.1
50 - 59	1 679.0	1 368.6	1 327.3	1 162.0	1 048.9	838.2	752.2	754.1	683.0	632.8	591.4	566.5
60 - 69	3 991.7	3 417.2	3 338.1	3 143.1	2 873.7	2 271.5	1 993.6	1 671.8	1 574.7	1 625.1	1 454.7	1 289.9
70 - 79	9 041.4	8 268.7	8 518.8	8 156.4	7 411.4	6 253.8	5 609.9	4 808.1	4 397.1	4 062.9	3 506.7	3 371.6
80 - 89	19 444.4	16 638.7	18 883.1	19 370.4	16 975.2	15 222.1	13 952.3	12 624.3	11 896.8	11 366.2	9 805.1	8 835.5
90 or above	41 011.8	35 271.9	35 823.2	30 164.6	29 773.4	30 858.0	29 681.6	26 700.5	26 796.0	26 734.7	22 373.4	20 940.2
Heart Diseases												
Total	64.0	62.2	75.8	80.5	90.9	92.1	112.1	121.4	135.7	114.4	117.3	125.8
39 or below	14.2	10.3	9.2	8.3	8.9	8.1	8.8	7.2	8.0	6.1	6.5	6.7
40 - 49	61.6	45.8	42.2	36.2	39.9	40.2	46.2	39.8	37.3	30.7	31.0	31.5
50 - 59	151.6	125.5	124.9	114.3	114.9	100.2	108.2	104.1	101.2	77.8	74.5	75.1
60 - 69	395.2	344.0	359.7	347.4	354.0	298.5	319.2	271.0	249.7	203.2	184.4	171.5
70 - 79	738.1	851.9	1 038.6	1 030.6	1 023.6	930.1	998.1	903.5	841.9	577.3	469.4	441.2
80 - 89	1 032.5	1 328.4	2 272.5	2 655.5	2 764.2	2 737.3	2 808.3	2 800.6	2 697.1	1 816.0	1 500.2	1 324.2
90 or above	1 435.3	1 698.4	3 123.5	3 795.2	5 305.6	6 373.7	6 501.4	6 494.0	6 668.3	4 517.2	3 806.3	3 576.0
Acute myocardial infarction												
Total	...	...	...	...	25.7	25.7	30.6	29.9	29.7	46.6	40.6	39.3
39 or below	...	...	...	...	1.5	1.2	1.0	0.7	0.6	1.2	1.2	1.3
40 - 49	...	...	...	...	14.0	13.0	13.4	9.4	7.8	12.5	11.2	10.6
50 - 59	...	...	...	...	46.7	39.5	41.1	33.3	25.9	34.2	29.6	27.1
60 - 69	...	...	...	...	129.8	117.3	121.3	94.1	73.7	94.9	73.1	60.5
70 - 79	...	...	...	...	270.4	259.0	287.1	247.0	212.8	255.6	179.0	152.2
80 - 89	...	...	...	...	483.1	452.0	495.2	495.2	471.0	685.5	464.9	378.9
90 or above	...	...	...	...	497.9	733.8	666.4	709.5	689.9	1 294.2	900.7	754.5
Other ischaemic heart diseases												
Total	...	...	...	...	18.7	18.4	16.4	15.6	15.7	19.1	21.0	24.1
39 or below	...	...	...	...	0.7	0.3	0.2	0.2	0.3	0.5	0.8	0.9
40 - 49	...	...	...	...	5.2	3.6	2.8	2.5	2.6	4.0	4.7	5.6
50 - 59	...	...	...	...	21.1	13.4	10.5	9.2	8.9	11.5	14.5	15.9
60 - 69	...	...	...	...	76.8	54.3	38.7	29.9	26.5	31.8	35.7	38.5
70 - 79	...	...	...	...	247.2	225.0	166.8	124.2	104.1	97.1	86.1	89.9
80 - 89	...	...	...	...	583.0	676.4	546.0	450.6	351.2	329.4	261.9	232.0
90 or above	...	...	...	...	772.7	1 255.4	1 179.1	1 010.0	961.2	913.5	604.6	531.7
Arrhythmia and conduction disorder												
Total	0.2	0.4	0.8	1.1	1.3	1.6	3.5	4.3	5.1	10.6	12.3	16.3
39 or below	0.0	0.1	0.1	0.1	0.1	0.1	0.3	0.3	0.3	0.9	1.2	1.6
40 - 49	0.1	0.6	0.6	0.6	0.5	0.6	1.0	0.7	0.8	2.8	4.0	5.1
50 - 59	0.5	0.8	1.6	2.0	1.9	1.7	2.7	2.5	2.7	6.4	7.1	9.7
60 - 69	1.2	2.2	3.7	4.7	5.8	4.8	9.1	8.3	7.3	17.0	17.8	22.1
70 - 79	2.0	5.0	10.3	13.9	14.0	18.6	35.6	34.1	34.0	52.0	46.7	55.1
80 - 89	1.7	8.4	24.4	29.5	30.4	49.5	87.9	113.1	119.6	175.0	161.5	169.1
90 or above	-	-	-	51.0	40.1	78.5	193.0	296.7	276.2	465.3	393.6	436.2
Heart failure												
Total	5.7	11.1	15.5	21.0	29.7	35.6	51.5	62.6	76.2	27.3	32.5	34.2
39 or below	0.7	1.3	1.8	2.6	4.3	4.8	5.4	4.8	5.6	1.9	2.1	1.6
40 - 49	3.7	5.3	5.1	6.4	11.2	16.0	22.1	22.5	22.2	7.2	7.4	6.4
50 - 59	11.6	15.9	16.5	19.2	24.6	30.8	40.5	48.0	54.5	16.5	15.9	14.6
60 - 69	37.1	54.7	56.8	67.2	85.4	87.9	120.0	114.6	121.5	40.1	39.3	34.3
70 - 79	87.6	183.2	234.5	278.0	325.6	331.5	434.3	437.1	438.7	120.4	119.4	103.6
80 - 89	165.7	456.8	760.6	1 037.7	1 231.9	1 299.0	1 494.9	1 599.4	1 626.5	484.3	486.1	424.3
90 or above	329.4	754.8	1 573.8	1 937.6	3 331.0	3 701.5	4 164.4	4 234.2	4 477.0	1 532.8	1 608.5	1 569.1
					Female							
All causes												
Total	1 032.8	722.8	692.2	643.1	619.0	574.0	561.8	563.1	602.8	664.0	679.5	730.1
39 or below	664.9	306.9	210.4	141.2	116.8	90.1	66.6	47.6	47.4	45.2	41.2	40.0
40 - 49	665.9	445.4	370.2	296.2	255.9	207.4	172.4	153.1	133.2	135.2	124.3	112.2
50 - 59	1 210.7	927.4	819.9	691.1	605.2	481.8	399.1	347.9	308.5	297.4	268.8	263.2
60 - 69	2 817.1	2 255.7	2 052.0	1 825.5	1 607.7	1 251.5	1 046.5	857.6	738.0	696.5	603.9	537.6
70 - 79	6 736.2	6 013.3	6 107.6	5 566.3	4 898.0	4 058.8	3 408.0	2 739.3	2 364.9	2 065.6	1 692.3	1 514.0
80 - 89	16 017.7	13 657.6	14 860.2	15 421.9	13 699.4	12 162.4	10 590.9	9 010.1	8 018.2	7 028.2	5 809.8	5 156.6
90 or above	32 928.5	28 149.7	31 788.4	28 134.0	28 546.3	28 499.9	26 316.5	22 762.1	21 606.0	19 574.7	16 310.0	15 194.9
Heart Diseases												
Total	64.3	59.6	70.8	73.6	82.7	86.4	100.5	113.3	134.0	109.6	116.3	127.2
39 or below	19.9	13.6	10.9	7.3	5.9	4.6	4.1	3.3	3.7	2.3	2.3	2.5
40 - 49	65.6	45.5	38.0	33.0	27.1	19.7	17.8	15.2	12.8	9.9	8.5	8.8
50 - 59	119.0	93.3	86.0	72.5	69.2	52.7	48.0	40.3	35.7	25.7	20.5	20.8
60 - 69	301.1	246.3	240.6	219.6	212.9	171.3	168.1	142.3	120.7	85.7	70.5	59.6
70 - 79	561.6	614.5	748.0	726.4	721.8	664.0	666.4	595.8	539.5	352.3	277.0	239.9
80 - 89	828.6	1 039.4	1 673.0	2 041.0	2 243.9	2 319.0	2 274.1	2 175.4	2 130.8	1 371.9	1 176.3	1 032.6
90 or above	1 082.2	1 328.4	2 754.2	3 285.9	4 793.3	5 743.7	5 570.7	5 491.1	5 982.4	3 665.8	3 362.6	3 204.8
Acute myocardial infarction												
Total	...	...	...	...	16.6	17.3	20.1	21.1	22.5	38.1	32.6	31.4
39 or below	...	...	...	...	0.4	0.3	0.3	0.2	0.2	0.3	0.3	0.3
40 - 49	...	...	...	...	4.4	3.8	3.5	2.4	1.7	3.3	2.1	2.4
50 - 59	...	...	...	...	18.3	13.0	11.3	8.8	6.8	9.3	6.4	6.0
60 - 69	...	...	...	...	62.4	51.8	50.9	39.1	29.2	35.5	24.9	18.5
70 - 79	...	...	...	...	166.4	157.0	164.8	141.9	119.2	142.1	94.1	72.3
80 - 89	...	...	...	...	317.4	342.6	342.7	329.9	319.7	471.2	335.7	269.3
90 or above	...	...	...	...	420.3	495.8	418.8	455.6	523.9	929.7	670.8	577.0
Other ischaemic heart diseases												
Total	...	...	...	...	15.1	17.6	16.2	15.9	16.1	18.0	17.8	18.6
39 or below	...	...	...	...	0.2	0.2	0.1	0.1	0.1	0.2	0.2	0.2
40 - 49	...	...	...	...	2.3	1.0	1.0	0.6	0.5	0.9	1.2	1.2
50 - 59	...	...	...	...	9.1	5.2	3.4	2.4	2.2	3.0	2.9	3.4
60 - 69	...	...	...	...	42.1	29.6	18.4	12.9	10.3	10.9	11.3	10.7
70 - 79	...	...	...	...	156.3	157.8	117.1	80.0	60.5	52.6	44.8	41.5
80 - 89	...	...	...	...	432.0	548.1	444.3	370.6	287.0	235.6	177.4	149.1
90 or above	...	...	...	...	658.4	1 048.3	936.6	901.9	843.8	741.2	500.6	399.9
Arrhythmia and conduction disorder												
Total	0.2	0.3	0.7	1.0	1.1	1.4	3.1	4.0	5.3	10.1	11.8	15.8
39 or below	0.1	0.1	0.1	0.1	0.1	0.1	0.1	0.1	0.1	0.3	0.4	0.6
40 - 49	0.3	0.3	0.5	0.7	0.6	0.5	0.6	0.4	0.3	0.8	1.3	1.6
50 - 59	0.5	0.6	1.6	1.3	1.5	1.4	1.7	1.4	1.0	2.2	2.4	3.0
60 - 69	1.3	1.2	2.3	3.7	3.2	2.9	6.3	5.4	3.8	7.0	7.0	7.9
70 - 79	2.2	3.7	7.3	8.3	9.7	12.0	22.2	22.6	21.2	31.2	27.4	30.2
80 - 89	2.6	7.5	12.8	21.0	20.3	29.9	61.4	73.3	90.0	130.0	128.9	128.9
90 or above	0.0	11.8	29.3	16.2	41.4	60.1	124.5	163.8	230.4	344.4	323.6	368.1
Heart failure												
Total	5.3	11.0	16.2	22.2	31.8	37.4	50.9	62.6	80.4	30.8	41.3	47.3
39 or below	0.8	1.3	1.5	1.7	2.4	2.4	2.5	2.2	2.4	0.7	0.8	0.7
40 - 49	3.5	4.0	5.2	5.8	7.1	7.2	7.9	8.5	8.1	3.0	2.7	2.5
50 - 59	8.9	12.7	12.1	13.5	17.7	17.5	20.5	19.2	19.8	6.3	5.4	5.7
60 - 69	28.0	42.4	42.9	46.9	58.4	56.0	68.4	64.3	62.2	18.9	17.7	14.5
70 - 79	57.9	135.6	183.5	216.0	254.8	254.0	303.2	301.9	296.9	84.0	78.6	67.2
80 - 89	126.1	320.7	567.6	849.4	1 104.6	1 159.5	1 274.6	1 276.7	1 315.1	393.4	417.7	371.3
90 or above	231.3	602.2	1 333.2	1 690.2	2 969.1	3 650.5	3 816.2	3 724.6	4 128.8	1 334.5	1 557.8	1 551.8

Note: Crude death rates for 1985 use the population as determined in the National Census 1985, and do not agree with the Vital Statistics report of the year.

Statistics 5 Crude death rates for cerebrovascular diseases, by sex, disease type and age group (by 10-year age scale) (per 100,000 of population) :From 1951 to 2004

Disease type / age group		1951	'55	'60	'65	'70	'75	'80	'85	'90	'95	2000	'04
							Male						
Cerebrovascular diseases	Total	126.3	143.0	172.1	192.2	191.5	164.3	142.7	110.5	95.6	114.2	102.7	99.9
	39 or below	3.7	3.2	3.9	5.5	6.4	5.0	4.5	2.9	2.8	2.4	2.3	2.4
	40 - 49	69.5	77.5	79.2	75.5	68.5	64.6	51.5	34.2	26.9	24.4	22.3	20.3
	50 - 59	278.6	319.0	340.6	295.9	238.3	162.8	122.3	93.0	74.4	65.6	54.4	49.9
	60 - 69	920.8	978.1	1 025.9	1 006.6	844.6	578.3	403.1	235.8	166.4	177.0	139.4	116.8
	70 - 79	2 117.1	2 199.7	2 499.8	2 719.2	2 516.6	1 936.4	1 450.3	897.9	616.7	588.9	428.9	371.4
	80 - 89	2 970.9	3 143.5	3 997.0	4 929.3	4 996.6	4 573.2	3 710.2	2 645.9	1 984.8	2 109.6	1 528.9	1 195.5
	90 or above		3 259.6	4 297.8	4 275.9	5 889.4	6 558.4	5 910.4	4 825.8	4 209.4	4 866.2	3 391.1	2 878.5
Subarachnoid haemorrhage	Total	1.8	3.0	4.0	4.8	5.3	5.8	6.4	7.0	8.1	9.0	9.0	9.0
	39 or below	0.6	0.8	1.0	1.2	1.6	1.4	1.3	1.0	1.2	1.1	1.1	1.1
	40 - 49	3.9	5.5	6.4	8.1	8.8	10.0	9.8	9.5	9.5	8.8	8.2	7.6
	50 - 59	6.2	10.0	13.6	13.8	14.0	15.1	16.9	17.2	17.2	16.5	14.5	13.5
	60 - 69	7.5	15.0	17.5	21.1	19.7	20.0	20.0	20.0	20.9	22.4	19.5	17.5
	70 - 79	8.9	16.8	20.2	25.1	23.4	22.3	24.5	25.5	27.8	29.2	26.8	25.2
	80 - 89	6.0	9.0	25.3	23.9	23.7	25.2	24.1	27.6	32.9	39.2	41.4	39.7
	90 or above		-	24.2	14.6	17.2	27.7	24.1	28.5	38.1	47.9	51.0	53.7
Intracerebral haemorrhage	Total	117.5	123.4	132.4	117.3	92.6	63.9	46.8	32.0	26.3	29.0	27.3	28.6
	39 or below	2.4	1.9	2.3	3.4	3.8	2.8	2.4	1.4	1.2	1.0	0.9	1.0
	40 - 49	61.8	65.8	65.2	55.0	46.6	41.4	31.7	19.5	14.3	12.4	11.4	10.6
	50 - 59	259.3	281.8	280.0	215.1	157.0	98.3	71.0	50.9	39.5	33.1	27.5	26.5
	60 - 69	868.9	854.3	812.0	651.8	457.7	272.4	170.1	93.5	65.9	68.3	55.7	50.2
	70 - 79	1 990.4	1 892.5	1 862.6	1 539.3	1 075.9	646.7	393.1	216.8	146.3	135.7	108.8	106.7
	80 - 89	2 779.9	2 662.8	2 817.7	2 456.8	1 759.5	1 144.3	746.3	459.4	313.2	334.8	259.8	231.8
	90 or above		2 779.2	2 857.1	1 966.8	1 551.1	1 163.1	832.3	614.4	478.8	521.8	429.4	395.5
Cerebral infarction	Total	4.1	9.4	22.7	46.1	60.5	62.4	65.0	54.9	50.5	70.1	63.5	59.6
	39 or below	0.6	0.5	0.4	0.4	0.4	0.2	0.2	0.2	0.2	0.2	0.1	0.2
	40 - 49	2.5	3.8	3.8	4.3	4.0	4.2	3.9	2.7	2.0	2.4	1.8	1.5
	50 - 59	8.1	15.5	25.2	32.4	32.2	23.0	18.9	17.1	13.3	13.9	10.6	8.1
	60 - 69	25.9	60.0	119.9	208.3	224.8	173.8	149.4	95.7	67.4	79.6	60.3	45.4
	70 - 79	64.4	159.9	407.2	805.6	956.6	873.0	771.4	521.1	381.8	399.1	282.9	230.2
	80 - 89	94.0	266.4	810.7	1 788.9	2 247.4	2 398.7	2 215.7	1 651.0	1 335.0	1 599.8	1 189.6	895.6
	90 or above		205.9	1 077.5	1 690.0	3 262.4	3 881.5	3 663.8	3 047.2	2 737.5	3 770.5	2 800.7	2 356.1
							Female						
Cerebrovascular diseases	Total	124.1	129.4	149.6	160.0	160.7	149.4	136.4	113.9	103.0	121.4	108.2	104.5
	39 or below	3.8	3.1	3.0	2.8	3.0	2.6	2.2	1.6	1.3	1.4	1.3	1.2
	40 - 49	69.3	61.9	52.1	41.2	32.5	27.2	24.4	18.0	14.8	13.1	11.1	9.7
	50 - 59	244.9	238.7	214.2	167.2	130.1	92.2	66.7	49.4	36.4	33.1	27.3	24.3
	60 - 69	709.8	677.4	658.6	600.4	481.1	332.4	236.7	141.5	96.1	88.9	65.8	52.8
	70 - 79	1 662.7	1 674.6	1 897.2	1 926.9	1 719.7	1 357.3	987.6	609.9	419.2	364.9	251.7	193.2
	80 - 89	2 456.6	2 485.0	3 149.5	3 833.8	3 969.4	3 730.8	3 072.8	2 239.9	1 651.9	1 558.6	1 102.4	857.0
	90 or above		2 497.3	3 598.4	4 063.5	5 186.7	5 977.4	5 562.5	4 531.8	3 906.0	4 209.5	2 992.2	2 498.7
Subarachnoid haemorrhage	Total	1.9	2.9	3.8	4.4	5.0	6.0	7.5	10.0	11.9	14.1	14.5	14.2
	39 or below	0.7	0.6	0.7	0.8	0.9	0.9	0.7	0.6	0.5	0.6	0.6	0.6
	40 - 49	3.6	4.9	4.9	5.0	5.2	6.4	7.3	7.7	7.4	6.8	6.0	5.3
	50 - 59	5.9	9.2	10.4	11.1	11.6	11.7	13.0	15.1	14.7	14.2	13.0	10.7
	60 - 69	7.5	14.0	18.5	19.6	20.8	24.4	26.6	28.0	26.9	27.4	22.7	19.8
	70 - 79	8.7	14.8	24.7	25.9	25.8	30.2	38.9	51.3	55.7	55.0	46.8	40.8
	80 - 89	7.4	15.2	15.9	30.6	27.4	28.7	35.8	55.3	74.4	89.4	86.8	79.7
	90 or above		23.6	25.1	13.5	20.7	26.7	27.9	36.5	54.4	90.7	102.1	95.6
Intracerebral haemorrhage	Total	115.3	111.6	114.6	95.0	73.6	52.7	39.6	27.8	22.0	24.5	22.2	22.3
	39 or below	2.4	1.6	1.5	1.4	1.4	1.2	0.9	0.6	0.5	0.5	0.4	0.4
	40 - 49	60.9	51.0	39.4	27.5	19.6	15.0	12.4	7.5	5.4	4.6	3.6	3.4
	50 - 59	228.6	210.3	173.3	115.7	80.6	53.4	34.0	23.0	14.4	12.3	10.1	9.7
	60 - 69	668.1	591.3	522.7	389.3	258.5	156.1	99.1	51.3	32.6	29.0	21.1	17.9
	70 - 79	1 565.6	1 458.8	1 447.8	1 116.5	770.5	464.5	290.1	158.2	102.8	92.4	67.8	56.1
	80 - 89	2 293.8	2 117.4	2 312.8	2 027.3	1 464.2	966.2	641.6	411.1	274.5	264.8	200.6	171.4
	90 or above		2 007.3	2 373.9	1 830.6	1 544.6	1 171.8	856.3	596.8	451.3	456.1	351.6	313.2
Cerebral infarction	Total	4.0	8.5	20.1	40.8	54.1	60.9	64.5	57.0	54.7	73.7	68.0	65.0
	39 or below	0.7	0.7	0.6	0.4	0.4	0.2	0.2	0.2	0.1	0.2	0.2	0.1
	40 - 49	3.4	3.9	4.7	4.7	3.7	2.6	2.0	1.4	1.2	1.3	1.1	0.6
	50 - 59	6.5	12.0	17.2	22.1	20.2	13.2	10.9	7.0	5.2	5.4	3.4	3.1
	60 - 69	19.4	40.3	71.7	120.2	121.9	91.1	74.5	46.1	29.9	29.3	19.7	13.3
	70 - 79	44.7	108.5	275.5	542.3	618.4	584.9	483.4	308.5	218.1	198.7	129.8	90.8
	80 - 89	84.0	192.5	563.1	1 260.1	1 713.9	1 926.3	1 779.4	1 335.3	1 032.9	1 085.4	780.7	583.9
	90 or above		283.4	848.4	1 617.3	2 542.6	3 403.5	3 367.1	2 787.8	2 466.1	3 111.0	2 417.4	2 014.8

Notes: 1) Crude death rates for 1985 use the population as determined in the National Census 1985, and do not agree with the Vital Statistics report of the year.
2) Figures for "80 - 89" in 1951 refer to the data for 80 and above.

Ⅲ 統計表及び解析表
Part Ⅲ　Statistical and Analytical tables

表章記号の規約
Symbols used in tables

ー	計数のない場合 Magnitude zero
...	計数不明の場合 Data not available
.	統計項目のありえない場合 Category not applicable
0.0 0.00	単位の2分の1未満の場合 Magnitude not zero, but less than half of unit employed

第1表 主要死因別粗死亡率
Statistics 1　Crude death rates from major

年次 Year		結核 Tuberculosis	悪性新生物 Malignant neoplasms	心疾患 Heart diseases	脳血管疾患 Cerebrovascular diseases	肺炎 Pneumonia	不慮の事故 Accidents	自殺 Suicide	老衰 Senility	胃腸炎 Gastroenteritis
1899	明治32年	155.7	44.7	48.6	170.5	99.8	50.1	13.7	127.2	149.7
1900	33	163.7	46.4	48.1	159.2	102.3	45.3	13.4	131.0	133.8
1901	34	172.7	49.9	49.3	169.6	111.8	40.6	17.7	111.4	126.5
1902	35	183.6	54.7	53.0	166.7	119.0	44.6	17.9	117.4	122.5
1903	36	186.9	56.1	52.0	162.3	106.7	44.9	19.4	124.0	110.7
1904	37	189.1	56.3	55.1	168.2	113.0	46.2	19.4	136.8	119.3
1905	38	206.0	57.2	55.5	163.4	128.4	43.9	17.4	139.9	137.2
1906	39	204.2	59.2	54.8	156.1	114.3	46.2	16.3	128.0	127.9
1907	40	203.7	60.0	60.4	165.7	132.0	47.9	16.9	132.8	147.9
1908	41	206.1	63.5	59.6	153.8	138.1	46.0	17.4	123.4	143.5
1909	42	234.0	67.5	67.1	139.6	145.6	43.9	18.8	128.7	214.7
1910	43	230.2	67.1	65.0	131.9	142.1	44.7	19.1	120.2	213.4
1911	44	222.1	68.6	63.3	131.9	139.7	45.7	18.8	113.9	210.6
1912	大正元年	225.8	68.1	61.7	133.4	146.1	47.2	18.7	114.2	200.3
1913	2	215.9	69.6	60.6	130.1	157.0	43.5	20.2	110.7	194.2
1914	3	217.8	71.0	62.4	131.8	160.7	49.0	20.9	118.3	227.3
1915	4	219.7	71.6	63.7	128.8	163.1	46.1	19.2	112.5	223.7
1916	5	227.7	73.7	69.2	138.2	186.0	44.7	17.9	127.8	235.7
1917	6	230.5	72.7	69.9	144.1	183.3	49.7	17.1	132.3	239.9
1918	7	257.1	73.6	81.8	157.6	375.5	49.6	18.5	149.9	266.1
1919	8	240.9	71.7	62.6	153.3	274.5	45.7	18.0	126.2	248.6
1920	9	223.7	72.6	63.5	157.6	313.9	46.8	19.0	131.3	254.2
1921	10	213.0	72.1	66.0	159.7	200.7	43.3	20.0	133.5	273.4
1922	11	218.7	71.6	65.0	159.3	196.3	44.4	20.1	132.4	267.5
1923	12	203.4	72.7	72.6	162.8	205.2	122.7	19.8	131.8	284.2
1924	13	194.0	70.8	69.1	174.6	209.6	43.7	19.1	125.7	258.0
1925	14	194.1	70.6	66.8	161.2	216.2	41.8	20.5	117.3	238.2
1926	昭和元年	186.1	71.0	62.5	162.5	178.0	42.2	20.6	111.3	232.7
1927	2	193.7	70.3	63.2	164.9	194.6	47.6	20.8	121.1	243.1
1928	3	191.1	72.0	63.8	164.5	201.0	41.6	20.8	123.4	234.1
1929	4	194.6	69.8	65.4	170.9	191.0	42.0	20.1	124.8	247.2
1930	5	185.6	70.6	63.8	162.8	156.8	40.8	21.6	118.8	221.4
1931	6	186.2	69.0	64.0	164.0	197.7	38.6	21.9	130.8	214.1
1932	7	179.4	69.1	58.7	161.6	169.6	40.2	22.2	116.7	206.9
1933	8	187.9	70.7	59.5	164.2	157.6	44.8	22.0	123.0	207.6
1934	9	192.5	71.5	62.2	167.5	181.7	46.9	21.3	127.4	200.2
1935	10	190.8	72.3	57.6	165.4	151.7	41.9	20.5	114.0	173.2
1936	11	207.0	71.6	61.2	168.5	160.0	43.1	22.0	130.7	184.0
1937	12	204.8	73.0	60.6	168.1	153.3	42.8	20.2	119.6	180.3
1938	13	209.6	72.3	66.8	178.6	166.4	44.6	17.2	138.6	175.7
1939	14	216.3	72.9	66.5	183.3	184.3	41.1	15.1	133.3	167.9
1940	15	212.9	72.1	63.3	177.7	154.4	39.5	13.7	124.5	159.2
1941	16	215.3	73.9	59.4	174.6	145.2	40.2	13.6	125.1	142.8
1942	17	223.1	74.5	60.1	173.2	146.5	43.0	13.0	132.6	142.0
1943	18	235.3	73.5	62.3	166.0	159.8	46.0	12.1	136.1	153.2
1947	22	187.2	69.0	62.2	129.4	130.1	49.3	15.7	100.3	136.8
1948	23	179.9	70.8	61.3	117.9	66.2	48.7	15.9	79.5	109.9
1949	24	168.9	73.2	64.5	122.6	68.7	41.9	17.4	80.2	92.6

注：1）死因分類の改正により、年次別比較には完全な内容の一致をみることはできない。
　　2）昭和25年の「脳血管疾患」には、B46.b（352の一部、B22の後遺症及び1年以上経過したもの）を含むため、昭和25年報告書とは一致しない。
　　3）平成6年の「心疾患」の減少は、新しい死亡診断書（死体検案書）（平成7年1月施行）における「死亡の原因欄には、疾患の終末期の状態としての心不全、呼吸不全等は書かないで下さい」という注意書きの事前周知の影響によるものと考えられる。
　　4）昭和18年のみは樺太を含む数値である。
　　5）昭和22～47年は沖縄県を含まない。
　　6）昭和19～21年は資料不備のため省略した。
　　7）昭和60年の粗死亡率の算出においては、「昭和60年国勢調査抽出速報集計結果」を用いた。
　　8）平成7年以降の「胃腸炎」については、平成7年に死因分類が変わったため掲載していない。
　　9）平成7年以降の「心疾患」は、「心疾患（高血圧性を除く）以下同じ。」である。

(人口10万対)　－明治32年～平成16年－
causes (per 100,000 population)：From 1899 to 2004

年次 Year		結核 Tuberculosis	悪性新生物 Malignant neoplasms	心疾患 Heart diseases	脳血管疾患 Cerebrovascular diseases	肺炎 Pneumonia	不慮の事故 Accidents	自殺 Suicide	老衰 Senility	胃腸炎 Gastroenteritis
1950	昭和25年	146.4	77.4	64.2	127.1	65.1	39.5	19.6	70.2	82.4
1951	26	110.3	78.5	63.6	125.2	59.8	37.8	18.2	70.7	67.7
1952	27	82.2	80.9	61.3	128.5	49.9	36.4	18.4	69.3	53.1
1953	28	66.5	82.2	64.9	133.7	53.7	39.3	20.4	77.6	46.1
1954	29	62.4	85.3	60.2	132.4	42.7	39.4	23.4	69.5	39.0
1955	30	52.3	87.1	60.9	136.1	38.4	37.3	25.2	67.1	31.7
1956	31	48.6	90.7	66.0	148.4	38.6	36.8	24.5	75.8	30.0
1957	32	46.9	91.3	73.1	151.7	48.0	37.9	24.3	80.5	25.7
1958	33	39.4	95.5	64.8	148.6	38.3	38.9	25.7	55.5	25.1
1959	34	35.5	98.2	67.7	153.7	36.8	44.8	22.7	56.7	23.3
1960	35	34.2	100.4	73.2	160.7	40.2	41.7	21.6	58.0	21.2
1961	36	29.6	102.3	72.1	165.4	33.8	44.1	19.6	58.2	19.5
1962	37	29.3	103.2	76.2	169.4	36.6	40.3	17.6	57.5	18.0
1963	38	24.2	105.5	70.4	171.4	27.2	41.3	16.1	50.4	16.1
1964	39	23.6	107.3	70.3	171.7	26.3	41.6	15.1	48.4	14.6
1965	40	22.8	108.4	77.0	175.8	30.4	40.9	14.7	50.0	12.9
1966	41	20.3	110.9	71.9	173.8	22.9	43.0	15.2	44.6	11.3
1967	42	17.8	113.0	75.7	173.1	23.5	41.9	14.2	43.3	10.6
1968	43	16.8	114.6	80.2	173.5	25.0	40.2	14.5	39.4	10.2
1969	44	16.1	116.2	81.7	174.4	24.9	42.2	14.5	37.1	9.4
1970	45	15.4	116.3	86.7	175.8	27.1	42.5	15.3	38.1	8.3
1971	46	13.0	117.7	82.0	169.6	22.1	40.7	15.6	34.0	7.7
1972	47	11.9	120.4	81.2	166.7	21.9	40.1	17.0	30.8	7.1
1973	48	11.1	121.2	87.3	166.9	25.0	37.2	17.4	30.9	7.0
1974	49	10.4	122.2	89.8	163.0	26.1	33.0	17.5	29.7	6.3
1975	50	9.5	122.6	89.2	156.7	27.4	30.3	18.0	26.9	5.6
1976	51	8.5	125.3	92.2	154.5	26.6	28.0	17.6	26.4	4.9
1977	52	7.8	128.4	91.2	149.8	23.3	26.7	17.9	25.0	4.4
1978	53	7.2	131.3	93.3	146.2	24.7	26.2	17.6	24.4	4.3
1979	54	5.8	135.7	96.9	137.7	23.7	25.3	18.0	25.5	3.5
1980	55	5.5	139.1	106.2	139.5	28.4	25.1	17.7	27.6	3.3
1981	56	4.9	142.0	107.5	134.3	28.7	24.8	17.1	25.5	2.9
1982	57	4.5	144.2	106.7	125.0	29.9	24.7	17.5	23.3	2.5
1983	58	4.5	148.3	111.3	122.8	33.9	25.0	21.0	24.7	2.4
1984	59	4.1	152.5	113.9	117.2	32.5	24.6	20.4	24.1	2.1
1985	60	3.9	156.1	117.3	112.2	37.5	24.6	19.4	23.1	1.9
1986	61	3.4	158.5	117.9	106.9	39.1	23.7	21.2	22.2	1.6
1987	62	3.3	164.2	118.4	101.7	40.3	23.2	19.6	20.8	1.4
1988	63	3.2	168.4	129.4	105.5	46.8	24.8	18.7	21.6	1.3
1989	平成元年	2.9	173.6	128.1	98.5	48.1	25.4	17.3	19.4	1.1
1990	2	3.0	177.2	134.8	99.4	55.6	26.2	16.4	19.7	1.3
1991	3	2.7	181.7	137.2	96.2	56.9	26.9	16.1	18.8	1.2
1992	4	2.7	187.8	142.2	95.6	60.2	28.1	16.9	18.9	1.2
1993	5	2.6	190.4	145.6	96.0	65.5	28.0	16.6	18.7	1.1
1994	6	2.5	196.4	128.6	96.9	67.2	29.1	16.9	18.9	1.3
1995	7	2.6	211.6	112.0	117.9	64.1	36.5	17.2	17.3	…
1996	8	2.3	217.5	110.8	112.6	56.9	31.4	17.8	16.7	…
1997	9	2.2	220.4	112.2	111.0	63.1	31.1	18.8	17.2	…
1998	10	2.2	226.7	114.3	110.0	63.8	31.1	25.4	17.1	…
1999	11	2.3	231.6	120.4	110.8	74.9	32.0	25.0	18.2	…
2000	12	2.1	235.2	116.8	105.5	69.2	31.4	24.1	16.9	…
2001	13	2.0	238.8	117.8	104.7	67.8	31.4	23.3	17.6	…
2002	14	1.8	241.7	121.0	103.4	69.4	30.7	23.8	18.0	…
2003	15	1.9	245.4	126.5	104.7	75.3	30.7	25.5	18.6	…
2004	16	1.8	253.9	126.5	102.3	75.7	30.3	24.0	19.1	…

Notes: 1) Exact comparison between years is unavailable, due to the revision of the cause of death classification.
　　　2) "Cerebrovascular diseases" in 1950 includes B46.b (Part of 352, after-effects of B22 and status of one year or more after B22), and does not agree with the report in 1950.
　　　3) The decrease in heart diseases in 1994 is considered to be the result of the guidelines announced prior to the implementation of a new death certificate (postmortem certificate) form in January, 1995, "Do not enter heart failure or respiratory failure as the terminal status of diseases in the column 'Cause of death'."
　　　4) Values for 1943 only include data for Sakhalin.
　　　5) Values for 1947 through 1972 do not include data for Okinawa.
　　　6) Values for 1944 through 1946 are omitted due to the lack of data.
　　　7) The crude death rates for 1985 are based on the "News Release and Compilation of National Census 1985."
　　　8) "Gastroenteritis" is not indicated after 1995, following the revision of the cause of death classification.
　　　9) Starting in 1995, the category "heart diseases" excludes hypertensive heart disease.

第 2 表（3-1）

第 2 表　性別死因順位（第 1 ～ 10 位）
Statistics 2　Order of deaths by sex (from 1st

年次		第 1 位		第 2 位		第 3 位		第 4 位		第 5 位	
		死因	粗死亡率 (人口10万対)	死因	粗死亡率 (人口10万対)	死因	粗死亡率 (人口10万対)	死因	粗死亡率 (人口10万対)	死因	粗死亡率 (人口10万対)
1899	明治32年	肺炎及び気管支炎	206.1	脳血管疾患	170.5	全結核	155.7	胃腸炎	149.7	老衰	127.2
1900	33	肺炎及び気管支炎	226.1	全結核	163.7	脳血管疾患	159.2	胃腸炎	133.8	老衰	131.0
1905	38	肺炎及び気管支炎	247.4	全結核	206.0	脳血管疾患	163.4	老衰	139.9	胃腸炎	137.2
1910	43	肺炎及び気管支炎	262.0	全結核	230.2	胃腸炎	213.2	脳血管疾患	131.9	老衰	120.2
1915	大正4年	肺炎及び気管支炎	261.1	胃腸炎	223.7	全結核	219.7	脳血管疾患	128.8	老衰	112.5
1920	9	肺炎及び気管支炎	408.0	胃腸炎	254.2	全結核	223.7	インフルエンザ	193.7	脳血管疾患	157.6
1925	14	肺炎及び気管支炎	275.6	胃腸炎	238.2	全結核	194.1	脳血管疾患	161.2	老衰	117.3
1930	昭和5年	胃腸炎	221.4	肺炎及び気管支炎	200.1	全結核	185.6	脳血管疾患	162.8	老衰	118.8
1935	10	全結核	190.8	肺炎及び気管支炎	186.7	胃腸炎	173.2	脳血管疾患	165.4	老衰	114.0
1940	15	全結核	212.9	肺炎及び気管支炎	185.8	脳血管疾患	177.7	胃腸炎	159.2	老衰	124.5
1947	22	全結核	187.2	肺炎及び気管支炎	174.8	胃腸炎	136.8	脳血管疾患	129.4	老衰	100.3
1948	23	全結核	179.9	脳血管疾患	117.9	胃腸炎	109.9	肺炎及び気管支炎	98.6	老衰	79.5
1949	24	全結核	168.9	脳血管疾患	122.6	肺炎及び気管支炎	100.0	胃腸炎	92.6	老衰	80.2
1950	25	全結核	146.4	脳血管疾患	127.1	肺炎及び気管支炎	93.2	胃腸炎	82.4	悪性新生物	77.4
1951	26	脳血管疾患	125.2	全結核	110.3	肺炎及び気管支炎	82.2	悪性新生物	78.5	老衰	70.7
1952	27	脳血管疾患	128.5	全結核	82.2	悪性新生物	80.9	老衰	69.3	肺炎及び気管支炎	67.1
1953	28	脳血管疾患	133.7	悪性新生物	82.2	老衰	77.6	肺炎及び気管支炎	71.3	全結核	66.5
1954	29	脳血管疾患	132.4	悪性新生物	85.3	老衰	69.5	全結核	62.4	心疾患	60.2
1955	30	脳血管疾患	136.1	悪性新生物	87.1	老衰	67.1	心疾患	60.9	全結核	52.3
1956	31	脳血管疾患	148.4	悪性新生物	90.7	老衰	75.8	心疾患	66.0	全結核	48.6
1957	32	脳血管疾患	151.7	悪性新生物	91.3	老衰	80.5	心疾患	73.1	肺炎及び気管支炎	59.2
1958	33	脳血管疾患	148.6	悪性新生物	95.5	心疾患	64.8	老衰	55.5	肺炎及び気管支炎	47.6
1959	34	脳血管疾患	153.7	悪性新生物	98.2	心疾患	67.7	老衰	56.7	肺炎及び気管支炎	45.2
1960	35	脳血管疾患	160.7	悪性新生物	100.4	心疾患	73.2	老衰	58.0	肺炎及び気管支炎	49.3
1961	36	脳血管疾患	165.4	悪性新生物	102.3	心疾患	72.1	老衰	58.2	不慮の事故	44.1
1962	37	脳血管疾患	169.4	悪性新生物	103.2	心疾患	76.2	老衰	57.5	肺炎及び気管支炎	45.0
1963	38	脳血管疾患	171.4	悪性新生物	105.5	心疾患	70.4	老衰	50.4	不慮の事故	41.3
1964	39	脳血管疾患	171.7	悪性新生物	107.3	心疾患	70.3	老衰	48.4	不慮の事故	41.6
1965	40	脳血管疾患	175.8	悪性新生物	108.4	心疾患	77.0	老衰	50.0	不慮の事故	40.9
1966	41	脳血管疾患	173.8	悪性新生物	110.9	心疾患	71.9	老衰	44.6	不慮の事故	43.0
1967	42	脳血管疾患	173.1	悪性新生物	113.0	心疾患	75.7	老衰	43.3	不慮の事故	41.9
1968	43	脳血管疾患	173.5	悪性新生物	114.6	心疾患	80.2	不慮の事故	40.2	老衰	39.4
1969	44	脳血管疾患	174.4	悪性新生物	116.2	心疾患	81.7	不慮の事故	42.2	老衰	37.1
1970	45	脳血管疾患	175.8	悪性新生物	116.3	心疾患	86.7	不慮の事故	42.5	老衰	38.1
1971	46	脳血管疾患	169.6	悪性新生物	117.7	心疾患	82.0	不慮の事故	40.7	老衰	34.0
1972	47	脳血管疾患	166.7	悪性新生物	120.4	心疾患	81.2	不慮の事故	40.1	老衰	30.8
1973	48	脳血管疾患	166.9	悪性新生物	121.2	心疾患	87.3	不慮の事故	37.2	肺炎及び気管支炎	31.3
1974	49	脳血管疾患	163.0	悪性新生物	122.2	心疾患	89.8	不慮の事故	33.0	肺炎及び気管支炎	32.6
1975	50	脳血管疾患	156.7	悪性新生物	122.6	心疾患	89.2	肺炎及び気管支炎	33.7	不慮の事故	30.3
1976	51	脳血管疾患	154.5	悪性新生物	125.3	心疾患	92.2	肺炎及び気管支炎	32.6	不慮の事故	28.0
1977	52	脳血管疾患	149.8	悪性新生物	128.4	心疾患	91.2	肺炎及び気管支炎	28.6	不慮の事故	26.7
1978	53	脳血管疾患	146.2	悪性新生物	131.3	心疾患	93.3	肺炎及び気管支炎	30.3	不慮の事故	26.2
1979	54	脳血管疾患	137.7	悪性新生物	135.7	心疾患	96.9	肺炎及び気管支炎	28.5	老衰	25.5
1980	55	脳血管疾患	139.5	悪性新生物	139.1	心疾患	106.2	肺炎及び気管支炎	33.7	老衰	27.6
1981	56	悪性新生物	142.0	脳血管疾患	134.3	心疾患	107.5	肺炎及び気管支炎	33.7	老衰	25.5
1982	57	悪性新生物	144.2	脳血管疾患	125.0	心疾患	106.7	肺炎及び気管支炎	35.0	不慮の事故及び有害作用	24.7
1983	58	悪性新生物	148.3	脳血管疾患	112.8	心疾患	111.3	肺炎及び気管支炎	39.3	不慮の事故及び有害作用	25.0
1984	59	悪性新生物	152.5	脳血管疾患	117.2	心疾患	113.9	肺炎及び気管支炎	37.6	不慮の事故及び有害作用	24.6
1985	60	悪性新生物	156.1	心疾患	117.3	脳血管疾患	112.2	肺炎及び気管支炎	42.7	不慮の事故及び有害作用	24.6
1986	61	悪性新生物	158.5	心疾患	117.9	脳血管疾患	106.9	肺炎及び気管支炎	43.9	不慮の事故及び有害作用	23.7
1987	62	悪性新生物	164.2	心疾患	118.4	脳血管疾患	101.7	肺炎及び気管支炎	44.9	不慮の事故及び有害作用	23.2
1988	63	悪性新生物	168.4	心疾患	129.4	脳血管疾患	105.5	肺炎及び気管支炎	51.6	不慮の事故及び有害作用	24.8
1989	平成元年	悪性新生物	173.6	心疾患	128.1	脳血管疾患	98.5	肺炎及び気管支炎	52.7	不慮の事故及び有害作用	25.4
1990	2	悪性新生物	177.2	心疾患	134.8	脳血管疾患	99.4	肺炎及び気管支炎	60.7	不慮の事故及び有害作用	26.2
1991	3	悪性新生物	181.7	心疾患	137.2	脳血管疾患	96.2	肺炎及び気管支炎	62.0	不慮の事故及び有害作用	26.9
1992	4	悪性新生物	187.8	心疾患	142.2	脳血管疾患	95.6	肺炎及び気管支炎	65.0	不慮の事故及び有害作用	28.1
1993	5	悪性新生物	190.4	心疾患	145.6	脳血管疾患	96.0	肺炎及び気管支炎	70.6	不慮の事故及び有害作用	28.0
1994	6	悪性新生物	196.4	心疾患	128.6	脳血管疾患	96.9	肺炎及び気管支炎	72.4	不慮の事故及び有害作用	29.1
1995	7	悪性新生物	211.6	脳血管疾患	117.9	心疾患	112.0	肺炎	64.1	不慮の事故	36.5
1996	8	悪性新生物	217.5	脳血管疾患	112.5	心疾患	110.8	肺炎	56.9	不慮の事故	31.4
1997	9	悪性新生物	220.4	心疾患	112.2	脳血管疾患	111.0	肺炎	63.1	不慮の事故	31.1
1998	10	悪性新生物	226.7	心疾患	114.3	脳血管疾患	110.0	肺炎	63.8	不慮の事故	31.1
1999	11	悪性新生物	231.6	心疾患	120.4	脳血管疾患	110.8	肺炎	74.9	不慮の事故	32.0
2000	12	悪性新生物	235.2	心疾患	116.8	脳血管疾患	105.5	肺炎	69.2	不慮の事故	31.4
2001	13	悪性新生物	238.8	心疾患	117.8	脳血管疾患	104.7	肺炎	67.8	不慮の事故	31.4
2002	14	悪性新生物	241.7	心疾患	121.0	脳血管疾患	103.4	肺炎	69.4	不慮の事故	30.7
2003	15	悪性新生物	245.4	心疾患	126.5	脳血管疾患	104.7	肺炎	75.3	不慮の事故	30.7
2004	16	悪性新生物	253.9	心疾患	126.5	脳血管疾患	102.3	肺炎	75.7	不慮の事故	30.3

注：1）死因順位は人口動態統計、各種分類表の「死因順位に用いる分類項目」によるものである。
　　2）昭和22～47年は、沖縄県を含まない。
　　3）昭和24年以前は25年以降と大きく死因分類が変わっているので第5位まで掲載した。
　　4）昭和42年以前の「その他の新生児固有の疾患」は、「その他の新生児固有の疾患及び性質不明の未熟児」である。
　　5）平成6年までの老衰は、「精神病の記載のない老衰」である。
　　6）平成7年以降の「心疾患」は、「心疾患（高血圧性を除く）」である。
　　7）平成6年の「心疾患」の減少は、新しい死亡診断書（死体検案書）（平成7年1月1日施行）における「死亡の原因欄には、疾患の終末期の状態としての心不全、呼吸不全等は書かないでください。」という注意書きの事前周知の影響によるものと考えられる。

―明治32年～平成16年― 総数
to 10th places）：From 1899 to 2004

第 6 位 死因	粗死亡率(人口10万対)	第 7 位 死因	粗死亡率(人口10万対)	第 8 位 死因	粗死亡率(人口10万対)	第 9 位 死因	粗死亡率(人口10万対)	第 10 位 死因	粗死亡率(人口10万対)	年	次
										1899	明治32年
										1900	33
										1905	38
										1910	43
										1915	大正4年
										1920	9
										1925	14
										1930	昭和5年
										1935	10
										1940	15
										1947	22
										1948	23
										1949	24
老衰	70.2	心疾患	64.2	その他の新生児固有の疾患	62.2	不慮の事故	39.5	腎炎及びネフローゼ	32.4	1950	25
胃腸炎	67.7	心疾患	63.6	その他の新生児固有の疾患	56.0	不慮の事故	37.8	腎炎及びネフローゼ	29.2	1951	26
心疾患	61.3	胃腸炎	53.1	その他の新生児固有の疾患	47.3	不慮の事故	36.4	腎炎及びネフローゼ	25.8	1952	27
心疾患	64.9	胃腸炎	46.1	その他の新生児固有の疾患	42.1	不慮の事故	39.3	腎炎及びネフローゼ	23.2	1953	28
肺炎及び気管支炎	54.7	不慮の事故	39.4	胃腸炎	39.0	その他の新生児固有の疾患	36.2	自殺	23.4	1954	29
肺炎及び気管支炎	48.3	不慮の事故	37.3	胃腸炎	31.7	その他の新生児固有の疾患	31.4	自殺	25.2	1955	30
肺炎及び気管支炎	48.4	不慮の事故	36.8	その他の新生児固有の疾患	30.5	胃腸炎	30.0	自殺	24.5	1956	31
全結核	46.9	不慮の事故	37.9	その他の新生児固有の疾患	26.4	胃腸炎	25.7	自殺	24.3	1957	32
全結核	39.4	不慮の事故	38.9	その他の新生児固有の疾患	25.7	胃腸炎	25.1	その他の新生児固有の疾患	23.4	1958	33
不慮の事故	44.8	全結核	35.5	胃腸炎	23.3	自殺	22.7	その他の新生児固有の疾患	21.0	1959	34
不慮の事故	41.7	全結核	34.2	自殺	21.6	胃腸炎	21.2	その他の新生児固有の疾患	18.5	1960	35
肺炎及び気管支炎	41.6	全結核	29.6	自殺	19.6	胃腸炎	19.5	その他の新生児固有の疾患	17.4	1961	36
不慮の事故	40.3	全結核	29.3	高血圧性疾患	18.4	胃腸炎	18.0	自殺	17.6	1962	37
肺炎及び気管支炎	33.2	全結核	24.2	高血圧性疾患	18.2	自殺	16.1	胃腸炎	16.1	1963	38
肺炎及び気管支炎	32.1	全結核	23.6	高血圧性疾患	18.7	自殺	15.1	胃腸炎	14.6	1964	39
肺炎及び気管支炎	37.3	全結核	22.8	高血圧性疾患	19.3	自殺	14.7	胃腸炎	12.9	1965	40
肺炎及び気管支炎	28.2	全結核	20.3	高血圧性疾患	18.6	自殺	15.2	胃腸炎	11.3	1966	41
肺炎及び気管支炎	28.7	高血圧性疾患	18.3	全結核	17.8	自殺	14.2	その他の新生児固有の疾患	11.4	1967	42
肺炎及び気管支炎	31.8	高血圧性疾患	17.9	全結核	16.8	自殺	14.5	肝硬変	11.2	1968	43
肺炎及び気管支炎	31.6	高血圧性疾患	17.0	全結核	16.1	自殺	14.5	肝硬変	11.8	1969	44
肺炎及び気管支炎	34.1	高血圧性疾患	17.7	全結核	15.4	自殺	15.3	肝硬変	12.5	1970	45
肺炎及び気管支炎	28.4	高血圧性疾患	16.7	自殺	15.6	全結核	13.0	肝硬変	12.5	1971	46
肺炎及び気管支炎	28.1	自殺	17.0	高血圧性疾患	16.5	肝硬変	12.8	全結核	11.9	1972	47
老衰	30.9	高血圧性疾患	17.5	自殺	17.4	肝硬変	13.2	全結核	11.1	1973	48
老衰	29.7	高血圧性疾患	18.4	自殺	17.5	肝硬変	13.4	全結核	10.4	1974	49
老衰	26.9	自殺	18.0	高血圧性疾患	17.8	肝硬変	13.6	全結核	9.5	1975	50
老衰	26.4	高血圧性疾患	17.6	自殺	17.6	肝硬変	13.8	全結核	8.5	1976	51
老衰	25.0	自殺	17.9	高血圧性疾患	17.0	肝硬変	13.6	糖尿病	8.4	1977	52
老衰	24.4	自殺	17.6	高血圧性疾患	16.4	肝硬変	14.0	糖尿病	8.5	1978	53
不慮の事故及び有害作用	25.3	自殺	18.0	慢性肝疾患及び肝硬変	14.2	高血圧性疾患	14.0	腎炎, ネフローゼ症候群及びネフローゼ	8.0	1979	54
不慮の事故及び有害作用	25.1	自殺	17.7	慢性肝疾患及び肝硬変	14.2	高血圧性疾患	13.7	腎炎, ネフローゼ症候群及びネフローゼ	8.8	1980	55
不慮の事故及び有害作用	24.8	自殺	17.1	慢性肝疾患及び肝硬変	14.2	高血圧性疾患	13.0	腎炎, ネフローゼ症候群及びネフローゼ	9.1	1981	56
老衰	23.3	自殺	17.5	慢性肝疾患及び肝硬変	14.2	高血圧性疾患	11.7	腎炎, ネフローゼ症候群及びネフローゼ	9.7	1982	57
老衰	24.7	自殺	21.0	慢性肝疾患及び肝硬変	14.1	高血圧性疾患	11.3	腎炎, ネフローゼ症候群及びネフローゼ	10.3	1983	58
老衰	24.1	自殺	20.4	慢性肝疾患及び肝硬変	14.2	高血圧性疾患	10.9	腎炎, ネフローゼ症候群及びネフローゼ	10.6	1984	59
老衰	23.1	自殺	19.4	慢性肝疾患及び肝硬変	14.3	腎炎, ネフローゼ症候群及びネフローゼ	11.2	高血圧性疾患	10.6	1985	60
老衰	22.2	自殺	21.2	慢性肝疾患及び肝硬変	14.8	腎炎, ネフローゼ症候群及びネフローゼ	11.6	高血圧性疾患	9.7	1986	61
老衰	20.8	自殺	19.6	慢性肝疾患及び肝硬変	13.7	腎炎, ネフローゼ症候群及びネフローゼ	11.8	高血圧性疾患	8.8	1987	62
老衰	21.6	自殺	18.7	慢性肝疾患及び肝硬変	13.9	腎炎, ネフローゼ症候群及びネフローゼ	13.0	高血圧性疾患	8.4	1988	63
老衰	19.4	自殺	17.3	慢性肝疾患及び肝硬変	13.6	腎炎, ネフローゼ症候群及びネフローゼ	13.4	高血圧性疾患	7.6	1989	平成元年
老衰	19.7	自殺	16.4	腎炎, ネフローゼ症候群及びネフローゼ	14.0	慢性肝疾患及び肝硬変	13.7	糖尿病	7.7	1990	2
老衰	18.8	自殺	16.1	腎炎, ネフローゼ症候群及びネフローゼ	14.8	慢性肝疾患及び肝硬変	13.7	糖尿病	7.8	1991	3
老衰	18.9	自殺	16.9	腎炎, ネフローゼ症候群及びネフローゼ	14.8	慢性肝疾患及び肝硬変	13.8	糖尿病	8.0	1992	4
老衰	18.7	自殺	16.6	腎炎, ネフローゼ症候群及びネフローゼ	14.8	慢性肝疾患及び肝硬変	13.6	糖尿病	8.3	1993	5
老衰	18.9	自殺	16.9	腎炎, ネフローゼ症候群及びネフローゼ	15.1	慢性肝疾患及び肝硬変	13.3	糖尿病	8.8	1994	6
老衰	17.3	自殺	17.2	肝疾患	13.7	腎不全	13.0	糖尿病	11.4	1995	7
老衰	17.8	自殺	16.7	肝疾患	13.2	腎不全	13.0	糖尿病	10.3	1996	8
自殺	18.8	老衰	17.2	腎不全	13.3	肝疾患	13.3	糖尿病	9.9	1997	9
自殺	25.4	老衰	17.1	腎不全	13.3	肝疾患	12.9	糖尿病	10.0	1998	10
自殺	25.0	老衰	18.2	腎不全	14.1	肝疾患	13.2	慢性閉塞性肺疾患	10.4	1999	11
自殺	24.1	老衰	16.9	腎不全	13.7	肝疾患	12.8	慢性閉塞性肺疾患	10.2	2000	12
自殺	23.3	老衰	17.6	腎不全	14.0	肝疾患	12.6	慢性閉塞性肺疾患	10.4	2001	13
自殺	23.8	老衰	18.0	腎不全	14.4	肝疾患	12.3	慢性閉塞性肺疾患	10.3	2002	14
自殺	25.5	老衰	18.6	腎不全	14.9	肝疾患	12.5	慢性閉塞性肺疾患	10.8	2003	15
自殺	24.0	老衰	19.1	腎不全	15.2	肝疾患	12.6	慢性閉塞性肺疾患	10.7	2004	16

Notes: 1) The order of the causes of death is based on the "Classification used in the order of death causes," in the Vital Statistics and related classifications.
2) Values for 1947 through 1972 do not include data for Okinawa.
3) The data for 1949 and before includes 1st - 5th places, because the cause of death classification varies greatly between 1950 and afterwards.
4) "Other diseases unique to newborns" for 1967 and before refers to "Other diseases unique to newborns and unclassifiable immature babies."
5) "Senility" in 1994 and before refers to "senility without the record of mental diseases. "
6) Starting in 1995, the category "heart diseases" excludes hypertensive heart disease.
7) The decrease in heart diseases in 1994 is considered to be the result of the guidelines announced prior to the implementation of a new death certificate (postmortem certificate) form on January 1, 1995, "Do not enter heart failure or respiratory failure as the terminal status of diseases in the column 'Causes of death'."

第2表（3-2）

第2表 性別死因順位（第1～10位）
Statistics 2 Order of deaths by sex (from 1st

年次		第1位 死因	粗死亡率(人口10万対)	第2位 死因	粗死亡率(人口10万対)	第3位 死因	粗死亡率(人口10万対)	第4位 死因	粗死亡率(人口10万対)	第5位 死因	粗死亡率(人口10万対)
1951	昭和26年	脳血管疾患	126.3	全結核	121.0	老衰	85.6	悪性新生物	81.6	心疾患	64.0
1952	27	脳血管疾患	130.5	全結核	91.2	悪性新生物	85.0	肺炎及び気管支炎	71.8	心疾患	61.3
1953	28	脳血管疾患	136.7	悪性新生物	87.5	肺炎及び気管支炎	75.3	全結核	74.6	心疾患	66.3
1954	29	脳血管疾患	138.2	悪性新生物	91.5	全結核	72.0	心疾患	61.6	不慮の事故	60.3
1955	30	脳血管疾患	143.1	悪性新生物	94.0	心疾患	62.2	全結核	60.7	不慮の事故	56.8
1956	31	脳血管疾患	156.5	悪性新生物	98.4	心疾患	67.6	老衰	61.0	全結核	57.5
1957	32	脳血管疾患	162.6	悪性新生物	100.0	心疾患	76.0	肺炎及び気管支炎	63.6	老衰	63.5
1958	33	脳血管疾患	158.4	悪性新生物	104.4	心疾患	67.1	不慮の事故	59.1	肺炎及び気管支炎	50.9
1959	34	脳血管疾患	164.5	悪性新生物	107.7	心疾患	70.3	不慮の事故	66.1	肺炎及び気管支炎	49.0
1960	35	脳血管疾患	172.1	悪性新生物	111.0	心疾患	75.8	不慮の事故	64.9	肺炎及び気管支炎	53.2
1961	36	脳血管疾患	178.9	悪性新生物	112.8	心疾患	74.1	不慮の事故	69.3	肺炎及び気管支炎	44.4
1962	37	脳血管疾患	183.7	悪性新生物	114.5	心疾患	79.6	不慮の事故	63.2	肺炎及び気管支炎	48.2
1963	38	脳血管疾患	186.2	悪性新生物	117.7	心疾患	73.3	不慮の事故	65.0	老衰	37.1
1964	39	脳血管疾患	186.5	悪性新生物	120.9	心疾患	73.3	不慮の事故	63.5	老衰	35.1
1965	40	脳血管疾患	192.2	悪性新生物	122.1	心疾患	80.5	不慮の事故	63.6	肺炎及び気管支炎	40.1
1966	41	脳血管疾患	189.3	悪性新生物	125.0	心疾患	75.3	不慮の事故	66.9	老衰	31.9
1967	42	脳血管疾患	188.2	悪性新生物	127.4	心疾患	79.6	不慮の事故	64.9	老衰	31.4
1968	43	脳血管疾患	189.5	悪性新生物	129.8	心疾患	84.4	不慮の事故	62.2	肺炎及び気管支炎	33.9
1969	44	脳血管疾患	190.9	悪性新生物	132.3	心疾患	86.4	不慮の事故	65.1	肺炎及び気管支炎	34.6
1970	45	脳血管疾患	192.1	悪性新生物	132.9	心疾患	91.1	不慮の事故	65.6	肺炎及び気管支炎	37.4
1971	46	脳血管疾患	184.3	悪性新生物	133.5	心疾患	86.6	不慮の事故	62.0	肺炎及び気管支炎	31.2
1972	47	脳血管疾患	179.9	悪性新生物	137.5	心疾患	85.2	不慮の事故	61.1	肺炎及び気管支炎	30.9
1973	48	脳血管疾患	178.0	悪性新生物	138.5	心疾患	91.1	不慮の事故	56.6	肺炎及び気管支炎	33.9
1974	49	脳血管疾患	172.5	悪性新生物	140.6	心疾患	92.5	不慮の事故	50.0	肺炎及び気管支炎	35.8
1975	50	脳血管疾患	164.2	悪性新生物	140.5	心疾患	92.0	不慮の事故	45.4	肺炎及び気管支炎	36.9
1976	51	脳血管疾患	161.2	悪性新生物	144.6	心疾患	95.2	不慮の事故	42.0	肺炎及び気管支炎	36.0
1977	52	脳血管疾患	155.4	悪性新生物	148.7	心疾患	95.0	不慮の事故	40.1	肺炎及び気管支炎	31.6
1978	53	悪性新生物	151.9	脳血管疾患	151.4	心疾患	97.0	不慮の事故	39.1	肺炎及び気管支炎	34.2
1979	54	悪性新生物	158.6	脳血管疾患	141.0	心疾患	102.2	不慮の事故及び有害作用	37.5	肺炎及び気管支炎	32.3
1980	55	悪性新生物	163.7	脳血管疾患	142.9	心疾患	112.2	肺炎及び気管支炎	38.5	不慮の事故及び有害作用	37.0
1981	56	悪性新生物	167.4	脳血管疾患	136.2	心疾患	111.5	肺炎及び気管支炎	38.5	不慮の事故及び有害作用	36.7
1982	57	悪性新生物	170.7	脳血管疾患	126.1	心疾患	111.2	肺炎及び気管支炎	40.3	不慮の事故及び有害作用	36.3
1983	58	悪性新生物	176.8	脳血管疾患	122.6	心疾患	115.4	肺炎及び気管支炎	45.2	不慮の事故及び有害作用	36.4
1984	59	悪性新生物	182.3	心疾患	118.4	脳血管疾患	116.1	肺炎及び気管支炎	43.9	不慮の事故及び有害作用	36.1
1985	60	悪性新生物	187.4	心疾患	121.5	脳血管疾患	110.6	肺炎及び気管支炎	49.3	不慮の事故及び有害作用	36.1
1986	61	悪性新生物	191.1	心疾患	121.3	脳血管疾患	104.0	肺炎及び気管支炎	50.6	不慮の事故及び有害作用	34.5
1987	62	悪性新生物	199.5	心疾患	121.5	脳血管疾患	98.4	肺炎及び気管支炎	52.1	不慮の事故及び有害作用	33.7
1988	63	悪性新生物	203.5	心疾患	131.1	脳血管疾患	101.4	肺炎及び気管支炎	59.7	不慮の事故及び有害作用	35.6
1989	平成元年	悪性新生物	211.4	心疾患	129.5	脳血管疾患	94.6	肺炎及び気管支炎	61.0	不慮の事故及び有害作用	36.3
1990	2	悪性新生物	216.4	心疾患	135.7	脳血管疾患	95.6	肺炎及び気管支炎	70.0	不慮の事故及び有害作用	36.8
1991	3	悪性新生物	222.5	心疾患	138.4	脳血管疾患	92.2	肺炎及び気管支炎	71.8	不慮の事故及び有害作用	37.9
1992	4	悪性新生物	230.5	心疾患	142.6	脳血管疾患	91.5	肺炎及び気管支炎	75.5	不慮の事故及び有害作用	39.0
1993	5	悪性新生物	234.2	心疾患	145.4	脳血管疾患	91.0	肺炎及び気管支炎	81.0	不慮の事故及び有害作用	38.5
1994	6	悪性新生物	241.5	心疾患	129.6	脳血管疾患	91.2	肺炎及び気管支炎	83.0	不慮の事故及び有害作用	39.6
1995	7	悪性新生物	262.0	心疾患	114.4	脳血管疾患	114.2	肺炎	69.6	不慮の事故	46.3
1996	8	悪性新生物	269.7	心疾患	112.9	脳血管疾患	108.8	肺炎	63.0	不慮の事故	41.7
1997	9	悪性新生物	273.0	心疾患	114.0	脳血管疾患	107.5	肺炎	69.1	不慮の事故	41.1
1998	10	悪性新生物	281.0	心疾患	116.0	脳血管疾患	106.9	肺炎	69.6	不慮の事故	40.7
1999	11	悪性新生物	286.5	心疾患	120.6	脳血管疾患	108.3	肺炎	81.3	不慮の事故	41.6
2000	12	悪性新生物	291.3	心疾患	117.3	脳血管疾患	102.7	肺炎	76.0	不慮の事故	40.9
2001	13	悪性新生物	294.5	心疾患	118.1	脳血管疾患	102.5	肺炎	74.3	不慮の事故	40.6
2002	14	悪性新生物	298.8	心疾患	121.7	脳血管疾患	101.0	肺炎	76.4	不慮の事故	39.4
2003	15	悪性新生物	303.3	心疾患	126.6	脳血管疾患	102.7	肺炎	82.1	不慮の事故	38.9
2004	16	悪性新生物	313.5	心疾患	125.8	脳血管疾患	99.9	肺炎	83.3	不慮の事故	38.4

注：1) 死因順位は人口動態統計、各種分類表の「死因順位に用いる分類項目」によるものである。
　　2) 昭和26～47年は、沖縄県を含まない。
　　3) 昭和32年以前は統計数値が得られないため、第5位までとなっている。
　　4) 昭和42年以前の「その他の新生児固有の疾患」は、「その他の新生児固有の疾患及び性質不明の未熟児」である。
　　5) 平成6年までの老衰は、「精神病の記載のない老衰」である。
　　6) 平成7年以降の「心疾患」は、「心疾患（高血圧性を除く）」である。
　　7) 平成6年の「心疾患」の減少は、新しい死亡診断書（死体検案書）（平成7年1月1日施行）における「死亡の原因欄には、疾患の終末期の状態としての心不全、呼吸不全等は書かないでください。」という注意書きの事前周知の影響によるものと考えられる。

―明治32年～平成16年― 男
to 10th places）：From 1899 to 2004

第 6 位 死因	粗死亡率 (人口10万対)	第 7 位 死因	粗死亡率 (人口10万対)	第 8 位 死因	粗死亡率 (人口10万対)	第 9 位 死因	粗死亡率 (人口10万対)	第 10 位 死因	粗死亡率 (人口10万対)	年 次	
										1951	昭和26年
										1952	27
										1953	28
										1954	29
										1955	30
										1956	31
										1957	32
全結核	48.1	老衰	43.1	自殺	30.7	その他の新生児固有の疾患	26.4	胃腸炎	22.5	1958	33
全結核	43.8	老衰	43.7	自殺	26.6	その他の新生児固有の疾患	24.0	胃腸炎	21.2	1959	34
老衰	44.8	全結核	43.1	自殺	25.1	その他の新生児固有の疾患	21.3	胃腸炎	19.0	1960	35
老衰	43.8	全結核	37.8	自殺	22.3	その他の新生児固有の疾患	20.4	胃腸炎	17.4	1961	36
老衰	43.5	全結核	37.9	自殺	20.4	その他の新生児固有の疾患	18.5	高血圧性疾患	18.3	1962	37
肺炎及び気管支炎	35.8	全結核	31.7	自殺	18.9	高血圧性疾患	18.0	その他の新生児固有の疾患	17.0	1963	38
肺炎及び気管支炎	34.5	全結核	31.1	高血圧性疾患	18.2	自殺	17.5	その他の新生児固有の疾患	15.6	1964	39
老衰	36.3	全結核	30.6	高血圧性疾患	19.0	自殺	17.3	その他の新生児固有の疾患	15.0	1965	40
肺炎及び気管支炎	30.7	全結核	27.2	高血圧性疾患	18.1	自殺	17.4	肝硬変	13.9	1966	41
肺炎及び気管支炎	31.0	全結核	24.1	高血圧性疾患	17.8	自殺	16.2	肝硬変	14.7	1967	42
老衰	28.4	全結核	23.0	高血圧性疾患	17.3	自殺	16.5	肝硬変	15.4	1968	43
老衰	26.7	全結核	22.1	自殺	16.4	肝硬変	16.3	高血圧性疾患	16.2	1969	44
老衰	26.9	全結核	21.6	肝硬変	17.6	自殺	17.4	高血圧性疾患	16.7	1970	45
老衰	24.1	全結核	18.5	自殺	17.9	肝硬変	17.8	高血圧性疾患	15.4	1971	46
老衰	21.9	自殺	19.7	肝硬変	18.7	全結核	16.8	高血圧性疾患	15.2	1972	47
老衰	22.2	自殺	20.2	肝硬変	19.1	全結核	15.9	高血圧性疾患	15.8	1973	48
老衰	20.5	自殺	20.0	肝硬変	19.7	高血圧性疾患	16.2	全結核	14.9	1974	49
自殺	21.4	肝硬変	19.9	老衰	18.8	高血圧性疾患	15.9	全結核	13.5	1975	50
自殺	21.2	肝硬変	20.5	老衰	18.6	高血圧性疾患	15.6	全結核	12.4	1976	51
自殺	22.0	肝硬変	20.0	老衰	17.6	高血圧性疾患	14.8	全結核	11.3	1977	52
自殺	22.0	肝硬変	20.7	老衰	17.6	高血圧性疾患	14.3	全結核	10.6	1978	53
自殺	22.6	慢性肝疾患及び肝硬変	21.1	老衰	18.1	高血圧性疾患	12.1	結核	8.6	1979	54
自殺	22.4	慢性肝疾患及び肝硬変	20.9	老衰	19.7	高血圧性疾患	11.6	腎炎,ネフローゼ症候群及びネフローゼ	8.9	1980	55
自殺	22.0	慢性肝疾患及び肝硬変	20.7	老衰	18.3	高血圧性疾患	10.9	腎炎,ネフローゼ症候群及びネフローゼ	9.4	1981	56
自殺	22.7	慢性肝疾患及び肝硬変	20.4	老衰	16.5	腎炎,ネフローゼ症候群及びネフローゼ	9.8	高血圧性疾患	9.6	1982	57
自殺	28.9	慢性肝疾患及び肝硬変	20.4	老衰	17.5	腎炎,ネフローゼ症候群及びネフローゼ	10.5	高血圧性疾患	9.2	1983	58
自殺	27.6	慢性肝疾患及び肝硬変	20.5	老衰	17.3	腎炎,ネフローゼ症候群及びネフローゼ	10.8	高血圧性疾患	8.8	1984	59
自殺	26.0	慢性肝疾患及び肝硬変	20.4	老衰	16.4	腎炎,ネフローゼ症候群及びネフローゼ	11.4	高血圧性疾患	8.5	1985	60
自殺	27.8	慢性肝疾患及び肝硬変	19.7	老衰	15.4	腎炎,ネフローゼ症候群及びネフローゼ	11.8	高血圧性疾患	7.7	1986	61
自殺	25.6	慢性肝疾患及び肝硬変	19.3	老衰	14.5	腎炎,ネフローゼ症候群及びネフローゼ	11.8	糖尿病	7.1	1987	62
自殺	23.8	慢性肝疾患及び肝硬変	19.5	老衰	14.9	腎炎,ネフローゼ症候群及びネフローゼ	12.9	糖尿病	7.6	1988	63
自殺	21.5	慢性肝疾患及び肝硬変	18.9	腎炎,ネフローゼ症候群及びネフローゼ	13.3	老衰	13.1	糖尿病	7.3	1989	平成元年
自殺	20.4	慢性肝疾患及び肝硬変	19.1	腎炎,ネフローゼ症候群及びネフローゼ	13.8	老衰	13.4	糖尿病	7.5	1990	2
自殺	20.6	慢性肝疾患及び肝硬変	18.9	腎炎,ネフローゼ症候群及びネフローゼ	13.7	老衰	12.7	糖尿病	7.7	1991	3
自殺	22.3	慢性肝疾患及び肝硬変	19.1	腎炎,ネフローゼ症候群及びネフローゼ	14.4	老衰	12.6	糖尿病	7.9	1992	4
自殺	22.3	慢性肝疾患及び肝硬変	18.9	腎炎,ネフローゼ症候群及びネフローゼ	14.9	老衰	12.1	糖尿病	8.2	1993	5
自殺	23.1	慢性肝疾患及び肝硬変	18.4	腎炎,ネフローゼ症候群及びネフローゼ	14.8	老衰	12.1	糖尿病	8.7	1994	6
自殺	23.4	肝疾患	19.0	慢性閉塞性肺疾患	15.5	腎不全	12.8	糖尿病	11.7	1995	7
自殺	24.3	肝疾患	18.3	慢性閉塞性肺疾患	13.9	腎不全	12.3	糖尿病	10.5	1996	8
自殺	26.0	肝疾患	18.6	慢性閉塞性肺疾患	14.3	腎不全	12.6	老衰	10.4	1997	9
自殺	36.5	肝疾患	18.2	慢性閉塞性肺疾患	14.2	腎不全	12.6	糖尿病	10.5	1998	10
自殺	36.5	肝疾患	18.7	慢性閉塞性肺疾患	15.8	腎不全	13.5	糖尿病	10.8	1999	11
自殺	35.2	肝疾患	18.0	慢性閉塞性肺疾患	15.6	腎不全	13.1	糖尿病	10.6	2000	12
自殺	34.2	肝疾患	17.7	慢性閉塞性肺疾患	15.7	腎不全	13.3	糖尿病	10.3	2001	13
自殺	35.2	肝疾患	17.1	慢性閉塞性肺疾患	15.9	腎不全	13.7	糖尿病	10.8	2002	14
自殺	38.0	肝疾患	17.4	慢性閉塞性肺疾患	16.8	腎不全	14.1	糖尿病	10.9	2003	15
自殺	35.6	肝疾患	17.4	慢性閉塞性肺疾患	16.5	腎不全	14.3	糖尿病	10.9	2004	16

Notes: 1) The order of the causes of death is based on the "Classification used in the order of death causes," in the Vital Statistics and related classifications.
2) Values for 1947 through 1972 do not include data for Okinawa.
3) The data for 1949 and before includes 1st - 5th places, because the cause of death classification varies greatly between 1950 and afterwards.
4) "Other diseases unique to newborns" for 1967 and before refers to "Other diseases unique to newborns and unclassifiable immature babies."
5) "Senility" in 1994 and before refers to "senility without the record of mental diseases. "
6) Starting in 1995, the category "heart diseases" excludes hypertensive heart disease.
7) The decrease in heart diseases in 1994 is considered to be the result of the guidelines announced prior to the implementation of a new death certificate (postmortem certificate) form on January 1, 1995, "Do not enter heart failure or respiratory failure as the terminal status of diseases in the column 'Causes of death'."

第2表　性別死因順位（第1～10位）
Statistics 2 Order of deaths by sex (from 1st

年次		第1位 死因	粗死亡率(人口10万対)	第2位 死因	粗死亡率(人口10万対)	第3位 死因	粗死亡率(人口10万対)	第4位 死因	粗死亡率(人口10万対)	第5位 死因	粗死亡率(人口10万対)
1951	昭和26年	脳血管疾患	124.1	老衰	107.6	全結核	100.1	悪性新生物	75.4	胃腸炎	67.1
1952	27	脳血管疾患	126.6	老衰	82.5	悪性新生物	77.0	全結核	73.5	肺炎及び気管支炎	62.5
1953	28	脳血管疾患	130.8	老衰	92.1	悪性新生物	77.2	肺炎及び気管支炎	67.5	心疾患	63.5
1954	29	脳血管疾患	126.9	老衰	82.3	悪性新生物	79.3	心疾患	58.8	全結核	53.2
1955	30	脳血管疾患	129.4	悪性新生物	80.3	老衰	80.0	心疾患	59.6	肺炎及び気管支炎	45.3
1956	31	脳血管疾患	140.5	老衰	90.1	悪性新生物	83.3	心疾患	64.4	肺炎及び気管支炎	44.8
1957	32	脳血管疾患	141.2	老衰	96.8	悪性新生物	82.9	心疾患	70.3	肺炎及び気管支炎	54.9
1958	33	脳血管疾患	139.2	悪性新生物	86.9	老衰	67.5	心疾患	62.5	肺炎及び気管支炎	44.3
1959	34	脳血管疾患	143.2	悪性新生物	89.0	老衰	69.2	心疾患	65.2	肺炎及び気管支炎	41.5
1960	35	脳血管疾患	149.7	悪性新生物	90.2	心疾患	70.8	老衰	70.7	肺炎及び気管支炎	45.6
1961	36	脳血管疾患	152.5	悪性新生物	92.1	老衰	72.1	心疾患	70.2	肺炎及び気管支炎	39.0
1962	37	脳血管疾患	155.6	悪性新生物	92.3	心疾患	72.8	老衰	71.0	肺炎及び気管支炎	42.0
1963	38	脳血管疾患	157.1	悪性新生物	93.7	心疾患	67.6	老衰	63.2	肺炎及び気管支炎	30.6
1964	39	脳血管疾患	157.5	悪性新生物	94.3	心疾患	67.4	老衰	61.2	肺炎及び気管支炎	29.8
1965	40	脳血管疾患	160.0	悪性新生物	95.2	心疾患	73.6	老衰	63.1	肺炎及び気管支炎	34.6
1966	41	脳血管疾患	158.9	悪性新生物	97.2	心疾患	68.6	老衰	56.9	肺炎及び気管支炎	25.8
1967	42	脳血管疾患	158.5	悪性新生物	99.1	心疾患	72.0	老衰	54.8	肺炎及び気管支炎	26.6
1968	43	脳血管疾患	158.1	悪性新生物	99.8	心疾患	76.2	老衰	50.1	肺炎及び気管支炎	29.8
1969	44	脳血管疾患	158.5	悪性新生物	100.7	心疾患	77.1	老衰	47.0	肺炎及び気管支炎	28.8
1970	45	脳血管疾患	161.4	悪性新生物	101.2	心疾患	83.1	老衰	49.2	肺炎及び気管支炎	31.1
1971	46	脳血管疾患	155.4	悪性新生物	102.5	心疾患	77.5	老衰	43.5	肺炎及び気管支炎	25.7
1972	47	脳血管疾患	153.9	悪性新生物	103.9	心疾患	77.4	老衰	39.2	肺炎及び気管支炎	25.4
1973	48	脳血管疾患	156.2	悪性新生物	104.5	心疾患	83.6	老衰	39.3	肺炎及び気管支炎	28.7
1974	49	脳血管疾患	153.9	悪性新生物	104.6	心疾患	87.2	老衰	38.5	肺炎及び気管支炎	29.6
1975	50	脳血管疾患	149.4	悪性新生物	105.2	心疾患	86.4	老衰	34.7	肺炎及び気管支炎	30.6
1976	51	脳血管疾患	148.1	悪性新生物	106.7	心疾患	89.3	老衰	33.9	肺炎及び気管支炎	29.3
1977	52	脳血管疾患	144.4	悪性新生物	108.8	心疾患	87.6	老衰	32.2	肺炎及び気管支炎	25.6
1978	53	脳血管疾患	141.3	悪性新生物	111.3	心疾患	89.7	老衰	31.1	肺炎及び気管支炎	26.5
1979	54	脳血管疾患	134.5	悪性新生物	113.5	心疾患	91.9	老衰	32.7	肺炎及び気管支炎	24.7
1980	55	脳血管疾患	136.5	悪性新生物	115.5	心疾患	100.5	老衰	35.4	肺炎及び気管支炎	29.2
1981	56	脳血管疾患	132.4	悪性新生物	117.3	心疾患	103.7	老衰	32.4	肺炎及び気管支炎	29.0
1982	57	脳血管疾患	124.0	悪性新生物	118.4	心疾患	102.3	肺炎及び気管支炎	30.0	老衰	29.9
1983	58	脳血管疾患	123.0	悪性新生物	120.8	心疾患	107.4	肺炎及び気管支炎	33.6	老衰	31.8
1984	59	悪性新生物	123.7	脳血管疾患	118.3	心疾患	109.6	肺炎及び気管支炎	31.5	老衰	30.7
1985	60	悪性新生物	125.9	脳血管疾患	113.9	心疾患	113.2	肺炎及び気管支炎	36.3	老衰	29.6
1986	61	悪性新生物	126.9	心疾患	114.6	脳血管疾患	109.7	肺炎及び気管支炎	37.4	老衰	28.7
1987	62	悪性新生物	130.1	心疾患	115.4	脳血管疾患	105.0	肺炎及び気管支炎	37.9	老衰	26.9
1988	63	悪性新生物	134.5	心疾患	127.7	脳血管疾患	109.3	肺炎及び気管支炎	43.7	老衰	28.2
1989	平成元年	悪性新生物	137.1	心疾患	126.7	脳血管疾患	102.3	肺炎及び気管支炎	44.7	老衰	25.5
1990	2	悪性新生物	139.3	心疾患	134.0	脳血管疾患	103.0	肺炎及び気管支炎	51.8	老衰	25.5
1991	3	悪性新生物	142.4	心疾患	136.0	脳血管疾患	100.0	肺炎及び気管支炎	52.6	老衰	24.8
1992	4	悪性新生物	146.7	心疾患	141.8	脳血管疾患	99.6	肺炎及び気管支炎	55.0	老衰	25.0
1993	5	悪性新生物	148.3	心疾患	145.9	脳血管疾患	100.7	肺炎及び気管支炎	60.6	老衰	25.0
1994	6	悪性新生物	153.1	心疾患	127.6	脳血管疾患	102.4	肺炎及び気管支炎	62.2	老衰	25.5
1995	7	悪性新生物	163.1	脳血管疾患	121.4	心疾患	109.6	肺炎	58.7	不慮の事故	27.0
1996	8	悪性新生物	167.2	脳血管疾患	116.2	心疾患	108.9	肺炎	51.1	老衰	22.8
1997	9	悪性新生物	169.9	脳血管疾患	114.4	心疾患	110.4	肺炎	57.4	老衰	23.6
1998	10	悪性新生物	174.6	脳血管疾患	113.1	心疾患	112.6	肺炎	58.3	老衰	23.6
1999	11	悪性新生物	179.1	心疾患	120.3	脳血管疾患	113.2	肺炎	68.8	老衰	25.3
2000	12	悪性新生物	181.4	心疾患	116.3	脳血管疾患	108.2	肺炎	62.7	老衰	23.7
2001	13	悪性新生物	185.4	心疾患	117.5	脳血管疾患	106.8	肺炎	61.5	老衰	25.0
2002	14	悪性新生物	187.1	心疾患	120.4	脳血管疾患	105.6	肺炎	62.7	老衰	25.6
2003	15	悪性新生物	190.1	心疾患	126.4	脳血管疾患	106.6	肺炎	68.7	老衰	26.6
2004	16	悪性新生物	197.1	心疾患	127.2	脳血管疾患	104.5	肺炎	68.5	老衰	27.8

注：1）死因順位は人口動態統計、各種分類表の「死因順位に用いる分類項目」によるものである。
　　2）昭和26～47年は、沖縄県を含まない。
　　3）昭和32年以前は統計数値が得られないため、第5位までとなっている。
　　4）昭和42年以前の「その他の新生児固有の疾患」は、「その他の新生児固有の疾患及び性質不明の未熟児」である。
　　5）平成6年までの老衰は、「精神病の記載のない老衰」である。
　　6）平成7年以降の「心疾患」は、「心疾患（高血圧性を除く）」である。
　　7）平成6年の「心疾患」の減少は、新しい死亡診断書（死体検案書）（平成7年1月1日施行）における「死亡の原因欄には、疾患の終末期の状態としての心不全、呼吸不全等は書かないでください。」という注意書きの事前周知の影響によるものと考えられる。

―明治32年～平成16年― 女
to 10th places): From 1899 to 2004

第 6 位 死因	粗死亡率(人口10万対)	第 7 位 死因	粗死亡率(人口10万対)	第 8 位 死因	粗死亡率(人口10万対)	第 9 位 死因	粗死亡率(人口10万対)	第 10 位 死因	粗死亡率(人口10万対)	年	次
										1951	昭和26年
										1952	27
										1953	28
										1954	29
										1955	30
										1956	31
										1957	32
全結核	31.1	胃腸炎	27.7	自殺	20.8	その他の新生児固有の疾患	20.4	不慮の事故	19.3	1958	33
全結核	27.4	胃腸炎	25.4	不慮の事故	24.2	自殺	18.9	その他の新生児固有の疾患	18.1	1959	34
全結核	25.6	胃腸炎	23.3	不慮の事故	19.3	自殺	18.2	腎炎及びネフローゼ	16.5	1960	35
全結核	21.7	胃腸炎	21.6	不慮の事故	19.9	高血圧性疾患	17.3	自殺	16.9	1961	36
全結核	21.0	胃腸炎	19.9	高血圧性疾患	18.6	不慮の事故	18.3	自殺	14.8	1962	37
不慮の事故	18.4	高血圧性疾患	18.3	胃腸炎	17.9	全結核	17.1	自殺	13.4	1963	38
高血圧性疾患	19.2	不慮の事故	18.5	全結核	16.4	胃腸炎	16.1	自殺	12.9	1964	39
高血圧性疾患	19.6	不慮の事故	19.0	全結核	15.2	胃腸炎	14.4	自殺	12.2	1965	40
不慮の事故	19.9	高血圧性疾患	19.0	全結核	13.6	自殺	13.1	胃腸炎	12.8	1966	41
不慮の事故	19.8	高血圧性疾患	18.8	自殺	12.2	胃腸炎	11.9	全結核	11.7	1967	42
不慮の事故	19.0	高血圧性疾患	18.5	自殺	12.5	胃腸炎	11.1	全結核	10.8	1968	43
不慮の事故	20.0	高血圧性疾患	17.8	自殺	12.7	胃腸炎	10.5	全結核	10.2	1969	44
不慮の事故	20.4	高血圧性疾患	18.9	自殺	13.3	全結核	9.5	胃腸炎	9.5	1970	45
不慮の事故	20.1	高血圧性疾患	17.9	自殺	13.3	胃腸炎	8.6	腎炎及びネフローゼ	7.8	1971	46
不慮の事故	19.9	高血圧性疾患	17.7	自殺	14.4	胃腸炎	8.0	糖尿病	7.5	1972	47
高血圧性疾患	19.1	不慮の事故	18.6	自殺	14.8	胃腸炎	8.0	糖尿病	7.8	1973	48
高血圧性疾患	20.5	不慮の事故	16.6	自殺	15.0	糖尿病	8.1	胃腸炎	7.5	1974	49
高血圧性疾患	19.7	不慮の事故	15.7	自殺	14.6	糖尿病	8.2	肝硬変	7.5	1975	50
高血圧性疾患	19.6	不慮の事故	14.5	自殺	14.1	糖尿病	8.5	肝硬変	7.2	1976	51
高血圧性疾患	19.2	自殺	13.8	不慮の事故	13.8	糖尿病	8.6	肝硬変	7.4	1977	52
高血圧性疾患	18.4	不慮の事故	13.7	自殺	13.4	糖尿病	8.7	肝硬変	7.6	1978	53
高血圧性疾患	15.8	自殺	13.6	不慮の事故及び有害作用	13.5	腎炎、ネフローゼ症候群及びネフローゼ	7.8	慢性肝疾患及び肝硬変	7.5	1979	54
高血圧性疾患	15.7	不慮の事故及び有害作用	13.6	自殺	13.2	腎炎、ネフローゼ症候群及びネフローゼ	8.7	慢性肝疾患及び肝硬変	7.7	1980	55
高血圧性疾患	15.1	不慮の事故及び有害作用	13.3	自殺	12.4	腎炎、ネフローゼ症候群及びネフローゼ	8.9	慢性肝疾患及び肝硬変	7.9	1981	56
高血圧性疾患	13.7	不慮の事故及び有害作用	13.6	自殺	12.5	腎炎、ネフローゼ症候群及びネフローゼ	9.6	慢性肝疾患及び肝硬変	7.9	1982	57
不慮の事故及び有害作用	13.9	自殺	13.4	高血圧性疾患	13.4	腎炎、ネフローゼ症候群及びネフローゼ	10.1	慢性肝疾患及び肝硬変	8.0	1983	58
不慮の事故及び有害作用	13.4	自殺	13.3	高血圧性疾患	13.0	腎炎、ネフローゼ症候群及びネフローゼ	10.5	糖尿病	8.3	1984	59
不慮の事故及び有害作用	13.5	自殺	13.1	高血圧性疾患	12.6	腎炎、ネフローゼ症候群及びネフローゼ	11.1	慢性肝疾患及び肝硬変	8.4	1985	60
自殺	14.9	不慮の事故及び有害作用	13.2	高血圧性疾患	11.6	腎炎、ネフローゼ症候群及びネフローゼ	11.4	慢性肝疾患及び肝硬変	8.5	1986	61
自殺	13.8	不慮の事故及び有害作用	13.2	腎炎、ネフローゼ症候群及びネフローゼ	11.8	高血圧性疾患	10.7	慢性肝疾患及び肝硬変	8.3	1987	62
不慮の事故及び有害作用	14.3	自殺	13.7	腎炎、ネフローゼ症候群及びネフローゼ	13.1	高血圧性疾患	10.3	慢性肝疾患及び肝硬変	8.5	1988	63
不慮の事故及び有害作用	14.8	腎炎、ネフローゼ症候群及びネフローゼ	13.5	自殺	13.1	高血圧性疾患	9.3	慢性肝疾患及び肝硬変	8.6	1989	平成元年
不慮の事故及び有害作用	15.9	腎炎、ネフローゼ症候群及びネフローゼ	14.1	自殺	12.4	高血圧性疾患	9.4	慢性肝疾患及び肝硬変	8.5	1990	2
不慮の事故及び有害作用	16.4	腎炎、ネフローゼ症候群及びネフローゼ	13.9	自殺	11.8	高血圧性疾患	9.1	慢性肝疾患及び肝硬変	8.7	1991	3
不慮の事故及び有害作用	17.6	腎炎、ネフローゼ症候群及びネフローゼ	15.2	自殺	11.7	慢性肝疾患及び肝硬変	8.8	高血圧性疾患	8.8	1992	4
不慮の事故及び有害作用	18.0	腎炎、ネフローゼ症候群及びネフローゼ	15.0	自殺	11.1	慢性肝疾患及び肝硬変	8.5	糖尿病	8.4	1993	5
不慮の事故及び有害作用	19.0	腎炎、ネフローゼ症候群及びネフローゼ	15.5	自殺	10.9	糖尿病	8.9	慢性肝疾患及び肝硬変	8.3	1994	6
老衰	23.4	腎不全	13.2	自殺	11.3	糖尿病	11.2	肝疾患	8.6	1995	7
不慮の事故	21.5	腎不全	13.7	自殺	11.5	糖尿病	10.1	肝疾患	8.4	1996	8
不慮の事故	21.5	腎不全	14.0	自殺	11.9	糖尿病	9.5	肝疾患	8.2	1997	9
不慮の事故	21.8	自殺	14.7	腎不全	13.9	糖尿病	9.6	肝疾患	7.8	1998	10
不慮の事故	22.7	腎不全	14.7	自殺	14.1	糖尿病	9.8	肝疾患	8.0	1999	11
不慮の事故	22.3	腎不全	14.4	自殺	13.4	糖尿病	9.1	肝疾患	7.8	2000	12
不慮の事故	22.6	腎不全	14.8	自殺	12.9	糖尿病	9.0	肝疾患	7.7	2001	13
不慮の事故	22.3	腎不全	15.1	自殺	12.8	糖尿病	9.3	肝疾患	7.7	2002	14
不慮の事故	22.9	腎不全	15.7	自殺	13.5	糖尿病	9.6	肝疾患	7.8	2003	15
不慮の事故	22.5	腎不全	16.0	自殺	12.8	糖尿病	9.2	肝疾患	8.0	2004	16

Notes: 1) The order of the causes of death is based on the "Classification used in the order of death causes," in the Vital Statistics and related classifications.
2) Values for 1947 through 1972 do not include data for Okinawa.
3) The data for 1949 and before includes 1st - 5th places, because the cause of death classification varies greatly between 1950 and afterwards.
4) "Other diseases unique to newborns" for 1967 and before refers to "Other diseases unique to newborns and unclassifiable immature babies."
5) "Senility" in 1994 and before refers to "senility without the record of mental diseases."
6) Starting in 1995, the category "heart diseases" excludes hypertensive heart disease.
7) The decrease in heart diseases in 1994 is considered to be the result of the guidelines announced prior to the implementation of a new death certificate (postmortem certificate) form on January 1, 1995, "Do not enter heart failure or respiratory failure as the terminal status of diseases in the column 'Causes of death'."

第3表（3-1）

第3表　死亡数・粗死亡率（人口10万対）・年齢調整死亡率
Statistics 3　Numbers of deaths, crude death rates (per 100,000 population), and age-adjusted cerebrovascular diseases : From 1899 to 2004

全死因
All causes

年次 Year		総数 Total 死亡数 Number of deaths	総数 粗死亡率（人口10万対） Crude death rate (per 100,000 population)	男 Male 死亡数 Number of deaths	男 粗死亡率（人口10万対） Crude death rate (per 100,000 population)	男 年齢調整死亡率（人口10万対） Age-adjusted death rate (per 100,000 population)	女 Female 死亡数 Number of deaths	女 粗死亡率（人口10万対） Crude death rate (per 100,000 population)	女 年齢調整死亡率（人口10万対） Age-adjusted death rate (per 100,000 population)
1899	明治32年	932 087	2 147.5	476 249	2 181.0		455 828	2 113.4	
1900	33	910 744	2 077.1	464 072	2 104.5		446 664	2 049.3	
1901	34	925 810	2 087.1	468 524	2 101.2		457 278	2 072.8	
1902	35	959 126	2 133.1	486 410	2 151.7		472 710	2 114.3	
1903	36	931 008	2 044.1	472 249	2 062.1		458 755	2 025.9	
1904	37	955 400	2 070.9	481 445	2 075.6		473 950	2 066.0	
1905	38	1 004 661	2 155.0	505 290	2 157.4		499 365	2 152.5	
1906	39	955 256	2 030.8	480 077	2 034.3		475 176	2 027.3	
1907	40	1 016 798	2 144.4	512 110	2 153.0		504 681	2 135.8	
1908	41	1 029 447	2 146.2	517 755	2 153.6		511 687	2 138.8	
1909	42	1 091 264	2 247.5	550 267	2 262.1		540 992	2 232.9	
1910	43	1 064 234	2 163.8	535 076	2 170.7		529 156	2 156.8	
1911	44	1 043 906	2 094.0	526 141	2 105.2		517 762	2 082.8	
1912	大正元年	1 037 016	2 050.4	523 604	2 064.3		513 410	2 036.4	
1913	2	1 027 257	2 002.3	521 210	2 025.1		506 042	1 979.2	
1914	3	1 101 815	2 117.3	559 337	2 142.6		542 473	2 091.7	
1915	4	1 093 793	2 073.5	556 179	2 101.6		537 610	2 045.2	
1916	5	1 187 832	2 220.4	604 156	2 250.9		583 674	2 189.7	
1917	6	1 199 669	2 216.1	609 310	2 243.6		590 359	2 188.5	
1918	7	1 493 162	2 727.8	753 392	2 744.3		739 770	2 711.2	
1919	8	1 281 965	2 329.4	648 984	2 351.2		632 981	2 307.5	
1920	9	1 422 096	2 541.1	720 655	2 569.7		701 441	2 512.4	
1921	10	1 288 570	2 274.0	659 328	2 320.6		629 242	2 227.1	
1922	11	1 286 941	2 242.4	655 740	2 276.9		631 201	2 207.7	
1923	12	1 332 485	2 292.7	679 072	2 327.4		653 405	2 257.6	
1924	13	1 254 946	2 131.5	642 969	2 174.5		611 977	2 088.2	
1925	14	1 210 706	2 026.7	621 357	2 070.3		589 349	1 982.8	
1926	昭和元年	1 160 734	1 911.0	597 292	1 957.0		563 435	1 864.5	
1927	2	1 214 323	1 969.4	624 311	2 015.1		590 012	1 923.3	
1928	3	1 236 711	1 975.7	639 214	2 032.5		597 497	1 918.4	
1929	4	1 261 228	1 987.4	645 994	2 025.7		615 234	1 948.8	
1930	5	1 170 867	1 816.7	603 995	1 864.7		566 871	1 768.2	
1931	6	1 240 891	1 895.7	642 146	1 951.9		598 745	1 839.0	
1932	7	1 175 344	1 769.2	607 267	1 820.6		568 077	1 717.3	
1933	8	1 193 987	1 770.7	618 496	1 827.5		575 491	1 713.4	
1934	9	1 234 684	1 807.5	639 098	1 863.6		595 507	1 750.7	
1935	10	1 161 936	1 677.8	603 566	1 737.7		558 367	1 617.5	
1936	11	1 230 278	1 754.7	637 854	1 817.1		592 421	1 692.1	
1937	12	1 207 899	1 710.2	625 625	1 781.0		582 274	1 640.1	
1938	13	1 259 805	1 774.1	652 936	1 858.9		606 869	1 691.0	
1939	14	1 268 760	1 777.5	658 589	1 869.6		610 171	1 687.7	
1940	15	1 186 595	1 649.6	615 311	1 738.8		571 284	1 563.2	
1941	16	1 149 559	1 603.7	597 373	1 721.2		552 186	1 493.4	
1942	17	1 166 630	1 611.7	609 038	1 746.4		557 592	1 486.5	
1943	18	1 219 073	1 672.6	638 135	1 835.5		580 938	1 524.1	
1947	22	1 138 238	1 457.4	595 670	1 562.2	2 363.3	542 568	1 357.4	1 826.3
1948	23	950 610	1 188.2	493 573	1 261.4	1 929.0	457 037	1 118.2	1 539.5
1949	24	945 444	1 156.2	489 817	1 222.6	1 889.9	455 627	1 092.4	1 501.6
1950	25	904 876	1 087.6	467 073	1 144.5	1 858.6	437 803	1 032.8	1 457.8
1951	26	838 998	992.0	432 540	1 042.4	1 685.3	406 458	943.5	1 339.1
1952	27	765 068	891.1	395 205	937.7	1 571.2	369 863	846.3	1 236.8
1953	28	772 547	887.6	399 859	935.4	1 643.8	372 688	841.6	1 259.9
1954	29	721 491	817.2	379 658	875.2	1 516.8	341 833	761.1	1 132.7

注：1）昭和18年以前の年齢調整死亡率については、統計数値が得られないため掲載していない。
　　2）昭和19〜21年は資料不備のため省略した。
　　3）年齢調整死亡率の基準人口は、昭和60年モデル人口である。
　　4）昭和60年の粗死亡率の算出においては、昭和60年国勢調査確定人口を用いたため人口動態統計報告書とは一致しない。

(人口10万対) , 全死因-心疾患-脳血管疾患・性別　-明治32年～平成16年-
death rates (per 100,000 population) by sex, for all death causes, heart diseases and

年次 Year		総数 Total		男 Male			女 Female		
		死亡数 Number of deaths	粗死亡率 (人口10万対) Crude death rate (per 100,000 population)	死亡数 Number of deaths	粗死亡率 (人口10万対) Crude death rate (per 100,000 population)	年齢調整死亡率 (人口10万対) Age-adjusted death rate (per 100,000 population)	死亡数 Number of deaths	粗死亡率 (人口10万対) Crude death rate (per 100,000 population)	年齢調整死亡率 (人口10万対) Age-adjusted death rate (per 100,000 population)
1955	昭和30年	693 523	776.8	365 246	832.7	1 482.0	328 277	722.8	1 099.3
1956	31	724 460	802.6	381 395	859.9	1 557.2	343 065	747.4	1 146.2
1957	32	752 445	826.1	397 502	887.9	1 629.1	354 943	766.3	1 179.5
1958	33	684 189	743.6	363 647	804.0	1 438.5	320 542	685.2	1 036.1
1959	34	689 959	742.1	367 562	804.2	1 435.6	322 370	682.1	1 023.3
1960	35	706 599	756.4	377 526	822.9	1 476.1	329 073	692.2	1 042.3
1961	36	695 644	737.8	371 858	803.1	1 432.5	323 786	674.8	1 000.5
1962	37	710 265	746.2	380 826	814.7	1 464.6	329 439	680.2	1 004.2
1963	38	670 770	697.6	361 469	765.3	1 344.6	309 301	632.2	927.5
1964	39	673 067	692.6	363 531	761.4	1 324.6	309 536	626.0	906.9
1965	40	700 438	712.7	378 716	785.0	1 369.9	321 722	643.1	931.5
1966	41	670 342	676.7	363 356	747.2	1 273.2	306 986	608.7	867.3
1967	42	675 006	677.5	366 076	748.6	1 256.2	308 930	608.9	849.3
1968	43	686 555	681.1	372 931	753.7	1 254.8	313 624	611.2	839.6
1969	44	693 787	680.0	379 506	757.5	1 237.2	314 281	605.3	815.3
1970	45	712 962	691.4	387 880	766.6	1 234.6	325 082	619.0	823.3
1971	46	684 521	656.0	372 942	728.0	1 146.0	311 579	586.6	758.3
1972	47	683 751	646.6	372 833	719.1	1 120.9	310 918	576.9	735.4
1973	48	709 416	656.4	383 592	723.7	1 118.5	325 824	591.6	740.0
1974	49	710 510	649.4	381 869	711.4	1 087.7	328 641	589.7	724.3
1975	50	702 275	631.2	377 827	690.4	1 036.5	324 448	574.0	685.1
1976	51	703 270	625.6	378 630	684.3	1 012.5	324 640	568.7	664.0
1977	52	690 074	608.0	372 175	666.3	959.9	317 899	551.5	624.2
1978	53	695 821	607.6	375 625	666.5	939.9	320 196	550.6	604.8
1979	54	689 664	597.3	373 183	656.6	902.5	316 481	539.8	574.4
1980	55	722 801	621.4	390 644	682.9	923.5	332 157	561.8	579.8
1981	56	720 262	614.5	388 575	674.0	889.2	331 687	557.0	556.3
1982	57	711 883	603.2	385 494	664.0	849.6	326 389	544.4	523.4
1983	58	740 038	623.0	401 232	686.6	855.3	338 806	561.4	520.1
1984	59	740 247	619.3	402 220	684.1	831.1	338 027	556.6	498.4
1985	60	752 283	625.4	407 769	689.9	812.9	344 514	563.1	482.9
1986	61	750 620	620.6	406 918	684.6	785.0	343 702	558.8	461.7
1987	62	751 172	618.1	408 094	683.3	758.2	343 078	555.0	439.1
1988	63	793 014	649.9	428 094	713.9	770.8	364 920	588.0	445.9
1989	平成元年	788 594	644.0	427 114	709.8	744.7	361 480	580.3	424.4
1990	2	820 305	668.4	443 718	736.5	747.9	376 587	602.8	423.0
1991	3	829 797	674.1	450 344	745.3	735.5	379 453	605.4	410.1
1992	4	856 643	693.8	465 544	768.3	735.2	391 099	622.0	404.5
1993	5	878 532	709.7	476 462	784.6	729.0	402 070	637.6	398.9
1994	6	875 933	706.0	476 080	782.5	705.7	399 853	632.4	380.3
1995	7	922 139	741.9	501 276	822.9	719.6	420 863	664.0	384.7
1996	8	896 211	718.6	488 605	799.5	677.4	407 606	641.0	357.2
1997	9	913 402	730.9	497 796	813.3	667.2	415 606	651.9	348.4
1998	10	936 484	747.7	512 128	835.3	664.7	424 356	663.7	342.2
1999	11	982 031	782.9	534 778	871.6	673.7	447 253	698.0	344.8
2000	12	961 653	765.6	525 903	855.3	634.2	435 750	679.5	323.9
2001	13	970 331	770.7	528 768	858.5	615.9	441 563	686.6	313.9
2002	14	982 379	779.6	535 305	869.1	602.5	447 074	694.0	304.9
2003	15	1 014 951	804.6	551 746	895.4	601.6	463 205	717.9	302.5
2004	16	1 028 602	815.2	557 097	904.4	588.3	471 505	730.1	297.1

Notes: 1) Age-adjusted death rates for 1943 and before are not listed, due to the lack of statistical data.
2) Values for 1944 through 1946 are omitted due to the lack of data.
3) The base population for age-adjusted death rates is the model population of 1985.
4) Crude death rates for 1985 use the population as determined in the population Census 1985, and do not agree with the Vital Statistics report of the year.

第3表（3-2）

第3表　死亡数・粗死亡率（人口10万対）・年齢調整死亡率
Statistics 3　Numbers of deaths, crude death rates (per 100,000 population), and age-adjusted cerebrovascular diseases：From 1899 to 2004

心疾患
Heart diseases

年次 Year		総数 Total		男 Male			女 Female		
		死亡数 Number of deaths	粗死亡率（人口10万対）Crude death rate (per 100,000 population)	死亡数 Number of deaths	粗死亡率（人口10万対）Crude death rate (per 100,000 population)	年齢調整死亡率（人口10万対）Age-adjusted death rate (per 100,000 population)	死亡数 Number of deaths	粗死亡率（人口10万対）Crude death rate (per 100,000 population)	年齢調整死亡率（人口10万対）Age-adjusted death rate (per 100,000 population)
1899	明治32年	21 113	48.6	10 533	48.2		10 580	49.1	
1900	33	21 107	48.1	10 351	46.9		10 756	49.3	
1901	34	21 869	49.3	10 597	47.5		11 272	51.1	
1902	35	23 837	53.0	11 733	51.9		12 104	54.1	
1903	36	23 665	52.0	11 576	50.5		12 089	53.4	
1904	37	25 435	55.1	12 051	52.0		13 384	58.3	
1905	38	25 888	55.5	12 460	53.2		13 428	57.9	
1906	39	25 792	54.8	12 004	50.9		13 788	58.8	
1907	40	28 645	60.4	13 456	56.6		15 189	64.3	
1908	41	28 575	59.6	13 476	56.1		15 099	63.1	
1909	42	32 580	67.1	15 747	64.7		16 833	69.5	
1910	43	31 976	65.0	15 100	61.3		16 876	68.8	
1911	44	31 555	63.3	14 926	59.7		16 629	66.9	
1912	大正元年	31 223	61.7	14 776	58.3		16 447	65.2	
1913	2	31 092	60.6	14 682	57.0		16 410	64.2	
1914	3	32 476	62.4	15 558	59.6		16 918	65.2	
1915	4	33 586	63.7	15 991	60.4		17 595	66.9	
1916	5	37 022	69.2	17 867	66.6		19 155	71.9	
1917	6	37 862	69.9	18 405	67.8		19 457	72.1	
1918	7	44 760	81.8	21 104	76.9		23 656	86.7	
1919	8	34 426	62.6	16 396	59.4		18 030	65.7	
1920	9	35 540	63.5	16 775	59.8		18 765	67.2	
1921	10	37 420	66.0	18 299	64.4		19 121	67.7	
1922	11	37 312	65.0	17 777	61.7		19 535	68.3	
1923	12	42 184	72.6	20 807	71.3		21 377	73.9	
1924	13	40 676	69.1	19 524	66.0		21 152	72.2	
1925	14	39 895	66.8	19 485	64.9		20 410	68.7	
1926	昭和元年	37 949	62.5	18 267	59.9		19 682	65.1	
1927	2	38 971	63.2	18 717	60.4		20 254	66.0	
1928	3	39 908	63.8	19 751	62.8		20 157	64.7	
1929	4	41 532	65.4	20 508	64.3		21 024	66.6	
1930	5	41 138	63.8	20 190	62.3		20 948	65.3	
1931	6	41 867	64.0	20 666	62.8		21 201	65.1	
1932	7	38 973	58.7	18 932	56.8		20 041	60.6	
1933	8	40 111	59.5	19 662	58.1		20 449	60.9	
1934	9	42 519	62.2	21 067	61.4		21 452	63.1	
1935	10	39 902	57.6	19 936	57.4		19 966	57.8	
1936	11	42 910	61.2	21 468	61.2		21 442	61.2	
1937	12	42 822	60.6	21 480	61.1		21 342	60.1	
1938	13	47 461	66.8	23 998	68.3		23 463	65.4	
1939	14	47 442	66.5	23 783	67.5		23 659	65.4	
1940	15	45 542	63.3	22 507	63.6		23 035	63.0	
1941	16	42 543	59.4	20 974	60.4		21 569	58.3	
1942	17	43 487	60.1	21 265	61.0		22 222	59.2	
1943	18	45 428	62.3	21 894	63.0		23 534	61.7	
1947	22	48 575	62.2	23 618	61.9	113.3	24 957	62.4	97.8
1948	23	49 046	61.3	23 927	61.1	111.6	25 119	61.5	97.4
1949	24	52 763	64.5	25 624	64.0	119.9	27 139	65.1	104.1
1950	25	53 377	64.2	26 108	64.0	126.2	27 269	64.3	105.4
1951	26	53 750	63.6	26 116	62.9	122.7	27 634	64.1	104.9
1952	27	52 603	61.3	25 825	61.3	120.9	26 778	61.3	100.2
1953	28	56 477	64.9	28 339	66.3	133.6	28 138	63.5	104.3
1954	29	53 128	60.2	26 729	61.6	123.2	26 399	58.8	94.9

注：1）昭和18年以前の年齢調整死亡率については、統計数値が得られないため掲載していない。
　　2）昭和19～21年は資料不備のため省略した。
　　3）年齢調整死亡率の基準人口は、昭和60年モデル人口である。
　　4）昭和60年の粗死亡率の算出においては、昭和60年国勢調査確定人口を用いたため人口動態統計報告書とは一致しない。

(人口10万対), 全死因－心疾患－脳血管疾患・性別 　－明治32年～平成16年－
death rates (per 100,000 population) by sex, for all death causes, heart diseases and

年次 Year		総数 Total		男 Male			女 Female		
		死亡数 Number of deaths	粗死亡率 (人口10万対) Crude death rate (per 100,000 population)	死亡数 Number of deaths	粗死亡率 (人口10万対) Crude death rate (per 100,000 population)	年齢調整死亡率 (人口10万対) Age-adjusted death rate (per 100,000 population)	死亡数 Number of deaths	粗死亡率 (人口10万対) Crude death rate (per 100,000 population)	年齢調整死亡率 (人口10万対) Age-adjusted death rate (per 100,000 population)
1955	昭和30年	54 351	60.9	27 282	62.2	125.4	27 069	59.6	96.8
1956	31	59 543	66.0	29 993	67.6	136.4	29 550	64.4	104.3
1957	32	66 571	73.1	34 030	76.0	155.5	32 541	70.3	113.1
1958	33	59 603	64.8	30 358	67.1	136.7	29 245	62.5	100.5
1959	34	62 954	67.7	32 135	70.3	142.6	30 819	65.2	103.6
1960	35	68 400	73.2	34 755	75.8	153.3	33 645	70.8	111.9
1961	36	68 017	72.1	34 324	74.1	149.6	33 693	70.2	109.2
1962	37	72 493	76.2	37 230	79.6	160.7	35 263	72.8	112.4
1963	38	67 672	70.4	34 605	73.3	145.0	33 067	67.6	104.0
1964	39	68 328	70.3	34 986	73.3	142.9	33 342	67.4	101.9
1965	40	75 672	77.0	38 827	80.5	156.0	36 845	73.6	111.1
1966	41	71 188	71.9	36 607	75.3	142.3	34 581	68.6	101.8
1967	42	75 424	75.7	38 900	79.6	148.0	36 524	72.0	104.6
1968	43	80 866	80.2	41 766	84.4	155.6	39 100	76.2	109.0
1969	44	83 357	81.7	43 305	86.4	156.4	40 052	77.1	108.4
1970	45	89 411	86.7	45 988	90.9	161.7	43 423	82.7	114.5
1971	46	85 529	82.0	44 380	86.6	149.9	41 149	77.5	104.3
1972	47	85 885	81.2	44 192	85.2	146.6	41 693	77.4	102.8
1973	48	94 324	87.3	48 300	91.1	154.6	46 024	83.6	108.4
1974	49	98 251	89.8	49 655	92.5	154.5	48 596	87.2	110.9
1975	50	99 226	89.2	50 395	92.1	150.0	48 831	86.4	106.3
1976	51	103 638	92.2	52 673	95.2	152.0	50 965	89.3	106.9
1977	52	103 564	91.2	53 079	95.0	147.1	50 485	87.6	101.2
1978	53	106 786	93.3	54 643	97.0	146.0	52 143	89.7	100.0
1979	54	111 938	96.9	58 065	102.2	147.2	53 873	91.9	98.5
1980	55	123 505	106.2	64 103	112.1	158.0	59 402	100.5	103.9
1981	56	126 012	107.5	64 281	111.5	153.1	61 731	103.7	103.3
1982	57	125 905	106.7	64 578	111.2	147.5	61 327	102.3	97.5
1983	58	132 244	111.3	67 412	115.4	148.5	64 832	107.4	98.1
1984	59	136 162	113.9	69 582	118.4	148.3	66 580	109.6	96.2
1985	60	141 097	117.3	71 766	121.4	146.9	69 331	113.3	94.6
1986	61	142 581	117.9	72 072	121.3	142.4	70 509	114.6	91.6
1987	62	143 909	118.4	72 566	121.5	137.3	71 343	115.4	87.6
1988	63	157 920	129.4	78 640	131.1	143.8	79 280	127.7	92.4
1989	平成元年	156 831	128.1	77 901	129.5	137.6	78 930	126.7	87.7
1990	2	165 478	134.8	81 774	135.7	139.1	83 704	134.0	88.5
1991	3	168 878	137.2	83 646	138.4	137.6	85 232	136.0	86.0
1992	4	175 546	142.2	86 384	142.6	137.1	89 162	141.8	85.5
1993	5	180 297	145.6	88 309	145.4	135.4	91 988	145.9	84.2
1994	6	159 579	128.6	78 868	129.6	116.7	80 711	127.6	70.7
1995	7	139 206	112.0	69 718	114.4	99.7	69 488	109.6	58.4
1996	8	138 229	110.8	68 977	112.9	95.1	69 252	108.9	55.2
1997	9	140 174	112.2	69 776	114.0	92.8	70 398	110.4	53.1
1998	10	143 120	114.3	71 134	116.0	91.4	71 986	112.6	51.7
1999	11	151 079	120.4	73 979	120.6	92.2	77 100	120.3	53.0
2000	12	146 741	116.8	72 156	117.3	85.8	74 585	116.3	48.5
2001	13	148 292	117.8	72 727	118.1	83.6	75 565	117.5	46.9
2002	14	152 518	121.0	74 986	121.7	83.2	77 532	120.4	45.9
2003	15	159 545	126.5	77 989	126.6	83.7	81 556	126.4	45.8
2004	16	159 625	126.5	77 465	125.8	80.6	82 160	127.2	44.2

Notes: 1) Age-adjusted death rates for 1943 and before are not listed, due to the lack of statistical data.
2) Values for 1944 through 1946 are omitted due to the lack of data.
3) The base population for age-adjusted death rates is the model population of 1985.
4) Crude death rates for 1985 use the population as determined in the population Census 1985, and do not agree with the Vital Statistics report of the year.

第3表（3−3）

第3表　死亡数・粗死亡率（人口10万対）・年齢調整死亡率
Statistics 3　Numbers of deaths, crude death rates (per 100,000 population), and age-adjusted cerebrovascular diseases : From 1899 to 2004

脳血管疾患
Cerebrovascular diseases

年次 Year		総数 Total 死亡数 Number of deaths	総数 粗死亡率（人口10万対） Crude death rate (per 100,000 population)	男 Male 死亡数 Number of deaths	男 粗死亡率（人口10万対） Crude death rate (per 100,000 population)	男 年齢調整死亡率（人口10万対） Age-adjusted death rate (per 100,000 population)	女 Female 死亡数 Number of deaths	女 粗死亡率（人口10万対） Crude death rate (per 100,000 population)	女 年齢調整死亡率（人口10万対） Age-adjusted death rate (per 100,000 population)
1899	明治32年	73 989	170.5	39 959	183.0		34 030	157.8	
1900	33	69 799	159.2	37 857	171.7		31 942	146.5	
1901	34	75 250	169.6	40 470	181.5		34 780	157.7	
1902	35	74 935	166.7	40 444	178.9		34 491	154.3	
1903	36	73 939	162.3	39 957	174.5		33 982	150.1	
1904	37	77 588	168.2	41 844	180.4		35 744	155.8	
1905	38	76 169	163.4	41 131	175.6		35 038	151.0	
1906	39	73 449	156.1	39 979	169.4		33 470	142.8	
1907	40	78 580	165.7	42 610	179.1		35 970	152.2	
1908	41	73 760	153.8	40 168	167.1		33 592	140.4	
1909	42	67 788	139.6	36 713	150.9		31 075	128.3	
1910	43	64 888	131.9	35 578	144.3		29 310	119.5	
1911	44	65 731	131.9	35 859	143.5		29 872	120.2	
1912	大正元年	67 489	133.4	36 787	145.0		30 702	121.8	
1913	2	66 771	130.1	36 644	142.4		30 127	117.8	
1914	3	68 571	131.8	37 202	142.5		31 369	121.0	
1915	4	67 921	128.8	37 357	141.2		30 564	116.3	
1916	5	73 912	138.2	40 458	150.7		33 454	125.5	
1917	6	77 999	144.1	42 809	157.6		35 190	130.4	
1918	7	86 262	157.6	47 370	172.5		38 892	142.5	
1919	8	84 382	153.3	46 415	168.2		37 967	138.4	
1920	9	88 186	157.6	49 181	175.4		39 005	139.7	
1921	10	90 523	159.7	51 024	179.6		39 499	139.8	
1922	11	91 433	159.3	51 183	177.7		40 250	140.8	
1923	12	94 615	162.8	53 372	182.9		41 243	142.5	
1924	13	102 810	174.6	57 851	195.6		44 959	153.4	
1925	14	96 293	161.2	54 767	182.5		41 526	139.7	
1926	昭和元年	98 688	162.5	55 732	182.6		42 956	142.1	
1927	2	101 705	164.9	57 186	184.6		44 519	145.1	
1928	3	102 985	164.5	58 087	184.7		44 898	144.2	
1929	4	108 439	170.9	60 242	188.9		48 197	152.7	
1930	5	104 942	162.8	58 276	179.9		46 666	145.6	
1931	6	107 352	164.0	59 760	181.6		47 592	146.2	
1932	7	107 378	161.6	59 299	177.8		48 079	145.3	
1933	8	110 719	164.2	61 114	180.6		49 605	147.7	
1934	9	114 447	167.5	63 333	184.7		51 114	150.3	
1935	10	114 554	165.4	62 983	181.3		51 571	149.4	
1936	11	118 152	168.5	65 323	186.1		52 829	150.9	
1937	12	118 761	168.1	65 097	185.3		53 664	151.2	
1938	13	126 861	178.6	69 991	199.3		56 870	158.5	
1939	14	130 826	183.3	71 912	204.1		58 914	163.0	
1940	15	127 847	177.7	70 075	198.0		57 772	158.1	
1941	16	125 124	174.6	67 357	194.1		57 767	156.2	
1942	17	125 349	173.2	67 144	192.5		58 205	155.2	
1943	18	120 985	166.0	64 538	185.6		56 447	148.1	
1947	22	101 095	129.4	51 841	136.0	318.7	49 254	123.2	235.3
1948	23	94 329	117.9	46 779	119.5	278.0	47 550	116.3	221.7
1949	24	100 278	122.6	49 172	122.7	285.8	51 106	122.5	232.3
1950	25	105 728	127.1	52 188	127.9	297.9	53 540	126.3	236.3
1951	26	105 858	125.2	52 388	126.3	285.3	53 470	124.1	229.4
1952	27	110 359	128.5	55 011	130.5	288.8	55 348	126.6	230.0
1953	28	116 351	133.7	58 421	136.7	299.7	57 930	130.8	233.8
1954	29	116 925	132.4	59 940	138.2	295.2	56 985	126.9	223.5

注：1) 昭和18年以前の年齢調整死亡率については、統計数値が得られないため掲載していない。
　　2) 昭和19～21年は資料不備のため省略した。
　　3) 年齢調整死亡率の基準人口は、昭和60年モデル人口である。
　　4) 昭和60年の粗死亡率の算出においては、昭和60年国勢調査確定人口を用いたため人口動態統計報告書とは一致しない。

（人口10万対），全死因－心疾患－脳血管疾患・性別　－明治32年～平成16年－
death rates (per 100,000 population) by sex, for all death causes, heart diseases and

年次 Year		総数 Total		男 Male			女 Female		
		死亡数 Number of deaths	粗死亡率 (人口10万対) Crude death rate (per 100,000 population)	死亡数 Number of deaths	粗死亡率 (人口10万対) Crude death rate (per 100,000 population)	年齢調整死亡率 (人口10万対) Age-adjusted death rate (per 100,000 population)	死亡数 Number of deaths	粗死亡率 (人口10万対) Crude death rate (per 100,000 population)	年齢調整死亡率 (人口10万対) Age-adjusted death rate (per 100,000 population)
1955	昭和30年	121 504	136.1	62 737	143.0	302.1	58 767	129.4	224.8
1956	31	133 931	148.4	69 427	156.5	326.7	64 504	140.5	241.1
1957	32	138 181	151.7	72 802	162.6	334.1	65 379	141.2	239.0
1958	33	136 767	148.6	71 642	158.4	321.6	65 125	139.2	232.5
1959	34	142 858	153.7	75 169	164.5	330.2	67 689	143.2	235.6
1960	35	150 109	160.7	78 965	172.1	341.1	71 144	149.6	242.7
1961	36	155 966	165.4	82 817	178.9	349.0	73 149	152.5	242.2
1962	37	161 228	169.4	85 877	183.7	355.2	75 351	155.6	244.1
1963	38	164 818	171.4	87 943	186.2	356.1	76 875	157.1	244.4
1964	39	166 901	171.7	89 040	186.5	353.6	77 861	157.5	241.4
1965	40	172 773	175.8	92 723	192.2	361.0	80 050	160.0	243.8
1966	41	172 186	173.8	92 066	189.3	349.1	80 120	158.9	237.7
1967	42	172 464	173.1	92 024	188.2	342.1	80 440	158.5	232.1
1968	43	174 905	173.5	93 773	189.5	340.6	81 132	158.1	227.5
1969	44	177 894	174.4	95 622	190.9	338.7	82 272	158.5	223.3
1970	45	181 315	175.8	96 910	191.5	333.8	84 405	160.7	222.6
1971	46	176 952	169.6	94 404	184.3	314.5	82 548	155.4	209.1
1972	47	176 228	166.7	93 290	179.9	304.7	82 938	153.9	203.9
1973	48	180 332	166.9	94 323	178.0	297.7	86 009	156.2	202.4
1974	49	178 365	163.0	92 620	172.5	283.9	85 745	153.9	194.9
1975	50	174 367	156.7	89 924	164.3	265.0	84 443	149.4	183.0
1976	51	173 745	154.5	89 189	161.2	254.4	84 556	148.1	176.8
1977	52	170 029	149.8	86 807	155.4	237.9	83 222	144.4	166.2
1978	53	167 452	146.2	85 308	151.4	226.1	82 144	141.3	156.8
1979	54	158 974	137.7	80 134	141.0	204.3	78 840	134.5	143.9
1980	55	162 317	139.5	81 650	142.7	202.0	80 667	136.4	140.9
1981	56	157 351	134.3	78 510	136.2	187.7	78 841	132.4	131.8
1982	57	147 537	125.0	73 192	126.1	168.1	74 345	124.0	118.2
1983	58	145 880	122.8	71 631	122.6	158.6	74 249	123.0	112.4
1984	59	140 093	117.2	68 262	116.1	146.1	71 831	118.3	103.9
1985	60	134 994	112.2	65 287	110.5	134.0	69 707	113.9	95.3
1986	61	129 289	106.9	61 832	104.0	122.4	67 457	109.7	88.0
1987	62	123 626	101.7	58 744	98.4	111.6	64 882	105.0	80.1
1988	63	128 695	105.5	60 832	101.4	111.4	67 863	109.3	79.5
1989	平成元年	120 652	98.5	56 938	94.6	100.5	63 714	102.3	71.2
1990	2	121 944	99.4	57 627	95.6	97.9	64 317	103.0	68.6
1991	3	118 448	96.2	55 740	92.2	91.5	62 708	100.0	64.0
1992	4	118 058	95.6	55 431	91.5	87.7	62 627	99.6	60.9
1993	5	118 794	96.0	55 279	91.0	84.6	63 515	100.7	59.1
1994	6	120 239	96.9	55 510	91.2	82.0	64 729	102.4	57.1
1995	7	146 552	117.9	69 587	114.2	99.3	76 965	121.4	64.0
1996	8	140 366	112.6	66 479	108.8	91.3	73 887	116.2	58.5
1997	9	138 697	111.0	65 790	107.5	87.1	72 907	114.4	54.8
1998	10	137 819	110.0	65 529	106.9	83.7	72 290	113.1	51.9
1999	11	138 989	110.8	66 452	108.3	82.2	72 537	113.2	49.9
2000	12	132 529	105.5	63 127	102.7	74.2	69 402	108.2	45.7
2001	13	131 856	104.7	63 146	102.5	71.4	68 710	106.8	42.8
2002	14	130 257	103.4	62 229	101.0	67.7	68 028	105.6	40.6
2003	15	132 067	104.7	63 274	102.7	66.5	68 793	106.6	39.2
2004	16	129 055	102.3	61 547	99.9	62.5	67 508	104.5	37.0

Notes: 1) Age-adjusted death rates for 1943 and before are not listed, due to the lack of statistical data.
2) Values for 1944 through 1946 are omitted due to the lack of data.
3) The base population for age-adjusted death rates is the model population of 1985.
4) Crude death rates for 1985 use the population as determined in the population Census 1985, and do not agree with the Vital Statistics report of the year.

第4表 心疾患死亡数・粗死亡率（人口10万対）・年齢調整死亡率

Statistics 4 Numbers of deaths, crude death rates (per 100,000 population), and (large categories), sex and age group (by 5-year age scale): From 1950

心疾患　Heart diseases
死亡数　Number of deaths

性・年齢階級 Sex/age group	昭和25年 1950	26年 1951	27年 1952	28年 1953	29年 1954	30年 1955	31年 1956	32年 1957	33年 1958	34年 1959
総数　Total	53 377	53 750	52 603	56 477	53 128	54 351	59 543	66 571	59 603	62 954
0〜4歳 Years	674	706	589	569	501	410	400	407	383	417
5〜9	570	551	485	519	431	356	358	361	342	313
10〜14	790	819	803	759	653	605	521	557	472	485
15〜19	1 144	1 122	1 053	978	867	827	846	821	677	706
20〜24	1 323	1 331	1 232	1 161	1 154	1 086	1 097	1 040	866	806
25〜29	1 641	1 582	1 399	1 378	1 373	1 229	1 242	1 281	1 058	1 136
30〜34	1 573	1 542	1 446	1 479	1 345	1 259	1 268	1 389	1 249	1 266
35〜39	2 023	1 959	1 740	1 711	1 449	1 464	1 463	1 502	1 216	1 281
40〜44	2 417	2 339	2 162	2 070	1 923	1 876	1 845	1 912	1 631	1 594
45〜49	2 985	2 794	2 686	2 586	2 445	2 378	2 543	2 702	2 298	2 293
50〜54	3 636	3 632	3 556	3 545	3 413	3 329	3 399	3 571	3 109	3 183
55〜59	4 678	4 774	4 503	4 764	4 410	4 392	4 647	5 283	4 528	4 634
60〜64	6 289	6 318	5 756	6 161	5 701	5 646	6 204	6 895	5 929	6 068
65〜69	7 772	7 580	7 299	7 912	7 471	7 443	8 124	9 194	7 665	7 905
70〜74	7 526	7 682	7 841	8 892	8 256	8 557	9 395	10 754	9 580	9 953
75〜79	4 948	5 490	6 041	7 075	6 818	7 603	8 888	10 043	9 220	10 022
80〜84	2 413	2 420	2 799	3 250	3 358	4 069	5 191	6 160	6 395	7 259
85〜89	772	914	995	1 381	1 273	1 498	1 703	2 139	2 351	2 870
90歳〜	192	195	214	287	282	324	409	560	633	762
不詳 Not Stated	11	-	4	-	5	-	-	-	1	1
男　Male	26 108	26 116	25 825	28 339	26 729	27 282	29 993	34 030	30 358	32 135
0〜4歳 Years	346	351	290	300	240	223	211	221	216	213
5〜9	281	294	261	284	201	185	184	193	188	151
10〜14	343	387	386	348	284	287	240	265	217	246
15〜19	550	518	454	447	390	404	415	398	318	363
20〜24	532	561	487	489	476	461	502	447	408	383
25〜29	578	537	518	521	552	502	524	507	458	528
30〜34	592	550	492	538	475	477	475	537	554	586
35〜39	787	779	661	703	555	588	600	568	489	545
40〜44	1 061	1 098	954	918	857	846	797	812	778	714
45〜49	1 538	1 434	1 425	1 307	1 243	1 198	1 295	1 332	1 209	1 169
50〜54	2 040	2 002	1 920	2 019	1 941	1 869	1 909	2 032	1 785	1 832
55〜59	2 657	2 687	2 634	2 791	2 648	2 571	2 783	3 181	2 658	2 724
60〜64	3 417	3 511	3 234	3 517	3 373	3 247	3 672	4 114	3 547	3 613
65〜69	4 113	3 964	3 956	4 338	4 075	4 134	4 494	5 163	4 395	4 540
70〜74	3 770	3 681	3 917	4 559	4 260	4 422	4 826	5 739	4 960	5 313
75〜79	2 194	2 461	2 728	3 361	3 189	3 550	4 173	4 855	4 389	4 773
80〜84	980	937	1 112	1 317	1 405	1 669	2 179	2 646	2 729	3 160
85〜89	260	310	333	500	457	550	604	829	865	1 056
90歳〜	61	54	60	82	106	99	110	191	194	225
不詳 Not Stated	8	-	3	-	2	-	-	-	1	1
女　Female	27 269	27 634	26 778	28 138	26 399	27 069	29 550	32 541	29 245	30 819
0〜4歳 Years	328	355	299	269	261	187	189	186	167	204
5〜9	289	257	224	235	230	171	174	168	154	162
10〜14	447	432	417	411	369	318	281	292	255	239
15〜19	594	604	599	531	477	423	431	423	359	343
20〜24	791	770	745	672	678	625	595	593	458	423
25〜29	1 063	1 045	881	857	821	727	718	774	600	608
30〜34	981	992	954	941	870	782	793	852	695	680
35〜39	1 236	1 180	1 079	1 008	894	876	863	934	727	736
40〜44	1 356	1 241	1 208	1 152	1 066	1 030	1 048	1 100	853	880
45〜49	1 447	1 360	1 261	1 279	1 202	1 180	1 248	1 370	1 089	1 124
50〜54	1 596	1 630	1 636	1 526	1 472	1 460	1 490	1 539	1 324	1 351
55〜59	2 021	2 087	1 869	1 973	1 762	1 821	1 864	2 102	1 870	1 910
60〜64	2 872	2 807	2 522	2 644	2 328	2 399	2 532	2 781	2 382	2 455
65〜69	3 659	3 616	3 343	3 574	3 396	3 309	3 630	4 031	3 270	3 365
70〜74	3 756	4 001	3 924	4 333	3 996	4 135	4 569	5 015	4 620	4 640
75〜79	2 754	3 029	3 313	3 714	3 629	4 053	4 715	5 188	4 831	5 249
80〜84	1 433	1 483	1 687	1 933	1 953	2 400	3 012	3 514	3 666	4 099
85〜89	512	604	662	881	816	948	1 099	1 310	1 486	1 814
90歳〜	131	141	154	205	176	225	299	369	439	537
不詳 Not Stated	3	-	1	-	3	-	-	-	-	-

注：1) 昭和26〜29年の「80〜84」は、「80歳以上」、昭和31〜34年、36〜39年、41〜44年、46〜49年、51〜54年の「85〜89歳」は「85歳以上」である。
　　2) 年齢調整死亡率の基準人口は、昭和60年モデル人口である。

（人口10万対），病類（簡単分類）・性・年齢（5歳階級）別 －昭和25年～平成16年－
age-adjusted death rates (per 100,000 population) from heart diseases, by disease type
to 2004

粗死亡率（人口10万対） Crude death rates (per 100,000 population)

性・年齢階級 Sex/age group	昭和25年 1950	26年 1951	27年 1952	28年 1953	29年 1954	30年 1955	31年 1956	32年 1957	33年 1958	34年 1959
総数 Total	64.2	63.6	61.3	64.9	60.2	60.9	66.0	73.1	64.8	67.7
0～4歳 Years	6.0	6.0	5.2	5.4	5.1	4.4	4.6	4.9	4.7	5.2
5～9	6.0	6.1	5.1	5.2	4.1	3.2	3.1	3.2	3.3	3.2
10～14	9.1	9.2	8.9	8.2	6.8	6.4	5.8	5.9	4.8	4.7
15～19	13.4	12.9	12.0	11.2	10.0	9.6	9.6	9.1	7.3	7.3
20～24	17.1	16.9	15.3	14.1	13.8	12.9	12.9	12.1	10.1	9.5
25～29	26.5	24.3	20.4	19.2	18.4	16.2	16.0	16.2	13.1	13.9
30～34	30.2	29.5	27.1	26.6	22.8	20.6	19.6	20.4	17.6	17.2
35～39	40.1	38.4	34.2	33.8	29.1	28.6	28.3	28.3	22.1	22.0
40～44	53.9	50.2	45.4	42.9	39.2	37.9	37.0	38.4	32.9	32.6
45～49	74.5	70.4	66.7	63.2	57.5	54.5	56.0	58.3	48.8	47.9
50～54	107.3	103.6	98.0	95.3	89.9	86.5	89.0	92.0	78.7	77.9
55～59	170.2	167.8	155.0	157.6	142.3	137.0	140.0	154.0	128.7	129.1
60～64	273.0	269.2	239.5	254.6	233.1	226.1	238.2	257.9	213.3	213.3
65～69	438.9	431.9	409.6	430.7	389.5	378.4	404.8	449.4	369.0	375.2
70～74	587.2	596.4	592.2	663.6	606.6	614.4	678.3	763.2	661.6	659.1
75～79	721.6	736.9	775.5	877.8	804.0	868.2	990.9	1 108.5	997.8	1 067.3
80～84	875.0	904.9	954.3	1 105.2	1 036.5	1 077.1	1 263.0	1 446.0	1 418.0	1 531.4
85～89	976.6	...	...	...	...	1 345.2	1 487.3	1 787.4	1 808.5	2 029.1
90歳～	1 174.0	...	...	...	...	1 423.1	...	...	...	...
男 Male	64.0	62.9	61.3	66.3	61.6	62.2	67.6	76.0	67.1	70.3
0～4歳 Years	6.1	5.9	5.0	5.5	4.8	4.7	4.7	5.2	5.2	5.2
5～9	5.8	6.4	5.5	5.6	3.8	3.3	3.1	3.4	3.5	3.0
10～14	7.8	8.6	8.4	7.4	5.8	6.0	5.2	5.6	4.3	4.6
15～19	12.7	11.8	10.3	10.1	8.9	9.3	9.4	8.7	6.8	7.4
20～24	13.9	14.3	12.1	11.9	11.3	11.0	11.8	10.4	9.5	9.0
25～29	20.5	17.7	15.8	14.9	15.1	13.3	13.6	12.8	11.4	13.0
30～34	25.1	23.5	20.8	21.8	18.0	17.1	15.7	16.5	16.0	16.2
35～39	33.1	32.6	27.9	30.1	24.3	25.4	25.9	24.1	20.1	20.9
40～44	48.3	48.6	41.9	40.0	37.0	36.4	34.2	35.1	34.0	31.9
45～49	76.2	71.6	70.5	64.3	59.5	56.1	59.0	60.1	54.1	51.8
50～54	118.7	112.8	104.9	107.6	101.7	96.9	100.1	105.3	91.5	91.6
55～59	192.7	188.0	179.9	183.9	170.2	159.9	167.2	185.6	151.5	152.7
60～64	308.0	309.1	276.9	298.1	281.6	264.7	287.1	312.9	259.7	258.4
65～69	516.8	500.5	487.2	512.8	457.9	449.8	476.6	535.6	448.5	455.4
70～74	697.8	676.7	698.2	804.1	737.0	744.7	813.8	943.9	782.3	796.6
75～79	819.6	842.8	894.4	1 070.4	960.5	1 037.8	1 185.5	1 371.5	1 215.8	1 297.0
80～84	1 025.2	970.9	1 037.9	1 266.0	1 237.7	1 253.1	1 502.8	1 775.8	1 727.2	1 903.6
85～89	1 060.9	...	...	...	...	1 624.1	1 700.0	2 266.7	2 161.2	2 417.0
90歳～	1 435.3	...	...	...	...	1 698.4	...	...	...	...
年齢調整死亡率 （人口10万対） Age-adjusted death rate (per 100,000 population)	126.2	122.7	120.9	133.6	123.2	125.4	136.4	155.5	136.7	142.6
女 Female	64.3	64.1	61.3	63.5	58.8	59.6	64.4	70.3	62.5	65.2
0～4歳 Years	6.0	6.2	5.4	5.2	5.4	4.1	4.4	4.6	4.2	5.2
5～9	6.2	5.7	4.8	4.8	4.5	3.2	3.1	3.1	3.0	3.4
10～14	10.4	9.9	9.3	9.0	7.7	6.8	6.3	6.3	5.2	4.7
15～19	14.0	14.0	13.8	12.3	11.2	9.9	9.9	9.5	7.9	7.2
20～24	20.3	19.4	18.5	16.4	16.3	14.9	13.9	13.8	10.7	10.0
25～29	31.6	30.0	24.6	23.3	21.7	19.0	18.4	19.5	14.8	14.8
30～34	34.5	34.3	32.1	30.3	26.7	23.6	23.0	24.1	19.1	18.2
35～39	46.3	43.5	39.7	37.0	33.1	31.3	30.2	31.7	23.7	22.9
40～44	59.4	51.6	48.7	45.6	41.2	39.3	39.5	41.3	31.9	33.2
45～49	72.9	69.2	62.9	62.1	55.6	52.9	53.2	56.7	44.0	44.4
50～54	95.6	94.2	91.0	82.8	77.9	76.0	78.1	78.9	66.3	64.7
55～59	147.5	147.4	129.7	131.2	114.3	114.0	112.6	122.6	106.0	105.8
60～64	240.5	231.8	204.2	213.4	186.4	188.9	191.2	204.6	168.5	169.7
65～69	375.4	375.9	345.0	360.3	330.4	315.8	340.8	372.6	298.1	303.2
70～74	506.7	538.5	514.3	560.5	510.3	517.6	576.9	626.1	567.6	550.4
75～79	658.9	667.2	698.9	754.9	703.3	759.5	863.6	939.9	858.1	919.3
80～84	795.3	870.3	910.2	1 023.4	937.9	981.2	1 132.3	1 268.6	1 251.2	1 330.8
85～89	938.7	...	...	...	...	1 223.2	1 398.0	1 584.0	1 659.5	1 865.9
90歳～	1 082.2	...	...	...	...	1 328.4	...	...	...	...
年齢調整死亡率 （人口10万対） Age-adjusted death rate (per 100,000 population)	105.4	104.9	100.2	104.3	94.9	96.8	104.3	113.1	100.5	103.6

Notes: 1) The categories of "80 - 84" in 1951 - 1954 represent the population aged 80 or over, and those of "85 - 89" in 1956 - 1959, 1961 - 1964, 1966 - 1969, 1971 - 1974, and 1976 - 1979 represent the population aged 85 or over.
2) The base population for age-adjusted death rates is the model population of 1985.

第4表　心疾患死亡数・粗死亡率（人口10万対）・年齢調整死亡率
Statistics 4　Numbers of deaths, crude death rates (per 100,000 population), and (large categories), sex and age group (by 5-year age scale): From 1950

心疾患　Heart diseases
死亡数　Number of deaths

性・年齢階級 Sex/age group	昭和35年 1960	36年 1961	37年 1962	38年 1963	39年 1964	40年 1965	41年 1966	42年 1967	43年 1968	44年 1969
総数 Total	68 400	68 017	72 493	67 672	68 328	75 672	71 188	75 424	80 866	83 357
0〜4歳 Years	422	406	380	399	388	421	305	405	574	422
5〜9	225	168	117	107	91	64	69	62	64	45
10〜14	444	394	364	291	215	202	148	140	115	120
15〜19	679	583	480	447	409	359	393	376	348	289
20〜24	829	756	751	670	579	595	484	498	525	533
25〜29	1 021	976	965	874	808	745	662	755	730	705
30〜34	1 254	1 179	1 155	1 078	1 016	1 023	963	1 011	936	900
35〜39	1 316	1 317	1 366	1 327	1 347	1 403	1 291	1 246	1 403	1 358
40〜44	1 616	1 541	1 549	1 500	1 543	1 623	1 579	1 689	1 813	1 776
45〜49	2 312	2 139	2 260	2 052	2 069	2 129	1 925	2 030	2 183	2 244
50〜54	3 331	3 222	3 437	2 977	3 080	3 188	3 056	2 976	3 035	3 038
55〜59	4 909	4 659	4 653	4 378	4 320	4 806	4 588	4 875	5 012	5 039
60〜64	6 727	6 529	6 782	6 455	6 492	7 082	6 615	6 755	7 035	7 142
65〜69	8 460	8 352	8 950	8 428	8 372	9 524	8 946	9 650	10 059	10 509
70〜74	10 788	10 775	11 480	10 299	10 324	11 409	11 003	11 394	12 315	13 013
75〜79	11 160	11 147	12 102	11 123	11 511	12 998	11 989	12 731	13 674	13 867
80〜84	8 387	8 694	9 861	9 186	9 475	10 662	9 849	10 619	11 592	12 291
85〜89	3 602	4 123	4 661	4 839	4 828	5 700	5 565	6 096	6 856	7 213
90歳〜	917	1 057	1 180	1 242	1 461	1 738	1 756	2 113	2 562	2 834
不詳 Not Stated	1	−	−	−	−	1	2	3	35	19
男 Male	34 755	34 324	37 230	34 605	34 986	38 827	36 607	38 900	41 766	43 305
0〜4歳 Years	229	220	217	222	212	217	154	235	322	233
5〜9	111	76	68	63	38	36	38	31	31	24
10〜14	214	196	180	140	108	112	75	71	55	72
15〜19	341	288	237	222	208	185	225	230	196	166
20〜24	406	357	391	323	323	302	256	289	298	292
25〜29	465	446	478	422	401	379	351	410	411	398
30〜34	539	513	546	561	562	578	542	582	544	526
35〜39	559	620	653	711	681	782	756	711	836	819
40〜44	749	693	710	714	739	776	842	946	1 006	1 086
45〜49	1 163	1 080	1 098	1 072	1 056	1 018	1 020	1 058	1 144	1 258
50〜54	1 859	1 789	1 909	1 704	1 720	1 793	1 764	1 643	1 658	1 705
55〜59	2 940	2 777	2 852	2 662	2 634	2 898	2 757	2 891	3 066	3 051
60〜64	4 005	3 849	4 063	3 919	3 921	4 301	4 014	4 156	4 349	4 327
65〜69	4 861	4 838	5 275	4 852	4 856	5 579	5 225	5 631	5 995	6 296
70〜74	5 828	5 769	6 260	5 655	5 673	6 368	5 988	6 262	6 741	7 240
75〜79	5 288	5 320	5 953	5 499	5 634	6 420	5 931	6 354	6 818	7 037
80〜84	3 574	3 679	4 253	3 802	4 046	4 530	4 219	4 551	5 045	5 398
85〜89	1 365	1 491	1 724	1 734	1 718	2 031	1 953	2 219	2 501	2 538
90歳〜	258	323	363	328	456	521	496	627	731	823
不詳 Not Stated	1	−	−	−	−	1	1	3	19	16
女 Female	33 645	33 693	35 263	33 067	33 342	36 845	34 581	36 524	39 100	40 052
0〜4歳 Years	193	186	163	177	176	204	151	170	252	189
5〜9	114	92	49	44	53	28	31	31	33	21
10〜14	230	198	184	151	107	90	73	69	60	48
15〜19	338	295	243	225	201	174	168	146	152	123
20〜24	423	399	360	347	256	293	228	209	227	241
25〜29	556	530	487	452	407	366	311	345	319	307
30〜34	715	666	609	517	454	445	421	429	392	374
35〜39	757	697	713	616	666	621	535	535	567	539
40〜44	867	848	839	786	804	847	737	743	807	690
45〜49	1 149	1 059	1 162	980	1 013	1 111	905	972	1 039	986
50〜54	1 472	1 433	1 528	1 273	1 360	1 395	1 292	1 333	1 377	1 333
55〜59	1 969	1 882	1 801	1 716	1 686	1 908	1 831	1 984	1 946	1 988
60〜64	2 722	2 680	2 719	2 536	2 571	2 781	2 601	2 599	2 686	2 815
65〜69	3 599	3 514	3 675	3 576	3 516	3 945	3 721	4 019	4 064	4 213
70〜74	4 960	5 006	5 220	4 644	4 651	5 041	5 015	5 132	5 574	5 773
75〜79	5 872	5 827	6 149	5 624	5 877	6 578	6 058	6 377	6 856	6 830
80〜84	4 813	5 015	5 608	5 384	5 429	6 132	5 630	6 068	6 547	6 893
85〜89	2 237	2 632	2 937	3 105	3 110	3 669	3 612	3 877	4 355	4 675
90歳〜	659	734	817	914	1 005	1 217	1 260	1 486	1 831	2 011
不詳 Not Stated	−	−	−	−	−	−	1	−	16	3

注：1) 昭和26〜29年の「80〜84」は、「80歳以上」、昭和31〜34年、36〜39年、41〜44年、46〜49年、51〜54年の「85〜89歳」は「85歳以上」である。
　　2) 年齢調整死亡率の基準人口は、昭和60年モデル人口である。

（人口10万対），病類（簡単分類）・性・年齢（5歳階級）別 －昭和25年～平成16年－
age-adjusted death rates (per 100,000 population) from heart diseases, by disease type to 2004

粗死亡率（人口10万対）　Crude death rates (per 100,000 population)

性・年齢階級 Sex/age group	昭和35年 1960	36年 1961	37年 1962	38年 1963	39年 1964	40年 1965	41年 1966	42年 1967	43年 1968	44年 1969
総数 Total	73.2	72.1	76.2	70.4	70.3	77.0	71.9	75.7	80.2	81.7
0～4歳 Years	5.4	5.2	4.8	5.1	4.9	5.2	3.8	4.9	6.8	4.9
5～9	2.4	1.9	1.4	1.3	1.1	0.8	0.9	0.8	0.8	0.6
10～14	4.0	3.4	3.3	2.8	2.2	2.2	1.7	1.7	1.4	1.5
15～19	7.3	6.6	5.2	4.5	3.9	3.3	3.4	3.4	3.3	3.0
20～24	10.0	8.9	8.6	7.5	6.2	6.6	5.6	5.6	5.5	5.3
25～29	12.4	11.8	11.7	10.5	9.8	8.9	7.8	7.9	8.8	7.7
30～34	16.7	15.4	14.7	13.6	12.7	12.4	11.5	12.1	11.2	10.9
35～39	21.8	20.6	20.4	18.9	18.5	18.7	16.8	16.0	17.6	16.9
40～44	32.2	30.2	29.7	27.7	26.9	27.2	25.0	25.5	26.2	24.7
45～49	48.0	44.0	46.4	42.4	43.4	43.3	38.7	39.9	41.3	40.1
50～54	79.3	73.6	77.0	65.4	66.6	68.4	64.8	63.4	64.7	65.7
55～59	134.8	128.7	126.6	117.2	111.5	120.1	110.2	115.4	116.4	114.7
60～64	229.5	213.0	212.2	198.2	195.4	211.8	198.6	198.6	202.7	198.3
65～69	391.6	368.3	384.6	347.7	336.2	371.7	335.2	348.2	351.8	359.0
70～74	689.9	667.2	692.0	618.6	608.7	654.0	601.6	603.5	623.9	640.4
75～79	1 169.0	1 156.3	1 229.9	1 104.6	1 083.9	1 186.0	1 064.7	1 096.6	1 151.0	1 137.6
80～84	1 736.7	1 749.3	1 941.1	1 783.7	1 801.3	2 018.9	1 854.8	1 920.3	2 009.0	1 992.1
85～89	2 311.7	2 490.4	2 704.2	2 690.7	2 609.5	2 862.0	2 773.1	2 985.1	3 339.7	3 429.0
90歳～	2 849.0	…	…	…	…	3 423.6	…	…	…	…
男 Male	75.8	74.1	79.6	73.3	73.3	80.5	75.3	79.6	84.4	86.4
0～4歳 Years	5.7	5.5	5.4	5.5	5.2	5.2	3.8	5.6	7.5	5.3
5～9	2.4	1.7	1.6	1.5	0.9	0.9	1.0	0.8	0.8	0.6
10～14	3.8	3.4	3.2	2.6	2.2	2.4	1.7	1.7	1.4	1.8
15～19	7.3	6.4	5.0	4.4	3.9	3.4	3.9	4.1	3.7	3.4
20～24	9.8	8.5	9.0	7.2	6.9	6.7	6.0	6.5	6.2	5.8
25～29	11.4	10.8	11.6	10.3	9.9	9.1	8.3	9.6	9.4	8.8
30～34	14.4	13.3	13.8	14.1	14.0	13.9	12.9	13.9	13.1	12.9
35～39	20.2	20.7	20.4	20.7	18.9	20.9	19.7	18.1	20.9	20.3
40～44	32.9	30.2	30.6	29.8	28.9	28.4	28.4	29.8	29.6	30.5
45～49	51.5	47.8	48.6	48.1	48.5	45.8	45.9	47.1	49.1	50.4
50～54	91.1	84.9	90.3	79.4	79.5	82.5	80.7	76.0	77.4	81.3
55～59	163.1	155.7	157.0	146.1	140.8	150.1	138.8	145.2	152.5	149.8
60～64	278.6	255.9	261.1	246.8	242.8	264.7	248.5	253.3	261.0	252.6
65～69	473.3	451.3	478.7	421.5	410.8	457.7	411.7	428.9	443.7	456.2
70～74	840.3	796.8	840.3	759.1	744.5	807.1	724.9	733.3	754.9	787.0
75～79	1 403.7	1 367.6	1 488.3	1 347.8	1 295.2	1 420.8	1 272.7	1 315.5	1 380.2	1 382.5
80～84	2 113.0	2 090.3	2 376.0	2 089.0	2 175.3	2 423.2	2 220.5	2 286.9	2 391.0	2 367.5
85～89	2 832.4	3 182.5	3 537.3	3 124.2	3 062.0	3 377.9	3 100.0	3 470.7	3 894.0	3 908.1
90歳～	3 123.5	…	…	…	…	3 795.2	…	…	…	…
年齢調整死亡率 （人口10万対） Age-adjusted death rate (per 100,000 population)	153.3	149.6	160.7	145.0	142.9	156.0	142.3	148.0	155.6	156.4
女 Female	70.8	70.2	72.8	67.6	67.4	73.6	68.6	72.0	76.2	77.1
0～4歳 Years	5.0	4.9	4.2	4.6	4.5	5.1	3.9	4.2	6.1	4.5
5～9	2.5	2.1	1.2	1.1	1.4	0.7	0.8	0.8	0.9	0.5
10～14	4.3	3.5	3.4	2.9	2.3	2.0	1.7	1.7	1.5	1.2
15～19	7.3	6.8	5.3	4.6	4.0	3.2	3.0	2.7	3.0	2.6
20～24	10.1	9.3	8.2	7.7	5.5	6.4	5.2	4.7	4.8	4.8
25～29	13.5	12.8	11.7	10.8	9.8	8.7	7.3	7.9	7.2	6.7
30～34	19.0	17.4	15.6	13.0	11.3	10.8	10.1	10.2	9.4	9.1
35～39	23.1	20.5	20.4	17.2	18.1	16.6	14.0	13.8	14.3	13.5
40～44	31.6	30.2	29.0	26.0	25.4	26.2	21.9	21.6	22.8	19.0
45～49	44.9	40.8	44.5	37.5	39.1	41.2	32.9	34.3	35.2	31.8
50～54	68.1	63.1	65.0	52.9	55.3	56.1	51.1	52.6	54.1	52.7
55～59	107.1	102.6	97.0	89.7	84.1	92.1	84.1	88.8	84.7	84.4
60～64	182.2	171.7	165.8	151.9	150.5	161.7	151.7	147.7	148.8	149.0
65～69	317.5	293.8	300.0	281.1	268.8	293.6	266.0	275.7	269.5	272.3
70～74	570.0	561.8	571.1	504.8	498.5	527.5	500.5	496.3	515.6	519.2
75～79	1 016.0	1 013.4	1 051.1	938.9	935.8	1 021.4	917.9	940.6	987.9	962.0
80～84	1 533.9	1 562.3	1 709.8	1 616.8	1 592.1	1 797.3	1 646.2	1 719.0	1 793.7	1 772.0
85～89	2 078.6	2 229.1	2 391.1	2 496.3	2 420.6	2 639.0	2 633.5	2 778.8	3 108.5	3 245.6
90歳～	2 754.2	…	…	…	…	3 285.9	…	…	…	…
年齢調整死亡率 （人口10万対） Age-adjusted death rate (per 100,000 population)	111.9	109.2	112.4	104.0	101.9	111.1	101.8	104.6	109.0	108.4

Notes: 1) The categories of "80 - 84" in 1951 - 1954 represent the population aged 80 or over, and those of "85 - 89" in 1956 - 1959, 1961 - 1964, 1966 - 1969, 1971 - 1974, and 1976 - 1979 represent the population aged 85 or over.
2) The base population for age-adjusted death rates is the model population of 1985.

第4表 心疾患死亡数・粗死亡率（人口10万対）・年齢調整死亡率
Statistics 4 Numbers of deaths, crude death rates (per 100,000 population), and (large categories), sex and age group (by 5-year age scale): From 1950

心疾患　Heart diseases
死亡数　Number of deaths

性・年齢階級 Sex/age group	昭和45年 1970	46年 1971	47年 1972	48年 1973	49年 1974	50年 1975	51年 1976	52年 1977	53年 1978	54年 1979
総数　Total	89 411	85 529	85 885	94 324	98 251	99 226	103 638	103 564	106 786	111 938
0〜4歳 Years	412	478	458	459	489	473	424	387	380	392
5〜9	59	66	64	81	54	77	79	70	65	96
10〜14	115	96	90	102	103	105	105	93	98	106
15〜19	281	234	239	248	230	206	209	203	193	249
20〜24	536	544	536	489	433	440	373	356	305	335
25〜29	735	673	632	677	631	622	698	616	620	609
30〜34	961	940	926	923	964	856	806	779	788	908
35〜39	1 454	1 415	1 363	1 406	1 352	1 274	1 219	1 148	1 114	1 276
40〜44	1 997	1 983	1 860	1 953	2 015	2 030	1 974	1 940	1 880	1 954
45〜49	2 374	2 276	2 444	2 614	2 780	2 618	2 793	2 809	2 802	3 194
50〜54	3 137	2 983	2 882	3 118	3 168	3 264	3 413	3 558	3 616	4 247
55〜59	5 123	4 622	4 450	4 574	4 437	4 426	4 329	4 344	4 411	4 905
60〜64	7 623	7 304	7 103	7 305	7 277	7 063	7 239	6 934	6 972	7 241
65〜69	11 036	10 147	9 689	10 472	10 680	10 564	10 995	11 021	10 928	11 430
70〜74	14 012	13 268	13 358	14 479	14 891	15 073	15 030	14 756	14 994	16 064
75〜79	14 977	14 496	14 604	16 473	17 475	17 712	18 856	19 300	19 840	20 643
80〜84	13 378	13 155	13 329	15 271	15 940	16 656	17 864	17 960	19 230	20 121
85〜89	7 944	7 613	8 227	9 294	10 535	10 926	11 896	11 839	12 638	12 426
90歳〜	3 242	3 223	3 621	4 370	4 777	4 822	5 313	5 440	5 900	5 717
不詳 Not Stated	15	13	10	16	20	19	23	11	12	25
男　Male	45 988	44 380	44 192	48 300	49 655	50 395	52 673	53 079	54 643	58 065
0〜4歳 Years	225	269	267	273	276	254	224	205	207	232
5〜9	33	42	36	47	31	48	45	42	38	63
10〜14	62	59	51	56	60	61	56	58	58	56
15〜19	174	139	158	170	135	135	141	137	131	160
20〜24	314	349	335	311	274	287	253	238	210	244
25〜29	449	417	396	403	416	412	465	417	406	417
30〜34	590	602	581	608	633	585	551	544	528	624
35〜39	909	930	894	920	921	836	861	803	754	903
40〜44	1 214	1 233	1 208	1 263	1 371	1 393	1 362	1 354	1 347	1 359
45〜49	1 300	1 312	1 477	1 576	1 766	1 724	1 908	1 936	1 989	2 272
50〜54	1 776	1 728	1 672	1 808	1 834	1 955	2 104	2 296	2 443	2 919
55〜59	3 015	2 736	2 642	2 692	2 618	2 710	2 628	2 670	2 689	3 036
60〜64	4 637	4 454	4 239	4 287	4 328	4 177	4 335	4 242	4 317	4 423
65〜69	6 475	5 976	5 655	6 208	6 236	6 235	6 354	6 347	6 325	6 762
70〜74	7 703	7 403	7 393	7 913	8 013	8 318	8 208	8 144	8 176	8 827
75〜79	7 539	7 297	7 251	8 378	8 648	8 700	9 375	9 641	9 954	10 383
80〜84	5 784	5 700	5 963	6 725	6 842	7 118	7 843	7 970	8 487	8 892
85〜89	2 850	2 776	2 959	3 366	3 851	4 048	4 408	4 444	4 828	4 711
90歳〜	927	948	1 007	1 281	1 386	1 381	1 531	1 580	1 746	1 760
不詳 Not Stated	12	10	8	15	16	18	21	11	10	22
女　Female	43 423	41 149	41 693	46 024	48 596	48 831	50 965	50 485	52 143	53 873
0〜4歳 Years	187	209	191	186	213	219	200	182	173	160
5〜9	26	24	28	34	23	29	34	28	27	33
10〜14	53	37	39	46	43	44	49	35	40	50
15〜19	107	95	81	78	95	71	68	66	62	89
20〜24	222	195	201	178	159	153	120	118	95	91
25〜29	286	256	236	274	215	210	233	199	214	192
30〜34	371	338	345	315	331	271	255	235	260	284
35〜39	545	485	469	486	431	438	358	345	360	373
40〜44	783	750	652	690	644	637	612	586	533	595
45〜49	1 074	964	967	1 038	1 014	894	885	873	813	922
50〜54	1 361	1 255	1 210	1 310	1 334	1 309	1 309	1 262	1 173	1 328
55〜59	2 108	1 886	1 808	1 882	1 819	1 716	1 701	1 674	1 722	1 869
60〜64	2 986	2 850	2 864	3 018	2 949	2 886	2 904	2 692	2 655	2 818
65〜69	4 561	4 171	4 034	4 264	4 444	4 329	4 641	4 674	4 603	4 668
70〜74	6 309	5 865	5 965	6 566	6 878	6 755	6 822	6 612	6 818	7 237
75〜79	7 438	7 199	7 353	8 095	8 827	9 012	9 481	9 659	9 886	10 260
80〜84	7 594	7 455	7 366	8 546	9 098	9 538	10 021	9 990	10 743	11 229
85〜89	5 094	4 837	5 268	5 928	6 684	6 878	7 488	7 395	7 810	7 715
90歳〜	2 315	2 275	2 614	3 089	3 391	3 441	3 782	3 860	4 154	3 957
不詳 Not Stated	3	3	2	1	4	1	2	-	2	3

注：1）昭和26〜29年の「80〜84」は、「80歳以上」、昭和31〜34年、36〜39年、41〜44年、46〜49年、51〜54年の「85〜89歳」は「85歳以上」である。
2）年齢調整死亡率の基準人口は、昭和60年モデル人口である。

（人口10万対），病類（簡単分類）・性・年齢（5歳階級）別 －昭和25年～平成16年－
age-adjusted death rates (per 100,000 population) from heart diseases, by disease type
to 2004

粗死亡率（人口10万対） Crude death rates (per 100,000 population)

性・年齢階級 Sex/age group	昭和45年 1970	46年 1971	47年 1972	48年 1973	49年 1974	50年 1975	51年 1976	52年 1977	53年 1978	54年 1979
総数 Total	86.7	82.0	81.2	87.3	89.8	89.2	92.2	91.2	93.3	96.9
0～4歳 Years	4.7	5.1	4.8	4.7	4.9	4.8	4.3	4.1	4.1	4.5
5～9	0.7	0.8	0.8	1.0	0.6	0.9	0.8	0.7	0.7	1.0
10～14	1.5	1.2	1.2	1.3	1.3	1.3	1.3	1.1	1.1	1.2
15～19	3.1	2.7	2.9	3.1	2.9	2.6	2.7	2.6	2.4	3.1
20～24	5.1	4.9	5.0	4.8	4.5	4.9	4.3	4.3	3.8	4.2
25～29	8.1	7.9	7.1	7.1	6.3	5.8	6.1	5.7	6.1	6.4
30～34	11.5	11.1	10.7	10.4	10.4	9.3	9.2	8.6	8.2	9.0
35～39	17.8	17.1	16.3	16.8	16.3	15.2	14.3	13.1	12.4	13.7
40～44	27.3	26.6	24.3	24.7	25.1	24.8	23.7	23.1	22.5	23.6
45～49	40.7	36.9	37.6	38.3	39.3	35.7	37.4	36.5	35.7	40.2
50～54	65.7	61.3	57.8	59.6	57.2	56.8	55.6	55.3	53.6	60.6
55～59	116.4	103.8	99.7	101.4	99.0	95.2	92.3	89.3	87.1	91.4
60～64	205.5	188.8	178.3	178.6	175.0	165.7	167.6	159.7	160.4	168.4
65～69	371.1	342.9	318.7	333.7	326.4	307.5	303.7	297.5	287.1	293.2
70～74	658.5	595.0	573.1	594.9	596.6	587.1	589.9	554.3	546.6	558.6
75～79	1 183.1	1 069.0	1 047.6	1 109.3	1 136.2	1 082.1	1 096.9	1 061.6	1 044.2	1 047.9
80～84	2 063.0	1 943.1	1 901.4	2 083.4	2 105.7	2 063.2	2 089.4	1 969.3	1 968.3	1 953.5
85～89	3 464.1	3 473.1	3 679.5	3 949.1	4 160.9	3 541.4	4 166.8	4 009.0	4 030.0	3 643.2
90歳～	4 929.4	…	…	…	…	5 911.1	…	…	…	…
男 Male	90.9	86.6	85.2	91.1	92.5	92.1	95.2	95.0	97.0	102.2
0～4歳 Years	5.0	5.7	5.5	5.4	5.4	5.0	4.5	4.2	4.4	5.1
5～9	0.8	1.0	0.9	1.1	0.7	1.1	0.9	0.9	0.8	1.2
10～14	1.6	1.5	1.3	1.4	1.5	1.4	1.4	1.4	1.3	1.2
15～19	3.8	3.2	3.8	4.1	3.3	3.4	3.5	3.4	3.2	3.9
20～24	5.9	6.2	6.3	6.1	5.7	6.3	5.8	5.7	5.2	6.1
25～29	10.0	9.8	9.0	8.6	8.4	7.6	8.1	7.7	7.9	8.8
30～34	14.2	14.3	13.5	13.8	13.8	12.7	12.6	12.0	11.0	12.3
35～39	22.2	22.2	21.4	22.0	22.3	20.0	20.1	18.4	16.8	19.4
40～44	33.3	33.1	31.5	31.9	34.2	33.9	32.7	32.2	32.2	32.9
45～49	48.9	45.6	47.6	47.4	50.7	47.4	51.1	50.4	50.7	57.1
50～54	83.0	80.9	76.5	79.1	74.9	75.3	73.8	75.2	74.7	84.9
55～59	148.6	134.2	130.1	132.2	130.4	131.7	128.1	126.6	122.7	129.1
60～64	265.6	247.9	231.3	229.5	229.1	217.1	223.9	218.4	223.6	233.3
65～69	464.7	430.5	399.6	427.3	415.5	398.7	391.0	383.0	374.3	392.7
70～74	803.8	739.6	706.8	726.6	718.0	727.4	727.7	689.0	673.5	698.9
75～79	1 420.4	1 282.4	1 239.5	1 346.9	1 340.8	1 267.8	1 289.5	1 265.2	1 250.5	1 258.5
80～84	2 400.8	2 244.1	2 267.3	2 445.5	2 392.3	2 317.2	2 383.9	2 290.2	2 269.3	2 251.1
85～89	3 989.5	3 920.0	4 046.9	4 343.0	4 553.9	4 018.2	4 568.5	4 365.2	4 441.9	4 019.3
90歳～	5 305.6	…	…	…	…	6 373.7	…	…	…	…
年齢調整死亡率 （人口10万対） Age-adjusted death rate (per 100,000 population)	161.7	149.9	146.6	154.6	154.5	150.0	152.0	147.1	146.0	147.2
女 Female	82.7	77.5	77.4	83.6	87.2	86.4	89.3	87.6	89.7	91.9
0～4歳 Years	4.4	4.6	4.2	3.9	4.4	4.5	4.2	3.9	3.9	3.7
5～9	0.7	0.6	0.7	0.8	0.5	0.7	0.7	0.6	0.6	0.7
10～14	1.4	1.0	1.0	1.2	1.1	1.1	1.2	0.9	1.0	1.2
15～19	2.4	2.3	2.0	2.0	2.4	1.8	1.8	1.7	1.6	2.3
20～24	4.2	3.5	3.7	3.5	3.3	3.4	2.8	2.9	2.4	2.3
25～29	6.3	6.0	5.2	5.7	4.3	3.9	4.1	3.7	4.2	4.1
30～34	8.9	7.9	7.9	7.0	7.1	5.9	5.8	5.2	5.4	5.7
35～39	13.4	11.8	11.2	11.6	10.4	10.5	8.4	7.9	8.0	8.0
40～44	21.4	20.1	17.1	17.5	16.1	15.6	14.7	14.0	12.7	14.4
45～49	33.7	29.3	28.4	29.6	28.3	24.2	23.7	22.7	20.7	23.2
50～54	51.6	46.0	43.2	44.5	43.2	41.6	39.8	37.4	33.8	37.2
55～59	88.8	78.1	74.3	76.0	73.5	66.2	64.4	60.8	60.0	62.0
60～64	152.0	137.5	133.2	135.8	130.0	123.4	121.9	112.2	109.9	117.3
65～69	288.6	265.5	248.2	253.1	250.9	231.3	232.6	228.1	217.4	214.4
70～74	539.5	477.2	464.2	488.2	498.0	474.4	480.4	446.5	445.6	448.7
75～79	1 011.8	914.7	908.9	939.1	988.5	948.1	955.7	914.7	895.5	896.1
80～84	1 863.3	1 762.4	1 681.7	1 865.9	1 927.5	1 907.1	1 908.8	1 771.3	1 781.6	1 768.3
85～89	3 226.4	3 277.4	3 518.8	3 772.8	3 982.2	3 310.3	3 982.3	3 828.2	3 834.6	3 473.8
90歳～	4 793.3	…	…	…	…	5 743.7	…	…	…	…
年齢調整死亡率 （人口10万対） Age-adjusted death rate (per 100,000 population)	114.5	104.3	102.8	108.4	110.9	106.3	106.9	101.2	100.0	98.5

Notes: 1) The categories of "80 - 84" in 1951 - 1954 represent the population aged 80 or over, and those of "85 - 89" in 1956 - 1959, 1961 - 1964, 1966 - 1969, 1971 - 1974, and 1976 - 1979 represent the population aged 85 or over.
2) The base population for age-adjusted death rates is the model population of 1985.

第4表　心疾患死亡数・粗死亡率（人口10万対）・年齢調整死亡率
Statistics 4　Numbers of deaths, crude death rates (per 100,000 population), and (large categories), sex and age group (by 5-year age scale): From 1950

心疾患　Heart diseases
死亡数　Number of deaths

性・年齢階級 Sex/age group	昭和55年 1980	56年 1981	57年 1982	58年 1983	59年 1984	60年 1985	61年 1986	62年 1987	63年 1988	平成元年 1989
総数 Total	123 505	126 012	125 905	132 244	136 162	141 097	142 581	143 909	157 920	156 831
0〜4歳 Years	451	408	385	361	385	388	360	378	327	353
5〜9	127	97	89	99	78	83	62	81	67	65
10〜14	130	133	144	115	149	134	110	144	108	99
15〜19	244	247	254	255	230	223	257	262	282	237
20〜24	345	322	302	321	351	373	346	309	323	340
25〜29	593	525	514	478	545	471	468	458	491	484
30〜34	894	928	928	844	770	789	695	712	640	601
35〜39	1 281	1 199	1 163	1 248	1 240	1 274	1 387	1 362	1 299	1 125
40〜44	2 019	1 915	1 833	1 838	2 035	1 910	1 844	1 735	1 903	1 850
45〜49	3 212	3 020	3 041	2 958	2 898	2 832	2 773	2 773	2 813	2 851
50〜54	4 376	4 452	4 357	4 502	4 408	4 510	4 363	4 273	4 263	4 185
55〜59	5 368	5 387	5 692	6 015	6 278	6 147	6 243	6 321	6 524	6 266
60〜64	7 498	7 554	7 188	7 213	7 597	7 783	7 808	8 256	8 926	8 910
65〜69	12 149	11 934	11 438	11 314	11 269	11 132	10 833	10 386	11 120	11 283
70〜74	17 741	18 143	17 908	18 184	17 964	18 388	17 782	16 920	17 949	17 171
75〜79	23 025	23 062	22 747	23 807	24 255	25 290	25 889	25 549	27 880	27 172
80〜84	22 560	23 740	24 447	26 237	27 009	28 078	28 177	28 128	31 574	31 738
85〜89	14 527	15 680	15 933	17 883	19 222	20 766	21 709	23 319	26 658	26 441
90歳〜	6 944	7 246	7 523	8 533	9 449	10 489	11 441	12 484	14 719	15 619
不詳 Not Stated	21	20	19	39	30	37	34	59	54	41
男 Male	64 103	64 281	64 578	67 412	69 582	71 766	72 072	72 566	78 640	77 901
0〜4歳 Years	258	214	208	191	218	212	185	199	185	204
5〜9	68	54	49	56	45	50	36	47	33	32
10〜14	77	80	83	71	98	79	61	81	70	63
15〜19	175	176	170	171	154	138	177	175	190	152
20〜24	260	241	212	212	247	273	240	207	238	246
25〜29	408	370	373	334	378	334	311	331	346	345
30〜34	639	684	664	588	559	572	502	510	452	427
35〜39	920	879	835	896	919	922	1 049	1 009	956	837
40〜44	1 441	1 365	1 308	1 319	1 477	1 400	1 383	1 280	1 401	1 374
45〜49	2 330	2 126	2 205	2 152	2 082	2 023	2 059	2 035	2 085	2 103
50〜54	3 053	3 113	3 126	3 265	3 236	3 263	3 183	3 154	3 130	3 091
55〜59	3 465	3 551	3 772	4 129	4 367	4 342	4 454	4 581	4 755	4 507
60〜64	4 577	4 463	4 338	4 292	4 660	4 865	4 958	5 412	6 001	6 018
65〜69	7 129	6 870	6 629	6 539	6 433	6 341	6 326	5 955	6 293	6 585
70〜74	9 845	9 919	9 764	9 890	9 814	9 932	9 631	9 255	9 818	9 364
75〜79	11 694	11 456	11 520	12 056	12 301	12 747	12 847	12 748	13 730	13 530
80〜84	10 042	10 526	10 958	11 722	12 152	12 778	12 647	12 636	13 991	13 923
85〜89	5 549	5 962	5 940	6 854	7 454	8 047	8 330	8 955	10 394	10 229
90歳〜	2 156	2 217	2 407	2 640	2 961	3 414	3 660	3 941	4 521	4 832
不詳 Not Stated	17	15	17	35	27	34	33	55	51	39
女 Female	59 402	61 731	61 327	64 832	66 580	69 331	70 509	71 343	79 280	78 930
0〜4歳 Years	193	194	177	170	167	176	175	179	142	149
5〜9	59	43	40	43	33	33	26	34	34	33
10〜14	53	53	61	44	51	55	49	63	38	36
15〜19	69	71	84	84	76	85	80	87	92	85
20〜24	85	81	90	109	104	100	106	102	85	94
25〜29	185	155	141	144	167	137	157	127	145	139
30〜34	255	244	264	256	211	217	193	202	188	174
35〜39	361	320	328	352	321	352	338	353	343	288
40〜44	578	550	525	519	558	510	461	455	502	476
45〜49	882	894	836	806	816	809	714	738	728	748
50〜54	1 323	1 339	1 231	1 237	1 172	1 247	1 180	1 119	1 133	1 094
55〜59	1 903	1 836	1 920	1 886	1 911	1 805	1 789	1 740	1 769	1 759
60〜64	2 921	3 091	2 850	2 921	2 937	2 918	2 850	2 844	2 925	2 892
65〜69	5 020	5 064	4 809	4 775	4 836	4 791	4 507	4 431	4 827	4 698
70〜74	7 896	8 224	8 144	8 294	8 150	8 456	8 151	7 665	8 131	7 807
75〜79	11 331	11 606	11 227	11 751	11 954	12 543	13 042	12 801	14 150	13 642
80〜84	12 518	13 214	13 489	14 515	14 857	15 300	15 530	15 492	17 583	17 815
85〜89	8 978	9 718	9 993	11 029	11 768	12 719	13 379	14 364	16 264	16 212
90歳〜	4 788	5 029	5 116	5 893	6 488	7 075	7 781	8 543	10 198	10 787
不詳 Not Stated	4	5	2	4	3	3	1	4	3	2

注：1）昭和26〜29年の「80〜84」は、「80歳以上」、昭和31〜34年、36〜39年、41〜44年、46〜49年、51〜54年の「85〜89歳」は「85歳以上」である。
　　2）年齢調整死亡率の基準人口は、昭和60年モデル人口である。

（人口10万対），病類（簡単分類）・性・年齢（5歳階級）別　－昭和25年～平成16年－
age-adjusted death rates (per 100,000 population) from heart diseases, by disease type to 2004

粗死亡率（人口10万対）　Crude death rates (per 100,000 population)

性・年齢階級 Sex/age group	昭和55年 1980	56年 1981	57年 1982	58年 1983	59年 1984	60年 1985	61年 1986	62年 1987	63年 1988	平成元年 1989
総　数　Total	106.2	107.5	106.7	111.3	113.9	117.3	117.9	118.4	129.4	128.1
0～4歳 Years	5.3	5.0	4.9	4.7	5.1	5.2	5.0	5.3	4.7	5.3
5～9	1.3	1.0	0.9	1.1	0.9	1.0	0.8	1.0	0.9	0.9
10～14	1.5	1.4	1.5	1.2	1.5	1.3	1.1	1.5	1.2	1.1
15～19	3.0	3.1	3.0	3.0	2.6	2.5	2.7	2.7	2.9	2.4
20～24	4.4	4.2	3.9	4.1	4.4	4.6	4.3	3.7	3.8	3.9
25～29	6.6	6.1	6.3	6.0	7.0	6.1	6.1	5.9	6.3	6.2
30～34	8.3	8.2	8.5	8.2	8.1	8.8	8.1	8.7	8.1	7.7
35～39	14.0	13.8	12.8	13.0	12.3	11.9	12.3	12.6	12.7	11.9
40～44	24.3	22.6	21.1	20.7	21.9	21.0	21.4	19.3	20.0	18.5
45～49	39.9	36.9	36.8	35.8	35.5	34.6	33.2	32.3	32.0	31.1
50～54	61.0	60.6	58.0	58.7	56.7	57.1	54.3	52.7	52.6	52.2
55～59	96.2	91.0	91.1	91.9	92.3	88.2	87.4	86.5	87.5	82.9
60～64	168.8	167.0	154.1	148.4	147.5	144.7	136.9	137.4	141.7	136.1
65～69	307.8	297.2	283.1	279.2	280.7	266.7	254.2	235.9	242.1	231.5
70～74	589.0	572.3	546.6	538.5	517.4	518.1	491.1	463.1	488.5	470.7
75～79	1 133.8	1 124.4	1 064.4	1 072.9	1 035.2	1 017.6	984.0	932.4	981.3	924.8
80～84	2 067.6	2 037.8	1 969.9	1 999.8	1 975.8	1 964.4	1 935.2	1 825.3	1 952.6	1 839.9
85～89	3 549.2	3 547.5	3 340.3	3 459.0	3 494.9	3 448.0	3 324.5	3 293.6	3 521.5	3 317.6
90歳～	5 829.8	5 750.8	5 412.2	5 651.0	5 692.2	5 781.7	5 720.5	5 598.2	5 959.1	5 806.3
男　Male	112.1	111.5	111.2	115.4	118.4	121.4	121.3	121.5	131.1	129.5
0～4歳 Years	5.9	5.1	5.1	4.8	5.6	5.6	5.0	5.5	5.2	5.9
5～9	1.3	1.1	1.0	1.2	1.0	1.2	0.9	1.2	0.8	0.8
10～14	1.7	1.7	1.7	1.4	1.9	1.5	1.2	1.7	1.5	1.4
15～19	4.2	4.3	4.0	3.9	3.4	3.0	3.7	3.5	3.8	3.0
20～24	6.6	6.1	5.3	5.3	6.1	6.6	5.9	4.9	5.5	5.5
25～29	9.0	8.6	9.1	8.4	9.6	8.5	8.0	8.5	8.8	8.7
30～34	11.9	12.0	12.2	11.4	11.7	12.6	11.6	12.4	11.3	10.8
35～39	20.1	20.2	18.4	18.6	18.2	17.2	18.5	18.5	18.6	17.6
40～44	34.8	32.4	30.2	29.7	31.9	30.9	32.1	28.5	29.4	27.4
45～49	58.0	52.1	53.5	52.3	51.3	49.7	49.6	47.7	47.7	46.1
50～54	86.5	85.7	83.9	85.8	84.0	83.4	80.0	78.6	78.0	77.9
55～59	138.9	130.7	128.6	131.5	132.5	127.9	127.6	128.0	130.0	121.6
60～64	236.8	229.6	218.2	207.6	210.0	205.7	192.5	194.8	202.0	192.8
65～69	411.0	390.8	376.6	372.8	372.7	358.2	354.2	325.4	330.3	321.4
70～74	750.3	725.1	695.4	688.2	666.7	663.7	632.8	604.9	642.1	621.4
75～79	1 382.5	1 341.5	1 297.3	1 311.9	1 277.4	1 257.5	1 208.6	1 158.9	1 211.8	1 157.4
80～84	2 410.0	2 365.4	2 316.7	2 344.4	2 341.4	2 363.2	2 299.5	2 174.9	2 301.2	2 165.3
85～89	4 006.6	3 974.7	3 666.7	3 894.3	4 007.5	3 966.2	3 803.7	3 778.5	4 108.3	3 860.0
90歳～	6 501.4	6 334.3	6 171.8	6 139.5	6 300.0	6 494.0	6 421.1	6 157.8	6 458.6	6 357.9
年齢調整死亡率 （人口10万対） Age-adjusted death rate (per 100,000 population)	158.0	153.1	147.5	148.5	148.3	146.9	142.4	137.3	143.8	137.6
女　Female	100.5	103.7	102.3	107.4	109.6	113.3	114.6	115.4	127.7	126.7
0～4歳 Years	4.7	4.9	4.6	4.5	4.5	4.9	4.9	5.2	4.2	4.6
5～9	1.2	0.9	0.9	1.0	0.8	0.8	0.7	0.9	0.9	0.9
10～14	1.2	1.2	1.3	0.9	1.1	1.1	1.0	1.4	0.8	0.8
15～19	1.7	1.8	2.1	2.0	1.8	2.0	1.7	1.9	1.9	1.8
20～24	2.2	2.1	2.3	2.8	2.7	2.5	2.7	2.5	2.0	2.2
25～29	4.1	3.7	3.5	3.7	4.3	3.6	4.1	3.3	3.8	3.6
30～34	4.8	4.4	4.9	5.0	4.5	4.9	4.5	5.0	4.8	4.5
35～39	7.9	7.4	7.3	7.4	6.4	6.6	6.0	6.5	6.8	6.1
40～44	13.9	13.0	12.1	11.6	12.0	11.2	10.7	10.1	10.6	9.5
45～49	21.8	21.8	20.1	19.4	19.9	19.6	17.0	17.1	16.5	16.2
50～54	36.4	36.0	32.5	32.0	29.9	31.2	29.1	27.3	27.6	27.0
55～59	61.6	57.3	58.0	55.3	54.5	50.5	49.0	46.7	46.5	45.7
60～64	116.4	119.9	106.5	104.6	100.1	96.9	91.1	88.0	87.9	84.4
65～69	226.8	224.3	210.9	207.8	211.3	199.3	182.2	172.2	179.6	166.3
70～74	464.5	456.4	435.0	427.5	407.7	411.9	388.3	360.9	379.1	364.6
75～79	956.2	969.6	898.9	903.9	866.2	852.3	832.3	780.1	828.5	770.7
80～84	1 856.0	1 835.3	1 756.4	1 787.6	1 754.1	1 721.8	1 714.1	1 613.8	1 742.6	1 646.5
85～89	3 315.3	3 316.7	3 172.4	3 224.9	3 253.0	3 184.7	3 082.7	3 049.7	3 227.0	3 047.4
90歳～	5 570.7	5 526.4	5 116.0	5 406.4	5 498.3	5 491.1	5 479.6	5 373.0	5 761.6	5 589.1
年齢調整死亡率 （人口10万対） Age-adjusted death rate (per 100,000 population)	103.9	103.3	97.5	98.1	96.2	94.6	91.6	87.6	92.4	87.7

Notes: 1) The categories of "80 - 84" in 1951 - 1954 represent the population aged 80 or over, and those of "85 - 89" in 1956 - 1959, 1961 - 1964, 1966 - 1969, 1971 - 1974, and 1976 - 1979 represent the population aged 85 or over.
2) The base population for age-adjusted death rates is the model population of 1985.

第4表　心疾患死亡数・粗死亡率（人口10万対）・年齢調整死亡率
Statistics 4　Numbers of deaths, crude death rates (per 100,000 population), and (large categories), sex and age group (by 5-year age scale): From 1950

心疾患　Heart diseases
死亡数　Number of deaths

性・年齢階級 Sex/age group	平成2年 1990	3年 1991	4年 1992	5年 1993	6年 1994	7年 1995	8年 1996	9年 1997	10年 1998	11年 1999
総数　Total	165 478	168 878	175 546	180 297	159 579	139 206	138 229	140 174	143 120	151 079
0～4歳 Years	337	326	360	395	276	223	203	221	243	205
5～9	69	80	82	68	47	59	36	40	32	47
10～14	113	88	103	109	83	84	70	82	69	58
15～19	250	239	232	252	190	179	162	148	155	133
20～24	359	365	356	351	326	277	257	274	243	237
25～29	448	501	503	460	412	314	373	383	408	390
30～34	680	676	631	648	582	483	501	463	531	507
35～39	1 079	1 046	1 000	993	822	712	707	729	701	761
40～44	1 986	2 168	2 218	1 995	1 639	1 334	1 240	1 145	1 184	1 227
45～49	2 923	2 774	2 813	2 977	2 742	2 627	2 811	2 734	2 649	2 457
50～54	4 156	4 155	4 191	4 244	3 983	3 453	3 477	3 448	3 590	3 806
55～59	6 570	6 597	6 557	6 469	5 715	5 173	4 949	4 917	4 974	5 353
60～64	9 461	9 539	9 717	10 079	9 009	8 141	7 901	7 836	7 576	7 700
65～69	11 813	12 296	12 919	13 777	12 827	11 437	11 240	11 427	11 677	11 718
70～74	17 204	17 133	17 435	17 963	16 250	14 861	14 957	15 004	15 510	16 601
75～79	27 937	27 885	27 740	27 820	23 518	20 317	19 662	19 431	19 316	20 876
80～84	33 607	34 930	36 977	37 062	32 580	27 716	26 661	26 146	26 366	26 721
85～89	28 575	28 816	30 575	31 588	28 305	24 564	25 356	26 502	26 777	28 688
90歳～	17 867	19 215	21 080	22 999	20 219	17 201	17 620	19 187	21 079	23 543
不詳 Not Stated	44	49	57	48	54	51	46	57	40	51
男　Male	81 774	83 646	86 384	88 309	78 868	69 718	68 977	69 776	71 134	73 979
0～4歳 Years	173	181	222	212	138	126	105	115	131	118
5～9	38	42	40	39	26	37	23	16	21	24
10～14	70	59	47	67	52	52	41	46	42	28
15～19	157	168	153	172	122	126	125	105	114	90
20～24	260	262	252	268	226	212	186	222	195	181
25～29	316	364	336	334	313	240	287	300	311	295
30～34	496	494	457	465	412	354	378	361	414	391
35～39	804	795	721	739	617	559	549	559	550	602
40～44	1 462	1 661	1 616	1 488	1 231	1 021	966	883	915	962
45～49	2 193	2 069	2 135	2 217	2 093	1 978	2 143	2 075	2 049	1 862
50～54	3 081	3 035	3 119	3 224	3 028	2 612	2 677	2 693	2 768	2 966
55～59	4 787	4 817	4 836	4 800	4 205	3 829	3 714	3 734	3 802	4 040
60～64	6 491	6 724	6 835	7 078	6 402	5 776	5 612	5 689	5 524	5 624
65～69	7 053	7 534	8 129	8 880	8 342	7 603	7 643	7 776	7 914	7 948
70～74	9 316	9 309	9 434	9 587	8 881	8 343	8 638	8 868	9 506	10 207
75～79	13 862	13 833	13 789	13 641	11 627	10 048	9 596	9 617	9 490	10 121
80～84	14 855	15 495	16 233	16 031	14 332	12 227	11 608	11 408	11 434	11 551
85～89	10 885	10 936	11 599	11 951	10 637	9 249	9 417	9 593	9 860	10 335
90歳～	5 432	5 821	6 386	7 075	6 136	5 281	5 224	5 665	6 062	6 587
不詳 Not Stated	43	47	45	41	48	45	45	51	32	47
女　Female	83 704	85 232	89 162	91 988	80 711	69 488	69 252	70 398	71 986	77 100
0～4歳 Years	164	145	138	183	138	97	98	106	112	87
5～9	31	38	42	29	21	22	13	24	11	23
10～14	43	29	56	42	31	32	29	36	27	30
15～19	93	71	79	80	68	53	37	43	41	43
20～24	99	103	104	83	100	65	71	52	48	56
25～29	132	137	167	126	99	74	86	83	97	95
30～34	184	182	174	183	170	129	123	102	117	116
35～39	275	251	279	254	205	153	158	170	151	159
40～44	524	507	602	507	408	313	274	262	269	265
45～49	730	705	678	760	649	649	668	659	600	595
50～54	1 075	1 120	1 072	1 020	955	841	800	755	822	840
55～59	1 783	1 780	1 721	1 669	1 510	1 344	1 235	1 183	1 172	1 313
60～64	2 970	2 815	2 882	3 001	2 607	2 365	2 289	2 147	2 052	2 076
65～69	4 760	4 762	4 790	4 897	4 485	3 834	3 597	3 651	3 763	3 770
70～74	7 888	7 824	8 001	8 376	7 369	6 518	6 319	6 136	6 004	6 394
75～79	14 075	14 052	13 951	14 179	11 891	10 269	10 066	9 814	9 826	10 755
80～84	18 752	19 435	20 744	21 031	18 248	15 489	15 053	14 738	14 932	15 170
85～89	17 690	17 880	18 976	19 637	17 668	15 315	15 939	16 909	16 917	18 353
90歳～	12 435	13 394	14 694	15 924	14 083	11 920	12 396	13 522	15 017	16 956
不詳 Not Stated	1	2	12	7	6	6	1	6	8	4

注：1）昭和26～29年の「80～84」は、「80歳以上」、昭和31～34年、36～39年、41～44年、46～49年、51～54年の「85～89歳」は「85歳以上」である。
　　2）年齢調整死亡率の基準人口は、昭和60年モデル人口である。

（人口10万対），病類（簡単分類）・性・年齢（5歳階級）別　－昭和25年～平成16年－
age-adjusted death rates (per 100,000 population) from heart diseases, by disease type
to 2004

粗死亡率（人口10万対）　Crude death rates (per 100,000 population)

性・年齢階級 Sex/age group	平成2年 1990	3年 1991	4年 1992	5年 1993	6年 1994	7年 1995	8年 1996	9年 1997	10年 1998	11年 1999
総　数　Total	134.8	137.2	142.2	145.6	128.6	112.0	110.8	112.2	114.3	120.4
0～4歳 Years	5.2	5.2	5.8	6.5	4.6	3.7	3.4	3.7	4.1	3.5
5～9	0.9	1.1	1.2	1.0	0.7	0.9	0.6	0.6	0.5	0.8
10～14	1.3	1.1	1.3	1.4	1.1	1.1	1.0	1.2	1.0	0.9
15～19	2.5	2.4	2.4	2.7	2.2	2.1	2.0	1.9	2.0	1.8
20～24	4.1	3.9	3.8	3.6	3.3	2.8	2.7	2.9	2.7	2.7
25～29	5.6	6.4	6.2	5.5	4.8	3.6	4.1	4.1	4.3	4.0
30～34	8.8	8.8	8.2	8.4	7.5	6.1	6.4	5.7	6.4	6.0
35～39	12.1	12.3	12.3	12.6	10.5	9.2	9.2	9.5	9.1	9.8
40～44	18.7	19.4	20.6	19.6	17.4	15.0	14.6	14.1	15.0	15.7
45～49	32.5	32.5	31.6	31.5	27.7	24.9	25.3	25.5	26.2	26.2
50～54	51.5	50.5	49.7	49.1	44.2	38.9	41.2	39.2	38.6	38.9
55～59	85.2	84.1	82.8	81.7	73.1	65.4	61.3	59.4	58.6	60.5
60～64	140.5	138.3	137.7	139.9	123.5	109.3	104.2	102.2	98.7	101.4
65～69	232.0	227.5	226.8	230.8	206.8	179.5	172.1	170.8	170.9	169.1
70～74	451.6	440.1	432.2	426.7	363.4	317.9	300.8	286.2	282.2	290.3
75～79	926.8	902.1	887.7	883.2	750.4	620.0	583.4	554.1	525.5	533.8
80～84	1 834.7	1 788.5	1 802.0	1 727.8	1 455.8	1 208.3	1 123.5	1 081.3	1 070.9	1 086.2
85～89	3 430.8	3 366.4	3 337.9	3 243.1	2 688.0	2 165.9	2 064.8	2 026.1	1 929.2	1 962.2
90歳～	6 175.5	5 967.4	5 938.0	5 912.3	4 837.1	3 891.0	3 725.2	3 654.7	3 621.8	3 695.9
男　Male	135.7	138.4	142.6	145.4	129.6	114.4	112.9	114.0	116.0	120.6
0～4歳 Years	5.2	5.6	7.0	6.8	4.5	4.1	3.5	3.8	4.3	3.9
5～9	1.0	1.1	1.1	1.1	0.8	1.1	0.7	0.5	0.7	0.8
10～14	1.6	1.4	1.2	1.7	1.3	1.4	1.1	1.3	1.2	0.8
15～19	3.1	3.3	3.1	3.6	2.7	2.9	3.0	2.6	2.9	2.3
20～24	5.9	5.5	5.2	5.4	4.5	4.3	3.8	4.6	4.2	4.0
25～29	7.8	9.2	8.2	7.9	7.2	5.5	6.2	6.3	6.4	6.0
30～34	12.7	12.8	11.8	11.9	10.5	8.8	9.5	8.8	9.9	9.1
35～39	17.9	18.5	17.6	18.6	15.7	14.4	14.2	14.4	14.1	15.3
40～44	27.4	29.6	29.9	29.2	26.1	22.8	22.6	21.6	23.1	24.6
45～49	49.0	48.6	48.0	47.0	42.2	37.4	38.4	38.7	40.5	39.7
50～54	77.2	74.6	74.6	75.3	67.9	59.4	64.0	61.7	59.8	60.8
55～59	126.6	125.2	124.6	123.7	109.8	98.5	93.6	91.7	91.2	93.0
60～64	200.7	202.3	200.7	203.7	182.0	160.5	153.0	153.4	148.8	153.1
65～69	322.2	315.9	315.8	322.7	288.8	254.5	248.6	246.5	245.7	243.4
70～74	598.5	592.2	584.5	570.3	491.2	432.0	409.6	389.1	389.4	397.9
75～79	1 158.5	1 131.1	1 120.1	1 106.3	954.6	801.0	752.0	731.3	689.7	682.0
80～84	2 189.5	2 164.1	2 173.1	2 068.5	1 776.0	1 488.2	1 368.9	1 326.5	1 314.3	1 340.0
85～89	3 945.2	3 878.0	3 866.3	3 770.0	3 137.8	2 561.9	2 439.6	2 351.2	2 293.0	2 291.6
90歳～	6 668.3	6 467.8	6 583.5	6 738.1	5 478.6	4 517.2	4 247.2	4 227.6	4 123.8	4 195.5
年齢調整死亡率 （人口10万対） Age-adjusted death rate (per 100,000 population)	139.1	137.6	137.1	135.4	116.7	99.7	95.1	92.8	91.4	92.2
女　Female	134.0	136.0	141.8	145.9	127.6	109.6	108.9	110.4	112.6	120.3
0～4歳 Years	5.2	4.7	4.6	6.2	4.7	3.3	3.4	3.7	3.9	3.0
5～9	0.9	1.1	1.2	0.9	0.6	0.7	0.4	0.8	0.4	0.8
10～14	1.0	0.7	1.4	1.1	0.8	0.9	0.8	1.0	0.8	0.9
15～19	1.9	1.5	1.7	1.8	1.6	1.3	0.9	1.1	1.1	1.2
20～24	2.3	2.3	2.2	1.7	2.1	1.4	1.5	1.1	1.1	1.3
25～29	3.3	3.5	4.2	3.1	2.4	1.7	1.9	1.8	2.1	2.0
30～34	4.8	4.8	4.6	4.8	4.4	3.3	3.2	2.6	2.9	2.8
35～39	6.2	5.9	6.9	6.5	5.3	4.0	4.2	4.5	3.9	4.1
40～44	9.9	9.1	11.2	10.0	8.7	7.1	6.5	6.5	6.9	6.8
45～49	16.2	16.4	15.2	16.1	13.1	12.3	12.1	12.3	11.9	12.7
50～54	26.4	27.0	25.2	23.4	21.0	18.8	18.8	17.1	17.6	17.1
55～59	45.3	44.5	42.2	41.3	37.9	33.4	30.1	28.1	27.1	29.1
60～64	84.8	78.8	78.9	80.5	69.0	61.5	58.4	54.2	51.8	52.9
65～69	164.1	157.7	153.4	152.2	135.3	113.2	104.0	103.3	104.2	102.9
70～74	350.1	337.1	330.6	331.1	276.6	237.6	220.6	207.2	196.5	202.8
75～79	774.2	751.8	736.6	739.6	620.3	507.8	480.5	447.7	427.2	443.1
80～84	1 626.0	1 571.1	1 589.6	1 535.1	1 275.2	1 052.1	986.4	946.0	937.9	949.3
85～89	3 176.0	3 115.0	3 080.5	2 988.9	2 474.5	1 981.0	1 895.2	1 878.8	1 765.9	1 815.3
90歳～	5 982.4	5 748.5	5 695.3	5 626.9	4 602.3	3 665.8	3 541.7	3 458.3	3 452.2	3 532.5
年齢調整死亡率 （人口10万対） Age-adjusted death rate (per 100,000 population)	88.5	86.0	85.5	84.2	70.7	58.4	55.2	53.1	51.7	53.0

Notes: 1) The categories of "80 - 84" in 1951 - 1954 represent the population aged 80 or over, and those of "85 - 89" in 1956 - 1959, 1961 - 1964, 1966 - 1969, 1971 - 1974, and 1976 - 1979 represent the population aged 85 or over.
2) The base population for age-adjusted death rates is the model population of 1985.

第4表（54-6）

第4表　心疾患死亡数・粗死亡率（人口10万対）・年齢調整死亡率
Statistics 4　Numbers of deaths, crude death rates (per 100,000 population), and (large categories), sex and age group (by 5-year age scale): From 1950

心疾患　Heart diseases
死亡数　Number of deaths

性・年齢階級 Sex/age group	平成12年 2000	13年 2001	14年 2002	15年 2003	16年 2004
総　数　Total	146 741	148 292	152 518	159 545	159 625
0〜4歳 Years	196	208	217	212	205
5〜9	31	39	42	38	25
10〜14	57	62	43	59	42
15〜19	125	128	129	148	108
20〜24	233	221	226	224	205
25〜29	387	361	366	338	305
30〜34	569	552	563	565	613
35〜39	724	779	821	793	817
40〜44	1 137	1 093	1 173	1 193	1 187
45〜49	2 138	2 062	1 985	1 890	1 947
50〜54	3 929	4 231	4 257	4 148	3 613
55〜59	5 094	4 989	5 046	5 543	5 366
60〜64	7 383	7 242	7 264	7 453	7 644
65〜69	11 133	10 987	10 958	10 791	10 396
70〜74	15 768	15 823	15 829	16 282	15 618
75〜79	20 260	20 546	21 316	22 417	22 301
80〜84	25 043	25 009	25 411	26 136	27 023
85〜89	28 155	27 836	28 407	29 907	28 764
90歳〜	24 335	26 080	28 415	31 364	33 410
不　詳　Not Stated	44	44	50	44	36
男　Male	72 156	72 727	74 986	77 989	77 465
0〜4歳 Years	109	111	107	106	106
5〜9	19	28	24	19	18
10〜14	41	38	24	34	23
15〜19	86	87	86	102	75
20〜24	178	169	175	169	151
25〜29	300	286	283	263	244
30〜34	433	415	422	448	476
35〜39	566	613	617	611	626
40〜44	891	858	933	930	925
45〜49	1 686	1 616	1 549	1 535	1 530
50〜54	3 103	3 290	3 379	3 322	2 860
55〜59	3 943	3 862	3 949	4 304	4 149
60〜64	5 449	5 388	5 356	5 558	5 726
65〜69	7 630	7 534	7 579	7 583	7 380
70〜74	9 910	9 933	10 054	10 336	10 044
75〜79	10 215	10 748	11 597	12 344	12 466
80〜84	10 720	10 667	10 842	11 134	11 718
85〜89	10 129	10 058	10 333	10 850	10 118
90歳〜	6 711	6 990	7 631	8 301	8 797
不　詳　Not Stated	37	36	46	40	33
女　Female	74 585	75 565	77 532	81 556	82 160
0〜4歳 Years	87	97	110	106	99
5〜9	12	11	18	19	7
10〜14	16	24	19	25	19
15〜19	39	41	43	46	33
20〜24	55	52	51	55	54
25〜29	87	75	83	75	61
30〜34	136	137	141	117	137
35〜39	158	166	204	182	191
40〜44	246	235	240	263	262
45〜49	452	446	436	355	417
50〜54	826	941	878	826	753
55〜59	1 151	1 127	1 097	1 239	1 217
60〜64	1 934	1 854	1 908	1 895	1 918
65〜69	3 503	3 453	3 379	3 208	3 016
70〜74	5 858	5 890	5 775	5 946	5 574
75〜79	10 045	9 798	9 719	10 073	9 835
80〜84	14 323	14 342	14 569	15 002	15 305
85〜89	18 026	17 778	18 074	19 057	18 646
90歳〜	17 624	19 090	20 784	23 063	24 613
不　詳　Not Stated	7	8	4	4	3

注：1）昭和26〜29年の「80〜84」は、「80歳以上」、昭和31〜34年、36〜39年、41〜44年、46〜49年、51〜54年の「85〜89歳」は「85歳以上」である。
　　2）年齢調整死亡率の基準人口は、昭和60年モデル人口である。

（人口10万対），病類（簡単分類）・性・年齢（5歳階級）別 －昭和25年～平成16年－
age-adjusted death rates (per 100,000 population) from heart diseases, by disease type to 2004

粗死亡率（人口10万対）　Crude death rates (per 100,000 population)

性・年齢階級 Sex/age group	平成12年 2000	13年 2001	14年 2002	15年 2003	16年 2004
総数 Total	116.8	117.8	121.0	126.5	126.5
0～4歳 Years	3.3	3.6	3.7	3.7	3.6
5～9	0.5	0.7	0.7	0.6	0.4
10～14	0.9	1.0	0.7	1.0	0.7
15～19	1.7	1.8	1.8	2.1	1.6
20～24	2.8	2.7	2.9	2.9	2.7
25～29	4.0	3.8	4.0	3.8	3.6
30～34	6.6	6.0	6.1	5.9	6.4
35～39	9.1	9.9	10.1	9.6	9.6
40～44	14.8	14.3	15.3	15.4	15.3
45～49	24.2	24.4	24.6	24.1	25.1
50～54	37.8	38.7	40.4	41.7	39.2
55～59	58.6	60.3	58.6	60.8	56.0
60～64	95.7	91.9	90.1	90.2	88.8
65～69	157.0	151.6	149.2	146.3	142.2
70～74	267.7	262.0	255.7	256.9	242.4
75～79	489.4	465.5	457.8	459.3	438.8
80～84	959.7	922.5	893.2	868.6	838.7
85～89	1 839.8	1 737.6	1 717.5	1 765.5	1 679.2
90歳～	3 474.3	3 378.2	3 327.3	3 376.1	3 298.1
男 Male	117.3	118.1	121.7	126.6	125.8
0～4歳 Years	3.6	3.7	3.6	3.6	3.6
5～9	0.6	0.9	0.8	0.6	0.6
10～14	1.2	1.2	0.8	1.1	0.7
15～19	2.3	2.3	2.4	2.9	2.2
20～24	4.2	4.1	4.4	4.3	3.9
25～29	6.1	5.9	6.0	5.8	5.6
30～34	9.9	9.0	9.0	9.3	9.8
35～39	14.0	15.4	15.1	14.6	14.6
40～44	22.9	22.3	24.1	23.9	23.6
45～49	38.0	38.2	38.3	39.0	39.3
50～54	59.8	60.2	64.4	67.1	62.2
55～59	92.2	95.0	92.3	95.8	87.7
60～64	145.7	141.0	136.9	138.6	137.2
65～69	227.6	219.5	217.8	216.9	212.7
70～74	371.6	361.9	356.7	357.8	341.5
75～79	630.1	605.2	603.7	601.0	576.9
80～84	1 173.9	1 136.0	1 108.6	1 076.8	1 041.6
85～89	2 125.6	2 019.7	2 018.2	2 082.5	1 930.9
90歳～	3 806.3	3 659.7	3 633.8	3 673.0	3 576.0
年齢調整死亡率（人口10万対） Age-adjusted death rate (per 100,000 population)	85.8	83.6	83.2	83.7	80.6
女 Female	116.3	117.5	120.4	126.4	127.2
0～4歳 Years	3.0	3.4	3.9	3.8	3.6
5～9	0.4	0.4	0.6	0.7	0.2
10～14	0.5	0.8	0.6	0.8	0.6
15～19	1.1	1.2	1.2	1.4	1.0
20～24	1.4	1.3	1.3	1.5	1.5
25～29	1.8	1.6	1.8	1.7	1.5
30～34	3.2	3.0	3.1	2.5	2.9
35～39	4.0	4.3	5.1	4.4	4.5
40～44	6.4	6.2	6.3	6.9	6.9
45～49	10.3	10.6	10.9	9.1	10.8
50～54	15.9	17.2	16.6	16.6	16.3
55～59	26.0	26.8	25.1	26.8	25.1
60～64	48.7	45.7	46.0	44.5	43.2
65～69	93.7	90.5	87.4	82.7	78.5
70～74	181.7	178.8	171.3	172.4	159.1
75～79	398.9	371.4	355.4	356.4	336.7
80～84	844.4	809.4	780.3	759.6	729.5
85～89	1 710.6	1 610.3	1 582.7	1 624.6	1 566.9
90歳～	3 362.6	3 285.7	3 232.3	3 285.3	3 204.8
年齢調整死亡率（人口10万対） Age-adjusted death rate (per 100,000 population)	48.5	46.9	45.9	45.8	44.2

Notes: 1) The categories of "80 - 84" in 1951 - 1954 represent the population aged 80 or over, and those of "85 - 89" in 1956 - 1959, 1961 - 1964, 1966 - 1969, 1971 - 1974, and 1976 - 1979 represent the population aged 85 or over.
2) The base population for age-adjusted death rates is the model population of 1985.

第4表（54-7）

第4表 心疾患死亡数・粗死亡率（人口10万対）・年齢調整死亡率
Statistics 4　Numbers of deaths, crude death rates (per 100,000 population), and (large categories), sex and age group (by 5-year age scale): From 1950

慢性リウマチ性心疾患 Chronic rheumatic heart diseases
死亡数　Number of deaths

性・年齢階級 Sex/age group	昭和25年 1950	26年 1951	27年 1952	28年 1953	29年 1954	30年 1955	31年 1956	32年 1957	33年 1958	34年 1959
総数 Total	5 010	4 221	3 761	3 640	3 193	3 092	3 288	3 495	5 462	5 420
0～4歳 Years	24	33	18	13	7	8	6	8	13	10
5～9	80	69	48	61	41	32	48	36	55	57
10～14	149	128	127	99	105	76	84	94	144	147
15～19	208	169	179	143	127	114	142	129	194	186
20～24	222	171	165	159	139	113	153	127	174	149
25～29	240	193	193	170	160	139	135	153	180	192
30～34	199	198	179	181	154	125	174	176	211	239
35～39	276	254	206	177	135	143	166	165	215	223
40～44	251	247	199	202	168	171	131	190	250	238
45～49	338	271	212	204	163	171	202	220	293	265
50～54	345	301	258	246	218	213	205	243	314	321
55～59	418	335	334	281	259	256	255	261	416	401
60～64	551	404	355	375	318	297	290	309	507	452
65～69	577	473	405	408	370	362	335	375	610	581
70～74	584	462	414	441	360	388	406	408	767	703
75～79	350	321	273	276	286	310	328	372	615	646
80～84	144	133	146	145	138	127	160	177	354	423
85～89	43	56	45	47	36	41	62	40	130	166
90歳～	10	3	5	12	8	6	6	12	20	21
不詳 Not Stated	1	-	-	-	1	-	-	-	-	-
男 Male	1 937	1 591	1 467	1 408	1 238	1 149	1 201	1 251	2 046	2 046
0～4歳 Years	12	15	7	4	4	6	3	5	5	6
5～9	38	32	28	35	20	19	22	20	31	23
10～14	66	57	66	51	52	37	44	47	71	79
15～19	98	78	85	56	50	52	61	59	81	88
20～24	80	50	53	56	48	35	61	41	67	64
25～29	63	58	57	45	57	43	52	39	57	63
30～34	70	66	51	61	42	37	44	52	71	77
35～39	95	86	66	63	39	46	51	42	56	54
40～44	81	100	68	68	58	45	38	53	77	61
45～49	141	110	90	86	70	64	69	72	103	84
50～54	148	123	108	100	96	93	79	103	119	133
55～59	166	130	139	124	118	105	112	98	167	159
60～64	226	160	153	163	124	125	108	114	216	192
65～69	239	177	165	171	161	139	127	155	255	264
70～74	226	158	157	171	144	147	147	133	295	285
75～79	122	125	99	96	92	95	110	150	207	210
80～84	50	49	59	40	47	47	53	50	128	148
85～89	13	15	14	15	12	11	18	14	34	52
90歳～	2	2	2	3	4	3	2	4	6	4
不詳 Not Stated	1	-	-	-	-	-	-	-	-	-
女 Female	3 073	2 630	2 294	2 232	1 955	1 943	2 087	2 244	3 416	3 374
0～4歳 Years	12	18	11	9	3	2	3	3	8	4
5～9	42	37	20	26	21	13	26	16	24	34
10～14	83	71	61	48	53	39	40	47	73	68
15～19	110	91	94	87	77	62	81	70	113	98
20～24	142	121	112	103	91	78	92	86	107	85
25～29	177	135	136	125	103	96	83	114	123	129
30～34	129	132	128	120	112	88	130	124	140	162
35～39	181	168	140	114	96	97	115	123	159	169
40～44	170	147	131	134	110	126	93	137	173	177
45～49	197	161	122	118	93	107	133	148	190	181
50～54	197	178	150	146	122	120	126	140	195	188
55～59	252	205	195	157	141	151	143	163	249	242
60～64	325	244	202	212	194	172	182	195	291	260
65～69	338	296	240	237	209	223	208	220	355	317
70～74	358	304	257	270	216	241	259	275	472	418
75～79	228	196	174	180	194	215	218	222	408	436
80～84	94	84	87	105	91	80	107	127	226	275
85～89	30	41	31	32	24	30	44	26	96	114
90歳～	8	1	3	9	4	3	4	8	14	17
不詳 Not Stated	-	-	-	-	1	-	-	-	-	-

注：1）昭和26～29年の「80～84」は、「80歳以上」、昭和31～34年、36～39年、41～44年、46～49年、51～54年の「85～89歳」は「85歳以上」である。
　　2）年齢調整死亡率の基準人口は、昭和60年モデル人口である。

144

（人口10万対）, 病類（簡単分類）・性・年齢（5歳階級）別　－昭和25年～平成16年－
age-adjusted death rates (per 100,000 population) from heart diseases, by disease type to 2004

粗死亡率（人口10万対）　Crude death rates (per 100,000 population)

性・年齢階級 Sex/age group	昭和25年 1950	26年 1951	27年 1952	28年 1953	29年 1954	30年 1955	31年 1956	32年 1957	33年 1958	34年 1959
総数 Total	6.0	5.0	4.4	4.2	3.6	3.5	3.6	3.8	5.9	5.8
0～4歳 Years	0.2	0.3	0.2	0.1	0.1	0.1	0.1	0.1	0.2	0.1
5～9	0.8	0.8	0.5	0.6	0.4	0.3	0.4	0.3	0.5	0.6
10～14	1.7	1.4	1.4	1.1	1.1	0.8	0.9	1.0	1.5	1.4
15～19	2.4	1.9	2.0	1.6	1.5	1.3	1.6	1.4	2.1	1.9
20～24	2.9	2.2	2.1	1.9	1.7	1.3	1.8	1.5	2.0	1.8
25～29	3.9	3.0	2.8	2.4	2.1	1.8	1.7	1.9	2.2	2.3
30～34	3.8	3.8	3.4	3.2	2.6	2.0	2.7	2.6	3.0	3.3
35～39	5.5	5.0	4.1	3.5	2.7	2.8	3.2	3.1	3.9	3.8
40～44	5.6	5.3	4.2	4.2	3.4	3.5	2.6	3.8	5.0	4.9
45～49	8.4	6.8	5.3	5.0	3.8	3.9	4.4	4.7	6.2	5.5
50～54	10.2	8.6	7.1	6.6	5.7	5.5	5.4	6.3	8.0	7.9
55～59	15.2	11.8	11.5	9.3	8.4	8.0	7.7	7.6	11.8	11.2
60～64	23.9	17.2	14.8	15.5	13.0	11.9	11.1	11.6	18.2	15.9
65～69	32.6	27.0	22.7	22.2	19.3	18.4	16.7	18.3	29.4	27.6
70～74	45.6	35.9	31.3	32.9	26.5	27.9	29.3	29.0	53.0	46.6
75～79	51.0	43.1	35.0	34.2	33.7	35.4	36.6	41.1	66.6	68.8
80～84	52.2	49.2	46.7	45.8	38.4	33.6	38.9	41.5	78.5	89.2
85～89	54.4	…	…	…	…	36.8	47.9	34.4	90.9	104.5
90歳～	61.1	…	…	…	…	26.4	…	…	…	…
男 Male	4.7	3.8	3.5	3.3	2.9	2.6	2.7	2.8	4.5	4.5
0～4歳 Years	0.2	0.3	0.1	0.1	0.1	0.1	0.1	0.1	0.1	0.1
5～9	0.8	0.7	0.6	0.7	0.4	0.3	0.4	0.4	0.6	0.5
10～14	1.5	1.3	1.4	1.1	1.1	0.8	1.0	1.0	1.4	1.5
15～19	2.3	1.8	1.9	1.3	1.1	1.2	1.4	1.3	1.7	1.8
20～24	2.1	1.3	1.3	1.4	1.1	0.8	1.4	1.0	1.6	1.5
25～29	2.2	1.9	1.7	1.3	1.6	1.1	1.3	1.0	1.4	1.5
30～34	3.0	2.8	2.2	2.5	1.6	1.3	1.5	1.6	2.0	2.1
35～39	4.0	3.6	2.8	2.7	1.7	2.0	2.2	1.8	2.3	2.1
40～44	3.7	4.4	3.0	3.0	2.5	1.9	1.6	2.3	3.4	2.7
45～49	7.0	5.5	4.5	4.2	3.3	3.0	3.1	3.3	4.6	3.7
50～54	8.6	6.9	5.9	5.3	5.0	4.8	4.1	5.3	6.1	6.7
55～59	12.0	9.1	9.5	8.2	7.6	6.5	6.7	5.7	9.5	8.9
60～64	20.4	14.1	13.1	13.8	10.4	10.2	8.4	8.7	15.8	13.7
65～69	30.0	22.3	20.3	20.2	18.1	15.1	13.5	16.1	26.0	26.5
70～74	41.8	29.0	28.0	30.2	24.9	24.8	24.8	21.9	46.5	42.7
75～79	45.6	42.8	32.5	30.6	27.7	27.8	31.3	42.4	57.3	57.1
80～84	52.3	49.3	51.7	38.7	39.6	35.3	36.6	33.6	81.0	89.2
85～89	53.0	…	…	…	…	32.5	47.6	40.0	81.6	105.7
90歳～	47.1	…	…	…	…	51.5	…	…	…	…
年齢調整死亡率 （人口10万対） Age-adjusted death rate (per 100,000 population)	8.3	6.8	6.1	5.7	5.0	4.6	4.6	4.8	8.0	8.0
女 Female	7.2	6.1	5.2	5.0	4.4	4.3	4.5	4.8	7.3	7.1
0～4歳 Years	0.2	0.3	0.2	0.2	0.1	-	0.1	0.1	0.2	0.1
5～9	0.9	0.8	0.4	0.5	0.4	0.2	0.5	0.3	0.5	0.7
10～14	1.9	1.6	1.4	1.1	1.1	0.8	0.9	1.0	1.5	1.3
15～19	2.6	2.1	2.2	2.0	1.8	1.4	1.9	1.6	2.5	2.1
20～24	3.7	3.1	2.8	2.5	2.2	1.9	2.2	2.0	2.5	2.0
25～29	5.3	3.9	3.8	3.4	2.7	2.5	2.1	2.9	3.0	3.1
30～34	4.5	4.6	4.3	3.9	3.4	2.7	3.8	3.5	3.9	4.3
35～39	6.8	6.2	5.2	4.2	3.6	3.5	4.0	4.2	5.2	5.3
40～44	7.4	6.1	5.3	5.3	4.3	4.8	3.5	5.1	6.5	6.7
45～49	9.9	8.2	6.1	5.7	4.3	4.8	5.7	6.1	7.7	7.2
50～54	11.8	10.3	8.3	7.9	6.5	6.2	6.6	7.2	9.8	9.0
55～59	18.4	14.5	13.5	10.4	9.1	9.5	8.6	9.5	14.1	13.4
60～64	27.2	20.1	16.4	17.1	15.5	13.5	13.7	14.3	20.6	18.0
65～69	34.7	30.8	24.8	23.9	20.3	21.3	19.5	20.3	32.4	28.6
70～74	48.3	40.9	33.7	34.9	27.6	30.2	32.7	34.3	58.0	49.6
75～79	54.6	43.2	36.7	36.6	37.6	40.3	39.9	40.2	72.5	76.4
80～84	52.2	49.2	44.0	49.5	37.9	32.7	40.2	45.8	77.1	89.3
85～89	55.0	…	…	…	…	38.7	48.0	32.1	94.8	104.0
90歳～	66.1	…	…	…	…	17.7	…	…	…	…
年齢調整死亡率 （人口10万対） Age-adjusted death rate (per 100,000 population)	11.0	9.2	7.8	7.6	6.4	6.3	6.6	7.0	10.7	10.4

Notes: 1) The categories of "80 - 84" in 1951 - 1954 represent the population aged 80 or over, and those of "85 - 89" in 1956 - 1959, 1961 - 1964, 1966 - 1969, 1971 - 1974, and 1976 - 1979 represent the population aged 85 or over.
2) The base population for age-adjusted death rates is the model population of 1985.

第4表（54-8）

第4表　心疾患死亡数・粗死亡率（人口10万対）・年齢調整死亡率
Statistics 4　Numbers of deaths, crude death rates (per 100,000 population), and (large categories), sex and age group (by 5-year age scale): From 1950

慢性リウマチ性心疾患　Chronic rheumatic heart diseases
死亡数　Number of deaths

性・年齢階級 Sex/age group	昭和35年 1960	36年 1961	37年 1962	38年 1963	39年 1964	40年 1965	41年 1966	42年 1967	43年 1968	44年 1969
総数　Total	5 671	5 332	5 203	4 738	4 673	4 751	4 606	4 572	4 744	4 417
0～4歳 Years	8	8	7	6	7	5	2	3	3	-
5～9	46	40	23	27	16	4	8	6	11	8
10～14	139	146	115	106	78	53	43	34	24	17
15～19	176	145	125	111	102	97	95	79	90	68
20～24	157	160	151	140	114	123	92	106	112	102
25～29	196	159	158	152	154	143	130	130	158	143
30～34	211	245	208	190	186	168	177	148	195	148
35～39	246	216	229	227	227	256	217	204	236	200
40～44	247	221	231	219	231	253	248	251	303	250
45～49	289	272	266	253	267	270	269	268	316	297
50～54	347	315	363	311	300	322	306	302	360	334
55～59	417	386	377	382	310	360	377	383	443	421
60～64	497	499	467	434	416	444	418	443	483	445
65～69	601	572	541	486	506	563	537	541	526	518
70～74	754	675	699	572	570	551	570	561	518	523
75～79	669	668	597	567	581	535	532	504	463	456
80～84	486	409	440	339	409	378	369	381	328	297
85～89	151	162	173	174	161	183	165	174	146	155
90歳～	34	34	33	42	38	43	51	54	29	34
不詳 Not Stated	-	-	-	-	-	-	-	-	-	1
男　Male	2 116	1 970	1 910	1 782	1 638	1 645	1 617	1 536	1 840	1 703
0～4歳 Years	5	3	1	5	3	2	2	2	2	-
5～9	21	24	14	12	5	2	7	1	5	7
10～14	70	67	58	43	31	28	20	16	14	11
15～19	74	58	52	50	40	44	42	42	47	34
20～24	61	70	57	58	54	44	38	47	52	36
25～29	72	48	64	59	61	45	43	47	68	64
30～34	67	74	64	86	66	65	65	51	78	65
35～39	65	67	70	92	73	80	96	63	92	73
40～44	84	69	51	57	64	69	78	83	97	99
45～49	95	86	89	84	82	80	85	74	101	123
50～54	136	109	115	118	109	96	89	95	121	103
55～59	156	157	158	153	116	126	137	128	184	148
60～64	220	204	187	181	162	168	157	152	215	182
65～69	234	243	234	194	198	233	202	211	224	240
70～74	307	253	257	228	208	197	220	198	211	196
75～79	246	245	236	205	200	193	189	169	175	181
80～84	165	138	128	106	117	115	101	99	109	94
85～89	33	46	64	42	44	54	37	41	43	43
90歳～	5	9	11	9	5	4	9	17	2	4
不詳 Not Stated	-	-	-	-	-	-	-	-	-	-
女　Female	3 555	3 362	3 293	2 956	3 035	3 106	2 989	3 036	2 904	2 714
0～4歳 Years	3	5	6	1	4	3	-	1	1	-
5～9	25	16	9	15	11	2	1	5	6	1
10～14	69	79	57	63	47	25	23	18	10	6
15～19	102	87	73	61	62	53	53	37	43	34
20～24	96	90	94	82	60	79	54	59	60	66
25～29	124	111	94	93	93	98	87	83	90	79
30～34	144	171	144	104	120	103	112	97	117	83
35～39	181	149	159	135	154	176	121	141	144	127
40～44	163	152	180	162	167	184	170	168	206	151
45～49	194	186	177	169	185	190	184	194	215	174
50～54	211	206	248	193	191	226	217	207	239	231
55～59	261	229	219	229	194	234	240	255	259	273
60～64	277	295	280	253	254	276	261	291	268	263
65～69	367	329	307	292	308	330	335	330	302	278
70～74	447	422	442	344	362	354	350	363	307	327
75～79	423	423	361	362	381	342	343	335	288	275
80～84	321	271	312	233	292	263	268	282	219	203
85～89	118	116	109	132	117	129	128	133	103	112
90歳～	29	25	22	33	33	39	42	37	27	30
不詳 Not Stated	-	-	-	-	-	-	-	-	-	1

注：1) 昭和26～29年の「80～84」は、「80歳以上」、昭和31～34年、36～39年、41～44年、46～49年、51～54年の「85～89歳」は「85歳以上」である。
　　2) 年齢調整死亡率の基準人口は、昭和60年モデル人口である。

（人口10万対），病類（簡単分類）・性・年齢（5歳階級）別　－昭和25年～平成16年－
age-adjusted death rates (per 100,000 population) from heart diseases, by disease type to 2004

粗死亡率（人口10万対）　Crude death rates (per 100,000 population)

性・年齢階級 Sex/age group	昭和35年 1960	36年 1961	37年 1962	38年 1963	39年 1964	40年 1965	41年 1966	42年 1967	43年 1968	44年 1969
総数　Total	6.1	5.7	5.5	4.9	4.8	4.8	4.6	4.6	4.7	4.3
0～4歳 Years	0.1	0.1	0.1	0.1	0.1	0.1	0.0	0.0	0.0	-
5～9	0.5	0.5	0.3	0.3	0.2	0.1	0.1	0.1	0.1	0.1
10～14	1.3	1.3	1.0	1.0	0.8	0.6	0.5	0.4	0.3	0.2
15～19	1.9	1.6	1.4	1.1	1.0	0.9	0.8	0.7	0.9	0.7
20～24	1.9	1.9	1.7	1.6	1.2	1.4	1.1	1.2	1.2	1.0
25～29	2.4	1.9	1.9	1.8	1.9	1.7	1.5	1.5	1.8	1.6
30～34	2.8	3.2	2.6	2.4	2.3	2.0	2.1	1.8	2.3	1.8
35～39	4.1	3.4	3.4	3.2	3.1	3.4	2.8	2.6	3.0	2.5
40～44	4.9	4.3	4.4	4.0	4.0	4.2	3.9	3.8	4.4	3.5
45～49	6.0	5.6	5.5	5.2	5.6	5.5	5.4	5.3	6.0	5.3
50～54	8.3	7.2	8.1	6.8	6.5	6.9	6.5	6.4	7.7	7.2
55～59	11.5	10.7	10.3	10.2	8.0	9.0	9.1	9.1	10.3	9.6
60～64	17.0	16.3	14.6	13.3	12.5	13.3	12.6	13.0	13.9	12.4
65～69	27.8	25.2	23.2	20.0	20.3	22.0	20.1	19.5	18.4	17.7
70～74	48.2	41.8	42.1	34.4	33.6	31.6	31.2	29.7	26.2	25.7
75～79	70.1	69.3	60.7	56.3	54.7	48.8	47.2	43.4	39.0	37.4
80～84	100.6	82.3	86.6	65.8	77.8	71.6	69.5	68.9	56.8	48.1
85～89	96.9	94.2	95.4	95.6	82.6	91.9	81.8	82.9	62.1	64.5
90歳～	105.6	…	…	…	…	84.7	…	…	…	…
男　Male	4.6	4.3	4.1	3.8	3.4	3.4	3.3	3.1	3.7	3.4
0～4歳 Years	0.1	0.1	0.0	0.1	0.1	0.0	0.0	0.0	0.0	-
5～9	0.4	0.5	0.3	0.3	0.1	0.1	0.2	0.0	0.1	0.2
10～14	1.2	1.1	1.0	0.8	0.6	0.6	0.5	0.4	0.3	0.3
15～19	1.6	1.3	1.1	1.0	0.8	0.8	0.7	0.8	0.9	0.7
20～24	1.5	1.7	1.3	1.3	1.1	1.0	0.9	1.1	1.1	0.7
25～29	1.8	1.2	1.6	1.4	1.5	1.1	1.0	1.1	1.6	1.4
30～34	1.8	1.9	1.6	2.2	1.6	1.6	1.5	1.2	1.9	1.6
35～39	2.4	2.2	2.2	2.7	2.0	2.1	2.5	1.6	2.3	1.8
40～44	3.7	3.0	2.2	2.4	2.5	2.5	2.6	2.6	2.9	2.8
45～49	4.2	3.8	3.9	3.8	3.8	3.6	3.8	3.3	4.3	4.9
50～54	6.7	5.2	5.4	5.5	5.0	4.4	4.1	4.4	5.6	4.9
55～59	8.7	8.8	8.7	8.4	6.2	6.5	6.9	6.4	9.1	7.3
60～64	15.3	13.6	12.0	11.4	10.0	10.3	9.7	9.3	12.9	10.6
65～69	22.8	22.7	21.2	16.9	16.8	19.1	15.9	16.1	16.6	17.4
70～74	44.3	34.9	34.5	30.6	27.3	25.0	26.6	23.2	23.6	21.3
75～79	65.3	63.0	59.0	50.2	46.0	42.7	40.6	35.0	35.4	35.6
80～84	97.6	78.4	71.5	58.2	62.9	61.5	53.2	49.7	51.7	41.2
85～89	68.5	96.5	127.1	77.3	69.0	89.8	58.2	70.7	54.2	54.7
90歳～	60.5	…	…	…	…	29.1	…	…	…	…
年齢調整死亡率 （人口10万対） Age-adjusted death rate (per 100,000 population)	8.0	7.4	7.2	6.2	5.7	5.6	5.3	5.0	5.6	5.1
女　Female	7.5	7.0	6.8	6.0	6.1	6.2	5.9	6.0	5.7	5.2
0～4歳 Years	0.1	0.1	0.2	0.0	0.1	0.1	-	0.0	0.0	-
5～9	0.6	0.4	0.2	0.4	0.3	0.1	0.0	0.1	0.2	0.0
10～14	1.3	1.4	1.0	1.2	1.0	0.6	0.5	0.4	0.3	0.2
15～19	2.2	2.0	1.6	1.3	1.2	1.0	0.9	0.7	0.8	0.7
20～24	2.3	2.1	2.1	1.8	1.3	1.7	1.2	1.3	1.3	1.3
25～29	3.0	2.7	2.3	2.2	2.2	2.3	2.0	1.9	2.0	1.7
30～34	3.8	4.5	3.7	2.6	3.0	2.5	2.7	2.3	2.8	2.0
35～39	5.5	4.4	4.5	3.8	4.2	4.7	3.2	3.6	3.6	3.2
40～44	5.9	5.4	6.2	5.4	5.3	5.7	5.1	4.9	5.8	4.2
45～49	7.6	7.2	6.8	6.5	7.1	7.0	6.7	6.8	7.3	5.6
50～54	9.8	9.1	10.6	8.0	7.8	9.1	8.6	8.2	9.4	9.1
55～59	14.2	12.5	11.8	12.0	9.7	11.3	11.0	11.4	11.3	11.6
60～64	18.5	18.9	17.1	15.2	14.9	16.1	15.2	16.5	14.8	13.9
65～69	32.4	27.5	25.1	23.0	23.5	24.6	23.9	22.6	20.0	18.0
70～74	51.4	47.4	48.4	37.4	38.8	37.0	34.9	35.1	28.4	29.4
75～79	73.2	73.6	61.7	60.4	60.7	53.1	52.0	49.4	41.5	38.7
80～84	102.3	84.4	95.1	70.0	85.6	77.1	78.4	79.9	60.0	52.2
85～89	109.6	93.4	83.4	102.5	88.2	92.8	91.9	88.1	65.3	68.9
90歳～	121.2	…	…	…	…	105.3	…	…	…	…
年齢調整死亡率 （人口10万対） Age-adjusted death rate (per 100,000 population)	10.8	9.9	9.5	8.4	8.4	8.4	8.0	7.9	7.2	6.6

Notes: 1) The categories of "80 - 84" in 1951 - 1954 represent the population aged 80 or over, and those of "85 - 89" in 1956 - 1959, 1961 - 1964, 1966 - 1969, 1971 - 1974, and 1976 - 1979 represent the population aged 85 or over.
2) The base population for age-adjusted death rates is the model population of 1985.

第4表 心疾患死亡数・粗死亡率（人口10万対）・年齢調整死亡率
Statistics 4　Numbers of deaths, crude death rates (per 100,000 population), and (large categories), sex and age group (by 5-year age scale): From 1950

慢性リウマチ性心疾患　Chronic rheumatic heart diseases
死亡数　Number of deaths

性・年齢階級 Sex/age group	昭和45年 1970	46年 1971	47年 1972	48年 1973	49年 1974	50年 1975	51年 1976	52年 1977	53年 1978	54年 1979
総数　Total	4 195	3 866	3 715	3 926	3 866	3 948	3 663	3 573	3 619	1 770
0〜4歳 Years	1	2	–	–	–	4	3	5	1	–
5〜9	6	3	2	2	1	3	2	2	3	1
10〜14	19	16	9	13	8	20	7	4	3	3
15〜19	51	38	35	27	22	13	13	15	10	2
20〜24	86	77	71	65	39	34	25	20	22	7
25〜29	125	109	87	101	90	74	55	59	40	19
30〜34	141	137	139	113	117	105	93	74	83	45
35〜39	196	190	165	175	160	141	121	111	119	71
40〜44	278	248	248	253	239	235	194	187	161	120
45〜49	305	288	278	293	300	292	268	250	245	179
50〜54	305	313	305	315	329	351	373	340	321	222
55〜59	386	356	327	378	372	381	352	315	359	227
60〜64	468	416	423	433	430	426	404	391	423	186
65〜69	484	444	458	418	444	435	462	486	461	203
70〜74	491	460	451	469	441	490	471	434	462	187
75〜79	411	403	348	398	445	449	374	444	444	141
80〜84	270	228	228	287	251	296	265	279	291	96
85〜89	128	107	108	144	138	152	141	117	132	43
90歳〜	44	31	33	41	40	47	39	39	39	18
不詳 Not Stated	–	–	–	1	–	–	1	1	–	–
男　Male	1 594	1 484	1 516	1 561	1 426	1 576	1 413	1 450	1 435	570
0〜4歳 Years	1	1	–	–	–	2	2	4	–	–
5〜9	5	–	1	2	–	3	1	2	1	1
10〜14	10	8	5	4	4	11	4	4	3	1
15〜19	31	26	17	17	6	12	6	12	5	2
20〜24	35	37	31	31	22	20	11	11	14	3
25〜29	52	40	49	46	48	28	27	27	16	9
30〜34	57	58	61	55	55	42	39	38	31	21
35〜39	68	74	65	73	61	60	54	50	61	28
40〜44	92	96	91	93	91	103	85	90	71	34
45〜49	87	98	101	116	109	141	108	110	104	67
50〜54	114	109	120	118	108	137	122	137	125	79
55〜59	161	132	125	153	117	143	139	112	126	67
60〜64	193	181	175	177	168	184	167	160	192	64
65〜69	211	191	210	193	182	184	175	194	191	55
70〜74	194	182	206	208	172	194	199	159	177	58
75〜79	161	151	136	136	157	152	144	180	180	44
80〜84	77	69	86	90	88	100	83	120	94	24
85〜89	35	28	30	44	32	46	40	33	38	8
90歳〜	10	3	7	5	6	14	6	6	6	5
不詳 Not Stated	–	–	–	–	–	–	1	1	–	–
女　Female	2 601	2 382	2 199	2 365	2 440	2 372	2 250	2 123	2 184	1 200
0〜4歳 Years	–	1	–	–	–	2	1	1	1	–
5〜9	1	3	1	–	1	–	1	–	2	–
10〜14	9	8	4	9	4	9	3	–	–	2
15〜19	20	12	18	10	16	1	7	3	5	–
20〜24	51	40	40	34	17	14	14	9	8	4
25〜29	73	69	38	55	42	46	28	32	24	10
30〜34	84	79	78	58	62	63	54	36	52	24
35〜39	128	116	100	102	99	81	67	61	58	43
40〜44	186	152	157	160	148	132	109	97	90	86
45〜49	218	190	177	177	191	151	160	140	141	112
50〜54	191	204	185	197	221	214	251	203	196	143
55〜59	225	224	202	225	255	238	213	203	233	160
60〜64	275	235	248	256	262	242	237	231	231	122
65〜69	273	253	248	225	262	251	287	292	270	148
70〜74	297	278	245	261	269	296	272	275	285	129
75〜79	250	252	212	262	288	297	230	264	264	97
80〜84	193	159	142	197	163	196	182	159	197	72
85〜89	93	79	78	100	106	106	101	84	94	35
90歳〜	34	28	26	36	34	33	33	33	33	13
不詳 Not Stated	–	–	1	–	–	–	–	–	–	–

注：1) 昭和26〜29年の「80〜84」は、「80歳以上」、昭和31〜34年、36〜39年、41〜44年、46〜49年、51〜54年の「85〜89歳」は「85歳以上」である。
　　2) 年齢調整死亡率の基準人口は、昭和60年モデル人口である。

（人口10万対），病類（簡単分類）・性・年齢（5歳階級）別 －昭和25年～平成16年－
age-adjusted death rates (per 100,000 population) from heart diseases, by disease type
to 2004

粗死亡率（人口10万対）　Crude death rates (per 100,000 population)

性・年齢階級 Sex/age group	昭和45年 1970	46年 1971	47年 1972	48年 1973	49年 1974	50年 1975	51年 1976	52年 1977	53年 1978	54年 1979
総数 Total	4.1	3.7	3.5	3.6	3.5	3.5	3.3	3.1	3.2	1.5
0～4歳 Years	0.0	0.0	-	-	-	0.0	0.0	0.1	0.0	-
5～9	0.1	0.0	0.0	0.0	0.0	0.0	0.0	0.0	0.0	-
10～14	0.2	0.2	0.1	0.2	0.1	0.2	0.1	0.0	0.0	0.0
15～19	0.6	0.4	0.4	0.3	0.3	0.2	0.2	0.2	0.1	0.0
20～24	0.8	0.7	0.7	0.6	0.4	0.4	0.3	0.2	0.3	0.1
25～29	1.4	1.3	1.0	1.1	0.9	0.7	0.5	0.5	0.4	0.2
30～34	1.7	1.6	1.6	1.3	1.3	1.1	1.1	0.8	0.9	0.4
35～39	2.4	2.3	2.0	2.1	1.9	1.7	1.4	1.3	1.3	0.8
40～44	3.8	3.3	3.2	3.2	3.0	2.9	2.3	2.2	1.9	1.5
45～49	5.2	4.7	4.3	4.3	4.2	4.0	3.6	3.3	3.1	2.3
50～54	6.4	6.4	6.1	6.0	5.9	6.1	6.1	5.3	4.8	3.2
55～59	8.8	8.0	7.3	8.4	8.3	8.2	7.5	6.5	7.1	4.2
60～64	12.6	10.8	10.6	10.6	10.3	10.0	9.4	9.0	9.7	4.3
65～69	16.3	15.0	15.1	13.3	13.6	12.7	12.8	13.1	12.1	5.2
70～74	23.1	20.6	19.3	19.3	17.7	19.1	18.5	16.3	16.8	6.5
75～79	32.5	29.7	25.0	26.8	28.9	27.4	21.8	24.4	23.4	7.2
80～84	41.6	33.7	32.5	39.2	33.2	36.7	31.0	30.6	29.8	9.3
85～89	55.8	44.2	43.8	53.5	48.4	49.3	43.6	36.2	37.2	12.2
90歳～	66.9	…	…	…	…	57.6	…	…	…	…
男 Male	3.2	2.9	2.9	2.9	2.7	2.9	2.6	2.6	2.5	1.0
0～4歳 Years	0.0	0.0	-	-	-	0.0	0.0	0.1	-	-
5～9	0.1	-	0.0	0.0	-	0.1	0.0	0.0	0.0	0.0
10～14	0.3	0.2	0.1	0.1	0.1	0.3	0.1	0.1	0.1	0.0
15～19	0.7	0.6	0.4	0.4	0.1	0.3	0.1	0.3	0.1	0.0
20～24	0.7	0.7	0.6	0.6	0.5	0.4	0.3	0.3	0.3	0.1
25～29	1.2	0.9	1.1	1.0	1.0	0.5	0.5	0.5	0.3	0.2
30～34	1.4	1.4	1.4	1.2	1.2	0.9	0.9	0.8	0.6	0.4
35～39	1.7	1.8	1.6	1.7	1.5	1.4	1.3	1.1	1.4	0.6
40～44	2.5	2.6	2.4	2.4	2.3	2.5	2.0	2.1	1.7	0.8
45～49	3.3	3.4	3.3	3.5	3.1	3.9	2.9	2.9	2.6	1.7
50～54	5.3	5.1	5.5	5.2	4.4	5.3	4.3	4.5	3.8	2.3
55～59	7.9	6.5	6.2	7.5	5.8	6.9	6.8	5.3	5.8	2.8
60～64	11.1	10.1	9.5	9.5	8.9	9.6	8.6	8.2	9.9	3.4
65～69	15.1	13.8	14.8	13.3	12.1	11.8	10.8	11.7	11.3	3.2
70～74	20.2	18.2	19.7	19.1	15.4	17.0	17.6	13.5	14.6	4.6
75～79	30.3	26.5	23.2	21.9	24.3	22.2	19.8	23.6	22.6	5.3
80～84	32.0	27.2	32.7	32.7	30.8	32.6	25.2	34.5	25.1	6.1
85～89	49.0	32.6	37.8	45.8	33.0	45.7	35.4	28.3	29.7	8.1
90歳～	57.2	…	…	…	…	64.6	…	…	…	…
年齢調整死亡率 （人口10万対） Age-adjusted death rate (per 100,000 population)	4.6	4.1	4.2	4.2	3.7	4.0	3.5	3.5	3.3	1.2
女 Female	5.0	4.5	4.1	4.3	4.4	4.2	3.9	3.7	3.8	2.0
0～4歳 Years	-	0.0	-	-	-	0.0	0.0	0.0	0.0	-
5～9	0.0	0.1	0.0	-	0.0	-	0.0	-	0.0	-
10～14	0.2	0.2	0.1	0.2	0.1	0.2	0.1	-	-	0.0
15～19	0.4	0.3	0.4	0.3	0.4	0.0	0.2	0.1	0.1	-
20～24	1.0	0.7	0.7	0.7	0.4	0.3	0.3	0.2	0.2	0.1
25～29	1.6	1.6	0.8	1.1	0.8	0.9	0.5	0.6	0.5	0.2
30～34	2.0	1.9	1.8	1.3	1.3	1.4	1.2	0.8	1.1	0.5
35～39	3.1	2.8	2.4	2.4	2.4	1.9	1.6	1.4	1.3	0.9
40～44	5.1	4.1	4.1	4.1	3.7	3.2	2.6	2.3	2.1	2.1
45～49	6.8	5.8	5.2	5.1	5.3	4.1	4.3	3.6	3.6	2.8
50～54	7.2	7.5	6.6	6.7	7.2	6.8	7.6	6.0	5.6	4.0
55～59	9.5	9.3	8.3	9.1	10.3	9.2	8.1	7.4	8.1	5.3
60～64	14.0	11.3	11.5	11.5	11.5	10.3	9.9	9.6	9.6	5.1
65～69	17.3	16.1	15.3	13.4	14.8	13.4	14.4	14.3	12.8	6.8
70～74	25.4	22.6	19.1	19.4	19.5	20.8	19.2	18.6	18.6	8.0
75～79	34.0	32.0	26.2	30.4	32.3	31.2	23.2	25.0	23.9	8.5
80～84	47.4	37.6	32.4	43.0	34.7	39.2	34.7	28.2	32.7	11.3
85～89	58.9	49.3	46.4	56.9	55.3	51.0	47.3	39.8	40.7	14.3
90歳～	70.4	…	…	…	…	55.1	…	…	…	…
年齢調整死亡率 （人口10万対） Age-adjusted death rate (per 100,000 population)	6.2	5.5	4.9	5.1	5.2	4.9	4.5	4.1	4.1	2.2

Notes: 1) The categories of "80 - 84" in 1951 - 1954 represent the population aged 80 or over, and those of "85 - 89" in 1956 - 1959, 1961 - 1964, 1966 - 1969, 1971 - 1974, and 1976 - 1979 represent the population aged 85 or over.
2) The base population for age-adjusted death rates is the model population of 1985.

第4表 心疾患死亡数・粗死亡率（人口10万対）・年齢調整死亡率
Statistics 4　Numbers of deaths, crude death rates (per 100,000 population), and (large categories), sex and age group (by 5-year age scale): From 1950

慢性リウマチ性心疾患　Chronic rheumatic heart diseases
死亡数　Number of deaths

性・年齢階級 Sex/age group	昭和55年 1980	56年 1981	57年 1982	58年 1983	59年 1984	60年 1985	61年 1986	62年 1987	63年 1988	平成元年 1989
総数 Total	1 716	1 754	1 751	1 724	1 774	1 644	1 529	1 492	1 467	1 341
0〜4歳 Years	-	-	-	-	-	-	-	-	-	-
5〜9	2	-	1	-	-	-	-	-	-	1
10〜14	2	5	3	-	-	1	-	1	1	-
15〜19	1	1	6	4	-	-	3	3	2	2
20〜24	4	1	5	3	4	3	2	2	-	-
25〜29	16	12	5	7	9	-	2	1	1	2
30〜34	32	31	13	20	15	12	6	7	2	6
35〜39	55	43	44	39	30	29	20	18	12	9
40〜44	91	78	72	59	67	51	38	29	37	17
45〜49	148	127	149	98	100	79	55	60	43	50
50〜54	189	195	187	170	147	148	109	98	76	58
55〜59	213	227	228	262	228	210	181	154	129	132
60〜64	203	243	242	244	255	229	209	202	158	165
65〜69	227	249	219	214	227	210	208	242	187	177
70〜74	183	200	212	223	247	225	223	199	241	188
75〜79	162	150	166	167	209	181	210	192	234	209
80〜84	111	123	113	132	132	158	136	135	175	161
85〜89	59	51	67	63	80	80	87	109	106	102
90歳〜	18	18	19	19	24	28	40	40	63	62
不詳 Not Stated	-	-	-	-	-	-	-	-	-	-
男 Male	582	573	563	564	533	516	503	487	436	424
0〜4歳 Years	-	-	-	-	-	-	-	-	-	-
5〜9	2	-	-	-	-	-	-	-	-	-
10〜14	-	3	2	-	-	-	-	-	-	-
15〜19	-	1	4	3	-	-	2	1	-	-
20〜24	4	1	3	2	2	1	1	1	-	-
25〜29	4	7	3	2	2	-	1	1	-	2
30〜34	15	12	2	9	9	2	4	3	-	1
35〜39	20	17	16	16	16	10	7	10	4	6
40〜44	36	30	27	21	25	23	15	11	16	8
45〜49	67	41	54	30	34	22	24	23	15	28
50〜54	56	70	74	65	61	60	42	30	35	19
55〜59	75	63	76	95	68	73	70	69	44	60
60〜64	61	84	71	67	75	62	58	67	55	61
65〜69	75	86	79	64	60	56	72	74	61	55
70〜74	60	63	55	82	75	64	65	63	68	48
75〜79	49	52	47	53	54	54	70	56	53	52
80〜84	33	34	30	37	32	54	43	40	47	51
85〜89	21	8	17	15	15	31	23	28	26	20
90歳〜	4	1	3	3	5	4	6	10	12	13
不詳 Not Stated	-	-	-	-	-	-	-	-	-	-
女 Female	1 134	1 181	1 188	1 160	1 241	1 128	1 026	1 005	1 031	917
0〜4歳 Years	-	-	-	-	-	-	-	-	-	-
5〜9	-	-	1	-	-	-	-	-	-	1
10〜14	2	2	1	-	-	1	-	1	1	-
15〜19	1	-	2	1	-	-	1	2	2	2
20〜24	-	-	2	1	2	2	1	1	-	-
25〜29	12	5	2	5	7	-	1	-	1	-
30〜34	17	19	11	11	6	10	2	4	2	5
35〜39	35	26	28	23	14	19	13	8	8	3
40〜44	55	48	45	38	42	28	23	18	21	9
45〜49	81	86	95	68	66	57	31	37	28	22
50〜54	133	125	113	105	86	88	67	68	41	39
55〜59	138	164	152	167	160	137	111	85	85	72
60〜64	142	159	171	177	180	167	151	135	103	104
65〜69	152	163	140	150	167	154	136	168	126	122
70〜74	123	137	157	141	172	161	158	136	173	140
75〜79	113	98	119	114	155	127	140	136	181	157
80〜84	78	89	83	95	100	104	93	95	128	110
85〜89	38	43	50	48	65	49	64	81	80	82
90歳〜	14	17	16	16	19	24	34	30	51	49
不詳 Not Stated	-	-	-	-	-	-	-	-	-	-

注：1) 昭和26〜29年の「80〜84」は、「80歳以上」、昭和31〜34年、36〜39年、41〜44年、46〜49年、51〜54年の「85〜89歳」は「85歳以上」である。
　　2) 年齢調整死亡率の基準人口は、昭和60年モデル人口である。

（人口10万対），病類（簡単分類）・性・年齢（5歳階級）別　ー昭和25年～平成16年ー
age-adjusted death rates (per 100,000 population) from heart diseases, by disease type
to 2004

粗死亡率（人口10万対）　Crude death rates (per 100,000 population)

性・年齢階級 Sex/age group	昭和55年 1980	56年 1981	57年 1982	58年 1983	59年 1984	60年 1985	61年 1986	62年 1987	63年 1988	平成元年 1989
総　数　Total	1.5	1.5	1.5	1.5	1.5	1.4	1.3	1.2	1.2	1.1
0～4歳 Years	-	-	-	-	-	-	-	-	-	-
5～9	0.0	-	0.0	-	-	-	-	-	-	0.0
10～14	0.0	0.1	0.0	-	-	0.0	-	0.0	0.0	-
15～19	0.0	0.0	0.1	0.0	-	-	0.0	0.0	0.0	0.0
20～24	0.1	0.0	0.1	0.0	0.1	0.0	0.0	0.0	-	-
25～29	0.2	0.1	0.1	0.1	0.1	-	0.0	0.0	0.0	0.0
30～34	0.3	0.3	0.1	0.2	0.2	0.1	0.1	0.1	0.0	0.1
35～39	0.6	0.5	0.5	0.4	0.3	0.3	0.2	0.2	0.1	0.1
40～44	1.1	0.9	0.8	0.7	0.7	0.6	0.4	0.3	0.4	0.2
45～49	1.8	1.6	1.8	1.2	1.2	1.0	0.7	0.7	0.5	0.5
50～54	2.6	2.7	2.5	2.2	1.9	1.9	1.4	1.2	0.9	0.7
55～59	3.8	3.8	3.7	4.0	3.4	3.0	2.5	2.1	1.7	1.7
60～64	4.6	5.4	5.2	5.0	4.9	4.3	3.7	3.4	2.5	2.5
65～69	5.8	6.2	5.4	5.3	5.7	5.0	4.9	5.5	4.1	3.6
70～74	6.1	6.3	6.5	6.6	7.1	6.3	6.2	5.4	6.6	5.2
75～79	8.0	7.3	7.8	7.5	8.9	7.3	8.0	7.0	8.2	7.1
80～84	10.2	10.6	9.1	10.1	9.7	11.1	9.3	8.8	10.8	9.3
85～89	14.4	11.5	14.0	12.2	14.5	13.3	13.3	15.4	14.0	12.8
90歳～	15.1	14.3	13.7	12.6	14.5	15.4	20.0	17.9	25.5	23.0
男　Male	1.0	1.0	1.0	1.0	0.9	0.9	0.8	0.8	0.7	0.7
0～4歳 Years	-	-	-	-	-	-	-	-	-	-
5～9	0.0	-	-	-	-	-	-	-	-	-
10～14	-	0.1	0.0	-	-	-	-	-	-	-
15～19	-	0.0	0.1	0.1	-	-	0.0	0.0	-	-
20～24	0.1	0.0	0.1	0.0	0.0	0.0	0.0	0.0	-	-
25～29	0.1	0.2	0.1	0.1	0.1	-	0.0	0.0	-	0.1
30～34	0.3	0.2	0.0	0.2	0.2	0.0	0.1	0.1	-	0.0
35～39	0.4	0.4	0.4	0.3	0.3	0.2	0.1	0.2	0.1	0.1
40～44	0.9	0.7	0.6	0.5	0.5	0.5	0.3	0.2	0.3	0.2
45～49	1.7	1.0	1.3	0.7	0.8	0.6	0.6	0.5	0.3	0.6
50～54	1.6	1.9	2.0	1.7	1.6	1.5	1.1	0.7	0.9	0.5
55～59	3.0	2.3	2.6	3.0	2.1	2.2	2.0	1.9	1.2	1.6
60～64	3.2	4.3	3.6	3.2	3.4	2.6	2.3	2.4	1.9	2.0
65～69	4.3	4.9	4.5	3.6	3.5	3.2	4.0	4.0	3.2	2.7
70～74	4.6	4.6	3.9	5.7	5.1	4.3	4.3	4.1	4.4	3.2
75～79	5.8	6.1	5.3	5.8	5.6	5.3	6.6	5.1	4.7	4.4
80～84	7.9	7.6	6.3	7.4	6.2	10.0	7.8	6.9	7.7	7.9
85～89	15.2	5.3	10.5	8.5	8.1	15.3	10.5	11.8	10.3	7.5
90歳～	12.1	2.9	7.7	7.0	10.6	7.6	10.5	15.6	17.1	17.1
年齢調整死亡率 （人口10万対） Age-adjusted death rate (per 100,000 population)	1.3	1.2	1.2	1.1	1.0	1.0	0.9	0.9	0.8	0.7
女　Female	1.9	2.0	2.0	1.9	2.0	1.8	1.7	1.6	1.7	1.5
0～4歳 Years	-	-	-	-	-	-	-	-	-	-
5～9	-	-	0.0	-	-	-	-	-	-	0.0
10～14	0.0	0.0	0.0	-	-	0.0	-	0.0	0.0	-
15～19	0.0	-	0.0	0.0	-	-	0.0	0.0	0.0	0.0
20～24	-	-	0.1	0.0	0.1	0.1	0.0	0.0	-	-
25～29	0.3	0.1	0.0	0.1	0.2	-	0.0	-	0.0	-
30～34	0.3	0.3	0.2	0.2	0.1	0.2	0.0	0.1	0.1	0.1
35～39	0.8	0.6	0.5	0.5	0.3	0.4	0.2	0.1	0.2	0.1
40～44	1.3	1.1	1.0	0.9	0.9	0.6	0.5	0.4	0.4	0.2
45～49	2.0	2.1	2.3	1.6	1.6	1.4	0.7	0.9	0.6	0.5
50～54	3.7	3.4	3.0	2.7	2.2	2.2	1.7	1.7	1.0	1.0
55～59	4.5	5.1	4.6	4.9	4.6	3.8	3.0	2.3	2.2	1.9
60～64	5.7	6.2	6.4	6.3	6.1	5.5	4.8	4.2	3.1	3.0
65～69	6.9	7.2	6.1	6.5	7.3	6.4	5.5	6.5	4.7	4.3
70～74	7.2	7.6	8.4	7.3	8.6	7.8	7.5	6.4	8.1	6.5
75～79	9.5	8.2	9.5	8.8	11.2	8.6	8.9	8.3	10.6	8.9
80～84	11.6	12.4	10.8	11.7	11.8	11.7	10.3	9.9	12.7	10.2
85～89	14.0	14.7	15.9	14.0	17.9	12.3	14.7	17.2	15.9	15.4
90歳～	16.3	18.7	16.0	14.7	16.1	18.6	23.9	18.9	28.8	25.4
年齢調整死亡率 （人口10万対） Age-adjusted death rate (per 100,000 population)	2.0	2.0	2.0	1.8	1.9	1.7	1.5	1.4	1.3	1.1

Notes: 1) The categories of "80 - 84" in 1951 - 1954 represent the population aged 80 or over, and those of "85 - 89" in 1956 - 1959, 1961 - 1964, 1966 - 1969, 1971 - 1974, and 1976 - 1979 represent the population aged 85 or over.
2) The base population for age-adjusted death rates is the model population of 1985.

第4表（54-11）

第4表　心疾患死亡数・粗死亡率（人口10万対）・年齢調整死亡率
Statistics 4　Numbers of deaths, crude death rates (per 100,000 population), and (large categories), sex and age group (by 5-year age scale): From 1950

慢性リウマチ性心疾患　Chronic rheumatic heart diseases
死亡数　Number of deaths

性・年齢階級 Sex/age group	平成2年 1990	3年 1991	4年 1992	5年 1993	6年 1994	7年 1995	8年 1996	9年 1997	10年 1998	11年 1999
総数　Total	1 360	1 359	1 267	1 298	1 311	2 755	2 539	2 463	2 508	2 561
0〜4歳 Years	-	-	-	-	-	-	1	-	1	3
5〜9	-	-	-	-	-	1	-	-	-	-
10〜14	-	-	-	-	-	1	1	-	1	1
15〜19	3	1	-	-	-	2	-	2	1	1
20〜24	2	-	4	-	1	2	3	1	1	-
25〜29	4	1	1	-	1	2	3	-	-	3
30〜34	4	2	3	3	5	4	1	4	3	-
35〜39	12	8	3	3	2	6	1	7	7	4
40〜44	22	26	15	13	8	15	15	8	7	5
45〜49	37	36	32	25	15	46	37	26	22	19
50〜54	46	59	51	52	48	65	67	46	43	36
55〜59	134	96	78	74	57	123	91	72	67	72
60〜64	137	136	140	142	115	162	149	138	139	122
65〜69	203	179	146	172	153	262	235	211	196	219
70〜74	200	198	190	185	212	343	291	319	301	311
75〜79	211	225	196	209	223	455	379	359	387	370
80〜84	172	209	207	190	201	569	519	488	493	484
85〜89	120	122	145	134	182	432	463	468	491	497
90歳〜	53	61	56	96	88	265	283	314	348	414
不詳 Not Stated	-	-	-	-	-	-	-	-	-	-
男　Male	436	449	384	395	399	858	800	792	784	793
0〜4歳 Years	-	-	-	-	-	-	1	-	1	3
5〜9	-	-	-	-	-	1	-	-	-	-
10〜14	-	-	-	-	-	1	1	-	1	1
15〜19	1	-	-	-	-	2	-	2	1	-
20〜24	-	-	1	-	1	2	2	-	1	-
25〜29	2	1	-	-	1	2	-	-	-	2
30〜34	1	2	2	3	3	-	-	3	2	-
35〜39	8	1	1	-	-	5	-	2	2	2
40〜44	11	10	5	9	4	5	7	3	5	-
45〜49	13	18	11	9	10	22	16	11	6	6
50〜54	17	24	18	24	20	29	30	28	21	20
55〜59	48	36	27	33	28	53	39	35	32	34
60〜64	58	51	65	52	49	54	60	49	61	51
65〜69	58	55	45	68	50	103	108	99	69	85
70〜74	66	65	52	56	54	114	93	106	112	112
75〜79	67	83	54	60	63	131	113	109	123	106
80〜84	52	56	48	43	57	160	138	158	153	153
85〜89	25	33	42	25	41	111	133	117	121	119
90歳〜	9	14	13	13	18	63	59	70	73	99
不詳 Not Stated	-	-	-	-	-	-	-	-	-	-
女　Female	924	910	883	903	912	1 897	1 739	1 671	1 724	1 768
0〜4歳 Years	-	-	-	-	-	-	-	-	-	-
5〜9	-	-	-	-	-	-	-	-	-	-
10〜14	-	-	-	-	-	-	-	-	-	-
15〜19	2	1	-	-	-	-	-	-	-	1
20〜24	2	-	3	-	-	-	1	1	-	-
25〜29	2	-	1	-	-	-	3	-	-	1
30〜34	3	-	1	-	2	4	1	1	1	-
35〜39	4	7	2	3	2	1	1	5	5	2
40〜44	11	16	10	4	4	10	8	5	2	5
45〜49	24	18	21	16	5	24	21	15	16	13
50〜54	29	35	33	28	28	36	37	18	22	16
55〜59	86	60	51	41	29	70	52	37	35	38
60〜64	79	85	75	90	66	108	89	89	78	71
65〜69	145	124	101	104	103	159	127	112	127	134
70〜74	134	133	138	129	158	229	198	213	189	199
75〜79	144	142	142	149	160	324	266	250	264	264
80〜84	120	153	159	147	144	409	381	330	340	331
85〜89	95	89	103	109	141	321	330	351	370	378
90歳〜	44	47	43	83	70	202	224	244	275	315
不詳 Not Stated	-	-	-	-	-	-	-	-	-	-

注：1）昭和26〜29年の「80〜84」は、「80歳以上」、昭和31〜34年、36〜39年、41〜44年、46〜49年、51〜54年の「85〜89歳」は「85歳以上」である。
　　2）年齢調整死亡率の基準人口は、昭和60年モデル人口である。

(人口10万対), 病類（簡単分類）・性・年齢（5歳階級）別 －昭和25年～平成16年－
age-adjusted death rates (per 100,000 population) from heart diseases, by disease type
to 2004

粗死亡率（人口10万対）　Crude death rates (per 100,000 population)

性・年齢階級 Sex/age group	平成2年 1990	3年 1991	4年 1992	5年 1993	6年 1994	7年 1995	8年 1996	9年 1997	10年 1998	11年 1999
総　数　Total	1.1	1.1	1.0	1.0	1.1	2.2	2.0	2.0	2.0	2.0
0～4歳 Years	-	-	-	-	-	-	0.0	-	0.0	0.1
5～9	-	-	-	-	-	0.0	-	-	-	-
10～14	-	-	-	-	-	0.0	0.0	-	0.0	0.0
15～19	0.0	0.0	-	-	-	0.0	-	0.0	0.0	0.0
20～24	0.0	-	0.0	-	0.0	0.0	0.0	0.0	0.0	-
25～29	0.1	0.0	0.0	-	0.0	0.0	0.0	-	-	0.0
30～34	0.1	0.0	0.0	0.0	0.1	0.1	0.0	0.0	0.0	-
35～39	0.1	0.1	0.0	0.0	0.0	0.1	0.0	0.1	0.1	0.1
40～44	0.2	0.2	0.1	0.1	0.1	0.2	0.2	0.1	0.1	0.1
45～49	0.4	0.4	0.4	0.3	0.2	0.4	0.3	0.2	0.2	0.2
50～54	0.6	0.7	0.6	0.6	0.5	0.7	0.8	0.5	0.5	0.4
55～59	1.7	1.2	1.0	0.9	0.7	1.6	1.1	0.9	0.8	0.8
60～64	2.0	2.0	2.0	2.0	1.6	2.2	2.0	1.8	1.8	1.6
65～69	4.0	3.3	2.6	2.9	2.5	4.1	3.6	3.2	2.9	3.2
70～74	5.2	5.1	4.7	4.4	4.7	7.3	5.9	6.1	5.5	5.4
75～79	7.0	7.3	6.3	6.6	7.1	13.9	11.2	10.2	10.5	9.5
80～84	9.4	10.7	10.1	8.9	9.0	24.8	21.9	20.2	20.0	19.7
85～89	14.4	14.3	15.8	13.8	17.3	38.1	37.7	35.8	35.4	34.0
90歳～	18.3	18.9	15.8	24.7	21.1	59.9	59.8	59.8	59.8	65.0
男　Male	0.7	0.7	0.6	0.7	0.7	1.4	1.3	1.3	1.3	1.3
0～4歳 Years	-	-	-	-	-	-	0.0	-	0.0	0.1
5～9	-	-	-	-	-	0.0	-	-	-	-
10～14	-	-	-	-	-	0.0	0.0	-	0.0	0.0
15～19	0.0	-	-	-	-	0.0	-	0.0	0.0	0.0
20～24	-	-	0.0	-	0.0	0.0	0.0	0.0	0.0	-
25～29	0.0	0.0	-	-	0.0	0.0	-	-	-	0.0
30～34	0.0	0.1	0.1	0.1	0.1	-	-	0.1	0.0	-
35～39	0.2	0.0	0.0	-	-	0.1	-	0.1	0.1	0.1
40～44	0.2	0.2	0.1	0.2	0.1	0.1	0.2	0.1	0.1	-
45～49	0.3	0.4	0.2	0.2	0.1	0.4	0.3	0.2	0.1	0.1
50～54	0.4	0.6	0.4	0.6	0.4	0.7	0.7	0.6	0.5	0.4
55～59	1.3	0.9	0.7	0.9	0.7	1.4	1.0	0.9	0.8	0.8
60～64	1.8	1.5	1.9	1.5	1.4	1.5	1.6	1.3	1.6	1.4
65～69	2.6	2.3	1.7	2.5	1.7	3.4	3.5	3.1	2.1	2.6
70～74	4.2	4.1	3.2	3.3	3.0	5.9	4.4	4.7	4.6	4.4
75～79	5.6	6.8	4.4	4.9	5.2	10.4	8.9	8.3	8.9	7.1
80～84	7.7	7.8	6.4	5.5	7.1	19.5	16.3	18.4	17.6	17.7
85～89	9.1	11.7	14.0	7.9	12.1	30.7	34.5	28.7	28.1	26.4
90歳～	11.0	15.6	13.4	12.4	16.1	53.9	48.0	52.2	49.7	63.1
年齢調整死亡率 （人口10万対） Age-adjusted death rate (per 100,000 population)	0.7	0.7	0.6	0.6	0.6	1.2	1.1	1.0	1.0	1.0
女　Female	1.5	1.5	1.4	1.4	1.4	3.0	2.7	2.6	2.7	2.8
0～4歳 Years	-	-	-	-	-	-	-	-	-	-
5～9	-	-	-	-	-	-	-	-	-	-
10～14	-	-	-	-	-	-	-	-	-	-
15～19	0.0	0.0	-	-	-	-	-	-	-	0.0
20～24	0.0	-	0.1	-	-	-	0.0	0.0	-	-
25～29	0.1	-	0.0	-	-	-	0.1	-	-	0.0
30～34	0.1	-	0.0	-	0.1	0.1	0.0	0.0	0.0	-
35～39	0.1	0.2	0.0	0.1	0.1	0.0	0.0	0.1	0.1	0.1
40～44	0.2	0.3	0.2	0.1	0.1	0.2	0.2	0.1	0.1	0.1
45～49	0.5	0.4	0.5	0.3	0.1	0.5	0.4	0.3	0.3	0.3
50～54	0.7	0.8	0.8	0.6	0.6	0.8	0.9	0.4	0.5	0.3
55～59	2.2	1.5	1.3	1.0	0.7	1.7	1.3	0.9	0.8	0.8
60～64	2.3	2.4	2.1	2.4	1.7	2.8	2.3	2.2	2.0	1.8
65～69	5.0	4.1	3.2	3.2	3.1	4.7	3.7	3.2	3.5	3.7
70～74	5.9	5.7	5.7	5.1	5.9	8.3	6.9	7.2	6.2	6.3
75～79	7.9	7.6	7.5	7.8	8.3	16.0	12.7	11.4	11.5	10.9
80～84	10.4	12.4	12.2	10.7	10.1	27.8	25.0	21.2	21.4	20.7
85～89	17.1	15.5	16.7	16.6	19.7	41.5	39.2	39.0	38.6	37.4
90歳～	21.2	20.2	16.7	29.3	22.9	62.1	64.0	62.4	63.2	65.6
年齢調整死亡率 （人口10万対） Age-adjusted death rate (per 100,000 population)	1.1	1.0	1.0	0.9	0.9	1.7	1.5	1.3	1.3	1.3

Notes: 1) The categories of "80 - 84" in 1951 - 1954 represent the population aged 80 or over, and those of "85 - 89" in 1956 - 1959, 1961 - 1964, 1966 - 1969, 1971 - 1974, and 1976 - 1979 represent the population aged 85 or over.
2) The base population for age-adjusted death rates is the model population of 1985.

第4表　心疾患死亡数・粗死亡率（人口10万対）・年齢調整死亡率
Statistics 4　Numbers of deaths, crude death rates (per 100,000 population), and (large categories), sex and age group (by 5-year age scale): From 1950

慢性リウマチ性心疾患　Chronic rheumatic heart diseases
死亡数　Number of deaths

性・年齢階級 Sex/age group	平成12年 2000	13年 2001	14年 2002	15年 2003	16年 2004
総　数　Total	2 522	2 405	2 398	2 399	2 336
0～4歳 Years	1	1	-	-	-
5～9	-	-	-	-	-
10～14	-	-	-	-	-
15～19	-	-	-	1	5
20～24	1	-	-	-	-
25～29	2	1	1	1	1
30～34	2	3	2	-	4
35～39	-	3	1	4	1
40～44	3	3	5	3	5
45～49	17	11	10	7	8
50～54	35	49	36	26	21
55～59	83	71	61	61	58
60～64	134	83	91	81	80
65～69	169	146	152	137	142
70～74	278	239	248	260	233
75～79	357	402	363	348	356
80～84	454	459	433	435	429
85～89	527	488	525	499	468
90歳～	459	446	470	536	525
不　詳 Not Stated	-	-	-	-	-
男　Male	773	782	766	755	749
0～4歳 Years	1	1	-	-	-
5～9	-	-	-	-	-
10～14	-	-	-	-	-
15～19	-	-	-	1	2
20～24	1	-	-	-	-
25～29	1	-	-	1	-
30～34	1	-	2	-	3
35～39	-	2	-	3	-
40～44	1	3	3	2	3
45～49	10	3	6	4	5
50～54	15	23	22	14	10
55～59	41	35	35	30	31
60～64	68	50	41	38	49
65～69	67	58	68	63	70
70～74	108	95	105	114	100
75～79	107	141	115	122	127
80～84	134	136	130	124	115
85～89	120	140	135	139	125
90歳～	98	95	104	100	109
不　詳 Not Stated	-	-	-	-	-
女　Female	1 749	1 623	1 632	1 644	1 587
0～4歳 Years	-	-	-	-	-
5～9	-	-	-	-	-
10～14	-	-	-	-	-
15～19	-	-	-	-	3
20～24	-	-	-	-	-
25～29	1	1	1	-	1
30～34	1	3	-	-	1
35～39	-	1	1	1	1
40～44	2	-	2	1	2
45～49	7	8	4	3	3
50～54	20	26	14	12	11
55～59	42	36	26	31	27
60～64	66	33	50	43	31
65～69	102	88	84	74	72
70～74	170	144	143	146	133
75～79	250	261	248	226	229
80～84	320	323	303	311	314
85～89	407	348	390	360	343
90歳～	361	351	366	436	416
不　詳 Not Stated	-	-	-	-	-

注：1) 昭和26～29年の「80～84」は、「80歳以上」、昭和31～34年、36～39年、41～44年、46～49年、51～54年の「85～89歳」は「85歳以上」である。
　　2) 年齢調整死亡率の基準人口は、昭和60年モデル人口である。

（人口10万対），病類（簡単分類）・性・年齢（5歳階級）別　－昭和25年～平成16年－
age-adjusted death rates (per 100,000 population) from heart diseases, by disease type
to 2004

粗死亡率（人口10万対）　Crude death rates (per 100,000 population)

性・年齢階級 Sex/age group	平成12年 2000	13年 2001	14年 2002	15年 2003	16年 2004
総　数　Total	2.0	1.9	1.9	1.9	1.9
0～4歳 Years	0.0	0.0	-	-	-
5～9	-	-	-	-	-
10～14	-	-	-	-	-
15～19	-	-	-	0.0	0.1
20～24	0.0	-	-	-	-
25～29	0.0	0.0	0.0	0.0	0.0
30～34	0.0	0.0	0.0	-	0.0
35～39	-	0.0	0.0	0.0	0.0
40～44	0.0	0.0	0.1	0.0	0.1
45～49	0.2	0.1	0.1	0.1	0.1
50～54	0.3	0.4	0.3	0.3	0.2
55～59	1.0	0.9	0.7	0.7	0.6
60～64	1.7	1.1	1.1	1.0	0.9
65～69	2.4	2.0	2.1	1.9	1.9
70～74	4.7	4.0	4.0	4.1	3.6
75～79	8.6	9.1	7.8	7.1	7.0
80～84	17.4	16.9	15.2	14.5	13.3
85～89	34.4	30.5	31.7	29.5	27.3
90歳～	65.5	57.8	55.0	57.7	51.8
男　Male	1.3	1.3	1.2	1.2	1.2
0～4歳 Years	0.0	0.0	-	-	-
5～9	-	-	-	-	-
10～14	-	-	-	-	-
15～19	-	-	-	0.0	0.1
20～24	0.0	-	-	-	-
25～29	0.0	-	-	0.0	-
30～34	0.0	-	0.0	-	0.1
35～39	-	0.1	-	0.1	-
40～44	0.0	0.1	0.1	0.1	0.1
45～49	0.2	0.1	0.1	0.1	0.1
50～54	0.3	0.4	0.4	0.3	0.2
55～59	1.0	0.9	0.8	0.7	0.7
60～64	1.8	1.3	1.0	0.9	1.2
65～69	2.0	1.7	2.0	1.8	2.0
70～74	4.0	3.5	3.7	3.9	3.4
75～79	6.6	7.9	6.0	5.9	5.9
80～84	14.7	14.5	13.3	12.0	10.2
85～89	25.2	28.1	26.4	26.7	23.9
90歳～	55.6	49.7	49.5	44.2	44.3
年齢調整死亡率 （人口10万対） Age-adjusted death rate (per 100,000 population)	0.9	0.9	0.8	0.8	0.7
女　Female	2.7	2.5	2.5	2.5	2.5
0～4歳 Years	-	-	-	-	-
5～9	-	-	-	-	-
10～14	-	-	-	-	-
15～19	-	-	-	-	0.1
20～24	-	-	-	-	-
25～29	0.0	0.0	0.0	-	0.0
30～34	0.0	0.1	-	-	0.0
35～39	-	0.0	0.0	0.0	0.0
40～44	0.1	-	0.1	0.0	0.1
45～49	0.2	0.2	0.1	0.1	0.1
50～54	0.4	0.5	0.3	0.2	0.2
55～59	0.9	0.9	0.6	0.7	0.6
60～64	1.7	0.8	1.2	1.0	0.7
65～69	2.7	2.3	2.2	1.9	1.9
70～74	5.3	4.4	4.2	4.2	3.8
75～79	9.9	9.9	9.1	8.0	7.8
80～84	18.9	18.2	16.2	15.7	15.0
85～89	38.6	31.5	34.2	30.7	28.8
90歳～	68.9	60.4	56.9	62.1	54.2
年齢調整死亡率 （人口10万対） Age-adjusted death rate (per 100,000 population)	1.2	1.0	1.0	0.9	0.9

Notes: 1) The categories of "80 - 84" in 1951 - 1954 represent the population aged 80 or over, and those of "85 - 89" in 1956 - 1959, 1961
- 1964, 1966 - 1969, 1971 - 1974, and 1976 - 1979 represent the population aged 85 or over.
2) The base population for age-adjusted death rates is the model population of 1985.

第4表 (54-13)

第4表 心疾患死亡数・粗死亡率（人口10万対）・年齢調整死亡率
Statistics 4　Numbers of deaths, crude death rates (per 100,000 population), and (large categories), sex and age group (by 5-year age scale): From 1950

急性心筋梗塞 Acute myocardial infarction
死亡数　Number of deaths

性・年齢階級 Sex/age group	昭和25年 1950	26年 1951	27年 1952	28年 1953	29年 1954	30年 1955	31年 1956	32年 1957	33年 1958	34年 1959
総数　Total	…	…	…	…	…	…	…	…	…	…
0〜4歳 Years	…	…	…	…	…	…	…	…	…	…
5〜9	…	…	…	…	…	…	…	…	…	…
10〜14	…	…	…	…	…	…	…	…	…	…
15〜19	…	…	…	…	…	…	…	…	…	…
20〜24	…	…	…	…	…	…	…	…	…	…
25〜29	…	…	…	…	…	…	…	…	…	…
30〜34	…	…	…	…	…	…	…	…	…	…
35〜39	…	…	…	…	…	…	…	…	…	…
40〜44	…	…	…	…	…	…	…	…	…	…
45〜49	…	…	…	…	…	…	…	…	…	…
50〜54	…	…	…	…	…	…	…	…	…	…
55〜59	…	…	…	…	…	…	…	…	…	…
60〜64	…	…	…	…	…	…	…	…	…	…
65〜69	…	…	…	…	…	…	…	…	…	…
70〜74	…	…	…	…	…	…	…	…	…	…
75〜79	…	…	…	…	…	…	…	…	…	…
80〜84	…	…	…	…	…	…	…	…	…	…
85〜89	…	…	…	…	…	…	…	…	…	…
90歳〜	…	…	…	…	…	…	…	…	…	…
不詳 Not Stated	…	…	…	…	…	…	…	…	…	…
男　Male	…	…	…	…	…	…	…	…	…	…
0〜4歳 Years	…	…	…	…	…	…	…	…	…	…
5〜9	…	…	…	…	…	…	…	…	…	…
10〜14	…	…	…	…	…	…	…	…	…	…
15〜19	…	…	…	…	…	…	…	…	…	…
20〜24	…	…	…	…	…	…	…	…	…	…
25〜29	…	…	…	…	…	…	…	…	…	…
30〜34	…	…	…	…	…	…	…	…	…	…
35〜39	…	…	…	…	…	…	…	…	…	…
40〜44	…	…	…	…	…	…	…	…	…	…
45〜49	…	…	…	…	…	…	…	…	…	…
50〜54	…	…	…	…	…	…	…	…	…	…
55〜59	…	…	…	…	…	…	…	…	…	…
60〜64	…	…	…	…	…	…	…	…	…	…
65〜69	…	…	…	…	…	…	…	…	…	…
70〜74	…	…	…	…	…	…	…	…	…	…
75〜79	…	…	…	…	…	…	…	…	…	…
80〜84	…	…	…	…	…	…	…	…	…	…
85〜89	…	…	…	…	…	…	…	…	…	…
90歳〜	…	…	…	…	…	…	…	…	…	…
不詳 Not Stated	…	…	…	…	…	…	…	…	…	…
女　Female	…	…	…	…	…	…	…	…	…	…
0〜4歳 Years	…	…	…	…	…	…	…	…	…	…
5〜9	…	…	…	…	…	…	…	…	…	…
10〜14	…	…	…	…	…	…	…	…	…	…
15〜19	…	…	…	…	…	…	…	…	…	…
20〜24	…	…	…	…	…	…	…	…	…	…
25〜29	…	…	…	…	…	…	…	…	…	…
30〜34	…	…	…	…	…	…	…	…	…	…
35〜39	…	…	…	…	…	…	…	…	…	…
40〜44	…	…	…	…	…	…	…	…	…	…
45〜49	…	…	…	…	…	…	…	…	…	…
50〜54	…	…	…	…	…	…	…	…	…	…
55〜59	…	…	…	…	…	…	…	…	…	…
60〜64	…	…	…	…	…	…	…	…	…	…
65〜69	…	…	…	…	…	…	…	…	…	…
70〜74	…	…	…	…	…	…	…	…	…	…
75〜79	…	…	…	…	…	…	…	…	…	…
80〜84	…	…	…	…	…	…	…	…	…	…
85〜89	…	…	…	…	…	…	…	…	…	…
90歳〜	…	…	…	…	…	…	…	…	…	…
不詳 Not Stated	…	…	…	…	…	…	…	…	…	…

注：1）昭和26〜29年の「80〜84」は、「80歳以上」、昭和31〜34年、36〜39年、41〜44年、46〜49年、51〜54年の「85〜89歳」は「85歳以上」である。
　　2）年齢調整死亡率の基準人口は、昭和60年モデル人口である。
　　3）昭和42年以前は分類項目がないため表章していない。

(人口10万対), 病類（簡単分類）・性・年齢（5歳階級）別　－昭和25年～平成16年－
age-adjusted death rates (per 100,000 population) from heart diseases, by disease type to 2004

粗死亡率（人口10万対）　Crude death rates (per 100,000 population)

性・年齢階級 Sex/age group	昭和25年 1950	26年 1951	27年 1952	28年 1953	29年 1954	30年 1955	31年 1956	32年 1957	33年 1958	34年 1959
総数 Total	…	…	…	…	…	…	…	…	…	…
0～4歳 Years	…	…	…	…	…	…	…	…	…	…
5～9	…	…	…	…	…	…	…	…	…	…
10～14	…	…	…	…	…	…	…	…	…	…
15～19	…	…	…	…	…	…	…	…	…	…
20～24	…	…	…	…	…	…	…	…	…	…
25～29	…	…	…	…	…	…	…	…	…	…
30～34	…	…	…	…	…	…	…	…	…	…
35～39	…	…	…	…	…	…	…	…	…	…
40～44	…	…	…	…	…	…	…	…	…	…
45～49	…	…	…	…	…	…	…	…	…	…
50～54	…	…	…	…	…	…	…	…	…	…
55～59	…	…	…	…	…	…	…	…	…	…
60～64	…	…	…	…	…	…	…	…	…	…
65～69	…	…	…	…	…	…	…	…	…	…
70～74	…	…	…	…	…	…	…	…	…	…
75～79	…	…	…	…	…	…	…	…	…	…
80～84	…	…	…	…	…	…	…	…	…	…
85～89	…	…	…	…	…	…	…	…	…	…
90歳～	…	…	…	…	…	…	…	…	…	…
男 Male	…	…	…	…	…	…	…	…	…	…
0～4歳 Years	…	…	…	…	…	…	…	…	…	…
5～9	…	…	…	…	…	…	…	…	…	…
10～14	…	…	…	…	…	…	…	…	…	…
15～19	…	…	…	…	…	…	…	…	…	…
20～24	…	…	…	…	…	…	…	…	…	…
25～29	…	…	…	…	…	…	…	…	…	…
30～34	…	…	…	…	…	…	…	…	…	…
35～39	…	…	…	…	…	…	…	…	…	…
40～44	…	…	…	…	…	…	…	…	…	…
45～49	…	…	…	…	…	…	…	…	…	…
50～54	…	…	…	…	…	…	…	…	…	…
55～59	…	…	…	…	…	…	…	…	…	…
60～64	…	…	…	…	…	…	…	…	…	…
65～69	…	…	…	…	…	…	…	…	…	…
70～74	…	…	…	…	…	…	…	…	…	…
75～79	…	…	…	…	…	…	…	…	…	…
80～84	…	…	…	…	…	…	…	…	…	…
85～89	…	…	…	…	…	…	…	…	…	…
90歳～	…	…	…	…	…	…	…	…	…	…
年齢調整死亡率（人口10万対） Age-adjusted death rate (per 100,000 population)	…	…	…	…	…	…	…	…	…	…
女 Female	…	…	…	…	…	…	…	…	…	…
0～4歳 Years	…	…	…	…	…	…	…	…	…	…
5～9	…	…	…	…	…	…	…	…	…	…
10～14	…	…	…	…	…	…	…	…	…	…
15～19	…	…	…	…	…	…	…	…	…	…
20～24	…	…	…	…	…	…	…	…	…	…
25～29	…	…	…	…	…	…	…	…	…	…
30～34	…	…	…	…	…	…	…	…	…	…
35～39	…	…	…	…	…	…	…	…	…	…
40～44	…	…	…	…	…	…	…	…	…	…
45～49	…	…	…	…	…	…	…	…	…	…
50～54	…	…	…	…	…	…	…	…	…	…
55～59	…	…	…	…	…	…	…	…	…	…
60～64	…	…	…	…	…	…	…	…	…	…
65～69	…	…	…	…	…	…	…	…	…	…
70～74	…	…	…	…	…	…	…	…	…	…
75～79	…	…	…	…	…	…	…	…	…	…
80～84	…	…	…	…	…	…	…	…	…	…
85～89	…	…	…	…	…	…	…	…	…	…
90歳～	…	…	…	…	…	…	…	…	…	…
年齢調整死亡率（人口10万対） Age-adjusted death rate (per 100,000 population)	…	…	…	…	…	…	…	…	…	…

Notes: 1) The categories of "80 - 84" in 1951 - 1954 represent the population aged 80 or over, and those of "85 - 89" in 1956 - 1959, 1961 - 1964, 1966 - 1969, 1971 - 1974, and 1976 - 1979 represent the population aged 85 or over.
2) The base population for age-adjusted death rates is the model population of 1985.
3) The figures for 1967 and earlier are not indicated in the table, due to the absence of categories.

第4表　心疾患死亡数・粗死亡率（人口10万対）・年齢調整死亡率
Statistics 4　Numbers of deaths, crude death rates (per 100,000 population), and (large categories), sex and age group (by 5-year age scale): From 1950

急性心筋梗塞　Acute myocardial infarction
死亡数　Number of deaths

性・年齢階級 Sex/age group	昭和35年 1960	36年 1961	37年 1962	38年 1963	39年 1964	40年 1965	41年 1966	42年 1967	43年 1968	44年 1969
総数　Total	…	…	…	…	…	…	…	…	19 716	20 696
0～4歳 Years	…	…	…	…	…	…	…	…	3	1
5～9	…	…	…	…	…	…	…	…	2	-
10～14	…	…	…	…	…	…	…	…	1	6
15～19	…	…	…	…	…	…	…	…	21	20
20～24	…	…	…	…	…	…	…	…	40	54
25～29	…	…	…	…	…	…	…	…	77	76
30～34	…	…	…	…	…	…	…	…	156	149
35～39	…	…	…	…	…	…	…	…	285	284
40～44	…	…	…	…	…	…	…	…	417	444
45～49	…	…	…	…	…	…	…	…	625	601
50～54	…	…	…	…	…	…	…	…	977	962
55～59	…	…	…	…	…	…	…	…	1 747	1 795
60～64	…	…	…	…	…	…	…	…	2 467	2 549
65～69	…	…	…	…	…	…	…	…	3 234	3 416
70～74	…	…	…	…	…	…	…	…	3 346	3 714
75～79	…	…	…	…	…	…	…	…	3 118	3 193
80～84	…	…	…	…	…	…	…	…	1 959	2 156
85～89	…	…	…	…	…	…	…	…	931	1 015
90歳～	…	…	…	…	…	…	…	…	300	258
不詳　Not Stated	…	…	…	…	…	…	…	…	10	3
男　Male	…	…	…	…	…	…	…	…	11 848	12 463
0～4歳 Years	…	…	…	…	…	…	…	…	2	-
5～9	…	…	…	…	…	…	…	…	2	-
10～14	…	…	…	…	…	…	…	…	-	5
15～19	…	…	…	…	…	…	…	…	14	12
20～24	…	…	…	…	…	…	…	…	28	36
25～29	…	…	…	…	…	…	…	…	52	56
30～34	…	…	…	…	…	…	…	…	126	106
35～39	…	…	…	…	…	…	…	…	224	220
40～44	…	…	…	…	…	…	…	…	316	339
45～49	…	…	…	…	…	…	…	…	453	433
50～54	…	…	…	…	…	…	…	…	672	664
55～59	…	…	…	…	…	…	…	…	1 188	1 256
60～64	…	…	…	…	…	…	…	…	1 701	1 709
65～69	…	…	…	…	…	…	…	…	2 054	2 203
70～74	…	…	…	…	…	…	…	…	1 981	2 226
75～79	…	…	…	…	…	…	…	…	1 685	1 717
80～84	…	…	…	…	…	…	…	…	896	1 024
85～89	…	…	…	…	…	…	…	…	364	371
90歳～	…	…	…	…	…	…	…	…	84	83
不詳　Not Stated	…	…	…	…	…	…	…	…	6	3
女　Female	…	…	…	…	…	…	…	…	7 868	8 233
0～4歳 Years	…	…	…	…	…	…	…	…	1	1
5～9	…	…	…	…	…	…	…	…	-	-
10～14	…	…	…	…	…	…	…	…	1	1
15～19	…	…	…	…	…	…	…	…	7	8
20～24	…	…	…	…	…	…	…	…	12	18
25～29	…	…	…	…	…	…	…	…	25	20
30～34	…	…	…	…	…	…	…	…	30	43
35～39	…	…	…	…	…	…	…	…	61	64
40～44	…	…	…	…	…	…	…	…	101	105
45～49	…	…	…	…	…	…	…	…	172	168
50～54	…	…	…	…	…	…	…	…	305	298
55～59	…	…	…	…	…	…	…	…	559	539
60～64	…	…	…	…	…	…	…	…	766	840
65～69	…	…	…	…	…	…	…	…	1 180	1 213
70～74	…	…	…	…	…	…	…	…	1 365	1 488
75～79	…	…	…	…	…	…	…	…	1 433	1 476
80～84	…	…	…	…	…	…	…	…	1 063	1 132
85～89	…	…	…	…	…	…	…	…	567	644
90歳～	…	…	…	…	…	…	…	…	216	175
不詳　Not Stated	…	…	…	…	…	…	…	…	4	-

注：1）昭和26～29年の「80～84」は、「80歳以上」、昭和31～34年、36～39年、41～44年、46～49年、51～54年の「85～89歳」は「85歳以上」である。
　　2）年齢調整死亡率の基準人口は、昭和60年モデル人口である。
　　3）昭和42年以前は分類項目がないため表章していない。

（人口10万対），病類（簡単分類）・性・年齢（5歳階級）別　－昭和25年～平成16年－
age-adjusted death rates (per 100,000 population) from heart diseases, by disease type
to 2004

粗死亡率（人口10万対）　Crude death rates (per 100,000 population)

性・年齢階級 Sex/age group	昭和35年 1960	36年 1961	37年 1962	38年 1963	39年 1964	40年 1965	41年 1966	42年 1967	43年 1968	44年 1969
総数 Total	…	…	…	…	…	…	…	…	19.6	20.3
0～4歳 Years	…	…	…	…	…	…	…	…	0.0	0.0
5～9	…	…	…	…	…	…	…	…	0.0	-
10～14	…	…	…	…	…	…	…	…	0.0	0.1
15～19	…	…	…	…	…	…	…	…	0.2	0.2
20～24	…	…	…	…	…	…	…	…	0.4	0.5
25～29	…	…	…	…	…	…	…	…	0.9	0.8
30～34	…	…	…	…	…	…	…	…	1.9	1.8
35～39	…	…	…	…	…	…	…	…	3.6	3.5
40～44	…	…	…	…	…	…	…	…	6.0	6.2
45～49	…	…	…	…	…	…	…	…	11.8	10.7
50～54	…	…	…	…	…	…	…	…	20.8	20.8
55～59	…	…	…	…	…	…	…	…	40.6	40.9
60～64	…	…	…	…	…	…	…	…	71.1	70.8
65～69	…	…	…	…	…	…	…	…	113.1	116.7
70～74	…	…	…	…	…	…	…	…	169.5	182.8
75～79	…	…	…	…	…	…	…	…	262.5	261.9
80～84	…	…	…	…	…	…	…	…	339.5	349.4
85～89	…	…	…	…	…	…	…	…	436.5	434.5
90歳～	…	…	…	…	…	…	…	…	…	…
男 Male	…	…	…	…	…	…	…	…	23.9	24.9
0～4歳 Years	…	…	…	…	…	…	…	…	0.0	-
5～9	…	…	…	…	…	…	…	…	0.1	-
10～14	…	…	…	…	…	…	…	…	-	0.1
15～19	…	…	…	…	…	…	…	…	0.3	0.2
20～24	…	…	…	…	…	…	…	…	0.6	0.7
25～29	…	…	…	…	…	…	…	…	1.2	1.2
30～34	…	…	…	…	…	…	…	…	3.0	2.6
35～39	…	…	…	…	…	…	…	…	5.6	5.5
40～44	…	…	…	…	…	…	…	…	9.3	9.5
45～49	…	…	…	…	…	…	…	…	19.5	17.4
50～54	…	…	…	…	…	…	…	…	31.4	31.7
55～59	…	…	…	…	…	…	…	…	59.1	61.7
60～64	…	…	…	…	…	…	…	…	102.1	99.8
65～69	…	…	…	…	…	…	…	…	152.0	159.6
70～74	…	…	…	…	…	…	…	…	221.8	242.0
75～79	…	…	…	…	…	…	…	…	341.1	337.3
80～84	…	…	…	…	…	…	…	…	424.6	449.1
85～89	…	…	…	…	…	…	…	…	539.8	527.9
90歳～	…	…	…	…	…	…	…	…	…	…
年齢調整死亡率（人口10万対） Age-adjusted death rate (per 100,000 population)	…	…	…	…	…	…	…	…	40.4	41.3
女 Female	…	…	…	…	…	…	…	…	15.3	15.9
0～4歳 Years	…	…	…	…	…	…	…	…	0.0	0.0
5～9	…	…	…	…	…	…	…	…	-	-
10～14	…	…	…	…	…	…	…	…	0.0	0.0
15～19	…	…	…	…	…	…	…	…	0.1	0.2
20～24	…	…	…	…	…	…	…	…	0.3	0.4
25～29	…	…	…	…	…	…	…	…	0.6	0.4
30～34	…	…	…	…	…	…	…	…	0.7	1.0
35～39	…	…	…	…	…	…	…	…	1.5	1.6
40～44	…	…	…	…	…	…	…	…	2.9	2.9
45～49	…	…	…	…	…	…	…	…	5.8	5.4
50～54	…	…	…	…	…	…	…	…	12.0	11.8
55～59	…	…	…	…	…	…	…	…	24.3	22.9
60～64	…	…	…	…	…	…	…	…	42.4	44.5
65～69	…	…	…	…	…	…	…	…	78.2	78.4
70～74	…	…	…	…	…	…	…	…	126.3	133.8
75～79	…	…	…	…	…	…	…	…	206.5	207.9
80～84	…	…	…	…	…	…	…	…	291.2	291.0
85～89	…	…	…	…	…	…	…	…	393.5	397.6
90歳～	…	…	…	…	…	…	…	…	…	…
年齢調整死亡率（人口10万対） Age-adjusted death rate (per 100,000 population)	…	…	…	…	…	…	…	…	21.7	22.0

Notes: 1) The categories of "80 - 84" in 1951 - 1954 represent the population aged 80 or over, and those of "85 - 89" in 1956 - 1959, 1961 - 1964, 1966 - 1969, 1971 - 1974, and 1976 - 1979 represent the population aged 85 or over.
2) The base population for age-adjusted death rates is the model population of 1985.
3) The figures for 1967 and earlier are not indicated in the table, due to the absence of categories.

第4表　心疾患死亡数・粗死亡率（人口10万対）・年齢調整死亡率
Statistics 4　Numbers of deaths, crude death rates (per 100,000 population), and (large categories), sex and age group (by 5-year age scale): From 1950

急性心筋梗塞　Acute myocardial infarction
死亡数　Number of deaths

性・年齢階級 Sex/age group	昭和45年 1970	46年 1971	47年 1972	48年 1973	49年 1974	50年 1975	51年 1976	52年 1977	53年 1978	54年 1979
総数　Total	21 714	21 569	21 839	23 875	24 416	23 827	24 608	25 551	25 768	26 556
0〜4歳 Years	1	1	3	2	1	2	1	2	5	-
5〜9	-	2	2	2	1	1	1	-	-	2
10〜14	4	4	3	1	4	3	5	2	-	-
15〜19	16	15	17	14	15	7	10	12	6	12
20〜24	35	44	40	39	41	45	18	31	18	18
25〜29	85	75	76	81	76	52	72	49	64	61
30〜34	132	155	156	144	141	123	125	112	118	131
35〜39	318	293	297	289	308	245	220	200	203	189
40〜44	531	526	499	482	544	494	471	465	463	421
45〜49	647	647	776	801	859	810	845	887	824	855
50〜54	1 072	966	975	1 040	1 057	1 047	1 120	1 231	1 247	1 389
55〜59	1 794	1 710	1 677	1 713	1 649	1 535	1 538	1 595	1 606	1 621
60〜64	2 693	2 742	2 679	2 796	2 746	2 579	2 709	2 680	2 689	2 646
65〜69	3 595	3 480	3 324	3 781	3 831	3 693	3 839	4 029	3 886	3 939
70〜74	3 872	3 879	4 042	4 457	4 494	4 332	4 471	4 589	4 547	4 756
75〜79	3 324	3 379	3 460	3 892	4 162	4 134	4 297	4 621	4 770	4 927
80〜84	2 262	2 278	2 326	2 688	2 722	2 955	3 017	3 144	3 314	3 622
85〜89	1 042	1 022	1 133	1 207	1 334	1 314	1 442	1 440	1 529	1 495
90歳〜	290	348	351	442	429	456	404	460	477	468
不詳 Not Stated	1	3	3	4	2	-	3	2	2	4
男　Male	12 984	12 981	13 050	14 116	14 488	14 051	14 573	15 156	15 393	15 845
0〜4歳 Years	1	-	3	2	1	1	1	1	4	-
5〜9	-	2	2	1	1	1	-	-	-	2
10〜14	3	3	3	1	2	1	3	1	-	-
15〜19	10	9	12	9	11	4	9	9	6	9
20〜24	28	39	31	28	31	33	17	24	13	16
25〜29	67	59	50	61	58	45	55	39	50	40
30〜34	98	123	116	117	110	98	105	88	95	107
35〜39	251	234	240	234	245	192	183	160	156	163
40〜44	421	410	400	372	439	400	384	378	379	345
45〜49	459	468	570	593	643	606	675	707	670	686
50〜54	713	675	690	722	741	741	857	931	987	1 107
55〜59	1 235	1 188	1 154	1 180	1 149	1 097	1 091	1 109	1 148	1 147
60〜64	1 796	1 814	1 774	1 827	1 820	1 717	1 769	1 796	1 857	1 782
65〜69	2 279	2 214	2 072	2 391	2 432	2 373	2 331	2 518	2 458	2 536
70〜74	2 287	2 283	2 377	2 584	2 574	2 556	2 589	2 657	2 628	2 740
75〜79	1 739	1 846	1 884	2 085	2 238	2 183	2 322	2 450	2 503	2 646
80〜84	1 079	1 075	1 112	1 285	1 307	1 294	1 437	1 533	1 607	1 713
85〜89	430	422	444	469	542	550	614	584	682	641
90歳〜	87	114	114	151	142	159	128	169	148	161
不詳 Not Stated	1	3	2	4	2	-	3	2	2	4
女　Female	8 730	8 588	8 789	9 759	9 928	9 776	10 035	10 395	10 375	10 711
0〜4歳 Years	-	1	-	-	-	1	-	1	1	-
5〜9	-	-	-	1	-	-	1	-	-	-
10〜14	1	1	-	-	2	2	2	1	-	-
15〜19	6	6	5	5	4	3	1	3	-	3
20〜24	7	5	9	11	10	12	1	7	5	2
25〜29	18	16	26	20	18	7	17	10	14	21
30〜34	34	32	40	27	31	25	20	24	23	24
35〜39	67	59	57	55	63	53	37	40	47	26
40〜44	110	116	99	110	105	94	87	87	84	76
45〜49	188	179	206	208	216	204	170	180	154	169
50〜54	359	291	285	318	316	306	263	300	260	282
55〜59	559	522	523	533	500	438	447	486	458	474
60〜64	897	928	905	969	926	862	940	884	832	864
65〜69	1 316	1 266	1 252	1 390	1 399	1 320	1 508	1 511	1 428	1 403
70〜74	1 585	1 596	1 665	1 873	1 920	1 776	1 882	1 932	1 919	2 016
75〜79	1 585	1 533	1 576	1 807	1 924	1 951	1 975	2 171	2 267	2 281
80〜84	1 183	1 203	1 214	1 403	1 415	1 661	1 580	1 611	1 707	1 909
85〜89	612	600	689	738	792	764	828	856	847	854
90歳〜	203	234	237	291	287	297	276	291	329	307
不詳 Not Stated	-	-	1	-	-	-	-	-	-	-

注：1) 昭和26〜29年の「80〜84」は、「80歳以上」、昭和31〜34年、36〜39年、41〜44年、46〜49年、51〜54年の「85〜89歳」は「85歳以上」である。
　　2) 年齢調整死亡率の基準人口は、昭和60年モデル人口である。
　　3) 昭和42年以前は分類項目がないため表章していない。

（人口10万対），病類（簡単分類）・性・年齢（5歳階級）別 －昭和25年～平成16年－
age-adjusted death rates (per 100,000 population) from heart diseases, by disease type
to 2004

粗死亡率（人口10万対） Crude death rates (per 100,000 population)

性・年齢階級 Sex/age group	昭和45年 1970	46年 1971	47年 1972	48年 1973	49年 1974	50年 1975	51年 1976	52年 1977	53年 1978	54年 1979
総数 Total	21.1	20.7	20.7	22.1	22.3	21.4	21.9	22.5	22.5	23.0
0～4歳 Years	0.0	0.0	0.0	0.0	0.0	0.0	0.0	0.0	0.1	-
5～9	-	0.0	0.0	0.0	0.0	0.0	0.0	0.0	-	0.0
10～14	0.1	0.1	0.0	0.0	0.0	0.0	0.1	0.0	-	-
15～19	0.2	0.2	0.2	0.2	0.2	0.1	0.1	0.2	0.1	0.1
20～24	0.3	0.4	0.4	0.4	0.4	0.5	0.2	0.4	0.2	0.2
25～29	0.9	0.9	0.9	0.9	0.8	0.5	0.6	0.5	0.6	0.6
30～34	1.6	1.8	1.8	1.6	1.5	1.3	1.4	1.2	1.2	1.3
35～39	3.9	3.5	3.6	3.4	3.7	2.9	2.6	2.3	2.3	2.0
40～44	7.3	7.1	6.5	6.1	6.8	6.0	5.7	5.5	5.5	5.1
45～49	11.1	10.5	11.9	11.7	12.1	11.1	11.3	11.5	10.5	10.8
50～54	22.4	19.9	19.6	19.9	19.1	18.2	18.2	19.1	18.5	19.8
55～59	40.8	38.4	37.6	38.0	36.8	33.0	32.8	32.8	31.7	30.2
60～64	72.6	70.9	67.2	68.3	66.0	60.5	62.7	61.7	61.9	61.5
65～69	120.9	117.6	109.3	120.5	117.1	107.5	106.0	108.7	102.1	101.0
70～74	182.0	173.9	173.4	183.1	180.0	168.7	175.5	172.4	165.8	165.4
75～79	262.6	249.2	248.2	262.1	270.6	252.6	250.0	254.2	251.1	250.1
80～84	348.8	336.5	331.8	366.7	359.6	366.0	352.9	344.7	339.2	351.7
85～89	454.4	439.1	460.9	476.6	479.1	425.9	447.0	440.8	436.1	394.2
90歳～	440.9	…	…	…	…	559.0	…	…	…	…
男 Male	25.7	25.3	25.2	26.6	27.0	25.7	26.3	27.1	27.3	27.9
0～4歳 Years	0.0	-	0.1	0.0	0.0	0.0	0.0	0.0	0.1	-
5～9	-	0.0	0.0	0.0	0.0	0.0	-	-	-	0.0
10～14	0.1	0.1	0.1	0.0	0.0	0.0	0.1	0.0	-	-
15～19	0.2	0.2	0.3	0.2	0.3	0.1	0.2	0.2	0.1	0.2
20～24	0.5	0.7	0.6	0.5	0.7	0.7	0.4	0.6	0.3	0.4
25～29	1.5	1.4	1.1	1.3	1.2	0.8	1.0	0.7	1.0	0.8
30～34	2.4	2.9	2.7	2.7	2.4	2.1	2.4	1.9	2.0	2.1
35～39	6.1	5.6	5.8	5.6	5.9	4.6	4.3	3.7	3.5	3.5
40～44	11.5	11.0	10.4	9.4	10.9	9.7	9.2	9.0	9.1	8.3
45～49	17.3	16.3	18.4	17.8	18.5	16.7	18.1	18.4	17.1	17.3
50～54	33.3	31.6	31.6	31.6	30.3	28.5	30.1	30.5	30.2	32.2
55～59	60.9	58.3	56.8	57.9	57.2	53.3	53.2	52.6	52.4	48.8
60～64	102.9	100.9	96.8	97.8	96.3	89.2	91.4	92.5	96.2	94.0
65～69	163.6	159.5	146.4	164.6	162.0	151.8	143.4	152.0	145.4	147.3
70～74	238.6	228.1	227.2	237.3	230.6	223.5	229.5	224.8	216.5	216.9
75～79	327.6	324.4	322.1	335.2	347.0	318.1	319.4	321.5	314.4	320.7
80～84	447.9	423.2	422.8	467.3	457.0	421.3	436.8	440.5	429.7	433.7
85～89	601.9	564.2	569.4	579.4	594.8	545.9	570.8	545.7	560.8	498.1
90歳～	497.9	…	…	…	…	733.8	…	…	…	…
年齢調整死亡率 （人口10万対） Age-adjusted death rate (per 100,000 population)	41.9	40.5	39.8	41.6	41.5	38.7	39.0	39.1	38.4	38.1
女 Female	16.6	16.2	16.3	17.7	17.8	17.3	17.6	18.0	17.8	18.3
0～4歳 Years	-	0.0	-	-	-	0.0	-	0.0	0.0	-
5～9	-	-	-	0.0	-	-	0.0	-	-	-
10～14	0.0	0.0	-	-	0.1	0.0	0.1	0.0	-	-
15～19	0.1	0.1	0.1	0.1	0.1	0.1	0.0	0.1	-	0.1
20～24	0.1	0.1	0.2	0.2	0.2	0.3	0.0	0.2	0.1	0.1
25～29	0.4	0.4	0.6	0.4	0.4	0.1	0.3	0.2	0.3	0.4
30～34	0.8	0.8	0.9	0.6	0.7	0.5	0.5	0.5	0.5	0.5
35～39	1.6	1.4	1.4	1.3	1.5	1.3	0.9	0.9	1.0	0.6
40～44	3.0	3.1	2.6	2.8	2.6	2.3	2.1	2.1	2.0	1.8
45～49	5.9	5.4	6.1	5.9	6.0	5.5	4.5	4.7	3.9	4.3
50～54	13.6	10.7	10.2	10.8	10.2	9.7	8.0	8.9	7.5	7.9
55～59	23.6	21.6	21.5	21.5	20.2	16.9	16.9	17.6	16.0	15.7
60～64	45.7	44.8	42.1	43.6	40.8	36.9	39.4	36.8	34.5	36.0
65～69	83.3	80.6	77.0	82.5	79.0	70.5	75.6	73.7	67.5	64.4
70～74	135.5	129.9	129.6	139.3	139.0	124.7	132.5	130.5	125.4	125.0
75～79	215.6	194.8	194.8	209.6	215.5	205.3	199.1	205.6	205.3	199.2
80～84	290.3	284.4	277.2	306.3	299.8	332.1	301.0	285.6	283.1	300.6
85～89	387.6	384.3	413.4	430.5	426.5	367.7	390.1	390.1	376.9	345.5
90歳～	420.3	…	…	…	…	495.8	…	…	…	…
年齢調整死亡率 （人口10万対） Age-adjusted death rate (per 100,000 population)	22.5	21.3	21.2	22.5	22.1	20.9	20.6	20.5	19.6	19.4

Notes: 1) The categories of "80 - 84" in 1951 - 1954 represent the population aged 80 or over, and those of "85 - 89" in 1956 - 1959, 1961 - 1964, 1966 - 1969, 1971 - 1974, and 1976 - 1979 represent the population aged 85 or over.
2) The base population for age-adjusted death rates is the model population of 1985.
3) The figures for 1967 and earlier are not indicated in the table, due to the absence of categories.

第4表　心疾患死亡数・粗死亡率（人口10万対）・年齢調整死亡率

Statistics 4　Numbers of deaths, crude death rates (per 100,000 population), and (large categories), sex and age group (by 5-year age scale): From 1950

急性心筋梗塞　Acute myocardial infarction

死亡数　Number of deaths

性・年齢階級 Sex/age group	昭和55年 1980	56年 1981	57年 1982	58年 1983	59年 1984	60年 1985	61年 1986	62年 1987	63年 1988	平成元年 1989
総　数　Total	29 393	29 355	29 585	30 893	30 198	30 558	29 876	29 797	31 662	30 446
0～4歳 Years	2	1	6	1	-	2	1	1	1	1
5～9	-	2	2	1	-	2	1	1	1	-
10～14	2	1	4	-	1	1	4	-	-	4
15～19	7	8	6	6	8	7	8	5	2	6
20～24	14	22	14	15	17	30	12	14	12	13
25～29	51	43	34	43	35	28	27	33	22	35
30～34	120	110	107	108	76	73	65	67	55	50
35～39	209	215	210	239	212	192	188	175	174	158
40～44	467	401	392	414	422	364	343	280	345	296
45～49	911	824	853	773	740	653	591	569	570	595
50～54	1 389	1 459	1 349	1 372	1 224	1 253	1 079	1 109	1 095	1 001
55～59	1 850	1 828	1 871	1 939	1 989	1 846	1 793	1 780	1 755	1 632
60～64	2 721	2 576	2 527	2 526	2 535	2 495	2 384	2 423	2 588	2 459
65～69	4 130	3 982	3 900	3 858	3 539	3 513	3 305	3 091	3 218	3 126
70～74	5 352	5 521	5 479	5 506	5 272	5 217	4 924	4 773	4 872	4 461
75～79	5 598	5 505	5 608	5 975	5 881	5 987	6 095	6 037	6 419	6 085
80～84	4 098	4 169	4 488	4 876	4 837	5 117	5 227	5 149	5 671	5 563
85～89	1 890	2 038	2 072	2 455	2 580	2 814	2 809	3 148	3 544	3 545
90歳～	581	648	661	780	825	960	1 017	1 136	1 313	1 412
不　詳　Not Stated	1	2	2	6	5	4	3	6	5	4
男　Male	17 511	17 225	17 354	17 924	17 595	17 656	16 946	16 860	17 805	16 951
0～4歳 Years	1	-	3	1	-	1	-	-	-	-
5～9	-	2	-	1	-	2	1	-	-	-
10～14	2	-	3	-	1	1	3	-	-	3
15～19	5	8	4	4	6	5	5	4	1	4
20～24	8	19	11	7	12	19	8	4	8	12
25～29	41	35	26	35	24	24	19	21	14	25
30～34	99	86	90	84	58	61	53	50	40	41
35～39	171	181	173	193	172	152	155	141	150	128
40～44	372	314	307	334	334	306	283	232	271	239
45～49	719	656	684	614	591	503	474	460	460	475
50～54	1 109	1 168	1 082	1 102	965	996	863	885	868	798
55～59	1 370	1 352	1 412	1 488	1 519	1 437	1 385	1 398	1 400	1 274
60～64	1 854	1 689	1 682	1 644	1 723	1 725	1 640	1 732	1 850	1 765
65～69	2 593	2 472	2 430	2 415	2 156	2 164	2 056	1 882	1 947	1 967
70～74	3 149	3 195	3 217	3 163	3 090	3 006	2 776	2 718	2 770	2 562
75～79	3 047	2 887	3 044	3 222	3 198	3 195	3 219	3 176	3 349	3 155
80～84	1 956	2 019	2 107	2 300	2 325	2 527	2 483	2 439	2 688	2 543
85～89	793	897	821	1 032	1 100	1 155	1 145	1 303	1 527	1 477
90歳～	221	243	256	279	316	373	375	410	457	479
不　詳　Not Stated	1	2	2	6	5	4	3	5	5	4
女　Female	11 882	12 130	12 231	12 969	12 603	12 902	12 930	12 937	13 857	13 495
0～4歳 Years	1	1	3	-	-	1	1	1	1	1
5～9	-	-	2	-	-	-	-	1	1	-
10～14	-	1	1	-	-	-	1	-	-	1
15～19	2	-	2	2	2	2	3	1	1	2
20～24	6	3	3	8	5	11	4	10	4	1
25～29	10	8	8	8	11	4	8	12	8	10
30～34	21	24	17	24	18	12	12	17	15	9
35～39	38	34	37	46	40	40	33	34	24	30
40～44	95	87	85	80	88	58	60	48	74	57
45～49	192	168	169	159	149	150	117	109	110	120
50～54	280	291	267	270	259	257	216	224	227	203
55～59	480	476	459	451	470	409	408	382	355	358
60～64	867	887	845	882	812	770	744	691	738	694
65～69	1 537	1 510	1 470	1 443	1 383	1 349	1 249	1 209	1 271	1 159
70～74	2 203	2 326	2 262	2 343	2 182	2 211	2 148	2 055	2 102	1 899
75～79	2 551	2 618	2 564	2 753	2 683	2 792	2 876	2 861	3 070	2 930
80～84	2 142	2 150	2 381	2 576	2 512	2 590	2 744	2 710	2 983	3 020
85～89	1 097	1 141	1 251	1 423	1 480	1 659	1 664	1 845	2 017	2 068
90歳～	360	405	405	501	509	587	642	726	856	933
不　詳　Not Stated	-	-	-	-	-	-	1	-	-	-

注：1) 昭和26～29年の「80～84」は、「80歳以上」、昭和31～34年、36～39年、41～44年、46～49年、51～54年の「85～89歳」は「85歳以上」である。
　　2) 年齢調整死亡率の基準人口は、昭和60年モデル人口である。
　　3) 昭和42年以前は分類項目がないため表章していない。

（人口10万対），病類（簡単分類）・性・年齢（5歳階級）別 －昭和25年～平成16年－
age-adjusted death rates (per 100,000 population) from heart diseases, by disease type to 2004

粗死亡率（人口10万対）　Crude death rates (per 100,000 population)

性・年齢階級 Sex/age group	昭和55年 1980	56年 1981	57年 1982	58年 1983	59年 1984	60年 1985	61年 1986	62年 1987	63年 1988	平成元年 1989
総 数 Total	25.3	25.0	25.1	26.0	25.3	25.4	24.7	24.5	25.9	24.9
0～4歳 Years	0.0	0.0	0.1	0.0	-	0.0	0.0	0.0	0.0	0.0
5～9	-	0.0	0.0	0.0	-	0.0	0.0	0.0	0.0	-
10～14	0.0	0.0	0.0	-	0.0	0.0	0.0	-	-	0.0
15～19	0.1	0.1	0.1	0.1	0.1	0.1	0.1	0.1	0.0	0.1
20～24	0.2	0.3	0.2	0.2	0.2	0.4	0.1	0.2	0.1	0.1
25～29	0.6	0.5	0.4	0.5	0.4	0.4	0.4	0.4	0.3	0.4
30～34	1.1	1.0	1.0	1.1	0.8	0.8	0.8	0.8	0.7	0.6
35～39	2.3	2.5	2.3	2.5	2.1	1.8	1.7	1.6	1.7	1.7
40～44	5.6	4.7	4.5	4.7	4.5	4.0	4.0	3.1	3.6	3.0
45～49	11.3	10.1	10.3	9.4	9.1	8.0	7.1	6.6	6.5	6.5
50～54	19.4	19.8	17.9	17.9	15.7	15.9	13.4	13.7	13.5	12.5
55～59	33.1	30.9	30.0	29.6	29.2	26.5	25.1	24.4	23.5	21.6
60～64	61.2	57.0	54.2	52.0	49.2	46.4	41.8	40.3	41.1	37.6
65～69	104.6	99.2	96.5	95.2	88.1	84.2	77.6	70.2	70.1	64.1
70～74	177.7	174.2	167.2	163.0	151.8	147.0	136.0	130.6	132.6	122.3
75～79	275.7	268.4	262.4	269.3	251.0	240.9	231.7	220.3	225.9	207.1
80～84	375.6	357.9	361.6	371.6	353.8	358.0	359.0	334.1	350.7	322.5
85～89	461.8	461.1	434.4	474.9	469.1	467.2	430.2	444.6	468.2	444.8
90歳～	487.8	514.3	475.5	516.6	497.0	529.2	508.5	509.4	531.6	524.9
男 Male	30.6	29.9	29.9	30.7	29.9	29.9	28.5	28.2	29.7	28.2
0～4歳 Years	0.0	-	0.1	0.0	-	0.0	0.0	-	-	-
5～9	-	0.0	-	0.0	-	0.0	0.0	-	-	-
10～14	0.0	-	0.1	-	0.0	0.0	0.1	0.1	-	0.1
15～19	0.1	0.2	0.1	0.1	0.1	0.1	0.1	0.1	0.0	0.1
20～24	0.2	0.5	0.3	0.2	0.3	0.5	0.2	0.1	0.2	0.3
25～29	0.9	0.8	0.6	0.9	0.6	0.6	0.5	0.5	0.4	0.6
30～34	1.8	1.5	1.6	1.6	1.2	1.3	1.2	1.2	1.0	1.0
35～39	3.7	4.2	3.8	4.0	3.4	2.8	2.7	2.6	2.9	2.7
40～44	9.0	7.4	7.1	7.5	7.2	6.8	6.6	5.2	5.7	4.8
45～49	17.9	16.1	16.6	14.9	14.6	12.4	11.4	10.8	10.5	10.4
50～54	31.4	32.1	29.0	29.0	25.0	25.5	21.7	22.1	21.6	20.1
55～59	54.9	49.8	48.1	47.4	46.1	42.3	39.7	39.1	38.3	34.4
60～64	95.9	86.9	84.6	79.5	77.6	72.9	63.7	62.3	62.3	56.5
65～69	149.5	140.6	138.1	137.7	124.9	122.2	115.1	102.8	102.2	96.0
70～74	240.0	233.6	229.1	220.1	209.9	200.9	182.4	177.6	181.2	170.0
75～79	360.2	338.1	342.8	350.6	332.1	315.2	302.8	288.7	295.6	269.9
80～84	469.4	453.7	445.5	460.0	448.0	467.4	451.5	419.8	442.1	395.5
85～89	572.6	598.0	506.8	586.4	591.4	569.3	522.8	549.8	603.6	557.4
90歳～	666.4	694.3	656.4	648.8	672.3	709.5	657.9	640.6	652.9	630.3
年齢調整死亡率 （人口10万対） Age-adjusted death rate (per 100,000 population)	41.1	39.3	38.1	38.2	36.4	35.3	32.8	31.4	32.1	29.6
女 Female	20.1	20.4	20.4	21.5	20.8	21.1	21.0	20.9	22.3	21.7
0～4歳 Years	0.0	0.0	0.1	-	-	0.0	0.0	0.0	0.0	0.0
5～9	-	-	0.0	-	-	-	-	0.0	0.0	-
10～14	-	0.0	-	-	-	-	-	-	-	-
15～19	0.0	-	0.0	0.0	0.0	0.0	0.1	0.0	0.0	0.0
20～24	0.2	0.1	0.1	0.2	0.1	0.3	0.1	0.2	0.1	0.0
25～29	0.2	0.2	0.2	0.2	0.3	0.1	0.2	0.3	0.2	0.3
30～34	0.4	0.4	0.3	0.5	0.4	0.3	0.3	0.4	0.4	0.2
35～39	0.8	0.8	0.8	1.0	0.8	0.8	0.6	0.6	0.5	0.6
40～44	2.3	2.1	2.0	1.8	1.9	1.3	1.4	1.1	1.6	1.1
45～49	4.8	4.1	4.1	3.8	3.6	3.6	2.8	2.5	2.5	2.6
50～54	7.7	7.8	7.0	7.0	6.6	6.4	5.3	5.5	5.5	5.0
55～59	15.5	14.9	13.9	13.2	13.4	11.4	11.2	10.2	9.3	9.3
60～64	34.5	34.4	31.6	31.6	27.7	25.6	23.8	21.4	22.2	20.3
65～69	69.4	66.9	64.5	62.8	60.4	56.1	50.5	47.0	47.3	41.0
70～74	129.6	129.1	120.8	120.8	109.2	107.7	102.3	96.8	98.0	88.7
75～79	215.3	218.7	205.3	211.8	194.4	189.7	183.5	174.3	179.7	165.5
80～84	317.6	298.6	310.0	317.2	296.6	291.5	302.9	282.3	295.6	279.1
85～89	405.1	389.4	397.1	416.1	406.6	415.4	383.4	391.7	400.2	388.7
90歳～	418.8	445.1	405.0	459.6	431.4	455.6	452.1	456.6	483.6	483.4
年齢調整死亡率 （人口10万対） Age-adjusted death rate (per 100,000 population)	20.7	20.3	19.5	19.8	18.5	17.9	17.2	16.3	16.7	15.6

Notes: 1) The categories of "80 - 84" in 1951 - 1954 represent the population aged 80 or over, and those of "85 - 89" in 1956 - 1959, 1961 - 1964, 1966 - 1969, 1971 - 1974, and 1976 - 1979 represent the population aged 85 or over.
2) The base population for age-adjusted death rates is the model population of 1985.
3) The figures for 1967 and earlier are not indicated in the table, due to the absence of categories.

第4表　心疾患死亡数・粗死亡率（人口10万対）・年齢調整死亡率
Statistics 4　Numbers of deaths, crude death rates (per 100,000 population), and (large categories), sex and age group (by 5-year age scale): From 1950

急性心筋梗塞　Acute myocardial infarction
死亡数　Number of deaths

性・年齢階級 Sex/age group	平成2年 1990	3年 1991	4年 1992	5年 1993	6年 1994	7年 1995	8年 1996	9年 1997	10年 1998	11年 1999
総数　Total	31 933	31 866	31 355	32 545	39 872	52 533	49 130	49 231	48 476	49 295
0～4歳 Years	1	2	-	1	-	1	1	3	1	3
5～9	2	1	-	1	-	1	-	-	-	-
10～14	1	2	-	2	2	2	-	2	3	1
15～19	5	4	4	7	5	11	11	10	9	6
20～24	14	10	21	12	24	17	22	26	29	19
25～29	22	34	36	31	41	52	45	54	45	56
30～34	68	59	60	56	73	105	124	83	105	105
35～39	128	125	134	103	146	214	182	195	199	203
40～44	329	360	351	335	423	507	431	419	383	402
45～49	603	582	538	589	759	1 038	1 073	1 034	1 005	907
50～54	920	885	851	909	1 164	1 441	1 407	1 403	1 400	1 461
55～59	1 639	1 736	1 529	1 567	1 750	2 178	2 008	2 100	2 071	2 140
60～64	2 707	2 591	2 424	2 486	2 965	3 687	3 391	3 288	3 048	3 072
65～69	3 164	3 231	3 310	3 461	4 147	5 134	4 884	4 876	4 848	4 776
70～74	4 470	4 264	4 021	4 285	5 083	6 446	6 308	6 281	6 198	6 344
75～79	6 240	6 219	5 734	5 890	6 727	8 467	7 672	7 597	7 362	7 536
80～84	6 063	6 214	6 348	6 394	7 949	10 452	9 567	9 139	9 031	8 793
85～89	3 899	3 806	4 097	4 239	5 668	8 236	7 774	8 064	7 918	8 267
90歳～	1 651	1 733	1 891	2 173	2 941	4 536	4 218	4 641	4 814	5 192
不詳 Not Stated	7	8	6	4	5	8	12	16	7	12
男　Male	17 883	17 705	17 372	18 039	21 958	28 401	26 678	26 772	26 533	26 646
0～4歳 Years	-	-	-	1	-	-	1	-	1	1
5～9	1	-	-	1	-	1	-	-	-	-
10～14	1	1	-	2	2	2	-	1	3	1
15～19	2	1	4	3	4	7	11	8	7	5
20～24	12	5	13	7	19	15	18	21	25	18
25～29	14	25	22	24	36	46	39	44	37	47
30～34	50	55	48	45	61	81	97	68	84	87
35～39	104	100	106	89	117	173	146	160	166	177
40～44	263	301	287	263	336	402	356	333	317	326
45～49	499	468	447	473	612	822	867	828	829	731
50～54	734	700	673	730	937	1 150	1 129	1 140	1 126	1 206
55～59	1 281	1 369	1 225	1 260	1 359	1 681	1 590	1 687	1 656	1 687
60～64	1 999	1 920	1 811	1 896	2 239	2 711	2 489	2 490	2 303	2 343
65～69	2 001	2 106	2 231	2 347	2 814	3 541	3 461	3 427	3 449	3 377
70～74	2 589	2 426	2 282	2 464	2 982	3 737	3 780	3 846	3 961	4 028
75～79	3 269	3 215	3 005	3 057	3 488	4 405	3 909	3 904	3 748	3 856
80～84	2 873	2 854	2 896	2 909	3 646	4 796	4 369	4 141	4 128	3 997
85～89	1 622	1 518	1 694	1 708	2 277	3 311	3 030	3 153	3 157	3 129
90歳～	562	633	624	757	1 025	1 513	1 375	1 507	1 532	1 622
不詳 Not Stated	7	8	4	3	4	7	11	14	4	8
女　Female	14 050	14 161	13 983	14 506	17 914	24 132	22 452	22 459	21 943	22 649
0～4歳 Years	1	2	-	-	-	1	-	3	-	2
5～9	1	1	-	-	-	-	-	-	-	-
10～14	-	1	-	-	-	-	-	1	-	-
15～19	3	3	-	4	1	4	-	2	2	1
20～24	2	5	8	5	5	2	4	5	4	1
25～29	8	9	14	7	5	6	6	10	8	9
30～34	18	4	12	11	12	24	27	15	21	18
35～39	24	25	28	14	29	41	36	35	33	26
40～44	66	59	64	72	87	105	75	86	66	76
45～49	104	114	91	116	147	216	206	206	176	176
50～54	186	185	178	179	227	291	278	263	274	255
55～59	358	367	304	307	391	497	418	413	415	453
60～64	708	671	613	590	726	976	902	798	745	729
65～69	1 163	1 125	1 079	1 114	1 333	1 593	1 423	1 449	1 399	1 399
70～74	1 881	1 838	1 739	1 821	2 101	2 709	2 528	2 435	2 237	2 316
75～79	2 971	3 004	2 729	2 833	3 239	4 062	3 763	3 693	3 614	3 680
80～84	3 190	3 360	3 452	3 485	4 303	5 656	5 198	4 998	4 903	4 796
85～89	2 277	2 288	2 403	2 531	3 391	4 925	4 744	4 911	4 761	5 138
90歳～	1 089	1 100	1 267	1 416	1 916	3 023	2 843	3 134	3 282	3 570
不詳 Not Stated	-	-	2	1	1	1	1	2	3	4

注：1）昭和26～29年の「80～84」は、「80歳以上」、昭和31～34年、36～39年、41～44年、46～49年、51～54年の「85～89歳」は「85歳以上」である。
2）年齢調整死亡率の基準人口は、昭和60年モデル人口である。
3）昭和42年以前は分類項目がないため表章していない。

(人口10万対), 病類（簡単分類）・性・年齢（5歳階級）別 －昭和25年～平成16年－
age-adjusted death rates (per 100,000 population) from heart diseases, by disease type
to 2004

粗死亡率（人口10万対）　Crude death rates (per 100,000 population)

性・年齢階級 Sex/age group	平成2年 1990	3年 1991	4年 1992	5年 1993	6年 1994	7年 1995	8年 1996	9年 1997	10年 1998	11年 1999
総数 Total	26.0	25.9	25.4	26.3	32.1	42.3	39.4	39.4	38.7	39.3
0～4歳 Years	0.0	0.0	-	0.0	-	0.0	0.0	0.1	0.0	0.1
5～9	0.0	0.0	-	0.0	-	0.0	-	-	-	-
10～14	0.0	0.0	-	0.0	0.0	0.0	-	0.0	0.0	0.0
15～19	0.1	0.0	0.0	0.1	0.1	0.1	0.1	0.1	0.1	0.1
20～24	0.2	0.1	0.2	0.1	0.2	0.2	0.2	0.3	0.3	0.2
25～29	0.3	0.4	0.4	0.4	0.5	0.6	0.5	0.6	0.5	0.6
30～34	0.9	0.8	0.8	0.7	0.9	1.3	1.6	1.0	1.3	1.2
35～39	1.4	1.5	1.6	1.3	1.9	2.8	2.4	2.5	2.6	2.6
40～44	3.1	3.2	3.3	3.3	4.5	5.7	5.1	5.2	4.9	5.2
45～49	6.7	6.8	6.0	6.2	7.7	9.8	9.7	9.7	9.9	9.7
50～54	11.4	10.8	10.1	10.5	12.9	16.3	16.7	16.0	15.0	14.9
55～59	21.2	22.1	19.3	19.8	22.4	27.5	24.9	25.4	24.4	24.2
60～64	40.2	37.6	34.3	34.5	40.6	49.5	44.7	42.9	39.7	40.4
65～69	62.2	59.8	58.1	58.0	66.8	80.6	74.8	72.9	70.9	68.9
70～74	117.3	109.5	99.7	101.8	113.7	137.9	126.8	119.8	112.8	110.9
75～79	207.0	201.2	183.5	187.0	214.6	258.4	227.7	216.6	200.3	192.7
80～84	331.0	318.2	309.4	298.1	355.2	455.7	403.2	378.0	366.8	357.4
85～89	468.1	444.6	447.3	435.2	538.3	726.2	633.1	616.5	570.5	565.5
90歳～	570.7	538.2	532.7	558.6	703.6	1026.1	891.8	884.0	827.1	815.1
男 Male	29.7	29.3	28.7	29.7	36.1	46.6	43.7	43.7	43.3	43.4
0～4歳 Years	-	-	-	0.0	-	-	0.0	-	0.0	0.0
5～9	0.0	-	-	0.0	-	0.0	-	-	-	-
10～14	0.0	0.0	-	0.1	0.1	0.1	-	0.0	0.1	0.0
15～19	0.0	0.0	0.1	0.1	0.1	0.2	0.3	0.2	0.2	0.1
20～24	0.3	0.1	0.3	0.1	0.4	0.3	0.4	0.4	0.5	0.4
25～29	0.3	0.6	0.5	0.6	0.8	1.1	0.8	0.9	0.8	1.0
30～34	1.3	1.4	1.2	1.2	1.6	2.0	2.4	1.7	2.0	2.0
35～39	2.3	2.3	2.6	2.2	3.0	4.4	3.8	4.1	4.3	4.5
40～44	4.9	5.4	5.3	5.2	7.1	9.0	8.3	8.2	8.0	8.3
45～49	11.2	11.0	10.1	10.0	12.3	15.5	15.6	15.4	16.4	15.6
50～54	18.4	17.2	16.1	17.0	21.0	26.2	27.0	26.1	24.3	24.7
55～59	33.9	35.6	31.6	32.5	35.5	43.3	40.1	41.4	39.7	38.8
60～64	61.8	57.8	53.2	54.6	63.6	75.4	67.9	67.2	62.0	63.8
65～69	91.4	88.3	86.7	85.3	97.4	118.5	112.6	108.7	107.1	103.4
70～74	166.3	154.3	141.4	146.6	164.9	193.5	179.2	168.8	162.3	157.0
75～79	273.2	262.9	244.1	247.9	286.4	351.2	306.3	296.9	272.4	259.8
80～84	423.5	398.6	387.7	375.4	451.8	583.7	515.2	481.5	474.5	463.7
85～89	587.9	538.3	564.7	538.8	671.7	917.1	785.0	772.8	734.2	693.8
90歳～	689.9	703.3	643.3	721.0	915.2	1294.2	1117.9	1124.6	1042.2	1033.1
年齢調整死亡率 （人口10万対） Age-adjusted death rate (per 100,000 population)	30.1	28.8	27.3	27.5	32.4	40.5	36.7	35.5	34.0	33.2
女 Female	22.5	22.6	22.2	23.0	28.3	38.1	35.3	35.2	34.3	35.3
0～4歳 Years	0.0	0.1	-	-	-	0.0	-	0.1	-	0.1
5～9	0.0	0.0	-	-	-	-	-	-	-	-
10～14	-	0.0	-	-	-	-	-	0.0	-	-
15～19	0.1	0.1	-	0.1	0.0	0.1	-	0.1	0.1	0.0
20～24	0.0	0.1	0.2	0.1	0.1	0.0	0.1	0.1	0.1	0.0
25～29	0.2	0.2	0.3	0.2	0.1	0.1	0.1	0.2	0.2	0.2
30～34	0.5	0.1	0.3	0.3	0.3	0.6	0.7	0.4	0.5	0.4
35～39	0.5	0.6	0.7	0.4	0.7	1.1	1.0	0.9	0.9	0.7
40～44	1.2	1.1	1.2	1.4	1.9	2.4	1.8	2.1	1.7	2.0
45～49	2.3	2.7	2.0	2.5	3.0	4.1	3.7	3.9	3.5	3.8
50～54	4.6	4.5	4.2	4.1	5.0	6.5	6.5	5.9	5.9	5.2
55～59	9.1	9.2	7.5	7.6	9.8	12.3	10.2	9.8	9.6	10.1
60～64	20.2	18.8	16.8	15.8	19.2	25.4	23.0	20.2	18.8	18.6
65～69	40.1	37.3	34.6	34.6	40.2	47.1	41.2	41.0	38.7	38.2
70～74	83.5	79.2	71.9	72.0	78.9	98.8	88.3	82.2	73.2	73.5
75～79	163.4	160.7	144.1	147.8	169.0	200.9	179.6	168.5	157.1	151.6
80～84	276.6	271.6	264.5	254.4	300.7	384.2	340.6	320.8	308.0	300.1
85～89	408.8	398.6	390.1	385.2	474.9	637.1	564.1	545.7	497.0	508.2
90歳～	523.9	472.1	491.1	500.4	626.1	929.7	812.3	801.5	754.5	743.8
年齢調整死亡率 （人口10万対） Age-adjusted death rate (per 100,000 population)	15.4	14.9	13.9	13.9	16.3	20.8	18.4	17.6	16.4	16.2

Notes: 1) The categories of "80 - 84" in 1951 - 1954 represent the population aged 80 or over, and those of "85 - 89" in 1956 - 1959, 1961 - 1964, 1966 - 1969, 1971 - 1974, and 1976 - 1979 represent the population aged 85 or over.
2) The base population for age-adjusted death rates is the model population of 1985.
3) The figures for 1967 and earlier are not indicated in the table, due to the absence of categories.

第4表 心疾患死亡数・粗死亡率（人口10万対）・年齢調整死亡率
Statistics 4 Numbers of deaths, crude death rates (per 100,000 population), and (large categories), sex and age group (by 5-year age scale): From 1950

急性心筋梗塞　Acute myocardial infarction
死亡数　Number of deaths

性・年齢階級 Sex/age group	平成12年 2000	13年 2001	14年 2002	15年 2003	16年 2004
総数 Total	45 885	46 061	45 675	46 506	44 463
0〜4歳 Years	-	3	1	1	-
5〜9	2	-	1	1	1
10〜14	3	1	-	1	-
15〜19	13	5	5	8	5
20〜24	24	22	19	16	20
25〜29	55	40	44	33	39
30〜34	100	106	99	108	112
35〜39	186	182	205	198	215
40〜44	355	358	372	355	367
45〜49	747	772	661	654	646
50〜54	1 459	1 630	1 558	1 457	1 231
55〜59	1 951	1 907	1 883	1 993	1 867
60〜64	2 775	2 749	2 741	2 674	2 636
65〜69	4 331	4 299	4 052	3 865	3 521
70〜74	5 952	5 917	5 636	5 675	5 297
75〜79	7 127	7 268	7 235	7 387	7 110
80〜84	7 950	7 856	7 798	7 919	7 770
85〜89	7 743	7 504	7 737	7 987	7 331
90歳〜	5 104	5 432	5 615	6 163	6 287
不詳 Not Stated	8	10	13	11	8
男 Male	24 960	25 109	25 055	25 289	24 180
0〜4歳 Years	-	2	1	1	-
5〜9	1	-	1	1	-
10〜14	2	1	-	-	-
15〜19	6	4	2	3	5
20〜24	22	16	16	12	18
25〜29	47	32	38	29	32
30〜34	83	86	78	98	95
35〜39	154	149	169	162	180
40〜44	301	301	320	290	295
45〜49	630	634	559	555	529
50〜54	1 229	1 324	1 287	1 216	1 016
55〜59	1 569	1 524	1 534	1 614	1 511
60〜64	2 098	2 107	2 074	2 055	2 036
65〜69	3 090	3 058	2 908	2 804	2 587
70〜74	3 869	3 873	3 759	3 743	3 567
75〜79	3 805	4 000	4 163	4 259	4 197
80〜84	3 527	3 511	3 476	3 486	3 500
85〜89	2 934	2 868	2 987	3 124	2 748
90歳〜	1 588	1 609	1 671	1 827	1 856
不詳 Not Stated	5	10	12	10	8
女 Female	20 925	20 952	20 620	21 217	20 283
0〜4歳 Years	-	1	-	-	-
5〜9	1	-	-	-	1
10〜14	1	-	-	1	-
15〜19	7	1	3	5	-
20〜24	2	6	3	4	2
25〜29	8	8	6	4	7
30〜34	17	20	21	10	17
35〜39	32	33	36	36	35
40〜44	54	57	52	65	72
45〜49	117	138	102	99	117
50〜54	230	306	271	241	215
55〜59	382	383	349	379	356
60〜64	677	642	667	619	600
65〜69	1 241	1 241	1 144	1 061	934
70〜74	2 083	2 044	1 877	1 932	1 730
75〜79	3 322	3 268	3 072	3 128	2 913
80〜84	4 423	4 345	4 322	4 433	4 270
85〜89	4 809	4 636	4 750	4 863	4 583
90歳〜	3 516	3 823	3 944	4 336	4 431
不詳 Not Stated	3	-	1	1	-

注：1）昭和26〜29年の「80〜84」は、「80歳以上」、昭和31〜34年、36〜39年、41〜44年、46〜49年、51〜54年の「85〜89歳」は「85歳以上」である。
　　2）年齢調整死亡率の基準人口は、昭和60年モデル人口である。
　　3）昭和42年以前は分類項目がないため表章していない。

(人口10万対), 病類（簡単分類）・性・年齢（5歳階級）別 －昭和25年～平成16年－
age-adjusted death rates (per 100,000 population) from heart diseases, by disease type to 2004

粗死亡率（人口10万対）　Crude death rates (per 100,000 population)

性・年齢階級 Sex/age group	平成12年 2000	13年 2001	14年 2002	15年 2003	16年 2004
総　数　Total	36.5	36.6	36.2	36.9	35.2
0～4歳 Years	-	0.1	0.0	0.0	-
5～9	0.0	-	0.0	0.0	0.0
10～14	0.0	0.0	-	0.0	-
15～19	0.2	0.1	0.1	0.1	0.1
20～24	0.3	0.3	0.2	0.2	0.3
25～29	0.6	0.4	0.5	0.4	0.5
30～34	1.2	1.2	1.1	1.1	1.2
35～39	2.3	2.3	2.5	2.4	2.5
40～44	4.6	4.7	4.8	4.6	4.7
45～49	8.4	9.2	8.2	8.3	8.3
50～54	14.0	14.9	14.8	14.7	13.3
55～59	22.4	23.0	21.9	21.9	19.5
60～64	36.0	34.9	34.0	32.4	30.6
65～69	61.1	59.3	55.2	52.4	48.2
70～74	101.1	98.0	91.0	89.5	82.2
75～79	172.2	164.7	155.4	151.3	139.9
80～84	304.7	289.8	274.1	263.2	241.2
85～89	506.0	468.4	467.8	471.5	428.0
90歳～	728.7	703.6	657.5	663.4	620.6
男　Male	40.6	40.8	40.7	41.0	39.3
0～4歳 Years	-	0.1	0.0	0.0	-
5～9	0.0	-	0.0	0.0	-
10～14	0.1	0.0	-	-	-
15～19	0.2	0.1	0.1	0.1	0.1
20～24	0.5	0.4	0.4	0.3	0.5
25～29	1.0	0.7	0.8	0.6	0.7
30～34	1.9	1.9	1.7	2.0	1.9
35～39	3.8	3.8	4.1	3.9	4.2
40～44	7.8	7.8	8.3	7.4	7.5
45～49	14.2	15.0	13.8	14.1	13.6
50～54	23.7	24.2	24.5	24.6	22.1
55～59	36.7	37.5	36.2	35.9	31.9
60～64	56.1	55.1	53.0	51.3	48.8
65～69	92.2	89.1	83.6	80.2	74.6
70～74	145.1	141.1	133.3	129.6	121.3
75～79	234.7	225.2	216.7	207.4	194.2
80～84	386.2	373.9	355.4	337.1	311.1
85～89	615.7	575.9	583.4	599.6	524.4
90歳～	900.7	842.4	795.7	808.4	754.5
年齢調整死亡率 （人口10万対） Age-adjusted death rate (per 100,000 population)	29.7	28.9	27.9	27.2	25.3
女　Female	32.6	32.6	32.0	32.9	31.4
0～4歳 Years	-	0.0	-	-	-
5～9	0.0	-	-	-	0.0
10～14	0.0	-	-	0.0	-
15～19	0.2	0.0	0.1	0.1	-
20～24	0.0	0.2	0.1	0.1	0.1
25～29	0.2	0.2	0.1	0.1	0.2
30～34	0.4	0.4	0.5	0.2	0.4
35～39	0.8	0.9	0.9	0.9	0.8
40～44	1.4	1.5	1.4	1.7	1.9
45～49	2.7	3.3	2.5	2.5	3.0
50～54	4.4	5.6	5.1	4.8	4.6
55～59	8.6	9.1	8.0	8.2	7.3
60～64	17.0	15.8	16.1	14.6	13.5
65～69	33.2	32.5	29.6	27.4	24.3
70～74	64.6	62.1	55.7	56.0	49.4
75～79	131.9	123.9	112.3	110.7	99.7
80～84	260.7	245.2	231.5	224.5	203.5
85～89	456.3	419.9	415.9	414.6	385.1
90歳～	670.8	658.0	613.4	617.7	577.0
年齢調整死亡率 （人口10万対） Age-adjusted death rate (per 100,000 population)	14.2	13.7	12.8	12.6	11.5

Notes: 1) The categories of "80 - 84" in 1951 - 1954 represent the population aged 80 or over, and those of "85 - 89" in 1956 - 1959, 1961 - 1964, 1966 - 1969, 1971 - 1974, and 1976 - 1979 represent the population aged 85 or over.
2) The base population for age-adjusted death rates is the model population of 1985.
3) The figures for 1967 and earlier are not indicated in the table, due to the absence of categories.

第4表 心疾患死亡数・粗死亡率（人口10万対）・年齢調整死亡率
Statistics 4 Numbers of deaths, crude death rates (per 100,000 population), and (large categories), sex and age group (by 5-year age scale): From 1950

その他の虚血性心疾患　Other ischaemic heart diseases
死亡数　Number of deaths

性・年齢階級 Sex/age group	昭和25年 1950	26年 1951	27年 1952	28年 1953	29年 1954	30年 1955	31年 1956	32年 1957	33年 1958	34年 1959
総数 Total	…	…	…	…	…	…	…	…	…	…
0～4歳 Years	…	…	…	…	…	…	…	…	…	…
5～9	…	…	…	…	…	…	…	…	…	…
10～14	…	…	…	…	…	…	…	…	…	…
15～19	…	…	…	…	…	…	…	…	…	…
20～24	…	…	…	…	…	…	…	…	…	…
25～29	…	…	…	…	…	…	…	…	…	…
30～34	…	…	…	…	…	…	…	…	…	…
35～39	…	…	…	…	…	…	…	…	…	…
40～44	…	…	…	…	…	…	…	…	…	…
45～49	…	…	…	…	…	…	…	…	…	…
50～54	…	…	…	…	…	…	…	…	…	…
55～59	…	…	…	…	…	…	…	…	…	…
60～64	…	…	…	…	…	…	…	…	…	…
65～69	…	…	…	…	…	…	…	…	…	…
70～74	…	…	…	…	…	…	…	…	…	…
75～79	…	…	…	…	…	…	…	…	…	…
80～84	…	…	…	…	…	…	…	…	…	…
85～89	…	…	…	…	…	…	…	…	…	…
90歳～	…	…	…	…	…	…	…	…	…	…
不詳 Not Stated	…	…	…	…	…	…	…	…	…	…
男 Male	…	…	…	…	…	…	…	…	…	…
0～4歳 Years	…	…	…	…	…	…	…	…	…	…
5～9	…	…	…	…	…	…	…	…	…	…
10～14	…	…	…	…	…	…	…	…	…	…
15～19	…	…	…	…	…	…	…	…	…	…
20～24	…	…	…	…	…	…	…	…	…	…
25～29	…	…	…	…	…	…	…	…	…	…
30～34	…	…	…	…	…	…	…	…	…	…
35～39	…	…	…	…	…	…	…	…	…	…
40～44	…	…	…	…	…	…	…	…	…	…
45～49	…	…	…	…	…	…	…	…	…	…
50～54	…	…	…	…	…	…	…	…	…	…
55～59	…	…	…	…	…	…	…	…	…	…
60～64	…	…	…	…	…	…	…	…	…	…
65～69	…	…	…	…	…	…	…	…	…	…
70～74	…	…	…	…	…	…	…	…	…	…
75～79	…	…	…	…	…	…	…	…	…	…
80～84	…	…	…	…	…	…	…	…	…	…
85～89	…	…	…	…	…	…	…	…	…	…
90歳～	…	…	…	…	…	…	…	…	…	…
不詳 Not Stated	…	…	…	…	…	…	…	…	…	…
女 Female	…	…	…	…	…	…	…	…	…	…
0～4歳 Years	…	…	…	…	…	…	…	…	…	…
5～9	…	…	…	…	…	…	…	…	…	…
10～14	…	…	…	…	…	…	…	…	…	…
15～19	…	…	…	…	…	…	…	…	…	…
20～24	…	…	…	…	…	…	…	…	…	…
25～29	…	…	…	…	…	…	…	…	…	…
30～34	…	…	…	…	…	…	…	…	…	…
35～39	…	…	…	…	…	…	…	…	…	…
40～44	…	…	…	…	…	…	…	…	…	…
45～49	…	…	…	…	…	…	…	…	…	…
50～54	…	…	…	…	…	…	…	…	…	…
55～59	…	…	…	…	…	…	…	…	…	…
60～64	…	…	…	…	…	…	…	…	…	…
65～69	…	…	…	…	…	…	…	…	…	…
70～74	…	…	…	…	…	…	…	…	…	…
75～79	…	…	…	…	…	…	…	…	…	…
80～84	…	…	…	…	…	…	…	…	…	…
85～89	…	…	…	…	…	…	…	…	…	…
90歳～	…	…	…	…	…	…	…	…	…	…
不詳 Not Stated	…	…	…	…	…	…	…	…	…	…

注：1) 昭和26～29年の「80～84」は、「80歳以上」、昭和31～34年、36～39年、41～44年、46～49年、51～54年の「85～89歳」は「85歳以上」である。
2) 年齢調整死亡率の基準人口は、昭和60年モデル人口である。
3) 昭和42年以前は分類項目がないため表章していない。

（人口10万対），病類（簡単分類）・性・年齢（5歳階級）別 －昭和25年～平成16年－
age-adjusted death rates (per 100,000 population) from heart diseases, by disease type to 2004

粗死亡率（人口10万対） Crude death rates (per 100,000 population)

性・年齢階級 Sex/age group	昭和25年 1950	26年 1951	27年 1952	28年 1953	29年 1954	30年 1955	31年 1956	32年 1957	33年 1958	34年 1959
総数 Total	…	…	…	…	…	…	…	…	…	…
0～4歳 Years	…	…	…	…	…	…	…	…	…	…
5～9	…	…	…	…	…	…	…	…	…	…
10～14	…	…	…	…	…	…	…	…	…	…
15～19	…	…	…	…	…	…	…	…	…	…
20～24	…	…	…	…	…	…	…	…	…	…
25～29	…	…	…	…	…	…	…	…	…	…
30～34	…	…	…	…	…	…	…	…	…	…
35～39	…	…	…	…	…	…	…	…	…	…
40～44	…	…	…	…	…	…	…	…	…	…
45～49	…	…	…	…	…	…	…	…	…	…
50～54	…	…	…	…	…	…	…	…	…	…
55～59	…	…	…	…	…	…	…	…	…	…
60～64	…	…	…	…	…	…	…	…	…	…
65～69	…	…	…	…	…	…	…	…	…	…
70～74	…	…	…	…	…	…	…	…	…	…
75～79	…	…	…	…	…	…	…	…	…	…
80～84	…	…	…	…	…	…	…	…	…	…
85～89	…	…	…	…	…	…	…	…	…	…
90歳～	…	…	…	…	…	…	…	…	…	…
男 Male	…	…	…	…	…	…	…	…	…	…
0～4歳 Years	…	…	…	…	…	…	…	…	…	…
5～9	…	…	…	…	…	…	…	…	…	…
10～14	…	…	…	…	…	…	…	…	…	…
15～19	…	…	…	…	…	…	…	…	…	…
20～24	…	…	…	…	…	…	…	…	…	…
25～29	…	…	…	…	…	…	…	…	…	…
30～34	…	…	…	…	…	…	…	…	…	…
35～39	…	…	…	…	…	…	…	…	…	…
40～44	…	…	…	…	…	…	…	…	…	…
45～49	…	…	…	…	…	…	…	…	…	…
50～54	…	…	…	…	…	…	…	…	…	…
55～59	…	…	…	…	…	…	…	…	…	…
60～64	…	…	…	…	…	…	…	…	…	…
65～69	…	…	…	…	…	…	…	…	…	…
70～74	…	…	…	…	…	…	…	…	…	…
75～79	…	…	…	…	…	…	…	…	…	…
80～84	…	…	…	…	…	…	…	…	…	…
85～89	…	…	…	…	…	…	…	…	…	…
90歳～	…	…	…	…	…	…	…	…	…	…
年齢調整死亡率（人口10万対） Age-adjusted death rate (per 100,000 population)	…	…	…	…	…	…	…	…	…	…
女 Female	…	…	…	…	…	…	…	…	…	…
0～4歳 Years	…	…	…	…	…	…	…	…	…	…
5～9	…	…	…	…	…	…	…	…	…	…
10～14	…	…	…	…	…	…	…	…	…	…
15～19	…	…	…	…	…	…	…	…	…	…
20～24	…	…	…	…	…	…	…	…	…	…
25～29	…	…	…	…	…	…	…	…	…	…
30～34	…	…	…	…	…	…	…	…	…	…
35～39	…	…	…	…	…	…	…	…	…	…
40～44	…	…	…	…	…	…	…	…	…	…
45～49	…	…	…	…	…	…	…	…	…	…
50～54	…	…	…	…	…	…	…	…	…	…
55～59	…	…	…	…	…	…	…	…	…	…
60～64	…	…	…	…	…	…	…	…	…	…
65～69	…	…	…	…	…	…	…	…	…	…
70～74	…	…	…	…	…	…	…	…	…	…
75～79	…	…	…	…	…	…	…	…	…	…
80～84	…	…	…	…	…	…	…	…	…	…
85～89	…	…	…	…	…	…	…	…	…	…
90歳～	…	…	…	…	…	…	…	…	…	…
年齢調整死亡率（人口10万対） Age-adjusted death rate (per 100,000 population)	…	…	…	…	…	…	…	…	…	…

Notes: 1) The categories of "80 - 84" in 1951 - 1954 represent the population aged 80 or over, and those of "85 - 89" in 1956 - 1959, 1961 - 1964, 1966 - 1969, 1971 - 1974, and 1976 - 1979 represent the population aged 85 or over.
2) The base population for age-adjusted death rates is the model population of 1985.
3) The figures for 1967 and earlier are not indicated in the table, due to the absence of categories.

第4表（54-20）

第4表 心疾患死亡数・粗死亡率（人口10万対）・年齢調整死亡率
Statistics 4　Numbers of deaths, crude death rates (per 100,000 population), and (large categories), sex and age group (by 5-year age scale): From 1950

その他の虚血性心疾患　Other ischaemic heart diseases
死亡数　Number of deaths

性・年齢階級 Sex/age group	昭和35年 1960	36年 1961	37年 1962	38年 1963	39年 1964	40年 1965	41年 1966	42年 1967	43年 1968	44年 1969
総　数　Total	…	…	…	…	…	…	…	…	16 038	16 840
0～4歳 Years	…	…	…	…	…	…	…	…	-	2
5～9	…	…	…	…	…	…	…	…	1	-
10～14	…	…	…	…	…	…	…	…	2	4
15～19	…	…	…	…	…	…	…	…	13	16
20～24	…	…	…	…	…	…	…	…	34	32
25～29	…	…	…	…	…	…	…	…	58	37
30～34	…	…	…	…	…	…	…	…	59	70
35～39	…	…	…	…	…	…	…	…	140	141
40～44	…	…	…	…	…	…	…	…	209	169
45～49	…	…	…	…	…	…	…	…	282	293
50～54	…	…	…	…	…	…	…	…	494	465
55～59	…	…	…	…	…	…	…	…	984	925
60～64	…	…	…	…	…	…	…	…	1 468	1 482
65～69	…	…	…	…	…	…	…	…	2 313	2 435
70～74	…	…	…	…	…	…	…	…	2 896	3 162
75～79	…	…	…	…	…	…	…	…	3 037	3 218
80～84	…	…	…	…	…	…	…	…	2 378	2 657
85～89	…	…	…	…	…	…	…	…	1 245	1 282
90歳～	…	…	…	…	…	…	…	…	420	449
不　詳　Not Stated	…	…	…	…	…	…	…	…	5	1
男　Male	…	…	…	…	…	…	…	…	8 954	9 343
0～4歳 Years	…	…	…	…	…	…	…	…	-	2
5～9	…	…	…	…	…	…	…	…	1	-
10～14	…	…	…	…	…	…	…	…	1	1
15～19	…	…	…	…	…	…	…	…	9	12
20～24	…	…	…	…	…	…	…	…	18	15
25～29	…	…	…	…	…	…	…	…	39	27
30～34	…	…	…	…	…	…	…	…	42	54
35～39	…	…	…	…	…	…	…	…	108	97
40～44	…	…	…	…	…	…	…	…	140	118
45～49	…	…	…	…	…	…	…	…	190	184
50～54	…	…	…	…	…	…	…	…	325	299
55～59	…	…	…	…	…	…	…	…	705	646
60～64	…	…	…	…	…	…	…	…	951	971
65～69	…	…	…	…	…	…	…	…	1 444	1 527
70～74	…	…	…	…	…	…	…	…	1 657	1 830
75～79	…	…	…	…	…	…	…	…	1 610	1 711
80～84	…	…	…	…	…	…	…	…	1 088	1 221
85～89	…	…	…	…	…	…	…	…	493	483
90歳～	…	…	…	…	…	…	…	…	129	144
不　詳　Not Stated	…	…	…	…	…	…	…	…	4	1
女　Female	…	…	…	…	…	…	…	…	7 084	7 497
0～4歳 Years	…	…	…	…	…	…	…	…	-	-
5～9	…	…	…	…	…	…	…	…	-	-
10～14	…	…	…	…	…	…	…	…	1	3
15～19	…	…	…	…	…	…	…	…	4	4
20～24	…	…	…	…	…	…	…	…	16	17
25～29	…	…	…	…	…	…	…	…	19	10
30～34	…	…	…	…	…	…	…	…	17	16
35～39	…	…	…	…	…	…	…	…	32	44
40～44	…	…	…	…	…	…	…	…	69	51
45～49	…	…	…	…	…	…	…	…	92	109
50～54	…	…	…	…	…	…	…	…	169	166
55～59	…	…	…	…	…	…	…	…	279	279
60～64	…	…	…	…	…	…	…	…	517	511
65～69	…	…	…	…	…	…	…	…	869	908
70～74	…	…	…	…	…	…	…	…	1 239	1 332
75～79	…	…	…	…	…	…	…	…	1 427	1 507
80～84	…	…	…	…	…	…	…	…	1 290	1 436
85～89	…	…	…	…	…	…	…	…	752	799
90歳～	…	…	…	…	…	…	…	…	291	305
不　詳　Not Stated	…	…	…	…	…	…	…	…	1	-

注：1）昭和26～29年の「80～84」は、「80歳以上」、昭和31～34年、36～39年、41～44年、46～49年、51～54年の「85～89歳」は「85歳以上」である。
　　2）年齢調整死亡率の基準人口は、昭和60年モデル人口である。
　　3）昭和42年以前は分類項目がないため表章していない。

(人口10万対), 病類（簡単分類）・性・年齢（5歳階級）別　－昭和25年～平成16年－
age-adjusted death rates (per 100,000 population) from heart diseases, by disease type to 2004

粗死亡率（人口10万対）　Crude death rates (per 100,000 population)

性・年齢階級 Sex/age group	昭和35年 1960	36年 1961	37年 1962	38年 1963	39年 1964	40年 1965	41年 1966	42年 1967	43年 1968	44年 1969
総数　Total	…	…	…	…	…	…	…	…	15.9	16.5
0～4歳 Years	…	…	…	…	…	…	…	…	-	0.0
5～9	…	…	…	…	…	…	…	…	0.0	-
10～14	…	…	…	…	…	…	…	…	0.0	0.1
15～19	…	…	…	…	…	…	…	…	0.1	0.2
20～24	…	…	…	…	…	…	…	…	0.4	0.3
25～29	…	…	…	…	…	…	…	…	0.7	0.4
30～34	…	…	…	…	…	…	…	…	0.7	0.9
35～39	…	…	…	…	…	…	…	…	1.8	1.8
40～44	…	…	…	…	…	…	…	…	3.0	2.3
45～49	…	…	…	…	…	…	…	…	5.3	5.2
50～54	…	…	…	…	…	…	…	…	10.5	10.1
55～59	…	…	…	…	…	…	…	…	22.8	21.1
60～64	…	…	…	…	…	…	…	…	42.3	41.1
65～69	…	…	…	…	…	…	…	…	80.9	83.2
70～74	…	…	…	…	…	…	…	…	146.7	155.6
75～79	…	…	…	…	…	…	…	…	255.6	264.0
80～84	…	…	…	…	…	…	…	…	412.1	430.6
85～89	…	…	…	…	…	…	…	…	590.4	590.8
90歳～	…	…	…	…	…	…	…	…	…	…
男　Male	…	…	…	…	…	…	…	…	18.1	18.6
0～4歳 Years	…	…	…	…	…	…	…	…	-	0.0
5～9	…	…	…	…	…	…	…	…	0.0	-
10～14	…	…	…	…	…	…	…	…	0.0	0.0
15～19	…	…	…	…	…	…	…	…	0.2	0.2
20～24	…	…	…	…	…	…	…	…	0.4	0.3
25～29	…	…	…	…	…	…	…	…	0.9	0.6
30～34	…	…	…	…	…	…	…	…	1.0	1.3
35～39	…	…	…	…	…	…	…	…	2.7	2.4
40～44	…	…	…	…	…	…	…	…	4.1	3.3
45～49	…	…	…	…	…	…	…	…	8.2	7.4
50～54	…	…	…	…	…	…	…	…	15.2	14.3
55～59	…	…	…	…	…	…	…	…	35.1	31.7
60～64	…	…	…	…	…	…	…	…	57.1	56.7
65～69	…	…	…	…	…	…	…	…	106.9	110.7
70～74	…	…	…	…	…	…	…	…	185.6	198.9
75～79	…	…	…	…	…	…	…	…	325.9	336.1
80～84	…	…	…	…	…	…	…	…	515.6	535.5
85～89	…	…	…	…	…	…	…	…	749.4	729.1
90歳～	…	…	…	…	…	…	…	…	…	…
年齢調整死亡率（人口10万対） Age-adjusted death rate (per 100,000 population)	…	…	…	…	…	…	…	…	33.7	34.1
女　Female	…	…	…	…	…	…	…	…	13.8	14.4
0～4歳 Years	…	…	…	…	…	…	…	…	-	-
5～9	…	…	…	…	…	…	…	…	-	-
10～14	…	…	…	…	…	…	…	…	0.0	0.1
15～19	…	…	…	…	…	…	…	…	0.1	0.1
20～24	…	…	…	…	…	…	…	…	0.3	0.3
25～29	…	…	…	…	…	…	…	…	0.4	0.2
30～34	…	…	…	…	…	…	…	…	0.4	0.4
35～39	…	…	…	…	…	…	…	…	0.8	1.1
40～44	…	…	…	…	…	…	…	…	1.9	1.4
45～49	…	…	…	…	…	…	…	…	3.1	3.5
50～54	…	…	…	…	…	…	…	…	6.6	6.6
55～59	…	…	…	…	…	…	…	…	12.1	11.8
60～64	…	…	…	…	…	…	…	…	28.6	27.1
65～69	…	…	…	…	…	…	…	…	57.6	58.7
70～74	…	…	…	…	…	…	…	…	114.6	119.8
75～79	…	…	…	…	…	…	…	…	205.6	212.3
80～84	…	…	…	…	…	…	…	…	353.4	369.2
85～89	…	…	…	…	…	…	…	…	524.1	535.9
90歳～	…	…	…	…	…	…	…	…	…	…
年齢調整死亡率（人口10万対） Age-adjusted death rate (per 100,000 population)	…	…	…	…	…	…	…	…	20.1	20.6

Notes: 1) The categories of "80 - 84" in 1951 - 1954 represent the population aged 80 or over, and those of "85 - 89" in 1956 - 1959, 1961 - 1964, 1966 - 1969, 1971 - 1974, and 1976 - 1979 represent the population aged 85 or over.
2) The base population for age-adjusted death rates is the model population of 1985.
3) The figures for 1967 and earlier are not indicated in the table, due to the absence of categories.

第4表　心疾患死亡数・粗死亡率（人口10万対）・年齢調整死亡率
Statistics 4　Numbers of deaths, crude death rates (per 100,000 population), and (large categories), sex and age group (by 5-year age scale): From 1950

その他の虚血性心疾患　Other ischaemic heart diseases
死亡数　Number of deaths

性・年齢階級 Sex/age group	昭和45年 1970	46年 1971	47年 1972	48年 1973	49年 1974	50年 1975	51年 1976	52年 1977	53年 1978	54年 1979
総数　Total	17 372	16 411	16 920	18 524	19 646	19 993	19 982	19 615	19 852	17 788
0〜4歳 Years	-	1	1	2	1	2	-	-	3	1
5〜9	-	-	-	1	2	1	-	-	1	-
10〜14	2	4	-	-	2	2	1	-	-	-
15〜19	15	4	9	9	5	7	5	4	3	1
20〜24	30	17	22	13	16	21	10	9	4	8
25〜29	38	26	23	25	25	23	15	21	21	18
30〜34	66	53	63	48	53	41	29	28	33	28
35〜39	124	97	97	77	80	69	69	64	55	48
40〜44	187	183	169	158	150	152	126	114	112	100
45〜49	296	268	277	261	249	205	224	258	200	206
50〜54	436	453	343	364	345	328	346	359	311	332
55〜59	902	785	705	606	571	595	510	519	451	470
60〜64	1 504	1 357	1 319	1 236	1 159	1 122	1 030	923	890	810
65〜69	2 397	2 138	2 028	2 068	2 012	2 019	1 938	1 751	1 696	1 608
70〜74	3 266	3 000	3 022	3 271	3 498	3 436	3 119	2 935	3 042	2 670
75〜79	3 391	3 318	3 418	4 025	4 218	4 427	4 588	4 453	4 468	3 919
80〜84	2 787	2 833	3 171	3 544	3 982	4 094	4 295	4 350	4 515	4 012
85〜89	1 477	1 377	1 648	2 031	2 372	2 545	2 674	2 765	2 932	2 521
90歳〜	453	494	604	783	903	900	997	1 061	1 114	1 033
不詳 Not Stated	1	3	1	2	3	4	6	1	1	3
男　Male	9 457	9 002	8 992	9 595	9 907	10 055	10 003	9 820	9 794	8 811
0〜4歳 Years	-	1	-	1	1	2	-	-	2	1
5〜9	-	-	-	-	2	1	-	-	1	-
10〜14	2	2	-	-	1	1	-	-	-	-
15〜19	10	3	5	5	2	4	2	2	2	1
20〜24	22	13	18	10	14	14	7	7	3	6
25〜29	24	19	14	18	20	12	12	13	19	15
30〜34	49	42	48	42	31	28	23	20	29	25
35〜39	95	77	68	54	58	48	54	54	46	39
40〜44	130	142	127	117	114	117	102	82	87	81
45〜49	198	187	196	176	179	159	173	195	152	156
50〜54	286	290	216	243	242	228	251	257	233	230
55〜59	594	525	467	404	374	395	325	345	303	325
60〜64	956	866	835	756	712	700	630	591	564	530
65〜69	1 454	1 307	1 227	1 280	1 197	1 194	1 147	1 065	982	942
70〜74	1 854	1 761	1 716	1 799	1 904	1 927	1 723	1 639	1 671	1 484
75〜79	1 827	1 732	1 748	2 068	2 103	2 190	2 310	2 204	2 284	1 952
80〜84	1 269	1 326	1 466	1 583	1 731	1 795	1 889	1 945	1 936	1 718
85〜89	552	549	656	772	936	964	1 040	1 080	1 130	990
90歳〜	135	157	185	265	284	272	310	320	349	314
不詳 Not Stated	-	3	-	2	2	4	5	1	1	2
女　Female	7 915	7 409	7 928	8 929	9 739	9 938	9 979	9 795	10 058	8 977
0〜4歳 Years	-	-	1	1	-	-	-	-	1	-
5〜9	-	-	-	1	-	-	-	-	-	-
10〜14	-	2	-	-	1	1	1	-	-	-
15〜19	5	1	4	4	3	3	3	2	1	-
20〜24	8	4	4	3	2	7	3	2	1	2
25〜29	14	7	9	7	5	11	3	8	2	3
30〜34	17	11	15	6	22	13	6	8	4	3
35〜39	29	20	29	23	22	21	15	10	9	9
40〜44	57	41	42	41	36	35	24	32	25	19
45〜49	98	81	81	85	70	46	51	63	48	50
50〜54	150	163	127	121	103	100	95	102	78	102
55〜59	308	260	238	202	197	200	185	174	148	145
60〜64	548	491	484	480	447	422	400	332	326	280
65〜69	943	831	801	788	815	825	791	686	714	666
70〜74	1 412	1 239	1 306	1 472	1 594	1 509	1 396	1 296	1 371	1 186
75〜79	1 564	1 586	1 670	1 957	2 115	2 237	2 278	2 249	2 184	1 967
80〜84	1 518	1 507	1 705	1 961	2 251	2 299	2 406	2 405	2 579	2 294
85〜89	925	828	992	1 259	1 436	1 581	1 634	1 685	1 802	1 531
90歳〜	318	337	419	518	619	628	687	741	765	719
不詳 Not Stated	1	-	1	-	1	-	1	-	-	1

注：1）昭和26〜29年の「80〜84」は、「80歳以上」、昭和31〜34年、36〜39年、41〜44年、46〜49年、51〜54年の「85〜89歳」は「85歳以上」である。
　　2）年齢調整死亡率の基準人口は、昭和60年モデル人口である。
　　3）昭和42年以前は分類項目がないため表章していない。

(人口10万対), 病類（簡単分類）・性・年齢（5歳階級）別 —昭和25年～平成16年—
age-adjusted death rates (per 100,000 population) from heart diseases, by disease type to 2004

粗死亡率（人口10万対）　Crude death rates (per 100,000 population)

性・年齢階級 Sex/age group	昭和45年 1970	46年 1971	47年 1972	48年 1973	49年 1974	50年 1975	51年 1976	52年 1977	53年 1978	54年 1979
総数 Total	16.8	15.7	16.0	17.1	18.0	18.0	17.8	17.3	17.3	15.4
0～4歳 Years	-	0.0	0.0	0.0	0.0	0.0	-	-	0.0	0.0
5～9	-	-	-	0.0	0.0	0.0	-	-	0.0	-
10～14	0.0	0.1	-	-	0.0	0.0	0.0	-	-	-
15～19	0.2	0.0	0.1	0.1	0.1	0.1	0.1	0.1	0.0	0.0
20～24	0.3	0.2	0.2	0.1	0.2	0.2	0.1	0.1	0.1	0.1
25～29	0.4	0.3	0.3	0.3	0.3	0.2	0.1	0.2	0.2	0.2
30～34	0.8	0.6	0.7	0.5	0.6	0.4	0.3	0.3	0.3	0.3
35～39	1.5	1.2	1.2	0.9	1.0	0.8	0.8	0.7	0.6	0.5
40～44	2.6	2.5	2.2	2.0	1.9	1.9	1.5	1.4	1.3	1.2
45～49	5.1	4.3	4.3	3.8	3.5	2.8	3.0	3.4	2.5	2.6
50～54	9.1	9.3	6.9	7.0	6.2	5.7	5.6	5.6	4.6	4.7
55～59	20.5	17.6	15.8	13.4	12.7	12.8	10.9	10.7	8.9	8.8
60～64	40.5	35.1	33.1	30.2	27.9	26.3	23.8	21.3	20.5	18.8
65～69	80.6	72.3	66.7	65.9	61.5	58.8	53.5	47.3	44.6	41.2
70～74	153.5	134.5	129.6	134.4	140.1	133.8	122.4	110.3	110.9	92.8
75～79	267.9	244.7	245.2	271.0	274.3	270.5	266.9	244.9	235.2	198.9
80～84	429.8	418.5	452.4	483.5	526.0	507.1	502.3	477.0	462.1	389.5
85～89	644.1	599.7	699.4	813.3	889.9	824.9	888.9	887.7	879.6	713.7
90歳～	688.8	…	…	…	…	1103.3	…	…	…	…
男 Male	18.7	17.6	17.3	18.1	18.5	18.4	18.1	17.6	17.4	15.5
0～4歳 Years	-	0.0	-	0.0	0.0	0.0	-	-	0.0	0.0
5～9	-	-	-	-	0.0	0.0	-	-	0.0	-
10～14	0.1	0.1	-	-	0.0	0.0	-	-	-	-
15～19	0.2	0.1	0.1	0.2	0.0	0.1	0.0	0.0	0.0	0.0
20～24	0.4	0.2	0.3	0.2	0.3	0.3	0.2	0.2	0.1	0.1
25～29	0.5	0.4	0.3	0.4	0.4	0.3	0.2	0.2	0.4	0.3
30～34	1.2	1.0	1.1	1.0	0.7	0.6	0.5	0.4	0.6	0.5
35～39	2.3	1.8	1.6	1.3	1.4	1.1	1.3	1.2	1.0	0.8
40～44	3.6	3.8	3.3	3.0	2.8	2.8	2.4	2.0	2.1	2.0
45～49	7.5	6.5	6.3	5.3	5.1	4.4	4.6	5.1	3.9	3.9
50～54	13.4	13.6	9.9	10.6	9.9	8.8	8.8	8.4	7.1	6.7
55～59	29.3	25.8	23.0	19.8	18.6	19.2	15.8	16.4	13.8	13.8
60～64	54.8	48.2	45.6	40.5	37.7	36.4	32.5	30.4	29.2	28.0
65～69	104.4	94.2	86.7	88.1	79.7	76.4	70.6	64.3	58.1	54.7
70～74	193.5	175.9	164.1	165.2	170.6	168.5	152.7	138.7	137.6	117.5
75～79	344.2	304.4	298.8	332.5	326.0	319.1	317.7	289.2	286.9	236.6
80～84	526.7	522.0	557.4	575.6	605.2	584.3	574.2	558.9	517.6	434.9
85～89	772.7	743.2	858.2	969.2	1060.9	956.9	1038.5	1014.5	999.3	809.9
90歳～	772.7	…	…	…	…	1255.4	…	…	…	…
年齢調整死亡率 （人口10万対） Age-adjusted death rate (per 100,000 population)	33.8	31.3	31.1	32.3	32.7	31.6	30.6	28.9	27.7	23.7
女 Female	15.1	13.9	14.7	16.2	17.5	17.6	17.5	17.0	17.3	15.3
0～4歳 Years	-	-	0.0	0.0	-	-	-	-	0.0	-
5～9	-	-	-	0.0	-	-	-	-	-	-
10～14	-	0.1	-	-	0.0	0.0	0.0	-	-	-
15～19	0.1	0.0	0.1	0.1	0.1	0.1	0.1	0.1	0.0	-
20～24	0.2	0.1	0.1	0.1	0.0	0.2	0.1	0.0	0.0	0.1
25～29	0.3	0.2	0.2	0.1	0.1	0.2	0.1	0.1	0.0	0.1
30～34	0.4	0.3	0.3	0.1	0.5	0.3	0.1	0.2	0.1	0.1
35～39	0.7	0.5	0.7	0.5	0.5	0.5	0.4	0.2	0.2	0.2
40～44	1.6	1.1	1.1	1.0	0.9	0.9	0.6	0.8	0.6	0.5
45～49	3.1	2.5	2.4	2.4	2.0	1.2	1.4	1.6	1.2	1.3
50～54	5.7	6.0	4.5	4.1	3.3	3.2	2.9	3.0	2.2	2.9
55～59	13.0	10.8	9.8	8.2	8.0	7.7	7.0	6.3	5.2	4.8
60～64	27.9	23.7	22.5	21.6	19.7	18.0	16.2	13.8	13.5	11.7
65～69	59.7	52.9	49.3	46.8	46.0	44.1	39.6	33.5	33.7	30.6
70～74	120.7	100.8	101.6	109.4	115.4	106.0	98.3	87.5	89.6	73.5
75～79	212.8	201.5	206.4	227.0	236.8	235.3	229.6	213.0	197.8	171.8
80～84	372.5	356.3	389.3	428.2	476.9	459.7	458.3	426.4	427.7	361.3
85～89	585.9	536.9	629.9	743.5	812.3	760.9	820.1	825.2	822.8	669.6
90歳～	658.4	…	…	…	…	1048.3	…	…	…	…
年齢調整死亡率 （人口10万対） Age-adjusted death rate (per 100,000 population)	21.2	19.1	19.9	21.4	22.6	21.9	21.2	19.9	19.4	16.5

Notes: 1) The categories of "80 - 84" in 1951 - 1954 represent the population aged 80 or over, and those of "85 - 89" in 1956 - 1959, 1961 - 1964, 1966 - 1969, 1971 - 1974, and 1976 - 1979 represent the population aged 85 or over.
2) The base population for age-adjusted death rates is the model population of 1985.
3) The figures for 1967 and earlier are not indicated in the table, due to the absence of categories.

第4表 (54-22)

第4表 心疾患死亡数・粗死亡率（人口10万対）・年齢調整死亡率
Statistics 4 Numbers of deaths, crude death rates (per 100,000 population), and (large categories), sex and age group (by 5-year age scale): From 1950

その他の虚血性心疾患　Other ischaemic heart diseases
死亡数　Number of deaths

性・年齢階級 Sex/age group	昭和55年 1980	56年 1981	57年 1982	58年 1983	59年 1984	60年 1985	61年 1986	62年 1987	63年 1988	平成元年 1989
総数 Total	18 954	19 605	18 806	19 016	19 015	18 926	18 597	18 272	18 982	18 358
0〜4歳 Years	-	-	1	-	1	-	-	1	-	1
5〜9	1	-	-	-	-	-	-	-	-	-
10〜14	-	-	-	-	2	2	-	-	-	1
15〜19	4	4	3	2	2	3	7	1	9	2
20〜24	5	13	8	11	4	5	12	12	7	8
25〜29	15	17	11	19	14	15	21	17	19	9
30〜34	25	27	34	20	24	26	24	34	19	22
35〜39	47	51	58	49	50	48	78	63	49	52
40〜44	103	101	90	87	101	108	92	85	82	108
45〜49	200	181	170	173	183	165	178	179	169	161
50〜54	341	334	315	340	339	315	320	277	262	297
55〜59	516	452	491	523	531	539	503	485	512	462
60〜64	776	851	720	705	736	735	674	734	769	826
65〜69	1 513	1 570	1 362	1 269	1 313	1 200	1 171	1 086	1 075	1 095
70〜74	2 809	2 725	2 564	2 532	2 407	2 347	2 140	2 047	2 095	1 909
75〜79	4 169	4 176	3 844	3 847	3 642	3 590	3 626	3 435	3 464	3 248
80〜84	4 373	4 655	4 652	4 606	4 671	4 627	4 427	4 265	4 338	4 202
85〜89	2 858	3 098	3 112	3 365	3 400	3 497	3 491	3 639	3 963	3 702
90歳〜	1 196	1 347	1 368	1 461	1 592	1 693	1 823	1 902	2 140	2 240
不詳 Not Stated	3	3	3	7	2	11	10	10	10	13
男 Male	9 376	9 430	9 086	9 203	9 242	9 213	8 955	8 804	9 142	8 877
0〜4歳 Years	-	-	1	-	1	-	-	1	-	-
5〜9	1	-	-	-	-	-	-	-	-	-
10〜14	-	-	-	-	1	2	-	-	-	1
15〜19	4	3	3	1	1	3	5	-	6	2
20〜24	4	10	5	6	2	2	7	5	4	8
25〜29	11	11	11	14	12	12	15	10	13	7
30〜34	22	25	25	13	18	22	18	27	16	16
35〜39	37	39	38	41	42	37	68	49	40	47
40〜44	82	75	67	74	77	92	76	70	67	87
45〜49	143	140	131	146	144	127	143	146	140	128
50〜54	264	265	239	271	275	261	243	236	207	244
55〜59	366	323	351	390	403	409	379	371	418	366
60〜64	522	522	475	448	499	504	482	498	544	593
65〜69	896	905	818	774	796	732	723	688	678	691
70〜74	1 563	1 471	1 381	1 368	1 311	1 321	1 178	1 179	1 222	1 084
75〜79	2 037	2 072	1 855	1 882	1 809	1 796	1 770	1 713	1 753	1 697
80〜84	1 944	1 993	2 058	2 037	2 085	1 994	1 935	1 880	1 920	1 826
85〜89	1 087	1 151	1 176	1 293	1 272	1 357	1 309	1 321	1 473	1 400
90歳〜	391	422	449	439	491	531	594	600	632	667
不詳 Not Stated	2	3	3	6	2	11	10	10	9	13
女 Female	9 578	10 175	9 720	9 813	9 773	9 713	9 642	9 468	9 840	9 481
0〜4歳 Years	-	-	-	-	-	-	-	-	-	1
5〜9	-	-	-	-	-	-	-	-	-	-
10〜14	-	-	-	-	1	-	-	-	-	-
15〜19	-	1	-	1	1	-	2	1	3	-
20〜24	1	3	3	5	2	3	5	7	3	-
25〜29	4	6	-	5	2	3	6	7	6	2
30〜34	3	2	9	7	6	4	6	7	3	6
35〜39	10	12	20	8	8	11	10	14	9	5
40〜44	21	26	23	13	24	16	16	15	15	21
45〜49	57	41	39	27	39	38	35	33	29	33
50〜54	77	69	76	69	64	54	77	41	55	53
55〜59	150	129	140	133	128	130	124	114	94	96
60〜64	254	329	245	257	237	231	192	236	225	233
65〜69	617	665	544	495	517	468	448	398	397	404
70〜74	1 246	1 254	1 183	1 164	1 096	1 026	962	868	873	825
75〜79	2 132	2 104	1 989	1 965	1 833	1 794	1 856	1 722	1 711	1 551
80〜84	2 429	2 662	2 594	2 569	2 586	2 633	2 492	2 385	2 418	2 376
85〜89	1 771	1 947	1 936	2 072	2 128	2 140	2 182	2 318	2 490	2 302
90歳〜	805	925	919	1 022	1 101	1 162	1 229	1 302	1 508	1 573
不詳 Not Stated	1	-	-	1	-	-	-	-	-	1

注：1) 昭和26〜29年の「80〜84」は、「80歳以上」、昭和31〜34年、36〜39年、41〜44年、46〜49年、51〜54年の「85〜89歳」は「85歳以上」である。
　　2) 年齢調整死亡率の基準人口は、昭和60年モデル人口である。
　　3) 昭和42年以前は分類項目がないため表章していない。

（人口10万対），病類（簡単分類）・性・年齢（5歳階級）別　－昭和25年～平成16年－
age-adjusted death rates (per 100,000 population) from heart diseases, by disease type to 2004

粗死亡率（人口10万対）　Crude death rates (per 100,000 population)

性・年齢階級 Sex/age group	昭和55年 1980	56年 1981	57年 1982	58年 1983	59年 1984	60年 1985	61年 1986	62年 1987	63年 1988	平成元年 1989
総　数　Total	16.3	16.7	15.9	16.0	15.9	15.7	15.4	15.0	15.6	15.0
0～4歳 Years	-	-	0.0	-	0.0	-	-	0.0	-	0.0
5～9	0.0	-	-	-	0.0	-	-	-	-	-
10～14	-	-	-	-	0.0	0.0	-	-	-	0.0
15～19	0.0	0.0	0.0	0.0	0.0	0.0	0.1	0.0	0.1	0.0
20～24	0.1	0.2	0.1	0.1	0.1	0.1	0.1	0.1	0.1	0.1
25～29	0.2	0.2	0.1	0.2	0.2	0.2	0.3	0.2	0.2	0.1
30～34	0.2	0.2	0.3	0.2	0.3	0.3	0.3	0.4	0.2	0.3
35～39	0.5	0.6	0.6	0.5	0.5	0.4	0.7	0.6	0.5	0.5
40～44	1.2	1.2	1.0	1.0	1.1	1.2	1.1	0.9	0.9	1.1
45～49	2.5	2.2	2.1	2.1	2.2	2.0	2.1	2.1	1.9	1.8
50～54	4.8	4.5	4.2	4.4	4.4	4.0	4.0	3.4	3.2	3.7
55～59	9.2	7.6	7.9	8.0	7.8	7.7	7.0	6.6	6.9	6.1
60～64	17.5	18.8	15.4	14.5	14.3	13.7	11.8	12.2	12.2	12.6
65～69	38.3	39.1	33.7	31.3	32.7	28.8	27.5	24.7	23.4	22.5
70～74	93.3	86.0	78.3	75.0	69.3	66.1	59.1	56.0	57.0	52.3
75～79	205.3	203.6	179.9	173.4	155.4	144.4	137.8	125.4	121.9	110.6
80～84	400.8	399.6	374.9	351.1	341.7	323.7	304.1	276.8	268.3	243.6
85～89	698.3	700.9	652.4	650.9	618.2	580.6	534.6	514.0	523.5	464.5
90歳～	1004.1	1069.0	984.2	967.5	959.0	933.2	911.5	852.9	866.4	832.7
男　Male	16.4	16.4	15.7	15.7	15.7	15.6	15.1	14.7	15.2	14.8
0～4歳 Years	-	-	0.0	-	0.0	-	-	0.0	-	-
5～9	0.0	-	-	-	0.0	-	-	-	-	-
10～14	-	-	-	-	0.0	0.0	-	-	-	0.0
15～19	0.1	0.1	0.1	0.0	0.0	0.1	0.1	-	0.1	0.0
20～24	0.1	0.3	0.1	0.1	0.0	0.0	0.2	0.1	0.1	0.2
25～29	0.2	0.3	0.3	0.4	0.3	0.3	0.4	0.3	0.3	0.2
30～34	0.4	0.4	0.5	0.3	0.4	0.5	0.4	0.7	0.4	0.4
35～39	0.8	0.9	0.8	0.9	0.8	0.7	1.2	0.9	0.8	1.0
40～44	2.0	1.8	1.5	1.7	1.7	2.0	1.8	1.6	1.4	1.7
45～49	3.6	3.4	3.2	3.6	3.5	3.1	3.4	3.4	3.2	2.8
50～54	7.5	7.3	6.4	7.1	7.1	6.7	6.1	5.9	5.2	6.2
55～59	14.7	11.9	12.0	12.4	12.2	12.0	10.9	10.4	11.4	9.9
60～64	27.0	26.9	23.9	21.7	22.5	21.3	18.7	17.9	18.3	19.0
65～69	51.7	51.5	46.5	44.1	46.1	41.4	40.5	37.6	35.6	33.7
70～74	119.1	107.5	98.4	95.2	89.1	88.3	77.4	77.1	79.9	71.9
75～79	240.8	242.6	208.9	204.8	187.9	177.2	166.5	155.7	154.7	145.2
80～84	466.6	447.9	435.1	407.4	401.7	368.8	351.8	323.6	315.8	284.0
85～89	784.9	767.3	725.9	734.7	683.9	668.8	597.7	557.4	582.2	528.3
90歳～	1179.1	1205.7	1151.3	1020.9	1044.7	1010.0	1042.1	937.5	902.9	877.6
年齢調整死亡率 （人口10万対） Age-adjusted death rate (per 100,000 population)	24.4	23.6	21.8	21.1	20.4	19.4	18.1	17.0	17.0	15.8
女　Female	16.2	17.1	16.2	16.3	16.1	15.9	15.7	15.3	15.9	15.2
0～4歳 Years	-	-	-	-	-	-	-	-	-	0.0
5～9	-	-	-	-	-	-	-	-	-	-
10～14	-	-	-	-	0.0	-	-	-	-	-
15～19	-	0.0	-	0.0	0.0	-	0.0	0.0	0.1	-
20～24	0.0	0.1	0.1	0.1	0.1	0.1	0.1	0.2	0.1	-
25～29	0.1	0.1	-	0.1	0.1	0.1	0.2	0.2	0.2	0.1
30～34	0.1	0.0	0.2	0.1	0.1	0.1	0.1	0.2	0.1	0.2
35～39	0.2	0.3	0.4	0.2	0.2	0.2	0.2	0.3	0.2	0.1
40～44	0.5	0.6	0.5	0.3	0.4	0.4	0.4	0.3	0.3	0.4
45～49	1.4	1.0	0.9	0.7	1.0	0.9	0.8	0.8	0.7	0.7
50～54	2.1	1.9	2.0	1.8	1.6	1.4	1.9	1.0	1.3	1.3
55～59	4.9	4.0	4.2	3.9	3.6	3.6	3.4	3.1	2.5	2.5
60～64	10.1	12.8	9.2	9.2	8.1	7.7	6.1	7.3	6.8	6.8
65～69	27.9	29.5	23.9	21.5	22.6	19.5	18.1	15.5	14.8	14.3
70～74	73.3	69.6	63.2	60.0	54.8	50.0	45.8	40.9	40.7	38.5
75～79	179.9	175.8	159.2	151.2	132.8	121.9	118.4	104.9	100.2	87.6
80～84	360.1	369.7	337.8	316.4	305.3	296.3	275.1	248.4	239.6	219.6
85～89	654.0	664.5	614.6	605.8	584.6	535.8	502.8	492.1	494.0	432.7
90歳～	936.6	1016.5	919.0	937.6	933.1	901.9	865.5	818.9	852.0	815.0
年齢調整死亡率 （人口10万対） Age-adjusted death rate (per 100,000 population)	16.8	17.0	15.3	14.7	13.9	13.0	12.2	11.2	11.0	10.1

Notes: 1) The categories of "80 - 84" in 1951 - 1954 represent the population aged 80 or over, and those of "85 - 89" in 1956 - 1959, 1961 - 1964, 1966 - 1969, 1971 - 1974, and 1976 - 1979 represent the population aged 85 or over.
2) The base population for age-adjusted death rates is the model population of 1985.
3) The figures for 1967 and earlier are not indicated in the table, due to the absence of categories.

第4表（54-23）

第4表　心疾患死亡数・粗死亡率（人口10万対）・年齢調整死亡率
Statistics 4　Numbers of deaths, crude death rates (per 100,000 population), and (large categories), sex and age group (by 5-year age scale): From 1950

その他の虚血性心疾患　Other ischaemic heart diseases
死亡数　Number of deaths

性・年齢階級 Sex/age group	平成2年 1990	3年 1991	4年 1992	5年 1993	6年 1994	7年 1995	8年 1996	9年 1997	10年 1998	11年 1999
総　数　Total	19 504	19 604	19 769	19 369	18 009	23 040	22 754	22 486	23 202	24 632
0〜4歳 Years	-	-	-	-	-	1	1	2	1	2
5〜9	1	-	1	-	-	-	-	-	1	2
10〜14	-	-	-	1	1	2	1	2	1	-
15〜19	5	5	3	4	4	7	10	4	8	5
20〜24	18	10	11	5	6	22	15	20	15	19
25〜29	9	22	22	16	10	24	37	40	39	41
30〜34	24	28	24	28	28	47	47	48	53	60
35〜39	39	48	43	47	39	81	73	86	70	109
40〜44	99	97	109	98	80	155	153	121	144	175
45〜49	203	146	196	184	174	321	373	357	385	351
50〜54	310	305	317	307	311	478	499	528	580	655
55〜59	560	531	555	533	504	731	745	733	777	913
60〜64	859	877	933	914	852	1 173	1 228	1 302	1 277	1 333
65〜69	1 239	1 261	1 327	1 348	1 318	1 712	1 762	1 729	1 872	1 951
70〜74	1 971	1 871	1 985	2 024	1 723	2 308	2 328	2 375	2 505	2 824
75〜79	3 358	3 323	3 180	3 044	2 592	3 295	3 272	3 185	3 179	3 525
80〜84	4 286	4 549	4 477	4 206	3 835	4 751	4 398	4 296	4 322	4 356
85〜89	3 974	3 825	3 918	3 809	3 698	4 433	4 515	4 259	4 443	4 560
90歳〜	2 537	2 691	2 660	2 795	2 818	3 478	3 283	3 384	3 516	3 730
不　詳　Not Stated	12	15	8	6	16	21	14	15	14	21
男　Male	9 466	9 519	9 615	9 377	8 948	11 659	11 686	11 633	12 033	12 851
0〜4歳 Years	-	-	-	-	-	-	-	2	1	2
5〜9	1	-	-	-	-	-	-	-	1	2
10〜14	-	-	-	1	-	-	1	2	-	-
15〜19	5	5	2	3	4	6	10	3	7	3
20〜24	16	8	8	5	5	17	13	17	10	16
25〜29	6	20	18	14	9	22	33	37	29	34
30〜34	18	17	14	20	23	34	38	35	49	48
35〜39	31	40	37	34	27	64	58	74	59	89
40〜44	84	78	90	77	68	130	128	105	124	150
45〜49	167	109	160	149	155	258	302	287	331	287
50〜54	250	256	252	251	261	391	416	447	476	542
55〜59	440	419	435	430	404	565	600	579	633	732
60〜64	632	673	718	682	674	917	941	994	974	1 023
65〜69	804	843	905	940	956	1 178	1 254	1 245	1 331	1 398
70〜74	1 160	1 080	1 157	1 138	1 026	1 369	1 397	1 506	1 637	1 845
75〜79	1 705	1 717	1 609	1 565	1 331	1 725	1 686	1 652	1 641	1 740
80〜84	1 839	2 017	2 002	1 832	1 782	2 218	2 017	1 994	1 969	2 024
85〜89	1 513	1 423	1 462	1 394	1 410	1 677	1 783	1 604	1 697	1 796
90歳〜	783	800	739	837	799	1 068	995	1 037	1 050	1 099
不　詳　Not Stated	12	14	7	5	14	20	14	13	14	21
女　Female	10 038	10 085	10 154	9 992	9 061	11 381	11 068	10 853	11 169	11 781
0〜4歳 Years	-	-	-	-	-	1	1	-	-	-
5〜9	-	-	1	-	-	-	-	-	-	-
10〜14	-	-	-	-	1	2	-	-	1	-
15〜19	-	-	1	1	-	1	-	1	1	2
20〜24	2	2	3	-	1	5	2	3	5	3
25〜29	3	2	4	2	1	2	4	3	10	7
30〜34	6	11	10	8	5	13	9	13	4	12
35〜39	8	8	6	13	12	17	15	12	11	20
40〜44	15	19	19	21	12	25	25	16	20	25
45〜49	36	37	36	35	19	63	71	70	54	64
50〜54	60	49	65	56	50	87	83	81	104	113
55〜59	120	112	120	103	100	166	145	154	144	181
60〜64	227	204	215	232	178	256	287	308	303	310
65〜69	435	418	422	408	362	534	508	484	541	553
70〜74	811	791	828	886	697	939	931	869	868	979
75〜79	1 653	1 606	1 571	1 479	1 261	1 570	1 586	1 533	1 538	1 785
80〜84	2 447	2 532	2 475	2 374	2 053	2 533	2 381	2 302	2 353	2 332
85〜89	2 461	2 402	2 456	2 415	2 288	2 756	2 732	2 655	2 746	2 764
90歳〜	1 754	1 891	1 921	1 958	2 019	2 410	2 288	2 347	2 466	2 631
不　詳　Not Stated	-	1	1	1	2	1	-	2	-	-

注：1）昭和26〜29年の「80〜84」は、「80歳以上」、昭和31〜34年、36〜39年、41〜44年、46〜49年、51〜54年の「85〜89歳」は「85歳以上」である。
　　2）年齢調整死亡率の基準人口は、昭和60年モデル人口である。
　　3）昭和42年以前は分類項目がないため表章していない。

（人口10万対），病類（簡単分類）・性・年齢（5歳階級）別 －昭和25年～平成16年－
age-adjusted death rates (per 100,000 population) from heart diseases, by disease type to 2004

粗死亡率（人口10万対）　Crude death rates (per 100,000 population)

性・年齢階級 Sex/age group	平成2年 1990	3年 1991	4年 1992	5年 1993	6年 1994	7年 1995	8年 1996	9年 1997	10年 1998	11年 1999
総数 Total	15.9	15.9	16.0	15.6	14.5	18.5	18.2	18.0	18.5	19.6
0～4歳 Years	-	-	-	-	-	0.0	0.0	0.0	0.0	0.0
5～9	0.0	-	0.0	-	-	-	-	-	0.0	0.0
10～14	-	-	-	0.0	0.0	0.0	0.0	0.0	0.0	-
15～19	0.1	0.1	0.0	0.0	0.0	0.1	0.1	0.1	0.1	0.1
20～24	0.2	0.1	0.1	0.1	0.1	0.2	0.2	0.2	0.2	0.2
25～29	0.1	0.3	0.3	0.2	0.1	0.3	0.4	0.4	0.4	0.4
30～34	0.3	0.4	0.3	0.4	0.4	0.6	0.6	0.6	0.6	0.7
35～39	0.4	0.6	0.5	0.6	0.5	1.1	1.0	1.1	0.9	1.4
40～44	0.9	0.9	1.0	1.0	0.8	1.7	1.8	1.5	1.8	2.2
45～49	2.3	1.7	2.2	1.9	1.8	3.0	3.4	3.3	3.8	3.7
50～54	3.8	3.7	3.8	3.5	3.4	5.4	5.9	6.0	6.2	6.7
55～59	7.3	6.8	7.0	6.7	6.4	9.2	9.2	8.8	9.2	10.3
60～64	12.8	12.7	13.2	12.7	11.7	15.8	16.2	17.0	16.6	17.5
65～69	24.3	23.3	23.3	22.6	21.2	26.9	27.0	25.8	27.4	28.2
70～74	51.7	48.1	49.2	48.1	38.5	49.4	46.8	45.3	45.6	49.4
75～79	111.4	107.5	101.8	96.6	82.7	100.6	97.1	90.8	86.5	90.1
80～84	234.0	232.9	218.2	196.1	171.4	207.1	185.3	177.7	175.5	177.1
85～89	477.1	446.8	427.7	391.1	351.2	390.9	367.7	325.6	320.1	311.9
90歳～	876.9	835.7	749.3	718.5	674.2	786.7	694.1	644.6	604.1	585.6
男 Male	15.7	15.8	15.9	15.4	14.7	19.1	19.1	19.0	19.6	20.9
0～4歳 Years	-	-	-	-	-	-	-	0.1	0.0	0.1
5～9	0.0	-	-	-	-	-	-	-	0.0	0.1
10～14	-	-	-	0.0	-	-	0.0	0.1	-	-
15～19	0.1	0.1	0.0	0.1	0.1	0.1	0.2	0.1	0.2	0.1
20～24	0.4	0.2	0.2	0.1	0.1	0.3	0.3	0.4	0.2	0.4
25～29	0.1	0.5	0.4	0.3	0.2	0.5	0.7	0.8	0.6	0.7
30～34	0.5	0.4	0.4	0.5	0.6	0.8	1.0	0.9	1.2	1.1
35～39	0.7	0.9	0.9	0.9	0.7	1.6	1.5	1.9	1.5	2.3
40～44	1.6	1.4	1.7	1.5	1.4	2.9	3.0	2.6	3.1	3.8
45～49	3.7	2.6	3.6	3.2	3.1	4.9	5.4	5.3	6.5	6.1
50～54	6.3	6.3	6.0	5.9	5.8	8.9	9.9	10.2	10.3	11.1
55～59	11.6	10.9	11.2	11.1	10.5	14.5	15.1	14.2	15.2	16.8
60～64	19.5	20.3	21.1	19.6	19.2	25.5	25.7	26.8	26.2	27.8
65～69	36.7	35.3	35.2	34.2	33.1	39.4	40.8	39.5	41.3	42.8
70～74	74.5	68.7	71.7	67.7	56.7	70.9	66.2	66.1	67.1	71.9
75～79	142.5	140.4	130.7	126.9	109.3	137.5	132.1	125.6	119.3	117.3
80～84	271.1	281.7	268.0	236.4	220.8	270.0	237.9	231.9	226.3	234.8
85～89	548.6	504.6	487.3	439.7	415.9	464.5	461.9	393.1	394.7	398.2
90歳～	961.2	888.9	761.9	797.1	713.4	913.5	808.9	773.9	714.3	700.0
年齢調整死亡率（人口10万対） Age-adjusted death rate (per 100,000 population)	16.2	15.7	15.3	14.4	13.2	16.6	16.0	15.4	15.3	15.9
女 Female	16.1	16.1	16.1	15.8	14.3	18.0	17.4	17.0	17.5	18.4
0～4歳 Years	-	-	-	-	-	0.0	0.0	-	-	-
5～9	-	-	0.0	-	-	-	-	-	-	-
10～14	-	-	-	-	0.0	0.1	-	-	0.0	-
15～19	-	-	0.0	0.0	-	0.0	-	0.0	0.0	0.1
20～24	0.0	0.0	0.1	-	0.0	0.1	0.0	0.1	0.1	0.1
25～29	0.1	0.1	0.1	0.0	0.0	0.0	0.1	0.1	0.2	0.1
30～34	0.2	0.3	0.3	0.2	0.1	0.3	0.2	0.3	0.1	0.3
35～39	0.2	0.2	0.1	0.3	0.3	0.4	0.4	0.3	0.3	0.5
40～44	0.3	0.3	0.4	0.4	0.3	0.6	0.6	0.4	0.5	0.6
45～49	0.8	0.9	0.8	0.7	0.4	1.2	1.3	1.3	1.1	1.4
50～54	1.5	1.2	1.5	1.3	1.1	1.9	2.0	1.8	2.2	2.3
55～59	3.1	2.8	3.0	2.6	2.5	4.1	3.5	3.7	3.3	4.0
60～64	6.5	5.7	5.9	6.2	4.7	6.7	7.3	7.8	7.6	7.9
65～69	15.0	13.8	13.5	12.7	10.9	15.8	14.7	13.7	15.0	15.1
70～74	36.0	34.1	34.2	35.0	26.2	34.2	32.5	29.3	28.4	31.0
75～79	90.9	85.9	82.9	77.2	65.8	77.6	75.7	69.9	66.9	73.5
80～84	212.2	204.7	189.7	173.3	143.5	172.0	156.0	147.8	147.8	145.9
85～89	441.8	418.5	398.7	367.6	320.4	356.5	324.9	295.0	286.6	273.4
90歳～	843.8	811.6	744.6	691.9	659.8	741.2	653.7	600.3	566.9	548.1
年齢調整死亡率（人口10万対） Age-adjusted death rate (per 100,000 population)	10.2	9.7	9.3	8.8	7.4	9.1	8.4	7.9	7.8	8.0

Notes: 1) The categories of "80・84" in 1951・1954 represent the population aged 80 or over, and those of "85・89" in 1956・1959, 1961・1964, 1966・1969, 1971・1974, and 1976・1979 represent the population aged 85 or over.
2) The base population for age-adjusted death rates is the model population of 1985.
3) The figures for 1967 and earlier are not indicated in the table, due to the absence of categories.

第4表　心疾患死亡数・粗死亡率（人口10万対）・年齢調整死亡率
Statistics 4　Numbers of deaths, crude death rates (per 100,000 population), and (large categories), sex and age group (by 5-year age scale): From 1950

その他の虚血性心疾患　Other ischaemic heart diseases
死亡数　Number of deaths

性・年齢階級 Sex/age group	平成12年 2000	13年 2001	14年 2002	15年 2003	16年 2004
総数　Total	24 298	24 896	25 862	26 847	26 822
0〜4歳 Years	2	2	-	2	2
5〜9	-	-	-	1	-
10〜14	1	1	1	3	-
15〜19	5	3	7	5	4
20〜24	17	18	19	14	23
25〜29	36	49	46	42	41
30〜34	80	75	86	90	81
35〜39	114	135	132	130	141
40〜44	155	151	193	219	206
45〜49	341	353	353	298	318
50〜54	716	735	834	775	696
55〜59	939	958	993	1 113	1 106
60〜64	1 410	1 482	1 505	1 517	1 656
65〜69	1 993	2 041	2 120	2 220	2 172
70〜74	2 844	2 936	3 007	3 091	3 072
75〜79	3 421	3 496	3 787	4 106	4 183
80〜84	4 123	4 158	4 335	4 425	4 443
85〜89	4 396	4 527	4 398	4 429	4 286
90歳〜	3 690	3 760	4 029	4 354	4 379
不詳　Not Stated	15	15	17	13	13
男　Male	12 915	13 378	14 083	14 791	14 834
0〜4歳 Years	2	2	-	1	2
5〜9	-	-	-	-	-
10〜14	1	1	1	1	-
15〜19	4	3	5	3	4
20〜24	14	16	16	13	21
25〜29	32	37	38	36	33
30〜34	60	63	71	72	69
35〜39	93	112	106	110	112
40〜44	125	122	160	178	172
45〜49	269	286	292	251	262
50〜54	587	604	692	657	571
55〜59	786	778	792	903	913
60〜64	1 109	1 167	1 173	1 184	1 320
65〜69	1 422	1 444	1 534	1 646	1 623
70〜74	1 871	1 955	2 014	2 061	2 122
75〜79	1 820	1 961	2 189	2 418	2 464
80〜84	1 907	1 908	1 991	2 153	2 135
85〜89	1 733	1 812	1 812	1 810	1 691
90歳〜	1 066	1 096	1 183	1 283	1 308
不詳　Not Stated	14	11	14	11	12
女　Female	11 383	11 518	11 779	12 056	11 988
0〜4歳 Years	-	-	-	1	-
5〜9	-	1	-	1	-
10〜14	-	-	-	2	-
15〜19	1	-	2	2	-
20〜24	3	2	3	1	2
25〜29	4	12	8	6	8
30〜34	20	12	15	18	12
35〜39	21	23	26	20	29
40〜44	30	29	33	41	34
45〜49	72	67	61	47	56
50〜54	129	131	142	118	125
55〜59	153	180	201	210	193
60〜64	301	315	332	333	336
65〜69	571	597	586	574	549
70〜74	973	981	993	1 030	950
75〜79	1 601	1 535	1 598	1 688	1 719
80〜84	2 216	2 250	2 344	2 272	2 308
85〜89	2 663	2 715	2 586	2 619	2 595
90歳〜	2 624	2 664	2 846	3 071	3 071
不詳　Not Stated	1	4	3	2	1

注：1) 昭和26〜29年の「80〜84」は、「80歳以上」、昭和31〜34年、36〜39年、41〜44年、46〜49年、51〜54年の「85〜89歳」は「85歳以上」である。
　　2) 年齢調整死亡率の基準人口は、昭和60年モデル人口である。
　　3) 昭和42年以前は分類項目がないため表章していない。

（人口10万対），病類（簡単分類）・性・年齢（5歳階級）別 －昭和25年～平成16年－
age-adjusted death rates (per 100,000 population) from heart diseases, by disease type
to 2004

粗死亡率（人口10万対） Crude death rates (per 100,000 population)

性・年齢階級 Sex/age group	平成12年 2000	13年 2001	14年 2002	15年 2003	16年 2004
総 数 Total	19.3	19.8	20.5	21.3	21.3
0～4歳 Years	0.0	0.0	-	0.0	0.0
5～9	-	0.0	-	0.0	-
10～14	0.0	0.0	0.0	0.0	-
15～19	0.1	0.0	0.1	0.1	0.1
20～24	0.2	0.2	0.2	0.2	0.3
25～29	0.4	0.5	0.5	0.5	0.5
30～34	0.9	0.8	0.9	0.9	0.8
35～39	1.4	1.7	1.6	1.6	1.7
40～44	2.0	2.0	2.5	2.8	2.6
45～49	3.9	4.2	4.4	3.8	4.1
50～54	6.9	6.7	7.9	7.8	7.5
55～59	10.8	11.6	11.5	12.2	11.5
60～64	18.3	18.8	18.7	18.4	19.2
65～69	28.1	28.2	28.9	30.1	29.7
70～74	48.3	48.6	48.6	48.8	47.7
75～79	82.6	79.2	81.3	84.1	82.3
80～84	158.0	153.4	152.4	147.1	137.9
85～89	287.3	282.6	265.9	261.5	250.2
90歳～	526.8	487.0	471.8	468.7	432.3
男 Male	21.0	21.7	22.9	24.0	24.1
0～4歳 Years	0.1	0.1	-	0.0	0.1
5～9	-	-	-	-	-
10～14	0.0	0.0	0.0	0.0	-
15～19	0.1	0.1	0.1	0.1	0.1
20～24	0.3	0.4	0.4	0.3	0.5
25～29	0.7	0.8	0.8	0.8	0.8
30～34	1.4	1.4	1.5	1.5	1.4
35～39	2.3	2.8	2.6	2.6	2.6
40～44	3.2	3.2	4.1	4.6	4.4
45～49	6.1	6.8	7.2	6.4	6.7
50～54	11.3	11.1	13.2	13.3	12.4
55～59	18.4	19.1	18.7	20.1	19.3
60～64	29.7	30.5	30.0	29.5	31.6
65～69	42.4	42.1	44.1	47.1	46.8
70～74	70.2	71.2	71.4	71.3	72.2
75～79	112.3	110.4	114.0	117.7	114.0
80～84	208.8	203.2	203.6	208.2	189.8
85～89	363.7	363.9	353.9	347.4	322.7
90歳～	604.6	573.8	563.3	567.7	531.7
年齢調整死亡率 （人口10万対） Age-adjusted death rate (per 100,000 population)	15.3	15.3	15.6	15.9	15.5
女 Female	17.8	17.9	18.3	18.7	18.6
0～4歳 Years	-	-	-	0.0	-
5～9	-	0.0	-	0.0	-
10～14	-	-	-	0.1	-
15～19	0.0	-	0.1	0.1	-
20～24	0.1	0.1	0.1	0.0	0.1
25～29	0.1	0.3	0.2	0.1	0.2
30～34	0.5	0.3	0.3	0.4	0.3
35～39	0.5	0.6	0.6	0.5	0.7
40～44	0.8	0.8	0.9	1.1	0.9
45～49	1.6	1.6	1.5	1.2	1.4
50～54	2.5	2.4	2.7	2.4	2.7
55～59	3.5	4.3	4.6	4.5	4.0
60～64	7.6	7.8	8.0	7.8	7.6
65～69	15.3	15.6	15.2	14.8	14.3
70～74	30.2	29.8	29.5	29.9	27.1
75～79	63.6	58.2	58.4	59.7	58.8
80～84	130.6	127.0	125.5	115.0	110.0
85～89	252.7	245.9	226.4	223.3	218.1
90歳～	500.6	458.5	442.6	437.5	399.9
年齢調整死亡率 （人口10万対） Age-adjusted death rate (per 100,000 population)	7.4	7.2	7.1	7.0	6.7

Notes: 1) The categories of "80 - 84" in 1951 - 1954 represent the population aged 80 or over, and those of "85 - 89" in 1956 - 1959, 1961 - 1964, 1966 - 1969, 1971 - 1974, and 1976 - 1979 represent the population aged 85 or over.
2) The base population for age-adjusted death rates is the model population of 1985.
3) The figures for 1967 and earlier are not indicated in the table, due to the absence of categories.

第4表 (54-25)

第4表　心疾患死亡数・粗死亡率（人口10万対）・年齢調整死亡率
Statistics 4　Numbers of deaths, crude death rates (per 100,000 population), and (large categories), sex and age group (by 5-year age scale): From 1950

慢性非リウマチ性心内膜疾患　Chronic non-rheumatic endocarditis
死亡数　Number of deaths

性・年齢階級 Sex/age group	昭和25年 1950	26年 1951	27年 1952	28年 1953	29年 1954	30年 1955	31年 1956	32年 1957	33年 1958	34年 1959
総　数　Total	21 451	21 294	20 574	20 379	18 808	18 013	18 484	18 418	13 143	12 519
0～4歳 Years	282	290	299	237	174	133	114	102	63	62
5～9	303	347	277	267	234	187	198	195	148	136
10～14	469	518	484	480	379	361	297	300	194	198
15～19	652	688	608	558	492	475	448	433	278	289
20～24	738	737	663	617	598	529	521	468	308	283
25～29	913	902	772	686	680	590	565	551	370	374
30～34	857	829	763	767	666	624	554	616	429	376
35～39	1 044	993	868	860	712	685	663	628	424	413
40～44	1 223	1 113	1 029	975	895	822	832	789	505	508
45～49	1 309	1 237	1 257	1 168	1 047	966	1 027	1 020	655	650
50～54	1 505	1 542	1 542	1 374	1 341	1 240	1 232	1 191	830	763
55～59	1 844	1 836	1 672	1 764	1 520	1 447	1 489	1 578	1 082	947
60～64	2 367	2 170	2 087	1 998	1 855	1 812	1 759	1 846	1 273	1 123
65～69	2 708	2 670	2 483	2 467	2 374	2 249	2 336	2 248	1 596	1 463
70～74	2 589	2 524	2 615	2 755	2 564	2 459	2 534	2 568	1 837	1 754
75～79	1 654	1 821	1 973	2 116	1 998	2 029	2 314	2 220	1 645	1 618
80～84	731	776	864	905	931	1 015	1 214	1 230	1 081	1 082
85～89	209	248	279	331	300	328	320	357	350	377
90歳～	51	53	38	54	46	62	67	78	75	103
不　詳 Not Stated	3	-	1	-	2	-	-	-	-	-
男　Male	9 330	9 082	8 856	8 841	8 137	7 801	7 904	8 089	5 709	5 393
0～4歳 Years	150	138	138	118	83	74	55	54	29	24
5～9	144	184	147	147	107	90	96	102	84	73
10～14	207	237	222	212	157	166	129	147	78	105
15～19	313	314	246	246	213	229	218	203	134	143
20～24	294	310	254	241	222	203	206	189	129	113
25～29	291	272	264	220	222	199	172	177	121	146
30～34	282	252	234	232	197	194	148	183	138	124
35～39	356	332	284	306	230	224	210	187	136	133
40～44	485	429	386	350	309	288	294	264	179	179
45～49	574	541	557	498	444	397	408	408	262	262
50～54	751	740	726	664	664	567	569	580	378	343
55～59	955	872	838	894	789	703	747	801	540	452
60～64	1 155	1 043	1 049	967	975	898	900	976	641	556
65～69	1 256	1 241	1 182	1 156	1 125	1 108	1 108	1 101	782	689
70～74	1 155	1 059	1 161	1 253	1 135	1 121	1 134	1 204	861	796
75～79	628	741	801	893	798	852	935	890	683	690
80～84	266	281	276	330	340	365	456	470	397	417
85～89	55	81	84	102	107	107	102	133	115	120
90歳～	11	15	7	12	19	16	17	20	22	28
不　詳 Not Stated	2	-	-	-	1	-	-	-	-	-
女　Female	12 121	12 212	11 718	11 538	10 671	10 212	10 580	10 329	7 434	7 126
0～4歳 Years	132	152	161	119	91	59	59	48	34	38
5～9	159	163	130	120	127	97	102	93	64	63
10～14	262	281	262	268	222	195	168	153	116	93
15～19	339	374	362	312	279	246	230	230	144	146
20～24	444	427	409	376	376	326	315	279	179	170
25～29	622	630	508	466	458	391	393	374	249	228
30～34	575	577	529	535	469	430	406	433	291	252
35～39	688	661	584	554	482	461	453	441	288	280
40～44	738	684	643	625	586	534	538	525	326	329
45～49	735	696	700	670	603	569	619	612	393	388
50～54	754	802	816	710	677	673	663	611	452	420
55～59	889	964	834	870	731	744	742	777	542	495
60～64	1 212	1 127	1 038	1 031	880	914	859	870	632	567
65～69	1 452	1 429	1 301	1 311	1 249	1 141	1 228	1 147	814	774
70～74	1 434	1 465	1 454	1 502	1 429	1 338	1 400	1 364	976	958
75～79	1 026	1 080	1 172	1 223	1 200	1 177	1 379	1 330	962	928
80～84	465	495	588	575	591	650	758	760	684	665
85～89	154	167	195	229	193	221	218	224	235	257
90歳～	40	38	31	42	27	46	50	58	53	75
不　詳 Not Stated	1	-	1	-	1	-	-	-	-	-

注：1）昭和26～29年の「80～84」は、「80歳以上」、昭和31～34年、36～39年、41～44年、46～49年、51～54年の「85～89歳」は「85歳以上」である。
　　2）年齢調整死亡率の基準人口は、昭和60年モデル人口である。

(人口10万対), 病類（簡単分類）・性・年齢（5歳階級）別 －昭和25年～平成16年－
age-adjusted death rates (per 100,000 population) from heart diseases, by disease type
to 2004

粗死亡率（人口10万対） Crude death rates (per 100,000 population)

性・年齢階級 Sex/age group	昭和25年 1950	26年 1951	27年 1952	28年 1953	29年 1954	30年 1955	31年 1956	32年 1957	33年 1958	34年 1959
総数 Total	25.8	25.2	24.0	23.4	21.3	20.2	20.5	20.2	14.3	13.5
0～4歳 Years	2.5	2.5	2.7	2.2	1.8	1.4	1.3	1.2	0.8	0.8
5～9	3.2	3.8	2.9	2.7	2.3	1.7	1.7	1.7	1.4	1.4
10～14	5.4	5.8	5.3	5.2	3.9	3.8	3.3	3.2	2.0	1.9
15～19	7.6	7.9	6.9	6.4	5.7	5.5	5.1	4.8	3.0	3.0
20～24	9.6	9.4	8.2	7.5	7.2	6.3	6.1	5.4	3.6	3.3
25～29	14.8	13.8	11.3	9.6	9.1	7.8	7.3	7.0	4.6	4.6
30～34	16.5	15.8	14.3	13.8	11.3	10.2	8.6	9.1	6.0	5.1
35～39	20.7	19.5	17.1	17.0	14.3	13.4	12.8	11.8	7.7	7.1
40～44	27.3	23.9	21.6	20.2	18.2	16.6	16.7	15.8	10.2	10.4
45～49	32.7	31.2	31.2	28.5	24.6	22.1	22.6	22.0	13.9	13.6
50～54	44.4	44.0	42.5	36.9	35.3	32.2	32.3	30.7	21.0	18.7
55～59	67.1	64.5	57.6	58.4	49.1	45.1	44.9	46.0	30.8	26.4
60～64	102.7	92.5	86.8	82.6	75.8	72.6	67.5	69.0	45.8	39.5
65～69	152.9	152.1	139.3	134.3	123.8	114.3	116.4	109.9	76.8	69.4
70～74	202.0	196.0	197.5	205.6	188.4	176.6	183.0	182.3	126.9	116.2
75～79	241.2	244.4	253.3	262.5	235.6	231.7	258.0	245.0	178.0	172.3
80～84	265.1	276.2	281.2	289.9	269.4	268.7	295.4	288.7	239.7	228.3
85～89	264.4	...	...	...	...	294.6	272.5	288.1	257.6	268.2
90歳～	311.8	...	...	...	...	272.3	...	...	...	...
男 Male	22.9	21.9	21.0	20.7	18.8	17.8	17.8	18.1	12.6	11.8
0～4歳 Years	2.6	2.3	2.4	2.2	1.7	1.6	1.2	1.3	0.7	0.6
5～9	3.0	4.0	3.1	2.9	2.0	1.6	1.6	1.8	1.6	1.5
10～14	4.7	5.3	4.8	4.5	3.2	3.4	2.8	3.1	1.5	2.0
15～19	7.2	7.2	5.6	5.6	4.9	5.3	4.9	4.5	2.9	2.9
20～24	7.7	7.9	6.3	5.8	5.3	4.8	4.8	4.4	3.0	2.7
25～29	10.3	8.9	8.1	6.3	6.1	5.3	4.5	4.5	3.0	3.6
30～34	11.9	10.8	9.9	9.4	7.5	6.9	4.9	5.6	4.0	3.4
35～39	15.0	13.9	12.0	13.1	10.1	9.7	9.1	7.9	5.6	5.1
40～44	22.1	19.0	16.9	15.3	13.3	12.4	12.6	11.4	7.8	8.0
45～49	28.4	27.0	27.5	24.5	21.2	18.6	18.6	18.4	11.7	11.6
50～54	43.7	41.7	39.7	35.4	34.8	29.4	29.8	30.1	19.4	17.2
55～59	69.3	61.0	57.2	58.9	50.7	43.7	44.9	46.7	30.8	25.3
60～64	104.1	91.8	89.8	81.9	81.4	73.2	70.4	74.2	46.9	39.8
65～69	157.8	156.7	145.6	136.6	126.4	120.6	117.5	114.2	79.8	69.1
70～74	213.8	194.7	207.0	221.0	196.4	188.8	191.2	198.0	135.8	119.3
75～79	234.6	253.8	262.6	284.4	240.4	249.1	265.6	251.4	189.2	187.5
80～84	278.3	281.3	253.1	296.0	293.1	274.0	314.5	315.4	251.3	251.2
85～89	224.4	...	...	...	...	316.1	283.3	340.0	279.6	279.2
90歳～	258.8	...	...	...	...	274.5	...	...	...	...
年齢調整死亡率 （人口10万対） Age-adjusted death rate (per 100,000 population)	41.4	39.9	38.3	38.6	34.9	33.0	33.3	33.6	23.7	22.0
女 Female	28.6	28.3	26.8	26.1	23.8	22.5	23.0	22.3	15.9	15.1
0～4歳 Years	2.4	2.7	2.9	2.3	1.9	1.3	1.4	1.2	0.9	1.0
5～9	3.4	3.6	2.8	2.5	2.5	1.8	1.8	1.7	1.2	1.3
10～14	6.1	6.4	5.9	5.9	4.6	4.2	3.8	3.3	2.4	1.8
15～19	8.0	8.7	8.4	7.2	6.5	5.7	5.3	5.2	3.2	3.1
20～24	11.4	10.8	10.2	9.2	9.0	7.7	7.4	6.5	4.2	4.0
25～29	18.5	18.1	14.2	12.7	12.1	10.2	10.1	9.4	6.1	5.6
30～34	20.2	20.0	17.8	17.2	14.4	13.0	11.8	12.2	8.0	6.8
35～39	25.7	24.4	21.5	20.4	17.9	16.5	15.9	15.0	9.4	8.7
40～44	32.3	28.5	25.9	24.7	22.7	20.4	20.3	19.7	12.2	12.4
45～49	37.0	35.4	34.9	32.5	27.9	25.5	26.4	25.3	15.9	15.3
50～54	45.2	46.4	45.4	38.5	35.8	35.0	34.7	31.3	22.6	20.1
55～59	64.9	68.1	57.9	57.8	47.4	46.6	44.8	45.3	30.7	27.4
60～64	101.5	93.1	84.0	83.2	70.5	72.0	64.9	64.0	44.7	39.2
65～69	149.0	148.5	134.3	132.2	121.5	108.9	115.3	106.0	74.2	69.7
70～74	193.4	197.2	190.6	194.3	182.5	167.5	176.8	170.3	119.9	113.6
75～79	245.5	237.9	247.3	248.6	232.6	220.6	252.6	240.9	170.9	162.5
80～84	258.1	273.4	296.0	286.8	258.3	265.7	285.0	274.4	233.4	215.9
85～89	282.3	...	...	...	...	285.2	268.0	266.0	248.3	263.5
90歳～	330.4	...	...	...	...	271.6	...	...	...	...
年齢調整死亡率 （人口10万対） Age-adjusted death rate (per 100,000 population)	44.5	43.8	41.6	40.3	36.3	34.4	35.0	33.6	24.0	22.5

Notes: 1) The categories of "80 - 84" in 1951 - 1954 represent the population aged 80 or over, and those of "85 - 89" in 1956 - 1959, 1961 - 1964, 1966 - 1969, 1971 - 1974, and 1976 - 1979 represent the population aged 85 or over.
2) The base population for age-adjusted death rates is the model population of 1985.

第4表　心疾患死亡数・粗死亡率（人口10万対）・年齢調整死亡率
Statistics 4　Numbers of deaths, crude death rates (per 100,000 population), and (large categories), sex and age group (by 5-year age scale): From 1950

慢性非リウマチ性心内膜疾患　Chronic non-rheumatic endocarditis
死亡数　Number of deaths

性・年齢階級 Sex/age group	昭和35年 1960	36年 1961	37年 1962	38年 1963	39年 1964	40年 1965	41年 1966	42年 1967	43年 1968	44年 1969
総数　Total	11 953	10 590	9 855	8 200	7 673	7 606	6 509	6 147	5 278	4 851
0～4歳 Years	58	49	34	32	25	27	17	18	11	8
5～9	89	68	45	27	23	14	18	10	13	1
10～14	173	131	127	84	51	56	30	25	31	20
15～19	276	198	167	122	127	97	94	90	57	39
20～24	259	230	216	189	168	133	103	93	83	78
25～29	322	288	255	214	193	169	121	144	107	95
30～34	380	310	298	272	217	236	181	179	140	100
35～39	381	365	342	292	317	271	266	232	189	161
40～44	437	445	393	320	366	321	309	295	248	249
45～49	598	472	495	417	377	412	336	322	291	274
50～54	652	660	647	504	476	466	449	420	358	304
55～59	877	788	712	588	549	610	507	517	450	409
60～64	1 184	1 022	925	792	715	779	617	618	505	446
65～69	1 395	1 218	1 118	976	860	874	759	763	558	599
70～74	1 627	1 453	1 312	1 056	996	984	874	743	698	642
75～79	1 620	1 395	1 336	1 054	1 033	1 005	859	789	715	643
80～84	1 108	993	986	794	745	745	602	539	522	438
85～89	436	411	372	373	349	315	301	274	237	263
90歳～	81	94	75	94	86	92	66	76	64	82
不詳 Not Stated	-	-	-	-	-	-	-	-	1	-
男　Male	5 070	4 412	4 192	3 526	3 239	3 133	2 651	2 529	2 096	1 897
0～4歳 Years	31	21	13	15	9	10	3	9	7	4
5～9	48	27	25	18	9	8	9	8	6	1
10～14	84	68	63	45	29	32	12	12	13	7
15～19	136	96	78	59	62	45	54	53	26	15
20～24	114	84	93	80	80	48	41	38	30	39
25～29	109	114	100	71	73	64	54	63	43	39
30～34	108	93	106	102	83	97	77	72	53	42
35～39	134	129	112	105	115	116	109	92	76	60
40～44	147	125	120	109	117	102	102	115	88	94
45～49	214	166	177	154	129	130	124	109	82	81
50～54	271	278	278	207	172	176	181	165	122	114
55～59	416	368	335	305	266	281	200	218	197	147
60～64	604	482	464	391	370	382	285	263	221	169
65～69	682	607	581	494	429	403	358	392	261	290
70～74	745	665	609	507	473	457	365	321	314	261
75～79	637	582	551	441	424	384	371	322	280	264
80～84	420	354	351	266	282	284	196	179	178	163
85～89	143	132	114	135	95	95	95	81	79	86
90歳～	27	21	22	22	22	19	15	17	20	21
不詳 Not Stated	-	-	-	-	-	-	-	-	-	-
女　Female	6 883	6 178	5 663	4 674	4 434	4 473	3 858	3 618	3 182	2 954
0～4歳 Years	27	28	21	17	16	17	14	9	4	4
5～9	41	41	20	9	14	6	9	2	7	-
10～14	89	63	64	39	22	24	18	13	18	13
15～19	140	102	89	63	65	52	40	37	31	24
20～24	145	146	123	109	88	85	62	55	53	39
25～29	213	174	155	143	120	105	67	81	64	56
30～34	272	217	192	170	134	139	104	107	87	58
35～39	247	236	230	187	202	155	157	140	113	101
40～44	290	320	273	211	249	219	207	180	160	155
45～49	384	306	318	263	248	282	212	213	209	193
50～54	381	382	369	297	304	290	268	255	236	190
55～59	461	420	377	283	283	329	307	299	253	262
60～64	580	540	461	401	345	397	332	355	284	277
65～69	713	611	537	482	431	471	401	371	297	309
70～74	882	788	703	549	523	527	509	422	384	381
75～79	983	813	785	613	609	621	488	467	435	379
80～84	688	639	635	528	463	461	406	360	344	275
85～89	293	279	258	238	254	220	206	193	158	177
90歳～	54	73	53	72	64	73	51	59	44	61
不詳 Not Stated	-	-	-	-	-	-	-	-	1	-

注：1）昭和26～29年の「80～84」は、「80歳以上」、昭和31～34年、36～39年、41～44年、46～49年、51～54年の「85～89歳」は「85歳以上」である。
　　2）年齢調整死亡率の基準人口は、昭和60年モデル人口である。

（人口10万対），病類（簡単分類）・性・年齢（5歳階級）別 —昭和25年～平成16年—
age-adjusted death rates (per 100,000 population) from heart diseases, by disease type to 2004

粗死亡率（人口10万対） Crude death rates (per 100,000 population)

性・年齢階級 Sex/age group	昭和35年 1960	36年 1961	37年 1962	38年 1963	39年 1964	40年 1965	41年 1966	42年 1967	43年 1968	44年 1969
総数 Total	12.8	11.2	10.4	8.5	7.9	7.7	6.6	6.2	5.2	4.8
0～4歳 Years	0.7	0.6	0.4	0.4	0.3	0.3	0.2	0.2	0.1	0.1
5～9	1.0	0.8	0.5	0.3	0.3	0.2	0.2	0.1	0.2	0.0
10～14	1.6	1.1	1.1	0.8	0.5	0.6	0.3	0.3	0.4	0.3
15～19	3.0	2.2	1.8	1.2	1.2	0.9	0.8	0.8	0.5	0.4
20～24	3.1	2.7	2.5	2.1	1.8	1.5	1.2	1.0	0.9	0.8
25～29	3.9	3.5	3.1	2.6	2.4	2.0	1.4	1.7	1.2	1.0
30～34	5.1	4.0	3.8	3.4	2.7	2.9	2.2	2.1	1.7	1.2
35～39	6.3	5.7	5.1	4.2	4.4	3.6	3.5	3.0	2.4	2.0
40～44	8.7	8.7	7.5	5.9	6.4	5.4	4.9	4.5	3.6	3.5
45～49	12.4	9.7	10.2	8.6	7.9	8.4	6.8	6.3	5.5	4.9
50～54	15.5	15.1	14.5	11.1	10.3	10.0	9.5	8.9	7.6	6.6
55～59	24.1	21.8	19.4	15.7	14.2	15.2	12.2	12.2	10.4	9.3
60～64	40.4	33.3	28.9	24.3	21.5	23.3	18.5	18.2	14.5	12.4
65～69	64.6	53.7	48.0	40.3	34.5	34.1	28.4	27.5	19.5	20.5
70～74	104.0	90.0	79.1	63.4	58.7	56.4	47.8	39.4	35.4	31.6
75～79	169.7	144.7	135.8	104.7	97.3	91.7	76.3	68.0	60.2	52.7
80～84	229.4	199.8	194.1	154.2	141.6	141.1	113.4	97.5	90.5	71.0
85～89	279.8	242.8	206.9	206.6	180.5	158.2	139.0	127.3	106.7	117.7
90歳～	251.7	…	…	…	…	181.2	…	…	…	…
男 Male	11.1	9.5	9.0	7.5	6.8	6.5	5.5	5.2	4.2	3.8
0～4歳 Years	0.8	0.5	0.3	0.4	0.2	0.2	0.1	0.2	0.2	0.1
5～9	1.0	0.6	0.6	0.4	0.2	0.2	0.2	0.2	0.2	0.0
10～14	1.5	1.2	1.1	0.8	0.6	0.7	0.3	0.3	0.3	0.2
15～19	2.9	2.1	1.7	1.2	1.2	0.8	0.9	1.0	0.5	0.3
20～24	2.8	2.0	2.1	1.8	1.7	1.1	1.0	0.9	0.6	0.8
25～29	2.7	2.8	2.4	1.7	1.8	1.5	1.3	1.5	1.0	0.9
30～34	2.9	2.4	2.7	2.6	2.1	2.3	1.8	1.7	1.3	1.0
35～39	4.8	4.3	3.5	3.1	3.2	3.1	2.8	2.3	1.9	1.5
40～44	6.5	5.5	5.2	4.5	4.6	3.7	3.4	3.6	2.6	2.6
45～49	9.5	7.3	7.8	6.9	5.9	5.8	5.6	4.9	3.5	3.2
50～54	13.3	13.2	13.1	9.7	7.9	8.1	8.3	7.6	5.7	5.4
55～59	23.1	20.6	18.4	16.7	14.2	14.6	10.1	10.9	9.8	7.2
60～64	42.0	32.0	29.8	24.6	22.9	23.5	17.6	16.0	13.3	9.9
65～69	66.4	56.6	52.7	42.9	36.3	33.1	28.2	29.9	19.3	21.0
70～74	107.4	91.9	81.7	68.1	62.1	57.9	44.2	37.6	35.2	28.4
75～79	169.1	149.6	137.8	108.1	97.5	85.0	79.6	66.7	56.7	51.9
80～84	248.3	201.1	196.1	146.2	151.6	151.9	103.2	89.9	84.4	71.5
85～89	296.7	268.4	230.5	237.9	164.8	158.0	139.2	119.5	119.3	124.4
90歳～	326.9	…	…	…	…	138.4	…	…	…	…
年齢調整死亡率 （人口10万対） Age-adjusted death rate (per 100,000 population)	20.6	17.5	16.2	13.4	11.9	11.3	9.3	8.4	7.1	6.3
女 Female	14.5	12.9	11.7	9.6	9.0	8.9	7.7	7.1	6.2	5.7
0～4歳 Years	0.7	0.7	0.5	0.4	0.4	0.4	0.4	0.2	0.1	0.1
5～9	0.9	1.0	0.5	0.2	0.3	0.2	0.2	0.1	0.2	-
10～14	1.6	1.1	1.2	0.8	0.5	0.5	0.4	0.3	0.5	0.3
15～19	3.0	2.3	2.0	1.3	1.3	1.0	0.7	0.7	0.6	0.5
20～24	3.5	3.4	2.8	2.4	1.9	1.9	1.4	1.2	1.1	0.8
25～29	5.2	4.2	3.7	3.4	2.9	2.5	1.6	1.9	1.4	1.2
30～34	7.2	5.7	4.9	4.3	3.3	3.4	2.5	2.6	2.1	1.4
35～39	7.5	6.9	6.6	5.2	5.5	4.1	4.1	3.6	2.9	2.5
40～44	10.6	11.4	9.4	7.0	7.9	6.8	6.2	5.2	4.5	4.3
45～49	15.0	11.8	12.2	10.1	9.6	10.5	7.7	7.5	7.1	6.2
50～54	17.6	16.8	15.7	12.3	12.4	11.7	10.6	10.1	9.3	7.5
55～59	25.1	22.9	20.3	14.8	14.1	15.9	14.1	13.4	11.0	11.1
60～64	38.8	34.6	28.1	24.0	20.2	23.1	19.4	20.2	15.7	14.7
65～69	62.9	51.1	43.8	37.9	33.0	35.1	28.7	25.4	19.7	20.0
70～74	101.4	88.4	76.9	59.7	56.1	55.2	50.8	40.8	35.5	34.3
75～79	170.1	141.4	134.2	102.3	97.0	96.4	73.9	68.9	62.7	53.4
80～84	219.3	199.1	193.6	158.6	135.8	135.1	118.7	102.0	94.2	70.7
85～89	272.3	233.1	198.1	192.5	187.1	158.2	138.9	130.6	101.5	115.5
90歳～	225.7	…	…	…	…	197.1	…	…	…	…
年齢調整死亡率 （人口10万対） Age-adjusted death rate (per 100,000 population)	21.4	18.7	16.8	13.7	12.6	12.5	10.6	9.6	8.2	7.5

Notes: 1) The categories of "80 - 84" in 1951 - 1954 represent the population aged 80 or over, and those of "85 - 89" in 1956 - 1959, 1961 - 1964, 1966 - 1969, 1971 - 1974, and 1976 - 1979 represent the population aged 85 or over.
2) The base population for age-adjusted death rates is the model population of 1985.

第4表（54-27）

第4表　心疾患死亡数・粗死亡率（人口10万対）・年齢調整死亡率
Statistics 4　Numbers of deaths, crude death rates (per 100,000 population), and (large categories), sex and age group (by 5-year age scale): From 1950

慢性非リウマチ性心内膜疾患　Chronic non-rheumatic endocarditis
死亡数　Number of deaths

性・年齢階級 Sex/age group	昭和45年 1970	46年 1971	47年 1972	48年 1973	49年 1974	50年 1975	51年 1976	52年 1977	53年 1978	54年 1979
総数　Total	4 577	4 138	3 650	3 499	3 354	2 959	2 772	2 446	2 308	3 598
0～4歳 Years	11	18	16	18	8	1	2	-	1	2
5～9	5	2	5	5	2	3	5	1	-	4
10～14	10	5	3	10	8	1	6	2	3	3
15～19	25	27	23	21	15	8	7	12	4	11
20～24	66	48	45	29	19	18	15	9	10	14
25～29	90	71	57	60	41	24	37	25	26	27
30～34	103	87	83	80	77	40	42	40	24	37
35～39	140	137	104	116	96	83	55	54	54	81
40～44	230	190	152	153	136	117	109	94	65	118
45～49	287	242	192	192	209	171	153	117	110	173
50～54	306	273	259	228	252	212	174	193	160	238
55～59	363	320	287	301	235	219	213	208	150	269
60～64	438	415	352	356	286	292	262	200	204	339
65～69	505	473	423	405	396	344	351	282	291	421
70～74	638	591	494	460	435	421	363	308	311	499
75～79	599	528	480	394	452	404	397	347	347	543
80～84	468	437	377	406	385	339	331	317	285	459
85～89	221	205	232	192	219	196	167	176	193	270
90歳～	72	69	66	73	83	66	83	61	70	90
不詳 Not Stated	-	-	-	-	-	-	-	-	-	-
男　Male	1 713	1 605	1 417	1 317	1 250	1 092	1 071	910	851	1 495
0～4歳 Years	6	7	8	6	4	-	-	-	-	-
5～9	2	2	1	2	1	3	4	1	-	2
10～14	5	2	2	2	5	-	4	2	2	3
15～19	10	16	15	13	10	2	6	6	2	6
20～24	26	25	21	14	5	8	9	6	4	7
25～29	33	31	22	21	20	10	17	12	14	15
30～34	40	35	31	29	34	14	21	15	13	17
35～39	50	59	42	53	54	34	25	21	24	37
40～44	79	59	56	57	53	50	44	38	33	44
45～49	84	78	64	70	73	65	63	47	48	85
50～54	102	93	86	69	89	76	60	73	59	97
55～59	134	112	107	102	86	91	68	77	51	113
60～64	195	186	156	147	114	121	115	73	72	152
65～69	219	223	186	179	154	140	153	109	98	204
70～74	269	246	205	176	177	168	154	133	124	222
75～79	216	206	186	162	170	151	155	133	120	217
80～84	170	158	144	139	126	94	113	108	111	172
85～89	62	52	73	61	59	55	42	46	59	81
90歳～	11	15	12	15	16	10	18	10	17	21
不詳 Not Stated	-	-	-	-	-	-	-	-	-	-
女　Female	2 864	2 533	2 233	2 182	2 104	1 867	1 701	1 536	1 457	2 103
0～4歳 Years	5	11	8	12	4	1	2	-	1	2
5～9	3	-	4	3	1	-	1	-	-	2
10～14	5	3	1	8	3	1	2	-	1	-
15～19	15	11	8	8	5	6	1	6	2	5
20～24	40	23	24	15	14	10	6	3	6	7
25～29	57	40	35	39	21	14	20	13	12	12
30～34	63	52	52	51	43	26	21	25	11	20
35～39	90	78	62	63	42	49	30	33	30	44
40～44	151	131	96	96	83	67	65	56	32	74
45～49	203	164	128	122	136	106	90	70	62	88
50～54	204	180	173	159	163	136	114	120	101	141
55～59	229	208	180	199	149	128	145	131	99	156
60～64	243	229	196	209	172	171	147	127	132	187
65～69	286	250	237	226	242	204	198	173	193	217
70～74	369	345	289	284	258	253	209	175	187	277
75～79	383	322	294	232	282	253	242	214	227	326
80～84	298	279	233	267	259	245	218	209	174	287
85～89	159	153	159	131	160	141	125	130	134	189
90歳～	61	54	54	58	67	56	65	51	53	69
不詳 Not Stated	-	-	-	-	-	-	-	-	-	-

注：1) 昭和26～29年の「80～84」は、「80歳以上」、昭和31～34年、36～39年、41～44年、46～49年、51～54年の「85～89歳」は「85歳以上」である。
　　2) 年齢調整死亡率の基準人口は、昭和60年モデル人口である。

（人口10万対），病類（簡単分類）・性・年齢（5歳階級）別 －昭和25年～平成16年－
age-adjusted death rates (per 100,000 population) from heart diseases, by disease type
to 2004

粗死亡率（人口10万対）　Crude death rates (per 100,000 population)

性・年齢階級 Sex/age group	昭和45年 1970	46年 1971	47年 1972	48年 1973	49年 1974	50年 1975	51年 1976	52年 1977	53年 1978	54年 1979
総数 Total	4.4	4.0	3.5	3.2	3.1	2.7	2.5	2.2	2.0	3.1
0～4歳 Years	0.1	0.2	0.2	0.2	0.1	0.0	0.0	-	0.0	0.0
5～9	0.1	0.0	0.1	0.1	0.0	0.0	0.1	0.0	-	0.0
10～14	0.1	0.1	0.0	0.1	0.1	0.0	0.1	0.0	0.0	0.0
15～19	0.3	0.3	0.3	0.3	0.2	0.1	0.1	0.2	0.1	0.1
20～24	0.6	0.4	0.4	0.3	0.2	0.2	0.2	0.1	0.1	0.2
25～29	1.0	0.8	0.6	0.6	0.4	0.2	0.3	0.2	0.3	0.3
30～34	1.2	1.0	1.0	0.9	0.8	0.4	0.5	0.4	0.3	0.4
35～39	1.7	1.7	1.2	1.4	1.2	1.0	0.6	0.6	0.6	0.9
40～44	3.1	2.6	2.0	1.9	1.7	1.4	1.3	1.1	0.8	1.4
45～49	4.9	3.9	3.0	2.8	3.0	2.3	2.0	1.5	1.4	2.2
50～54	6.4	5.6	5.2	4.4	4.6	3.7	2.8	3.0	2.4	3.4
55～59	8.2	7.2	6.4	6.7	5.2	4.7	4.5	4.3	3.0	5.0
60～64	11.8	10.7	8.8	8.7	6.9	6.8	6.1	4.6	4.7	7.9
65～69	17.0	16.0	13.9	12.9	12.1	10.0	9.7	7.6	7.6	10.8
70～74	30.0	26.5	21.2	18.9	17.4	16.4	14.2	11.6	11.3	17.4
75～79	47.3	38.9	34.4	26.5	29.4	24.7	23.1	19.1	18.3	27.6
80～84	72.2	64.5	53.8	55.4	50.9	42.0	38.7	34.8	29.2	44.6
85～89	96.4	87.8	92.5	76.6	82.1	63.5	60.5	55.0	57.2	72.3
90歳～	109.5	…	…	…	…	80.9	…	…	…	…
男 Male	3.4	3.1	2.7	2.5	2.3	2.0	1.9	1.6	1.5	2.6
0～4歳 Years	0.1	0.1	0.2	0.1	0.1	-	-	-	-	-
5～9	0.0	0.0	0.0	0.0	0.0	0.1	0.1	0.0	-	0.0
10～14	0.1	0.1	0.1	0.0	0.1	-	0.1	0.0	0.0	0.1
15～19	0.2	0.4	0.4	0.3	0.2	0.0	0.1	0.1	0.0	0.1
20～24	0.5	0.4	0.4	0.3	0.1	0.2	0.2	0.1	0.1	0.2
25～29	0.7	0.7	0.5	0.4	0.4	0.2	0.3	0.2	0.3	0.3
30～34	1.0	0.8	0.7	0.7	0.7	0.3	0.5	0.3	0.3	0.3
35～39	1.2	1.4	1.0	1.3	1.3	0.8	0.6	0.5	0.5	0.8
40～44	2.2	1.6	1.5	1.4	1.3	1.2	1.1	0.9	0.8	1.1
45～49	3.2	2.7	2.1	2.1	2.1	1.8	1.7	1.2	1.2	2.1
50～54	4.8	4.4	3.9	3.0	3.6	2.9	2.1	2.4	1.8	2.8
55～59	6.6	5.5	5.3	5.0	4.3	4.4	3.3	3.7	2.3	4.8
60～64	11.2	10.4	8.5	7.9	6.0	6.3	5.9	3.8	3.7	8.0
65～69	15.7	16.1	13.1	12.3	10.3	9.0	9.4	6.6	5.8	11.8
70～74	28.1	24.6	19.6	16.2	15.9	14.7	13.7	11.3	10.2	17.6
75～79	40.7	36.2	31.8	26.0	26.4	22.0	21.3	17.5	15.1	26.3
80～84	70.6	62.2	54.8	50.5	44.1	30.6	34.3	31.0	29.7	43.5
85～89	86.8	70.5	86.7	71.0	65.2	54.6	46.2	40.6	51.4	63.4
90歳～	63.0	…	…	…	…	46.2	…	…	…	…
年齢調整死亡率 （人口10万対） Age-adjusted death rate (per 100,000 population)	5.5	4.9	4.3	3.8	3.5	3.0	2.8	2.3	2.2	3.6
女 Female	5.5	4.8	4.1	4.0	3.8	3.3	3.0	2.7	2.5	3.6
0～4歳 Years	0.1	0.2	0.2	0.3	0.1	0.0	0.0	-	0.0	0.0
5～9	0.1	-	0.1	0.1	0.0	-	0.0	-	-	0.0
10～14	0.1	0.1	0.0	0.2	0.1	0.0	0.1	-	0.0	-
15～19	0.3	0.3	0.2	0.2	0.1	0.2	0.0	0.2	0.1	0.1
20～24	0.8	0.4	0.4	0.3	0.3	0.2	0.1	0.1	0.2	0.2
25～29	1.3	0.9	0.8	0.8	0.4	0.3	0.4	0.2	0.2	0.3
30～34	1.5	1.2	1.2	1.1	0.9	0.6	0.5	0.6	0.2	0.4
35～39	2.2	1.9	1.5	1.5	1.0	1.2	0.7	0.8	0.7	0.9
40～44	4.1	3.5	2.5	2.4	2.1	1.6	1.6	1.3	0.8	1.8
45～49	6.4	5.0	3.8	3.5	3.8	2.9	2.4	1.8	1.6	2.2
50～54	7.7	6.6	6.2	5.4	5.3	4.4	3.5	3.6	2.9	3.9
55～59	9.7	8.6	7.4	8.0	6.0	4.9	5.5	4.8	3.4	5.2
60～64	12.4	11.1	9.1	9.4	7.6	7.3	6.2	5.3	5.5	7.8
65～69	18.1	15.9	14.6	13.4	13.7	10.9	9.9	8.4	9.1	10.0
70～74	31.6	28.1	22.5	21.1	18.7	17.8	14.7	11.8	12.2	17.2
75～79	52.1	40.9	36.3	26.9	31.6	26.6	24.4	20.3	20.6	28.5
80～84	73.1	66.0	53.2	58.3	54.9	49.0	41.5	37.1	28.9	45.2
85～89	100.7	95.4	95.1	79.1	89.7	67.9	67.1	61.6	59.9	76.8
90歳～	126.3	…	…	…	…	93.5	…	…	…	…
年齢調整死亡率 （人口10万対） Age-adjusted death rate (per 100,000 population)	7.0	6.0	5.2	4.8	4.6	3.9	3.5	3.0	2.7	3.8

Notes: 1) The categories of "80・84" in 1951・1954 represent the population aged 80 or over, and those of "85・89" in 1956・1959, 1961
・1964, 1966・1969, 1971・1974, and 1976・1979 represent the population aged 85 or over.
2) The base population for age-adjusted death rates is the model population of 1985.

第4表 心疾患死亡数・粗死亡率（人口10万対）・年齢調整死亡率
Statistics 4 Numbers of deaths, crude death rates (per 100,000 population), and (large categories), sex and age group (by 5-year age scale): From 1950

慢性非リウマチ性心内膜疾患 Chronic non-rheumatic endocarditis

死亡数 Number of deaths

性・年齢階級 Sex/age group	昭和55年 1980	56年 1981	57年 1982	58年 1983	59年 1984	60年 1985	61年 1986	62年 1987	63年 1988	平成元年 1989
総数 Total	3 510	3 553	3 368	3 362	3 428	3 554	3 550	3 567	3 928	3 833
0〜4歳 Years	3	2	1	-	-	-	-	-	-	-
5〜9	7	3	1	4	1	2	-	-	1	-
10〜14	7	3	2	1	2	3	3	5	1	2
15〜19	7	3	5	6	7	3	8	7	4	5
20〜24	14	12	3	12	5	6	3	7	2	5
25〜29	24	22	15	10	10	11	5	5	10	2
30〜34	53	36	37	27	22	26	11	14	10	7
35〜39	69	52	43	49	50	47	34	31	39	20
40〜44	92	62	85	69	71	50	58	41	37	35
45〜49	130	124	111	97	98	82	89	75	67	75
50〜54	216	200	181	168	155	148	123	123	104	89
55〜59	243	237	257	256	250	194	220	203	171	192
60〜64	327	322	281	280	295	294	258	253	267	258
65〜69	407	441	391	347	387	370	366	370	343	357
70〜74	524	546	517	490	501	521	537	494	524	460
75〜79	541	546	534	599	555	649	618	627	742	753
80〜84	487	524	491	522	523	597	595	624	761	713
85〜89	253	290	300	302	348	401	406	473	571	565
90歳〜	106	128	113	123	148	149	216	214	274	295
不詳 Not Stated	-	-	-	-	-	1	-	1	-	-
男 Male	1 519	1 460	1 442	1 409	1 423	1 452	1 411	1 413	1 634	1 494
0〜4歳 Years	2	1	1	-	-	-	-	-	-	-
5〜9	4	1	1	2	1	2	-	-	-	-
10〜14	3	1	1	1	2	2	2	4	1	2
15〜19	5	-	4	5	6	2	5	3	2	2
20〜24	9	5	2	8	4	3	1	6	1	2
25〜29	13	12	8	6	2	7	4	4	8	1
30〜34	32	16	27	14	15	15	7	8	4	5
35〜39	38	29	18	22	25	29	23	17	25	17
40〜44	48	34	47	32	41	25	33	21	23	22
45〜49	65	67	54	46	46	51	48	35	34	44
50〜54	97	88	95	95	76	67	62	61	58	45
55〜59	120	89	114	132	132	95	114	112	93	94
60〜64	139	148	126	113	131	128	118	114	139	117
65〜69	201	219	184	173	163	162	160	157	139	142
70〜74	229	253	242	214	227	221	233	200	243	207
75〜79	244	215	219	243	226	277	227	272	317	299
80〜84	170	179	167	180	185	220	201	200	281	250
85〜89	77	80	104	96	108	109	127	139	193	177
90歳〜	23	23	28	27	33	37	46	60	73	68
不詳 Not Stated	-	-	-	-	-	-	-	-	-	-
女 Female	1 991	2 093	1 926	1 953	2 005	2 102	2 139	2 154	2 294	2 339
0〜4歳 Years	1	1	-	-	-	-	-	-	-	-
5〜9	3	2	-	2	-	-	-	-	1	-
10〜14	4	2	1	-	-	1	1	1	-	-
15〜19	2	3	1	1	1	1	3	4	2	3
20〜24	5	7	1	4	1	3	2	1	1	3
25〜29	11	10	7	4	8	4	1	1	2	1
30〜34	21	20	10	13	7	11	4	6	6	2
35〜39	31	23	25	27	25	18	11	14	14	3
40〜44	44	28	38	37	30	25	25	20	14	13
45〜49	65	57	57	51	52	31	41	40	33	31
50〜54	119	112	86	73	79	81	61	62	46	44
55〜59	123	148	143	124	118	99	106	91	78	98
60〜64	188	174	155	167	164	166	140	139	128	141
65〜69	206	222	207	174	224	208	206	213	204	215
70〜74	295	293	275	276	274	300	304	294	281	253
75〜79	297	331	315	356	329	372	391	355	425	454
80〜84	317	345	324	342	338	377	394	424	480	463
85〜89	176	210	196	206	240	292	279	334	378	388
90歳〜	83	105	85	96	115	112	170	154	201	227
不詳 Not Stated	-	-	-	-	1	-	1	-	-	-

注：1）昭和26〜29年の「80〜84」は、「80歳以上」、昭和31〜34年、36〜39年、41〜44年、46〜49年、51〜54年の「85〜89歳」は「85歳以上」である。
　　2）年齢調整死亡率の基準人口は、昭和60年モデル人口である。

(人口10万対), 病類（簡単分類）・性・年齢（5歳階級）別 －昭和25年～平成16年－
age-adjusted death rates (per 100,000 population) from heart diseases, by disease type to 2004

粗死亡率（人口10万対） Crude death rates (per 100,000 population)

性・年齢階級 Sex/age group	昭和55年 1980	56年 1981	57年 1982	58年 1983	59年 1984	60年 1985	61年 1986	62年 1987	63年 1988	平成元年 1989
総数 Total	3.0	3.0	2.9	2.8	2.9	3.0	2.9	2.9	3.2	3.1
0～4歳 Years	0.0	0.0	0.0	-	-	-	-	-	-	-
5～9	0.1	0.0	0.0	-	-	0.0	-	-	0.0	-
10～14	0.1	0.0	0.0	0.0	0.0	0.0	0.0	0.1	0.0	0.0
15～19	0.1	0.0	0.1	0.1	0.1	0.0	0.1	0.1	0.0	0.1
20～24	0.2	0.2	0.0	0.2	0.1	0.1	0.0	0.1	0.0	0.1
25～29	0.3	0.3	0.2	0.1	0.1	0.1	0.1	0.1	0.1	0.0
30～34	0.5	0.3	0.3	0.3	0.2	0.3	0.1	0.2	0.1	0.1
35～39	0.8	0.6	0.5	0.5	0.5	0.4	0.3	0.3	0.4	0.2
40～44	1.1	0.7	1.0	0.8	0.8	0.6	0.7	0.5	0.4	0.3
45～49	1.6	1.5	1.3	1.2	1.2	1.0	1.1	0.9	0.8	0.8
50～54	3.0	2.7	2.4	2.2	2.0	1.9	1.5	1.5	1.3	1.1
55～59	4.4	4.0	4.1	3.9	3.7	2.8	3.1	2.8	2.3	2.5
60～64	7.4	7.1	6.0	5.8	5.7	5.5	4.5	4.2	4.2	3.9
65～69	10.3	11.0	9.7	8.6	9.6	8.9	8.6	8.4	7.5	7.3
70～74	17.4	17.2	15.8	14.5	14.4	14.7	14.8	13.5	14.3	12.6
75～79	26.6	26.6	25.0	27.0	23.7	26.1	23.5	22.9	26.1	25.6
80～84	44.6	45.0	39.6	39.8	38.3	41.8	40.9	40.5	47.1	41.3
85～89	61.8	65.6	62.9	58.4	63.3	66.6	62.2	66.8	75.4	70.9
90歳～	89.0	101.6	81.3	81.5	89.2	82.1	108.0	96.0	110.9	109.7
男 Male	2.7	2.5	2.5	2.4	2.4	2.5	2.4	2.4	2.7	2.5
0～4歳 Years	0.0	0.0	0.0	-	-	-	-	-	-	-
5～9	0.1	0.0	0.0	0.0	0.0	0.0	-	-	-	-
10～14	0.1	0.0	0.0	0.0	0.0	0.0	0.0	0.1	0.0	0.0
15～19	0.1	-	0.1	0.1	0.1	0.0	0.1	0.1	0.0	0.0
20～24	0.2	0.1	0.1	0.2	0.1	0.1	0.0	0.0	0.0	0.0
25～29	0.3	0.3	0.2	0.2	0.1	0.2	0.1	0.1	0.2	0.0
30～34	0.6	0.3	0.5	0.3	0.3	0.3	0.2	0.2	0.1	0.1
35～39	0.8	0.7	0.4	0.5	0.5	0.5	0.4	0.3	0.5	0.4
40～44	1.2	0.8	1.1	0.7	0.9	0.6	0.8	0.5	0.5	0.4
45～49	1.6	1.6	1.3	1.1	1.1	1.3	1.2	0.8	0.8	1.0
50～54	2.7	2.4	2.5	2.5	2.0	1.7	1.6	1.5	1.4	1.1
55～59	4.8	3.3	3.9	4.2	4.0	2.8	3.3	3.1	2.5	2.5
60～64	7.2	7.6	6.3	5.5	5.9	5.4	4.6	4.1	4.7	3.7
65～69	11.6	12.5	10.5	9.9	9.4	9.2	9.0	8.6	7.3	6.9
70～74	17.5	18.5	17.2	14.9	15.4	14.8	15.3	13.1	15.9	13.7
75～79	28.8	25.2	24.7	26.4	23.5	27.3	21.4	24.7	28.0	25.6
80～84	40.8	40.2	35.3	36.0	35.6	40.7	36.5	34.4	46.2	38.9
85～89	55.6	53.3	64.2	54.5	58.1	53.7	58.0	58.6	76.3	66.8
90歳～	69.4	65.7	71.8	62.8	70.2	70.4	80.7	93.8	104.3	89.5
年齢調整死亡率 （人口10万対） Age-adjusted death rate (per 100,000 population)	3.5	3.3	3.2	3.0	2.9	2.9	2.7	2.7	3.0	2.6
女 Female	3.4	3.5	3.2	3.2	3.3	3.4	3.5	3.5	3.7	3.8
0～4歳 Years	0.0	0.0	-	-	-	-	-	-	-	-
5～9	0.1	0.0	-	0.0	-	-	-	-	0.0	-
10～14	0.1	0.0	0.0	-	-	0.0	0.0	0.0	-	-
15～19	0.0	0.1	0.0	-	0.0	0.0	0.1	0.1	0.0	0.1
20～24	0.1	0.2	0.0	0.1	0.0	0.1	0.1	0.0	0.0	0.1
25～29	0.2	0.2	0.2	0.1	0.2	0.1	0.0	0.0	0.1	0.0
30～34	0.4	0.4	0.2	0.3	0.1	0.2	0.1	0.1	0.2	0.1
35～39	0.7	0.5	0.6	0.6	0.5	0.3	0.2	0.3	0.3	0.1
40～44	1.1	0.7	0.9	0.8	0.6	0.6	0.6	0.4	0.3	0.3
45～49	1.6	1.4	1.4	1.2	1.3	0.8	1.0	0.9	0.7	0.7
50～54	3.3	3.0	2.3	1.9	2.0	2.0	1.5	1.5	1.1	1.1
55～59	4.0	4.6	4.3	3.6	3.4	2.8	2.9	2.4	2.1	2.5
60～64	7.5	6.7	5.8	6.0	5.6	5.5	4.5	4.3	3.8	4.1
65～69	9.3	9.8	9.1	7.6	9.8	8.7	8.3	8.3	7.6	7.6
70～74	17.4	16.3	14.7	14.2	13.7	14.6	14.5	13.8	13.1	11.8
75～79	25.1	27.7	25.2	27.4	23.8	25.3	25.0	21.6	24.9	25.6
80～84	47.0	47.9	42.2	42.1	39.9	42.4	43.5	44.2	47.6	42.8
85～89	65.0	71.7	62.2	60.2	65.9	73.1	64.3	70.9	75.0	72.9
90歳～	96.6	115.4	85.0	88.1	97.5	86.9	119.7	96.9	113.6	117.6
年齢調整死亡率 （人口10万対） Age-adjusted death rate (per 100,000 population)	3.5	3.5	3.1	3.0	3.0	2.9	2.9	2.7	2.8	2.7

Notes: 1) The categories of "80 - 84" in 1951 - 1954 represent the population aged 80 or over, and those of "85 - 89" in 1956 - 1959, 1961 - 1964, 1966 - 1969, 1971 - 1974, and 1976 - 1979 represent the population aged 85 or over.
2) The base population for age-adjusted death rates is the model population of 1985.

第4表 (54-29)

第4表 心疾患死亡数・粗死亡率（人口10万対）・年齢調整死亡率
Statistics 4 Numbers of deaths, crude death rates (per 100,000 population), and (large categories), sex and age group (by 5-year age scale): From 1950

慢性非リウマチ性心内膜疾患 Chronic non-rheumatic endocarditis

死亡数 Number of deaths

性・年齢階級 Sex/age group	平成2年 1990	3年 1991	4年 1992	5年 1993	6年 1994	7年 1995	8年 1996	9年 1997	10年 1998	11年 1999
総数 Total	4 201	4 433	4 496	4 794	5 161	5 357	5 202	5 214	5 457	5 795
0～4歳 Years	3	-	1	-	-	-	3	1	3	-
5～9	-	-	-	2	-	-	-	-	-	-
10～14	3	-	2	3	1	4	1	2	1	2
15～19	5	2	3	4	3	2	3	1	9	2
20～24	9	8	2	9	9	5	4	1	3	4
25～29	5	11	8	6	4	7	4	3	7	3
30～34	12	8	4	7	13	6	8	11	3	4
35～39	20	11	17	14	11	11	11	12	6	9
40～44	40	27	49	35	28	24	17	15	18	20
45～49	56	48	53	54	46	52	34	55	35	37
50～54	99	92	106	98	101	71	63	48	71	72
55～59	170	180	179	151	147	128	125	90	111	119
60～64	263	256	256	230	235	192	227	183	188	182
65～69	340	379	364	387	389	358	293	331	315	297
70～74	494	511	498	530	531	544	496	455	462	535
75～79	805	814	787	832	845	806	760	762	752	808
80～84	848	944	979	1 085	1 155	1 254	1 190	1 145	1 199	1 191
85～89	671	743	748	837	972	1 146	1 199	1 310	1 293	1 425
90歳～	358	399	439	510	671	747	764	789	980	1 085
不詳 Not Stated	-	-	-	-	-	-	-	-	1	-
男 Male	1 680	1 671	1 820	1 902	2 026	2 055	1 948	1 891	1 970	2 058
0～4歳 Years	1	-	1	-	-	-	-	1	1	-
5～9	-	-	-	2	-	-	-	-	-	-
10～14	2	-	1	3	-	3	1	-	1	-
15～19	1	-	3	3	-	1	3	1	4	2
20～24	7	2	2	8	6	2	1	1	3	2
25～29	4	7	4	5	4	6	2	2	3	1
30～34	8	5	3	6	9	2	4	5	3	-
35～39	9	9	9	9	10	6	7	5	4	7
40～44	20	18	28	23	18	16	10	10	9	13
45～49	33	28	27	30	32	34	23	36	22	26
50～54	54	45	67	59	62	42	36	28	39	46
55～59	99	97	91	92	85	75	71	52	74	66
60～64	133	136	146	131	136	108	129	113	119	114
65～69	167	171	174	189	213	183	166	188	174	164
70～74	204	208	215	231	221	280	254	215	234	271
75～79	357	319	347	335	339	318	294	294	303	307
80～84	284	319	355	395	432	453	424	416	396	423
85～89	200	230	231	260	288	348	348	342	375	380
90歳～	97	77	116	121	171	178	175	182	205	236
不詳 Not Stated	-	-	-	-	-	-	-	-	1	-
女 Female	2 521	2 762	2 676	2 892	3 135	3 302	3 254	3 323	3 487	3 737
0～4歳 Years	2	-	-	-	-	-	3	-	2	-
5～9	-	-	-	-	-	-	-	-	-	-
10～14	1	-	1	-	1	1	-	2	-	2
15～19	4	2	-	1	3	1	-	-	5	-
20～24	2	6	-	1	3	3	3	-	-	2
25～29	1	4	4	1	-	1	2	1	4	2
30～34	4	3	1	1	4	4	4	6	-	4
35～39	11	2	8	5	1	5	4	7	2	2
40～44	20	9	21	12	10	8	7	5	9	7
45～49	23	20	26	24	14	18	11	19	13	11
50～54	45	47	39	39	39	29	27	20	32	26
55～59	71	83	88	59	62	53	54	38	37	53
60～64	130	120	110	99	99	84	98	70	69	68
65～69	173	208	190	198	176	175	127	143	141	133
70～74	290	303	283	299	310	264	242	240	228	264
75～79	448	495	440	497	506	488	466	468	449	501
80～84	564	625	624	690	723	801	766	729	803	768
85～89	471	513	517	577	684	798	851	968	918	1 045
90歳～	261	322	323	389	500	569	589	607	775	849
不詳 Not Stated	-	-	-	-	-	-	-	-	-	-

注：1) 昭和26～29年の「80～84」は、「80歳以上」、昭和31～34年、36～39年、41～44年、46～49年、51～54年の「85～89歳」は「85歳以上」である。
2) 年齢調整死亡率の基準人口は、昭和60年モデル人口である。

（人口10万対），病類（簡単分類）・性・年齢（5歳階級）別 －昭和25年～平成16年－
age-adjusted death rates (per 100,000 population) from heart diseases, by disease type to 2004

粗死亡率（人口10万対）　Crude death rates (per 100,000 population)

性・年齢階級 Sex/age group	平成2年 1990	3年 1991	4年 1992	5年 1993	6年 1994	7年 1995	8年 1996	9年 1997	10年 1998	11年 1999
総 数 Total	3.4	3.6	3.6	3.9	4.2	4.3	4.2	4.2	4.4	4.6
0～4歳 Years	0.0	-	0.0	-	-	-	0.1	0.0	0.1	-
5～9	-	-	-	0.0	-	-	-	-	-	-
10～14	0.0	-	0.0	0.0	0.0	0.1	0.0	0.0	0.0	0.0
15～19	0.1	0.0	0.0	0.0	0.0	0.0	0.0	0.0	0.1	0.0
20～24	0.1	0.1	0.0	0.1	0.1	0.1	0.0	0.0	0.0	0.0
25～29	0.1	0.1	0.1	0.1	0.0	0.1	0.0	0.0	0.1	0.0
30～34	0.2	0.1	0.1	0.1	0.2	0.1	0.1	0.1	0.0	0.0
35～39	0.2	0.1	0.2	0.2	0.1	0.1	0.1	0.2	0.1	0.1
40～44	0.4	0.2	0.5	0.3	0.3	0.3	0.2	0.2	0.2	0.3
45～49	0.6	0.6	0.6	0.6	0.5	0.5	0.3	0.5	0.3	0.4
50～54	1.2	1.1	1.3	1.1	1.1	0.8	0.7	0.5	0.8	0.7
55～59	2.2	2.3	2.3	1.9	1.9	1.6	1.5	1.1	1.3	1.3
60～64	3.9	3.7	3.6	3.2	3.2	2.6	3.0	2.4	2.4	2.4
65～69	6.7	7.0	6.4	6.5	6.3	5.6	4.5	4.9	4.6	4.3
70～74	13.0	13.1	12.3	12.6	11.9	11.6	10.0	8.7	8.4	9.4
75～79	26.7	26.3	25.2	26.4	27.0	24.6	22.6	21.7	20.5	20.7
80～84	46.3	48.3	47.7	50.6	51.6	54.7	50.1	47.4	48.7	48.4
85～89	80.6	86.8	81.7	85.9	92.3	101.0	97.6	100.2	93.2	97.5
90歳～	123.7	123.9	123.7	131.1	160.5	169.0	161.5	150.3	168.4	170.3
男 Male	2.8	2.8	3.0	3.1	3.3	3.4	3.2	3.1	3.2	3.4
0～4歳 Years	0.0	-	0.0	-	-	-	-	0.0	0.0	-
5～9	-	-	-	0.1	-	-	-	-	-	-
10～14	0.0	-	-	0.1	-	0.1	0.0	-	0.0	-
15～19	0.0	-	0.1	0.1	-	0.0	0.0	0.0	0.1	0.1
20～24	0.2	0.0	0.0	0.2	0.1	0.0	0.0	0.0	0.1	0.0
25～29	0.1	0.2	0.1	0.1	0.1	0.1	0.0	0.0	0.1	0.0
30～34	0.2	0.1	0.1	0.2	0.2	0.0	0.1	0.1	0.1	-
35～39	0.2	0.2	0.2	0.2	0.3	0.2	0.2	0.1	0.1	0.2
40～44	0.4	0.3	0.5	0.5	0.4	0.4	0.2	0.2	0.2	0.3
45～49	0.7	0.7	0.6	0.6	0.6	0.6	0.4	0.7	0.4	0.6
50～54	1.4	1.1	1.6	1.4	1.4	1.0	0.9	0.6	0.8	0.9
55～59	2.6	2.5	2.3	2.4	2.2	1.9	1.8	1.3	1.8	1.5
60～64	4.1	4.1	4.3	3.8	3.9	3.0	3.5	3.0	3.2	3.1
65～69	7.6	7.2	6.8	6.9	7.4	6.1	5.4	6.0	5.4	5.0
70～74	13.1	13.2	13.3	13.7	12.2	14.5	12.0	9.4	9.6	10.6
75～79	29.8	26.1	28.2	27.2	27.8	25.4	23.0	22.4	22.0	20.7
80～84	41.9	44.6	47.5	51.0	53.5	55.1	50.0	48.4	45.5	49.1
85～89	72.5	81.6	77.0	82.0	85.0	96.4	90.2	83.8	87.2	84.3
90歳～	119.1	85.6	119.6	115.2	152.7	152.3	142.3	135.8	139.5	150.3
年齢調整死亡率 （人口10万対） Age-adjusted death rate (per 100,000 population)	2.9	2.8	2.9	2.9	3.0	2.9	2.7	2.5	2.5	2.5
女 Female	4.0	4.4	4.3	4.6	5.0	5.2	5.1	5.2	5.5	5.8
0～4歳 Years	0.1	-	-	-	-	-	0.1	-	0.1	-
5～9	-	-	-	-	-	-	-	-	-	-
10～14	0.0	-	0.0	-	0.0	0.0	-	0.1	-	0.1
15～19	0.1	0.0	-	0.0	0.1	0.0	-	-	0.1	-
20～24	0.0	0.1	0.0	0.0	0.1	0.1	0.1	-	-	0.0
25～29	0.0	0.1	0.1	0.0	-	0.0	0.0	0.0	0.1	0.0
30～34	0.1	0.1	0.0	0.0	0.1	0.1	0.1	0.2	-	0.1
35～39	0.2	0.0	0.2	0.1	0.0	0.1	0.1	0.2	0.1	0.1
40～44	0.4	0.2	0.4	0.2	0.2	0.2	0.2	0.1	0.2	0.2
45～49	0.5	0.5	0.6	0.5	0.3	0.3	0.2	0.4	0.3	0.2
50～54	1.1	1.1	0.9	0.9	0.9	0.6	0.6	0.5	0.7	0.5
55～59	1.8	2.1	2.2	1.5	1.6	1.3	1.3	0.9	0.9	1.2
60～64	3.7	3.4	3.0	2.7	2.6	2.2	2.5	1.8	1.7	1.7
65～69	6.0	6.9	6.1	6.2	5.3	5.2	3.7	4.0	3.9	3.6
70～74	12.9	13.1	11.7	11.8	11.6	9.6	8.4	8.1	7.5	8.4
75～79	24.6	26.5	23.2	25.9	26.4	24.1	22.2	21.4	19.5	20.6
80～84	48.9	50.5	47.8	50.4	50.5	54.4	50.2	46.8	50.4	48.1
85～89	84.6	89.4	83.9	87.8	95.8	103.2	101.2	107.6	95.8	103.4
90歳～	125.6	138.2	125.2	137.5	163.4	175.0	168.3	155.2	178.2	176.9
年齢調整死亡率 （人口10万対） Age-adjusted death rate (per 100,000 population)	2.7	2.9	2.6	2.7	2.7	2.7	2.5	2.4	2.4	2.4

Notes: 1) The categories of "80 - 84" in 1951 - 1954 represent the population aged 80 or over, and those of "85 - 89" in 1956 - 1959, 1961 - 1964, 1966 - 1969, 1971 - 1974, and 1976 - 1979 represent the population aged 85 or over.
2) The base population for age-adjusted death rates is the model population of 1985.

第4表　心疾患死亡数・粗死亡率（人口10万対）・年齢調整死亡率
Statistics 4　Numbers of deaths, crude death rates (per 100,000 population), and (large categories), sex and age group (by 5-year age scale): From 1950

慢性非リウマチ性心内膜疾患　Chronic non-rheumatic endocarditis
死亡数　Number of deaths

性・年齢階級 Sex/age group	平成12年 2000	13年 2001	14年 2002	15年 2003	16年 2004
総数　Total	5 995	6 122	6 332	6 817	6 930
0～4歳 Years	1	-	-	2	2
5～9	1	-	-	1	-
10～14	2	2	2	-	2
15～19	2	2	1	1	1
20～24	4	-	4	6	4
25～29	2	-	3	-	1
30～34	5	5	9	5	7
35～39	6	7	16	9	12
40～44	15	9	13	8	12
45～49	24	26	27	22	20
50～54	58	70	61	63	46
55～59	92	104	96	87	82
60～64	184	175	143	137	153
65～69	290	243	298	280	233
70～74	532	476	487	489	497
75～79	782	825	781	866	860
80～84	1 278	1 227	1 242	1 315	1 390
85～89	1 488	1 546	1 535	1 743	1 712
90歳～	1 228	1 405	1 614	1 782	1 894
不詳　Not Stated	1	-	-	1	2
男　Male	2 106	2 140	2 200	2 287	2 374
0～4歳 Years	-	-	-	1	-
5～9	1	-	-	1	-
10～14	1	-	1	-	2
15～19	2	1	-	-	-
20～24	1	-	3	6	4
25～29	-	-	1	-	-
30～34	3	1	8	4	7
35～39	4	6	9	6	8
40～44	13	7	9	6	10
45～49	20	21	19	16	16
50～54	33	39	46	46	37
55～59	57	65	60	52	46
60～64	117	104	84	85	102
65～69	158	148	179	157	139
70～74	278	258	248	257	260
75～79	314	332	352	379	388
80～84	424	430	415	422	482
85～89	409	431	439	472	480
90歳～	271	297	327	376	391
不詳　Not Stated	-	-	-	1	2
女　Female	3 889	3 982	4 132	4 530	4 556
0～4歳 Years	1	-	-	1	2
5～9	-	-	-	-	-
10～14	1	2	1	-	-
15～19	-	1	1	1	1
20～24	3	-	1	-	-
25～29	2	-	2	-	1
30～34	2	4	1	1	-
35～39	2	1	7	3	4
40～44	2	2	4	2	2
45～49	4	5	8	6	4
50～54	25	31	15	17	9
55～59	35	39	36	35	36
60～64	67	71	59	52	51
65～69	132	95	119	123	94
70～74	254	218	239	232	237
75～79	468	493	429	487	472
80～84	854	797	827	893	908
85～89	1 079	1 115	1 096	1 271	1 232
90歳～	957	1 108	1 287	1 406	1 503
不詳　Not Stated	1	-	-	-	-

注：1）昭和26～29年の「80～84」は、「80歳以上」、昭和31～34年、36～39年、41～44年、46～49年、51～54年の「85～89歳」は「85歳以上」である。
　　2）年齢調整死亡率の基準人口は、昭和60年モデル人口である。

（人口10万対），病類（簡単分類）・性・年齢（5歳階級）別 －昭和25年～平成16年－
age-adjusted death rates (per 100,000 population) from heart diseases, by disease type to 2004

粗死亡率（人口10万対）　Crude death rates (per 100,000 population)

性・年齢階級 Sex/age group	平成12年 2000	13年 2001	14年 2002	15年 2003	16年 2004
総　数　Total	4.8	4.9	5.0	5.4	5.5
0～4歳 Years	0.0	-	-	0.0	0.0
5～9	0.0	-	-	0.0	-
10～14	0.0	0.0	0.0	-	0.0
15～19	0.0	0.0	0.0	0.0	0.0
20～24	0.0	-	0.1	0.1	0.1
25～29	0.0	-	0.0	-	0.0
30～34	0.1	0.1	0.1	0.1	0.1
35～39	0.1	-	0.2	0.1	0.1
40～44	0.2	0.1	0.2	0.1	0.2
45～49	0.3	0.3	0.3	0.3	0.3
50～54	0.6	0.6	0.6	0.6	0.5
55～59	1.1	1.3	1.1	1.0	0.9
60～64	2.4	2.2	1.8	1.7	1.8
65～69	4.1	3.4	4.1	3.8	3.2
70～74	9.0	7.9	7.9	7.7	7.7
75～79	18.9	18.7	16.8	17.7	16.9
80～84	49.0	45.3	43.7	43.7	43.1
85～89	97.2	96.5	92.8	102.9	99.9
90歳～	175.3	182.0	189.0	191.8	187.0
男　Male	3.4	3.5	3.6	3.7	3.9
0～4歳 Years	-	-	-	0.0	-
5～9	0.0	-	-	0.0	-
10～14	0.0	-	0.0	-	0.1
15～19	0.1	0.0	-	-	-
20～24	0.0	-	0.1	0.2	0.1
25～29	-	-	0.0	-	-
30～34	0.1	0.0	0.2	0.1	0.1
35～39	0.1	0.2	0.2	0.1	0.2
40～44	0.3	0.2	0.2	0.2	0.3
45～49	0.5	0.5	0.5	0.4	0.4
50～54	0.6	0.7	0.9	0.9	0.8
55～59	1.3	1.6	1.4	1.2	1.0
60～64	3.1	2.7	2.1	2.1	2.4
65～69	4.7	4.3	5.1	4.5	4.0
70～74	10.4	9.4	8.8	8.9	8.8
75～79	19.4	18.7	18.3	18.5	18.0
80～84	46.4	45.8	42.4	40.8	42.8
85～89	85.8	86.5	85.7	90.6	91.6
90歳～	153.7	155.5	155.7	166.4	158.9
年齢調整死亡率（人口10万対）Age-adjusted death rate (per 100,000 population)	2.4	2.4	2.3	2.3	2.3
女　Female	6.1	6.2	6.4	7.0	7.1
0～4歳 Years	0.0	-	-	0.0	0.1
5～9	-	-	-	-	-
10～14	0.0	0.1	0.0	-	-
15～19	-	0.0	0.0	0.0	0.0
20～24	0.1	-	0.0	-	-
25～29	0.0	-	0.0	-	0.0
30～34	0.0	0.1	0.0	0.0	-
35～39	0.1	0.0	0.2	0.1	0.1
40～44	0.1	0.1	0.1	0.1	0.1
45～49	0.1	0.1	0.2	0.2	0.1
50～54	0.5	0.6	0.3	0.3	0.2
55～59	0.8	0.9	0.8	0.8	0.7
60～64	1.7	1.7	1.4	1.2	1.1
65～69	3.5	2.5	3.1	3.2	2.4
70～74	7.9	6.6	7.1	6.7	6.8
75～79	18.6	18.7	15.7	17.2	16.2
80～84	50.3	45.0	44.3	45.2	43.3
85～89	102.4	101.0	96.0	108.4	103.5
90歳～	182.6	190.7	200.2	200.3	195.7
年齢調整死亡率（人口10万対）Age-adjusted death rate (per 100,000 population)	2.3	2.2	2.2	2.3	2.2

Notes: 1) The categories of "80 - 84" in 1951 - 1954 represent the population aged 80 or over, and those of "85 - 89" in 1956 - 1959, 1961 - 1964, 1966 - 1969, 1971 - 1974, and 1976 - 1979 represent the population aged 85 or over.
2) The base population for age-adjusted death rates is the model population of 1985.

第4表 （54−31）

第4表　心疾患死亡数・粗死亡率（人口10万対）・年齢調整死亡率
Statistics 4　Numbers of deaths, crude death rates (per 100,000 population), and (large categories), sex and age group (by 5-year age scale): From 1950

心筋症　Cardiomyopathy
死亡数　Number of deaths

性・年齢階級 Sex/age group	昭和25年 1950	26年 1951	27年 1952	28年 1953	29年 1954	30年 1955	31年 1956	32年 1957	33年 1958	34年 1959
総　数　Total	…	…	…	…	…	…	…	…	…	…
0〜4歳 Years	…	…	…	…	…	…	…	…	…	…
5〜9	…	…	…	…	…	…	…	…	…	…
10〜14	…	…	…	…	…	…	…	…	…	…
15〜19	…	…	…	…	…	…	…	…	…	…
20〜24	…	…	…	…	…	…	…	…	…	…
25〜29	…	…	…	…	…	…	…	…	…	…
30〜34	…	…	…	…	…	…	…	…	…	…
35〜39	…	…	…	…	…	…	…	…	…	…
40〜44	…	…	…	…	…	…	…	…	…	…
45〜49	…	…	…	…	…	…	…	…	…	…
50〜54	…	…	…	…	…	…	…	…	…	…
55〜59	…	…	…	…	…	…	…	…	…	…
60〜64	…	…	…	…	…	…	…	…	…	…
65〜69	…	…	…	…	…	…	…	…	…	…
70〜74	…	…	…	…	…	…	…	…	…	…
75〜79	…	…	…	…	…	…	…	…	…	…
80〜84	…	…	…	…	…	…	…	…	…	…
85〜89	…	…	…	…	…	…	…	…	…	…
90歳〜	…	…	…	…	…	…	…	…	…	…
不　詳　Not Stated	…	…	…	…	…	…	…	…	…	…
男　Male	…	…	…	…	…	…	…	…	…	…
0〜4歳 Years	…	…	…	…	…	…	…	…	…	…
5〜9	…	…	…	…	…	…	…	…	…	…
10〜14	…	…	…	…	…	…	…	…	…	…
15〜19	…	…	…	…	…	…	…	…	…	…
20〜24	…	…	…	…	…	…	…	…	…	…
25〜29	…	…	…	…	…	…	…	…	…	…
30〜34	…	…	…	…	…	…	…	…	…	…
35〜39	…	…	…	…	…	…	…	…	…	…
40〜44	…	…	…	…	…	…	…	…	…	…
45〜49	…	…	…	…	…	…	…	…	…	…
50〜54	…	…	…	…	…	…	…	…	…	…
55〜59	…	…	…	…	…	…	…	…	…	…
60〜64	…	…	…	…	…	…	…	…	…	…
65〜69	…	…	…	…	…	…	…	…	…	…
70〜74	…	…	…	…	…	…	…	…	…	…
75〜79	…	…	…	…	…	…	…	…	…	…
80〜84	…	…	…	…	…	…	…	…	…	…
85〜89	…	…	…	…	…	…	…	…	…	…
90歳〜	…	…	…	…	…	…	…	…	…	…
不　詳　Not Stated	…	…	…	…	…	…	…	…	…	…
女　Female	…	…	…	…	…	…	…	…	…	…
0〜4歳 Years	…	…	…	…	…	…	…	…	…	…
5〜9	…	…	…	…	…	…	…	…	…	…
10〜14	…	…	…	…	…	…	…	…	…	…
15〜19	…	…	…	…	…	…	…	…	…	…
20〜24	…	…	…	…	…	…	…	…	…	…
25〜29	…	…	…	…	…	…	…	…	…	…
30〜34	…	…	…	…	…	…	…	…	…	…
35〜39	…	…	…	…	…	…	…	…	…	…
40〜44	…	…	…	…	…	…	…	…	…	…
45〜49	…	…	…	…	…	…	…	…	…	…
50〜54	…	…	…	…	…	…	…	…	…	…
55〜59	…	…	…	…	…	…	…	…	…	…
60〜64	…	…	…	…	…	…	…	…	…	…
65〜69	…	…	…	…	…	…	…	…	…	…
70〜74	…	…	…	…	…	…	…	…	…	…
75〜79	…	…	…	…	…	…	…	…	…	…
80〜84	…	…	…	…	…	…	…	…	…	…
85〜89	…	…	…	…	…	…	…	…	…	…
90歳〜	…	…	…	…	…	…	…	…	…	…
不　詳　Not Stated	…	…	…	…	…	…	…	…	…	…

注：1) 昭和26〜29年の「80〜84」は、「80歳以上」、昭和31〜34年、36〜39年、41〜44年、46〜49年、51〜54年の「85〜89歳」は「85歳以上」である。
　　2) 年齢調整死亡率の基準人口は、昭和60年モデル人口である。
　　3) 昭和42年以前は分類項目がないため表章していない。

（人口10万対），病類（簡単分類）・性・年齢（5歳階級）別　－昭和25年～平成16年－
age-adjusted death rates (per 100,000 population) from heart diseases, by disease type
to 2004

粗死亡率（人口10万対）　Crude death rates (per 100,000 population)

性・年齢階級 Sex/age group	昭和25年 1950	26年 1951	27年 1952	28年 1953	29年 1954	30年 1955	31年 1956	32年 1957	33年 1958	34年 1959
総数　Total	…	…	…	…	…	…	…	…	…	…
0～4歳 Years	…	…	…	…	…	…	…	…	…	…
5～9	…	…	…	…	…	…	…	…	…	…
10～14	…	…	…	…	…	…	…	…	…	…
15～19	…	…	…	…	…	…	…	…	…	…
20～24	…	…	…	…	…	…	…	…	…	…
25～29	…	…	…	…	…	…	…	…	…	…
30～34	…	…	…	…	…	…	…	…	…	…
35～39	…	…	…	…	…	…	…	…	…	…
40～44	…	…	…	…	…	…	…	…	…	…
45～49	…	…	…	…	…	…	…	…	…	…
50～54	…	…	…	…	…	…	…	…	…	…
55～59	…	…	…	…	…	…	…	…	…	…
60～64	…	…	…	…	…	…	…	…	…	…
65～69	…	…	…	…	…	…	…	…	…	…
70～74	…	…	…	…	…	…	…	…	…	…
75～79	…	…	…	…	…	…	…	…	…	…
80～84	…	…	…	…	…	…	…	…	…	…
85～89	…	…	…	…	…	…	…	…	…	…
90歳～	…	…	…	…	…	…	…	…	…	…
男　Male	…	…	…	…	…	…	…	…	…	…
0～4歳 Years	…	…	…	…	…	…	…	…	…	…
5～9	…	…	…	…	…	…	…	…	…	…
10～14	…	…	…	…	…	…	…	…	…	…
15～19	…	…	…	…	…	…	…	…	…	…
20～24	…	…	…	…	…	…	…	…	…	…
25～29	…	…	…	…	…	…	…	…	…	…
30～34	…	…	…	…	…	…	…	…	…	…
35～39	…	…	…	…	…	…	…	…	…	…
40～44	…	…	…	…	…	…	…	…	…	…
45～49	…	…	…	…	…	…	…	…	…	…
50～54	…	…	…	…	…	…	…	…	…	…
55～59	…	…	…	…	…	…	…	…	…	…
60～64	…	…	…	…	…	…	…	…	…	…
65～69	…	…	…	…	…	…	…	…	…	…
70～74	…	…	…	…	…	…	…	…	…	…
75～79	…	…	…	…	…	…	…	…	…	…
80～84	…	…	…	…	…	…	…	…	…	…
85～89	…	…	…	…	…	…	…	…	…	…
90歳～	…	…	…	…	…	…	…	…	…	…
年齢調整死亡率 （人口10万対） Age-adjusted death rate (per 100,000 population)	…	…	…	…	…	…	…	…	…	…
女　Female	…	…	…	…	…	…	…	…	…	…
0～4歳 Years	…	…	…	…	…	…	…	…	…	…
5～9	…	…	…	…	…	…	…	…	…	…
10～14	…	…	…	…	…	…	…	…	…	…
15～19	…	…	…	…	…	…	…	…	…	…
20～24	…	…	…	…	…	…	…	…	…	…
25～29	…	…	…	…	…	…	…	…	…	…
30～34	…	…	…	…	…	…	…	…	…	…
35～39	…	…	…	…	…	…	…	…	…	…
40～44	…	…	…	…	…	…	…	…	…	…
45～49	…	…	…	…	…	…	…	…	…	…
50～54	…	…	…	…	…	…	…	…	…	…
55～59	…	…	…	…	…	…	…	…	…	…
60～64	…	…	…	…	…	…	…	…	…	…
65～69	…	…	…	…	…	…	…	…	…	…
70～74	…	…	…	…	…	…	…	…	…	…
75～79	…	…	…	…	…	…	…	…	…	…
80～84	…	…	…	…	…	…	…	…	…	…
85～89	…	…	…	…	…	…	…	…	…	…
90歳～	…	…	…	…	…	…	…	…	…	…
年齢調整死亡率 （人口10万対） Age-adjusted death rate (per 100,000 population)	…	…	…	…	…	…	…	…	…	…

Notes: 1) The categories of "80 - 84" in 1951 - 1954 represent the population aged 80 or over, and those of "85 - 89" in 1956 - 1959, 1961 - 1964, 1966 - 1969, 1971 - 1974, and 1976 - 1979 represent the population aged 85 or over.
2) The base population for age-adjusted death rates is the model population of 1985.
3) The figures for 1967 and earlier are not indicated in the table, due to the absence of categories.

第4表　心疾患死亡数・粗死亡率（人口10万対）・年齢調整死亡率
Statistics 4　Numbers of deaths, crude death rates (per 100,000 population), and (large categories), sex and age group (by 5-year age scale): From 1950

心筋症　Cardiomyopathy
死亡数　Number of deaths

性・年齢階級 Sex/age group	昭和35年 1960	36年 1961	37年 1962	38年 1963	39年 1964	40年 1965	41年 1966	42年 1967	43年 1968	44年 1969
総数 Total	…	…	…	…	…	…	…	…	4	14
0〜4歳 Years	…	…	…	…	…	…	…	…	-	-
5〜9	…	…	…	…	…	…	…	…	1	-
10〜14	…	…	…	…	…	…	…	…	-	1
15〜19	…	…	…	…	…	…	…	…	-	2
20〜24	…	…	…	…	…	…	…	…	-	-
25〜29	…	…	…	…	…	…	…	…	-	2
30〜34	…	…	…	…	…	…	…	…	-	2
35〜39	…	…	…	…	…	…	…	…	-	3
40〜44	…	…	…	…	…	…	…	…	-	1
45〜49	…	…	…	…	…	…	…	…	-	1
50〜54	…	…	…	…	…	…	…	…	1	-
55〜59	…	…	…	…	…	…	…	…	1	-
60〜64	…	…	…	…	…	…	…	…	-	-
65〜69	…	…	…	…	…	…	…	…	1	-
70〜74	…	…	…	…	…	…	…	…	-	2
75〜79	…	…	…	…	…	…	…	…	-	-
80〜84	…	…	…	…	…	…	…	…	-	-
85〜89	…	…	…	…	…	…	…	…	-	-
90歳〜	…	…	…	…	…	…	…	…	-	-
不詳 Not Stated	…	…	…	…	…	…	…	…	-	-
男 Male	…	…	…	…	…	…	…	…	2	11
0〜4歳 Years	…	…	…	…	…	…	…	…	-	-
5〜9	…	…	…	…	…	…	…	…	1	-
10〜14	…	…	…	…	…	…	…	…	-	-
15〜19	…	…	…	…	…	…	…	…	-	2
20〜24	…	…	…	…	…	…	…	…	-	-
25〜29	…	…	…	…	…	…	…	…	-	1
30〜34	…	…	…	…	…	…	…	…	-	1
35〜39	…	…	…	…	…	…	…	…	-	3
40〜44	…	…	…	…	…	…	…	…	-	1
45〜49	…	…	…	…	…	…	…	…	-	1
50〜54	…	…	…	…	…	…	…	…	1	-
55〜59	…	…	…	…	…	…	…	…	-	-
60〜64	…	…	…	…	…	…	…	…	-	-
65〜69	…	…	…	…	…	…	…	…	-	-
70〜74	…	…	…	…	…	…	…	…	-	2
75〜79	…	…	…	…	…	…	…	…	-	-
80〜84	…	…	…	…	…	…	…	…	-	-
85〜89	…	…	…	…	…	…	…	…	-	-
90歳〜	…	…	…	…	…	…	…	…	-	-
不詳 Not Stated	…	…	…	…	…	…	…	…	-	-
女 Female	…	…	…	…	…	…	…	…	2	3
0〜4歳 Years	…	…	…	…	…	…	…	…	-	-
5〜9	…	…	…	…	…	…	…	…	-	-
10〜14	…	…	…	…	…	…	…	…	-	1
15〜19	…	…	…	…	…	…	…	…	-	-
20〜24	…	…	…	…	…	…	…	…	-	-
25〜29	…	…	…	…	…	…	…	…	-	1
30〜34	…	…	…	…	…	…	…	…	-	1
35〜39	…	…	…	…	…	…	…	…	-	-
40〜44	…	…	…	…	…	…	…	…	-	-
45〜49	…	…	…	…	…	…	…	…	-	-
50〜54	…	…	…	…	…	…	…	…	-	-
55〜59	…	…	…	…	…	…	…	…	1	-
60〜64	…	…	…	…	…	…	…	…	-	-
65〜69	…	…	…	…	…	…	…	…	1	-
70〜74	…	…	…	…	…	…	…	…	-	-
75〜79	…	…	…	…	…	…	…	…	-	-
80〜84	…	…	…	…	…	…	…	…	-	-
85〜89	…	…	…	…	…	…	…	…	-	-
90歳〜	…	…	…	…	…	…	…	…	-	-
不詳 Not Stated	…	…	…	…	…	…	…	…	-	-

注：1）昭和26〜29年の「80〜84」は、「80歳以上」、昭和31〜34年、36〜39年、41〜44年、46〜49年、51〜54年の「85〜89歳」は「85歳以上」である。
　　2）年齢調整死亡率の基準人口は、昭和60年モデル人口である。
　　3）昭和42年以前は分類項目がないため表章していない。

（人口10万対），病類（簡単分類）・性・年齢（5歳階級）別 －昭和25年～平成16年－
age-adjusted death rates (per 100,000 population) from heart diseases, by disease type to 2004

粗死亡率（人口10万対） Crude death rates (per 100,000 population)

性・年齢階級 Sex/age group	昭和35年 1960	36年 1961	37年 1962	38年 1963	39年 1964	40年 1965	41年 1966	42年 1967	43年 1968	44年 1969
総数 Total	...	...	...	...	...	...	...	...	0.0	0.0
0～4歳 Years	...	...	...	...	...	...	...	...	–	–
5～9	...	...	...	...	...	...	...	...	0.0	–
10～14	...	...	...	...	...	...	...	...	–	0.0
15～19	...	...	...	...	...	...	...	...	–	0.0
20～24	...	...	...	...	...	...	...	...	–	–
25～29	...	...	...	...	...	...	...	...	–	0.0
30～34	...	...	...	...	...	...	...	...	–	0.0
35～39	...	...	...	...	...	...	...	...	–	0.0
40～44	...	...	...	...	...	...	...	...	–	0.0
45～49	...	...	...	...	...	...	...	...	–	0.0
50～54	...	...	...	...	...	...	...	...	0.0	–
55～59	...	...	...	...	...	...	...	...	0.0	–
60～64	...	...	...	...	...	...	...	...	–	–
65～69	...	...	...	...	...	...	...	...	0.0	–
70～74	...	...	...	...	...	...	...	...	–	0.1
75～79	...	...	...	...	...	...	...	...	–	–
80～84	...	...	...	...	...	...	...	...	–	–
85～89	...	...	...	...	...	...	...	...	–	–
90歳～	...	...	...	...	...	...	...	...	...	...
男 Male	...	...	...	...	...	...	...	...	0.0	0.0
0～4歳 Years	...	...	...	...	...	...	...	...	–	–
5～9	...	...	...	...	...	...	...	...	0.0	–
10～14	...	...	...	...	...	...	...	...	–	–
15～19	...	...	...	...	...	...	...	...	–	0.0
20～24	...	...	...	...	...	...	...	...	–	–
25～29	...	...	...	...	...	...	...	...	–	0.0
30～34	...	...	...	...	...	...	...	...	–	0.0
35～39	...	...	...	...	...	...	...	...	–	0.1
40～44	...	...	...	...	...	...	...	...	–	0.0
45～49	...	...	...	...	...	...	...	...	–	0.0
50～54	...	...	...	...	...	...	...	...	0.0	–
55～59	...	...	...	...	...	...	...	...	–	–
60～64	...	...	...	...	...	...	...	...	–	–
65～69	...	...	...	...	...	...	...	...	–	–
70～74	...	...	...	...	...	...	...	...	–	0.2
75～79	...	...	...	...	...	...	...	...	–	–
80～84	...	...	...	...	...	...	...	...	–	–
85～89	...	...	...	...	...	...	...	...	–	–
90歳～	...	...	...	...	...	...	...	...	...	...
年齢調整死亡率 （人口10万対） Age-adjusted death rate (per 100,000 population)	...	...	...	...	...	...	...	...	0.0	0.0
女 Female	...	...	...	...	...	...	...	...	0.0	0.0
0～4歳 Years	...	...	...	...	...	...	...	...	–	–
5～9	...	...	...	...	...	...	...	...	–	–
10～14	...	...	...	...	...	...	...	...	–	0.0
15～19	...	...	...	...	...	...	...	...	–	–
20～24	...	...	...	...	...	...	...	...	–	–
25～29	...	...	...	...	...	...	...	...	–	0.0
30～34	...	...	...	...	...	...	...	...	–	0.0
35～39	...	...	...	...	...	...	...	...	–	–
40～44	...	...	...	...	...	...	...	...	–	–
45～49	...	...	...	...	...	...	...	...	–	–
50～54	...	...	...	...	...	...	...	...	–	–
55～59	...	...	...	...	...	...	...	...	0.0	–
60～64	...	...	...	...	...	...	...	...	–	–
65～69	...	...	...	...	...	...	...	...	0.1	–
70～74	...	...	...	...	...	...	...	...	–	–
75～79	...	...	...	...	...	...	...	...	–	–
80～84	...	...	...	...	...	...	...	...	–	–
85～89	...	...	...	...	...	...	...	...	–	–
90歳～	...	...	...	...	...	...	...	...	...	...
年齢調整死亡率 （人口10万対） Age-adjusted death rate (per 100,000 population)	...	...	...	...	...	...	...	...	0.0	0.0

Notes: 1) The categories of "80 - 84" in 1951 - 1954 represent the population aged 80 or over, and those of "85 - 89" in 1956 - 1959, 1961 - 1964, 1966 - 1969, 1971 - 1974, and 1976 - 1979 represent the population aged 85 or over.
2) The base population for age-adjusted death rates is the model population of 1985.
3) The figures for 1967 and earlier are not indicated in the table, due to the absence of categories.

第4表　心疾患死亡数・粗死亡率（人口10万対）・年齢調整死亡率
Statistics 4　Numbers of deaths, crude death rates (per 100,000 population), and
(large categories), sex and age group (by 5-year age scale): From 1950

心筋症　Cardiomyopathy
死亡数　Number of deaths

性・年齢階級 Sex/age group	昭和45年 1970	46年 1971	47年 1972	48年 1973	49年 1974	50年 1975	51年 1976	52年 1977	53年 1978	54年 1979
総数　Total	26	80	104	143	202	182	234	283	336	565
0～4歳 Years	2	6	3	6	17	9	12	10	24	53
5～9	1	1	-	7	4	4	9	8	5	7
10～14	-	3	4	4	5	8	8	10	7	9
15～19	-	4	6	8	11	15	13	13	7	14
20～24	-	9	11	11	15	10	19	14	19	10
25～29	2	6	12	16	20	18	16	15	26	16
30～34	4	5	8	13	14	17	9	15	9	25
35～39	1	10	7	15	13	11	22	25	20	28
40～44	3	6	12	11	29	21	23	24	31	48
45～49	1	8	12	19	19	20	35	25	35	60
50～54	3	5	11	13	17	14	13	26	33	68
55～59	6	5	10	9	6	10	15	26	28	42
60～64	1	5	2	5	11	10	11	23	26	44
65～69	1	4	3	3	10	7	13	30	29	44
70～74	-	1	2	1	7	1	8	10	21	42
75～79	1	2	-	1	1	4	4	6	8	15
80～84	-	-	1	1	2	2	2	3	6	20
85～89	-	-	-	-	1	1	1	-	2	12
90歳～	-	-	-	-	-	-	1	-	-	7
不詳 Not Stated	-	-	-	-	-	-	-	-	-	1
男 Male	22	48	77	97	138	123	155	195	224	375
0～4歳 Years	1	2	-	2	8	6	6	5	12	26
5～9	1	-	-	6	2	1	6	6	4	3
10～14	-	-	4	4	5	6	4	5	4	2
15～19	-	2	6	4	7	10	9	9	5	10
20～24	-	6	9	9	8	8	14	11	13	10
25～29	2	4	10	10	11	15	6	11	15	13
30～34	4	3	7	9	10	10	4	10	4	14
35～39	1	10	5	10	9	8	16	18	16	20
40～44	3	6	8	9	27	15	16	21	24	37
45～49	1	5	8	12	16	16	24	19	24	51
50～54	3	2	10	10	12	8	8	18	20	46
55～59	4	3	6	6	3	5	13	14	20	34
60～64	1	1	1	3	5	7	7	17	18	26
65～69	1	2	2	1	8	4	9	18	20	28
70～74	-	1	1	1	4	-	7	6	11	28
75～79	-	1	-	1	1	3	3	5	8	10
80～84	-	-	-	-	2	-	1	2	4	11
85～89	-	-	-	-	-	1	1	-	2	3
90歳～	-	-	-	-	-	-	1	-	-	2
不詳 Not Stated	-	-	-	-	-	-	-	-	-	1
女 Female	4	32	27	46	64	59	79	88	112	190
0～4歳 Years	1	4	3	4	9	3	6	5	12	27
5～9	-	1	-	1	2	3	3	2	1	4
10～14	-	3	-	-	-	2	4	5	3	7
15～19	-	2	-	4	4	5	4	4	2	4
20～24	-	3	2	2	7	2	5	3	6	-
25～29	-	2	2	6	9	3	10	4	11	3
30～34	-	2	1	4	4	7	5	5	5	11
35～39	-	-	2	5	4	3	6	7	4	8
40～44	-	-	4	2	2	6	7	3	7	11
45～49	-	3	4	7	3	4	11	6	11	9
50～54	-	3	1	3	5	6	5	8	13	22
55～59	2	2	4	3	3	5	2	12	8	8
60～64	-	4	1	2	6	3	4	6	8	18
65～69	-	2	1	2	2	3	4	12	9	16
70～74	-	-	1	-	3	1	1	4	10	14
75～79	1	1	-	-	-	1	1	1	-	5
80～84	-	-	1	1	-	2	1	1	2	9
85～89	-	-	-	-	1	-	-	-	-	9
90歳～	-	-	-	-	-	-	-	-	-	5
不詳 Not Stated	-	-	-	-	-	-	-	-	-	-

注：1）昭和26～29年の「80～84」は、「80歳以上」、昭和31～34年、36～39年、41～44年、46～49年、51～54年の「85～89歳」は「85歳以上」である。
　　2）年齢調整死亡率の基準人口は、昭和60年モデル人口である。
　　3）昭和42年以前は分類項目がないため表章していない。

(人口10万対), 病類（簡単分類）・性・年齢（5歳階級）別 －昭和25年～平成16年－
age-adjusted death rates (per 100,000 population) from heart diseases, by disease type
to 2004

粗死亡率（人口10万対）　Crude death rates (per 100,000 population)

性・年齢階級 Sex/age group	昭和45年 1970	46年 1971	47年 1972	48年 1973	49年 1974	50年 1975	51年 1976	52年 1977	53年 1978	54年 1979
総　数　Total	0.0	0.1	0.1	0.1	0.2	0.2	0.2	0.2	0.3	0.5
0～4歳 Years	0.0	0.1	0.0	0.1	0.2	0.1	0.1	0.1	0.3	0.6
5～9	0.0	0.0	-	0.1	0.0	0.0	0.1	0.1	0.1	0.1
10～14	-	0.0	0.1	0.1	0.1	0.1	0.1	0.1	0.1	0.1
15～19	-	0.0	0.1	0.1	0.1	0.2	0.2	0.2	0.1	0.2
20～24	-	0.1	0.1	0.1	0.2	0.1	0.2	0.2	0.2	0.1
25～29	0.0	0.1	0.1	0.2	0.2	0.2	0.1	0.1	0.3	0.2
30～34	0.0	0.1	0.1	0.1	0.2	0.2	0.1	0.2	0.1	0.2
35～39	0.0	0.1	0.1	0.2	0.2	0.1	0.3	0.3	0.2	0.3
40～44	0.0	0.1	0.2	0.1	0.4	0.3	0.3	0.3	0.4	0.6
45～49	0.0	0.1	0.2	0.3	0.3	0.3	0.5	0.3	0.4	0.8
50～54	0.1	0.1	0.2	0.2	0.3	0.2	0.2	0.4	0.5	1.0
55～59	0.1	0.1	0.2	0.2	0.1	0.2	0.3	0.5	0.6	0.8
60～64	0.0	0.1	0.1	0.1	0.3	0.2	0.3	0.5	0.6	1.0
65～69	0.0	0.1	0.1	0.1	0.3	0.2	0.4	0.8	0.8	1.1
70～74	-	0.0	0.1	0.0	0.3	0.0	0.3	0.4	0.8	1.5
75～79	0.1	0.1	-	0.1	0.1	0.2	0.2	0.3	0.4	0.8
80～84	-	-	0.1	0.1	0.3	0.2	0.2	0.3	0.6	1.9
85～89	-	-	-	-	0.3	0.3	0.5	-	0.4	3.8
90歳～	-	...	...	...	...	-	...	...	...	...
男　Male	0.0	0.1	0.1	0.2	0.3	0.2	0.3	0.3	0.4	0.7
0～4歳 Years	0.0	0.0	-	0.0	0.2	0.1	0.1	0.1	0.3	0.6
5～9	0.0	-	-	0.1	0.0	0.0	0.1	0.1	0.1	0.1
10～14	-	-	0.1	0.1	0.1	0.1	0.1	0.1	0.1	0.0
15～19	-	0.0	0.1	0.1	0.2	0.2	0.2	0.2	0.1	0.2
20～24	-	0.1	0.2	0.2	0.2	0.2	0.3	0.3	0.3	0.2
25～29	0.0	0.1	0.2	0.2	0.2	0.3	0.1	0.2	0.3	0.3
30～34	0.1	0.1	0.2	0.2	0.2	0.2	0.1	0.2	0.1	0.3
35～39	0.0	0.2	0.1	0.2	0.2	0.2	0.4	0.4	0.4	0.4
40～44	0.1	0.2	0.2	0.2	0.7	0.4	0.4	0.5	0.6	0.9
45～49	0.0	0.2	0.3	0.4	0.5	0.4	0.6	0.5	0.6	1.3
50～54	0.1	0.1	0.5	0.4	0.5	0.3	0.3	0.6	0.6	1.3
55～59	0.2	0.1	0.3	0.3	0.1	0.2	0.6	0.7	0.9	1.4
60～64	0.1	0.1	0.1	0.2	0.3	0.4	0.4	0.9	0.9	1.4
65～69	0.1	0.1	0.1	0.1	0.5	0.3	0.6	1.1	1.2	1.6
70～74	-	0.1	0.1	0.1	0.4	-	0.6	0.5	0.9	2.2
75～79	-	0.2	-	0.2	0.2	0.4	0.4	0.7	1.0	1.2
80～84	-	-	-	-	0.7	-	0.3	0.6	1.1	2.8
85～89	-	-	-	-	-	1.0	1.5	-	1.4	3.1
90歳～	-	...	...	...	...	-	...	...	...	...
年齢調整死亡率 （人口10万対） Age-adjusted death rate (per 100,000 population)	0.0	0.1	0.2	0.2	0.3	0.2	0.3	0.4	0.5	0.7
女　Female	0.0	0.1	0.1	0.1	0.1	0.1	0.1	0.2	0.2	0.3
0～4歳 Years	0.0	0.1	0.1	0.1	0.2	0.1	0.1	0.1	0.3	0.6
5～9	-	0.0	-	0.0	0.0	0.1	0.1	0.0	0.0	0.1
10～14	-	0.1	-	-	-	0.0	0.1	0.1	0.1	0.2
15～19	-	0.0	-	0.1	0.1	0.1	0.1	0.1	0.1	0.1
20～24	-	0.1	0.0	0.0	0.1	0.0	0.1	0.1	0.2	-
25～29	-	0.0	0.0	0.1	0.2	0.1	0.2	0.1	0.2	0.1
30～34	-	0.0	0.0	0.1	0.1	0.2	0.1	0.1	0.1	0.2
35～39	-	-	0.0	0.1	0.1	0.1	0.1	0.1	0.1	0.2
40～44	-	0.1	0.1	0.1	0.0	0.1	0.2	0.1	0.2	0.3
45～49	-	0.1	0.1	0.2	0.1	0.1	0.3	0.2	0.3	0.2
50～54	-	0.1	0.0	0.1	0.2	0.2	0.2	0.2	0.4	0.6
55～59	0.1	0.1	0.2	0.1	0.1	0.2	0.1	0.4	0.3	0.3
60～64	-	0.2	0.0	0.1	0.3	0.1	0.2	0.3	0.3	0.7
65～69	-	0.1	0.1	0.1	0.1	0.2	0.2	0.6	0.4	0.7
70～74	-	-	0.1	-	0.2	-	-	0.3	0.7	0.9
75～79	0.1	0.1	-	-	-	0.1	0.1	0.1	-	0.4
80～84	-	-	0.2	0.2	-	0.4	0.2	0.2	0.3	1.4
85～89	-	-	-	-	0.4	-	-	-	-	4.2
90歳～	-	...	...	...	...	-	...	...	...	...
年齢調整死亡率 （人口10万対） Age-adjusted death rate (per 100,000 population)	0.0	0.1	0.1	0.1	0.1	0.1	0.1	0.1	0.2	0.3

Notes: 1) The categories of "80 - 84" in 1951 - 1954 represent the population aged 80 or over, and those of "85 - 89" in 1956 - 1959, 1961
- 1964, 1966 - 1969, 1971 - 1974, and 1976 - 1979 represent the population aged 85 or over.
2) The base population for age-adjusted death rates is the model population of 1985.
3) The figures for 1967 and earlier are not indicated in the table, due to the absence of categories.

第4表 心疾患死亡数・粗死亡率（人口10万対）・年齢調整死亡率
Statistics 4 Numbers of deaths, crude death rates (per 100,000 population), and (large categories), sex and age group (by 5-year age scale): From 1950

心筋症　Cardiomyopathy
死亡数　Number of deaths

性・年齢階級 Sex/age group	昭和55年 1980	56年 1981	57年 1982	58年 1983	59年 1984	60年 1985	61年 1986	62年 1987	63年 1988	平成元年 1989
総数 Total	776	856	946	1 043	1 231	1 417	1 523	1 571	1 841	1 897
0～4歳 Years	54	53	55	41	40	44	62	45	38	38
5～9	16	11	7	14	2	6	8	7	5	5
10～14	9	19	18	14	18	15	11	20	13	16
15～19	14	24	21	17	25	23	13	29	30	25
20～24	14	17	17	12	21	18	19	22	22	21
25～29	19	33	24	22	26	25	24	17	21	22
30～34	17	39	30	28	31	37	24	23	26	17
35～39	43	25	47	28	52	54	48	69	57	51
40～44	55	44	39	49	72	58	87	74	82	58
45～49	57	80	77	94	96	84	72	94	116	109
50～54	80	74	91	90	97	141	128	129	130	124
55～59	72	86	96	112	147	131	169	171	213	201
60～64	64	86	86	94	128	152	174	162	223	232
65～69	83	75	100	106	128	167	164	157	214	243
70～74	77	69	91	121	108	177	195	205	235	207
75～79	47	63	75	92	123	146	167	163	188	227
80～84	31	35	43	61	75	83	100	103	127	185
85～89	19	18	23	33	38	43	47	62	72	90
90歳～	3	5	6	14	4	13	11	14	29	25
不詳 Not Stated	2	-	-	1	-	-	-	5	-	1
男 Male	492	536	619	631	816	904	981	984	1 176	1 196
0～4歳 Years	29	27	26	20	17	25	24	25	15	17
5～9	5	6	5	6	1	3	7	5	1	4
10～14	5	9	12	11	10	8	4	12	8	10
15～19	10	13	15	12	17	13	8	16	22	17
20～24	10	11	12	7	18	12	14	15	14	17
25～29	15	22	21	14	17	13	16	12	18	20
30～34	11	28	25	15	20	27	17	18	17	12
35～39	33	21	31	22	35	41	42	50	46	36
40～44	35	34	29	36	56	42	68	52	61	41
45～49	49	55	63	71	70	58	50	66	90	81
50～54	57	53	66	61	71	102	95	95	95	91
55～59	43	56	66	81	102	104	125	129	160	149
60～64	44	56	57	59	89	106	118	107	157	177
65～69	49	48	64	56	86	102	104	91	137	157
70～74	45	42	50	69	69	106	126	115	134	118
75～79	22	34	46	53	81	81	86	93	90	121
80～84	16	14	19	24	36	39	54	42	63	85
85～89	10	5	8	7	21	16	18	29	38	36
90歳～	2	2	4	6	-	6	5	7	10	6
不詳 Not Stated	2	-	-	1	-	-	-	5	-	1
女 Female	284	320	327	412	415	513	542	587	665	701
0～4歳 Years	25	26	29	21	23	19	38	20	23	21
5～9	11	5	2	8	1	3	1	2	4	1
10～14	4	10	6	3	8	7	7	8	5	6
15～19	4	11	6	5	8	10	5	13	8	8
20～24	4	6	5	5	3	6	5	7	8	4
25～29	4	11	3	8	9	12	8	5	3	2
30～34	6	11	5	13	11	10	7	5	9	5
35～39	10	4	16	6	17	13	6	19	11	15
40～44	20	10	10	13	16	16	19	22	21	17
45～49	8	25	14	23	26	26	22	28	26	28
50～54	23	21	25	29	26	39	33	34	35	33
55～59	29	30	30	31	45	27	44	42	53	52
60～64	20	30	29	35	39	46	56	55	66	55
65～69	34	27	36	50	42	65	60	66	77	86
70～74	32	27	41	52	39	71	69	90	101	89
75～79	25	29	29	39	42	65	81	70	98	106
80～84	15	21	24	37	39	44	46	61	64	100
85～89	9	13	15	26	17	27	29	33	34	54
90歳～	1	3	2	8	4	7	6	7	19	19
不詳 Not Stated	-	-	-	-	-	-	-	-	-	-

注：1）昭和26～29年の「80～84」は、「80歳以上」、昭和31～34年、36～39年、41～44年、46～49年、51～54年の「85～89歳」は「85歳以上」である。
　　2）年齢調整死亡率の基準人口は、昭和60年モデル人口である。
　　3）昭和42年以前は分類項目がないため表章していない。

（人口10万対）, 病類（簡単分類）・性・年齢（5歳階級）別 －昭和25年～平成16年－
age-adjusted death rates (per 100,000 population) from heart diseases, by disease type
to 2004

粗死亡率（人口10万対）　Crude death rates (per 100,000 population)

性・年齢階級 Sex/age group	昭和55年 1980	56年 1981	57年 1982	58年 1983	59年 1984	60年 1985	61年 1986	62年 1987	63年 1988	平成元年 1989
総数 Total	0.7	0.7	0.8	0.9	1.0	1.2	1.3	1.3	1.5	1.5
0～4歳 Years	0.6	0.7	0.7	0.5	0.5	0.6	0.9	0.6	0.5	0.6
5～9	0.2	0.1	0.1	0.2	0.0	0.1	0.1	0.1	0.1	0.1
10～14	0.1	0.2	0.2	0.1	0.2	0.2	0.1	0.2	0.1	0.2
15～19	0.2	0.3	0.3	0.2	0.3	0.3	0.1	0.3	0.3	0.3
20～24	0.2	0.2	0.2	0.2	0.3	0.2	0.2	0.3	0.3	0.2
25～29	0.2	0.4	0.3	0.3	0.3	0.3	0.3	0.2	0.3	0.3
30～34	0.2	0.3	0.3	0.3	0.3	0.4	0.3	0.3	0.3	0.2
35～39	0.5	0.3	0.5	0.3	0.5	0.5	0.4	0.6	0.6	0.5
40～44	0.7	0.5	0.4	0.6	0.8	0.6	1.0	0.8	0.9	0.6
45～49	0.7	1.0	0.9	1.1	1.2	1.0	0.9	1.1	1.3	1.2
50～54	1.1	1.0	1.2	1.2	1.2	1.8	1.6	1.6	1.6	1.5
55～59	1.3	1.5	1.5	1.7	2.2	1.9	2.4	2.3	2.9	2.7
60～64	1.4	1.9	1.8	1.9	2.5	2.8	3.1	2.7	3.5	3.5
65～69	2.1	1.9	2.5	2.6	3.2	4.0	3.8	3.6	4.7	5.0
70～74	2.6	2.2	2.8	3.6	3.1	5.0	5.4	5.6	6.4	5.7
75～79	2.3	3.1	3.5	4.1	5.2	5.9	6.3	5.9	6.6	7.7
80～84	2.8	3.0	3.5	4.6	5.5	5.8	6.9	6.7	7.9	10.7
85～89	4.6	4.1	4.8	6.4	6.9	7.1	7.2	8.8	9.5	11.3
90歳～	2.5	4.0	4.3	9.3	2.4	7.2	5.5	6.3	11.7	9.3
男 Male	0.9	0.9	1.1	1.1	1.4	1.5	1.7	1.6	2.0	2.0
0～4歳 Years	0.7	0.6	0.6	0.5	0.4	0.7	0.6	0.7	0.4	0.5
5～9	0.1	0.1	0.1	0.1	0.0	0.1	0.2	0.1	0.0	0.1
10～14	0.1	0.2	0.2	0.2	0.2	0.2	0.1	0.2	0.2	0.2
15～19	0.2	0.3	0.4	0.3	0.4	0.3	0.2	0.3	0.4	0.3
20～24	0.3	0.3	0.3	0.2	0.4	0.3	0.3	0.4	0.3	0.4
25～29	0.3	0.5	0.5	0.4	0.4	0.3	0.4	0.4	0.5	0.5
30～34	0.2	0.5	0.5	0.3	0.4	0.6	0.4	0.4	0.4	0.3
35～39	0.7	0.5	0.7	0.5	0.7	0.8	0.7	0.9	0.9	0.8
40～44	0.8	0.8	0.7	0.8	1.2	0.9	1.6	1.2	1.3	0.8
45～49	1.2	1.3	1.5	1.7	1.7	1.4	1.2	1.5	2.1	1.8
50～54	1.6	1.5	1.8	1.6	1.8	2.6	2.4	2.4	2.4	2.3
55～59	1.7	2.1	2.2	2.6	3.1	3.1	3.6	3.6	4.4	4.0
60～64	2.3	2.9	2.9	2.9	4.0	4.5	4.6	3.9	5.3	5.7
65～69	2.8	2.7	3.6	3.2	5.0	5.8	5.8	5.0	7.2	7.7
70～74	3.4	3.1	3.6	4.8	4.7	7.1	8.3	7.5	8.8	7.8
75～79	2.6	4.0	5.2	5.8	8.4	8.0	8.1	8.5	7.9	10.4
80～84	3.8	3.1	4.0	4.8	6.9	7.2	9.8	7.2	10.4	13.2
85～89	7.2	3.3	4.9	4.0	11.3	7.9	8.2	12.2	15.0	13.6
90歳～	6.0	5.7	10.3	14.0	－	11.4	8.8	10.9	14.3	7.9
年齢調整死亡率 （人口10万対） Age-adjusted death rate (per 100,000 population)	1.0	1.1	1.2	1.2	1.5	1.7	1.8	1.7	2.0	2.0
女 Female	0.5	0.5	0.5	0.7	0.7	0.8	0.9	0.9	1.1	1.1
0～4歳 Years	0.6	0.7	0.8	0.6	0.6	0.5	1.1	0.6	0.7	0.6
5～9	0.2	0.1	0.0	0.2	0.0	0.1	0.0	0.1	0.1	0.0
10～14	0.1	0.2	0.1	0.1	0.2	0.1	0.1	0.2	0.1	0.1
15～19	0.1	0.3	0.1	0.1	0.2	0.2	0.1	0.3	0.2	0.2
20～24	0.1	0.2	0.1	0.1	0.1	0.2	0.1	0.2	0.2	0.1
25～29	0.1	0.3	0.1	0.2	0.2	0.3	0.2	0.1	0.1	0.1
30～34	0.1	0.2	0.1	0.3	0.2	0.2	0.2	0.1	0.2	0.1
35～39	0.2	0.1	0.4	0.1	0.3	0.2	0.1	0.4	0.3	0.3
40～44	0.5	0.2	0.2	0.3	0.3	0.4	0.4	0.5	0.4	0.3
45～49	0.2	0.6	0.3	0.6	0.6	0.6	0.5	0.6	0.6	0.6
50～54	0.6	0.6	0.7	0.7	0.7	1.0	0.8	0.8	0.9	0.8
55～59	0.9	0.9	0.9	0.9	1.3	0.8	1.2	1.1	1.4	1.3
60～64	0.8	1.2	1.1	1.3	1.3	1.5	1.8	1.7	2.0	1.6
65～69	1.5	1.2	1.6	2.2	1.8	2.7	2.4	2.6	2.9	3.0
70～74	1.9	1.5	2.2	2.7	2.0	3.5	3.3	4.2	4.7	4.2
75～79	2.1	2.4	2.3	3.0	3.0	4.4	5.2	4.3	5.7	6.0
80～84	2.2	2.9	3.1	4.6	4.6	5.0	5.1	6.4	6.3	9.2
85～89	3.3	4.4	4.8	7.6	4.7	6.8	6.7	7.0	6.7	10.2
90歳～	1.2	3.3	2.0	7.3	3.4	5.4	4.2	4.4	10.7	9.8
年齢調整死亡率 （人口10万対） Age-adjusted death rate (per 100,000 population)	0.5	0.5	0.5	0.7	0.7	0.8	0.8	0.8	0.9	0.9

Notes: 1) The categories of "80 - 84" in 1951 - 1954 represent the population aged 80 or over, and those of "85 - 89" in 1956 - 1959, 1961
    - 1964, 1966 - 1969, 1971 - 1974, and 1976 - 1979 represent the population aged 85 or over.
2) The base population for age-adjusted death rates is the model population of 1985.
3) The figures for 1967 and earlier are not indicated in the table, due to the absence of categories.

第4表 心疾患死亡数・粗死亡率（人口10万対）・年齢調整死亡率
Statistics 4　Numbers of deaths, crude death rates (per 100,000 population), and (large categories), sex and age group (by 5-year age scale): From 1950

心筋症　Cardiomyopathy
死亡数　Number of deaths

性・年齢階級 Sex/age group	平成2年 1990	3年 1991	4年 1992	5年 1993	6年 1994	7年 1995	8年 1996	9年 1997	10年 1998	11年 1999
総　数　Total	2 097	2 216	2 366	2 503	2 757	3 455	3 272	3 427	3 337	3 415
0～4歳 Years	39	29	41	42	45	41	46	38	26	41
5～9	7	10	10	2	5	11	8	9	5	10
10～14	21	12	15	12	16	19	13	16	13	15
15～19	24	25	26	31	26	26	25	29	19	22
20～24	28	30	23	27	19	32	31	36	19	19
25～29	24	21	22	24	33	31	26	28	40	26
30～34	38	26	24	34	36	37	35	38	37	28
35～39	50	38	39	48	46	72	55	54	38	53
40～44	82	63	88	95	87	99	88	81	67	78
45～49	96	94	112	109	134	187	182	159	133	144
50～54	150	135	162	148	160	233	198	187	202	193
55～59	206	232	250	226	249	270	249	245	262	235
60～64	251	298	281	335	311	378	337	342	338	343
65～69	273	265	287	336	405	441	418	484	431	409
70～74	268	295	301	321	369	437	426	467	491	506
75～79	227	283	287	299	303	453	386	449	440	476
80～84	196	191	246	240	288	360	383	366	424	410
85～89	84	112	100	121	169	221	249	277	228	270
90歳～	29	55	52	53	55	106	115	121	122	136
不　詳 Not Stated	4	2	-	-	1	1	2	1	2	1
男　Male	1 387	1 450	1 527	1 647	1 786	2 188	2 079	2 132	2 192	2 117
0～4歳 Years	19	16	18	17	20	19	23	19	15	23
5～9	4	4	4	2	3	6	7	4	4	5
10～14	13	7	5	8	13	12	6	10	9	5
15～19	18	19	17	20	16	21	19	19	14	17
20～24	13	23	18	19	12	26	26	28	15	12
25～29	20	14	12	17	23	25	21	24	34	19
30～34	31	17	18	29	26	27	27	32	30	23
35～39	47	27	28	41	37	59	41	44	31	45
40～44	70	48	66	76	71	81	74	65	58	64
45～49	76	69	85	88	106	144	139	128	104	115
50～54	112	100	122	118	125	169	158	143	157	138
55～59	151	176	187	166	182	208	174	177	192	174
60～64	178	214	195	243	230	273	238	249	251	257
65～69	176	189	195	246	281	280	298	334	306	278
70～74	158	176	192	195	229	267	262	298	344	328
75～79	140	172	175	157	187	259	228	247	248	272
80～84	107	103	132	130	143	183	200	172	231	196
85～89	38	55	47	54	69	92	98	104	107	110
90歳～	12	19	11	21	12	36	38	34	42	35
不　詳 Not Stated	4	2	-	-	1	1	2	1	-	1
女　Female	710	766	839	856	971	1 267	1 193	1 295	1 145	1 298
0～4歳 Years	20	13	23	25	25	22	23	19	11	18
5～9	3	6	6	-	2	5	1	5	1	5
10～14	8	5	10	4	3	7	7	6	4	10
15～19	6	6	9	11	10	5	6	10	5	5
20～24	15	7	5	8	7	6	5	8	4	7
25～29	4	7	10	7	10	6	5	4	6	7
30～34	7	9	6	5	10	10	8	6	7	5
35～39	3	11	11	7	9	13	14	10	7	8
40～44	12	15	22	19	16	18	14	16	9	14
45～49	20	25	27	21	28	43	43	31	29	29
50～54	38	35	40	30	35	64	40	44	45	55
55～59	55	56	63	60	67	62	75	68	70	61
60～64	73	84	86	92	81	105	99	93	87	86
65～69	97	76	92	90	124	161	120	150	125	131
70～74	110	119	109	126	140	170	164	169	147	178
75～79	87	111	112	142	116	194	158	202	192	204
80～84	89	88	114	110	145	177	183	194	193	214
85～89	46	57	53	67	100	129	151	173	121	160
90歳～	17	36	41	32	43	70	77	87	80	101
不　詳 Not Stated	-	-	-	-	-	-	-	-	2	-

注：1) 昭和26～29年の「80～84」は、「80歳以上」、昭和31～34年、36～39年、41～44年、46～49年、51～54年の「85～89歳」は「85歳以上」である。
　　2) 年齢調整死亡率の基準人口は、昭和60年モデル人口である。
　　3) 昭和42年以前は分類項目がないため表章していない。

（人口10万対），病類（簡単分類）・性・年齢（5歳階級）別 －昭和25年～平成16年－
age-adjusted death rates (per 100,000 population) from heart diseases, by disease type
to 2004

粗死亡率（人口10万対）　Crude death rates (per 100,000 population)

性・年齢階級 Sex/age group	平成2年 1990	3年 1991	4年 1992	5年 1993	6年 1994	7年 1995	8年 1996	9年 1997	10年 1998	11年 1999
総数 Total	1.7	1.8	1.9	2.0	2.2	2.8	2.6	2.7	2.7	2.7
0～4歳 Years	0.6	0.5	0.7	0.7	0.7	0.7	0.8	0.6	0.4	0.7
5～9	0.1	0.1	0.1	0.0	0.1	0.2	0.1	0.1	0.1	0.2
10～14	0.2	0.1	0.2	0.2	0.2	0.3	0.2	0.2	0.2	0.2
15～19	0.2	0.3	0.3	0.3	0.3	0.3	0.3	0.4	0.2	0.3
20～24	0.3	0.3	0.2	0.3	0.2	0.3	0.3	0.4	0.2	0.2
25～29	0.3	0.3	0.3	0.3	0.4	0.4	0.3	0.3	0.4	0.3
30～34	0.5	0.3	0.4	0.4	0.5	0.5	0.4	0.5	0.4	0.3
35～39	0.6	0.4	0.5	0.6	0.6	0.9	0.7	0.7	0.5	0.7
40～44	0.8	0.6	0.8	0.9	0.9	1.1	1.0	1.0	0.8	1.0
45～49	1.1	1.1	1.3	1.2	1.4	1.8	1.6	1.5	1.3	1.5
50～54	1.9	1.6	1.9	1.7	1.8	2.6	2.3	2.1	2.2	2.0
55～59	2.7	3.0	3.2	2.9	3.2	3.4	3.1	3.0	3.1	2.7
60～64	3.7	4.3	4.0	4.7	4.3	5.1	4.4	4.5	4.4	4.5
65～69	5.4	4.9	5.0	5.6	6.5	6.9	6.4	7.2	6.3	5.9
70～74	7.0	7.6	7.5	7.6	8.3	9.3	8.6	8.9	8.9	8.8
75～79	7.5	9.2	9.2	9.5	9.7	13.8	11.5	12.8	12.0	12.2
80～84	10.7	9.8	12.0	11.2	12.9	15.7	16.1	15.1	17.2	16.7
85～89	10.1	13.1	10.9	12.4	16.0	19.5	20.3	21.2	16.4	18.5
90歳～	10.0	17.1	14.6	13.6	13.2	24.0	24.3	23.0	21.0	21.4
男 Male	2.3	2.4	2.5	2.7	2.9	3.6	3.4	3.5	3.6	3.5
0～4歳 Years	0.6	0.5	0.6	0.5	0.6	0.6	0.8	0.6	0.5	0.8
5～9	0.1	0.1	0.1	0.1	0.1	0.2	0.2	0.1	0.1	0.2
10～14	0.3	0.2	0.1	0.2	0.3	0.3	0.2	0.2	0.3	0.1
15～19	0.4	0.4	0.3	0.4	0.4	0.5	0.5	0.5	0.4	0.4
20～24	0.3	0.5	0.4	0.4	0.2	0.5	0.5	0.6	0.3	0.3
25～29	0.5	0.4	0.3	0.4	0.5	0.6	0.5	0.5	0.7	0.4
30～34	0.8	0.4	0.5	0.7	0.7	0.7	0.7	0.8	0.7	0.5
35～39	1.0	0.6	0.7	1.0	0.9	1.5	1.1	1.1	0.8	1.1
40～44	1.3	0.9	1.2	1.5	1.5	1.8	1.7	1.6	1.5	1.6
45～49	1.7	1.6	1.9	1.9	2.1	2.7	2.5	2.4	2.1	2.5
50～54	2.8	2.5	2.9	2.8	2.8	3.8	3.8	3.3	3.4	2.8
55～59	4.0	4.6	4.8	4.3	4.8	5.4	4.4	4.3	4.6	4.0
60～64	5.5	6.4	5.7	7.0	6.5	7.6	6.5	6.7	6.8	7.0
65～69	8.0	7.9	7.6	8.9	9.7	9.4	9.7	10.6	9.5	8.5
70～74	10.2	11.2	11.9	11.6	12.7	13.8	12.4	13.1	14.1	12.8
75～79	11.7	14.1	14.2	12.7	15.4	20.6	17.9	18.8	18.0	18.3
80～84	15.8	14.4	17.7	16.8	17.7	22.3	23.6	20.0	26.6	22.7
85～89	13.8	19.5	15.7	17.0	20.4	25.5	25.4	25.5	24.9	24.4
90歳～	14.7	21.1	11.3	20.0	10.7	30.8	30.9	25.4	28.6	22.3
年齢調整死亡率 （人口10万対） Age-adjusted death rate (per 100,000 population)	2.3	2.3	2.4	2.5	2.7	3.2	2.9	2.9	2.9	2.8
女 Female	1.1	1.2	1.3	1.4	1.5	2.0	1.9	2.0	1.8	2.0
0～4歳 Years	0.6	0.4	0.8	0.8	0.9	0.8	0.8	0.7	0.4	0.6
5～9	0.1	0.2	0.2	-	0.1	0.2	0.0	0.2	0.0	0.2
10～14	0.2	0.1	0.3	0.1	0.1	0.2	0.2	0.2	0.1	0.3
15～19	0.1	0.1	0.2	0.2	0.2	0.1	0.2	0.3	0.1	0.1
20～24	0.4	0.2	0.1	0.2	0.1	0.1	0.1	0.2	0.1	0.2
25～29	0.1	0.2	0.2	0.2	0.2	0.1	0.1	0.1	0.1	0.1
30～34	0.2	0.2	0.2	0.1	0.3	0.3	0.2	0.2	0.2	0.1
35～39	0.1	0.3	0.3	0.2	0.2	0.3	0.4	0.3	0.2	0.2
40～44	0.2	0.3	0.4	0.4	0.3	0.4	0.3	0.4	0.2	0.4
45～49	0.4	0.6	0.6	0.4	0.6	0.8	0.8	0.6	0.6	0.6
50～54	0.9	0.8	0.9	0.7	0.8	1.4	0.9	1.0	1.0	1.1
55～59	1.4	1.4	1.6	1.5	1.7	1.5	1.8	1.6	1.6	1.4
60～64	2.1	2.4	2.4	2.5	2.1	2.7	2.5	2.3	2.2	2.2
65～69	3.3	2.5	2.9	2.8	3.7	4.8	3.5	4.2	3.5	3.6
70～74	4.9	5.1	4.5	5.0	5.3	6.2	5.7	5.7	4.8	5.6
75～79	4.8	5.9	5.9	7.4	6.1	9.6	7.5	9.2	8.3	8.4
80～84	7.7	7.1	8.7	8.0	10.1	12.0	12.0	12.5	12.1	13.4
85～89	8.3	9.9	8.6	10.2	14.0	16.7	18.0	19.2	12.6	15.8
90歳～	8.2	15.5	15.9	11.3	14.1	21.5	22.0	22.3	18.4	21.0
年齢調整死亡率 （人口10万対） Age-adjusted death rate (per 100,000 population)	0.9	0.9	1.0	1.0	1.1	1.4	1.2	1.3	1.1	1.2

Notes: 1) The categories of "80 · 84" in 1951 · 1954 represent the population aged 80 or over, and those of "85 · 89" in 1956 · 1959, 1961 · 1964, 1966 · 1969, 1971 · 1974, and 1976 · 1979 represent the population aged 85 or over.
2) The base population for age-adjusted death rates is the model population of 1985.
3) The figures for 1967 and earlier are not indicated in the table, due to the absence of categories.

第4表　心疾患死亡数・粗死亡率（人口10万対）・年齢調整死亡率
Statistics 4　Numbers of deaths, crude death rates (per 100,000 population), and (large categories), sex and age group (by 5-year age scale): From 1950

心筋症　Cardiomyopathy
死亡数　Number of deaths

性・年齢階級 Sex/age group	平成12年 2000	13年 2001	14年 2002	15年 2003	16年 2004
総数 Total	3 303	3 383	3 381	3 508	3 495
0〜4歳 Years	31	40	25	25	36
5〜9	2	7	8	8	1
10〜14	16	12	7	18	8
15〜19	18	24	16	26	18
20〜24	28	20	17	23	23
25〜29	33	30	27	18	25
30〜34	40	43	35	33	39
35〜39	50	43	48	50	48
40〜44	78	61	57	66	62
45〜49	110	95	99	96	102
50〜54	209	197	176	193	163
55〜59	224	211	242	249	243
60〜64	295	320	304	298	292
65〜69	423	426	405	380	343
70〜74	513	484	496	497	483
75〜79	424	489	515	538	539
80〜84	375	400	434	429	478
85〜89	284	303	306	348	339
90歳〜	150	178	162	212	253
不詳 Not Stated	-	-	2	1	-
男 Male	2 174	2 106	2 162	2 176	2 172
0〜4歳 Years	11	23	11	10	12
5〜9	2	5	4	4	1
10〜14	12	7	4	10	2
15〜19	12	19	14	18	9
20〜24	23	15	11	17	14
25〜29	26	23	22	16	20
30〜34	34	36	26	28	30
35〜39	41	38	39	37	35
40〜44	67	46	43	59	56
45〜49	95	75	73	77	83
50〜54	165	155	139	149	132
55〜59	169	164	191	181	186
60〜64	217	235	227	220	207
65〜69	306	289	280	267	247
70〜74	361	307	324	333	329
75〜79	251	287	337	326	340
80〜84	196	201	218	215	247
85〜89	137	133	138	147	140
90歳〜	49	48	59	61	82
不詳 Not Stated	-	-	2	1	-
女 Female	1 129	1 277	1 219	1 332	1 323
0〜4歳 Years	20	17	14	15	24
5〜9	-	2	4	4	-
10〜14	4	5	3	8	6
15〜19	6	5	2	8	9
20〜24	5	5	6	6	9
25〜29	7	7	5	2	5
30〜34	6	7	9	5	9
35〜39	9	5	9	13	13
40〜44	11	15	14	7	6
45〜49	15	20	26	19	19
50〜54	44	42	37	44	31
55〜59	55	47	51	68	57
60〜64	78	85	77	78	85
65〜69	117	137	125	113	96
70〜74	152	177	172	164	154
75〜79	173	202	178	212	199
80〜84	179	199	216	214	231
85〜89	147	170	168	201	199
90歳〜	101	130	103	151	171
不詳 Not Stated	-	-	-	-	-

注：1) 昭和26〜29年の「80〜84」は、「80歳以上」、昭和31〜34年、36〜39年、41〜44年、46〜49年、51〜54年の「85〜89歳」は「85歳以上」である。
　　2) 年齢調整死亡率の基準人口は、昭和60年モデル人口である。
　　3) 昭和42年以前は分類項目がないため表章していない。

(人口10万対), 病類（簡単分類）・性・年齢（5歳階級）別 －昭和25年～平成16年－
age-adjusted death rates (per 100,000 population) from heart diseases, by disease type to 2004

粗死亡率（人口10万対）　Crude death rates (per 100,000 population)

性・年齢階級 Sex/age group	平成12年 2000	13年 2001	14年 2002	15年 2003	16年 2004
総数 Total	2.6	2.7	2.7	2.8	2.8
0～4歳 Years	0.5	0.7	0.4	0.4	0.6
5～9	0.0	0.1	0.1	0.1	0.0
10～14	0.2	0.2	0.1	0.3	0.1
15～19	0.2	0.3	0.2	0.4	0.3
20～24	0.3	0.2	0.2	0.3	0.3
25～29	0.3	0.3	0.3	0.2	0.3
30～34	0.5	0.5	0.4	0.3	0.4
35～39	0.6	0.5	0.6	0.6	0.6
40～44	1.0	0.8	0.7	0.9	0.8
45～49	1.2	1.1	1.2	1.2	1.3
50～54	2.0	1.8	1.7	1.9	1.8
55～59	2.6	2.5	2.8	2.7	2.5
60～64	3.8	4.1	3.8	3.6	3.4
65～69	6.0	5.9	5.5	5.2	4.7
70～74	8.7	8.0	8.0	7.8	7.5
75～79	10.2	11.1	11.1	11.0	10.6
80～84	14.4	14.8	15.3	14.3	14.8
85～89	18.6	18.9	18.5	20.5	19.8
90歳～	21.4	23.1	19.0	22.8	25.0
男 Male	3.5	3.4	3.5	3.5	3.5
0～4歳 Years	0.4	0.8	0.4	0.3	0.4
5～9	0.1	0.2	0.1	0.1	0.0
10～14	0.4	0.2	0.1	0.3	0.1
15～19	0.3	0.5	0.4	0.5	0.3
20～24	0.5	0.4	0.3	0.4	0.4
25～29	0.5	0.5	0.5	0.4	0.5
30～34	0.8	0.8	0.6	0.6	0.6
35～39	1.0	1.0	1.0	0.9	0.8
40～44	1.7	1.2	1.1	1.5	1.4
45～49	2.1	1.8	1.8	2.0	2.1
50～54	3.2	2.8	2.6	3.0	2.9
55～59	4.0	4.0	4.5	4.0	3.9
60～64	5.8	6.2	5.8	5.5	5.0
65～69	9.1	8.4	8.0	7.6	7.1
70～74	13.5	11.2	11.5	11.5	11.2
75～79	15.5	16.2	17.5	15.9	15.7
80～84	21.5	21.4	22.3	20.8	22.0
85～89	28.7	26.7	27.0	28.2	26.7
90歳～	27.8	25.1	28.1	27.0	33.3
年齢調整死亡率（人口10万対） Age-adjusted death rate (per 100,000 population)	2.8	2.6	2.6	2.6	2.5
女 Female	1.8	2.0	1.9	2.1	2.0
0～4歳 Years	0.7	0.6	0.5	0.5	0.9
5～9	-	0.1	0.1	0.1	-
10～14	0.1	0.2	0.1	0.3	0.2
15～19	0.2	0.1	0.1	0.2	0.3
20～24	0.1	0.1	0.2	0.2	0.2
25～29	0.1	0.1	0.1	0.0	0.1
30～34	0.1	0.2	0.2	0.1	0.2
35～39	0.2	0.1	0.2	0.3	0.3
40～44	0.3	0.4	0.4	0.2	0.2
45～49	0.3	0.5	0.6	0.5	0.5
50～54	0.8	0.8	0.7	0.9	0.7
55～59	1.2	1.1	1.2	1.5	1.2
60～64	2.0	2.1	1.9	1.8	1.9
65～69	3.1	3.6	3.2	2.9	2.5
70～74	4.7	5.4	5.1	4.8	4.4
75～79	6.9	7.7	6.5	7.5	6.8
80～84	10.6	11.2	11.6	10.8	11.0
85～89	13.9	15.4	14.7	17.1	16.7
90歳～	19.3	22.4	16.0	21.5	22.3
年齢調整死亡率（人口10万対） Age-adjusted death rate (per 100,000 population)	1.0	1.1	1.0	1.0	1.0

Notes: 1) The categories of "80 - 84" in 1951 - 1954 represent the population aged 80 or over, and those of "85 - 89" in 1956 - 1959, 1961 - 1964, 1966 - 1969, 1971 - 1974, and 1976 - 1979 represent the population aged 85 or over.
2) The base population for age-adjusted death rates is the model population of 1985.
3) The figures for 1967 and earlier are not indicated in the table, due to the absence of categories.

第4表 心疾患死亡数・粗死亡率（人口10万対）・年齢調整死亡率
Statistics 4 Numbers of deaths, crude death rates (per 100,000 population), and (large categories), sex and age group (by 5-year age scale): From 1950

不整脈及び伝導障害 Arrhythmia and conduction disoder
死亡数 Number of deaths

性・年齢階級 Sex/age group	昭和25年 1950	26年 1951	27年 1952	28年 1953	29年 1954	30年 1955	31年 1956	32年 1957	33年 1958	34年 1959
総数 Total	176	192	283	387	476	343	428	539	510	610
0～4歳 Years	4	3	-	7	3	1	2	-	2	-
5～9	1	1	1	5	2	4	2	-	2	2
10～14	1	1	1	1	4	2	1	3	-	3
15～19	2	3	4	1	8	4	8	5	5	5
20～24	3	6	4	6	12	9	7	10	7	16
25～29	7	6	10	9	10	8	14	11	8	17
30～34	6	6	7	10	15	8	11	18	11	20
35～39	5	3	5	11	13	8	18	18	12	11
40～44	10	10	15	18	19	14	17	17	16	28
45～49	9	5	16	22	26	26	21	29	24	29
50～54	15	14	24	15	37	25	28	31	44	39
55～59	14	10	19	30	37	23	43	52	45	48
60～64	25	19	24	44	44	30	41	56	43	59
65～69	25	24	51	38	49	45	52	67	60	77
70～74	32	43	48	64	71	46	65	71	76	88
75～79	9	22	29	67	59	50	48	81	79	73
80～84	5	11	20	28	44	27	32	47	51	63
85～89	3	3	5	9	16	11	15	18	20	25
90歳～	-	2	-	2	7	2	3	5	5	7
不詳 Not Stated	-	-	-	-	-	-	-	-	-	-
男 Male	73	90	136	198	234	185	226	281	278	324
0～4歳 Years	2	2	-	4	2	1	2	-	1	-
5～9	-	-	1	2	-	4	1	-	1	1
10～14	-	1	1	-	1	1	-	1	-	1
15～19	2	2	2	1	5	2	4	4	2	5
20～24	-	3	2	2	3	3	6	5	5	10
25～29	2	3	1	4	7	5	9	7	5	10
30～34	4	5	2	7	5	3	5	10	8	10
35～39	2	-	1	6	6	5	5	5	2	5
40～44	2	5	8	9	13	9	4	8	7	11
45～49	4	3	9	14	11	16	12	15	18	16
50～54	8	3	11	7	22	12	16	13	21	24
55～59	7	7	10	16	16	16	22	24	28	22
60～64	11	9	15	23	19	19	22	29	22	38
65～69	11	14	23	20	31	28	27	43	35	50
70～74	13	26	26	30	38	21	44	39	47	46
75～79	3	4	16	38	32	26	28	44	42	33
80～84	1	3	7	14	14	10	13	21	23	31
85～89	1	-	1	1	6	4	5	10	11	10
90歳～	-	-	-	-	3	-	1	3	-	1
不詳 Not Stated	-	-	-	-	-	-	-	-	-	-
女 Female	103	102	147	189	242	158	202	258	232	286
0～4歳 Years	2	1	-	3	1	-	-	-	1	-
5～9	1	1	-	3	2	-	1	-	1	1
10～14	1	-	-	1	3	1	1	2	-	2
15～19	-	1	2	-	3	2	4	1	3	-
20～24	3	3	2	4	9	6	1	5	2	6
25～29	5	3	9	5	3	3	5	4	3	7
30～34	2	1	5	3	10	5	6	8	3	10
35～39	3	3	4	5	7	3	13	13	10	6
40～44	8	5	7	9	6	5	13	9	9	17
45～49	5	2	7	8	15	10	9	14	6	13
50～54	7	11	13	8	15	13	12	18	23	15
55～59	7	3	9	14	21	7	21	28	17	26
60～64	14	10	9	21	25	11	19	27	21	21
65～69	14	10	28	18	18	17	25	24	25	27
70～74	19	17	22	34	33	25	21	32	29	42
75～79	6	18	13	29	27	24	20	37	37	40
80～84	4	8	13	14	30	17	19	26	28	32
85～89	2	3	4	8	10	7	10	8	9	15
90歳～	-	2	-	2	4	2	2	2	5	6
不詳 Not Stated	-	-	-	-	-	-	-	-	-	-

注：1）昭和26～29年の「80～84」は、「80歳以上」、昭和31～34年、36～39年、41～44年、46～49年、51～54年の「85～89歳」は「85歳以上」である。
　　2）年齢調整死亡率の基準人口は、昭和60年モデル人口である。

（人口10万対）, 病類（簡単分類）・性・年齢（5歳階級）別 －昭和25年～平成16年－
age-adjusted death rates (per 100,000 population) from heart diseases, by disease type to 2004

粗死亡率（人口10万対） Crude death rates (per 100,000 population)

性・年齢階級 Sex/age group	昭和25年 1950	26年 1951	27年 1952	28年 1953	29年 1954	30年 1955	31年 1956	32年 1957	33年 1958	34年 1959
総数 Total	0.2	0.2	0.3	0.4	0.5	0.4	0.5	0.6	0.6	0.7
0～4歳 Years	0.0	0.0	-	0.1	0.0	0.0	0.0	-	0.0	-
5～9	0.0	0.0	0.0	0.1	0.0	0.0	0.0	-	0.0	0.0
10～14	0.0	0.0	0.0	0.0	0.0	0.0	0.0	0.0	-	0.0
15～19	0.0	0.0	0.0	0.0	0.1	0.0	0.1	0.1	0.1	0.1
20～24	0.0	0.1	0.0	0.1	0.1	0.1	0.1	0.1	0.1	0.2
25～29	0.1	0.1	0.1	0.1	0.1	0.1	0.2	0.1	0.1	0.2
30～34	0.1	0.1	0.1	0.2	0.3	0.1	0.2	0.3	0.2	0.3
35～39	0.1	0.1	0.1	0.2	0.3	0.2	0.3	0.3	0.2	0.2
40～44	0.2	0.2	0.3	0.4	0.4	0.3	0.3	0.3	0.3	0.6
45～49	0.2	0.1	0.4	0.5	0.6	0.6	0.5	0.6	0.5	0.6
50～54	0.4	0.4	0.7	0.4	1.0	0.6	0.7	0.8	1.1	1.0
55～59	0.5	0.4	0.7	1.0	1.2	0.7	1.3	1.5	1.3	1.3
60～64	1.1	0.8	1.0	1.8	1.8	1.2	1.6	2.1	1.5	2.1
65～69	1.4	1.4	2.9	2.1	2.6	2.3	2.6	3.3	2.9	3.7
70～74	2.5	3.3	3.6	4.8	5.2	3.3	4.7	5.0	5.2	5.8
75～79	1.3	3.0	3.7	8.3	7.0	5.7	5.4	8.9	8.5	7.8
80～84	1.8	4.1	6.0	8.8	14.1	7.1	7.8	11.0	11.3	13.3
85～89	3.8	…	…	…	…	9.9	12.7	15.2	15.2	17.9
90歳～	-	…	…	…	…	8.8	…	…	…	…
男 Male	0.2	0.2	0.3	0.5	0.5	0.4	0.5	0.6	0.6	0.7
0～4歳 Years	0.0	0.0	-	0.1	0.0	0.0	0.0	-	0.0	-
5～9	-	-	0.0	0.0	-	0.1	0.0	-	0.0	0.0
10～14	-	0.0	0.0	-	0.0	0.0	-	0.0	-	0.0
15～19	0.0	0.0	0.0	0.0	0.1	0.0	0.1	0.1	0.0	0.1
20～24	-	0.1	0.0	0.0	0.1	0.1	0.1	0.1	0.1	0.2
25～29	0.1	0.1	0.0	0.1	0.2	0.1	0.2	0.2	0.1	0.2
30～34	0.2	0.2	0.1	0.3	0.2	0.1	0.2	0.3	0.2	0.3
35～39	0.1	-	0.0	0.3	0.3	0.2	0.2	0.2	0.1	0.2
40～44	0.1	0.2	0.4	0.4	0.6	0.4	0.2	0.3	0.3	0.5
45～49	0.2	0.1	0.4	0.7	0.5	0.7	0.5	0.7	0.8	0.7
50～54	0.5	0.2	0.6	0.4	1.2	0.6	0.8	0.7	1.1	1.2
55～59	0.5	0.5	0.7	1.1	1.0	1.0	1.3	1.4	1.6	1.2
60～64	1.0	0.8	1.3	1.9	1.6	1.5	1.7	2.2	1.6	2.7
65～69	1.4	1.8	2.8	2.4	3.5	3.0	2.9	4.5	3.6	5.0
70～74	2.4	4.8	4.6	5.3	6.6	3.5	7.4	6.4	7.4	6.9
75～79	1.1	1.4	5.2	12.1	9.6	7.6	8.0	12.4	11.6	9.0
80～84	1.0	2.2	5.5	10.0	14.5	7.5	9.0	14.1	14.6	18.7
85～89	4.1	…	…	…	…	11.8	14.3	28.9	22.4	20.8
90歳～	-	…	…	…	…	-	…	…	…	…
年齢調整死亡率 （人口10万対） Age-adjusted death rate (per 100,000 population)	0.3	0.4	0.7	1.0	1.1	0.8	1.0	1.3	1.3	1.4
女 Female	0.2	0.2	0.3	0.4	0.5	0.3	0.4	0.6	0.5	0.6
0～4歳 Years	0.0	0.0	-	0.1	0.0	-	-	-	0.0	-
5～9	0.0	0.0	-	0.1	0.0	-	0.0	-	0.0	0.0
10～14	0.0	-	-	0.0	0.1	0.0	0.0	0.0	-	0.0
15～19	-	0.0	0.0	-	0.1	0.0	0.1	0.0	0.1	-
20～24	0.1	0.1	0.0	0.1	0.2	0.1	0.0	0.1	0.0	0.1
25～29	0.1	0.1	0.3	0.1	0.1	0.1	0.1	0.1	0.1	0.2
30～34	0.1	0.0	0.2	0.1	0.3	0.2	0.2	0.2	0.1	0.3
35～39	0.1	0.1	0.1	0.2	0.3	0.1	0.5	0.4	0.3	0.2
40～44	0.4	0.2	0.3	0.4	0.2	0.2	0.5	0.3	0.3	0.6
45～49	0.3	0.1	0.3	0.4	0.7	0.4	0.4	0.6	0.2	0.5
50～54	0.4	0.6	0.7	0.4	0.8	0.7	0.6	0.9	1.2	0.7
55～59	0.5	0.2	0.6	0.9	1.4	0.4	1.3	1.6	1.0	1.4
60～64	1.2	0.8	0.7	1.7	2.0	0.9	1.4	2.0	1.5	1.5
65～69	1.4	1.0	2.9	1.8	1.8	1.6	2.3	2.2	2.3	2.4
70～74	2.6	2.3	2.9	4.4	4.2	3.1	2.7	4.0	3.6	5.0
75～79	1.4	4.0	2.7	5.9	5.2	4.5	3.7	6.7	6.6	7.0
80～84	2.2	5.1	6.2	8.1	14.0	7.0	7.1	9.4	9.6	10.4
85～89	3.7	…	…	…	…	9.0	12.0	9.4	12.1	16.7
90歳～	-	…	…	…	…	11.8	…	…	…	…
年齢調整死亡率 （人口10万対） Age-adjusted death rate (per 100,000 population)	0.4	0.4	0.6	0.7	0.9	0.6	0.7	0.9	0.8	0.9

Notes: 1) The categories of "80 - 84" in 1951 - 1954 represent the population aged 80 or over, and those of "85 - 89" in 1956 - 1959, 1961 - 1964, 1966 - 1969, 1971 - 1974, and 1976 - 1979 represent the population aged 85 or over.
2) The base population for age-adjusted death rates is the model population of 1985.

第4表（54-38）

第4表　心疾患死亡数・粗死亡率（人口10万対）・年齢調整死亡率
Statistics 4　Numbers of deaths, crude death rates (per 100,000 population), and (large categories), sex and age group (by 5-year age scale): From 1950

不整脈及び伝導障害　Arrhythmia and conduction disoder
死亡数　Number of deaths

性・年齢階級 Sex/age group	昭和35年 1960	36年 1961	37年 1962	38年 1963	39年 1964	40年 1965	41年 1966	42年 1967	43年 1968	44年 1969
総数　Total	737	802	856	799	829	1 019	1 052	1 157	1 126	1 134
0～4歳 Years	2	-	1	1	2	2	2	5	9	6
5～9	3	-	1	-	1	-	2	1	-	1
10～14	2	6	5	4	2	4	2	6	2	6
15～19	5	10	6	6	5	8	14	6	7	6
20～24	8	10	20	13	8	8	10	8	8	7
25～29	13	12	14	14	6	14	6	13	12	10
30～34	19	17	17	17	22	14	21	16	16	15
35～39	21	26	19	38	27	21	30	24	20	20
40～44	22	23	33	39	30	32	18	27	34	38
45～49	36	38	44	35	39	38	44	43	47	46
50～54	53	48	53	39	51	65	47	56	54	-
55～59	71	66	69	62	56	77	84	96	78	93
60～64	78	74	87	77	76	107	110	106	103	124
65～69	74	108	101	95	103	138	147	178	146	165
70～74	110	116	120	122	117	146	162	182	164	185
75～79	106	125	125	126	127	158	168	175	197	179
80～84	72	72	109	70	103	117	110	130	138	140
85～89	35	41	25	33	41	57	56	62	67	66
90歳～	7	10	7	8	13	13	19	23	24	27
不詳　Not Stated	-	-	-	-	-	-	-	-	-	-
男　Male	383	424	454	413	437	534	579	619	597	659
0～4歳 Years	1	-	1	1	1	2	1	5	7	2
5～9	-	-	-	-	-	-	2	-	-	-
10～14	2	2	3	1	1	2	1	4	-	4
15～19	4	6	4	4	-	4	11	5	4	2
20～24	4	5	13	6	4	3	5	7	4	5
25～29	10	8	4	7	4	8	2	7	7	4
30～34	10	7	9	6	11	6	16	6	9	7
35～39	6	12	12	20	17	13	18	13	6	13
40～44	11	12	15	17	14	15	12	17	23	19
45～49	18	15	24	19	19	15	26	21	22	18
50～54	27	20	25	15	25	37	19	23	27	29
55～59	35	34	36	33	33	44	52	55	40	57
60～64	47	46	52	46	42	48	67	64	53	77
65～69	45	59	59	53	63	85	82	105	92	99
70～74	63	73	68	59	66	73	99	110	96	107
75～79	47	69	64	77	73	99	83	85	95	101
80～84	35	36	51	31	44	52	54	60	72	80
85～89	18	17	10	14	18	21	21	25	31	27
90歳～	-	3	4	4	2	7	8	7	9	8
不詳　Not Stated	-	-	-	-	-	-	-	-	-	-
女　Female	354	378	402	386	392	485	473	538	529	540
0～4歳 Years	1	-	-	-	1	-	1	-	2	4
5～9	3	-	1	-	1	-	-	1	-	1
10～14	-	4	2	3	1	2	1	2	2	2
15～19	1	4	2	2	5	4	3	1	3	4
20～24	4	5	7	7	4	5	5	1	4	2
25～29	3	4	10	7	2	6	4	6	5	6
30～34	9	10	8	11	11	8	5	10	7	8
35～39	15	14	7	18	10	8	12	11	14	7
40～44	11	11	18	22	16	17	6	10	11	19
45～49	18	23	20	16	20	23	18	22	25	28
50～54	26	28	28	24	26	28	28	33	27	36
55～59	36	32	33	29	23	33	32	41	38	36
60～64	31	28	35	31	34	59	43	42	50	47
65～69	29	49	42	42	40	53	65	73	54	66
70～74	47	43	52	63	51	73	63	72	68	78
75～79	59	56	61	49	54	59	85	90	102	78
80～84	37	36	58	39	59	65	56	70	66	60
85～89	17	24	15	19	23	36	35	37	36	39
90歳～	7	7	3	4	11	6	11	16	15	19
不詳　Not Stated	-	-	-	-	-	-	-	-	-	-

注：1) 昭和26～29年の「80～84」は、「80歳以上」、昭和31～34年、36～39年、41～44年、46～49年、51～54年の「85～89歳」は「85歳以上」である。
　　2) 年齢調整死亡率の基準人口は、昭和60年モデル人口である。

（人口10万対）, 病類（簡単分類）・性・年齢（5歳階級）別 －昭和25年～平成16年－
age-adjusted death rates (per 100,000 population) from heart diseases, by disease type to 2004

粗死亡率（人口10万対）　Crude death rates (per 100,000 population)

性・年齢階級 Sex/age group	昭和35年 1960	36年 1961	37年 1962	38年 1963	39年 1964	40年 1965	41年 1966	42年 1967	43年 1968	44年 1969
総数 Total	0.8	0.9	0.9	0.8	0.9	1.0	1.1	1.2	1.1	1.1
0～4歳 Years	0.0	-	0.0	0.0	0.0	0.0	0.0	0.1	0.1	0.1
5～9	0.0	-	0.0	-	0.0	-	0.0	0.0	-	0.0
10～14	0.0	0.1	0.0	0.0	0.0	0.0	0.0	0.1	0.0	0.1
15～19	0.1	0.1	0.1	0.1	0.0	0.1	0.1	0.1	0.1	0.1
20～24	0.1	0.1	0.2	0.1	0.1	0.1	0.1	0.1	0.1	0.1
25～29	0.2	0.1	0.2	0.2	0.1	0.2	0.1	0.2	0.1	0.1
30～34	0.3	0.2	0.2	0.2	0.3	0.2	0.3	0.2	0.2	0.2
35～39	0.3	0.4	0.3	0.5	0.4	0.3	0.4	0.3	0.3	0.2
40～44	0.4	0.5	0.6	0.7	0.5	0.5	0.3	0.4	0.5	0.5
45～49	0.7	0.8	0.9	0.7	0.8	0.8	0.9	0.8	0.9	0.8
50～54	1.3	1.1	1.2	0.9	1.1	1.4	1.0	1.2	1.2	-
55～59	1.9	1.8	1.9	1.7	1.4	1.9	2.0	2.3	1.8	2.1
60～64	2.7	2.4	2.7	2.4	2.3	3.2	3.3	3.1	3.0	3.4
65～69	3.4	4.8	4.3	3.9	4.1	5.4	5.5	6.4	5.1	5.6
70～74	7.0	7.2	7.2	7.3	6.9	8.4	8.9	9.6	8.3	9.1
75～79	11.1	13.0	12.7	12.5	12.0	14.4	14.9	15.1	16.6	14.7
80～84	14.9	14.5	21.5	13.6	19.6	22.2	20.7	23.5	23.9	22.7
85～89	22.5	24.5	14.8	18.1	22.4	28.6	28.4	30.9	32.3	31.7
90歳～	21.7	…	…	…	…	25.6	…	…	…	…
男 Male	0.8	0.9	1.0	0.9	0.9	1.1	1.2	1.3	1.2	1.3
0～4歳 Years	0.0	-	0.0	0.0	0.0	0.0	0.0	0.1	0.2	0.0
5～9	-	-	-	-	-	-	0.1	-	-	-
10～14	0.0	0.0	0.1	0.0	0.0	0.0	0.0	0.1	-	0.1
15～19	0.1	0.1	0.1	0.1	-	0.1	0.2	0.1	0.1	0.0
20～24	0.1	0.1	0.3	0.1	0.1	0.1	0.1	0.2	0.1	0.1
25～29	0.2	0.2	0.1	0.2	0.1	0.2	0.0	0.2	0.2	0.1
30～34	0.3	0.2	0.2	0.2	0.3	0.1	0.4	0.1	0.2	0.2
35～39	0.2	0.4	0.4	0.6	0.5	0.3	0.5	0.3	0.2	0.3
40～44	0.5	0.5	0.6	0.7	0.5	0.5	0.4	0.5	0.7	0.5
45～49	0.8	0.7	1.1	0.9	0.9	0.7	1.2	0.9	0.9	0.7
50～54	1.3	0.9	1.2	0.7	1.2	1.7	0.9	1.1	1.3	1.4
55～59	1.9	1.9	2.0	1.8	1.8	2.3	2.6	2.8	2.0	2.8
60～64	3.3	3.1	3.3	2.9	2.6	3.0	4.1	3.9	3.2	4.5
65～69	4.4	5.5	5.4	4.6	5.3	7.0	6.5	8.0	6.8	7.2
70～74	9.1	10.1	9.1	7.9	8.7	9.3	12.0	12.9	10.8	11.6
75～79	12.5	17.7	16.0	18.9	16.8	21.9	17.8	17.6	19.2	19.8
80～84	20.7	20.5	28.5	17.0	23.7	27.8	28.4	30.2	34.1	35.1
85～89	37.3	35.1	23.7	27.3	28.2	34.9	36.7	39.0	48.2	40.7
90歳～	-	…	…	…	…	51.0	…	…	…	…
年齢調整死亡率（人口10万対） Age-adjusted death rate (per 100,000 population)	1.6	1.8	1.8	1.6	1.7	2.1	2.1	2.2	2.2	2.3
女 Female	0.7	0.8	0.8	0.8	0.8	1.0	0.9	1.1	1.0	1.0
0～4歳 Years	0.0	-	-	-	0.0	-	0.0	-	0.0	0.1
5～9	0.1	-	0.0	-	-	-	-	0.0	-	0.0
10～14	-	0.1	0.0	0.1	0.0	0.0	0.0	0.0	0.1	0.1
15～19	0.0	0.1	0.0	0.0	0.1	0.1	0.1	0.0	0.1	0.1
20～24	0.1	0.1	0.2	0.2	0.1	0.1	0.1	0.0	0.1	0.0
25～29	0.1	0.1	0.2	0.2	0.0	0.1	0.1	0.1	0.1	0.1
30～34	0.2	0.3	0.2	0.3	0.3	0.2	0.1	0.2	0.2	0.2
35～39	0.5	0.4	0.2	0.5	0.3	0.2	0.3	0.3	0.4	0.2
40～44	0.4	0.4	0.6	0.7	0.5	0.5	0.2	0.3	0.3	0.5
45～49	0.7	0.9	0.8	0.6	0.8	0.9	0.7	0.8	0.8	0.9
50～54	1.2	1.2	1.2	1.0	1.1	1.1	1.1	1.3	1.1	1.4
55～59	2.0	1.7	1.8	1.5	1.1	1.6	1.5	1.8	1.7	1.5
60～64	2.1	1.8	2.1	1.9	2.0	3.4	2.5	2.4	2.8	2.5
65～69	2.6	4.1	3.4	3.3	3.1	3.9	4.6	5.0	3.6	4.3
70～74	5.4	4.8	5.7	6.8	5.5	7.6	6.3	7.0	6.3	7.0
75～79	10.2	9.7	10.4	8.2	8.6	9.2	12.9	13.3	14.7	11.0
80～84	11.8	11.2	17.7	11.7	17.3	19.1	16.4	19.8	18.1	15.4
85～89	15.8	20.5	11.5	14.3	20.0	25.9	24.9	27.5	25.6	28.2
90歳～	29.3	…	…	…	…	16.2	…	…	…	…
年齢調整死亡率（人口10万対） Age-adjusted death rate (per 100,000 population)	1.2	1.2	1.2	1.1	1.2	1.4	1.4	1.5	1.4	1.4

Notes: 1) The categories of "80 - 84" in 1951 - 1954 represent the population aged 80 or over, and those of "85 - 89" in 1956 - 1959, 1961 - 1964, 1966 - 1969, 1971 - 1974, and 1976 - 1979 represent the population aged 85 or over.
2) The base population for age-adjusted death rates is the model population of 1985.

第4表　心疾患死亡数・粗死亡率（人口10万対）・年齢調整死亡率
Statistics 4　Numbers of deaths, crude death rates (per 100,000 population), and (large categories), sex and age group (by 5-year age scale): From 1950

不整脈及び伝導障害　Arrhythmia and conduction disoder
死亡数　Number of deaths

性・年齢階級 Sex/age group	昭和45年 1970	46年 1971	47年 1972	48年 1973	49年 1974	50年 1975	51年 1976	52年 1977	53年 1978	54年 1979
総　数　Total	1 220	1 369	1 393	1 533	1 600	1 707	1 728	1 792	1 822	3 390
0～4歳 Years	9	11	11	11	14	10	5	6	7	30
5～9	-	4	1	3	-	3	4	5	3	3
10～14	1	5	4	5	3	5	1	5	1	3
15～19	4	3	8	-	5	7	7	4	9	10
20～24	7	10	13	12	7	8	4	8	3	7
25～29	9	12	14	14	9	18	9	13	12	15
30～34	13	22	16	25	9	12	8	9	15	26
35～39	24	25	26	20	24	20	21	20	16	35
40～44	31	44	32	42	36	37	25	35	23	55
45～49	40	43	37	55	44	43	36	47	44	83
50～54	58	52	58	59	54	64	57	50	56	105
55～59	97	98	78	84	99	96	70	63	68	133
60～64	127	130	128	130	129	124	104	137	91	218
65～69	170	175	170	167	206	168	217	186	195	354
70～74	213	229	225	291	286	292	314	283	292	531
75～79	180	212	242	286	301	333	356	375	393	768
80～84	139	174	190	183	216	268	271	320	353	611
85～89	71	90	105	107	120	146	171	167	176	304
90歳～	27	29	35	39	38	53	48	59	65	99
不　詳 Not Stated	-	1	-	-	-	-	-	-	-	-
男 Male	644	743	727	828	856	896	922	967	930	1 759
0～4歳 Years	4	4	8	6	8	6	2	4	2	19
5～9	-	3	1	3	-	-	4	4	2	2
10～14	-	4	2	3	2	2	1	2	1	2
15～19	4	1	6	-	3	5	4	2	4	6
20～24	1	5	7	8	4	5	2	6	2	3
25～29	6	5	10	5	5	11	4	6	8	10
30～34	11	15	11	14	8	6	3	7	9	14
35～39	14	12	14	12	11	11	14	14	11	25
40～44	19	24	19	29	27	22	14	25	16	35
45～49	14	21	20	37	23	23	23	30	28	54
50～54	26	25	27	30	27	28	29	28	36	61
55～59	52	47	39	41	51	50	39	29	32	60
60～64	79	84	72	72	70	64	59	79	48	135
65～69	103	103	86	94	122	104	132	95	103	194
70～74	119	136	120	161	170	165	178	173	157	268
75～79	90	120	130	156	154	175	165	207	208	401
80～84	70	81	98	97	98	129	149	164	164	310
85～89	25	40	46	45	66	73	83	75	76	123
90歳～	7	13	11	15	7	17	17	17	23	37
不　詳 Not Stated	-	-	-	-	-	-	-	-	-	-
女 Female	576	626	666	705	744	811	806	825	892	1 631
0～4歳 Years	5	7	3	5	6	4	3	2	5	11
5～9	-	1	-	-	-	3	-	1	1	1
10～14	1	1	2	2	1	3	-	3	-	1
15～19	-	2	2	-	2	2	3	2	5	4
20～24	6	5	6	4	3	3	2	2	1	4
25～29	3	7	4	9	4	7	5	7	4	5
30～34	2	7	5	11	1	6	5	2	6	12
35～39	10	13	12	8	13	9	7	6	5	10
40～44	12	20	13	13	9	15	11	10	7	20
45～49	26	22	17	18	21	20	13	17	16	29
50～54	32	27	31	29	27	36	28	22	20	44
55～59	45	51	39	43	48	46	31	34	36	73
60～64	48	46	56	58	59	60	45	58	43	83
65～69	67	72	84	73	84	64	85	91	92	160
70～74	94	93	105	130	116	127	136	110	135	263
75～79	90	92	112	130	147	158	191	168	185	367
80～84	69	93	92	86	118	139	122	156	189	301
85～89	46	50	59	62	54	73	88	92	100	181
90歳～	20	16	24	24	31	36	31	42	42	62
不　詳 Not Stated	-	1	-	-	-	-	-	-	-	-

注：1) 昭和26～29年の「80～84」は、「80歳以上」、昭和31～34年、36～39年、41～44年、46～49年、51～54年の「85～89歳」は「85歳以上」である。
　　2) 年齢調整死亡率の基準人口は、昭和60年モデル人口である。

（人口10万対），病類（簡単分類）・性・年齢（5歳階級）別 －昭和25年～平成16年－
age-adjusted death rates (per 100,000 population) from heart diseases, by disease type
to 2004

粗死亡率（人口10万対）　Crude death rates (per 100,000 population)

性・年齢階級 Sex/age group	昭和45年 1970	46年 1971	47年 1972	48年 1973	49年 1974	50年 1975	51年 1976	52年 1977	53年 1978	54年 1979
総数 Total	1.2	1.3	1.3	1.4	1.5	1.5	1.5	1.6	1.6	2.9
0～4歳 Years	0.1	0.1	0.1	0.1	0.1	0.1	0.1	0.1	0.1	0.3
5～9	-	0.1	0.0	0.0	-	0.0	0.0	0.1	0.0	0.0
10～14	0.0	0.1	0.1	0.1	0.0	0.1	0.0	0.1	0.0	0.0
15～19	0.0	0.0	0.1	-	0.1	0.1	0.1	0.1	0.1	0.1
20～24	0.1	0.1	0.1	0.1	0.1	0.1	0.0	0.1	0.0	0.1
25～29	0.1	0.1	0.2	0.1	0.1	0.2	0.1	0.1	0.1	0.2
30～34	0.2	0.3	0.2	0.3	0.1	0.1	0.1	0.1	0.2	0.3
35～39	0.3	0.3	0.3	0.2	0.3	0.2	0.2	0.2	0.2	0.4
40～44	0.4	0.6	0.4	0.5	0.4	0.5	0.3	0.4	0.3	0.7
45～49	0.7	0.7	0.6	0.8	0.6	0.6	0.5	0.6	0.6	1.0
50～54	1.2	1.1	1.2	1.1	1.0	1.1	0.9	0.8	0.8	1.5
55～59	2.2	2.2	1.7	1.9	2.2	2.1	1.5	1.3	1.3	2.5
60～64	3.4	3.4	3.2	3.2	3.1	2.9	2.4	3.2	2.1	5.1
65～69	5.7	5.9	5.6	5.3	6.3	4.9	6.0	5.0	5.1	9.1
70～74	10.0	10.3	9.7	12.0	11.5	11.4	12.3	10.6	10.6	18.5
75～79	14.2	15.6	17.4	19.3	19.6	20.3	20.7	20.6	20.7	39.0
80～84	21.4	25.7	27.1	25.0	28.5	33.2	31.7	35.1	36.1	59.3
85～89	31.0	38.1	43.5	42.2	42.9	47.3	53.0	52.4	52.4	80.9
90歳～	41.1	…	…	…	…	65.0	…	…	…	…
男 Male	1.3	1.5	1.4	1.6	1.6	1.6	1.7	1.7	1.7	3.1
0～4歳 Years	0.1	0.1	0.2	0.1	0.2	0.1	0.0	0.1	0.0	0.4
5～9	-	0.1	0.0	0.1	-	-	0.1	0.1	0.0	0.0
10～14	-	0.1	0.1	0.1	0.0	0.0	0.0	0.0	0.0	0.0
15～19	0.1	0.0	0.1	-	0.1	0.1	0.1	0.0	0.1	0.1
20～24	0.0	0.1	0.1	0.2	0.1	0.1	0.1	0.1	0.0	0.1
25～29	0.1	0.1	0.2	0.1	0.1	0.2	0.1	0.1	0.2	0.2
30～34	0.3	0.4	0.3	0.3	0.2	0.1	0.1	0.2	0.2	0.3
35～39	0.3	0.3	0.3	0.3	0.3	0.3	0.3	0.3	0.2	0.5
40～44	0.5	0.6	0.5	0.7	0.7	0.5	0.3	0.6	0.4	0.8
45～49	0.5	0.7	0.6	1.1	0.7	0.6	0.6	0.8	0.7	1.4
50～54	1.2	1.2	1.2	1.3	1.1	1.1	1.0	0.9	1.1	1.8
55～59	2.6	2.3	1.9	2.0	2.5	2.4	1.9	1.4	1.5	2.6
60～64	4.5	4.7	3.9	3.9	3.7	3.3	3.0	4.1	2.5	7.1
65～69	7.4	7.4	6.1	6.5	8.1	6.7	8.1	5.7	6.1	11.3
70～74	12.4	13.6	11.5	14.8	15.2	14.4	15.8	14.6	12.9	21.2
75～79	17.0	21.1	22.2	25.1	23.9	25.5	22.7	27.2	26.1	48.6
80～84	29.1	31.9	37.3	35.3	34.3	42.0	45.3	47.1	43.9	78.5
85～89	35.0	55.8	58.2	56.1	63.5	72.5	76.9	66.7	66.9	99.4
90歳～	40.1	…	…	…	…	78.5	…	…	…	…
年齢調整死亡率 （人口10万対） Age-adjusted death rate (per 100,000 population)	2.1	2.4	2.4	2.5	2.6	2.7	2.7	2.7	2.5	4.5
女 Female	1.1	1.2	1.2	1.3	1.3	1.4	1.4	1.4	1.5	2.8
0～4歳 Years	0.1	0.2	0.1	0.1	0.1	0.1	0.1	0.0	0.1	0.3
5～9	-	0.0	-	-	-	0.1	-	0.0	0.0	0.0
10～14	0.0	-	0.1	0.1	0.0	0.1	-	0.1	-	0.0
15～19	-	0.0	0.0	-	0.1	0.1	0.1	0.1	0.1	0.1
20～24	0.1	0.1	0.1	0.1	0.1	0.1	0.0	0.0	0.0	0.1
25～29	0.1	0.2	0.1	0.2	0.1	0.1	0.1	0.1	0.1	0.1
30～34	0.0	0.2	0.1	0.2	0.0	0.1	0.1	0.0	0.1	0.2
35～39	0.2	0.3	0.3	0.2	0.3	0.2	0.2	0.1	0.1	0.2
40～44	0.3	0.5	0.3	0.3	0.2	0.4	0.3	0.2	0.2	0.5
45～49	0.8	0.7	0.5	0.5	0.6	0.5	0.3	0.4	0.4	0.7
50～54	1.2	1.0	1.1	1.0	0.9	1.1	0.9	0.7	0.6	1.2
55～59	1.9	2.1	1.6	1.7	1.9	1.8	1.2	1.2	1.3	2.4
60～64	2.4	2.2	2.6	2.6	2.6	2.6	1.9	2.4	1.8	3.5
65～69	4.2	4.6	5.2	4.3	4.7	3.4	4.3	4.4	4.3	7.3
70～74	8.0	7.6	8.2	9.7	8.4	8.9	9.6	7.4	8.8	16.3
75～79	12.2	11.7	13.8	15.1	16.5	16.6	19.3	15.9	16.8	32.1
80～84	16.9	22.0	21.0	18.8	25.0	27.8	23.2	27.7	31.3	47.4
85～89	29.1	30.4	37.1	36.0	33.6	35.1	42.0	45.6	45.5	72.3
90歳～	41.4	…	…	…	…	60.1	…	…	…	…
年齢調整死亡率 （人口10万対） Age-adjusted death rate (per 100,000 population)	1.5	1.5	1.6	1.6	1.7	1.7	1.7	1.6	1.7	3.0

Notes: 1) The categories of "80 - 84" in 1951 - 1954 represent the population aged 80 or over, and those of "85 - 89" in 1956 - 1959, 1961
 - 1964, 1966 - 1969, 1971 - 1974, and 1976 - 1979 represent the population aged 85 or over.
 2) The base population for age-adjusted death rates is the model population of 1985.

第4表　心疾患死亡数・粗死亡率（人口10万対）・年齢調整死亡率

Statistics 4　Numbers of deaths, crude death rates (per 100,000 population), and (large categories), sex and age group (by 5-year age scale): From 1950

不整脈及び伝導障害　Arrhythmia and conduction disoder

死亡数　Number of deaths

性・年齢階級 Sex/age group	昭和55年 1980	56年 1981	57年 1982	58年 1983	59年 1984	60年 1985	61年 1986	62年 1987	63年 1988	平成元年 1989
総数 Total	3 826	4 159	4 344	4 669	4 744	4 977	5 109	5 109	5 871	5 596
0～4歳 Years	28	28	23	23	14	30	15	30	23	18
5～9	8	8	6	4	2	8	3	6	5	4
10～14	3	6	10	8	11	9	7	6	12	5
15～19	12	15	17	17	15	12	19	15	26	11
20～24	14	15	15	12	15	10	13	19	12	18
25～29	17	11	21	20	16	14	26	11	16	13
30～34	21	27	27	26	23	28	22	19	24	15
35～39	33	44	35	41	24	31	36	32	32	17
40～44	52	38	51	39	61	40	54	37	38	49
45～49	82	71	86	70	58	56	64	60	84	72
50～54	124	126	122	119	119	115	109	98	97	105
55～59	152	149	177	160	178	180	162	157	192	162
60～64	228	242	221	222	241	259	230	247	231	245
65～69	403	411	386	438	389	379	386	362	400	371
70～74	604	680	672	686	662	651	638	607	606	593
75～79	804	852	872	960	950	1 002	948	928	1 107	1 014
80～84	664	753	858	974	993	1 018	1 132	1 106	1 297	1 231
85～89	404	500	539	614	688	767	867	933	1 142	1 096
90歳～	171	183	206	236	285	367	377	435	526	557
不詳 Not Stated	2	-	-	-	-	1	1	1	1	-
男 Male	1 990	2 196	2 248	2 449	2 437	2 533	2 561	2 519	2 886	2 857
0～4歳 Years	21	15	9	12	8	17	6	16	13	16
5～9	3	6	3	1	-	4	2	3	2	1
10～14	3	4	4	4	9	6	4	3	6	4
15～19	7	13	12	13	11	9	11	13	18	9
20～24	11	11	9	8	11	9	9	13	10	11
25～29	11	8	17	15	12	9	13	10	11	7
30～34	14	23	23	22	15	20	14	12	14	11
35～39	22	33	25	30	17	19	29	22	23	11
40～44	30	21	31	27	42	24	39	25	27	35
45～49	54	45	55	45	34	34	40	40	51	45
50～54	72	76	89	85	82	76	72	62	68	76
55～59	89	100	108	91	112	110	109	92	135	108
60～64	120	125	116	132	143	146	129	163	129	160
65～69	212	236	217	224	212	197	206	190	214	218
70～74	344	396	362	402	371	352	354	314	340	365
75～79	424	431	459	492	495	503	480	459	551	516
80～84	328	365	422	453	470	492	557	509	577	578
85～89	160	218	212	277	286	349	358	408	499	463
90歳～	64	70	75	116	107	156	128	164	198	223
不詳 Not Stated	1	-	-	-	-	1	1	1	-	-
女 Female	1 836	1 963	2 096	2 220	2 307	2 444	2 548	2 590	2 985	2 739
0～4歳 Years	7	13	14	11	6	13	9	14	10	2
5～9	5	2	3	3	2	4	1	3	3	3
10～14	-	2	6	4	2	3	3	3	6	1
15～19	5	2	5	4	4	3	8	2	8	2
20～24	3	4	6	4	4	1	4	6	2	7
25～29	6	3	4	5	4	5	13	1	5	6
30～34	7	4	4	4	8	8	8	7	10	4
35～39	11	11	10	11	7	12	7	10	9	6
40～44	22	17	20	12	19	16	15	12	11	14
45～49	28	26	31	25	24	22	24	20	33	27
50～54	52	50	33	34	37	39	37	36	29	29
55～59	63	49	69	69	66	70	53	65	57	54
60～64	108	117	105	90	98	113	101	84	102	85
65～69	191	175	169	214	177	182	180	172	186	153
70～74	260	284	310	284	291	299	284	293	266	228
75～79	380	421	413	468	455	499	468	469	556	498
80～84	336	388	436	521	523	526	575	597	720	653
85～89	244	282	327	337	402	418	509	525	643	633
90歳～	107	113	131	120	178	211	249	271	328	334
不詳 Not Stated	1	-	-	-	-	-	-	-	1	-

注：1）昭和26～29年の「80～84」は、「80歳以上」、昭和31～34年、36～39年、41～44年、46～49年、51～54年の「85～89歳」は「85歳以上」である。
　　2）年齢調整死亡率の基準人口は、昭和60年モデル人口である。

（人口10万対），病類（簡単分類）・性・年齢（5歳階級）別 －昭和25年～平成16年－
age-adjusted death rates (per 100,000 population) from heart diseases, by disease type
to 2004

粗死亡率（人口10万対）　Crude death rates (per 100,000 population)

性・年齢階級 Sex/age group	昭和55年 1980	56年 1981	57年 1982	58年 1983	59年 1984	60年 1985	61年 1986	62年 1987	63年 1988	平成元年 1989
総数 Total	3.3	3.5	3.7	3.9	4.0	4.1	4.2	4.2	4.8	4.6
0～4歳 Years	0.3	0.3	0.3	0.3	0.2	0.4	0.2	0.4	0.3	0.3
5～9	0.1	0.1	0.1	0.0	0.0	0.1	0.0	0.1	0.1	0.1
10～14	0.0	0.1	0.1	0.1	0.1	0.1	0.1	0.1	0.1	0.1
15～19	0.1	0.2	0.2	0.2	0.2	0.1	0.2	0.2	0.3	0.1
20～24	0.2	0.2	0.2	0.2	0.2	0.1	0.2	0.2	0.1	0.2
25～29	0.2	0.1	0.3	0.3	0.2	0.2	0.3	0.1	0.2	0.2
30～34	0.2	0.2	0.2	0.3	0.2	0.3	0.3	0.2	0.3	0.2
35～39	0.4	0.5	0.4	0.4	0.2	0.3	0.3	0.3	0.3	0.2
40～44	0.6	0.4	0.6	0.4	0.7	0.4	0.6	0.4	0.4	0.5
45～49	1.0	0.9	1.0	0.8	0.7	0.7	0.8	0.7	1.0	0.8
50～54	1.7	1.7	1.6	1.6	1.5	1.5	1.4	1.2	1.2	1.3
55～59	2.7	2.5	2.8	2.4	2.6	2.6	2.3	2.1	2.6	2.1
60～64	5.1	5.4	4.7	4.6	4.7	4.8	4.0	4.1	3.7	3.7
65～69	10.2	10.2	9.6	10.8	9.7	9.1	9.1	8.2	8.7	7.6
70～74	20.1	21.5	20.5	20.3	19.1	18.3	17.6	16.6	16.5	16.3
75～79	39.6	41.5	40.8	43.3	40.5	40.3	36.0	33.9	39.0	34.5
80～84	60.9	64.6	69.1	74.2	72.6	71.2	77.7	71.8	80.2	71.4
85～89	98.7	113.1	113.0	118.8	125.1	127.4	132.8	131.8	150.9	137.5
90歳～	143.6	145.2	148.2	156.3	171.7	202.3	188.5	195.1	213.0	207.1
男 Male	3.5	3.8	3.9	4.2	4.1	4.3	4.3	4.2	4.8	4.7
0～4歳 Years	0.5	0.4	0.2	0.3	0.2	0.4	0.2	0.4	0.4	0.5
5～9	0.1	0.1	0.1	0.0	-	0.1	0.0	0.1	0.1	0.0
10～14	0.1	0.1	0.1	0.1	0.2	0.1	0.1	0.1	0.1	0.1
15～19	0.2	0.3	0.3	0.3	0.2	0.2	0.2	0.3	0.4	0.2
20～24	0.3	0.3	0.2	0.2	0.3	0.2	0.2	0.3	0.2	0.2
25～29	0.2	0.2	0.4	0.4	0.3	0.2	0.3	0.3	0.3	0.2
30～34	0.3	0.4	0.4	0.4	0.3	0.4	0.3	0.3	0.4	0.3
35～39	0.5	0.8	0.6	0.6	0.3	0.4	0.5	0.4	0.4	0.2
40～44	0.7	0.5	0.7	0.6	0.9	0.5	0.9	0.6	0.6	0.7
45～49	1.3	1.1	1.3	1.1	0.8	0.8	1.0	0.9	1.2	1.0
50～54	2.0	2.1	2.4	2.2	2.1	1.9	1.8	1.5	1.7	1.9
55～59	3.6	3.7	3.7	2.9	3.4	3.2	3.1	2.6	3.7	2.9
60～64	6.2	6.4	5.8	6.4	6.4	6.2	5.0	5.9	4.3	5.1
65～69	12.2	13.4	12.3	12.8	12.3	11.1	11.5	10.4	11.2	10.6
70～74	26.2	28.9	25.8	28.0	25.2	23.5	23.3	20.5	22.2	24.2
75～79	50.1	50.5	51.7	53.5	51.4	49.6	45.2	41.7	48.6	44.1
80～84	78.7	82.0	89.2	90.6	90.6	91.0	101.3	87.6	94.9	89.9
85～89	115.5	145.3	130.9	157.4	153.8	172.0	163.5	172.2	197.2	174.7
90歳～	193.0	200.0	192.3	269.8	227.7	296.7	224.6	256.3	282.9	293.4
年齢調整死亡率 （人口10万対） Age-adjusted death rate (per 100,000 population)	4.9	5.3	5.2	5.5	5.3	5.3	5.2	4.9	5.4	5.1
女 Female	3.1	3.3	3.5	3.7	3.8	4.0	4.1	4.2	4.8	4.4
0～4歳 Years	0.2	0.3	0.4	0.3	0.2	0.4	0.3	0.4	0.3	0.1
5～9	0.1	0.0	0.1	0.1	0.0	0.1	0.0	0.1	0.1	0.1
10～14	-	0.0	0.1	0.1	0.1	0.1	0.1	0.1	0.1	0.1
15～19	0.1	0.1	0.1	0.1	0.1	0.1	0.2	0.0	0.2	0.0
20～24	0.1	0.1	0.2	0.1	0.1	0.0	0.1	0.1	0.0	0.2
25～29	0.1	0.1	0.1	0.1	0.1	0.1	0.3	0.0	0.1	0.2
30～34	0.1	0.1	0.1	0.1	0.2	0.2	0.2	0.2	0.3	0.1
35～39	0.2	0.3	0.2	0.2	0.1	0.2	0.1	0.2	0.2	0.1
40～44	0.5	0.4	0.5	0.3	0.4	0.4	0.3	0.3	0.2	0.3
45～49	0.7	0.6	0.7	0.6	0.6	0.5	0.6	0.5	0.7	0.6
50～54	1.4	1.3	0.9	0.9	0.9	1.0	0.9	0.9	0.7	0.7
55～59	2.0	1.5	2.1	2.0	1.9	2.0	1.5	1.7	1.5	1.4
60～64	4.3	4.5	3.9	3.2	3.3	3.8	3.2	2.6	3.1	2.5
65～69	8.6	7.8	7.4	9.3	7.7	7.6	7.3	6.7	6.9	5.4
70～74	15.3	15.8	16.6	14.6	14.6	14.6	13.5	13.8	12.4	10.6
75～79	32.1	35.2	33.1	36.0	33.0	33.9	29.9	28.6	32.6	28.1
80～84	49.8	53.9	56.8	64.2	61.7	59.2	63.5	62.2	71.4	60.4
85～89	90.1	96.2	103.8	98.5	110.4	104.7	117.3	111.5	127.6	119.0
90歳～	124.5	124.2	131.0	110.1	150.8	163.8	175.4	170.4	185.3	173.1
年齢調整死亡率 （人口10万対） Age-adjusted death rate (per 100,000 population)	3.2	3.3	3.3	3.4	3.3	3.4	3.3	3.2	3.5	3.0

Notes: 1) The categories of "80 - 84" in 1951 - 1954 represent the population aged 80 or over, and those of "85 - 89" in 1956 - 1959, 1961
- 1964, 1966 - 1969, 1971 - 1974, and 1976 - 1979 represent the population aged 85 or over.
2) The base population for age-adjusted death rates is the model population of 1985.

第4表 心疾患死亡数・粗死亡率（人口10万対）・年齢調整死亡率
Statistics 4　Numbers of deaths, crude death rates (per 100,000 population), and (large categories), sex and age group (by 5-year age scale): From 1950

不整脈及び伝導障害 Arrhythmia and conduction disoder
死亡数　Number of deaths

性・年齢階級 Sex/age group	平成2年 1990	3年 1991	4年 1992	5年 1993	6年 1994	7年 1995	8年 1996	9年 1997	10年 1998	11年 1999
総数 Total	6 350	6 534	6 748	7 419	8 424	12 841	12 536	12 574	13 616	15 002
0～4歳 Years	16	15	14	19	18	43	16	35	44	29
5～9	7	3	4	4	6	10	4	6	7	7
10～14	8	4	6	10	8	13	12	16	11	17
15～19	11	16	18	15	21	47	36	32	41	32
20～24	11	23	10	10	33	46	63	51	49	65
25～29	20	24	15	16	26	42	63	68	84	75
30～34	21	23	14	16	36	69	72	80	97	68
35～39	35	25	23	31	42	75	111	102	104	121
40～44	43	56	65	60	73	131	142	123	152	158
45～49	66	76	75	84	99	223	247	261	275	279
50～54	112	97	118	129	180	290	299	297	331	368
55～59	179	188	180	198	215	428	429	421	430	512
60～64	278	313	270	335	372	667	636	622	687	700
65～69	359	422	444	475	581	961	902	966	1 038	1 117
70～74	666	639	604	726	759	1 304	1 256	1 281	1 421	1 568
75～79	1 132	1 125	1 120	1 210	1 266	1 838	1 769	1 596	1 790	2 066
80～84	1 482	1 466	1 510	1 683	1 837	2 693	2 426	2 428	2 507	2 728
85～89	1 199	1 240	1 346	1 428	1 648	2 295	2 346	2 460	2 566	2 823
90歳～	704	778	910	970	1 201	1 664	1 699	1 723	1 982	2 265
不詳 Not Stated	1	1	2	-	3	2	8	6	-	4
男 Male	3 057	3 219	3 247	3 612	4 033	6 451	6 237	6 365	6 829	7 506
0～4歳 Years	8	10	10	8	8	24	9	17	26	16
5～9	3	1	2	2	4	7	2	3	4	4
10～14	5	4	2	4	3	9	8	9	9	10
15～19	7	13	10	11	14	31	28	21	37	23
20～24	9	17	9	8	24	39	48	43	39	47
25～29	14	15	12	9	21	35	50	49	62	59
30～34	12	15	11	6	21	55	53	64	78	54
35～39	18	18	16	25	27	56	85	83	84	90
40～44	29	39	45	41	55	99	110	94	111	120
45～49	47	46	51	51	76	174	180	193	203	208
50～54	75	64	86	90	126	215	207	226	255	287
55～59	134	131	118	140	150	315	323	317	334	392
60～64	178	222	183	227	251	472	454	443	508	511
65～69	216	254	268	316	368	650	609	645	692	740
70～74	362	353	320	392	416	732	715	790	835	981
75～79	573	552	566	595	634	923	879	804	889	1 054
80～84	670	666	696	752	788	1 180	1 075	1 090	1 070	1 209
85～89	471	506	542	606	664	890	876	922	980	1 042
90歳～	225	292	298	329	381	544	518	547	613	655
不詳 Not Stated	1	1	2	-	2	1	8	5	-	4
女 Female	3 293	3 315	3 501	3 807	4 391	6 390	6 299	6 209	6 787	7 496
0～4歳 Years	8	5	4	11	10	19	7	18	18	13
5～9	4	2	2	2	2	3	2	3	3	3
10～14	3	-	4	6	5	4	4	7	2	7
15～19	4	3	8	4	7	16	8	11	4	9
20～24	2	6	1	2	9	7	15	8	10	18
25～29	6	9	3	7	5	7	13	19	22	16
30～34	9	8	3	10	15	14	19	16	19	14
35～39	17	7	7	6	15	19	26	19	20	31
40～44	14	17	20	19	18	32	32	29	41	38
45～49	19	30	24	33	23	49	67	68	72	71
50～54	37	33	32	39	54	75	92	71	76	81
55～59	45	57	62	58	65	113	106	104	96	120
60～64	100	91	87	108	121	195	182	179	179	189
65～69	143	168	176	159	213	311	293	321	346	377
70～74	304	286	284	334	343	572	541	491	586	587
75～79	559	573	554	615	632	915	890	792	901	1 012
80～84	812	800	814	931	1 049	1 513	1 351	1 338	1 437	1 519
85～89	728	734	804	822	984	1 405	1 470	1 538	1 586	1 781
90歳～	479	486	612	641	820	1 120	1 181	1 176	1 369	1 610
不詳 Not Stated	-	-	-	1	1	-	1	-	-	-

注：1）昭和26～29年の「80～84」は、「80歳以上」、昭和31～34年、36～39年、41～44年、46～49年、51～54年の「85～89歳」は「85歳以上」である。
　　2）年齢調整死亡率の基準人口は、昭和60年モデル人口である。

(人口10万対), 病類（簡単分類）・性・年齢（5歳階級）別 －昭和25年～平成16年－
age-adjusted death rates (per 100,000 population) from heart diseases, by disease type to 2004

粗死亡率（人口10万対） Crude death rates (per 100,000 population)

性・年齢階級 Sex/age group	平成2年 1990	3年 1991	4年 1992	5年 1993	6年 1994	7年 1995	8年 1996	9年 1997	10年 1998	11年 1999
総数 Total	5.2	5.3	5.5	6.0	6.8	10.3	10.1	10.1	10.9	12.0
0～4歳 Years	0.2	0.2	0.2	0.3	0.3	0.7	0.3	0.6	0.7	0.5
5～9	0.1	0.0	0.1	0.1	0.1	0.2	0.1	0.1	0.1	0.1
10～14	0.1	0.0	0.1	0.1	0.1	0.2	0.2	0.2	0.2	0.3
15～19	0.1	0.2	0.2	0.2	0.2	0.6	0.4	0.4	0.5	0.4
20～24	0.1	0.2	0.1	0.1	0.3	0.5	0.7	0.5	0.5	0.7
25～29	0.3	0.3	0.2	0.2	0.3	0.5	0.7	0.7	0.9	0.8
30～34	0.3	0.3	0.2	0.2	0.5	0.9	0.9	1.0	1.2	0.8
35～39	0.4	0.3	0.3	0.4	0.5	1.0	1.5	1.3	1.3	1.6
40～44	0.4	0.5	0.6	0.6	0.8	1.5	1.7	1.5	1.9	2.0
45～49	0.7	0.9	0.8	0.9	1.0	2.1	2.2	2.4	2.7	3.0
50～54	1.4	1.2	1.4	1.5	2.0	3.3	3.5	3.4	3.6	3.8
55～59	2.3	2.4	2.3	2.5	2.8	5.4	5.3	5.1	5.1	5.8
60～64	4.1	4.5	3.8	4.7	5.1	9.0	8.4	8.1	8.9	9.2
65～69	7.1	7.8	7.8	8.0	9.4	15.1	13.8	14.4	15.2	16.1
70～74	17.5	16.4	15.0	17.2	17.0	27.9	25.3	24.4	25.9	27.4
75～79	37.6	36.4	35.8	38.4	40.4	56.1	52.5	45.5	48.7	52.8
80～84	80.9	75.1	73.6	78.5	82.1	117.4	102.2	100.4	101.8	110.9
85～89	144.0	144.9	146.9	146.6	156.5	202.4	191.0	188.1	184.9	193.1
90歳～	243.3	241.6	256.3	249.4	287.3	376.4	359.2	328.2	340.5	355.6
男 Male	5.1	5.3	5.4	5.9	6.6	10.6	10.2	10.4	11.1	12.2
0～4歳 Years	0.2	0.3	0.3	0.3	0.3	0.8	0.3	0.6	0.9	0.5
5～9	0.1	0.0	0.1	0.1	0.1	0.2	0.1	0.1	0.1	0.1
10～14	0.1	0.1	0.0	0.1	0.1	0.2	0.2	0.2	0.3	0.3
15～19	0.1	0.3	0.2	0.2	0.3	0.7	0.7	0.5	0.9	0.6
20～24	0.2	0.4	0.2	0.2	0.5	0.8	1.0	0.9	0.8	1.0
25～29	0.3	0.4	0.3	0.2	0.5	0.8	1.1	1.0	1.3	1.2
30～34	0.3	0.4	0.3	0.2	0.5	1.4	1.3	1.6	1.9	1.3
35～39	0.4	0.4	0.4	0.6	0.7	1.4	2.2	2.1	2.2	2.3
40～44	0.5	0.7	0.8	0.8	1.2	2.2	2.6	2.3	2.8	3.1
45～49	1.1	1.1	1.1	1.1	1.5	3.3	3.2	3.6	4.0	4.4
50～54	1.9	1.6	2.1	2.1	2.8	4.9	4.9	5.2	5.5	5.9
55～59	3.5	3.4	3.0	3.6	3.9	8.1	8.1	7.8	8.0	9.0
60～64	5.5	6.7	5.4	6.5	7.1	13.1	12.4	11.9	13.7	13.9
65～69	9.9	10.6	10.4	11.5	12.7	21.8	19.8	20.5	21.5	22.7
70～74	23.3	22.5	19.8	23.3	23.0	37.9	33.9	34.7	34.2	38.2
75～79	47.9	45.1	46.0	48.3	52.1	73.6	68.9	61.1	64.6	71.0
80～84	98.8	93.0	93.2	97.0	97.6	143.6	126.8	126.7	123.0	140.3
85～89	170.7	179.4	180.7	191.2	195.9	246.5	226.9	226.0	227.9	231.0
90歳～	276.2	324.4	307.2	313.3	340.2	465.3	421.1	408.2	417.0	417.2
年齢調整死亡率（人口10万対） Age-adjusted death rate (per 100,000 population)	5.3	5.3	5.2	5.6	6.0	9.3	8.7	8.5	8.9	9.5
女 Female	5.3	5.3	5.6	6.0	6.9	10.1	9.9	9.7	10.6	11.7
0～4歳 Years	0.3	0.2	0.1	0.4	0.3	0.7	0.2	0.6	0.6	0.5
5～9	0.1	0.1	0.1	0.1	0.1	0.1	0.1	0.1	0.1	0.1
10～14	0.1	-	0.1	0.2	0.1	0.1	0.1	0.2	0.1	0.2
15～19	0.1	0.1	0.2	0.1	0.2	0.4	0.2	0.3	0.1	0.2
20～24	0.0	0.1	0.0	0.0	0.2	0.1	0.3	0.2	0.2	0.4
25～29	0.2	0.2	0.1	0.2	0.1	0.2	0.3	0.4	0.5	0.3
30～34	0.2	0.2	0.1	0.3	0.4	0.4	0.5	0.4	0.5	0.3
35～39	0.4	0.2	0.2	0.2	0.4	0.5	0.7	0.5	0.5	0.8
40～44	0.3	0.3	0.4	0.4	0.4	0.7	0.8	0.7	1.0	1.0
45～49	0.4	0.7	0.5	0.7	0.5	0.9	1.2	1.3	1.4	1.5
50～54	0.9	0.8	0.8	0.9	1.2	1.7	2.2	1.6	1.6	1.6
55～59	1.1	1.4	1.5	1.4	1.6	2.8	2.6	2.5	2.2	2.7
60～64	2.9	2.5	2.4	2.9	3.2	5.1	4.6	4.5	4.5	4.8
65～69	4.9	5.6	5.6	4.9	6.4	9.2	8.5	9.1	9.6	10.3
70～74	13.5	12.3	11.7	13.2	12.9	20.9	18.9	16.6	19.2	18.6
75～79	30.7	30.7	29.3	32.1	33.0	45.2	42.5	36.1	39.2	41.7
80～84	70.4	64.7	62.4	68.0	73.3	102.8	88.5	85.9	90.3	95.1
85～89	130.7	127.9	130.5	125.1	137.8	181.7	174.8	170.9	165.6	176.2
90歳～	230.4	208.6	237.2	226.5	268.0	344.4	337.4	300.8	314.7	335.4
年齢調整死亡率（人口10万対） Age-adjusted death rate (per 100,000 population)	3.5	3.3	3.3	3.5	3.8	5.4	5.0	4.7	5.0	5.2

Notes: 1) The categories of "80 - 84" in 1951 - 1954 represent the population aged 80 or over, and those of "85 - 89" in 1956 - 1959, 1961 - 1964, 1966 - 1969, 1971 - 1974, and 1976 - 1979 represent the population aged 85 or over.
2) The base population for age-adjusted death rates is the model population of 1985.

第4表 心疾患死亡数・粗死亡率（人口10万対）・年齢調整死亡率
Statistics 4　Numbers of deaths, crude death rates (per 100,000 population), and (large categories), sex and age group (by 5-year age scale): From 1950

不整脈及び伝導障害　Arrhythmia and conduction disoder
死亡数　Number of deaths

性・年齢階級 Sex/age group	平成12年 2000	13年 2001	14年 2002	15年 2003	16年 2004
総　数　Total	15 097	15 602	17 107	18 926	20 274
0〜4歳 Years	37	40	38	36	47
5〜9	10	6	9	4	9
10〜14	13	14	12	12	12
15〜19	30	28	33	47	35
20〜24	52	44	49	66	62
25〜29	75	80	92	84	94
30〜34	123	90	115	113	133
35〜39	96	120	125	136	147
40〜44	189	146	167	176	216
45〜49	257	218	256	309	305
50〜54	395	448	502	552	489
55〜59	509	501	557	693	697
60〜64	685	706	771	883	998
65〜69	1 121	1 055	1 229	1 239	1 346
70〜74	1 522	1 572	1 686	1 965	1 890
75〜79	2 054	2 184	2 313	2 660	2 861
80〜84	2 556	2 639	2 790	3 042	3 444
85〜89	2 975	3 037	3 259	3 479	3 582
90歳〜	2 390	2 670	3 100	3 424	3 900
不　詳 Not Stated	8	4	4	6	7
男　Male	7 550	7 777	8 534	9 544	10 070
0〜4歳 Years	24	26	22	20	26
5〜9	6	5	7	3	8
10〜14	12	11	8	8	4
15〜19	22	16	22	35	26
20〜24	42	36	42	54	44
25〜29	60	62	77	64	75
30〜34	92	70	90	87	107
35〜39	70	90	94	97	114
40〜44	140	113	126	133	160
45〜49	196	170	187	243	238
50〜54	293	350	381	429	380
55〜59	378	385	431	530	521
60〜64	503	530	556	658	745
65〜69	763	730	861	877	943
70〜74	955	963	1 083	1 262	1 214
75〜79	1 048	1 142	1 261	1 478	1 598
80〜84	1 148	1 140	1 209	1 330	1 494
85〜89	1 097	1 152	1 205	1 272	1 294
90歳〜	694	782	868	958	1 073
不　詳 Not Stated	7	4	4	6	6
女　Female	7 547	7 825	8 573	9 382	10 204
0〜4歳 Years	13	14	16	16	21
5〜9	4	1	2	1	1
10〜14	1	3	4	4	8
15〜19	8	12	11	12	9
20〜24	10	8	7	12	18
25〜29	15	18	15	20	19
30〜34	31	20	25	26	26
35〜39	26	30	31	39	33
40〜44	49	33	41	43	56
45〜49	61	48	69	66	67
50〜54	102	98	121	123	109
55〜59	131	116	126	163	176
60〜64	182	176	215	225	253
65〜69	358	325	368	362	403
70〜74	567	609	603	703	676
75〜79	1 006	1 042	1 052	1 182	1 263
80〜84	1 408	1 499	1 581	1 712	1 950
85〜89	1 878	1 885	2 054	2 207	2 288
90歳〜	1 696	1 888	2 232	2 466	2 827
不　詳 Not Stated	1	−	−	−	1

注：1）昭和26〜29年の「80〜84」は、「80歳以上」、昭和31〜34年、36〜39年、41〜44年、46〜49年、51〜54年の「85〜89歳」は「85歳以上」である。
　　2）年齢調整死亡率の基準人口は、昭和60年モデル人口である。

(人口10万対), 病類（簡単分類）・性・年齢（5歳階級）別 －昭和25年～平成16年－
age-adjusted death rates (per 100,000 population) from heart diseases, by disease type to 2004

粗死亡率（人口10万対）　Crude death rates (per 100,000 population)

性・年齢階級 Sex/age group	平成12年 2000	13年 2001	14年 2002	15年 2003	16年 2004
総数　Total	12.0	12.4	13.6	15.0	16.1
0～4歳 Years	0.6	0.7	0.7	0.6	0.8
5～9	0.2	0.1	0.2	0.1	0.2
10～14	0.2	0.2	0.2	0.2	0.2
15～19	0.4	0.4	0.5	0.7	0.5
20～24	0.6	0.5	0.6	0.9	0.8
25～29	0.8	0.8	1.0	0.9	1.1
30～34	1.4	1.0	1.2	1.2	1.4
35～39	1.2	1.5	1.5	1.6	1.7
40～44	2.5	1.9	2.2	2.3	2.8
45～49	2.9	2.6	3.2	3.9	3.9
50～54	3.8	4.1	4.8	5.6	5.3
55～59	5.9	6.1	6.5	7.6	7.3
60～64	8.9	9.0	9.6	10.7	11.6
65～69	15.8	14.6	16.7	16.8	18.4
70～74	25.8	26.0	27.2	31.0	29.3
75～79	49.6	49.5	49.7	54.5	56.3
80～84	97.9	97.3	98.1	101.1	106.9
85～89	194.4	189.6	197.0	205.4	209.1
90歳～	341.2	345.9	363.0	368.6	385.0
男　Male	12.3	12.6	13.9	15.5	16.3
0～4歳 Years	0.8	0.9	0.7	0.7	0.9
5～9	0.2	0.2	0.2	0.1	0.3
10～14	0.4	0.3	0.3	0.3	0.1
15～19	0.6	0.4	0.6	1.0	0.8
20～24	1.0	0.9	1.0	1.4	1.1
25～29	1.2	1.3	1.6	1.4	1.7
30～34	2.1	1.5	1.9	1.8	2.2
35～39	1.7	2.3	2.3	2.3	2.7
40～44	3.6	2.9	3.3	3.4	4.1
45～49	4.4	4.0	4.6	6.2	6.1
50～54	5.6	6.4	7.3	8.7	8.3
55～59	8.8	9.5	10.2	11.8	11.0
60～64	13.4	13.9	14.2	16.4	17.9
65～69	22.8	21.3	24.7	25.1	27.2
70～74	35.8	35.1	38.4	43.7	41.3
75～79	64.6	64.3	65.6	72.0	73.9
80～84	125.7	121.4	123.6	128.6	132.8
85～89	230.2	231.3	235.4	244.1	246.9
90歳～	393.6	409.4	413.3	423.9	436.2
年齢調整死亡率 （人口10万対） Age-adjusted death rate (per 100,000 population)	9.1	9.0	9.6	10.4	10.7
女　Female	11.8	12.2	13.3	14.5	15.8
0～4歳 Years	0.5	0.5	0.6	0.6	0.8
5～9	0.1	0.0	0.1	0.0	0.0
10～14	0.0	0.1	0.1	0.1	0.3
15～19	0.2	0.3	0.3	0.4	0.3
20～24	0.2	0.2	0.2	0.3	0.5
25～29	0.3	0.4	0.3	0.5	0.5
30～34	0.7	0.4	0.5	0.6	0.5
35～39	0.7	0.8	0.8	0.9	0.8
40～44	1.3	0.9	1.1	1.1	1.5
45～49	1.4	1.1	1.7	1.7	1.7
50～54	2.0	1.8	2.3	2.5	2.4
55～59	3.0	2.8	2.9	3.5	3.6
60～64	4.6	4.3	5.2	5.3	5.7
65～69	9.6	8.5	9.5	9.3	10.5
70～74	17.6	18.5	17.9	20.4	19.3
75～79	39.9	39.5	38.5	41.8	43.2
80～84	83.0	84.6	84.7	86.7	92.9
85～89	178.2	170.7	179.9	188.2	192.3
90歳～	323.6	325.0	347.1	351.3	368.1
年齢調整死亡率 （人口10万対） Age-adjusted death rate (per 100,000 population)	5.0	4.9	5.2	5.5	5.7

Notes: 1) The categories of "80 - 84" in 1951 - 1954 represent the population aged 80 or over, and those of "85 - 89" in 1956 - 1959, 1961 - 1964, 1966 - 1969, 1971 - 1974, and 1976 - 1979 represent the population aged 85 or over.
2) The base population for age-adjusted death rates is the model population of 1985.

第4表 (54-43)

第4表 心疾患死亡数・粗死亡率（人口10万対）・年齢調整死亡率
Statistics 4　Numbers of deaths, crude death rates (per 100,000 population), and (large categories), sex and age group (by 5-year age scale): From 1950

心不全　Heart failure
死亡数　Number of deaths

性・年齢階級 Sex/age group	昭和25年 1950	26年 1951	27年 1952	28年 1953	29年 1954	30年 1955	31年 1956	32年 1957	33年 1958	34年 1959
総数　Total	4 575	4 779	5 649	9 006	8 878	9 869	11 662	13 738	11 728	12 798
0～4歳 Years	24	36	41	97	68	96	157	199	205	238
5～9	18	13	23	33	37	37	36	44	45	34
10～14	24	16	25	43	32	43	38	35	37	40
15～19	41	33	35	62	52	50	83	88	55	58
20～24	58	53	52	86	95	102	105	142	113	102
25～29	45	65	69	126	134	127	142	188	130	161
30～34	78	54	82	115	133	150	141	159	153	162
35～39	120	103	114	142	140	163	158	192	123	154
40～44	133	129	150	197	208	204	207	246	202	178
45～49	173	171	186	238	273	269	282	342	278	268
50～54	262	271	297	420	417	429	430	463	375	380
55～59	369	356	426	609	553	580	670	742	587	643
60～64	540	576	613	843	823	857	983	1 100	866	879
65～69	773	712	798	1 253	1 242	1 299	1 491	1 724	1 268	1 298
70～74	799	907	1 005	1 605	1 584	1 693	2 004	2 401	1 944	2 102
75～79	580	704	941	1 565	1 551	1 828	2 249	2 605	2 345	2 541
80～84	378	350	496	920	923	1 248	1 641	1 973	1 934	2 172
85～89	117	180	239	518	487	548	648	829	808	1 067
90歳～	42	50	56	134	125	146	197	266	260	321
不詳 Not Stated	1	-	1	-	1	-	-	-	-	-
男　Male	2 328	2 323	2 872	4 553	4 489	4 881	5 814	6 828	5 747	6 212
0～4歳 Years	12	19	25	55	36	54	89	106	120	126
5～9	9	10	16	24	18	19	18	24	19	11
10～14	8	12	10	17	13	24	16	11	18	22
15～19	23	9	16	28	31	26	53	41	30	35
20～24	33	25	24	44	54	57	62	78	59	55
25～29	24	17	27	54	71	65	90	100	80	82
30～34	30	17	30	54	55	76	70	71	94	79
35～39	46	45	51	58	61	67	80	84	65	81
40～44	60	70	74	94	97	110	101	105	101	68
45～49	96	86	110	113	141	125	159	171	138	119
50～54	144	144	163	255	241	237	241	255	210	218
55～59	216	202	255	363	333	326	394	446	324	362
60～64	295	328	346	477	490	444	593	633	511	521
65～69	411	376	451	715	669	730	807	949	714	731
70～74	426	427	527	826	838	854	1 004	1 286	985	1 106
75～79	282	322	444	748	761	860	1 083	1 234	1 103	1 193
80～84	158	142	203	381	387	551	664	816	814	922
85～89	41	55	80	201	158	212	231	322	281	382
90歳～	14	17	19	46	35	44	59	96	81	99
不詳 Not Stated	-	-	1	-	-	-	-	-	-	-
女　Female	2 247	2 456	2 777	4 453	4 389	4 988	5 848	6 910	5 981	6 586
0～4歳 Years	12	17	16	42	32	42	68	93	85	112
5～9	9	3	7	9	19	18	18	20	26	23
10～14	16	4	15	26	19	19	22	24	19	18
15～19	18	24	19	34	21	24	30	47	25	23
20～24	25	28	28	42	41	45	43	64	54	47
25～29	21	48	42	72	63	62	52	88	50	79
30～34	48	37	52	61	78	74	71	88	59	83
35～39	74	58	63	84	79	96	78	108	58	73
40～44	73	59	76	103	111	94	106	141	101	110
45～49	77	85	76	125	132	144	123	171	140	149
50～54	118	127	134	165	176	192	189	208	165	162
55～59	153	154	171	246	220	254	276	296	263	281
60～64	245	248	267	366	333	413	390	467	355	358
65～69	362	336	347	538	573	569	684	775	554	567
70～74	373	480	478	779	746	839	1 000	1 115	959	996
75～79	298	382	497	817	790	968	1 166	1 371	1 242	1 348
80～84	220	208	293	539	536	697	977	1 157	1 120	1 250
85～89	76	125	159	317	329	336	417	507	527	685
90歳～	28	33	37	88	90	102	138	170	179	222
不詳 Not Stated	1	-	-	-	1	-	-	-	-	-

注：1) 昭和26～29年の「80～84」は、「80歳以上」、昭和31～34年、36～39年、41～44年、46～49年、51～54年の「85～89歳」は「85歳以上」である。
　　2) 年齢調整死亡率の基準人口は、昭和60年モデル人口である。

（人口10万対），病類（簡単分類）・性・年齢（5歳階級）別 －昭和25年～平成16年－
age-adjusted death rates (per 100,000 population) from heart diseases, by disease type to 2004

粗死亡率（人口10万対）　Crude death rates (per 100,000 population)

性・年齢階級 Sex/age group	昭和25年 1950	26年 1951	27年 1952	28年 1953	29年 1954	30年 1955	31年 1956	32年 1957	33年 1958	34年 1959
総数 Total	5.5	5.7	6.6	10.3	10.1	11.1	12.9	15.1	12.7	13.8
0～4歳 Years	0.2	0.3	0.4	0.9	0.7	1.0	1.8	2.4	2.5	3.0
5～9	0.2	0.1	0.2	0.3	0.4	0.3	0.3	0.4	0.4	0.4
10～14	0.3	0.2	0.3	0.5	0.3	0.5	0.4	0.4	0.4	0.4
15～19	0.5	0.4	0.4	0.7	0.6	0.6	0.9	1.0	0.6	0.6
20～24	0.8	0.7	0.6	1.0	1.1	1.2	1.2	1.6	1.3	1.2
25～29	0.7	1.0	1.0	1.8	1.8	1.7	1.8	2.4	1.6	2.0
30～34	1.5	1.0	1.5	2.1	2.3	2.5	2.2	2.3	2.2	2.2
35～39	2.4	2.0	2.2	2.8	2.8	3.2	3.1	3.6	2.2	2.6
40～44	3.0	2.8	3.2	4.1	4.2	4.1	4.1	4.9	4.1	3.6
45～49	4.3	4.3	4.6	5.8	6.4	6.2	6.2	7.4	5.9	5.6
50～54	7.7	7.7	8.2	11.3	11.0	11.1	11.3	11.9	9.5	9.3
55～59	13.4	12.5	14.7	20.2	17.9	18.1	20.2	21.6	16.7	17.9
60～64	23.4	24.5	25.5	34.8	33.6	34.3	37.7	41.1	31.2	30.9
65～69	43.7	40.6	44.8	68.2	64.8	66.0	74.3	84.3	61.0	61.6
70～74	62.3	70.4	75.9	119.8	116.4	121.6	144.7	170.4	134.3	139.2
75～79	84.6	94.5	120.8	194.2	182.9	208.7	250.7	287.5	253.8	270.6
80～84	137.1	148.7	188.3	353.3	323.8	330.3	399.3	463.1	428.8	458.2
85～89	148.0	…	…	…	…	492.1	595.1	725.2	647.3	775.4
90歳～	256.8	…	…	…	…	641.3	…	…	…	…
男 Male	5.7	5.6	6.8	10.7	10.3	11.1	13.1	15.3	12.7	13.6
0～4歳 Years	0.2	0.3	0.4	1.0	0.7	1.1	2.0	2.5	2.9	3.1
5～9	0.2	0.2	0.3	0.5	0.3	0.3	0.3	0.4	0.4	0.2
10～14	0.2	0.3	0.2	0.4	0.3	0.5	0.3	0.2	0.4	0.4
15～19	0.5	0.2	0.4	0.6	0.7	0.6	1.2	0.9	0.6	0.7
20～24	0.9	0.6	0.6	1.1	1.3	1.4	1.5	1.8	1.4	1.3
25～29	0.9	0.6	0.8	1.5	1.9	1.7	2.3	2.5	2.0	2.0
30～34	1.3	0.7	1.3	2.2	2.1	2.7	2.3	2.2	2.7	2.2
35～39	1.9	1.9	2.2	2.5	2.7	2.9	3.5	3.6	2.7	3.1
40～44	2.7	3.1	3.2	4.1	4.2	4.7	4.3	4.5	4.4	3.0
45～49	4.8	4.3	5.4	5.6	6.7	5.9	7.2	7.7	6.2	5.3
50～54	8.4	8.1	8.9	13.6	12.6	12.3	12.6	13.2	10.8	10.9
55～59	15.7	14.1	17.4	23.9	21.4	20.3	23.7	26.0	18.5	20.3
60～64	26.6	28.9	29.6	40.4	40.9	36.2	46.4	48.1	37.4	37.3
65～69	51.6	47.5	55.5	84.5	75.2	79.4	85.6	98.4	72.9	73.3
70～74	78.8	78.5	93.9	145.7	145.0	143.8	169.3	211.5	155.4	165.8
75～79	105.3	110.3	145.6	238.2	229.2	251.4	307.7	348.6	305.5	324.2
80～84	165.3	159.7	208.3	418.7	364.8	413.7	457.9	547.7	515.2	555.4
85～89	167.3	…	…	…	…	626.3	690.5	928.9	738.8	907.5
90歳～	329.4	…	…	…	…	754.8	…	…	…	…
年齢調整死亡率 （人口10万対） Age-adjusted death rate (per 100,000 population)	13.2	12.7	15.5	25.3	23.7	26.5	30.3	35.8	29.4	31.6
女 Female	5.3	5.7	6.4	10.1	9.8	11.0	12.7	14.9	12.8	13.9
0～4歳 Years	0.2	0.3	0.3	0.8	0.7	0.9	1.6	2.3	2.1	2.9
5～9	0.2	0.1	0.2	0.2	0.4	0.3	0.3	0.4	0.5	0.5
10～14	0.4	0.1	0.3	0.6	0.4	0.4	0.5	0.5	0.4	0.4
15～19	0.4	0.6	0.4	0.8	0.5	0.6	0.7	1.1	0.5	0.5
20～24	0.6	0.7	0.7	1.0	1.0	1.1	1.0	1.5	1.3	1.1
25～29	0.6	1.4	1.2	2.0	1.7	1.6	1.3	2.2	1.2	1.9
30～34	1.7	1.3	1.7	2.0	2.4	2.2	2.1	2.5	1.6	2.2
35～39	2.8	2.1	2.3	3.1	2.9	3.4	2.7	3.7	1.9	2.3
40～44	3.2	2.5	3.1	4.1	4.3	3.6	4.0	5.3	3.8	4.2
45～49	3.9	4.3	3.8	6.1	6.1	6.5	5.2	7.1	5.7	5.9
50～54	7.1	7.3	7.5	8.9	9.3	10.0	9.9	10.7	8.3	7.8
55～59	11.2	10.9	11.9	16.4	14.3	15.9	16.7	17.3	14.9	15.6
60～64	20.5	20.5	21.6	29.5	26.7	32.5	29.5	34.4	25.1	24.7
65～69	37.1	34.9	35.8	54.2	55.7	54.3	64.2	71.6	50.5	51.1
70～74	50.3	64.6	62.6	100.8	95.3	105.0	126.3	139.2	117.8	118.1
75～79	71.3	84.1	104.9	166.1	153.1	181.4	213.6	248.4	220.6	236.1
80～84	122.1	143.0	177.8	320.0	304.1	285.0	367.3	417.7	382.3	405.8
85～89	139.3	…	…	…	…	433.5	555.0	638.7	608.6	719.8
90歳～	231.3	…	…	…	…	602.2	…	…	…	…
年齢調整死亡率 （人口10万対） Age-adjusted death rate (per 100,000 population)	9.8	10.5	11.7	18.5	17.6	19.6	22.6	26.0	22.1	23.6

Notes: 1) The categories of "80 - 84" in 1951 - 1954 represent the population aged 80 or over, and those of "85 - 89" in 1956 - 1959, 1961 - 1964, 1966 - 1969, 1971 - 1974, and 1976 - 1979 represent the population aged 85 or over.
2) The base population for age-adjusted death rates is the model population of 1985.

第4表　心疾患死亡数・粗死亡率（人口10万対）・年齢調整死亡率

Statistics 4　Numbers of deaths, crude death rates (per 100,000 population), and (large categories), sex and age group (by 5-year age scale): From 1950

心不全　Heart failure
死亡数　Number of deaths

性・年齢階級 Sex/age group	昭和35年 1960	36年 1961	37年 1962	38年 1963	39年 1964	40年 1965	41年 1966	42年 1967	43年 1968	44年 1969
総数 Total	14 840	16 108	18 567	18 327	18 232	21 206	20 577	22 920	24 058	27 067
0～4歳 Years	254	270	259	298	282	320	238	327	504	361
5～9	24	25	26	31	31	26	24	30	31	28
10～14	36	46	45	38	38	44	37	49	28	52
15～19	62	70	76	87	92	77	93	115	118	108
20～24	150	112	149	152	133	166	143	166	180	197
25～29	147	182	203	207	194	204	216	240	243	276
30～34	183	175	228	202	204	239	246	322	284	313
35～39	169	199	235	240	253	277	248	307	384	432
40～44	212	224	246	272	265	317	319	408	442	464
45～49	298	286	349	349	318	348	321	387	417	547
50～54	438	440	544	453	494	557	504	552	523	665
55～59	677	678	757	742	682	844	755	867	878	1 003
60～64	1 019	1 048	1 203	1 178	1 164	1 309	1 255	1 342	1 368	1 541
65～69	1 510	1 606	1 839	1 789	1 687	2 039	1 905	2 130	2 156	2 449
70～74	2 225	2 461	2 853	2 607	2 525	2 897	2 855	3 046	3 151	3 508
75～79	2 942	3 154	3 589	3 467	3 487	4 007	3 945	4 247	4 277	4 674
80～84	2 681	2 957	3 470	3 473	3 538	4 089	3 961	4 352	4 508	5 160
85～89	1 364	1 707	1 924	2 148	2 135	2 554	2 597	2 900	3 223	3 605
90歳～	449	468	572	594	710	892	915	1 133	1 332	1 672
不詳 Not Stated	－	－	－	－	－	－	－	－	11	12
男 Male	7 122	7 714	8 972	8 596	8 602	10 118	9 656	10 944	11 271	12 699
0～4歳 Years	145	155	155	162	162	167	128	187	279	197
5～9	10	10	14	22	13	12	13	12	15	15
10～14	19	23	21	13	21	26	21	27	10	33
15～19	39	39	48	48	60	48	58	77	69	71
20～24	94	67	100	98	90	109	86	111	128	124
25～29	84	92	117	122	114	136	137	158	157	164
30～34	98	88	121	114	129	157	158	216	184	188
35～39	73	103	136	141	146	167	163	210	239	288
40～44	98	107	123	120	143	165	187	241	255	315
45～49	135	150	159	175	164	154	169	183	191	316
50～54	224	234	291	223	264	311	275	288	262	356
55～59	409	384	436	412	371	476	410	456	504	565
60～64	590	602	654	672	657	753	702	785	794	870
65～69	811	871	1 049	951	920	1 158	1 036	1 190	1 225	1 351
70～74	1 149	1 311	1 540	1 387	1 323	1 553	1 513	1 609	1 586	1 841
75～79	1 361	1 470	1 676	1 624	1 652	1 896	1 875	2 088	2 008	2 234
80～84	1 126	1 250	1 487	1 427	1 446	1 690	1 629	1 777	1 876	2 104
85～89	527	608	676	742	712	874	855	999	1 119	1 187
90歳～	130	150	169	143	215	266	241	330	366	469
不詳 Not Stated	－	－	－	－	－	－	－	－	4	11
女 Female	7 718	8 394	9 595	9 731	9 630	11 088	10 921	11 976	12 787	14 368
0～4歳 Years	109	115	104	136	120	153	110	140	225	164
5～9	14	15	12	9	18	14	11	18	16	13
10～14	17	23	24	25	17	18	16	22	18	19
15～19	23	31	28	39	32	29	35	38	49	37
20～24	56	45	49	54	43	57	57	55	52	73
25～29	63	90	86	85	80	68	79	82	86	112
30～34	85	87	107	88	75	82	88	106	100	125
35～39	96	96	99	99	107	110	85	97	145	144
40～44	114	117	123	152	122	152	132	167	187	149
45～49	163	136	190	174	154	194	152	204	226	231
50～54	214	206	253	230	230	246	229	264	261	309
55～59	268	294	321	330	311	368	345	411	374	438
60～64	429	446	549	506	507	556	553	557	574	671
65～69	699	735	790	838	767	881	869	940	931	1 098
70～74	1 076	1 150	1 313	1 220	1 202	1 344	1 342	1 437	1 565	1 667
75～79	1 581	1 684	1 913	1 843	1 835	2 111	2 070	2 159	2 269	2 440
80～84	1 555	1 707	1 983	2 046	2 092	2 399	2 332	2 575	2 632	3 056
85～89	837	1 099	1 248	1 406	1 423	1 680	1 742	1 901	2 104	2 418
90歳～	319	318	403	451	495	626	674	803	966	1 203
不詳 Not Stated	－	－	－	－	－	－	－	－	7	1

注：1）昭和26～29年の「80～84」は、「80歳以上」、昭和31～34年、36～39年、41～44年、46～49年、51～54年の「85～89歳」は「85歳以上」である。
　　2）年齢調整死亡率の基準人口は、昭和60年モデル人口である。

（人口10万対），病類（簡単分類）・性・年齢（5歳階級）別 －昭和25年～平成16年－
age-adjusted death rates (per 100,000 population) from heart diseases, by disease type to 2004

粗死亡率（人口10万対） Crude death rates (per 100,000 population)

性・年齢階級 Sex/age group	昭和35年 1960	36年 1961	37年 1962	38年 1963	39年 1964	40年 1965	41年 1966	42年 1967	43年 1968	44年 1969
総数 Total	15.9	17.1	19.5	19.1	18.8	21.6	20.8	23.0	23.9	26.5
0～4歳 Years	3.2	3.5	3.3	3.8	3.5	3.9	3.0	4.0	6.0	4.2
5～9	0.3	0.3	0.3	0.4	0.4	0.3	0.3	0.4	0.4	0.4
10～14	0.3	0.4	0.4	0.4	0.4	0.5	0.4	0.6	0.4	0.7
15～19	0.7	0.8	0.8	0.9	0.9	0.7	0.8	1.0	1.1	1.1
20～24	1.8	1.3	1.7	1.7	1.4	1.8	1.7	1.9	1.9	2.0
25～29	1.8	2.2	2.5	2.5	2.4	2.4	2.5	2.8	2.8	3.0
30～34	2.4	2.3	2.9	2.5	2.5	2.9	2.9	3.8	3.4	3.8
35～39	2.8	3.1	3.5	3.4	3.5	3.7	3.2	3.9	4.8	5.4
40～44	4.2	4.4	4.7	5.0	4.6	5.3	5.0	6.2	6.4	6.4
45～49	6.2	5.9	7.2	7.2	6.7	7.1	6.4	7.6	7.9	9.8
50～54	10.4	10.1	12.2	10.0	10.7	12.0	10.7	11.8	11.2	14.4
55～59	18.6	18.7	20.6	19.9	17.6	21.1	18.1	20.5	20.4	22.8
60～64	34.8	34.2	37.6	36.2	35.0	39.1	37.7	39.5	39.4	42.8
65～69	69.9	70.8	79.0	73.8	67.8	79.6	71.4	76.9	75.4	83.7
70～74	142.3	152.4	172.0	156.6	148.9	166.1	156.1	161.3	159.6	172.6
75～79	308.2	327.2	364.7	344.3	328.3	365.6	350.4	365.8	360.0	383.4
80～84	555.2	595.0	683.1	674.4	672.6	774.3	746.0	787.0	781.3	836.3
85～89	875.4	1 045.7	1 155.6	1 213.3	1 180.5	1 282.4	1 330.3	1 466.5	1 615.2	1 801.0
90歳～	1 395.0	…	…	…	…	1 757.1	…	…	…	…
男 Male	15.5	16.7	19.2	18.2	18.0	21.0	19.9	22.4	22.8	25.3
0～4歳 Years	3.6	3.9	3.9	4.0	4.0	4.0	3.1	4.5	6.5	4.4
5～9	0.2	0.2	0.3	0.5	0.3	0.3	0.3	0.3	0.4	0.4
10～14	0.3	0.4	0.4	0.2	0.4	0.6	0.5	0.6	0.2	0.8
15～19	0.8	0.9	1.0	1.0	1.1	0.9	1.0	1.4	1.3	1.5
20～24	2.3	1.6	2.3	2.2	1.9	2.4	2.0	2.5	2.7	2.4
25～29	2.1	2.2	2.8	3.0	2.8	3.3	3.3	3.7	3.6	3.6
30～34	2.6	2.3	3.1	2.9	3.2	3.8	3.8	5.2	4.4	4.6
35～39	2.6	3.4	4.2	4.1	4.1	4.5	4.2	5.4	6.0	7.1
40～44	4.3	4.7	5.3	5.0	5.6	6.0	6.3	7.6	7.5	8.8
45～49	6.0	6.6	7.0	7.9	7.5	6.9	7.6	8.1	8.2	12.7
50～54	11.0	11.1	13.8	10.4	12.2	14.3	12.6	13.3	12.2	17.0
55～59	22.7	21.5	24.0	22.6	19.8	24.7	20.6	22.9	25.1	27.7
60～64	41.0	40.0	42.0	42.3	40.7	46.3	43.5	47.8	47.7	50.8
65～69	79.0	81.3	95.2	82.6	77.8	95.0	81.6	90.6	90.7	97.9
70～74	165.7	181.1	206.7	186.2	173.6	196.8	183.2	188.4	177.6	200.1
75～79	361.3	377.9	419.0	398.0	379.8	419.6	402.4	432.3	406.5	438.9
80～84	665.7	710.2	830.7	784.1	777.4	904.0	857.4	893.0	889.1	922.8
85～89	1 093.5	1 329.8	1 432.2	1 340.9	1 305.6	1 453.6	1 387.3	1 620.7	1 789.2	1 925.6
90歳～	1 573.8	…	…	…	…	1 937.6	…	…	…	…
年齢調整死亡率 （人口10万対） Age-adjusted death rate (per 100,000 population)	36.1	38.6	43.5	40.6	39.3	45.2	41.9	45.8	46.2	50.1
女 Female	16.2	17.5	19.8	19.9	19.5	22.2	21.7	23.6	24.9	27.7
0～4歳 Years	2.8	3.0	2.7	3.5	3.1	3.8	2.8	3.5	5.5	3.9
5～9	0.3	0.4	0.3	0.2	0.5	0.4	0.3	0.5	0.4	0.3
10～14	0.3	0.4	0.4	0.5	0.4	0.4	0.4	0.5	0.5	0.5
15～19	0.5	0.7	0.6	0.8	0.6	0.5	0.6	0.7	1.0	0.8
20～24	1.3	1.0	1.1	1.2	0.9	1.2	1.3	1.2	1.1	1.5
25～29	1.5	2.2	2.1	2.0	1.9	1.6	1.8	1.9	1.9	2.4
30～34	2.3	2.3	2.7	2.2	1.9	2.0	2.1	2.5	2.4	3.0
35～39	2.9	2.8	2.8	2.8	2.9	2.9	2.2	2.5	3.7	3.6
40～44	4.2	4.2	4.3	5.0	3.9	4.7	3.9	4.9	5.3	4.1
45～49	6.4	5.2	7.3	6.7	5.9	7.2	5.5	7.2	7.6	7.4
50～54	9.9	9.1	10.8	9.6	9.4	9.9	9.1	10.4	10.3	12.2
55～59	14.6	16.0	17.3	17.3	15.5	17.8	15.8	18.4	16.3	18.6
60～64	28.7	28.6	33.5	30.3	29.7	32.3	32.2	31.6	31.8	35.5
65～69	61.7	61.5	64.5	65.9	58.6	65.6	62.1	64.5	61.7	71.0
70～74	123.6	129.1	143.7	132.6	128.8	140.6	133.9	139.0	144.8	149.9
75～79	273.5	292.9	327.0	307.7	292.2	327.8	313.6	318.4	326.9	343.7
80～84	495.6	531.8	604.6	614.4	613.5	703.2	681.9	729.5	721.1	785.6
85～89	777.7	938.4	1 051.6	1 153.4	1 128.2	1 208.4	1 305.9	1 401.0	1 542.7	1 757.8
90歳～	1 333.2	…	…	…	…	1690.2	…	…	…	…
年齢調整死亡率 （人口10万対） Age-adjusted death rate (per 100,000 population)	27.4	28.7	32.1	32.0	30.8	34.8	33.5	35.5	36.8	40.1

Notes: 1) The categories of "80 - 84" in 1951 - 1954 represent the population aged 80 or over, and those of "85 - 89" in 1956 - 1959, 1961 - 1964, 1966 - 1969, 1971 - 1974, and 1976 - 1979 represent the population aged 85 or over.
2) The base population for age-adjusted death rates is the model population of 1985.

第4表　心疾患死亡数・粗死亡率（人口10万対）・年齢調整死亡率
Statistics 4　Numbers of deaths, crude death rates (per 100,000 population), and (large categories), sex and age group (by 5-year age scale): From 1950

心不全　Heart failure
死亡数　Number of deaths

性・年齢階級 Sex/age group	昭和45年 1970	46年 1971	47年 1972	48年 1973	49年 1974	50年 1975	51年 1976	52年 1977	53年 1978	54年 1979
総数 Total	31 736	30 967	31 701	36 354	38 819	40 608	44 989	44 790	47 646	52 718
0〜4歳 Years	360	407	389	389	411	417	381	341	317	253
5〜9	33	42	47	56	34	52	44	45	43	64
10〜14	55	44	55	51	59	58	67	62	73	73
15〜19	135	127	117	138	128	131	131	131	132	157
20〜24	245	283	285	261	250	265	248	231	201	223
25〜29	311	296	303	328	315	365	430	388	387	376
30〜34	404	410	378	434	463	440	441	447	453	532
35〜39	515	556	552	602	589	612	647	598	584	698
40〜44	582	655	620	726	770	861	899	907	924	940
45〜49	610	645	707	818	910	939	1 092	1 087	1 202	1 432
50〜54	743	741	748	892	942	1 073	1 189	1 203	1 323	1 642
55〜59	1 172	1 044	1 097	1 217	1 260	1 367	1 428	1 403	1 507	1 875
60〜64	1 828	1 754	1 751	1 961	2 111	2 129	2 380	2 245	2 372	2 642
65〜69	2 923	2 662	2 670	2 975	3 141	3 297	3 601	3 707	3 858	4 354
70〜74	4 197	3 984	4 119	4 619	4 787	5 218	5 517	5 426	5 612	6 614
75〜79	5 504	5 338	5 444	6 285	6 740	6 879	7 800	8 054	8 383	9 392
80〜84	5 929	5 930	5 883	7 010	7 354	7 656	8 663	8 564	9 453	10 369
85〜89	4 165	4 089	4 276	4 896	5 610	5 851	6 621	6 496	6 988	7 267
90歳〜	2 016	1 956	2 255	2 688	2 935	2 989	3 403	3 450	3 825	3 802
不詳 Not Stated	9	4	5	8	10	9	7	5	9	13
男 Male	15 035	14 666	14 944	17 323	18 292	19 482	21 569	21 718	23 180	26 265
0〜4歳 Years	196	235	226	235	231	220	203	182	175	156
5〜9	16	28	26	30	21	33	21	25	24	44
10〜14	31	29	28	30	34	35	37	42	41	39
15〜19	90	72	84	102	79	87	94	90	90	105
20〜24	166	182	185	174	157	173	175	149	141	164
25〜29	214	214	203	214	219	264	303	278	258	255
30〜34	272	277	253	298	320	331	314	329	317	366
35〜39	349	399	388	408	428	426	471	443	404	502
40〜44	368	411	423	500	545	614	632	649	664	673
45〜49	340	378	414	475	603	624	752	742	868	1 036
50〜54	413	433	419	492	517	637	696	749	879	1 125
55〜59	614	549	583	651	706	797	837	861	863	1 119
60〜64	1 059	1 015	975	1 068	1 209	1 173	1 389	1 335	1 395	1 529
65〜69	1 621	1 470	1 498	1 678	1 764	1 894	2 052	2 038	2 175	2 506
70〜74	2 224	2 100	2 190	2 444	2 461	2 774	2 919	2 931	3 006	3 627
75〜79	2 624	2 533	2 546	3 092	3 222	3 291	3 713	3 925	4 108	4 633
80〜84	2 442	2 415	2 462	2 984	3 031	3 212	3 685	3 639	4 099	4 544
85〜89	1 406	1 385	1 437	1 710	1 928	2 087	2 325	2 344	2 556	2 670
90歳〜	582	539	599	730	810	802	945	962	1 110	1 160
不詳 Not Stated	8	2	5	8	7	8	6	5	7	12
女 Female	16 701	16 301	16 757	19 031	20 527	21 126	23 420	23 072	24 466	26 453
0〜4歳 Years	164	172	163	154	180	197	178	159	142	97
5〜9	17	14	21	26	13	19	23	20	19	20
10〜14	24	15	27	21	25	23	30	20	32	34
15〜19	45	55	33	36	49	44	37	41	42	52
20〜24	79	101	100	87	93	92	73	82	60	59
25〜29	97	82	100	114	96	101	127	110	129	121
30〜34	132	133	125	136	143	109	127	118	136	166
35〜39	166	157	164	194	161	186	176	155	180	196
40〜44	214	244	197	226	225	247	267	258	260	267
45〜49	270	267	293	343	307	315	340	345	334	396
50〜54	330	308	329	400	425	436	493	454	444	517
55〜59	558	495	514	566	554	570	591	542	644	756
60〜64	769	739	776	893	902	956	991	910	977	1 113
65〜69	1 302	1 192	1 172	1 297	1 377	1 403	1 549	1 669	1 683	1 848
70〜74	1 973	1 884	1 929	2 175	2 326	2 444	2 598	2 495	2 606	2 987
75〜79	2 880	2 805	2 898	3 193	3 518	3 588	4 087	4 129	4 275	4 759
80〜84	3 487	3 515	3 421	4 026	4 323	4 444	4 978	4 925	5 354	5 825
85〜89	2 759	2 704	2 839	3 186	3 682	3 764	4 296	4 152	4 432	4 597
90歳〜	1 434	1 417	1 656	1 958	2 125	2 187	2 458	2 488	2 715	2 642
不詳 Not Stated	1	2	−	−	3	1	1	−	2	1

注：1）昭和26〜29年の「80〜84」は、「80歳以上」、昭和31〜34年、36〜39年、41〜44年、46〜49年、51〜54年の「85〜89歳」は「85歳以上」である。
　　2）年齢調整死亡率の基準人口は、昭和60年モデル人口である。

（人口10万対），病類（簡単分類）・性・年齢（5歳階級）別 －昭和25年～平成16年－
age-adjusted death rates (per 100,000 population) from heart diseases, by disease type to 2004

粗死亡率（人口10万対）　Crude death rates (per 100,000 population)

性・年齢階級 Sex/age group	昭和45年 1970	46年 1971	47年 1972	48年 1973	49年 1974	50年 1975	51年 1976	52年 1977	53年 1978	54年 1979
総数 Total	30.8	29.7	30.0	33.6	35.5	36.5	40.0	39.5	41.6	45.7
0～4歳 Years	4.1	4.4	4.1	4.0	4.1	4.2	3.9	3.6	3.5	2.9
5～9	0.4	0.5	0.6	0.7	0.4	0.6	0.5	0.5	0.4	0.6
10～14	0.7	0.6	0.7	0.6	0.7	0.7	0.8	0.7	0.9	0.8
15～19	1.5	1.5	1.4	1.7	1.6	1.7	1.7	1.7	1.7	2.0
20～24	2.3	2.5	2.7	2.6	2.6	2.9	2.9	2.8	2.5	2.8
25～29	3.4	3.5	3.4	3.5	3.2	3.4	3.8	3.6	3.8	4.0
30～34	4.9	4.8	4.4	4.9	5.0	4.8	5.0	4.9	4.7	5.3
35～39	6.3	6.7	6.6	7.2	7.1	7.3	7.6	6.8	6.5	7.5
40～44	8.0	8.8	8.1	9.2	9.6	10.5	10.8	10.8	11.0	11.4
45～49	10.4	10.5	10.9	12.0	12.9	12.8	14.6	14.1	15.3	18.0
50～54	15.6	15.2	15.0	17.1	17.0	18.7	19.4	18.7	19.6	23.4
55～59	26.6	23.4	24.6	27.0	28.1	29.4	30.4	28.9	29.8	34.9
60～64	49.3	45.3	44.0	47.9	50.8	49.9	55.1	51.7	54.6	61.5
65～69	98.3	90.0	87.8	94.8	96.0	96.0	99.5	100.1	101.4	111.7
70～74	197.3	178.7	176.7	189.8	191.8	203.2	216.5	203.8	204.6	230.0
75～79	434.8	393.7	390.5	423.2	438.2	420.3	453.8	443.0	441.2	476.8
80～84	914.3	875.9	839.2	956.3	971.5	948.3	1 013.2	939.0	967.6	1 006.7
85～89	1 816.2	1 937.5	2 028.3	2 191.9	2 322.0	1 896.5	2 427.1	2 307.7	2 350.7	2 222.7
90歳～	3 065.3	…	…	…	…	3 664.1	…	…	…	…
男 Male	29.7	28.6	28.8	32.7	34.1	35.6	39.0	38.9	41.1	46.2
0～4歳 Years	4.4	5.0	4.6	4.7	4.5	4.3	4.0	3.7	3.7	3.4
5～9	0.4	0.7	0.6	0.7	0.5	0.7	0.4	0.5	0.5	0.9
10～14	0.8	0.7	0.7	0.7	0.8	0.8	0.9	1.0	0.9	0.9
15～19	2.0	1.7	2.0	2.5	1.9	2.2	2.3	2.2	2.2	2.6
20～24	3.1	3.3	3.5	3.4	3.3	3.8	4.0	3.6	3.5	4.1
25～29	4.8	5.0	4.6	4.5	4.4	4.9	5.3	5.1	5.0	5.4
30～34	6.5	6.6	5.9	6.8	7.0	7.2	7.2	7.2	6.6	7.2
35～39	8.5	9.5	9.3	9.7	10.4	10.2	11.0	10.1	9.0	10.8
40～44	10.1	11.0	11.0	12.6	13.6	14.9	15.2	15.5	15.9	16.3
45～49	12.8	13.1	13.3	14.3	17.3	17.1	20.1	19.3	22.1	26.1
50～54	19.3	20.3	19.2	21.5	21.1	24.5	24.4	24.5	26.9	32.7
55～59	30.3	26.9	28.7	32.0	35.2	38.7	40.8	40.8	39.4	47.6
60～64	60.7	56.5	53.2	57.2	64.0	61.0	71.7	68.7	72.2	80.6
65～69	116.3	105.9	105.9	115.5	117.5	121.1	126.3	123.0	128.7	145.5
70～74	232.1	209.8	209.4	224.4	220.5	242.6	258.8	248.0	247.6	287.2
75～79	494.4	445.2	435.2	497.1	499.5	479.6	510.7	515.1	516.1	561.6
80～84	1 013.6	950.8	936.1	1 085.1	1 059.8	1 045.6	1 120.1	1 045.7	1 096.0	1 150.4
85～89	1 968.1	2 025.3	2 077.6	2 280.4	2 380.9	2 071.6	2 515.4	2 395.7	2 477.0	2 378.9
90歳～	3 331.0	…	…	…	…	3 701.5	…	…	…	…
年齢調整死亡率 （人口10万対） Age-adjusted death rate (per 100,000 population)	57.2	53.0	52.7	58.7	59.8	60.3	64.4	62.1	63.8	68.3
女 Female	31.8	30.7	31.1	34.6	36.8	37.4	41.0	40.0	42.1	45.1
0～4歳 Years	3.8	3.8	3.5	3.2	3.7	4.1	3.7	3.4	3.2	2.3
5～9	0.4	0.4	0.6	0.6	0.3	0.4	0.5	0.4	0.4	0.4
10～14	0.6	0.4	0.7	0.5	0.6	0.6	0.8	0.5	0.8	0.8
15～19	1.0	1.3	0.8	0.9	1.2	1.1	1.0	1.1	1.1	1.3
20～24	1.5	1.8	1.9	1.7	2.0	2.1	1.7	2.0	1.5	1.5
25～29	2.1	1.9	2.2	2.4	1.9	1.9	2.3	2.0	2.5	2.6
30～34	3.2	3.1	2.9	3.0	3.1	2.4	2.9	2.6	2.8	3.3
35～39	4.1	3.8	3.9	4.6	3.9	4.4	4.1	3.5	4.0	4.2
40～44	5.8	6.6	5.2	5.7	5.6	6.1	6.4	6.2	6.2	6.5
45～49	8.5	8.1	8.6	9.8	8.6	8.5	9.1	9.0	8.5	10.0
50～54	12.5	11.3	11.7	13.6	13.8	13.8	15.0	13.5	12.8	14.5
55～59	23.5	20.5	21.1	22.9	22.4	22.0	22.4	19.7	22.4	25.1
60～64	39.2	35.7	36.1	40.2	39.8	40.9	41.6	37.9	40.5	46.3
65～69	82.4	75.9	72.1	77.0	77.8	75.0	77.6	81.5	79.5	84.9
70～74	168.7	153.3	150.1	161.7	168.4	171.6	183.0	168.5	170.3	185.2
75～79	391.8	356.4	358.2	370.4	394.0	377.5	412.0	391.0	387.2	415.6
80～84	855.6	831.0	781.1	879.0	915.9	888.6	948.2	873.2	887.9	917.3
85～89	1 747.5	1 899.1	2 006.7	2 152.3	2 295.3	1 811.6	2 386.6	2 258.5	2 290.7	2 154.5
90歳～	2 969.1	…	…	…	…	3 650.5	…	…	…	…
年齢調整死亡率 （人口10万対） Age-adjusted death rate (per 100,000 population)	45.4	42.4	42.3	45.8	47.7	46.6	49.7	46.7	47.3	48.6

Notes: 1) The categories of "80 - 84" in 1951 - 1954 represent the population aged 80 or over, and those of "85 - 89" in 1956 - 1959, 1961 - 1964, 1966 - 1969, 1971 - 1974, and 1976 - 1979 represent the population aged 85 or over.
2) The base population for age-adjusted death rates is the model population of 1985.

第4表（54-46）

第4表　心疾患死亡数・粗死亡率（人口10万対）・年齢調整死亡率
Statistics 4　Numbers of deaths, crude death rates (per 100,000 population), and (large categories), sex and age group (by 5-year age scale): From 1950

心不全　Heart failure
死亡数　Number of deaths

性・年齢階級 Sex/age group	昭和55年 1980	56年 1981	57年 1982	58年 1983	59年 1984	60年 1985	61年 1986	62年 1987	63年 1988	平成元年 1989
総数　Total	59 560	61 069	61 591	66 464	70 890	75 310	77 896	79 882	89 737	91 517
0〜4歳 Years	323	263	236	238	275	267	235	256	221	253
5〜9	73	61	52	56	61	50	39	51	39	43
10〜14	87	79	89	79	97	91	68	87	64	53
15〜19	169	165	162	169	153	155	174	180	182	154
20〜24	239	202	197	224	248	264	250	198	232	241
25〜29	375	312	333	310	375	329	315	330	359	362
30〜34	550	551	584	515	511	521	482	492	453	444
35〜39	710	650	640	720	737	789	891	874	852	752
40〜44	1 005	1 061	978	1 015	1 112	1 111	1 065	1 089	1 169	1 182
45〜49	1 446	1 405	1 420	1 486	1 466	1 557	1 563	1 614	1 630	1 672
50〜54	1 780	1 843	1 888	2 016	2 111	2 176	2 295	2 254	2 319	2 358
55〜59	2 035	2 128	2 267	2 469	2 695	2 784	2 960	3 159	3 309	3 274
60〜64	2 795	2 876	2 778	2 864	3 108	3 336	3 592	3 956	4 368	4 464
65〜69	4 836	4 713	4 600	4 648	4 880	4 886	4 872	4 737	5 361	5 616
70〜74	7 431	7 609	7 648	7 989	8 202	8 670	8 590	8 128	8 859	8 917
75〜79	10 686	10 796	10 693	11 341	12 118	12 942	13 547	13 494	15 026	15 049
80〜84	11 847	12 554	12 887	14 177	14 934	15 695	15 830	16 071	18 508	19 075
85〜89	8 500	9 104	9 228	10 475	11 493	12 642	13 419	14 404	16 667	16 838
90歳〜	4 661	4 684	4 901	5 653	6 292	7 025	7 694	8 480	10 086	10 752
不詳 Not Stated	12	13	10	20	22	20	15	28	33	18
男　Male	29 448	29 752	30 350	32 597	34 991	36 993	38 313	39 275	43 239	44 111
0〜4歳 Years	180	144	137	132	160	140	131	144	131	147
5〜9	41	30	28	36	37	30	20	30	23	24
10〜14	53	48	54	48	63	54	41	50	46	35
15〜19	118	123	111	109	100	92	127	124	121	99
20〜24	181	156	140	156	175	200	178	142	175	180
25〜29	266	221	242	214	270	236	216	252	253	257
30〜34	394	416	411	368	378	384	347	355	332	316
35〜39	513	478	478	518	554	575	663	655	613	548
40〜44	730	761	715	732	816	805	801	801	863	881
45〜49	1 073	989	1 031	1 079	1 059	1 126	1 180	1 189	1 218	1 233
50〜54	1 223	1 256	1 329	1 438	1 548	1 556	1 657	1 665	1 675	1 721
55〜59	1 215	1 372	1 457	1 654	1 865	1 949	2 107	2 268	2 341	2 334
60〜64	1 618	1 623	1 612	1 654	1 823	2 040	2 227	2 572	2 936	2 980
65〜69	2 782	2 604	2 573	2 587	2 744	2 697	2 803	2 687	2 944	3 193
70〜74	4 041	4 065	4 051	4 247	4 360	4 543	4 598	4 406	4 760	4 753
75〜79	5 330	5 239	5 362	5 695	6 030	6 429	6 643	6 635	7 259	7 372
80〜84	5 138	5 485	5 731	6 294	6 638	7 071	7 036	7 175	8 094	8 296
85〜89	3 161	3 364	3 377	3 913	4 415	4 822	5 114	5 500	6 376	6 444
90歳〜	1 381	1 370	1 503	1 704	1 937	2 226	2 410	2 599	3 047	3 281
不詳 Not Stated	10	8	8	19	19	18	14	26	32	17
女　Female	30 112	31 317	31 241	33 867	35 899	38 317	39 583	40 607	46 498	47 406
0〜4歳 Years	143	119	99	106	115	127	104	112	90	106
5〜9	32	31	24	20	24	20	19	21	16	19
10〜14	34	31	35	31	34	37	27	37	18	18
15〜19	51	42	51	60	53	63	47	56	61	55
20〜24	58	46	57	68	73	64	72	56	57	61
25〜29	109	91	91	96	105	93	99	78	106	105
30〜34	156	135	173	147	133	137	135	137	121	128
35〜39	197	172	162	202	183	214	228	219	239	204
40〜44	275	300	263	283	296	306	264	288	306	301
45〜49	373	416	389	407	407	431	383	425	412	439
50〜54	557	587	559	578	563	620	638	589	644	637
55〜59	820	756	810	815	830	835	853	891	968	940
60〜64	1 177	1 253	1 166	1 210	1 285	1 296	1 365	1 384	1 432	1 484
65〜69	2 054	2 109	2 027	2 061	2 136	2 189	2 069	2 050	2 417	2 423
70〜74	3 390	3 544	3 597	3 742	3 842	4 127	3 992	3 722	4 099	4 164
75〜79	5 356	5 557	5 331	5 646	6 088	6 513	6 904	6 859	7 767	7 677
80〜84	6 709	7 069	7 156	7 883	8 296	8 624	8 794	8 896	10 414	10 779
85〜89	5 339	5 740	5 851	6 562	7 078	7 820	8 305	8 904	10 291	10 394
90歳〜	3 280	3 314	3 398	3 949	4 355	4 799	5 284	5 881	7 039	7 471
不詳 Not Stated	2	5	2	1	3	2	1	2	1	1

注：1）昭和26〜29年の「80〜84」は、「80歳以上」、昭和31〜34年、36〜39年、41〜44年、46〜49年、51〜54年の「85〜89歳」は「85歳以上」である。
　　2）年齢調整死亡率の基準人口は、昭和60年モデル人口である。

（人口10万対），病類（簡単分類）・性・年齢（5歳階級）別 －昭和25年～平成16年－
age-adjusted death rates (per 100,000 population) from heart diseases, by disease type
to 2004

粗死亡率（人口10万対） Crude death rates (per 100,000 population)

性・年齢階級 Sex/age group	昭和55年 1980	56年 1981	57年 1982	58年 1983	59年 1984	60年 1985	61年 1986	62年 1987	63年 1988	平成元年 1989
総数 Total	51.2	52.1	52.2	56.0	59.3	62.6	64.4	65.7	73.5	74.7
0～4歳 Years	3.8	3.2	3.0	3.1	3.6	3.6	3.2	3.6	3.2	3.8
5～9	0.7	0.6	0.5	0.6	0.7	0.6	0.5	0.6	0.5	0.6
10～14	1.0	0.8	0.9	0.8	1.0	0.9	0.7	0.9	0.7	0.6
15～19	2.1	2.0	1.9	2.0	1.7	1.7	1.8	1.9	1.9	1.5
20～24	3.1	2.6	2.5	2.8	3.1	3.2	3.1	2.4	2.7	2.8
25～29	4.2	3.7	4.1	3.9	4.8	4.2	4.1	4.3	4.6	4.6
30～34	5.1	4.9	5.4	5.0	5.4	5.8	5.6	6.0	5.7	5.7
35～39	7.8	7.5	7.1	7.5	7.3	7.4	7.9	8.1	8.3	7.9
40～44	12.1	12.5	11.3	11.4	12.0	12.2	12.3	12.1	12.3	11.8
45～49	17.9	17.2	17.2	18.0	18.0	19.0	18.7	18.8	18.5	18.2
50～54	24.8	25.1	25.1	26.3	27.2	27.5	28.6	27.8	28.6	29.4
55～59	36.5	35.9	36.3	37.7	39.6	39.9	41.4	43.2	44.4	43.3
60～64	62.9	63.6	59.5	58.9	60.3	62.0	63.0	65.8	69.4	68.2
65～69	122.5	117.4	113.9	114.7	121.5	117.1	114.3	107.6	116.7	115.2
70～74	246.7	240.0	233.5	236.6	236.2	244.3	237.2	222.4	241.1	244.4
75～79	526.2	526.4	500.4	511.1	517.2	520.7	514.9	492.5	528.9	512.2
80～84	1 085.7	1 077.6	1 038.4	1 080.6	1 092.5	1 098.1	1 087.2	1 042.9	1 144.6	1 105.8
85～89	2 076.7	2 059.7	1 934.6	2 026.1	2 089.6	2 099.1	2 055.0	2 034.5	2 201.7	2 112.7
90歳～	3 913.1	3 717.5	3 525.9	3 743.7	3 790.4	3 872.3	3 847.0	3 802.7	4 083.4	3 997.0
男 Male	51.5	51.6	52.3	55.8	59.5	62.6	64.5	65.8	72.1	73.3
0～4歳 Years	4.2	3.4	3.4	3.3	4.1	3.7	3.5	3.9	3.7	4.3
5～9	0.8	0.6	0.6	0.8	0.8	0.7	0.5	0.7	0.6	0.6
10～14	1.2	1.0	1.1	1.0	1.2	1.1	0.8	1.0	1.0	0.6
15～19	2.8	3.0	2.6	2.5	2.2	2.0	2.6	2.5	2.4	1.9
20～24	4.6	4.0	3.5	3.9	4.3	4.8	4.4	3.4	4.0	4.0
25～29	5.9	5.1	5.9	5.4	6.8	6.0	5.6	6.4	6.4	6.5
30～34	7.3	7.3	7.5	7.2	7.9	8.5	8.1	8.6	8.3	8.0
35～39	11.2	11.0	10.5	10.8	11.0	10.7	11.7	12.0	11.9	11.5
40～44	17.6	18.0	16.5	16.5	17.6	17.8	18.6	17.8	18.1	17.5
45～49	26.7	24.2	25.0	26.2	26.1	27.7	28.4	27.9	27.9	27.0
50～54	34.6	34.6	35.7	37.8	40.2	39.8	41.7	41.5	41.7	43.4
55～59	48.7	50.5	49.7	52.7	56.6	57.4	60.4	63.4	64.0	63.0
60～64	83.7	83.5	81.1	80.0	82.2	86.3	86.5	92.6	98.8	95.5
65～69	160.4	148.1	146.2	147.5	159.0	152.4	156.9	146.8	154.5	155.8
70～74	308.0	297.1	288.5	295.5	296.2	303.6	302.1	288.0	311.3	315.4
75～79	630.1	613.5	603.8	619.7	626.2	634.2	624.9	603.2	640.7	630.6
80～84	1 233.1	1 232.6	1 211.6	1 258.8	1 279.0	1 307.7	1 279.3	1 234.9	1 331.3	1 290.2
85～89	2 282.4	2 242.7	2 084.6	2 223.3	2 373.7	2 376.7	2 335.2	2 320.7	2 520.2	2 431.7
90歳～	4 164.4	3 914.3	3 853.8	3 962.8	4 121.3	4 234.2	4 228.1	4 060.9	4 352.9	4 317.1
年齢調整死亡率 （人口10万対） Age-adjusted death rate (per 100,000 population)	74.2	72.3	70.5	72.8	75.4	76.4	76.2	74.7	79.3	78.1
女 Female	50.9	52.6	52.1	56.1	59.1	62.6	64.4	65.7	74.9	76.1
0～4歳 Years	3.5	3.0	2.6	2.8	3.1	3.5	2.9	3.2	2.7	3.3
5～9	0.7	0.6	0.5	0.4	0.6	0.5	0.5	0.5	0.4	0.5
10～14	0.8	0.7	0.7	0.6	0.7	0.8	0.6	0.8	0.4	0.4
15～19	1.3	1.1	1.3	1.4	1.2	1.4	1.0	1.2	1.3	1.1
20～24	1.5	1.2	1.5	1.8	1.9	1.6	1.8	1.4	1.4	1.4
25～29	2.4	2.1	2.2	2.4	2.7	2.4	2.6	2.0	2.8	2.7
30～34	2.9	2.4	3.2	2.9	2.8	3.1	3.2	3.4	3.1	3.3
35～39	4.3	4.0	3.6	4.2	3.7	4.0	4.1	4.1	4.7	4.3
40～44	6.6	7.1	6.0	6.3	6.4	6.7	6.1	6.4	6.4	6.0
45～49	9.2	10.1	9.4	9.8	9.9	10.4	9.1	9.9	9.3	9.5
50～54	15.3	15.8	14.7	14.9	14.4	15.5	15.7	14.4	15.7	15.7
55～59	26.6	23.6	24.5	23.9	23.7	23.3	23.4	23.9	25.5	24.4
60～64	46.9	48.6	43.6	43.3	43.8	43.0	43.6	42.8	43.0	43.3
65～69	92.8	93.4	88.9	89.7	93.3	91.1	83.6	79.7	90.0	85.8
70～74	199.4	196.7	192.1	192.9	192.2	201.0	190.2	175.2	191.1	194.5
75～79	452.0	464.2	426.8	434.3	441.2	442.6	440.6	418.0	454.7	433.7
80～84	994.7	981.8	931.8	970.8	979.5	970.5	970.6	926.7	1 032.1	996.2
85～89	1 971.5	1 959.0	1 857.5	1 918.7	1 944.5	1 958.0	1 913.6	1 890.4	2 041.9	1 953.8
90歳～	3 816.2	3 641.8	3 398.0	3 622.9	3 690.7	3 724.6	3 721.1	3 698.7	3 976.8	3 871.0
年齢調整死亡率 （人口10万対） Age-adjusted death rate (per 100,000 population)	52.8	52.4	49.5	51.0	51.6	51.9	50.9	49.3	53.6	52.1

Notes: 1) The categories of "80 - 84" in 1951 - 1954 represent the population aged 80 or over, and those of "85 - 89" in 1956 - 1959, 1961 - 1964, 1966 - 1969, 1971 - 1974, and 1976 - 1979 represent the population aged 85 or over.
2) The base population for age-adjusted death rates is the model population of 1985.

第4表　心疾患死亡数・粗死亡率（人口10万対）・年齢調整死亡率
Statistics 4   Numbers of deaths, crude death rates (per 100,000 population), and (large categories), sex and age group (by 5-year age scale): From 1950

心不全　Heart failure
死亡数　Number of deaths

性・年齢階級 Sex/age group	平成2年 1990	3年 1991	4年 1992	5年 1993	6年 1994	7年 1995	8年 1996	9年 1997	10年 1998	11年 1999
総数　Total	96 078	98 961	105 796	108 465	79 802	36 179	39 927	41 934	43 564	47 191
0～4歳 Years	242	232	253	270	148	31	40	41	64	41
5～9	43	51	53	45	23	19	8	9	11	8
10～14	59	53	63	58	39	18	25	22	22	6
15～19	173	164	148	167	101	53	53	46	46	42
20～24	245	250	256	251	192	119	93	115	95	85
25～29	327	347	353	325	260	118	157	151	148	149
30～34	463	483	444	456	339	172	172	165	195	212
35～39	730	729	690	693	467	200	220	230	240	216
40～44	1 239	1 429	1 443	1 261	843	345	348	326	360	327
45～49	1 735	1 679	1 689	1 819	1 375	647	752	739	679	625
50～54	2 377	2 441	2 422	2 449	1 841	755	831	825	834	879
55～59	3 444	3 399	3 560	3 502	2 563	1 147	1 160	1 110	1 102	1 192
60～64	4 676	4 787	5 154	5 339	3 864	1 668	1 726	1 742	1 695	1 702
65～69	5 898	6 240	6 717	7 224	5 451	2 339	2 507	2 581	2 669	2 666
70～74	8 756	8 971	9 438	9 485	7 084	3 198	3 597	3 515	3 800	4 143
75～79	15 409	15 336	15 899	15 794	10 989	4 642	5 099	5 166	5 067	5 697
80～84	19 923	20 712	22 630	22 663	16 641	7 199	7 749	7 914	8 005	8 335
85～89	18 091	18 452	19 780	20 523	15 409	7 362	8 392	9 265	9 449	10 463
90歳～	12 229	13 184	14 766	16 105	12 144	6 132	6 989	7 955	9 068	10 391
不詳 Not Stated	19	22	38	36	29	15	9	17	15	12
男　Male	45 881	47 700	50 571	51 362	37 536	16 627	18 076	18 740	19 270	20 335
0～4歳 Years	126	132	165	159	79	16	19	19	32	19
5～9	26	31	29	26	12	13	5	2	5	5
10～14	37	38	33	35	24	13	17	13	10	2
15～19	112	120	102	114	67	39	40	36	36	30
20～24	184	188	187	198	137	88	63	95	78	66
25～29	236	262	245	238	200	82	117	116	116	104
30～34	347	358	326	330	244	131	133	130	144	161
35～39	543	558	489	507	354	161	174	170	178	165
40～44	903	1 101	1 034	943	624	249	253	239	253	250
45～49	1 278	1 259	1 284	1 350	1 004	456	541	525	471	437
50～54	1 747	1 764	1 808	1 855	1 381	537	616	607	606	630
55～59	2 488	2 453	2 615	2 549	1 848	833	826	788	777	835
60～64	3 151	3 338	3 566	3 669	2 647	1 107	1 159	1 208	1 175	1 147
65～69	3 438	3 747	4 122	4 566	3 412	1 533	1 609	1 685	1 711	1 733
70～74	4 586	4 805	5 016	4 912	3 713	1 701	2 004	1 944	2 208	2 409
75～79	7 491	7 495	7 771	7 609	5 311	2 136	2 337	2 455	2 380	2 607
80～84	8 739	9 173	9 848	9 689	7 170	3 061	3 199	3 280	3 319	3 370
85～89	6 784	6 967	7 419	7 682	5 654	2 667	2 993	3 204	3 281	3 621
90歳～	3 647	3 890	4 483	4 900	3 628	1 792	1 962	2 208	2 478	2 732
不詳 Not Stated	18	21	29	31	27	12	9	16	12	12
女　Female	50 197	51 261	55 225	57 103	42 266	19 552	21 851	23 194	24 294	26 856
0～4歳 Years	116	100	88	111	69	15	21	22	32	22
5～9	17	20	24	19	11	6	3	7	6	3
10～14	22	15	30	23	15	5	8	9	12	4
15～19	61	44	46	53	34	14	13	10	10	12
20～24	61	62	69	53	55	31	30	20	17	19
25～29	91	85	108	87	60	36	40	35	32	45
30～34	116	125	118	126	95	41	39	35	51	51
35～39	187	171	201	186	113	39	46	60	62	51
40～44	336	328	409	318	219	96	95	87	107	77
45～49	457	420	405	469	371	191	211	214	208	188
50～54	630	677	614	594	460	218	215	218	228	249
55～59	956	946	945	953	715	314	334	322	325	357
60～64	1 525	1 449	1 588	1 670	1 217	561	567	534	520	555
65～69	2 460	2 493	2 595	2 658	2 039	806	898	896	958	933
70～74	4 170	4 166	4 422	4 573	3 371	1 497	1 593	1 571	1 592	1 734
75～79	7 918	7 841	8 128	8 185	5 678	2 506	2 762	2 711	2 687	3 090
80～84	11 184	11 539	12 782	12 974	9 471	4 138	4 550	4 634	4 686	4 965
85～89	11 307	11 485	12 361	12 841	9 755	4 695	5 399	6 061	6 168	6 842
90歳～	8 582	9 294	10 283	11 205	8 516	4 340	5 027	5 747	6 590	7 659
不詳 Not Stated	1	1	9	5	2	3	－	1	3	－

注：1) 昭和26～29年の「80～84」は、「80歳以上」、昭和31～34年、36～39年、41～44年、46～49年、51～54年の「85～89歳」は「85歳以上」である。
　　2) 年齢調整死亡率の基準人口は、昭和60年モデル人口である。

(人口10万対), 病類（簡単分類）・性・年齢（5歳階級）別 －昭和25年～平成16年－
age-adjusted death rates (per 100,000 population) from heart diseases, by disease type
to 2004

粗死亡率（人口10万対） Crude death rates (per 100,000 population)

性・年齢階級 Sex/age group	平成2年 1990	3年 1991	4年 1992	5年 1993	6年 1994	7年 1995	8年 1996	9年 1997	10年 1998	11年 1999
総数 Total	78.3	80.4	85.7	87.6	64.3	29.1	32.0	33.6	34.8	37.6
0～4歳 Years	3.7	3.7	4.1	4.5	2.5	0.5	0.7	0.7	1.1	0.7
5～9	0.6	0.7	0.7	0.7	0.3	0.3	0.1	0.1	0.2	0.1
10～14	0.7	0.6	0.8	0.7	0.5	0.2	0.3	0.3	0.3	0.1
15～19	1.7	1.7	1.5	1.8	1.1	0.6	0.6	0.6	0.6	0.6
20～24	2.8	2.7	2.7	2.6	1.9	1.2	1.0	1.2	1.0	1.0
25～29	4.1	4.4	4.4	3.9	3.0	1.4	1.7	1.6	1.6	1.5
30～34	6.0	6.3	5.8	5.9	4.4	2.2	2.2	2.0	2.4	2.5
35～39	8.2	8.6	8.5	8.8	6.0	2.6	2.9	3.0	3.1	2.8
40～44	11.7	12.8	13.4	12.4	9.0	3.9	4.1	4.0	4.6	4.2
45～49	19.3	19.6	19.0	19.3	13.9	6.1	6.8	6.9	6.7	6.7
50～54	29.5	29.7	28.7	28.3	20.4	8.5	9.9	9.4	9.0	9.0
55～59	44.6	43.3	45.0	44.2	32.8	14.5	14.4	13.4	13.0	13.5
60～64	69.4	69.4	73.0	74.1	53.0	22.4	22.8	22.7	22.1	22.4
65～69	115.9	115.4	117.9	121.0	87.9	36.7	38.4	38.6	39.1	38.5
70～74	229.8	230.4	234.0	225.3	158.4	68.4	72.3	67.1	69.1	72.5
75～79	511.2	496.2	508.8	501.4	350.6	141.7	151.3	147.3	137.8	145.7
80～84	1 087.7	1 060.5	1 102.8	1 056.6	743.6	313.8	326.5	327.3	325.1	338.8
85～89	2 172.1	2 155.6	2 159.4	2 107.1	1 463.3	649.1	683.4	708.3	680.8	715.7
90歳～	4 226.8	4 094.4	4 159.4	4 140.1	2 905.3	1 387.1	1 477.6	1 515.2	1 558.1	1 631.2
男 Male	76.2	78.9	83.5	84.6	61.7	27.3	29.6	30.6	31.4	33.1
0～4歳 Years	3.8	4.1	5.2	5.1	2.6	0.5	0.6	0.6	1.1	0.6
5～9	0.7	0.8	0.8	0.7	0.4	0.4	0.2	0.1	0.2	0.2
10～14	0.8	0.9	0.8	0.9	0.6	0.3	0.5	0.4	0.3	0.1
15～19	2.2	2.4	2.1	2.4	1.5	0.9	1.0	0.9	0.9	0.8
20～24	4.1	4.0	3.9	4.0	2.7	1.8	1.3	2.0	1.7	1.5
25～29	5.8	6.6	6.0	5.6	4.6	1.9	2.5	2.5	2.4	2.1
30～34	8.9	9.3	8.4	8.4	6.2	3.2	3.3	3.2	3.4	3.7
35～39	12.1	13.0	11.9	12.7	9.0	4.1	4.5	4.4	4.6	4.2
40～44	16.9	19.6	19.1	18.5	13.2	5.6	5.9	5.9	6.4	6.4
45～49	28.6	29.6	28.9	28.6	20.2	8.6	9.7	9.8	9.3	9.3
50～54	43.8	43.4	43.3	43.3	31.0	12.2	14.7	13.9	13.1	12.9
55～59	65.8	63.8	67.4	65.7	48.2	21.4	20.8	19.4	18.6	19.2
60～64	97.4	100.5	104.7	105.6	75.2	30.8	31.6	32.6	31.6	31.2
65～69	157.0	157.1	160.1	165.9	118.1	51.3	52.3	53.4	53.1	53.1
70～74	294.6	305.7	310.8	292.2	205.4	88.1	95.0	85.3	90.5	93.9
75～79	626.1	612.8	631.3	617.1	436.0	170.3	183.2	186.7	173.0	175.7
80～84	1 288.1	1 281.1	1 318.3	1 250.2	888.5	372.6	377.2	381.4	381.5	391.0
85～89	2 458.8	2 470.6	2 473.0	2 423.3	1 667.8	738.7	775.4	785.3	763.0	802.9
90歳～	4 477.0	4 322.2	4 621.6	4 666.7	3 239.3	1 532.8	1 595.1	1 647.8	1 685.7	1 740.1
年齢調整死亡率 （人口10万対） Age-adjusted death rate (per 100,000 population)	78.3	78.7	80.5	78.9	55.6	23.8	24.9	24.9	24.6	25.1
女 Female	80.4	81.8	87.8	90.6	66.8	30.8	34.4	36.4	38.0	41.9
0～4歳 Years	3.7	3.3	2.9	3.8	2.4	0.5	0.7	0.8	1.1	0.8
5～9	0.5	0.6	0.7	0.6	0.3	0.2	0.1	0.2	0.2	0.1
10～14	0.5	0.4	0.8	0.6	0.4	0.1	0.1	0.3	0.4	0.1
15～19	1.3	0.9	1.0	1.2	0.8	0.3	0.3	0.3	0.3	0.3
20～24	1.4	1.4	1.5	1.1	1.1	0.6	0.6	0.4	0.4	0.4
25～29	2.3	2.2	2.7	2.1	1.4	0.8	0.9	0.8	0.7	0.9
30～34	3.0	3.3	3.1	3.3	2.5	1.0	1.0	0.9	1.2	1.2
35～39	4.2	4.0	5.0	4.7	2.9	1.0	1.2	1.6	1.6	1.3
40～44	6.4	5.9	7.6	6.3	4.7	2.2	2.2	2.2	2.7	2.0
45～49	10.1	9.8	9.1	9.9	7.5	3.6	3.8	4.0	4.1	4.0
50～54	15.5	16.3	14.4	13.6	10.1	4.9	5.1	4.9	4.9	5.1
55～59	24.3	23.7	23.4	23.6	17.9	7.8	8.1	7.6	7.5	7.9
60～64	43.6	40.5	43.5	44.8	32.2	14.6	14.5	13.5	13.1	14.1
65～69	84.8	82.5	83.1	82.6	61.5	23.8	26.0	25.3	26.5	25.5
70～74	185.1	179.5	182.7	180.8	126.6	54.6	55.6	53.0	52.1	55.0
75～79	435.6	419.5	429.1	427.0	296.2	123.9	131.8	123.7	116.8	127.3
80～84	969.8	932.8	979.5	947.0	661.8	281.1	298.2	297.4	294.3	310.7
85～89	2 030.0	2 000.9	2 006.7	1 954.5	1 366.2	607.3	642.0	673.4	643.8	676.8
90歳～	4 128.8	3 988.8	3 985.7	3 959.4	2 783.0	1 334.7	1 436.3	1 469.8	1 514.9	1 595.6
年齢調整死亡率 （人口10万対） Age-adjusted death rate (per 100,000 population)	52.4	51.0	52.2	51.4	36.3	15.8	16.7	16.6	16.5	17.3

Notes: 1) The categories of "80 - 84" in 1951 - 1954 represent the population aged 80 or over, and those of "85 - 89" in 1956 - 1959, 1961 - 1964, 1966 - 1969, 1971 - 1974, and 1976 - 1979 represent the population aged 85 or over.
2) The base population for age-adjusted death rates is the model population of 1985.

第4表（54-48）

第4表 心疾患死亡数・粗死亡率（人口10万対）・年齢調整死亡率
Statistics 4　Numbers of deaths, crude death rates (per 100,000 population), and (large categories), sex and age group (by 5-year age scale): From 1950

心不全　Heart failure
死亡数　Number of deaths

性・年齢階級 Sex/age group	平成12年 2000	13年 2001	14年 2002	15年 2003	16年 2004
総数　Total	46 460	46 495	48 422	50 909	51 588
0～4歳 Years	43	33	29	27	19
5～9	7	8	9	13	2
10～14	13	16	9	12	13
15～19	38	40	43	36	21
20～24	87	96	86	68	54
25～29	153	124	118	121	76
30～34	172	189	175	178	193
35～39	229	221	248	213	201
40～44	289	303	294	308	252
45～49	550	488	487	408	439
50～54	919	948	913	940	795
55～59	1 109	1 074	1 038	1 137	1 106
60～64	1 654	1 501	1 480	1 593	1 539
65～69	2 499	2 430	2 393	2 324	2 286
70～74	3 762	3 789	3 893	3 909	3 731
75～79	5 680	5 443	5 877	6 008	5 876
80～84	7 899	7 883	7 965	8 073	8 578
85～89	10 344	10 040	10 245	10 987	10 626
90歳～	11 001	11 857	13 107	14 542	15 778
不詳　Not Stated	12	12	13	12	3
男　Male	19 983	19 705	20 375	21 216	21 047
0～4歳 Years	26	15	7	17	9
5～9	5	6	7	6	2
10～14	8	9	7	6	10
15～19	26	29	29	25	16
20～24	63	72	66	51	38
25～29	112	102	83	93	62
30～34	132	135	118	134	137
35～39	178	166	168	161	141
40～44	207	225	215	222	181
45～49	406	358	350	317	319
50～54	691	688	678	713	583
55～59	814	809	780	838	782
60～64	1 160	1 050	1 046	1 152	1 075
65～69	1 626	1 588	1 557	1 544	1 546
70～74	2 256	2 236	2 315	2 329	2 203
75～79	2 671	2 659	2 946	3 111	3 085
80～84	3 210	3 179	3 212	3 207	3 535
85～89	3 545	3 395	3 468	3 710	3 461
90歳～	2 836	2 975	3 310	3 569	3 860
不詳　Not Stated	11	9	13	11	2
女　Female	26 477	26 790	28 047	29 693	30 541
0～4歳 Years	17	18	22	10	10
5～9	2	2	2	7	-
10～14	5	7	2	6	3
15～19	12	11	14	11	5
20～24	24	24	20	17	16
25～29	41	22	35	28	14
30～34	40	54	57	44	56
35～39	51	55	80	52	60
40～44	82	78	79	86	71
45～49	144	130	137	91	120
50～54	228	260	235	227	212
55～59	295	265	258	299	324
60～64	494	451	434	441	464
65～69	873	842	836	780	740
70～74	1 506	1 553	1 578	1 580	1 528
75～79	3 009	2 784	2 931	2 897	2 791
80～84	4 689	4 704	4 753	4 866	5 043
85～89	6 799	6 645	6 777	7 277	7 165
90歳～	8 165	8 882	9 797	10 973	11 918
不詳　Not Stated	1	3	-	1	1

注：1）昭和26～29年の「80～84」は、「80歳以上」、昭和31～34年、36～39年、41～44年、46～49年、51～54年の「85～89歳」は「85歳以上」である。
　　2）年齢調整死亡率の基準人口は、昭和60年モデル人口である。

（人口10万対），病類（簡単分類）・性・年齢（5歳階級）別　－昭和25年～平成16年－
age-adjusted death rates (per 100,000 population) from heart diseases, by disease type to 2004

粗死亡率（人口10万対）　Crude death rates (per 100,000 population)

性・年齢階級 Sex/age group	平成12年 2000	13年 2001	14年 2002	15年 2003	16年 2004
総　数　Total	37.0	36.9	38.4	40.4	40.9
0～4歳 Years	0.7	0.6	0.5	0.5	0.3
5～9	0.1	0.1	0.2	0.2	0.0
10～14	0.2	0.3	0.1	0.2	0.2
15～19	0.5	0.5	0.6	0.5	0.3
20～24	1.0	1.2	1.1	0.9	0.7
25～29	1.6	1.3	1.3	1.4	0.9
30～34	2.0	2.1	1.9	1.9	2.0
35～39	2.9	2.8	3.1	2.6	2.4
40～44	3.8	4.0	3.8	4.0	3.2
45～49	6.2	5.8	6.0	5.2	5.7
50～54	8.8	8.7	8.7	9.5	8.6
55～59	12.7	13.0	12.1	12.5	11.5
60～64	21.4	19.1	18.4	19.3	17.9
65～69	35.2	33.5	32.6	31.5	31.3
70～74	63.9	62.7	62.9	61.7	57.9
75～79	137.2	123.3	126.2	123.1	115.6
80～84	302.7	290.8	280.0	268.3	266.2
85～89	675.9	626.7	619.4	648.6	620.3
90歳～	1 570.6	1 535.9	1 534.8	1 565.3	1 557.6
男　Male	32.5	32.0	33.1	34.4	34.2
0～4歳 Years	0.9	0.5	0.2	0.6	0.3
5～9	0.2	0.2	0.2	0.2	0.1
10～14	0.2	0.3	0.2	0.2	0.3
15～19	0.7	0.8	0.8	0.7	0.5
20～24	1.5	1.7	1.6	1.3	1.0
25～29	2.3	2.1	1.8	2.0	1.4
30～34	3.0	2.9	2.5	2.8	2.8
35～39	4.4	4.2	4.1	3.8	3.3
40～44	5.3	5.8	5.6	5.7	4.6
45～49	9.2	8.5	8.7	8.1	8.2
50～54	13.3	12.6	12.9	14.4	12.7
55～59	19.0	19.9	18.4	18.6	16.5
60～64	31.0	27.5	26.7	28.7	25.8
65～69	48.5	46.3	44.7	44.2	44.6
70～74	84.6	81.5	82.1	80.6	74.9
75～79	164.8	149.7	153.4	151.5	142.8
80～84	351.5	338.6	328.4	310.2	314.2
85～89	743.9	681.7	677.3	712.1	660.5
90歳～	1 608.5	1 557.6	1 576.2	1 579.2	1 569.1
年齢調整死亡率 （人口10万対） Age-adjusted death rate (per 100,000 population)	23.5	22.3	22.1	22.2	21.2
女　Female	41.3	41.7	43.5	46.0	47.3
0～4歳 Years	0.6	0.6	0.8	0.4	0.4
5～9	0.1	0.1	0.1	0.2	-
10～14	0.2	0.2	0.1	0.2	0.1
15～19	0.3	0.3	0.4	0.3	0.2
20～24	0.6	0.6	0.5	0.5	0.4
25～29	0.9	0.5	0.8	0.6	0.3
30～34	0.9	1.2	1.2	0.9	1.2
35～39	1.3	1.4	2.0	1.3	1.4
40～44	2.1	2.1	2.1	2.2	1.8
45～49	3.3	3.1	3.4	2.3	3.1
50～54	4.4	4.7	4.4	4.6	4.6
55～59	6.7	6.3	5.9	6.5	6.7
60～64	12.4	11.1	10.5	10.4	10.5
65～69	23.3	22.1	21.6	20.1	19.3
70～74	46.7	47.1	46.8	45.8	43.6
75～79	119.5	105.5	107.2	102.5	95.5
80～84	276.4	265.5	254.6	246.4	240.4
85～89	645.2	601.9	593.4	620.4	602.1
90歳～	1 557.8	1 528.7	1 523.6	1 563.1	1 551.8
年齢調整死亡率 （人口10万対） Age-adjusted death rate (per 100,000 population)	16.0	15.3	15.3	15.2	14.9

Notes: 1) The categories of "80 · 84" in 1951 - 1954 represent the population aged 80 or over, and those of "85 · 89" in 1956 - 1959, 1961 - 1964, 1966 - 1969, 1971 - 1974, and 1976 - 1979 represent the population aged 85 or over.
2) The base population for age-adjusted death rates is the model population of 1985.

第4表　心疾患死亡数・粗死亡率（人口10万対）・年齢調整死亡率
Statistics 4 Numbers of deaths, crude death rates (per 100,000 population), and (large categories), sex and age group (by 5-year age scale): From 1950

その他の心疾患　Other heart diseases
死亡数　Number of deaths

性・年齢階級 Sex/age group	昭和25年 1950	26年 1951	27年 1952	28年 1953	29年 1954	30年 1955	31年 1956	32年 1957	33年 1958	34年 1959
総数　Total	22 165	23 264	22 336	23 065	21 773	23 034	25 681	30 381	28 760	31 607
0〜4歳 Years	340	344	231	215	249	172	121	98	100	107
5〜9	168	121	136	153	117	96	74	86	92	84
10〜14	147	156	166	136	133	123	101	125	97	97
15〜19	241	229	227	214	188	184	165	166	145	168
20〜24	302	364	348	293	310	333	311	293	264	256
25〜29	436	416	355	387	389	365	386	378	370	392
30〜34	433	455	415	406	377	352	388	420	445	469
35〜39	578	606	547	521	449	465	458	499	442	480
40〜44	800	840	769	678	633	665	658	670	658	642
45〜49	1 156	1 110	1 015	954	936	946	1 011	1 091	1 048	1 081
50〜54	1 509	1 504	1 435	1 490	1 400	1 422	1 504	1 643	1 546	1 680
55〜59	2 033	2 237	2 052	2 080	2 041	2 086	2 190	2 650	2 398	2 595
60〜64	2 806	3 149	2 677	2 901	2 661	2 650	3 131	3 584	3 240	3 555
65〜69	3 689	3 701	3 562	3 746	3 436	3 488	3 910	4 780	4 131	4 486
70〜74	3 522	3 746	3 759	4 027	3 677	3 971	4 386	5 306	4 956	5 306
75〜79	2 355	2 622	2 825	3 051	2 924	3 386	3 949	4 765	4 536	5 144
80〜84	1 155	1 150	1 273	1 252	1 322	1 652	2 144	2 733	2 975	3 519
85〜89	400	427	427	476	434	570	658	895	1 043	1 235
90歳〜	89	87	115	85	96	108	136	199	273	310
不詳 Not Stated	6	-	2	-	1	-	-	-	1	1
男　Male	12 440	13 030	12 494	13 339	12 631	13 266	14 848	17 581	16 578	18 160
0〜4歳 Years	170	177	120	119	115	88	62	56	61	57
5〜9	90	68	69	76	56	53	47	47	53	43
10〜14	62	80	87	68	61	59	51	59	50	39
15〜19	114	115	105	116	91	95	79	91	71	92
20〜24	125	173	154	146	149	163	167	134	148	141
25〜29	198	187	169	198	195	190	201	184	195	227
30〜34	206	210	175	184	176	167	208	221	243	296
35〜39	288	316	259	270	219	246	254	250	230	272
40〜44	433	494	418	397	380	394	360	382	414	395
45〜49	723	694	659	596	577	596	647	666	688	688
50〜54	989	992	912	993	918	960	1 004	1 081	1 057	1 114
55〜59	1 313	1 476	1 392	1 394	1 392	1 421	1 508	1 812	1 599	1 729
60〜64	1 730	1 971	1 671	1 887	1 765	1 761	2 049	2 362	2 157	2 306
65〜69	2 196	2 156	2 135	2 276	2 089	2 129	2 425	2 915	2 609	2 806
70〜74	1 950	2 011	2 046	2 279	2 105	2 279	2 497	3 077	2 772	3 080
75〜79	1 159	1 269	1 368	1 586	1 506	1 717	2 017	2 537	2 354	2 647
80〜84	505	462	567	552	617	696	993	1 289	1 367	1 642
85〜89	150	159	154	181	174	216	248	350	424	492
90歳〜	34	20	32	21	45	36	31	68	85	93
不詳 Not Stated	5	-	2	-	1	-	-	-	1	1
女　Female	9 725	10 234	9 842	9 726	9 142	9 768	10 833	12 800	12 182	13 447
0〜4歳 Years	170	167	111	96	134	84	59	42	39	50
5〜9	78	53	67	77	61	43	27	39	39	41
10〜14	85	76	79	68	72	64	50	66	47	58
15〜19	127	114	122	98	97	89	86	75	74	76
20〜24	177	191	194	147	161	170	144	159	116	115
25〜29	238	229	186	189	194	175	185	194	175	165
30〜34	227	245	240	222	201	185	180	199	202	173
35〜39	290	290	288	251	230	219	204	249	212	208
40〜44	367	346	351	281	253	271	298	288	244	247
45〜49	433	416	356	358	359	350	364	425	360	393
50〜54	520	512	523	497	482	462	500	562	489	566
55〜59	720	761	660	686	649	665	682	838	799	866
60〜64	1 076	1 178	1 006	1 014	896	889	1 082	1 222	1 083	1 249
65〜69	1 493	1 545	1 427	1 470	1 347	1 359	1 485	1 865	1 522	1 680
70〜74	1 572	1 735	1 713	1 748	1 572	1 692	1 889	2 229	2 184	2 226
75〜79	1 196	1 353	1 457	1 465	1 418	1 669	1 932	2 228	2 182	2 497
80〜84	650	688	706	700	705	956	1 151	1 444	1 608	1 877
85〜89	250	268	273	295	260	354	410	545	619	743
90歳〜	55	67	83	64	51	72	105	131	188	217
不詳 Not Stated	1	-	-	-	-	-	-	-	-	-

注：1) 昭和26〜29年の「80〜84」は、「80歳以上」、昭和31〜34年、36〜39年、41〜44年、46〜49年、51〜54年の「85〜89歳」は「85歳以上」である。
　　2) 年齢調整死亡率の基準人口は、昭和60年モデル人口である。

(人口10万対)，病類（簡単分類）・性・年齢（5歳階級）別　—昭和25年～平成16年—
age-adjusted death rates (per 100,000 population) from heart diseases, by disease type to 2004

粗死亡率（人口10万対）　Crude death rates (per 100,000 population)

性・年齢階級 Sex/age group	昭和25年 1950	26年 1951	27年 1952	28年 1953	29年 1954	30年 1955	31年 1956	32年 1957	33年 1958	34年 1959
総数 Total	26.6	27.5	26.0	26.5	24.7	25.8	28.5	33.4	31.3	34.0
0～4歳 Years	3.0	2.9	2.1	2.0	2.5	1.9	1.4	1.2	1.2	1.3
5～9	1.8	1.3	1.4	1.5	1.1	0.9	0.6	0.8	0.9	0.9
10～14	1.7	1.8	1.8	1.5	1.4	1.3	1.1	1.3	1.0	0.9
15～19	2.8	2.6	2.6	2.4	2.2	2.1	1.9	1.8	1.6	1.7
20～24	3.9	4.6	4.3	3.6	3.7	4.0	3.6	3.4	3.1	3.0
25～29	7.0	6.4	5.2	5.4	5.2	4.8	5.0	4.8	4.6	4.8
30～34	8.3	8.7	7.8	7.3	6.4	5.8	6.0	6.2	6.3	6.4
35～39	11.4	11.9	10.8	10.3	9.0	9.1	8.9	9.4	8.0	8.3
40～44	17.8	18.0	16.2	14.1	12.9	13.4	13.2	13.5	13.3	13.1
45～49	28.9	28.0	25.2	23.3	22.0	21.7	22.2	23.5	22.2	22.6
50～54	44.5	42.9	39.5	40.1	36.9	36.9	39.4	42.3	39.2	41.1
55～59	74.0	78.6	70.6	68.8	65.9	65.1	66.0	77.3	68.2	72.3
60～64	121.8	134.2	111.4	119.9	108.8	106.1	120.2	134.0	116.5	125.0
65～69	208.3	210.9	199.9	203.9	179.1	177.3	194.8	233.6	198.9	212.9
70～74	274.8	290.8	283.9	300.5	270.2	285.1	316.7	376.6	342.3	351.4
75～79	343.5	351.9	362.6	378.5	344.8	386.7	440.2	525.9	490.9	547.8
80～84	418.8	426.7	432.1	407.4	390.7	437.3	521.7	641.5	659.6	742.4
85～89	506.0	…	…	…	…	511.9	559.2	724.5	797.6	863.1
90歳～	544.2	…	…	…	…	474.4	…	…	…	…
男 Male	30.5	31.4	29.6	31.2	29.1	30.2	33.5	39.3	36.7	39.7
0～4歳 Years	3.0	3.0	2.1	2.2	2.3	1.9	1.4	1.3	1.5	1.4
5～9	1.9	1.5	1.4	1.5	1.1	0.9	0.8	0.8	1.0	0.9
10～14	1.4	1.8	1.9	1.5	1.2	1.2	1.1	1.2	1.0	0.7
15～19	2.6	2.6	2.4	2.6	2.1	2.2	1.8	2.0	1.5	1.9
20～24	3.3	4.4	3.8	3.5	3.5	3.9	3.9	3.1	3.4	3.3
25～29	7.0	6.1	5.2	5.7	5.3	5.0	5.2	4.7	4.9	5.6
30～34	8.7	9.0	7.4	7.5	6.7	6.0	6.9	6.8	7.0	8.2
35～39	12.1	13.2	10.9	11.5	9.6	10.6	11.0	10.6	9.4	10.5
40～44	19.7	21.9	18.3	17.3	16.4	16.9	15.4	16.5	18.1	17.7
45～49	35.8	34.7	32.6	29.3	27.6	27.9	29.5	30.1	30.8	30.5
50～54	57.5	55.9	49.8	52.9	48.1	49.8	52.6	56.0	54.2	55.7
55～59	95.2	103.3	95.1	91.8	89.5	88.4	90.6	105.7	91.2	96.9
60～64	155.9	173.5	143.1	159.9	147.3	143.5	160.2	179.6	157.9	164.9
65～69	275.9	272.2	262.9	269.0	234.7	231.7	257.2	302.4	266.2	281.4
70～74	360.9	369.7	364.7	401.9	364.2	383.8	421.1	506.1	437.2	461.8
75～79	433.0	434.6	448.5	505.1	453.6	502.0	573.0	716.7	652.1	719.3
80～84	528.3	478.4	519.3	502.7	525.8	522.6	684.8	865.1	865.2	989.2
85～89	554.9	…	…	…	…	638.1	664.3	928.9	1 038.8	1 103.8
90歳～	1 129.4	…	…	…	…	617.6	…	…	…	…
年齢調整死亡率 （人口10万対） Age-adjusted death rate (per 100,000 population)	63.0	62.9	60.3	63.0	58.5	60.5	67.2	80.0	74.3	79.7
女 Female	22.9	23.8	22.5	22.0	20.4	21.5	23.6	27.6	26.0	28.5
0～4歳 Years	3.1	2.9	2.0	1.9	2.8	1.9	1.4	1.0	1.0	1.3
5～9	1.7	1.2	1.4	1.6	1.2	0.8	0.5	0.7	0.8	0.9
10～14	2.0	1.7	1.8	1.5	1.5	1.4	1.1	1.4	1.0	1.1
15～19	3.0	2.7	2.8	2.3	2.3	2.1	2.0	1.7	1.6	1.6
20～24	4.6	4.8	4.8	3.6	3.9	4.0	3.4	3.7	2.7	2.7
25～29	7.1	6.6	5.2	5.1	5.1	4.6	4.7	4.9	4.3	4.0
30～34	8.0	8.5	8.1	7.1	6.2	5.6	5.2	5.6	5.6	4.6
35～39	10.9	10.7	10.6	9.2	8.5	7.8	7.1	8.4	6.9	6.5
40～44	16.1	14.4	14.2	11.1	9.8	10.3	11.2	10.8	9.1	9.3
45～49	21.8	21.2	17.7	17.4	16.6	15.7	15.5	17.6	14.5	15.5
50～54	31.1	29.6	29.1	27.0	25.5	24.1	26.2	28.8	24.5	27.1
55～59	52.5	53.7	45.8	45.6	42.1	41.6	41.2	48.9	45.3	48.0
60～64	90.1	97.3	81.5	81.8	71.7	70.0	81.7	89.9	76.6	86.3
65～69	153.2	160.6	147.3	148.2	131.0	129.7	139.4	172.4	138.7	151.4
70～74	212.1	233.5	224.5	226.1	200.8	211.8	238.5	278.3	268.3	264.1
75～79	286.1	298.0	307.4	297.8	274.8	312.8	353.8	403.6	387.6	437.3
80～84	360.7	399.6	386.2	359.0	323.6	390.9	432.7	521.3	548.8	609.4
85～89	458.3	…	…	…	…	456.8	515.0	637.7	695.7	761.9
90歳～	454.4	…	…	…	…	425.1	…	…	…	…
年齢調整死亡率 （人口10万対） Age-adjusted death rate (per 100,000 population)	39.7	40.9	38.5	37.2	33.7	35.9	39.3	45.8	42.9	46.1

Notes: 1) The categories of "80 - 84" in 1951 - 1954 represent the population aged 80 or over, and those of "85 - 89" in 1956 - 1959, 1961 - 1964, 1966 - 1969, 1971 - 1974, and 1976 - 1979 represent the population aged 85 or over.
2) The base population for age-adjusted death rates is the model population of 1985.

第4表（54-50）

第4表　心疾患死亡数・粗死亡率（人口10万対）・年齢調整死亡率
Statistics 4 Numbers of deaths, crude death rates (per 100,000 population), and (large categories), sex and age group (by 5-year age scale): From 1950

その他の心疾患　Other heart diseases
死亡数　Number of deaths

性・年齢階級 Sex/age group	昭和35年 1960	36年 1961	37年 1962	38年 1963	39年 1964	40年 1965	41年 1966	42年 1967	43年 1968	44年 1969
総数　Total	35 199	35 185	38 012	35 608	36 921	41 090	38 444	40 628	9 902	8 338
0～4歳 Years	100	79	79	62	72	67	46	52	44	44
5～9	63	35	22	22	20	20	17	15	5	7
10～14	94	65	72	59	46	45	36	26	27	14
15～19	160	160	106	121	83	80	97	86	42	30
20～24	255	244	215	176	156	165	136	125	68	63
25～29	343	335	335	287	261	215	189	228	75	66
30～34	461	432	404	397	387	366	338	346	86	103
35～39	499	511	541	530	523	578	530	479	149	117
40～44	698	628	646	650	651	700	685	708	160	161
45～49	1 091	1 071	1 106	998	1 068	1 061	955	1 010	205	185
50～54	1 841	1 759	1 830	1 670	1 759	1 778	1 750	1 646	268	308
55～59	2 867	2 741	2 738	2 604	2 723	2 915	2 865	3 012	431	393
60～64	3 949	3 886	4 100	3 974	4 121	4 443	4 215	4 246	641	555
65～69	4 880	4 848	5 351	5 082	5 216	5 910	5 598	6 038	1 125	927
70～74	6 072	6 070	6 496	5 942	6 116	6 831	6 542	6 862	1 542	1 277
75～79	5 823	5 805	6 455	5 909	6 283	7 293	6 485	7 016	1 867	1 504
80～84	4 040	4 263	4 856	4 510	4 680	5 333	4 807	5 217	1 759	1 443
85～89	1 616	1 802	2 167	2 111	2 142	2 591	2 446	2 686	1 007	827
90歳～	346	451	493	504	614	698	705	827	393	312
不詳 Not Stated	1	-	-	-	-	1	2	3	8	2
男　Male	20 064	19 804	21 702	20 288	21 070	23 397	22 104	23 272	5 158	4 530
0～4歳 Years	47	41	47	39	37	36	20	32	25	28
5～9	32	15	15	11	11	14	7	10	1	1
10～14	39	36	35	38	26	24	21	12	17	11
15～19	88	89	55	61	46	44	60	53	27	18
20～24	133	131	128	81	95	98	86	86	38	37
25～29	190	184	193	163	149	126	115	135	45	43
30～34	256	251	246	253	273	253	226	237	52	63
35～39	281	309	323	353	330	406	370	333	91	65
40～44	409	380	401	411	401	425	463	490	87	101
45～49	701	663	649	640	662	639	616	671	105	102
50～54	1 201	1 148	1 200	1 141	1 150	1 173	1 200	1 072	128	140
55～59	1 924	1 834	1 887	1 759	1 848	1 971	1 958	2 034	248	232
60～64	2 544	2 515	2 706	2 629	2 690	2 950	2 803	2 892	414	349
65～69	3 089	3 058	3 352	3 160	3 246	3 700	3 547	3 733	695	586
70～74	3 564	3 467	3 786	3 474	3 603	4 088	3 791	4 024	896	777
75～79	2 997	2 954	3 426	3 152	3 285	3 848	3 413	3 690	965	829
80～84	1 828	1 901	2 236	1 972	2 157	2 389	2 239	2 436	826	712
85～89	644	688	860	801	849	987	945	1 073	372	341
90歳～	96	140	157	150	212	225	223	256	121	94
不詳 Not Stated	1	-	-	-	-	1	1	3	5	1
女　Female	15 135	15 381	16 310	15 320	15 851	17 693	16 340	17 356	4 744	3 743
0～4歳 Years	53	38	32	23	35	31	26	20	19	16
5～9	31	20	7	11	9	6	10	5	4	6
10～14	55	29	37	21	20	21	15	14	10	3
15～19	72	71	51	60	37	36	37	33	15	12
20～24	122	113	87	95	61	67	50	39	30	26
25～29	153	151	142	124	112	89	74	93	30	23
30～34	205	181	158	144	114	113	112	109	34	40
35～39	218	202	218	177	193	172	160	146	58	52
40～44	289	248	245	239	250	275	222	218	73	60
45～49	390	408	457	358	406	422	339	339	100	83
50～54	640	611	630	529	609	605	550	574	140	103
55～59	943	907	851	845	875	944	907	978	183	161
60～64	1 405	1 371	1 394	1 345	1 431	1 493	1 412	1 354	227	206
65～69	1 791	1 790	1 999	1 922	1 970	2 210	2 051	2 305	430	341
70～74	2 508	2 603	2 710	2 468	2 513	2 743	2 751	2 838	646	500
75～79	2 826	2 851	3 029	2 757	2 998	3 445	3 072	3 326	902	675
80～84	2 212	2 362	2 620	2 538	2 523	2 944	2 568	2 781	933	731
85～89	972	1 114	1 307	1 310	1 293	1 604	1 501	1 613	635	486
90歳～	250	311	336	354	402	473	482	571	272	218
不詳 Not Stated	-	-	-	-	-	-	1	-	3	1

注：1）昭和26～29年の「80～84」は、「80歳以上」、昭和31～34年、36～39年、41～44年、46～49年、51～54年の「85～89歳」は「85歳以上」である。
　　2）年齢調整死亡率の基準人口は、昭和60年モデル人口である。

（人口10万対），病類（簡単分類）・性・年齢（5歳階級）別　-昭和25年～平成16年-
age-adjusted death rates (per 100,000 population) from heart diseases, by disease type to 2004

粗死亡率（人口10万対）　Crude death rates (per 100,000 population)

性・年齢階級 Sex/age group	昭和35年 1960	36年 1961	37年 1962	38年 1963	39年 1964	40年 1965	41年 1966	42年 1967	43年 1968	44年 1969
総数 Total	37.7	37.3	39.9	37.0	38.0	41.8	38.8	40.8	9.8	8.2
0～4歳 Years	1.3	1.0	1.0	0.8	0.9	0.8	0.6	0.6	0.5	0.5
5～9	0.7	0.4	0.3	0.3	0.3	0.3	0.2	0.2	0.1	0.1
10～14	0.9	0.6	0.7	0.6	0.5	0.5	0.4	0.3	0.3	0.2
15～19	1.7	1.8	1.1	1.2	0.8	0.7	0.8	0.8	0.4	0.3
20～24	3.1	2.9	2.5	2.0	1.7	1.8	1.6	1.4	0.7	0.6
25～29	4.2	4.1	4.0	3.5	3.2	2.6	2.2	2.6	0.9	0.7
30～34	6.1	5.6	5.1	5.0	4.8	4.4	4.0	4.1	1.0	1.3
35～39	8.3	8.0	8.1	7.5	7.2	7.7	6.9	6.1	1.9	1.5
40～44	13.9	12.3	12.4	12.0	11.4	11.7	10.8	10.7	2.3	2.2
45～49	22.7	22.1	22.7	20.6	22.4	21.6	19.2	19.9	3.9	3.3
50～54	43.8	40.2	41.0	36.7	38.1	38.2	37.1	35.1	5.7	6.7
55～59	78.7	75.7	74.5	69.7	70.3	72.8	68.8	71.3	10.0	8.9
60～64	134.7	126.8	128.3	122.0	124.0	132.8	126.6	124.8	18.5	15.4
65～69	225.9	213.8	230.0	209.7	209.5	230.7	209.7	217.9	39.3	31.7
70～74	388.3	375.9	391.6	356.9	360.6	391.6	357.7	363.5	78.1	62.8
75～79	609.9	602.2	656.0	586.8	591.6	665.5	575.9	604.3	157.2	123.4
80～84	836.6	857.7	955.9	875.7	889.7	1 009.8	905.3	943.4	304.9	233.9
85～89	1 037.1	1 083.2	1 231.5	1 157.1	1 143.6	1 301.0	1 193.6	1 277.5	496.5	388.7
90歳～	1 075.0	…	…	…	…	1 375.0	…	…	…	…
男 Male	43.7	42.8	46.4	43.0	44.1	48.5	45.5	47.6	10.4	9.0
0～4歳 Years	1.2	1.0	1.2	1.0	0.9	0.9	0.5	0.8	0.6	0.6
5～9	0.7	0.3	0.4	0.3	0.3	0.4	0.2	0.3	0.0	0.0
10～14	0.7	0.6	0.6	0.7	0.5	0.5	0.5	0.3	0.4	0.3
15～19	1.9	2.0	1.2	1.2	0.9	0.8	1.0	1.0	0.5	0.4
20～24	3.2	3.1	2.9	1.8	2.0	2.2	2.0	1.9	0.8	0.7
25～29	4.6	4.5	4.7	4.0	3.7	3.0	2.7	3.2	1.0	1.0
30～34	6.8	6.5	6.2	6.4	6.8	6.1	5.4	5.7	1.2	1.5
35～39	10.2	10.3	10.1	10.3	9.2	10.8	9.6	8.5	2.3	1.6
40～44	18.0	16.6	17.3	17.2	15.7	15.6	15.6	15.4	2.6	2.8
45～49	31.1	29.3	28.7	28.7	30.4	28.7	27.7	29.9	4.5	4.1
50～54	58.9	54.5	56.7	53.2	53.1	54.0	54.9	49.6	6.0	6.7
55～59	106.8	102.8	103.9	96.5	98.8	102.1	98.5	102.2	12.3	11.4
60～64	177.0	167.2	173.9	165.6	166.6	181.5	173.6	176.2	24.8	20.4
65～69	300.8	285.3	304.2	274.5	274.6	303.6	279.5	284.3	51.4	42.5
70～74	513.9	478.9	508.2	466.3	472.8	518.1	459.0	471.2	100.3	84.5
75～79	795.6	759.4	856.5	772.5	755.2	851.6	732.4	764.0	195.3	162.9
80～84	1 080.7	1 080.1	1 249.2	1 083.5	1 159.7	1 277.9	1 178.4	1 224.1	391.5	312.3
85～89	1 336.3	1 452.6	1 723.7	1 440.9	1 494.4	1 641.5	1 478.5	1 620.7	594.0	505.8
90歳～	1 162.2	…	…	…	…	1 639.0	…	…	…	…
年齢調整死亡率 （人口10万対） Age-adjusted death rate (per 100,000 population)	87.0	84.4	92.1	83.1	84.3	91.8	83.8	86.5	20.5	17.2
女 Female	31.8	32.1	33.7	31.3	32.1	35.4	32.4	34.2	9.2	7.2
0～4歳 Years	1.4	1.0	0.8	0.6	0.9	0.8	0.7	0.5	0.5	0.4
5～9	0.7	0.5	0.2	0.3	0.2	0.2	0.3	0.1	0.1	0.2
10～14	1.0	0.5	0.7	0.4	0.4	0.5	0.3	0.3	0.3	0.1
15～19	1.6	1.6	1.1	1.2	0.7	0.7	0.7	0.6	0.3	0.3
20～24	2.9	2.6	2.0	2.1	1.3	1.5	1.2	0.9	0.6	0.5
25～29	3.7	3.6	3.4	3.0	2.7	2.1	1.7	2.1	0.7	0.5
30～34	5.4	4.7	4.0	3.6	2.8	2.7	2.7	2.6	0.8	1.0
35～39	6.7	5.9	6.2	4.9	5.2	4.6	4.2	3.8	1.5	1.3
40～44	10.5	8.8	8.5	7.9	7.9	8.5	6.6	6.3	2.1	1.7
45～49	15.2	15.7	17.5	13.7	15.7	15.6	12.3	12.0	3.4	2.7
50～54	29.6	26.9	26.8	22.0	24.8	24.3	21.7	22.6	5.5	4.1
55～59	51.3	49.4	45.9	44.2	43.7	45.6	41.6	43.8	8.0	6.8
60～64	94.0	87.8	85.0	80.6	83.8	86.8	82.3	76.9	12.6	10.9
65～69	158.0	149.7	163.2	151.1	150.6	164.5	146.6	158.1	28.5	22.0
70～74	288.2	292.1	296.5	268.3	269.3	287.1	274.6	274.5	59.8	45.0
75～79	489.0	495.8	517.8	460.3	477.4	534.9	465.5	490.6	130.0	95.1
80～84	705.0	735.8	798.9	762.2	739.9	862.9	750.9	787.8	255.6	187.9
85～89	903.2	943.7	1 046.5	1 033.5	997.1	1 153.7	1 071.9	1 131.6	455.8	341.7
90歳～	1 044.8	…	…	…	…	1 277.1	…	…	…	…
年齢調整死亡率 （人口10万対） Age-adjusted death rate (per 100,000 population)	51.1	50.7	52.8	48.7	48.9	53.9	48.4	50.0	13.5	10.2

Notes: 1) The categories of "80 - 84" in 1951 - 1954 represent the population aged 80 or over, and those of "85 - 89" in 1956 - 1959, 1961 - 1964, 1966 - 1969, 1971 - 1974, and 1976 - 1979 represent the population aged 85 or over.
2) The base population for age-adjusted death rates is the model population of 1985.

第4表（54-51）

第4表　心疾患死亡数・粗死亡率（人口10万対）・年齢調整死亡率
Statistics 4　Numbers of deaths, crude death rates (per 100,000 population), and (large categories), sex and age group (by 5-year age scale): From 1950

その他の心疾患　Other heart diseases
死亡数　Number of deaths

性・年齢階級 Sex/age group	昭和45年 1970	46年 1971	47年 1972	48年 1973	49年 1974	50年 1975	51年 1976	52年 1977	53年 1978	54年 1979
総　数　Total	8 571	7 129	6 563	6 470	6 348	6 002	5 662	5 514	5 435	5 553
0〜4歳 Years	28	32	35	31	37	28	20	23	22	53
5〜9	14	12	7	5	10	10	14	9	10	15
10〜14	24	15	12	18	14	8	10	8	11	15
15〜19	35	16	24	31	29	18	23	12	22	42
20〜24	67	56	49	59	46	39	34	34	28	48
25〜29	75	78	60	52	55	48	64	46	44	77
30〜34	98	71	83	66	90	78	59	54	53	84
35〜39	136	107	115	112	82	93	64	76	63	126
40〜44	155	131	128	128	111	113	127	114	101	152
45〜49	188	135	165	175	190	138	140	138	142	206
50〜54	214	180	183	207	172	175	141	156	165	251
55〜59	403	304	269	266	245	223	203	215	242	268
60〜64	564	485	449	388	405	381	339	335	277	356
65〜69	961	771	613	655	640	601	574	550	512	507
70〜74	1 335	1 124	1 003	911	943	883	767	771	707	765
75〜79	1 567	1 316	1 212	1 192	1 156	1 082	1 040	1 000	1 027	938
80〜84	1 523	1 275	1 153	1 152	1 028	1 046	1 020	983	1 013	932
85〜89	840	723	725	717	741	721	679	678	686	514
90歳〜	340	296	277	304	349	311	338	310	310	200
不　詳 Not Stated	4	2	1	1	5	6	6	2	-	4
男　Male	4 539	3 851	3 469	3 463	3 298	3 120	2 967	2 863	2 836	2 945
0〜4歳 Years	16	19	22	21	23	17	10	9	12	30
5〜9	9	7	5	3	4	6	9	4	6	9
10〜14	11	11	7	12	7	5	3	2	7	9
15〜19	19	10	13	20	17	11	11	7	17	21
20〜24	36	42	33	37	33	26	18	24	20	35
25〜29	51	45	38	28	35	27	41	31	26	60
30〜34	59	49	54	44	65	56	42	37	30	60
35〜39	81	65	72	76	55	57	44	43	36	89
40〜44	102	85	84	86	75	72	85	71	73	110
45〜49	117	77	104	97	120	90	90	86	95	137
50〜54	119	101	104	124	98	100	81	103	104	174
55〜59	221	180	161	155	132	132	116	123	146	171
60〜64	358	307	251	237	230	211	199	191	171	205
65〜69	587	466	374	392	377	342	355	310	298	297
70〜74	756	694	578	540	551	534	439	446	402	400
75〜79	882	708	621	678	603	555	563	537	543	480
80〜84	677	576	595	547	459	494	486	459	472	400
85〜89	340	300	273	265	288	272	263	282	285	195
90歳〜	95	107	79	100	121	107	106	96	93	60
不　詳 Not Stated	3	2	1	1	5	6	6	2	-	3
女　Female	4 032	3 278	3 094	3 007	3 050	2 882	2 695	2 651	2 599	2 608
0〜4歳 Years	12	13	13	10	14	11	10	14	10	23
5〜9	5	5	2	2	6	4	5	5	4	6
10〜14	13	4	5	6	7	3	7	6	4	6
15〜19	16	6	11	11	12	7	12	5	5	21
20〜24	31	14	16	22	13	13	16	10	8	13
25〜29	24	33	22	24	20	21	23	15	18	17
30〜34	39	22	29	22	25	22	17	17	23	24
35〜39	55	42	43	36	27	36	20	33	27	37
40〜44	53	46	44	42	36	41	42	43	28	42
45〜49	71	58	61	78	70	48	50	52	47	69
50〜54	95	79	79	83	74	75	60	53	61	77
55〜59	182	124	108	111	113	91	87	92	96	97
60〜64	206	178	198	151	175	170	140	144	106	151
65〜69	374	305	239	263	263	259	219	240	214	210
70〜74	579	430	425	371	392	349	328	325	305	365
75〜79	685	608	591	514	553	527	477	463	484	458
80〜84	846	699	558	605	569	552	534	524	541	532
85〜89	500	423	452	452	453	449	416	396	401	319
90歳〜	245	189	198	204	228	204	232	214	217	140
不　詳 Not Stated	1	-	-	-	-	-	-	-	-	1

注：1）昭和26〜29年の「80〜84」は、「80歳以上」、昭和31〜34年、36〜39年、41〜44年、46〜49年、51〜54年の「85〜89歳」は「85歳以上」である。
　　2）年齢調整死亡率の基準人口は、昭和60年モデル人口である。

(人口10万対), 病類（簡単分類）・性・年齢（5歳階級）別　－昭和25年～平成16年－
age-adjusted death rates (per 100,000 population) from heart diseases, by disease type to 2004

粗死亡率（人口10万対）　Crude death rates (per 100,000 population)

性・年齢階級 Sex/age group	昭和45年 1970	46年 1971	47年 1972	48年 1973	49年 1974	50年 1975	51年 1976	52年 1977	53年 1978	54年 1979
総数 Total	8.3	6.8	6.2	6.0	5.8	5.4	5.0	4.9	4.7	4.8
0～4歳 Years	0.3	0.3	0.4	0.3	0.4	0.3	0.2	0.2	0.2	0.6
5～9	0.2	0.2	0.1	0.1	0.1	0.1	0.1	0.1	0.1	0.2
10～14	0.3	0.2	0.2	0.2	0.2	0.1	0.1	0.1	0.1	0.2
15～19	0.4	0.2	0.3	0.4	0.4	0.2	0.3	0.2	0.3	0.5
20～24	0.6	0.5	0.5	0.6	0.5	0.4	0.4	0.4	0.4	0.6
25～29	0.8	0.9	0.7	0.5	0.6	0.4	0.6	0.4	0.4	0.8
30～34	1.2	0.8	1.0	0.7	1.0	0.8	0.7	0.6	0.6	0.8
35～39	1.7	1.3	1.4	1.3	1.0	1.1	0.7	0.9	0.7	1.3
40～44	2.1	1.8	1.7	1.6	1.4	1.4	1.5	1.4	1.2	1.8
45～49	3.2	2.2	2.5	2.6	2.7	1.9	1.9	1.8	1.8	2.6
50～54	4.5	3.7	3.7	4.0	3.1	3.0	2.3	2.4	2.4	3.6
55～59	9.2	6.8	6.0	5.9	5.5	4.8	4.3	4.4	4.8	5.0
60～64	15.2	12.5	11.3	9.5	9.7	8.9	7.8	7.7	6.4	8.3
65～69	32.3	26.1	20.2	20.9	19.6	17.5	15.9	14.8	13.5	13.0
70～74	62.7	50.4	43.0	37.4	37.8	34.4	30.1	29.0	25.8	26.6
75～79	123.8	97.1	86.9	80.3	75.2	66.1	60.5	55.0	54.1	47.6
80～84	234.9	188.3	164.5	157.2	135.8	129.6	119.3	107.8	103.7	90.5
85～89	366.3	326.6	311.2	295.1	296.2	233.7	246.2	229.2	216.5	143.4
90歳～	517.0	…	…	…	…	381.2	…	…	…	…
男 Male	9.0	7.5	6.7	6.5	6.1	5.7	5.4	5.1	5.0	5.2
0～4歳 Years	0.4	0.4	0.5	0.4	0.4	0.3	0.2	0.2	0.3	0.7
5～9	0.2	0.2	0.1	0.1	0.1	0.1	0.2	0.1	0.1	0.2
10～14	0.3	0.3	0.2	0.3	0.2	0.1	0.1	0.0	0.2	0.2
15～19	0.4	0.2	0.3	0.5	0.4	0.3	0.3	0.2	0.4	0.5
20～24	0.7	0.8	0.6	0.7	0.7	0.6	0.4	0.6	0.5	0.9
25～29	1.1	1.1	0.9	0.6	0.7	0.5	0.7	0.6	0.5	1.3
30～34	1.4	1.2	1.3	1.0	1.4	1.2	1.0	0.8	0.6	1.2
35～39	2.0	1.6	1.7	1.8	1.3	1.4	1.0	1.0	0.8	1.9
40～44	2.8	2.3	2.2	2.2	1.9	1.8	2.0	1.7	1.7	2.7
45～49	4.4	2.7	3.4	2.9	3.4	2.5	2.4	2.2	2.4	3.4
50～54	5.6	4.7	4.8	5.4	4.0	3.9	2.8	3.4	3.2	5.1
55～59	10.9	8.8	7.9	7.6	6.6	6.4	5.7	5.8	6.7	7.3
60～64	20.5	17.1	13.7	12.7	12.2	11.0	10.3	9.8	8.9	10.8
65～69	42.1	33.6	26.4	27.0	25.1	21.9	21.8	18.7	17.6	17.2
70～74	78.9	69.3	55.3	49.6	49.4	46.7	38.9	37.7	33.1	31.7
75～79	166.2	124.4	106.2	109.0	93.5	80.9	77.4	70.5	68.2	58.2
80～84	281.0	226.8	226.2	198.9	160.4	160.8	147.7	131.9	126.2	101.3
85～89	475.9	428.4	359.2	341.1	355.7	270.0	283.8	273.9	255.4	158.4
90歳～	543.7	…	…	…	…	493.8	…	…	…	…
年齢調整死亡率 （人口10万対） Age-adjusted death rate (per 100,000 population)	16.6	13.6	11.9	11.3	10.4	9.5	8.7	8.1	7.7	7.1
女 Female	7.7	6.2	5.7	5.5	5.5	5.1	4.7	4.6	4.5	4.4
0～4歳 Years	0.3	0.3	0.3	0.2	0.3	0.2	0.2	0.3	0.2	0.5
5～9	0.1	0.1	0.0	0.0	0.1	0.1	0.1	0.1	0.1	0.1
10～14	0.3	0.1	0.1	0.2	0.2	0.1	0.2	0.1	0.1	0.1
15～19	0.4	0.1	0.3	0.3	0.3	0.2	0.3	0.1	0.1	0.5
20～24	0.6	0.3	0.3	0.4	0.3	0.3	0.4	0.2	0.2	0.3
25～29	0.5	0.8	0.5	0.5	0.4	0.4	0.4	0.3	0.4	0.4
30～34	0.9	0.5	0.7	0.5	0.5	0.5	0.4	0.4	0.5	0.5
35～39	1.4	1.0	1.0	0.9	0.7	0.9	0.5	0.8	0.6	0.8
40～44	1.4	1.2	1.2	1.1	0.9	1.0	1.0	1.0	0.7	1.0
45～49	2.2	1.8	1.8	2.2	2.0	1.3	1.3	1.4	1.2	1.7
50～54	3.6	2.9	2.8	2.8	2.4	2.4	1.8	1.6	1.8	2.2
55～59	7.7	5.1	4.4	4.5	4.6	3.5	3.3	3.3	3.3	3.2
60～64	10.5	8.6	9.2	6.8	7.7	7.3	5.9	6.0	4.4	6.3
65～69	23.7	19.4	14.7	15.6	14.9	13.8	11.0	11.7	10.1	9.6
70～74	49.5	35.0	33.1	27.6	28.4	24.5	23.1	21.9	19.9	22.6
75～79	93.2	77.3	73.1	59.6	61.9	55.4	48.1	43.8	43.8	40.0
80～84	207.6	165.2	127.4	132.1	120.6	110.4	101.7	92.9	89.7	83.8
85～89	316.7	282.0	290.2	274.5	269.2	216.1	229.0	207.5	198.1	136.6
90歳～	507.3	…	…	…	…	340.5	…	…	…	…
年齢調整死亡率 （人口10万対） Age-adjusted death rate (per 100,000 population)	10.7	8.4	7.7	7.1	7.0	6.3	5.7	5.3	5.0	4.7

Notes: 1) The categories of "80 - 84" in 1951 - 1954 represent the population aged 80 or over, and those of "85 - 89" in 1956 - 1959, 1961 - 1964, 1966 - 1969, 1971 - 1974, and 1976 - 1979 represent the population aged 85 or over.
2) The base population for age-adjusted death rates is the model population of 1985.

第4表 (54-52)

第4表　心疾患死亡数・粗死亡率（人口10万対）・年齢調整死亡率
Statistics 4　Numbers of deaths, crude death rates (per 100,000 population), and (large categories), sex and age group (by 5-year age scale): From 1950

その他の心疾患　Other heart diseases
死亡数　Number of deaths

性・年齢階級 Sex/age group	昭和55年 1980	56年 1981	57年 1982	58年 1983	59年 1984	60年 1985	61年 1986	62年 1987	63年 1988	平成元年 1989
総数 Total	5 770	5 661	5 514	5 073	4 882	4 711	4 501	4 219	4 432	3 843
0～4歳 Years	41	61	63	58	55	45	47	45	44	42
5～9	20	12	20	20	11	15	11	16	16	12
10～14	20	20	18	13	18	12	17	25	17	18
15～19	30	27	34	34	20	20	25	22	27	32
20～24	41	40	43	32	37	37	35	35	36	34
25～29	76	75	71	47	60	49	48	44	43	39
30～34	76	107	96	100	68	66	61	56	51	40
35～39	115	119	86	83	85	84	92	100	84	66
40～44	154	130	126	106	129	128	107	100	113	105
45～49	238	208	175	167	157	156	161	122	134	117
50～54	257	221	224	227	216	214	200	185	180	153
55～59	287	280	305	294	260	263	255	212	243	211
60～64	384	358	333	278	299	283	287	279	322	261
65～69	550	493	480	434	406	407	361	341	322	298
70～74	761	793	725	637	565	580	535	467	517	436
75～79	1 018	974	955	826	777	793	678	673	700	587
80～84	949	927	915	889	844	783	730	675	697	608
85～89	544	581	592	576	595	522	583	551	593	503
90歳～	208	233	249	247	279	254	263	263	288	276
不詳 Not Stated	1	2	4	5	1	-	5	8	5	5
男 Male	3 185	3 109	2 916	2 635	2 545	2 499	2 402	2 224	2 322	1 991
0～4歳 Years	25	27	31	26	32	29	24	13	26	24
5～9	12	9	12	10	5	9	6	9	7	3
10～14	11	15	7	7	12	6	7	12	9	8
15～19	26	15	17	24	13	14	14	14	20	19
20～24	33	28	30	18	23	27	22	21	26	16
25～29	47	54	45	34	39	33	27	21	29	26
30～34	52	78	61	63	46	41	42	37	29	25
35～39	86	81	56	54	58	59	62	65	55	44
40～44	108	96	85	63	86	83	68	68	73	61
45～49	160	133	133	121	104	102	100	76	77	69
50～54	175	137	152	148	158	145	149	120	124	97
55～59	187	196	188	198	166	165	165	142	164	122
60～64	219	216	199	175	177	154	186	159	191	165
65～69	321	300	264	246	216	231	202	186	173	162
70～74	414	434	406	345	311	319	301	260	281	227
75～79	541	526	488	416	408	412	352	344	358	318
80～84	457	437	424	397	381	381	338	351	321	294
85～89	240	239	225	221	237	208	236	227	262	212
90歳～	70	86	89	66	72	81	96	91	92	95
不詳 Not Stated	1	2	4	3	1	-	5	8	5	4
女 Female	2 585	2 552	2 598	2 438	2 337	2 212	2 099	1 995	2 110	1 852
0～4歳 Years	16	34	32	32	23	16	23	32	18	18
5～9	8	3	8	10	6	6	5	7	9	9
10～14	9	5	11	6	6	6	10	13	8	10
15～19	4	12	17	10	7	6	11	8	7	13
20～24	8	12	13	14	14	10	13	14	10	18
25～29	29	21	26	13	21	16	21	23	14	13
30～34	24	29	35	37	22	25	19	19	22	15
35～39	29	38	30	29	27	25	30	35	29	22
40～44	46	34	41	43	43	45	39	32	40	44
45～49	78	75	42	46	53	54	61	46	57	48
50～54	82	84	72	79	58	69	51	65	56	56
55～59	100	84	117	96	94	98	90	70	79	89
60～64	165	142	134	103	122	129	101	120	131	96
65～69	229	193	216	188	190	176	159	155	149	136
70～74	347	359	319	292	254	261	234	207	236	209
75～79	477	448	467	410	369	381	326	329	342	269
80～84	492	490	491	492	463	402	392	324	376	314
85～89	304	342	367	355	358	314	347	324	331	291
90歳～	138	147	160	181	207	173	167	172	196	181
不詳 Not Stated	-	-	-	2	-	-	-	-	-	1

注：1）昭和26～29年の「80～84」は、「80歳以上」、昭和31～34年、36～39年、41～44年、46～49年、51～54年の「85～89歳」は「85歳以上」である。
　　2）年齢調整死亡率の基準人口は、昭和60年モデル人口である。

(人口10万対), 病類（簡単分類）・性・年齢（5歳階級）別 －昭和25年～平成16年－
age-adjusted death rates (per 100,000 population) from heart diseases, by disease type
to 2004

粗死亡率（人口10万対） Crude death rates (per 100,000 population)

性・年齢階級 Sex/age group	昭和55年 1980	56年 1981	57年 1982	58年 1983	59年 1984	60年 1985	61年 1986	62年 1987	63年 1988	平成元年 1989
総数 Total	5.0	4.8	4.7	4.3	4.1	3.9	3.7	3.5	3.6	3.1
0～4歳 Years	0.5	0.7	0.8	0.8	0.7	0.6	0.6	0.6	0.6	0.6
5～9	0.2	0.1	0.2	0.2	0.1	0.2	0.1	0.2	0.2	0.2
10～14	0.2	0.2	0.2	0.1	0.2	0.1	0.2	0.3	0.2	0.2
15～19	0.4	0.3	0.4	0.4	0.2	0.2	0.3	0.2	0.3	0.3
20～24	0.5	0.5	0.5	0.4	0.5	0.5	0.4	0.4	0.4	0.4
25～29	0.8	0.9	0.9	0.6	0.8	0.6	0.6	0.6	0.6	0.5
30～34	0.7	0.9	0.9	1.0	0.7	0.7	0.7	0.7	0.6	0.5
35～39	1.3	1.4	0.9	0.9	0.8	0.8	0.8	0.9	0.8	0.7
40～44	1.9	1.5	1.5	1.2	1.4	1.4	1.2	1.1	1.2	1.0
45～49	3.0	2.5	2.1	2.0	1.9	1.9	1.9	1.4	1.5	1.3
50～54	3.6	3.0	3.0	3.0	2.8	2.7	2.5	2.3	2.2	1.9
55～59	5.1	4.7	4.9	4.5	3.8	3.8	3.6	2.9	3.3	2.8
60～64	8.6	7.9	7.1	5.7	5.8	5.3	5.0	4.6	5.1	4.0
65～69	13.9	12.3	11.9	10.7	10.1	9.8	8.5	7.7	7.0	6.1
70～74	25.3	25.0	22.1	18.9	16.3	16.3	14.8	12.8	14.1	12.0
75～79	50.1	47.5	44.7	37.2	33.2	31.9	25.8	24.6	24.6	20.0
80～84	87.0	79.6	73.7	67.8	61.7	54.8	50.1	43.8	43.1	35.2
85～89	132.9	131.4	124.1	111.4	108.2	86.7	89.3	77.8	78.3	63.1
90歳～	174.6	184.9	179.1	163.6	168.1	140.0	131.5	117.9	116.6	102.6
男 Male	5.6	5.4	5.0	4.5	4.3	4.2	4.0	3.7	3.9	3.3
0～4歳 Years	0.6	0.6	0.8	0.7	0.8	0.8	0.6	0.4	0.7	0.7
5～9	0.2	0.2	0.2	0.2	0.1	0.2	0.1	0.2	0.2	0.1
10～14	0.2	0.3	0.1	0.1	0.2	0.1	0.1	0.2	0.2	0.2
15～19	0.6	0.4	0.4	0.5	0.3	0.3	0.3	0.3	0.4	0.4
20～24	0.8	0.7	0.8	0.4	0.7	0.7	0.5	0.5	0.6	0.4
25～29	1.0	1.3	1.1	0.9	1.0	0.8	0.7	0.5	0.7	0.7
30～34	1.0	1.4	1.1	1.2	1.0	0.9	1.0	0.9	0.7	0.6
35～39	1.9	1.9	1.2	1.1	1.1	1.1	1.1	1.2	1.1	0.9
40～44	2.6	2.3	2.0	1.4	1.9	1.8	1.6	1.5	1.5	1.2
45～49	4.0	3.3	3.2	2.9	2.6	2.5	2.4	1.8	1.8	1.5
50～54	5.0	3.8	4.1	3.9	4.1	3.7	3.7	3.0	3.1	2.4
55～59	7.5	7.2	6.4	6.3	5.0	4.9	4.7	4.0	4.5	3.3
60～64	11.3	11.1	10.0	8.5	8.0	7.5	7.2	5.7	6.4	5.3
65～69	18.5	17.1	15.0	14.0	12.5	13.0	11.3	10.2	9.1	7.9
70～74	31.6	31.7	28.9	24.0	21.1	21.3	19.8	17.0	18.4	15.1
75～79	64.0	61.6	55.0	45.3	42.4	40.6	33.1	31.3	31.6	27.2
80～84	109.7	98.2	89.6	79.4	73.4	70.5	61.5	60.4	52.8	45.7
85～89	173.3	159.3	138.9	125.6	127.4	102.5	107.8	95.8	103.6	80.0
90歳～	211.1	245.7	228.2	153.5	153.2	154.1	168.4	142.2	131.4	125.0
年齢調整死亡率 （人口10万対） Age-adjusted death rate (per 100,000 population)	7.6	7.2	6.5	5.6	5.3	5.0	4.6	4.1	4.2	3.5
女 Female	4.4	4.3	4.3	4.0	3.8	3.6	3.4	3.2	3.4	3.0
0～4歳 Years	0.4	0.9	0.8	0.9	0.6	0.4	0.6	0.9	0.5	0.6
5～9	0.2	0.1	0.2	0.2	0.1	0.1	0.1	0.2	0.2	0.2
10～14	0.2	0.1	0.2	0.1	0.1	0.1	0.2	0.3	0.2	0.2
15～19	0.1	0.3	0.4	0.2	0.2	0.1	0.2	0.2	0.1	0.3
20～24	0.2	0.3	0.3	0.4	0.4	0.3	0.3	0.3	0.2	0.4
25～29	0.6	0.5	0.6	0.3	0.5	0.4	0.6	0.6	0.4	0.3
30～34	0.5	0.5	0.6	0.7	0.5	0.6	0.4	0.5	0.6	0.4
35～39	0.6	0.9	0.7	0.6	0.5	0.5	0.5	0.6	0.6	0.5
40～44	1.1	0.8	0.9	1.0	0.9	1.0	0.9	0.7	0.8	0.9
45～49	1.9	1.8	1.0	1.1	1.3	1.3	1.5	1.1	1.3	1.0
50～54	2.3	2.3	1.9	2.0	1.5	1.7	1.3	1.6	1.4	1.4
55～59	3.2	2.6	3.5	2.8	2.7	2.7	2.5	1.9	2.1	2.3
60～64	6.6	5.5	5.0	3.7	4.2	4.3	3.2	3.7	3.9	2.8
65～69	10.3	8.5	9.5	8.2	8.3	7.3	6.4	6.0	5.5	4.8
70～74	20.4	19.9	17.0	15.1	12.7	12.7	11.1	9.7	11.0	9.8
75～79	40.3	37.4	37.4	31.5	26.7	25.9	20.8	20.0	20.0	15.2
80～84	72.9	68.1	63.9	60.6	54.7	45.2	43.3	33.8	37.3	29.0
85～89	112.3	116.7	116.5	103.8	98.4	78.6	80.0	68.8	65.7	54.7
90歳～	160.6	161.5	160.0	166.1	175.4	134.3	117.6	108.2	110.7	93.8
年齢調整死亡率 （人口10万対） Age-adjusted death rate (per 100,000 population)	4.5	4.3	4.2	3.7	5.2	3.1	2.8	2.6	2.6	2.2

Notes: 1) The categories of "80 - 84" in 1951 - 1954 represent the population aged 80 or over, and those of "85 - 89" in 1956 - 1959, 1961 - 1964, 1966 - 1969, 1971 - 1974, and 1976 - 1979 represent the population aged 85 or over.
2) The base population for age-adjusted death rates is the model population of 1985.

第4表 (54-53)

第4表　心疾患死亡数・粗死亡率（人口10万対）・年齢調整死亡率
Statistics 4　Numbers of deaths, crude death rates (per 100,000 population), and (large categories), sex and age group (by 5-year age scale): From 1950

その他の心疾患　Other heart diseases
死亡数　Number of deaths

性・年齢階級 Sex/age group	平成2年 1990	3年 1991	4年 1992	5年 1993	6年 1994	7年 1995	8年 1996	9年 1997	10年 1998	11年 1999
総数　Total	3 955	3 905	3 749	3 904	4 243	3 046	2 869	2 845	2 960	3 188
0〜4歳 Years	36	48	51	63	65	106	95	101	103	86
5〜9	9	15	14	14	13	17	16	16	8	20
10〜14	21	17	17	23	16	25	17	22	17	16
15〜19	24	22	30	24	30	31	24	24	22	23
20〜24	32	34	28	37	42	34	26	24	32	26
25〜29	37	41	46	42	37	38	38	39	45	37
30〜34	50	47	58	48	52	43	42	34	38	30
35〜39	65	62	51	54	69	53	54	43	37	46
40〜44	132	110	98	98	97	58	46	52	53	62
45〜49	127	113	118	113	140	113	113	103	115	95
50〜54	142	141	164	152	178	120	113	114	129	142
55〜59	238	235	226	218	230	168	142	146	154	170
60〜64	290	281	259	298	295	214	207	219	204	246
65〜69	337	319	324	374	383	230	239	249	308	283
70〜74	379	384	398	407	489	281	255	311	332	370
75〜79	555	560	537	542	573	361	325	317	339	398
80〜84	637	645	580	601	674	438	429	370	385	424
85〜89	537	516	441	497	559	439	418	399	389	383
90歳〜	306	314	306	297	301	273	269	260	249	330
不詳 Not Stated	1	1	3	2	-	4	1	2	1	1
男　Male	1 984	1 933	1 848	1 975	2 182	1 479	1 473	1 451	1 523	1 673
0〜4歳 Years	19	23	28	27	31	67	52	57	54	54
5〜9	3	6	5	6	7	9	9	7	7	8
10〜14	12	9	6	14	10	12	7	11	9	9
15〜19	11	10	15	18	17	19	14	15	8	10
20〜24	19	19	14	23	22	23	15	17	24	20
25〜29	20	20	23	27	19	22	25	28	30	29
30〜34	29	25	35	26	25	24	26	24	24	18
35〜39	44	42	35	34	45	35	38	21	26	27
40〜44	82	66	61	56	55	39	28	34	38	39
45〜49	80	72	70	67	98	68	75	67	83	52
50〜54	92	82	93	97	116	79	85	74	88	97
55〜59	146	136	138	130	149	99	91	99	104	120
60〜64	162	170	151	178	176	134	142	143	133	178
65〜69	193	169	189	208	248	135	138	153	182	173
70〜74	191	196	200	199	240	143	133	163	175	233
75〜79	260	280	262	263	274	151	150	152	158	179
80〜84	291	307	256	281	314	176	186	157	168	179
85〜89	232	204	162	222	234	153	156	147	142	138
90歳〜	97	96	102	97	102	87	102	80	69	109
不詳 Not Stated	1	1	3	2	-	4	1	2	1	1
女　Female	1 971	1 972	1 901	1 929	2 061	1 567	1 396	1 394	1 437	1 515
0〜4歳 Years	17	25	23	36	34	39	43	44	49	32
5〜9	6	9	9	8	6	8	7	9	1	12
10〜14	9	8	11	9	6	13	10	11	8	7
15〜19	13	12	15	6	13	12	10	9	14	13
20〜24	13	15	14	14	20	11	11	7	8	6
25〜29	17	21	23	15	18	16	13	11	15	8
30〜34	21	22	23	22	27	19	16	10	14	12
35〜39	21	20	16	20	24	18	16	22	11	19
40〜44	50	44	37	42	42	19	18	18	15	23
45〜49	47	41	48	46	42	45	38	36	32	43
50〜54	50	59	71	55	62	41	28	40	41	45
55〜59	92	99	88	88	81	69	51	47	50	50
60〜64	128	111	108	120	119	80	65	76	71	68
65〜69	144	150	135	166	135	95	101	96	126	110
70〜74	188	188	198	208	249	138	122	148	157	137
75〜79	295	280	275	279	299	210	175	165	181	219
80〜84	346	338	324	320	360	262	243	213	217	245
85〜89	305	312	279	275	325	286	262	252	247	245
90歳〜	209	218	204	200	199	186	167	180	180	221
不詳 Not Stated	-	-	-	-	-	-	-	-	-	-

注：1）昭和26〜29年の「80〜84」は、「80歳以上」、昭和31〜34年、36〜39年、41〜44年、46〜49年、51〜54年の「85〜89歳」は「85歳以上」である。
　　2）年齢調整死亡率の基準人口は、昭和60年モデル人口である。

（人口10万対），病類（簡単分類）・性・年齢（5歳階級）別 －昭和25年～平成16年－
age-adjusted death rates (per 100,000 population) from heart diseases, by disease type to 2004

粗死亡率（人口10万対） Crude death rates (per 100,000 population)

性・年齢階級 Sex/age group	平成2年 1990	3年 1991	4年 1992	5年 1993	6年 1994	7年 1995	8年 1996	9年 1997	10年 1998	11年 1999
総数 Total	3.2	3.2	3.0	3.2	3.4	2.5	2.3	2.3	2.4	2.5
0～4歳 Years	0.6	0.8	0.8	1.0	1.1	1.8	1.6	1.7	1.7	1.5
5～9	0.1	0.2	0.2	0.2	0.2	0.3	0.3	0.3	0.1	0.3
10～14	0.2	0.2	0.2	0.3	0.2	0.3	0.2	0.3	0.2	0.2
15～19	0.2	0.2	0.3	0.3	0.3	0.4	0.3	0.3	0.3	0.3
20～24	0.4	0.4	0.3	0.4	0.4	0.3	0.3	0.3	0.4	0.3
25～29	0.5	0.5	0.6	0.5	0.4	0.4	0.4	0.4	0.5	0.4
30～34	0.6	0.6	0.8	0.6	0.7	0.5	0.5	0.4	0.5	0.4
35～39	0.7	0.7	0.6	0.7	0.9	0.7	0.7	0.6	0.5	0.6
40～44	1.2	1.0	0.9	1.0	1.0	0.7	0.5	0.6	0.7	0.8
45～49	1.4	1.3	1.3	1.2	1.4	1.1	1.0	1.0	1.1	1.0
50～54	1.8	1.7	1.9	1.8	2.0	1.4	1.3	1.3	1.4	1.4
55～59	3.1	3.0	2.9	2.8	2.9	2.1	1.8	1.8	1.8	1.9
60～64	4.3	4.1	3.7	4.1	4.0	2.9	2.7	2.9	2.7	3.2
65～69	6.6	5.9	5.7	6.3	6.2	3.6	3.7	3.7	4.5	4.1
70～74	9.9	9.9	9.9	9.7	10.9	6.0	5.1	5.9	6.0	6.5
75～79	18.4	18.1	17.2	17.2	18.3	11.0	9.6	9.0	9.2	10.2
80～84	34.8	33.0	28.3	28.0	30.1	19.1	18.1	15.3	15.6	17.2
85～89	64.5	60.3	48.1	51.0	53.1	38.7	34.0	30.5	28.0	26.2
90歳～	105.8	97.5	86.2	76.3	72.0	61.8	56.9	49.5	42.8	51.8
男 Male	3.3	3.2	3.0	3.3	3.6	2.4	2.4	2.4	2.5	2.7
0～4歳 Years	0.6	0.7	0.9	0.9	1.0	2.2	1.7	1.9	1.8	1.8
5～9	0.1	0.2	0.1	0.2	0.2	0.3	0.3	0.2	0.2	0.3
10～14	0.3	0.2	0.1	0.4	0.3	0.3	0.2	0.3	0.3	0.3
15～19	0.2	0.2	0.3	0.3	0.4	0.4	0.3	0.4	0.2	0.3
20～24	0.4	0.4	0.3	0.5	0.4	0.5	0.3	0.4	0.5	0.4
25～29	0.5	0.5	0.6	0.6	0.4	0.5	0.5	0.6	0.6	0.6
30～34	0.7	0.6	0.9	0.7	0.6	0.6	0.7	0.6	0.6	0.4
35～39	1.0	1.0	0.9	0.9	1.1	0.9	1.0	0.5	0.7	0.7
40～44	1.5	1.2	1.1	1.1	1.2	0.9	0.7	0.8	1.0	1.0
45～49	1.8	1.7	1.6	1.4	2.0	1.3	1.3	1.2	1.6	1.1
50～54	2.3	2.0	2.2	2.3	2.6	1.8	2.0	1.7	1.9	2.0
55～59	3.9	3.5	3.6	3.4	3.9	2.5	2.3	2.4	2.5	2.8
60～64	5.0	5.1	4.4	5.1	5.0	3.7	3.9	3.9	3.6	4.8
65～69	8.8	7.1	7.3	7.6	8.6	4.5	4.5	4.9	5.7	5.3
70～74	12.3	12.5	12.4	11.8	13.3	7.4	6.3	7.2	7.2	9.1
75～79	21.7	22.9	21.3	21.3	22.5	12.0	11.8	11.6	11.5	12.1
80～84	42.9	42.9	34.3	36.3	38.9	21.4	21.9	18.3	19.3	20.8
85～89	84.1	72.3	54.0	70.0	69.0	42.4	40.4	36.0	33.0	30.6
90歳～	119.1	106.7	105.2	92.4	91.1	74.4	82.9	59.7	46.9	69.4
年齢調整死亡率 （人口10万対） Age-adjusted death rate (per 100,000 population)	3.3	3.2	2.9	3.0	3.3	2.2	2.1	2.0	2.1	2.2
女 Female	3.2	3.1	3.0	3.1	3.3	2.5	2.2	2.2	2.2	2.4
0～4歳 Years	0.5	0.8	0.8	1.2	1.2	1.3	1.5	1.5	1.7	1.1
5～9	0.2	0.3	0.3	0.2	0.2	0.3	0.2	0.3	0.0	0.4
10～14	0.2	0.2	0.3	0.2	0.2	0.4	0.3	0.3	0.2	0.2
15～19	0.3	0.3	0.3	0.1	0.3	0.3	0.3	0.2	0.4	0.4
20～24	0.3	0.3	0.3	0.3	0.4	0.2	0.2	0.2	0.2	0.1
25～29	0.4	0.5	0.6	0.4	0.4	0.4	0.3	0.2	0.3	0.2
30～34	0.5	0.6	0.6	0.6	0.7	0.5	0.4	0.3	0.3	0.3
35～39	0.5	0.5	0.4	0.5	0.6	0.5	0.4	0.6	0.3	0.5
40～44	0.9	0.8	0.7	0.8	0.8	0.4	0.4	0.4	0.4	0.6
45～49	1.0	1.0	1.1	1.0	0.8	0.9	0.7	0.7	0.6	0.9
50～54	1.2	1.4	1.7	1.3	1.4	0.9	0.7	0.9	0.9	0.9
55～59	2.3	2.5	2.2	2.2	2.0	1.7	1.2	1.1	1.2	1.1
60～64	3.7	3.1	3.0	3.2	3.2	2.1	1.7	1.9	1.8	1.7
65～69	5.0	5.0	4.3	5.2	4.1	2.8	2.9	2.7	3.5	3.0
70～74	8.3	8.1	8.2	8.2	9.3	5.0	4.3	5.0	5.1	4.3
75～79	16.2	15.0	14.5	14.6	15.6	10.4	8.4	7.5	7.9	9.0
80～84	30.0	27.3	24.8	23.4	25.2	17.8	15.9	13.7	13.6	15.3
85～89	54.8	54.4	45.3	41.9	45.5	37.0	31.2	28.0	25.8	24.2
90歳～	100.5	93.6	79.1	70.7	65.0	57.2	47.7	46.0	41.4	46.0
年齢調整死亡率 （人口10万対） Age-adjusted death rate (per 100,000 population)	2.3	2.2	2.1	2.1	2.1	1.6	1.3	1.3	1.3	1.3

Notes: 1) The categories of "80･84" in 1951 - 1954 represent the population aged 80 or over, and those of "85･89" in 1956 - 1959, 1961 - 1964, 1966 - 1969, 1971 - 1974, and 1976 - 1979 represent the population aged 85 or over.
2) The base population for age-adjusted death rates is the model population of 1985.

第4表　心疾患死亡数・粗死亡率（人口10万対）・年齢調整死亡率
Statistics 4　Numbers of deaths, crude death rates (per 100,000 population), and (large categories), sex and age group (by 5-year age scale): From 1950

その他の心疾患　Other heart diseases
死亡数　Number of deaths

性・年齢階級 Sex/age group	平成12年 2000	13年 2001	14年 2002	15年 2003	16年 2004
総　数　Total	3 181	3 328	3 341	3 633	3 717
0～4歳 Years	81	89	124	119	99
5～9	9	17	15	10	12
10～14	9	16	12	13	7
15～19	19	26	24	24	19
20～24	20	21	32	31	19
25～29	31	37	35	39	28
30～34	47	41	42	38	44
35～39	43	68	46	53	52
40～44	53	62	72	58	67
45～49	92	99	92	96	109
50～54	138	154	177	142	172
55～59	187	163	176	210	207
60～64	246	226	229	270	290
65～69	307	347	309	346	353
70～74	365	410	376	396	415
75～79	415	439	445	504	516
80～84	408	387	414	498	491
85～89	398	391	402	435	420
90歳～	313	332	318	351	394
不　詳　Not Stated	-	3	1	-	3
男　Male	1 695	1 730	1 811	1 931	2 039
0～4歳 Years	45	42	66	56	57
5～9	4	12	5	4	7
10～14	5	9	3	9	5
15～19	14	15	14	17	13
20～24	12	14	21	16	12
25～29	22	30	24	24	22
30～34	28	24	29	25	28
35～39	26	50	32	35	36
40～44	37	41	57	40	48
45～49	60	69	63	72	78
50～54	90	107	134	98	131
55～59	129	102	126	156	159
60～64	177	145	155	166	192
65～69	198	219	192	225	225
70～74	212	246	206	237	249
75～79	199	226	234	251	267
80～84	174	162	191	197	210
85～89	154	127	149	176	179
90歳～	109	88	109	127	118
不　詳　Not Stated	-	2	1	-	3
女　Female	1 486	1 598	1 530	1 702	1 678
0～4歳 Years	36	47	58	63	42
5～9	5	5	10	6	5
10～14	4	7	9	4	2
15～19	5	11	10	7	6
20～24	8	7	11	15	7
25～29	9	7	11	15	6
30～34	19	17	13	13	16
35～39	17	18	14	18	16
40～44	16	21	15	18	19
45～49	32	30	29	24	31
50～54	48	47	43	44	41
55～59	58	61	50	54	48
60～64	69	81	74	104	98
65～69	109	128	117	121	128
70～74	153	164	170	159	166
75～79	216	213	211	253	249
80～84	234	225	223	301	281
85～89	244	264	253	259	241
90歳～	204	244	209	224	276
不　詳　Not Stated	-	1	-	-	-

注：1) 昭和26～29年の「80～84」は、「80歳以上」、昭和31～34年、36～39年、41～44年、46～49年、51～54年の「85～89歳」は「85歳以上」である。
　　2) 年齢調整死亡率の基準人口は、昭和60年モデル人口である。

（人口10万対），病類（簡単分類）・性・年齢（5歳階級）別　－昭和25年～平成16年－
age-adjusted death rates (per 100,000 population) from heart diseases, by disease type to 2004

粗死亡率（人口10万対）　　Crude death rates (per 100,000 population)

性・年齢階級 Sex/age group	平成12年 2000	13年 2001	14年 2002	15年 2003	16年 2004
総　数　Total	2.5	2.6	2.7	2.9	2.9
0～4歳　Years	1.4	1.5	2.1	2.1	1.7
5～9	0.2	0.3	0.3	0.2	0.2
10～14	0.1	0.3	0.2	0.2	0.1
15～19	0.3	0.4	0.3	0.3	0.3
20～24	0.2	0.3	0.4	0.4	0.3
25～29	0.3	0.4	0.4	0.4	0.3
30～34	0.5	0.4	0.5	0.4	0.5
35～39	0.5	0.9	0.6	0.6	0.6
40～44	0.7	0.8	0.9	0.8	0.9
45～49	1.0	1.2	1.1	1.2	1.4
50～54	1.3	1.4	1.7	1.4	1.9
55～59	2.1	2.0	2.0	2.3	2.2
60～64	3.2	2.9	2.8	3.3	3.4
65～69	4.3	4.8	4.2	4.7	4.8
70～74	6.2	6.8	6.1	6.2	6.4
75～79	10.0	9.9	9.6	10.3	10.2
80～84	15.6	14.3	14.6	16.6	15.2
85～89	26.0	24.4	24.3	25.7	24.5
90歳～	44.7	43.0	37.2	37.8	38.9
男　Male	2.8	2.8	2.9	3.1	3.3
0～4歳　Years	1.5	1.4	2.2	1.9	2.0
5～9	0.1	0.4	0.2	0.1	0.2
10～14	0.1	0.3	0.1	0.3	0.2
15～19	0.4	0.4	0.4	0.5	0.4
20～24	0.3	0.3	0.5	0.4	0.3
25～29	0.4	0.6	0.5	0.5	0.5
30～34	0.6	0.5	0.6	0.5	0.6
35～39	0.6	1.3	0.8	0.8	0.8
40～44	1.0	1.1	1.5	1.0	1.2
45～49	1.4	1.6	1.6	1.8	2.0
50～54	1.7	2.0	2.6	2.0	2.9
55～59	3.0	2.5	3.0	3.5	3.4
60～64	4.7	3.8	4.0	4.1	4.6
65～69	5.9	6.4	5.5	6.4	6.5
70～74	7.9	9.0	7.3	8.2	8.5
75～79	12.3	12.7	12.2	12.2	12.4
80～84	19.1	17.3	19.5	19.1	18.7
85～89	32.3	25.5	29.1	33.8	34.2
90歳～	61.8	46.1	51.9	56.2	48.0
年齢調整死亡率（人口10万対） Age-adjusted death rate (per 100,000 population)	2.2	2.2	2.2	2.3	2.4
女　Female	2.3	2.5	2.4	2.6	2.6
0～4歳　Years	1.3	1.6	2.0	2.3	1.5
5～9	0.2	0.2	0.3	0.2	0.2
10～14	0.1	0.2	0.3	0.1	0.1
15～19	0.1	0.3	0.3	0.2	0.2
20～24	0.2	0.2	0.3	0.4	0.2
25～29	0.2	0.1	0.2	0.3	0.1
30～34	0.4	0.4	0.3	0.3	0.3
35～39	0.4	0.5	0.3	0.4	0.4
40～44	0.4	0.6	0.4	0.5	0.5
45～49	0.7	0.7	0.7	0.6	0.8
50～54	0.9	0.9	0.8	0.9	0.9
55～59	1.3	1.4	1.1	1.2	1.0
60～64	1.7	2.0	1.8	2.4	2.2
65～69	2.9	3.4	3.0	3.1	3.3
70～74	4.7	5.0	5.0	4.6	4.7
75～79	8.6	8.1	7.7	9.0	8.5
80～84	13.8	12.7	11.9	15.2	13.4
85～89	23.2	23.9	22.2	22.1	20.3
90歳～	38.9	42.0	32.5	31.9	35.9
年齢調整死亡率（人口10万対） Age-adjusted death rate (per 100,000 population)	1.3	1.3	1.3	1.4	1.3

Notes: 1) The categories of "80 - 84" in 1951 - 1954 represent the population aged 80 or over, and those of "85 - 89" in 1956 - 1959, 1961 - 1964, 1966 - 1969, 1971 - 1974, and 1976 - 1979 represent the population aged 85 or over.
2) The base population for age-adjusted death rates is the model population of 1985.

第5表（30-1）

第5表 脳血管疾患死亡数・粗死亡率（人口10万対）・年齢調整死亡率
Statistics 5 Numbers of deaths, crude death rates (per 100,000 population), and age-adjusted (large categories), sex and age group (by 5-year age scale): From 1951 to 2004

脳血管疾患　Cerebrovascular diseases
死亡数　Number of deaths

性・年齢階級 Sex/age group	昭和26年 1951	27年 1952	28年 1953	29年 1954	30年 1955	31年 1956	32年 1957	33年 1958	34年 1959	35年 1960
総数 Total	105 858	110 359	116 351	116 925	121 504	133 931	138 181	136 767	142 858	150 109
0〜4歳 Years	118	78	81	58	58	54	47	31	56	60
5〜9	55	44	51	35	41	27	44	30	37	41
10〜14	72	55	59	55	53	54	68	46	41	57
15〜19	113	137	109	94	101	93	108	89	89	118
20〜24	215	244	264	218	203	219	218	194	192	160
25〜29	253	286	310	255	259	293	305	288	317	283
30〜34	395	377	406	423	382	399	462	492	458	494
35〜39	964	856	805	803	811	788	862	809	835	892
40〜44	1 991	2 058	2 089	2 032	2 018	2 086	2 137	1 990	1 961	1 923
45〜49	4 001	4 085	4 316	4 354	4 444	4 595	4 815	4 616	4 481	4 429
50〜54	6 679	7 401	8 041	8 196	8 065	8 658	8 556	8 262	8 321	8 221
55〜59	9 953	10 519	11 524	11 550	11 613	12 808	13 420	13 147	13 485	13 436
60〜64	14 419	14 713	15 542	15 284	15 896	17 029	18 061	17 402	17 973	18 725
65〜69	18 758	19 505	19 914	20 249	20 792	23 077	23 571	22 435	23 013	23 864
70〜74	21 442	21 919	22 549	22 598	23 403	25 125	25 755	25 360	26 681	28 396
75〜79	16 159	17 170	18 460	18 539	19 497	22 149	22 582	22 846	24 087	25 835
80〜84	7 420	7 818	8 452	8 676	10 011	12 149	12 611	13 570	14 712	16 302
85〜89	2 412	2 632	2 902	2 965	3 244	3 569	3 805	4 266	5 048	5 657
90歳〜	438	456	475	535	613	759	752	894	1 070	1 216
不詳 Not Stated	1	6	2	6	-	-	2	-	1	-
男 Male	52 388	55 011	58 421	59 940	62 737	69 427	72 802	71 642	75 169	78 965
0〜4歳 Years	65	41	51	32	33	30	25	17	33	37
5〜9	35	21	30	20	24	17	30	17	21	17
10〜14	38	28	33	30	24	37	31	26	24	37
15〜19	66	87	53	46	66	53	66	47	43	72
20〜24	104	128	140	126	114	129	125	102	96	89
25〜29	135	138	155	152	134	167	184	167	176	158
30〜34	170	167	185	190	174	190	257	297	276	302
35〜39	452	406	365	385	414	459	455	454	477	493
40〜44	982	1 023	1 093	1 059	1 086	1 158	1 203	1 121	1 146	1 116
45〜49	1 980	2 091	2 273	2 416	2 371	2 532	2 717	2 570	2 529	2 474
50〜54	3 440	3 870	4 266	4 525	4 489	4 975	5 024	4 802	4 811	4 746
55〜59	5 487	5 899	6 487	6 806	6 793	7 620	8 081	8 052	8 357	8 342
60〜64	7 967	8 205	8 785	8 922	9 391	10 113	10 820	10 613	10 940	11 478
65〜69	9 786	10 183	10 602	11 050	11 597	12 882	13 481	12 914	13 203	13 807
70〜74	10 458	10 650	10 959	11 075	11 745	12 538	13 103	12 987	13 852	14 752
75〜79	7 241	7 811	8 239	8 341	8 841	10 073	10 428	10 213	11 118	12 003
80〜84	2 950	3 160	3 473	3 544	4 121	4 934	5 184	5 442	6 016	6 707
85〜89	886	958	1 073	1 058	1 130	1 309	1 362	1 536	1 746	1 980
90歳〜	145	142	159	160	190	211	224	265	304	355
不詳 Not Stated	1	3	-	3	-	-	2	-	1	-
女 Female	53 470	55 348	57 930	56 985	58 767	64 504	65 379	65 125	67 689	71 144
0〜4歳 Years	53	37	30	26	25	24	22	14	23	23
5〜9	20	23	21	15	17	10	14	13	16	24
10〜14	34	27	26	25	29	17	37	20	17	20
15〜19	47	50	56	48	35	40	42	42	46	46
20〜24	111	116	124	92	89	90	93	92	96	71
25〜29	118	148	155	103	125	126	121	121	141	125
30〜34	225	210	221	233	208	209	205	195	182	192
35〜39	512	450	440	418	397	329	407	355	358	399
40〜44	1 009	1 035	996	973	932	928	934	869	815	807
45〜49	2 021	1 994	2 043	1 938	2 073	2 063	2 098	2 046	1 952	1 955
50〜54	3 239	3 531	3 775	3 671	3 576	3 683	3 532	3 460	3 510	3 475
55〜59	4 466	4 620	5 037	4 744	4 820	5 188	5 339	5 095	5 128	5 094
60〜64	6 452	6 508	6 757	6 362	6 505	6 916	7 241	6 789	7 033	7 247
65〜69	8 972	9 322	9 312	9 199	9 195	10 195	10 090	9 521	9 810	10 057
70〜74	10 984	11 269	11 590	11 523	11 658	12 587	12 652	12 373	12 829	13 644
75〜79	8 918	9 359	10 221	10 198	10 656	12 076	12 154	12 633	12 969	13 832
80〜84	4 470	4 658	4 979	5 132	5 890	7 215	7 427	8 128	8 696	9 595
85〜89	1 526	1 674	1 829	1 907	2 114	2 260	2 443	2 730	3 302	3 677
90歳〜	293	314	316	375	423	548	528	629	766	861
不詳 Not Stated	-	3	2	3	-	-	-	-	-	-

注：1) 昭和26〜29年の「80〜84」は、「80歳以上」、昭和31〜34年、36〜39年、41〜44年、46〜49年、51〜54年の「85〜89歳」は「85歳以上」である。
2) 平成6年以前の「脳血管疾患」には一過性脳虚血を含む。
3) 年齢調整死亡率の基準人口は、昭和60年モデル人口である。

（人口10万対），病類（簡単分類）・性・年齢（5歳階級）別 －昭和26年～平成16年－
death rates (per 100,000 population) from cerebrovascular diseases, by disease type

粗死亡率（人口10万対） Crude death rates (per 100,000 population)

性・年齢階級 Sex/age group	昭和26年 1951	27年 1952	28年 1953	29年 1954	30年 1955	31年 1956	32年 1957	33年 1958	34年 1959	35年 1960
総数 Total	125.2	128.5	133.7	132.4	136.1	148.4	151.7	148.6	153.7	160.7
0～4歳 Years	1.0	0.7	0.8	0.6	0.6	0.6	0.6	0.4	0.7	0.8
5～9	0.6	0.5	0.5	0.3	0.4	0.2	0.4	0.3	0.4	0.4
10～14	0.8	0.6	0.6	0.6	0.6	0.6	0.7	0.5	0.4	0.5
15～19	1.3	1.6	1.2	1.1	1.2	1.1	1.2	1.0	0.9	1.3
20～24	2.7	3.0	3.2	2.6	2.4	2.6	2.5	2.3	2.3	1.9
25～29	3.9	4.2	4.3	3.4	3.4	3.8	3.9	3.6	3.9	3.4
30～34	7.6	7.1	7.3	7.2	6.2	6.2	6.8	6.9	6.2	6.6
35～39	18.9	16.8	15.9	16.1	15.9	15.2	16.2	14.7	14.4	14.8
40～44	42.7	43.2	43.3	41.4	40.8	41.8	42.9	40.1	40.2	38.3
45～49	100.8	101.4	105.4	102.4	101.8	101.1	103.9	98.0	93.6	92.0
50～54	190.5	203.9	216.2	215.8	209.5	226.8	220.4	209.3	203.6	195.7
55～59	349.8	362.1	381.3	372.8	362.3	385.9	391.3	373.7	375.7	369.0
60～64	614.4	612.3	642.2	624.9	636.7	654.0	675.4	626.0	631.7	638.7
65～69	1 068.8	1 094.6	1 084.1	1 055.7	1 057.0	1 149.8	1 152.1	1 080.2	1 092.2	1 104.6
70～74	1 664.8	1 655.5	1 682.8	1 660.4	1 680.5	1 814.1	1 827.9	1 751.4	1 767.0	1 815.8
75～79	2 169.0	2 204.1	2 290.3	2 186.2	2 226.4	2 469.2	2 492.5	2 472.5	2 565.2	2 706.1
80～84	2 633.3	2 596.7	2 658.2	2 568.8	2 649.9	2 956.0	2 960.3	3 008.9	3 103.8	3 375.7
85～89	…	…	…	…	2 913.2	3 047.9	3 017.9	3 127.3	3 417.9	3 630.6
90歳～	…	…	…	…	2 692.5	…	…	…	…	3 777.9
男 Male	126.3	130.5	136.7	138.2	143.0	156.5	162.6	158.4	164.5	172.1
0～4歳 Years	1.1	0.7	0.9	0.6	0.7	0.7	0.6	0.4	0.8	0.9
5～9	0.8	0.4	0.6	0.4	0.4	0.3	0.5	0.3	0.4	0.4
10～14	0.8	0.6	0.7	0.6	0.5	0.8	0.7	0.5	0.5	0.7
15～19	1.5	2.0	1.2	1.1	1.5	1.2	1.4	1.0	0.9	1.5
20～24	2.7	3.2	3.4	3.0	2.7	3.0	2.9	2.4	2.3	2.2
25～29	4.4	4.2	4.4	4.1	3.5	4.3	4.7	4.2	4.3	3.9
30～34	7.3	7.0	7.5	7.2	6.2	6.3	7.9	8.6	7.6	8.1
35～39	18.9	17.2	15.6	16.9	17.8	19.8	19.3	18.6	18.3	17.8
40～44	43.5	44.9	47.6	45.7	46.7	49.6	52.0	48.9	51.2	49.1
45～49	98.9	103.4	111.8	115.6	111.0	115.3	122.7	115.0	112.2	109.6
50～54	193.8	211.4	227.4	237.0	232.7	260.7	260.3	246.3	240.7	232.6
55～59	384.0	402.9	427.3	437.4	422.5	457.9	471.5	459.1	468.4	462.9
60～64	701.3	702.5	744.5	744.7	765.5	790.7	822.8	776.9	782.5	798.4
65～69	1 235.6	1 254.1	1 253.2	1 241.6	1 261.8	1 366.1	1 398.4	1 317.8	1 324.3	1 344.4
70～74	1 922.4	1 898.4	1 932.8	1 916.1	1 978.0	2 114.3	2 155.1	2 048.4	2 076.8	2 127.0
75～79	2 479.8	2 561.0	2 623.9	2 512.3	2 584.6	2 861.6	2 945.8	2 829.1	3 021.2	3 186.3
80～84	2 970.9	2 937.9	3 136.7	2 995.0	3 094.0	3 402.8	3 479.2	3 444.3	3 624.1	3 965.3
85～89	…	…	…	…	3 338.1	3 619.0	3 524.4	3 675.5	3 867.9	4 108.5
90歳～	…	…	…	…	3 259.6	…	…	…	…	4 297.8
年齢調整死亡率 （人口10万対） Age-adjusted death rate (per 100,000 population)	285.3	288.8	299.7	295.2	302.1	326.7	334.1	321.6	330.2	341.1
女 Female	124.1	126.6	130.8	126.9	129.4	140.5	141.2	139.2	143.2	149.6
0～4歳 Years	0.9	0.7	0.6	0.5	0.6	0.6	0.5	0.4	0.6	0.6
5～9	0.4	0.5	0.4	0.3	0.3	0.2	0.3	0.3	0.3	0.5
10～14	0.8	0.6	0.6	0.5	0.6	0.4	0.8	0.4	0.3	0.4
15～19	1.1	1.2	1.3	1.1	0.8	0.9	0.9	0.9	1.0	1.0
20～24	2.8	2.9	3.0	2.2	2.1	2.1	2.2	2.1	2.3	1.7
25～29	3.4	4.1	4.2	2.7	3.3	3.2	3.0	3.0	3.4	3.0
30～34	7.8	7.1	7.1	7.2	6.3	6.1	5.8	5.4	4.9	5.1
35～39	18.9	16.6	16.2	15.5	14.2	11.5	13.8	11.6	11.1	12.2
40～44	42.0	41.7	39.4	37.6	35.6	34.9	35.1	32.5	30.8	29.4
45～49	102.8	99.4	99.2	89.7	92.9	87.9	86.8	82.6	77.2	76.4
50～54	187.2	196.4	204.7	194.3	186.2	192.9	181.0	173.2	168.1	160.8
55～59	315.4	320.6	334.9	307.7	301.7	313.5	311.3	288.8	284.1	277.0
60～64	532.8	527.0	545.4	509.4	512.3	522.4	532.8	480.1	486.0	485.1
65～69	932.6	962.0	938.7	894.8	877.4	957.3	932.5	867.9	883.8	887.3
70～74	1 478.3	1 476.9	1 499.4	1 471.6	1 459.3	1 589.3	1 579.5	1 520.0	1 521.8	1 567.8
75～79	1 964.3	1 974.5	2 077.6	1 976.4	1 996.8	2 211.7	2 201.8	2 243.9	2 271.3	2 393.2
80～84	2 456.6	2 416.7	2 414.9	2 361.1	2 408.1	2 712.4	2 681.2	2 774.1	2 823.4	3 057.9
85～89	…	…	…	…	2 727.6	2 808.0	2 802.8	2 895.7	3 228.6	3 416.7
90歳～	…	…	…	…	2 497.3	…	…	…	…	3 598.4
年齢調整死亡率 （人口10万対） Age-adjusted death rate (per 100,000 population)	229.4	230.0	233.8	223.5	224.8	241.1	239.0	232.5	235.6	242.7

Notes: 1) The categories of "80 - 84" in 1951 - 1954 represent the population aged 80 or over, and those of "85 - 89" in 1956 - 1959, 1961 - 1964, 1966 - 1969, 1971 - 1974, and 1976 - 1979 represent the population aged 85 or over.
2) The figures for cerebrovascular diseases in 1994 and earlier include transient ischemic attacks.
3) The base population for age-adjusted death rates is the model population of 1985.

第5表 (30-2)

第5表 脳血管疾患死亡数・粗死亡率（人口10万対）・年齢調整死亡率
Statistics 5　Numbers of deaths, crude death rates (per 100,000 population), and age-adjusted (large categories), sex and age group (by 5-year age scale): From 1951 to 2004

脳血管疾患　Cerebrovascular diseases
死亡数　Number of deaths

性・年齢階級 Sex/age group	昭和36年 1961	37年 1962	38年 1963	39年 1964	40年 1965	41年 1966	42年 1967	43年 1968	44年 1969	45年 1970
総数 Total	155 966	161 228	164 818	166 901	172 773	172 186	172 464	174 905	177 894	181 315
0～4歳 Years	57	54	76	83	80	93	93	111	122	115
5～9	35	26	32	23	28	25	22	28	33	31
10～14	67	65	53	45	58	48	53	44	40	39
15～19	107	108	97	117	104	121	122	116	100	111
20～24	171	163	163	184	169	165	146	163	198	194
25～29	322	259	283	269	257	273	263	287	318	318
30～34	534	600	612	589	620	638	573	630	661	602
35～39	944	1 003	1 215	1 204	1 251	1 327	1 443	1 445	1 551	1 487
40～44	1 833	1 936	2 008	1 999	2 169	2 305	2 367	2 512	2 609	2 763
45～49	4 450	4 318	4 253	3 817	4 013	3 733	3 596	3 641	3 750	3 775
50～54	8 437	8 683	8 167	7 793	7 559	7 246	6 698	6 541	6 191	6 010
55～59	13 547	13 198	13 025	12 487	12 202	12 319	11 683	11 480	10 853	10 440
60～64	19 067	19 642	20 115	19 487	19 880	18 670	17 936	17 471	17 049	17 020
65～69	25 180	25 779	26 596	26 294	27 135	26 929	26 716	26 536	26 916	26 545
70～74	29 472	30 568	31 097	31 417	32 462	32 698	32 861	33 301	34 056	34 882
75～79	26 581	28 098	28 680	30 492	32 103	32 273	32 739	33 510	33 989	35 346
80～84	17 451	18 167	19 207	20 253	21 549	21 370	22 404	23 401	24 858	26 242
85～89	6 442	7 160	7 561	8 496	9 040	9 602	10 120	10 821	11 457	11 810
90歳～	1 267	1 401	1 577	1 849	2 092	2 348	2 627	2 803	3 098	3 534
不詳 Not Stated	2	-	1	3	2	3	2	64	45	51
男 Male	82 817	85 877	87 943	89 040	92 723	92 066	92 024	93 773	95 622	96 910
0～4歳 Years	31	33	49	49	43	49	56	69	75	75
5～9	19	17	15	10	20	16	11	20	20	20
10～14	34	39	35	24	29	31	26	26	22	22
15～19	57	70	58	71	68	72	68	54	53	63
20～24	87	85	96	107	93	80	89	87	113	98
25～29	191	152	156	165	154	169	154	155	171	204
30～34	350	408	402	398	434	446	408	450	438	400
35～39	560	642	796	836	863	957	1 057	1 070	1 156	1 106
40～44	1 046	1 149	1 171	1 192	1 380	1 532	1 549	1 730	1 811	1 980
45～49	2 605	2 502	2 450	2 223	2 360	2 164	2 050	2 214	2 257	2 337
50～54	4 894	5 070	4 710	4 511	4 536	4 271	3 981	3 926	3 652	3 553
55～59	8 437	8 246	8 035	7 783	7 606	7 700	7 154	7 025	6 592	6 380
60～64	11 783	12 164	12 565	12 265	12 497	11 691	11 168	10 861	10 500	10 501
65～69	14 712	15 211	15 755	15 564	16 130	16 016	15 942	15 966	16 260	16 012
70～74	15 740	16 411	16 971	17 100	18 064	18 166	18 291	18 768	19 231	19 655
75～79	12 399	13 299	13 705	14 848	15 678	15 760	16 236	16 675	17 322	17 820
80～84	7 138	7 409	7 835	8 372	8 914	8 865	9 488	9 934	10 907	11 388
85～89	2 382	2 550	2 663	2 971	3 265	3 399	3 544	3 884	4 109	4 219
90歳～	351	420	475	548	587	679	751	814	894	1 029
不詳 Not Stated	1	-	1	3	2	3	1	45	39	48
女 Female	73 149	75 351	76 875	77 861	80 050	80 120	80 440	81 132	82 272	84 405
0～4歳 Years	26	21	27	34	37	44	37	42	47	40
5～9	16	9	17	13	8	9	11	8	13	11
10～14	33	26	18	21	29	17	27	18	18	17
15～19	50	38	39	46	36	49	54	62	47	48
20～24	84	78	67	77	76	85	57	76	85	96
25～29	131	107	127	104	103	104	109	132	147	114
30～34	184	192	210	191	186	192	165	180	223	202
35～39	384	361	419	368	388	370	386	375	395	381
40～44	787	787	837	807	789	773	818	782	798	783
45～49	1 845	1 816	1 803	1 594	1 653	1 569	1 546	1 427	1 493	1 438
50～54	3 543	3 613	3 457	3 282	3 023	2 975	2 717	2 615	2 539	2 457
55～59	5 110	4 952	4 990	4 704	4 596	4 619	4 529	4 455	4 261	4 060
60～64	7 284	7 478	7 550	7 222	7 383	6 979	6 768	6 610	6 549	6 519
65～69	10 468	10 568	10 841	10 730	11 005	10 913	10 774	10 570	10 656	10 533
70～74	13 732	14 157	14 126	14 317	14 398	14 532	14 570	14 533	14 825	15 227
75～79	14 182	14 799	14 975	15 644	16 425	16 513	16 503	16 835	16 667	17 526
80～84	10 313	10 758	11 372	11 881	12 635	12 505	12 916	13 467	13 951	14 854
85～89	4 060	4 610	4 898	5 525	5 775	6 203	6 576	6 937	7 348	7 591
90歳～	916	981	1 102	1 301	1 505	1 669	1 876	1 989	2 204	2 505
不詳 Not Stated	1	-	-	-	-	-	1	19	6	3

注：1) 昭和26～29年の「80～84」は、「80歳以上」、昭和31～34年、36～39年、41～44年、46～49年、51～54年の「85～89歳」は「85歳以上」である。
　　2) 平成6年以前の「脳血管疾患」には一過性脳虚血を含む。
　　3) 年齢調整死亡率の基準人口は、昭和60年モデル人口である。

（人口10万対），病類（簡単分類）・性・年齢（5歳階級）別　―昭和26年～平成16年―
death rates (per 100,000 population) from cerebrovascular diseases, by disease type

粗死亡率（人口10万対）　Crude death rates (per 100,000 population)

性・年齢階級 Sex/age group	昭和36年 1961	37年 1962	38年 1963	39年 1964	40年 1965	41年 1966	42年 1967	43年 1968	44年 1969	45年 1970
総数　Total	165.4	167.6	171.4	171.7	175.8	173.8	173.1	173.5	174.4	175.8
0～4歳 Years	0.7	0.7	1.0	1.0	1.0	1.2	1.1	1.3	1.4	1.3
5～9	0.4	0.3	0.4	0.3	0.4	0.3	0.3	0.4	0.4	0.4
10～14	0.6	0.6	0.5	0.5	0.6	0.5	0.6	0.6	0.5	0.5
15～19	1.2	1.2	1.0	1.1	1.0	1.1	1.1	1.1	1.0	1.2
20～24	2.0	1.9	1.8	2.0	1.9	1.9	1.6	1.7	2.0	1.8
25～29	3.9	3.1	3.4	3.3	3.1	3.2	3.1	3.3	3.5	3.5
30～34	7.0	7.6	7.7	7.3	7.5	7.6	6.8	7.5	8.0	7.2
35～39	14.8	15.0	17.3	16.5	16.7	17.3	18.5	18.2	19.3	18.2
40～44	35.9	31.2	37.1	34.9	36.4	36.4	35.8	36.2	36.2	37.8
45～49	91.6	88.7	87.8	80.0	81.5	75.0	70.8	68.9	67.0	64.6
50～54	192.7	194.5	179.4	168.6	162.3	153.6	142.6	139.5	133.9	125.8
55～59	374.3	359.2	348.7	322.2	304.9	295.8	276.5	266.5	247.1	237.2
60～64	622.1	614.6	617.6	586.4	594.4	560.7	527.4	503.3	473.3	458.8
65～69	1 110.2	1 107.8	1 097.1	1 056.0	1 059.0	1 009.0	964.1	928.2	919.6	892.7
70～74	1 824.9	1 842.6	1 867.7	1 853.5	1 860.8	1 787.8	1 740.5	1 687.0	1 676.0	1 639.4
75～79	2 757.4	2 855.5	2 848.1	2 871.2	2 929.3	2 866.2	2 819.9	2 820.7	2 788.3	2 792.2
80～84	3 511.3	3 576.2	3 729.5	3 850.4	4 080.4	4 024.5	4 051.4	4 055.6	4 028.8	4 046.7
85～89	3 706.3	3 963.4	4 043.4	4 292.5	4 539.1	4 526.5	4 635.3	4 831.2	4 967.6	5 149.9
90歳～	…	…	…	…	4 120.9	…	…	…	…	5 373.4
男　Male	178.9	183.7	186.2	186.5	192.2	189.3	188.2	189.5	190.9	191.5
0～4歳 Years	0.8	0.8	1.2	1.2	1.0	1.2	1.3	1.6	1.7	1.7
5～9	0.4	0.4	0.4	0.2	0.5	0.4	0.3	0.5	0.5	0.5
10～14	0.6	0.7	0.7	0.5	0.6	0.7	0.6	0.6	0.5	0.6
15～19	1.3	1.5	1.2	1.3	1.2	1.2	1.2	1.0	1.1	1.4
20～24	2.1	2.0	2.1	2.3	2.1	1.9	2.0	1.8	2.2	1.9
25～29	4.6	3.7	3.8	4.1	3.7	4.0	3.6	3.6	3.8	4.5
30～34	9.1	10.3	10.1	9.9	10.5	10.6	9.7	10.8	10.7	9.6
35～39	18.7	20.0	23.2	23.3	23.0	24.9	27.0	26.8	28.7	27.0
40～44	45.6	49.6	48.9	46.6	50.6	51.6	48.8	51.0	50.8	54.3
45～49	115.2	110.7	110.0	102.1	106.1	97.3	91.3	95.1	90.5	88.0
50～54	232.2	239.7	219.6	208.5	208.8	195.1	184.2	183.2	174.2	166.0
55～59	472.9	453.8	441.0	416.0	394.0	387.5	359.3	349.3	323.6	314.5
60～64	783.4	781.7	791.2	759.4	769.0	723.9	680.6	651.9	613.0	601.4
65～69	1 372.4	1 380.3	1 368.8	1 316.8	1 323.4	1 262.1	1 214.2	1 181.8	1 178.3	1 149.2
70～74	2 174.0	2 202.8	2 278.0	2 244.1	2 289.5	2 199.3	2 141.8	2 101.7	2 090.3	2 051.0
75～79	3 187.4	3 324.8	3 359.1	3 413.3	3 469.6	3 382.0	3 361.5	3 375.5	3 403.1	3 357.4
80～84	4 055.7	4 139.1	4 304.9	4 501.1	4 768.2	4 665.8	4 767.8	4 708.1	4 783.8	4 726.9
85～89	4 794.7	5 033.9	4 754.5	4 956.3	5 430.2	5 162.0	5 237.8	5 660.2	5 817.4	5 905.8
90歳～	…	…	…	…	4 275.9	…	…	…	…	5 889.4
年齢調整死亡率 （人口10万対） Age-adjusted death rate (per 100,000 population)	349.0	355.0	356.1	353.6	361.0	349.1	342.1	340.6	338.7	333.8
女　Female	152.5	155.6	157.1	157.5	160.0	158.9	158.5	158.1	158.5	160.7
0～4歳 Years	0.7	0.5	0.7	0.9	0.9	1.1	0.9	1.0	1.1	0.9
5～9	0.4	0.2	0.4	0.3	0.2	0.2	0.3	0.2	0.3	0.3
10～14	0.6	0.5	0.4	0.4	0.6	0.4	0.7	0.5	0.5	0.4
15～19	1.1	0.8	0.8	0.9	0.7	0.9	1.0	1.2	1.0	1.1
20～24	2.0	1.8	1.5	1.6	1.7	2.0	1.3	1.6	1.7	1.8
25～29	3.2	2.6	3.0	2.5	2.4	2.4	2.5	3.0	3.2	2.5
30～34	4.8	4.9	5.3	4.7	4.5	4.6	3.9	4.3	5.4	4.8
35～39	11.3	10.1	11.7	10.0	10.3	9.7	9.9	9.5	9.9	9.4
40～44	28.0	27.2	27.7	25.5	24.4	23.0	23.8	22.1	22.0	21.4
45～49	71.1	69.6	69.0	61.4	61.3	57.0	54.5	48.3	48.1	45.2
50～54	156.1	153.7	143.6	133.5	121.6	117.6	107.2	102.7	100.4	93.2
55～59	278.5	266.8	260.8	234.7	221.9	212.1	202.7	193.9	180.9	171.1
60～64	466.6	456.0	452.4	422.8	429.4	406.9	384.5	366.2	346.7	331.9
65～69	875.3	862.7	852.3	820.3	819.2	780.1	739.0	700.9	688.8	666.5
70～74	1 541.2	1 548.9	1 535.4	1 534.5	1 506.7	1 450.3	1 409.1	1 344.9	1 333.2	1 302.1
75～79	2 466.4	2 529.7	2 500.0	2 491.1	2 550.3	2 502.0	2 434.1	2 425.8	2 347.5	2 384.1
80～84	3 212.8	3 279.9	3 415.0	3 484.2	3 703.4	3 656.4	3 658.9	3 689.6	3 586.4	3 644.6
85～89	3 295.4	3 561.1	3 726.7	4 015.3	4 153.7	4 255.1	4 379.3	4 485.4	4 636.9	4 807.9
90歳～	…	…	…	…	4 063.5	…	…	…	…	5 186.7
年齢調整死亡率 （人口10万対） Age-adjusted death rate (per 100,000 population)	242.2	244.1	244.4	241.4	243.8	237.7	232.1	227.5	223.3	222.6

Notes: 1) The categories of "80 - 84" in 1951 - 1954 represent the population aged 80 or over, and those of "85 - 89" in 1956 - 1959, 1961 - 1964, 1966 - 1969, 1971 - 1974, and 1976 - 1979 represent the population aged 85 or over.
2) The figures for cerebrovascular diseases in 1994 and earlier include transient ischemic attacks.
3) The base population for age-adjusted death rates is the model population of 1985.

第5表 (30-3)

第5表 脳血管疾患死亡数・粗死亡率（人口10万対）・年齢調整死亡率
Statistics 5　Numbers of deaths, crude death rates (per 100,000 population), and age-adjusted (large categories), sex and age group (by 5-year age scale): From 1951 to 2004

脳血管疾患　Cerebrovascular diseases
死亡数　Number of deaths

性・年齢階級 Sex/age group	昭和46年 1971	47年 1972	48年 1973	49年 1974	50年 1975	51年 1976	52年 1977	53年 1978	54年 1979	55年 1980
総数 Total	176 952	176 228	180 332	178 365	174 367	173 745	170 029	167 452	158 974	162 317
0〜4歳 Years	147	115	160	134	144	132	147	144	110	94
5〜9	38	34	46	38	27	37	37	32	39	32
10〜14	38	35	43	33	33	48	37	25	35	36
15〜19	72	80	70	72	67	76	59	62	56	45
20〜24	181	187	174	147	120	122	125	101	89	87
25〜29	305	283	287	256	267	276	240	227	207	200
30〜34	613	570	591	601	565	528	514	507	491	483
35〜39	1 530	1 462	1 393	1 363	1 220	1 140	1 187	1 153	1 104	1 130
40〜44	2 801	2 812	2 837	2 915	2 790	2 726	2 492	2 412	2 203	2 090
45〜49	3 794	4 011	4 188	4 222	4 326	4 298	4 262	4 103	4 175	4 112
50〜54	5 614	5 540	5 387	5 250	5 300	5 381	5 468	5 466	5 351	5 473
55〜59	9 815	9 247	8 700	8 162	7 567	7 302	6 877	6 638	6 383	6 384
60〜64	16 393	15 393	15 089	14 336	13 335	12 407	11 801	10 582	9 545	9 376
65〜69	24 715	23 326	22 606	22 115	20 832	20 653	19 767	18 645	17 071	16 583
70〜74	33 314	33 330	33 139	32 667	31 161	30 175	28 575	27 391	25 406	25 353
75〜79	35 282	35 744	37 224	37 177	36 500	36 506	36 280	36 082	33 852	34 435
80〜84	26 748	27 352	29 278	29 116	29 344	30 447	30 490	31 285	30 480	31 935
85〜89	11 996	12 636	14 494	14 815	15 721	16 315	16 255	16 788	16 406	17 709
90歳〜	3 607	4 045	4 588	4 914	5 002	5 127	5 396	5 780	5 945	6 741
不詳 Not Stated	39	26	38	32	46	49	20	29	26	19
男 Male	94 404	93 290	94 323	92 620	89 924	89 189	86 807	85 308	80 134	81 650
0〜4歳 Years	81	66	92	75	78	73	78	88	66	60
5〜9	22	16	26	17	18	20	19	14	20	26
10〜14	21	20	23	17	15	35	24	13	19	18
15〜19	43	52	45	43	34	50	39	36	36	26
20〜24	100	105	108	90	68	70	70	68	46	50
25〜29	174	198	175	162	169	172	157	132	131	131
30〜34	426	403	424	432	382	366	376	348	317	333
35〜39	1 118	1 063	1 037	997	864	812	839	804	756	785
40〜44	2 080	2 050	2 044	2 083	2 007	1 958	1 785	1 701	1 533	1 452
45〜49	2 501	2 576	2 778	2 874	2 995	2 910	2 928	2 837	2 831	2 747
50〜54	3 256	3 227	3 141	3 063	3 141	3 305	3 426	3 509	3 436	3 585
55〜59	5 940	5 565	5 250	4 821	4 435	4 280	4 051	3 918	3 736	3 782
60〜64	10 054	9 301	9 167	8 560	7 863	7 365	6 966	6 267	5 526	5 342
65〜69	14 842	13 928	13 466	12 973	12 307	11 982	11 522	10 808	9 710	9 440
70〜74	18 628	18 761	18 549	18 209	17 230	16 707	15 713	15 053	13 970	13 923
75〜79	17 897	18 095	18 701	18 670	18 202	18 283	18 121	18 045	16 788	17 373
80〜84	11 790	12 117	12 764	12 696	12 866	13 279	13 320	13 639	13 373	13 986
85〜89	4 360	4 606	5 256	5 381	5 789	6 045	5 911	6 333	6 094	6 612
90歳〜	1 037	1 120	1 251	1 427	1 421	1 428	1 442	1 670	1 720	1 960
不詳 Not Stated	34	21	26	30	40	49	20	25	26	19
女 Female	82 548	82 938	86 009	85 745	84 443	84 556	83 222	82 144	78 840	80 667
0〜4歳 Years	66	49	68	59	66	59	69	56	44	34
5〜9	16	18	20	21	9	17	18	18	19	6
10〜14	17	15	20	16	18	13	13	12	16	18
15〜19	29	28	25	29	33	26	20	26	20	19
20〜24	81	82	66	57	52	52	55	33	43	37
25〜29	131	85	112	94	98	104	83	95	76	69
30〜34	187	167	167	169	183	162	138	159	174	150
35〜39	412	399	356	366	356	328	348	349	348	345
40〜44	721	762	793	832	783	768	707	711	670	638
45〜49	1 293	1 435	1 410	1 348	1 331	1 388	1 334	1 266	1 344	1 365
50〜54	2 358	2 313	2 246	2 187	2 159	2 076	2 042	1 957	1 915	1 888
55〜59	3 875	3 682	3 450	3 341	3 132	3 022	2 826	2 720	2 647	2 602
60〜64	6 249	6 092	5 922	5 776	5 472	5 042	4 835	4 315	4 019	4 034
65〜69	9 873	9 398	9 140	9 142	8 525	8 671	8 245	7 837	7 361	7 143
70〜74	14 686	14 569	14 590	14 458	13 931	13 468	12 862	12 338	11 436	11 430
75〜79	17 385	17 649	18 523	18 507	18 298	18 223	18 159	18 037	17 064	17 062
80〜84	14 958	15 235	16 514	16 420	16 478	17 168	17 170	17 646	17 107	17 949
85〜89	7 636	8 030	9 238	9 434	9 932	10 270	10 344	10 455	10 312	11 097
90歳〜	2 570	2 925	3 337	3 487	3 581	3 699	3 954	4 110	4 225	4 781
不詳 Not Stated	5	5	12	2	6	-	-	4	-	-

注：1）昭和26〜29年の「80〜84」は、「80歳以上」、昭和31〜34年、36〜39年、41〜44年、46〜49年、51〜54年の「85〜89歳」は「85歳以上」である。
　　2）平成6年以前の「脳血管疾患」には一過性脳虚血を含む。
　　3）年齢調整死亡率の基準人口は、昭和60年モデル人口である。

（人口10万対），病類（簡単分類）・性・年齢（5歳階級）別 －昭和26年～平成16年－
death rates (per 100,000 population) from cerebrovascular diseases, by disease type

粗死亡率（人口10万対） Crude death rates (per 100,000 population)

性・年齢階級 Sex/age group	昭和46年 1971	47年 1972	48年 1973	49年 1974	50年 1975	51年 1976	52年 1977	53年 1978	54年 1979	55年 1980
総数 Total	169.6	166.7	166.9	163.0	156.7	154.5	149.8	146.2	137.7	139.5
0～4歳 Years	1.6	1.2	1.6	1.3	1.4	1.4	1.5	1.6	1.2	1.1
5～9	0.5	0.4	0.5	0.4	0.3	0.4	0.4	0.3	0.4	0.3
10～14	0.5	0.4	0.5	0.4	0.4	0.6	0.4	0.3	0.4	0.4
15～19	0.8	1.0	0.9	0.9	0.8	1.0	0.7	0.8	0.7	0.5
20～24	1.6	1.7	1.7	1.5	1.3	1.4	1.5	1.3	1.1	1.1
25～29	3.6	3.2	3.0	2.6	2.5	2.4	2.2	2.2	2.2	2.2
30～34	7.2	6.6	6.6	6.5	6.1	6.0	5.7	5.3	4.9	4.5
35～39	18.4	17.5	16.6	16.5	14.6	13.3	13.6	12.9	11.8	12.3
40～44	37.6	36.7	35.9	36.4	34.1	32.7	29.7	28.8	26.6	25.2
45～49	61.5	61.7	61.3	59.7	59.0	57.5	55.5	52.3	52.5	51.0
50～54	115.4	111.1	103.0	94.8	92.2	87.6	85.1	81.1	76.3	76.3
55～59	220.4	207.1	192.8	182.1	162.8	155.6	141.4	131.1	119.0	114.4
60～64	421.4	386.4	368.8	344.8	312.8	287.3	271.8	243.4	222.0	211.0
65～69	835.2	767.3	720.4	675.9	606.4	570.5	533.5	489.9	437.8	420.1
70～74	1 493.9	1 429.9	1 361.5	1 308.8	1 213.6	1 184.3	1 073.4	998.6	883.4	841.7
75～79	2 601.9	2 564.1	2 506.7	2 417.2	2 230.0	2 123.7	1 995.6	1 899.1	1 718.4	1 695.6
80～84	3 951.0	3 901.9	3 994.3	3 846.2	3 634.8	3 565.2	3 343.2	3 202.1	2 959.2	2 926.8
85～89	5 001.0	5 180.4	5 515.0	5 361.1	5 095.6	5 191.8	5 023.4	4 906.1	4 488.2	4 326.7
90歳～	…	…	…	…	6 131.7	…	…	…	…	5 659.4
男 Male	184.3	179.9	178.0	172.5	164.3	161.2	155.4	151.4	141.0	142.7
0～4歳 Years	1.7	1.4	1.8	1.5	1.5	1.5	1.6	1.9	1.5	1.4
5～9	0.5	0.4	0.6	0.4	0.4	0.4	0.4	0.3	0.4	0.5
10～14	0.5	0.5	0.6	0.4	0.4	0.8	0.6	0.3	0.4	0.4
15～19	1.0	1.2	1.1	1.1	0.8	1.2	1.0	0.9	0.9	0.6
20～24	1.8	2.0	2.1	1.9	1.5	1.6	1.7	1.7	1.1	1.3
25～29	4.1	4.5	3.7	3.3	3.1	3.0	2.9	2.6	2.6	2.9
30～34	10.1	9.4	9.6	9.4	8.3	8.4	8.3	7.2	6.3	6.2
35～39	26.7	25.5	24.8	24.2	20.6	19.0	19.2	18.0	16.2	17.2
40～44	55.9	53.4	51.7	51.9	48.9	47.0	42.5	40.6	37.1	35.1
45～49	86.8	83.0	83.5	82.5	82.3	77.9	76.2	72.3	71.2	68.4
50～54	152.5	147.7	137.4	125.1	120.9	115.9	112.1	107.3	99.9	101.5
55～59	291.5	274.0	257.7	240.1	215.5	208.7	192.1	178.8	158.9	151.6
60～64	559.5	507.4	490.7	453.1	408.6	380.4	358.7	324.5	291.5	276.4
65～69	1 069.3	984.3	926.8	864.3	787.1	737.4	695.4	639.5	563.9	544.3
70～74	1 860.9	1 793.6	1 703.3	1 631.6	1 506.7	1 481.1	1 329.4	1 240.0	1 106.1	1 061.1
75～79	3 145.3	3 093.2	3 006.6	2 894.6	2 652.5	2 514.9	2 378.1	2 267.0	2 034.9	2 053.9
80～84	4 641.7	4 607.2	4 641.5	4 439.2	4 188.4	4 036.2	3 827.6	3 646.8	3 385.6	3 356.6
85～89	5 681.1	5 842.9	6 081.3	5 920.0	5 746.4	5 748.5	5 328.3	5 407.4	4 853.4	4 774.1
90歳～	…	…	…	…	6 558.4	…	…	…	…	5 910.4
年齢調整死亡率 （人口10万対） Age-adjusted death rate (per 100,000 population)	314.5	304.7	297.7	283.9	265.0	254.4	237.9	226.1	204.3	202.0
女 Female	155.4	153.9	156.2	153.9	149.4	148.1	144.4	141.3	134.5	136.4
0～4歳 Years	1.5	1.1	1.4	1.2	1.4	1.2	1.5	1.3	1.0	0.8
5～9	0.4	0.4	0.5	0.5	0.2	0.4	0.4	0.4	0.4	0.1
10～14	0.4	0.4	0.5	0.4	0.4	0.3	0.3	0.3	0.4	0.4
15～19	0.7	0.7	0.6	0.7	0.9	0.7	0.5	0.7	0.5	0.5
20～24	1.5	1.5	1.3	1.2	1.2	1.2	1.4	0.8	1.1	1.0
25～29	3.1	1.9	2.3	1.9	1.8	1.8	1.5	1.9	1.6	1.5
30～34	4.4	3.8	3.7	3.6	4.0	3.7	3.0	3.3	3.5	2.8
35～39	10.0	9.6	8.5	8.8	8.5	7.7	8.0	7.8	7.4	7.5
40～44	19.4	20.0	20.1	20.8	19.2	18.5	16.9	17.0	16.2	15.3
45～49	39.3	42.2	40.3	37.6	36.1	37.1	34.7	32.3	33.8	33.8
50～54	86.3	82.5	76.3	70.8	68.5	63.1	60.5	56.4	53.6	51.9
55～59	160.5	151.3	139.4	135.0	120.9	114.4	102.6	94.7	87.8	84.3
60～64	301.6	283.3	266.4	254.6	233.9	211.6	201.5	178.7	167.2	160.7
65～69	628.5	578.3	542.4	516.2	455.4	434.6	402.4	370.2	338.1	322.8
70～74	1 195.0	1 133.8	1 084.8	1 046.9	978.3	948.5	868.5	806.4	709.0	672.3
75～79	2 209.0	2 181.6	2 148.8	2 072.5	1 925.0	1 837.0	1 719.6	1 633.8	1 490.3	1 439.9
80～84	3 536.2	3 478.3	3 605.7	3 478.8	3 294.8	3 270.1	3 044.3	2 926.4	2 694.0	2 661.2
85～89	4 703.2	4 890.6	5 261.5	5 107.1	4 780.1	4 936.0	4 863.3	4 668.3	4 326.5	4 097.8
90歳～	…	…	…	…	5 977.4	…	…	…	…	5 562.5
年齢調整死亡率 （人口10万対） Age-adjusted death rate (per 100,000 population)	209.1	203.9	202.4	194.9	183.0	176.8	166.2	156.8	143.9	140.9

Notes: 1) The categories of "80 - 84" in 1951 · 1954 represent the population aged 80 or over, and those of "85 - 89" in 1956 · 1959, 1961 · 1964, 1966 · 1969, 1971 · 1974, and 1976 · 1979 represent the population aged 85 or over.
2) The figures for cerebrovascular diseases in 1994 and earlier include transient ischemic attacks.
3) The base population for age-adjusted death rates is the model population of 1985.

第5表 (30-4)

第5表　脳血管疾患死亡数・粗死亡率（人口10万対）・年齢調整死亡率
Statistics 5　Numbers of deaths, crude death rates (per 100,000 population), and age-adjusted (large categories), sex and age group (by 5-year age scale): From 1951 to 2004

脳血管疾患　Cerebrovascular diseases
死亡数　Number of deaths

性・年齢階級 Sex/age group	昭和56年 1981	57年 1982	58年 1983	59年 1984	60年 1985	61年 1986	62年 1987	63年 1988	平成元年 1989	2年 1990
総　数　Total	157 351	147 537	145 880	140 093	134 994	129 289	123 626	128 695	120 652	121 944
0～4歳 Years	83	89	88	68	63	56	56	49	51	47
5～9	27	25	28	26	19	15	18	13	21	11
10～14	31	29	30	27	27	45	30	24	22	19
15～19	51	44	57	57	54	58	39	44	44	34
20～24	87	90	105	93	94	80	66	87	66	76
25～29	180	169	183	186	145	132	126	139	99	124
30～34	502	492	453	367	316	296	268	284	208	233
35～39	1 016	948	996	932	876	950	815	809	647	620
40～44	1 929	1 929	1 824	1 789	1 749	1 565	1 526	1 514	1 492	1 618
45～49	3 872	3 610	3 278	2 998	2 752	2 672	2 442	2 459	2 426	2 468
50～54	5 421	5 148	5 011	4 859	4 690	4 492	4 053	3 983	3 569	3 557
55～59	6 246	6 218	6 117	5 982	5 840	5 636	5 485	5 469	5 302	5 137
60～64	8 522	7 918	7 745	7 253	7 091	6 787	6 494	6 874	6 690	6 884
65～69	15 265	13 503	12 336	11 204	10 322	9 470	8 568	8 722	8 524	8 292
70～74	24 657	22 274	21 502	19 808	18 090	16 657	14 850	14 813	12 819	12 726
75～79	32 452	29 327	28 684	27 145	25 944	24 928	23 563	23 708	21 471	21 318
80～84	31 485	30 753	30 676	30 080	28 783	26 999	25 862	27 105	25 347	25 587
85～89	18 649	18 077	19 181	19 395	19 742	19 759	20 127	21 831	21 123	21 606
90歳～	6 860	6 871	7 555	7 797	8 376	8 645	9 194	10 735	10 701	11 548
不　詳 Not Stated	16	23	31	27	21	47	44	33	30	39
男　Male	78 510	73 192	71 631	68 262	65 287	61 832	58 744	60 832	56 938	57 627
0～4歳 Years	51	56	52	43	38	29	28	32	34	28
5～9	12	11	13	15	13	9	6	7	14	6
10～14	16	17	19	8	14	24	20	11	13	10
15～19	34	26	23	29	30	33	25	22	26	21
20～24	47	54	54	50	57	43	28	57	44	48
25～29	122	100	103	95	87	83	78	93	63	84
30～34	337	341	289	247	210	179	162	182	138	163
35～39	685	634	668	617	586	614	545	551	401	440
40～44	1 299	1 291	1 205	1 178	1 169	1 016	980	1 031	967	1 044
45～49	2 666	2 390	2 193	1 897	1 771	1 751	1 553	1 537	1 564	1 590
50～54	3 564	3 337	3 266	3 185	3 022	2 948	2 564	2 587	2 297	2 338
55～59	3 785	3 828	3 942	3 877	3 772	3 707	3 551	3 601	3 535	3 444
60～64	4 907	4 482	4 415	4 228	4 046	3 963	3 910	4 222	4 214	4 426
65～69	8 629	7 595	6 766	6 150	5 704	5 126	4 655	4 720	4 641	4 599
70～74	13 323	12 103	11 481	10 432	9 696	8 699	7 752	7 740	6 728	6 629
75～79	16 134	14 635	14 215	13 391	12 842	12 046	11 470	11 594	10 430	10 350
80～84	13 939	13 433	13 408	13 201	12 426	11 645	11 271	11 693	10 948	11 072
85～89	6 912	6 785	7 164	7 217	7 249	7 265	7 289	7 941	7 748	7 870
90歳～	2 035	2 053	2 328	2 377	2 537	2 607	2 816	3 181	3 105	3 429
不　詳 Not Stated	13	21	27	25	18	45	41	30	28	36
女　Female	78 841	74 345	74 249	71 831	69 707	67 457	64 882	67 863	63 714	64 317
0～4歳 Years	32	33	36	25	25	27	28	17	17	19
5～9	15	14	15	11	6	6	12	6	7	5
10～14	15	12	11	19	13	21	10	13	9	9
15～19	17	18	34	28	24	25	14	22	18	13
20～24	40	36	51	43	37	37	38	30	22	28
25～29	58	69	80	91	58	49	48	46	36	40
30～34	165	151	164	120	106	117	106	102	70	70
35～39	331	314	328	315	290	336	270	258	246	180
40～44	630	638	619	611	580	549	546	483	525	574
45～49	1 206	1 220	1 085	1 101	981	921	889	922	862	878
50～54	1 857	1 811	1 745	1 674	1 668	1 544	1 489	1 396	1 272	1 219
55～59	2 461	2 390	2 175	2 105	2 068	1 929	1 934	1 868	1 767	1 693
60～64	3 615	3 436	3 330	3 025	3 045	2 824	2 584	2 652	2 476	2 458
65～69	6 636	5 908	5 570	5 054	4 618	4 344	3 913	4 002	3 883	3 693
70～74	11 334	10 171	10 021	9 376	8 394	7 958	7 098	7 073	6 091	6 097
75～79	16 318	14 692	14 469	13 754	13 102	12 882	12 093	12 114	11 041	10 968
80～84	17 546	17 320	17 268	16 879	16 357	15 354	14 591	15 412	14 399	14 515
85～89	11 737	11 292	12 017	12 178	12 493	12 494	12 838	13 890	13 375	13 736
90歳～	4 825	4 818	5 227	5 420	5 839	6 038	6 378	7 554	7 596	8 119
不　詳 Not Stated	3	2	4	2	3	2	3	3	2	3

注：1）昭和26～29年の「80～84」は、「80歳以上」、昭和31～34年、36～39年、41～44年、46～49年、51～54年の「85～89歳」は「85歳以上」である。
　　2）平成6年以前の「脳血管疾患」には一過性脳虚血を含む。
　　3）年齢調整死亡率の基準人口は、昭和60年モデル人口である。

（人口10万対），病類（簡単分類）・性・年齢（5歳階級）別 －昭和26年～平成16年－
death rates (per 100,000 population) from cerebrovascular diseases, by disease type

粗死亡率（人口10万対） Crude death rates (per 100,000 population)

性・年齢階級 Sex/age group	昭和56年 1981	57年 1982	58年 1983	59年 1984	60年 1985	61年 1986	62年 1987	63年 1988	平成元年 1989	2年 1990
総数 Total	134.3	125.0	122.8	117.2	112.2	106.9	101.7	105.5	98.5	99.4
0～4歳 Years	1.0	1.1	1.1	0.9	0.9	0.8	0.8	0.7	0.8	0.7
5～9	0.3	0.3	0.3	0.3	0.2	0.2	0.2	0.2	0.3	0.1
10～14	0.3	0.3	0.3	0.3	0.3	0.5	0.3	0.3	0.2	0.2
15～19	0.6	0.5	0.7	0.6	0.6	0.6	0.4	0.4	0.4	0.3
20～24	1.1	1.2	1.3	1.2	1.2	1.0	0.8	1.0	0.8	0.9
25～29	2.1	2.1	2.3	2.4	1.9	1.7	1.6	1.8	1.3	1.6
30～34	4.4	4.5	4.4	3.9	3.5	3.5	3.3	3.6	2.7	3.0
35～39	11.7	10.5	10.4	9.3	8.2	8.4	7.5	7.9	6.8	6.9
40～44	22.8	22.2	20.5	19.3	19.3	18.1	17.0	15.9	14.9	15.2
45～49	47.3	43.7	39.7	36.7	33.6	32.0	28.5	28.0	26.4	27.5
50～54	73.7	68.5	65.3	62.5	59.4	55.9	50.0	49.1	44.5	44.1
55～59	105.5	99.6	93.4	87.9	83.8	78.9	75.1	73.3	70.2	66.6
60～64	188.5	169.7	159.4	140.8	131.9	119.0	108.1	109.1	102.2	102.2
65～69	380.1	334.2	304.4	279.1	247.3	222.2	194.6	189.9	174.9	162.9
70～74	777.8	679.9	636.7	570.5	509.7	460.0	406.4	403.2	351.4	334.0
75～79	1 582.3	1 372.3	1 292.7	1 158.6	1 043.9	947.5	860.0	834.5	730.8	707.2
80～84	2 702.6	2 478.1	2 338.1	2 200.4	2 013.8	1 854.3	1 678.3	1 676.3	1 469.4	1 396.9
85～89	4 219.2	3 789.7	3 710.1	3 526.4	3 277.9	3 025.9	2 842.8	2 883.9	2 650.3	2 594.1
90歳～	5 444.4	4 943.2	5 003.3	4 697.0	4 617.0	4 322.5	4 122.9	4 346.2	3 978.1	3 991.4
男 Male	136.2	126.1	122.6	116.1	110.5	104.0	98.4	101.4	94.6	95.6
0～4歳 Years	1.2	1.4	1.3	1.1	1.0	0.8	0.8	0.9	1.0	0.8
5～9	0.2	0.2	0.3	0.3	0.3	0.2	0.1	0.2	0.4	0.2
10～14	0.3	0.3	0.3	0.2	0.3	0.5	0.4	0.2	0.3	0.2
15～19	0.8	0.6	0.5	0.6	0.7	0.7	0.5	0.4	0.5	0.4
20～24	1.2	1.4	1.3	1.2	1.4	1.1	0.7	1.3	1.0	1.1
25～29	2.8	2.4	2.6	2.4	2.2	2.1	2.0	2.4	1.6	2.1
30～34	5.9	6.2	5.6	5.2	4.6	4.2	3.9	4.6	3.5	4.2
35～39	15.8	14.0	13.9	12.2	10.9	10.9	10.0	10.7	8.4	9.8
40～44	30.8	29.8	27.2	25.5	25.8	23.6	21.8	21.6	19.3	19.6
45～49	65.3	58.0	53.3	46.7	43.5	42.2	36.4	35.1	34.3	35.6
50～54	98.1	89.6	85.8	82.6	77.3	74.1	63.9	64.5	57.9	58.6
55～59	139.3	130.5	125.6	117.6	111.1	106.2	99.2	98.5	95.4	91.1
60～64	252.4	225.5	213.6	190.5	171.1	153.9	140.7	142.1	135.0	136.8
65～69	490.8	431.5	385.7	356.3	322.2	287.0	254.4	247.8	226.5	210.1
70～74	973.9	862.0	799.0	708.7	647.9	571.6	506.7	506.2	446.4	425.9
75～79	1 889.2	1 648.1	1 546.8	1 390.6	1 266.9	1 133.2	1 042.7	1 023.3	892.2	865.0
80～84	3 132.4	2 840.0	2 681.6	2 543.5	2 298.1	2 117.3	1 939.9	1 923.2	1 702.6	1 631.9
85～89	4 608.0	4 188.3	4 070.5	3 880.1	3 572.9	3 317.4	3 075.5	3 138.7	2 923.8	2 852.5
90歳～	5 814.9	5 264.1	5 414.0	5 057.4	4 825.8	4 573.7	4 400.0	4 544.3	4 085.5	4 209.4
年齢調整死亡率 （人口10万対） Age-adjusted death rate (per 100,000 population)	187.7	168.1	158.6	146.1	134.0	122.4	111.6	111.4	100.5	97.9
女 Female	132.4	124.0	123.0	118.3	113.9	109.7	105.0	109.3	102.3	103.0
0～4歳 Years	0.8	0.9	1.0	0.7	0.7	0.8	0.8	0.5	0.5	0.6
5～9	0.3	0.3	0.3	0.3	0.1	0.2	0.3	0.2	0.2	0.1
10～14	0.3	0.3	0.2	0.4	0.3	0.4	0.2	0.3	0.2	0.2
15～19	0.4	0.4	0.8	0.7	0.6	0.5	0.3	0.5	0.4	0.3
20～24	1.0	0.9	1.3	1.1	0.9	0.9	0.9	0.7	0.5	0.7
25～29	1.4	1.7	2.0	2.3	1.5	1.3	1.3	1.2	0.9	1.0
30～34	2.9	2.8	3.2	2.5	2.4	2.8	2.6	2.6	1.8	1.8
35～39	7.6	6.9	6.9	6.3	5.5	6.0	5.0	5.1	5.2	4.0
40～44	14.9	14.7	13.9	13.1	12.7	12.7	12.1	10.2	10.5	10.9
45～49	29.4	29.4	26.2	26.9	23.8	21.9	20.6	20.9	18.7	19.4
50～54	49.9	47.8	45.1	42.7	41.8	38.1	36.3	34.1	31.4	29.9
55～59	76.8	72.2	63.8	60.0	57.8	52.8	51.9	49.1	45.9	43.1
60～64	140.2	128.4	119.3	103.1	101.1	90.3	80.0	79.7	72.3	70.2
65～69	293.9	259.1	242.4	220.8	192.1	175.6	152.1	148.9	137.5	127.3
70～74	629.0	543.3	516.5	469.0	408.9	379.1	334.2	329.7	284.5	270.6
75～79	1 363.2	1 176.3	1 113.0	996.7	890.3	822.1	736.9	709.3	623.8	603.3
80～84	2 436.9	2 255.2	2 126.6	1 992.8	1 840.7	1 694.7	1 519.9	1 527.5	1 330.8	1 258.6
85～89	4 005.8	3 584.8	3 513.7	3 345.6	3 128.1	2 878.8	2 725.7	2 756.0	2 514.1	2 466.1
90歳～	5 302.2	4 818.0	4 795.4	4 593.2	4 531.8	4 252.1	4 011.3	4 267.8	3 935.8	3 906.0
年齢調整死亡率 （人口10万対） Age-adjusted death rate (per 100,000 population)	131.8	118.2	112.4	103.9	95.3	88.0	80.1	79.5	71.2	68.6

Notes: 1) The categories of "80 - 84" in 1951 - 1954 represent the population aged 80 or over, and those of "85 - 89" in 1956 - 1959, 1961 - 1964, 1966 - 1969, 1971 - 1974, and 1976 - 1979 represent the population aged 85 or over.
2) The figures for cerebrovascular diseases in 1994 and earlier include transient ischemic attacks.
3) The base population for age-adjusted death rates is the model population of 1985.

第5表 (30-5)

第5表 脳血管疾患死亡数・粗死亡率（人口10万対）・年齢調整死亡率
Statistics 5 Numbers of deaths, crude death rates (per 100,000 population), and age-adjusted (large categories), sex and age group (by 5-year age scale): From 1951 to 2004

脳血管疾患 Cerebrovascular diseases
死亡数 Number of deaths

性・年齢階級 Sex/age group	平成3年 1991	4年 1992	5年 1993	6年 1994	7年 1995	8年 1996	9年 1997	10年 1998	11年 1999	12年 2000
総数 Total	118 448	118 058	118 794	120 239	146 552	140 366	138 697	137 819	138 989	132 529
0～4歳 Years	48	43	39	41	38	28	34	33	17	23
5～9	14	11	14	14	10	14	16	15	13	13
10～14	15	25	24	14	23	25	23	20	28	19
15～19	40	53	42	37	41	54	38	38	41	29
20～24	71	68	69	79	74	82	74	79	71	51
25～29	123	118	120	113	112	152	141	134	134	112
30～34	256	214	230	237	273	263	250	258	252	229
35～39	509	502	457	464	483	461	477	479	476	458
40～44	1 602	1 505	1 387	1 176	1 177	1 089	995	955	948	858
45～49	2 387	2 286	2 351	2 354	2 475	2 653	2 461	2 272	2 086	1 907
50～54	3 426	3 303	3 428	3 382	3 499	3 299	3 205	3 332	3 368	3 456
55～59	5 053	5 032	4 745	4 423	4 747	4 481	4 231	4 311	4 333	4 322
60～64	6 699	6 887	6 879	6 661	7 447	7 173	6 745	6 390	6 300	5 833
65～69	8 371	8 665	8 851	9 116	10 638	10 115	10 023	10 002	9 959	9 125
70～74	11 900	11 758	11 689	11 835	14 667	14 121	13 982	14 369	14 445	14 000
75～79	19 822	19 064	18 807	18 093	21 482	20 102	19 622	19 382	19 976	18 842
80～84	25 452	25 186	25 302	25 118	31 341	29 309	28 221	27 116	26 447	24 774
85～89	20 560	20 602	20 793	22 134	28 602	28 073	28 388	28 124	28 427	26 791
90歳～	12 075	12 686	13 530	14 917	19 377	18 834	19 724	20 482	21 635	21 662
不詳 Not Stated	25	50	37	31	46	38	47	28	33	25
男 Male	55 740	55 431	55 279	55 510	69 587	66 479	65 790	65 529	66 452	63 127
0～4歳 Years	25	26	22	24	19	18	16	19	11	12
5～9	8	4	8	7	6	8	9	8	10	6
10～14	8	15	10	9	17	16	13	12	13	5
15～19	21	32	21	22	25	36	24	23	23	16
20～24	43	43	48	43	45	53	42	44	46	33
25～29	75	78	71	75	68	99	89	81	89	71
30～34	169	137	141	162	169	162	162	188	164	153
35～39	346	354	301	306	327	330	323	343	346	309
40～44	1 052	1 015	882	775	766	725	641	654	647	558
45～49	1 539	1 487	1 513	1 511	1 617	1 706	1 607	1 484	1 408	1 293
50～54	2 213	2 112	2 223	2 126	2 323	2 152	2 118	2 151	2 255	2 268
55～59	3 349	3 262	3 125	2 916	3 111	2 982	2 806	2 924	2 894	2 878
60～64	4 345	4 419	4 465	4 342	4 888	4 738	4 458	4 295	4 189	3 956
65～69	4 768	5 099	5 261	5 643	6 766	6 452	6 471	6 466	6 482	5 929
70～74	6 121	6 092	5 965	6 049	8 074	7 968	8 141	8 587	8 922	8 583
75～79	9 645	9 151	9 055	8 674	10 685	9 968	9 916	9 752	10 228	9 808
80～84	11 086	10 778	10 762	10 600	14 028	12 994	12 742	12 145	11 951	11 204
85～89	7 444	7 515	7 567	7 945	10 920	10 572	10 514	10 468	10 717	10 043
90歳～	3 460	3 769	3 809	4 252	5 689	5 465	5 653	5 863	6 028	5 979
不詳 Not Stated	23	43	30	29	44	35	45	22	29	23
女 Female	62 708	62 627	63 515	64 729	76 965	73 887	72 907	72 290	72 537	69 402
0～4歳 Years	23	17	17	17	19	10	18	14	6	11
5～9	6	7	6	7	4	6	7	7	3	7
10～14	7	10	14	5	6	9	10	8	15	14
15～19	19	21	21	15	16	18	14	15	18	13
20～24	28	25	21	36	29	29	32	35	25	18
25～29	48	40	49	38	44	53	52	53	45	41
30～34	87	77	89	75	104	101	88	70	88	76
35～39	163	148	156	158	156	131	154	136	130	149
40～44	550	490	505	401	411	364	354	301	301	300
45～49	848	799	838	843	858	947	854	788	678	614
50～54	1 213	1 191	1 205	1 256	1 176	1 147	1 087	1 181	1 113	1 188
55～59	1 704	1 770	1 620	1 507	1 636	1 499	1 425	1 387	1 439	1 444
60～64	2 354	2 468	2 414	2 319	2 559	2 435	2 287	2 095	2 111	1 877
65～69	3 603	3 566	3 590	3 473	3 872	3 663	3 552	3 536	3 477	3 196
70～74	5 779	5 666	5 724	5 786	6 593	6 153	5 841	5 782	5 523	5 417
75～79	10 177	9 913	9 752	9 419	10 797	10 134	9 706	9 630	9 748	9 034
80～84	14 366	14 408	14 540	14 518	17 313	16 315	15 479	14 971	14 496	13 570
85～89	13 116	13 087	13 226	14 189	17 682	17 501	17 874	17 656	17 710	16 748
90歳～	8 615	8 917	9 721	10 665	13 688	13 369	14 071	14 619	15 607	15 683
不詳 Not Stated	2	7	7	2	2	3	2	6	4	2

注：1) 昭和26～29年の「80～84」は、「80歳以上」、昭和31～34年、36～39年、41～44年、46～49年、51～54年の「85～89歳」は「85歳以上」である。
2) 平成6年以前の「脳血管疾患」には一過性脳虚血を含む。
3) 年齢調整死亡率の基準人口は、昭和60年モデル人口である。

（人口10万対），病類（簡単分類）・性・年齢（5歳階級）別　－昭和26年～平成16年－
death rates (per 100,000 population) from cerebrovascular diseases, by disease type

粗死亡率（人口10万対）　Crude death rates (per 100,000 population)

性・年齢階級 Sex/age group	平成3年 1991	4年 1992	5年 1993	6年 1994	7年 1995	8年 1996	9年 1997	10年 1998	11年 1999	12年 2000
総数 Total	96.2	95.6	96.0	96.9	117.9	112.6	111.0	110.0	110.8	105.5
0～4歳 Years	0.8	0.7	0.6	0.7	0.6	0.5	0.6	0.6	0.3	0.4
5～9	0.2	0.2	0.2	0.2	0.2	0.2	0.3	0.2	0.2	0.2
10～14	0.2	0.3	0.3	0.2	0.3	0.3	0.3	0.3	0.4	0.3
15～19	0.4	0.6	0.5	0.4	0.5	0.7	0.5	0.5	0.5	0.4
20～24	0.8	0.7	0.7	0.8	0.8	0.8	0.8	0.9	0.8	0.6
25～29	1.6	1.5	1.4	1.3	1.3	1.7	1.5	1.4	1.4	1.2
30～34	3.3	2.8	3.0	3.0	3.4	3.4	3.1	3.1	3.0	2.7
35～39	6.0	6.2	5.8	5.9	6.3	6.0	6.2	6.2	6.1	5.7
40～44	14.3	14.0	13.6	12.5	13.2	12.8	12.3	12.1	12.2	11.1
45～49	27.9	25.7	24.9	23.7	23.5	23.9	23.0	22.5	22.3	21.6
50～54	41.7	39.1	39.6	37.5	39.5	39.1	36.5	35.8	34.4	33.3
55～59	64.4	63.5	59.9	56.6	60.0	55.5	51.1	50.8	48.9	49.7
60～64	97.1	97.6	95.5	91.3	100.0	94.6	88.0	83.2	82.9	75.6
65～69	154.9	152.1	148.3	146.9	166.9	154.9	149.8	146.4	143.8	128.7
70～74	305.7	291.5	277.6	264.6	313.8	284.0	266.7	261.4	252.6	237.7
75～79	641.3	610.0	597.0	577.3	655.6	596.5	559.5	527.3	510.8	455.2
80～84	1 303.2	1 227.4	1 179.6	1 122.3	1 366.3	1 235.1	1 167.1	1 101.4	1 075.1	949.4
85～89	2 401.9	2 249.1	2 134.8	2 102.0	2 522.0	2 286.1	2 170.3	2 026.2	1 944.4	1 750.7
90歳～	3 750.0	3 573.5	3 478.1	3 568.7	4 383.2	3 981.8	3 757.0	3 519.2	3 396.4	3 092.6
男 Male	92.2	91.5	91.0	91.2	114.2	108.8	107.5	106.9	108.3	102.7
0～4歳 Years	0.8	0.8	0.7	0.8	0.6	0.6	0.5	0.6	0.4	0.4
5～9	0.2	0.1	0.2	0.2	0.2	0.2	0.3	0.3	0.3	0.2
10～14	0.2	0.4	0.3	0.2	0.4	0.4	0.4	0.3	0.4	0.1
15～19	0.4	0.7	0.4	0.5	0.6	0.9	0.6	0.6	0.6	0.4
20～24	0.9	0.9	1.0	0.8	0.9	1.1	0.9	0.9	1.0	0.8
25～29	1.9	1.9	1.7	1.7	1.6	2.1	1.9	1.7	1.8	1.5
30～34	4.4	3.5	3.6	4.1	4.2	4.1	4.0	4.5	3.8	3.5
35～39	8.1	8.6	7.6	7.8	8.4	8.5	8.3	8.8	8.8	7.7
40～44	18.7	18.8	17.3	16.4	17.1	17.0	15.7	16.5	16.5	14.4
45～49	36.2	33.5	32.1	30.5	30.6	30.6	29.9	29.3	30.1	29.1
50～54	54.4	50.5	51.9	47.6	52.9	51.5	48.5	46.5	46.2	43.7
55～59	87.1	84.1	80.6	76.1	80.1	75.2	68.9	70.1	66.6	67.3
60～64	130.8	129.7	128.5	123.4	135.9	129.2	120.2	115.7	114.0	105.8
65～69	199.9	198.1	191.2	195.3	226.5	209.8	205.2	200.7	198.5	176.8
70～74	389.4	377.4	354.8	334.6	418.1	377.8	357.2	351.8	347.8	321.9
75～79	788.6	743.4	734.4	712.2	851.8	781.2	754.1	708.7	689.2	605.0
80～84	1 548.3	1 442.8	1 388.6	1 313.5	1 707.4	1 532.3	1 481.6	1 396.0	1 386.4	1 226.9
85～89	2 639.7	2 505.0	2 387.1	2 343.7	3 024.7	2 738.9	2 577.0	2 434.4	2 376.3	2 107.5
90歳～	3 844.4	3 885.6	3 627.6	3 796.4	4 866.2	4 443.1	4 218.7	3 988.4	3 839.5	3 391.1
年齢調整死亡率（人口10万対）Age-adjusted death rate (per 100,000 population)	91.5	87.7	84.6	82.0	99.3	91.3	87.1	83.7	82.2	74.2
女 Female	100.0	99.6	100.7	102.4	121.4	116.2	114.4	113.1	113.2	108.2
0～4歳 Years	0.7	0.6	0.6	0.6	0.7	0.3	0.6	0.5	0.2	0.4
5～9	0.2	0.2	0.2	0.2	0.1	0.2	0.2	0.2	0.1	0.2
10～14	0.2	0.3	0.4	0.1	0.2	0.3	0.3	0.2	0.5	0.4
15～19	0.4	0.5	0.5	0.3	0.4	0.5	0.4	0.4	0.5	0.4
20～24	0.6	0.5	0.4	0.7	0.6	0.6	0.7	0.8	0.6	0.4
25～29	1.2	1.0	1.2	0.9	1.0	1.2	1.1	1.1	0.9	0.9
30～34	2.3	2.0	2.3	2.0	2.6	2.6	2.2	1.7	2.1	1.8
35～39	3.9	3.7	4.0	4.1	4.1	3.5	4.0	3.6	3.4	3.8
40～44	9.9	9.1	10.0	8.5	9.3	8.6	8.8	7.7	7.8	7.8
45～49	19.8	17.9	17.8	17.0	16.3	17.1	16.0	15.6	14.5	13.9
50～54	29.2	28.0	27.6	27.6	26.3	27.0	24.6	25.2	22.6	22.8
55～59	42.6	43.8	40.1	37.8	40.6	36.5	33.8	32.1	31.9	32.6
60～64	65.9	67.6	64.8	61.4	66.5	62.1	57.8	52.8	53.8	47.3
65～69	119.3	114.2	111.6	104.8	114.4	105.9	100.5	97.9	94.9	85.5
70～74	249.0	234.1	226.2	217.2	240.3	214.8	197.2	189.2	175.2	168.1
75～79	544.5	523.4	508.7	491.3	533.9	483.7	442.9	418.7	401.6	358.7
80～84	1 161.4	1 104.1	1 061.3	1 014.5	1 175.9	1 069.1	993.5	940.4	907.1	800.0
85～89	2 285.0	2 124.5	2 013.1	1 987.3	2 287.2	2 081.0	1 986.0	1 843.0	1 751.7	1 589.3
90歳～	3 697.4	3 456.2	3 435.0	3 485.3	4 209.5	3 819.7	3 598.7	3 360.7	3 251.5	2 992.2
年齢調整死亡率（人口10万対）Age-adjusted death rate (per 100,000 population)	64.0	60.9	59.1	57.1	64.0	58.5	54.8	51.9	49.9	45.7

Notes: 1) The categories of "80 - 84" in 1951 - 1954 represent the population aged 80 or over, and those of "85 - 89" in 1956 - 1959, 1961 - 1964, 1966 - 1969, 1971 - 1974, and 1976 - 1979 represent the population aged 85 or over.
2) The figures for cerebrovascular diseases in 1994 and earlier include transient ischemic attacks.
3) The base population for age-adjusted death rates is the model population of 1985.

第5表 脳血管疾患死亡数・粗死亡率（人口10万対）・年齢調整死亡率
Statistics 5 Numbers of deaths, crude death rates (per 100,000 population), and age-adjusted (large categories), sex and age group (by 5-year age scale): From 1951 to 2004

脳血管疾患　Cerebrovascular diseases
死亡数　Number of deaths

性・年齢階級 Sex/age group	平成13年 2001	14年 2002	15年 2003	16年 2004
総　数　Total	131 856	130 257	132 067	129 055
0～4歳 Years	28	13	17	16
5～9	13	13	12	11
10～14	14	8	18	17
15～19	31	27	31	21
20～24	54	61	66	50
25～29	113	110	116	94
30～34	250	272	224	242
35～39	474	441	476	455
40～44	868	880	851	829
45～49	1 751	1 587	1 518	1 501
50～54	3 601	3 419	3 232	2 796
55～59	3 975	3 994	4 095	4 167
60～64	5 482	5 348	5 538	5 420
65～69	8 741	8 723	8 395	7 879
70～74	13 646	13 185	13 072	12 495
75～79	18 937	18 865	19 466	18 866
80～84	23 902	23 245	23 621	23 112
85～89	26 938	26 035	25 841	24 780
90歳～	23 001	23 997	25 448	26 271
不　詳　Not Stated	37	34	30	33
男　Male	63 146	62 229	63 274	61 547
0～4歳 Years	19	12	6	11
5～9	8	5	7	8
10～14	8	4	13	9
15～19	23	14	19	13
20～24	34	32	45	31
25～29	71	71	69	52
30～34	170	171	158	170
35～39	332	324	342	315
40～44	589	615	605	569
45～49	1 191	1 064	1 037	1 014
50～54	2 409	2 327	2 218	1 860
55～59	2 672	2 684	2 726	2 799
60～64	3 739	3 562	3 778	3 699
65～69	5 762	5 734	5 620	5 229
70～74	8 643	8 380	8 344	7 926
75～79	10 215	10 360	10 979	11 022
80～84	10 813	10 478	10 570	10 410
85～89	10 052	9 918	9 857	9 303
90歳～	6 361	6 442	6 853	7 081
不　詳　Not Stated	35	32	28	26
女　Female	68 710	68 028	68 793	67 508
0～4歳 Years	9	1	11	5
5～9	5	8	5	3
10～14	6	4	5	8
15～19	8	13	12	8
20～24	20	29	21	19
25～29	42	39	47	42
30～34	80	101	66	72
35～39	142	117	134	140
40～44	279	265	246	260
45～49	560	523	481	487
50～54	1 192	1 092	1 014	936
55～59	1 303	1 310	1 369	1 368
60～64	1 743	1 786	1 760	1 721
65～69	2 979	2 989	2 775	2 650
70～74	5 003	4 805	4 728	4 569
75～79	8 722	8 505	8 487	7 844
80～84	13 089	12 767	13 051	12 702
85～89	16 886	16 117	15 984	15 477
90歳～	16 640	17 555	18 595	19 190
不　詳　Not Stated	2	2	2	7

注：1) 昭和26～29年の「80～84」は、「80歳以上」、昭和31～34年、36～39年、41～44年、46～49年、51～54年の「85～89歳」は「85歳以上」である。
　　2) 平成6年以前の「脳血管疾患」には一過性脳虚血を含む。
　　3) 年齢調整死亡率の基準人口は、昭和60年モデル人口である。

（人口10万対），病類（簡単分類）・性・年齢（5歳階級）別 －昭和26年～平成16年－
death rates (per 100,000 population) from cerebrovascular diseases, by disease type

粗死亡率（人口10万対）　Crude death rates (per 100,000 population)

性・年齢階級 Sex/age group	平成13年 2001	14年 2002	15年 2003	16年 2004
総　数　Total	104.7	103.4	104.7	102.3
0～4歳 Years	0.5	0.2	0.3	0.3
5～9	0.2	0.2	0.2	0.2
10～14	0.2	0.1	0.3	0.3
15～19	0.4	0.4	0.4	0.3
20～24	0.7	0.8	0.9	0.7
25～29	1.2	1.2	1.3	1.1
30～34	2.7	2.9	2.4	2.5
35～39	6.0	5.4	5.7	5.4
40～44	11.4	11.5	11.0	10.7
45～49	20.8	19.7	19.4	19.3
50～54	32.9	32.5	32.5	30.3
55～59	48.0	46.4	44.9	43.5
60～64	69.6	66.3	67.0	63.0
65～69	120.6	118.8	113.8	107.8
70～74	225.9	213.0	206.2	193.9
75～79	429.0	405.2	398.8	371.2
80～84	881.7	817.0	785.0	717.3
85～89	1 681.5	1 574.1	1 525.4	1 446.6
90歳～	2 979.4	2 810.0	2 739.3	2 593.4
男　Male	102.5	101.0	102.7	99.9
0～4歳 Years	0.6	0.4	0.2	0.4
5～9	0.3	0.2	0.2	0.3
10～14	0.2	0.1	0.4	0.3
15～19	0.6	0.4	0.5	0.4
20～24	0.8	0.8	1.1	0.8
25～29	1.5	1.5	1.5	1.2
30～34	3.7	3.6	3.3	3.5
35～39	8.4	7.9	8.2	7.4
40～44	15.3	15.9	15.5	14.5
45～49	28.1	26.3	26.4	26.1
50～54	44.1	44.3	44.8	40.5
55～59	65.7	63.4	60.6	59.1
60～64	97.9	91.1	94.2	88.7
65～69	167.9	164.8	160.8	150.7
70～74	314.9	297.3	288.8	269.5
75～79	575.2	539.3	534.5	510.0
80～84	1 151.5	1 071.4	1 022.2	925.3
85～89	2 018.5	1 937.1	1 891.9	1 775.4
90歳～	3 330.4	3 067.6	3 032.3	2 878.5
年齢調整死亡率 （人口10万対） Age-adjusted death rate (per 100,000 population)	71.4	67.7	66.5	62.5
女　Female	106.8	105.6	106.6	104.5
0～4歳 Years	0.3	0.0	0.4	0.2
5～9	0.2	0.3	0.2	0.1
10～14	0.2	0.1	0.2	0.3
15～19	0.2	0.4	0.4	0.2
20～24	0.5	0.8	0.6	0.5
25～29	0.9	0.9	1.1	1.0
30～34	1.8	2.2	1.4	1.5
35～39	3.7	2.9	3.3	3.3
40～44	7.4	6.9	6.4	6.7
45～49	13.3	13.0	12.3	12.6
50～54	21.7	20.7	20.3	20.2
55～59	31.0	30.0	29.6	28.2
60～64	43.0	43.0	41.4	38.8
65～69	78.0	77.3	71.6	69.0
70～74	151.9	142.5	137.1	130.4
75～79	330.6	311.0	300.3	268.5
80～84	738.7	683.8	660.8	605.4
85～89	1 529.5	1 411.3	1 362.7	1 300.6
90歳～	2 864.0	2 730.2	2 648.9	2 498.7
年齢調整死亡率 （人口10万対） Age-adjusted death rate (per 100,000 population)	42.8	40.6	39.2	37.0

Notes: 1) The categories of "80 - 84" in 1951 - 1954 represent the population aged 80 or over, and those of "85 - 89" in 1956 - 1959, 1961 - 1964, 1966 - 1969, 1971 - 1974, and 1976 - 1979 represent the population aged 85 or over.
2) The figures for cerebrovascular diseases in 1994 and earlier include transient ischemic attacks.
3) The base population for age-adjusted death rates is the model population of 1985.

第5表 (30-7)

第5表　脳血管疾患死亡数・粗死亡率（人口10万対）・年齢調整死亡率
Statistics 5　Numbers of deaths, crude death rates (per 100,000 population), and age-adjusted (large categories), sex and age group (by 5-year age scale): From 1951 to 2004

くも膜下出血　Subarachnoid haemorrhage
死亡数　Number of deaths

性・年齢階級 Sex/age group	昭和26年 1951	27年 1952	28年 1953	29年 1954	30年 1955	31年 1956	32年 1957	33年 1958	34年 1959	35年 1960
総数 Total	1 587	1 884	2 180	2 321	2 649	2 809	3 005	3 214	3 317	3 634
0〜4歳 Years	21	20	23	12	15	17	13	7	17	14
5〜9	10	13	10	11	20	14	20	12	13	18
10〜14	24	20	22	24	22	29	34	16	23	26
15〜19	32	46	33	29	38	43	38	35	43	58
20〜24	48	59	70	65	62	61	67	65	62	65
25〜29	63	60	85	60	62	87	88	109	103	92
30〜34	73	76	71	77	88	92	110	118	122	102
35〜39	93	86	98	90	114	127	127	135	128	151
40〜44	136	128	156	190	173	191	215	209	191	204
45〜49	190	174	226	229	310	295	268	322	319	342
50〜54	194	243	268	297	340	328	354	395	375	419
55〜59	189	220	292	331	337	368	430	461	438	520
60〜64	169	243	290	268	331	392	424	418	462	478
65〜69	140	224	207	258	315	310	324	359	411	441
70〜74	106	149	192	197	213	238	229	276	303	356
75〜79	72	91	91	116	141	151	175	160	191	218
80〜84	21	22	34	54	55	46	73	91	89	96
85〜89	5	9	8	10	9	19	13	20	21	26
90歳〜	1	1	4	3	4	1	3	6	6	8
不詳 Not Stated	−	−	−	−	−	−	−	−	−	−
男 Male	767	890	1 076	1 181	1 324	1 431	1 542	1 641	1 687	1 824
0〜4歳 Years	10	11	16	6	6	11	10	3	11	12
5〜9	8	8	6	6	15	10	14	9	6	5
10〜14	12	9	14	14	9	21	19	10	13	20
15〜19	20	29	20	16	28	25	26	16	24	37
20〜24	24	32	38	37	38	34	36	36	32	42
25〜29	32	33	44	41	37	56	56	54	65	52
30〜34	31	33	29	38	38	44	64	70	79	56
35〜39	37	50	51	41	61	74	72	76	67	85
40〜44	73	62	77	89	80	115	120	107	109	103
45〜49	95	81	131	137	164	158	137	168	177	185
50〜54	101	113	131	182	182	192	225	214	205	235
55〜59	97	117	154	179	172	183	229	245	239	287
60〜64	88	129	137	124	164	200	195	213	232	234
65〜69	57	81	94	129	158	130	151	178	180	198
70〜74	49	58	80	76	91	93	88	124	131	138
75〜79	25	35	31	52	66	64	72	65	78	78
80〜84	7	7	16	13	14	11	23	38	33	47
85〜89	1	2	5	1	1	10	5	10	5	8
90歳〜	−	−	2	−	−	−	−	5	1	2
不詳 Not Stated	−	−	−	−	−	−	−	−	−	−
女 Female	820	994	1 104	1 140	1 325	1 378	1 463	1 573	1 630	1 810
0〜4歳 Years	11	9	7	6	9	6	3	4	6	2
5〜9	2	5	4	5	5	4	6	3	7	13
10〜14	12	11	8	10	13	8	15	6	10	6
15〜19	12	17	13	13	10	18	12	19	19	21
20〜24	24	27	32	28	24	27	31	29	30	23
25〜29	31	27	41	19	25	31	32	55	38	40
30〜34	42	43	42	39	50	48	46	48	43	46
35〜39	56	36	47	49	53	53	55	59	61	66
40〜44	63	66	79	101	93	76	95	102	82	101
45〜49	95	93	95	92	146	137	131	154	142	157
50〜54	93	130	137	115	158	136	129	181	170	184
55〜59	92	103	138	152	165	185	201	216	199	233
60〜64	81	114	153	144	167	192	229	205	230	244
65〜69	83	143	113	129	157	180	173	181	231	243
70〜74	57	91	112	121	122	145	141	152	172	218
75〜79	47	56	60	64	75	87	103	95	113	140
80〜84	14	15	18	41	41	35	50	53	56	49
85〜89	4	7	3	9	8	9	8	10	16	18
90歳〜	1	1	2	3	4	1	3	1	5	6
不詳 Not Stated	−	−	−	−	−	−	−	−	−	−

注：1) 昭和26〜29年の「80〜84」は、「80歳以上」、昭和31〜34年、36〜39年、41〜44年、46〜49年、51〜54年の「85〜89歳」は「85歳以上」である。
　　2) 平成6年以前の「脳血管疾患」には一過性脳虚血を含む。
　　3) 年齢調整死亡率の基準人口は、昭和60年モデル人口である。

（人口10万対），病類（簡単分類）・性・年齢（5歳階級）別 －昭和26年～平成16年－
death rates (per 100,000 population) from cerebrovascular diseases, by disease type

粗死亡率（人口10万対） Crude death rates (per 100,000 population)

性・年齢階級 Sex/age group	昭和26年 1951	27年 1952	28年 1953	29年 1954	30年 1955	31年 1956	32年 1957	33年 1958	34年 1959	35年 1960
総数 Total	1.9	2.2	2.5	2.6	3.0	3.1	3.3	3.5	3.6	3.9
0～4歳 Years	0.2	0.2	0.2	0.1	0.2	0.2	0.2	0.1	0.2	0.2
5～9	0.1	0.1	0.1	0.1	0.2	0.1	0.2	0.1	0.1	0.2
10～14	0.3	0.2	0.2	0.2	0.2	0.3	0.4	0.2	0.2	0.2
15～19	0.4	0.5	0.4	0.3	0.4	0.5	0.4	0.4	0.4	0.6
20～24	0.6	0.7	0.9	0.8	0.7	0.7	0.8	0.8	0.7	0.8
25～29	1.0	0.9	1.2	0.8	0.8	1.1	1.1	1.4	1.3	1.1
30～34	1.4	1.4	1.3	1.3	1.4	1.4	1.6	1.7	1.7	1.4
35～39	1.8	1.7	1.9	1.8	2.2	2.5	2.4	2.5	2.2	2.5
40～44	2.9	2.7	3.2	3.9	3.5	3.8	4.3	4.2	3.9	4.1
45～49	4.8	4.3	5.5	5.4	7.1	6.5	5.8	6.8	6.7	7.1
50～54	5.5	6.7	7.2	7.8	8.8	8.6	9.1	10.0	9.2	10.0
55～59	6.6	7.6	9.7	10.7	10.5	11.1	12.5	13.1	12.2	14.3
60～64	7.2	10.1	12.0	11.0	13.3	15.1	15.9	15.0	16.2	16.3
65～69	8.0	12.6	11.3	13.5	16.0	15.4	15.8	17.3	19.5	20.4
70～74	8.2	11.3	14.3	14.5	15.3	17.2	16.3	19.1	20.1	22.8
75～79	9.7	11.7	11.3	13.7	16.1	16.8	19.3	17.3	20.3	22.8
80～84	6.9	7.6	10.3	14.1	14.6	11.2	17.1	20.2	18.8	19.9
85～89	…	…	…	…	8.1	14.1	10.6	15.8	15.1	16.7
90歳～	…	…	…	…	17.6	…	…	…	…	24.9
男 Male	1.8	2.1	2.5	2.7	3.0	3.2	3.4	3.6	3.7	4.0
0～4歳 Years	0.2	0.2	0.3	0.1	0.1	0.2	0.2	0.1	0.3	0.3
5～9	0.2	0.2	0.1	0.1	0.3	0.2	0.2	0.2	0.1	0.1
10～14	0.3	0.2	0.3	0.3	0.2	0.5	0.4	0.2	0.2	0.4
15～19	0.5	0.7	0.5	0.4	0.6	0.6	0.6	0.3	0.5	0.8
20～24	0.6	0.8	0.9	0.9	0.9	0.8	0.8	0.8	0.8	1.0
25～29	1.1	1.0	1.3	1.1	1.0	1.5	1.4	1.3	1.6	1.3
30～34	1.3	1.4	1.2	1.4	1.4	1.5	2.0	2.0	2.2	1.5
35～39	1.6	2.1	2.2	1.8	2.6	3.2	3.1	3.1	2.6	3.1
40～44	3.2	2.7	3.4	3.8	3.4	4.9	5.2	4.7	4.9	4.5
45～49	4.7	4.0	6.4	6.6	7.7	7.2	6.2	7.5	7.8	8.2
50～54	5.7	6.2	7.0	9.5	9.4	10.1	11.7	11.0	10.3	11.5
55～59	6.8	8.0	10.1	11.5	10.7	11.0	13.4	14.0	13.4	15.9
60～64	7.7	11.0	11.6	10.4	13.4	15.6	14.8	15.6	16.6	16.3
65～69	7.2	10.0	11.1	14.5	17.2	13.8	15.7	18.2	18.1	19.3
70～74	9.0	10.3	14.1	13.1	15.3	15.7	14.5	19.6	19.6	19.9
75～79	8.6	11.5	9.9	15.7	19.3	18.2	20.3	18.0	21.2	20.7
80～84	6.0	6.2	15.3	8.8	10.5	7.6	15.4	24.1	19.9	27.8
85～89	…	…	…	…	3.0	23.8	11.1	30.6	11.3	16.6
90歳～	…	…	…	…	－	…	…	…	…	24.2
年齢調整死亡率 （人口10万対） Age-adjusted death rate (per 100,000 population)	2.9	3.3	4.1	4.3	4.8	5.1	5.3	5.8	5.7	6.1
女 Female	1.9	2.3	2.5	2.5	2.9	3.0	3.2	3.4	3.4	3.8
0～4歳 Years	0.2	0.2	0.1	0.1	0.2	0.1	0.1	0.1	0.2	0.1
5～9	0.0	0.1	0.1	0.1	0.1	0.1	0.1	0.1	0.1	0.3
10～14	0.3	0.2	0.2	0.2	0.3	0.2	0.3	0.1	0.2	0.1
15～19	0.3	0.4	0.3	0.3	0.2	0.4	0.3	0.4	0.4	0.5
20～24	0.6	0.7	0.8	0.7	0.6	0.6	0.7	0.7	0.7	0.5
25～29	0.9	0.8	1.1	0.5	0.7	0.8	0.8	1.4	0.9	1.0
30～34	1.5	1.4	1.4	1.2	1.5	1.4	1.3	1.3	1.2	1.2
35～39	2.1	1.3	1.7	1.8	1.9	1.9	1.9	1.9	1.9	2.0
40～44	2.6	2.7	3.1	3.9	3.5	2.9	3.6	3.8	3.1	3.7
45～49	4.8	4.6	4.6	4.3	6.5	5.8	5.4	6.2	5.6	6.1
50～54	5.4	7.2	7.4	6.1	8.2	7.1	6.6	9.1	8.1	8.5
55～59	6.5	7.1	9.2	9.9	10.3	11.2	11.7	12.2	11.0	12.7
60～64	6.7	9.2	12.3	11.5	13.2	14.5	16.9	14.5	15.9	16.3
65～69	8.6	14.8	11.4	12.5	15.0	16.9	16.0	16.5	20.8	21.4
70～74	7.7	11.9	14.5	15.5	15.3	18.3	17.6	18.7	20.4	25.1
75～79	10.4	11.8	12.2	12.4	14.1	15.9	18.7	16.9	19.8	24.2
80～84	7.4	8.4	7.8	16.9	16.8	13.2	18.1	18.1	18.2	15.6
85～89	…	…	…	…	10.3	10.0	10.4	9.5	16.7	16.7
90歳～	…	…	…	…	23.6	…	…	…	…	25.1
年齢調整死亡率 （人口10万対） Age-adjusted death rate (per 100,000 population)	2.9	3.5	3.8	3.9	4.4	4.5	4.7	4.9	5.0	5.5

Notes: 1) The categories of "80 - 84" in 1951 - 1954 represent the population aged 80 or over, and those of "85 - 89" in 1956 - 1959, 1961 - 1964, 1966 - 1969, 1971 - 1974, and 1976 - 1979 represent the population aged 85 or over.
2) The figures for cerebrovascular diseases in 1994 and earlier include transient ischemic attacks.
3) The base population for age-adjusted death rates is the model population of 1985.

第5表　脳血管疾患死亡数・粗死亡率（人口10万対）・年齢調整死亡率
Statistics 5 Numbers of deaths, crude death rates (per 100,000 population), and age-adjusted (large categories), sex and age group (by 5-year age scale): From 1951 to 2004

くも膜下出血　Subarachnoid haemorrhage
死亡数　Number of deaths

性・年齢階級 Sex/age group	昭和36年 1961	37年 1962	38年 1963	39年 1964	40年 1965	41年 1966	42年 1967	43年 1968	44年 1969	45年 1970
総数　Total	3 752	3 782	3 895	3 998	4 533	4 708	4 731	4 989	5 291	5 278
0〜4歳 Years	12	19	18	12	14	11	16	19	27	19
5〜9	11	5	13	10	9	11	9	7	10	13
10〜14	35	28	23	20	20	20	26	19	15	15
15〜19	42	38	35	50	54	53	58	40	36	40
20〜24	73	56	65	60	68	69	57	58	68	67
25〜29	99	76	90	101	87	93	86	97	115	120
30〜34	146	151	160	156	146	178	158	178	190	172
35〜39	162	160	227	221	226	235	306	336	330	316
40〜44	202	209	224	242	324	343	317	372	437	428
45〜49	355	326	339	311	376	384	396	426	424	481
50〜54	437	473	440	448	502	513	504	546	521	502
55〜59	496	480	496	515	569	596	586	607	670	663
60〜64	514	520	550	539	605	623	641	644	676	691
65〜69	462	435	462	497	594	620	592	579	675	665
70〜74	343	415	362	407	445	444	458	513	539	497
75〜79	209	225	224	234	281	329	312	333	316	344
80〜84	119	113	133	135	155	125	149	151	179	169
85〜89	29	45	30	36	51	48	48	50	54	60
90歳〜	6	8	4	4	7	13	11	11	9	13
不詳　Not Stated	−	−	−	−	−	−	1	3	−	3
男　Male	1 904	1 972	1 975	1 988	2 323	2 390	2 328	2 555	2 719	2 677
0〜4歳 Years	5	12	14	6	8	7	10	12	18	12
5〜9	7	2	8	4	7	7	6	6	6	9
10〜14	17	16	13	8	11	13	12	11	8	8
15〜19	20	25	27	30	39	28	30	17	25	27
20〜24	40	34	38	36	40	38	35	36	38	39
25〜29	68	53	60	61	51	61	49	54	67	79
30〜34	97	96	104	102	91	116	107	127	117	109
35〜39	93	114	133	144	138	150	197	236	241	209
40〜44	99	117	106	133	202	209	171	235	274	285
45〜49	202	173	185	160	200	209	191	219	225	270
50〜54	226	269	224	222	272	275	268	287	253	257
55〜59	257	277	255	276	293	315	283	315	349	325
60〜64	270	255	290	265	308	317	307	331	320	329
65〜69	228	205	202	230	291	291	274	269	315	290
70〜74	144	165	174	165	189	174	188	210	231	204
75〜79	73	85	86	88	122	117	130	128	134	145
80〜84	45	51	41	45	49	45	48	44	74	57
85〜89	11	21	13	13	10	15	19	11	20	17
90歳〜	2	2	2	−	2	3	2	4	4	3
不詳　Not Stated	−	−	−	−	−	−	1	3	−	3
女　Female	1 848	1 810	1 920	2 010	2 210	2 318	2 403	2 434	2 572	2 601
0〜4歳 Years	7	7	4	6	6	4	6	7	9	7
5〜9	4	3	5	6	2	4	3	1	4	4
10〜14	18	12	10	12	9	7	14	8	7	7
15〜19	22	13	8	20	15	25	28	23	11	13
20〜24	33	22	27	24	28	31	22	22	30	28
25〜29	31	23	30	40	36	32	37	43	48	41
30〜34	49	55	56	54	55	62	51	51	73	63
35〜39	69	46	94	77	88	85	109	100	89	107
40〜44	103	92	118	109	122	134	146	137	163	143
45〜49	153	153	154	151	176	175	205	207	199	211
50〜54	211	204	216	226	230	238	236	259	268	245
55〜59	239	203	241	239	276	281	303	292	321	338
60〜64	244	265	260	274	297	306	334	313	356	362
65〜69	234	230	260	267	303	329	318	310	360	375
70〜74	199	250	188	242	256	270	270	303	308	293
75〜79	136	140	138	146	159	212	182	205	182	199
80〜84	74	62	92	90	106	80	101	107	105	112
85〜89	18	24	17	23	41	33	29	39	34	43
90歳〜	4	6	2	4	5	10	9	7	5	10
不詳　Not Stated	−	−	−	−	−	−	−	−	−	−

注：1) 昭和26〜29年の「80〜84」は、「80歳以上」、昭和31〜34年、36〜39年、41〜44年、46〜49年、51〜54年の「85〜89歳」は「85歳以上」である。
　　2) 平成6年以前の「脳血管疾患」には一過性脳虚血を含む。
　　3) 年齢調整死亡率の基準人口は、昭和60年モデル人口である。

（人口10万対），病類（簡単分類）・性・年齢（5歳階級）別 －昭和26年～平成16年－
death rates (per 100,000 population) from cerebrovascular diseases, by disease type

粗死亡率（人口10万対） Crude death rates (per 100,000 population)

性・年齢階級 Sex/age group	昭和36年 1961	37年 1962	38年 1963	39年 1964	40年 1965	41年 1966	42年 1967	43年 1968	44年 1969	45年 1970
総数 Total	4.0	3.9	4.1	4.1	4.6	4.8	4.7	4.9	5.2	5.1
0～4歳 Years	0.2	0.2	0.2	0.2	0.2	0.1	0.2	0.2	0.3	0.2
5～9	0.1	0.1	0.2	0.1	0.1	0.1	0.1	0.1	0.1	0.2
10～14	0.3	0.3	0.2	0.2	0.2	0.2	0.3	0.2	0.2	0.2
15～19	0.5	0.4	0.4	0.5	0.5	0.5	0.5	0.4	0.4	0.4
20～24	0.9	0.6	0.7	0.6	0.7	0.8	0.6	0.6	0.7	0.6
25～29	1.2	0.9	1.1	1.2	1.0	1.1	1.0	1.1	1.3	1.3
30～34	1.9	1.9	2.0	1.9	1.8	2.1	1.9	2.1	2.3	2.1
35～39	2.5	2.4	3.2	3.0	3.0	3.1	3.9	4.2	4.1	3.9
40～44	4.0	3.4	4.1	4.2	5.4	5.4	4.8	5.4	6.1	5.9
45～49	7.3	6.7	7.0	6.5	7.6	7.7	7.8	8.1	7.6	8.2
50～54	10.0	10.6	9.7	9.7	10.8	10.9	10.7	11.6	11.3	10.5
55～59	13.7	13.1	13.3	13.3	14.2	14.3	13.9	14.1	15.3	15.1
60～64	16.8	16.3	16.9	16.2	18.1	18.7	18.8	18.6	18.8	18.6
65～69	20.4	18.7	19.1	20.0	23.3	23.2	21.4	20.3	23.1	22.4
70～74	21.2	25.0	21.7	24.0	25.5	24.3	24.3	26.0	26.5	23.4
75～79	21.7	22.9	22.2	22.0	25.6	29.2	26.9	28.0	25.9	27.2
80～84	23.9	22.2	25.8	25.7	29.3	23.5	26.9	26.2	29.0	26.1
85～89	16.8	24.5	15.0	16.6	25.6	23.1	21.5	21.6	21.5	26.2
90歳～	…	…	…	…	13.8	…	…	…	…	19.8
男 Male	4.1	4.2	4.2	4.2	4.8	4.9	4.8	5.2	5.4	5.3
0～4歳 Years	0.1	0.3	0.3	0.1	0.2	0.2	0.2	0.3	0.4	0.3
5～9	0.2	0.0	0.2	0.1	0.2	0.2	0.2	0.2	0.1	0.2
10～14	0.3	0.3	0.3	0.2	0.2	0.3	0.3	0.3	0.2	0.2
15～19	0.4	0.5	0.5	0.6	0.7	0.5	0.5	0.3	0.5	0.6
20～24	1.0	0.8	0.8	0.8	0.9	0.9	0.8	0.8	0.8	0.7
25～29	1.7	1.3	1.5	1.5	1.2	1.4	1.1	1.2	1.5	1.8
30～34	2.5	2.4	2.6	2.5	2.2	2.8	2.6	3.1	2.9	2.6
35～39	3.1	3.6	3.9	4.0	3.7	3.9	5.0	5.9	6.0	5.1
40～44	4.3	5.0	4.4	5.2	7.4	7.0	5.4	6.9	7.7	7.8
45～49	8.9	7.7	8.3	7.3	9.0	9.4	8.5	9.4	9.0	10.2
50～54	10.7	12.7	10.4	10.3	12.5	12.6	12.4	13.4	12.1	12.0
55～59	14.4	15.2	14.0	14.8	15.2	15.9	14.2	15.7	17.1	16.0
60～64	18.0	16.4	18.3	16.4	19.0	19.6	18.7	19.9	18.7	18.8
65～69	21.3	18.6	17.5	19.5	23.9	22.9	20.9	19.9	22.8	20.8
70～74	19.9	22.1	23.4	21.7	24.0	21.1	22.0	23.5	25.1	21.3
75～79	18.8	21.3	21.1	20.2	27.0	25.1	26.9	25.9	26.3	27.3
80～84	25.6	28.5	22.5	24.2	26.2	23.7	24.1	20.9	32.5	23.7
85～89	22.8	39.0	22.7	18.3	16.6	22.8	25.6	18.1	27.9	23.8
90歳～	…	…	…	…	14.6	…	…	…	…	17.2
年齢調整死亡率 （人口10万対） Age-adjusted death rate (per 100,000 population)	6.2	6.4	6.1	6.1	7.0	7.0	6.7	7.1	7.4	7.1
女 Female	3.9	3.7	3.9	4.1	4.4	4.6	4.7	4.7	5.0	5.0
0～4歳 Years	0.2	0.2	0.1	0.2	0.2	0.1	0.1	0.2	0.2	0.2
5～9	0.1	0.1	0.2	0.2	0.1	0.1	0.1	0.0	0.1	0.1
10～14	0.3	0.2	0.2	0.3	0.2	0.2	0.3	0.2	0.2	0.2
15～19	0.5	0.3	0.2	0.4	0.3	0.4	0.5	0.4	0.2	0.3
20～24	0.8	0.5	0.6	0.5	0.6	0.7	0.5	0.5	0.6	0.5
25～29	0.7	0.6	0.7	1.0	0.9	0.7	0.9	1.0	1.0	0.9
30～34	1.3	1.4	1.4	1.3	1.3	1.5	1.2	1.2	1.8	1.5
35～39	2.0	1.3	2.6	2.1	2.3	2.2	2.8	2.5	2.2	2.6
40～44	3.7	3.2	3.9	3.4	3.8	4.0	4.2	3.9	4.5	3.9
45～49	5.9	5.9	5.9	5.8	6.5	6.4	7.2	7.0	6.4	6.6
50～54	9.3	8.7	9.0	9.2	9.3	9.4	9.3	10.2	10.6	9.3
55～59	13.0	10.9	12.6	11.9	13.3	12.9	13.6	12.7	13.6	14.2
60～64	15.6	16.2	15.6	16.0	17.3	17.8	19.0	17.3	18.8	18.4
65～69	19.6	18.8	20.4	20.4	22.6	23.5	21.8	20.6	23.3	23.7
70～74	22.3	27.4	20.4	25.9	26.8	26.9	26.1	28.0	27.7	25.1
75～79	23.7	23.9	23.0	23.2	24.7	32.1	26.8	29.5	25.6	27.1
80～84	23.1	18.9	27.6	26.4	31.1	23.4	28.6	29.3	27.0	27.5
85～89	14.6	19.1	11.8	15.9	29.5	23.2	19.7	23.1	18.9	27.2
90歳～	…	…	…	…	13.5	…	…	…	…	20.7
年齢調整死亡率 （人口10万対） Age-adjusted death rate (per 100,000 population)	5.4	5.2	5.4	5.5	6.0	6.1	6.1	6.1	6.2	6.1

Notes: 1) The categories of "80 - 84" in 1951 - 1954 represent the population aged 80 or over, and those of "85 - 89" in 1956 - 1959, 1961 - 1964, 1966 - 1969, 1971 - 1974, and 1976 - 1979 represent the population aged 85 or over.
2) The figures for cerebrovascular diseases in 1994 and earlier include transient ischemic attacks.
3) The base population for age-adjusted death rates is the model population of 1985.

第5表 (30-9)

第5表 脳血管疾患死亡数・粗死亡率（人口10万対）・年齢調整死亡率
Statistics 5　Numbers of deaths, crude death rates (per 100,000 population), and age-adjusted (large categories), sex and age group (by 5-year age scale): From 1951 to 2004

くも膜下出血　Subarachnoid haemorrhage
死亡数　Number of deaths

性・年齢階級 Sex/age group	昭和46年 1971	47年 1972	48年 1973	49年 1974	50年 1975	51年 1976	52年 1977	53年 1978	54年 1979	55年 1980
総数 Total	5 526	5 803	6 116	6 311	6 575	6 867	7 289	7 341	7 647	8 066
0～4歳 Years	20	15	24	21	20	21	19	21	14	8
5～9	16	8	17	16	7	12	14	9	9	4
10～14	13	18	21	16	13	26	24	11	11	15
15～19	37	38	29	35	36	34	27	34	19	25
20～24	82	77	65	57	55	56	59	41	33	35
25～29	127	118	130	112	110	110	92	93	66	63
30～34	190	203	209	172	192	185	209	178	176	146
35～39	317	345	354	346	317	290	368	357	330	340
40～44	452	534	520	560	565	557	589	576	528	522
45～49	507	557	601	705	703	731	741	798	818	877
50～54	552	588	605	619	623	767	772	801	894	970
55～59	653	678	699	706	750	769	838	780	868	919
60～64	698	732	777	797	866	849	936	885	929	947
65～69	645	684	722	745	862	932	937	995	1 038	1 041
70～74	556	591	608	668	683	688	720	766	873	909
75～79	377	363	452	429	442	489	552	583	605	740
80～84	207	177	189	220	223	251	264	280	323	358
85～89	57	66	74	67	83	80	102	107	87	114
90歳～	18	9	19	17	22	14	26	22	22	32
不詳 Not Stated	2	2	1	3	3	6	-	4	4	1
男 Male	2 825	2 914	3 108	3 178	3 164	3 249	3 599	3 446	3 464	3 633
0～4歳 Years	11	8	10	11	8	14	8	14	8	5
5～9	10	2	10	7	4	8	7	7	4	3
10～14	7	10	9	11	8	19	19	7	7	10
15～19	24	27	16	25	20	25	20	17	12	14
20～24	47	45	40	40	31	31	33	29	17	22
25～29	79	83	75	73	72	65	61	55	46	45
30～34	116	128	140	114	126	114	146	116	103	99
35～39	210	227	225	221	200	163	240	224	213	215
40～44	310	337	341	351	342	345	377	342	324	318
45～49	305	325	356	427	432	415	450	500	460	482
50～54	277	308	320	345	338	396	433	455	506	554
55～59	329	314	354	362	364	376	410	372	415	463
60～64	348	328	373	355	354	374	412	340	382	373
65～69	284	287	305	321	345	354	373	409	354	359
70～74	218	268	252	238	254	276	280	247	282	294
75～79	145	135	181	165	154	168	194	177	200	234
80～84	83	56	72	84	72	74	91	88	98	109
85～89	16	22	23	19	31	23	35	38	23	25
90歳～	4	2	5	6	6	3	10	5	6	8
不詳 Not Stated	2	2	1	3	3	6	-	4	4	1
女 Female	2 701	2 889	3 008	3 133	3 411	3 618	3 690	3 895	4 183	4 433
0～4歳 Years	9	7	14	10	12	7	11	7	6	3
5～9	6	6	7	9	3	4	7	2	5	1
10～14	6	8	12	5	5	7	5	4	4	5
15～19	13	11	13	10	16	9	7	17	7	11
20～24	35	32	25	17	24	25	26	12	16	13
25～29	48	35	55	39	38	45	31	38	20	18
30～34	74	75	69	58	66	71	63	62	73	47
35～39	107	118	129	125	117	127	128	133	117	125
40～44	142	197	179	209	223	212	212	234	204	204
45～49	202	232	245	278	271	316	291	298	358	395
50～54	275	280	285	274	285	371	339	346	388	416
55～59	324	364	345	344	386	393	428	408	453	456
60～64	350	404	404	442	512	475	524	545	547	574
65～69	361	397	417	424	517	578	564	586	684	682
70～74	338	323	356	430	429	412	440	519	591	615
75～79	232	228	271	264	288	321	358	406	405	506
80～84	124	121	117	136	151	177	173	192	225	249
85～89	41	44	51	48	52	57	67	69	64	89
90歳～	14	7	14	11	16	11	16	17	16	24
不詳 Not Stated	-	-	-	-	-	-	-	-	-	-

注：1）昭和26～29年の「80～84」は、「80歳以上」、昭和31～34年、36～39年、41～44年、46～49年、51～54年の「85～89歳」は「85歳以上」である。
　　2）平成6年以前の「脳血管疾患」には一過性脳虚血を含む。
　　3）年齢調整死亡率の基準人口は、昭和60年モデル人口である。

（人口10万対），病類（簡単分類）・性・年齢（5歳階級）別 －昭和26年～平成16年－
death rates (per 100,000 population) from cerebrovascular diseases, by disease type

粗死亡率（人口10万対）　Crude death rates (per 100,000 population)

性・年齢階級 Sex/age group	昭和46年 1971	47年 1972	48年 1973	49年 1974	50年 1975	51年 1976	52年 1977	53年 1978	54年 1979	55年 1980
総数 Total	5.3	5.5	5.7	5.8	5.9	6.1	6.4	6.4	6.6	6.9
0～4歳 Years	0.2	0.2	0.2	0.2	0.2	0.2	0.2	0.2	0.2	0.1
5～9	0.2	0.1	0.2	0.2	0.1	0.1	0.1	0.1	0.1	0.0
10～14	0.2	0.2	0.3	0.2	0.2	0.3	0.3	0.1	0.1	0.2
15～19	0.4	0.5	0.4	0.4	0.5	0.4	0.3	0.4	0.2	0.3
20～24	0.7	0.7	0.6	0.6	0.6	0.7	0.7	0.5	0.4	0.4
25～29	1.5	1.3	1.4	1.1	1.0	1.0	0.8	0.9	0.7	0.7
30～34	2.2	2.3	2.4	1.9	2.1	2.1	2.3	1.9	1.7	1.4
35～39	3.8	4.1	4.2	4.2	3.8	3.4	4.2	4.0	3.5	3.7
40～44	6.1	7.0	6.6	7.0	6.9	6.7	7.0	6.9	6.4	6.3
45～49	8.2	8.6	8.8	10.0	9.6	9.8	9.6	10.2	10.3	10.9
50～54	11.3	11.8	11.6	11.2	10.8	12.5	12.0	11.9	12.7	13.5
55～59	14.7	15.2	15.5	15.8	16.1	16.4	17.2	15.4	16.2	16.5
60～64	18.0	18.4	19.0	19.2	20.3	19.7	21.6	20.4	21.6	21.3
65～69	21.8	22.5	23.0	22.8	25.1	25.7	25.3	26.1	26.6	26.4
70～74	24.9	25.4	25.0	26.8	26.6	27.0	27.0	27.9	30.4	30.2
75～79	27.8	26.0	30.4	27.9	27.0	28.4	30.4	30.7	30.7	36.4
80～84	30.6	25.2	25.8	29.1	27.6	29.4	28.9	28.7	31.4	32.8
85～89	24.0	23.3	26.9	22.8	26.9	22.8	29.7	28.0	21.9	27.9
90歳～	…	…	…	…	27.0	…	…	…	…	26.9
男 Male	5.5	5.6	5.9	5.9	5.8	5.9	6.4	6.1	6.1	6.4
0～4歳 Years	0.2	0.2	0.2	0.2	0.2	0.3	0.2	0.3	0.2	0.1
5～9	0.2	0.0	0.2	0.2	0.1	0.2	0.1	0.1	0.1	0.1
10～14	0.2	0.3	0.2	0.3	0.2	0.5	0.4	0.2	0.2	0.2
15～19	0.6	0.6	0.4	0.6	0.5	0.6	0.5	0.4	0.3	0.3
20～24	0.8	0.8	0.8	0.8	0.7	0.7	0.8	0.7	0.4	0.6
25～29	1.9	1.9	1.6	1.5	1.3	1.1	1.1	1.1	1.0	1.0
30～34	2.8	3.0	3.2	2.5	2.7	2.6	3.2	2.4	2.0	1.8
35～39	5.0	5.4	5.4	5.4	4.8	3.8	5.5	5.0	4.6	4.7
40～44	8.3	8.8	8.6	8.7	8.3	8.3	9.0	8.2	7.8	7.7
45～49	10.6	10.5	10.7	12.3	11.9	11.1	11.7	12.7	11.6	12.0
50～54	13.0	14.1	14.0	14.1	13.0	13.9	14.2	13.9	14.7	15.7
55～59	16.1	15.5	17.4	18.0	17.7	18.3	19.4	17.0	17.7	18.6
60～64	19.4	17.9	20.0	18.8	18.4	19.3	21.2	17.6	20.1	19.3
65～69	20.5	20.3	21.0	21.4	22.1	21.8	22.5	24.2	20.6	20.7
70～74	21.8	25.6	23.1	21.3	22.2	24.5	23.7	20.3	22.3	22.4
75～79	25.5	23.1	29.1	25.6	22.4	23.1	25.5	22.2	24.2	27.7
80～84	32.7	21.3	26.2	29.4	23.4	22.5	26.1	23.5	24.8	26.2
85～89	21.1	24.5	26.2	21.7	30.8	20.0	32.6	29.1	18.0	18.1
90歳～	…	…	…	…	27.7	…	…	…	…	24.1
年齢調整死亡率 （人口10万対） Age-adjusted death rate (per 100,000 population)	7.3	7.3	7.6	7.6	7.3	7.3	7.9	7.4	7.2	7.4
女 Female	5.1	5.4	5.5	5.6	6.0	6.3	6.4	6.7	7.1	7.5
0～4歳 Years	0.2	0.2	0.3	0.2	0.2	0.1	0.2	0.2	0.1	0.1
5～9	0.2	0.1	0.2	0.2	0.1	0.1	0.2	0.0	0.1	0.0
10～14	0.2	0.2	0.3	0.1	0.1	0.2	0.1	0.1	0.1	0.1
15～19	0.3	0.3	0.3	0.3	0.4	0.2	0.2	0.4	0.2	0.3
20～24	0.6	0.6	0.5	0.4	0.5	0.6	0.6	0.3	0.4	0.3
25～29	1.1	0.8	1.1	0.8	0.7	0.8	0.6	0.7	0.4	0.4
30～34	1.7	1.7	1.5	1.2	1.4	1.6	1.4	1.3	1.5	0.9
35～39	2.6	2.8	3.1	3.0	2.8	3.0	2.9	3.0	2.5	2.7
40～44	3.8	5.2	4.5	5.2	5.5	5.1	5.1	5.6	4.9	4.9
45～49	6.1	6.8	7.0	7.8	7.3	8.5	7.6	7.6	9.0	9.8
50～54	10.1	10.0	9.7	8.9	9.0	11.3	10.0	10.0	10.9	11.4
55～59	13.4	15.0	13.9	13.9	14.9	14.9	15.5	14.2	15.0	14.8
60～64	16.9	18.8	18.2	19.5	21.9	19.9	21.8	22.6	22.8	22.9
65～69	23.0	24.4	24.7	23.9	27.6	29.0	27.5	27.7	31.4	30.8
70～74	27.5	25.1	26.5	31.1	30.1	29.0	29.7	33.9	36.6	36.2
75～79	29.5	28.2	31.4	29.6	30.3	32.4	33.9	36.8	35.4	42.7
80～84	29.3	27.6	25.5	28.8	30.2	33.7	30.7	31.8	35.4	36.9
85～89	25.3	22.8	27.2	23.3	25.0	24.0	28.2	27.6	23.8	32.9
90歳～	…	…	…	…	26.7	…	…	…	…	27.9
年齢調整死亡率 （人口10万対） Age-adjusted death rate (per 100,000 population)	6.2	6.4	6.4	6.5	6.9	7.1	7.0	7.2	7.5	7.7

Notes: 1) The categories of "80 - 84" in 1951 - 1954 represent the population aged 80 or over, and those of "85 - 89" in 1956 - 1959, 1961 - 1964, 1966 - 1969, 1971 - 1974, and 1976 - 1979 represent the population aged 85 or over.
2) The figures for cerebrovascular diseases in 1994 and earlier include transient ischemic attacks.
3) The base population for age-adjusted death rates is the model population of 1985.

第5表　脳血管疾患死亡数・粗死亡率（人口10万対）・年齢調整死亡率
Statistics 5　Numbers of deaths, crude death rates (per 100,000 population), and age-adjusted (large categories), sex and age group (by 5-year age scale): From 1951 to 2004

くも膜下出血　Subarachnoid haemorrhage
死亡数　Number of deaths

性・年齢階級 Sex/age group	昭和56年 1981	57年 1982	58年 1983	59年 1984	60年 1985	61年 1986	62年 1987	63年 1988	平成元年 1989	2年 1990
総数 Total	8 585	8 953	9 551	9 823	10 257	10 698	11 010	11 441	11 633	12 281
0～4歳 Years	9	9	9	10	6	9	8	6	8	10
5～9	4	7	3	6	5	2	5	2	4	4
10～14	6	9	10	2	6	7	6	5	5	4
15～19	14	20	10	16	19	19	9	13	11	10
20～24	38	38	37	19	40	30	23	35	24	30
25～29	63	51	59	62	53	52	48	65	39	54
30～34	176	178	155	148	116	136	112	120	99	109
35～39	327	332	356	357	345	376	333	322	310	266
40～44	545	519	588	600	638	574	580	604	617	692
45～49	918	894	875	834	848	840	845	843	902	963
50～54	1 013	1 064	1 141	1 121	1 173	1 165	1 153	1 157	1 077	1 094
55～59	987	1 061	1 119	1 145	1 233	1 248	1 321	1 321	1 342	1 422
60～64	956	1 026	1 070	1 073	1 167	1 272	1 266	1 390	1 390	1 447
65～69	1 152	1 145	1 238	1 200	1 175	1 242	1 293	1 296	1 378	1 408
70～74	1 023	1 140	1 191	1 306	1 317	1 383	1 471	1 413	1 330	1 432
75～79	784	832	928	1 026	1 133	1 212	1 246	1 419	1 519	1 598
80～84	390	439	493	596	647	754	815	890	985	1 068
85～89	147	150	221	247	270	280	367	414	447	518
90歳～	33	38	48	53	62	89	103	121	143	144
不詳 Not Stated	-	1	-	2	4	8	6	5	3	8
男 Male	3 767	3 858	4 042	4 011	4 133	4 300	4 221	4 420	4 464	4 856
0～4歳 Years	5	6	6	7	4	4	5	4	4	5
5～9	3	3	1	4	4	2	-	2	3	2
10～14	2	5	8	1	3	4	3	4	3	3
15～19	8	13	4	7	8	13	4	8	7	7
20～24	19	25	22	14	28	17	16	20	17	20
25～29	45	36	35	37	36	37	29	48	27	40
30～34	111	114	94	106	69	82	66	78	61	76
35～39	197	216	219	217	214	221	203	207	171	188
40～44	319	310	343	344	382	331	337	364	357	398
45～49	524	522	501	439	435	480	452	431	486	529
50～54	568	572	599	601	624	648	595	608	571	575
55～59	492	532	595	585	636	640	665	699	706	765
60～64	395	379	439	426	461	540	511	581	621	637
65～69	382	411	417	429	365	404	410	403	440	495
70～74	326	338	356	350	358	383	387	379	342	394
75～79	229	202	237	237	283	261	277	312	355	370
80～84	106	117	106	131	149	166	176	172	191	227
85～89	28	43	49	59	56	47	62	74	80	87
90歳～	8	13	11	15	15	14	20	21	20	31
不詳 Not Stated	-	1	-	2	3	6	3	5	2	7
女 Female	4 818	5 095	5 509	5 812	6 124	6 398	6 789	7 021	7 169	7 425
0～4歳 Years	4	3	3	3	2	5	3	2	4	5
5～9	1	4	2	2	1	-	5	-	1	2
10～14	4	4	2	1	3	3	3	1	2	1
15～19	6	7	6	9	11	6	5	5	4	3
20～24	19	13	15	5	12	13	7	15	7	10
25～29	18	15	24	25	17	15	19	17	12	14
30～34	65	64	61	42	47	54	46	42	38	33
35～39	130	116	137	140	131	155	130	115	139	78
40～44	226	209	245	256	256	243	243	240	260	294
45～49	394	372	374	395	413	360	393	412	416	434
50～54	445	492	542	520	549	517	558	549	506	519
55～59	495	529	524	560	597	608	656	622	636	657
60～64	561	647	631	647	706	732	755	809	769	810
65～69	770	734	821	771	810	838	883	893	938	913
70～74	697	802	835	956	959	1 000	1 084	1 034	988	1 038
75～79	555	630	691	789	850	951	969	1 107	1 164	1 228
80～84	284	322	387	465	498	588	639	718	794	841
85～89	119	107	172	188	214	233	305	340	367	431
90歳～	25	25	37	38	47	75	83	100	123	113
不詳 Not Stated	-	-	-	-	1	2	3	-	1	1

注：1）昭和26～29年の「80～84」は、「80歳以上」、昭和31～34年、36～39年、41～44年、46～49年、51～54年の「85～89歳」は「85歳以上」である。
　　2）平成6年以前の「脳血管疾患」には一過性脳虚血を含む。
　　3）年齢調整死亡率の基準人口は、昭和60年モデル人口である。

（人口10万対），病類（簡単分類）・性・年齢（5歳階級）別 －昭和26年～平成16年－
death rates (per 100,000 population) from cerebrovascular diseases, by disease type

粗死亡率（人口10万対） Crude death rates (per 100,000 population)

性・年齢階級 Sex/age group	昭和56年 1981	57年 1982	58年 1983	59年 1984	60年 1985	61年 1986	62年 1987	63年 1988	平成元年 1989	2年 1990
総数 Total	7.3	7.6	8.0	8.2	8.5	8.8	9.1	9.4	9.5	10.0
0～4歳 Years	0.1	0.1	0.1	0.1	0.1	0.1	0.1	0.1	0.1	0.2
5～9	0.0	0.1	0.0	0.1	0.1	0.0	0.1	0.0	0.1	0.1
10～14	0.1	0.1	0.1	0.0	0.1	0.1	0.1	0.1	0.1	0.0
15～19	0.2	0.2	0.1	0.2	0.2	0.2	0.1	0.1	0.1	0.1
20～24	0.5	0.5	0.5	0.2	0.5	0.4	0.3	0.4	0.3	0.3
25～29	0.7	0.6	0.7	0.8	0.7	0.7	0.6	0.8	0.5	0.7
30～34	1.6	1.6	1.5	1.6	1.3	1.6	1.4	1.5	1.3	1.4
35～39	3.8	3.7	3.7	3.5	3.2	3.3	3.1	3.2	3.3	3.0
40～44	6.4	6.0	6.6	6.5	7.0	6.6	6.4	6.3	6.2	6.5
45～49	11.2	10.8	10.6	10.2	10.3	10.0	9.9	9.6	9.8	10.7
50～54	13.8	14.2	14.9	14.4	14.8	14.5	14.2	14.3	13.4	13.6
55～59	16.7	17.0	17.1	16.8	17.7	17.5	18.1	17.7	17.8	18.4
60～64	21.1	22.0	22.0	20.8	21.7	22.3	21.1	22.1	21.2	21.5
65～69	28.7	28.3	30.6	29.9	28.2	29.1	29.4	28.2	28.3	27.7
70～74	32.3	34.8	35.3	37.6	37.1	38.2	40.3	38.5	36.5	37.6
75～79	38.2	38.9	41.8	43.8	45.6	46.1	45.5	49.9	51.7	53.0
80～84	33.5	35.4	37.6	43.6	45.3	51.8	52.9	55.0	57.1	58.3
85～89	33.3	31.4	42.7	44.9	44.8	42.9	51.8	54.7	56.1	62.2
90歳～	26.2	27.3	31.8	31.9	34.2	44.5	46.2	49.0	53.2	49.8
男 Male	6.5	6.6	6.9	6.8	7.0	7.2	7.1	7.4	7.4	8.1
0～4歳 Years	0.1	0.1	0.2	0.2	0.1	0.1	0.1	0.1	0.1	0.2
5～9	0.1	0.1	0.0	0.1	0.1	0.0	-	0.1	0.1	0.1
10～14	0.0	0.1	0.2	0.0	0.0	0.1	0.1	0.1	0.1	0.1
15～19	0.2	0.3	0.1	0.2	0.2	0.3	0.1	0.2	0.1	0.1
20～24	0.5	0.6	0.5	0.3	0.7	0.4	0.4	0.5	0.4	0.5
25～29	1.0	0.9	0.9	0.9	0.9	1.0	0.7	1.2	0.7	1.0
30～34	2.0	2.1	1.8	2.2	1.5	1.9	1.6	2.0	1.5	2.0
35～39	4.5	4.8	4.6	4.3	4.0	3.9	3.7	4.0	3.6	4.2
40～44	7.6	7.2	7.7	7.4	8.4	7.7	7.5	7.6	7.1	7.5
45～49	12.8	12.7	12.2	10.8	10.7	11.6	10.6	9.9	10.7	11.8
50～54	15.6	15.4	15.7	15.6	16.0	16.3	14.8	15.2	14.4	14.4
55～59	18.1	18.1	19.0	17.7	18.7	18.3	18.6	19.1	19.1	20.2
60～64	20.3	19.1	21.2	19.2	19.5	21.0	18.4	19.6	19.9	19.7
65～69	21.7	23.4	23.8	24.9	20.6	22.6	22.4	21.2	21.5	22.6
70～74	23.8	24.1	24.8	23.8	23.9	25.2	25.3	24.8	22.7	25.3
75～79	26.8	22.7	25.8	24.6	27.9	24.6	25.2	27.5	30.4	30.9
80～84	23.8	24.7	21.2	25.2	27.6	30.2	30.3	28.3	29.7	33.5
85～89	18.7	26.5	27.8	31.7	27.6	21.5	26.2	29.2	30.2	31.5
90歳～	22.9	33.3	25.6	31.9	28.5	24.6	31.3	30.0	26.3	38.1
年齢調整死亡率 （人口10万対） Age-adjusted death rate (per 100,000 population)	7.5	7.5	7.7	7.4	7.5	7.6	7.3	7.4	7.3	7.8
女 Female	8.1	8.5	9.1	9.6	10.0	10.4	11.0	11.3	11.5	11.9
0～4歳 Years	0.1	0.1	0.1	0.1	0.1	0.1	0.1	0.1	0.1	0.2
5～9	0.0	0.1	0.0	0.0	0.1	-	0.1	-	0.0	0.1
10～14	0.1	0.1	0.0	0.0	0.1	0.1	0.0	0.0	0.0	0.0
15～19	0.2	0.2	0.1	0.2	0.3	0.1	0.1	0.1	0.1	0.1
20～24	0.5	0.3	0.4	0.1	0.3	0.3	0.2	0.4	0.2	0.2
25～29	0.4	0.4	0.6	0.6	0.4	0.4	0.5	0.4	0.3	0.4
30～34	1.2	1.2	1.2	0.9	1.1	1.3	1.1	1.1	1.0	0.9
35～39	3.0	2.6	2.9	2.8	2.5	2.8	2.4	2.3	3.0	1.8
40～44	5.3	4.8	5.5	5.5	5.6	5.6	5.4	5.0	5.2	5.6
45～49	9.6	9.0	9.0	9.6	10.0	8.6	9.1	9.3	9.0	9.6
50～54	12.0	13.0	14.0	13.3	13.8	12.7	13.6	13.4	12.5	12.7
55～59	15.4	16.0	15.4	16.0	16.7	16.6	17.6	16.4	16.5	16.7
60～64	21.8	24.2	22.6	22.1	23.4	23.4	23.4	24.3	22.4	23.1
65～69	34.1	32.2	35.7	33.7	33.7	33.9	34.3	33.2	33.2	31.5
70～74	38.7	42.8	43.0	47.8	46.7	47.6	51.0	48.2	46.1	46.1
75～79	46.4	50.4	53.2	57.2	57.8	60.7	59.0	64.8	65.8	67.5
80～84	39.4	41.9	47.7	54.9	56.0	64.9	66.6	71.2	73.4	72.9
85～89	40.6	34.0	50.3	51.6	53.6	53.7	64.8	67.5	69.0	77.4
90歳～	27.5	25.0	33.9	32.2	36.5	52.8	52.2	56.5	63.7	54.4
年齢調整死亡率 （人口10万対） Age-adjusted death rate (per 100,000 population)	8.2	8.4	8.8	9.0	9.1	9.2	9.5	9.5	9.4	9.4

Notes: 1) The categories of "80 - 84" in 1951 - 1954 represent the population aged 80 or over, and those of "85 - 89" in 1956 - 1959, 1961 - 1964, 1966 - 1969, 1971 - 1974, and 1976 - 1979 represent the population aged 85 or over.
2) The figures for cerebrovascular diseases in 1994 and earlier include transient ischemic attacks.
3) The base population for age-adjusted death rates is the model population of 1985.

第5表　脳血管疾患死亡数・粗死亡率（人口10万対）・年齢調整死亡率
Statistics 5　Numbers of deaths, crude death rates (per 100,000 population), and age-adjusted (large categories), sex and age group (by 5-year age scale): From 1951 to 2004

くも膜下出血　Subarachnoid haemorrhage
死亡数　Number of deaths

性・年齢階級 Sex/age group	平成3年 1991	4年 1992	5年 1993	6年 1994	7年 1995	8年 1996	9年 1997	10年 1998	11年 1999	12年 2000
総数 Total	12 653	12 826	13 293	13 161	14 424	14 612	14 384	14 815	15 054	14 815
0〜4歳 Years	8	11	6	5	8	9	6	11	3	9
5〜9	5	5	2	3	5	2	4	5	6	4
10〜14	3	8	3	1	10	12	6	11	8	4
15〜19	11	11	11	13	21	29	14	17	23	9
20〜24	24	26	26	36	28	42	41	40	35	29
25〜29	60	47	63	44	54	74	59	67	68	58
30〜34	125	92	102	120	146	131	112	119	117	110
35〜39	244	214	214	210	220	226	238	221	242	221
40〜44	670	642	582	488	482	487	454	456	435	401
45〜49	940	851	979	963	1 036	1 079	1 032	940	834	781
50〜54	1 178	1 128	1 181	1 179	1 257	1 204	1 117	1 237	1 221	1 253
55〜59	1 385	1 383	1 347	1 278	1 317	1 256	1 212	1 263	1 280	1 371
60〜64	1 557	1 567	1 590	1 481	1 667	1 629	1 558	1 566	1 506	1 407
65〜69	1 461	1 533	1 588	1 617	1 789	1 796	1 789	1 837	1 885	1 731
70〜74	1 456	1 478	1 570	1 646	1 783	1 796	1 797	1 792	1 949	1 904
75〜79	1 547	1 635	1 690	1 687	1 769	1 820	1 729	1 952	1 906	1 931
80〜84	1 198	1 322	1 371	1 365	1 581	1 659	1 680	1 680	1 732	1 690
85〜89	574	655	699	748	890	998	1 113	1 128	1 267	1 272
90歳〜	200	210	263	270	351	358	415	468	534	625
不詳 Not Stated	7	8	6	7	10	5	8	5	3	5
男 Male	4 855	4 909	5 047	4 858	5 477	5 616	5 418	5 708	5 834	5 544
0〜4歳 Years	3	9	3	2	3	5	1	5	3	3
5〜9	2	2	1	2	3	1	2	4	5	2
10〜14	1	3	-	1	8	7	4	7	2	1
15〜19	6	9	5	6	14	20	8	9	14	5
20〜24	16	17	19	18	16	25	23	22	25	18
25〜29	34	27	36	29	37	53	33	43	44	34
30〜34	81	60	63	80	99	85	75	87	76	75
35〜39	159	142	139	129	139	156	147	155	172	149
40〜44	393	383	339	285	282	291	252	274	271	229
45〜49	519	473	532	528	578	591	578	530	486	457
50〜54	641	587	660	596	714	663	613	694	696	686
55〜59	715	728	650	648	656	666	659	692	689	682
60〜64	699	730	718	665	750	744	746	727	714	678
65〜69	502	552	616	619	722	723	707	733	808	707
70〜74	377	419	405	456	522	574	531	601	684	642
75〜79	306	350	392	371	407	441	426	477	483	505
80〜84	262	258	316	241	313	328	351	371	347	341
85〜89	104	113	115	130	150	186	185	188	233	235
90歳〜	29	41	33	45	56	52	70	86	79	90
不詳 Not Stated	6	6	5	7	8	5	7	3	3	5
女 Female	7 798	7 917	8 246	8 303	8 947	8 996	8 966	9 107	9 220	9 271
0〜4歳 Years	5	2	3	3	5	4	5	6	-	6
5〜9	3	3	1	1	2	1	2	1	1	2
10〜14	2	5	3	-	2	5	2	4	6	3
15〜19	5	2	6	7	7	9	6	8	9	4
20〜24	8	9	7	18	12	17	18	18	10	11
25〜29	26	20	27	15	17	21	26	24	24	24
30〜34	44	32	39	40	47	46	37	32	41	35
35〜39	85	72	75	81	81	70	91	66	70	72
40〜44	277	259	243	203	200	196	202	182	164	172
45〜49	421	378	447	435	458	488	454	410	348	324
50〜54	537	541	521	583	543	541	504	543	525	567
55〜59	670	655	697	630	661	590	553	571	591	689
60〜64	858	837	872	816	917	885	812	839	792	729
65〜69	959	981	972	998	1 067	1 073	1 082	1 104	1 077	1 024
70〜74	1 079	1 059	1 165	1 190	1 261	1 222	1 266	1 191	1 265	1 262
75〜79	1 241	1 285	1 298	1 316	1 362	1 379	1 303	1 475	1 423	1 426
80〜84	936	1 064	1 055	1 124	1 268	1 331	1 329	1 309	1 385	1 349
85〜89	470	542	584	618	740	812	928	940	1 034	1 037
90歳〜	171	169	230	225	295	306	345	382	455	535
不詳 Not Stated	1	2	1	-	2	-	1	2	-	-

注：1) 昭和26〜29年の「80〜84」は、「80歳以上」、昭和31〜34年、36〜39年、41〜44年、46〜49年、51〜54年の「85〜89歳」は「85歳以上」である。
　　2) 平成6年以前の「脳血管疾患」には一過性脳虚血を含む。
　　3) 年齢調整死亡率の基準人口は、昭和60年モデル人口である。

（人口10万対），病類（簡単分類）・性・年齢（5歳階級）別 －昭和26年～平成16年－
death rates (per 100,000 population) from cerebrovascular diseases, by disease type

粗死亡率（人口10万対） Crude death rates (per 100,000 population)

性・年齢階級 Sex/age group	平成3年 1991	4年 1992	5年 1993	6年 1994	7年 1995	8年 1996	9年 1997	10年 1998	11年 1999	12年 2000
総数 Total	10.3	10.4	10.7	10.6	11.6	11.7	11.5	11.8	12.0	11.8
0～4歳 Years	0.1	0.2	0.1	0.1	0.1	0.2	0.1	0.2	0.1	0.2
5～9	0.1	0.1	0.0	0.0	0.1	0.0	0.1	0.1	0.1	0.1
10～14	0.0	0.1	0.0	0.0	0.1	0.2	0.1	0.1	0.1	0.1
15～19	0.1	0.1	0.1	0.1	0.2	0.4	0.2	0.2	0.3	0.1
20～24	0.3	0.3	0.3	0.4	0.3	0.4	0.4	0.4	0.4	0.3
25～29	0.8	0.6	0.8	0.5	0.6	0.8	0.6	0.7	0.7	0.6
30～34	1.6	1.2	1.3	1.5	1.8	1.7	1.4	1.4	1.4	1.3
35～39	2.9	2.6	2.7	2.7	2.9	3.0	3.1	2.9	3.1	2.8
40～44	6.0	6.0	5.7	5.2	5.4	5.7	5.6	5.8	5.6	5.2
45～49	11.0	9.6	10.4	9.7	9.8	9.7	9.6	9.3	8.9	8.8
50～54	14.3	13.4	13.7	13.1	14.2	14.3	12.7	13.3	12.5	12.1
55～59	17.7	17.5	17.0	16.3	16.6	15.6	14.6	14.9	14.5	15.8
60～64	22.6	22.2	22.1	20.3	22.4	21.5	20.3	20.4	19.8	18.2
65～69	27.0	26.9	26.6	26.1	28.1	27.5	26.7	26.9	27.2	24.4
70～74	37.4	36.6	37.3	36.8	38.1	36.1	34.3	32.6	34.1	32.3
75～79	50.0	52.3	53.7	53.8	54.0	54.0	49.3	53.1	48.7	46.6
80～84	61.3	64.4	63.9	61.0	68.9	69.9	69.5	68.2	70.4	64.8
85～89	67.1	71.5	71.8	71.0	78.5	81.3	85.1	81.3	86.7	83.1
90歳～	62.1	59.2	67.6	64.6	79.4	75.7	79.0	80.4	83.8	89.2
男 Male	8.0	8.1	8.3	8.0	9.0	9.2	8.9	9.3	9.5	9.0
0～4歳 Years	0.1	0.3	0.1	0.1	0.1	0.2	0.0	0.2	0.1	0.1
5～9	0.1	0.1	0.0	0.1	0.1	0.0	0.1	0.1	0.2	0.1
10～14	0.0	0.1	-	0.0	0.2	0.2	0.1	0.2	0.1	0.0
15～19	0.1	0.2	0.1	0.1	0.3	0.5	0.2	0.2	0.4	0.1
20～24	0.3	0.4	0.4	0.4	0.3	0.5	0.5	0.5	0.6	0.4
25～29	0.9	0.7	0.9	0.7	0.8	1.1	0.7	0.9	0.9	0.7
30～34	2.1	1.5	1.6	2.0	2.5	2.1	1.8	2.1	1.8	1.7
35～39	3.7	3.5	3.5	3.3	3.6	4.0	3.8	4.0	4.4	3.7
40～44	7.0	7.1	6.6	6.0	6.3	6.8	6.2	6.9	6.9	5.9
45～49	12.2	10.6	11.3	10.6	10.9	10.6	10.8	10.5	10.4	10.3
50～54	15.8	14.0	15.4	13.4	16.3	15.9	14.0	15.0	14.3	13.2
55～59	18.6	18.8	16.8	16.9	16.9	16.8	16.2	16.6	15.9	16.0
60～64	21.0	21.4	20.7	18.9	20.8	20.3	20.1	19.6	19.4	18.1
65～69	21.0	21.4	22.4	21.4	24.2	23.5	22.4	22.8	24.7	21.1
70～74	24.0	26.0	24.1	25.2	27.0	27.2	23.3	24.6	26.7	24.1
75～79	25.0	28.4	31.8	30.5	32.4	34.6	32.4	34.7	32.5	31.2
80～84	36.6	34.5	40.8	29.9	38.1	38.7	40.8	42.6	40.3	37.3
85～89	36.9	37.7	36.3	38.3	41.5	48.2	45.3	43.7	51.7	49.3
90歳～	32.2	42.3	31.4	40.2	47.9	42.3	52.2	58.5	50.3	51.0
年齢調整死亡率 （人口10万対） Age-adjusted death rate (per 100,000 population)	7.6	7.5	7.6	7.1	7.9	7.9	7.5	7.7	7.7	7.1
女 Female	12.4	12.6	13.1	13.1	14.1	14.1	14.1	14.2	14.4	14.5
0～4歳 Years	0.2	0.1	0.1	0.1	0.2	0.1	0.2	0.2	-	0.2
5～9	0.1	0.1	0.0	0.0	0.1	0.0	0.1	0.0	0.0	0.1
10～14	0.1	0.1	0.1	-	0.1	0.1	0.1	0.1	0.2	0.1
15～19	0.1	0.0	0.1	0.1	0.2	0.2	0.2	0.2	0.2	0.1
20～24	0.2	0.2	0.1	0.4	0.3	0.4	0.4	0.4	0.2	0.3
25～29	0.7	0.5	0.7	0.4	0.4	0.5	0.6	0.5	0.5	0.5
30～34	1.2	0.8	1.0	1.0	1.2	1.2	0.9	0.8	1.0	0.8
35～39	2.0	1.8	1.9	2.1	2.1	1.8	2.4	1.7	1.8	1.8
40～44	5.0	4.8	4.8	4.3	4.5	4.6	5.0	4.6	4.2	4.5
45～49	9.8	8.5	9.5	8.8	8.7	8.8	8.5	8.1	7.4	7.3
50～54	12.9	12.7	11.9	12.8	12.1	12.7	11.4	11.6	10.7	10.9
55～59	16.8	16.2	17.3	15.8	16.4	14.4	13.1	13.2	13.1	15.6
60～64	24.0	22.9	23.4	21.6	23.8	22.6	20.5	21.2	20.2	18.4
65～69	31.8	31.4	30.2	30.1	31.5	31.0	30.6	30.6	29.4	27.4
70～74	46.5	43.8	46.0	44.7	46.0	42.7	42.7	39.0	40.1	39.2
75～79	66.4	67.8	67.7	68.6	67.3	65.8	59.4	64.1	58.6	56.6
80～84	75.7	81.5	77.0	78.5	86.1	87.2	85.3	82.2	86.7	79.5
85～89	81.9	88.0	88.9	86.6	95.7	96.6	103.1	98.1	102.3	98.4
90歳～	73.4	65.5	81.3	73.5	90.7	87.4	88.2	87.8	94.8	102.1
年齢調整死亡率 （人口10万対） Age-adjusted death rate (per 100,000 population)	9.6	9.3	9.4	9.2	9.6	9.3	9.0	8.8	8.6	8.4

Notes: 1) The categories of "80 - 84" in 1951 - 1954 represent the population aged 80 or over, and those of "85 - 89" in 1956 - 1959, 1961 - 1964, 1966 - 1969, 1971 - 1974, and 1976 - 1979 represent the population aged 85 or over.
2) The figures for cerebrovascular diseases in 1994 and earlier include transient ischemic attacks.
3) The base population for age-adjusted death rates is the model population of 1985.

第5表　脳血管疾患死亡数・粗死亡率（人口10万対）・年齢調整死亡率
Statistics 5　Numbers of deaths, crude death rates (per 100,000 population), and age-adjusted (large categories), sex and age group (by 5-year age scale): From 1951 to 2004

くも膜下出血　Subarachnoid haemorrhage
死亡数　Number of deaths

性・年齢階級 Sex/age group	平成13年 2001	14年 2002	15年 2003	16年 2004
総数　Total	14 553	14 749	14 929	14 737
0～4歳 Years	5	3	1	2
5～9	5	8	3	5
10～14	5	4	9	9
15～19	18	11	13	12
20～24	30	23	32	21
25～29	54	65	60	46
30～34	112	135	116	115
35～39	250	202	216	222
40～44	417	401	367	392
45～49	738	669	635	614
50～54	1 221	1 226	1 091	1 005
55～59	1 254	1 261	1 330	1 262
60～64	1 303	1 367	1 359	1 424
65～69	1 643	1 621	1 615	1 553
70～74	1 870	1 903	1 921	1 848
75～79	1 922	2 075	2 065	2 063
80～84	1 762	1 720	1 916	1 923
85～89	1 297	1 350	1 377	1 353
90歳～	641	697	799	866
不詳　Not Stated	6	8	4	2
男　Male	5 556	5 654	5 656	5 543
0～4歳 Years	4	3	-	2
5～9	4	3	2	4
10～14	3	3	5	5
15～19	16	4	5	6
20～24	16	10	23	13
25～29	35	37	31	17
30～34	78	83	79	88
35～39	169	139	140	148
40～44	256	263	239	233
45～49	434	401	371	361
50～54	655	698	626	565
55～59	672	680	716	692
60～64	648	668	684	696
65～69	707	655	679	639
70～74	654	702	701	667
75～79	531	571	628	620
80～84	348	363	371	380
85～89	230	265	241	274
90歳～	90	99	111	132
不詳　Not Stated	6	7	4	1
女　Female	8 997	9 095	9 273	9 194
0～4歳 Years	1	-	1	-
5～9	1	5	1	1
10～14	2	1	4	4
15～19	2	7	8	6
20～24	14	13	9	8
25～29	19	28	29	29
30～34	34	52	37	27
35～39	81	63	76	74
40～44	161	138	128	159
45～49	304	268	264	253
50～54	566	528	465	440
55～59	582	581	614	570
60～64	655	699	675	728
65～69	936	966	936	914
70～74	1 216	1 201	1 220	1 181
75～79	1 391	1 504	1 437	1 443
80～84	1 414	1 357	1 545	1 543
85～89	1 067	1 085	1 136	1 079
90歳～	551	598	688	734
不詳　Not Stated	-	1	-	1

注：1）昭和26～29年の「80～84」は、「80歳以上」、昭和31～34年、36～39年、41～44年、46～49年、51～54年の「85～89歳」は「85歳以上」である。
　　2）平成6年以前の「脳血管疾患」には一過性脳虚血を含む。
　　3）年齢調整死亡率の基準人口は、昭和60年モデル人口である。

（人口10万対），病類（簡単分類）・性・年齢（5歳階級）別　－昭和26年～平成16年－
death rates (per 100,000 population) from cerebrovascular diseases, by disease type

粗死亡率（人口10万対）　Crude death rates (per 100,000 population)

性・年齢階級 Sex/age group	平成13年 2001	14年 2002	15年 2003	16年 2004
総　数　Total	11.6	11.7	11.8	11.7
0～4歳 Years	0.1	0.1	0.0	0.0
5～9	0.1	0.1	0.1	0.1
10～14	0.1	0.1	0.1	0.1
15～19	0.2	0.2	0.2	0.2
20～24	0.4	0.3	0.4	0.3
25～29	0.6	0.7	0.7	0.5
30～34	1.2	1.5	1.2	1.2
35～39	3.2	2.5	2.6	2.6
40～44	5.5	5.2	4.7	5.0
45～49	8.7	8.3	8.1	7.9
50～54	11.2	11.6	11.0	10.9
55～59	15.2	14.7	14.6	13.2
60～64	16.5	17.0	16.4	16.5
65～69	22.7	22.1	21.9	21.2
70～74	31.0	30.7	30.3	28.7
75～79	43.5	44.6	42.3	40.6
80～84	65.0	60.5	63.7	59.7
85～89	81.0	81.6	81.3	79.0
90歳～	83.0	81.6	86.0	85.5
男　Male	9.0	9.2	9.2	9.0
0～4歳 Years	0.1	0.1	－	0.1
5～9	0.1	0.1	0.1	0.1
10～14	0.1	0.1	0.2	0.2
15～19	0.4	0.1	0.1	0.2
20～24	0.4	0.2	0.6	0.3
25～29	0.7	0.8	0.7	0.4
30～34	1.7	1.8	1.6	1.8
35～39	4.3	3.4	3.3	3.5
40～44	6.6	6.8	6.1	6.0
45～49	10.3	9.9	9.4	9.3
50～54	12.0	13.3	12.6	12.3
55～59	16.5	16.1	15.9	14.6
60～64	17.0	17.1	17.1	16.7
65～69	20.6	18.8	19.4	18.4
70～74	23.8	24.9	24.3	22.7
75～79	29.9	29.7	30.6	28.7
80～84	37.1	37.1	35.9	33.8
85～89	46.2	51.8	46.3	52.3
90歳～	47.1	47.1	49.1	53.7
年齢調整死亡率 （人口10万対） Age-adjusted death rate (per 100,000 population)	7.1	7.0	6.9	6.6
女　Female	14.0	14.1	14.4	14.2
0～4歳 Years	0.0	－	0.0	－
5～9	0.0	0.2	0.0	0.0
10～14	0.1	0.0	0.1	0.1
15～19	0.1	0.2	0.2	0.2
20～24	0.4	0.3	0.2	0.2
25～29	0.4	0.6	0.7	0.7
30～34	0.8	1.1	0.8	0.6
35～39	2.1	1.6	1.8	1.8
40～44	4.2	3.6	3.3	4.1
45～49	7.2	6.7	6.8	6.5
50～54	10.3	10.0	9.3	9.5
55～59	13.8	13.3	13.3	11.8
60～64	16.1	16.8	15.9	16.4
65～69	24.5	25.0	24.1	23.8
70～74	36.9	35.6	35.4	33.7
75～79	52.7	55.0	50.8	49.4
80～84	79.8	72.7	78.2	73.5
85～89	96.6	95.0	96.8	90.7
90歳～	94.8	93.0	98.0	95.6
年齢調整死亡率 （人口10万対） Age-adjusted death rate (per 100,000 population)	7.9	7.8	7.6	7.4

Notes: 1) The categories of "80 - 84" in 1951 - 1954 represent the population aged 80 or over, and those of "85 - 89" in 1956 - 1959, 1961 - 1964, 1966 - 1969, 1971 - 1974, and 1976 - 1979 represent the population aged 85 or over.
2) The figures for cerebrovascular diseases in 1994 and earlier include transient ischemic attacks.
3) The base population for age-adjusted death rates is the model population of 1985.

第5表（30-13）

第5表 脳血管疾患死亡数・粗死亡率（人口10万対）・年齢調整死亡率
Statistics 5 Numbers of deaths, crude death rates (per 100,000 population), and age-adjusted (large categories), sex and age group (by 5-year age scale): From 1951 to 2004

脳内出血 Cerebral haemorrhage
死亡数 Number of deaths

性・年齢階級 Sex/age group	昭和26年 1951	27年 1952	28年 1953	29年 1954	30年 1955	31年 1956	32年 1957	33年 1958	34年 1959	35年 1960
総数 Total	98 441	99 789	103 846	103 111	104 793	112 863	114 775	111 611	113 317	115 230
0～4歳 Years	54	34	31	23	27	20	31	14	27	35
5～9	32	11	21	6	8	9	10	6	12	13
10～14	19	19	10	16	13	14	12	16	9	22
15～19	34	48	36	27	31	18	31	30	26	28
20～24	105	130	120	87	68	89	84	80	70	50
25～29	121	148	157	125	114	115	130	107	131	133
30～34	253	233	260	261	225	214	265	292	257	293
35～39	777	657	610	606	574	557	597	552	567	595
40～44	1 694	1 769	1 776	1 667	1 635	1 686	1 679	1 554	1 529	1 468
45～49	3 603	3 663	3 823	3 809	3 774	3 899	4 070	3 878	3 696	3 576
50～54	6 177	6 730	7 302	7 371	7 122	7 577	7 384	7 026	7 056	6 738
55～59	9 325	9 597	10 413	10 303	10 244	11 158	11 465	11 184	11 331	10 956
60～64	13 605	13 479	14 085	13 709	13 978	14 564	15 332	14 588	14 809	15 008
65～69	17 664	17 810	17 922	18 077	18 060	19 583	19 818	18 567	18 428	18 739
70～74	20 182	20 021	20 231	19 988	20 293	21 209	21 364	20 599	21 063	21 720
75～79	15 198	15 583	16 541	16 347	16 857	18 623	18 520	18 415	18 550	19 182
80～84	6 946	7 095	7 517	7 642	8 538	10 059	10 310	10 698	11 195	11 799
85～89	2 252	2 343	2 576	2 600	2 730	2 876	3 080	3 334	3 792	4 071
90歳～	399	413	414	441	502	593	591	671	768	804
不詳 Not Stated	1	6	1	6	-	-	2	-	1	-
男 Male	48 759	49 707	52 095	52 752	54 121	58 508	60 517	58 578	59 764	60 726
0～4歳 Years	36	14	20	15	13	11	14	7	17	19
5～9	18	7	12	4	4	5	5	3	8	8
10～14	12	12	4	8	8	11	5	11	6	14
15～19	21	34	19	11	20	12	17	21	13	18
20～24	58	75	69	54	43	59	50	44	38	30
25～29	67	73	85	74	65	71	85	79	76	78
30～34	111	106	117	124	113	110	148	189	163	202
35～39	375	311	276	307	298	326	318	313	347	336
40～44	840	886	943	888	900	942	961	902	914	897
45～49	1 794	1 878	2 006	2 135	2 036	2 160	2 341	2 188	2 111	2 056
50～54	3 173	3 547	3 883	4 062	3 971	4 371	4 356	4 117	4 125	3 915
55～59	5 136	5 403	5 865	6 065	5 996	6 704	6 963	6 868	7 078	6 846
60～64	7 529	7 489	7 954	8 031	8 299	8 656	9 232	8 984	9 028	9 206
65～69	9 223	9 276	9 544	9 798	10 034	10 922	11 354	10 641	10 562	10 806
70～74	9 849	9 695	9 817	9 696	10 112	10 528	10 769	10 487	10 832	11 192
75～79	6 791	7 067	7 329	7 327	7 599	8 369	8 461	8 142	8 440	8 743
80～84	2 761	2 854	3 074	3 098	3 519	4 038	4 176	4 220	4 503	4 717
85～89	832	851	943	925	929	1 051	1 084	1 169	1 290	1 407
90歳～	132	126	135	127	162	162	176	193	212	236
不詳 Not Stated	1	3	-	3	-	-	2	-	1	-
女 Female	49 682	50 082	51 751	50 359	50 672	54 355	54 258	53 033	53 553	54 504
0～4歳 Years	18	20	11	8	14	9	17	7	10	16
5～9	14	4	9	2	4	4	5	3	4	5
10～14	7	7	6	8	5	3	7	5	3	8
15～19	13	14	17	16	11	6	14	9	13	10
20～24	47	55	51	33	25	30	34	36	32	20
25～29	54	75	72	51	49	44	45	28	55	55
30～34	142	127	143	137	112	104	117	103	94	91
35～39	402	346	334	299	276	231	279	239	220	259
40～44	854	883	833	779	735	744	718	652	615	571
45～49	1 809	1 785	1 817	1 674	1 738	1 739	1 729	1 690	1 585	1 520
50～54	3 004	3 183	3 419	3 309	3 151	3 206	3 028	2 909	2 931	2 823
55～59	4 189	4 194	4 548	4 238	4 248	4 454	4 502	4 316	4 253	4 110
60～64	6 076	5 990	6 131	5 678	5 679	5 908	6 100	5 604	5 781	5 802
65～69	8 441	8 534	8 378	8 279	8 026	8 661	8 464	7 926	7 866	7 933
70～74	10 333	10 326	10 414	10 292	10 181	10 681	10 595	10 112	10 231	10 528
75～79	8 407	8 516	9 212	9 020	9 258	10 254	10 059	10 273	10 110	10 439
80～84	4 185	4 241	4 443	4 544	5 019	6 021	6 134	6 478	6 692	7 082
85～89	1 420	1 492	1 633	1 675	1 801	1 825	1 996	2 165	2 502	2 664
90歳～	267	287	279	314	340	431	415	478	556	568
不詳 Not Stated	-	3	1	3	-	-	-	-	-	-

注：1）昭和26～29年の「80～84」は、「80歳以上」、昭和31～34年、36～39年、41～44年、46～49年、51～54年の「85～89歳」は「85歳以上」である。
2）平成6年以前の「脳血管疾患」には一過性脳虚血を含む。
3）年齢調整死亡率の基準人口は、昭和60年モデル人口である。

(人口10万対), 病類（簡単分類）・性・年齢（5歳階級）別 －昭和26年～平成16年－
death rates (per 100,000 population) from cerebrovascular diseases, by disease type

粗死亡率（人口10万対） Crude death rates (per 100,000 population)

性・年齢階級 Sex/age group	昭和26年 1951	27年 1952	28年 1953	29年 1954	30年 1955	31年 1956	32年 1957	33年 1958	34年 1959	35年 1960
総数 Total	116.4	116.2	119.3	116.8	117.4	125.0	126.0	121.3	121.9	123.3
0～4歳 Years	0.5	0.3	0.3	0.2	0.3	0.2	0.4	0.2	0.3	0.4
5～9	0.4	0.1	0.2	0.1	0.1	0.1	0.1	0.1	0.1	0.1
10～14	0.2	0.2	0.1	0.2	0.1	0.2	0.1	0.2	0.1	0.2
15～19	0.4	0.5	0.4	0.3	0.4	0.2	0.3	0.3	0.3	0.3
20～24	1.3	1.6	1.5	1.0	0.8	1.0	1.0	0.9	0.8	0.6
25～29	1.9	2.2	2.2	1.7	1.5	1.5	1.6	1.3	1.6	1.6
30～34	4.8	4.4	4.7	4.4	3.7	3.3	3.9	4.1	3.5	3.9
35～39	15.2	12.9	12.1	12.2	11.2	10.8	11.3	10.0	9.8	9.9
40～44	36.3	37.2	36.8	34.0	33.1	33.8	33.7	31.3	31.3	29.2
45～49	90.8	90.9	93.4	89.6	86.4	85.8	87.8	82.3	77.2	74.2
50～54	176.2	185.5	196.3	194.1	185.0	198.5	190.2	178.0	172.6	160.4
55～59	327.8	330.4	344.6	332.6	319.6	336.2	334.3	317.9	315.7	300.9
60～64	579.7	560.9	582.0	560.5	559.9	559.3	573.4	524.7	520.5	511.9
65～69	1 006.5	999.4	975.6	942.5	918.1	975.7	968.6	893.9	874.6	867.4
70～74	1 566.9	1 512.2	1 509.8	1 468.6	1 457.1	1 531.3	1 516.3	1 422.6	1 394.9	1 388.9
75～79	2 040.0	2 000.4	2 052.2	1 927.7	1 925.0	2 076.1	2 044.2	1 993.0	1 975.5	2 009.3
80～84	2 460.8	2 345.5	2 361.1	2 253.8	2 260.0	2 447.4	2 420.2	2 372.1	2 361.8	2 443.2
85～89	…	…	…	…	2 451.6	2 025.4	2 431.1	2 427.3	2 547.5	2 612.7
90歳～	…	…	…	…	2 204.9	…	…	…	…	2 497.9
男 Male	117.5	117.9	121.9	121.6	123.4	131.9	135.2	129.5	130.8	132.4
0～4歳 Years	0.6	0.2	0.4	0.3	0.3	0.2	0.3	0.2	0.4	0.5
5～9	0.4	0.1	0.2	0.1	0.1	0.1	0.1	0.1	0.2	0.2
10～14	0.3	0.3	0.1	0.2	0.2	0.2	0.1	0.2	0.1	0.2
15～19	0.5	0.8	0.4	0.3	0.5	0.3	0.4	0.4	0.3	0.4
20～24	1.5	1.9	1.7	1.3	1.0	1.4	1.2	1.0	0.9	0.7
25～29	2.2	2.2	2.4	2.0	1.7	1.8	2.2	2.0	1.9	1.9
30～34	4.7	4.5	4.7	4.7	4.0	3.6	4.5	5.4	4.5	5.4
35～39	15.7	13.1	11.8	13.4	12.8	14.1	13.5	12.8	13.3	12.2
40～44	37.2	38.9	41.1	38.3	38.7	40.4	41.5	39.4	40.9	39.4
45～49	89.6	92.9	98.6	102.2	95.3	98.4	105.7	97.9	93.6	91.1
50～54	178.8	193.7	207.0	212.8	205.8	229.1	225.7	211.1	206.4	191.8
55～59	359.4	369.1	386.4	389.8	373.0	402.9	406.2	391.6	396.7	379.9
60～64	662.8	641.2	674.1	670.4	676.5	676.8	702.1	657.7	645.8	640.4
65～69	1 164.5	1 142.4	1 128.1	1 100.9	1 091.8	1 158.2	1 177.8	1 085.8	1 059.4	1 052.2
70～74	1 810.5	1 728.2	1 731.4	1 677.5	1 703.0	1 775.4	1 771.2	1 654.1	1 624.0	1 613.7
75～79	2 325.7	2 317.0	2 334.1	2 206.9	2 221.5	2 377.6	2 390.1	2 255.4	2 293.5	2 320.9
80～84	2 779.9	2 642.1	2 768.0	2 610.1	2 642.1	2 784.8	2 802.7	2 670.9	2 712.7	2 788.7
85～89	…	…	…	…	2 744.3	2 888.1	2 800.0	2 779.6	2 834.0	2 919.5
90歳～	…	…	…	…	2 779.2	…	…	…	…	2 857.1
年齢調整死亡率 （人口10万対） Age-adjusted death rate (per 100,000 population)	266.7	261.4	267.4	259.8	260.1	274.0	276.3	260.5	259.5	258.5
女 Female	115.3	114.6	116.9	112.1	111.6	118.4	117.1	113.4	113.3	114.6
0～4歳 Years	0.3	0.4	0.2	0.2	0.3	0.2	0.4	0.2	0.3	0.4
5～9	0.3	0.1	0.2	0.0	0.1	0.1	0.1	0.1	0.1	0.1
10～14	0.2	0.2	0.1	0.2	0.1	0.1	0.2	0.1	0.1	0.1
15～19	0.3	0.3	0.4	0.4	0.3	0.1	0.3	0.2	0.3	0.2
20～24	1.2	1.4	1.2	0.8	0.6	0.7	0.8	0.8	0.7	0.5
25～29	1.6	2.1	2.0	1.3	1.3	1.1	1.1	0.7	1.3	1.3
30～34	4.9	4.3	4.6	4.2	3.4	3.0	3.3	2.8	2.5	2.4
35～39	14.8	12.7	12.3	11.1	9.9	8.1	9.5	7.8	6.9	7.9
40～44	35.5	35.6	33.0	30.1	28.0	28.0	27.0	24.4	23.2	20.8
45～49	92.0	89.0	88.2	77.5	77.9	74.1	71.5	68.2	62.6	59.4
50～54	173.6	177.0	185.4	175.2	164.1	167.9	155.2	145.6	140.4	130.7
55～59	295.8	291.0	302.4	274.8	265.9	269.1	262.5	244.7	235.6	223.5
60～64	501.7	485.0	494.8	454.6	447.2	446.2	448.9	396.3	399.5	388.3
65～69	877.4	880.7	844.6	805.4	765.9	813.2	782.3	722.5	708.6	699.9
70～74	1 390.7	1 353.3	1 347.2	1 314.4	1 274.4	1 348.6	1 322.7	1 242.3	1 213.6	1 209.8
75～79	1 851.3	1 796.6	1 872.4	1 748.1	1 734.9	1 878.0	1 822.3	1 824.7	1 770.6	1 806.1
80～84	2 293.8	2 189.1	2 154.2	2 080.6	2 052.0	2 263.5	2 214.4	2 210.9	2 172.7	2 257.0
85～89	…	…	…	…	2 323.8	2 256.0	2 274.5	2 278.4	2 427.0	2 475.4
90歳～	…	…	…	…	2 007.3	…	…	…	…	2 373.9
年齢調整死亡率 （人口10万対） Age-adjusted death rate (per 100,000 population)	213.9	208.8	209.4	197.9	194.1	203.2	198.6	189.4	186.2	185.5

Notes: 1) The categories of "80 - 84" in 1951 - 1954 represent the population aged 80 or over, and those of "85 - 89" in 1956 - 1959, 1961 - 1964, 1966 - 1969, 1971 - 1974, and 1976 - 1979 represent the population aged 85 or over.
2) The figures for cerebrovascular diseases in 1994 and earlier include transient ischemic attacks.
3) The base population for age-adjusted death rates is the model population of 1985.

第5表（30-14）

第5表　脳血管疾患死亡数・粗死亡率（人口10万対）・年齢調整死亡率
Statistics 5　Numbers of deaths, crude death rates (per 100,000 population), and age-adjusted (large categories), sex and age group (by 5-year age scale): From 1951 to 2004

脳内出血　Cerebral haemorrhage
死亡数　Number of deaths

性・年齢階級 Sex/age group	昭和36年 1961	37年 1962	38年 1963	39年 1964	40年 1965	41年 1966	42年 1967	43年 1968	44年 1969	45年 1970
総数 Total	115 267	114 987	112 436	105 484	104 099	98 340	93 239	90 455	86 904	85 518
0〜4歳 Years	34	19	46	51	53	68	64	77	81	85
5〜9	9	11	13	8	14	4	6	16	21	13
10〜14	21	24	15	16	25	22	16	15	13	20
15〜19	37	30	35	35	22	47	41	40	32	42
20〜24	57	58	55	73	54	56	51	58	76	72
25〜29	144	112	130	109	110	112	115	117	133	134
30〜34	280	331	336	337	370	332	294	353	343	321
35〜39	621	672	789	791	820	844	881	851	948	921
40〜44	1 384	1 449	1 441	1 396	1 449	1 558	1 606	1 675	1 672	1 831
45〜49	3 495	3 366	3 232	2 794	2 907	2 633	2 418	2 468	2 529	2 448
50〜54	6 816	6 821	6 253	5 804	5 480	5 108	4 664	4 476	4 141	4 011
55〜59	10 771	10 224	9 893	8 912	8 618	8 519	7 823	7 607	6 869	6 571
60〜64	14 875	14 834	14 748	13 429	13 459	12 148	11 254	10 752	10 003	9 902
65〜69	19 084	19 056	18 723	17 275	17 003	16 289	15 416	14 808	14 391	13 627
70〜74	21 575	21 599	20 960	19 593	19 118	18 201	17 344	16 944	16 311	16 241
75〜79	18 896	19 034	18 533	17 892	17 843	16 711	15 907	15 235	14 630	14 454
80〜84	12 061	12 050	11 883	11 486	11 344	10 355	10 102	9 671	9 663	9 856
85〜89	4 308	4 462	4 470	4 548	4 461	4 360	4 261	4 289	4 052	3 919
90歳〜	798	835	881	932	948	971	975	960	961	1 017
不詳 Not Stated	1	−	−	3	1	2	1	43	35	33
男 Male	61 402	61 438	60 251	56 659	56 577	53 147	50 546	49 579	47 992	46 864
0〜4歳 Years	19	12	25	32	32	34	36	49	48	56
5〜9	4	10	4	4	11	3	3	11	13	8
10〜14	10	15	12	10	11	14	8	11	7	12
15〜19	21	19	19	20	16	36	26	20	13	22
20〜24	33	27	29	50	31	24	36	36	45	37
25〜29	92	71	72	71	75	77	77	71	76	94
30〜34	196	249	244	245	281	247	236	258	246	232
35〜39	380	435	553	584	590	647	692	664	731	731
40〜44	826	887	893	884	954	1 069	1 110	1 228	1 220	1 360
45〜49	2 047	1 988	1 902	1 681	1 770	1 572	1 445	1 562	1 580	1 580
50〜54	3 986	4 023	3 654	3 427	3 368	3 064	2 844	2 750	2 536	2 435
55〜59	6 782	6 414	6 179	5 609	5 459	5 362	4 853	4 744	4 278	4 109
60〜64	9 261	9 200	9 189	8 462	8 481	7 632	7 057	6 730	6 267	6 184
65〜69	11 140	11 241	11 021	10 157	10 056	9 629	9 124	8 902	8 680	8 184
70〜74	11 376	11 487	11 320	10 502	10 539	9 900	9 480	9 506	9 151	8 933
75〜79	8 657	8 832	8 671	8 509	8 562	7 940	7 729	7 354	7 198	7 088
80〜84	4 835	4 749	4 705	4 619	4 508	4 126	4 137	3 921	4 171	4 169
85〜89	1 517	1 521	1 509	1 526	1 562	1 486	1 383	1 469	1 438	1 327
90歳〜	220	258	250	264	270	283	270	259	263	271
不詳 Not Stated	−	−	−	3	1	2	−	34	31	32
女 Female	53 865	53 549	52 185	48 825	47 522	45 193	42 693	40 876	38 912	38 654
0〜4歳 Years	15	7	21	19	21	34	28	28	33	29
5〜9	5	1	9	4	3	1	3	5	8	5
10〜14	11	9	3	6	14	8	8	4	6	8
15〜19	16	11	16	15	6	11	15	20	19	20
20〜24	24	31	26	23	23	32	15	22	31	35
25〜29	52	41	58	38	35	35	38	46	57	40
30〜34	84	82	92	92	89	85	58	95	97	89
35〜39	241	237	236	207	230	197	189	187	217	190
40〜44	558	562	548	512	495	489	496	447	452	471
45〜49	1 448	1 378	1 330	1 113	1 137	1 061	973	906	949	868
50〜54	2 830	2 798	2 599	2 377	2 112	2 044	1 820	1 726	1 605	1 576
55〜59	3 989	3 810	3 714	3 303	3 159	3 157	2 970	2 863	2 591	2 462
60〜64	5 614	5 634	5 559	4 967	4 978	4 516	4 197	4 022	3 736	3 718
65〜69	7 944	7 815	7 702	7 118	6 947	6 660	6 292	5 906	5 711	5 443
70〜74	10 199	10 112	9 640	9 091	8 579	8 301	7 864	7 438	7 160	7 308
75〜79	10 239	10 202	9 862	9 383	9 281	8 771	8 178	7 881	7 432	7 366
80〜84	7 226	7 301	7 178	6 867	6 836	6 229	5 965	5 750	5 492	5 687
85〜89	2 791	2 941	2 961	3 022	2 899	2 874	2 878	2 820	2 614	2 592
90歳〜	578	577	631	668	678	688	705	701	698	746
不詳 Not Stated	1	−	−	−	−	1	9	4	1	

注：1）昭和26〜29年の「80〜84」は、「80歳以上」、昭和31〜34年、36〜39年、41〜44年、46〜49年、51〜54年の「85〜89歳」は「85歳以上」である。
　　2）平成6年以前の「脳血管疾患」には一過性脳虚血を含む。
　　3）年齢調整死亡率の基準人口は、昭和60年モデル人口である。

（人口10万対）, 病類（簡単分類）・性・年齢（5歳階級）別 －昭和26年～平成16年－
death rates (per 100,000 population) from cerebrovascular diseases, by disease type

粗死亡率（人口10万対） Crude death rates (per 100,000 population)

性・年齢階級 Sex/age group	昭和36年 1961	37年 1962	38年 1963	39年 1964	40年 1965	41年 1966	42年 1967	43年 1968	44年 1969	45年 1970
総数 Total	122.3	119.6	116.9	108.5	105.9	99.3	93.6	89.7	85.2	82.9
0～4歳 Years	0.4	0.2	0.6	0.6	0.7	0.9	0.8	0.9	0.9	1.0
5～9	0.1	0.1	0.2	0.1	0.2	0.1	0.1	0.2	0.3	0.2
10～14	0.2	0.2	0.1	0.2	0.3	0.3	0.2	0.2	0.2	0.3
15～19	0.4	0.3	0.4	0.3	0.2	0.4	0.4	0.4	0.3	0.5
20～24	0.7	0.7	0.6	0.8	0.6	0.6	0.6	0.6	0.8	0.7
25～29	1.7	1.4	1.6	1.3	1.3	1.3	1.3	1.3	1.5	1.5
30～34	3.6	4.2	4.2	4.2	4.5	4.0	3.5	4.2	4.2	3.9
35～39	9.7	10.0	11.2	10.9	10.9	11.0	11.3	10.7	11.8	11.3
40～44	27.1	23.3	26.6	24.4	24.3	24.6	24.3	24.2	23.2	25.1
45～49	72.0	69.1	66.7	58.6	59.1	52.9	47.6	46.7	45.2	41.9
50～54	155.7	152.8	137.4	125.6	117.6	108.3	99.3	95.4	89.5	84.0
55～59	297.6	278.3	264.9	230.0	215.3	204.5	185.2	176.6	156.4	149.3
60～64	485.3	464.1	452.8	404.1	402.4	364.8	330.9	309.8	277.7	266.9
65～69	841.4	818.9	772.4	693.8	663.6	610.3	556.9	517.9	491.7	458.3
70～74	1 335.9	1 301.9	1 258.9	1 155.9	1 095.9	995.1	918.6	858.4	802.7	763.3
75～79	1 960.2	1 934.3	1 840.4	1 684.7	1 628.1	1 484.1	1 370.1	1 282.4	1 200.2	1 141.8
80～84	2 426.8	2 372.0	2 307.4	2 183.7	2 148.0	1 950.1	1 826.8	1 676.1	1 566.1	1 519.9
85～89	2 454.8	2 452.3	2 367.7	2 273.9	2 239.9	2 019.3	1 904.0	1 861.3	1 710.9	1 708.9
90歳～	…	…	…	…	1 867.4	…	…	…	…	1 546.3
男 Male	132.6	131.4	127.6	118.7	117.3	109.3	103.4	100.2	95.8	92.6
0～4歳 Years	0.5	0.3	0.6	0.8	0.8	0.8	0.9	1.1	1.1	1.2
5～9	0.1	0.2	0.1	0.1	0.3	0.1	0.1	0.3	0.3	0.2
10～14	0.2	0.3	0.2	0.2	0.3	0.3	0.2	0.2	0.2	0.3
15～19	0.5	0.4	0.4	0.4	0.3	0.6	0.5	0.4	0.3	0.5
20～24	0.8	0.6	0.6	1.1	0.7	0.6	0.8	0.8	0.9	0.7
25～29	2.2	1.7	1.7	1.7	1.8	1.8	1.8	1.6	1.7	2.1
30～34	5.1	6.3	6.1	6.1	6.8	5.9	5.6	6.2	6.0	5.6
35～39	12.7	13.6	16.1	16.2	15.7	16.8	17.7	16.6	18.1	17.8
40～44	36.0	38.3	37.3	34.5	34.9	36.0	35.0	36.2	34.3	37.3
45～49	90.5	88.0	85.4	77.2	79.6	70.7	64.8	67.1	63.4	59.5
50～54	189.1	190.2	170.3	158.4	155.0	140.1	131.6	128.3	120.9	113.8
55～59	380.2	353.3	339.1	299.8	282.8	269.9	243.7	235.9	210.0	202.5
60～64	615.8	591.3	578.7	524.0	521.9	472.6	430.0	404.0	365.8	354.2
65～69	1 039.2	1 020.1	957.5	859.3	825.0	758.8	694.9	658.9	629.0	587.4
70～74	1 571.3	1 541.9	1 519.5	1 378.2	1 335.8	1 198.5	1 110.1	1 064.5	994.7	932.1
75～79	2 225.4	2 208.0	2 125.2	1 956.1	1 894.8	1 703.9	1 600.2	1 488.7	1 414.1	1 335.4
80～84	2 747.2	2 653.1	2 585.2	2 483.3	2 411.4	2 171.6	2 078.9	1 858.3	1 829.4	1 730.5
85～89	3 047.4	3 015.3	2 665.2	2 521.1	2 597.8	2 239.2	2 015.9	2 081.9	1 977.9	1 857.6
90歳～	…	…	…	…	1 966.8	…	…	…	…	1 551.1
年齢調整死亡率 （人口10万対） Age-adjusted death rate (per 100,000 population)	253.7	248.0	237.6	218.1	212.2	193.0	179.0	170.4	160.7	152.0
女 Female	112.3	110.6	106.7	98.8	95.0	89.6	84.1	79.7	74.9	73.6
0～4歳 Years	0.4	0.2	0.5	0.5	0.5	0.9	0.7	0.7	0.8	0.7
5～9	0.1	0.0	0.2	0.1	0.1	0.1	0.1	0.1	0.2	0.1
10～14	0.2	0.2	0.1	0.1	0.3	0.2	0.2	0.1	0.2	0.2
15～19	0.4	0.2	0.3	0.3	0.1	0.2	0.3	0.4	0.4	0.4
20～24	0.6	0.7	0.6	0.5	0.5	0.7	0.3	0.5	0.6	0.7
25～29	1.3	1.0	1.4	0.9	0.8	0.8	0.9	1.0	1.2	0.9
30～34	2.2	2.1	2.3	2.3	2.2	2.0	1.4	2.3	2.3	2.1
35～39	7.1	6.8	6.6	5.6	6.1	5.2	4.9	4.7	5.4	4.7
40～44	19.9	19.4	18.1	16.2	15.3	14.6	14.4	12.6	12.4	12.9
45～49	55.8	52.8	50.9	42.9	42.2	38.5	34.3	30.7	30.6	27.3
50～54	124.7	119.1	108.0	96.7	85.0	80.8	71.8	67.8	63.5	59.8
55～59	217.4	205.3	194.1	164.8	152.5	144.9	132.9	124.6	110.0	103.8
60～64	359.6	343.5	333.1	290.8	289.5	263.3	238.5	222.8	197.8	189.3
65～69	664.2	638.0	605.5	544.2	517.1	476.1	431.6	391.6	369.2	344.4
70～74	1 144.7	1 106.3	1 047.8	974.4	897.8	828.4	760.5	688.1	643.8	624.9
75～79	1 780.7	1 743.9	1 646.4	1 494.1	1 441.1	1 328.9	1 206.2	1 135.6	1 046.8	1 002.0
80～84	2 251.1	2 225.9	2 155.6	2 013.8	2 003.7	1 821.3	1 689.8	1 575.3	1 411.8	1 395.4
85～89	2 231.1	2 240.8	2 231.1	2 170.6	2 085.1	1 925.4	1 856.5	1 769.3	1 607.8	1 641.7
90歳～	…	…	…	…	1 830.6	…	…	…	…	1 544.6
年齢調整死亡率 （人口10万対） Age-adjusted death rate (per 100,000 population)	177.8	172.7	164.9	150.3	143.4	132.5	121.6	112.9	103.8	100.1

Notes: 1) The categories of "80 · 84" in 1951 - 1954 represent the population aged 80 or over, and those of "85 · 89" in 1956 - 1959, 1961 - 1964, 1966 - 1969, 1971 - 1974, and 1976 - 1979 represent the population aged 85 or over.
2) The figures for cerebrovascular diseases in 1994 and earlier include transient ischemic attacks.
3) The base population for age-adjusted death rates is the model population of 1985.

第5表 脳血管疾患死亡数・粗死亡率（人口10万対）・年齢調整死亡率
Statistics 5　Numbers of deaths, crude death rates (per 100,000 population), and age-adjusted (large categories), sex and age group (by 5-year age scale): From 1951 to 2004

脳内出血　Cerebral haemorrhage
死亡数　Number of deaths

性・年齢階級 Sex/age group	昭和46年 1971	47年 1972	48年 1973	49年 1974	50年 1975	51年 1976	52年 1977	53年 1978	54年 1979	55年 1980
総数　Total	80 337	75 737	73 143	68 830	64 744	61 390	57 438	53 986	50 742	50 225
0〜4歳 Years	118	88	123	106	114	100	120	112	34	27
5〜9	19	21	23	17	16	19	20	19	17	14
10〜14	19	12	15	13	17	19	10	11	13	17
15〜19	24	27	25	13	22	31	19	24	24	16
20〜24	65	68	71	55	43	42	40	40	33	30
25〜29	118	111	108	103	117	102	101	96	90	92
30〜34	319	267	283	302	268	266	221	241	226	245
35〜39	971	872	806	773	699	641	626	628	585	613
40〜44	1 832	1 766	1 780	1 811	1 698	1 637	1 453	1 412	1 241	1 205
45〜49	2 478	2 610	2 654	2 572	2 679	2 597	2 554	2 471	2 487	2 398
50〜54	3 643	3 427	3 367	3 219	3 296	3 155	3 219	3 246	3 080	3 171
55〜59	6 017	5 634	5 150	4 694	4 342	4 052	3 700	3 614	3 379	3 390
60〜64	9 258	8 559	8 190	7 531	6 877	6 170	5 774	5 011	4 469	4 397
65〜69	12 474	11 344	10 706	10 254	9 199	8 912	8 182	7 389	6 922	6 522
70〜74	14 832	14 091	13 240	12 465	11 418	10 722	9 575	8 828	8 281	8 030
75〜79	13 852	13 199	12 928	12 047	11 446	10 889	10 123	9 657	8 941	8 822
80〜84	9 438	8 909	8 827	8 130	7 895	7 569	7 337	6 923	6 756	7 020
85〜89	3 827	3 658	3 742	3 662	3 613	3 505	3 376	3 278	3 163	3 188
90歳〜	1 003	1 058	1 076	1 042	954	934	974	976	983	1 012
不詳 Not Stated	30	16	29	21	31	28	14	10	18	16
男　Male	44 029	41 436	39 766	37 294	34 981	33 050	30 944	28 929	27 136	26 785
0〜4歳 Years	66	51	77	60	65	51	65	65	22	17
5〜9	11	12	15	9	11	9	11	7	10	12
10〜14	11	8	10	4	6	14	5	6	5	7
15〜19	11	18	19	8	12	18	15	16	15	10
20〜24	36	41	47	35	25	22	27	27	16	18
25〜29	67	78	72	66	77	78	71	56	57	60
30〜34	245	206	224	231	196	207	175	176	158	182
35〜39	749	677	643	609	520	489	459	471	420	458
40〜44	1 414	1 351	1 335	1 353	1 292	1 238	1 096	1 056	937	891
45〜49	1 686	1 754	1 849	1 816	1 917	1 842	1 825	1 768	1 794	1 697
50〜54	2 178	2 045	2 009	1 963	2 015	2 025	2 081	2 119	2 065	2 181
55〜59	3 698	3 469	3 172	2 795	2 559	2 402	2 268	2 194	2 032	2 096
60〜64	5 811	5 263	5 017	4 539	4 070	3 728	3 470	3 016	2 602	2 549
65〜69	7 434	6 712	6 283	6 004	5 433	5 152	4 704	4 174	3 968	3 689
70〜74	8 138	7 804	7 285	6 856	6 218	5 805	5 196	4 709	4 406	4 251
75〜79	6 925	6 521	6 329	5 921	5 616	5 301	4 891	4 693	4 322	4 232
80〜84	3 927	3 834	3 770	3 426	3 377	3 134	3 131	2 933	2 902	2 921
85〜89	1 333	1 303	1 293	1 300	1 291	1 265	1 194	1 161	1 103	1 222
90歳〜	263	276	296	280	252	242	246	273	284	276
不詳 Not Stated	26	13	21	19	29	28	14	9	18	16
女　Female	36 308	34 301	33 377	31 536	29 763	28 340	26 494	25 057	23 606	23 440
0〜4歳 Years	52	37	46	46	49	49	55	47	12	10
5〜9	8	9	8	8	5	10	9	12	7	2
10〜14	8	4	5	9	11	5	5	5	8	10
15〜19	13	9	6	5	10	13	4	8	9	6
20〜24	29	27	24	20	18	20	13	13	17	12
25〜29	51	33	36	37	40	24	30	40	33	32
30〜34	74	61	59	71	72	59	46	65	68	63
35〜39	222	195	163	164	179	152	167	157	165	155
40〜44	418	415	445	458	406	399	357	356	304	314
45〜49	792	856	805	756	762	755	729	703	693	701
50〜54	1 465	1 382	1 358	1 256	1 281	1 130	1 138	1 127	1 015	990
55〜59	2 319	2 165	1 978	1 899	1 783	1 650	1 432	1 420	1 347	1 294
60〜64	3 447	3 296	3 173	2 992	2 807	2 442	2 304	1 995	1 867	1 848
65〜69	5 040	4 632	4 423	4 250	3 766	3 760	3 478	3 215	2 954	2 833
70〜74	6 694	6 287	5 955	5 609	5 200	4 917	4 379	4 119	3 875	3 779
75〜79	6 927	6 678	6 599	6 126	5 830	5 588	5 232	4 964	4 619	4 590
80〜84	5 511	5 075	5 057	4 704	4 518	4 435	4 206	3 990	3 854	4 099
85〜89	2 494	2 355	2 449	2 362	2 322	2 240	2 182	2 117	2 060	1 966
90歳〜	740	782	780	762	702	692	728	703	699	736
不詳 Not Stated	4	3	8	2	2	−	−	1	−	−

注：1）昭和26〜29年の「80〜84」は、「80歳以上」、昭和31〜34年、36〜39年、41〜44年、46〜49年、51〜54年の「85〜89歳」は「85歳以上」である。
　　2）平成6年以前の「脳血管疾患」には一過性脳虚血を含む。
　　3）年齢調整死亡率の基準人口は、昭和60年モデル人口である。

(人口10万対), 病類（簡単分類）・性・年齢（5歳階級）別 －昭和26年～平成16年－
death rates (per 100,000 population) from cerebrovascular diseases, by disease type

粗死亡率（人口10万対） Crude death rates (per 100,000 population)

性・年齢階級 Sex/age group	昭和46年 1971	47年 1972	48年 1973	49年 1974	50年 1975	51年 1976	52年 1977	53年 1978	54年 1979	55年 1980
総数 Total	77.0	71.6	67.7	62.9	58.2	54.6	50.6	47.1	43.9	43.2
0～4歳 Years	1.3	0.9	1.3	1.1	1.1	1.0	1.3	1.2	0.4	0.3
5～9	0.2	0.3	0.3	0.2	0.2	0.2	0.2	0.2	0.2	0.1
10～14	0.2	0.2	0.2	0.2	0.2	0.2	0.1	0.1	0.1	0.2
15～19	0.3	0.3	0.3	0.2	0.3	0.4	0.2	0.3	0.3	0.2
20～24	0.6	0.6	0.7	0.6	0.5	0.5	0.5	0.5	0.4	0.4
25～29	1.4	1.2	1.1	1.0	1.1	0.9	0.9	0.9	1.0	1.0
30～34	3.8	3.1	3.2	3.3	2.9	3.0	2.4	2.5	2.2	2.3
35～39	11.7	10.5	9.6	9.3	8.3	7.5	7.2	7.0	6.3	6.7
40～44	24.6	23.1	22.5	22.6	20.7	19.7	17.3	16.9	15.0	14.5
45～49	40.2	40.1	38.9	36.4	36.6	34.8	33.2	31.5	31.3	29.8
50～54	74.9	68.7	64.4	58.1	57.4	51.4	50.1	48.1	43.9	44.2
55～59	135.1	126.2	114.1	104.7	93.4	86.4	76.1	71.4	63.0	60.7
60～64	239.3	214.8	200.2	181.1	161.3	142.9	133.0	115.3	104.0	99.0
65～69	421.6	373.2	341.2	313.4	267.8	246.2	220.8	194.1	177.5	165.2
70～74	665.1	604.5	544.0	499.4	444.7	420.8	359.7	321.8	287.9	266.6
75～79	1 021.5	946.8	870.6	783.3	699.3	633.4	556.8	508.3	453.9	434.4
80～84	1 394.1	1 270.9	1 204.2	1 074.0	978.0	886.3	804.5	708.6	655.9	643.4
85～89	1 548.1	1 464.6	1 392.5	1 278.3	1 171.1	1 074.8	1 009.3	924.8	832.5	778.9
90歳～	…	…	…	…	1 169.5	…	…	…	…	849.6
男 Male	86.0	79.9	75.0	69.5	63.9	59.7	55.4	51.3	47.7	46.8
0～4歳 Years	1.4	1.0	1.5	1.2	1.3	1.0	1.3	1.4	0.5	0.4
5～9	0.3	0.3	0.3	0.2	0.2	0.2	0.2	0.1	0.2	0.2
10～14	0.3	0.2	0.2	0.1	0.1	0.3	0.1	0.1	0.1	0.2
15～19	0.3	0.4	0.5	0.2	0.3	0.4	0.4	0.4	0.4	0.2
20～24	0.6	0.8	0.9	0.7	0.6	0.5	0.7	0.7	0.4	0.5
25～29	1.6	1.8	1.5	1.3	1.4	1.4	1.3	1.1	1.2	1.3
30～34	5.8	4.8	5.1	5.0	4.3	4.7	3.8	3.7	3.1	3.4
35～39	17.9	16.2	15.3	14.8	12.4	11.4	10.5	10.5	9.0	10.0
40～44	38.0	35.2	33.8	33.7	31.5	29.7	26.1	25.2	22.7	21.5
45～49	58.5	56.5	55.6	52.1	52.7	49.3	47.5	45.0	45.1	42.2
50～54	102.0	93.6	87.9	80.2	77.6	71.0	68.1	64.8	60.0	61.8
55～59	181.5	170.8	155.7	139.2	124.4	117.1	107.5	100.1	86.4	84.0
60～64	323.4	287.1	268.6	240.3	211.5	192.6	178.7	156.2	137.2	131.9
65～69	535.6	474.3	432.4	400.0	347.5	317.0	283.9	247.0	230.4	212.7
70～74	813.0	746.1	669.0	614.3	543.7	514.6	439.6	387.9	348.9	324.0
75～79	1 217.0	1 114.7	1 017.5	918.0	818.4	729.2	641.9	589.6	523.9	500.3
80～84	1 546.1	1 457.8	1 370.9	1 197.9	1 099.4	952.6	899.7	784.2	734.7	701.0
85～89	1 680.4	1 611.2	1 485.0	1 373.9	1 281.5	1 159.2	1 043.5	968.9	861.5	882.3
90歳～	…	…	…	…	1 163.1	…	…	…	…	832.3
年齢調整死亡率 （人口10万対） Age-adjusted death rate (per 100,000 population)	137.9	126.8	116.9	106.3	95.7	87.4	79.0	71.3	64.6	61.9
女 Female	68.4	63.6	60.6	56.6	52.7	49.6	46.0	43.1	40.3	39.6
0～4歳 Years	1.1	0.8	1.0	1.0	1.0	1.0	1.2	1.1	0.3	0.2
5～9	0.2	0.2	0.2	0.2	0.1	0.2	0.2	0.3	0.1	0.0
10～14	0.2	0.1	0.1	0.2	0.3	0.1	0.1	0.1	0.2	0.2
15～19	0.3	0.2	0.2	0.1	0.3	0.3	0.1	0.2	0.2	0.1
20～24	0.5	0.5	0.5	0.4	0.4	0.5	0.3	0.3	0.4	0.3
25～29	1.2	0.7	0.8	0.7	0.7	0.4	0.6	0.8	0.7	0.7
30～34	1.7	1.4	1.3	1.5	1.6	1.4	1.0	1.4	1.4	1.2
35～39	5.4	4.7	3.9	3.9	4.3	3.6	3.8	3.5	3.5	3.4
40～44	11.1	10.9	11.3	11.4	9.9	9.6	8.5	8.5	7.3	7.6
45～49	24.1	25.2	23.0	21.1	20.7	20.2	19.0	17.9	17.4	17.3
50～54	53.6	49.3	46.1	40.7	40.7	34.4	33.7	32.5	28.4	27.2
55～59	96.0	89.0	79.9	76.7	68.8	62.5	52.0	49.5	44.7	41.9
60～64	166.4	153.3	142.7	131.9	120.0	102.5	96.0	82.6	77.7	73.6
65～69	320.8	285.0	262.5	240.0	201.2	188.5	169.7	151.9	135.7	128.0
70～74	544.7	489.3	442.8	406.2	365.2	346.3	295.7	269.2	240.2	222.3
75～79	880.9	825.5	765.5	686.0	613.3	563.3	495.5	449.6	403.4	387.3
80～84	1 302.8	1 158.7	1 104.1	996.6	903.4	844.8	745.7	661.7	606.9	607.7
85～89	1 490.3	1 400.4	1 351.0	1 234.8	1 117.5	1 036.0	989.8	903.8	821.1	726.0
90歳～	…	…	…	…	1 171.8	…	…	…	…	856.3
年齢調整死亡率 （人口10万対） Age-adjusted death rate (per 100,000 population)	90.3	82.6	76.9	70.2	63.3	58.2	52.1	47.3	42.8	40.8

Notes: 1) The categories of "80 - 84" in 1951 - 1954 represent the population aged 80 or over, and those of "85 - 89" in 1956 - 1959, 1961 - 1964, 1966 - 1969, 1971 - 1974, and 1976 - 1979 represent the population aged 85 or over.
2) The figures for cerebrovascular diseases in 1994 and earlier include transient ischemic attacks.
3) The base population for age-adjusted death rates is the model population of 1985.

第5表 (30-16)

第5表 脳血管疾患死亡数・粗死亡率（人口10万対）・年齢調整死亡率
Statistics 5　Numbers of deaths, crude death rates (per 100,000 population), and age-adjusted (large categories), sex and age group (by 5-year age scale): From 1951 to 2004

脳内出血　Cerebral haemorrhage
死亡数　Number of deaths

性・年齢階級 Sex/age group	昭和56年 1981	57年 1982	58年 1983	59年 1984	60年 1985	61年 1986	62年 1987	63年 1988	平成元年 1989	2年 1990
総数 Total	46 769	43 340	41 117	38 875	35 955	34 411	31 826	32 322	30 046	29 558
0〜4歳 Years	23	15	19	17	15	9	10	11	10	10
5〜9	13	15	15	15	10	9	9	9	12	5
10〜14	17	12	9	15	15	28	16	14	13	9
15〜19	24	15	25	20	20	29	21	18	22	14
20〜24	38	30	37	33	31	40	26	31	29	38
25〜29	67	82	76	68	54	45	59	45	51	53
30〜34	238	225	205	149	131	109	116	112	86	96
35〜39	526	481	475	440	411	442	378	395	269	267
40〜44	1 091	1 096	969	931	880	768	750	738	685	728
45〜49	2 224	2 037	1 861	1 701	1 447	1 437	1 228	1 255	1 190	1 201
50〜54	3 109	2 918	2 798	2 700	2 584	2 474	2 087	2 088	1 842	1 811
55〜59	3 271	3 161	3 126	2 975	2 880	2 856	2 717	2 689	2 521	2 417
60〜64	3 943	3 589	3 427	3 182	3 042	2 832	2 700	2 962	2 845	2 808
65〜69	5 872	5 193	4 520	4 048	3 601	3 369	3 003	2 974	2 895	2 851
70〜74	7 479	6 762	6 462	5 903	5 140	4 824	4 150	4 166	3 554	3 475
75〜79	8 025	7 257	6 910	6 422	5 879	5 758	5 375	5 282	4 845	4 739
80〜84	6 586	6 232	5 911	5 958	5 477	5 043	4 706	5 025	4 740	4 573
85〜89	3 256	3 192	3 230	3 247	3 234	3 195	3 205	3 192	3 237	3 111
90歳〜	958	1 014	1 023	1 032	1 092	1 117	1 235	1 291	1 181	1 328
不詳 Not Stated	9	14	19	19	12	27	35	25	19	24
男 Male	24 955	23 036	21 655	20 454	18 939	18 053	16 705	17 142	16 010	15 827
0〜4歳 Years	13	9	14	10	7	5	3	9	8	4
5〜9	4	7	6	8	7	6	4	4	9	3
10〜14	10	6	5	2	7	13	11	7	9	5
15〜19	17	7	11	10	13	16	15	6	13	8
20〜24	24	19	22	18	20	22	7	23	18	25
25〜29	49	49	46	41	34	28	41	31	31	35
30〜34	177	175	149	105	103	73	76	76	63	74
35〜39	386	333	352	319	295	310	275	294	184	199
40〜44	794	774	698	678	646	558	522	560	497	538
45〜49	1 643	1 429	1 327	1 179	1 030	1 019	874	877	861	860
50〜54	2 143	2 013	1 969	1 862	1 773	1 715	1 432	1 482	1 285	1 321
55〜59	2 042	2 010	2 085	2 005	1 947	1 995	1 876	1 892	1 804	1 752
60〜64	2 345	2 122	2 000	1 971	1 842	1 744	1 727	1 977	1 953	1 923
65〜69	3 322	2 928	2 489	2 230	2 022	1 885	1 714	1 667	1 635	1 650
70〜74	3 918	3 553	3 329	3 021	2 677	2 452	2 192	2 090	1 884	1 800
75〜79	3 852	3 510	3 242	2 966	2 766	2 671	2 492	2 503	2 307	2 229
80〜84	2 766	2 615	2 426	2 471	2 260	2 055	1 934	2 082	1 940	1 888
85〜89	1 162	1 160	1 174	1 222	1 156	1 134	1 120	1 143	1 141	1 101
90歳〜	280	305	295	318	323	325	355	397	350	390
不詳 Not Stated	8	12	16	18	11	27	35	22	18	22
女 Female	21 814	20 304	19 462	18 421	17 016	16 358	15 121	15 180	14 036	13 731
0〜4歳 Years	10	6	5	7	8	4	7	2	2	6
5〜9	9	8	9	7	3	3	5	5	3	2
10〜14	7	6	4	13	8	15	5	7	4	4
15〜19	7	8	14	10	7	13	6	12	9	6
20〜24	14	11	15	15	11	18	19	8	11	13
25〜29	18	33	30	27	20	17	18	14	20	18
30〜34	61	50	56	44	28	36	40	36	23	22
35〜39	140	148	123	121	116	132	103	101	85	68
40〜44	297	322	271	253	234	210	228	178	188	190
45〜49	581	608	534	522	417	418	354	378	329	341
50〜54	966	905	829	838	811	759	655	606	557	490
55〜59	1 229	1 151	1 041	970	933	861	841	797	717	665
60〜64	1 598	1 467	1 427	1 211	1 200	1 088	973	985	892	885
65〜69	2 550	2 265	2 031	1 818	1 579	1 484	1 289	1 307	1 260	1 201
70〜74	3 561	3 209	3 133	2 882	2 463	2 372	1 958	2 076	1 670	1 675
75〜79	4 173	3 747	3 668	3 456	3 113	3 087	2 883	2 779	2 538	2 510
80〜84	3 820	3 617	3 485	3 487	3 217	2 988	2 772	2 943	2 800	2 685
85〜89	2 094	2 032	2 056	2 025	2 078	2 061	2 085	2 049	2 096	2 010
90歳〜	678	709	728	714	769	792	880	894	831	938
不詳 Not Stated	1	2	3	1	1	−	−	3	1	2

注：1) 昭和26〜29年の「80〜84」は、「80歳以上」、昭和31〜34年、36〜39年、41〜44年、46〜49年、51〜54年の「85〜89歳」は「85歳以上」である。
　　2) 平成6年以前の「脳血管疾患」には一過性脳虚血を含む。
　　3) 年齢調整死亡率の基準人口は、昭和60年モデル人口である。

(人口10万対), 病類（簡単分類）・性・年齢（5歳階級）別　－昭和26年～平成16年－
death rates (per 100,000 population) from cerebrovascular diseases, by disease type

粗死亡率（人口10万対）　Crude death rates (per 100,000 population)

性・年齢階級 Sex/age group	昭和56年 1981	57年 1982	58年 1983	59年 1984	60年 1985	61年 1986	62年 1987	63年 1988	平成元年 1989	2年 1990
総数 Total	39.9	36.7	34.6	32.5	29.9	28.5	26.2	26.5	24.5	24.1
0～4歳 Years	0.3	0.2	0.2	0.2	0.2	0.1	0.1	0.2	0.1	0.1
5～9	0.1	0.2	0.2	0.2	0.1	0.1	0.1	0.1	0.2	0.1
10～14	0.2	0.1	0.1	0.2	0.2	0.3	0.2	0.2	0.1	0.1
15～19	0.3	0.2	0.3	0.2	0.2	0.3	0.2	0.2	0.2	0.1
20～24	0.5	0.4	0.5	0.4	0.4	0.5	0.3	0.4	0.3	0.4
25～29	0.8	1.0	1.0	0.9	0.7	0.6	0.8	0.6	0.7	0.7
30～34	2.1	2.1	2.0	1.6	1.5	1.3	1.4	1.4	1.1	1.2
35～39	6.0	5.3	5.0	4.4	3.9	3.9	3.5	3.9	2.8	3.0
40～44	12.9	12.6	10.9	10.0	9.7	8.9	8.3	7.7	6.8	6.9
45～49	27.2	24.6	22.5	20.8	17.7	17.2	14.3	14.3	13.0	13.4
50～54	42.3	38.8	36.5	34.7	32.7	30.8	25.7	25.7	23.0	22.4
55～59	55.2	50.6	47.7	43.7	41.3	40.0	37.2	36.0	33.4	31.3
60～64	87.2	76.9	70.5	61.8	56.6	49.7	44.9	47.0	43.4	41.7
65～69	146.2	128.5	111.5	100.8	86.3	79.1	68.2	64.8	59.4	56.0
70～74	235.9	206.4	191.4	170.0	144.8	133.2	113.6	113.4	97.4	91.2
75～79	391.3	339.6	311.4	274.1	236.5	218.9	196.2	185.9	164.9	157.2
80～84	565.3	502.2	450.5	435.8	383.2	346.4	305.4	310.8	274.8	249.7
85～89	736.7	669.2	624.8	590.4	537.0	489.3	452.7	421.7	406.1	373.5
90歳～	760.3	729.5	677.5	621.7	601.9	558.5	553.8	522.7	439.0	459.0
男 Male	43.3	39.7	37.1	34.8	32.0	30.4	28.0	28.6	26.6	26.3
0～4歳 Years	0.3	0.2	0.4	0.3	0.2	0.1	0.1	0.3	0.2	0.1
5～9	0.1	0.1	0.1	0.2	0.2	0.1	0.1	0.1	0.2	0.1
10～14	0.2	0.1	0.1	0.0	0.1	0.3	0.2	0.1	0.2	0.1
15～19	0.4	0.2	0.3	0.2	0.3	0.3	0.3	0.1	0.3	0.2
20～24	0.6	0.5	0.5	0.4	0.5	0.5	0.2	0.5	0.4	0.6
25～29	1.1	1.2	1.2	1.0	0.9	0.7	1.0	0.8	0.8	0.9
30～34	3.1	3.2	2.9	2.2	2.3	1.7	1.8	1.9	1.6	1.9
35～39	8.9	7.3	7.3	6.3	5.5	5.5	5.1	5.7	3.9	4.4
40～44	18.8	17.9	15.7	14.7	14.3	13.0	11.6	11.7	9.9	10.1
45～49	40.2	34.7	32.3	29.0	25.3	24.5	20.5	20.1	18.9	19.2
50～54	59.0	54.0	51.7	48.3	45.3	43.1	35.7	36.9	32.4	33.1
55～59	75.2	68.5	66.4	60.8	57.3	57.1	52.4	51.7	48.7	46.3
60～64	120.6	106.7	96.8	88.8	77.9	67.7	62.2	66.5	62.6	59.5
65～69	189.0	166.4	141.9	129.2	114.2	105.5	93.7	87.5	79.8	75.4
70～74	286.4	253.1	231.7	205.2	178.9	161.1	143.3	136.7	125.0	115.6
75～79	451.1	395.3	352.8	308.0	272.9	251.3	226.5	220.9	197.3	186.3
80～84	621.6	552.9	485.2	476.1	418.0	373.6	332.9	342.4	301.7	278.3
85～89	774.7	716.0	667.0	657.0	569.8	517.8	472.6	451.8	430.6	399.1
90歳～	800.0	782.1	686.0	676.6	614.4	570.2	554.7	567.1	460.5	478.8
年齢調整死亡率 （人口10万対） Age-adjusted death rate (per 100,000 population)	55.8	49.7	45.1	41.4	36.9	34.0	30.4	30.1	27.3	26.1
女 Female	36.6	33.9	32.2	30.3	27.8	26.6	24.5	24.5	22.5	22.0
0～4歳 Years	0.3	0.2	0.1	0.2	0.2	0.1	0.2	0.1	0.1	0.2
5～9	0.2	0.2	0.2	0.2	0.1	0.1	0.1	0.1	0.1	0.1
10～14	0.2	0.1	0.1	0.3	0.2	0.3	0.1	0.2	0.1	0.1
15～19	0.2	0.2	0.3	0.2	0.2	0.3	0.1	0.3	0.2	0.1
20～24	0.4	0.3	0.4	0.4	0.3	0.5	0.5	0.2	0.3	0.3
25～29	0.4	0.8	0.8	0.7	0.5	0.4	0.5	0.4	0.5	0.5
30～34	1.1	0.9	1.1	0.9	0.6	0.8	1.0	0.9	0.6	0.6
35～39	3.2	3.1	2.6	2.4	2.2	2.4	1.9	2.0	1.8	1.5
40～44	7.0	7.4	6.1	5.4	5.1	4.9	5.1	3.7	3.8	3.6
45～49	14.1	14.7	12.9	12.7	10.1	9.9	8.2	8.6	7.1	7.5
50～54	26.0	23.9	21.4	21.4	20.3	18.7	16.0	14.8	13.7	12.0
55～59	38.3	34.8	30.5	27.7	26.1	23.6	22.6	21.0	18.6	16.9
60～64	62.0	54.8	51.1	41.3	39.8	34.8	30.1	29.6	26.0	25.3
65～69	112.9	99.3	88.4	79.4	65.7	60.0	50.1	48.6	44.6	41.4
70～74	197.6	171.4	161.5	144.2	120.0	113.0	92.9	96.8	78.0	74.3
75～79	348.6	300.0	282.2	250.4	211.5	197.0	175.7	162.7	143.4	138.1
80～84	530.6	471.0	429.2	411.7	362.0	329.8	288.8	291.7	258.8	232.8
85～89	714.7	645.1	601.2	556.3	520.3	474.9	442.7	406.5	394.0	360.9
90歳～	745.1	709.0	667.9	605.1	596.8	557.7	553.5	505.1	430.6	451.3
年齢調整死亡率 （人口10万対） Age-adjusted death rate (per 100,000 population)	36.5	32.6	30.0	27.3	24.0	22.1	19.5	18.8	16.7	15.7

Notes: 1) The categories of "80 - 84" in 1951 - 1954 represent the population aged 80 or over, and those of "85 - 89" in 1956 - 1959, 1961 - 1964, 1966 - 1969, 1971 - 1974, and 1976 - 1979 represent the population aged 85 or over.
2) The figures for cerebrovascular diseases in 1994 and earlier include transient ischemic attacks.
3) The base population for age-adjusted death rates is the model population of 1985.

第5表　(30-17)

第5表　脳血管疾患死亡数・粗死亡率（人口10万対）・年齢調整死亡率
Statistics 5　Numbers of deaths, crude death rates (per 100,000 population), and age-adjusted (large categories), sex and age group (by 5-year age scale): From 1951 to 2004

脳内出血　Cerebral haemorrhage
死亡数　Number of deaths

性・年齢階級 Sex/age group	平成3年 1991	4年 1992	5年 1993	6年 1994	7年 1995	8年 1996	9年 1997	10年 1998	11年 1999	12年 2000
総数 Total	29 122	29 379	29 535	29 024	33 187	32 626	31 786	31 953	32 025	31 051
0～4歳 Years	11	11	14	13	11	7	12	11	3	6
5～9	6	3	8	7	2	7	11	9	3	6
10～14	10	12	19	11	7	8	12	8	17	10
15～19	26	33	23	15	16	17	19	18	12	16
20～24	37	33	29	30	35	30	29	24	20	19
25～29	47	54	39	50	38	54	60	51	45	41
30～34	97	97	102	84	89	85	88	100	97	74
35～39	205	238	188	207	206	185	190	198	183	177
40～44	737	700	652	550	540	485	443	407	406	356
45～49	1 118	1 138	1 068	1 093	1 114	1 199	1 134	1 057	982	890
50～54	1 644	1 627	1 648	1 636	1 649	1 524	1 521	1 568	1 557	1 650
55～59	2 442	2 405	2 256	2 079	2 139	2 103	2 007	2 011	1 979	1 930
60～64	2 777	2 893	2 926	2 839	3 056	2 993	2 789	2 553	2 622	2 370
65～69	2 894	3 010	3 131	3 192	3 540	3 434	3 403	3 466	3 419	3 207
70～74	3 384	3 239	3 447	3 417	3 987	3 944	3 841	4 049	4 035	4 017
75～79	4 559	4 420	4 346	4 140	4 740	4 568	4 561	4 535	4 757	4 540
80～84	4 663	4 776	4 785	4 688	5 674	5 526	5 170	5 176	4 990	4 919
85～89	3 095	3 133	3 204	3 303	4 230	4 310	4 312	4 300	4 327	4 210
90歳～	1 357	1 526	1 633	1 653	2 093	2 129	2 154	2 395	2 553	2 600
不詳 Not Stated	13	31	17	17	21	18	30	17	18	13
男 Male	15 431	15 691	15 698	15 374	17 637	17 302	17 127	17 155	17 425	16 793
0～4歳 Years	8	8	8	8	7	4	4	9	1	5
5～9	4	2	4	3	1	4	6	3	3	3
10～14	7	8	9	8	4	7	7	4	11	3
15～19	14	18	10	11	10	10	12	12	5	8
20～24	22	23	20	19	24	22	18	14	14	13
25～29	31	39	26	34	19	33	41	32	35	29
30～34	67	65	71	59	54	60	62	74	74	57
35～39	153	178	133	153	159	148	144	153	144	129
40～44	534	533	457	400	394	357	329	319	314	265
45～49	813	835	786	786	817	864	828	768	742	681
50～54	1 158	1 154	1 153	1 142	1 186	1 103	1 103	1 114	1 143	1 195
55～59	1 729	1 679	1 640	1 508	1 553	1 499	1 421	1 476	1 425	1 410
60～64	1 973	2 019	2 024	2 033	2 161	2 126	1 980	1 875	1 886	1 731
65～69	1 712	1 862	1 946	2 066	2 335	2 257	2 316	2 341	2 360	2 217
70～74	1 673	1 650	1 774	1 742	2 127	2 189	2 280	2 379	2 495	2 416
75～79	2 139	2 018	2 055	1 847	2 196	2 113	2 216	2 160	2 316	2 250
80～84	1 912	1 988	1 949	1 872	2 397	2 320	2 168	2 148	2 111	2 066
85～89	1 084	1 124	1 154	1 158	1 562	1 532	1 541	1 557	1 598	1 545
90歳～	386	459	462	509	610	638	621	702	733	757
不詳 Not Stated	12	29	17	16	21	16	30	15	15	13
女 Female	13 691	13 688	13 837	13 650	15 550	15 324	14 659	14 798	14 600	14 258
0～4歳 Years	3	3	6	5	4	3	8	2	2	1
5～9	2	1	4	4	1	3	5	6	-	3
10～14	3	4	10	3	3	1	5	4	6	7
15～19	12	15	13	4	6	7	7	6	7	8
20～24	15	10	9	11	11	8	11	10	6	6
25～29	16	15	13	16	19	21	19	19	10	12
30～34	30	32	31	25	35	25	26	26	23	17
35～39	52	60	55	54	47	37	46	45	39	48
40～44	203	167	195	150	146	128	114	88	92	91
45～49	305	303	282	307	297	335	306	289	240	209
50～54	486	473	495	494	463	421	418	454	414	455
55～59	713	726	616	571	586	604	586	535	554	520
60～64	804	874	902	806	895	867	809	678	736	639
65～69	1 182	1 148	1 185	1 126	1 205	1 177	1 087	1 125	1 059	990
70～74	1 711	1 589	1 673	1 675	1 860	1 755	1 561	1 670	1 540	1 601
75～79	2 420	2 402	2 291	2 293	2 544	2 455	2 345	2 375	2 441	2 290
80～84	2 751	2 788	2 836	2 816	3 277	3 206	3 002	3 028	2 879	2 853
85～89	2 011	2 009	2 050	2 145	2 668	2 778	2 771	2 743	2 729	2 665
90歳～	971	1 067	1 171	1 144	1 483	1 491	1 533	1 693	1 820	1 843
不詳 Not Stated	1	2	-	1	-	2	-	2	3	-

注：1）昭和26～29年の「80～84」は、「80歳以上」、昭和31～34年、36～39年、41～44年、46～49年、51～54年の「85～89歳」は「85歳以上」である。
　　2）平成6年以前の「脳血管疾患」には一過性脳虚血を含む。
　　3）年齢調整死亡率の基準人口は、昭和60年モデル人口である。

（人口10万対）, 病類（簡単分類）・性・年齢（5歳階級）別 －昭和26年～平成16年－
death rates (per 100,000 population) from cerebrovascular diseases, by disease type

粗死亡率（人口10万対） Crude death rates (per 100,000 population)

性・年齢階級 Sex/age group	平成3年 1991	4年 1992	5年 1993	6年 1994	7年 1995	8年 1996	9年 1997	10年 1998	11年 1999	12年 2000
総　数　Total	23.7	23.8	23.9	23.4	26.7	26.2	25.4	25.5	25.5	24.7
0～4歳 Years	0.2	0.2	0.2	0.2	0.2	0.1	0.2	0.2	0.1	0.1
5～9	0.1	0.0	0.1	0.1	0.0	0.1	0.2	0.1	0.1	0.1
10～14	0.1	0.2	0.2	0.1	0.1	0.1	0.2	0.1	0.3	0.2
15～19	0.3	0.3	0.2	0.2	0.2	0.2	0.2	0.2	0.2	0.2
20～24	0.4	0.4	0.3	0.3	0.4	0.3	0.3	0.3	0.2	0.2
25～29	0.6	0.7	0.5	0.6	0.4	0.6	0.6	0.5	0.5	0.4
30～34	1.3	1.3	1.3	1.1	1.1	1.1	1.1	1.2	1.1	0.9
35～39	2.4	2.9	2.4	2.6	2.7	2.4	2.5	2.6	2.4	2.2
40～44	6.6	6.5	6.4	5.8	6.1	5.7	5.5	5.2	5.2	4.6
45～49	13.1	12.8	11.3	11.0	10.6	10.8	10.6	10.5	10.5	10.1
50～54	20.0	19.3	19.1	18.1	18.6	18.1	17.3	16.8	15.9	15.9
55～59	31.1	30.4	28.5	26.6	27.0	26.0	24.2	23.7	22.4	22.2
60～64	40.3	41.0	40.6	38.9	41.0	39.5	36.4	33.2	34.5	30.7
65～69	53.5	52.8	52.5	51.5	55.5	52.6	50.9	50.7	49.4	45.2
70～74	86.9	80.3	81.9	76.4	85.3	79.3	73.3	73.7	70.6	68.2
75～79	147.5	141.4	138.0	132.1	144.7	135.5	130.1	123.4	121.6	109.7
80～84	238.8	232.7	223.1	209.5	247.4	232.9	213.8	210.2	202.8	188.5
85～89	361.6	342.0	329.0	313.7	373.0	351.0	329.7	309.8	296.0	275.1
90歳～	421.4	429.9	419.8	395.5	473.4	450.1	410.3	411.5	400.8	371.2
男　Male	25.5	25.9	25.8	25.3	29.0	28.3	28.0	28.0	28.4	27.3
0～4歳 Years	0.2	0.3	0.3	0.3	0.2	0.1	0.1	0.3	0.0	0.2
5～9	0.1	0.1	0.1	0.1	0.0	0.1	0.2	0.1	0.1	0.1
10～14	0.2	0.2	0.2	0.2	0.1	0.2	0.2	0.1	0.3	0.1
15～19	0.3	0.4	0.2	0.2	0.2	0.2	0.3	0.3	0.1	0.2
20～24	0.5	0.5	0.4	0.4	0.5	0.4	0.4	0.3	0.3	0.3
25～29	0.8	1.0	0.6	0.8	0.4	0.7	0.9	0.7	0.7	0.6
30～34	1.7	1.7	1.8	1.5	1.3	1.5	1.5	1.8	1.7	1.3
35～39	3.6	4.3	3.3	3.9	4.1	3.8	3.7	3.9	3.7	3.2
40～44	9.5	9.9	9.0	8.5	8.8	8.3	8.1	8.0	8.0	6.8
45～49	19.1	18.8	16.7	15.8	15.4	15.5	15.4	15.2	15.8	15.4
50～54	28.5	27.6	26.9	25.6	27.0	26.4	25.3	24.1	23.4	23.0
55～59	45.0	43.3	42.3	39.4	40.0	37.8	34.9	35.4	32.8	33.0
60～64	59.4	59.3	58.2	57.8	60.1	58.0	53.4	50.5	51.3	46.3
65～69	71.8	72.3	70.7	71.5	78.2	73.4	73.4	72.7	72.3	66.1
70～74	106.4	102.2	105.5	96.3	110.1	103.8	100.0	97.5	97.3	90.6
75～79	174.9	163.9	166.7	151.6	175.1	165.6	168.5	157.0	156.1	138.8
80～84	267.0	266.1	251.5	232.0	291.7	273.6	252.1	246.9	244.9	226.2
85～89	384.4	374.7	364.0	341.6	432.7	396.9	377.7	362.1	354.3	324.2
90歳～	428.9	473.2	440.0	454.5	521.8	518.7	463.4	477.6	466.9	429.4
年齢調整死亡率 （人口10万対） Age-adjusted death rate (per 100,000 population)	24.7	24.3	23.6	22.5	25.0	23.8	22.9	22.2	22.0	20.3
女　Female	21.8	21.8	21.9	21.6	24.5	24.1	23.0	23.1	22.8	22.2
0～4歳 Years	0.1	0.1	0.2	0.2	0.1	0.1	0.3	0.1	0.1	0.0
5～9	0.1	0.0	0.1	0.1	0.0	0.1	0.2	0.2	-	0.1
10～14	0.1	0.1	0.3	0.1	0.1	0.0	0.1	0.1	0.2	0.2
15～19	0.3	0.3	0.3	0.1	0.1	0.2	0.2	0.2	0.2	0.2
20～24	0.3	0.2	0.2	0.2	0.2	0.2	0.2	0.2	0.1	0.1
25～29	0.4	0.4	0.3	0.4	0.4	0.5	0.4	0.4	0.2	0.3
30～34	0.8	0.8	0.8	0.7	0.9	0.6	0.7	0.6	0.5	0.4
35～39	1.2	1.5	1.4	1.4	1.2	1.0	1.2	1.2	1.0	1.2
40～44	3.6	3.1	3.9	3.2	3.3	3.0	2.8	2.2	2.4	2.4
45～49	7.1	6.8	6.0	6.2	5.7	6.0	5.7	5.7	5.1	4.7
50～54	11.7	11.1	11.3	10.8	10.3	9.9	9.5	9.7	8.4	8.7
55～59	17.8	18.0	15.3	14.3	14.6	14.7	13.9	12.4	12.3	11.8
60～64	22.5	23.9	24.2	21.3	23.3	22.1	20.4	17.1	18.8	16.1
65～69	39.1	36.8	36.8	34.0	35.6	34.0	30.7	31.1	28.9	26.5
70～74	73.7	65.7	66.1	62.9	67.8	61.3	52.7	54.6	48.8	49.7
75～79	129.5	126.8	119.5	119.6	125.8	117.2	107.0	103.3	100.6	90.9
80～84	222.4	213.6	207.0	196.8	222.6	210.1	192.7	190.2	180.2	168.2
85～89	350.3	326.1	312.0	300.4	345.1	330.3	307.9	286.3	269.9	252.9
90歳～	416.7	413.6	413.8	373.9	456.1	426.0	392.1	389.2	379.2	351.6
年齢調整死亡率 （人口10万対） Age-adjusted death rate (per 100,000 population)	15.0	14.4	14.0	13.3	14.3	13.5	12.5	12.0	11.4	10.8

Notes: 1) The categories of "80 - 84" in 1951 - 1954 represent the population aged 80 or over, and those of "85 - 89" in 1956 - 1959, 1961 - 1964, 1966 - 1969, 1971 - 1974, and 1976 - 1979 represent the population aged 85 or over.
2) The figures for cerebrovascular diseases in 1994 and earlier include transient ischemic attacks.
3) The base population for age-adjusted death rates is the model population of 1985.

第5表　脳血管疾患死亡数・粗死亡率（人口10万対）・年齢調整死亡率
Statistics 5　Numbers of deaths, crude death rates (per 100,000 population), and age-adjusted (large categories), sex and age group (by 5-year age scale): From 1951 to 2004

脳内出血　Cerebral haemorrhage

死亡数　Number of deaths

性・年齢階級 Sex/age group	平成13年 2001	14年 2002	15年 2003	16年 2004
総数　Total	31 122	31 219	32 395	32 060
0～4歳 Years	14	5	7	5
5～9	6	5	7	6
10～14	4	3	5	7
15～19	11	12	11	7
20～24	16	25	30	21
25～29	41	34	41	34
30～34	96	93	88	98
35～39	177	192	214	181
40～44	366	388	392	344
45～49	804	723	714	745
50～54	1 772	1 618	1 630	1 352
55～59	1 789	1 861	1 940	2 035
60～64	2 264	2 170	2 419	2 342
65～69	3 177	3 202	3 117	2 979
70～74	4 003	3 955	4 090	4 089
75～79	4 579	4 772	4 986	4 960
80～84	4 778	4 843	5 067	5 105
85～89	4 311	4 387	4 363	4 353
90歳～	2 897	2 917	3 256	3 378
不詳　Not Stated	17	14	18	19
男　Male	16 890	16 869	17 672	17 643
0～4歳 Years	9	4	2	3
5～9	2	2	5	4
10～14	1	1	4	4
15～19	5	8	9	6
20～24	13	15	22	14
25～29	25	28	27	23
30～34	68	66	68	66
35～39	137	152	167	134
40～44	282	295	308	276
45～49	608	535	541	550
50～54	1 308	1 217	1 211	981
55～59	1 322	1 358	1 410	1 491
60～64	1 646	1 565	1 772	1 742
65～69	2 168	2 220	2 228	2 093
70～74	2 536	2 487	2 593	2 608
75～79	2 369	2 462	2 688	2 838
80～84	2 006	2 053	2 119	2 199
85～89	1 530	1 608	1 596	1 623
90歳～	839	780	885	973
不詳　Not Stated	16	13	17	15
女　Female	14 232	14 350	14 723	14 417
0～4歳 Years	5	1	5	2
5～9	4	3	2	2
10～14	3	2	1	3
15～19	6	4	2	1
20～24	3	10	8	7
25～29	16	6	14	11
30～34	28	27	20	32
35～39	40	40	47	47
40～44	84	93	84	68
45～49	196	188	173	195
50～54	464	401	419	371
55～59	467	503	530	544
60～64	618	605	647	600
65～69	1 009	982	889	886
70～74	1 467	1 468	1 497	1 481
75～79	2 210	2 310	2 298	2 122
80～84	2 772	2 790	2 948	2 906
85～89	2 781	2 779	2 767	2 730
90歳～	2 058	2 137	2 371	2 405
不詳　Not Stated	1	1	1	4

注：1) 昭和26～29年の「80～84」は、「80歳以上」、昭和31～34年、36～39年、41～44年、46～49年、51～54年の「85～89歳」は「85歳以上」である。
　　2) 平成6年以前の「脳血管疾患」には一過性脳虚血を含む。
　　3) 年齢調整死亡率の基準人口は、昭和60年モデル人口である。

（人口10万対），病類（簡単分類）・性・年齢（5歳階級）別 －昭和26年～平成16年－
death rates (per 100,000 population) from cerebrovascular diseases, by disease type

粗死亡率（人口10万対） Crude death rates (per 100,000 population)

性・年齢階級 Sex/age group	平成13年 2001	14年 2002	15年 2003	16年 2004
総 数 Total	24.7	24.8	25.7	25.4
0～4歳 Years	0.2	0.1	0.1	0.1
5～9	0.1	0.1	0.1	0.1
10～14	0.1	0.0	0.1	0.1
15～19	0.2	0.2	0.2	0.1
20～24	0.2	0.3	0.4	0.3
25～29	0.4	0.4	0.5	0.4
30～34	1.1	1.0	0.9	1.0
35～39	2.3	2.4	2.6	2.1
40～44	4.8	5.1	5.1	4.4
45～49	9.5	9.0	9.1	9.6
50～54	16.2	15.4	16.4	14.7
55～59	21.6	21.6	21.3	21.2
60～64	28.7	26.9	29.3	27.2
65～69	43.8	43.6	42.3	40.7
70～74	66.3	63.9	64.5	63.5
75～79	103.7	102.5	102.2	97.6
80～84	176.2	170.2	168.4	158.4
85～89	269.1	265.2	257.6	254.1
90歳～	375.3	341.6	350.5	333.5
男 Male	27.4	27.4	28.7	28.6
0～4歳 Years	0.3	0.1	0.1	0.1
5～9	0.1	0.1	0.2	0.1
10～14	0.0	0.0	0.1	0.1
15～19	0.1	0.2	0.3	0.2
20～24	0.3	0.4	0.6	0.4
25～29	0.5	0.6	0.6	0.5
30～34	1.5	1.4	1.4	1.4
35～39	3.5	3.7	4.0	3.1
40～44	7.3	7.6	7.9	7.1
45～49	14.4	13.2	13.8	14.1
50～54	24.0	23.2	24.5	21.3
55～59	32.5	32.1	31.4	31.5
60～64	43.1	40.0	44.2	41.8
65～69	63.2	63.8	63.7	60.3
70～74	92.4	88.2	89.8	88.7
75～79	133.4	128.2	130.9	131.3
80～84	213.6	209.9	204.9	195.5
85～89	307.2	314.1	306.3	309.7
90歳～	439.3	371.4	391.6	395.5
年齢調整死亡率 （人口10万対） Age-adjusted death rate (per 100,000 population)	19.8	19.3	19.7	19.0
女 Female	22.1	22.3	22.8	22.3
0～4歳 Years	0.2	0.0	0.2	0.1
5～9	0.1	0.1	0.1	0.1
10～14	0.1	0.1	0.0	0.1
15～19	0.2	0.1	0.1	0.0
20～24	0.1	0.3	0.2	0.2
25～29	0.3	0.1	0.3	0.3
30～34	0.6	0.6	0.4	0.7
35～39	1.0	1.0	1.1	1.1
40～44	2.2	2.4	2.2	1.8
45～49	4.7	4.7	4.4	5.0
50～54	8.5	7.6	8.4	8.0
55～59	11.1	11.5	11.5	11.2
60～64	15.2	14.6	15.2	13.5
65～69	26.4	25.4	22.9	23.1
70～74	44.5	43.5	43.4	42.3
75～79	83.8	84.5	81.3	72.6
80～84	156.4	149.4	149.3	138.5
85～89	251.9	243.3	235.9	229.4
90歳～	354.2	332.3	337.7	313.2
年齢調整死亡率 （人口10万対） Age-adjusted death rate (per 100,000 population)	10.2	9.9	9.8	9.3

Notes: 1) The categories of "80 - 84" in 1951 - 1954 represent the population aged 80 or over, and those of "85 - 89" in 1956 - 1959, 1961 - 1964, 1966 - 1969, 1971 - 1974, and 1976 - 1979 represent the population aged 85 or over.
2) The figures for cerebrovascular diseases in 1994 and earlier include transient ischemic attacks.
3) The base population for age-adjusted death rates is the model population of 1985.

第5表　脳血管疾患死亡数・粗死亡率（人口10万対）・年齢調整死亡率
Statistics 5　Numbers of deaths, crude death rates (per 100,000 population), and age-adjusted (large categories), sex and age group (by 5-year age scale): From 1951 to 2004

脳梗塞　Cerebral infarction
死亡数　Number of deaths

性・年齢階級 Sex/age group	昭和26年 1951	27年 1952	28年 1953	29年 1954	30年 1955	31年 1956	32年 1957	33年 1958	34年 1959	35年 1960
総数 Total	3 425	4 575	5 669	6 365	7 968	10 842	12 218	13 869	16 708	19 999
0～4歳 Years	26	17	17	17	10	10	3	5	5	5
5～9	13	17	15	16	11	4	9	11	10	5
10～14	26	12	18	15	16	9	18	12	7	5
15～19	41	40	36	30	27	24	36	21	20	30
20～24	55	49	61	55	62	62	58	45	48	33
25～29	62	74	59	55	71	79	77	59	67	51
30～34	63	62	63	74	59	80	70	71	62	74
35～39	82	102	77	80	96	78	103	86	110	106
40～44	120	130	117	115	146	143	168	157	145	153
45～49	136	174	180	200	212	243	273	241	257	269
50～54	197	254	300	303	373	418	466	475	510	542
55～59	268	415	501	524	597	762	827	887	970	1 114
60～64	377	519	640	716	909	1 230	1 384	1 417	1 645	1 930
65～69	545	751	950	1 037	1 312	1 877	2 028	2 202	2 600	2 907
70～74	603	844	1 101	1 252	1 570	2 115	2 476	2 845	3 431	4 126
75～79	470	653	890	1 099	1 372	1 983	2 337	2 775	3 504	4 222
80～84	243	310	449	512	793	1 197	1 348	1 817	2 276	3 011
85～89	79	127	163	214	272	423	438	592	828	1 124
90歳～	19	25	31	51	60	105	99	151	213	292
不詳 Not Stated	-	-	1	-	-	-	-	-	-	-
男 Male	1 697	2 308	2 869	3 305	4 109	5 573	6 434	7 221	8 646	10 435
0～4歳 Years	13	10	10	8	9	4	1	2	-	2
5～9	9	6	9	9	4	2	6	5	5	1
10～14	11	5	10	8	5	5	7	3	3	1
15～19	23	21	13	12	14	13	20	10	6	16
20～24	21	18	25	27	31	32	33	20	20	10
25～29	32	29	23	27	28	33	33	28	28	24
30～34	26	24	31	24	20	30	36	30	24	29
35～39	32	39	29	25	42	41	46	40	45	50
40～44	47	58	51	50	65	64	77	75	66	56
45～49	59	85	90	88	104	117	127	116	119	115
50～54	100	124	160	162	199	207	246	260	250	290
55～59	160	227	282	315	348	419	481	543	568	678
60～64	214	310	383	416	532	763	843	836	1 015	1 210
65～69	286	435	508	620	755	1 066	1 159	1 340	1 508	1 744
70～74	311	428	555	680	846	1 120	1 359	1 527	1 891	2 235
75～79	227	306	428	513	650	962	1 165	1 321	1 743	2 123
80～84	97	122	187	219	326	506	612	778	994	1 343
85～89	23	53	63	82	119	160	158	237	291	419
90歳～	6	8	12	20	12	29	25	50	70	89
不詳 Not Stated	-	-	-	-	-	-	-	-	-	-
女 Female	1 728	2 267	2 800	3 060	3 859	5 269	5 784	6 648	8 062	9 564
0～4歳 Years	13	7	7	9	1	6	2	3	5	3
5～9	4	11	6	7	7	2	3	6	5	4
10～14	15	7	8	7	11	4	11	9	4	4
15～19	18	19	23	18	13	11	16	11	14	14
20～24	34	31	36	28	31	30	25	25	28	23
25～29	30	45	36	28	43	46	44	31	39	27
30～34	37	38	32	50	39	50	34	41	38	45
35～39	50	63	48	55	54	37	57	46	65	56
40～44	73	72	66	65	81	79	91	82	79	97
45～49	77	89	90	112	108	126	146	125	138	154
50～54	97	130	140	141	174	211	220	215	260	252
55～59	108	188	219	209	249	343	346	344	402	436
60～64	163	209	257	300	377	467	541	581	630	720
65～69	259	316	442	417	557	811	869	862	1 092	1 163
70～74	292	416	546	572	724	995	1 117	1 318	1 540	1 891
75～79	243	347	462	586	722	1 021	1 172	1 454	1 761	2 099
80～84	146	188	262	293	467	691	736	1 039	1 282	1 668
85～89	56	74	100	132	153	263	280	355	537	705
90歳～	13	17	19	31	48	76	74	101	143	203
不詳 Not Stated	-	-	1	-	-	-	-	-	-	-

注：1）昭和26～29年の「80～84」は、「80歳以上」、昭和31～34年、36～39年、41～44年、46～49年、51～54年の「85～89歳」は「85歳以上」である。
　　2）平成6年以前の「脳血管疾患」には一過性脳虚血を含む。
　　3）年齢調整死亡率の基準人口は、昭和60年モデル人口である。

（人口10万対），病類（簡単分類）・性・年齢（5歳階級）別 －昭和26年～平成16年－
death rates (per 100,000 population) from cerebrovascular diseases, by disease type

粗死亡率（人口10万対）　Crude death rates (per 100,000 population)

性・年齢階級 Sex/age group	昭和26年 1951	27年 1952	28年 1953	29年 1954	30年 1955	31年 1956	32年 1957	33年 1958	34年 1959	35年 1960
総　数　Total	4.0	5.3	6.5	7.2	8.9	12.0	13.4	15.1	18.0	21.4
0～4歳 Years	0.2	0.2	0.2	0.2	0.1	0.1	0.0	0.1	0.1	0.1
5～9	0.1	0.2	0.2	0.2	0.1	0.0	0.1	0.1	0.1	0.1
10～14	0.3	0.1	0.2	0.2	0.2	0.1	0.2	0.1	0.1	-
15～19	0.5	0.5	0.4	0.3	0.3	0.3	0.4	0.2	0.2	0.3
20～24	0.7	0.6	0.7	0.7	0.7	0.7	0.7	0.5	0.6	0.4
25～29	1.0	1.1	0.8	0.7	0.9	1.0	1.0	0.7	0.8	0.6
30～34	1.2	1.2	1.1	1.3	1.0	1.2	1.0	1.0	0.8	1.0
35～39	1.6	2.0	1.5	1.6	1.9	1.5	1.9	1.6	1.9	1.8
40～44	2.6	2.7	2.4	2.3	3.0	2.9	3.4	3.2	3.0	3.0
45～49	3.4	4.3	4.4	4.7	4.9	5.3	5.9	5.1	5.4	5.6
50～54	5.6	7.0	8.1	8.0	9.7	11.0	12.0	12.0	12.5	12.9
55～59	9.4	14.3	16.6	16.9	18.6	23.0	24.1	25.2	27.0	30.6
60～64	16.1	21.6	26.4	29.3	36.4	47.2	51.8	51.0	57.8	65.8
65～69	31.1	42.1	51.7	54.1	66.7	93.5	99.1	106.0	123.4	134.6
70～74	46.8	63.7	82.2	92.0	112.7	152.7	175.7	196.5	227.2	263.8
75～79	63.1	83.8	110.4	129.6	156.7	221.1	257.9	300.3	373.2	442.2
80～84	87.4	110.0	144.5	163.9	209.9	291.2	316.4	402.9	480.2	623.5
85～89	…	…	…	…	244.3	371.8	355.6	450.3	581.6	721.4
90歳～	…	…	…	…	263.5	…	…	…	…	907.2
男　Male	4.1	5.5	6.7	7.6	9.4	12.6	14.4	16.0	18.9	22.7
0～4歳 Years	0.2	0.2	0.2	0.2	0.2	0.1	0.0	0.0	-	0.0
5～9	0.2	0.1	0.2	0.2	0.1	0.0	0.1	0.1	0.1	0.0
10～14	0.2	0.1	0.2	0.2	0.1	0.1	0.1	0.1	0.1	0.0
15～19	0.5	0.5	0.3	0.3	0.3	0.3	0.4	0.2	0.1	0.3
20～24	0.5	0.4	0.6	0.6	0.7	0.8	0.8	0.5	0.5	0.2
25～29	1.1	0.9	0.7	0.7	0.7	0.9	0.8	0.7	0.7	0.6
30～34	1.1	1.0	1.3	0.9	0.7	1.0	1.1	0.9	0.7	0.8
35～39	1.3	1.6	1.2	1.1	1.8	1.8	2.0	1.6	1.7	1.8
40～44	2.1	2.5	2.2	2.2	2.8	2.7	3.3	3.3	3.0	2.5
45～49	2.9	4.2	4.4	4.2	4.9	5.3	5.7	5.2	5.3	5.1
50～54	5.6	6.8	8.5	8.5	10.3	10.8	12.7	13.3	12.5	14.2
55～59	11.2	15.5	18.6	20.2	21.6	25.2	28.1	31.0	31.8	37.6
60～64	18.8	26.5	32.5	34.7	43.4	59.7	64.1	61.2	72.6	84.2
65～69	36.1	53.6	60.0	69.7	82.1	113.0	120.2	136.7	151.3	169.8
70～74	57.2	76.3	97.9	117.6	142.5	188.9	223.5	240.9	283.5	322.2
75～79	77.7	100.3	136.3	154.5	190.0	273.3	329.1	365.9	473.6	563.6
80～84	94.0	126.2	174.7	201.9	244.8	349.0	410.7	492.4	598.8	794.0
85～89	…	…	…	…	351.5	450.0	406.7	585.7	681.1	869.4
90歳～	…	…	…	…	205.9	…	…	…	…	1 077.5
年齢調整死亡率 （人口10万対） Age-adjusted death rate (per 100,000 population)	8.9	11.9	14.9	16.9	20.8	28.0	31.5	35.4	41.7	50.0
女　Female	4.0	5.2	6.3	6.8	8.5	11.5	12.5	14.2	17.1	20.1
0～4歳 Years	0.2	0.1	0.1	0.2	0.0	0.1	0.0	0.1	0.1	0.1
5～9	0.1	0.2	0.1	0.1	0.1	0.0	0.1	0.1	0.1	0.1
10～14	0.3	0.2	0.2	0.1	0.2	0.1	0.2	0.2	0.1	0.1
15～19	0.4	0.4	0.5	0.4	0.3	0.3	0.4	0.2	0.3	0.3
20～24	0.9	0.8	0.9	0.7	0.7	0.7	0.6	0.6	0.7	0.5
25～29	0.9	1.3	1.0	0.7	1.1	1.2	1.1	0.8	1.0	0.7
30～34	1.3	1.3	1.0	1.5	1.2	1.5	1.0	1.1	1.0	1.2
35～39	1.8	2.3	1.8	2.0	1.9	1.3	1.9	1.5	2.0	1.7
40～44	3.0	2.9	2.6	2.5	3.1	3.0	3.4	3.1	3.0	3.5
45～49	3.9	4.4	4.4	5.2	4.8	5.4	6.0	5.0	5.5	6.0
50～54	5.6	7.2	7.6	7.5	9.1	11.1	11.3	10.8	12.5	11.7
55～59	7.6	13.0	14.6	13.6	15.6	20.7	20.2	19.5	22.3	23.7
60～64	13.5	16.9	20.7	24.0	29.7	35.3	39.8	41.1	43.5	48.2
65～69	26.9	32.6	44.6	40.6	53.2	76.2	80.3	78.6	98.4	102.6
70～74	39.3	54.5	70.6	73.1	90.6	125.6	139.5	161.9	182.7	217.3
75～79	53.5	73.2	93.9	113.6	135.3	187.0	212.3	258.3	308.4	363.2
80～84	84.0	101.5	129.2	145.2	190.9	259.8	265.7	354.6	416.2	531.6
85～89	…	…	…	…	197.4	339.0	334.0	393.1	539.7	655.1
90歳～	…	…	…	…	283.4	…	…	…	…	848.4
年齢調整死亡率 （人口10万対） Age-adjusted death rate (per 100,000 population)	7.1	9.1	11.1	11.9	14.8	20.0	21.4	24.4	28.6	33.5

Notes: 1) The categories of "80・84" in 1951・1954 represent the population aged 80 or over, and those of "85・89" in 1956・1959, 1961
・1964, 1966・1969, 1971・1974, and 1976・1979 represent the population aged 85 or over.
2) The figures for cerebrovascular diseases in 1994 and earlier include transient ischemic attacks.
3) The base population for age-adjusted death rates is the model population of 1985.

第 5 表 (30-20)

第 5 表　脳血管疾患死亡数・粗死亡率（人口10万対）・年齢調整死亡率
Statistics 5　Numbers of deaths, crude death rates (per 100,000 population), and age-adjusted (large categories), sex and age group (by 5-year age scale): From 1951 to 2004

脳梗塞　Cerebral infarction
死亡数　Number of deaths

性・年齢階級 Sex/age group	昭和36年 1961	37年 1962	38年 1963	39年 1964	40年 1965	41年 1966	42年 1967	43年 1968	44年 1969	45年 1970
総　数　Total	23 126	26 798	30 776	37 169	42 654	46 279	50 690	51 523	55 757	59 003
0〜4歳 Years	7	8	7	7	7	4	3	3	2	-
5〜9	11	7	4	2	3	4	7	2	-	-
10〜14	9	11	10	6	7	5	7	5	4	1
15〜19	24	31	21	26	22	13	14	28	25	20
20〜24	37	36	29	32	32	28	23	35	33	25
25〜29	62	45	44	38	36	40	40	47	41	34
30〜34	75	77	69	59	55	66	61	47	56	54
35〜39	101	107	96	93	86	100	115	102	104	99
40〜44	137	151	172	186	184	156	183	191	198	177
45〜49	260	278	319	294	307	299	324	314	299	325
50〜54	591	651	668	720	738	728	695	658	678	693
55〜59	1 222	1 287	1 360	1 610	1 601	1 693	1 719	1 695	1 701	1 661
60〜64	2 084	2 440	2 766	3 239	3 455	3 560	3 705	3 390	3 631	3 680
65〜69	3 422	3 949	4 635	5 291	6 149	6 544	7 102	7 019	7 452	7 697
70〜74	4 857	5 526	6 321	7 642	8 816	9 707	10 418	10 448	11 398	11 964
75〜79	4 976	5 964	6 700	8 520	9 854	10 823	12 000	12 200	13 076	14 059
80〜84	3 525	4 047	4 931	5 986	7 202	7 798	8 807	9 459	10 422	11 279
85〜89	1 398	1 803	2 139	2 764	3 269	3 728	4 241	4 575	5 164	5 432
90歳〜	328	380	485	654	831	983	1 226	1 297	1 473	1 798
不　詳　Not Stated	-	-	-	-	-	-	-	8	-	5
男　Male	12 055	13 990	16 159	19 603	22 225	24 181	26 414	26 561	28 977	30 604
0〜4歳 Years	4	4	5	4	-	4	3	1	1	-
5〜9	7	3	1	1	-	3	2	2	-	-
10〜14	6	8	5	3	4	3	5	3	3	1
15〜19	14	19	10	17	9	4	7	11	11	13
20〜24	12	15	21	10	15	11	12	9	15	11
25〜29	19	15	13	20	12	14	16	19	15	14
30〜34	34	38	26	28	29	41	26	28	21	23
35〜39	44	46	40	42	42	50	62	49	53	52
40〜44	45	63	74	63	73	79	89	87	96	97
45〜49	143	125	157	138	139	141	147	153	152	155
50〜54	318	337	344	378	391	371	368	343	363	379
55〜59	716	779	810	977	940	1 030	1 042	1 001	992	963
60〜64	1 247	1 523	1 766	2 081	2 174	2 243	2 312	2 122	2 236	2 282
65〜69	2 046	2 351	2 851	3 234	3 749	3 989	4 313	4 307	4 600	4 774
70〜74	2 713	3 080	3 568	4 333	5 049	5 612	6 033	5 955	6 606	7 002
75〜79	2 483	2 981	3 397	4 413	4 947	5 516	6 153	6 270	6 879	7 243
80〜84	1 518	1 789	2 125	2 611	3 180	3 407	3 865	4 130	4 654	5 002
85〜89	593	695	796	1 053	1 240	1 375	1 583	1 672	1 849	2 018
90歳〜	93	119	150	197	232	288	376	398	431	570
不　詳　Not Stated	-	-	-	-	-	-	-	1	-	5
女　Female	11 071	12 808	14 617	17 566	20 429	22 098	24 276	24 962	26 780	28 399
0〜4歳 Years	3	4	2	3	7	-	-	2	1	-
5〜9	4	4	3	1	3	1	5	-	-	-
10〜14	3	3	5	3	3	2	2	2	1	-
15〜19	10	12	11	9	13	9	7	17	14	7
20〜24	25	21	8	22	17	17	11	26	18	14
25〜29	43	30	31	18	24	26	24	28	26	20
30〜34	41	39	43	31	26	25	35	19	35	31
35〜39	57	61	56	51	44	50	53	53	51	47
40〜44	92	88	98	123	111	77	94	104	102	80
45〜49	117	153	162	156	168	158	177	161	147	170
50〜54	273	314	324	342	347	357	327	315	315	314
55〜59	506	508	550	633	661	663	677	694	709	698
60〜64	837	917	1 000	1 158	1 281	1 317	1 393	1 268	1 395	1 398
65〜69	1 376	1 598	1 784	2 057	2 400	2 555	2 789	2 712	2 852	2 923
70〜74	2 144	2 446	2 753	3 309	3 767	4 095	4 385	4 493	4 792	4 962
75〜79	2 493	2 983	3 303	4 107	4 907	5 307	5 847	5 930	6 197	6 816
80〜84	2 007	2 258	2 806	3 375	4 022	4 391	4 942	5 329	5 768	6 277
85〜89	805	1 108	1 343	1 711	2 029	2 353	2 658	2 903	3 315	3 414
90歳〜	235	261	335	457	599	695	850	899	1 042	1 228
不　詳　Not Stated	-	-	-	-	-	-	-	7	-	-

注：1）昭和26〜29年の「80〜84」は、「80歳以上」、昭和31〜34年、36〜39年、41〜44年、46〜49年、51〜54年の「85〜89歳」は「85歳以上」である。
　　2）平成6年以前の「脳血管疾患」には一過性脳虚血を含む。
　　3）年齢調整死亡率の基準人口は、昭和60年モデル人口である。

（人口10万対），病類（簡単分類）・性・年齢（5歳階級）別　－昭和26年～平成16年－
death rates (per 100,000 population) from cerebrovascular diseases, by disease type

粗死亡率（人口10万対）　Crude death rates (per 100,000 population)

性・年齢階級 Sex/age group	昭和36年 1961	37年 1962	38年 1963	39年 1964	40年 1965	41年 1966	42年 1967	43年 1968	44年 1969	45年 1970
総　数 Total	24.5	27.9	32.0	38.2	43.4	46.7	50.9	51.1	54.7	57.2
0～4歳 Years	0.1	0.1	0.1	0.1	0.1	0.1	0.0	0.0	0.0	－
5～9	0.1	0.1	0.0	0.0	0.0	0.1	0.1	0.0	－	－
10～14	0.1	0.1	0.1	0.1	0.1	0.1	0.1	0.1	0.1	0.0
15～19	0.3	0.3	0.2	0.3	0.2	0.1	0.1	0.3	0.3	0.2
20～24	0.4	0.4	0.3	0.3	0.4	0.3	0.3	0.4	0.3	0.2
25～29	0.8	0.5	0.5	0.5	0.4	0.5	0.5	0.5	0.4	0.4
30～34	1.0	1.0	0.9	0.7	0.7	0.8	0.7	0.6	0.7	0.6
35～39	1.6	1.6	1.4	1.3	1.1	1.3	1.5	1.3	1.3	1.2
40～44	2.7	2.4	3.2	3.2	3.1	2.5	2.8	2.8	2.8	2.4
45～49	5.4	5.7	6.6	6.2	6.2	6.0	6.4	5.9	5.3	5.6
50～54	13.5	14.6	14.7	15.6	15.8	15.4	14.8	14.0	14.7	14.5
55～59	33.8	35.0	36.4	41.5	40.0	40.6	40.7	39.4	38.7	37.7
60～64	68.0	76.3	84.9	97.5	103.3	106.9	108.9	97.7	100.8	99.2
65～69	150.9	169.7	191.2	212.5	240.0	245.2	256.3	245.5	254.6	258.8
70～74	300.7	333.1	379.6	450.9	505.3	530.7	551.8	529.3	560.9	562.3
75～79	516.2	606.1	665.3	802.3	899.2	961.2	1 033.6	1 026.9	1 072.7	1 110.6
80～84	709.3	796.7	957.5	1 138.0	1 363.7	1 468.5	1 592.6	1 639.3	1 689.1	1 739.3
85～89	829.8	1 010.6	1 161.1	1 418.3	1 641.4	1 784.5	1 988.0	2 082.3	2 265.2	2 368.7
90歳～	…	…	…	…	1 637.0	…	…	…	…	2 733.8
男　Male	26.0	29.9	34.2	41.1	46.1	49.7	54.0	53.7	57.8	60.5
0～4歳 Years	0.1	0.1	0.1	0.1	－	0.1	0.1	0.0	0.0	－
5～9	0.2	0.1	0.0	0.0	－	0.1	0.1	0.1	－	－
10～14	0.1	0.1	0.1	0.1	0.1	0.1	0.1	0.1	0.1	0.0
15～19	0.3	0.4	0.2	0.3	0.2	0.1	0.1	0.2	0.2	0.3
20～24	0.3	0.3	0.5	0.2	0.3	0.3	0.3	0.2	0.3	0.2
25～29	0.5	0.4	0.3	0.5	0.3	0.3	0.4	0.4	0.3	0.3
30～34	0.9	1.0	0.7	0.7	0.7	1.0	0.6	0.7	0.5	0.6
35～39	1.5	1.4	1.2	1.2	1.1	1.3	1.6	1.2	1.3	1.3
40～44	2.0	2.7	3.1	2.5	2.7	2.7	2.8	2.6	2.7	2.7
45～49	6.3	5.5	7.0	6.3	6.2	6.3	6.5	6.6	6.1	5.8
50～54	15.1	15.9	16.0	17.5	18.0	17.0	17.0	16.0	17.3	17.7
55～59	40.1	42.9	44.5	52.2	48.7	51.8	52.3	49.8	48.7	47.5
60～64	82.9	97.9	111.2	128.9	133.8	138.9	140.9	127.4	130.5	130.7
65～69	190.9	213.3	247.7	273.6	307.6	314.3	328.5	318.8	333.3	342.6
70～74	374.7	413.4	478.9	568.6	639.9	679.4	706.4	666.9	718.0	730.6
75～79	638.3	745.3	832.6	1 014.5	1 094.8	1 183.7	1 273.9	1 269.2	1 351.5	1 364.6
80～84	862.5	999.4	1 167.6	1 403.8	1 701.0	1 793.2	1 942.2	1 957.3	2 041.2	2 076.2
85～89	1 203.5	1 379.7	1 433.3	1 760.6	2 062.3	2 105.1	2 389.0	2 494.0	2 651.2	2 824.8
90歳～	…	…	…	…	1 690.0	…	…	…	…	3 262.4
年齢調整死亡率 （人口10万対） Age-adjusted death rate (per 100,000 population)	56.7	64.5	72.6	85.9	96.0	101.3	108.2	106.6	112.5	115.5
女　Female	23.1	26.4	29.9	35.5	40.8	43.8	47.8	48.6	51.6	54.1
0～4歳 Years	0.1	0.1	0.1	0.1	0.2	－	－	0.0	0.0	－
5～9	0.1	0.1	0.1	0.0	0.1	0.0	0.1	－	－	－
10～14	0.1	0.1	0.1	0.1	0.1	0.0	0.0	0.1	0.0	－
15～19	0.2	0.3	0.2	0.2	0.2	0.2	0.1	0.3	0.3	0.2
20～24	0.6	0.5	0.2	0.5	0.4	0.4	0.2	0.5	0.4	0.3
25～29	1.0	0.7	0.7	0.4	0.6	0.6	0.6	0.6	0.6	0.4
30～34	1.1	1.0	1.1	0.8	0.6	0.6	0.8	0.5	0.8	0.7
35～39	1.7	1.7	1.6	1.4	1.2	1.3	1.4	1.3	1.3	1.2
40～44	3.3	3.0	3.2	3.9	3.4	2.3	2.7	2.9	2.8	2.2
45～49	4.5	5.9	6.2	6.0	6.2	5.7	6.2	5.4	4.7	5.3
50～54	12.0	13.4	13.5	13.9	14.0	14.1	12.9	12.4	12.5	11.9
55～59	27.6	27.4	28.8	31.6	31.9	30.4	30.3	30.2	30.1	29.4
60～64	53.6	55.9	59.9	67.8	74.5	76.8	79.1	70.2	73.8	71.2
65～69	115.1	130.4	140.3	157.3	178.6	182.6	191.3	179.8	184.4	184.9
70～74	240.6	267.6	299.2	354.7	394.2	408.7	424.1	415.6	430.9	424.3
75～79	433.6	509.9	551.4	654.0	761.9	804.1	862.4	854.5	872.8	927.2
80～84	625.2	688.4	842.6	989.7	1 178.9	1 283.9	1 400.0	1 460.0	1 482.8	1 540.1
85～89	688.7	872.0	1 042.2	1 275.3	1 459.4	1 647.6	1 817.6	1 910.6	2 115.0	2 162.3
90歳～	…	…	…	…	1 617.3	…	…	…	…	2 542.6
年齢調整死亡率 （人口10万対） Age-adjusted death rate (per 100,000 population)	37.5	42.6	47.9	56.0	64.1	67.7	72.2	72.2	74.9	77.1

Notes: 1) The categories of "80 - 84" in 1951 - 1954 represent the population aged 80 or over, and those of "85 - 89" in 1956 - 1959, 1961 - 1964, 1966 - 1969, 1971 - 1974, and 1976 - 1979 represent the population aged 85 or over.
2) The figures for cerebrovascular diseases in 1994 and earlier include transient ischemic attacks.
3) The base population for age-adjusted death rates is the model population of 1985.

第5表　脳血管疾患死亡数・粗死亡率（人口10万対）・年齢調整死亡率
Statistics 5　Numbers of deaths, crude death rates (per 100,000 population), and age-adjusted (large categories), sex and age group (by 5-year age scale): From 1951 to 2004

脳梗塞　Cerebral infarction
死亡数　Number of deaths

性・年齢階級 Sex/age group	昭和46年 1971	47年 1972	48年 1973	49年 1974	50年 1975	51年 1976	52年 1977	53年 1978	54年 1979	55年 1980
総数 Total	59 737	62 447	66 710	68 402	68 547	70 292	71 435	73 068	71 862	75 311
0〜4歳 Years	-	1	3	1	1	1	4	1	3	7
5〜9	2	4	3	1	1	1	-	3	2	2
10〜14	3	3	3	3	1	3	1	1	5	1
15〜19	7	11	8	15	2	7	6	3	4	1
20〜24	25	22	25	25	11	14	14	14	6	14
25〜29	36	25	27	21	20	30	25	23	16	22
30〜34	51	46	38	58	44	30	33	50	32	36
35〜39	94	74	84	78	50	70	79	59	56	54
40〜44	184	175	174	186	174	167	154	156	158	124
45〜49	291	317	358	346	348	367	350	337	341	358
50〜54	609	687	624	609	574	621	680	672	634	646
55〜59	1 601	1 447	1 468	1 337	1 256	1 223	1 268	1 248	1 246	1 229
60〜64	3 644	3 452	3 484	3 474	3 161	3 088	3 078	2 866	2 557	2 651
65〜69	7 197	7 059	6 927	6 923	6 739	6 743	6 901	6 853	6 219	6 345
70〜74	11 910	12 505	12 855	13 157	12 806	12 696	12 422	12 378	11 784	12 091
75〜79	14 515	15 192	16 452	17 079	17 056	17 383	18 066	18 380	18 066	18 500
80〜84	11 980	12 915	14 236	14 558	14 923	15 951	16 254	17 156	17 461	18 408
85〜89	5 755	6 379	7 510	7 779	8 498	8 976	9 008	9 574	9 642	10 713
90歳〜	1 830	2 130	2 431	2 749	2 880	2 914	3 089	3 288	3 628	4 109
不詳 Not Stated	3	3	-	3	2	7	3	6	2	-
男 Male	30 947	31 914	33 638	34 306	34 130	35 030	35 229	36 440	35 287	37 175
0〜4歳 Years	-	1	1	-	1	-	4	1	1	4
5〜9	1	1	-	-	1	1	-	-	-	2
10〜14	2	2	2	2	-	2	-	-	4	-
15〜19	6	4	4	8	1	3	1	2	2	1
20〜24	11	8	11	10	7	10	6	9	-	8
25〜29	16	16	14	8	11	11	13	12	7	12
30〜34	31	29	22	28	19	18	20	27	17	19
35〜39	48	42	50	46	31	45	54	37	36	32
40〜44	117	102	105	117	101	112	95	102	91	74
45〜49	157	158	194	219	222	223	223	209	223	242
50〜54	324	387	329	314	310	366	415	448	397	409
55〜59	968	858	874	790	762	718	732	759	756	732
60〜64	2 242	2 097	2 127	2 137	1 931	1 877	1 872	1 807	1 614	1 621
65〜69	4 455	4 328	4 309	4 158	4 131	4 044	4 186	4 233	3 720	3 857
70〜74	6 902	7 228	7 436	7 499	7 263	7 242	6 971	7 100	6 736	6 958
75〜79	7 504	7 808	8 437	8 769	8 711	9 014	9 296	9 452	9 144	9 688
80〜84	5 442	5 875	6 276	6 490	6 616	7 131	7 201	7 623	7 785	8 294
85〜89	2 167	2 369	2 801	2 876	3 169	3 380	3 297	3 658	3 701	4 007
90歳〜	552	599	646	832	841	826	840	956	1 051	1 215
不詳 Not Stated	2	2	-	3	2	7	3	5	2	-
女 Female	28 790	30 533	33 072	34 096	34 417	35 262	36 206	36 628	36 575	38 136
0〜4歳 Years	-	-	2	1	-	1	-	-	2	3
5〜9	1	3	3	1	-	-	-	3	2	-
10〜14	1	1	1	1	1	1	1	1	1	1
15〜19	1	7	4	7	1	4	5	1	2	-
20〜24	14	14	14	15	4	4	8	5	6	6
25〜29	20	9	13	13	9	19	12	11	9	10
30〜34	20	17	16	30	25	12	13	23	15	17
35〜39	46	32	34	32	19	25	25	22	20	22
40〜44	67	73	69	69	73	55	59	54	67	50
45〜49	134	159	164	127	126	144	127	128	118	116
50〜54	285	300	295	295	264	255	265	224	237	237
55〜59	633	589	594	547	494	505	536	489	490	497
60〜64	1 402	1 355	1 357	1 337	1 230	1 211	1 206	1 059	943	1 030
65〜69	2 742	2 731	2 618	2 765	2 608	2 699	2 715	2 620	2 499	2 488
70〜74	5 008	5 277	5 419	5 658	5 543	5 454	5 451	5 278	5 048	5 133
75〜79	7 011	7 384	8 015	8 310	8 345	8 369	8 770	8 928	8 922	8 812
80〜84	6 538	7 040	7 960	8 068	8 307	8 820	9 053	9 533	9 676	10 114
85〜89	3 588	4 010	4 709	4 903	5 329	5 596	5 711	5 916	5 941	6 706
90歳〜	1 278	1 531	1 785	1 917	2 039	2 088	2 249	2 332	2 577	2 894
不詳 Not Stated	1	1	-	-	-	-	-	1	-	-

注：1)　昭和26〜29年の「80〜84」は、「80歳以上」、昭和31〜34年、36〜39年、41〜44年、46〜49年、51〜54年の「85〜89歳」は「85歳以上」である。
　　2)　平成6年以前の「脳血管疾患」には一過性脳虚血を含む。
　　3)　年齢調整死亡率の基準人口は、昭和60年モデル人口である。

(人口10万対), 病類（簡単分類）・性・年齢（5歳階級）別 －昭和26年～平成16年－
death rates (per 100,000 population) from cerebrovascular diseases, by disease type

粗死亡率（人口10万対） Crude death rates (per 100,000 population)

性・年齢階級 Sex/age group	昭和46年 1971	47年 1972	48年 1973	49年 1974	50年 1975	51年 1976	52年 1977	53年 1978	54年 1979	55年 1980
総数 Total	57.2	59.1	61.7	62.5	61.6	62.5	62.9	63.8	62.2	64.7
0～4歳 Years	-	0.0	0.0	0.0	0.0	0.0	0.0	0.0	0.0	0.1
5～9	0.0	0.0	0.0	0.0	0.0	0.0	-	0.0	0.0	0.0
10～14	0.0	0.0	0.0	0.0	0.0	0.0	0.0	0.0	0.1	0.0
15～19	0.1	0.1	0.1	0.2	0.0	0.1	0.1	0.0	0.0	0.0
20～24	0.2	0.2	0.2	0.3	0.1	0.2	0.2	0.2	0.1	0.2
25～29	0.4	0.3	0.3	0.2	0.2	0.3	0.2	0.2	0.2	0.2
30～34	0.6	0.6	0.4	0.6	0.3	0.3	0.4	0.5	0.3	0.3
35～39	1.1	0.9	1.0	0.9	0.6	0.8	0.9	0.7	0.6	0.6
40～44	2.5	2.3	2.2	2.3	2.1	2.0	1.8	1.9	1.9	1.5
45～49	4.7	4.9	5.2	4.9	4.7	4.9	4.6	4.3	4.3	4.4
50～54	12.5	13.8	11.9	11.0	10.0	10.1	10.6	10.0	9.0	9.0
55～59	36.0	32.4	32.5	29.8	27.0	26.1	26.1	24.7	23.2	22.0
60～64	94.2	86.6	85.2	83.5	74.1	71.5	70.9	65.9	59.5	59.7
65～69	243.2	232.2	220.7	211.6	196.2	186.3	186.3	180.1	159.5	160.7
70～74	534.1	536.5	528.1	527.1	498.8	498.3	466.6	451.3	409.7	401.4
75～79	1 070.4	1 089.8	1 107.9	1 110.5	1 042.1	1 011.2	993.7	967.4	917.1	911.0
80～84	1 769.6	1 842.4	1 942.2	1 923.1	1 848.5	1 867.8	1 782.2	1 756.0	1 695.2	1 687.0
85～89	2 431.1	2 642.5	2 873.1	2 860.9	2 754.4	2 878.9	1 373.3	1 366.5	1 207.6	2 617.4
90歳～	…	…	…	…	3 530.5	…	…	…	…	3 449.7
男 Male	60.4	61.6	63.5	63.9	62.4	63.3	63.1	64.7	62.1	65.0
0～4歳 Years	-	0.0	0.0	-	0.0	-	0.1	0.0	0.0	0.1
5～9	0.0	0.0	-	-	0.0	0.0	-	-	-	0.0
10～14	0.1	0.1	0.0	0.0	-	0.0	-	-	0.1	-
15～19	0.1	0.1	0.1	0.2	0.0	0.1	0.0	0.0	0.0	0.0
20～24	0.2	0.1	0.2	0.2	0.2	0.2	0.1	0.2	-	0.2
25～29	0.4	0.4	0.3	0.2	0.2	0.2	0.2	0.2	0.1	0.3
30～34	0.7	0.7	0.5	0.6	0.4	0.4	0.4	0.6	0.3	0.4
35～39	1.1	1.0	1.2	1.1	0.7	1.1	1.2	0.8	0.8	0.7
40～44	3.1	2.7	2.7	2.9	2.5	2.7	2.3	2.4	2.2	1.8
45～49	5.5	5.1	5.8	6.3	6.1	6.0	5.8	5.3	5.6	6.0
50～54	15.2	17.7	14.4	12.8	11.9	12.8	13.6	13.7	11.5	11.6
55～59	47.5	42.2	42.9	39.3	37.0	35.0	34.7	34.6	32.2	29.4
60～64	124.8	114.4	113.9	113.1	100.3	97.0	96.4	93.6	85.1	83.9
65～69	321.0	305.9	296.6	277.0	264.2	248.9	252.6	250.5	216.0	222.4
70～74	689.5	691.0	682.8	672.0	635.1	642.0	589.8	584.8	533.3	530.3
75～79	1 318.8	1 334.7	1 356.4	1 359.5	1 269.4	1 239.9	1 219.9	1 187.4	1 108.4	1 145.4
80～84	2 142.5	2 233.8	2 282.2	2 269.2	2 153.8	2 167.5	2 069.3	2 038.2	1 970.9	1 990.5
85～89	2 862.1	3 028.6	3 221.5	3 224.3	3 145.7	3 235.4	2 997.8	3 117.6	2 951.6	2 893.2
90歳～	…	…	…	…	3 881.5	…	…	…	…	3 663.8
年齢調整死亡率 （人口10万対） Age-adjusted death rate (per 100,000 population)	112.6	113.8	115.4	114.0	108.7	107.5	103.0	102.3	95.4	96.9
女 Female	54.2	56.7	60.0	61.2	60.9	61.8	62.8	63.0	62.4	64.5
0～4歳 Years	-	-	0.0	0.0	-	0.0	-	-	0.0	0.1
5～9	0.0	0.1	0.1	0.0	-	-	-	0.1	0.0	-
10～14	0.0	0.0	0.0	0.0	0.0	0.0	0.0	0.0	0.0	0.0
15～19	0.0	0.2	0.1	0.2	0.0	0.1	0.1	0.0	0.1	-
20～24	0.3	0.3	0.3	0.3	0.1	0.1	0.2	0.1	0.2	0.2
25～29	0.5	0.2	0.3	0.3	0.2	0.3	0.2	0.2	0.2	0.2
30～34	0.5	0.4	0.4	0.6	0.5	0.3	0.3	0.5	0.3	0.3
35～39	1.1	0.8	0.8	0.8	0.6	0.6	0.6	0.5	0.4	0.5
40～44	1.8	1.9	1.7	1.7	1.8	1.3	1.4	1.3	1.6	1.2
45～49	4.1	4.7	4.7	3.5	3.4	3.9	3.3	3.3	3.0	2.9
50～54	10.4	10.7	10.0	9.6	8.4	7.7	7.9	6.5	6.6	6.5
55～59	26.2	24.2	24.0	22.1	19.1	19.1	19.5	17.0	16.3	16.1
60～64	67.7	63.0	61.0	58.9	52.6	50.8	50.3	43.9	39.2	41.0
65～69	174.5	168.1	155.4	156.1	139.3	135.3	132.5	123.8	114.8	112.4
70～74	407.5	410.7	402.9	409.7	389.2	384.1	368.1	345.0	313.0	301.9
75～79	890.9	912.9	929.8	930.6	877.9	843.6	830.5	808.7	779.2	743.6
80～84	1 545.6	1 607.3	1 738.0	1 709.3	1 661.0	1 680.0	1 605.1	1 580.9	1 523.8	1 499.6
85～89	2 242.4	2 473.7	2 717.2	2 695.7	2 564.8	2 715.2	2 707.5	2 643.6	2 535.1	2 476.3
90歳～	…	…	…	…	3 403.5	…	…	…	…	3 367.1
年齢調整死亡率 （人口10万対） Age-adjusted death rate (per 100,000 population)	74.9	77.1	79.7	79.2	76.1	75.0	73.2	70.5	67.0	66.7

Notes: 1) The categories of "80 - 84" in 1951 - 1954 represent the population aged 80 or over, and those of "85 - 89" in 1956 - 1959, 1961 - 1964, 1966 - 1969, 1971 - 1974, and 1976 - 1979 represent the population aged 85 or over.
2) The figures for cerebrovascular diseases in 1994 and earlier include transient ischemic attacks.
3) The base population for age-adjusted death rates is the model population of 1985.

第5表 (30-22)

第5表 脳血管疾患死亡数・粗死亡率（人口10万対）・年齢調整死亡率
Statistics 5 Numbers of deaths, crude death rates (per 100,000 population), and age-adjusted (large categories), sex and age group (by 5-year age scale): From 1951 to 2004

脳梗塞 Cerebral infarction
死亡数 Number of deaths

性・年齢階級 Sex/age group	昭和56年 1981	57年 1982	58年 1983	59年 1984	60年 1985	61年 1986	62年 1987	63年 1988	平成元年 1989	2年 1990
総数 Total	74 816	70 581	70 931	68 926	67 350	64 579	62 467	66 599	62 792	64 575
0～4歳 Years	2	2	3	3	3	3	2	1	1	-
5～9	2	-	1	3	-	1	-	-	-	-
10～14	2	3	2	4	2	-	3	1	2	-
15～19	1	3	14	10	8	4	5	7	3	4
20～24	5	12	8	27	15	7	12	14	5	1
25～29	22	18	28	37	18	24	13	21	3	12
30～34	37	46	51	32	40	27	21	29	17	13
35～39	68	47	84	59	48	63	52	45	36	48
40～44	111	128	130	121	114	113	107	95	104	122
45～49	328	331	267	230	241	238	221	216	222	196
50～54	710	645	590	599	564	539	528	502	444	453
55～59	1 210	1 270	1 214	1 289	1 214	1 124	1 067	1 072	1 084	996
60～64	2 443	2 296	2 290	2 207	2 169	2 050	2 009	2 010	2 007	2 156
65～69	5 956	5 238	4 868	4 518	4 287	3 836	3 439	3 639	3 618	3 415
70～74	12 007	10 794	10 542	9 830	9 101	8 446	7 526	7 685	6 708	6 691
75～79	17 750	16 198	16 082	15 218	14 854	14 281	13 572	13 969	12 533	12 701
80～84	18 472	18 335	18 393	18 102	17 380	16 369	15 873	16 834	15 844	16 354
85～89	11 369	11 030	11 708	11 798	12 096	12 207	12 405	13 882	13 346	14 052
90歳～	4 318	4 182	4 648	4 835	5 194	5 238	5 609	6 565	6 820	7 356
不詳 Not Stated	3	3	8	4	2	9	3	2	5	5
男 Male	36 556	34 581	34 462	33 373	32 460	30 777	29 717	31 458	29 504	30 419
0～4歳 Years	1	2	2	3	2	3	2	1	-	-
5～9	2	-	1	1	-	-	-	-	-	-
10～14	-	3	1	3	2	-	2	-	1	-
15～19	-	2	4	3	3	2	4	3	2	2
20～24	1	2	1	12	4	3	4	7	3	1
25～29	8	10	11	12	6	9	6	9	2	5
30～34	20	23	25	15	21	12	9	11	10	5
35～39	42	23	46	29	28	37	31	22	24	31
40～44	71	75	76	72	71	66	66	61	64	66
45～49	223	197	177	135	159	153	137	136	146	132
50～54	451	431	378	418	396	369	364	332	299	316
55～59	781	824	818	905	850	793	743	748	780	716
60～64	1 489	1 404	1 399	1 360	1 319	1 306	1 333	1 351	1 366	1 545
65～69	3 614	3 156	2 888	2 702	2 638	2 269	2 065	2 212	2 218	2 112
70～74	6 803	6 276	6 064	5 606	5 277	4 810	4 279	4 432	3 828	3 832
75～79	9 111	8 472	8 377	7 946	7 804	7 353	7 028	7 283	6 476	6 680
80～84	8 386	8 205	8 275	8 240	7 757	7 332	7 238	7 605	7 192	7 436
85～89	4 262	4 198	4 447	4 451	4 520	4 646	4 642	5 224	5 047	5 305
90歳～	1 290	1 275	1 465	1 456	1 602	1 605	1 761	2 019	2 041	2 230
不詳 Not Stated	1	3	7	4	1	9	3	2	5	5
女 Female	38 260	36 000	36 469	35 553	34 890	33 802	32 750	35 141	33 288	34 156
0～4歳 Years	1	-	1	-	1	-	-	-	1	-
5～9	-	-	-	2	-	1	-	-	-	-
10～14	2	-	1	1	-	-	1	1	1	-
15～19	1	1	10	7	5	2	1	4	1	2
20～24	4	10	7	15	11	4	8	7	2	-
25～29	14	8	17	25	12	15	7	12	1	7
30～34	17	23	26	17	19	15	12	18	7	8
35～39	26	24	38	30	20	26	21	23	12	17
40～44	40	53	54	49	43	47	41	34	40	56
45～49	105	134	90	95	82	85	84	80	76	64
50～54	259	214	212	181	168	170	164	170	145	137
55～59	429	446	396	384	364	331	324	324	304	280
60～64	954	892	891	847	850	744	676	659	641	611
65～69	2 342	2 082	1 980	1 816	1 649	1 567	1 374	1 427	1 400	1 303
70～74	5 204	4 518	4 478	4 224	3 824	3 636	3 247	3 253	2 880	2 859
75～79	8 639	7 726	7 705	7 272	7 050	6 928	6 544	6 686	6 057	6 021
80～84	10 086	10 130	10 118	9 862	9 623	9 037	8 635	9 229	8 652	8 918
85～89	7 107	6 832	7 261	7 347	7 576	7 561	7 763	8 658	8 299	8 747
90歳～	3 028	2 907	3 183	3 379	3 592	3 633	3 848	4 546	4 779	5 126
不詳 Not Stated	2	-	1	-	1	-	-	-	-	-

注：1) 昭和26～29年の「80～84」は、「80歳以上」、昭和31～34年、36～39年、41～44年、46～49年、51～54年の「85～89歳」は「85歳以上」である。
2) 平成6年以前の「脳血管疾患」には一過性脳虚血を含む。
3) 年齢調整死亡率の基準人口は、昭和60年モデル人口である。

（人口10万対），病類（簡単分類）・性・年齢（5歳階級）別 －昭和26年～平成16年－
death rates (per 100,000 population) from cerebrovascular diseases, by disease type

粗死亡率（人口10万対） Crude death rates (per 100,000 population)

性・年齢階級 Sex/age group	昭和56年 1981	57年 1982	58年 1983	59年 1984	60年 1985	61年 1986	62年 1987	63年 1988	平成元年 1989	2年 1990
総 数 Total	63.8	59.8	59.7	57.7	56.0	53.4	51.4	54.6	51.3	52.6
0～4歳 Years	0.0	0.0	0.0	0.0	0.0	0.0	0.0	0.0	0.0	-
5～9	0.0	-	0.0	0.0	-	0.0	-	-	-	-
10～14	0.0	0.0	0.0	0.0	0.0	-	0.0	0.0	0.0	-
15～19	0.0	0.0	0.2	0.1	0.1	0.0	0.1	0.1	0.0	0.0
20～24	0.1	0.2	0.1	0.3	0.2	0.1	0.1	0.2	0.1	0.0
25～29	0.3	0.2	0.4	0.5	0.2	0.3	0.2	0.3	0.0	0.2
30～34	0.3	0.4	0.5	0.3	0.4	0.3	0.3	0.4	0.2	0.2
35～39	0.8	0.5	0.9	0.6	0.4	0.6	0.5	0.4	0.4	0.5
40～44	1.3	1.5	1.5	1.3	1.3	1.3	1.2	1.0	1.0	1.1
45～49	4.0	4.0	3.2	2.8	2.9	2.8	2.6	2.5	2.4	2.2
50～54	9.7	8.6	7.7	7.7	7.1	6.7	6.5	6.2	5.5	5.6
55～59	20.4	20.3	18.5	18.9	17.4	15.7	14.6	14.4	14.3	12.9
60～64	54.0	49.2	47.1	42.8	40.3	35.9	33.4	31.9	30.7	32.0
65～69	148.3	129.7	120.1	112.5	102.7	90.0	78.1	79.2	74.2	67.1
70～74	378.8	329.5	312.2	283.1	256.4	233.3	206.0	209.2	183.9	175.6
75～79	865.4	758.0	724.7	649.5	597.7	542.8	495.3	491.7	426.6	421.3
80～84	1 585.6	1 477.4	1 401.9	1 324.2	1 216.0	1 124.2	1 030.0	1 041.1	918.5	892.8
85～89	2 572.2	2 312.4	2 264.6	2 145.1	2 008.4	1 869.4	1 752.1	1 833.8	1 674.5	1 687.1
90歳～	3 427.0	3 008.6	3 078.1	2 912.7	2 863.0	2 619.0	2 515.2	2 657.9	2 535.3	2 542.5
男 Male	63.4	59.6	59.0	56.8	54.9	51.8	49.8	52.5	49.0	50.5
0～4歳 Years	0.0	0.0	0.1	0.1	0.1	0.1	0.1	0.0	-	-
5～9	0.0	-	0.0	0.0	-	-	-	-	-	-
10～14	-	0.1	0.0	0.1	0.0	-	0.0	-	0.0	-
15～19	-	0.0	0.1	0.1	0.1	0.0	0.1	0.1	0.1	0.0
20～24	0.0	0.1	0.0	0.3	0.1	0.1	0.1	0.2	0.1	0.0
25～29	0.2	0.2	0.3	0.3	0.2	0.2	0.2	0.2	0.1	0.1
30～34	0.4	0.4	0.5	0.3	0.5	0.3	0.2	0.3	0.3	0.1
35～39	1.0	0.5	1.0	0.6	0.5	0.7	0.6	0.4	0.5	0.7
40～44	1.7	1.7	1.7	1.6	1.6	1.5	1.5	1.3	1.3	1.2
45～49	5.5	4.8	4.3	3.3	3.9	3.7	3.2	3.1	3.2	3.0
50～54	12.4	11.6	9.9	10.8	10.1	9.3	9.1	8.3	7.5	7.9
55～59	28.7	28.1	26.1	27.4	25.0	22.7	20.8	20.5	21.0	18.9
60～64	76.6	70.6	67.7	61.3	55.8	50.7	48.0	45.5	43.8	47.8
65～69	205.6	179.3	164.7	156.5	149.0	127.0	112.8	116.1	108.2	96.5
70～74	497.3	447.0	422.0	380.8	352.6	316.0	279.7	289.9	254.0	246.2
75～79	1 066.9	954.1	911.5	825.1	769.9	691.7	638.9	642.8	554.0	558.3
80～84	1 884.5	1 734.7	1 655.0	1 587.7	1 434.6	1 333.1	1 245.8	1 250.8	1 118.5	1 096.0
85～89	2 841.3	2 591.4	2 526.7	2 393.0	2 227.8	2 121.5	1 958.6	2 064.8	1 904.5	1 922.8
90歳～	3 685.7	3 269.2	3 407.0	3 097.9	3 047.2	2 815.8	2 751.6	2 884.3	2 685.5	2 737.5
年齢調整死亡率 （人口10万対） Age-adjusted death rate (per 100,000 population)	91.9	83.1	79.6	74.1	68.9	62.9	58.1	59.2	53.4	52.7
女 Female	64.2	60.0	60.4	58.5	57.0	55.0	53.0	56.6	53.4	54.7
0～4歳 Years	0.0	-	0.0	-	0.0	-	-	-	0.0	-
5～9	-	-	-	0.0	-	0.0	-	-	-	-
10～14	0.0	-	0.0	0.0	-	-	0.0	0.0	0.0	-
15～19	0.0	0.0	0.2	0.2	0.1	0.0	0.0	0.1	0.0	0.0
20～24	0.1	0.3	0.2	0.4	0.3	0.1	0.2	0.2	0.0	-
25～29	0.3	0.2	0.4	0.6	0.3	0.4	0.2	0.3	0.0	0.2
30～34	0.3	0.4	0.5	0.4	0.4	0.4	0.3	0.5	0.2	0.2
35～39	0.6	0.5	0.8	0.6	0.4	0.5	0.4	0.5	0.3	0.4
40～44	0.9	1.2	1.2	1.1	0.9	1.1	0.9	0.7	0.8	1.1
45～49	2.6	3.2	2.2	2.3	2.0	2.0	1.9	1.8	1.6	1.4
50～54	7.0	5.6	5.5	4.6	4.2	4.2	4.0	4.1	3.6	3.4
55～59	13.4	13.5	11.6	10.9	10.2	9.1	8.7	8.5	7.9	7.1
60～64	37.0	33.3	31.9	28.9	28.2	23.8	20.9	19.8	18.7	17.5
65～69	103.7	91.3	86.2	79.3	68.6	63.3	53.4	53.1	49.6	44.9
70～74	288.8	241.3	230.8	211.3	186.3	173.2	152.9	151.7	134.5	126.9
75～79	721.7	618.6	592.7	527.0	479.1	442.1	398.8	391.5	342.2	331.2
80～84	1 400.8	1 319.0	1 246.1	1 164.3	1 082.9	997.5	899.5	914.7	799.6	773.3
85～89	2 425.6	2 168.9	2 123.1	2 018.4	1 896.9	1 742.2	1 648.2	1 717.9	1 560.0	1 570.4
90歳～	3 327.5	2 907.0	2 920.2	2 863.6	2 787.8	2 558.5	2 420.1	2 568.4	2 476.2	2 466.1
年齢調整死亡率 （人口10万対） Age-adjusted death rate (per 100,000 population)	63.7	56.7	54.5	50.5	46.6	42.9	39.0	39.6	35.5	34.6

Notes: 1) The categories of "80 - 84" in 1951 - 1954 represent the population aged 80 or over, and those of "85 - 89" in 1956 - 1959, 1961 - 1964, 1966 - 1969, 1971 - 1974, and 1976 - 1979 represent the population aged 85 or over.
2) The figures for cerebrovascular diseases in 1994 and earlier include transient ischemic attacks.
3) The base population for age-adjusted death rates is the model population of 1985.

第5表　脳血管疾患死亡数・粗死亡率（人口10万対）・年齢調整死亡率
Statistics 5　Numbers of deaths, crude death rates (per 100,000 population), and age-adjusted (large categories), sex and age group (by 5-year age scale): From 1951 to 2004

脳梗塞　Cerebral infarction
死亡数　Number of deaths

性・年齢階級 Sex/age group	平成3年 1991	4年 1992	5年 1993	6年 1994	7年 1995	8年 1996	9年 1997	10年 1998	11年 1999	12年 2000
総数 Total	62 697	63 566	64 850	67 437	89 431	86 329	86 986	85 795	87 153	82 651
0〜4歳 Years	3	6	1	3	2	2	2	2	4	-
5〜9	1	-	-	-	1	3	-	1	4	3
10〜14	-	1	1	-	2	2	3	1	1	3
15〜19	-	2	5	6	1	4	2	2	2	2
20〜24	5	5	4	7	5	7	2	8	11	2
25〜29	11	12	12	10	12	12	11	10	14	6
30〜34	16	17	15	21	23	37	33	25	20	32
35〜39	39	32	31	32	41	36	24	40	23	36
40〜44	113	104	100	87	114	90	72	68	70	68
45〜49	220	204	219	220	239	280	224	201	191	174
50〜54	440	420	481	439	490	477	467	434	475	444
55〜59	967	1 023	955	923	1 125	983	869	912	960	888
60〜64	1 966	2 098	2 040	2 089	2 479	2 309	2 183	2 050	1 950	1 864
65〜69	3 486	3 627	3 665	3 861	4 887	4 578	4 505	4 368	4 340	3 929
70〜74	6 139	6 265	6 011	6 101	8 267	7 860	7 868	8 063	7 989	7 698
75〜79	11 740	11 399	11 383	11 047	13 915	12 907	12 679	12 208	12 688	11 886
80〜84	16 364	16 389	16 649	16 788	22 162	20 811	20 353	19 315	18 899	17 470
85〜89	13 422	13 687	14 162	15 386	21 129	21 121	21 679	21 533	21 867	20 532
90歳〜	7 761	8 265	9 104	10 412	14 524	14 797	16 001	16 550	17 633	17 608
不詳 Not Stated	4	10	12	5	13	13	9	4	12	6
男 Male	29 682	29 976	30 104	31 102	42 724	40 758	40 868	40 447	41 109	39 068
0〜4歳 Years	3	2	-	1	2	2	1	1	2	-
5〜9	1	-	-	-	1	2	-	1	2	1
10〜14	-	1	-	-	1	1	2	1	-	1
15〜19	-	1	3	3	-	2	2	2	2	1
20〜24	2	1	2	3	2	4	1	5	5	1
25〜29	9	7	7	7	8	6	7	3	7	3
30〜34	11	6	3	14	11	13	17	16	4	13
35〜39	21	19	15	14	20	20	12	22	10	16
40〜44	73	64	59	55	66	60	44	47	38	41
45〜49	142	122	138	143	164	186	151	136	124	110
50〜54	306	290	332	311	357	330	334	278	339	310
55〜59	711	728	706	658	796	721	629	669	704	690
60〜64	1 420	1 468	1 504	1 490	1 806	1 701	1 588	1 549	1 443	1 429
65〜69	2 246	2 393	2 425	2 674	3 437	3 267	3 246	3 166	3 113	2 846
70〜74	3 593	3 615	3 453	3 522	5 100	4 917	5 064	5 346	5 481	5 316
75〜79	6 264	6 012	5 944	5 873	7 613	7 061	6 976	6 809	7 144	6 816
80〜84	7 529	7 439	7 465	7 549	10 538	9 793	9 764	9 234	9 155	8 516
85〜89	5 050	5 268	5 363	5 743	8 381	8 286	8 376	8 353	8 547	8 016
90歳〜	2 297	2 533	2 678	3 038	4 408	4 374	4 646	4 806	4 978	4 938
不詳 Not Stated	4	7	7	4	13	12	8	3	11	4
女 Female	33 015	33 590	34 746	36 335	46 707	45 571	46 118	45 348	46 044	43 583
0〜4歳 Years	-	4	1	2	-	-	1	1	2	-
5〜9	-	-	-	-	-	1	-	-	2	2
10〜14	-	-	1	-	1	1	1	-	1	2
15〜19	-	1	2	3	1	2	-	-	-	1
20〜24	3	4	2	4	3	3	1	3	6	1
25〜29	2	5	5	3	4	6	4	7	7	3
30〜34	5	11	12	7	12	24	16	9	16	19
35〜39	18	13	16	18	21	16	12	18	13	20
40〜44	40	40	41	32	48	30	28	21	32	27
45〜49	78	82	81	77	75	94	73	65	67	64
50〜54	134	130	149	128	133	147	133	156	136	134
55〜59	256	295	249	265	329	262	240	243	256	198
60〜64	546	630	536	599	673	608	595	501	507	435
65〜69	1 240	1 234	1 240	1 187	1 450	1 311	1 259	1 202	1 227	1 083
70〜74	2 546	2 650	2 558	2 579	3 167	2 943	2 804	2 717	2 508	2 382
75〜79	5 476	5 387	5 439	5 174	6 302	5 846	5 703	5 399	5 544	5 070
80〜84	8 835	8 950	9 184	9 239	11 624	11 018	10 589	10 081	9 744	8 954
85〜89	8 372	8 419	8 799	9 643	12 748	12 835	13 303	13 180	13 320	12 516
90歳〜	5 464	5 732	6 426	7 374	10 116	10 423	11 355	11 744	12 655	12 670
不詳 Not Stated	-	3	5	1	-	1	1	1	1	2

注：1) 昭和26〜29年の「80〜84」は、「80歳以上」、昭和31〜34年、36〜39年、41〜44年、46〜49年、51〜54年の「85〜89歳」は「85歳以上」である。
　　2) 平成6年以前の「脳血管疾患」には一過性脳虚血を含む。
　　3) 年齢調整死亡率の基準人口は、昭和60年モデル人口である。

（人口10万対），病類（簡単分類）・性・年齢（5歳階級）別　－昭和26年～平成16年－
death rates (per 100,000 population) from cerebrovascular diseases, by disease type

粗死亡率（人口10万対）　Crude death rates (per 100,000 population)

性・年齢階級 Sex/age group	平成3年 1991	4年 1992	5年 1993	6年 1994	7年 1995	8年 1996	9年 1997	10年 1998	11年 1999	12年 2000
総　数　Total	50.9	51.5	52.4	54.4	71.9	69.2	69.6	68.5	69.5	65.8
0～4歳 Years	0.0	0.1	0.0	0.0	0.0	0.0	0.0	0.0	0.1	-
5～9	0.0	-	-	-	0.0	0.0	-	0.0	0.1	0.1
10～14	-	0.0	0.0	-	0.0	0.0	0.0	0.0	0.0	0.0
15～19	-	0.0	0.1	0.1	0.0	0.0	0.0	0.0	0.0	0.0
20～24	0.1	0.1	0.0	0.1	0.1	0.1	0.0	0.1	0.1	0.0
25～29	0.1	0.1	0.1	0.1	0.1	0.1	0.1	0.1	0.1	0.1
30～34	0.2	0.2	0.2	0.3	0.3	0.5	0.4	0.3	0.2	0.4
35～39	0.5	0.4	0.4	0.4	0.5	0.5	0.3	0.5	0.3	0.5
40～44	1.0	1.0	1.0	0.9	1.3	1.1	0.9	0.9	0.9	0.9
45～49	2.6	2.3	2.3	2.2	2.3	2.5	2.1	2.0	2.0	2.0
50～54	5.4	5.0	5.6	4.9	5.5	5.7	5.3	4.7	4.8	4.3
55～59	12.3	12.9	12.1	11.8	14.2	12.2	10.5	10.7	10.8	10.2
60～64	28.5	29.7	28.3	28.6	33.3	30.4	28.5	26.7	25.7	24.2
65～69	64.5	63.7	61.4	62.2	76.7	70.1	67.3	63.9	62.6	55.4
70～74	157.7	155.3	142.8	136.4	176.9	158.1	150.1	146.7	139.7	130.7
75～79	379.8	364.8	361.4	352.5	424.7	383.0	361.5	332.1	324.4	287.1
80～84	837.9	798.7	776.2	750.1	966.1	877.0	841.7	784.5	768.3	669.5
85～89	1 568.0	1 494.2	1 454.0	1 461.2	1 863.1	1 720.0	1 657.4	1 551.4	1 495.7	1 341.7
90歳～	2 410.2	2 328.2	2 340.4	2 490.9	3 285.4	3 128.3	3 047.8	2 843.6	2 768.1	2 513.9
男　Male	49.1	49.5	49.6	51.1	70.1	66.7	66.8	66.0	67.0	63.5
0～4歳 Years	0.1	0.1	-	0.0	0.1	0.1	0.0	0.0	0.1	-
5～9	0.0	-	-	-	0.0	0.1	-	0.0	0.1	0.0
10～14	-	0.0	-	-	0.0	0.0	0.1	0.0	-	0.0
15～19	-	0.0	0.1	0.1	-	0.0	0.0	0.1	0.1	0.0
20～24	0.0	0.0	0.0	0.1	0.0	0.1	0.0	0.1	0.1	0.0
25～29	0.2	0.2	0.2	0.2	0.2	0.1	0.1	0.1	0.1	0.1
30～34	0.3	0.2	0.1	0.4	0.3	0.3	0.4	0.4	0.1	0.3
35～39	0.5	0.5	0.4	0.4	0.5	0.5	0.3	0.6	0.3	0.4
40～44	1.3	1.2	1.2	1.2	1.5	1.4	1.1	1.2	1.0	1.1
45～49	3.3	2.7	2.9	2.9	3.1	3.3	2.8	2.7	2.6	2.5
50～54	7.5	6.9	7.8	7.0	8.1	7.9	7.7	6.0	6.9	6.0
55～59	18.5	18.8	18.2	17.2	20.5	18.2	15.5	16.0	16.2	16.1
60～64	42.7	43.1	43.3	42.4	50.2	46.4	42.8	41.7	39.3	38.2
65～69	94.2	93.0	88.1	92.6	115.1	106.2	102.9	98.3	95.3	84.9
70～74	228.6	224.0	205.4	194.8	264.1	233.1	222.2	219.0	213.7	199.3
75～79	512.2	488.4	482.1	482.2	606.9	553.4	530.5	494.8	481.4	420.5
80～84	1 051.5	995.9	963.2	935.4	1 282.6	1 154.8	1 135.3	1 061.4	1 062.1	932.6
85～89	1 790.8	1 756.0	1 691.8	1 694.1	2 321.5	2 146.6	2 052.9	1 942.6	1 895.1	1 682.1
90歳～	2 552.2	2 611.3	2 550.5	2 712.5	3 770.5	3 556.1	3 467.2	3 269.4	3 170.7	2 800.7
年齢調整死亡率 （人口10万対） Age-adjusted death rate (per 100,000 population)	49.6	48.1	46.5	46.2	61.1	55.7	53.6	50.9	49.9	44.7
女　Female	52.7	53.4	55.1	57.5	73.7	71.7	72.3	70.9	71.9	68.0
0～4歳 Years	-	0.1	0.0	0.1	-	-	0.0	0.0	0.1	-
5～9	-	-	-	-	-	0.0	-	-	0.1	0.1
10～14	-	-	0.0	-	0.0	0.0	0.0	-	0.0	0.1
15～19	-	0.0	0.0	0.1	0.0	0.1	-	-	-	0.0
20～24	0.1	0.1	0.0	0.1	0.1	0.1	0.0	0.1	0.1	0.0
25～29	0.1	0.1	0.1	0.1	0.1	0.1	0.1	0.1	0.1	0.1
30～34	0.1	0.3	0.3	0.2	0.3	0.6	0.4	0.2	0.4	0.4
35～39	0.4	0.3	0.4	0.5	0.5	0.4	0.3	0.5	0.3	0.5
40～44	0.7	0.7	0.8	0.7	1.1	0.7	0.7	0.5	0.8	0.7
45～49	1.8	1.8	1.7	1.6	1.4	1.7	1.4	1.3	1.4	1.5
50～54	3.2	3.1	3.4	2.8	3.0	3.5	3.0	3.3	2.8	2.6
55～59	6.4	7.3	6.2	6.6	8.2	6.4	5.7	5.6	5.7	4.5
60～64	15.3	17.3	14.4	15.9	17.5	15.5	15.0	12.6	12.9	11.0
65～69	41.1	39.5	38.5	35.8	42.8	37.9	35.6	33.3	33.5	29.0
70～74	109.7	109.5	101.1	96.8	115.4	102.8	94.7	88.9	79.5	73.9
75～79	293.0	284.4	283.7	269.9	311.6	279.0	260.2	234.7	228.4	201.3
80～84	714.2	685.8	670.4	645.6	789.5	722.0	679.7	633.2	609.8	527.8
85～89	1 458.5	1 366.7	1 339.3	1 350.6	1 649.0	1 526.2	1 478.1	1 375.8	1 317.5	1 187.7
90歳～	2 345.1	2 221.7	2 270.7	2 409.8	3 111.0	2 978.0	2 904.1	2 699.8	2 636.5	2 417.4
年齢調整死亡率 （人口10万対） Age-adjusted death rate (per 100,000 population)	31.7	30.6	30.0	29.5	35.8	32.8	31.2	29.0	28.0	25.0

Notes: 1) The categories of "80 - 84" in 1951 - 1954 represent the population aged 80 or over, and those of "85 - 89" in 1956 - 1959, 1961 - 1964, 1966 - 1969, 1971 - 1974, and 1976 - 1979 represent the population aged 85 or over.
2) The figures for cerebrovascular diseases in 1994 and earlier include transient ischemic attacks.
3) The base population for age-adjusted death rates is the model population of 1985.

第5表 脳血管疾患死亡数・粗死亡率（人口10万対）・年齢調整死亡率
Statistics 5　Numbers of deaths, crude death rates (per 100,000 population), and age-adjusted (large categories), sex and age group (by 5-year age scale): From 1951 to 2004

脳梗塞　Cerebral infarction
死亡数　Number of deaths

性・年齢階級 Sex/age group	平成13年 2001	14年 2002	15年 2003	16年 2004
総数 Total	82 164	80 497	80 996	78 683
0〜4歳 Years	1	-	1	2
5〜9	2	-	1	-
10〜14	2	-	2	-
15〜19	2	1	2	1
20〜24	4	4	2	7
25〜29	10	6	10	5
30〜34	25	26	14	19
35〜39	32	27	29	37
40〜44	62	63	57	62
45〜49	156	152	120	103
50〜54	500	457	405	325
55〜59	820	772	700	727
60〜64	1 739	1 636	1 599	1 469
65〜69	3 663	3 635	3 412	3 103
70〜74	7 349	6 939	6 692	6 188
75〜79	11 885	11 512	11 911	11 389
80〜84	16 701	16 073	16 003	15 505
85〜89	20 559	19 578	19 435	18 463
90歳〜	18 639	19 604	20 593	21 270
不詳 Not Stated	13	12	8	8
男 Male	38 913	37 989	38 231	36 697
0〜4歳 Years	1	-	1	2
5〜9	2	-	-	-
10〜14	2	-	2	-
15〜19	2	1	-	-
20〜24	3	3	-	4
25〜29	4	3	6	4
30〜34	14	12	8	11
35〜39	17	19	20	23
40〜44	37	42	32	37
45〜49	109	104	87	78
50〜54	369	331	305	239
55〜59	603	577	512	516
60〜64	1 316	1 216	1 203	1 126
65〜69	2 729	2 687	2 556	2 344
70〜74	5 195	4 962	4 829	4 425
75〜79	7 042	7 064	7 403	7 318
80〜84	8 191	7 804	7 826	7 583
85〜89	8 038	7 796	7 781	7 185
90歳〜	5 227	5 356	5 653	5 796
不詳 Not Stated	12	12	7	6
女 Female	43 251	42 508	42 765	41 986
0〜4歳 Years	-	-	-	-
5〜9	-	-	1	-
10〜14	-	-	-	-
15〜19	-	-	2	1
20〜24	1	1	2	3
25〜29	6	3	4	1
30〜34	11	14	6	8
35〜39	15	8	9	14
40〜44	25	21	25	25
45〜49	47	48	33	25
50〜54	131	126	100	86
55〜59	217	195	188	211
60〜64	423	420	396	343
65〜69	934	948	856	759
70〜74	2 154	1 977	1 863	1 763
75〜79	4 843	4 448	4 508	4 071
80〜84	8 510	8 269	8 177	7 922
85〜89	12 521	11 782	11 654	11 278
90歳〜	13 412	14 248	14 940	15 474
不詳 Not Stated	1	-	1	2

注：1）昭和26〜29年の「80〜84」は、「80歳以上」、昭和31〜34年、36〜39年、41〜44年、46〜49年、51〜54年の「85〜89歳」は「85歳以上」である。
　　2）平成6年以前の「脳血管疾患」には一過性脳虚血を含む。
　　3）年齢調整死亡率の基準人口は、昭和60年モデル人口である。

（人口10万対），病類（簡単分類）・性・年齢（5歳階級）別 －昭和26年～平成16年－
death rates (per 100,000 population) from cerebrovascular diseases, by disease type

粗死亡率（人口10万対）　Crude death rates (per 100,000 population)

性・年齢階級 Sex/age group	平成13年 2001	14年 2002	15年 2003	16年 2004
総数 Total	65.3	63.9	64.2	62.4
0～4歳 Years	0.0	-	0.0	0.0
5～9	0.0	-	0.0	-
10～14	0.0	-	0.0	-
15～19	0.0	0.0	0.0	0.0
20～24	0.0	0.1	0.0	0.1
25～29	0.1	0.1	0.1	0.1
30～34	0.3	0.3	0.1	0.2
35～39	0.4	0.3	0.3	0.4
40～44	0.8	0.8	0.7	0.8
45～49	1.8	1.9	1.5	1.3
50～54	4.6	4.3	4.1	3.5
55～59	9.9	9.0	7.7	7.6
60～64	22.1	20.3	19.4	17.1
65～69	50.5	49.5	46.3	42.4
70～74	121.7	112.1	105.6	96.0
75～79	269.3	247.3	244.0	224.1
80～84	616.0	565.0	531.8	481.2
85～89	1 283.3	1 183.7	1 147.3	1 077.8
90歳～	2 414.4	2 295.6	2 216.7	2 099.7
男 Male	63.2	61.7	62.0	59.6
0～4歳 Years	0.0	-	0.0	0.1
5～9	0.1	-	-	-
10～14	0.1	-	0.1	-
15～19	0.1	0.0	-	-
20～24	0.1	0.1	-	0.1
25～29	0.1	0.1	0.1	0.1
30～34	0.3	0.3	0.2	0.2
35～39	0.4	0.5	0.5	0.5
40～44	1.0	1.1	0.8	0.9
45～49	2.6	2.6	2.2	2.0
50～54	6.8	6.3	6.2	5.2
55～59	14.8	13.6	11.4	10.9
60～64	34.4	31.1	30.0	27.0
65～69	79.5	77.2	73.1	67.6
70～74	189.3	176.0	167.2	150.5
75～79	396.5	367.7	360.4	338.6
80～84	872.3	798.0	756.9	674.0
85～89	1 614.1	1 522.7	1 493.5	1 371.2
90歳～	2 736.6	2 550.5	2 501.3	2 356.1
年齢調整死亡率 （人口10万対） Age-adjusted death rate (per 100,000 population)	42.4	39.6	38.1	35.1
女 Female	67.3	66.0	66.3	65.0
0～4歳 Years	-	-	-	-
5～9	-	-	0.0	-
10～14	-	-	-	-
15～19	-	-	0.1	0.0
20～24	0.0	0.0	0.1	0.1
25～29	0.1	0.1	0.1	0.0
30～34	0.2	0.3	0.1	0.2
35～39	0.4	0.2	0.2	0.3
40～44	0.7	0.6	0.7	0.6
45～49	1.1	1.2	0.8	0.6
50～54	2.4	2.4	2.0	1.9
55～59	5.2	4.5	4.1	4.4
60～64	10.4	10.1	9.3	7.7
65～69	24.5	24.5	22.1	19.8
70～74	65.4	58.6	54.0	50.3
75～79	183.6	162.6	159.5	139.4
80～84	480.2	442.9	414.0	377.6
85～89	1 134.1	1 031.7	993.5	947.7
90歳～	2 308.4	2 215.9	2 128.2	2 014.8
年齢調整死亡率 （人口10万対） Age-adjusted death rate (per 100,000 population)	23.3	21.6	20.6	19.2

Notes: 1) The categories of "80 - 84" in 1951 - 1954 represent the population aged 80 or over, and those of "85 - 89" in 1956 - 1959, 1961 - 1964, 1966 - 1969, 1971 - 1974, and 1976 - 1979 represent the population aged 85 or over.
2) The figures for cerebrovascular diseases in 1994 and earlier include transient ischemic attacks.
3) The base population for age-adjusted death rates is the model population of 1985.

第5表（30-25）

第5表 脳血管疾患死亡数・粗死亡率（人口10万対）・年齢調整死亡率
Statistics 5 Numbers of deaths, crude death rates (per 100,000 population), and age-adjusted (large categories), sex and age group (by 5-year age scale): From 1951 to 2004

その他の脳血管疾患　Other cerebrovascular diseases
死亡数　Number of deaths

性・年齢階級 Sex/age group	昭和26年 1951	27年 1952	28年 1953	29年 1954	30年 1955	31年 1956	32年 1957	33年 1958	34年 1959	35年 1960
総数 Total	2 405	4 111	4 656	5 128	6 094	7 417	8 183	8 073	9 516	11 246
0〜4歳 Years	17	7	10	6	6	7	-	5	7	6
5〜9	-	3	5	2	2	-	5	1	2	5
10〜14	3	4	9	-	2	2	4	2	2	4
15〜19	6	3	4	8	5	8	3	3	-	2
20〜24	7	6	13	11	11	7	9	4	12	12
25〜29	7	4	9	15	12	12	10	13	16	7
30〜34	6	6	12	11	10	13	17	11	17	25
35〜39	12	11	20	27	27	26	35	36	30	40
40〜44	41	31	40	60	64	66	75	70	96	98
45〜49	72	74	87	116	148	158	204	175	209	242
50〜54	111	174	171	225	230	335	352	366	380	522
55〜59	171	287	318	392	435	520	698	615	746	846
60〜64	268	472	527	591	678	843	921	979	1 057	1 309
65〜69	409	720	835	877	1 105	1 307	1 401	1 307	1 574	1 777
70〜74	551	905	1 025	1 161	1 327	1 563	1 686	1 640	1 884	2 194
75〜79	419	843	938	977	1 127	1 392	1 550	1 496	1 842	2 213
80〜84	210	391	452	468	625	847	880	964	1 152	1 396
85〜89	76	153	155	141	233	251	274	320	407	436
90歳〜	19	17	26	40	47	60	59	66	83	112
不詳 Not Stated	-	-	-	-	-	-	-	-	-	-
男 Male	1 165	2 106	2 381	2 702	3 183	3 915	4 309	4 202	5 072	5 980
0〜4歳 Years	6	6	5	3	5	4	-	5	5	4
5〜9	-	-	3	1	1	-	5	-	2	3
10〜14	3	2	5	-	2	-	-	2	2	2
15〜19	2	3	1	7	4	3	3	-	-	1
20〜24	1	3	8	8	2	4	6	2	6	7
25〜29	4	3	3	10	4	7	10	6	7	4
30〜34	2	4	8	4	3	6	9	8	10	15
35〜39	8	6	9	12	13	18	19	25	18	22
40〜44	22	17	22	32	41	37	45	37	57	60
45〜49	32	47	46	56	67	97	112	98	122	118
50〜54	66	86	92	119	137	205	197	211	231	306
55〜59	94	152	186	247	277	314	408	396	472	531
60〜64	136	277	311	351	396	494	550	580	665	828
65〜69	220	391	456	503	650	764	817	755	953	1 059
70〜74	249	469	507	623	696	797	887	849	998	1 187
75〜79	198	403	451	449	526	678	730	685	857	1 059
80〜84	85	177	196	214	262	379	373	406	486	600
85〜89	30	52	62	50	81	88	115	120	160	146
90歳〜	7	8	10	13	16	20	23	17	21	28
不詳 Not Stated	-	-	-	-	-	-	-	-	-	-
女 Female	1 240	2 005	2 275	2 426	2 911	3 502	3 874	3 871	4 444	5 266
0〜4歳 Years	11	1	5	3	1	3	-	-	2	2
5〜9	-	3	2	1	1	-	-	1	-	2
10〜14	-	2	4	-	-	2	4	-	-	2
15〜19	4	-	3	1	1	5	-	3	-	1
20〜24	6	3	5	3	9	3	3	2	6	5
25〜29	3	1	6	5	8	5	-	7	9	3
30〜34	4	2	4	7	7	7	8	3	7	10
35〜39	4	5	11	15	14	8	16	11	12	18
40〜44	19	14	18	28	23	29	30	33	39	38
45〜49	40	27	41	60	81	61	92	77	87	124
50〜54	45	88	79	106	93	130	155	155	149	216
55〜59	77	135	132	145	158	206	290	219	274	315
60〜64	132	195	216	240	282	349	371	399	392	481
65〜69	189	329	379	374	455	543	584	552	621	718
70〜74	302	436	518	538	631	766	799	791	886	1 007
75〜79	221	440	487	528	601	714	820	811	985	1 154
80〜84	125	214	256	254	363	468	507	558	666	796
85〜89	46	101	93	91	152	163	159	200	247	290
90歳〜	12	9	16	27	31	40	36	49	62	84
不詳 Not Stated	-	-	-	-	-	-	-	-	-	-

注：1) 昭和26〜29年の「80〜84」は、「80歳以上」、昭和31〜34年、36〜39年、41〜44年、46〜49年、51〜54年の「85〜89歳」は「85歳以上」である。
　　2) 平成6年以前の「脳血管疾患」には一過性脳虚血を含む。
　　3) 年齢調整死亡率の基準人口は、昭和60年モデル人口である。

(人口10万対), 病類（簡単分類）・性・年齢（5歳階級）別 －昭和26年～平成16年－
death rates (per 100,000 population) from cerebrovascular diseases, by disease type

粗死亡率（人口10万対） Crude death rates (per 100,000 population)

性・年齢階級 Sex/age group	昭和26年 1951	27年 1952	28年 1953	29年 1954	30年 1955	31年 1956	32年 1957	33年 1958	34年 1959	35年 1960
総数 Total	2.8	4.8	5.3	5.8	6.8	8.2	9.0	8.8	10.2	12.0
0～4歳 Years	0.1	0.1	0.1	0.1	0.1	0.1	-	0.1	0.1	0.1
5～9	-	0.0	0.1	0.0	0.0	-	0.0	0.0	0.0	0.1
10～14	0.0	0.0	0.1	-	0.0	0.0	0.0	0.0	0.0	0.0
15～19	0.1	0.0	0.0	0.1	0.1	0.1	0.0	0.0	-	0.0
20～24	0.1	0.1	0.2	0.1	0.1	0.1	0.1	0.0	0.1	0.1
25～29	0.1	0.1	0.1	0.2	0.2	0.2	0.1	0.2	0.2	0.1
30～34	0.1	0.1	0.2	0.2	0.2	0.2	0.3	0.2	0.2	0.3
35～39	0.2	0.2	0.4	0.5	0.5	0.5	0.7	0.7	0.5	0.7
40～44	0.9	0.7	0.8	1.2	1.3	1.3	1.5	1.4	2.0	2.0
45～49	1.8	1.8	2.1	2.7	3.4	3.5	4.4	3.7	4.4	5.0
50～54	3.2	4.8	4.6	5.9	6.0	8.8	9.1	9.3	9.3	12.4
55～59	6.0	9.9	10.5	12.7	13.6	15.7	20.3	17.5	20.8	23.2
60～64	11.4	19.6	21.8	24.2	27.2	32.4	34.4	35.2	37.2	44.7
65～69	23.3	40.4	45.5	45.7	56.2	65.1	68.5	62.9	74.7	82.3
70～74	42.8	68.4	76.5	85.3	95.3	112.9	119.7	113.3	124.8	140.3
75～79	56.2	108.2	116.4	115.2	128.7	155.2	171.1	161.9	196.2	231.8
80～84	78.2	133.6	142.2	136.9	165.4	206.1	206.6	213.7	243.0	289.1
85～89	…	…	…	…	209.2	219.0	220.5	233.9	273.7	279.8
90歳～	…	…	…	…	206.4	…	…	…	…	348.0
男 Male	2.8	5.0	5.6	6.2	7.3	8.8	9.6	9.3	11.1	13.0
0～4歳 Years	0.1	0.1	0.1	0.1	0.1	0.1	-	0.1	0.1	0.1
5～9	-	-	0.1	0.0	0.0	-	0.1	-	0.0	0.1
10～14	0.1	0.0	0.1	-	0.0	-	-	0.0	0.0	0.0
15～19	0.0	0.1	0.1	0.2	0.1	0.1	0.1	0.1	-	0.0
20～24	0.0	0.1	0.2	0.2	0.1	0.1	0.1	0.1	0.1	0.2
25～29	0.1	0.1	0.1	0.3	0.1	0.2	0.3	0.1	0.2	0.1
30～34	0.1	0.2	0.3	0.2	0.1	0.2	0.3	0.2	0.3	0.4
35～39	0.3	0.3	0.4	0.5	0.6	0.8	0.8	1.0	0.7	0.8
40～44	1.0	0.7	1.0	1.4	1.8	1.6	1.9	1.6	2.5	2.6
45～49	1.6	2.3	2.3	2.7	3.1	4.4	5.1	4.4	5.4	5.2
50～54	3.7	4.7	4.9	6.2	7.1	10.7	10.2	10.8	11.6	15.0
55～59	6.6	10.4	12.3	15.9	17.2	18.9	23.8	22.6	26.5	29.5
60～64	12.0	23.7	26.4	29.3	32.3	38.6	41.8	42.5	47.6	57.6
65～69	27.8	48.2	53.9	56.5	70.7	81.0	84.8	77.0	95.6	103.1
70～74	45.8	83.6	89.4	107.8	117.2	134.4	145.9	133.9	149.6	171.1
75～79	67.8	132.1	143.6	135.2	153.8	192.6	206.2	189.8	232.9	281.1
80～84	91.0	163.4	178.7	174.2	196.7	261.4	250.3	257.0	292.8	354.7
85～89	…	…	…	…	239.3	257.1	306.7	279.6	341.5	302.9
90歳～	…	…	…	…	274.5	…	…	…	…	339.0
年齢調整死亡率 （人口10万対） Age-adjusted death rate (per 100,000 population)	6.8	12.1	13.3	14.2	16.4	19.6	21.0	19.9	23.4	26.6
女 Female	2.9	4.6	5.1	5.4	6.4	7.6	8.4	8.3	9.4	11.1
0～4歳 Years	0.2	0.0	0.1	0.1	0.0	0.1	-	-	0.1	0.1
5～9	-	0.1	0.0	0.0	0.0	-	-	0.0	-	0.0
10～14	-	0.0	0.1	-	-	0.0	0.1	-	-	0.0
15～19	0.1	-	0.1	0.1	0.0	0.1	-	0.1	-	0.0
20～24	0.2	0.1	0.1	0.1	0.2	0.1	0.1	0.0	0.1	0.1
25～29	0.1	0.0	0.2	0.1	0.2	0.1	-	0.2	0.2	0.1
30～34	0.1	0.1	0.1	0.2	0.2	0.2	0.2	0.1	0.2	0.3
35～39	0.1	0.2	0.4	0.6	0.5	0.3	0.5	0.4	0.4	0.5
40～44	0.8	0.7	0.7	1.1	0.9	1.1	1.1	1.2	1.5	1.4
45～49	2.0	1.3	2.0	2.8	3.6	2.6	3.8	3.1	3.4	4.8
50～54	2.6	4.9	4.3	5.6	4.8	6.8	7.9	7.8	7.1	10.0
55～59	5.4	9.4	8.8	9.4	9.9	12.4	16.9	12.4	15.2	17.1
60～64	10.9	15.8	17.4	19.2	22.2	26.4	27.3	28.2	27.1	32.2
65～69	19.6	34.0	38.2	36.4	43.4	51.0	54.0	50.3	55.9	63.3
70～74	40.6	57.1	67.0	68.7	79.0	96.7	99.8	97.2	105.1	115.7
75～79	48.7	92.8	99.0	102.3	112.6	130.8	148.6	144.0	172.5	199.7
80～84	71.5	117.8	123.7	118.5	148.4	175.9	183.0	190.4	216.2	253.7
85～89	…	…	…	…	196.1	203.0	184.0	214.7	245.2	269.5
90歳～	…	…	…	…	183.0	…	…	…	…	351.1
年齢調整死亡率 （人口10万対） Age-adjusted death rate (per 100,000 population)	5.4	8.7	9.5	9.7	11.5	13.4	14.4	14.1	15.7	18.2

Notes: 1) The categories of "80 - 84" in 1951 - 1954 represent the population aged 80 or over, and those of "85 - 89" in 1956 - 1959, 1961 - 1964, 1966 - 1969, 1971 - 1974, and 1976 - 1979 represent the population aged 85 or over.
2) The figures for cerebrovascular diseases in 1994 and earlier include transient ischemic attacks.
3) The base population for age-adjusted death rates is the model population of 1985.

第5表　脳血管疾患死亡数・粗死亡率（人口10万対）・年齢調整死亡率
Statistics 5　Numbers of deaths, crude death rates (per 100,000 population), and age-adjusted (large categories), sex and age group (by 5-year age scale): From 1951 to 2004

その他の脳血管疾患　Other cerebrovascular diseases
死亡数　Number of deaths

性・年齢階級 Sex/age group	昭和36年 1961	37年 1962	38年 1963	39年 1964	40年 1965	41年 1966	42年 1967	43年 1968	44年 1969	45年 1970
総数 Total	13 821	15 661	17 711	20 250	21 487	22 859	23 804	27 938	29 942	31 516
0〜4歳 Years	4	8	5	13	6	10	10	12	12	11
5〜9	4	3	2	3	2	6	-	3	2	5
10〜14	2	2	5	3	6	1	4	5	8	3
15〜19	4	9	6	6	6	8	9	8	7	9
20〜24	4	13	14	19	15	12	15	12	21	30
25〜29	17	26	19	21	24	28	22	26	29	30
30〜34	33	41	47	37	49	62	60	52	72	55
35〜39	60	64	103	99	119	148	141	156	169	151
40〜44	110	127	171	175	212	248	261	274	302	327
45〜49	340	348	363	418	423	417	458	433	498	521
50〜54	593	738	806	821	839	897	835	861	851	804
55〜59	1 058	1 207	1 276	1 450	1 414	1 511	1 555	1 571	1 613	1 545
60〜64	1 594	1 848	2 051	2 280	2 361	2 339	2 336	2 685	2 739	2 747
65〜69	2 212	2 339	2 776	3 231	3 389	3 476	3 606	4 130	4 398	4 556
70〜74	2 697	3 028	3 454	3 775	4 083	4 346	4 641	5 396	5 808	6 180
75〜79	2 500	2 875	3 223	3 846	4 125	4 410	4 520	5 742	5 967	6 489
80〜84	1 746	1 957	2 260	2 646	2 848	3 092	3 346	4 120	4 594	4 938
85〜89	707	850	922	1 148	1 259	1 466	1 570	1 907	2 187	2 399
90歳〜	135	178	207	259	306	381	415	535	655	706
不詳 Not Stated	1	-	1	-	1	1	-	10	10	10
男 Male	7 456	8 477	9 558	10 790	11 598	12 348	12 736	15 078	15 934	16 765
0〜4歳 Years	3	5	5	7	3	4	7	7	8	7
5〜9	1	2	2	1	2	3	-	1	1	3
10〜14	1	-	5	3	3	1	1	1	4	1
15〜19	2	7	2	4	4	4	5	6	4	1
20〜24	2	9	8	11	7	7	6	6	15	11
25〜29	12	13	11	13	16	17	12	11	13	17
30〜34	23	25	28	23	33	42	39	37	54	36
35〜39	43	47	70	66	93	110	106	121	131	114
40〜44	76	82	98	112	151	175	179	180	221	238
45〜49	213	216	206	244	251	242	267	280	300	332
50〜54	364	441	488	484	505	561	501	546	500	482
55〜59	682	776	791	921	914	993	976	965	973	983
60〜64	1 005	1 186	1 320	1 457	1 534	1 499	1 492	1 678	1 677	1 706
65〜69	1 298	1 414	1 681	1 943	2 034	2 107	2 231	2 488	2 665	2 764
70〜74	1 507	1 679	1 909	2 100	2 287	2 480	2 590	3 097	3 243	3 516
75〜79	1 186	1 401	1 551	1 838	2 047	2 187	2 224	2 923	3 111	3 344
80〜84	740	820	964	1 097	1 177	1 287	1 438	1 839	2 008	2 160
85〜89	261	313	345	379	453	523	559	732	802	857
90歳〜	36	41	73	87	83	105	103	153	196	185
不詳 Not Stated	1	-	1	-	1	1	-	7	8	8
女 Female	6 365	7 184	8 153	9 460	9 889	10 511	11 068	12 860	14 008	14 751
0〜4歳 Years	1	3	-	6	3	6	3	5	4	4
5〜9	3	1	-	2	-	3	-	2	1	2
10〜14	1	2	-	-	3	-	3	4	4	2
15〜19	2	2	4	2	2	4	4	2	3	8
20〜24	2	4	6	8	8	5	9	6	6	19
25〜29	5	13	8	8	8	11	10	15	16	13
30〜34	10	16	19	14	16	20	21	15	18	19
35〜39	17	17	33	33	26	38	35	35	38	37
40〜44	34	45	73	63	61	73	82	94	81	89
45〜49	127	132	157	174	172	175	191	153	198	189
50〜54	229	297	318	337	334	336	334	315	351	322
55〜59	376	431	485	529	500	518	579	606	640	562
60〜64	589	662	731	823	827	840	844	1 007	1 062	1 041
65〜69	914	925	1 095	1 288	1 355	1 369	1 375	1 642	1 733	1 792
70〜74	1 190	1 349	1 545	1 675	1 796	1 866	2 051	2 299	2 565	2 664
75〜79	1 314	1 474	1 672	2 008	2 078	2 223	2 296	2 819	2 856	3 145
80〜84	1 006	1 137	1 296	1 549	1 671	1 805	1 908	2 281	2 586	2 778
85〜89	446	537	577	769	806	943	1 011	1 175	1 385	1 542
90歳〜	99	137	134	172	223	276	312	382	459	521
不詳 Not Stated	-	-	-	-	-	-	-	3	2	2

注：1）昭和26〜29年の「80〜84」は、「80歳以上」、昭和31〜34年、36〜39年、41〜44年、46〜49年、51〜54年の「85〜89歳」は「85歳以上」である。
　　2）平成6年以前の「脳血管疾患」には一過性脳虚血を含む。
　　3）年齢調整死亡率の基準人口は、昭和60年モデル人口である。

（人口10万対），病類（簡単分類）・性・年齢（5歳階級）別 —昭和26年〜平成16年—
death rates (per 100,000 population) from cerebrovascular diseases, by disease type

粗死亡率（人口10万対） Crude death rates (per 100,000 population)

性・年齢階級 Sex/age group	昭和36年 1961	37年 1962	38年 1963	39年 1964	40年 1965	41年 1966	42年 1967	43年 1968	44年 1969	45年 1970
総数 Total	14.7	16.3	18.4	20.8	21.9	23.1	23.9	27.7	29.3	30.6
0〜4歳 Years	0.1	0.1	0.1	0.2	0.1	0.1	0.1	0.1	0.1	0.1
5〜9	0.0	0.0	0.0	0.0	0.0	0.1	-	0.0	0.0	0.1
10〜14	0.0	0.0	0.0	0.0	0.1	0.0	0.0	0.1	0.1	0.0
15〜19	0.0	0.1	0.1	0.1	0.1	0.1	0.1	0.1	0.1	0.1
20〜24	0.0	0.1	0.2	0.2	0.2	0.1	0.2	0.1	0.2	0.3
25〜29	0.2	0.3	0.2	0.3	0.3	0.3	0.3	0.3	0.3	0.3
30〜34	0.4	0.4	0.6	0.5	0.6	0.7	0.7	0.6	0.9	0.7
35〜39	0.9	1.0	1.5	1.4	1.6	1.9	1.8	2.0	2.1	1.8
40〜44	2.2	2.0	3.2	3.1	3.6	3.9	3.9	4.0	4.2	4.5
45〜49	7.0	7.1	7.5	8.8	8.6	8.4	9.0	8.2	8.9	8.9
50〜54	13.5	16.5	17.7	17.8	18.0	19.0	17.8	18.4	18.4	16.8
55〜59	29.2	32.9	34.2	37.4	35.3	36.3	36.8	36.5	36.7	35.1
60〜64	52.0	57.8	63.0	68.6	70.6	70.2	68.7	77.4	76.0	74.0
65〜69	97.5	100.5	114.5	129.8	132.3	130.2	130.1	144.5	150.3	153.2
70〜74	167.0	182.5	207.4	222.7	234.0	237.6	245.8	273.4	285.8	290.4
75〜79	259.3	292.2	320.1	362.1	376.4	391.7	389.3	483.3	489.5	512.6
80〜84	351.3	385.2	438.8	503.0	539.3	582.3	605.1	714.0	744.6	761.5
85〜89	404.8	475.9	499.6	583.8	632.2	699.6	721.8	866.0	970.0	1 046.1
90歳〜	…	…	…	…	602.8	…	…	…	…	1 073.5
男 Male	16.1	18.1	20.2	22.6	24.0	25.4	26.0	30.5	31.8	33.1
0〜4歳 Years	0.1	0.1	0.1	0.2	0.1	0.1	0.2	0.2	0.2	0.2
5〜9	0.0	0.0	0.0	0.0	0.1	0.1	-	0.0	0.0	0.1
10〜14	0.0	-	0.1	0.1	0.1	0.0	0.0	0.0	0.0	0.0
15〜19	0.0	0.1	0.0	0.1	0.1	0.1	0.1	0.1	0.1	0.0
20〜24	0.0	0.2	0.2	0.2	0.2	0.2	0.1	0.1	0.3	0.2
25〜29	0.3	0.3	0.3	0.3	0.4	0.4	0.3	0.3	0.3	0.4
30〜34	0.6	0.6	0.7	0.6	0.8	1.0	0.9	0.9	1.3	0.9
35〜39	1.4	1.5	2.0	1.8	2.5	2.9	2.7	3.0	3.2	2.8
40〜44	3.3	3.5	4.1	4.4	5.5	5.9	5.6	5.3	6.2	6.5
45〜49	9.4	9.6	9.2	11.2	11.3	10.9	11.9	12.0	12.0	12.5
50〜54	17.3	20.9	22.8	22.4	23.2	25.7	23.2	25.5	23.8	22.5
55〜59	38.2	42.7	43.4	49.2	47.3	50.0	49.0	48.0	47.8	48.5
60〜64	66.8	76.2	83.1	90.2	94.4	92.8	90.9	100.7	97.9	97.7
65〜69	121.1	128.3	146.0	164.4	166.9	166.0	169.9	184.2	193.1	198.4
70〜74	208.1	225.4	256.2	275.6	289.9	300.2	303.3	346.8	352.5	366.9
75〜79	304.9	350.3	380.1	422.5	453.0	469.3	460.5	591.7	611.2	630.0
80〜84	420.5	458.1	529.7	589.8	629.6	677.4	722.6	871.6	880.7	896.6
85〜89	521.1	600.0	633.3	656.3	753.4	794.9	807.3	1 066.3	1 160.5	1 199.6
90歳〜	…	…	…	…	604.6	…	…	…	…	1 058.8
年齢調整死亡率 （人口10万対） Age-adjusted death rate (per 100,000 population)	32.4	36.1	39.8	43.5	45.9	47.8	48.2	56.6	58.1	59.3
女 Female	13.3	14.8	16.7	19.1	19.8	20.8	21.8	25.1	27.0	28.1
0〜4歳 Years	0.0	0.1	-	0.2	0.1	0.2	0.1	0.1	0.1	0.1
5〜9	0.1	0.0	-	0.1	-	0.1	-	0.1	0.0	0.1
10〜14	0.0	0.0	-	-	0.1	-	0.1	0.1	0.1	0.1
15〜19	0.0	0.0	0.1	0.0	0.0	0.1	0.1	0.0	0.1	0.2
20〜24	0.0	0.1	0.1	0.2	0.2	0.1	0.2	0.1	0.1	0.4
25〜29	0.1	0.3	0.2	0.2	0.2	0.3	0.2	0.3	0.3	0.3
30〜34	0.3	0.4	0.5	0.3	0.4	0.5	0.5	0.4	0.4	0.5
35〜39	0.5	0.5	0.9	1.0	0.7	1.0	0.9	0.9	0.9	0.9
40〜44	1.2	1.6	2.4	2.0	1.9	2.2	2.4	2.7	2.2	2.4
45〜49	4.9	5.1	6.0	6.7	6.4	6.4	6.7	5.2	6.4	5.9
50〜54	10.1	12.6	13.2	13.7	13.4	13.3	13.2	12.4	13.9	12.2
55〜59	20.5	23.2	25.4	26.4	24.1	23.8	25.9	26.4	27.2	23.7
60〜64	37.7	40.4	43.8	48.2	48.1	49.0	48.0	55.8	56.2	53.0
65〜69	76.4	75.5	86.1	98.5	100.9	97.9	94.3	108.9	112.0	113.4
70〜74	133.6	147.6	167.9	179.5	188.0	186.2	198.4	212.7	230.7	227.8
75〜79	228.5	252.0	279.1	319.7	322.6	336.8	338.6	406.2	402.3	427.6
80〜84	313.4	346.6	389.2	454.3	489.8	527.8	540.5	624.9	664.8	681.6
85〜89	360.9	429.3	441.6	553.5	579.7	658.9	685.5	782.4	895.1	976.6
90歳〜	…	…	…	…	602.1	…	…	…	…	1 078.7
年齢調整死亡率 （人口10万対） Age-adjusted death rate (per 100,000 population)	21.4	23.6	26.2	29.6	30.4	31.5	32.2	36.4	38.4	39.3

Notes: 1) The categories of "80 - 84" in 1951 - 1954 represent the population aged 80 or over, and those of "85 - 89" in 1956 - 1959, 1961 - 1964, 1966 - 1969, 1971 - 1974, and 1976 - 1979 represent the population aged 85 or over.
2) The figures for cerebrovascular diseases in 1994 and earlier include transient ischemic attacks.
3) The base population for age-adjusted death rates is the model population of 1985.

第5表　脳血管疾患死亡数・粗死亡率（人口10万対）・年齢調整死亡率
Statistics 5　Numbers of deaths, crude death rates (per 100,000 population), and age-adjusted (large categories), sex and age group (by 5-year age scale): From 1951 to 2004

その他の脳血管疾患　Other cerebrovascular diseases
死亡数　Number of deaths

性・年齢階級 Sex/age group	昭和46年 1971	47年 1972	48年 1973	49年 1974	50年 1975	51年 1976	52年 1977	53年 1978	54年 1979	55年 1980
総数　Total	31 352	32 241	34 363	34 822	34 501	35 196	33 867	33 057	28 723	28 715
0～4歳 Years	9	11	10	6	9	10	4	10	59	52
5～9	1	1	3	4	3	5	3	1	11	12
10～14	3	2	4	1	2	-	2	2	6	3
15～19	4	4	8	9	7	4	7	1	9	3
20～24	9	20	13	10	11	10	12	6	17	8
25～29	24	29	22	20	20	34	22	15	35	23
30～34	53	54	61	69	61	47	51	38	57	56
35～39	148	171	149	166	154	139	114	109	133	123
40～44	333	337	363	358	353	365	296	268	276	239
45～49	518	527	575	599	596	603	617	497	529	479
50～54	810	838	791	803	807	838	797	747	743	686
55～59	1 544	1 488	1 383	1 425	1 219	1 258	1 071	996	890	846
60～64	2 703	2 650	2 638	2 534	2 431	2 300	2 013	1 820	1 590	1 381
65～69	4 399	4 239	4 251	4 193	4 032	4 066	3 747	3 408	2 892	2 675
70～74	6 016	6 143	6 436	6 377	6 254	6 069	5 858	5 419	4 468	4 323
75～79	6 538	6 990	7 392	7 622	7 556	7 745	7 539	7 462	6 240	6 373
80～84	5 123	5 351	6 026	6 208	6 303	6 676	6 635	6 926	5 940	6 149
85～89	2 357	2 533	3 168	3 307	3 527	3 754	3 769	3 829	3 514	3 694
90歳～	756	848	1 062	1 106	1 146	1 265	1 307	1 494	1 312	1 588
不詳 Not Stated	4	5	8	5	10	8	3	9	2	2
男　Male	16 603	17 026	17 811	17 842	17 649	17 860	17 035	16 493	14 247	14 057
0～4歳 Years	4	6	4	4	4	8	1	8	35	34
5～9	-	1	1	1	2	2	1	-	6	9
10～14	1	-	2	-	1	-	-	-	3	1
15～19	2	3	6	2	1	4	3	1	7	1
20～24	6	11	10	5	5	7	4	3	13	2
25～29	12	21	14	15	9	18	12	9	21	14
30～34	34	40	38	59	41	27	35	29	39	33
35～39	111	117	119	121	113	115	86	72	87	80
40～44	239	260	263	262	272	263	217	201	181	169
45～49	353	339	379	412	424	430	430	360	354	326
50～54	477	487	483	441	478	518	497	487	468	441
55～59	945	924	850	874	750	784	641	593	533	491
60～64	1 653	1 613	1 650	1 529	1 508	1 386	1 212	1 104	928	799
65～69	2 669	2 601	2 569	2 490	2 398	2 432	2 259	1 992	1 668	1 535
70～74	3 370	3 461	3 576	3 616	3 495	3 384	3 266	2 997	2 546	2 420
75～79	3 323	3 631	3 754	3 815	3 721	3 800	3 740	3 723	3 122	3 219
80～84	2 338	2 352	2 646	2 696	2 801	2 940	2 897	2 995	2 588	2 662
85～89	844	912	1 139	1 186	1 298	1 377	1 385	1 476	1 267	1 358
90歳～	218	243	304	309	322	357	346	436	379	461
不詳 Not Stated	4	4	4	5	6	8	3	7	2	2
女　Female	14 749	15 215	16 552	16 980	16 852	17 336	16 832	16 564	14 476	14 658
0～4歳 Years	5	5	6	2	5	2	3	2	24	18
5～9	1	-	2	3	1	3	2	1	5	3
10～14	2	2	2	1	1	-	2	2	3	2
15～19	2	1	2	7	6	-	4	-	2	2
20～24	3	9	3	5	6	3	8	3	4	6
25～29	12	8	8	5	11	16	10	6	14	9
30～34	19	14	23	10	20	20	16	9	18	23
35～39	37	54	30	45	41	24	28	37	46	43
40～44	94	77	100	96	81	102	79	67	95	70
45～49	165	188	196	187	172	173	187	137	175	153
50～54	333	351	308	362	329	320	300	260	275	245
55～59	599	564	533	551	469	474	430	403	357	355
60～64	1 050	1 037	988	1 005	923	914	801	716	662	582
65～69	1 730	1 638	1 682	1 703	1 634	1 634	1 488	1 416	1 224	1 140
70～74	2 646	2 682	2 860	2 761	2 759	2 685	2 592	2 422	1 922	1 903
75～79	3 215	3 359	3 638	3 807	3 835	3 945	3 799	3 739	3 118	3 154
80～84	2 785	2 999	3 380	3 512	3 502	3 736	3 738	3 931	3 352	3 487
85～89	1 513	1 621	2 029	2 121	2 229	2 377	2 384	2 353	2 247	2 336
90歳～	538	605	758	797	824	908	961	1 058	933	1 127
不詳 Not Stated	-	1	4	-	4	-	-	2	-	-

注：1) 昭和26～29年の「80～84」は、「80歳以上」、昭和31～34年、36～39年、41～44年、46～49年、51～54年の「85～89歳」は「85歳以上」である。
　　2) 平成6年以前の「脳血管疾患」には一過性脳虚血を含む。
　　3) 年齢調整死亡率の基準人口は、昭和60年モデル人口である。

(人口10万対), 病類（簡単分類）・性・年齢（5歳階級）別 －昭和26年～平成16年－
death rates (per 100,000 population) from cerebrovascular diseases, by disease type

粗死亡率（人口10万対） Crude death rates (per 100,000 population)

性・年齢階級 Sex/age group	昭和46年 1971	47年 1972	48年 1973	49年 1974	50年 1975	51年 1976	52年 1977	53年 1978	54年 1979	55年 1980
総 数 Total	30.0	30.5	31.8	31.8	31.0	31.3	29.8	28.9	24.9	24.7
0～4歳 Years	0.1	0.1	0.1	0.1	0.1	0.1	0.0	0.1	0.7	0.6
5～9	0.0	0.0	0.0	0.0	0.0	0.1	0.0	0.0	0.1	0.1
10～14	0.0	0.0	0.1	0.0	0.0	-	0.0	0.0	0.1	0.0
15～19	0.0	0.0	0.1	0.1	0.1	0.1	0.1	0.0	0.1	0.0
20～24	0.1	0.2	0.1	0.1	0.1	0.1	0.1	0.1	0.2	0.1
25～29	0.3	0.3	0.2	0.2	0.2	0.3	0.2	0.1	0.4	0.3
30～34	0.6	0.6	0.7	0.7	0.7	0.5	0.6	0.4	0.6	0.5
35～39	1.8	2.0	1.8	2.0	1.8	1.6	1.3	1.2	1.4	1.3
40～44	4.5	4.4	4.6	4.5	4.4	4.4	3.5	3.2	3.3	2.9
45～49	8.4	8.1	8.4	8.5	8.1	8.1	8.0	6.3	6.7	5.9
50～54	16.6	16.8	15.1	14.5	14.0	13.6	12.4	11.1	10.6	9.6
55～59	34.7	33.3	30.6	31.8	26.2	26.8	22.0	19.7	16.6	15.2
60～64	69.9	66.5	64.5	60.9	57.0	53.3	46.4	41.9	37.0	31.1
65～69	148.7	139.4	135.5	128.1	117.4	112.3	101.1	89.5	74.2	67.8
70～74	269.8	263.5	264.4	255.5	243.6	238.2	220.1	197.6	155.4	143.5
75～79	482.2	501.4	497.8	495.6	461.6	450.6	414.7	392.7	316.8	313.8
80～84	756.7	763.3	822.1	820.1	780.8	781.7	727.5	708.9	576.7	563.5
85～89	997.8	1 050.0	1 222.5	1 199.2	1 143.2	1 215.3	1 177.7	1 157.2	969.1	902.5
90歳～	…	…	…	…	1 404.8	…	…	…	…	1 333.2
男 Male	32.4	32.8	33.6	33.2	32.3	32.3	30.5	29.3	25.1	24.6
0～4歳 Years	0.1	0.1	0.1	0.1	0.1	0.2	0.0	0.2	0.8	0.8
5～9	-	0.0	0.0	0.0	0.0	0.0	0.0	-	0.1	0.2
10～14	0.0	-	0.0	-	0.0	-	-	-	0.1	0.0
15～19	0.0	0.1	0.1	0.1	0.0	0.1	0.1	0.0	0.2	0.0
20～24	0.1	0.2	0.2	0.1	0.1	0.2	0.1	0.1	0.3	0.1
25～29	0.3	0.5	0.3	0.3	0.2	0.3	0.2	0.2	0.4	0.3
30～34	0.8	0.9	0.9	1.3	0.9	0.6	0.8	0.6	0.8	0.6
35～39	2.6	2.8	2.8	2.9	2.7	2.7	2.0	1.6	1.9	1.8
40～44	6.4	6.8	6.6	6.5	6.6	6.3	5.2	4.8	4.4	4.1
45～49	12.3	10.9	11.4	11.8	11.7	11.5	11.2	9.2	8.9	8.1
50～54	22.3	22.3	21.1	18.0	18.4	18.2	16.3	14.9	13.6	12.5
55～59	46.4	45.5	41.7	43.5	36.5	38.2	30.4	27.1	22.7	19.7
60～64	92.0	88.0	88.3	80.9	78.4	71.6	62.4	57.2	48.9	41.3
65～69	192.3	183.8	176.8	165.9	153.4	149.7	136.3	117.9	96.9	88.5
70～74	336.7	330.9	328.4	324.0	305.6	300.0	276.3	246.9	201.6	184.4
75～79	584.0	620.7	603.5	591.5	542.2	522.7	490.8	467.7	378.4	380.6
80～84	920.5	894.3	962.2	942.7	911.8	893.6	832.5	800.8	655.2	638.9
85～89	1 117.9	1 178.6	1 348.6	1 300.0	1 288.4	1 333.8	1 254.3	1 291.9	1 022.4	980.5
90歳～	…	…	…	…	1 486.1	…	…	…	…	1 390.1
年齢調整死亡率 （人口10万対） Age-adjusted death rate (per 100,000 population)	56.7	56.8	57.8	56.1	53.3	52.2	48.0	45.1	37.1	35.7
女 Female	27.8	28.2	30.1	30.5	29.8	30.4	29.2	28.5	24.7	24.8
0～4歳 Years	0.1	0.1	0.1	0.0	0.1	0.0	0.1	0.0	0.6	0.4
5～9	0.0	-	0.0	0.0	0.0	0.1	0.0	0.0	0.1	0.1
10～14	0.1	0.1	0.1	0.1	0.0	-	0.0	0.0	0.1	0.0
15～19	0.0	0.0	0.1	0.2	0.2	-	0.1	-	0.1	0.0
20～24	0.1	0.2	0.1	0.1	0.1	0.1	0.2	0.1	0.1	0.2
25～29	0.3	0.2	0.2	0.1	0.2	0.3	0.2	0.1	0.3	0.2
30～34	0.4	0.3	0.5	0.2	0.4	0.5	0.4	0.2	0.4	0.4
35～39	0.9	1.3	0.7	1.1	1.0	0.6	0.6	0.8	1.0	0.9
40～44	2.5	2.0	2.5	2.4	2.0	2.5	1.9	1.6	2.3	1.7
45～49	5.0	5.5	5.6	5.2	4.7	4.6	4.9	3.5	4.4	3.8
50～54	12.2	12.5	10.5	11.7	10.4	9.7	8.9	7.5	7.7	6.7
55～59	24.8	23.2	21.5	22.3	18.1	17.9	15.6	14.0	11.8	11.5
60～64	50.7	48.2	44.4	44.3	39.5	38.4	33.4	29.6	27.5	23.2
65～69	110.1	100.8	99.8	96.2	87.3	81.9	72.6	66.9	56.2	51.5
70～74	215.3	208.7	212.6	199.9	193.7	189.1	175.0	158.3	119.2	111.9
75～79	408.5	415.2	422.0	426.3	403.5	397.7	359.8	338.7	272.3	266.2
80～84	658.4	684.7	738.0	744.1	700.2	711.6	662.8	651.9	527.9	517.0
85～89	945.2	993.8	1 166.1	1 153.4	1 072.8	1 160.8	1 137.8	1 093.3	946.4	862.6
90歳～	…	…	…	…	1 375.4	…	…	…	…	1 311.2
年齢調整死亡率 （人口10万対） Age-adjusted death rate (per 100,000 population)	37.7	37.7	39.3	39.0	36.8	36.5	33.8	31.8	26.5	25.6

Notes: 1) The categories of "80 - 84" in 1951 - 1954 represent the population aged 80 or over, and those of "85 - 89" in 1956 - 1959, 1961 - 1964, 1966 - 1969, 1971 - 1974, and 1976 - 1979 represent the population aged 85 or over.
2) The figures for cerebrovascular diseases in 1994 and earlier include transient ischemic attacks.
3) The base population for age-adjusted death rates is the model population of 1985.

第5表 脳血管疾患死亡数・粗死亡率（人口10万対）・年齢調整死亡率
Statistics 5 Numbers of deaths, crude death rates (per 100,000 population), and age-adjusted (large categories), sex and age group (by 5-year age scale): From 1951 to 2004

その他の脳血管疾患　Other cerebrovascular diseases
死亡数　Number of deaths

性・年齢階級 Sex/age group	昭和56年 1981	57年 1982	58年 1983	59年 1984	60年 1985	61年 1986	62年 1987	63年 1988	平成元年 1989	2年 1990
総数 Total	27 181	24 663	24 281	22 469	21 432	19 601	18 323	18 333	16 181	15 530
0〜4歳 Years	49	63	57	38	39	35	36	31	32	27
5〜9	8	3	9	2	4	3	4	2	5	2
10〜14	6	5	9	6	4	10	5	4	2	6
15〜19	12	6	8	11	7	6	4	6	8	6
20〜24	6	10	23	14	8	3	5	7	8	7
25〜29	28	18	20	19	20	11	6	8	6	5
30〜34	51	43	42	38	29	24	19	23	6	15
35〜39	95	88	81	76	72	69	52	47	32	39
40〜44	182	186	137	137	117	110	89	77	86	76
45〜49	402	348	275	233	216	157	148	145	112	108
50〜54	589	521	482	439	369	314	285	236	206	199
55〜59	778	726	658	573	513	408	380	387	355	302
60〜64	1 180	1 007	958	791	713	633	519	512	448	473
65〜69	2 285	1 927	1 710	1 438	1 259	1 023	833	813	633	618
70〜74	4 148	3 578	3 307	2 769	2 532	2 004	1 703	1 549	1 227	1 128
75〜79	5 893	5 040	4 764	4 479	4 078	3 677	3 370	3 038	2 574	2 280
80〜84	6 037	5 747	5 879	5 424	5 279	4 833	4 468	4 356	3 778	3 592
85〜89	3 877	3 705	4 022	4 103	4 142	4 077	4 150	4 343	4 093	3 925
90歳〜	1 551	1 637	1 836	1 877	2 028	2 201	2 247	2 748	2 567	2 720
不詳 Not Stated	4	5	4	2	3	3	-	1	3	2
男 Male	13 232	11 717	11 472	10 424	9 755	8 702	8 101	7 812	6 960	6 525
0〜4歳 Years	32	39	30	23	25	17	18	18	22	19
5〜9	3	1	5	2	2	1	2	1	2	1
10〜14	4	3	5	2	2	7	4	-	-	2
15〜19	9	4	4	9	6	2	2	5	4	4
20〜24	3	8	9	6	5	1	1	7	6	2
25〜29	20	5	11	5	11	9	2	5	3	4
30〜34	29	29	21	21	17	12	11	17	4	8
35〜39	60	62	51	52	49	46	36	28	22	22
40〜44	115	132	88	84	70	61	55	46	49	42
45〜49	276	242	188	144	147	99	90	93	71	69
50〜54	402	321	320	304	229	216	173	165	142	126
55〜59	470	462	444	382	339	279	267	262	245	211
60〜64	678	577	577	471	424	373	339	313	274	321
65〜69	1 311	1 100	972	789	679	568	466	438	348	342
70〜74	2 276	1 936	1 732	1 455	1 384	1 054	894	839	674	603
75〜79	2 942	2 451	2 359	2 242	1 989	1 761	1 673	1 496	1 292	1 071
80〜84	2 681	2 496	2 601	2 359	2 260	2 092	1 923	1 834	1 625	1 521
85〜89	1 460	1 384	1 494	1 485	1 517	1 438	1 465	1 500	1 480	1 377
90歳〜	457	460	557	588	597	663	680	744	694	778
不詳 Not Stated	4	5	4	1	3	3	-	1	3	2
女 Female	13 949	12 946	12 809	12 045	11 677	10 899	10 222	10 521	9 221	9 005
0〜4歳 Years	17	24	27	15	14	18	18	13	10	8
5〜9	5	2	4	-	2	2	2	1	3	1
10〜14	2	2	4	4	2	3	1	4	2	4
15〜19	3	2	4	2	1	4	2	1	4	2
20〜24	3	2	14	8	3	2	4	-	2	5
25〜29	8	13	9	14	9	2	4	3	3	1
30〜34	22	14	21	17	12	12	8	6	2	7
35〜39	35	26	30	24	23	23	16	19	10	17
40〜44	67	54	49	53	47	49	34	31	37	34
45〜49	126	106	87	89	69	58	58	52	41	39
50〜54	187	200	162	135	140	98	112	71	64	73
55〜59	308	264	214	191	174	129	113	125	110	91
60〜64	502	430	381	320	289	260	180	199	174	152
65〜69	974	827	738	649	580	455	367	375	285	276
70〜74	1 872	1 642	1 575	1 314	1 148	950	809	710	553	525
75〜79	2 951	2 589	2 405	2 237	2 089	1 916	1 697	1 542	1 282	1 209
80〜84	3 356	3 251	3 278	3 065	3 019	2 741	2 545	2 522	2 153	2 071
85〜89	2 417	2 321	2 528	2 618	2 625	2 639	2 685	2 843	2 613	2 548
90歳〜	1 094	1 177	1 279	1 289	1 431	1 538	1 567	2 004	1 873	1 942
不詳 Not Stated	-	-	-	1	-	-	-	-	-	-

注：1) 昭和26〜29年の「80〜84」は、「80歳以上」、昭和31〜34年、36〜39年、41〜44年、46〜49年、51〜54年の「85〜89歳」は「85歳以上」である。
2) 平成6年以前の「脳血管疾患」には一過性脳虚血を含む。
3) 年齢調整死亡率の基準人口は、昭和60年モデル人口である。

（人口10万対），病類（簡単分類）・性・年齢（5歳階級）別 －昭和26年～平成16年－
death rates (per 100,000 population) from cerebrovascular diseases, by disease type

粗死亡率（人口10万対） Crude death rates (per 100,000 population)

性・年齢階級 Sex/age group	昭和56年 1981	57年 1982	58年 1983	59年 1984	60年 1985	61年 1986	62年 1987	63年 1988	平成元年 1989	2年 1990
総数 Total	23.2	20.9	20.4	18.8	17.8	16.2	15.1	15.0	13.2	12.7
0～4歳 Years	0.6	0.8	0.7	0.5	0.5	0.5	0.5	0.4	0.5	0.4
5～9	0.1	0.0	0.1	0.0	0.0	0.0	0.1	0.0	0.1	0.0
10～14	0.1	0.1	0.1	0.1	0.0	0.1	0.1	0.0	0.0	0.1
15～19	0.1	0.1	0.1	0.1	0.1	0.1	0.0	0.1	0.1	0.1
20～24	0.1	0.1	0.3	0.2	0.1	0.0	0.1	0.1	0.1	0.1
25～29	0.3	0.2	0.3	0.2	0.3	0.1	0.1	0.1	0.1	0.1
30～34	0.5	0.4	0.4	0.4	0.3	0.3	0.2	0.3	0.1	0.2
35～39	1.1	1.0	0.8	0.8	0.7	0.6	0.5	0.5	0.3	0.4
40～44	2.2	2.1	1.5	1.5	1.3	1.3	1.0	0.8	0.9	0.7
45～49	4.9	4.2	3.3	2.9	2.6	1.9	1.7	1.6	1.2	1.2
50～54	8.0	6.9	6.3	5.6	4.7	3.9	3.5	2.9	2.6	2.5
55～59	13.1	11.6	10.1	8.4	7.4	5.7	5.2	5.2	4.7	3.9
60～64	26.1	21.6	19.7	15.4	13.3	11.1	8.6	8.1	6.8	7.0
65～69	56.9	47.7	42.2	35.8	30.2	24.0	18.9	17.7	13.0	12.1
70～74	130.9	109.2	97.9	79.8	71.3	55.3	46.6	42.2	33.6	29.6
75～79	287.3	235.8	214.7	191.2	164.1	139.8	123.0	106.9	87.6	75.6
80～84	518.2	463.1	448.1	396.8	369.3	331.9	289.9	269.4	219.0	196.1
85～89	877.1	776.7	777.9	746.0	687.7	624.3	586.2	573.7	513.6	471.3
90歳～	1 231.0	1 177.7	1 215.9	1 130.7	1 117.9	1 100.5	1 007.6	1 112.6	954.3	940.1
男 Male	23.0	20.2	19.6	17.7	16.5	14.6	13.6	13.0	11.6	10.8
0～4歳 Years	0.8	1.0	0.8	0.6	0.7	0.5	0.5	0.5	0.6	0.6
5～9	0.1	0.0	0.1	0.0	0.0	0.0	0.0	0.0	0.1	0.0
10～14	0.1	0.1	0.1	0.0	0.0	0.1	0.1	-	-	0.0
15～19	0.2	0.1	0.1	0.2	0.1	0.0	0.0	0.1	0.1	0.1
20～24	0.1	0.2	0.2	0.1	0.1	0.0	0.0	0.2	0.1	0.0
25～29	0.5	0.1	0.3	0.1	0.3	0.2	0.1	0.1	0.1	0.1
30～34	0.5	0.5	0.4	0.4	0.4	0.3	0.3	0.4	0.1	0.2
35～39	1.4	1.4	1.1	1.0	0.9	0.8	0.7	0.5	0.5	0.8
40～44	2.7	3.0	2.0	1.8	1.5	1.4	1.2	1.0	1.0	0.8
45～49	6.8	5.9	4.6	3.5	3.6	2.4	2.1	2.1	1.6	1.5
50～54	11.1	8.6	8.4	7.9	5.9	5.4	4.3	4.1	3.6	3.2
55～59	17.3	15.7	14.1	11.6	10.0	8.0	7.5	7.2	6.6	5.6
60～64	34.9	29.0	27.9	21.2	17.9	14.5	12.2	10.5	8.8	9.9
65～69	74.6	62.5	55.4	45.7	38.4	31.8	25.5	23.0	17.0	15.6
70～74	166.4	137.9	120.5	98.8	92.5	69.3	58.4	54.9	44.7	38.7
75～79	344.5	276.0	256.7	232.8	196.2	165.7	152.1	132.0	110.5	89.5
80～84	602.5	527.7	520.2	454.5	418.0	380.4	331.0	301.6	252.7	224.2
85～89	973.3	854.3	848.9	798.4	747.7	656.6	618.1	592.9	558.5	499.1
90歳～	1 305.7	1 179.5	1 295.3	1 251.1	1 135.6	1 163.2	1 062.5	1 062.9	913.2	955.1
年齢調整死亡率 （人口10万対） Age-adjusted death rate (per 100,000 population)	32.6	27.7	26.3	23.1	20.7	17.8	15.9	14.7	12.6	11.3
女 Female	23.4	21.6	21.2	19.8	19.1	17.7	16.5	17.0	14.8	14.4
0～4歳 Years	0.4	0.6	0.7	0.4	0.4	0.5	0.5	0.4	0.3	0.3
5～9	0.1	0.0	0.1	-	0.0	0.1	0.1	0.0	0.1	0.0
10～14	0.0	0.0	0.1	0.1	0.0	0.1	0.0	0.1	0.0	0.1
15～19	0.1	0.0	0.1	0.0	0.0	0.1	0.0	0.0	0.1	0.0
20～24	0.1	0.1	0.4	0.2	0.1	0.1	0.1	-	0.0	0.1
25～29	0.2	0.3	0.2	0.4	0.2	0.1	0.1	0.1	0.1	0.0
30～34	0.4	0.3	0.4	0.4	0.3	0.3	0.2	0.2	0.1	0.2
35～39	0.8	0.6	0.6	0.5	0.4	0.4	0.3	0.4	0.2	0.4
40～44	1.6	1.2	1.1	1.1	1.0	1.1	0.8	0.7	0.7	0.6
45～49	3.1	2.6	2.1	2.2	1.7	1.4	1.3	1.2	0.9	0.9
50～54	5.0	5.3	4.2	3.4	3.5	2.4	2.7	1.7	1.6	1.8
55～59	9.6	8.0	6.3	5.4	4.9	3.5	3.0	3.3	2.9	2.3
60～64	19.5	16.1	13.6	10.9	9.6	8.3	5.6	6.0	5.1	4.3
65～69	43.1	36.3	32.1	28.4	24.1	18.4	14.3	14.0	10.1	9.5
70～74	103.9	87.7	81.2	65.7	55.9	45.3	38.1	33.1	25.8	23.3
75～79	246.5	207.3	185.0	162.1	141.9	122.3	103.4	90.3	72.4	66.5
80～84	466.1	423.3	403.7	361.9	339.7	302.5	265.1	250.0	199.0	179.6
85～89	824.9	736.8	739.2	719.2	657.3	608.1	570.1	564.1	491.2	457.5
90歳～	1 202.2	1 177.0	1 173.4	1 092.4	1 110.6	1 083.1	985.5	1 132.2	970.5	934.3
年齢調整死亡率 （人口10万対） Age-adjusted death rate (per 100,000 population)	23.3	20.5	19.2	17.2	15.6	13.8	12.1	11.7	9.6	8.9

Notes: 1) The categories of "80・84" in 1951・1954 represent the population aged 80 or over, and those of "85・89" in 1956・1959, 1961
・1964, 1966・1969, 1971・1974, and 1976・1979 represent the population aged 85 or over.
2) The figures for cerebrovascular diseases in 1994 and earlier include transient ischemic attacks.
3) The base population for age-adjusted death rates is the model population of 1985.

第5表 脳血管疾患死亡数・粗死亡率（人口10万対）・年齢調整死亡率
Statistics 5 Numbers of deaths, crude death rates (per 100,000 population), and age-adjusted (large categories), sex and age group (by 5-year age scale): From 1951 to 2004

その他の脳血管疾患　Other cerebrovascular diseases

死亡数　Number of deaths

性・年齢階級 Sex/age group	平成3年 1991	4年 1992	5年 1993	6年 1994	7年 1995	8年 1996	9年 1997	10年 1998	11年 1999	12年 2000
総数 Total	13 976	12 287	11 116	10 617	9 510	6 799	5 541	5 256	4 757	4 012
0〜4歳 Years	26	15	18	20	17	10	14	9	7	8
5〜9	2	3	4	4	2	2	1	-	-	-
10〜14	2	4	1	2	4	3	2	-	2	2
15〜19	3	7	3	3	3	4	3	1	4	2
20〜24	5	4	10	6	6	3	2	7	5	1
25〜29	5	5	6	9	8	12	11	6	7	7
30〜34	18	8	11	12	15	10	17	14	18	13
35〜39	21	18	24	15	16	14	25	20	28	24
40〜44	82	59	53	51	41	27	26	24	37	33
45〜49	109	93	85	78	86	95	71	74	79	62
50〜54	164	128	118	128	103	94	100	93	115	109
55〜59	259	221	187	143	166	139	143	125	114	133
60〜64	399	329	323	252	245	242	215	221	222	192
65〜69	530	495	467	446	422	307	326	331	315	258
70〜74	921	776	661	671	630	521	476	465	472	381
75〜79	1 976	1 610	1 388	1 219	1 058	807	653	687	625	485
80〜84	3 227	2 699	2 497	2 277	1 924	1 313	1 018	945	826	695
85〜89	3 469	3 127	2 728	2 697	2 353	1 644	1 284	1 163	966	777
90歳〜	2 757	2 685	2 530	2 582	2 409	1 550	1 154	1 069	915	829
不詳 Not Stated	1	1	2	2	2	2	-	2	-	1
男 Male	5 772	4 855	4 430	4 176	3 749	2 803	2 377	2 219	2 084	1 722
0〜4歳 Years	11	7	11	13	7	7	10	4	5	4
5〜9	1	-	3	2	1	1	1	-	-	-
10〜14	-	3	1	-	4	1	-	-	-	-
15〜19	1	4	3	2	1	4	2	-	2	2
20〜24	3	2	7	3	3	2	-	3	2	1
25〜29	1	5	2	5	4	7	8	3	3	5
30〜34	10	6	4	9	5	4	8	11	10	8
35〜39	13	15	14	10	9	6	20	13	20	15
40〜44	52	35	27	35	24	17	16	14	24	23
45〜49	65	57	57	54	58	65	50	50	56	45
50〜54	108	81	78	77	66	56	68	65	77	77
55〜59	194	127	129	102	106	96	97	87	76	96
60〜64	253	202	219	154	171	167	144	144	146	118
65〜69	308	292	274	284	272	205	202	226	201	159
70〜74	478	408	333	329	325	288	266	261	262	209
75〜79	936	771	664	583	469	353	298	306	285	237
80〜84	1 383	1 093	1 032	938	780	553	459	392	338	281
85〜89	1 206	1 010	935	914	827	568	412	370	339	247
90歳〜	748	736	636	660	615	401	316	269	238	194
不詳 Not Stated	1	1	1	2	2	2	-	1	-	1
女 Female	8 204	7 432	6 686	6 441	5 761	3 996	3 164	3 037	2 673	2 290
0〜4歳 Years	15	8	7	7	10	3	4	5	2	4
5〜9	1	3	1	2	1	1	-	-	-	-
10〜14	2	1	-	2	-	2	2	-	2	2
15〜19	2	3	-	1	2	-	1	1	2	-
20〜24	2	2	3	3	3	1	2	4	3	-
25〜29	4	-	4	4	4	5	3	3	4	2
30〜34	8	2	7	3	10	6	9	3	8	5
35〜39	8	3	10	5	7	8	5	7	8	9
40〜44	30	24	26	16	17	10	10	10	13	10
45〜49	44	36	28	24	28	30	21	24	23	17
50〜54	56	47	40	51	37	38	32	28	38	32
55〜59	65	94	58	41	60	43	46	38	38	37
60〜64	146	127	104	98	74	75	71	77	76	74
65〜69	222	203	193	162	150	102	124	105	114	99
70〜74	443	368	328	342	305	233	210	204	210	172
75〜79	1 040	839	724	636	589	454	355	381	340	248
80〜84	1 844	1 606	1 465	1 339	1 144	760	559	553	488	414
85〜89	2 263	2 117	1 793	1 783	1 526	1 076	872	793	627	530
90歳〜	2 009	1 949	1 894	1 922	1 794	1 149	838	800	677	635
不詳 Not Stated	-	-	1	-	-	-	-	1	-	-

注：1) 昭和26〜29年の「80〜84」は、「80歳以上」、昭和31〜34年、36〜39年、41〜44年、46〜49年、51〜54年の「85〜89歳」は「85歳以上」である。
2) 平成6年以前の「脳血管疾患」には一過性脳虚血を含む。
3) 年齢調整死亡率の基準人口は、昭和60年モデル人口である。

（人口10万対），病類（簡単分類）・性・年齢（5歳階級）別　—昭和26年～平成16年—
death rates (per 100,000 population) from cerebrovascular diseases, by disease type

粗死亡率（人口10万対）　Crude death rates (per 100,000 population)

性・年齢階級 Sex/age group	平成3年 1991	4年 1992	5年 1993	6年 1994	7年 1995	8年 1996	9年 1997	10年 1998	11年 1999	12年 2000
総　数　Total	11.4	10.0	9.0	8.6	7.7	5.5	4.4	4.2	3.8	3.2
0～4歳 Years	0.4	0.2	0.3	0.3	0.3	0.2	0.2	0.2	0.1	0.1
5～9	0.0	0.0	0.1	0.1	0.0	0.0	0.0	-	-	-
10～14	0.0	0.1	0.0	0.0	0.1	0.0	0.0	-	0.0	0.0
15～19	0.0	0.1	0.0	0.0	0.0	0.0	0.0	0.0	0.1	0.0
20～24	0.1	0.0	0.1	0.1	0.1	0.0	0.0	0.1	0.1	0.0
25～29	0.1	0.1	0.1	0.1	0.1	0.1	0.1	0.1	0.1	0.1
30～34	0.2	0.1	0.1	0.2	0.2	0.1	0.2	0.2	0.2	0.2
35～39	0.2	0.2	0.3	0.2	0.2	0.2	0.3	0.3	0.4	0.3
40～44	0.7	0.5	0.5	0.5	0.5	0.3	0.3	0.3	0.5	0.4
45～49	1.3	1.0	0.9	0.8	0.8	0.9	0.7	0.7	0.8	0.7
50～54	2.0	1.5	1.4	1.4	1.2	1.1	1.1	1.0	1.2	1.0
55～59	3.3	2.8	2.4	1.8	2.1	1.7	1.7	1.5	1.3	1.5
60～64	5.8	4.7	4.5	3.5	3.3	3.2	2.8	2.9	2.9	2.5
65～69	9.8	8.7	7.8	7.2	6.6	4.7	4.9	4.8	4.5	3.6
70～74	23.7	19.2	15.7	15.0	13.5	10.5	9.1	8.5	8.3	6.5
75～79	63.9	51.5	44.1	38.9	32.3	23.9	18.6	18.7	16.0	11.7
80～84	165.2	131.5	116.4	101.7	83.9	55.3	42.1	38.4	33.6	26.6
85～89	405.3	341.4	280.1	256.1	207.5	133.9	98.2	83.8	66.1	50.8
90歳～	856.2	756.3	650.4	617.7	544.9	327.7	219.8	183.7	143.6	118.4
男　Male	9.6	8.0	7.3	6.9	6.2	4.6	3.9	3.6	3.4	2.8
0～4歳 Years	0.3	0.2	0.4	0.4	0.2	0.2	0.3	0.1	0.2	0.1
5～9	0.0	-	0.1	0.1	0.0	0.0	0.0	-	-	-
10～14	-	0.1	0.0	-	0.1	0.0	-	-	-	-
15～19	0.0	0.1	0.1	0.0	0.0	0.1	0.0	-	0.1	0.1
20～24	0.1	0.0	0.1	0.1	0.1	0.0	-	0.1	0.0	0.0
25～29	0.0	0.1	0.0	0.1	0.1	0.2	0.2	0.1	0.1	0.1
30～34	0.3	0.2	0.1	0.2	0.1	0.1	0.2	0.3	0.2	0.2
35～39	0.3	0.4	0.4	0.3	0.2	0.2	0.5	0.3	0.5	0.4
40～44	0.9	0.6	0.5	0.7	0.5	0.4	0.4	0.4	0.6	0.6
45～49	1.5	1.3	1.2	1.1	1.1	1.2	0.9	1.0	1.2	1.0
50～54	2.7	1.9	1.8	1.7	1.5	1.3	1.6	1.4	1.6	1.5
55～59	5.0	3.3	3.3	2.7	2.7	2.4	2.4	2.1	1.7	2.2
60～64	7.6	5.9	6.3	4.4	4.8	4.6	3.9	3.9	4.0	3.2
65～69	12.9	11.3	10.0	9.8	9.1	6.7	6.4	7.0	6.2	4.7
70～74	30.4	25.3	19.8	18.2	16.8	13.7	11.7	10.7	10.2	7.8
75～79	76.5	62.6	53.9	47.9	37.4	27.7	22.7	22.2	19.2	14.6
80～84	193.2	146.3	133.2	116.2	94.9	65.2	53.4	45.1	39.2	30.8
85～89	427.7	336.7	295.0	269.6	229.1	147.2	101.0	86.0	75.2	51.8
90歳～	831.1	758.8	605.7	589.3	526.1	326.0	235.8	183.0	151.6	110.0
年齢調整死亡率 （人口10万対） Age-adjusted death rate (per 100,000 population)	9.7	7.8	6.8	6.2	5.3	3.8	3.1	2.8	2.6	2.0
女　Female	13.1	11.8	10.6	10.2	9.1	6.3	5.0	4.7	4.2	3.6
0～4歳 Years	0.5	0.3	0.2	0.2	0.3	0.1	0.1	0.2	0.1	0.1
5～9	0.0	0.1	0.0	0.1	0.0	0.0	-	-	-	-
10～14	0.1	0.0	-	0.1	-	0.1	0.1	-	0.1	0.1
15～19	0.0	0.1	-	0.0	0.0	-	0.0	0.0	0.1	-
20～24	0.0	0.0	0.1	0.1	0.1	0.0	0.0	0.1	0.1	-
25～29	0.1	-	0.1	0.1	0.1	0.1	0.1	0.1	0.1	0.0
30～34	0.2	0.1	0.2	0.1	0.3	0.2	0.2	0.1	0.2	0.1
35～39	0.2	0.1	0.3	0.1	0.2	0.2	0.1	0.2	0.2	0.2
40～44	0.5	0.4	0.5	0.3	0.4	0.2	0.2	0.3	0.3	0.3
45～49	1.0	0.8	0.6	0.5	0.5	0.5	0.4	0.5	0.5	0.4
50～54	1.3	1.1	0.9	1.1	0.8	0.9	0.7	0.6	0.8	0.6
55～59	1.6	2.3	1.4	1.0	1.5	1.0	1.1	0.9	0.8	0.8
60～64	4.1	3.5	2.8	2.6	1.9	1.9	1.8	1.9	1.9	1.9
65～69	7.4	6.5	6.0	4.9	4.4	2.9	3.5	2.9	3.1	2.6
70～74	19.1	15.2	13.0	12.8	11.1	8.1	7.1	6.7	6.7	5.3
75～79	55.6	44.3	37.8	33.2	29.1	21.7	16.2	16.6	14.0	9.8
80～84	149.1	123.1	106.9	93.6	77.7	49.8	35.9	34.7	30.5	24.4
85～89	394.3	343.7	272.9	249.7	197.4	127.9	96.9	82.8	62.0	50.3
90歳～	862.2	755.4	669.3	628.1	551.7	328.3	214.3	183.9	141.0	121.2
年齢調整死亡率 （人口10万対） Age-adjusted death rate (per 100,000 population)	7.7	6.5	5.6	5.1	4.3	2.9	2.2	2.1	1.8	1.5

Notes: 1) The categories of "80 - 84" in 1951 - 1954 represent the population aged 80 or over, and those of "85 - 89" in 1956 - 1959, 1961 - 1964, 1966 - 1969, 1971 - 1974, and 1976 - 1979 represent the population aged 85 or over.
2) The figures for cerebrovascular diseases in 1994 and earlier include transient ischemic attacks.
3) The base population for age-adjusted death rates is the model population of 1985.

第5表　脳血管疾患死亡数・粗死亡率（人口10万対）・年齢調整死亡率
Statistics 5　Numbers of deaths, crude death rates (per 100,000 population), and age-adjusted (large categories), sex and age group (by 5-year age scale): From 1951 to 2004

その他の脳血管疾患　Other cerebrovascular diseases
死亡数　Number of deaths

性・年齢階級 Sex/age group	平成13年 2001	14年 2002	15年 2003	16年 2004
総　数　Total	4 017	3 792	3 747	3 575
0～4歳 Years	8	5	8	7
5～9	-	-	1	-
10～14	3	1	2	1
15～19	-	3	5	1
20～24	4	9	2	1
25～29	8	5	5	9
30～34	17	18	6	10
35～39	15	20	17	15
40～44	23	28	35	31
45～49	53	43	49	39
50～54	108	118	106	114
55～59	112	100	125	143
60～64	176	175	161	185
65～69	258	265	251	244
70～74	424	388	369	370
75～79	551	506	504	454
80～84	661	609	635	579
85～89	771	720	666	611
90歳～	824	779	800	757
不　詳　Not Stated	1	-	-	4
男　Male	1 787	1 717	1 715	1 664
0～4歳 Years	5	5	3	4
5～9	-	-	-	-
10～14	2	-	2	-
15～19	-	1	5	1
20～24	2	4	-	-
25～29	7	3	5	8
30～34	10	10	3	5
35～39	9	14	15	10
40～44	14	15	26	23
45～49	40	24	38	25
50～54	77	81	76	75
55～59	75	69	88	100
60～64	129	113	119	135
65～69	158	172	157	153
70～74	258	229	221	226
75～79	273	263	260	246
80～84	268	258	254	248
85～89	254	249	239	221
90歳～	205	207	204	180
不　詳　Not Stated	1	-	-	4
女　Female	2 230	2 075	2 032	1 911
0～4歳 Years	3	-	5	3
5～9	-	-	1	-
10～14	1	1	-	1
15～19	-	2	-	-
20～24	2	5	2	1
25～29	1	2	-	1
30～34	7	8	3	5
35～39	6	6	2	5
40～44	9	13	9	8
45～49	13	19	11	14
50～54	31	37	30	39
55～59	37	31	37	43
60～64	47	62	42	50
65～69	100	93	94	91
70～74	166	159	148	144
75～79	278	243	244	208
80～84	393	351	381	331
85～89	517	471	427	390
90歳～	619	572	596	577
不　詳　Not Stated	-	-	-	-

注：1）昭和26～29年の「80～84」は、「80歳以上」、昭和31～34年、36～39年、41～44年、46～49年、51～54年の「85～89歳」は「85歳以上」である。
　　2）平成6年以前の「脳血管疾患」には一過性脳虚血を含む。
　　3）年齢調整死亡率の基準人口は、昭和60年モデル人口である。

(人口10万対), 病類（簡単分類）・性・年齢（5歳階級）別 －昭和26年～平成16年－
death rates (per 100,000 population) from cerebrovascular diseases, by disease type

粗死亡率（人口10万対）　Crude death rates (per 100,000 population)

性・年齢階級 Sex/age group	平成13年 2001	14年 2002	15年 2003	16年 2004
総　数　Total	3.2	3.0	3.0	2.8
0～4歳 Years	0.1	0.1	0.1	0.1
5～9	-	-	0.0	-
10～14	0.0	0.0	0.0	0.0
15～19	-	0.0	0.1	0.0
20～24	0.0	0.1	0.0	0.0
25～29	0.1	0.1	0.1	0.1
30～34	0.2	0.2	0.1	0.1
35～39	0.2	0.2	0.2	0.2
40～44	0.3	0.4	0.5	0.4
45～49	0.6	0.5	0.6	0.5
50～54	1.0	1.1	1.1	1.2
55～59	1.4	1.2	1.4	1.5
60～64	2.2	2.2	1.9	2.1
65～69	3.6	3.6	3.4	3.3
70～74	7.0	6.3	5.8	5.7
75～79	12.5	10.9	10.3	8.9
80～84	24.4	21.4	21.1	18.0
85～89	48.1	43.5	39.3	35.7
90歳～	106.7	91.2	86.1	74.7
男　Male	2.9	2.8	2.8	2.7
0～4歳 Years	0.2	0.2	0.1	0.1
5～9	-	-	-	-
10～14	0.1	-	0.1	-
15～19	-	0.0	0.1	0.0
20～24	0.0	0.1	-	-
25～29	0.1	0.1	0.1	0.2
30～34	0.2	0.2	0.1	0.1
35～39	0.2	0.3	0.4	0.2
40～44	0.4	0.4	0.7	0.6
45～49	0.9	0.6	1.0	0.6
50～54	1.4	1.5	1.5	1.6
55～59	1.8	1.6	2.0	2.1
60～64	3.4	2.9	3.0	3.2
65～69	4.6	4.9	4.5	4.4
70～74	9.4	8.1	7.6	7.7
75～79	15.4	13.7	12.7	11.4
80～84	28.5	26.4	24.6	22.0
85～89	51.0	48.6	45.9	42.2
90歳～	107.3	98.6	90.3	73.2
年齢調整死亡率（人口10万対） Age-adjusted death rate (per 100,000 population)	2.0	1.9	1.8	1.7
女　Female	3.5	3.2	3.1	3.0
0～4歳 Years	0.1	-	0.2	0.1
5～9	-	-	0.0	-
10～14	0.0	0.0	-	0.0
15～19	-	0.1	-	-
20～24	0.1	0.1	0.1	0.0
25～29	0.0	0.0	-	0.0
30～34	0.2	0.2	0.1	0.1
35～39	0.2	0.1	0.0	0.1
40～44	0.2	0.3	0.2	0.2
45～49	0.3	0.5	0.3	0.4
50～54	0.6	0.7	0.6	0.8
55～59	0.9	0.7	0.8	0.9
60～64	1.2	1.5	1.0	1.1
65～69	2.6	2.4	2.4	2.4
70～74	5.0	4.7	4.3	4.1
75～79	10.5	8.9	8.6	7.1
80～84	22.2	18.8	19.3	15.8
85～89	46.8	41.2	36.4	32.8
90歳～	106.5	89.0	84.9	75.1
年齢調整死亡率（人口10万対） Age-adjusted death rate (per 100,000 population)	1.4	1.3	1.2	1.1

Notes: 1) The categories of "80 - 84" in 1951 - 1954 represent the population aged 80 or over, and those of "85 - 89" in 1956 - 1959, 1961 - 1964, 1966 - 1969, 1971 - 1974, and 1976 - 1979 represent the population aged 85 or over.
2) The figures for cerebrovascular diseases in 1994 and earlier include transient ischemic attacks.
3) The base population for age-adjusted death rates is the model population of 1985.

第6表（6-1）

第6表　15歳以上死亡数，性・配偶関係・心疾患－脳血管疾患
Statistics 6　Numbers of deaths at the age of 15 or over from heart diseases and cerebrovascular diseases,

死因・年齢階級 Cause of death /Age group	総数 Total	有配偶 Married	未婚 Single	死別 Widowed	離別 Divorced	不詳 Not Stated	総数 Total	有配偶 Married	未婚 Single
			総数 Total						男
全死因 All causes	912 043	454 831	62 250	351 598	41 174	2 190	495 335	341 823	36 785
15～19歳 Years	3 362	19	3 342	-	1	-	2 413	7	2 405
20～24	5 087	270	4 731	8	63	15	3 640	152	3 438
25～29	4 596	939	3 430	28	176	23	3 203	526	2 529
30～34	5 129	1 991	2 546	122	443	27	3 297	1 031	1 940
35～39	6 839	3 532	2 483	93	690	41	4 413	1 941	1 959
40～44	12 814	7 396	3 637	174	1 544	63	8 236	4 213	2 895
45～49	24 136	15 328	4 997	516	3 188	107	15 616	9 148	3 948
50～54	32 946	22 714	4 522	1 211	4 330	169	21 905	14 622	3 511
55～59	44 732	32 360	4 561	2 769	4 827	215	30 491	22 342	3 224
60～64	68 310	50 958	5 108	6 395	5 593	256	47 188	37 215	3 230
65～69	89 089	65 774	5 018	13 010	5 051	236	59 828	49 226	2 483
70～74	102 443	67 310	4 824	25 688	4 402	219	60 927	49 382	1 838
75～79	125 428	69 557	4 265	47 667	3 741	198	68 504	53 703	1 298
80～84	157 863	66 937	4 005	83 213	3 445	263	77 924	54 729	1 090
85～89	134 363	37 203	2 956	91 703	2 296	205	56 495	32 169	666
90歳～	94 906	12 543	1 825	79 001	1 384	153	31 255	11 417	331
心疾患 Heart diseases	138 789	61 127	8 542	62 629	6 179	312	69 458	46 312	4 800
15～19歳 Years	179	2	177	-	-	-	126	1	125
20～24	277	19	255	-	3	-	212	12	198
25～29	314	81	220	1	11	1	240	57	172
30～34	483	181	236	18	47	1	354	122	197
35～39	712	334	299	11	65	3	559	259	249
40～44	1 334	665	496	15	152	6	1 021	488	412
45～49	2 627	1 482	689	46	398	12	1 978	1 059	577
50～54	3 453	2 152	672	109	509	11	2 612	1 611	551
55～59	5 173	3 467	689	303	692	22	3 829	2 606	504
60～64	8 141	5 709	801	799	805	27	5 776	4 290	535
65～69	11 437	8 077	784	1 793	748	35	7 603	6 010	402
70～74	14 861	9 285	806	4 039	695	36	8 343	6 544	317
75～79	20 317	10 535	766	8 315	662	39	10 048	7 650	191
80～84	27 716	10 767	765	15 486	660	38	12 227	8 446	195
85～89	24 564	6 209	543	17 293	467	52	9 249	5 203	117
90歳～	17 201	2 162	344	14 401	265	29	5 281	1 954	58
急性心筋梗塞 Acute myocardial infarction	52 521	25 777	2 855	21 469	2 313	107	28 391	20 006	1 584
15～19歳 Years	11	-	11	-	-	-	7	-	7
20～24	17	2	15	-	-	-	15	2	13
25～29	52	16	34	-	2	-	46	15	29
30～34	105	38	49	4	14	-	81	30	40
35～39	214	112	86	1	14	1	173	89	73
40～44	507	284	166	5	50	2	402	219	138
45～49	1 038	636	252	15	134	1	822	499	207
50～54	1 441	933	259	38	209	2	1 150	752	215
55～59	2 178	1 551	242	122	253	10	1 681	1 217	178
60～64	3 687	2 683	323	328	342	11	2 711	2 101	213
65～69	5 134	3 747	325	753	296	13	3 541	2 896	163
70～74	6 446	4 168	302	1 692	276	8	3 737	2 990	118
75～79	8 467	4 580	268	3 344	262	13	4 405	3 406	69
80～84	10 452	4 211	260	5 734	231	16	4 796	3 358	57
85～89	8 236	2 186	168	5 703	158	21	3 311	1 862	46
90歳～	4 536	630	95	3 730	72	9	1 513	570	18
その他の虚血性心疾患 Other ischaemic heart diseases	23 016	9 335	1 443	10 985	1 180	73	11 639	7 375	833
15～19歳 Years	7	-	7	-	-	-	6	-	6
20～24	22	2	20	-	-	-	17	-	17
25～29	24	3	20	-	1	-	22	2	19
30～34	47	12	30	3	2	-	34	10	23
35～39	81	36	28	4	12	1	64	33	23
40～44	155	60	66	3	25	1	130	48	60
45～49	321	144	110	5	58	4	258	102	101
50～54	478	268	113	16	77	4	391	218	99
55～59	731	424	118	34	148	7	565	323	100
60～64	1 173	752	146	123	144	8	917	627	106
65～69	1 712	1 121	152	262	162	15	1 178	853	84
70～74	2 308	1 343	167	659	132	7	1 369	1 019	82
75～79	3 295	1 710	143	1 289	145	8	1 725	1 270	43
80～84	4 751	1 873	147	2 611	114	6	2 218	1 502	44
85～89	4 433	1 133	109	3 086	98	7	1 677	950	16
90歳～	3 478	454	67	2 890	62	5	1 068	418	10

・病類（選択死因）・年齢（5歳階級）別　－平成7年・平成12年－
by sex, marital status, disease type (selected causes), and age group (by 5-year age scale): 1995 and 2000

平成7年（1995）

Male			女 Female						死因・年齢階級
死　別 Widowed	離　別 Divorced	不　詳 Not Stated	総　数 Total	有配偶 Married	未　婚 Single	死　別 Widowed	離　別 Divorced	不　詳 Not Stated	Cause of death /Age group
91 452	23 969	1 306	416 708	113 008	25 465	260 146	17 205	884	全死因 All causes
-	1	-	949	12	937	-	-	-	15～19歳 Years
4	36	10	1 447	118	1 293	4	27	5	20～24
11	118	19	1 393	413	901	17	58	4	25～29
35	269	22	1 832	960	606	87	174	5	30～34
39	441	33	2 426	1 591	524	54	249	8	35～39
71	1 008	49	4 578	3 183	742	103	536	14	40～44
212	2 225	83	8 520	6 180	1 049	304	963	24	45～49
497	3 143	132	11 041	8 092	1 011	714	1 187	37	50～54
1 098	3 655	172	14 241	10 018	1 337	1 671	1 172	43	55～59
2 539	4 008	196	21 122	13 743	1 878	3 856	1 585	60	60～64
4 845	3 107	167	29 261	16 548	2 535	8 165	1 944	69	65～69
7 422	2 168	117	41 516	17 928	2 986	18 266	2 234	102	70～74
11 851	1 569	83	56 924	15 854	2 967	35 816	2 172	115	75～79
20 753	1 248	104	79 939	12 208	2 915	62 460	2 197	159	80～84
22 899	686	75	77 868	5 034	2 290	68 804	1 610	130	85～89
19 176	287	44	63 651	1 126	1 494	59 825	1 097	109	90歳～
14 613	3 560	173	69 331	14 815	3 742	48 016	2 619	139	心疾患 Heart diseases
-	-	-	53	1	52	-	-	-	15～19歳 Years
-	2	-	65	7	57	-	1	-	20～24
1	9	1	74	24	48	-	2	-	25～29
3	31	1	129	59	39	15	16	-	30～34
4	46	1	153	75	50	7	19	2	35～39
5	111	5	313	177	84	10	41	1	40～44
28	305	9	649	423	112	18	93	3	45～49
48	394	8	841	541	121	61	115	3	50～54
146	556	17	1 344	861	185	157	136	5	55～59
318	611	22	2 365	1 419	266	481	194	5	60～64
683	482	26	3 834	2 067	382	1 110	266	9	65～69
1 127	333	22	6 518	2 741	489	2 912	362	14	70～74
1 910	279	18	10 269	2 885	575	6 405	383	21	75～79
3 350	222	14	15 489	2 321	570	12 136	438	24	80～84
3 777	131	21	15 315	1 006	426	13 516	336	31	85～89
3 213	48	8	11 920	208	286	11 188	217	21	90歳～
5 365	1 375	61	24 130	5 771	1 271	16 104	938	46	急性心筋梗塞 Acute myocardial infarction
-	-	-	4	-	4	-	-	-	15～19歳 Years
-	-	-	2	-	2	-	-	-	20～24
-	2	-	6	1	5	-	-	-	25～29
-	11	-	24	8	9	4	3	-	30～34
1	10	-	41	23	13	-	4	1	35～39
2	41	2	105	65	28	3	9	-	40～44
9	107	-	216	137	45	6	27	1	45～49
20	161	2	291	181	44	18	48	-	50～54
70	209	7	497	334	64	52	44	3	55～59
130	258	9	976	582	110	198	84	2	60～64
286	186	10	1 593	851	162	467	110	3	65～69
491	131	7	2 709	1 178	184	1 201	145	1	70～74
807	116	7	4 062	1 174	199	2 537	146	6	75～79
1 296	80	5	5 656	853	203	4 438	151	11	80～84
1 343	51	9	4 925	324	122	4 360	107	12	85～89
910	12	3	3 023	60	77	2 820	60	6	90歳～
2 668	722	41	11 377	1 960	610	8 317	458	32	その他の虚血性心疾患 Other ischaemic heart diseases
-	-	-	1	-	1	-	-	-	15～19歳 Years
-	-	-	5	2	3	-	-	-	20～24
-	1	-	2	1	1	-	-	-	25～29
-	1	-	13	2	7	3	1	-	30～34
-	8	-	17	3	5	4	4	1	35～39
-	21	1	25	12	6	3	4	-	40～44
4	47	4	63	42	9	1	11	-	45～49
5	68	1	87	50	14	11	9	3	50～54
19	117	6	166	101	18	15	31	1	55～59
59	119	6	256	125	40	64	25	2	60～64
114	116	11	534	268	68	148	46	4	65～69
197	66	5	939	324	85	462	66	2	70～74
336	74	2	1 570	440	100	953	71	6	75～79
627	43	2	2 533	371	103	1 984	71	4	80～84
679	30	2	2 756	183	93	2 407	68	5	85～89
628	11	1	2 410	36	57	2 262	51	4	90歳～

第6表　15歳以上死亡数，性・配偶関係・心疾患－脳血管疾患

Statistics 6　Numbers of deaths at the age of 15 or over from heart diseases and cerebrovascular diseases,

死因・年齢階級 Cause of death /Age group	総数 Total	有配偶 Married	未婚 Single	死別 Widowed	離別 Divorced	不詳 Not Stated	総数 Total	有配偶 Married	未婚 Single
不整脈及び伝導障害 Arrhythmia and conduction disorder	12 773	5 672	721	5 842	508	30	6 410	4 314	428
15～19歳 Years	47	1	46	-	-	-	31	1	30
20～24	46	6	40	-	-	-	39	5	34
25～29	42	13	28	1	-	-	35	10	24
30～34	69	34	28	1	6	-	55	25	27
35～39	75	41	26	1	7	-	56	29	23
40～44	131	65	45	3	17	1	99	50	36
45～49	223	135	49	2	36	1	174	97	45
50～54	290	201	38	6	43	2	215	151	29
55～59	428	289	55	27	55	2	315	220	39
60～64	667	496	53	63	51	4	472	371	35
65～69	961	703	50	153	53	2	650	521	28
70～74	1 304	840	57	354	47	6	732	579	23
75～79	1 838	946	59	778	52	3	923	699	16
80～84	2 693	1 070	71	1 486	63	3	1 180	841	21
85～89	2 295	604	47	1 591	48	5	890	509	11
90歳～	1 664	228	29	1 376	30	1	544	206	7
心不全 Heart failure	36 096	13 819	2 440	18 189	1 583	65	16 573	10 262	1 368
15～19歳 Years	53	1	52	-	-	-	39	-	39
20～24	119	6	112	-	1	-	88	4	84
25～29	118	28	85	-	5	-	82	18	60
30～34	172	53	94	10	15	-	131	38	80
35～39	200	76	95	4	25	-	161	61	79
40～44	345	152	145	4	43	1	249	102	116
45～49	647	326	183	12	124	2	456	217	144
50～54	755	414	190	28	121	2	537	277	154
55～59	1 147	699	197	78	172	1	833	516	146
60～64	1 668	1 079	211	186	190	2	1 107	739	143
65～69	2 339	1 581	185	411	159	3	1 533	1 154	98
70～74	3 198	1 933	194	882	176	13	1 701	1 305	68
75～79	4 642	2 311	196	1 974	151	10	2 136	1 616	48
80～84	7 199	2 663	211	4 122	193	10	3 061	2 069	58
85～89	7 362	1 787	158	5 274	134	9	2 667	1 502	32
90歳～	6 132	710	132	5 204	74	12	1 792	644	19
脳血管疾患 Cerebrovascular diseases	146 435	64 630	6 462	69 594	5 508	241	69 501	47 551	3 218
15～19歳 Years	41	-	41	-	-	-	25	-	25
20～24	74	5	68	-	1	-	45	2	43
25～29	112	38	70	-	4	-	68	17	49
30～34	273	117	116	25	15	-	169	66	92
35～39	483	267	159	6	51	-	327	165	131
40～44	1 177	711	296	14	152	4	766	408	253
45～49	2 475	1 629	479	53	312	2	1 617	982	414
50～54	3 499	2 425	465	131	468	10	2 323	1 556	372
55～59	4 747	3 373	471	307	578	18	3 111	2 243	341
60～64	7 447	5 397	572	782	674	22	4 888	3 743	353
65～69	10 638	7 578	635	1 755	650	20	6 766	5 430	323
70～74	14 667	9 255	741	4 022	618	31	8 074	6 376	288
75～79	21 482	11 370	674	8 746	668	24	10 685	8 318	182
80～84	31 341	12 697	728	17 215	647	54	14 028	9 893	186
85～89	28 602	7 397	602	20 149	426	28	10 920	6 252	114
90歳～	19 377	2 371	345	16 389	244	28	5 689	2 100	52

・病類（選択死因）・年齢（5歳階級）別 －平成7年・平成12年－
by sex, marital status, disease type (selected causes), and age group (by 5-year age scale): 1995 and 2000

平成7年（1995）

Male			女 Female						死因・年齢階級
死　別 Widowed	離　別 Divorced	不　詳 Not Stated	総　数 Total	有配偶 Married	未　婚 Single	死　別 Widowed	離　別 Divorced	不　詳 Not Stated	Cause of death /Age group
1 374	277	17	6 363	1 358	293	4 468	231	13	不整脈及び伝導障害 Arrhythmia and conduction disorder
-	-	-	16	-	16	-	-	-	15～19歳 Years
-	-	-	7	1	6	-	-	-	20～24
1	-	-	7	3	4	-	-	-	25～29
-	3	-	14	9	1	1	3	-	30～34
1	3	-	19	12	3	-	4	-	35～39
1	11	1	32	15	9	2	6	-	40～44
1	30	1	49	38	4	1	6	-	45～49
3	30	2	75	50	9	3	13	-	50～54
9	45	2	113	69	16	18	10	-	55～59
27	35	4	195	125	18	36	16	-	60～64
63	36	2	311	182	22	90	17	-	65～69
107	21	2	572	261	34	247	26	4	70～74
182	24	2	915	247	43	596	28	1	75～79
300	18	-	1 513	229	50	1 186	45	3	80～84
355	14	1	1 405	95	36	1 236	34	4	85～89
324	7	-	1 120	22	22	1 052	23	1	90歳～
4 036	874	33	19 523	3 557	1 072	14 153	709	32	心不全 Heart failure
-	-	-	14	1	13	-	-	-	15～19歳 Years
-	-	-	31	2	28	-	1	-	20～24
-	4	-	36	10	25	-	1	-	25～29
3	10	-	41	15	14	7	5	-	30～34
2	19	-	39	15	16	2	6	-	35～39
2	28	1	96	50	29	2	15	-	40～44
6	87	2	191	109	39	6	37	-	45～49
11	93	2	218	137	36	17	28	-	50～54
35	136	-	314	183	51	43	36	1	55～59
72	151	2	561	340	68	114	39	-	60～64
174	106	1	806	427	87	237	53	2	65～69
236	85	7	1 497	628	126	646	91	6	70～74
418	50	4	2 506	695	148	1 556	101	6	75～79
865	65	4	4 138	594	153	3 257	128	6	80～84
1 096	30	7	4 695	285	126	4 178	104	2	85～89
1 116	10	3	4 340	66	113	4 088	64	9	90歳～
15 737	2 871	124	76 934	17 079	3 244	53 857	2 637	117	脳血管疾患 Cerebrovascular diseases
-	-	-	16	-	16	-	-	-	15～19歳 Years
-	-	-	29	3	25	-	1	-	20～24
-	2	-	44	21	21	-	2	-	25～29
7	4	-	104	51	24	18	11	-	30～34
2	29	-	156	102	28	4	22	-	35～39
3	99	3	411	303	43	11	53	1	40～44
15	204	2	858	647	65	38	108	-	45～49
63	325	7	1 176	869	93	68	143	3	50～54
102	414	11	1 636	1 130	130	205	164	7	55～59
297	476	19	2 559	1 654	219	485	198	3	60～64
604	395	14	3 872	2 148	312	1 151	255	6	65～69
1 098	295	17	6 593	2 879	453	2 924	323	14	70～74
1 922	254	9	10 797	3 052	492	6 824	414	15	75～79
3 713	218	18	17 313	2 804	542	13 502	429	36	80～84
4 426	113	15	17 682	1 145	488	15 723	313	13	85～89
3 485	43	9	13 688	271	293	12 904	201	19	90歳～

第6表（6－3）

第6表　15歳以上死亡数，性・配偶関係・心疾患－脳血管疾患
Statistics 6　Numbers of deaths at the age of 15 or over from heart diseases and cerebrovascular diseases,

死因・年齢階級 Cause of death /Age group	総数 Total						男		
	総　数 Total	有配偶 Married	未　婚 Single	死　別 Widowed	離　別 Divorced	不　詳 Not Stated	総　数 Total	有配偶 Married	未　婚 Single
くも膜下出血 Subarachnoid haemorrhage	14 391	8 333	975	4 290	775	18	5 455	4 170	510
15～19歳 Years	21	-	21	-	-	-	14	-	14
20～24	28	2	26	-	-	-	16	-	16
25～29	54	15	37	-	2	-	37	10	26
30～34	146	70	65	2	9	-	99	42	55
35～39	220	144	55	-	21	-	139	84	46
40～44	482	348	83	7	42	2	282	189	71
45～49	1 036	780	125	20	110	1	578	423	98
50～54	1 257	976	110	57	111	3	714	563	69
55～59	1 317	1 029	68	96	122	2	656	544	36
60～64	1 667	1 272	93	195	106	1	750	628	33
65～69	1 789	1 295	94	318	81	1	722	625	21
70～74	1 783	1 033	82	599	65	4	522	418	16
75～79	1 769	783	49	883	52	2	407	331	2
80～84	1 581	439	35	1 064	42	1	313	218	4
85～89	890	122	25	733	9	1	150	79	2
90歳～	351	25	7	316	3	-	56	16	1
脳内出血 Intracerebral haemorrhage	33 146	16 630	2 206	12 316	1 928	66	17 604	12 093	1 361
15～19歳 Years	16	-	16	-	-	-	10	-	10
20～24	35	1	33	-	1	-	24	1	23
25～29	38	17	19	-	2	-	19	5	13
30～34	89	36	42	6	5	-	54	20	31
35～39	206	92	89	-	25	-	159	65	75
40～44	540	295	154	4	85	2	394	193	136
45～49	1 114	668	257	22	166	1	817	448	233
50～54	1 649	1 084	246	56	259	4	1 186	749	214
55～59	2 139	1 459	237	135	298	10	1 553	1 085	177
60～64	3 056	2 199	249	307	291	10	2 161	1 649	151
65～69	3 540	2 474	216	605	236	9	2 335	1 841	115
70～74	3 987	2 459	220	1 132	170	6	2 127	1 653	81
75～79	4 740	2 383	152	2 040	158	7	2 196	1 680	38
80～84	5 674	2 165	144	3 227	130	8	2 397	1 606	47
85～89	4 230	1 048	97	3 004	74	7	1 562	882	13
90歳～	2 093	250	35	1 778	28	2	610	216	4
脳梗塞 Cerebral infarction	89 413	36 621	2 856	47 294	2 493	149	42 707	29 016	1 171
15～19歳 Years	1	-	1	-	-	-	-	-	-
20～24	5	-	5	-	-	-	2	-	2
25～29	12	3	9	-	-	-	8	1	7
30～34	23	7	3	12	1	-	11	4	3
35～39	41	23	9	6	3	-	20	14	4
40～44	114	51	40	3	20	-	66	19	32
45～49	239	134	70	9	26	-	164	83	60
50～54	490	300	89	16	82	3	357	205	74
55～59	1 125	783	139	61	136	6	796	546	110
60～64	2 479	1 769	204	249	246	11	1 806	1 353	150
65～69	4 887	3 538	286	754	299	10	3 437	2 760	169
70～74	8 267	5 421	392	2 080	353	21	5 100	4 071	170
75～79	13 915	7 705	418	5 369	408	15	7 613	5 963	130
80～84	22 162	9 380	503	11 808	430	41	10 538	7 515	126
85～89	21 129	5 673	430	14 698	309	19	8 381	4 831	91
90歳～	14 524	1 834	258	12 229	180	23	4 408	1 651	43

・病類（選択死因）・年齢（5歳階級）別　－平成7年・平成12年－
by sex, marital status, disease type (selected causes), and age group (by 5-year age scale): 1995 and 2000

平成7年（1995）

Male			女　Female						死因・年齢階級
死　別 Widowed	離　別 Divorced	不　詳 Not Stated	総　数 Total	有配偶 Married	未　婚 Single	死　別 Widowed	離　別 Divorced	不　詳 Not Stated	Cause of death /Age group
458	308	9	8 936	4 163	465	3 832	467	9	くも膜下出血 Subarachnoid haemorrhage
-	-	-	7	-	7	-	-	-	15～19歳 Years
-	-	-	12	2	10	-	-	-	20～24
-	1	-	17	5	11	-	1	-	25～29
-	2	-	47	28	10	2	7	-	30～34
-	9	-	81	60	9	-	12	-	35～39
1	20	1	200	159	12	6	22	1	40～44
5	51	1	458	357	27	15	59	-	45～49
19	60	3	543	413	41	38	51	-	50～54
17	58	1	661	485	32	79	64	1	55～59
39	49	1	917	644	60	156	57	-	60～64
47	29	-	1 067	670	73	271	52	1	65～69
75	11	2	1 261	615	66	524	54	2	70～74
66	8	-	1 362	452	47	817	44	2	75～79
82	9	-	1 268	221	31	982	33	1	80～84
69	-	-	740	43	23	664	9	1	85～89
38	1	-	295	9	6	278	2	-	90歳～
2 921	1 191	38	15 542	4 537	845	9 395	737	28	脳内出血 Intracerebral haemorrhage
-	-	-	6	-	6	-	-	-	15～19歳 Years
-	-	-	11	-	10	-	1	-	20～24
-	1	-	19	12	6	-	1	-	25～29
1	2	-	35	16	11	5	3	-	30～34
-	19	-	47	27	14	-	6	-	35～39
2	61	2	146	102	18	2	24	-	40～44
7	128	1	297	220	24	15	38	-	45～49
33	188	2	463	335	32	23	71	2	50～54
54	231	6	586	374	60	81	67	4	55～59
137	215	9	895	550	98	170	76	1	60～64
226	147	6	1 205	633	101	379	89	3	65～69
314	77	2	1 860	806	139	818	93	4	70～74
424	52	2	2 544	703	114	1 616	106	5	75～79
690	51	3	3 277	559	97	2 537	79	5	80～84
646	16	5	2 668	166	84	2 358	58	2	85～89
387	3	-	1 483	34	31	1 391	25	2	90歳～
11 206	1 240	74	46 706	7 605	1 685	36 088	1 253	75	脳梗塞 Cerebral infarction
-	-	-	1	-	1	-	-	-	15～19歳 Years
-	-	-	3	-	3	-	-	-	20～24
-	-	-	4	2	2	-	-	-	25～29
4	-	-	12	3	-	8	1	-	30～34
2	-	-	21	9	5	4	3	-	35～39
-	15	-	48	32	8	3	5	-	40～44
3	18	-	75	51	10	6	8	-	45～49
10	66	2	133	95	15	6	16	1	50～54
29	107	4	329	237	29	32	29	2	55～59
104	190	9	673	416	54	145	56	2	60～64
297	203	8	1 450	778	117	457	96	2	65～69
649	197	13	3 167	1 350	222	1 431	156	8	70～74
1 337	176	7	6 302	1 742	288	4 032	232	8	75～79
2 738	145	14	11 624	1 865	377	9 070	285	27	80～84
3 364	86	9	12 748	842	339	11 334	223	10	85～89
2 669	37	8	10 116	183	215	9 560	143	15	90歳～

第6表（6-4）

第6表　15歳以上死亡数，性・配偶関係・心疾患－脳血管疾患
Statistics 6 Numbers of deaths at the age of 15 or over from heart diseases and cerebrovascular diseases,

死因・年齢階級 Cause of death /Age group	総数 Total 総数 Total	有配偶 Married	未婚 Single	死別 Widowed	離別 Divorced	不詳 Not Stated	男 総数 Total	有配偶 Married	未婚 Single
全死因 All causes	954 179	475 260	69 035	357 071	50 972	1 841	521 415	358 617	41 557
15～19歳 Years	2 397	12	2 377	2	4	2	1 721	5	1 711
20～24	4 035	207	3 750	9	60	9	2 875	137	2 691
25～29	4 817	890	3 648	8	253	18	3 271	494	2 611
30～34	5 596	1 958	2 965	106	546	21	3 749	1 104	2 226
35～39	7 046	3 347	2 661	120	892	26	4 621	1 891	2 064
40～44	10 479	5 754	3 167	143	1 380	35	6 840	3 281	2 516
45～49	19 736	11 722	4 792	357	2 788	77	13 141	7 097	3 880
50～54	35 843	22 855	6 432	1 059	5 372	125	24 103	14 574	5 090
55～59	45 992	31 195	5 824	2 469	6 310	194	31 848	21 386	4 500
60～64	60 680	43 509	5 454	5 186	6 331	200	42 214	31 268	3 996
65～69	89 058	64 547	5 793	11 885	6 639	194	60 962	48 080	3 575
70～74	116 528	81 150	5 900	23 382	5 920	176	76 413	61 680	2 701
75～79	131 000	76 900	5 576	43 338	5 000	186	73 947	58 100	1 791
80～84	147 060	67 095	4 383	71 199	4 211	172	73 533	53 909	1 068
85～89	148 980	45 932	3 611	96 085	3 137	215	62 730	39 153	719
90歳～	124 932	18 187	2 702	101 723	2 129	191	39 447	16 458	418
心疾患 Heart diseases	146 413	61 766	10 199	66 364	7 832	252	71 950	46 734	6 030
15～19歳 Years	125	-	124	-	-	1	86	-	85
20～24	233	13	219	-	-	1	178	9	168
25～29	387	85	282	-	17	3	300	63	225
30～34	569	172	342	14	41	-	433	137	269
35～39	724	281	334	16	90	3	566	214	280
40～44	1 137	522	443	15	156	1	891	381	378
45～49	2 138	1 043	746	31	310	8	1 686	808	625
50～54	3 929	2 130	1 033	97	658	11	3 103	1 637	881
55～59	5 094	3 078	882	237	878	19	3 943	2 347	717
60～64	7 383	4 872	862	641	986	22	5 449	3 709	665
65～69	11 133	7 412	977	1 638	1 076	30	7 630	5 536	632
70～74	15 768	10 330	949	3 489	971	29	9 910	7 655	435
75～79	20 260	10 833	985	7 524	889	29	10 215	7 641	298
80～84	25 043	10 251	804	13 210	755	23	10 720	7 675	172
85～89	28 155	7 624	691	19 201	602	37	10 129	6 185	128
90歳～	24 335	3 120	526	20 251	403	35	6 711	2 737	72
急性心筋梗塞 Acute myocardial infarction	45 872	22 315	2 818	18 203	2 463	73	24 952	17 302	1 720
15～19歳 Years	13	-	13	-	-	-	6	-	6
20～24	24	1	23	-	-	-	22	-	22
25～29	55	15	36	-	3	1	47	13	30
30～34	100	29	63	2	6	-	83	25	56
35～39	186	88	80	2	16	-	154	74	67
40～44	355	179	119	2	55	-	301	150	103
45～49	747	414	213	8	110	2	630	354	187
50～54	1 459	863	347	35	208	6	1 229	720	307
55～59	1 951	1 282	287	75	300	7	1 569	1 034	241
60～64	2 775	1 976	244	222	329	4	2 098	1 547	186
65～69	4 331	3 044	300	615	363	9	3 090	2 365	196
70～74	5 952	4 091	276	1 264	313	8	3 869	3 091	137
75～79	7 127	3 967	300	2 569	285	6	3 805	2 900	85
80～84	7 950	3 410	232	4 057	243	8	3 527	2 555	47
85～89	7 743	2 161	185	5 231	151	15	2 934	1 766	34
90歳～	5 104	795	100	4 121	81	7	1 588	708	16
その他の虚血性心疾患 Other ischaemic heart diseases	24 280	10 098	1 942	10 524	1 665	51	12 898	7 963	1 229
15～19歳 Years	5	-	5	-	-	-	4	-	4
20～24	17	-	17	-	-	-	14	-	14
25～29	36	4	30	-	2	-	32	3	28
30～34	80	19	51	3	7	-	60	16	41
35～39	114	36	54	3	20	1	93	27	47
40～44	155	55	75	2	22	1	125	39	69
45～49	341	142	138	8	51	2	269	106	117
50～54	716	363	205	16	130	2	587	287	185
55～59	939	493	192	50	200	4	786	401	170
60～64	1 410	832	210	110	250	8	1 109	663	181
65～69	1 993	1 176	220	320	269	8	1 422	922	144
70～74	2 844	1 722	234	649	230	9	1 871	1 347	103
75～79	3 421	1 784	183	1 273	177	4	1 820	1 330	55
80～84	4 128	1 716	138	2 128	136	5	1 907	1 337	33
85～89	4 396	1 261	104	2 918	109	4	1 733	1 046	25
90歳～	3 690	495	86	3 044	62	3	1 066	439	13

・病類（選択死因）・年齢（5歳階級）別　－平成7年・平成12年－
by sex, marital status, disease type (selected causes), and age group (by 5-year age scale): 1995 and 2000

平成12年（2000）

| Male | | | 女　Female | | | | | | 死因・年齢階級 |
死　別 Widowed	離　別 Divorced	不　詳 Not Stated	総　数 Total	有配偶 Married	未　婚 Single	死　別 Widowed	離　別 Divorced	不　詳 Not Stated	Cause of death /Age group
89 780	30 286	1 175	432 764	116 643	27 478	267 291	20 686	666	全死因 All causes
1	2	2	676	7	666	1	2	-	15～19歳 Years
3	39	5	1 160	70	1 059	6	21	4	20～24
4	150	12	1 546	396	1 037	4	103	6	25～29
32	372	15	1 847	854	739	74	174	6	30～34
43	604	19	2 425	1 456	597	77	288	7	35～39
65	947	31	3 639	2 473	651	78	433	4	40～44
156	1 945	63	6 595	4 625	912	201	843	14	45～49
466	3 868	105	11 740	8 281	1 342	593	1 504	20	50～54
1 032	4 763	167	14 144	9 809	1 324	1 437	1 547	27	55～59
2 123	4 652	175	18 466	12 241	1 458	3 063	1 679	25	60～64
4 572	4 576	159	28 096	16 467	2 218	7 313	2 063	35	65～69
8 416	3 495	121	40 115	19 470	3 199	14 966	2 425	55	70～74
11 799	2 162	95	57 053	18 800	3 785	31 539	2 838	91	75～79
17 037	1 441	78	73 527	13 186	3 315	54 162	2 770	94	80～84
21 940	840	78	86 250	6 779	2 892	74 145	2 297	137	85～89
22 091	430	50	85 485	1 729	2 284	79 632	1 699	141	90歳～
14 419	4 616	151	74 463	15 032	4 169	51 945	3 216	101	心疾患 Heart diseases
-	-	1	39	-	39	-	-	-	15～19歳 Years
-	-	1	55	4	51	-	-	-	20～24
-	11	1	87	22	57	-	6	2	25～29
1	26	-	136	35	73	13	15	-	30～34
4	65	3	158	67	54	12	25	-	35～39
8	123	1	246	141	65	7	33	-	40～44
20	226	7	452	235	121	11	84	1	45～49
59	515	11	826	493	152	38	143	-	50～54
133	729	17	1 151	731	165	104	149	2	55～59
292	764	19	1 934	1 163	197	349	222	3	60～64
659	777	26	3 503	1 876	345	979	299	4	65～69
1 205	596	19	5 858	2 675	514	2 284	375	10	70～74
1 912	347	17	10 045	3 192	687	5 612	542	12	75～79
2 639	224	10	14 323	2 576	632	10 571	531	13	80～84
3 664	144	8	18 026	1 439	563	15 537	458	29	85～89
3 823	69	10	17 624	383	454	16 428	334	25	90歳～
4 365	1 518	47	20 920	5 013	1 098	13 838	945	26	急性心筋梗塞 Acute myocardial infarction
-	-	-	7	-	7	-	-	-	15～19歳 Years
-	-	-	2	1	1	-	-	-	20～24
-	3	1	8	2	6	-	-	-	25～29
-	2	-	17	4	7	2	4	-	30～34
1	12	-	32	14	13	1	4	-	35～39
2	46	-	54	29	16	-	9	-	40～44
4	83	2	117	60	26	4	27	-	45～49
23	173	6	230	143	40	12	35	-	50～54
41	247	6	382	248	46	34	53	1	55～59
109	252	4	677	429	58	113	77	-	60～64
254	269	6	1 241	679	104	361	94	3	65～69
444	191	6	2 083	1 000	139	820	122	2	70～74
695	122	3	3 322	1 067	215	1 874	163	3	75～79
853	67	5	4 423	855	185	3 204	176	3	80～84
1 096	33	5	4 809	395	151	4 135	118	10	85～89
843	18	3	3 516	87	84	3 278	63	4	90歳～
2 590	1 077	39	11 382	2 135	713	7 934	588	12	その他の虚血性心疾患 Other ischaemic heart diseases
-	-	-	1	-	1	-	-	-	15～19歳 Years
-	-	-	3	-	3	-	-	-	20～24
-	1	-	4	1	2	-	1	-	25～29
-	3	-	20	3	10	3	4	-	30～34
-	18	1	21	9	7	3	2	-	35～39
1	15	1	30	16	6	1	7	-	40～44
7	37	2	72	36	21	1	14	-	45～49
12	101	2	129	76	20	4	29	-	50～54
35	177	3	153	92	22	15	23	1	55～59
57	202	6	301	169	29	53	48	2	60～64
144	204	8	571	254	76	176	65	-	65～69
256	156	9	973	375	131	393	74	-	70～74
353	80	2	1 601	454	128	920	97	2	75～79
488	47	2	2 216	379	105	1 640	89	3	80～84
632	28	2	2 663	215	79	2 286	81	2	85～89
605	8	1	2 624	56	73	2 439	54	2	90歳～

第6表（6-5）

第6表 15歳以上死亡数，性・配偶関係・心疾患－脳血管疾患
Statistics 6　Numbers of deaths at the age of 15 or over from heart diseases and cerebrovascular diseases,

死因・年齢階級 Cause of death /Age group	総数 Total 総　数 Total	有配偶 Married	未　婚 Single	死　別 Widowed	離　別 Divorced	不　詳 Not Stated	男 総　数 Total	有配偶 Married	未　婚 Single
不整脈及び伝導障害 Arrhythmia and conduction disorder	15 029	6 486	1 113	6 646	759	25	7 501	4 879	686
15〜19歳 Years	30	-	29	-	-	1	22	-	21
20〜24	52	1	50	-	-	1	42	1	40
25〜29	75	21	51	-	2	1	60	16	43
30〜34	123	42	71	2	8	-	92	33	53
35〜39	96	49	34	3	10	-	70	32	29
40〜44	189	97	63	2	27	-	140	63	54
45〜49	257	129	86	3	39	-	196	92	73
50〜54	395	206	107	15	67	-	293	152	85
55〜59	509	342	82	18	66	1	378	248	62
60〜64	685	466	73	66	79	1	503	359	57
65〜69	1 121	775	80	157	106	3	763	569	57
70〜74	1 522	1 016	87	318	98	3	955	745	43
75〜79	2 054	1 101	98	768	83	4	1 048	766	30
80〜84	2 556	1 072	82	1 330	70	2	1 148	825	18
85〜89	2 975	850	63	1 990	68	4	1 097	687	14
90歳〜	2 390	319	57	1 974	36	4	694	291	7
心不全 Heart failure	46 385	16 366	3 293	24 408	2 235	83	19 933	12 102	1 806
15〜19歳 Years	38	-	38	-	-	-	26	-	26
20〜24	87	6	81	-	-	-	63	5	58
25〜29	153	33	112	-	7	1	112	24	84
30〜34	172	51	99	6	16	-	132	41	78
35〜39	229	79	112	6	30	2	178	61	93
40〜44	289	116	132	8	33	-	207	75	103
45〜49	550	219	238	10	80	3	406	154	188
50〜54	919	411	295	21	190	2	691	289	236
55〜59	1 109	572	245	65	222	5	814	405	192
60〜64	1 654	994	253	164	237	6	1 160	718	183
65〜69	2 499	1 583	286	368	254	8	1 626	1 127	188
70〜74	3 762	2 381	268	859	245	9	2 256	1 703	121
75〜79	5 680	2 905	333	2 163	269	10	2 671	1 968	114
80〜84	7 899	3 097	286	4 269	240	7	3 210	2 293	61
85〜89	10 344	2 671	279	7 157	224	13	3 545	2 156	49
90歳〜	11 001	1 248	236	9 312	188	17	2 836	1 083	32
脳血管疾患 Cerebrovascular diseases	132 449	58 575	6 869	60 636	6 164	205	63 081	43 051	3 659
15〜19歳 Years	29	-	29	-	-	-	16	-	16
20〜24	51	2	47	-	2	-	33	1	30
25〜29	112	26	82	-	3	1	71	11	59
30〜34	229	85	112	16	14	2	153	54	86
35〜39	458	215	176	11	55	1	309	134	133
40〜44	858	490	248	13	105	2	558	278	205
45〜49	1 907	1 142	445	27	289	4	1 293	700	382
50〜54	3 456	2 141	646	108	553	8	2 268	1 292	523
55〜59	4 322	2 860	575	236	634	17	2 878	1 832	470
60〜64	5 833	3 990	551	566	709	17	3 956	2 768	428
65〜69	9 125	6 379	655	1 351	724	16	5 929	4 519	406
70〜74	14 000	9 384	755	3 106	733	22	8 583	6 771	354
75〜79	18 842	10 583	793	6 721	725	20	9 808	7 646	257
80〜84	24 774	10 698	695	12 650	701	30	11 204	8 190	151
85〜89	26 791	7 696	607	17 906	552	30	10 043	6 304	103
90歳〜	21 662	2 884	453	17 925	365	35	5 979	2 551	56

・病類（選択死因）・年齢（5歳階級）別 －平成7年・平成12年－
by sex, marital status, disease type (selected causes), and age group (by 5-year age scale): 1995 and 2000

平成12年（2000）

Male			女　Female						死因・年齢階級
死別 Widowed	離別 Divorced	不詳 Not Stated	総数 Total	有配偶 Married	未婚 Single	死別 Widowed	離別 Divorced	不詳 Not Stated	Cause of death /Age group
1 485	439	12	7 528	1 607	427	5 161	320	13	不整脈及び伝導障害 Arrhythmia and conduction disorder
-	-	1	8	-	8	-	-	-	15～19歳 Years
-	-	1	10	-	10	-	-	-	20～24
-	1	-	15	5	8	-	1	1	25～29
-	6	-	31	9	18	2	2	-	30～34
1	8	-	26	17	5	2	2	-	35～39
2	21	-	49	34	9	-	6	-	40～44
1	30	-	61	37	13	2	9	-	45～49
7	49	-	102	54	22	8	18	-	50～54
9	58	1	131	94	20	9	8	-	55～59
32	54	1	182	107	16	34	25	-	60～64
63	71	3	358	206	23	94	35	-	65～69
103	64	-	567	271	44	215	34	3	70～74
218	31	3	1 006	335	68	550	52	1	75～79
280	24	1	1 408	247	64	1 050	46	1	80～84
379	17	-	1 878	163	49	1 611	51	4	85～89
390	5	1	1 696	28	50	1 584	31	3	90歳～
4 799	1 186	40	26 452	4 264	1 487	19 609	1 049	43	心不全 Heart failure
-	-	-	12	-	12	-	-	-	15～19歳 Years
-	-	-	24	1	23	-	-	-	20～24
-	4	-	41	9	28	-	3	1	25～29
1	12	-	40	10	21	5	4	-	30～34
2	20	2	51	18	19	4	10	-	35～39
3	26	-	82	41	29	5	7	-	40～44
6	56	2	144	65	50	4	24	1	45～49
12	152	2	228	122	59	9	38	-	50～54
31	181	5	295	167	53	34	41	-	55～59
68	186	5	494	276	70	96	51	1	60～64
135	169	7	873	456	98	233	85	1	65～69
290	138	4	1 506	678	147	569	107	5	70～74
496	87	6	3 009	937	219	1 667	182	4	75～79
787	67	2	4 689	804	225	3 482	173	5	80～84
1 285	54	1	6 799	515	230	5 872	170	12	85～89
1 683	34	4	8 165	165	204	7 629	154	13	90歳～
12 931	3 319	121	69 368	15 524	3 210	47 705	2 845	84	脳血管疾患 Cerebrovascular diseases
-	-	-	13	-	13	-	-	-	15～19歳 Years
-	2	-	18	1	17	-	-	-	20～24
-	1	-	41	15	23	-	2	1	25～29
4	8	1	76	31	26	12	6	1	30～34
2	39	1	149	81	43	9	16	-	35～39
5	68	2	300	212	43	8	37	-	40～44
14	193	4	614	442	63	13	96	-	45～49
41	405	7	1 188	849	123	67	148	1	50～54
92	469	15	1 444	1 028	105	144	165	2	55～59
221	524	15	1 877	1 222	123	345	185	2	60～64
497	492	15	3 196	1 860	249	854	232	1	65～69
1 024	417	17	5 417	2 613	401	2 082	316	5	70～74
1 613	279	13	9 034	2 937	536	5 108	446	7	75～79
2 624	226	13	13 570	2 508	544	10 026	475	17	80～84
3 503	128	5	16 748	1 392	504	14 403	424	25	85～89
3 291	68	13	15 683	333	397	14 634	297	22	90歳～

第6表（6-6）

第6表　15歳以上死亡数，性・配偶関係・心疾患－脳血管疾患
Statistics 6　Numbers of deaths at the age of 15 or over from heart diseases and cerebrovascular diseases,

死因・年齢階級 Cause of death /Age group	総数 Total	有配偶 Married	未婚 Single	死別 Widowed	離別 Divorced	不詳 Not Stated	総数 Total	有配偶 Married	未婚 Single
くも膜下出血 Subarachnoid haemorrhage	14 793	8 175	1 062	4 598	942	16	5 533	4 031	585
15～19歳 Years	9	-	9	-	-	-	5	-	5
20～24	29	2	26	-	1	-	18	1	16
25～29	58	17	40	-	1	-	34	7	26
30～34	110	50	53	1	6	-	75	31	41
35～39	221	132	72	2	15	-	149	87	53
40～44	401	265	91	5	39	1	229	139	72
45～49	781	566	120	10	84	1	457	314	94
50～54	1 253	918	141	34	158	2	686	489	97
55～59	1 371	1 040	111	78	141	1	682	506	74
60～64	1 407	1 046	69	144	146	2	678	531	37
65～69	1 731	1 232	82	300	115	2	707	585	28
70～74	1 904	1 186	87	551	78	2	642	522	21
75～79	1 931	892	79	888	70	2	505	395	12
80～84	1 690	513	45	1 081	51	-	341	240	6
85～89	1 272	251	26	968	25	2	235	139	1
90歳～	625	65	11	536	12	1	90	45	2
脳内出血 Intracerebral haemorrhage	31 016	15 284	2 503	11 044	2 123	62	16 769	11 160	1 629
15～19歳 Years	16	-	16	-	-	-	8	-	8
20～24	19	-	19	-	-	-	13	-	13
25～29	41	7	31	-	2	1	29	2	27
30～34	74	22	42	5	3	2	57	16	34
35～39	177	61	81	2	32	1	129	38	62
40～44	356	179	121	5	50	1	265	118	104
45～49	890	457	262	13	158	-	681	320	234
50～54	1 650	918	374	58	295	5	1 195	613	321
55～59	1 930	1 210	273	102	332	13	1 410	865	232
60～64	2 370	1 581	249	232	300	8	1 731	1 187	201
65～69	3 207	2 211	251	476	262	7	2 217	1 645	155
70～74	4 017	2 615	245	939	215	3	2 416	1 894	104
75～79	4 540	2 485	203	1 652	196	4	2 250	1 719	68
80～84	4 919	1 998	173	2 587	153	8	2 066	1 488	38
85～89	4 210	1 146	113	2 856	91	4	1 545	914	19
90歳～	2 600	394	50	2 117	34	5	757	341	9
脳梗塞 Cerebral infarction	82 639	33 624	3 015	43 026	2 853	121	39 062	26 808	1 280
15～19歳 Years	2	-	2	-	-	-	1	-	1
20～24	2	-	1	-	1	-	1	-	-
25～29	6	1	5	-	-	-	3	1	2
30～34	32	8	12	10	2	-	13	3	8
35～39	36	12	12	7	5	-	16	6	7
40～44	68	35	24	3	6	-	41	17	18
45～49	174	91	42	3	36	2	110	49	37
50～54	444	246	104	12	81	1	310	156	81
55～59	888	540	165	45	135	3	690	412	142
60～64	1 864	1 243	211	169	235	6	1 429	968	177
65～69	3 929	2 785	299	518	320	7	2 846	2 185	207
70～74	7 698	5 353	389	1 527	414	15	5 316	4 204	213
75～79	11 886	6 971	477	3 991	433	14	6 816	5 372	162
80～84	17 470	7 914	454	8 608	472	22	8 516	6 262	105
85～89	20 532	6 099	444	13 548	417	24	8 016	5 089	78
90歳～	17 608	2 326	374	14 585	296	27	4 938	2 084	42

・病類（選択死因）・年齢（5歳階級）別 －平成7年・平成12年－
by sex, marital status, disease type (selected causes), and age group (by 5-year age scale): 1995 and 2000

平成12年（2000）

Male			女 Female						死因・年齢階級
死別 Widowed	離別 Divorced	不詳 Not Stated	総数 Total	有配偶 Married	未婚 Single	死別 Widowed	離別 Divorced	不詳 Not Stated	Cause of death /Age group
496	413	8	9 260	4 144	477	4 102	529	8	くも膜下出血 Subarachnoid haemorrhage
-	-	-	4	-	4	-	-	-	15～19歳 Years
-	1	-	11	1	10	-	-	-	20～24
-	1	-	24	10	14	-	-	-	25～29
-	3	-	35	19	12	1	3	-	30～34
-	9	-	72	45	19	2	6	-	35～39
1	16	1	172	126	19	4	23	-	40～44
6	42	1	324	252	26	4	42	-	45～49
12	87	1	567	429	44	22	71	1	50～54
23	78	1	689	534	37	55	63	-	55～59
30	79	1	729	515	32	114	67	1	60～64
45	47	2	1 024	647	54	255	68	-	65～69
75	23	1	1 262	664	66	476	55	1	70～74
83	15	-	1 426	497	67	805	55	2	75～79
88	7	-	1 349	273	39	993	44	-	80～84
91	4	-	1 037	112	25	877	21	2	85～89
42	1	-	535	20	9	494	11	1	90歳～
2 566	1 371	43	14 247	4 124	874	8 478	752	19	脳内出血 Intracerebral haemorrhage
-	-	-	8	-	8	-	-	-	15～19歳 Years
-	-	-	6	-	6	-	-	-	20～24
-	-	-	12	5	4	-	2	1	25～29
3	3	1	17	6	8	2	-	1	30～34
-	28	1	48	23	19	2	4	-	35～39
2	40	1	91	61	17	3	10	-	40～44
5	122	-	209	137	28	8	36	-	45～49
23	233	5	455	305	53	35	62	-	50～54
45	257	11	520	345	41	57	75	2	55～59
105	230	8	639	394	48	127	70	-	60～64
219	192	6	990	566	96	257	70	1	65～69
300	116	2	1 601	721	141	639	99	1	70～74
382	78	3	2 290	766	135	1 270	118	1	75～79
491	45	4	2 853	510	135	2 096	108	4	80～84
590	22	-	2 665	232	94	2 266	69	4	85～89
401	5	1	1 843	53	41	1 716	29	4	90歳～
9 502	1 406	66	43 577	6 816	1 735	33 524	1 447	55	脳梗塞 Cerebral infarction
-	-	-	1	-	1	-	-	-	15～19歳 Years
-	1	-	1	-	1	-	-	-	20～24
-	-	-	3	-	3	-	-	-	25～29
1	1	-	19	5	4	9	1	-	30～34
2	1	-	20	6	5	5	4	-	35～39
2	4	-	27	18	6	1	2	-	40～44
2	20	2	64	42	5	1	16	-	45～49
4	68	1	134	90	23	8	13	-	50～54
18	115	3	198	128	23	27	20	-	55～59
82	197	5	435	275	34	87	38	1	60～64
213	234	7	1 083	600	92	305	86	-	65～69
621	264	14	2 382	1 149	176	906	150	1	70～74
1 097	175	10	5 070	1 599	315	2 894	258	4	75～79
1 972	168	9	8 954	1 652	349	6 636	304	13	80～84
2 745	99	5	12 516	1 010	366	10 803	318	19	85～89
2 743	59	10	12 670	242	332	11 842	237	17	90歳～

第7表

第7表 15歳以上死亡数, 心疾患－脳血管疾患・
Statistics 7　Numbers of deaths at the age of 15 or over from heart diseases and cerebrovascular diseases,

職　業 Occupation	全死因 All causes 総数 Total	男 Male	女 Female	心疾患 Heart diseases 総数 Total	男 Male	女 Female	急性心筋梗塞 Acute myocardial infarction 総数 Total	男 Male	女 Female	その他の虚血性心疾患 Other ischaemic heart diseases 総数 Total	男 Male	女 Female	不整脈及び伝導障害 Arrhythmia and conduction disorder 総数 Total	男 Male	女 Female
													平成　7　年　度		
総　数 Total	881 448	479 686	401 762	136 142	68 151	67 991	49 724	27 024	22 700	22 623	11 523	11 100	12 284	6 213	6 071
就業者総数 Employed	195 636	147 515	48 121	26 401	19 798	6 603	11 029	8 665	2 364	4 034	3 043	991	2 354	1 795	559
A 専門的・技術的職業従事者 A Professional and Technical Workers	16 893	13 661	3 232	2 299	1 954	345	1 012	897	115	357	309	48	192	159	33
B 管理的職業従事者 B Managers and Officials	13 918	11 766	2 152	1 913	1 625	288	807	699	108	338	289	49	154	132	22
C 事務従事者 C Clerical and Related Workers	13 212	9 525	3 687	1 603	1 253	350	698	565	133	221	182	39	130	101	29
D 販売従事者 D Sales Workers	21 777	16 324	5 453	3 012	2 257	755	1 294	1 018	276	489	364	125	247	197	50
E サービス職業従事者 E Service Workers	14 431	9 649	4 782	1 890	1 324	566	821	583	238	285	203	82	168	123	45
F 保安職業従事者 F Protective Service Workers	2 070	1 859	211	327	296	31	150	138	12	53	48	5	35	31	4
G 農林漁業作業者 G Agricultural, Forestry and Fisheries Workers	34 885	27 266	7 619	4 883	3 720	1 163	2 083	1 646	437	517	389	128	477	364	113
H 運輸・通信従事者 H Workers in Transport and Communications Occupations	6 378	5 845	533	811	727	84	368	335	33	134	121	13	70	65	5
I 生産工程・労務作業者 I Production Process Workers and Labourers	29 523	25 434	4 089	3 626	3 158	468	1 630	1 451	179	464	416	48	331	292	39
J 分類不能の職業 J Workers not classifiable by Occupation	42 549	26 186	16 363	6 037	3 484	2 553	2 166	1 333	833	1 176	722	454	550	331	219
無　職 Unemployed	685 812	332 171	353 641	109 741	48 353	61 388	38 695	18 359	20 336	18 589	8 480	10 109	9 930	4 418	5 512
													平成　12　年　度		
総　数 Total	938 854	513 936	424 918	143 093	70 468	72 625	44 915	24 467	20 448	23 980	12 787	11 193	14 796	7 387	7 409
就業者総数 Employed	196 796	145 792	51 004	26 189	19 024	7 165	9 607	7 416	2 191	4 566	3 396	1 170	2 758	2 045	713
A 専門的・技術的職業従事者 A Professional and Technical Workers	23 646	19 486	4 160	2 933	2 471	462	1 090	949	141	541	465	76	305	261	44
B 管理的職業従事者 B Managers and Officials	13 655	11 386	2 269	1 781	1 463	318	699	600	99	373	311	62	168	135	33
C 事務従事者 C Clerical and Related Workers	10 516	7 426	3 090	1 154	918	236	442	367	75	182	149	33	124	102	22
D 販売従事者 D Sales Workers	19 150	14 369	4 781	2 535	1 904	631	1 003	784	219	451	337	114	267	212	55
E サービス職業従事者 E Service Workers	14 858	9 954	4 904	1 977	1 336	641	752	526	226	369	246	123	187	126	61
F 保安職業従事者 F Protective Service Workers	2 038	1 810	228	340	314	26	127	119	8	68	62	6	43	38	5
G 農林漁業作業者 G Agricultural, Forestry and Fisheries Workers	31 337	24 679	6 658	4 188	3 132	1 056	1 557	1 213	344	451	345	106	503	382	121
H 運輸・通信従事者 H Workers in Transport and Communications Occupations	5 959	5 402	557	816	730	86	372	343	29	156	136	20	81	73	8
I 生産工程・労務作業者 I Production Process Workers and Labourers	20 633	17 420	3 213	2 590	2 221	369	1 000	890	110	421	363	58	316	282	34
J 分類不能の職業 J Workers not classifiable by Occupation	55 004	33 860	21 144	7 875	4 535	3 340	2 565	1 625	940	1 554	982	572	764	434	330
無　職 Unemployed	742 058	368 144	373 914	116 904	51 444	65 460	35 308	17 051	18 257	19 414	9 391	10 023	12 038	5 342	6 696

病類（選択死因）・性・職業（大分類）別 －平成7年度・平成12年度－
by sex, disease type (selected causes), and occupation (in major categories): FY1995 and FY2000

心不全 Heart failure			脳血管疾患 Cerebrovascular diseases			くも膜下出血 Subarachnoid haemorrhage			脳内出血 Intracerebral haemorrhage			脳梗塞 Cerebral infarction			職業 Occupation
総数 Total	男 Male	女 Female	総数 Total	男 Male	女 Female	総数 Total	男 Male	女 Female	総数 Total	男 Male	女 Female	総数 Total	男 Male	女 Female	
FY 1995															
37 766	17 242	20 524	141 239	66 689	74 550	14 320	5 412	8 908	32 703	17 340	15 363	85 370	40 444	44 926	総数 Total
6 131	4 286	1 845	24 513	16 673	7 840	5 269	3 208	2 061	8 021	6 067	1 954	10 139	6 742	3 397	就業者総数 Employed
490	392	98	1 943	1 478	465	438	285	153	635	529	106	785	607	178	A 専門的・技術的職業従事者 A Professional and Technical Workers
383	322	61	1 573	1 256	317	320	246	74	472	396	76	725	572	153	B 管理的職業従事者 B Managers and Officials
347	248	99	1 390	910	480	505	304	201	521	390	131	308	184	124	C 事務従事者 C Clerical and Related Workers
632	449	183	2 724	1 869	855	605	362	243	920	682	238	1 080	755	325	D 販売従事者 D Sales Workers
421	277	144	1 907	1 111	796	546	229	317	720	475	245	569	359	210	E サービス職業従事者 E Service Workers
59	52	7	218	191	27	62	52	10	102	96	6	48	37	11	F 保安職業従事者 F Protective Service Workers
1 300	941	359	4 976	3 548	1 428	728	388	340	1 419	1 082	337	2 564	1 900	664	G 農林漁業作業者 G Agricultural, Forestry and Fisheries Workers
155	136	19	679	589	90	221	199	22	310	284	26	128	93	35	H 運輸・通信従事者 H Workers in Transport and Communications Occupations
835	701	134	3 369	2 680	689	949	721	228	1 385	1 176	209	928	700	228	I 生産工程・労務作業者 I Production Process Workers and Labourers
1 509	768	741	5 734	3 041	2 693	895	422	473	1 537	957	580	3 004	1 535	1 469	J 分類不能の職業 J Workers not classifiable by Occupation
31 635	12 956	18 679	116 726	50 016	66 710	9 051	2 204	6 847	24 682	11 273	13 409	75 231	33 702	41 529	無職 Unemployed
FY 2000															
44 859	19 342	25 517	129 728	61 732	67 996	14 645	5 477	9 168	30 387	16 482	13 905	80 785	38 094	42 691	総数 Total
6 511	4 323	2 188	22 039	14 634	7 405	4 961	2 905	2 056	6 991	5 212	1 779	9 487	6 121	3 366	就業者総数 Employed
675	543	132	2 380	1 867	513	637	453	184	803	676	127	877	685	192	A 専門的・技術的職業従事者 A Professional and Technical Workers
376	290	86	1 366	1 073	293	279	204	75	400	337	63	659	510	149	B 管理的職業従事者 B Managers and Officials
251	188	63	1 038	648	390	429	243	186	370	261	109	212	128	84	C 事務従事者 C Clerical and Related Workers
564	393	171	2 254	1 481	773	564	297	267	747	547	200	878	597	281	D 販売従事者 D Sales Workers
453	297	156	1 751	1 030	721	501	217	284	645	449	196	556	337	219	E サービス職業従事者 E Service Workers
72	67	5	188	157	31	61	53	8	76	68	8	48	33	15	F 保安職業従事者 F Protective Service Workers
1 212	875	337	3 878	2 770	1 108	603	315	288	1 136	858	278	2 032	1 524	508	G 農林漁業作業者 G Agricultural, Forestry and Fisheries Workers
150	130	20	555	478	77	177	153	24	235	212	23	129	100	29	H 運輸・通信従事者 H Workers in Transport and Communications Occupations
587	462	125	2 093	1 595	498	674	478	196	775	642	133	590	429	161	I 生産工程・労務作業者 I Production Process Workers and Labourers
2 171	1 078	1 093	6 536	3 535	3 001	1 036	492	544	1 804	1 162	642	3 506	1 778	1 728	J 分類不能の職業 J Workers not classifiable by Occupation
38 348	15 019	23 329	107 689	47 098	60 591	9 684	2 572	7 112	23 396	11 270	12 126	71 298	31 973	39 325	無職 Unemployed

第 8 表

第 8 表　15歳以上死亡数，心疾患－脳血管疾患・
Statistics 8　Numbers of deaths at the age of 15 or over from heart diseases and cerebrovascular diseases,

産業 Industry	全死因 All causes 総数 Total	男 Male	女 Female	心疾患 Heart diseases 総数 Total	男 Male	女 Female	急性心筋梗塞 Acute myocardial infarction 総数 Total	男 Male	女 Female	その他の虚血性心疾患 Other ischaemic heart diseases 総数 Total	男 Male	女 Female	不整脈及び伝導障害 Arrhythmia and conduction disorder 総数 Total	男 Male	女 Female
												平成 7 年度			
総　　　数 Total	881 448	479 686	401 762	136 142	68 151	67 991	49 724	27 024	22 700	22 623	11 523	11 100	12 284	6 213	6 071
就業者総数 Employed	195 636	147 515	48 121	26 401	19 798	6 603	11 029	8 665	2 364	4 034	3 043	991	2 354	1 795	559
第 1 次産業 Primary industry	37 115	28 894	8 221	5 148	3 912	1 236	2 179	1 723	456	554	417	137	501	377	124
A 農　　業 Agriculture	33 573	25 934	7 639	4 742	3 588	1 154	2 017	1 584	433	497	374	123	470	353	117
B 林　　業 Forestry	991	850	141	107	91	16	45	42	3	15	12	3	6	4	2
C 漁　　業 Fisheries	2 551	2 110	441	299	233	66	117	97	20	42	31	11	25	20	5
第 2 次産業 Secondary industry	39 247	33 421	5 826	4 942	4 250	692	2 205	1 928	277	667	584	83	427	372	55
D 鉱　　業 Mining	1 809	1 494	315	222	188	34	108	94	14	31	27	4	17	14	3
E 建設業 Construction	17 231	15 499	1 732	2 116	1 891	225	970	874	96	274	244	30	174	156	18
F 製造業 Manufacturing	20 207	16 428	3 779	2 604	2 171	433	1 127	960	167	362	313	49	236	202	34
第 3 次産業 Tertiary industry	69 264	53 149	16 115	9 320	7 370	1 950	4 066	3 327	739	1 492	1 198	294	796	646	150
G 電気・ガス・熱供給・水道業 Electricity, gas, heat supply and water	3 454	2 945	509	454	388	66	225	197	28	60	50	10	42	37	5
H 運輸・通信業 Transport and communications	7 425	6 708	717	959	861	98	437	395	42	161	149	12	80	73	7
I 卸売・小売業・飲食店 Wholesale and retail trade, eating and drinking places	22 744	16 816	5 928	3 091	2 304	787	1 303	1 023	280	490	365	125	262	203	59
J 金融・保険業 Finance and insurance	2 050	1 487	563	246	190	56	114	96	18	32	27	5	18	17	1
K 不動産業 Real estate	3 358	2 485	873	470	342	128	190	151	39	90	61	29	34	25	9
L サービス業 Services	25 135	18 571	6 564	3 460	2 732	728	1 504	1 204	300	581	479	102	302	241	61
M 公　　務 Government (not elsewhere classified)	5 098	4 137	961	640	553	87	293	261	32	78	67	11	58	50	8
N 分類不能の産業 Establishments not adequately described	50 010	32 051	17 959	6 991	4 266	2 725	2 579	1 687	892	1 321	844	477	630	400	230
無　　業 Unemployed	685 812	332 171	353 641	109 741	48 353	61 388	38 695	18 359	20 336	18 589	8 480	10 109	9 930	4 418	5 512
												平成 12 年度			
総　　　数 Total	938 854	513 936	424 918	143 093	70 468	72 625	44 915	24 467	20 448	23 980	12 787	11 193	14 796	7 387	7 409
就業者総数 Employed	196 796	145 792	51 004	26 189	19 024	7 165	9 607	7 416	2 191	4 566	3 396	1 170	2 758	2 045	713
第 1 次産業 Primary industry	33 892	26 642	7 250	4 502	3 394	1 108	1 693	1 333	360	486	380	106	539	418	121
A 農　　業 Agriculture	30 681	23 873	6 808	4 110	3 064	1 046	1 530	1 193	337	450	347	103	490	374	116
B 林　　業 Forestry	868	765	103	118	101	17	58	49	9	13	11	2	16	16	-
C 漁　　業 Fisheries	2 343	2 004	339	274	229	45	105	91	14	23	22	1	33	28	5
第 2 次産業 Secondary industry	35 281	29 914	5 367	4 316	3 750	566	1 661	1 502	159	772	673	99	486	437	49
D 鉱　　業 Mining	1 555	1 284	271	180	152	28	77	66	11	28	24	4	19	17	2
E 建設業 Construction	15 850	14 106	1 744	1 924	1 722	202	764	708	56	339	302	37	216	203	13
F 製造業 Manufacturing	17 876	14 524	3 352	2 212	1 876	336	820	728	92	405	347	58	251	217	34
第 3 次産業 Tertiary industry	65 319	49 713	15 606	8 584	6 632	1 952	3 351	2 696	655	1 581	1 229	352	882	693	189
G 電気・ガス・熱供給・水道業 Electricity, gas, heat supply and water	3 007	2 592	415	362	310	52	139	121	18	62	58	4	36	29	7
H 運輸・通信業 Transport and communications	7 097	6 322	775	950	847	103	430	395	35	177	156	21	90	80	10
I 卸売・小売業・飲食店 Wholesale and retail trade, eating and drinking places	20 440	15 042	5 398	2 693	1 988	705	1 066	811	255	464	344	120	292	227	65
J 金融・保険業 Finance and insurance	1 659	1 231	428	203	155	48	80	70	10	39	31	8	23	17	6
K 不動産業 Real estate	3 531	2 531	1 000	548	361	187	174	126	48	139	89	50	41	26	15
L サービス業 Services	24 978	18 252	6 726	3 275	2 494	781	1 233	967	266	619	480	139	339	263	76
M 公　　務 Government (not elsewhere classified)	4 607	3 743	864	553	477	76	229	206	23	81	71	10	61	51	10
N 分類不能の産業 Establishments not adequately described	62 304	39 523	22 781	8 787	5 248	3 539	2 902	1 885	1 017	1 727	1 114	613	851	497	354
無　　業 Unemployed	742 058	368 144	373 914	116 904	51 444	65 460	35 308	17 051	18 257	19 414	9 391	10 023	12 038	5 342	6 696

病類（選択死因）・性・産業(大分類)別　－平成７年度・平成12年度－
by sex, disease type (selected causes), and industry (in major categories): FY1995 and FY2000

心不全 Heart failure			脳血管疾患 Cerebrovascular diseases			くも膜下出血 Subarachnoid haemorrhage			脳内出血 Intracerebral haemorrhage			脳梗塞 Cerebral infarction			産業 Industry
総数 Total	男 Male	女 Female	総数 Total	男 Male	女 Female	総数 Total	男 Male	女 Female	総数 Total	男 Male	女 Female	総数 Total	男 Male	女 Female	
FY 1995																
37 766	17 242	20 524	141 239	66 689	74 550	14 320	5 412	8 908	32 703	17 340	15 363	85 370	40 444	44 926	総数 Total
6 131	4 286	1 845	24 513	16 673	7 840	5 269	3 208	2 061	8 021	6 067	1 954	10 139	6 742	3 397	就業者総数 Total workers
1 377	994	383	5 269	3 758	1 511	787	418	369	1 504	1 154	350	2 698	1 996	702	第１次産業 Primary industry
1 260	906	354	4 851	3 431	1 420	710	367	343	1 348	1 017	331	2 534	1 871	663	A 農業 A Agriculture
30	24	6	113	94	19	16	11	5	45	39	6	47	40	7	B 林業 B Forestry
87	64	23	305	233	72	61	40	21	111	98	13	117	85	32	C 漁業 C Fisheries
1 098	913	185	4 416	3 476	940	1 194	896	298	1 748	1 483	265	1 308	977	331	第２次産業 Secondary industry
39	34	5	237	178	59	58	39	19	77	63	14	93	69	24	D 鉱業 D Mining
475	422	53	1 844	1 571	273	483	396	87	795	727	68	492	394	98	E 建設業 E Construction
584	457	127	2 335	1 727	608	653	461	192	876	693	183	723	514	209	F 製造業 F Manufacturing
1 946	1 457	489	8 237	5 777	2 460	2 152	1 310	842	2 904	2 210	694	2 874	2 060	814	第３次産業 Tertiary industry
91	78	13	378	297	81	105	83	22	144	117	27	120	92	28	G 電気・ガス・熱供給・水道業 G Electricity, gas, heat supply and water
176	154	22	771	661	110	243	215	28	330	299	31	171	128	43	H 運輸・通信業 H Transport and communications
685	482	203	2 868	1 936	932	671	378	293	989	710	279	1 094	779	315	I 卸売・小売業・飲食店 I Wholesale and retail trade,eating and drinking places
50	30	20	202	130	72	76	41	35	61	47	14	55	36	19	J 金融・保険業 J Finance and insurance
107	76	31	442	294	148	57	31	26	113	82	31	251	164	87	K 不動産業 K Real estate
704	525	179	3 051	2 054	997	823	437	386	1 070	789	281	1 057	763	294	L サービス業 L Services
133	112	21	525	405	120	177	125	52	197	166	31	126	98	28	M 公務 M Government (not elsewhere classified)
1 710	922	788	6 591	3 662	2 929	1 136	584	552	1 865	1 220	645	3 259	1 709	1 550	N 分類不能の産業 N Establishments not adequately described
31 635	12 956	18 679	116 726	50 016	66 710	9 051	2 204	6 847	24 682	11 273	13 409	75 231	33 702	41 529	無業 Unemployed
FY 2000																
44 859	19 342	25 517	129 728	61 732	67 996	14 645	5 477	9 168	30 387	16 482	13 905	80 785	38 094	42 691	総数 Total
6 511	4 323	2 188	22 039	14 634	7 405	4 961	2 905	2 056	6 991	5 212	1 779	9 487	6 121	3 366	就業者総数 Total workers
1 280	919	361	4 160	2 956	1 204	667	360	307	1 235	923	312	2 143	1 597	546	第１次産業 Primary industry
1 179	842	337	3 848	2 708	1 140	596	308	288	1 138	838	300	2 008	1 493	515	A 農業 A Agriculture
22	16	6	80	66	14	17	11	6	28	26	2	33	27	6	B 林業 B Forestry
79	61	18	232	182	50	54	41	13	69	59	10	102	77	25	C 漁業 C Fisheries
954	771	183	3 615	2 844	771	1 119	821	298	1 288	1 094	194	1 114	849	265	第２次産業 Secondary industry
46	38	8	161	128	33	55	40	15	58	52	6	47	35	12	D 鉱業 D Mining
422	350	72	1 507	1 270	237	424	343	81	583	520	63	456	369	87	E 建設業 E Construction
486	383	103	1 947	1 446	501	640	438	202	647	522	125	611	445	166	F 製造業 F Manufacturing
1 893	1 365	528	7 005	4 784	2 221	1 925	1 098	827	2 434	1 854	580	2 453	1 703	750	第３次産業 Tertiary industry
87	71	16	300	249	51	81	72	9	108	94	14	101	76	25	G 電気・ガス・熱供給・水道業 G Electricity, gas, heat supply and water
169	144	25	620	524	96	189	158	31	256	228	28	160	124	36	H 運輸・通信業 H Transport and communications
602	422	180	2 364	1 520	844	604	299	305	792	571	221	895	608	287	I 卸売・小売業・飲食店 I Wholesale and retail trade,eating and drinking places
43	25	18	194	131	63	84	51	33	68	54	14	39	25	14	J 金融・保険業 J Finance and insurance
135	82	53	428	275	153	52	20	32	113	84	29	253	163	90	K 不動産業 K Real estate
735	528	207	2 701	1 784	917	758	387	371	952	702	250	916	644	272	L サービス業 L Services
122	93	29	398	301	97	157	111	46	145	121	24	89	63	26	M 公務 M Government (not elsewhere classified)
2 384	1 268	1 116	7 259	4 050	3 209	1 250	626	624	2 034	1 341	693	3 777	1 972	1 805	N 分類不能の産業 N Establishments not adequately described
38 348	15 019	23 329	107 689	47 098	60 591	9 684	2 572	7 112	23 396	11 270	12 126	71 298	31 973	39 325	無業 Unemployed

第9表（3－1）

第9表　心疾患死亡数・粗死亡率（人口10万対）・年齢調整死亡率（人口
Statistics 9　Numbers of deaths, crude death rates (per 100,000 population),
(and the 14 major cities, regrouped)：1960, 1965, 1970, 1975,

都道府県 Prefecture			男　Male								
			昭和35年 1960	40年 1965	45年 1970	50年 1975	55年 1980	60年 1985	平成2年 1990	7年 1995	12年 2000	16年 2004
全	国	Total	34 755	38 827	45 988	50 395	64 103	71 766	81 774	69 718	72 156	77 465
北海道		Hokkaido	1 613	1 971	2 249	2 467	3 198	3 625	4 030	3 420	3 415	3 757
青森		Aomori	458	433	607	641	886	1 045	1 208	1 028	1 009	1 130
岩手		Iwate	522	550	675	685	884	1 000	1 142	927	930	1 151
宮城		Miyagi	576	687	763	800	1 049	1 154	1 391	1 153	1 241	1 436
秋田		Akita	525	516	567	575	770	888	963	665	734	845
山形		Yamagata	478	568	613	586	822	876	1 002	868	859	950
福島		Fukushima	824	850	963	928	1 230	1 316	1 603	1 379	1 510	1 692
茨城		Ibaraki	916	980	1 113	1 172	1 432	1 584	1 787	1 690	1 742	1 872
栃木		Tochigi	662	756	766	772	989	1 133	1 316	1 156	1 259	1 410
群馬		Gumma	695	747	841	841	1 047	1 239	1 404	1 216	1 260	1 290
埼玉		Saitama	1 076	1 224	1 338	1 634	2 192	2 647	3 424	3 016	3 421	3 798
千葉		Chiba	1 099	1 143	1 377	1 591	2 017	2 482	3 034	2 793	3 071	3 636
東京		Tokyo	2 704	3 073	3 655	4 099	5 118	5 729	7 054	6 377	6 638	6 912
神奈川		Kanagawa	1 065	1 341	1 710	1 909	2 582	3 148	3 834	3 649	3 781	4 125
新潟		Niigata	953	1 093	1 031	1 025	1 319	1 486	1 598	1 408	1 509	1 666
富山		Toyama	411	462	528	491	657	752	762	683	645	618
石川		Ishikawa	415	480	524	490	692	718	805	682	720	720
福井		Fukui	382	390	341	423	553	560	572	477	523	549
山梨		Yamanashi	378	368	378	403	527	580	680	558	587	585
長野		Nagano	966	1 103	1 139	1 183	1 393	1 578	1 611	1 427	1 442	1 512
岐阜		Gifu	728	767	884	962	1 155	1 337	1 349	1 306	1 289	1 426
静岡		Shizuoka	1 048	1 195	1 364	1 515	1 916	2 121	2 341	2 140	2 157	2 297
愛知		Aichi	1 496	1 695	2 183	2 348	3 007	3 580	4 240	3 517	3 760	3 981
三重		Mie	714	777	895	947	1 150	1 234	1 466	1 146	1 126	1 198
滋賀		Shiga	444	480	498	560	689	673	827	659	652	707
京都		Kyoto	790	859	1 111	1 211	1 500	1 580	1 632	1 355	1 501	1 586
大阪		Osaka	1 632	1 921	2 549	3 151	3 941	4 731	5 172	4 421	4 454	4 845
兵庫		Hyogo	1 412	1 575	1 853	2 091	2 806	3 209	3 584	3 189	2 988	3 163
奈良		Nara	326	376	441	554	687	750	891	708	779	844
和歌山		Wakayama	403	444	544	607	829	894	974	790	838	805
鳥取		Tottori	242	275	358	378	442	470	501	380	451	432
島根		Shimane	439	471	539	513	624	576	644	549	499	560
岡山		Okayama	660	763	850	970	1 217	1 371	1 515	1 154	1 217	1 253
広島		Hiroshima	882	970	1 183	1 331	1 563	1 759	1 932	1 651	1 723	1 827
山口		Yamaguchi	631	583	789	843	1 068	1 117	1 301	1 039	982	1 088
徳島		Tokushima	412	525	533	567	686	710	716	625	610	624
香川		Kagawa	368	389	477	582	712	763	854	709	716	737
愛媛		Ehime	517	616	755	829	1 072	1 106	1 314	1 020	1 141	1 279
高知		Kochi	310	344	494	553	725	713	781	602	664	623
福岡		Fukuoka	1 167	1 441	1 782	1 970	2 572	2 796	3 199	2 337	2 290	2 384
佐賀		Saga	320	335	474	474	576	609	651	517	506	519
長崎		Nagasaki	597	609	839	769	1 052	1 067	1 134	915	908	938
熊本		Kumamoto	737	840	1 034	1 084	1 234	1 329	1 398	1 106	1 072	1 114
大分		Oita	548	605	733	807	868	921	1 001	818	879	805
宮崎		Miyazaki	436	434	553	592	779	837	896	681	723	814
鹿児島		Kagoshima	696	698	954	1 030	1 332	1 375	1 493	1 172	1 163	1 207
沖縄		Okinawa	…	…	…	274	359	435	547	436	552	561
不詳		Not Stated	82	105	141	168	185	163	201	204	220	194
14大都市（再掲）		14 major cities (Regrouped)										
東京都区部		Ward areas of Tokyo	2 289	2 476	2 932	3 150	3 706	4 179	5 032	4 581	4 676	4 902
札幌		Sapporo	…	…	…	448	604	782	880	805	828	864
仙台		Sendai	…	…	…	…	…	…	439	330	438	444
さいたま		Saitama	…	…	…	…	…	…	…	…	…	524
千葉		Chiba	…	…	…	…	…	…	…	369	376	464
横浜		Yokohama	404	523	693	750	1 053	1 299	1 612	1 476	1 509	1 698
川崎		Kawasaki	…	…	…	258	337	380	502	498	482	579
名古屋		Nagoya	491	580	765	830	1 076	1 282	1 522	1 282	1 351	1 380
京都		Kyoto	436	496	677	712	858	920	909	716	820	870
大阪		Osaka	838	952	1 125	1 330	1 553	1 788	1 781	1 566	1 433	1 605
神戸		Kobe	333	361	507	553	766	825	920	819	743	750
広島		Hiroshima	…	…	…	…	…	…	441	556	473	500	588
北九州		Kitakyushu	…	315	369	430	598	654	749	552	550	528
福岡		Fukuoka	…	…	…	341	409	502	616	469	466	522

10万対), 都道府県（14大都市再掲）別 －昭和35・40・45・50・55・60・平成2・7・12・16年－
and age-adjusted death rates (per 100,000 population) from heart diseases, by prefecture
1980, 1985, 1990, 1995, 2000 and 2004

死亡数　Numbers of deaths

女　Female											都道府県		
昭和35年 1960	40年 1965	45年 1970	50年 1975	55年 1980	60年 1985	平成2年 1990	7年 1995	12年 2000	16年 2004	\multicolumn{3}{c	}{Prefecture}

1960	1965	1970	1975	1980	1985	1990	1995	2000	2004			Prefecture
33 645	36 845	43 423	48 831	59 402	69 331	83 704	69 488	74 585	82 160	全	国	Total
1 407	1 700	2 021	2 312	2 808	3 314	3 816	3 150	3 353	3 790	北 海	道	Hokkaido
370	408	492	592	748	917	1 040	946	1 007	1 110	青	森	Aomori
533	565	626	657	821	944	1 150	888	993	1 114	岩	手	Iwate
500	609	740	859	1 026	1 108	1 241	1 172	1 283	1 472	宮	城	Miyagi
481	458	510	574	782	871	1 034	772	886	984	秋	田	Akita
508	553	544	608	778	914	1 040	831	914	1 034	山	形	Yamagata
771	825	952	1 002	1 224	1 333	1 597	1 282	1 487	1 662	福	島	Fukushima
928	994	1 077	1 131	1 347	1 521	1 813	1 648	1 736	1 933	茨	城	Ibaraki
642	669	770	785	947	1 074	1 301	1 065	1 238	1 364	栃	木	Tochigi
730	787	864	836	1 015	1 169	1 430	1 145	1 233	1 444	群	馬	Gumma
1 108	1 144	1 292	1 462	2 019	2 449	3 168	2 793	3 062	3 569	埼	玉	Saitama
1 038	1 121	1 276	1 430	1 877	2 224	2 992	2 657	3 022	3 241	千	葉	Chiba
2 337	2 704	3 288	3 676	4 520	5 372	6 688	6 040	6 418	6 968	東	京	Tokyo
989	1 098	1 512	1 819	2 308	2 897	3 745	3 207	3 335	3 862	神 奈	川	Kanagawa
904	1 012	1 001	968	1 183	1 401	1 683	1 519	1 606	1 798	新	潟	Niigata
418	434	470	504	643	673	794	656	732	738	富	山	Toyama
427	448	467	566	610	723	850	701	776	848	石	川	Ishikawa
403	381	420	461	489	556	643	542	544	591	福	井	Fukui
402	367	423	408	452	571	640	543	580	643	山	梨	Yamanashi
944	1 078	1 093	1 108	1 201	1 498	1 621	1 341	1 435	1 702	長	野	Nagano
703	735	801	957	1 067	1 215	1 397	1 187	1 382	1 466	岐	阜	Gifu
1 018	1 052	1 369	1 397	1 717	1 966	2 429	2 093	2 285	2 416	静	岡	Shizuoka
1 437	1 522	1 876	2 132	2 611	3 206	4 122	3 344	3 766	4 002	愛	知	Aichi
637	711	790	891	1 026	1 238	1 444	1 195	1 233	1 287	三	重	Mie
498	468	497	580	640	755	834	762	784	799	滋	賀	Shiga
770	817	1 074	1 268	1 452	1 654	1 892	1 504	1 684	1 827	京	都	Kyoto
1 554	1 910	2 569	3 109	3 765	4 681	5 705	4 408	4 554	5 049	大	阪	Osaka
1 341	1 517	1 767	2 087	2 625	3 233	3 868	3 199	3 318	3 524	兵	庫	Hyogo
357	369	478	551	640	815	1 038	847	897	965	奈	良	Nara
404	424	479	599	816	964	1 037	873	868	914	和 歌	山	Wakayama
291	274	333	374	378	463	542	408	505	540	鳥	取	Tottori
410	442	518	498	558	614	696	555	588	687	島	根	Shimane
637	688	830	926	1 195	1 242	1 501	1 250	1 235	1 440	岡	山	Okayama
839	940	1 126	1 280	1 425	1 739	2 072	1 721	1 856	2 076	広	島	Hiroshima
558	598	708	795	1 014	1 117	1 407	1 150	1 310	1 326	山	口	Yamaguchi
453	520	545	568	601	613	809	670	662	758	徳	島	Tokushima
348	384	431	562	684	802	908	699	772	894	香	川	Kagawa
559	591	667	767	919	1 063	1 346	1 124	1 197	1 390	愛	媛	Ehime
330	355	499	560	666	703	838	650	705	744	高	知	Kochi
1 157	1 425	1 724	1 936	2 495	2 914	3 432	2 617	2 651	2 901	福	岡	Fukuoka
352	374	449	536	642	622	732	608	594	644	佐	賀	Saga
650	601	790	800	930	1 050	1 243	1 064	1 054	1 198	長	崎	Nagasaki
728	852	1 046	1 091	1 266	1 376	1 667	1 185	1 351	1 445	熊	本	Kumamoto
555	618	709	786	867	902	1 143	930	986	989	大	分	Oita
420	504	556	606	708	864	920	756	808	872	宮	崎	Miyazaki
784	774	918	1 052	1 451	1 537	1 747	1 293	1 316	1 509	鹿 児	島	Kagoshima
...	...	...	336	418	437	628	468	560	610	沖	縄	Okinawa
15	25	36	29	28	17	21	30	24	21	不	詳	Not Stated
										14 大 都 市 （ 再 掲 ）		14 major cities (Regrouped)
1 960	2 157	2 534	2 730	3 287	3 879	4 741	4 236	4 440	4 809	東京都区部		Ward areas of Tokyo
...	...	...	417	588	729	906	769	823	929	札	幌	Sapporo
...	...	...	...	...	...	359	326	372	433	仙	台	Sendai
...	...	...	...	...	...	...	...	...	479	さいたま		Saitama
...	...	...	...	...	...	...	314	372	392	千	葉	Chiba
386	444	593	708	890	1 156	1 489	1 243	1 316	1 510	横	浜	Yokohama
...	...	...	224	234	325	447	404	440	534	川	崎	Kawasaki
455	546	648	742	899	1 072	1 416	1 154	1 253	1 351	名 古	屋	Nagoya
440	461	692	795	888	978	1 076	834	966	1 026	京	都	Kyoto
782	892	1 156	1 325	1 492	1 690	1 929	1 464	1 424	1 579	大	阪	Osaka
331	359	468	557	674	861	1 025	837	800	838	神	戸	Kobe
...	...	...	...	...	419	606	472	553	666	広	島	Hiroshima
...	267	392	408	542	639	777	622	605	664	北 九	州	Kitakyushu
...	...	...	337	422	544	615	469	544	577	福	岡	Fukuoka

317

第9表（3-2）

第9表 心疾患死亡数・粗死亡率（人口10万対）・年齢調整死亡率（人口
Statistics 9　Numbers of deaths, crude death rates (per 100,000 population),
(and the 14 major cities, regrouped) : 1960, 1965, 1970, 1975,

都道府県 Prefecture			男　Male									
			昭和35年 1960	40年 1965	45年 1970	50年 1975	55年 1980	60年 1985	平成2年 1990	7年 1995	12年 2000	16年 2004
全	国	Total	75.8	80.5	90.9	92.1	112.1	121.4	135.7	114.4	117.3	125.8
北 海	道	Hokkaido	63.4	76.3	88.2	94.3	117.1	131.3	148.2	125.4	125.9	140.0
青	森	Aomori	66.0	63.4	88.7	90.8	120.7	143.1	171.6	146.4	143.9	164.5
岩	手	Iwate	74.3	80.9	102.6	102.7	128.6	144.8	168.1	136.2	136.8	172.6
宮	城	Miyagi	67.9	80.4	86.0	83.5	102.6	108.0	126.2	101.1	107.5	124.9
秋	田	Akita	81.4	84.0	95.7	97.5	127.8	148.3	164.9	115.3	130.2	154.5
山	形	Yamagata	75.8	93.9	104.4	99.9	135.9	143.9	165.2	143.2	143.2	161.6
福	島	Fukushima	83.5	89.0	103.0	97.5	124.4	130.2	156.8	132.7	146.0	165.6
茨	城	Ibaraki	91.6	97.2	105.8	101.2	112.8	116.9	126.4	115.5	118.2	127.5
栃	木	Tochigi	90.7	102.7	99.7	92.6	111.9	122.8	137.5	118.3	127.7	142.9
群	馬	Gumma	91.5	95.9	104.2	98.1	115.4	131.1	145.4	124.3	127.9	131.1
埼	玉	Saitama	89.6	81.0	68.7	67.2	80.3	89.7	106.0	89.1	98.6	108.2
千	葉	Chiba	97.4	85.1	81.5	76.2	85.0	96.2	108.8	96.4	104.0	121.6
東	京	Tokyo	54.1	55.2	63.5	70.0	88.3	97.3	119.8	110.5	112.0	114.7
神 奈 川		Kanagawa	61.0	58.8	61.0	58.5	73.5	83.3	94.3	87.7	88.8	94.8
新	潟	Niigata	80.9	94.2	90.5	88.4	110.7	123.5	133.3	116.8	125.9	140.7
富	山	Toyama	82.1	94.0	107.4	95.5	123.6	139.8	141.8	126.9	120.1	115.9
石	川	Ishikawa	89.3	102.5	109.4	94.8	128.0	129.2	143.5	120.0	126.6	127.0
福	井	Fukui	106.0	108.4	96.2	114.0	144.9	141.9	143.8	119.8	131.4	139.0
山	梨	Yamanashi	99.7	100.1	103.3	106.5	134.9	142.5	162.9	129.5	136.0	137.0
長	野	Nagano	101.2	117.7	122.0	122.0	138.4	152.4	154.3	134.5	135.3	142.5
岐	阜	Gifu	91.4	93.4	104.8	106.6	121.7	136.2	135.2	129.3	127.6	141.7
静	岡	Shizuoka	77.5	83.6	90.2	93.3	113.3	120.9	130.2	117.5	117.9	125.2
愛	知	Aichi	72.5	71.2	81.7	79.9	97.5	111.9	127.7	103.8	108.3	112.8
三	重	Mie	99.6	106.8	121.2	120.9	141.4	146.3	169.6	129.5	126.7	134.9
滋	賀	Shiga	110.1	117.2	116.7	117.1	131.1	119.2	138.6	105.1	99.7	106.3
京	都	Kyoto	81.2	83.6	102.7	103.6	123.4	127.3	131.1	108.6	119.5	126.9
大	阪	Osaka	59.0	57.2	68.1	77.9	95.8	112.8	122.5	104.7	105.5	115.1
兵	庫	Hyogo	73.6	74.3	81.8	86.6	113.6	126.9	138.9	124.0	113.4	119.8
奈	良	Nara	85.2	93.9	98.4	106.4	117.7	119.1	134.9	103.5	113.4	124.3
和 歌 山		Wakayama	83.1	89.3	108.6	117.8	159.2	172.6	191.5	154.5	166.0	163.0
鳥	取	Tottori	84.4	99.8	133.2	136.8	153.0	159.5	170.4	129.6	154.3	149.0
島	根	Shimane	101.5	119.6	146.9	140.1	165.7	150.8	172.7	149.3	137.8	157.3
岡	山	Okayama	82.7	97.6	104.2	111.0	135.0	148.7	164.2	123.8	130.8	134.7
広	島	Hiroshima	83.3	87.6	100.2	103.3	117.7	128.8	140.3	119.0	124.7	132.6
山	口	Yamaguchi	80.9	78.7	110.8	114.4	142.0	147.6	176.2	142.3	137.0	154.1
徳	島	Tokushima	100.9	134.7	141.5	147.4	173.4	177.8	181.0	158.3	156.1	162.5
香	川	Kagawa	83.8	91.1	110.9	126.3	148.2	155.1	174.0	144.1	146.2	151.6
愛	媛	Ehime	71.7	89.5	112.7	119.0	149.5	152.1	183.6	143.5	162.4	184.3
高	知	Kochi	75.4	89.0	133.0	144.5	183.3	179.6	201.0	157.1	173.5	165.3
福	岡	Fukuoka	59.7	75.4	92.8	95.8	117.7	123.9	139.7	99.9	96.4	99.9
佐	賀	Saga	71.3	81.5	120.7	120.3	140.5	146.2	157.3	123.8	122.4	126.9
長	崎	Nagasaki	69.4	77.2	112.5	102.7	139.1	141.2	154.4	126.3	127.8	134.2
熊	本	Kumamoto	83.1	100.2	129.7	134.0	145.2	152.5	161.0	126.0	122.3	127.9
大	分	Oita	92.7	108.1	136.0	144.1	149.3	155.7	171.7	141.0	153.1	141.2
宮	崎	Miyazaki	78.9	83.9	111.2	115.0	141.8	150.1	162.7	122.7	131.2	149.4
鹿 児	島	Kagoshima	74.4	80.0	118.8	128.2	158.8	160.7	177.4	139.5	139.0	145.8
沖	縄	Okinawa	…	…	…	54.0	66.4	75.2	91.8	70.3	85.7	84.6
14 大 都 市 （再 掲）		14 major cities (Regrouped)										
東京都区部		Ward areas of Tokyo	…	54.3	65.9	72.9	89.5	101.2	125.4	118.7	118.1	…
札	幌	Sapporo	…	…	…	73.1	87.7	104.1	109.0	96.1	95.6	…
仙	台	Sendai	…	…	…	…	…	…	96.9	69.2	88.8	…
さいたま		Saitama	…	…	…	…	…	…	…	…	…	…
千	葉	Chiba	…	…	…	…	…	…	…	86.0	84.9	…
横	浜	Yokohama	…	56.4	60.2	56.0	74.9	85.4	98.5	88.7	88.1	…
川	崎	Kawasaki	…	…	…	48.9	62.6	67.3	82.2	80.2	75.1	…
名 古	屋	Nagoya	…	…	58.7	74.9	80.3	104.3	123.0	143.2	122.0	127.1
京	都	Kyoto	…	74.0	99.5	101.7	121.9	130.9	131.6	104.8	119.3	…
大	阪	Osaka	…	59.6	78.1	100.3	124.0	143.7	143.3	127.8	116.7	…
神	戸	Kobe	…	60.0	81.7	85.0	118.8	124.2	132.4	123.0	106.7	…
広	島	Hiroshima	…	…	…	…	…	86.6	105.1	88.3	92.2	…
北 九 州		Kitakyushu	…	61.5	73.8	84.7	117.6	130.4	154.9	115.3	115.9	…
福	岡	Fukuoka	…	…	…	69.7	76.9	89.0	102.8	76.1	72.6	…

318

10万対），都道府県（14大都市再掲）別 －昭和35・40・45・50・55・60・平成2・7・12・16年－
and age-adjusted death rates (per 100,000 population) from heart diseases, by prefecture
1980, 1985, 1990, 1995, 2000 and 2004

粗死亡率（人口10万対）　　crude death rates (per 100,000 population)

女 Female											都道府県 Prefecture		
昭和35年 1960	40年 1965	45年 1970	50年 1975	55年 1980	60年 1985	平成2年 1990	7年 1995	12年 2000	16年 2004			
70.8	73.6	82.7	86.4	100.5	113.3	134.0	109.6	116.3	127.2	全	国	Total
56.4	65.7	76.9	85.2	99.0	113.9	130.8	106.8	113.4	128.6	北 海	道	Hokkaido
50.5	55.6	66.4	77.8	95.0	115.8	133.8	121.9	130.5	145.9	青	森	Aomori
71.5	77.2	87.9	91.7	112.1	127.4	156.3	120.6	135.6	154.1	岩	手	Iwate
55.9	67.7	79.7	86.5	97.4	100.5	108.8	99.4	106.8	121.9	宮	城	Miyagi
69.6	68.8	78.7	89.5	119.8	133.2	161.0	121.6	142.3	161.8	秋	田	Akita
73.7	84.1	85.3	96.0	120.4	140.2	159.9	128.3	143.0	164.1	山	形	Yamagata
72.4	80.2	94.4	98.6	117.3	125.0	148.2	117.8	137.2	154.7	福	島	Fukushima
88.6	94.8	99.0	95.8	105.0	111.5	127.6	112.4	117.2	130.4	茨	城	Ibaraki
81.9	85.1	95.1	91.0	104.6	114.2	134.3	107.8	124.1	136.4	栃	木	Tochigi
89.2	95.2	101.7	93.3	108.2	120.2	144.4	114.1	121.9	142.5	群	馬	Gumma
90.1	76.1	67.6	61.5	75.5	84.6	100.7	84.3	89.9	103.3	埼	玉	Saitama
88.2	82.5	76.5	69.8	80.0	87.2	109.3	93.3	103.6	108.9	千	葉	Chiba
49.9	51.0	59.0	64.3	79.1	92.4	115.2	104.6	108.3	114.3	東	京	Tokyo
58.3	51.1	57.4	58.8	68.5	80.3	97.2	80.3	80.7	90.6	神 奈	川	Kanagawa
71.5	81.7	82.1	78.7	94.2	110.2	132.3	119.2	126.6	143.0	新	潟	Niigata
78.6	81.3	87.6	90.8	112.9	116.4	136.9	113.2	126.9	128.6	富	山	Toyama
84.0	87.5	89.7	103.0	106.1	121.9	141.7	115.6	128.1	140.2	石	川	Ishikawa
102.7	97.5	108.9	115.8	119.9	133.0	152.9	128.7	129.2	141.1	福	井	Fukui
99.8	92.8	107.2	101.2	109.8	134.6	147.9	122.5	130.2	144.8	山	梨	Yamanashi
91.9	105.6	107.3	106.2	112.0	136.7	146.9	120.5	128.5	152.8	長	野	Nagano
83.5	83.6	88.4	100.1	106.6	117.2	132.1	110.8	129.0	137.3	岐	阜	Gifu
72.6	70.9	87.2	83.3	98.3	108.6	131.1	111.5	121.2	127.8	静	岡	Shizuoka
67.1	63.0	70.3	72.7	84.7	100.2	124.8	98.9	108.8	113.5	愛	知	Aichi
82.9	90.4	99.1	106.7	118.6	138.2	157.3	127.2	130.6	136.3	三	重	Mie
113.3	105.4	108.7	115.9	117.0	129.5	135.2	118.0	117.0	116.6	滋	賀	Shiga
75.5	76.0	95.1	104.5	114.6	127.3	144.2	113.5	125.4	135.6	京	都	Kyoto
56.7	57.9	69.0	76.5	90.0	109.1	131.6	100.7	103.2	113.6	大	阪	Osaka
67.4	69.3	75.7	83.4	101.2	121.0	140.9	116.4	117.1	122.9	兵	庫	Hyogo
89.6	86.7	100.2	100.0	103.4	121.9	146.6	114.8	120.1	129.7	奈	良	Nara
78.1	80.0	89.1	108.5	145.4	170.7	184.8	154.7	155.0	165.9	和 歌	山	Wakayama
93.1	90.0	111.5	123.3	120.6	144.8	169.5	127.8	158.8	171.4	鳥	取	Tottori
89.8	103.3	127.8	124.2	137.3	149.4	171.2	138.3	148.9	176.6	島	根	Shimane
73.0	79.7	93.9	99.3	124.3	125.9	150.9	124.3	122.5	142.7	岡	山	Okayama
74.6	80.1	90.7	95.4	102.2	121.0	142.3	117.0	125.9	140.8	広	島	Hiroshima
67.9	74.5	90.1	98.8	123.6	134.5	171.4	141.6	164.1	168.5	山	口	Yamaguchi
103.2	122.3	131.6	135.2	140.1	140.9	185.9	153.8	153.8	178.4	徳	島	Tokushima
72.5	81.0	90.4	112.5	132.0	151.6	171.0	131.4	146.1	170.3	香	川	Kagawa
71.7	77.9	89.4	100.1	116.8	132.8	168.9	141.8	152.3	178.9	愛	媛	Ehime
74.4	83.3	120.4	132.0	153.4	159.6	192.5	150.8	164.4	175.9	高	知	Kochi
56.4	69.4	82.7	87.6	106.7	119.6	137.6	102.3	101.6	109.9	福	岡	Fukuoka
71.2	81.1	101.1	121.2	141.4	134.6	158.3	130.9	128.9	140.9	佐	賀	Saga
72.2	70.5	96.3	97.6	112.0	125.8	150.8	130.4	131.5	151.6	長	崎	Nagasaki
75.1	91.4	116.1	120.6	134.9	142.8	172.0	121.2	138.1	148.2	熊	本	Kumamoto
85.6	98.4	115.6	125.3	134.6	137.6	175.7	143.7	153.5	154.8	大	分	Oita
72.1	89.4	100.6	106.4	117.8	140.1	149.2	122.2	131.1	142.3	宮	崎	Miyazaki
76.3	78.9	99.3	114.5	153.6	159.8	183.1	135.9	139.1	161.0	鹿 児	島	Kagoshima
...	...	...	63.5	74.6	73.4	101.1	72.5	83.9	88.7	沖	縄	Okinawa
										14 大 都 市 （ 再 掲 ）		14 major cities (Regrouped)
...	49.8	58.7	64.3	79.7	94.1	118.1	108.1	111.0	...	東京都区部		Ward areas of Tokyo
...	...	...	66.7	82.9	92.5	105.3	84.5	86.6	...	札	幌	Sapporo
...	...	...	...	...	...	77.8	66.9	73.1	...	仙	台	Sendai
...	...	...	...	...	...	...	...	...	...	さ い た ま		Saitama
...	...	...	...	...	...	75.0	85.7	...		千	葉	Chiba
...	51.6	55.4	56.0	66.0	79.7	95.7	77.6	78.9	...	横	浜	Yokohama
...	...	...	46.9	47.4	63.1	81.2	71.5	74.4	...	川	崎	Kawasaki
...	57.6	65.3	72.7	87.4	102.6	133.3	109.0	117.1	...	名 古	屋	Nagoya
...	66.3	98.0	109.5	121.0	132.2	146.6	113.5	129.6	...	京	都	Kyoto
...	57.3	80.2	98.1	115.4	131.2	151.1	115.4	111.8	...	大	阪	Osaka
...	58.4	73.5	82.3	98.5	121.0	137.2	115.8	105.1	...	神	戸	Kobe
...	...	...	...	79.9	110.9	84.3	96.6	...		広	島	Hiroshima
...	50.3	73.6	75.6	99.3	117.3	145.6	117.2	114.5	...	北 九	州	Kitakyushu
...	...	...	66.7	77.0	92.4	97.7	71.8	79.1	...	福	岡	Fukuoka

第9表　心疾患死亡数・粗死亡率（人口10万対）・年齢調整死亡率（人口

Statistics 9　Numbers of deaths, crude death rates (per 100,000 population), (and the 14 major cities, regrouped) : 1960, 1965, 1970, 1975,

都道府県 Prefecture			男　Male									
			昭和35年 1960	40年 1965	45年 1970	50年 1975	55年 1980	60年 1985	平成2年 1990	7年 1995	12年 2000	16年 2004
全		国　Total	153.3	156.0	161.7	150.0	158.0	146.9	139.1	99.7	85.8	80.6 (80.1)
北 海	道	Hokkaido	158.9	179.2	180.6	170.5	175.9	162.5	149.3	104.7	87.3	84.9
青 森		Aomori	170.6	144.9	171.9	154.3	178.5	175.6	169.5	123.0	102.5	103.6
岩 手		Iwate	170.9	163.5	176.2	149.9	165.8	153.2	148.2	101.7	85.4	97.4
宮 城		Miyagi	151.2	165.3	153.2	136.0	155.4	137.9	135.7	91.7	81.3	82.1
秋 田		Akita	205.2	181.4	173.2	148.7	164.2	157.2	138.9	81.0	74.3	79.0
山 形		Yamagata	160.7	165.7	164.1	132.5	160.7	141.9	135.1	100.6	84.3	84.5
福 島		Fukushima	167.7	163.5	163.2	141.1	155.5	140.9	142.7	103.2	96.9	96.4
茨 城		Ibaraki	176.0	170.9	175.2	159.4	160.9	145.4	135.4	104.5	88.7	84.5
栃 木		Tochigi	177.8	189.9	166.0	147.6	156.8	149.8	143.5	105.2	95.9	95.7
群 馬		Gumma	166.8	172.8	168.0	144.5	147.7	148.0	139.2	101.4	88.5	81.1
埼 玉		Saitama	192.8	193.4	171.9	159.1	164.2	155.2	153.7	105.6	92.7	86.5
千 葉		Chiba	186.5	174.0	167.4	159.5	155.2	151.7	144.2	104.8	90.6	90.2
東 京		Tokyo	154.8	144.7	147.1	141.4	144.8	134.0	137.2	104.5	87.5	78.2
神奈川		Kanagawa	154.8	161.4	154.7	137.1	146.3	137.7	128.9	96.9	79.1	72.4
新 潟		Niigata	159.6	175.1	145.7	126.0	135.3	128.4	114.4	84.7	77.9	78.2
富 山		Toyama	166.9	175.6	172.7	135.0	153.6	144.6	121.7	90.7	73.8	64.0
石 川		Ishikawa	158.0	173.7	171.8	141.6	166.2	145.0	134.5	94.8	85.8	78.4
福 井		Fukui	180.6	173.6	138.1	150.2	163.3	140.3	120.9	86.0	81.7	77.9
山 梨		Yamanashi	172.7	160.5	146.2	135.8	153.1	141.0	139.7	98.7	88.1	81.1
長 野		Nagano	172.2	187.5	169.9	153.0	150.2	140.5	120.1	90.1	78.7	73.4
岐 阜		Gifu	159.1	154.5	158.4	151.6	155.1	150.1	127.0	103.5	86.3	84.5
静 岡		Shizuoka	154.3	163.7	162.7	148.8	157.5	144.4	131.6	99.8	84.0	79.1
愛 知		Aichi	164.0	161.3	178.9	161.2	165.8	162.9	158.1	106.5	92.5	85.0
三 重		Mie	163.1	164.7	172.1	161.2	164.7	150.4	152.5	102.0	86.5	82.5
滋 賀		Shiga	183.5	192.5	175.4	170.5	176.5	142.9	145.6	96.8	78.8	76.0
京 都		Kyoto	159.9	150.1	167.8	154.2	160.2	142.2	125.3	89.9	84.7	80.8
大 阪		Osaka	148.8	151.0	170.0	170.6	172.9	172.0	153.8	109.0	89.3	84.0
兵 庫		Hyogo	147.9	149.2	149.1	144.1	157.2	152.0	141.5	109.8	84.1	78.6
奈 良		Nara	154.9	170.2	162.7	168.4	164.1	146.0	142.4	92.7	84.5	80.4
和歌山		Wakayama	132.3	136.5	153.2	148.1	175.1	163.1	156.8	111.6	101.8	91.6
鳥 取		Tottori	131.8	141.8	173.0	163.3	161.8	148.6	137.3	92.3	92.5	80.8
島 根		Shimane	145.2	151.2	162.8	138.3	151.7	120.9	117.3	90.2	72.0	76.9
岡 山		Okayama	123.0	130.8	134.4	132.6	143.2	137.6	132.2	88.2	82.1	77.8
広 島		Hiroshima	136.2	135.3	148.8	145.6	144.2	136.9	128.2	93.0	82.7	79.3
山 口		Yamaguchi	134.7	118.7	147.1	141.3	153.7	138.0	137.8	95.5	79.2	81.8
徳 島		Tokushima	149.3	185.1	181.6	171.1	182.2	164.1	145.9	110.6	92.1	85.6
香 川		Kagawa	127.2	126.2	140.8	153.6	159.2	143.4	138.8	100.6	89.9	84.3
愛 媛		Ehime	111.3	128.2	144.9	141.1	158.9	140.4	146.0	99.3	99.1	100.9
高 知		Kochi	104.2	111.8	147.7	147.5	172.6	149.4	143.5	103.6	96.1	82.6
福 岡		Fukuoka	126.4	144.9	155.5	150.2	159.8	144.5	139.7	86.9	71.2	66.5
佐 賀		Saga	127.2	126.5	169.7	147.4	154.4	143.1	130.0	91.1	79.6	73.9
長 崎		Nagasaki	138.3	133.7	171.7	141.5	168.2	147.9	135.4	95.8	81.6	75.9
熊 本		Kumamoto	140.5	151.8	171.1	160.6	156.1	141.5	129.1	89.5	74.4	70.5
大 分		Oita	146.7	153.6	175.6	170.3	157.3	143.7	136.7	98.3	91.1	73.6
宮 崎		Miyazaki	149.5	136.9	163.8	152.2	168.6	154.8	142.4	92.1	83.4	87.6
鹿児島		Kagoshima	123.3	115.0	149.7	143.2	162.4	146.9	138.8	95.1	84.7	78.9
沖 縄		Okinawa	…	…	…	98.7	108.5	109.3	113.1	74.5	78.9	69.6
14大都市 （再掲）		14 major cities (Regrouped)										
東京都区部		Ward areas of Tokyo	153.6	141.3	147.3	139.6	138.5	131.4	135.4	106.2	88.5	…
札 幌		Sapporo	…	…	…	178.4	175.7	164.7	141.2	101.1	80.3	…
仙 台		Sendai	…	…	…	…	…	…	133.3	80.3	84.6	…
さいたま		Saitama	…	…	…	…	…	…	…	…	…	…
千 葉		Chiba	…	…	…	…	…	…	…	…	106.1	81.8
横 浜		Yokohama	155.0	157.3	156.2	138.5	151.2	143.5	137.9	98.8	78.3	…
川 崎		Kawasaki	…	…	…	138.3	144.0	126.9	125.0	97.8	75.1	…
名古屋		Nagoya	168.0	154.8	177.1	163.1	169.8	170.7	169.5	119.6	102.4	…
京 都		Kyoto	154.0	150.8	178.9	155.2	157.4	145.0	124.1	87.5	85.5	…
大 阪		Osaka	143.5	149.8	172.4	179.6	177.9	177.5	151.0	115.4	88.5	…
神 戸		Kobe	137.9	129.0	155.7	148.4	166.4	152.5	140.4	114.8	79.9	…
広 島		Hiroshima	…	…	…	…	…	125.7	128.8	90.1	78.5	…
北九州		Kitakyushu	…	144.0	141.2	152.6	169.3	156.5	151.3	94.9	78.7	…
福 岡		Fukuoka	…	…	…	145.0	139.1	141.0	138.0	88.5	68.2	…

注：1) 年齢調整死亡率の基準人口は、昭和60年モデル人口である。ただし、平成16年都道府県別年齢調整死亡率算出にあたっては、80歳以上を一括して用いた。
2) 平成12年までの年齢調整死亡率と平成16年の全国の年調整死亡率の算出に用いている粗死亡率は、国勢調査日本人人口（5歳階級、85歳以上一括）により算出している。
3) 平成16年の都道府県（全国のカッコ書きを含む）別年齢調整死亡率の算出に用いている粗死亡率は、10月1日現在推計人口（5歳階級、全国=85歳以上一括、都道府県=80歳以上一括）の総人口により算出している。
4) 都道府県は死亡した人の住所による。

10万対), 都道府県（14大都市再掲）別 －昭和35・40・45・50・55・60・平成2・7・12・16年－
and age-adjusted death rates (per 100,000 population) from heart diseases, by prefecture
1980, 1985, 1990, 1995, 2000 and 2004

年齢調整死亡率（人口10万対）　age-adjusted death rates (per 100,000 population)

| 女 Female |||||||||| 都 道 府 県 ||
昭和35年 1960	40年 1965	45年 1970	50年 1975	55年 1980	60年 1985	平成2年 1990	7年 1995	12年 2000	16年 2004	Prefecture	
111.9	111.1	114.5	106.3	103.9	94.6	88.5	58.4	48.5	44.2 (44.0)	全 国	Total
120.3	129.2	135.6	128.6	122.6	110.7	97.3	61.6	50.1	48.0	北 海 道	Hokkaido
99.8	100.2	104.3	103.5	104.2	100.3	89.4	63.7	53.5	52.8	青　森	Aomori
129.0	126.9	124.3	110.5	108.6	97.0	90.3	54.2	47.8	47.4	岩　手	Iwate
96.5	105.1	111.9	108.5	104.9	89.9	77.9	57.4	47.3	47.7	宮　城	Miyagi
138.2	121.0	119.3	108.7	116.2	98.2	89.4	51.2	45.2	45.7	秋　田	Akita
117.2	117.2	106.2	97.0	100.8	92.6	80.9	51.9	45.4	45.3	山　形	Yamagata
117.2	115.7	118.8	105.6	105.8	93.0	87.7	55.6	52.3	50.8	福　島	Fukushima
125.5	125.0	121.3	108.1	105.8	96.1	89.4	63.0	50.3	49.5	茨　城	Ibaraki
121.5	117.2	120.0	105.3	105.1	96.1	91.8	60.0	54.5	50.6	栃　木	Tochigi
137.7	137.5	130.3	107.8	105.5	96.6	93.3	58.1	49.0	50.0	群　馬	Gumma
151.3	133.7	123.7	111.1	116.7	103.8	98.7	66.0	53.8	53.8	埼　玉	Saitama
125.1	118.9	115.6	102.8	105.7	93.7	93.1	63.2	54.7	50.1	千　葉	Chiba
108.8	107.3	111.4	102.0	97.3	88.1	85.0	60.8	49.8	47.3	東　京	Tokyo
112.3	102.6	112.5	104.6	100.1	92.2	87.1	57.0	43.7	43.9	神 奈 川	Kanagawa
108.1	110.8	99.5	83.6	83.9	78.4	71.2	49.9	41.2	41.8	新　潟	Niigata
114.1	111.8	108.1	97.9	101.8	82.9	73.1	48.1	40.9	37.0	富　山	Toyama
114.1	114.9	107.1	112.4	98.7	92.3	84.2	52.9	47.7	45.9	石　川	Ishikawa
137.3	120.5	121.2	114.6	99.2	89.4	80.8	56.1	41.3	41.7	福　井	Fukui
134.9	112.1	115.7	96.0	88.4	90.8	79.7	53.3	46.0	46.0	山　梨	Yamanashi
124.9	133.7	119.8	102.4	89.9	88.3	74.4	48.3	39.8	43.6	長　野	Nagano
122.2	119.0	115.6	120.1	109.6	98.4	88.0	59.5	52.8	49.5	岐　阜	Gifu
115.7	107.7	119.4	100.9	100.2	89.6	84.9	56.8	48.8	45.6	静　岡	Shizuoka
117.1	110.8	116.7	112.6	109.9	104.2	102.7	64.7	55.8	51.6	愛　知	Aichi
110.7	113.4	112.1	107.7	102.0	98.1	91.0	60.6	49.7	46.5	三　重	Mie
144.5	126.6	121.0	121.5	111.0	102.9	86.2	62.6	47.3	43.7	滋　賀	Shiga
106.5	102.9	118.8	116.7	107.5	94.9	86.1	55.5	49.7	47.6	京　都	Kyoto
106.5	112.8	128.6	126.0	120.6	114.3	107.7	66.0	51.9	51.2	大　阪	Osaka
105.6	105.1	105.4	102.9	104.2	100.5	94.0	64.6	50.2	47.4	兵　庫	Hyogo
121.6	115.8	125.3	115.8	105.7	103.8	100.4	64.0	52.8	50.3	奈　良	Nara
99.8	96.3	96.6	104.9	118.0	112.4	96.3	67.9	53.6	51.2	和 歌 山	Wakayama
112.1	98.5	106.2	104.2	86.6	84.8	80.3	50.4	47.4	46.4	鳥　取	Tottori
103.0	104.7	112.8	94.8	90.4	80.1	74.1	47.9	40.4	43.3	島　根	Shimane
92.8	93.1	99.3	93.0	98.0	80.7	76.1	52.7	42.6	43.7	岡　山	Okayama
97.1	99.5	104.9	101.0	91.9	88.9	83.7	55.0	46.7	48.6	広　島	Hiroshima
95.8	95.2	100.2	95.4	99.7	86.9	84.7	56.9	52.5	48.8	山　口	Yamaguchi
129.5	141.6	138.7	126.5	112.9	92.3	95.2	63.3	49.7	53.3	徳　島	Tokushima
92.5	93.6	94.0	104.5	104.8	97.9	87.6	56.4	50.6	50.7	香　川	Kagawa
92.2	93.4	95.8	94.6	94.0	87.7	88.8	61.2	51.6	56.3	愛　媛	Ehime
86.3	86.6	108.6	102.5	102.9	88.9	84.3	58.3	49.0	47.3	高　知	Kochi
93.9	107.8	112.5	103.4	104.9	94.5	86.0	52.3	41.3	40.2	福　岡	Fukuoka
102.6	104.5	111.4	112.1	110.4	86.0	79.1	53.8	42.9	41.8	佐　賀	Saga
110.4	97.9	118.1	101.6	97.6	87.4	82.0	57.5	43.8	46.8	長　崎	Nagasaki
103.1	113.6	125.6	110.7	104.3	88.8	84.2	48.0	43.4	42.9	熊　本	Kumamoto
115.1	121.8	126.0	119.6	109.3	91.0	93.7	61.0	50.7	46.0	大　分	Oita
113.7	125.6	123.5	112.0	105.3	100.9	84.5	55.5	44.8	43.1	宮　崎	Miyazaki
97.8	89.1	96.8	95.1	110.8	96.9	88.8	54.6	44.9	45.5	鹿 児 島	Kagoshima
…	…	…	68.4	70.5	58.2	67.2	41.7	39.6	38.8	沖　縄	Okinawa
										14 大 都 市 （　再　掲　）	14 major cities (Regrouped)
107.8	106.0	109.3	98.8	93.6	85.6	83.0	60.2	49.5	…	東京都区部	Ward areas of Tokyo
…	…	…	129.8	132.4	113.1	98.3	60.6	47.3	…	札　幌	Sapporo
…	…	…	…	…	…	75.6	51.9	43.3	…	仙　台	Sendai
…	…	…	…	…	…	…	…	…	…	さいたま	Saitama
…	…	…	…	…	…	…	60.2	53.2	…	千　葉	Chiba
118.5	105.7	111.3	105.2	98.9	95.2	89.4	56.6	44.2	…	横　浜	Yokohama
…	…	…	103.9	82.6	84.3	85.0	58.5	46.5	…	川　崎	Kawasaki
123.3	120.8	119.1	117.8	112.5	104.2	106.9	68.5	59.2	…	名 古 屋	Nagoya
103.7	98.1	131.5	126.1	112.7	96.7	86.1	54.4	51.6	…	京　都	Kyoto
106.9	111.5	135.2	134.6	124.9	114.0	105.3	65.0	48.8	…	大　阪	Osaka
107.2	97.3	110.9	107.7	103.8	102.0	94.9	70.2	47.4	…	神　戸	Kobe
…	…	…	…	…	…	79.5	87.9	52.2	47.3	広　島	Hiroshima
…	97.0	122.3	104.9	110.2	99.5	94.5	60.7	46.3	…	北 九 州	Kitakyushu
…	…	…	104.5	101.9	96.5	81.6	47.9	40.9	…	福　岡	Fukuoka

Notes: 1) The base population for age-adjusted death rates is the model population of 1985. However, the population of age 80 and over was integrated for the calculation of prefectural age-adjusted death rates for 2004.
2) The crude death rates used for the calculation of age-adjusted death rates for 2000 and earlier, and national age-adjusted death rates for 2004, are based on the population of Japanese nationals in the National Census (by 5-year age scale, but integrating the population of age 85 and over).
3) The crude death rates used for the calculation of prefectural age-adjusted death rates for 2004 (including the national rates in the brackets) are based on the overall estimated population as of October 1 (by 5-year age scale, but integrating the population of age 85 and over for national figures, and integrating that of 80 and over for prefectural figures).
4) The prefectures are based on the addresses at the time of death.

第10表（3－1）

第10表　脳血管疾患死亡数・粗死亡率（人口10万対）・年齢調整死亡率（人口
Statistics 10   Numbers of deaths, crude death rates (per 100,000 population),
(and the 14 major cities, regrouped): 1960, 1965, 1970, 1975,

都道府県 Prefecture			男　Male									
			昭和35年 1960	40年 1965	45年 1970	50年 1975	55年 1980	60年 1985	平成2年 1990	7年 1995	12年 2000	16年 2004
全		国　Total	78 965	92 723	96 910	89 924	81 650	65 287	57 627	69 587	63 127	61 547
北	海	道　Hokkaido	3 101	3 967	4 239	3 739	3 346	2 663	2 234	2 888	2 863	2 834
青	森	Aomori	1 436	1 566	1 555	1 365	1 283	1 010	839	1 021	1 020	1 008
岩	手	Iwate	1 665	1 917	1 849	1 658	1 295	1 011	864	1 097	1 022	1 046
宮	城	Miyagi	1 733	2 035	2 168	1 825	1 662	1 365	1 197	1 514	1 347	1 247
秋	田	Akita	1 794	1 882	1 753	1 479	1 287	1 012	846	1 003	918	914
山	形	Yamagata	1 604	1 750	1 730	1 504	1 366	940	857	972	895	872
福	島	Fukushima	2 339	2 674	2 674	2 321	2 036	1 544	1 312	1 558	1 347	1 348
茨	城	Ibaraki	2 222	2 455	2 574	2 490	2 241	1 718	1 599	1 796	1 679	1 676
栃	木	Tochigi	1 578	1 909	2 024	1 832	1 682	1 352	1 149	1 348	1 201	1 229
群	馬	Gumma	1 654	1 935	2 058	1 798	1 642	1 340	1 136	1 256	1 131	1 099
埼	玉	Saitama	2 440	2 845	3 108	3 028	2 974	2 471	2 225	2 920	2 823	2 867
千	葉	Chiba	2 354	2 674	2 905	2 725	2 746	2 315	2 079	2 684	2 615	2 566
東	京	Tokyo	5 751	6 678	7 268	6 869	6 425	5 363	4 984	5 880	5 410	5 255
神	奈川	Kanagawa	2 410	2 940	3 367	3 420	3 349	2 958	2 799	3 534	3 395	3 338
新	潟	Niigata	2 570	3 107	3 004	2 810	2 380	1 832	1 496	1 867	1 610	1 658
富	山	Toyama	988	1 210	1 136	1 030	923	743	637	769	660	636
石	川	Ishikawa	946	1 032	980	934	890	667	557	653	623	612
福	井	Fukui	670	748	760	729	616	536	426	498	406	410
山	梨	Yamanashi	776	925	994	900	775	605	495	559	454	472
長	野	Nagano	2 380	2 796	2 747	2 409	2 135	1 755	1 578	1 788	1 683	1 553
岐	阜	Gifu	1 423	1 532	1 715	1 711	1 511	1 268	1 075	1 306	1 126	1 027
静	岡	Shizuoka	2 550	2 805	2 870	2 556	2 408	1 986	1 752	2 169	2 016	1 927
愛	知	Aichi	2 941	3 552	3 657	3 693	3 480	2 804	2 604	3 219	2 978	2 999
三	重	Mie	1 231	1 384	1 603	1 533	1 335	1 225	1 016	1 163	1 004	952
滋	賀	Shiga	699	876	962	920	824	613	522	627	520	515
京	都	Kyoto	1 454	1 616	1 724	1 693	1 588	1 301	1 141	1 332	1 135	1 124
大	阪	Osaka	3 187	3 961	4 284	4 185	4 020	3 053	2 737	3 496	3 143	3 101
兵	庫	Hyogo	2 778	3 365	3 558	3 417	3 288	2 504	2 231	2 862	2 296	2 333
奈	良	Nara	678	746	782	772	761	672	576	666	576	561
和	歌山	Wakayama	877	1 034	1 085	959	903	756	631	730	581	513
鳥	取	Tottori	614	717	713	621	587	485	409	502	398	387
島	根	Shimane	923	1 075	1 165	1 036	886	610	537	578	502	475
岡	山	Okayama	1 636	1 870	1 955	1 871	1 595	1 319	1 131	1 209	1 064	1 017
広	島	Hiroshima	1 773	2 124	2 284	2 029	1 865	1 476	1 346	1 633	1 448	1 277
山	口	Yamaguchi	1 527	1 755	1 794	1 602	1 406	1 026	904	1 060	989	961
徳	島	Tokushima	732	868	958	796	750	546	467	589	520	493
香	川	Kagawa	721	857	876	763	680	578	553	633	545	478
愛	媛	Ehime	1 222	1 525	1 706	1 494	1 297	912	841	1 001	890	801
高	知	Kochi	958	1 146	1 339	1 123	923	661	543	649	594	585
福	岡	Fukuoka	3 093	3 483	3 512	3 326	2 836	2 341	2 141	2 486	2 208	2 131
佐	賀	Saga	786	842	829	777	687	556	462	540	453	442
長	崎	Nagasaki	1 241	1 661	1 692	1 462	1 260	987	806	901	834	825
熊	本	Kumamoto	1 696	2 058	1 962	1 719	1 379	1 078	935	1 095	954	978
大	分	Oita	1 142	1 364	1 413	1 285	1 147	838	749	836	775	672
宮	崎	Miyazaki	948	1 233	1 201	1 123	953	763	666	788	648	599
鹿	児島	Kagoshima	1 559	1 967	2 079	1 839	1 606	1 325	1 121	1 337	1 231	1 112
沖	縄	Okinawa	...	...	...	509	420	296	286	408	442	462
不	詳	Not Stated	165	262	299	245	202	108	136	167	155	160
14 大都市 （再掲）		14 major cities (Regrouped)										
東京都区部		Ward areas of Tokyo	4 893	5 444	5 781	5 393	4 950	4 114	3 746	4 286	3 765	3 558
札	幌	Sapporo	...	...	...	562	582	500	433	622	699	705
仙	台	Sendai	...	...	...	...	...	...	310	373	385	354
さいたま		Saitama	...	...	...	...	...	...	...	...	...	382
千	葉	Chiba	...	...	...	...	...	...	...	296	307	330
横	浜	Yokohama	932	1 184	1 290	1 365	1 285	1 094	1 106	1 375	1 338	1 340
川	崎	Kawasaki	...	...	...	478	457	404	395	516	481	462
名	古屋	Nagoya	878	1 182	1 218	1 190	1 138	926	843	1 068	978	964
京	都	Kyoto	806	921	984	918	811	716	622	749	566	620
大	阪	Osaka	1 661	1 911	1 911	1 799	1 641	1 216	1 014	1 299	1 136	1 144
神	戸	Kobe	680	794	848	815	815	635	532	695	519	541
広	島	Hiroshima	...	...	...	...	...	346	346	515	484	402
北	九州	Kitakyushu	...	743	814	765	648	523	517	594	508	484
福	岡	Fukuoka	...	...	...	547	496	414	362	411	399	398

10万対），都道府県（14大都市再掲）別 －昭和35・40・45・50・55・60・平成2・7・12・16年－
and age-adjusted death rates (per 100,000 population) from cerebrovascular diseases, by prefecture
1980, 1985, 1990, 1995, 2000 and 2004

死亡数　Numbers of deaths

女 Female										都道府県 Prefecture	
昭和35年 1960	40年 1965	45年 1970	50年 1975	55年 1980	60年 1985	平成2年 1990	7年 1995	12年 2000	16年 2004		
71 144	80 050	84 405	84 443	80 667	69 707	64 317	76 965	69 402	67 508	全 国	Total
2 542	3 200	3 335	3 193	3 171	2 799	2 350	2 997	2 860	2 834	北 海 道	Hokkaido
1 050	1 127	1 142	1 163	1 118	1 042	816	1 076	976	1 037	青 森	Aomori
1 490	1 603	1 596	1 482	1 284	1 052	908	1 128	1 069	1 113	岩 手	Iwate
1 439	1 685	1 940	1 834	1 762	1 487	1 327	1 651	1 379	1 380	宮 城	Miyagi
1 320	1 474	1 421	1 318	1 269	1 069	974	1 090	1 070	971	秋 田	Akita
1 421	1 483	1 569	1 438	1 308	1 151	1 045	1 175	1 070	980	山 形	Yamagata
2 124	2 380	2 375	2 219	2 017	1 723	1 481	1 740	1 542	1 481	福 島	Fukushima
2 001	2 239	2 293	2 274	2 164	1 904	1 643	2 022	1 865	1 713	茨 城	Ibaraki
1 372	1 590	1 762	1 717	1 708	1 485	1 334	1 436	1 293	1 277	栃 木	Tochigi
1 571	1 689	1 797	1 764	1 630	1 390	1 173	1 325	1 301	1 256	群 馬	Gunma
2 009	2 409	2 475	2 680	2 652	2 285	2 318	2 967	2 834	2 945	埼 玉	Saitama
2 032	2 255	2 495	2 607	2 639	2 320	2 235	2 875	2 500	2 645	千 葉	Chiba
4 805	5 301	6 250	6 344	6 234	5 616	5 503	6 403	5 762	5 501	東 京	Tokyo
2 120	2 409	2 743	2 989	3 091	2 918	2 798	3 623	3 551	3 517	神 奈 川	Kanagawa
2 520	2 952	2 869	2 505	2 272	1 940	1 813	2 220	1 877	1 855	新 潟	Niigata
933	1 023	969	992	892	816	701	898	787	778	富 山	Toyama
872	906	912	954	817	689	661	817	671	670	石 川	Ishikawa
661	669	711	651	632	562	544	628	488	495	福 井	Fukui
784	888	959	847	779	615	561	586	524	529	山 梨	Yamanashi
2 461	2 799	2 627	2 520	2 319	1 874	1 835	1 993	1 932	1 814	長 野	Nagano
1 314	1 500	1 541	1 667	1 593	1 345	1 255	1 465	1 104	1 200	岐 阜	Gifu
2 088	2 256	2 396	2 274	2 368	2 021	1 978	2 387	2 220	2 100	静 岡	Shizuoka
2 793	2 984	3 209	3 609	3 459	2 980	2 972	3 494	3 142	2 992	愛 知	Aichi
1 192	1 399	1 489	1 542	1 407	1 359	1 231	1 403	1 104	1 110	三 重	Mie
762	809	953	891	877	658	676	792	655	585	滋 賀	Shiga
1 409	1 560	1 687	1 730	1 646	1 526	1 336	1 634	1 396	1 286	京 都	Kyoto
2 648	3 193	3 746	3 964	4 057	3 283	2 912	3 887	3 322	3 313	大 阪	Osaka
2 475	2 852	2 993	3 200	3 168	2 695	2 578	3 017	2 618	2 493	兵 庫	Hyogo
637	726	785	830	824	876	687	853	729	690	奈 良	Nara
806	894	964	956	947	841	787	860	707	631	和 歌 山	Wakayama
597	637	663	636	640	480	484	620	493	483	鳥 取	Tottori
880	1 031	973	943	871	698	594	696	546	546	島 根	Shimane
1 486	1 582	1 707	1 759	1 619	1 409	1 224	1 502	1 321	1 225	岡 山	Okayama
1 667	1 877	2 037	2 050	1 884	1 628	1 559	1 759	1 576	1 520	広 島	Hiroshima
1 349	1 432	1 532	1 444	1 306	1 162	939	1 226	1 208	1 138	山 口	Yamaguchi
752	808	824	836	739	545	597	592	567	543	徳 島	Tokushima
651	796	797	762	706	596	583	706	706	617	香 川	Kagawa
1 152	1 251	1 403	1 381	1 164	1 030	984	1 140	991	948	愛 媛	Ehime
933	1 058	1 149	1 118	954	772	680	787	719	686	高 知	Kochi
2 639	3 002	2 898	2 990	2 876	2 553	2 426	2 784	2 655	2 476	福 岡	Fukuoka
785	850	840	759	713	609	574	674	593	555	佐 賀	Saga
1 280	1 385	1 463	1 350	1 273	1 045	914	1 044	1 015	957	長 崎	Nagasaki
1 587	1 829	1 733	1 574	1 408	1 214	1 094	1 155	1 156	1 126	熊 本	Kumamoto
1 144	1 226	1 289	1 245	1 164	988	845	925	846	790	大 分	Oita
837	1 030	1 003	928	940	799	690	839	809	787	宮 崎	Miyazaki
1 723	1 960	2 052	1 966	1 850	1 523	1 353	1 635	1 423	1 456	鹿 児 島	Kagoshima
...	...	...	510	437	328	336	416	416	444	沖 縄	Okinawa
31	42	39	38	19	7	9	23	14	20	不 詳	Not Stated
										14 大 都 市 （ 再 掲 ）	14 major cities (Regrouped)
4 012	4 217	4 927	4 863	4 881	4 285	4 097	4 732	4 058	3 773	東 京 都 区 部	Ward areas of Tokyo
...	...	...	579	577	575	426	656	740	718	札 幌	Sapporo
...	...	...	...	...	...	349	429	350	399	仙 台	Sendai
...	...	...	...	...	...	...	...	...	402	さ い た ま	Saitama
...	...	...	...	...	...	...	322	285	306	千 葉	Chiba
761	912	1 055	1 132	1 171	1 063	1 085	1 435	1 330	1 289	横 浜	Yokohama
...	...	...	383	375	364	387	488	471	435	川 崎	Kawasaki
841	971	1 049	1 111	1 147	976	971	1 161	1 027	889	名 古 屋	Nagoya
781	852	917	941	916	836	698	890	753	721	京 都	Kyoto
1 330	1 497	1 626	1 595	1 589	1 244	1 026	1 322	1 154	1 128	大 阪	Osaka
606	661	765	841	790	673	617	710	639	582	神 戸	Kobe
...	...	...	...	...	423	400	511	473	469	広 島	Hiroshima
...	588	595	648	649	599	603	660	629	539	北 九 州	Kitakyushu
...	...	...	512	494	434	367	467	501	412	福 岡	Fukuoka

第10表 脳血管疾患死亡数・粗死亡率（人口10万対）・年齢調整死亡率（人口

Statistics 10　Numbers of deaths, crude death rates (per 100,000 population),
(and the 14 major cities, regrouped) : 1960, 1965, 1970, 1975,

都道府県 Prefecture			男　Male								
			昭和35年 1960	40年 1965	45年 1970	50年 1975	55年 1980	60年 1985	平成2年 1990	7年 1995	12年 2000	16年 2004
全	国	Total	172.1	192.2	191.5	164.3	142.7	110.5	95.6	114.2	102.7	99.9
北 海 道		Hokkaido	121.9	153.6	166.3	142.9	122.5	96.4	82.2	105.9	105.5	105.6
青 森		Aomori	206.9	229.3	227.2	193.3	174.7	138.3	119.2	145.4	145.4	146.7
岩 手		Iwate	236.9	282.1	281.2	248.5	188.4	146.4	127.2	161.1	150.3	156.8
宮 城		Miyagi	204.2	238.3	244.4	190.5	162.5	127.7	108.6	132.8	116.7	108.4
秋 田		Akita	278.3	306.3	295.8	250.7	213.5	169.0	144.9	173.9	162.9	167.1
山 形		Yamagata	254.2	289.2	294.7	256.5	225.8	154.4	141.3	160.4	149.2	148.3
福 島		Fukushima	237.0	280.0	286.0	243.8	205.8	152.7	128.3	149.9	130.2	131.9
茨 城		Ibaraki	222.2	243.6	244.6	215.1	176.5	126.8	113.1	122.8	113.9	114.2
栃 木		Tochigi	216.3	259.5	263.4	219.8	190.3	146.5	120.0	137.9	121.8	124.5
群 馬		Gumma	217.7	248.4	255.1	209.6	181.0	141.8	117.6	128.4	114.8	111.7
埼 玉		Saitama	203.2	188.2	159.6	124.6	108.9	83.7	68.9	86.3	81.3	81.7
千 葉		Chiba	208.6	199.1	171.9	130.5	115.7	89.7	74.5	92.7	88.6	85.8
東 京		Tokyo	115.1	120.0	126.3	117.3	110.9	91.1	84.6	101.9	91.3	87.2
神奈川		Kanagawa	138.0	128.9	120.1	104.7	95.3	78.2	68.9	85.0	79.7	76.7
新 潟		Niigata	218.2	267.8	263.8	242.4	199.7	152.2	124.8	154.8	134.4	140.0
富 山		Toyama	197.4	246.3	231.1	200.4	173.6	138.1	118.5	142.9	122.9	119.3
石 川		Ishikawa	203.5	220.3	204.6	180.7	164.6	120.0	99.3	114.9	109.5	107.9
福 井		Fukui	186.0	208.0	214.5	196.5	161.4	135.8	107.1	125.1	102.0	103.8
山 梨		Yamanashi	204.7	251.5	271.6	237.9	198.4	148.6	118.6	129.8	105.2	110.5
長 野		Nagano	249.3	298.3	294.2	248.4	212.2	169.5	151.1	168.6	158.0	146.4
岐 阜		Gifu	178.6	186.5	203.3	189.7	159.3	129.2	107.7	129.3	111.5	102.1
静 岡		Shizuoka	188.5	196.3	189.7	157.4	142.4	113.2	97.4	119.0	110.2	105.0
愛 知		Aichi	142.4	149.1	136.9	125.6	112.8	87.6	78.4	95.0	85.8	85.0
三 重		Mie	171.8	190.2	217.0	195.7	164.1	145.3	117.5	131.4	112.9	107.2
滋 賀		Shiga	173.3	213.9	225.4	192.4	156.8	108.6	87.5	100.0	79.5	77.4
京 都		Kyoto	149.4	157.2	159.4	144.9	130.6	104.9	91.7	106.8	90.3	89.9
大 阪		Osaka	115.2	118.0	114.4	103.5	97.8	72.8	64.8	82.8	74.4	73.7
兵 庫		Hyogo	144.8	158.7	157.1	141.5	133.1	99.0	86.5	111.3	87.1	88.3
奈 良		Nara	177.3	186.3	174.5	148.2	130.4	106.7	87.2	97.3	83.8	82.6
和歌山		Wakayama	180.8	207.9	216.6	186.1	173.4	146.0	124.0	142.8	115.1	103.8
鳥 取		Tottori	214.1	260.2	265.3	224.7	203.1	164.6	139.1	171.1	136.2	133.4
島 根		Shimane	213.4	273.1	317.6	282.9	235.2	159.7	144.0	157.2	138.6	133.4
岡 山		Okayama	205.1	239.3	239.6	214.1	177.0	143.1	122.6	129.7	114.4	109.4
広 島		Hiroshima	167.4	191.7	193.4	157.5	140.4	108.1	97.7	117.7	104.8	92.7
山 口		Yamaguchi	195.7	236.9	251.9	217.5	187.0	135.6	122.4	145.2	137.9	136.1
徳 島		Tokushima	179.3	222.7	254.4	207.0	189.6	136.7	118.1	149.2	133.1	128.4
香 川		Kagawa	164.3	200.7	203.6	165.6	141.6	117.5	112.7	128.6	111.3	98.4
愛 媛		Ehime	169.4	221.6	254.6	214.4	180.8	125.4	117.5	140.8	126.7	115.4
高 知		Kochi	233.0	296.3	360.4	293.4	233.4	166.5	139.8	169.4	155.2	155.2
福 岡		Fukuoka	158.2	182.2	182.9	161.8	129.8	103.7	93.5	106.3	93.0	89.3
佐 賀		Saga	175.1	204.9	211.0	197.3	167.5	133.5	111.6	129.3	109.6	108.1
長 崎		Nagasaki	144.2	210.6	226.8	195.3	166.6	130.6	109.8	124.4	117.4	118.0
熊 本		Kumamoto	191.2	245.4	246.2	212.5	162.3	123.7	107.7	124.8	108.8	112.3
大 分		Oita	193.2	243.8	262.2	229.4	197.3	141.7	128.5	144.1	135.0	117.9
宮 崎		Miyazaki	171.7	238.4	241.4	218.2	173.4	136.8	120.9	141.9	117.6	109.9
鹿児島		Kagoshima	166.7	225.4	258.8	228.8	191.5	154.8	133.2	159.2	147.1	134.3
沖 縄		Okinawa	…	…	…	100.3	77.7	51.2	48.0	65.7	68.6	69.7
14大都市 （再掲）		14 major cities (Regrouped)										
東京都区部		Ward areas of Tokyo	…	119.4	129.9	124.9	119.6	99.6	93.3	111.1	95.1	…
札 幌		Sapporo	…	…	…	91.7	84.5	66.6	53.6	74.3	80.7	…
仙 台		Sendai	…	…	…	…	…	…	68.4	78.2	78.1	…
さいたま		Saitama	…	…	…	…	…	…	…	…	…	…
千 葉		Chiba	…	…	…	…	…	…	…	…	69.0	69.3
横 浜		Yokohama	…	127.6	112.1	102.0	91.4	72.0	67.6	82.6	78.1	…
川 崎		Kawasaki	…	…	…	90.6	84.9	71.6	64.6	83.1	74.9	…
名古屋		Nagoya	…	119.6	119.3	115.1	110.3	88.8	79.3	101.6	92.0	…
京 都		Kyoto	…	137.4	144.6	131.1	115.2	101.9	90.1	109.6	82.3	…
大 阪		Osaka	…	119.6	132.7	135.7	131.0	97.8	81.6	106.0	92.5	…
神 戸		Kobe	…	131.9	136.7	125.3	126.4	95.6	76.6	104.4	74.5	…
広 島		Hiroshima	…	…	…	…	…	…	67.9	65.4	96.2	89.2
北九州		Kitakyushu	…	145.1	162.8	150.7	127.5	104.3	106.9	124.0	107.0	…
福 岡		Fukuoka	…	…	…	111.7	93.2	73.4	60.4	66.7	62.1	…

10万対），都道府県（14大都市再掲）別 －昭和35・40・45・50・55・60・平成2・7・12・16年－
and age-adjusted death rates (per 100,000 population) from cerebrovascular diseases, by prefecture
1980, 1985, 1990, 1995, 2000 and 2004

粗死亡率（人口10万対）　crude death rates (per 100,000 population)

女　Female

昭和35年 1960	40年 1965	45年 1970	50年 1975	55年 1980	60年 1985	平成2年 1990	7年 1995	12年 2000	16年 2004	都道府県 Prefecture	
149.6	160.0	160.7	149.4	136.4	113.9	103.0	121.4	108.2	104.5	全　国	Total
101.9	123.6	126.9	117.7	111.9	96.2	80.6	101.7	96.7	96.2	北 海 道	Hokkaido
143.3	153.6	154.1	152.9	142.0	131.6	105.0	138.7	126.5	136.3	青　森	Aomori
199.8	219.1	224.1	206.8	175.2	141.9	123.4	153.2	145.9	153.9	岩　手	Iwate
160.9	187.4	209.0	184.7	167.2	134.9	116.3	140.0	114.8	114.2	宮　城	Miyagi
191.1	221.5	219.4	205.4	194.4	163.5	151.7	171.7	171.9	159.7	秋　田	Akita
206.0	225.4	246.0	227.2	202.4	176.6	160.6	181.4	167.4	155.6	山　形	Yamagata
199.6	231.3	235.4	218.4	193.3	161.6	137.4	159.9	142.3	137.9	福　島	Fukushima
191.1	213.6	210.8	192.6	168.7	139.6	115.6	137.9	125.9	115.6	茨　城	Ibaraki
175.0	202.3	217.6	199.1	188.7	157.9	137.7	145.3	129.6	127.7	栃　木	Tochigi
191.9	204.3	211.5	196.9	173.8	143.0	118.5	132.0	128.8	124.0	群　馬	Gumma
163.3	160.3	129.5	112.6	99.1	79.0	73.7	89.6	83.2	85.2	埼　玉	Saitama
172.6	166.0	149.6	127.3	112.5	90.9	81.6	101.0	85.7	88.9	千　葉	Chiba
102.5	99.9	112.2	111.0	109.1	96.6	94.8	110.9	97.3	90.2	東　京	Tokyo
125.0	112.1	104.1	96.6	91.7	80.9	72.6	90.7	86.0	82.5	神 奈 川	Kanagawa
199.3	238.3	235.2	203.7	180.9	152.5	142.5	174.2	148.0	147.6	新　潟	Niigata
175.4	191.6	180.7	178.8	156.6	141.1	120.8	155.0	136.5	135.5	富　山	Toyama
171.5	177.0	175.2	173.5	142.1	116.2	110.2	134.7	110.8	110.7	石　川	Ishikawa
168.4	171.1	184.4	163.6	155.0	134.4	129.4	149.1	115.9	118.1	福　井	Fukui
194.5	224.6	243.1	210.1	189.2	145.0	129.6	132.2	117.6	119.1	山　梨	Yamanashi
239.7	274.2	257.9	241.6	216.2	171.0	166.2	179.1	173.1	162.8	長　野	Nagano
156.1	170.7	170.1	174.4	159.1	129.7	118.7	136.7	103.1	112.4	岐　阜	Gifu
148.8	152.1	152.6	135.6	135.5	111.6	106.8	127.2	117.8	111.1	静　岡	Shizuoka
130.4	123.5	120.2	123.0	112.2	93.2	90.0	103.3	90.8	84.8	愛　知	Aichi
155.1	177.8	186.8	184.7	162.6	151.7	134.1	149.3	116.9	117.6	三　重	Mie
173.4	182.3	208.5	178.0	160.3	112.8	109.6	122.7	97.7	85.4	滋　賀	Shiga
138.1	145.2	149.4	142.6	129.9	117.4	101.9	123.3	104.0	95.5	京　都	Kyoto
96.7	96.7	100.7	97.5	97.0	76.5	67.2	88.8	75.3	74.5	大　阪	Osaka
124.5	130.3	128.2	127.8	122.2	100.9	93.9	109.8	92.4	87.0	兵　庫	Hyogo
159.8	170.6	164.5	150.6	133.1	131.0	97.0	115.6	97.6	92.7	奈　良	Nara
155.8	168.8	179.4	173.2	168.8	148.9	140.2	152.4	126.9	114.5	和 歌 山	Wakayama
191.1	209.3	222.0	209.6	204.2	150.2	151.3	194.2	155.0	153.3	鳥　取	Tottori
192.8	240.9	240.1	235.1	214.3	169.9	146.1	173.5	138.3	140.4	島　根	Shimane
170.3	183.2	193.0	188.7	168.4	142.8	123.1	149.3	131.1	121.4	岡　山	Okayama
148.1	160.0	164.1	152.7	135.1	113.3	107.1	119.6	106.9	103.1	広　島	Hiroshima
164.2	178.4	195.0	179.5	159.1	139.9	114.4	151.0	151.3	144.6	山　口	Yamaguchi
171.3	190.0	198.9	199.0	172.3	125.3	137.2	135.9	131.7	127.8	徳　島	Tokushima
135.6	168.0	167.2	152.6	136.3	112.6	109.8	132.8	133.6	117.5	香　川	Kagawa
147.8	165.0	188.0	180.2	147.9	128.7	123.5	143.9	126.1	122.0	愛　媛	Ehime
210.4	248.4	277.2	263.5	219.7	175.3	156.2	182.6	167.7	162.2	高　知	Kochi
128.6	146.2	139.0	135.3	122.9	104.8	97.3	108.8	101.7	93.8	福　岡	Fukuoka
158.9	184.4	189.1	171.6	157.1	131.8	124.1	145.1	128.8	121.4	佐　賀	Saga
142.3	162.4	178.3	164.6	153.2	125.2	110.9	128.0	126.6	121.1	長　崎	Nagasaki
163.8	196.2	192.3	174.0	150.0	126.0	112.9	118.2	118.1	115.5	熊　本	Kumamoto
176.4	195.2	210.1	198.5	180.7	150.7	129.9	142.9	131.7	123.6	大　分	Oita
143.7	182.8	181.5	163.0	156.5	129.6	111.9	135.7	131.2	128.4	宮　崎	Miyazaki
167.6	199.8	221.9	213.9	195.8	158.3	141.8	171.8	150.4	155.4	鹿 児 島	Kagoshima
…	…	…	96.4	78.0	55.1	54.1	64.5	62.4	64.5	沖　縄	Okinawa
										14 大 都 市（再 掲）	14 major cities (Regrouped)
…	97.3	114.0	114.6	118.4	103.9	102.0	120.8	101.4	…	東京都区部	Ward areas of Tokyo
…	…	…	92.7	81.4	73.0	49.5	72.1	77.8	…	札　幌	Sapporo
…	…	…	…	…	…	75.6	88.0	68.8	…	仙　台	Sendai
…	…	…	…	…	…	…	…	…	…	さいたま	Saitama
…	…	…	…	…	…	…	76.9	65.7	…	千　葉	Chiba
…	105.9	98.6	89.6	86.9	73.3	69.8	89.6	79.7	…	横　浜	Yokohama
…	…	…	80.2	76.0	70.7	70.3	86.3	79.7	…	川　崎	Kawasaki
…	102.5	105.8	108.8	111.5	93.4	91.4	109.7	96.0	…	名 古 屋	Nagoya
…	122.6	129.9	129.6	124.8	113.0	95.1	121.1	101.0	…	京　都	Kyoto
…	96.1	112.8	118.1	122.9	96.6	80.4	104.2	90.6	…	大　阪	Osaka
…	107.5	120.1	124.3	115.5	94.6	82.6	98.2	83.9	…	神　戸	Kobe
…	…	…	…	…	80.7	73.2	91.2	82.6	…	広　島	Hiroshima
…	110.9	111.7	120.0	118.9	109.9	113.0	124.3	119.1	…	北 九 州	Kitakyushu
…	…	…	101.3	90.1	73.7	58.3	71.5	72.8	…	福　岡	Fukuoka

第10表（3-3）

第10表　脳血管疾患死亡数・粗死亡率（人口10万対）・年齢調整死亡率（人口
Statistics 10　Numbers of deaths, crude death rates (per 100,000 population),
(and the 14 major cities, regrouped) : 1960, 1965, 1970, 1975,

都道府県 Prefecture			男　Male								
			昭和35年 1960	40年 1965	45年 1970	50年 1975	55年 1980	60年 1985	平成2年 1990	7年 1995	12年 2000	16年 2004
全	国	Total	341.1	361.0	333.8	265.0	202.0	134.0	97.9	99.3	74.2	62.5 (62.2)
北 海	道	Hokkaido	306.3	343.8	325.1	244.5	180.0	118.9	82.7	88.4	72.1	62.2
青	森	Aomori	505.1	471.8	423.9	317.2	249.7	167.8	117.2	122.1	102.7	90.3
岩	手	Iwate	497.0	525.2	454.4	363.1	236.7	155.2	111.1	118.6	92.6	85.6
宮	城	Miyagi	421.8	454.5	437.8	317.0	244.4	165.4	117.7	121.1	87.1	70.5
秋	田	Akita	607.7	578.7	481.7	364.5	264.0	174.8	121.7	119.5	91.1	83.6
山	形	Yamagata	475.0	474.6	433.6	337.6	258.1	150.6	115.0	109.1	83.1	74.6
福	島	Fukushima	460.4	492.3	442.3	342.7	255.2	166.3	116.9	115.1	83.1	73.6
茨	城	Ibaraki	398.1	408.7	386.6	334.5	253.9	160.6	121.0	111.1	85.1	75.5
栃	木	Tochigi	404.6	450.3	437.6	347.8	270.5	178.5	125.9	122.6	90.0	81.6
群	馬	Gumma	389.5	424.1	403.3	308.5	234.8	160.0	113.2	103.4	77.6	66.7
埼	玉	Saitama	415.5	421.6	382.6	297.8	229.0	144.7	99.1	104.1	77.3	65.8
千	葉	Chiba	383.0	385.9	346.7	270.2	215.5	141.7	98.3	102.3	77.1	63.5
東	京	Tokyo	326.2	325.6	302.3	238.4	182.9	124.6	96.2	96.5	71.3	59.0
神 奈	川	Kanagawa	351.9	341.6	313.5	248.4	189.1	127.0	92.5	94.8	71.2	58.1
新	潟	Niigata	412.7	463.1	415.4	341.6	242.2	157.5	106.3	110.9	79.4	73.7
富	山	Toyama	375.7	417.5	353.2	278.9	213.8	143.3	100.4	100.4	72.2	62.6
石	川	Ishikawa	352.1	360.2	305.8	259.2	210.0	133.1	92.4	89.6	71.8	62.1
福	井	Fukui	296.9	322.0	285.2	249.1	179.8	132.2	88.3	88.4	61.3	55.7
山	梨	Yamanashi	348.3	384.6	379.0	306.0	222.9	147.9	100.9	96.2	64.2	60.5
長	野	Nagano	405.8	437.8	396.8	303.5	227.1	155.9	117.2	110.9	87.3	71.7
岐	阜	Gifu	299.0	300.1	303.6	266.6	202.6	141.9	100.9	103.1	74.6	59.7
静	岡	Shizuoka	366.6	365.2	325.2	249.6	198.5	134.9	98.1	100.4	77.4	65.2
愛	知	Aichi	314.8	335.2	293.3	255.7	199.7	129.6	97.8	99.4	73.5	63.7
三	重	Mie	276.2	285.2	300.7	257.2	191.3	148.6	105.0	102.8	74.0	63.5
滋	賀	Shiga	282.9	327.4	322.3	273.7	208.5	131.4	92.0	91.7	62.9	55.3
京	都	Kyoto	281.3	282.7	260.8	218.1	170.5	116.7	87.3	88.9	63.5	55.2
大	阪	Osaka	301.8	310.6	281.8	224.5	177.5	109.8	80.3	87.3	63.4	53.5
兵	庫	Hyogo	286.7	307.2	281.2	230.1	187.8	119.3	87.7	98.9	64.1	56.2
奈	良	Nara	315.1	316.5	284.1	232.7	184.9	133.4	91.9	87.2	61.8	51.5
和 歌	山	Wakayama	288.5	315.9	300.9	233.8	191.0	138.1	100.9	100.8	69.2	54.4
鳥	取	Tottori	324.6	359.5	327.0	260.3	216.2	152.9	111.9	116.8	78.4	69.0
島	根	Shimane	299.5	332.6	334.9	272.7	210.4	127.5	97.2	92.1	70.8	58.4
岡	山	Okayama	299.0	318.3	302.5	252.3	185.1	131.6	97.6	89.3	69.4	60.5
広	島	Hiroshima	270.2	296.6	286.8	222.0	172.9	115.0	88.8	91.2	68.6	53.8
山	口	Yamaguchi	330.9	352.2	328.8	265.8	201.7	126.4	95.2	95.9	77.1	68.4
徳	島	Tokushima	261.7	305.3	312.0	237.2	198.0	125.6	93.5	102.5	77.2	65.3
香	川	Kagawa	248.9	276.9	256.7	196.1	151.8	107.3	87.9	87.6	64.2	51.4
愛	媛	Ehime	263.7	311.2	318.9	249.4	190.3	114.6	91.6	94.4	73.3	58.8
高	知	Kochi	317.7	352.3	387.5	297.0	215.5	137.9	99.6	104.2	82.3	75.2
福	岡	Fukuoka	343.2	341.5	304.0	248.6	178.0	121.6	93.3	92.0	68.1	57.4
佐	賀	Saga	318.7	311.4	283.3	232.0	181.5	128.0	92.7	93.1	67.8	61.1
長	崎	Nagasaki	284.6	358.4	338.6	263.6	199.4	135.4	96.0	92.2	72.7	65.4
熊	本	Kumamoto	318.7	360.3	314.3	247.0	171.7	114.8	86.2	86.7	64.9	59.8
大	分	Oita	304.6	342.5	329.3	264.9	206.8	131.1	101.4	98.0	75.9	60.3
宮	崎	Miyazaki	320.4	389.2	343.2	281.1	203.7	140.5	105.2	106.2	73.5	61.2
鹿 児	島	Kagoshima	278.9	324.6	318.8	252.7	193.8	139.9	104.2	107.0	85.6	69.8
沖	縄	Okinawa	…	…	…	190.4	132.3	75.6	59.1	70.1	63.5	56.8
14 大 都 市 （再　　揚）		14 major cities (Regrouped)										
東京都区部		Ward areas of Tokyo	331.7	321.4	302.3	240.9	184.8	128.7	100.0	99.2	71.2	…
札	幌	Sapporo	…	…	…	207.7	164.5	104.8	68.7	78.9	67.7	…
仙	台	Sendai	…	…	…	…	…	…	97.5	93.7	74.6	…
さいたま		Saitama	…	…	…	…	…	…	…	…	…	…
千	葉	Chiba	…	…	…	…	…	…	…	…	86.8	65.8
横	浜	Yokohama	355.8	342.4	298.1	246.4	185.2	119.6	92.8	93.1	69.5	…
川	崎	Kawasaki	…	…	…	252.2	188.8	127.0	96.8	103.3	75.0	…
名 古	屋	Nagoya	301.0	326.3	281.6	239.0	189.0	125.6	94.6	100.2	74.3	…
京	都	Kyoto	267.0	277.5	253.6	201.3	148.7	112.8	85.5	91.8	57.9	…
大	阪	Osaka	307.5	300.1	282.2	231.3	185.0	118.4	84.9	96.4	69.8	…
神	戸	Kobe	285.9	297.0	276.8	211.2	180.9	117.3	79.8	98.4	55.4	…
広	島	Hiroshima	…	…	…	…	…	99.6	80.1	99.1	75.9	…
北 九	州	Kitakyushu	…	345.3	317.0	264.2	190.5	126.6	103.6	101.1	71.2	…
福	岡	Fukuoka	…	…	…	238.6	173.8	115.2	81.3	76.0	58.9	…

注：1）年齢調整死亡率の基準人口は、昭和60年モデル人口である。ただし、平成16年都道府県別年齢調整死亡率算出にあたっては、80歳以上を一括して用いた。
　　2）平成12年までの年齢調整死亡率と平成16年の全国の年齢調整死亡率の算出に用いている粗死亡率は、国勢調査日本人人口（5歳階級、85歳以上一括）により算出している。
　　3）平成16年の都道府県（全国のカッコ書きを含む）別年齢調整死亡率の算出に用いている粗死亡率は、10月1日現在推計人口（5歳階級、全国＝85歳以上一括、都道府県＝80歳以上一括）の総人口により算出している。
　　4）都道府県は死亡した人の住所による。

10万対），都道府県（14大都市再掲）別　－昭和35・40・45・50・55・60・平成2・7・12・16年－
and age-adjusted death rates (per 100,000 population) from cerebrovascular diseases, by prefecture
1980, 1985, 1990, 1995, 2000 and 2004

年齢調整死亡率（人口10万対）　age-adjusted death rates (per 100,000 population)

女 Female											都道府県 Prefecture	
昭和35年 1960	40年 1965	45年 1970	50年 1975	55年 1980	60年 1985	平成2年 1990	7年 1995	12年 2000	16年 2004		
242.7	243.8	222.6	183.0	140.9	95.3	68.6	64.0	45.7	37.0 (36.9)	全　　国	Total
221.0	248.1	222.1	175.0	137.2	93.5	60.4	58.4	43.7	36.9	北　海　道	Hokkaido
293.9	271.7	237.6	200.0	154.2	114.0	70.6	72.5	51.6	49.6	青　　森	Aomori
364.0	349.9	310.3	243.2	168.7	108.1	72.6	70.2	51.9	50.2	岩　　手	Iwate
280.3	289.8	292.9	231.4	180.3	120.4	82.9	80.2	50.7	44.5	宮　　城	Miyagi
367.0	368.9	303.4	236.8	184.0	120.4	85.4	74.3	57.6	45.7	秋　　田	Akita
326.5	305.4	290.5	225.7	166.2	116.0	82.4	70.8	52.7	43.7	山　　形	Yamagata
323.1	332.9	293.7	231.6	173.6	119.1	80.8	73.0	53.7	45.5	福　　島	Fukushima
272.9	281.0	256.6	216.7	169.8	119.5	80.2	75.7	54.6	43.8	茨　　城	Ibaraki
263.2	278.5	273.9	229.4	189.7	133.1	94.8	78.2	56.1	48.1	栃　　木	Tochigi
297.6	289.4	273.1	223.6	169.1	114.6	75.7	67.0	53.5	43.3	群　　馬	Gumma
276.7	282.9	238.8	202.6	153.6	96.9	72.5	69.6	50.2	44.2	埼　　玉	Saitama
246.9	242.7	224.6	188.1	148.5	97.9	69.8	67.7	45.5	42.0	千　　葉	Chiba
232.5	215.2	212.5	174.0	133.5	92.3	71.1	65.1	46.1	38.8	東　　京	Tokyo
252.7	229.9	206.4	170.9	132.9	92.6	65.7	64.6	48.1	40.4	神　奈　川	Kanagawa
298.8	322.5	284.2	213.8	158.5	106.7	75.5	71.8	47.0	42.3	新　　潟	Niigata
265.5	264.9	220.7	190.5	138.7	98.3	63.6	63.2	44.8	40.2	富　　山	Toyama
236.3	230.8	208.4	186.7	131.1	87.0	64.6	61.4	39.3	36.3	石　　川	Ishikawa
223.5	211.6	203.4	160.0	128.2	90.5	68.3	60.8	35.8	36.5	福　　井	Fukui
267.0	272.9	263.1	199.5	152.7	96.0	69.6	55.7	39.9	36.5	山　　梨	Yamanashi
321.9	338.9	282.7	230.2	171.6	108.9	82.4	69.5	53.4	46.1	長　　野	Nagano
236.1	245.2	221.8	207.1	162.3	108.8	79.6	72.1	43.8	41.7	岐　　阜	Gifu
241.7	231.0	209.1	164.3	138.2	92.6	70.1	65.3	46.9	40.5	静　　岡	Shizuoka
237.1	222.0	202.1	190.2	145.9	96.8	74.3	66.6	47.0	39.4	愛　　知	Aichi
210.3	225.1	210.3	185.4	138.7	107.3	76.2	69.5	42.7	39.9	三　　重	Mie
218.7	217.9	229.6	184.4	150.7	89.6	70.5	63.9	42.6	34.7	滋　　賀	Shiga
199.9	197.6	187.1	159.7	121.3	89.6	61.5	59.7	41.2	34.3	京　　都	Kyoto
195.4	195.6	189.4	160.3	129.4	80.1	55.4	57.0	38.8	33.6	大　　阪	Osaka
200.9	202.0	179.5	157.3	125.4	83.9	62.8	59.7	40.6	34.1	兵　　庫	Hyogo
221.9	224.8	205.0	173.9	135.0	109.7	65.2	62.5	42.2	35.3	奈　　良	Nara
202.6	204.8	194.9	165.1	135.2	96.7	72.1	62.5	42.0	36.0	和　歌　山	Wakayama
234.4	230.2	214.1	177.1	147.7	89.5	73.1	72.7	49.1	41.6	鳥　　取	Tottori
222.7	246.5	212.4	180.9	140.9	91.2	62.6	56.5	37.6	33.2	島　　根	Shimane
219.2	214.2	203.2	174.7	131.0	89.6	61.4	59.5	44.0	37.1	岡　　山	Okayama
198.8	201.9	191.4	162.1	121.3	82.6	63.3	57.4	39.9	35.0	広　　島	Hiroshima
235.5	228.4	216.6	172.7	128.1	90.8	57.4	60.8	47.7	40.7	山　　口	Yamaguchi
220.0	224.9	211.1	184.9	138.4	81.6	69.6	55.0	42.7	38.2	徳　　島	Tokushima
175.2	197.4	174.3	140.7	106.7	70.9	54.6	52.9	44.7	36.3	香　　川	Kagawa
198.3	200.8	203.0	170.5	118.3	83.1	64.5	59.0	42.9	36.9	愛　　媛	Ehime
245.6	254.2	245.5	203.5	147.1	96.8	69.4	66.5	48.7	45.8	高　　知	Kochi
225.7	231.2	189.8	159.0	121.0	83.2	62.1	56.1	42.4	34.8	福　　岡	Fukuoka
238.3	236.0	207.0	157.5	122.4	84.2	64.5	61.1	44.1	37.4	佐　　賀	Saga
226.2	226.9	217.7	169.9	132.8	87.6	61.7	56.1	45.1	37.9	長　　崎	Nagasaki
230.9	245.2	206.5	159.2	116.3	79.8	58.4	49.4	39.8	36.5	熊　　本	Kumamoto
244.9	242.5	228.4	188.2	146.7	100.7	69.1	58.8	44.0	36.3	大　　分	Oita
234.2	261.5	220.9	170.0	139.7	94.5	65.5	61.6	48.2	41.4	宮　　崎	Miyazaki
218.7	227.4	215.0	176.8	141.0	96.4	71.4	70.5	49.7	46.0	鹿　児　島	Kagoshima
...	...	...	113.3	76.7	46.6	38.2	39.4	30.0	29.7	沖　　縄	Okinawa
										14 大 都 市 （　再　掲　）	14 major cities (Regrouped)
231.8	211.4	212.6	173.5	138.0	94.8	72.7	67.8	46.4	...	東京都区部	Ward areas of Tokyo
...	...	...	177.6	128.8	88.5	46.2	51.5	42.4	...	札　　幌	Sapporo
...	...	...	...	...	...	73.6	69.1	40.0	...	仙　　台	Sendai
...	...	...	...	...	...	...	...	...	...	さいたま	Saitama
...	...	...	...	...	...	...	60.9	40.2	...	千　　葉	Chiba
235.3	226.4	205.6	164.0	128.6	86.7	65.4	65.3	45.7	...	横　　浜	Yokohama
...	...	...	171.2	127.3	92.1	73.5	70.1	51.0	...	川　　崎	Kawasaki
236.8	213.8	194.3	175.8	143.8	94.7	73.4	67.9	48.0	...	名　古　屋	Nagoya
190.2	184.3	173.7	149.3	115.7	85.7	57.7	58.4	39.9	...	京　　都	Kyoto
196.8	193.6	190.3	158.7	131.9	83.9	56.9	58.0	41.5	...	大　　阪	Osaka
203.7	189.8	182.8	161.7	121.6	80.3	57.2	59.0	40.1	...	神　　戸	Kobe
...	...	...	...	...	80.1	58.5	58.1	40.6	...	広　　島	Hiroshima
...	223.9	190.9	166.8	131.1	93.4	74.3	62.4	47.5	...	北　九　州	Kitakyushu
...	...	...	158.3	119.5	77.2	50.0	48.6	40.7	...	福　　岡	Fukuoka

Notes: 1) The base population for age-adjusted death rates is the model population of 1985. However, the population of age 80 and over was integrated for the calculation of prefectural age-adjusted death rates for 2004.
2) The crude death rates used for the calculation of age-adjusted death rates for 2000 and earlier, and national age-adjusted death rates for 2004, are based on the population of Japanese nationals in the National Census (by 5-year age scale, but integrating the population of age 85 and over).
3) The crude death rates used for the calculation of prefectural age-adjusted death rates for 2004 (including the national rates in the brackets) are based on the overall estimated population as of October 1 (by 5-year age scale, but integrating the population of age 85 and over for national figures, and integrating that of 80 and over for prefectural figures).
4) The prefectures are based on the addresses at the time of death.

第11表　年齢調整死亡率（人口10万対），

Statistics 11　Age-adjusted death rates (per 100,000 population) from heart diseases and

都道府県 Prefecture		男　Male							
		心疾患 Heart diseases	急性心筋梗塞 Acute myocardial infarction	その他の虚血性心疾患 Other ischaemic heart diseases	不整脈及び伝導障害 Arrhythmia and conduction disorder	心不全 Heart failure	脳血管疾患 Cerebrovascular diseases	くも膜下出血 Subarachnoid haemorrhage	脳内出血 Intracerebral haemorrhage	脳梗塞 Cerebral infarction
全　国	Total	80.6 (80.1)	25.3 (25.2)	15.5 (15.4)	10.7 (10.6)	21.2 (21.1)	62.5 (62.2)	6.6 (6.6)	19.0 (18.9)	35.1 (35.0)
北海道	Hokkaido	84.9	29.9	9.0	11.2	27.2	62.2	7.7	18.6	34.5
青　森	Aomori	103.6	37.7	10.0	16.0	32.2	90.3	8.9	24.3	54.5
岩　手	Iwate	97.4	38.4	5.8	26.2	16.9	85.6	8.2	28.6	47.8
宮　城	Miyagi	82.1	27.9	11.3	18.6	16.2	70.5	9.7	19.8	40.0
秋　田	Akita	79.0	22.3	8.7	21.9	16.8	83.6	7.6	26.0	47.2
山　形	Yamagata	84.5	30.7	12.1	9.9	21.6	74.6	7.6	19.4	46.5
福　島	Fukushima	96.4	34.9	11.9	15.8	25.7	73.6	8.5	21.6	42.3
茨　城	Ibaraki	84.5	36.8	9.2	8.9	22.7	75.5	8.7	22.3	43.4
栃　木	Tochigi	95.7	29.8	31.5	8.5	18.2	81.6	10.1	23.2	47.0
群　馬	Gumma	81.1	20.8	11.2	8.6	15.9	66.7	7.5	18.9	37.7
埼　玉	Saitama	86.5	25.0	26.8	9.3	17.6	65.8	7.5	19.1	37.4
千　葉	Chiba	90.2	24.6	12.2	12.4	33.4	63.5	6.2	19.1	36.4
東　京	Tokyo	78.2	19.7	30.8	6.4	14.0	59.0	7.2	19.0	31.5
神奈川	Kanagawa	72.4	25.2	12.5	5.3	23.0	58.1	6.1	20.0	30.8
新　潟	Niigata	78.2	28.2	7.8	12.6	23.7	73.7	7.8	20.3	44.6
富　山	Toyama	64.0	22.0	9.4	10.0	16.4	62.6	5.1	15.5	40.9
石　川	Ishikawa	78.4	22.6	11.1	14.9	22.5	62.1	4.4	17.1	39.3
福　井	Fukui	77.9	27.9	12.0	11.6	20.0	55.7	3.8	16.2	33.7
山　梨	Yamanashi	81.1	27.0	11.4	16.5	17.6	60.5	4.7	17.5	36.0
長　野	Nagano	73.4	27.2	7.5	8.2	23.2	71.7	7.1	20.7	42.2
岐　阜	Gifu	84.5	22.0	10.3	10.9	32.4	59.7	5.6	17.6	34.7
静　岡	Shizuoka	79.1	24.4	12.3	11.7	22.8	65.2	6.5	20.1	36.6
愛　知	Aichi	85.0	23.7	21.1	12.7	21.6	63.7	6.3	19.4	35.4
三　重	Mie	82.5	33.2	11.9	11.9	18.0	63.5	5.1	16.6	39.0
滋　賀	Shiga	76.0	26.7	8.7	11.9	22.2	55.3	7.9	15.9	30.0
京　都	Kyoto	80.8	21.4	21.9	8.0	21.8	55.2	4.5	19.2	29.3
大　阪	Osaka	84.0	22.9	30.3	5.0	17.6	53.5	4.6	15.2	31.7
兵　庫	Hyogo	78.6	28.6	11.9	9.4	21.5	56.2	5.1	16.4	33.4
奈　良	Nara	80.4	23.4	7.6	23.2	18.9	51.5	4.9	11.3	33.1
和歌山	Wakayama	91.6	28.8	21.1	7.4	27.9	54.4	4.0	13.7	34.2
鳥　取	Tottori	80.8	26.1	6.5	17.7	24.1	69.0	10.3	20.3	37.1
島　根	Shimane	76.9	17.7	6.6	21.2	24.5	58.4	5.2	17.4	33.7
岡　山	Okayama	77.8	27.4	6.5	7.0	30.4	60.5	8.5	16.6	33.4
広　島	Hiroshima	79.3	20.2	8.0	10.1	34.1	53.8	6.6	18.0	28.0
山　口	Yamaguchi	81.8	21.5	8.6	11.6	15.0	68.4	6.5	19.1	39.0
徳　島	Tokushima	85.6	22.3	13.8	21.9	22.3	65.3	6.1	19.4	37.4
香　川	Kagawa	84.3	23.5	14.9	15.3	23.7	51.4	4.9	13.4	31.5
愛　媛	Ehime	100.9	23.7	9.2	15.0	45.1	58.8	4.9	17.4	35.4
高　知	Kochi	82.6	31.4	8.2	7.9	29.3	75.2	8.3	23.7	41.3
福　岡	Fukuoka	66.5	22.7	11.4	10.9	14.1	57.4	5.4	17.7	32.5
佐　賀	Saga	73.9	20.2	9.2	22.6	15.1	61.1	5.9	17.9	34.5
長　崎	Nagasaki	75.9	26.5	6.8	13.4	22.3	65.4	10.1	19.0	34.8
熊　本	Kumamoto	70.5	19.0	11.2	17.6	14.8	59.8	6.3	22.4	29.3
大　分	Oita	73.6	30.3	10.7	8.2	17.1	60.3	5.5	19.4	33.8
宮　崎	Miyazaki	87.6	29.0	11.1	16.4	21.2	61.2	5.3	17.2	36.3
鹿児島	Kagoshima	78.9	28.6	7.8	12.7	22.1	69.8	6.9	22.9	38.1
沖　縄	Okinawa	69.6	25.6	10.7	7.5	15.7	56.8	7.4	23.2	22.5

注：1）年齢調整死亡率の基準人口は、昭和60年モデル人口である。ただし、平成16年都道府県別年齢調整死亡率算出にあたっては、80歳以上を一括して用いた。
2）平成16年の都道府県（全国のカッコ書きを含む）別年齢調整死亡率の算出に用いている粗死亡率は、10月1日現在推計人口（5歳階級、全国＝85歳以上一括、都道府県＝80歳以上一括）の総人口により算出している。
3）都道府県は死亡した人の住所による。

性・心疾患－脳血管疾患・病類（選択死因）・都道府県別 －平成16年－
cerebrovascular diseases, by sex, disease type (selected causes) and prefecture: 2004

女 Female									都道府県
心疾患 Heart diseases					脳血管疾患 Cerebrovascular diseases				Prefecture
	急性心筋梗塞 Acute myocardial infarction	その他の虚血性心疾患 Other ischaemic heart diseases	不整脈及び伝導障害 Arrhythmia and conduction disorder	心不全 Heart failure		くも膜下出血 Subarachnoid haemorrhage	脳内出血 Intracerebral haemorrhage	脳梗塞 Cerebral infarction	
44.2	11.5	6.7	5.7	14.9	37.0	7.4	9.3	19.2	全 国 Total
(44.0)	(11.5)	(6.7)	(5.7)	(14.8)	(36.9)	(7.4)	(9.3)	(19.1)	
48.0	14.0	3.8	5.4	19.5	36.9	7.8	9.0	19.2	北海道 Hokkaido
52.8	14.8	3.9	7.5	20.5	49.6	8.6	12.0	27.5	青 森 Aomori
47.4	14.6	3.3	10.9	13.4	50.2	10.4	13.0	25.9	岩 手 Iwate
47.7	12.6	5.7	9.1	13.9	44.5	9.8	9.7	24.2	宮 城 Miyagi
45.7	9.6	4.9	10.2	14.8	45.7	6.4	12.9	24.6	秋 田 Akita
45.3	13.6	5.4	6.0	14.8	43.7	9.5	8.8	24.7	山 形 Yamagata
50.8	15.7	5.0	8.0	16.4	45.5	8.7	11.3	24.8	福 島 Fukushima
49.5	16.9	4.1	6.0	16.5	43.8	8.5	10.4	24.1	茨 城 Ibaraki
50.6	13.3	12.6	5.5	13.3	48.1	9.0	13.0	25.2	栃 木 Tochigi
50.0	10.8	5.1	5.1	15.3	43.3	9.8	9.2	22.6	群 馬 Gumma
53.8	13.5	12.6	6.4	15.5	44.2	8.8	10.5	23.8	埼 玉 Saitama
50.1	12.4	5.0	6.4	21.5	42.0	7.9	10.2	22.7	千 葉 Chiba
47.3	9.7	14.2	4.4	13.4	38.8	8.3	9.6	20.1	東 京 Tokyo
43.9	11.5	6.0	4.5	16.8	40.4	7.5	10.3	21.3	神奈川 Kanagawa
41.8	12.6	3.4	6.1	14.7	42.3	7.2	9.7	24.7	新 潟 Niigata
37.0	10.6	4.5	4.0	13.4	40.2	7.5	7.5	24.0	富 山 Toyama
45.9	11.6	4.7	7.9	16.6	36.3	7.4	7.2	20.6	石 川 Ishikawa
41.7	13.1	5.2	3.3	15.7	36.5	7.0	8.7	19.7	福 井 Fukui
46.0	13.0	5.0	8.7	14.0	36.5	6.9	7.8	20.2	山 梨 Yamanashi
43.6	13.0	3.0	5.7	16.9	46.1	7.3	11.4	26.4	長 野 Nagano
49.5	11.6	4.7	6.2	22.3	41.7	8.2	10.2	21.6	岐 阜 Gifu
45.6	11.8	5.9	6.6	15.7	40.5	7.2	11.1	21.1	静 岡 Shizuoka
51.6	11.1	9.0	7.0	19.2	39.4	7.3	10.4	20.4	愛 知 Aichi
46.5	15.8	5.4	6.6	11.9	39.9	6.8	8.7	23.4	三 重 Mie
43.7	11.3	3.7	6.5	17.6	34.7	7.7	8.4	17.4	滋 賀 Shiga
47.6	10.9	10.8	4.5	15.9	34.3	5.6	9.3	18.1	京 都 Kyoto
51.2	10.8	14.8	3.9	16.1	33.6	5.6	7.6	19.1	大 阪 Osaka
47.4	12.8	5.8	5.5	18.0	34.1	5.3	8.4	19.0	兵 庫 Hyogo
50.3	12.6	3.5	11.5	18.0	35.3	5.4	7.2	21.0	奈 良 Nara
51.2	12.1	8.1	4.8	21.0	36.0	6.7	6.6	21.2	和歌山 Wakayama
46.4	11.8	3.7	9.7	15.3	41.6	6.1	10.6	23.8	鳥 取 Tottori
43.3	7.1	4.8	8.4	16.8	33.2	6.4	8.1	17.7	島 根 Shimane
43.7	10.9	3.3	3.6	22.1	37.1	6.4	9.0	20.5	岡 山 Okayama
48.6	11.4	3.9	6.1	22.5	35.0	6.7	8.6	18.9	広 島 Hiroshima
48.8	10.9	4.9	7.2	13.8	40.7	6.8	9.4	22.2	山 口 Yamaguchi
53.3	12.5	6.1	10.2	18.9	38.2	6.4	8.7	21.6	徳 島 Tokushima
50.7	11.7	6.5	8.1	18.7	36.3	5.3	7.4	21.9	香 川 Kagawa
56.3	11.4	4.1	7.6	27.8	36.9	6.5	8.1	21.1	愛 媛 Ehime
47.3	12.8	4.9	4.6	20.2	45.8	9.1	12.4	23.2	高 知 Kochi
40.2	10.7	5.8	6.1	12.5	34.8	6.0	8.2	19.2	福 岡 Fukuoka
41.8	10.3	4.8	10.8	12.5	37.4	7.6	9.1	20.2	佐 賀 Saga
46.8	12.9	4.1	7.5	16.4	37.9	7.0	9.1	21.0	長 崎 Nagasaki
42.9	10.0	6.3	8.0	12.0	36.5	7.2	10.4	17.9	熊 本 Kumamoto
46.0	15.9	6.5	4.8	12.7	36.3	6.4	8.0	20.6	大 分 Oita
43.1	13.5	4.4	6.7	13.6	41.4	8.3	9.6	21.8	宮 崎 Miyazaki
45.5	14.4	3.8	6.3	15.7	46.0	8.7	11.5	24.4	鹿児島 Kagoshima
38.8	11.6	5.1	5.4	9.2	29.7	5.5	9.6	12.8	沖 縄 Okinawa

Notes: 1) The base population for age-adjusted death rates is the model population of 1985. However, the population of age 80 and over was integrated for the calculation of prefectural age-adjusted death rates for 2004.
2) The crude death rates used for the calculation of prefectural age-adjusted death rates for 2004 (including the national rates in the brackets) are based on the overall estimated population as of October 1 (by 5-year age scale, but integrating the population of age 85 and over for national figures, and integrating that of 80 and over for prefectural figures).
3) The prefectures are based on the addresses at the time of death.

第12表（8－1）

第12表　死亡数，死亡月・主な死因・病類（選択死因）
Statistics 12　Numbers of deaths from major death causes, and sex: 1950, 1955, 1960, 1965, 1970, 1975,

主な死因・性 Major death causes / sex			総数 Total	1月 Jan.	2月 Feb.	3月 Mar.	4月 Apr.	5月 May
							昭和 25 年	
全死因 All causes	総数 男 女	T. M. F.	904 876 467 073 437 803	91 367 47 597 43 770	81 463 42 256 39 207	88 905 45 855 43 050	71 320 36 903 34 417	68 775 35 583 33 192
心疾患 Heart diseases	総数 男 女	T. M. F.	53 377 26 108 27 269	5 548 2 757<ьр>2 791	4 857 2 363 2 494	5 479 2 741 2 738	4 352 2 139 2 213	4 113 2 037 2 076
脳血管疾患 Cerebrovascular diseases	総数 男 女	T. M. F.	105 728 52 188 53 540	10 639 5 343 5 296	9 556 4 864 4 692	10 681 5 377 5 304	8 404 4 200 4 204	7 749 3 658 4 091
悪性新生物 Malignant neoplasms	総数 男 女	T. M. F.	64 428 32 670 31 758	4 998 2 458 2 540	4 707 2 403 2 304	5 165 2 618 2 547	4 895 2 477 2 418	5 296 2 651 2 645
肺炎 Pneumonia	総数 男 女	T. M. F.	48 606 25 128 23 478	7 441 3 885 3 556	6 372 3 309 3 063	6 843 3 518 3 325	4 232 2 171 2 061	3 234 1 736 1 498
4大死因以外 Other than the above	総数 男 女	T. M. F.	632 737 330 979 301 758	62 741 33 154 29 587	55 971 29 317 26 654	60 737 31 601 29 136	49 437 25 916 23 521	48 383 25 501 22 882
							昭和 30 年	
全死因 All causes	総数 男 女	T. M. F.	693 523 365 246 328 277	72 754 38 430 34 324	63 206 33 021 30 185	64 545 33 858 30 687	58 779 30 775 28 004	55 939 29 591 26 348
心疾患 Heart diseases	総数 男 女	T. M. F.	54 351 27 282 27 069	6 124 3 092 3 032	5 430 2 714 2 716	5 450 2 779 2 671	4 756 2 421 2 335	4 565 2 320 2 245
脳血管疾患 Cerebrovascular diseases	総数 男 女	T. M. F.	121 504 62 737 58 767	12 726 6 846 5 880	11 148 5 777 5 371	11 425 5 882 5 543	10 622 5 428 5 194	9 955 5 097 4 858
悪性新生物 Malignant neoplasms	総数 男 女	T. M. F.	77 721 41 223 36 498	6 282 3 383 2 899	5 660 2 987 2 673	6 175 3 293 2 882	6 006 3 126 2 880	6 428 3 394 3 034
肺炎 Pneumonia	総数 男 女	T. M. F.	29 717 15 499 14 218	4 323 2 331 1 992	3 821 1 979 1 842	3 861 1 996 1 865	2 887 1 525 1 362	2 386 1 232 1 154
4大死因以外 Other than the above	総数 男 女	T. M. F.	410 230 218 505 191 725	43 299 22 778 20 521	37 147 19 564 17 583	37 634 19 908 17 726	34 508 18 275 16 233	32 605 17 548 15 057

注：平成7年以降は病類別に表章している。

・性別 －昭和25・30・35・40・45・50・55・60・平成2・7・12・16年－
by the month of death, disease type (selected causes)
1980, 1985, 1990, 1995, 2000 and 2004

6月 June	7月 July	8月 Aug.	9月 Sep.	10月 Oct.	11月 Nov.	12月 Dec.	不詳 Not Stated	主な死因・性 Major death causes / sex		
1950										
66 047	71 707	73 491	66 578	66 830	67 701	90 629	63	全死因	総数	T.
33 852	36 811	37 822	33 799	34 452	35 161	46 937	45	All causes	男	M.
32 195	34 896	35 669	32 779	32 378	32 540	43 692	18		女	F.
3 826	3 713	3 385	3 480	3 948	4 275	6 400	1	心疾患	総数	T.
1 856	1 840	1 667	1 636	1 914	2 035	3 122	1	Heart diseases	男	M.
1 970	1 873	1 718	1 844	2 034	2 240	3 278	-		女	F.
7 374	7 066	7 646	7 864	8 575	8 868	11 305	1	脳血管疾患	総数	T.
3 482	3 358	3 646	3 748	4 288	4 426	5 797	1	Cerebrovascular diseases	男	M.
3 892	3 708	4 000	4 116	4 287	4 442	5 508	-		女	F.
5 333	5 746	5 664	5 526	5 887	5 458	5 753	-	悪性新生物	総数	T.
2 705	2 849	2 916	2 846	3 005	2 841	2 901	-	Malignant neoplasms	男	M.
2 628	2 897	2 748	2 680	2 882	2 617	2 852	-		女	F.
2 553	2 096	1 693	1 755	2 246	3 297	6 843	1	肺炎	総数	T.
1 296	1 069	826	880	1 183	1 713	3 542	-	Pneumonia	男	M.
1 257	1 027	867	875	1 063	1 584	3 301	1		女	F.
46 961	53 086	55 103	47 953	46 174	45 803	60 328	60	4大死因以外	総数	T.
24 513	27 695	28 767	24 689	24 062	24 146	31 575	43	Other than the above	男	M.
22 448	25 391	26 336	23 264	22 112	21 657	28 753	17		女	F.
1955										
51 183	52 319	51 661	50 331	53 397	57 304	62 089	16	全死因	総数	T.
26 636	27 512	27 200	26 603	28 200	30 323	33 085	12	All causes	男	M.
24 547	24 807	24 461	23 728	25 197	26 981	29 004	4		女	F.
4 002	3 600	3 406	3 500	3 915	4 561	5 042	-	心疾患	総数	T.
2 044	1 727	1 699	1 688	1 942	2 284	2 572	-	Heart diseases	男	M.
1 958	1 873	1 707	1 812	1 973	2 277	2 470	-		女	F.
8 468	7 922	8 046	8 812	9 883	10 800	11 697	-	脳血管疾患	総数	T.
4 123	3 841	3 999	4 561	5 132	5 688	6 363	-	Cerebrovascular diseases	男	M.
4 345	4 081	4 047	4 251	4 751	5 112	5 334	-		女	F.
6 440	6 707	6 762	6 656	7 034	6 743	6 828	-	悪性新生物	総数	T.
3 411	3 550	3 611	3 512	3 662	3 641	3 653	-	Malignant neoplasms	男	M.
3 029	3 157	3 151	3 144	3 372	3 102	3 175	-		女	F.
1 893	1 311	1 228	1 342	1 626	2 024	3 015	-	肺炎	総数	T.
949	630	599	729	861	1 074	1 594	-	Pneumonia	男	M.
944	681	629	613	765	950	1 421	-		女	F.
30 380	32 779	32 219	30 021	30 939	33 176	35 507	16	4大死因以外	総数	T.
16 109	17 764	17 292	16 113	16 603	17 636	18 903	12	Other than the above	男	M.
14 271	15 015	14 927	13 908	14 336	15 540	16 604	4		女	F.

Note: The data for 1995 and after are sorted by disease type.

第12表（8－2）

第12表　死亡数，死亡月・主な死因・病類（選択死因）
Statistics 12　Numbers of deaths from major death causes, and sex: 1950, 1955, 1960, 1965, 1970, 1975,

主な死因・性 Major death causes / sex			総数 Total	1月 Jan.	2月 Feb.	3月 Mar.	4月 Apr.	5月 May
						昭和 35 年		
全死因 All causes	総数 男 女	T. M. F.	706 599 377 526 329 073	71 233 37 848 33 385	64 302 34 138 30 164	72 999 39 135 33 864	71 747 38 461 33 286	56 201 30 060 26 141
心疾患 Heart diseases	総数 男 女	T. M. F.	68 400 34 755 33 645	7 251 3 621 3 630	6 754 3 411 3 343	7 888 4 112 3 776	7 634 3 964 3 670	5 409 2 833 2 576
脳血管疾患 Cerebrovascular diseases	総数 男 女	T. M. F.	150 109 78 965 71 144	15 335 8 247 7 088	13 912 7 444 6 468	15 305 8 252 7 053	13 879 7 386 6 493	12 098 6 239 5 859
悪性新生物 Malignant neoplasms	総数 男 女	T. M. F.	93 773 50 898 42 875	7 829 4 214 3 615	7 130 3 814 3 316	7 719 4 169 3 550	7 475 4 044 3 431	7 428 4 005 3 423
肺炎 Pneumonia	総数 男 女	T. M. F.	33 227 17 765 15 462	3 731 2 049 1 682	3 497 1 870 1 627	5 217 2 842 2 375	6 202 3 330 2 872	2 747 1 454 1 293
4大死因以外 Other than the above	総数 男 女	T. M. F.	361 090 195 143 165 947	37 087 19 717 17 370	33 009 17 599 15 410	36 870 19 760 17 110	36 557 19 737 16 820	28 519 15 529 12 990
						昭和 40 年		
全死因 All causes	総数 男 女	T. M. F.	700 438 378 716 321 722	67 929 36 591 31 338	64 568 34 472 30 096	89 876 48 169 41 707	61 960 33 072 28 888	54 451 28 950 25 501
心疾患 Heart diseases	総数 男 女	T. M. F.	75 672 38 827 36 845	8 044 4 146 3 898	7 936 4 009 3 927	11 329 5 868 5 461	7 036 3 596 3 440	5 822 2 929 2 893
脳血管疾患 Cerebrovascular diseases	総数 男 女	T. M. F.	172 773 92 723 80 050	17 542 9 525 8 017	16 592 8 938 7 654	19 989 10 893 9 096	15 283 8 217 7 066	13 919 7 184 6 735
悪性新生物 Malignant neoplasms	総数 男 女	T. M. F.	106 536 58 899 47 637	8 780 4 837 3 943	8 000 4 410 3 590	9 135 5 048 4 087	8 329 4 553 3 776	8 607 4 652 3 955
肺炎 Pneumonia	総数 男 女	T. M. F.	27 530 14 671 12 859	2 463 1 350 1 113	2 834 1 529 1 305	6 776 3 565 3 211	2 952 1 557 1 395	1 840 960 880
4大死因以外 Other than the above	総数 男 女	T. M. F.	317 927 173 596 144 331	31 100 16 733 14 367	29 206 15 586 13 620	42 647 22 795 19 852	28 360 15 149 13 211	24 263 13 225 11 038

注：平成7年以降は病類別に表章している。

・性別 －昭和25・30・35・40・45・50・55・60・平成2・7・12・16年－
by the month of death, disease type (selected causes)
1980, 1985, 1990, 1995, 2000 and 2004

6月 June	7月 July	8月 Aug.	9月 Sep.	10月 Oct.	11月 Nov.	12月 Dec.	不詳 Not Stated	主な死因・性 Major death causes / sex		
1960										
49 546	49 126	49 226	47 647	54 242	54 946	65 364	20	全死因	総数	T.
25 967	26 085	26 189	25 517	29 289	29 523	35 303	11	All causes	男	M.
23 579	23 041	23 037	22 130	24 953	25 423	30 061	9		女	F.
4 623	4 134	3 978	4 020	4 911	5 124	6 674	-	心疾患	総数	T.
2 343	2 010	1 989	2 059	2 429	2 657	3 327	-	Heart diseases	男	M.
2 280	2 124	1 989	1 961	2 482	2 467	3 347	-		女	F.
10 589	9 619	9 638	9 981	12 379	12 484	14 889	1	脳血管疾患	総数	T.
5 216	4 800	4 883	5 195	6 702	6 560	8 041	-	Cerebrovascular diseases	男	M.
5 373	4 819	4 755	4 786	5 677	5 924	6 848	1		女	F.
7 551	7 952	8 131	7 916	8 414	7 995	8 233	-	悪性新生物	総数	T.
4 023	4 348	4 366	4 359	4 618	4 403	4 535	-	Malignant neoplasms	男	M.
3 528	3 604	3 765	3 557	3 796	3 592	3 698	-		女	F.
1 738	1 375	1 380	1 262	1 578	1 804	2 696	-	肺炎	総数	T.
913	699	658	653	858	991	1 448	-	Pneumonia	男	M.
825	676	722	609	720	813	1 248	-		女	F.
25 045	26 046	26 099	24 468	26 960	27 539	32 872	19	4大死因以外	総数	T.
13 472	14 228	14 293	13 251	14 682	14 912	17 952	11	Other than the above	男	M.
11 573	11 818	11 806	11 217	12 278	12 627	14 920	8		女	F.
1965										
48 896	49 342	48 905	46 609	52 993	52 409	62 475	25	全死因	総数	T.
26 191	26 790	26 543	25 695	29 265	28 805	34 157	16	All causes	男	M.
22 705	22 552	22 362	20 914	23 728	23 604	28 318	9		女	F.
4 994	4 603	4 298	4 278	5 137	5 318	6 877	-	心疾患	総数	T.
2 535	2 343	2 207	2 172	2 688	2 767	3 567	-	Heart diseases	男	M.
2 459	2 260	2 091	2 106	2 449	2 551	3 310	-		女	F.
12 072	11 471	10 993	11 099	13 365	13 713	16 735	-	脳血管疾患	総数	T.
6 376	5 949	5 700	6 056	7 319	7 484	9 082	-	Cerebrovascular diseases	男	M.
5 696	5 522	5 293	5 043	6 046	6 229	7 653	-		女	F.
8 610	9 179	9 170	9 154	9 547	8 872	9 153	-	悪性新生物	総数	T.
4 640	5 172	5 129	5 098	5 303	4 982	5 075	-	Malignant neoplasms	男	M.
3 970	4 007	4 041	4 056	4 244	3 890	4 078	-		女	F.
1 510	1 427	1 585	1 253	1 441	1 470	1 979	-	肺炎	総数	T.
753	756	747	701	814	807	1 132	-	Pneumonia	男	M.
757	671	838	552	627	663	847	-		女	F.
21 710	22 662	22 859	20 825	23 503	23 036	27 731	25	4大死因以外	総数	T.
11 887	12 570	12 760	11 668	13 141	12 765	15 301	16	Other than the above	男	M.
9 823	10 092	10 099	9 157	10 362	10 271	12 430	9		女	F.

Note: The data for 1995 and after are sorted by disease type.

第12表（8－3）

第12表　死亡数，死亡月・主な死因・病類（選択死因）
Statistics 12　Numbers of deaths from major death causes, and sex: 1950, 1955, 1960, 1965, 1970, 1975,

主 な 死 因・性 Major death causes / sex			総数 Total	1 月 Jan.	2 月 Feb.	3 月 Mar.	4 月 Apr.	5 月 May
							昭　和　45　年	
全死因 All causes	総数 男 女	T. M. F.	712 962 387 880 325 082	89 354 49 044 40 310	64 394 34 964 29 430	66 317 35 545 30 772	56 564 30 589 25 975	55 707 30 133 25 574
心疾患 　Heart diseases	総数 男 女	T. M. F.	89 411 45 988 43 423	12 866 6 697 6 169	8 697 4 449 4 248	8 843 4 435 4 408	7 317 3 780 3 537	6 760 3 417 3 343
脳血管疾患 Cerebrovascular diseases	総数 男 女	T. M. F.	181 315 96 910 84 405	21 511 11 989 9 522	16 446 8 863 7 583	18 203 9 733 8 470	15 179 8 057 7 122	14 354 7 618 6 736
悪性新生物 Malignant neoplasms	総数 男 女	T. M. F.	119 977 67 074 52 903	10 402 5 825 4 577	8 644 4 951 3 693	10 023 5 574 4 449	9 169 5 068 4 101	10 011 5 601 4 410
肺炎 Pneumonia	総数 男 女	T. M. F.	27 929 15 030 12 899	6 829 3 801 3 028	3 413 1 883 1 530	2 405 1 314 1 091	1 825 953 872	1 776 912 864
4大死因以外 　Other than the above	総数 男 女	T. M. F.	294 330 162 878 131 452	37 746 20 732 17 014	27 194 14 818 12 376	26 843 14 489 12 354	23 074 12 731 10 343	22 806 12 585 10 221
							昭　和　50　年	
全死因 All causes	総数 男 女	T. M. F.	702 275 377 827 324 448	67 682 36 482 31 200	66 330 35 561 30 769	70 204 37 393 32 811	58 657 31 223 27 434	54 546 29 373 25 173
心疾患 　Heart diseases	総数 男 女	T. M. F.	99 226 50 395 48 831	10 442 5 326 5 116	10 091 5 142 4 949	10 375 5 256 5 119	8 261 4 140 4 121	7 618 3 885 3 733
脳血管疾患 Cerebrovascular diseases	総数 男 女	T. M. F.	174 367 89 924 84 443	17 641 9 271 8 370	16 621 8 705 7 916	17 424 9 007 8 417	14 893 7 578 7 315	13 726 7 078 6 648
悪性新生物 Malignant neoplasms	総数 男 女	T. M. F.	136 383 76 922 59 461	11 458 6 472 4 986	10 549 5 942 4 607	11 440 6 400 5 040	10 888 6 127 4 761	11 153 6 279 4 874
肺炎 Pneumonia	総数 男 女	T. M. F.	30 441 16 371 14 070	2 906 1 642 1 264	4 233 2 337 1 896	4 383 2 387 1 996	2 630 1 434 1 196	1 738 927 811
4大死因以外 　Other than the above	総数 男 女	T. M. F.	261 858 144 215 117 643	25 235 13 771 11 464	24 836 13 435 11 401	26 582 14 343 12 239	21 985 11 944 10 041	20 311 11 204 9 107

注：平成7年以降は病類別に表章している。

・性別 －昭和25・30・35・40・45・50・55・60・平成2・7・12・16年－
by the month of death, disease type (selected causes)
1980, 1985, 1990, 1995, 2000 and 2004

6 月 June	7 月 July	8 月 Aug.	9 月 Sep.	10 月 Oct.	11 月 Nov.	12 月 Dec.	主 な 死 因 ・ 性 Major death causes / sex		
1970									
50 444	55 325	51 408	48 005	55 087	56 808	63 549	全死因	総数	T.
27 373	29 414	28 125	26 415	30 442	31 190	34 646	All causes	男	M.
23 071	25 911	23 283	21 590	24 645	25 618	28 903		女	F.
5 845	6 249	5 573	5 331	6 535	7 069	8 326	心疾患	総数	T.
3 039	3 095	2 882	2 821	3 449	3 693	4 231	Heart diseases	男	M.
2 806	3 154	2 691	2 510	3 086	3 376	4 095		女	F.
12 902	13 285	11 820	11 400	14 315	14 938	16 962	脳血管疾患	総数	T.
6 812	6 767	6 167	6 057	7 662	7 993	9 192	Cerebrovascular diseases	男	M.
6 090	6 518	5 653	5 343	6 653	6 945	7 770		女	F.
9 683	10 541	10 334	10 060	10 518	10 141	10 451	悪性新生物	総数	T.
5 388	5 855	5 794	5 594	5 900	5 730	5 794	Malignant neoplasms	男	M.
4 295	4 686	4 540	4 466	4 618	4 411	4 657		女	F.
1 499	2 097	1 675	1 351	1 486	1 595	1 978	肺炎	総数	T.
782	966	847	741	837	894	1 100	Pneumonia	男	M.
717	1 131	828	610	649	701	878		女	F.
20 515	23 153	22 006	19 863	22 233	23 065	25 832	4大死因以外	総数	T.
11 352	12 731	12 435	11 202	12 594	12 880	14 329	Other than the above	男	M.
9 163	10 422	9 571	8 661	9 639	10 185	11 503		女	F.
1975									
50 616	55 014	53 403	49 305	55 598	56 699	64 221	全死因	総数	T.
26 955	29 201	28 512	26 872	30 463	31 134	34 658	All causes	男	M.
23 661	25 813	24 891	22 433	25 135	25 565	29 563		女	F.
6 599	6 982	6 799	6 278	7 818	8 162	9 801	心疾患	総数	T.
3 289	3 505	3 369	3 229	4 131	4 129	4 994	Heart diseases	男	M.
3 310	3 477	3 430	3 049	3 687	4 033	4 807		女	F.
12 416	13 045	12 331	11 274	13 763	14 453	16 780	脳血管疾患	総数	T.
6 157	6 468	6 112	5 802	7 207	7 741	8 798	Cerebrovascular diseases	男	M.
6 259	6 577	6 219	5 472	6 556	6 712	7 982		女	F.
10 975	11 566	11 599	11 532	12 044	11 426	11 753	悪性新生物	総数	T.
6 141	6 564	6 523	6 522	6 775	6 535	6 642	Malignant neoplasms	男	M.
4 834	5 002	5 076	5 010	5 269	4 891	5 111		女	F.
1 801	2 355	2 327	1 782	1 849	1 949	2 488	肺炎	総数	T.
987	1 084	1 147	939	1 009	1 136	1 342	Pneumonia	男	M.
814	1 271	1 180	843	840	813	1 146		女	F.
18 825	21 066	20 347	18 439	20 124	20 709	23 399	4大死因以外	総数	T.
10 381	11 580	11 361	10 380	11 341	11 593	12 882	Other than the above	男	M.
8 444	9 486	8 986	8 059	8 783	9 116	10 517		女	F.

Note: The data for 1995 and after are sorted by disease type.

第12表（8－4）

第12表　死亡数，死亡月・主な死因・病類（選択死因）
Statistics 12 Numbers of deaths from major death causes, and sex: 1950, 1955, 1960, 1965, 1970, 1975,

主な死因・性 Major death causes / sex			総数 Total	1月 Jan.	2月 Feb.	3月 Mar.	4月 Apr.	5月 May
							昭和 55 年	
全死因 All causes	総数 男 女	T. M. F.	722 801 390 644 332 157	70 362 37 832 32 530	66 245 35 617 30 628	69 135 37 095 32 040	60 975 32 810 28 165	58 924 31 582 27 342
心疾患 Heart diseases	総数 男 女	T. M. F.	123 505 64 103 59 402	13 030 6 786 6 244	12 359 6 345 6 014	12 387 6 313 6 074	10 283 5 271 5 012	9 904 5 110 4 794
脳血管疾患 Cerebrovascular diseases	総数 男 女	T. M. F.	162 317 81 650 80 667	17 158 8 799 8 359	15 594 8 043 7 551	15 687 7 863 7 824	13 824 6 951 6 873	13 262 6 581 6 681
悪性新生物 Malignant neoplasms	総数 男 女	T. M. F.	161 764 93 501 68 263	13 572 7 788 5 784	12 654 7 318 5 336	13 553 7 824 5 729	12 997 7 465 5 532	13 326 7 697 5 629
肺炎 Pneumonia	総数 男 女	T. M. F.	33 051 18 633 14 418	3 197 1 802 1 395	3 198 1 833 1 365	3 874 2 138 1 736	3 049 1 717 1 332	2 779 1 526 1 253
4大死因以外 Other than the above	総数 男 女	T. M. F.	242 164 132 757 109 407	23 405 12 657 10 748	22 440 12 078 10 362	23 634 12 957 10 677	20 822 11 406 9 416	19 653 10 668 8 985
							昭和 60 年	
全死因 All causes	総数 男 女	T. M. F.	752 283 407 769 344 514	71 890 38 956 32 934	62 025 33 446 28 579	66 571 36 003 30 568	60 953 32 876 28 077	59 890 32 402 27 488
心疾患 Heart diseases	総数 男 女	T. M. F.	141 097 71 766 69 331	15 042 7 733 7 309	12 125 6 157 5 968	13 025 6 578 6 447	11 500 5 783 5 717	10 628 5 414 5 214
脳血管疾患 Cerebrovascular diseases	総数 男 女	T. M. F.	134 994 65 287 69 707	14 087 6 980 7 107	11 688 5 755 5 933	12 356 5 969 6 387	11 227 5 294 5 933	10 690 5 105 5 585
悪性新生物 Malignant neoplasms	総数 男 女	T. M. F.	187 714 110 660 77 054	15 700 9 217 6 483	14 159 8 274 5 885	15 670 9 258 6 412	14 849 8 821 6 028	15 694 9 332 6 362
肺炎 Pneumonia	総数 男 女	T. M. F.	45 075 25 520 19 555	4 034 2 355 1 679	3 942 2 280 1 662	3 946 2 263 1 683	3 435 1 930 1 505	3 254 1 781 1 473
4大死因以外 Other than the above	総数 男 女	T. M. F.	243 403 134 536 108 867	23 027 12 671 10 356	20 111 10 980 9 131	21 574 11 935 9 639	19 942 11 048 8 894	19 624 10 770 8 854

注：平成7年以降は病類別に表章している。

・性別 －昭和25・30・35・40・45・50・55・60・平成2・7・12・16年－
by the month of death, disease type (selected causes)
1980, 1985, 1990, 1995, 2000 and 2004

6月 June	7月 July	8月 Aug.	9月 Sep.	10月 Oct.	11月 Nov.	12月 Dec.	主 な 死 因・性 Major death causes / sex		
1980									
52 539	53 571	53 653	52 472	58 267	60 124	66 534	全死因	総数	T.
28 057	28 814	29 228	28 825	32 067	32 757	35 960	All causes	男	M.
24 482	24 757	24 425	23 647	26 200	27 367	30 574		女	F.
8 445	8 301	8 250	8 217	9 470	10 493	12 366	心疾患	総数	T.
4 332	4 328	4 281	4 273	5 121	5 479	6 464	Heart diseases	男	M.
4 113	3 973	3 969	3 944	4 349	5 014	5 902		女	F.
11 183	11 326	11 340	11 048	13 008	13 630	15 257	脳血管疾患	総数	T.
5 432	5 522	5 655	5 575	6 594	6 977	7 658	Cerebrovascular diseases	男	M.
5 751	5 804	5 685	5 473	6 414	6 653	7 599		女	F.
13 006	13 574	13 825	13 615	14 071	13 604	13 967	悪性新生物	総数	T.
7 392	7 838	8 022	7 926	8 198	7 902	8 131	Malignant neoplasms	男	M.
5 614	5 736	5 803	5 689	5 873	5 702	5 836		女	F.
2 353	2 395	2 343	2 137	2 422	2 456	2 848	肺炎	総数	T.
1 261	1 321	1 292	1 221	1 398	1 464	1 660	Pneumonia	男	M.
1 092	1 074	1 051	916	1 024	992	1 188		女	F.
17 552	17 975	17 895	17 455	19 296	19 941	22 096	4大死因以外	総数	T.
9 640	9 805	9 978	9 830	10 756	10 935	12 047	Other than the above	男	M.
7 912	8 170	7 917	7 625	8 540	9 006	10 049		女	F.
1985									
55 584	58 231	58 738	54 709	61 804	63 122	78 766	全死因	総数	T.
30 119	31 436	32 016	29 784	33 761	34 498	42 472	All causes	男	M.
25 465	26 795	26 722	24 925	28 043	28 624	36 294		女	F.
9 776	9 749	9 960	8 994	11 129	12 311	16 858	心疾患	総数	T.
5 018	4 956	4 985	4 629	5 734	6 299	8 480	Heart diseases	男	M.
4 758	4 793	4 975	4 365	5 395	6 012	8 378		女	F.
9 741	9 928	9 814	9 482	11 033	11 226	13 722	脳血管疾患	総数	T.
4 646	4 710	4 723	4 470	5 361	5 444	6 830	Cerebrovascular diseases	男	M.
5 095	5 218	5 091	5 012	5 672	5 782	6 892		女	F.
15 189	16 081	15 877	15 595	16 514	15 585	16 801	悪性新生物	総数	T.
8 900	9 448	9 372	9 158	9 760	9 175	9 945	Malignant neoplasms	男	M.
6 289	6 633	6 505	6 437	6 754	6 410	6 856		女	F.
3 100	3 528	3 575	3 237	3 382	3 739	5 903	肺炎	総数	T.
1 720	1 925	2 024	1 811	1 918	2 218	3 295	Pneumonia	男	M.
1 380	1 603	1 551	1 426	1 464	1 521	2 608		女	F.
17 778	18 945	19 512	17 401	19 746	20 261	25 482	4大死因以外	総数	T.
9 835	10 397	10 912	9 716	10 988	11 362	13 922	Other than the above	男	M.
7 943	8 548	8 600	7 685	8 758	8 899	11 560		女	F.

Note: The data for 1995 and after are sorted by disease type.

337

第12表（8－5）

第12表　死亡数，死亡月・主な死因・病類（選択死因）
Statistics 12　Numbers of deaths from major death causes, and sex: 1950, 1955, 1960, 1965, 1970, 1975,

主な死因・性 Major death causes / sex			総数 Total	1月 Jan.	2月 Feb.	3月 Mar.	4月 Apr.	5月 May
							平成 2 年	
全死因 All causes	総数 男 女	T. M. F.	820 305 443 718 376 587	86 321 46 227 40 094	72 327 38 631 33 696	72 963 39 271 33 692	66 321 35 814 30 507	65 776 35 528 30 248
心疾患 Heart diseases	総数 男 女	T. M. F.	165 478 81 774 83 704	20 125 9 969 10 156	15 842 7 841 8 001	15 479 7 568 7 911	13 651 6 800 6 851	13 057 6 392 6 665
脳血管疾患 Cerebrovascular diseases	総数 男 女	T. M. F.	121 944 57 627 64 317	13 503 6 439 7 064	10 912 5 146 5 766	11 011 5 185 5 826	9 943 4 703 5 240	9 815 4 579 5 236
悪性新生物 Malignant neoplasms	総数 男 女	T. M. F.	217 413 130 395 87 018	18 739 11 209 7 530	16 404 9 813 6 591	17 988 10 792 7 196	17 340 10 340 7 000	17 990 10 831 7 159
肺炎 Pneumonia	総数 男 女	T. M. F.	68 194 38 596 29 598	8 327 4 659 3 668	7 589 4 267 3 322	6 078 3 413 2 665	5 319 2 994 2 325	5 320 2 978 2 342
4大死因以外 Other than the above	総数 男 女	T. M. F.	247 276 135 326 111 950	25 627 13 951 11 676	21 580 11 564 10 016	22 407 12 313 10 094	20 068 10 977 9 091	19 594 10 748 8 846

注：平成7年以降は病類別に表章している。

・性別 －昭和25・30・35・40・45・50・55・60・平成2・7・12・16年－
by the month of death, disease type (selected causes)
1980, 1985, 1990, 1995, 2000 and 2004

6月 June	7月 July	8月 Aug.	9月 Sep.	10月 Oct.	11月 Nov.	12月 Dec.	主な死因・性 Major death causes / sex		
1990									
61 009	63 735	64 117	60 061	66 399	68 203	73 073	全死因	総数	T.
32 980	34 473	34 798	32 813	36 382	36 952	39 849	All causes	男	M.
28 029	29 262	29 319	27 248	30 017	31 251	33 224		女	F.
11 413	11 735	11 527	10 695	12 662	13 802	15 490	心疾患	総数	T.
5 631	5 800	5 583	5 244	6 355	6 790	7 801	Heart diseases	男	M.
5 782	5 935	5 944	5 451	6 307	7 012	7 689		女	F.
8 771	8 959	9 019	8 535	9 989	10 441	11 046	脳血管疾患	総数	T.
4 097	4 159	4 244	4 066	4 699	5 005	5 305	Cerebrovascular diseases	男	M.
4 674	4 800	4 775	4 469	5 290	5 436	5 741		女	F.
17 652	18 619	18 677	18 124	18 892	18 268	18 720	悪性新生物	総数	T.
10 565	11 185	11 159	10 930	11 431	10 918	11 222	Malignant neoplasms	男	M.
7 087	7 434	7 518	7 194	7 461	7 350	7 498		女	F.
4 912	5 111	5 316	4 577	4 841	5 184	5 620	肺炎	総数	T.
2 742	2 762	3 041	2 565	2 862	3 034	3 279	Pneumonia	男	M.
2 170	2 349	2 275	2 012	1 979	2 150	2 341		女	F.
18 261	19 311	19 578	18 130	20 015	20 508	22 197	4大死因以外	総数	T.
9 945	10 567	10 771	10 008	11 035	11 205	12 242	Other than the above	男	M.
8 316	8 744	8 807	8 122	8 980	9 303	9 955		女	F.

Note: The data for 1995 and after are sorted by disease type.

第12表（8－6）

第12表 死亡数, 死亡月・主な死因・病類（選択死因）
Statistics 12　Numbers of deaths from major death causes, and sex: 1950, 1955, 1960, 1965, 1970, 1975,

主な死因・性 Major death causes / sex			総数 Total	1月 Jan.	2月 Feb.	3月 Mar.	4月 Apr.	5月 May
							平成 7 年	
全死因	総数	T.	922 139	104 324	86 085	86 986	74 787	72 093
All causes	男	M.	501 276	55 862	46 198	46 935	40 416	39 526
	女	F.	420 863	48 462	39 887	40 051	34 371	32 567
心疾患	総数	T.	139 206	16 557	13 373	13 593	11 325	10 581
Heart diseases	男	M.	69 718	8 352	6 580	6 702	5 585	5 328
	女	F.	69 488	8 205	6 793	6 891	5 740	5 253
慢性リウマチ性心疾患	総数	T.	2 755	355	256	296	244	223
Chronic rheumatic heart	男	M.	858	120	87	89	77	71
diseases	女	F.	1 897	235	169	207	167	152
急性心筋梗塞	総数	T.	52 533	6 536	5 308	5 387	4 333	4 035
Acute myocardial infarction	男	M.	28 401	3 494	2 810	2 838	2 304	2 223
	女	F.	24 132	3 042	2 498	2 549	2 029	1 812
その他の虚血性心疾患	総数	T.	23 040	2 724	2 290	2 240	1 847	1 756
Other ischaemic heart	男	M.	11 659	1 379	1 109	1 122	903	895
diseases	女	F.	11 381	1 345	1 181	1 118	944	861
慢性非リウマチ性心内膜疾患	総数	T.	5 357	658	540	525	458	428
Chronic non-rheumatic	男	M.	2 055	283	204	198	163	157
endocarditis	女	F.	3 302	375	336	327	295	271
心筋症	総数	T.	3 455	392	303	365	296	286
Cardiomyopathy	男	M.	2 188	243	181	235	186	179
	女	F.	1 267	149	122	130	110	107
不整脈及び伝導障害	総数	T.	12 841	1 571	1 279	1 273	1 117	993
Arrhythmia and	男	M.	6 451	771	627	616	554	516
conduction disorder	女	F.	6 390	800	652	657	563	477
心不全	総数	T.	36 179	3 973	3 079	3 222	2 804	2 625
Heart failure	男	M.	16 627	1 903	1 417	1 473	1 285	1 176
	女	F.	19 552	2 070	1 662	1 749	1 519	1 449
その他の心疾患	総数	T.	3 046	348	318	285	226	235
Other heart diseases	男	M.	1 479	159	145	131	113	111
	女	F.	1 567	189	173	154	113	124
脳血管疾患	総数	T.	146 552	16 591	14 540	14 162	12 215	11 522
Cerebrovascular diseases	男	M.	69 587	8 061	7 033	6 713	5 759	5 405
	女	F.	76 965	8 530	7 507	7 449	6 456	6 117
くも膜下出血	総数	T.	14 424	1 349	1 297	1 281	1 162	1 191
Subarachnoid haemorrhage	男	M.	5 477	543	503	487	433	455
	女	F.	8 947	806	794	794	729	736
脳内出血	総数	T.	33 187	3 675	3 139	3 159	2 854	2 788
Intracerebral haemorrhage	男	M.	17 637	1 966	1 683	1 656	1 512	1 434
	女	F.	15 550	1 709	1 456	1 503	1 342	1 354
脳梗塞	総数	T.	89 431	10 381	9 101	8 774	7 385	6 820
Cerebral infarction	男	M.	42 724	5 077	4 438	4 194	3 494	3 230
	女	F.	46 707	5 304	4 663	4 580	3 891	3 590
その他の脳血管疾患	総数	T.	9 510	1 186	1 003	948	814	723
Other cerebrovascular	男	M.	3 749	475	409	376	320	286
diseases	女	F.	5 761	711	594	572	494	437
悪性新生物	総数	T.	263 022	23 535	20 303	22 336	20 911	21 409
Malignant neoplasms	男	M.	159 623	14 286	12 314	13 613	12 681	13 051
	女	F.	103 399	9 249	7 989	8 723	8 230	8 358
肺炎	総数	T.	79 629	10 309	9 827	8 929	6 484	6 019
Pneumonia	男	M.	42 419	5 482	5 208	4 632	3 473	3 239
	女	F.	37 210	4 827	4 619	4 297	3 011	2 780
4大死因以外	総数	T.	293 730	37 332	28 042	27 966	23 852	22 562
Other than the above	男	M.	159 929	19 681	15 063	15 275	12 918	12 503
	女	F.	133 801	17 651	12 979	12 691	10 934	10 059

注：平成7年以降は病類別に表章している。

・性別 －昭和25・30・35・40・45・50・55・60・平成2・7・12・16年－
by the month of death, disease type (selected causes)
1980, 1985, 1990, 1995, 2000 and 2004

6月 June	7月 July	8月 Aug.	9月 Sep.	10月 Oct.	11月 Nov.	12月 Dec.	主な死因・性 Major death causes / sex		
1995									
65 931	68 778	69 268	65 904	70 587	75 284	82 112	全死因	総数	T.
35 743	37 738	38 043	36 192	38 894	41 025	44 704	All causes	男	M.
30 188	31 040	31 225	29 712	31 693	34 259	37 408		女	F.
9 435	9 576	9 551	9 046	10 205	11 850	14 114	心疾患	総数	T.
4 691	4 909	4 811	4 609	5 161	5 974	7 016	Heart diseases	男	M.
4 744	4 667	4 740	4 437	5 044	5 876	7 098		女	F.
170	178	180	186	208	221	238	慢性リウマチ性心疾患	総数	T.
61	42	51	60	57	74	69	Chronic rheumatic heart	男	M.
109	136	129	126	151	147	169	diseases	女	F.
3 565	3 537	3 456	3 226	3 711	4 262	5 177	急性心筋梗塞	総数	T.
1 903	1 991	1 902	1 790	2 072	2 277	2 797	Acute myocardial infarction	男	M.
1 662	1 546	1 554	1 436	1 639	1 985	2 380		女	F.
1 524	1 618	1 646	1 465	1 673	1 948	2 309	その他の虚血性心疾患	総数	T.
773	846	832	796	843	1 007	1 154	Other ischaemic heart	男	M.
751	772	814	669	830	941	1 155	diseases	女	F.
397	371	377	349	386	388	480	慢性非リウマチ性心内膜疾患	総数	T.
143	146	143	133	158	146	181	Chronic non-rheumatic	男	M.
254	225	234	216	228	242	299	endocarditis	女	F.
244	251	274	221	271	251	301	心筋症	総数	T.
154	161	186	148	173	158	184	Cardiomyopathy	男	M.
90	90	88	73	98	93	117		女	F.
832	922	893	792	891	1 034	1 244	不整脈及び伝導障害	総数	T.
403	491	447	404	439	537	646	Arrhythmia and	男	M.
429	431	446	388	452	497	598	conduction disorder	女	F.
2 509	2 473	2 485	2 618	2 842	3 498	4 051	心不全	総数	T.
1 149	1 131	1 132	1 183	1 300	1 645	1 833	Heart failure	男	M.
1 360	1 342	1 353	1 435	1 542	1 853	2 218		女	F.
194	226	240	189	223	248	314	その他の心疾患	総数	T.
105	101	118	95	119	130	152	Other heart diseases	男	M.
89	125	122	94	104	118	162		女	F.
10 203	10 330	10 341	10 023	11 005	12 336	13 284	脳血管疾患	総数	T.
4 777	4 791	4 893	4 709	5 157	5 883	6 406	Cerebrovascular diseases	男	M.
5 426	5 539	5 448	5 314	5 848	6 453	6 878		女	F.
1 079	1 102	1 053	1 080	1 224	1 286	1 320	くも膜下出血	総数	T.
416	424	391	420	425	468	512	Subarachnoid haemorrhage	男	M.
663	678	662	660	799	818	808		女	F.
2 388	2 238	2 215	2 295	2 566	2 842	3 028	脳内出血	総数	T.
1 294	1 172	1 158	1 194	1 367	1 541	1 660	Intracerebral haemorrhage	男	M.
1 094	1 066	1 057	1 101	1 199	1 301	1 368		女	F.
6 121	6 375	6 437	6 038	6 557	7 418	8 024	脳梗塞	総数	T.
2 847	2 955	3 100	2 844	3 120	3 540	3 885	Cerebral infarction	男	M.
3 274	3 420	3 337	3 194	3 437	3 878	4 139		女	F.
615	615	636	610	658	790	912	その他の脳血管疾患	総数	T.
220	240	244	251	245	334	349	Other cerebrovascular	男	M.
395	375	392	359	413	456	563	diseases	女	F.
20 986	21 911	22 520	21 902	22 546	22 013	22 650	悪性新生物	総数	T.
12 629	13 303	13 765	13 201	13 728	13 311	13 741	Malignant neoplasms	男	M.
8 357	8 608	8 755	8 701	8 818	8 702	8 909		女	F.
5 251	5 408	5 383	4 795	5 226	5 665	6 333	肺炎	総数	T.
2 758	2 797	2 779	2 616	2 834	3 145	3 456	Pneumonia	男	M.
2 493	2 611	2 604	2 179	2 392	2 520	2 877		女	F.
20 056	21 553	21 473	20 138	21 605	23 420	25 731	4大死因以外	総数	T.
10 888	11 938	11 795	11 057	12 014	12 712	14 085	Other than the above	男	M.
9 168	9 615	9 678	9 081	9 591	10 708	11 646		女	F.

Note: The data for 1995 and after are sorted by disease type.

第12表 死亡数, 死亡月・主な死因・病類（選択死因）
Statistics 12 Numbers of deaths from major death causes, and sex: 1950, 1955, 1960, 1965, 1970, 1975,

平成12年

主な死因・性 Major death causes / sex			総数 Total	1月 Jan.	2月 Feb.	3月 Mar.	4月 Apr.	5月 May
全死因 All causes	総数 男 女	T. M. F.	961 653 525 903 435 750	98 264 53 033 45 231	92 537 49 896 42 641	88 682 47 924 40 758	79 799 43 587 36 212	76 985 42 243 34 742
心疾患 Heart diseases	総数 男 女	T. M. F.	146 741 72 156 74 585	16 886 8 292 8 594	15 710 7 603 8 107	14 437 6 949 7 488	12 551 6 202 6 349	11 301 5 543 5 758
慢性リウマチ性心疾患 Chronic rheumatic heart diseases	総数 男 女	T. M. F.	2 522 773 1 749	273 93 180	262 86 176	298 85 213	225 65 160	217 60 157
急性心筋梗塞 Acute myocardial infarction	総数 男 女	T. M. F.	45 885 24 960 20 925	5 317 2 881 2 436	4 833 2 576 2 257	4 531 2 396 2 135	3 985 2 170 1 815	3 472 1 871 1 601
その他の虚血性心疾患 Other ischaemic heart diseases	総数 男 女	T. M. F.	24 298 12 915 11 383	2 836 1 490 1 346	2 582 1 342 1 240	2 404 1 257 1 147	2 064 1 100 964	1 747 968 779
慢性非リウマチ性心内膜疾患 Chronic non-rheumatic endocarditis	総数 男 女	T. M. F.	5 995 2 106 3 889	668 245 423	614 236 378	541 194 347	499 178 321	515 182 333
心筋症 Cardiomyopathy	総数 男 女	T. M. F.	3 303 2 174 1 129	353 221 132	296 204 92	314 217 97	296 190 106	267 173 94
不整脈及び伝導障害 Arrhythmia and conduction disorder	総数 男 女	T. M. F.	15 097 7 550 7 547	1 708 858 850	1 528 745 783	1 460 722 738	1 233 600 633	1 163 572 591
心不全 Heart failure	総数 男 女	T. M. F.	46 460 19 983 26 477	5 393 2 335 3 058	5 265 2 239 3 026	4 580 1 939 2 641	4 001 1 759 2 242	3 658 1 576 2 082
その他の心疾患 Other heart diseases	総数 男 女	T. M. F.	3 181 1 695 1 486	338 169 169	330 175 155	309 139 170	248 140 108	262 141 121
脳血管疾患 Cerebrovascular diseases	総数 男 女	T. M. F.	132 529 63 127 69 402	13 885 6 601 7 284	13 130 6 390 6 740	12 732 6 062 6 670	11 295 5 408 5 887	10 917 5 227 5 690
くも膜下出血 Subarachnoid haemorrhage	総数 男 女	T. M. F.	14 815 5 544 9 271	1 425 552 873	1 356 524 832	1 342 528 814	1 230 470 760	1 238 469 769
脳内出血 Intracerebral haemorrhage	総数 男 女	T. M. F.	31 051 16 793 14 258	3 283 1 730 1 553	3 097 1 703 1 394	3 043 1 668 1 375	2 565 1 359 1 206	2 489 1 345 1 144
脳梗塞 Cerebral infarction	総数 男 女	T. M. F.	82 651 39 068 43 583	8 743 4 130 4 613	8 217 3 961 4 256	7 952 3 705 4 247	7 138 3 426 3 712	6 905 3 299 3 606
その他の脳血管疾患 Other cerebrovascular diseases	総数 男 女	T. M. F.	4 012 1 722 2 290	434 189 245	460 202 258	395 161 234	362 153 209	285 114 171
悪性新生物 Malignant neoplasms	総数 男 女	T. M. F.	295 484 179 140 116 344	26 116 15 799 10 317	23 759 14 400 9 359	24 734 15 054 9 680	23 761 14 351 9 410	24 414 14 782 9 632
肺炎 Pneumonia	総数 男 女	T. M. F.	86 938 46 722 40 216	10 753 5 780 4 973	10 661 5 641 5 020	8 973 4 742 4 231	7 572 3 970 3 602	6 932 3 693 3 239
4大死因以外 Other than the above	総数 男 女	T. M. F.	299 961 164 758 135 203	30 624 16 561 14 063	29 277 15 862 13 415	27 806 15 117 12 689	24 620 13 656 10 964	23 421 12 998 10 423

注：平成7年以降は病類別に表章している。

・性別 －昭和25・30・35・40・45・50・55・60・平成2・7・12・16年－
by the month of death, disease type (selected causes)
1980, 1985, 1990, 1995, 2000 and 2004

6月 June	7月 July	8月 Aug.	9月 Sep.	10月 Oct.	11月 Nov.	12月 Dec.	主な死因・性 Major death causes / sex		
2000									
69 247	72 554	72 004	69 524	75 892	79 313	86 852	全死因	総数	T.
38 070	40 120	39 972	38 343	41 716	43 631	47 368	All causes	男	M.
31 177	32 434	32 032	31 181	34 176	35 682	39 484		女	F.
9 631	10 060	9 762	9 288	10 687	12 160	14 268	心疾患	総数	T.
4 669	4 942	4 872	4 582	5 350	6 060	7 092	Heart diseases	男	M.
4 962	5 118	4 890	4 706	5 337	6 100	7 176		女	F.
182	170	164	168	162	198	203	慢性リウマチ性心疾患	総数	T.
61	50	60	45	45	64	59	Chronic rheumatic heart	男	M.
121	120	104	123	117	134	144	diseases	女	F.
2 937	3 045	3 011	2 901	3 348	3 894	4 611	急性心筋梗塞	総数	T.
1 584	1 709	1 698	1 576	1 839	2 122	2 538	Acute myocardial infarction	男	M.
1 353	1 336	1 313	1 325	1 509	1 772	2 073		女	F.
1 561	1 736	1 686	1 476	1 747	2 023	2 436	その他の虚血性心疾患	総数	T.
799	917	911	828	939	1 083	1 281	Other ischaemic heart	男	M.
762	819	775	648	808	940	1 155	diseases	女	F.
425	399	414	411	443	491	575	慢性非リウマチ性心内膜疾患	総数	T.
147	127	139	149	153	165	191	Chronic non-rheumatic	男	M.
278	272	275	262	290	326	384	endocarditis	女	F.
263	242	232	219	259	252	310	心筋症	総数	T.
171	159	155	145	174	171	194	Cardiomyopathy	男	M.
92	83	77	74	85	81	116		女	F.
1 099	1 048	1 037	943	1 142	1 246	1 490	不整脈及び伝導障害	総数	T.
547	531	518	468	588	643	758	Arrhythmia and	男	M.
552	517	519	475	554	603	732	conduction disorder	女	F.
2 949	3 180	2 988	2 962	3 365	3 754	4 365	心不全	総数	T.
1 246	1 314	1 262	1 252	1 498	1 649	1 914	Heart failure	男	M.
1 703	1 866	1 726	1 710	1 867	2 105	2 451		女	F.
215	240	230	208	221	302	278	その他の心疾患	総数	T.
114	135	129	119	114	163	157	Other heart diseases	男	M.
101	105	101	89	107	139	121		女	F.
9 058	9 247	9 406	9 195	10 231	11 168	12 265	脳血管疾患	総数	T.
4 262	4 325	4 416	4 344	4 791	5 441	5 860	Cerebrovascular diseases	男	M.
4 796	4 922	4 990	4 851	5 440	5 727	6 405		女	F.
1 074	1 077	1 119	1 104	1 268	1 257	1 325	くも膜下出血	総数	T.
404	375	432	381	479	451	479	Subarachnoid haemorrhage	男	M.
670	702	687	723	789	806	846		女	F.
2 152	2 003	2 119	2 094	2 497	2 716	2 993	脳内出血	総数	T.
1 175	1 043	1 153	1 162	1 312	1 513	1 630	Intracerebral haemorrhage	男	M.
977	960	966	932	1 185	1 203	1 363		女	F.
5 582	5 899	5 933	5 705	6 181	6 849	7 547	脳梗塞	総数	T.
2 564	2 791	2 727	2 682	2 872	3 333	3 578	Cerebral infarction	男	M.
3 018	3 108	3 206	3 023	3 309	3 516	3 969		女	F.
250	268	235	292	285	346	400	その他の脳血管疾患	総数	T.
119	116	104	119	128	144	173	Other cerebrovascular	男	M.
131	152	131	173	157	202	227	diseases	女	F.
23 571	24 884	24 581	24 259	25 171	24 728	25 506	悪性新生物	総数	T.
14 324	15 220	14 996	14 638	15 191	14 906	15 479	Malignant neoplasms	男	M.
9 247	9 664	9 585	9 621	9 980	9 822	10 027		女	F.
5 450	5 793	5 771	5 260	6 013	6 334	7 426	肺炎	総数	T.
2 917	3 120	3 113	2 840	3 350	3 475	4 081	Pneumonia	男	M.
2 533	2 673	2 658	2 420	2 663	2 859	3 345		女	F.
21 537	22 570	22 484	21 522	23 790	24 923	27 387	4大死因以外	総数	T.
11 898	12 513	12 575	11 939	13 034	13 749	14 856	Other than the above	男	M.
9 639	10 057	9 909	9 583	10 756	11 174	12 531		女	F.

Note: The data for 1995 and after are sorted by disease type.

第12表（8－8）

第12表　死亡数，死亡月・主な死因・病類（選択死因）
Statistics 12　Numbers of deaths from major death causes, and sex: 1950, 1955, 1960, 1965, 1970, 1975,

平成16年

主な死因・性 Major death causes / sex			総数 Total	1月 Jan.	2月 Feb.	3月 Mar.	4月 Apr.	5月 May
全死因 All causes	総数 男 女	T. M. F.	1 028 602 557 097 471 505	99 908 53 784 46 124	92 415 49 444 42 971	91 961 49 793 42 168	83 574 45 262 38 312	82 730 44 952 37 778
心疾患 Heart diseases	総数 男 女	T. M. F.	159 625 77 465 82 160	17 650 8 626 9 024	15 773 7 612 8 161	14 897 7 213 7 684	12 998 6 256 6 742	12 380 5 949 6 431
慢性リウマチ性心疾患 Chronic rheumatic heart diseases	総数 男 女	T. M. F.	2 336 749 1 587	221 67 154	231 71 160	224 81 143	229 66 163	192 52 140
急性心筋梗塞 Acute myocardial infarction	総数 男 女	T. M. F.	44 463 24 180 20 283	4 987 2 716 2 271	4 448 2 368 2 080	4 260 2 333 1 927	3 539 1 893 1 646	3 347 1 837 1 510
その他の虚血性心疾患 Other ischaemic heart diseases	総数 男 女	T. M. F.	26 822 14 834 11 988	3 033 1 651 1 382	2 663 1 471 1 192	2 522 1 400 1 122	2 235 1 222 1 013	2 033 1 116 917
慢性非リウマチ性心内膜疾患 Chronic non-rheumatic endocarditis	総数 男 女	T. M. F.	6 930 2 374 4 556	709 249 460	681 224 457	592 188 404	591 225 366	588 202 386
心筋症 Cardiomyopathy	総数 男 女	T. M. F.	3 495 2 172 1 323	331 213 118	351 230 121	300 193 107	298 173 125	298 176 122
不整脈及び伝導障害 Arrhythmia and conduction disorder	総数 男 女	T. M. F.	20 274 10 070 10 204	2 207 1 083 1 124	1 951 971 980	1 922 931 991	1 611 798 813	1 567 754 813
心不全 Heart failure	総数 男 女	T. M. F.	51 588 21 047 30 541	5 746 2 418 3 328	5 093 2 099 2 994	4 730 1 901 2 829	4 191 1 720 2 471	4 098 1 667 2 431
その他の心疾患 Other heart diseases	総数 男 女	T. M. F.	3 717 2 039 1 678	416 229 187	355 178 177	347 186 161	304 159 145	257 145 112
脳血管疾患 Cerebrovascular diseases	総数 男 女	T. M. F.	129 055 61 547 67 508	13 111 6 312 6 799	12 147 5 827 6 320	12 009 5 757 6 252	10 402 4 941 5 461	10 327 4 927 5 400
くも膜下出血 Subarachnoid haemorrhage	総数 男 女	T. M. F.	14 737 5 543 9 194	1 401 546 855	1 347 529 818	1 360 515 845	1 166 435 731	1 158 424 734
脳内出血 Intracerebral haemorrhage	総数 男 女	T. M. F.	32 060 17 643 14 417	3 321 1 826 1 495	2 989 1 640 1 349	3 091 1 714 1 377	2 648 1 436 1 212	2 633 1 443 1 190
脳梗塞 Cerebral infarction	総数 男 女	T. M. F.	78 683 36 697 41 986	7 992 3 744 4 248	7 465 3 496 3 969	7 241 3 385 3 856	6 275 2 933 3 342	6 259 2 920 3 339
その他の脳血管疾患 Other cerebrovascular diseases	総数 男 女	T. M. F.	3 575 1 664 1 911	397 196 201	346 162 184	317 143 174	313 137 176	277 140 137
悪性新生物 Malignant neoplasms	総数 男 女	T. M. F.	320 358 193 096 127 262	27 587 16 619 10 968	25 296 15 350 9 946	26 895 16 267 10 628	26 003 15 640 10 363	26 625 16 068 10 557
肺炎 Pneumonia	総数 男 女	T. M. F.	95 534 51 306 44 228	9 975 5 376 4 599	9 921 5 230 4 691	8 888 4 799 4 089	7 790 4 203 3 587	7 589 4 068 3 521
4大死因以外 Other than the above	総数 男 女	T. M. F.	324 030 173 683 150 347	31 585 16 851 14 734	29 278 15 425 13 853	29 272 15 757 13 515	26 381 14 222 12 159	25 809 13 940 11 869

注：平成7年以降は病類別に表章している。

344

by the month of death, disease type (selected causes)
1980, 1985, 1990, 1995, 2000 and 2004

6月 June	7月 July	8月 Aug.	9月 Sep.	10月 Oct.	11月 Nov.	12月 Dec.	主な死因・性 Major death causes / sex		
2004									
75 575	79 403	79 135	76 086	85 774	86 762	95 279	全死因	総数	T.
41 081	43 233	43 070	41 504	46 644	47 016	51 314	All causes	男	M.
34 494	36 170	36 065	34 582	39 130	39 746	43 965		女	F.
10 669	11 636	10 997	10 381	12 722	13 580	15 942	心疾患	総数	T.
5 183	5 601	5 350	5 001	6 214	6 593	7 867	Heart diseases	男	M.
5 486	6 035	5 647	5 380	6 508	6 987	8 075		女	F.
182	167	151	155	191	173	220	慢性リウマチ性心疾患	総数	T.
56	56	47	42	61	68	82	Chronic rheumatic heart	男	M.
126	111	104	113	130	105	138	diseases	女	F.
2 929	3 113	3 017	2 851	3 614	3 816	4 542	急性心筋梗塞	総数	T.
1 581	1 725	1 670	1 538	1 997	2 055	2 467	Acute myocardial infarction	男	M.
1 348	1 388	1 347	1 313	1 617	1 761	2 075		女	F.
1 704	2 025	1 854	1 724	2 025	2 312	2 692	その他の虚血性心疾患	総数	T.
980	1 132	1 015	946	1 121	1 305	1 475	Other ischaemic heart	男	M.
724	893	839	778	904	1 007	1 217	diseases	女	F.
538	507	473	489	557	565	640	慢性非リウマチ性心内膜疾患	総数	T.
171	172	167	169	186	191	230	Chronic non-rheumatic	男	M.
367	335	306	320	371	374	410	endocarditis	女	F.
242	267	245	256	265	310	332	心筋症	総数	T.
140	181	154	154	160	182	216	Cardiomyopathy	男	M.
102	86	91	102	105	128	116		女	F.
1 352	1 490	1 449	1 308	1 703	1 693	2 021	不整脈及び伝導障害	総数	T.
690	722	698	665	846	869	1 043	Arrhythmia and	男	M.
662	768	751	643	857	824	978	conduction disorder	女	F.
3 463	3 797	3 569	3 346	4 072	4 365	5 118	心不全	総数	T.
1 414	1 468	1 475	1 348	1 670	1 735	2 132	Heart failure	男	M.
2 049	2 329	2 094	1 998	2 402	2 630	2 986		女	F.
259	270	239	252	295	346	377	その他の心疾患	総数	T.
151	145	124	139	173	188	222	Other heart diseases	男	M.
108	125	115	113	122	158	155		女	F.
9 271	9 354	9 352	9 135	10 837	10 748	12 362	脳血管疾患	総数	T.
4 419	4 395	4 429	4 278	5 279	5 065	5 918	Cerebrovascular diseases	男	M.
4 852	4 959	4 923	4 857	5 558	5 683	6 444		女	F.
1 110	1 039	1 128	1 053	1 345	1 208	1 422	くも膜下出血	総数	T.
430	380	401	392	525	426	540	Subarachnoid haemorrhage	男	M.
680	659	727	661	820	782	882		女	F.
2 309	2 283	2 210	2 146	2 703	2 669	3 058	脳内出血	総数	T.
1 233	1 260	1 261	1 175	1 492	1 448	1 715	Intracerebral haemorrhage	男	M.
1 076	1 023	949	971	1 211	1 221	1 343		女	F.
5 599	5 769	5 768	5 714	6 486	6 592	7 523	脳梗塞	総数	T.
2 631	2 636	2 647	2 621	3 113	3 059	3 512	Cerebral infarction	男	M.
2 968	3 133	3 121	3 093	3 373	3 533	4 011		女	F.
253	263	246	222	303	279	359	その他の脳血管疾患	総数	T.
125	119	120	90	149	132	151	Other cerebrovascular	男	M.
128	144	126	132	154	147	208	diseases	女	F.
25 614	26 699	27 374	26 385	27 680	26 790	27 410	悪性新生物	総数	T.
15 398	16 097	16 457	15 949	16 657	16 230	16 364	Malignant neoplasms	男	M.
10 216	10 602	10 917	10 436	11 023	10 560	11 046		女	F.
6 649	6 760	6 734	6 484	7 400	8 097	9 247	肺炎	総数	T.
3 507	3 673	3 599	3 521	4 000	4 412	4 918	Pneumonia	男	M.
3 142	3 087	3 135	2 963	3 400	3 685	4 329		女	F.
23 372	24 954	24 678	23 701	27 135	27 547	30 318	4大死因以外	総数	T.
12 574	13 467	13 235	12 755	14 494	14 716	16 247	Other than the above	男	M.
10 798	11 487	11 443	10 946	12 641	12 831	14 071		女	F.

Note: The data for 1995 and after are sorted by disease type.

第13表（3－1）

第13表　死亡数，心疾患－脳血管疾患・
Statistics 13 Numbers of deaths from heart diseases and cerebrovascular diseases,

死因・性・年齢階級 Cause of death /Sex/Age group			総　数 Total	1 月 Jan.	2 月 Feb.	3 月 Mar.	4 月 Apr.	5 月 May	6 月 June
全死因 All causes	総数 Total	総数	1 028 602	99 908	92 415	91 961	83 574	82 730	75 575
		0～ 4 歳	4 281	380	356	389	340	376	341
		5～ 9 Years	607	49	46	48	62	48	60
		10～14	589	55	41	47	55	46	36
		15～19	1 928	167	150	140	152	175	163
		20～24	3 241	288	257	298	258	258	271
		25～29	4 157	364	328	345	364	344	342
		30～34	5 969	530	471	485	525	509	480
		35～39	7 405	641	620	657	654	583	594
		40～44	10 069	965	814	902	835	805	770
		45～49	16 098	1 455	1 394	1 486	1 350	1 409	1 203
		50～54	31 307	2 945	2 717	2 986	2 612	2 564	2 388
		55～59	46 480	4 425	3 944	3 918	3 792	3 863	3 559
		60～64	61 579	5 701	5 249	5 350	5 034	5 062	4 741
		65～69	81 497	7 814	7 187	7 247	6 664	6 669	6 261
		70～74	117 114	11 133	10 105	10 533	9 589	9 554	8 907
		75～79	152 164	14 922	13 498	13 339	12 188	12 110	11 078
		80～84	160 438	15 579	14 554	14 321	12 849	12 737	11 557
		85～89	154 810	15 819	14 521	14 155	12 521	12 396	11 119
		90歳以上	168 210	16 616	16 109	15 244	13 659	13 162	11 643
		不詳 Not Stated	659	60	54	71	71	60	62
	男 Male	総数	557 097	53 784	49 444	49 793	45 262	44 952	41 081
		0～ 4 歳	2 377	210	194	232	194	204	183
		5～ 9 Years	380	28	29	26	46	31	37
		10～14	364	33	25	34	29	30	22
		15～19	1 297	99	102	93	97	119	113
		20～24	2 265	200	174	209	187	178	192
		25～29	2 832	249	213	224	265	238	242
		30～34	4 050	358	329	336	375	332	340
		35～39	4 842	426	403	414	416	387	412
		40～44	6 747	628	549	615	559	538	501
		45～49	10 746	989	931	1 011	872	932	778
		50～54	21 028	2 013	1 859	2 019	1 714	1 711	1 620
		55～59	31 818	3 082	2 723	2 710	2 606	2 613	2 442
		60～64	42 772	3 960	3 609	3 712	3 517	3 542	3 273
		65～69	55 800	5 331	4 914	4 967	4 583	4 542	4 320
		70～74	77 929	7 415	6 713	7 007	6 350	6 374	5 925
		75～79	94 090	9 065	8 291	8 299	7 469	7 521	6 843
		80～84	80 607	7 750	7 264	7 203	6 359	6 442	5 742
		85～89	65 091	6 733	6 064	5 974	5 344	5 227	4 634
		90歳以上	51 513	5 164	5 013	4 650	4 220	3 940	3 410
		不詳 Not Stated	549	51	45	58	60	51	52
	女 Female	総数	471 505	46 124	42 971	42 168	38 312	37 778	34 494
		0～ 4 歳	1 904	170	162	157	146	172	158
		5～ 9 Years	227	21	17	22	16	17	23
		10～14	225	22	16	13	26	16	14
		15～19	631	68	48	47	55	56	50
		20～24	976	88	83	89	71	80	79
		25～29	1 325	115	115	121	99	106	100
		30～34	1 919	172	142	149	150	177	140
		35～39	2 563	215	217	243	238	196	182
		40～44	3 322	337	265	287	276	267	269
		45～49	5 352	466	463	475	478	477	425
		50～54	10 279	932	858	967	898	853	768
		55～59	14 662	1 343	1 221	1 208	1 186	1 250	1 117
		60～64	18 807	1 741	1 640	1 638	1 517	1 520	1 468
		65～69	25 697	2 483	2 273	2 280	2 081	2 127	1 941
		70～74	39 185	3 718	3 392	3 526	3 239	3 180	2 982
		75～79	58 074	5 857	5 207	5 040	4 719	4 589	4 235
		80～84	79 831	7 829	7 290	7 118	6 490	6 295	5 815
		85～89	89 719	9 086	8 457	8 181	7 177	7 169	6 485
		90歳以上	116 697	11 452	11 096	10 594	9 439	9 222	8 233
		不詳 Not Stated	110	9	9	13	11	9	10

死亡月・性・年齢（5歳階級）別　－平成16年－
by the month of death, sex and age group (by 5-year age scale): 2004

7月 July	8月 Aug.	9月 Sep.	10月 Oct.	11月 Nov.	12月 Dec.	死因・性・年齢階級 Cause of death /Sex/Age group		
79 403	79 135	76 086	85 774	86 762	95 279	全死因 All causes	総数 Total	総数
346	342	313	324	363	411			0～ 4 歳
58	47	41	35	48	65			5～ 9 Years
63	55	50	56	44	41			10～14
190	195	152	151	138	155			15～19
287	287	264	268	240	265			20～24
351	346	340	352	329	352			25～29
487	469	479	506	474	554			30～34
657	578	568	605	614	634			35～39
813	879	752	834	804	896			40～44
1 341	1 243	1 161	1 314	1 344	1 398			45～49
2 568	2 526	2 341	2 489	2 532	2 639			50～54
3 761	3 731	3 574	3 978	3 865	4 070			55～59
4 929	4 974	4 742	5 177	5 132	5 488			60～64
6 433	6 401	6 078	6 729	6 764	7 250			65～69
9 268	9 100	8 914	9 771	9 637	10 603			70～74
11 898	11 776	11 360	12 670	13 171	14 154			75～79
12 063	12 128	11 928	13 633	13 776	15 313			80～84
11 605	11 442	10 946	12 789	12 855	14 642			85～89
12 229	12 563	12 038	14 057	14 587	16 303			90歳以上
56	53	45	36	45	46			不詳 Not Stated
43 233	43 070	41 504	46 644	47 016	51 314		男 Male	総数
202	189	162	178	203	226			0～ 4 歳
42	22	25	24	36	34			5～ 9 Years
41	37	35	35	21	22			10～14
135	135	111	98	93	102			15～19
203	199	181	199	154	189			20～24
227	218	230	244	238	244			25～29
332	309	325	337	314	363			30～34
409	375	377	401	415	407			35～39
563	593	510	557	533	601			40～44
892	854	777	884	899	927			45～49
1 737	1 699	1 537	1 639	1 648	1 832			50～54
2 546	2 545	2 436	2 733	2 631	2 751			55～59
3 413	3 497	3 315	3 566	3 475	3 893			60～64
4 396	4 344	4 124	4 613	4 647	5 019			65～69
6 139	6 109	5 942	6 464	6 449	7 042			70～74
7 390	7 269	7 051	7 869	8 240	8 783			75～79
6 048	6 115	6 081	6 956	6 961	7 686			80～84
4 817	4 707	4 569	5 431	5 485	6 106			85～89
3 653	3 810	3 682	4 383	4 535	5 053			90歳以上
48	44	34	33	39	34			不詳 Not Stated
36 170	36 065	34 582	39 130	39 746	43 965		女 Female	総数
144	153	151	146	160	185			0～ 4 歳
16	25	16	11	12	31			5～ 9 Years
22	18	15	21	23	19			10～14
55	60	41	53	45	53			15～19
84	88	83	69	86	76			20～24
124	128	110	108	91	108			25～29
155	160	154	169	160	191			30～34
248	203	191	204	199	227			35～39
250	286	242	277	271	295			40～44
449	389	384	430	445	471			45～49
831	827	804	850	884	807			50～54
1 215	1 186	1 138	1 245	1 234	1 319			55～59
1 516	1 477	1 427	1 611	1 657	1 595			60～64
2 037	2 057	1 954	2 116	2 117	2 231			65～69
3 129	2 991	2 972	3 307	3 188	3 561			70～74
4 508	4 507	4 309	4 801	4 931	5 371			75～79
6 015	6 013	5 847	6 677	6 815	7 627			80～84
6 788	6 735	6 377	7 358	7 370	8 536			85～89
8 576	8 753	8 356	9 674	10 052	11 250			90歳以上
8	9	11	3	6	12			不詳 Not Stated

第13表（3－2）

第13表　死亡数，心疾患－脳血管疾患・
Statistics 13　Numbers of deaths from heart diseases and cerebrovascular diseases,

死因・性・年齢階級 Cause of death /Sex/Age group			総数 Total	1月 Jan.	2月 Feb.	3月 Mar.	4月 Apr.	5月 May	6月 June
心疾患 Heart Diseases	総数 Total	総数	159 625	17 650	15 773	14 897	12 998	12 380	10 669
		0～4歳	205	11	18	20	22	9	12
		5～9 Years	25	4	2	-	3	1	4
		10～14	42	2	6	8	2	3	1
		15～19	108	10	5	8	7	10	8
		20～24	205	21	15	13	14	19	19
		25～29	305	33	30	21	20	25	22
		30～34	613	54	55	51	67	58	36
		35～39	817	98	65	53	80	62	76
		40～44	1 187	129	102	109	105	95	79
		45～49	1 947	206	180	161	180	159	145
		50～54	3 613	386	338	327	288	284	246
		55～59	5 366	566	475	497	445	407	399
		60～64	7 644	791	765	658	572	616	545
		65～69	10 396	1 180	1 092	938	805	785	725
		70～74	15 618	1 767	1 514	1 521	1 262	1 209	1 025
		75～79	22 301	2 633	2 208	2 065	1 743	1 725	1 449
		80～84	27 023	3 032	2 701	2 596	2 239	2 087	1 771
		85～89	28 764	3 229	2 875	2 742	2 359	2 272	1 947
		90歳以上	33 410	3 494	3 322	3 107	2 780	2 552	2 159
		不詳 Not Stated	36	4	5	2	5	2	1
	男 Male	総数	77 465	8 626	7 612	7 213	6 256	5 949	5 183
		0～4歳	106	7	10	8	13	5	5
		5～9 Years	18	4	2	-	2	1	2
		10～14	23	-	2	7	1	-	1
		15～19	75	6	3	7	5	4	5
		20～24	151	16	11	11	13	16	14
		25～29	244	27	23	16	17	20	18
		30～34	476	42	44	44	47	43	31
		35～39	626	74	51	43	60	48	62
		40～44	925	92	80	89	83	71	65
		45～49	1 530	156	146	127	132	125	115
		50～54	2 860	303	272	258	220	232	191
		55～59	4 149	450	363	386	359	312	314
		60～64	5 726	588	578	475	428	474	394
		65～69	7 380	838	800	640	549	545	540
		70～74	10 044	1 125	946	992	827	779	676
		75～79	12 466	1 438	1 206	1 191	945	967	792
		80～84	11 718	1 330	1 182	1 113	937	889	731
		85～89	10 118	1 176	1 001	974	860	795	687
		90歳以上	8 797	951	887	830	753	622	539
		不詳 Not Stated	33	3	5	2	5	1	1
	女 Female	総数	82 160	9 024	8 161	7 684	6 742	6 431	5 486
		0～4歳	99	4	8	12	9	4	7
		5～9 Years	7	-	-	-	1	-	2
		10～14	19	2	4	1	1	3	-
		15～19	33	4	2	1	2	6	3
		20～24	54	5	4	2	1	3	5
		25～29	61	6	7	5	3	5	4
		30～34	137	12	11	7	20	15	5
		35～39	191	24	14	10	20	14	14
		40～44	262	37	22	20	22	24	14
		45～49	417	50	34	34	48	34	30
		50～54	753	83	66	69	68	52	55
		55～59	1 217	116	112	111	86	95	85
		60～64	1 918	203	187	183	144	142	151
		65～69	3 016	342	292	298	256	240	185
		70～74	5 574	642	568	529	435	430	349
		75～79	9 835	1 195	1 002	874	798	758	657
		80～84	15 305	1 702	1 519	1 483	1 302	1 198	1 040
		85～89	18 646	2 053	1 874	1 768	1 499	1 477	1 260
		90歳以上	24 613	2 543	2 435	2 277	2 027	1 930	1 620
		不詳 Not Stated	3	1	-	-	-	1	-

死亡月・性・年齢（5歳階級）別　－平成16年－
by the month of death, sex and age group (by 5-year age scale): 2004

7月 July	8月 Aug.	9月 Sep.	10月 Oct.	11月 Nov.	12月 Dec.	死因・性・年齢階級 Cause of death /Sex/Age group	
11 636	10 997	10 381	12 722	13 580	15 942	心疾患 総数	総数
18	21	14	15	23	22	Heart Diseases Total	0～4歳
1	4	-	2	2	2		5～9 Years
3	2	3	6	4	2		10～14
6	13	6	15	12	8		15～19
16	20	15	13	20	20		20～24
27	20	25	25	30	27		25～29
37	45	50	49	49	62		30～34
70	54	58	68	63	70		35～39
87	101	82	85	99	114		40～44
160	167	125	150	143	171		45～49
314	270	238	272	303	347		50～54
397	400	366	422	470	522		55～59
570	600	511	590	632	794		60～64
766	712	675	836	892	990		65～69
1 182	1 034	1 064	1 242	1 315	1 483		70～74
1 603	1 508	1 383	1 769	1 925	2 290		75～79
1 899	1 816	1 693	2 136	2 307	2 746		80～84
2 056	1 881	1 868	2 312	2 352	2 871		85～89
2 421	2 325	2 205	2 713	2 935	3 397		90歳以上
3	4	-	2	4	4		不詳 Not Stated
5 601	5 350	5 001	6 214	6 593	7 867	男	総数
6	9	6	11	14	12	Male	0～4歳
1	2	-	2	1	1		5～9 Years
2	1	3	3	1	2		10～14
3	10	5	12	7	8		15～19
11	12	9	11	14	13		20～24
20	17	18	23	21	24		25～29
26	37	40	40	36	46		30～34
51	40	45	55	47	50		35～39
68	80	67	67	77	86		40～44
127	131	107	123	102	139		45～49
256	230	191	209	227	271		50～54
299	301	274	325	363	403		55～59
426	464	392	456	439	612		60～64
532	491	491	602	629	723		65～69
737	679	694	812	836	941		70～74
936	870	735	999	1 099	1 288		75～79
814	797	719	929	1 037	1 240		80～84
681	603	658	794	844	1 045		85～89
602	572	547	739	795	960		90歳以上
3	4	-	2	4	3		不詳 Not Stated
6 035	5 647	5 380	6 508	6 987	8 075	女	総数
12	12	8	4	9	10	Female	0～4歳
-	2	-	-	1	1		5～9 Years
1	1	-	3	3	-		10～14
3	3	1	3	5	-		15～19
5	8	6	2	6	7		20～24
7	3	7	2	9	3		25～29
11	8	10	9	13	16		30～34
19	14	13	13	16	20		35～39
19	21	15	18	22	28		40～44
33	36	18	27	41	32		45～49
58	40	47	63	76	76		50～54
98	99	92	97	107	119		55～59
144	136	119	134	193	182		60～64
234	221	184	234	263	267		65～69
445	355	370	430	479	542		70～74
667	638	648	770	826	1 002		75～79
1 085	1 019	974	1 207	1 270	1 506		80～84
1 375	1 278	1 210	1 518	1 508	1 826		85～89
1 819	1 753	1 658	1 974	2 140	2 437		90歳以上
-	-	-	-	-	1		不詳 Not Stated

第13表（3－3）

第13表 死亡数, 心疾患－脳血管疾患・
Statistics 13 Numbers of deaths from heart diseases and cerebrovascular diseases,

死因・性・年齢階級 Cause of death /Sex/Age group			総数 Total	1月 Jan.	2月 Feb.	3月 Mar.	4月 Apr.	5月 May	6月 June
脳血管疾患 Cerebrovascular diseases	総数 Total	総数	129 055	13 111	12 147	12 009	10 402	10 327	9 271
		0～4歳	16	2	3	1	2	-	1
		5～9 Years	11	2	2	-	4	-	-
		10～14	17	1	1	2	1	1	-
		15～19	21	1	2	-	1	4	2
		20～24	50	3	3	4	6	4	1
		25～29	94	7	1	2	9	11	9
		30～34	242	28	21	14	14	22	23
		35～39	455	38	47	28	46	25	43
		40～44	829	78	74	72	74	64	57
		45～49	1 501	135	139	145	131	120	97
		50～54	2 796	270	299	283	214	222	199
		55～59	4 167	461	390	370	329	360	304
		60～64	5 420	537	496	480	461	436	413
		65～69	7 879	852	725	776	645	607	558
		70～74	12 495	1 302	1 174	1 171	1 016	1 004	942
		75～79	18 866	1 893	1 740	1 735	1 522	1 502	1 353
		80～84	23 112	2 287	2 173	2 127	1 806	1 913	1 628
		85～89	24 780	2 600	2 362	2 328	2 005	1 955	1 788
		90歳以上	26 271	2 610	2 494	2 468	2 113	2 075	1 853
		不詳 Not Stated	33	4	1	3	3	2	-
	男 Male	総数	61 547	6 312	5 827	5 757	4 941	4 927	4 419
		0～4歳	11	1	3	1	1	-	1
		5～9 Years	8	2	1	-	3	-	-
		10～14	9	1	1	2	1	-	-
		15～19	13	-	1	-	1	2	1
		20～24	31	2	2	2	3	3	-
		25～29	52	3	-	1	6	8	5
		30～34	170	19	16	11	10	15	18
		35～39	315	30	35	18	35	17	29
		40～44	569	47	51	55	45	51	42
		45～49	1 014	90	98	101	90	84	56
		50～54	1 860	190	209	190	135	144	134
		55～59	2 799	328	254	245	224	239	197
		60～64	3 699	374	325	331	307	312	282
		65～69	5 229	552	483	532	433	387	365
		70～74	7 926	829	770	740	608	643	605
		75～79	11 022	1 095	1 026	1 011	874	880	783
		80～84	10 410	1 047	948	974	809	839	749
		85～89	9 303	987	920	874	746	741	658
		90歳以上	7 081	712	684	667	608	560	494
		不詳 Not Stated	26	3	-	2	2	2	-
	女 Female	総数	67 508	6 799	6 320	6 252	5 461	5 400	4 852
		0～4歳	5	1	-	-	1	-	-
		5～9 Years	3	-	1	-	1	-	-
		10～14	8	-	-	-	-	1	-
		15～19	8	1	1	-	-	2	1
		20～24	19	1	1	2	3	1	1
		25～29	42	4	1	1	3	3	4
		30～34	72	9	5	3	4	7	5
		35～39	140	8	12	10	11	8	14
		40～44	260	31	23	17	29	13	15
		45～49	487	45	41	44	41	36	41
		50～54	936	80	90	93	79	78	65
		55～59	1 368	133	136	125	105	121	107
		60～64	1 721	163	171	149	154	124	131
		65～69	2 650	300	242	244	212	220	193
		70～74	4 569	473	404	431	408	361	337
		75～79	7 844	798	714	724	648	622	570
		80～84	12 702	1 240	1 225	1 153	997	1 074	879
		85～89	15 477	1 613	1 442	1 454	1 259	1 214	1 130
		90歳以上	19 190	1 898	1 810	1 801	1 505	1 515	1 359
		不詳 Not Stated	7	1	1	1	1	-	-

死亡月・性・年齢（5歳階級）別　－平成16年－
by the month of death, sex and age group (by 5-year age scale): 2004

7月 July	8月 Aug.	9月 Sep.	10月 Oct.	11月 Nov.	12月 Dec.	死因・性・年齢階級 Cause of death /Sex/Age group		
9 354	9 352	9 135	10 837	10 748	12 362	脳血管疾患 Cerebrovascular diseases	総数 Total	総数
-	1	1	2	-	3			0～ 4 歳
-	-	-	-	-	3			5～ 9 Years
4	4	2	-	-	1			10～14
3	1	1	1	2	3			15～19
6	5	3	7	4	4			20～24
10	12	9	8	7	9			25～29
22	14	23	27	22	12			30～34
44	39	24	41	36	44			35～39
61	58	68	65	66	92			40～44
119	115	95	126	123	156			45～49
202	200	201	224	237	245			50～54
280	343	285	360	319	366			55～59
418	378	362	497	447	495			60～64
540	581	510	668	682	735			65～69
880	909	873	1 057	956	1 211			70～74
1 429	1 360	1 333	1 561	1 599	1 839			75～79
1 619	1 663	1 653	2 005	2 008	2 230			80～84
1 845	1 782	1 786	1 978	1 984	2 367			85～89
1 868	1 885	1 902	2 208	2 251	2 544			90歳以上
4	2	4	2	5	3			不詳 Not Stated
4 395	4 429	4 278	5 279	5 065	5 918		男 Male	総数
-	1	-	2	-	1			0～ 4 歳
-	-	-	-	-	2			5～ 9 Years
-	2	2	-	-	-			10～14
3	-	-	1	1	3			15～19
3	5	2	6	-	3			20～24
3	7	7	5	3	4			25～29
14	11	14	17	16	9			30～34
24	27	14	28	28	30			35～39
46	41	44	43	41	63			40～44
65	83	65	86	87	109			45～49
128	130	136	139	146	179			50～54
178	242	191	251	213	237			55～59
288	251	246	321	302	360			60～64
379	387	335	461	441	474			65～69
548	596	541	682	610	754			70～74
847	768	789	926	939	1 084			75～79
724	733	751	947	884	1 005			80～84
666	644	651	780	732	904			85～89
475	499	486	582	618	696			90歳以上
4	2	4	2	4	1			不詳 Not Stated
4 959	4 923	4 857	5 558	5 683	6 444		女 Female	総数
-	-	1	-	-	2			0～ 4 歳
-	-	-	-	-	1			5～ 9 Years
4	2	-	-	-	1			10～14
-	1	1	-	1	-			15～19
3	-	1	1	4	1			20～24
7	5	2	3	4	5			25～29
8	3	9	10	6	3			30～34
20	12	10	13	8	14			35～39
15	17	24	22	25	29			40～44
54	32	30	40	36	47			45～49
74	70	65	85	91	66			50～54
102	101	94	109	106	129			55～59
130	127	116	176	145	135			60～64
161	194	175	207	241	261			65～69
332	313	332	375	346	457			70～74
582	592	544	635	660	755			75～79
895	930	902	1 058	1 124	1 225			80～84
1 179	1 138	1 135	1 198	1 252	1 463			85～89
1 393	1 386	1 416	1 626	1 633	1 848			90歳以上
-	-	-	-	1	2			不詳 Not Stated

第14表　死亡数，死亡月・都道府県（14大都市再掲）
Statistics 14 Numbers of deaths from heart diseases and cerebrovascular diseases

都道府県・死因・性 Prefecture/ Cause of death / sex			総数 Total	1月 Jan.	2月 Feb.	3月 Mar.	4月 Apr.	5月 May	6月 June
全　国 Total	総数 男 女	T. M. F.	1 028 602 557 097 471 505	99 908 53 784 46 124	92 415 49 444 42 971	91 961 49 793 42 168	83 574 45 262 38 312	82 730 44 952 37 778	75 575 41 081 34 494
心疾患 　Heart diseases	総数 男 女	T. M. F.	159 625 77 465 82 160	17 650 8 626 9 024	15 773 7 612 8 161	14 897 7 213 7 684	12 998 6 256 6 742	12 380 5 949 6 431	10 669 5 183 5 486
脳血管疾患 　Cerebrovascular diseases	総数 男 女	T. M. F.	129 055 61 547 67 508	13 111 6 312 6 799	12 147 5 827 6 320	12 009 5 757 6 252	10 402 4 941 5 461	10 327 4 927 5 400	9 271 4 419 4 852
北海道 Hokkaido	総数 男 女	T. M. F.	47 335 26 372 20 963	4 159 2 377 1 782	4 049 2 219 1 830	4 033 2 235 1 798	3 862 2 198 1 664	3 916 2 235 1 681	3 762 2 061 1 701
心疾患 　Heart diseases	総数 男 女	T. M. F.	7 547 3 757 3 790	730 373 357	646 328 318	634 316 318	603 321 282	601 330 271	565 264 301
脳血管疾患 　Cerebrovascular diseases	総数 男 女	T. M. F.	5 668 2 834 2 834	500 248 252	511 254 257	489 237 252	502 266 236	464 238 226	448 234 214
青　森 Aomori	総数 男 女	T. M. F.	14 372 7 955 6 417	1 318 752 566	1 222 666 556	1 209 662 547	1 166 638 528	1 183 665 518	1 056 567 489
心疾患 　Heart diseases	総数 男 女	T. M. F.	2 240 1 130 1 110	226 116 110	195 107 88	199 100 99	181 79 102	178 87 91	161 85 76
脳血管疾患 　Cerebrovascular diseases	総数 男 女	T. M. F.	2 045 1 008 1 037	169 83 86	182 75 107	208 102 106	163 91 72	178 90 88	158 75 83
岩　手 Iwate	総数 男 女	T. M. F.	13 757 7 517 6 240	1 311 707 604	1 170 641 529	1 262 659 603	1 103 602 501	1 131 634 497	1 014 564 450
心疾患 　Heart diseases	総数 男 女	T. M. F.	2 265 1 151 1 114	276 144 132	229 109 120	216 114 102	204 106 98	179 91 88	133 71 62
脳血管疾患 　Cerebrovascular diseases	総数 男 女	T. M. F.	2 159 1 046 1 113	184 78 106	184 98 86	189 91 98	189 92 97	178 92 86	163 77 86
宮　城 Miyagi	総数 男 女	T. M. F.	18 525 10 151 8 374	1 822 1 013 809	1 647 894 753	1 610 868 742	1 542 848 694	1 428 803 625	1 313 732 581
心疾患 　Heart diseases	総数 男 女	T. M. F.	2 908 1 436 1 472	332 166 166	265 130 135	284 136 148	248 127 121	186 75 111	213 102 111
脳血管疾患 　Cerebrovascular diseases	総数 男 女	T. M. F.	2 627 1 247 1 380	261 128 133	257 123 134	244 126 118	228 115 113	199 80 119	179 87 92
秋　田 Akita	総数 男 女	T. M. F.	12 705 6 869 5 836	1 198 647 551	1 103 585 518	1 051 578 473	1 022 533 489	1 035 557 478	945 496 449
心疾患 　Heart diseases	総数 男 女	T. M. F.	1 829 845 984	192 91 101	166 72 94	161 77 84	161 64 97	146 64 82	124 53 71
脳血管疾患 　Cerebrovascular diseases	総数 男 女	T. M. F.	1 885 914 971	204 102 102	161 76 85	160 82 78	139 57 82	157 80 77	140 74 66
山　形 Yamagata	総数 男 女	T. M. F.	12 642 6 606 6 036	1 196 621 575	1 079 566 513	1 074 574 500	997 532 465	1 053 533 520	927 524 403
心疾患 　Heart diseases	総数 男 女	T. M. F.	1 984 950 1 034	220 105 115	188 91 97	178 90 88	147 78 69	147 69 78	121 60 61
脳血管疾患 　Cerebrovascular diseases	総数 男 女	T. M. F.	1 852 872 980	178 78 100	162 80 82	171 84 87	141 63 78	174 77 97	123 64 59
福　島 Fukushima	総数 男 女	T. M. F.	20 015 10 878 9 137	1 998 1 074 924	1 756 973 783	1 788 973 815	1 562 830 732	1 577 853 724	1 457 812 645
心疾患 　Heart diseases	総数 男 女	T. M. F.	3 354 1 692 1 662	363 197 166	331 172 159	336 162 174	284 151 133	258 111 147	227 112 115
脳血管疾患 　Cerebrovascular diseases	総数 男 女	T. M. F.	2 829 1 348 1 481	290 129 161	244 119 125	269 134 135	197 88 109	197 92 105	197 102 95

・心疾患-脳血管疾患・性別　-平成16年-

by the month of death, prefecture (and the 14 major cities, regrouped) and sex: 2004

7 月 July	8 月 Aug.	9 月 Sep.	10 月 Oct.	11 月 Nov.	12 月 Dec.	都道府県・死因・性 Prefecture/ Cause of death / sex		
79 403	79 135	76 086	85 774	86 762	95 279	全　国	総数	T.
43 233	43 070	41 504	46 644	47 016	51 314	Total	男	M.
36 170	36 065	34 582	39 130	39 746	43 965		女	F.
11 636	10 997	10 381	12 722	13 580	15 942	心疾患	総数	T.
5 601	5 350	5 001	6 214	6 593	7 867	Heart diseases	男	M.
6 035	5 647	5 380	6 508	6 987	8 075		女	F.
9 354	9 352	9 135	10 837	10 748	12 362	脳血管疾患	総数	T.
4 395	4 429	4 278	5 279	5 065	5 918	Cerebrovascular diseases	男	M.
4 959	4 923	4 857	5 558	5 683	6 444		女	F.
3 848	3 898	3 694	4 021	3 936	4 157	北 海 道	総数	T.
2 173	2 168	2 062	2 211	2 161	2 272	Hokkaido	男	M.
1 675	1 730	1 632	1 810	1 775	1 885		女	F.
606	605	584	655	626	692	心疾患	総数	T.
304	286	279	315	304	337	Heart diseases	男	M.
302	319	305	340	322	355		女	F.
443	422	422	481	463	523	脳血管疾患	総数	T.
218	212	201	245	198	283	Cerebrovascular diseases	男	M.
225	210	221	236	265	240		女	F.
1 173	1 206	1 110	1 234	1 195	1 300	青　森	総数	T.
665	637	636	688	647	732	Aomori	男	M.
508	569	474	546	548	568		女	F.
190	177	140	182	182	229	心疾患	総数	T.
88	90	69	94	89	126	Heart diseases	男	M.
102	87	71	88	93	103		女	F.
154	148	168	169	158	190	脳血管疾患	総数	T.
76	64	83	90	79	100	Cerebrovascular diseases	男	M.
78	84	85	79	79	90		女	F.
1 010	1 089	1 014	1 214	1 122	1 317	岩　手	総数	T.
538	601	575	651	595	750	Iwate	男	M.
472	488	439	563	527	567		女	F.
133	165	138	201	165	226	心疾患	総数	T.
64	82	65	99	84	122	Heart diseases	男	M.
69	83	73	102	81	104		女	F.
165	168	144	197	185	213	脳血管疾患	総数	T.
75	82	63	104	93	101	Cerebrovascular diseases	男	M.
90	86	81	93	92	112		女	F.
1 347	1 421	1 339	1 637	1 607	1 812	宮　城	総数	T.
727	804	746	873	865	978	Miyagi	男	M.
620	617	593	764	742	834		女	F.
201	180	200	256	243	300	心疾患	総数	T.
110	108	96	124	112	150	Heart diseases	男	M.
91	72	104	132	131	150		女	F.
187	164	195	216	231	266	脳血管疾患	総数	T.
79	77	110	97	108	117	Cerebrovascular diseases	男	M.
108	87	85	119	123	149		女	F.
978	1 058	981	1 097	1 053	1 184	秋　田	総数	T.
532	577	540	606	581	637	Akita	男	M.
446	481	441	491	472	547		女	F.
122	152	112	155	158	180	心疾患	総数	T.
58	74	47	77	77	91	Heart diseases	男	M.
64	78	65	78	81	89		女	F.
146	141	129	148	177	183	脳血管疾患	総数	T.
69	73	57	67	90	87	Cerebrovascular diseases	男	M.
77	68	72	81	87	96		女	F.
945	1 032	987	1 094	1 075	1 183	山　形	総数	T.
484	547	505	548	572	600	Yamagata	男	M.
461	485	482	546	503	583		女	F.
138	157	151	153	170	214	心疾患	総数	T.
51	84	73	72	91	86	Heart diseases	男	M.
87	73	78	81	79	128		女	F.
143	147	143	141	152	177	脳血管疾患	総数	T.
68	66	70	62	73	87	Cerebrovascular diseases	男	M.
75	81	73	79	79	90		女	F.
1 587	1 559	1 508	1 674	1 685	1 864	福　島	総数	T.
875	855	825	909	918	981	Fukushima	男	M.
712	704	683	765	767	883		女	F.
245	227	202	242	285	354	心疾患	総数	T.
135	114	97	119	148	174	Heart diseases	男	M.
110	113	105	123	137	180		女	F.
217	228	217	268	235	270	脳血管疾患	総数	T.
105	103	96	124	113	143	Cerebrovascular diseases	男	M.
112	125	121	144	122	127		女	F.

第14表 死亡数，死亡月・都道府県（14大都市再掲）
Statistics 14　Numbers of deaths from heart diseases and cerebrovascular diseases

都道府県・死因・性 Prefecture/ Cause of death / sex			総数 Total	1月 Jan.	2月 Feb.	3月 Mar.	4月 Apr.	5月 May	6月 June
茨　城 Ibaraki	総数 男 女	T. M. F.	24 343 13 280 11 063	2 484 1 379 1 105	2 200 1 159 1 041	2 155 1 163 992	1 970 1 085 885	1 967 1 082 885	1 805 1 005 800
心疾患 Heart diseases	総数 男 女	T. M. F.	3 805 1 872 1 933	429 206 223	425 210 215	356 159 197	325 148 177	293 141 152	242 128 114
脳血管疾患 Cerebrovascular diseases	総数 男 女	T. M. F.	3 389 1 676 1 713	350 172 178	315 160 155	318 158 160	286 140 146	301 141 160	258 130 128
栃　木 Tochigi	総数 男 女	T. M. F.	16 779 9 213 7 566	1 757 963 794	1 526 848 678	1 526 822 704	1 352 739 613	1 349 761 588	1 220 671 549
心疾患 Heart diseases	総数 男 女	T. M. F.	2 774 1 410 1 364	331 171 160	288 142 146	277 128 149	201 102 99	221 132 89	180 98 82
脳血管疾患 Cerebrovascular diseases	総数 男 女	T. M. F.	2 506 1 229 1 277	298 145 153	219 109 110	236 117 119	208 100 108	194 98 96	176 86 90
群　馬 Gumma	総数 男 女	T. M. F.	17 267 9 264 8 003	1 747 920 827	1 588 853 735	1 565 833 732	1 404 711 693	1 346 725 621	1 179 632 547
心疾患 Heart diseases	総数 男 女	T. M. F.	2 734 1 290 1 444	313 150 163	256 123 133	286 128 158	224 101 123	197 95 102	185 83 102
脳血管疾患 Cerebrovascular diseases	総数 男 女	T. M. F.	2 355 1 099 1 256	236 115 121	260 121 139	220 109 111	187 83 104	201 82 119	157 61 96
埼　玉 Saitama	総数 男 女	T. M. F.	44 987 25 048 19 939	4 437 2 448 1 989	3 947 2 241 1 706	4 065 2 253 1 812	3 560 1 931 1 629	3 635 1 987 1 648	3 380 1 846 1 534
心疾患 Heart diseases	総数 男 女	T. M. F.	7 367 3 798 3 569	803 411 392	738 401 337	709 339 370	587 295 292	554 268 286	445 247 198
脳血管疾患 Cerebrovascular diseases	総数 男 女	T. M. F.	5 812 2 867 2 945	610 304 306	542 283 259	554 280 274	447 206 241	453 222 231	423 210 213
千　葉 Chiba	総数 男 女	T. M. F.	41 641 23 304 18 337	4 131 2 291 1 840	3 729 2 065 1 664	3 699 2 021 1 678	3 320 1 850 1 470	3 371 1 868 1 503	2 985 1 715 1 270
心疾患 Heart diseases	総数 男 女	T. M. F.	6 877 3 636 3 241	826 440 386	691 349 342	650 331 319	514 266 248	547 271 276	472 271 201
脳血管疾患 Cerebrovascular diseases	総数 男 女	T. M. F.	5 211 2 566 2 645	543 277 266	487 240 247	456 193 263	396 188 208	441 215 226	360 186 174
東　京 Tokyo	総数 男 女	T. M. F.	88 767 48 465 40 302	8 560 4 578 3 982	7 796 4 234 3 562	7 723 4 259 3 464	7 105 3 842 3 263	7 178 3 978 3 200	6 619 3 627 2 992
心疾患 Heart diseases	総数 男 女	T. M. F.	13 880 6 912 6 968	1 534 749 785	1 306 640 666	1 225 624 601	1 026 495 531	1 162 600 562	938 490 448
脳血管疾患 Cerebrovascular diseases	総数 男 女	T. M. F.	10 756 5 255 5 501	1 080 531 549	1 019 499 520	984 500 484	862 404 458	854 416 438	820 399 421
神奈川 Kanagawa	総数 男 女	T. M. F.	55 425 31 146 24 279	5 417 3 023 2 394	4 870 2 677 2 193	4 895 2 735 2 160	4 632 2 592 2 040	4 340 2 474 1 866	4 105 2 301 1 804
心疾患 Heart diseases	総数 男 女	T. M. F.	7 987 4 125 3 862	858 446 412	809 412 397	684 348 336	690 356 334	668 358 310	533 273 260
脳血管疾患 Cerebrovascular diseases	総数 男 女	T. M. F.	6 855 3 338 3 517	725 338 387	635 309 326	627 298 329	571 277 294	523 262 261	492 236 256
新　潟 Niigata	総数 男 女	T. M. F.	23 511 12 578 10 933	2 183 1 143 1 040	2 040 1 083 957	2 152 1 180 972	1 918 1 010 908	1 922 1 017 905	1 761 934 827
心疾患 Heart diseases	総数 男 女	T. M. F.	3 464 1 666 1 798	327 148 179	318 156 162	328 166 162	303 125 178	285 135 150	269 125 144
脳血管疾患 Cerebrovascular diseases	総数 男 女	T. M. F.	3 513 1 658 1 855	359 177 182	335 164 171	327 163 164	261 118 143	303 134 169	239 110 129

・心疾患－脳血管疾患・性別　－平成16年－
by the month of death, prefecture (and the 14 major cities, regrouped) and sex: 2004

7 月 July	8 月 Aug.	9 月 Sep.	10 月 Oct.	11 月 Nov.	12 月 Dec.	都道府県・死因・性 Prefecture/ Cause of death / sex		
1 857	1 828	1 749	1 999	1 991	2 338	茨　城	総数	T.
995	968	979	1 084	1 094	1 287	Ibaraki	男	M.
862	860	770	915	897	1 051		女	F.
251	249	237	306	293	399	心疾患	総数	T.
126	119	132	155	147	201	Heart diseases	男	M.
125	130	105	151	146	198		女	F.
263	239	230	258	275	296	脳血管疾患	総数	T.
133	115	107	126	131	163	Cerebrovascular diseases	男	M.
130	124	123	132	144	133		女	F.
1 179	1 213	1 282	1 386	1 398	1 591	栃　木	総数	T.
634	663	687	759	789	877	Tochigi	男	M.
545	550	595	627	609	714		女	F.
170	177	179	230	231	289	心疾患	総数	T.
80	83	91	117	124	142	Heart diseases	男	M.
90	94	88	113	107	147		女	F.
162	165	180	206	211	251	脳血管疾患	総数	T.
72	80	82	107	108	125	Cerebrovascular diseases	男	M.
90	85	98	99	103	126		女	F.
1 209	1 288	1 307	1 459	1 573	1 602	群　馬	総数	T.
681	688	727	780	818	896	Gumma	男	M.
528	600	580	679	755	706		女	F.
175	191	181	207	241	278	心疾患	総数	T.
84	85	94	88	115	144	Heart diseases	男	M.
91	106	87	119	126	134		女	F.
148	171	164	215	184	212	脳血管疾患	総数	T.
75	83	77	105	81	107	Cerebrovascular diseases	男	M.
73	88	87	110	103	105		女	F.
3 494	3 481	3 277	3 813	3 735	4 163	埼　玉	総数	T.
1 936	1 953	1 861	2 159	2 093	2 340	Saitama	男	M.
1 558	1 528	1 416	1 654	1 642	1 823		女	F.
572	477	478	597	623	784	心疾患	総数	T.
274	240	238	309	341	435	Heart diseases	男	M.
298	237	240	288	282	349		女	F.
450	436	394	511	466	526	脳血管疾患	総数	T.
209	204	187	277	222	263	Cerebrovascular diseases	男	M.
241	232	207	234	244	263		女	F.
3 224	3 175	3 050	3 479	3 463	4 015	千　葉	総数	T.
1 828	1 811	1 702	1 975	1 945	2 233	Chiba	男	M.
1 396	1 364	1 348	1 504	1 518	1 782		女	F.
496	462	421	539	579	680	心疾患	総数	T.
277	253	212	299	304	363	Heart diseases	男	M.
219	209	209	240	275	317		女	F.
374	390	345	462	439	518	脳血管疾患	総数	T.
177	204	170	241	223	252	Cerebrovascular diseases	男	M.
197	186	175	221	216	266		女	F.
7 076	6 707	6 813	7 518	7 411	8 261	東　京	総数	T.
3 872	3 714	3 723	4 113	4 066	4 459	Tokyo	男	M.
3 204	2 993	3 090	3 405	3 345	3 802		女	F.
1 112	978	971	1 120	1 107	1 401	心疾患	総数	T.
536	504	465	563	542	704	Heart diseases	男	M.
576	474	506	557	565	697		女	F.
804	749	782	884	876	1 042	脳血管疾患	総数	T.
368	357	384	434	422	541	Cerebrovascular diseases	男	M.
436	392	398	450	454	501		女	F.
4 423	4 312	4 101	4 596	4 659	5 075	神奈川	総数	T.
2 493	2 467	2 333	2 624	2 614	2 813	Kanagawa	男	M.
1 930	1 845	1 768	1 972	2 045	2 262		女	F.
619	598	492	633	653	750	心疾患	総数	T.
323	313	261	320	329	386	Heart diseases	男	M.
296	285	231	313	324	364		女	F.
479	488	484	596	556	679	脳血管疾患	総数	T.
229	255	234	321	268	311	Cerebrovascular diseases	男	M.
250	233	250	275	288	368		女	F.
1 863	1 872	1 606	1 980	2 008	2 206	新　潟	総数	T.
1 011	1 042	852	1 057	1 086	1 163	Niigata	男	M.
852	830	754	923	922	1 043		女	F.
218	232	217	315	310	342	心疾患	総数	T.
109	117	96	158	168	163	Heart diseases	男	M.
109	115	121	157	142	179		女	F.
274	265	214	281	273	382	脳血管疾患	総数	T.
134	127	94	141	117	179	Cerebrovascular diseases	男	M.
140	138	120	140	156	203		女	F.

第14表　死亡数，死亡月・都道府県（14大都市再掲）
Statistics 14　Numbers of deaths from heart diseases and cerebrovascular diseases

都道府県・死因・性 Prefecture/ Cause of death / sex			総数 Total	1月 Jan.	2月 Feb.	3月 Mar.	4月 Apr.	5月 May	6月 June
富　山 Toyama	総数 男 女	T. M. F.	10 396 5 484 4 912	1 006 497 509	888 457 431	882 441 441	875 485 390	862 454 408	740 401 339
心疾患 　Heart diseases	総数 男 女	T. M. F.	1 356 618 738	147 63 84	130 61 69	115 51 64	100 50 50	121 51 70	83 43 40
脳血管疾患 　Cerebrovascular diseases	総数 男 女	T. M. F.	1 414 636 778	157 69 88	114 54 60	123 56 67	120 56 64	103 41 62	92 46 46
石　川 Ishikawa	総数 男 女	T. M. F.	9 976 5 305 4 671	923 497 426	858 474 384	895 484 411	777 411 366	800 397 403	734 393 341
心疾患 　Heart diseases	総数 男 女	T. M. F.	1 568 720 848	186 84 102	142 71 71	144 72 72	124 56 68	103 43 60	107 56 51
脳血管疾患 　Cerebrovascular diseases	総数 男 女	T. M. F.	1 282 612 670	112 57 55	120 60 60	141 70 71	95 42 53	104 46 58	95 46 49
福　井 Fukui	総数 男 女	T. M. F.	7 449 3 955 3 494	662 348 314	672 377 295	738 382 356	591 330 261	581 308 273	536 262 274
心疾患 　Heart diseases	総数 男 女	T. M. F.	1 140 549 591	115 54 61	106 46 60	135 67 68	106 48 58	85 45 40	87 42 45
脳血管疾患 　Cerebrovascular diseases	総数 男 女	T. M. F.	905 410 495	85 37 48	85 44 41	91 36 55	74 39 35	64 29 35	60 29 31
山　梨 Yamanashi	総数 男 女	T. M. F.	7 842 4 214 3 628	823 420 403	711 374 337	729 412 317	627 324 303	634 337 297	561 305 256
心疾患 　Heart diseases	総数 男 女	T. M. F.	1 228 585 643	151 74 77	121 57 64	112 61 51	110 46 64	88 41 47	84 32 52
脳血管疾患 　Cerebrovascular diseases	総数 男 女	T. M. F.	1 001 472 529	118 55 63	91 35 56	93 40 53	80 40 40	56 29 27	75 35 40
長　野 Nagano	総数 男 女	T. M. F.	20 501 10 799 9 702	2 032 1 076 956	1 882 978 904	1 839 955 884	1 631 860 771	1 638 888 750	1 492 750 742
心疾患 　Heart diseases	総数 男 女	T. M. F.	3 214 1 512 1 702	355 166 189	321 142 179	293 131 162	253 121 132	265 130 135	217 97 120
脳血管疾患 　Cerebrovascular diseases	総数 男 女	T. M. F.	3 367 1 553 1 814	346 164 182	329 160 169	309 146 163	270 119 151	271 138 133	238 95 143
岐　阜 Gifu	総数 男 女	T. M. F.	17 705 9 567 8 138	1 771 920 851	1 626 877 749	1 589 859 730	1 459 803 656	1 488 824 664	1 325 724 601
心疾患 　Heart diseases	総数 男 女	T. M. F.	2 892 1 426 1 466	314 149 165	332 165 167	263 128 135	254 137 117	227 123 104	197 101 96
脳血管疾患 　Cerebrovascular diseases	総数 男 女	T. M. F.	2 227 1 027 1 200	271 136 135	200 82 118	226 114 112	177 81 96	185 82 103	155 65 90
静　岡 Shizuoka	総数 男 女	T. M. F.	29 809 15 989 13 820	3 019 1 572 1 447	2 744 1 487 1 257	2 727 1 481 1 246	2 363 1 260 1 103	2 317 1 268 1 049	2 231 1 230 1 001
心疾患 　Heart diseases	総数 男 女	T. M. F.	4 713 2 297 2 416	557 290 267	494 245 249	442 227 215	374 171 203	344 161 183	318 155 163
脳血管疾患 　Cerebrovascular diseases	総数 男 女	T. M. F.	4 027 1 927 2 100	442 202 240	385 202 183	396 193 203	322 149 173	310 156 154	308 153 155
愛　知 Aichi	総数 男 女	T. M. F.	49 457 27 280 22 177	5 001 2 781 2 220	4 427 2 351 2 076	4 331 2 367 1 964	4 012 2 223 1 789	4 046 2 179 1 867	3 658 2 051 1 607
心疾患 　Heart diseases	総数 男 女	T. M. F.	7 983 3 981 4 002	944 476 468	790 372 418	713 338 375	670 348 322	573 271 302	523 261 262
脳血管疾患 　Cerebrovascular diseases	総数 男 女	T. M. F.	5 991 2 999 2 992	603 314 289	579 280 299	530 264 266	476 235 241	484 242 242	475 227 248

・心疾患－脳血管疾患・性別　－平成16年－
by the month of death, prefecture (and the 14 major cities, regrouped) and sex: 2004

7月 July	8月 Aug.	9月 Sep.	10月 Oct.	11月 Nov.	12月 Dec.	都道府県・死因・性 Prefecture/ Cause of death / sex		
838	801	799	842	917	946	富　山 Toyama	総数 男 女	T. M. F.
466	425	413	435	497	513			
372	376	386	407	420	433			
113	88	94	112	128	125	心疾患 Heart diseases	総数 男 女	T. M. F.
47	41	39	43	63	66			
66	47	55	69	65	59			
113	110	123	108	122	129	脳血管疾患 Cerebrovascular diseases	総数 男 女	T. M. F.
49	51	54	48	55	57			
64	59	69	60	67	72			
789	828	725	872	846	929	石　川 Ishikawa	総数 男 女	T. M. F.
417	445	386	481	455	465			
372	383	339	391	391	464			
118	121	104	138	121	160	心疾患 Heart diseases	総数 男 女	T. M. F.
45	66	43	72	55	57			
73	55	61	66	66	103			
84	90	91	108	117	125	脳血管疾患 Cerebrovascular diseases	総数 男 女	T. M. F.
39	41	42	51	59	59			
45	49	49	57	58	66			
567	618	521	624	666	673	福　井 Fukui	総数 男 女	T. M. F.
288	323	280	344	359	354			
279	295	241	280	307	319			
78	78	60	83	96	111	心疾患 Heart diseases	総数 男 女	T. M. F.
38	39	22	43	49	56			
40	39	38	40	47	55			
70	71	76	82	68	79	脳血管疾患 Cerebrovascular diseases	総数 男 女	T. M. F.
29	25	28	38	35	41			
41	46	48	44	33	38			
547	616	565	656	638	735	山　梨 Yamanashi	総数 男 女	T. M. F.
298	328	300	358	364	394			
249	288	265	298	274	341			
84	73	75	108	104	118	心疾患 Heart diseases	総数 男 女	T. M. F.
35	39	38	57	51	54			
49	34	37	51	53	64			
60	72	81	77	92	106	脳血管疾患 Cerebrovascular diseases	総数 男 女	T. M. F.
35	28	44	39	44	48			
25	44	37	38	48	58			
1 550	1 526	1 481	1 774	1 796	1 860	長　野 Nagano	総数 男 女	T. M. F.
808	816	782	921	968	997			
742	710	699	853	828	863			
225	188	204	285	282	326	心疾患 Heart diseases	総数 男 女	T. M. F.
105	79	93	131	148	169			
120	109	111	154	134	157			
245	220	214	310	282	333	脳血管疾患 Cerebrovascular diseases	総数 男 女	T. M. F.
109	110	107	139	125	141			
136	110	107	171	157	192			
1 340	1 323	1 235	1 398	1 501	1 650	岐　阜 Gifu	総数 男 女	T. M. F.
714	716	686	765	780	899			
626	607	549	633	721	751			
184	187	169	202	262	301	心疾患 Heart diseases	総数 男 女	T. M. F.
85	92	90	98	112	146			
99	95	79	104	150	155			
147	140	145	160	208	213	脳血管疾患 Cerebrovascular diseases	総数 男 女	T. M. F.
58	67	65	82	97	98			
89	73	80	78	111	115			
2 307	2 221	2 174	2 449	2 505	2 752	静　岡 Shizuoka	総数 男 女	T. M. F.
1 287	1 179	1 179	1 325	1 300	1 421			
1 020	1 042	995	1 124	1 205	1 331			
341	310	307	340	430	456	心疾患 Heart diseases	総数 男 女	T. M. F.
170	151	147	162	197	221			
171	159	160	178	233	235			
273	277	288	351	329	346	脳血管疾患 Cerebrovascular diseases	総数 男 女	T. M. F.
138	120	122	181	160	151			
135	157	166	170	169	195			
3 799	3 701	3 641	4 085	4 099	4 657	愛　知 Aichi	総数 男 女	T. M. F.
2 103	2 048	2 055	2 300	2 249	2 573			
1 696	1 653	1 586	1 785	1 850	2 084			
597	521	510	623	687	832	心疾患 Heart diseases	総数 男 女	T. M. F.
302	242	269	335	342	425			
295	279	241	288	345	407			
428	424	422	495	490	585	脳血管疾患 Cerebrovascular diseases	総数 男 女	T. M. F.
216	220	217	252	244	288			
212	204	205	243	246	297			

第14表（8－4）

第14表　死亡数，死亡月・都道府県（14大都市再掲）
Statistics 14　Numbers of deaths from heart diseases and cerebrovascular diseases

都道府県・死因・性 Prefecture/ Cause of death / sex			総数 Total	1月 Jan.	2月 Feb.	3月 Mar.	4月 Apr.	5月 May	6月 June
三　重 Mie	総数 男 女	T. M. F.	16 030 8 499 7 531	1 568 848 720	1 487 748 739	1 401 745 656	1 247 660 587	1 282 684 598	1 125 598 527
心疾患 　Heart diseases	総数 男 女	T. M. F.	2 485 1 198 1 287	272 147 125	238 111 127	245 121 124	192 93 99	170 70 100	157 79 78
脳血管疾患 　Cerebrovascular diseases	総数 男 女	T. M. F.	2 062 952 1 110	189 94 95	199 92 107	197 101 96	169 67 102	176 79 97	152 67 85
滋　賀 Shiga	総数 男 女	T. M. F.	9 658 5 212 4 446	904 488 416	841 456 385	891 505 386	738 389 349	749 439 310	735 416 319
心疾患 　Heart diseases	総数 男 女	T. M. F.	1 506 707 799	176 79 97	145 64 81	154 76 78	114 52 62	107 55 52	76 34 42
脳血管疾患 　Cerebrovascular diseases	総数 男 女	T. M. F.	1 100 515 585	115 57 58	104 47 57	105 54 51	90 44 46	84 41 43	72 34 38
京　都 Kyoto	総数 男 女	T. M. F.	21 129 10 965 10 164	1 998 1 005 993	1 932 1 028 904	1 830 979 851	1 696 926 770	1 666 903 763	1 600 823 777
心疾患 　Heart diseases	総数 男 女	T. M. F.	3 413 1 586 1 827	369 171 198	363 172 191	282 134 148	278 145 133	256 122 134	241 109 132
脳血管疾患 　Cerebrovascular diseases	総数 男 女	T. M. F.	2 410 1 124 1 286	238 116 122	227 109 118	221 104 117	205 113 92	178 88 90	193 91 102
大　阪 Osaka	総数 男 女	T. M. F.	65 160 35 998 29 162	6 324 3 476 2 848	5 956 3 177 2 779	5 753 3 241 2 512	5 352 2 965 2 387	5 148 2 849 2 299	4 787 2 624 2 163
心疾患 　Heart diseases	総数 男 女	T. M. F.	9 894 4 845 5 049	1 085 548 537	993 456 537	878 436 442	834 395 439	747 345 402	626 323 303
脳血管疾患 　Cerebrovascular diseases	総数 男 女	T. M. F.	6 414 3 101 3 313	622 313 309	608 254 354	584 289 295	552 268 284	502 258 244	434 197 237
兵　庫 Hyogo	総数 男 女	T. M. F.	44 494 23 977 20 517	4 272 2 287 1 985	4 077 2 178 1 899	4 066 2 241 1 825	3 646 1 923 1 723	3 548 1 946 1 602	3 193 1 666 1 527
心疾患 　Heart diseases	総数 男 女	T. M. F.	6 687 3 163 3 524	758 341 417	676 335 341	639 325 314	568 263 305	475 231 244	449 203 246
脳血管疾患 　Cerebrovascular diseases	総数 男 女	T. M. F.	4 826 2 333 2 493	478 245 233	450 227 223	447 220 227	374 161 213	354 184 170	345 166 179
奈　良 Nara	総数 男 女	T. M. F.	11 124 5 912 5 212	1 058 546 512	1 011 531 480	958 471 487	946 504 442	873 457 416	763 417 346
心疾患 　Heart diseases	総数 男 女	T. M. F.	1 809 844 965	183 79 104	172 83 89	162 76 86	151 62 89	139 71 68	117 54 63
脳血管疾患 　Cerebrovascular diseases	総数 男 女	T. M. F.	1 251 561 690	137 58 79	105 52 53	119 43 76	100 52 48	95 36 59	83 38 45
和歌山 Wakayama	総数 男 女	T. M. F.	10 600 5 598 5 002	1 031 555 476	994 498 496	937 471 466	868 461 407	821 436 385	768 406 362
心疾患 　Heart diseases	総数 男 女	T. M. F.	1 719 805 914	198 98 100	160 75 85	169 79 90	157 75 82	126 58 68	99 41 58
脳血管疾患 　Cerebrovascular diseases	総数 男 女	T. M. F.	1 144 513 631	119 59 60	117 56 61	104 33 71	99 39 60	102 42 60	69 34 35
鳥　取 Tottori	総数 男 女	T. M. F.	6 166 3 207 2 959	577 305 272	582 317 265	587 296 291	512 259 253	523 260 263	436 246 190
心疾患 　Heart diseases	総数 男 女	T. M. F.	972 432 540	103 48 55	118 56 62	103 51 52	71 31 40	79 28 51	54 26 28
脳血管疾患 　Cerebrovascular diseases	総数 男 女	T. M. F.	870 387 483	81 32 49	84 42 42	97 45 52	64 26 38	78 33 45	61 34 27

・心疾患-脳血管疾患・性別　－平成16年－
by the month of death, prefecture (and the 14 major cities, regrouped) and sex: 2004

7 月 July	8 月 Aug.	9 月 Sep.	10 月 Oct.	11 月 Nov.	12 月 Dec.	都道府県・死因・性 Prefecture/ Cause of death / sex		
1 177	1 240	1 225	1 354	1 379	1 545	三　重 Mie	総数 男 女	T. M. F.
623	655	694	725	693	826			
554	585	531	629	686	719			
185	180	156	190	255	245	心疾患 Heart diseases	総数 男 女	T. M. F.
87	86	81	97	110	116			
98	94	75	93	145	129			
125	152	152	185	174	192	脳血管疾患 Cerebrovascular diseases	総数 男 女	T. M. F.
60	70	74	89	78	81			
65	82	78	96	96	111			
730	758	695	841	859	917	滋　賀 Shiga	総数 男 女	T. M. F.
378	395	357	495	430	464			
352	363	338	346	429	453			
74	104	102	120	151	183	心疾患 Heart diseases	総数 男 女	T. M. F.
39	51	45	63	69	80			
35	53	57	57	82	103			
74	76	69	114	88	109	脳血管疾患 Cerebrovascular diseases	総数 男 女	T. M. F.
32	28	27	61	35	55			
42	48	42	53	53	54			
1 663	1 715	1 560	1 756	1 764	1 949	京　都 Kyoto	総数 男 女	T. M. F.
813	848	801	946	866	1 027			
850	867	759	810	898	922			
246	230	234	267	303	344	心疾患 Heart diseases	総数 男 女	T. M. F.
103	94	101	120	136	179			
143	136	133	147	167	165			
155	209	185	188	200	211	脳血管疾患 Cerebrovascular diseases	総数 男 女	T. M. F.
70	89	78	88	80	98			
85	120	107	100	120	113			
5 030	5 058	4 777	5 284	5 625	6 066	大　阪 Osaka	総数 男 女	T. M. F.
2 842	2 800	2 631	2 941	3 131	3 321			
2 188	2 258	2 146	2 343	2 494	2 745			
737	721	643	781	885	964	心疾患 Heart diseases	総数 男 女	T. M. F.
357	379	320	385	421	480			
380	342	323	396	464	484			
453	506	433	514	568	638	脳血管疾患 Cerebrovascular diseases	総数 男 女	T. M. F.
225	239	219	259	258	322			
228	267	214	255	310	316			
3 450	3 482	3 227	3 681	3 784	4 068	兵　庫 Hyogo	総数 男 女	T. M. F.
1 891	1 853	1 743	1 950	2 089	2 210			
1 559	1 629	1 484	1 731	1 695	1 858			
473	476	381	546	562	684	心疾患 Heart diseases	総数 男 女	T. M. F.
198	223	182	254	278	330			
275	253	199	292	284	354			
355	357	347	443	432	444	脳血管疾患 Cerebrovascular diseases	総数 男 女	T. M. F.
177	166	161	208	208	210			
178	191	186	235	224	234			
865	868	853	886	989	1 054	奈　良 Nara	総数 男 女	T. M. F.
482	446	477	481	563	537			
383	422	376	405	426	517			
140	142	121	135	154	193	心疾患 Heart diseases	総数 男 女	T. M. F.
63	65	59	67	73	92			
77	77	62	68	81	101			
96	96	102	97	106	115	脳血管疾患 Cerebrovascular diseases	総数 男 女	T. M. F.
51	41	48	36	51	55			
45	55	54	61	55	60			
853	768	764	882	912	1 002	和 歌 山 Wakayama	総数 男 女	T. M. F.
442	415	412	468	516	518			
411	353	352	414	396	484			
128	107	109	141	153	172	心疾患 Heart diseases	総数 男 女	T. M. F.
63	50	42	62	78	84			
65	57	67	79	75	88			
101	70	65	100	104	94	脳血管疾患 Cerebrovascular diseases	総数 男 女	T. M. F.
41	32	30	48	54	45			
60	38	35	52	50	49			
479	451	449	507	517	546	鳥　取 Tottori	総数 男 女	T. M. F.
263	235	233	259	256	278			
216	216	216	248	261	268			
63	57	68	75	86	95	心疾患 Heart diseases	総数 男 女	T. M. F.
33	21	32	34	33	39			
30	36	36	41	53	56			
69	55	64	65	82	70	脳血管疾患 Cerebrovascular diseases	総数 男 女	T. M. F.
30	20	32	28	35	30			
39	35	32	37	47	40			

第14表（8－5）

第14表　死亡数，死亡月・都道府県（14大都市再掲）
Statistics 14　Numbers of deaths from heart diseases and cerebrovascular diseases

都道府県・死因・性 Prefecture/ Cause of death / sex			総数 Total	1月 Jan.	2月 Feb.	3月 Mar.	4月 Apr.	5月 May	6月 June
島根 Shimane	総数	T.	8 212	774	750	747	692	665	605
	男	M.	4 365	393	401	394	369	365	328
	女	F.	3 847	381	349	353	323	300	277
心疾患 Heart diseases	総数	T.	1 247	136	120	121	99	89	92
	男	M.	560	65	56	56	42	36	42
	女	F.	687	71	64	65	57	53	50
脳血管疾患 Cerebrovascular diseases	総数	T.	1 021	95	108	98	81	73	73
	男	M.	475	42	61	40	37	32	26
	女	F.	546	53	47	58	44	41	47
岡山 Okayama	総数	T.	17 489	1 737	1 642	1 609	1 414	1 443	1 252
	男	M.	9 209	902	807	859	738	763	679
	女	F.	8 280	835	835	750	676	680	573
心疾患 Heart diseases	総数	T.	2 693	300	283	265	197	210	183
	男	M.	1 253	132	137	134	89	99	93
	女	F.	1 440	168	146	131	108	111	90
脳血管疾患 Cerebrovascular diseases	総数	T.	2 242	246	227	222	176	196	141
	男	M.	1 017	115	98	106	82	90	67
	女	F.	1 225	131	129	116	94	106	74
広島 Hiroshima	総数	T.	24 435	2 348	2 236	2 183	2 087	1 965	1 791
	男	M.	13 036	1 224	1 154	1 158	1 129	1 056	911
	女	F.	11 399	1 124	1 082	1 025	958	909	880
心疾患 Heart diseases	総数	T.	3 903	419	390	351	322	312	270
	男	M.	1 827	203	184	156	150	146	119
	女	F.	2 076	216	206	195	172	166	151
脳血管疾患 Cerebrovascular diseases	総数	T.	2 797	287	266	283	242	232	197
	男	M.	1 277	119	123	128	113	110	89
	女	F.	1 520	168	143	155	129	122	108
山口 Yamaguchi	総数	T.	15 702	1 537	1 389	1 500	1 290	1 271	1 161
	男	M.	8 239	808	731	792	645	633	591
	女	F.	7 463	729	658	708	645	638	570
心疾患 Heart diseases	総数	T.	2 414	277	210	251	214	202	166
	男	M.	1 088	135	82	112	84	90	63
	女	F.	1 326	142	128	139	130	112	103
脳血管疾患 Cerebrovascular diseases	総数	T.	2 099	232	178	200	169	178	148
	男	M.	961	116	100	84	75	81	70
	女	F.	1 138	116	78	116	94	97	78
徳島 Tokushima	総数	T.	8 367	812	829	756	674	704	570
	男	M.	4 429	425	425	405	359	398	295
	女	F.	3 938	387	404	351	315	306	275
心疾患 Heart diseases	総数	T.	1 382	167	154	151	109	99	96
	男	M.	624	69	77	67	48	47	39
	女	F.	758	98	77	84	61	52	57
脳血管疾患 Cerebrovascular diseases	総数	T.	1 036	112	116	88	82	96	69
	男	M.	493	52	54	39	36	50	35
	女	F.	543	60	62	49	46	46	34
香川 Kagawa	総数	T.	9 709	937	930	912	813	749	708
	男	M.	4 939	492	433	479	408	380	368
	女	F.	4 770	445	497	433	405	369	340
心疾患 Heart diseases	総数	T.	1 631	166	174	163	155	127	109
	男	M.	737	73	78	82	62	60	50
	女	F.	894	93	96	81	93	67	59
脳血管疾患 Cerebrovascular diseases	総数	T.	1 095	108	122	110	94	82	68
	男	M.	478	55	53	56	41	35	19
	女	F.	617	53	69	54	53	47	49
愛媛 Ehime	総数	T.	14 664	1 419	1 344	1 363	1 106	1 206	1 036
	男	M.	7 772	703	696	707	622	652	576
	女	F.	6 892	716	648	656	484	554	460
心疾患 Heart diseases	総数	T.	2 669	282	285	279	184	214	162
	男	M.	1 279	122	134	127	103	103	75
	女	F.	1 390	160	151	152	81	111	87
脳血管疾患 Cerebrovascular diseases	総数	T.	1 749	196	172	174	135	133	110
	男	M.	801	86	87	74	71	56	51
	女	F.	948	110	85	100	64	77	59
高知 Kochi	総数	T.	8 723	841	831	829	716	693	602
	男	M.	4 552	447	420	413	377	340	300
	女	F.	4 171	394	411	416	339	353	302
心疾患 Heart diseases	総数	T.	1 367	152	149	139	122	102	84
	男	M.	623	72	60	58	56	48	32
	女	F.	744	80	89	81	66	54	52
脳血管疾患 Cerebrovascular diseases	総数	T.	1 271	130	131	126	94	89	85
	男	M.	585	60	65	56	43	39	34
	女	F.	686	70	66	70	51	50	51

・心疾患－脳血管疾患・性別　－平成16年－
by the month of death, prefecture (and the 14 major cities, regrouped) and sex: 2004

7月 July	8月 Aug.	9月 Sep.	10月 Oct.	11月 Nov.	12月 Dec.	都道府県・死因・性 Prefecture/ Cause of death / sex		
581	634	613	672	724	755	島根 Shimane	総数	T.
311	351	308	350	399	396		男	M.
270	283	305	322	325	359		女	F.
65	98	78	99	123	127	心疾患 Heart diseases	総数	T.
24	44	35	43	58	59		男	M.
41	54	43	56	65	68		女	F.
74	71	68	95	83	102	脳血管疾患 Cerebrovascular diseases	総数	T.
39	32	32	47	41	46		男	M.
35	39	36	48	42	56		女	F.
1 294	1 269	1 272	1 391	1 507	1 659	岡山 Okayama	総数	T.
704	669	670	710	808	900		男	M.
590	600	602	681	699	759		女	F.
163	172	185	205	254	276	心疾患 Heart diseases	総数	T.
78	72	84	92	122	121		男	M.
85	100	101	113	132	155		女	F.
132	164	157	183	171	227	脳血管疾患 Cerebrovascular diseases	総数	T.
59	64	69	82	76	109		男	M.
73	100	88	101	95	118		女	F.
1 923	1 790	1 738	2 047	2 056	2 271	広島 Hiroshima	総数	T.
1 029	995	938	1 106	1 121	1 215		男	M.
894	795	800	941	935	1 056		女	F.
294	244	247	310	346	398	心疾患 Heart diseases	総数	T.
123	126	115	137	169	199		男	M.
171	118	132	173	177	199		女	F.
201	172	183	245	214	275	脳血管疾患 Cerebrovascular diseases	総数	T.
96	86	82	105	94	132		男	M.
105	86	101	140	120	143		女	F.
1 166	1 149	1 162	1 325	1 298	1 454	山口 Yamaguchi	総数	T.
635	614	649	693	677	771		男	M.
531	535	513	632	621	683		女	F.
181	145	153	201	196	218	心疾患 Heart diseases	総数	T.
88	74	75	95	83	107		男	M.
93	71	78	106	113	111		女	F.
157	148	169	173	160	187	脳血管疾患 Cerebrovascular diseases	総数	T.
72	60	83	69	71	80		男	M.
85	88	86	104	89	107		女	F.
630	653	615	671	701	752	徳島 Tokushima	総数	T.
338	349	338	334	370	393		男	M.
292	304	277	337	331	359		女	F.
107	89	75	99	104	132	心疾患 Heart diseases	総数	T.
52	41	39	41	50	54		男	M.
55	48	36	58	54	78		女	F.
65	69	66	88	94	91	脳血管疾患 Cerebrovascular diseases	総数	T.
28	35	26	37	52	49		男	M.
37	34	40	51	42	42		女	F.
739	678	691	768	819	965	香川 Kagawa	総数	T.
381	346	367	406	402	477		男	M.
358	332	324	362	417	488		女	F.
113	93	83	121	143	184	心疾患 Heart diseases	総数	T.
45	42	43	56	63	83		男	M.
68	51	40	65	80	101		女	F.
80	79	74	70	81	127	脳血管疾患 Cerebrovascular diseases	総数	T.
37	35	31	34	37	45		男	M.
43	44	43	36	44	82		女	F.
1 112	1 200	1 123	1 243	1 191	1 321	愛媛 Ehime	総数	T.
576	649	577	672	644	698		男	M.
536	551	546	571	547	623		女	F.
212	179	189	214	227	242	心疾患 Heart diseases	総数	T.
102	87	85	115	101	125		男	M.
110	92	104	99	126	117		女	F.
124	143	118	149	148	147	脳血管疾患 Cerebrovascular diseases	総数	T.
54	65	47	64	78	68		男	M.
70	78	71	85	70	79		女	F.
621	703	660	731	725	771	高知 Kochi	総数	T.
332	372	369	401	378	403		男	M.
289	331	291	330	347	368		女	F.
86	84	91	115	115	128	心疾患 Heart diseases	総数	T.
43	38	48	65	50	53		男	M.
43	46	43	50	65	75		女	F.
88	112	86	104	115	111	脳血管疾患 Cerebrovascular diseases	総数	T.
38	52	41	48	54	55		男	M.
50	60	45	56	61	56		女	F.

第14表（8－6）

第14表　死亡数，死亡月・都道府県（14大都市再掲）
Statistics 14　Numbers of deaths from heart diseases and cerebrovascular diseases

都道府県・死因・性 Prefecture/ Cause of death / sex			総数 Total	1月 Jan.	2月 Feb.	3月 Mar.	4月 Apr.	5月 May	6月 June
福　岡 Fukuoka	総数 男 女	T. M. F.	41 144 21 819 19 325	3 949 2 119 1 830	3 726 1 947 1 779	3 770 2 064 1 706	3 368 1 834 1 534	3 349 1 711 1 638	3 037 1 665 1 372
心疾患 　Heart diseases	総数 男 女	T. M. F.	5 285 2 384 2 901	586 275 311	498 218 280	475 212 263	453 206 247	436 178 258	358 158 200
脳血管疾患 　Cerebrovascular diseases	総数 男 女	T. M. F.	4 607 2 131 2 476	469 209 260	426 199 227	439 225 214	377 187 190	370 164 206	342 175 167
佐　賀 Saga	総数 男 女	T. M. F.	8 214 4 264 3 950	802 414 388	767 394 373	738 390 348	651 336 315	660 354 306	612 330 282
心疾患 　Heart diseases	総数 男 女	T. M. F.	1 163 519 644	158 67 91	123 51 72	118 51 67	78 31 47	82 36 46	79 38 41
脳血管疾患 　Cerebrovascular diseases	総数 男 女	T. M. F.	997 442 555	100 53 47	85 36 49	97 45 52	92 35 57	79 33 46	65 29 36
長　崎 Nagasaki	総数 男 女	T. M. F.	14 187 7 393 6 794	1 368 698 670	1 268 674 594	1 235 628 607	1 144 613 531	1 118 578 540	1 051 549 502
心疾患 　Heart diseases	総数 男 女	T. M. F.	2 136 938 1 198	226 103 123	217 97 120	208 102 106	165 73 92	165 63 102	129 52 77
脳血管疾患 　Cerebrovascular diseases	総数 男 女	T. M. F.	1 782 825 957	177 82 95	150 63 87	173 72 101	138 74 64	145 72 73	129 54 75
熊　本 Kumamoto	総数 男 女	T. M. F.	17 076 8 857 8 219	1 719 894 825	1 647 839 808	1 591 806 785	1 463 776 687	1 354 700 654	1 175 649 526
心疾患 　Heart diseases	総数 男 女	T. M. F.	2 559 1 114 1 445	297 139 158	263 114 149	236 102 134	200 89 111	215 87 128	175 82 93
脳血管疾患 　Cerebrovascular diseases	総数 男 女	T. M. F.	2 104 978 1 126	188 90 98	220 102 118	178 82 96	183 104 79	173 81 92	137 62 75
大　分 Oita	総数 男 女	T. M. F.	11 733 6 132 5 601	1 111 569 542	1 017 542 475	1 122 594 528	1 037 533 504	931 490 441	849 421 428
心疾患 　Heart diseases	総数 男 女	T. M. F.	1 794 805 989	183 81 102	178 84 94	187 91 96	169 82 87	135 65 70	121 38 83
脳血管疾患 　Cerebrovascular diseases	総数 男 女	T. M. F.	1 462 672 790	162 77 85	131 57 74	143 68 75	115 48 67	124 58 66	97 42 55
宮　崎 Miyazaki	総数 男 女	T. M. F.	10 578 5 590 4 988	1 009 537 472	960 495 465	956 497 459	889 459 430	862 472 390	740 381 359
心疾患 　Heart diseases	総数 男 女	T. M. F.	1 686 814 872	191 89 102	155 77 78	170 76 94	146 71 75	154 70 84	110 51 59
脳血管疾患 　Cerebrovascular diseases	総数 男 女	T. M. F.	1 386 599 787	129 58 71	139 56 83	118 48 70	101 44 57	95 40 55	106 50 56
鹿児島 Kagoshima	総数 男 女	T. M. F.	18 200 9 432 8 768	1 835 963 872	1 683 860 823	1 699 861 838	1 495 780 715	1 484 750 734	1 367 727 640
心疾患 　Heart diseases	総数 男 女	T. M. F.	2 716 1 207 1 509	291 139 152	267 122 145	256 112 144	233 108 125	207 90 117	202 84 118
脳血管疾患 　Cerebrovascular diseases	総数 男 女	T. M. F.	2 568 1 112 1 456	271 121 150	257 103 154	233 108 125	207 96 111	197 82 115	180 70 110
沖　縄 Okinawa	総数 男 女	T. M. F.	8 610 4 735 3 875	815 453 362	804 458 346	796 434 362	677 381 296	695 356 339	644 371 273
心疾患 　Heart diseases	総数 男 女	T. M. F.	1 171 561 610	124 63 61	133 68 65	131 64 67	83 41 42	86 41 45	81 42 39
脳血管疾患 　Cerebrovascular diseases	総数 男 女	T. M. F.	906 462 444	90 47 43	93 52 41	78 32 46	56 22 34	79 40 39	72 46 26
不　詳 Not Stated	総数 男 女	T. M. F.	1 992 1 727 265	208 186 22	182 156 26	195 167 28	203 179 24	174 153 21	163 141 22
心疾患 　Heart diseases	総数 男 女	T. M. F.	215 194 21	22 19 3	22 20 2	24 20 4	15 14 1	18 18 -	9 7 2
脳血管疾患 　Cerebrovascular diseases	総数 男 女	T. M. F.	180 160 20	19 17 2	16 12 4	14 12 2	16 14 2	23 21 2	12 12 -

・心疾患-脳血管疾患・性別 －平成16年－
by the month of death, prefecture (and the 14 major cities, regrouped) and sex: 2004

7 月 July	8 月 Aug.	9 月 Sep.	10 月 Oct.	11 月 Nov.	12 月 Dec.	都道府県・死因・性 Prefecture/ Cause of death / sex		
3 164	3 080	3 061	3 444	3 462	3 734	福　岡 Fukuoka	総数	T.
1 656	1 581	1 634	1 859	1 852	1 897		男	M.
1 508	1 499	1 427	1 585	1 610	1 837		女	F.
395	353	353	414	466	498	心疾患 Heart diseases	総数	T.
187	141	171	195	214	229		男	M.
208	212	182	219	252	269		女	F.
353	318	304	376	384	449	脳血管疾患 Cerebrovascular diseases	総数	T.
157	146	134	180	177	178		男	M.
196	172	170	196	207	271		女	F.
605	610	592	698	705	774	佐　賀 Saga	総数	T.
321	328	294	353	348	402		男	M.
284	282	298	345	357	372		女	F.
69	73	72	89	98	124	心疾患 Heart diseases	総数	T.
39	33	36	42	38	57		男	M.
30	40	36	47	60	67		女	F.
76	68	70	83	93	89	脳血管疾患 Cerebrovascular diseases	総数	T.
28	34	28	32	49	40		男	M.
48	34	42	51	44	49		女	F.
1 110	1 131	1 021	1 197	1 245	1 299	長　崎 Nagasaki	総数	T.
575	590	543	618	639	688		男	M.
535	541	478	579	606	611		女	F.
166	141	135	174	181	229	心疾患 Heart diseases	総数	T.
62	62	68	77	80	99		男	M.
104	79	67	97	101	130		女	F.
121	148	111	147	163	180	脳血管疾患 Cerebrovascular diseases	総数	T.
55	82	45	69	71	86		男	M.
66	66	66	78	92	94		女	F.
1 240	1 270	1 249	1 385	1 435	1 548	熊　本 Kumamoto	総数	T.
623	683	634	717	747	789		男	M.
617	587	615	668	688	759		女	F.
192	172	164	183	216	246	心疾患 Heart diseases	総数	T.
84	69	68	77	91	112		男	M.
108	103	96	106	125	134		女	F.
155	147	164	173	175	211	脳血管疾患 Cerebrovascular diseases	総数	T.
69	69	74	77	74	94		男	M.
86	78	90	96	101	117		女	F.
876	911	880	957	987	1 055	大　分 Oita	総数	T.
460	471	457	500	527	568		男	M.
416	440	423	457	460	487		女	F.
138	119	120	131	156	157	心疾患 Heart diseases	総数	T.
66	50	49	53	75	71		男	M.
72	69	71	78	81	86		女	F.
87	112	99	131	122	139	脳血管疾患 Cerebrovascular diseases	総数	T.
37	53	43	70	53	66		男	M.
50	59	56	61	69	73		女	F.
818	817	785	895	840	1 007	宮　崎 Miyazaki	総数	T.
440	442	403	461	457	546		男	M.
378	375	382	434	383	461		女	F.
125	114	120	123	118	160	心疾患 Heart diseases	総数	T.
67	56	57	53	59	88		男	M.
58	58	63	70	59	72		女	F.
110	102	115	111	100	160	脳血管疾患 Cerebrovascular diseases	総数	T.
51	38	48	46	48	72		男	M.
59	64	67	65	52	88		女	F.
1 455	1 320	1 288	1 448	1 508	1 618	鹿児島 Kagoshima	総数	T.
769	718	670	722	777	835		男	M.
686	602	618	726	731	783		女	F.
194	207	169	211	200	279	心疾患 Heart diseases	総数	T.
95	87	64	88	91	127		男	M.
99	120	105	123	109	152		女	F.
199	169	195	199	218	243	脳血管疾患 Cerebrovascular diseases	総数	T.
87	74	82	85	100	104		男	M.
112	95	113	114	118	139		女	F.
717	670	715	650	710	717	沖　縄 Okinawa	総数	T.
388	376	379	365	390	384		男	M.
329	294	336	285	320	333		女	F.
86	89	96	78	96	88	心疾患 Heart diseases	総数	T.
41	44	37	37	45	38		男	M.
45	45	59	41	51	50		女	F.
64	71	77	67	69	90	脳血管疾患 Cerebrovascular diseases	総数	T.
31	43	39	33	34	43		男	M.
33	28	38	34	35	47		女	F.
155	137	112	160	141	162	不　詳 Not Stated	総数	T.
136	114	92	146	120	137		男	M.
19	23	20	14	21	25		女	F.
16	15	11	18	16	29	心疾患 Heart diseases	総数	T.
16	14	9	16	14	27		男	M.
-	1	2	2	2	2		女	F.
11	13	11	13	15	17	脳血管疾患 Cerebrovascular diseases	総数	T.
11	12	11	13	12	13		男	M.
-	1	-	-	3	4		女	F.

第14表（8－7）

第14表　死亡数，死亡月・都道府県（14大都市再掲）
Statistics 14　Numbers of deaths from heart diseases and cerebrovascular diseases

都道府県・死因・性 Prefecture/ Cause of death / sex			総数 Total	1月 Jan.	2月 Feb.	3月 Mar.	4月 Apr.	5月 May	6月 June
14大都市（再掲） 14 major cities (Regrouped)									
東京都の区部 Ward areas of Tokyo	総数 男 女	T. M. F.	62 123 34 253 27 870	5 962 3 210 2 752	5 428 2 987 2 441	5 435 3 064 2 371	4 948 2 696 2 252	5 017 2 792 2 225	4 646 2 595 2 051
心疾患 Heart diseases	総数 男 女	T. M. F.	9 711 4 902 4 809	1 062 523 539	903 453 450	846 437 409	719 353 366	809 421 388	662 355 307
脳血管疾患 Cerebrovascular diseases	総数 男 女	T. M. F.	7 331 3 558 3 773	735 346 389	718 344 374	667 340 327	583 266 317	594 290 304	549 263 286
札幌市 Sapporo	総数 男 女	T. M. F.	12 348 6 859 5 489	1 049 606 443	1 058 575 483	1 051 572 479	1 009 578 431	1 037 589 448	993 547 446
心疾患 Heart diseases	総数 男 女	T. M. F.	1 793 864 929	164 85 79	166 81 85	147 67 80	165 92 73	154 85 69	125 60 65
脳血管疾患 Cerebrovascular diseases	総数 男 女	T. M. F.	1 423 705 718	131 63 68	120 51 69	107 52 55	136 73 63	109 59 50	102 55 47
仙台市 Sendai	総数 男 女	T. M. F.	5 978 3 290 2 688	579 326 253	527 272 255	486 264 222	490 287 203	429 225 204	456 264 192
心疾患 Heart diseases	総数 男 女	T. M. F.	877 444 433	109 60 49	84 39 45	81 45 36	74 41 33	48 14 34	63 26 37
脳血管疾患 Cerebrovascular diseases	総数 男 女	T. M. F.	753 354 399	76 37 39	71 26 45	68 33 35	52 26 26	54 21 33	47 21 26
さいたま市 Saitama	総数 男 女	T. M. F.	6 176 3 422 2 754	632 346 286	511 293 218	545 287 258	496 263 233	518 279 239	464 264 200
心疾患 Heart diseases	総数 男 女	T. M. F.	1 003 524 479	106 55 51	89 45 44	104 51 53	76 36 40	88 42 46	70 43 27
脳血管疾患 Cerebrovascular diseases	総数 男 女	T. M. F.	784 382 402	78 32 46	65 37 28	74 42 32	54 29 25	66 28 38	66 36 30
千葉市 Chiba	総数 男 女	T. M. F.	5 624 3 219 2 405	563 322 241	475 275 200	516 286 230	464 255 209	465 258 207	429 266 163
心疾患 Heart diseases	総数 男 女	T. M. F.	856 464 392	97 61 36	81 46 35	70 31 39	63 33 30	73 38 35	58 38 20
脳血管疾患 Cerebrovascular diseases	総数 男 女	T. M. F.	636 330 306	66 39 27	54 25 29	51 25 26	57 32 25	57 28 29	51 32 19
横浜市 Yokohama	総数 男 女	T. M. F.	22 213 12 705 9 508	2 132 1 238 894	1 925 1 089 836	1 965 1 129 836	1 819 1 046 773	1 739 990 749	1 696 965 731
心疾患 Heart diseases	総数 男 女	T. M. F.	3 208 1 698 1 510	361 187 174	309 173 136	290 154 136	282 148 134	262 136 126	195 106 89
脳血管疾患 Cerebrovascular diseases	総数 男 女	T. M. F.	2 629 1 340 1 289	259 129 130	237 122 115	246 121 125	225 120 105	209 108 101	197 91 106
川崎市 Kawasaki	総数 男 女	T. M. F.	7 422 4 290 3 132	720 414 306	625 357 268	626 349 277	627 346 281	578 328 250	525 316 209
心疾患 Heart diseases	総数 男 女	T. M. F.	1 113 579 534	107 55 52	105 49 56	84 35 49	96 55 41	99 53 46	75 46 29
脳血管疾患 Cerebrovascular diseases	総数 男 女	T. M. F.	897 462 435	92 42 50	74 40 34	83 42 41	77 33 44	65 36 29	69 36 33
名古屋市 Nagoya	総数 男 女	T. M. F.	16 353 9 106 7 247	1 630 925 705	1 432 761 671	1 418 795 623	1 313 719 594	1 345 750 595	1 158 680 478
心疾患 Heart diseases	総数 男 女	T. M. F.	2 731 1 380 1 351	329 161 168	259 136 123	251 120 131	240 117 123	206 98 108	177 95 82
脳血管疾患 Cerebrovascular diseases	総数 男 女	T. M. F.	1 853 964 889	193 107 86	193 91 102	161 93 68	138 67 71	159 87 72	135 71 64

・心疾患－脳血管疾患・性別　－平成16年－

by the month of death, prefecture (and the 14 major cities, regrouped) and sex: 2004

7 月 July	8 月 Aug.	9 月 Sep.	10 月 Oct.	11 月 Nov.	12 月 Dec.	都道府県・死因・性 Prefecture/ Cause of death / sex		
						14大都市（再掲） 14 major cities (Regrouped)		
4 976	4 744	4 776	5 231	5 178	5 782	東京都の区部	総数	T.
2 750	2 622	2 642	2 901	2 875	3 119	Ward areas of Tokyo	男	M.
2 226	2 122	2 134	2 330	2 303	2 663		女	F.
804	695	702	786	752	971	心疾患	総数	T.
394	367	339	401	378	481	Heart diseases	男	M.
410	328	363	385	374	490		女	F.
536	525	531	577	604	712	脳血管疾患	総数	T.
244	244	259	294	298	370	Cerebrovascular diseases	男	M.
292	281	272	283	306	342		女	F.
1 001	996	972	1 047	1 063	1 072	札 幌 市	総数	T.
556	559	519	575	584	599	Sapporo	男	M.
445	437	453	472	479	473		女	F.
138	122	157	154	148	153	心疾患	総数	T.
58	59	67	70	69	71	Heart diseases	男	M.
80	63	90	84	79	82		女	F.
128	125	94	125	116	130	脳血管疾患	総数	T.
55	62	39	68	55	73	Cerebrovascular diseases	男	M.
73	63	55	57	61	57		女	F.
430	479	413	556	532	601	仙 台 市	総数	T.
237	277	227	297	285	329	Sendai	男	M.
193	202	186	259	247	272		女	F.
58	60	60	77	70	93	心疾患	総数	T.
32	36	29	38	33	51	Heart diseases	男	M.
26	24	31	39	37	42		女	F.
53	46	56	73	75	82	脳血管疾患	総数	T.
20	20	36	36	38	40	Cerebrovascular diseases	男	M.
33	26	20	37	37	42		女	F.
467	491	488	525	468	571	さいたま市	総数	T.
265	269	276	295	267	318	Saitama	男	M.
202	222	212	230	201	253		女	F.
68	78	66	89	80	89	心疾患	総数	T.
29	42	31	54	50	46	Heart diseases	男	M.
39	36	35	35	30	43		女	F.
58	51	58	73	62	79	脳血管疾患	総数	T.
24	22	23	36	33	40	Cerebrovascular diseases	男	M.
34	29	35	37	29	39		女	F.
473	415	400	456	483	485	千 葉 市	総数	T.
277	254	221	256	286	263	Chiba	男	M.
196	161	179	200	197	222		女	F.
81	68	48	76	68	73	心疾患	総数	T.
52	41	21	40	34	29	Heart diseases	男	M.
29	27	27	36	34	44		女	F.
45	33	53	54	52	63	脳血管疾患	総数	T.
25	23	25	23	24	29	Cerebrovascular diseases	男	M.
20	10	28	31	28	34		女	F.
1 813	1 736	1 627	1 844	1 873	2 044	横 浜 市	総数	T.
1 044	988	923	1 079	1 070	1 144	Yokohama	男	M.
769	748	704	765	803	900		女	F.
251	221	204	264	270	299	心疾患	総数	T.
135	110	109	133	138	169	Heart diseases	男	M.
116	111	95	131	132	130		女	F.
182	192	177	227	219	259	脳血管疾患	総数	T.
91	114	94	129	112	109	Cerebrovascular diseases	男	M.
91	78	83	98	107	150		女	F.
598	598	566	627	627	705	川 崎 市	総数	T.
337	390	331	365	356	401	Kawasaki	男	M.
261	208	235	262	271	304		女	F.
92	93	68	91	93	110	心疾患	総数	T.
44	57	37	50	45	53	Heart diseases	男	M.
48	36	31	41	48	57		女	F.
62	60	68	81	65	101	脳血管疾患	総数	T.
33	33	37	48	26	56	Cerebrovascular diseases	男	M.
29	27	31	33	39	45		女	F.
1 269	1 275	1 221	1 327	1 382	1 583	名古屋市	総数	T.
695	714	692	760	745	870	Nagoya	男	M.
574	561	529	567	637	713		女	F.
221	170	172	204	233	269	心疾患	総数	T.
106	83	93	108	113	150	Heart diseases	男	M.
115	87	79	96	120	119		女	F.
117	132	137	164	138	186	脳血管疾患	総数	T.
57	75	69	88	63	96	Cerebrovascular diseases	男	M.
60	57	68	76	75	90		女	F.

第14表　死亡数，死亡月・都道府県（14大都市再掲）
Statistics 14　Numbers of deaths from heart diseases and cerebrovascular diseases

都道府県・死因・性 Prefecture/ Cause of death / sex			総数 Total	1月 Jan.	2月 Feb.	3月 Mar.	4月 Apr.	5月 May	6月 June
京都市 Kyoto	総数 男 女	T. M. F.	11 723 5 982 5 741	1 113 556 557	1 082 552 530	982 527 455	922 489 433	946 497 449	907 462 445
心疾患 　Heart diseases	総数 男 女	T. M. F.	1 896 870 1 026	211 101 110	209 86 123	154 78 76	148 75 73	149 71 78	134 56 78
脳血管疾患 　Cerebrovascular diseases	総数 男 女	T. M. F.	1 341 620 721	135 64 71	119 59 60	117 63 54	113 63 50	102 51 51	113 56 57
大阪市 Osaka	総数 男 女	T. M. F.	22 670 12 696 9 974	2 230 1 259 971	2 036 1 101 935	1 986 1 109 877	1 871 1 041 830	1 789 983 806	1 707 949 758
心疾患 　Heart diseases	総数 男 女	T. M. F.	3 184 1 605 1 579	344 173 171	287 138 149	279 134 145	276 135 141	223 108 115	218 112 106
脳血管疾患 　Cerebrovascular diseases	総数 男 女	T. M. F.	2 272 1 144 1 128	217 116 101	214 89 125	199 104 95	202 93 109	161 78 83	168 84 84
神戸市 Kobe	総数 男 女	T. M. F.	11 658 6 296 5 362	1 141 585 556	1 056 568 488	1 128 633 495	938 508 430	926 493 433	839 427 412
心疾患 　Heart diseases	総数 男 女	T. M. F.	1 588 750 838	169 67 102	174 79 95	160 91 69	141 66 75	118 47 71	113 53 60
脳血管疾患 　Cerebrovascular diseases	総数 男 女	T. M. F.	1 123 541 582	99 49 50	104 54 50	132 62 70	89 43 46	70 32 38	70 30 40
広島市 Hiroshima	総数 男 女	T. M. F.	7 633 4 022 3 611	714 390 324	667 342 325	663 337 326	665 344 321	594 333 261	598 288 310
心疾患 　Heart diseases	総数 男 女	T. M. F.	1 254 588 666	128 71 57	113 50 63	115 49 66	94 45 49	88 33 55	97 42 55
脳血管疾患 　Cerebrovascular diseases	総数 男 女	T. M. F.	871 402 469	89 34 55	88 44 44	95 44 51	68 34 34	73 44 29	60 24 36
北九州市 Kitakyushu	総数 男 女	T. M. F.	8 919 4 781 4 138	838 489 349	748 378 370	829 445 384	724 395 329	773 396 377	646 359 287
心疾患 　Heart diseases	総数 男 女	T. M. F.	1 192 528 664	136 71 65	111 46 65	90 34 56	95 39 56	110 39 71	84 41 43
脳血管疾患 　Cerebrovascular diseases	総数 男 女	T. M. F.	1 023 484 539	92 44 48	81 30 51	100 50 50	90 54 36	104 51 53	66 34 32
福岡市 Fukuoka	総数 男 女	T. M. F.	8 492 4 580 3 912	769 410 359	752 393 359	778 437 341	680 367 313	714 365 349	598 336 262
心疾患 　Heart diseases	総数 男 女	T. M. F.	1 099 522 577	110 51 59	92 39 53	100 43 57	99 55 44	90 40 50	62 27 35
脳血管疾患 　Cerebrovascular diseases	総数 男 女	T. M. F.	810 398 412	86 39 47	73 39 34	91 45 46	58 29 29	67 30 37	52 32 20

・心疾患-脳血管疾患・性別　－平成16年－
by the month of death, prefecture (and the 14 major cities, regrouped) and sex: 2004

7月 July	8月 Aug.	9月 Sep.	10月 Oct.	11月 Nov.	12月 Dec.	都道府県・死因・性 Prefecture/ Cause of death / sex		
927	967	886	974	938	1 079	京都市	総数	T.
436	459	456	526	461	561	Kyoto	男	M.
491	508	430	448	477	518		女	F.
143	125	122	151	171	179	心疾患	総数	T.
55	47	56	73	75	97	Heart diseases	男	M.
88	78	66	78	96	82		女	F.
78	120	106	111	112	115	脳血管疾患	総数	T.
36	48	38	50	46	46	Cerebrovascular diseases	男	M.
42	72	68	61	66	69		女	F.
1 787	1 765	1 657	1 770	1 951	2 121	大阪市	総数	T.
1 019	1 001	919	999	1 111	1 205	Osaka	男	M.
768	764	738	771	840	916		女	F.
250	249	203	257	288	310	心疾患	総数	T.
127	130	98	141	143	166	Heart diseases	男	M.
123	119	105	116	145	144		女	F.
168	172	156	186	201	228	脳血管疾患	総数	T.
89	95	73	101	97	125	Cerebrovascular diseases	男	M.
79	77	83	85	104	103		女	F.
920	878	850	952	1 003	1 027	神戸市	総数	T.
516	454	458	513	566	575	Kobe	男	M.
404	424	392	439	437	452		女	F.
113	100	76	123	153	148	心疾患	総数	T.
55	46	32	62	85	67	Heart diseases	男	M.
58	54	44	61	68	81		女	F.
84	74	77	112	100	112	脳血管疾患	総数	T.
41	26	34	58	51	61	Cerebrovascular diseases	男	M.
43	48	43	54	49	51		女	F.
621	560	556	671	623	701	広島市	総数	T.
321	328	281	360	344	354	Hiroshima	男	M.
300	232	275	311	279	347		女	F.
110	86	97	102	99	125	心疾患	総数	T.
47	54	40	38	56	63	Heart diseases	男	M.
63	32	57	64	43	62		女	F.
64	52	55	80	64	83	脳血管疾患	総数	T.
29	28	26	37	27	31	Cerebrovascular diseases	男	M.
35	24	29	43	37	52		女	F.
671	697	686	731	775	801	北九州市	総数	T.
354	362	346	432	421	404	Kitakyushu	男	M.
317	335	340	299	354	397		女	F.
86	81	100	77	107	115	心疾患	総数	T.
38	29	44	32	52	63	Heart diseases	男	M.
48	52	56	45	55	52		女	F.
67	87	70	79	84	103	脳血管疾患	総数	T.
30	40	30	46	42	33	Cerebrovascular diseases	男	M.
37	47	40	33	42	70		女	F.
667	620	655	754	708	797	福岡市	総数	T.
362	329	368	397	396	420	Fukuoka	男	M.
305	291	287	357	312	377		女	F.
98	71	79	87	97	114	心疾患	総数	T.
48	33	42	42	48	54	Heart diseases	男	M.
50	38	37	45	49	60		女	F.
71	52	48	68	66	78	脳血管疾患	総数	T.
37	28	23	34	32	30	Cerebrovascular diseases	男	M.
34	24	25	34	34	48		女	F.

第15表（3-1）

第15表 死亡数, 死亡の場所・主な死因・性別 －昭和35・40・45・50・55・60・平成2・7～16年－
Statistics 15 Numbers of deaths from major death causes, by the location of death and sex: 1960, 1965, 1970, 1975, 1980, 1985, 1990 and from 1995 to 2004

年次 / Year		総数 Total	病院 Hospital	診療所 Clinic	介護老人保健施設 Health services facilities for the elderly	助産所 Maternity home	老人ホーム Home for the elderly	自宅 Home	その他 Other
				全 死 因	All causes				
総数 Total	昭和35年 1960	706 599	128 306	25 941	.	791	.	499 406	52 155
	40 1965	700 438	172 091	27 477	.	774	.	455 081	45 015
	45 1970	712 962	234 915	31 949	.	428	.	403 870	41 800
	50 1975	702 275	293 352	34 556	.	193	.	334 980	39 194
	55 1980	722 801	376 838	35 102	.	30	.	274 966	35 865
	60 1985	752 283	473 691	32 353	.	10	.	212 763	33 466
	平成2年 1990	820 305	587 438	27 968	351	2	.	177 657	26 889
	7 1995	922 139	682 943	27 555	2 080	2	14 256	168 756	26 547
	8 1996	896 211	678 450	26 139	2 335	1	14 422	149 925	24 939
	9 1997	913 402	696 252	26 493	2 890	-	15 346	146 736	25 685
	10 1998	936 484	713 474	26 642	3 627	2	15 736	148 779	28 224
	11 1999	982 031	757 257	28 476	4 306	1	16 788	147 103	28 100
	12 2000	961 653	751 581	27 087	4 818	2	17 807	133 534	26 824
	13 2001	970 331	760 681	27 627	5 461	-	19 008	131 337	26 217
	14 2002	982 379	772 638	27 479	5 611	1	18 713	131 379	26 558
	15 2003	1014 951	801 125	27 898	5 986	2	19 659	131 991	28 290
	16 2004	1028 602	818 586	27 586	6 490	3	21 313	127 445	27 179
男 Male	昭和35年 1960	377 526	78 318	15 270	.	418	.	250 531	32 989
	40 1965	378 716	104 842	16 336	.	410	.	228 389	28 739
	45 1970	387 880	139 884	18 843	.	230	.	201 657	27 266
	50 1975	377 827	170 021	19 481	.	72	.	162 856	25 397
	55 1980	390 644	215 038	19 229	.	7	.	132 784	23 586
	60 1985	407 769	266 203	16 897	.	3	.	102 240	22 426
	平成2年 1990	443 718	328 903	14 251	162	1	.	82 292	18 109
	7 1995	501 276	381 841	13 719	834	-	4 533	81 324	19 025
	8 1996	488 605	379 387	12 909	973	-	4 252	73 021	18 063
	9 1997	497 796	388 044	12 856	1 160	-	4 553	72 499	18 684
	10 1998	512 128	397 378	12 791	1 410	-	4 506	75 067	20 976
	11 1999	534 778	418 851	13 575	1 633	1	4 751	74 887	21 080
	12 2000	525 903	417 214	12 781	1 731	2	4 755	69 213	20 207
	13 2001	528 768	420 384	12 899	1 834	-	5 074	68 793	19 784
	14 2002	535 305	426 419	12 766	1 879	-	4 777	69 373	20 091
	15 2003	551 746	440 072	12 732	1 863	1	4 952	70 555	21 571
	16 2004	557 097	447 925	12 580	1 972	1	5 296	68 894	20 429
女 Female	昭和35年 1960	329 073	49 988	10 671	.	373	.	248 875	19 166
	40 1965	321 722	67 249	11 141	.	364	.	226 692	16 276
	45 1970	325 082	95 031	13 106	.	198	.	202 213	14 534
	50 1975	324 448	123 331	15 075	.	121	.	172 124	13 797
	55 1980	332 157	161 800	15 873	.	23	.	142 182	12 279
	60 1985	344 514	207 488	15 456	.	7	.	110 523	11 040
	平成2年 1990	376 587	258 535	13 717	189	1	.	95 365	8 780
	7 1995	420 863	301 102	13 836	1 246	2	9 723	87 432	7 522
	8 1996	407 606	299 063	13 230	1 362	1	10 170	76 904	6 876
	9 1997	415 606	308 208	13 637	1 730	-	10 793	74 237	7 001
	10 1998	424 356	316 096	13 851	2 217	2	11 230	73 712	7 248
	11 1999	447 253	338 406	14 901	2 673	-	12 037	72 216	7 020
	12 2000	435 750	334 367	14 306	3 087	-	13 052	64 321	6 617
	13 2001	441 563	340 297	14 728	3 627	-	13 934	62 544	6 433
	14 2002	447 074	346 219	14 713	3 732	1	13 936	62 006	6 467
	15 2003	463 205	361 053	15 166	4 123	1	14 707	61 436	6 719
	16 2004	471 505	370 661	15 006	4 518	2	16 017	58 551	6 750
				悪性新生物	Malignant neoplasms				
総数 Total	昭和35年 1960	93 773	29 601	2 302	.	-	.	59 676	2 194
	40 1965	106 536	46 820	3 521	.	2	.	54 305	1 888
	45 1970	119 977	67 909	4 988	.	16	.	45 591	1 473
	50 1975	136 383	96 083	6 502	.	15	.	32 625	1 158
	55 1980	161 764	129 460	7 969	.	1	.	23 343	991
	60 1985	187 714	162 120	7 740	.	-	.	17 062	792
	平成2年 1990	217 413	196 126	6 793	16	-	.	13 895	583
	7 1995	263 022	236 165	7 013	111	-	697	18 285	751
	8 1996	271 183	244 644	6 883	141	-	872	17 967	676
	9 1997	275 413	247 589	6 910	149	-	920	19 085	760
	10 1998	283 921	255 733	6 937	244	-	1 007	19 264	736
	11 1999	290 556	262 651	7 047	286	-	1 072	18 783	717
	12 2000	295 484	268 842	6 852	316	-	1 166	17 645	663
	13 2001	300 658	273 202	6 993	340	-	1 297	18 093	733
	14 2002	304 568	276 377	6 910	366	-	1 314	18 817	784
	15 2003	309 543	281 742	6 880	403	-	1 312	18 441	765
	16 2004	320 358	292 253	6 869	435	-	1 449	18 566	786
男 Male	昭和35年 1960	50 898	17 272	1 310	.	-	.	31 380	936
	40 1965	58 899	27 413	1 973	.	1	.	28 736	776
	45 1970	67 074	39 328	2 874	.	8	.	24 239	625
	50 1975	76 922	55 304	3 631	.	-	.	17 446	541
	55 1980	93 501	75 968	4 476	.	-	.	12 584	473
	60 1985	110 660	96 307	4 414	.	-	.	9 554	385
	平成2年 1990	130 395	118 434	3 862	9	-	.	7 788	302
	7 1995	159 623	144 077	4 049	48	-	267	10 781	401
	8 1996	164 824	149 475	3 976	74	-	307	10 633	359
	9 1997	167 076	150 994	3 977	73	-	298	11 338	396
	10 1998	172 306	156 139	3 853	114	-	323	11 495	382
	11 1999	175 817	159 752	3 969	129	-	357	11 241	369
	12 2000	179 140	164 025	3 852	125	-	376	10 416	346
	13 2001	181 393	165 677	3 946	134	-	442	10 799	395
	14 2002	184 033	167 992	3 921	141	-	406	11 158	415
	15 2003	186 912	171 202	3 857	130	-	436	10 912	375
	16 2004	193 096	177 198	3 771	166	-	490	11 084	387
女 Female	昭和35年 1960	42 875	12 329	992	.	-	.	28 296	1 258
	40 1965	47 637	19 407	1 548	.	1	.	25 569	1 112
	45 1970	52 903	28 581	2 114	.	8	.	21 352	848
	50 1975	59 461	40 779	2 871	.	15	.	15 179	617
	55 1980	68 263	53 492	3 493	.	1	.	10 759	518
	60 1985	77 054	65 813	3 326	.	-	.	7 508	407
	平成2年 1990	87 018	77 692	2 931	7	-	.	6 107	281
	7 1995	103 399	92 088	2 964	63	-	430	7 504	350
	8 1996	106 359	95 169	2 907	67	-	565	7 334	317
	9 1997	108 337	96 595	2 933	76	-	622	7 747	364
	10 1998	111 615	99 594	3 084	130	-	684	7 769	354
	11 1999	114 739	102 899	3 078	157	-	715	7 542	348
	12 2000	116 344	104 817	3 000	191	-	790	7 229	317
	13 2001	119 265	107 525	3 047	206	-	855	7 294	338
	14 2002	120 535	108 385	2 989	225	-	908	7 659	369
	15 2003	122 631	110 540	3 023	273	-	876	7 529	390
	16 2004	127 262	115 055	3 098	269	-	959	7 482	399

第15表（3-2）

第15表 死亡数，死亡の場所・主な死因・性別 －昭和35・40・45・50・55・60・平成2・7～16年－
Statistics 15　Numbers of deaths from major death causes, by the location of death and sex: 1960, 1965, 1970, 1975, 1980, 1985, 1990 and from 1995 to 2004

年次 Year		総数 Total	病院 Hospital	診療所 Clinic	介護老人保健施設 Health services facilities for the elderly	助産所 Maternity home	老人ホーム Home for the elderly	自宅 Home	その他 Other
		心疾患　Heart diseases							
総数 Total	昭和35年 1960	68 400	7 229	1 409	.	10	.	56 331	3 421
	40 1965	75 672	11 445	1 962	.	11	.	58 375	3 879
	45 1970	89 411	19 929	3 269	.	21	.	61 974	4 218
	50 1975	99 226	29 531	4 579	.	9	.	60 225	4 882
	55 1980	123 505	49 705	6 370	.	1	.	61 386	6 043
	60 1985	141 097	73 440	6 583	.	2	.	55 365	5 707
	平成2年 1990	165 478	102 727	6 122	158	-	.	51 931	4 540
	7 1995	139 206	90 143	4 320	538	-	2 736	38 147	3 322
	8 1996	138 229	90 995	4 186	639	-	3 007	36 221	3 181
	9 1997	140 174	92 886	4 258	885	-	3 235	35 729	3 181
	10 1998	143 120	95 193	4 308	1 042	-	3 174	36 262	3 141
	11 1999	151 079	101 004	4 469	1 240	-	3 593	37 604	3 169
	12 2000	146 741	99 317	4 258	1 294	-	3 525	35 172	3 175
	13 2001	148 292	100 750	4 279	1 369	-	3 638	35 201	3 055
	14 2002	152 518	103 646	4 204	1 426	1	3 631	36 443	3 167
	15 2003	159 545	108 706	4 413	1 491	-	3 740	37 902	3 293
	16 2004	159 625	109 355	4 232	1 562	-	3 834	37 356	3 286
男 Male	昭和35年 1960	34 755	3 939	785	.	6	.	28 119	1 906
	40 1965	38 827	6 216	1 078	.	5	.	29 298	2 230
	45 1970	45 988	10 696	1 784	.	13	.	30 935	2 560
	50 1975	50 395	15 842	2 368	.	1	.	29 206	2 978
	55 1980	64 103	26 202	3 344	.	-	.	30 715	3 842
	60 1985	71 766	37 487	3 195	.	-	.	27 530	3 554
	平成2年 1990	81 774	51 187	2 850	71	-	.	24 679	2 987
	7 1995	69 718	45 572	1 897	198	-	865	18 768	2 418
	8 1996	68 977	45 865	1 809	246	-	839	17 885	2 333
	9 1997	69 776	46 499	1 798	341	-	907	17 864	2 367
	10 1998	71 134	47 401	1 825	378	-	883	18 323	2 324
	11 1999	73 979	49 355	1 880	431	-	984	18 963	2 366
	12 2000	72 156	48 614	1 703	435	-	927	18 048	2 429
	13 2001	72 727	49 088	1 623	418	-	980	18 323	2 295
	14 2002	74 986	50 505	1 617	435	-	888	19 170	2 371
	15 2003	77 989	52 161	1 703	444	-	903	20 262	2 516
	16 2004	77 465	51 854	1 604	432	-	941	20 198	2 436
女 Female	昭和35年 1960	33 645	3 290	624	.	4	.	28 212	1 515
	40 1965	36 845	5 229	884	.	6	.	29 077	1 649
	45 1970	43 423	9 233	1 485	.	8	.	31 039	1 658
	50 1975	48 831	13 689	2 211	.	8	.	31 019	1 904
	55 1980	59 402	23 503	3 026	.	1	.	30 671	2 201
	60 1985	69 331	35 953	3 388	.	2	.	27 835	2 153
	平成2年 1990	83 704	51 540	3 272	87	-	.	27 252	1 553
	7 1995	69 488	44 571	2 423	340	-	1 871	19 379	904
	8 1996	69 252	45 130	2 377	393	-	2 168	18 336	848
	9 1997	70 398	46 387	2 460	544	-	2 328	17 865	814
	10 1998	71 986	47 792	2 483	664	-	2 291	17 939	817
	11 1999	77 100	51 649	2 589	809	-	2 609	18 641	803
	12 2000	74 585	50 703	2 555	859	-	2 598	17 124	746
	13 2001	75 565	51 662	2 656	951	-	2 658	16 878	760
	14 2002	77 532	53 141	2 587	991	1	2 743	17 273	796
	15 2003	81 556	56 545	2 710	1 047	-	2 837	17 640	777
	16 2004	82 160	57 501	2 628	1 130	-	2 893	17 158	850
		脳血管疾患　Cerebrovascular diseases							
総数 Total	昭和35年 1960	150 109	8 557	1 586	.	-	.	132 860	7 106
	40 1965	172 773	17 972	2 861	.	3	.	144 544	7 393
	45 1970	181 315	34 374	4 848	.	23	.	136 134	5 936
	50 1975	174 367	52 626	6 801	.	10	.	109 858	5 072
	55 1980	162 317	71 510	7 258	.	-	.	79 609	3 940
	60 1985	134 994	75 634	5 890	.	-	.	50 622	2 848
	平成2年 1990	121 944	78 788	4 486	70	-	.	36 865	1 735
	7 1995	146 552	102 174	4 895	433	-	3 630	33 989	1 431
	8 1996	140 366	100 589	4 607	550	-	3 685	29 653	1 282
	9 1997	138 697	101 339	4 541	615	-	3 963	26 997	1 242
	10 1998	137 819	101 686	4 559	776	-	3 943	25 581	1 274
	11 1999	138 989	104 926	4 779	873	-	3 992	23 302	1 117
	12 2000	132 529	102 130	4 542	1 037	-	4 219	19 471	1 130
	13 2001	131 856	101 971	4 576	1 185	-	4 522	18 555	1 047
	14 2002	130 257	101 934	4 500	1 223	-	4 154	17 375	1 071
	15 2003	132 067	104 248	4 546	1 265	-	4 147	16 788	1 073
	16 2004	129 055	102 264	4 401	1 310	-	4 491	15 530	1 059
男 Male	昭和35年 1960	78 965	5 522	1 029	.	-	.	68 463	3 951
	40 1965	92 723	11 489	1 848	.	1	.	75 412	3 973
	45 1970	96 910	20 318	2 878	.	14	.	70 545	3 155
	50 1975	89 924	29 444	3 880	.	1	.	54 075	2 524
	55 1980	81 650	38 003	3 750	.	-	.	37 909	1 988
	60 1985	65 287	37 839	2 807	.	-	.	23 172	1 469
	平成2年 1990	57 627	38 784	2 037	32	-	.	15 816	958
	7 1995	69 587	50 419	2 270	192	-	1 195	14 635	876
	8 1996	66 479	49 593	1 985	236	-	1 103	12 782	780
	9 1997	65 790	49 802	1 985	256	-	1 255	11 709	783
	10 1998	65 529	50 064	1 965	311	-	1 210	11 168	811
	11 1999	66 452	51 731	2 101	342	-	1 178	10 414	686
	12 2000	63 127	50 069	1 995	392	-	1 175	8 755	741
	13 2001	63 146	50 232	1 959	440	-	1 291	8 521	703
	14 2002	62 229	50 038	1 863	448	-	1 188	8 004	688
	15 2003	63 274	51 234	1 886	443	-	1 133	7 861	717
	16 2004	61 547	49 956	1 889	439	-	1 154	7 402	707
女 Female	昭和35年 1960	71 144	3 035	557	.	-	.	64 397	3 155
	40 1965	80 050	6 483	1 013	.	2	.	69 132	3 420
	45 1970	84 405	14 056	1 970	.	9	.	65 589	2 781
	50 1975	84 443	23 182	2 921	.	9	.	55 783	2 548
	55 1980	80 667	33 507	3 508	.	-	.	41 700	1 952
	60 1985	69 707	37 795	3 083	.	-	.	27 450	1 379
	平成2年 1990	64 317	40 004	2 449	38	-	.	21 049	777
	7 1995	76 965	51 755	2 625	241	-	2 435	19 354	555
	8 1996	73 887	50 996	2 622	314	-	2 582	16 871	502
	9 1997	72 907	51 537	2 556	359	-	2 708	15 288	459
	10 1998	72 290	51 622	2 594	465	-	2 733	14 413	463
	11 1999	72 537	53 195	2 678	531	-	2 814	12 888	431
	12 2000	69 402	52 061	2 547	645	-	3 044	10 716	389
	13 2001	68 710	51 739	2 617	745	-	3 231	10 034	344
	14 2002	68 028	51 896	2 637	775	-	2 966	9 371	383
	15 2003	68 793	53 014	2 660	822	-	3 014	8 927	356
	16 2004	67 508	52 308	2 512	871	-	3 337	8 128	352

第15表 死亡数，死亡の場所・主な死因・性別 －昭和35・40・45・50・55・60・平成2・7〜16年－

Statistics 15 Numbers of deaths from major death causes, by the location of death and sex: 1960, 1965, 1970, 1975, 1980, 1985, 1990 and from 1995 to 2004

年次 Year		総数 Total	病院 Hospital	診療所 Clinic	介護老人保健施設 Health services facilities for the elderly	助産所 Maternity home	老人ホーム Home for the elderly	自宅 Home	その他 Other
				肺炎 Pneumonia					
総数 Total	昭和35年 1960	37 534	6 556	2 465	.	74	.	26 828	1 611
	40 1965	29 868	6 621	1 910	.	58	.	20 337	942
	45 1970	27 929	8 809	1 618	.	16	.	16 760	726
	50 1975	30 441	12 067	1 759	.	7	.	15 666	942
	55 1980	33 051	17 441	1 808	.	1	.	13 045	756
	60 1985	45 075	31 271	2 239	.	-	.	10 772	793
	平成2年 1990	68 194	55 202	2 597	23	-	.	9 794	578
	7 1995	79 629	65 447	2 930	210	-	2 140	8 594	308
	8 1996	70 971	59 208	2 594	225	-	1 862	6 854	228
	9 1997	78 904	66 848	2 959	273	-	1 872	6 683	269
	10 1998	79 952	68 247	2 936	313	-	1 907	6 308	241
	11 1999	93 994	81 977	3 381	335	-	1 891	6 138	272
	12 2000	86 938	76 380	3 069	356	-	1 940	4 990	203
	13 2001	85 305	74 936	3 030	472	-	2 127	4 533	207
	14 2002	87 421	77 142	3 143	438	-	2 059	4 432	207
	15 2003	94 942	84 600	3 200	492	-	2 176	4 257	217
	16 2004	95 534	85 564	3 238	502	-	2 290	3 715	225
男 Male	昭和35年 1960	20 152	3 699	1 347	.	38	.	14 203	865
	40 1965	15 962	3 697	1 050	.	32	.	10 719	464
	45 1970	15 030	5 049	916	.	9	.	8 705	351
	50 1975	16 371	7 031	972	.	1	.	7 939	428
	55 1980	18 633	10 607	1 034	.	-	.	6 643	349
	60 1985	25 520	18 653	1 266	.	-	.	5 237	364
	平成2年 1990	38 596	32 285	1 417	12	-	.	4 611	271
	7 1995	42 419	36 167	1 465	103	-	703	3 811	170
	8 1996	38 472	33 244	1 346	103	-	634	3 019	126
	9 1997	42 314	37 069	1 397	119	-	609	2 984	136
	10 1998	42 663	37 684	1 411	146	-	589	2 714	119
	11 1999	49 903	44 660	1 653	159	-	608	2 671	152
	12 2000	46 722	42 228	1 456	149	-	584	2 209	96
	13 2001	45 756	41 407	1 442	175	-	626	1 992	114
	14 2002	47 033	42 669	1 529	180	-	573	1 962	120
	15 2003	50 614	46 366	1 468	178	-	620	1 862	120
	16 2004	51 306	47 112	1 531	176	-	656	1 708	123
女 Female	昭和35年 1960	17 382	2 857	1 118	.	36	.	12 625	746
	40 1965	13 906	2 924	860	.	26	.	9 618	478
	45 1970	12 899	3 760	702	.	7	.	8 055	375
	50 1975	14 070	5 036	787	.	6	.	7 727	514
	55 1980	14 418	6 834	774	.	1	.	6 402	407
	60 1985	19 555	12 618	973	.	-	.	5 535	429
	平成2年 1990	29 598	22 917	1 180	11	-	.	5 183	307
	7 1995	37 210	29 280	1 465	107	-	1 437	4 783	138
	8 1996	32 499	25 964	1 248	122	-	1 228	3 835	102
	9 1997	36 590	29 779	1 562	154	-	1 263	3 699	133
	10 1998	37 289	30 563	1 525	167	-	1 318	3 594	122
	11 1999	44 091	37 317	1 728	176	-	1 283	3 467	120
	12 2000	40 216	34 152	1 613	207	-	1 356	2 781	107
	13 2001	39 549	33 529	1 588	297	-	1 501	2 541	93
	14 2002	40 388	34 473	1 614	258	-	1 486	2 470	87
	15 2003	44 328	38 234	1 732	314	-	1 556	2 395	97
	16 2004	44 228	38 452	1 707	326	-	1 634	2 007	102
				不慮の事故 Accidents					
総数 Total	昭和35年 1960	38 964	11 758	4 303	.	-	.	5 892	17 011
	40 1965	40 188	14 527	4 324	.	7	.	5 331	15 999
	45 1970	43 802	18 676	4 401	.	8	.	5 043	15 674
	50 1975	33 710	14 146	2 639	.	3	.	4 641	12 281
	55 1980	29 217	13 207	1 705	.	-	.	4 296	10 009
	60 1985	29 597	15 972	991	.	-	.	3 626	9 008
	平成2年 1990	32 122	20 387	585	6	-	.	3 655	7 489
	7 1995	45 323	26 142	618	49	-	181	9 721	8 612
	8 1996	39 184	25 369	498	69	-	206	5 286	7 756
	9 1997	38 886	25 716	529	91	-	208	4 979	7 363
	10 1998	38 925	25 965	528	119	-	244	5 024	7 045
	11 1999	40 079	26 919	569	111	-	229	5 260	6 991
	12 2000	39 484	26 793	518	138	-	255	5 138	6 642
	13 2001	39 496	27 025	505	128	-	275	5 039	6 524
	14 2002	38 643	26 674	502	116	-	272	5 055	6 024
	15 2003	38 714	26 550	502	114	-	266	5 129	6 153
	16 2004	38 193	26 431	474	135	-	275	4 995	5 883
男 Male	昭和35年 1960	29 787	9 403	3 321	.	-	.	3 336	13 727
	40 1965	30 674	11 415	3 328	.	1	.	2 921	13 009
	45 1970	33 112	14 310	3 269	.	5	.	2 786	12 742
	50 1975	24 865	10 471	1 896	.	1	.	2 562	9 935
	55 1980	21 153	9 506	1 155	.	-	.	2 416	8 076
	60 1985	21 318	11 466	644	.	-	.	1 982	7 226
	平成2年 1990	22 199	14 073	374	2	-	.	1 881	5 869
	7 1995	28 229	16 970	344	31	-	64	4 370	6 450
	8 1996	25 485	16 542	298	35	-	74	2 634	5 902
	9 1997	25 157	16 584	301	41	-	76	2 545	5 610
	10 1998	24 984	16 633	286	59	-	92	2 539	5 375
	11 1999	25 551	17 136	334	48	-	78	2 658	5 297
	12 2000	25 162	17 018	289	63	-	86	2 620	5 086
	13 2001	24 993	16 955	266	52	-	100	2 626	4 994
	14 2002	24 283	16 621	306	52	-	97	2 635	4 572
	15 2003	23 969	16 263	266	33	-	90	2 633	4 684
	16 2004	23 667	16 258	244	54	-	94	2 603	4 414
女 Female	昭和35年 1960	9 177	2 355	982	.	-	.	2 556	3 284
	40 1965	9 514	3 112	996	.	6	.	2 410	2 990
	45 1970	10 690	4 366	1 132	.	3	.	2 257	2 932
	50 1975	8 845	3 675	743	.	2	.	2 079	2 346
	55 1980	8 064	3 701	550	.	-	.	1 880	1 933
	60 1985	8 279	4 506	347	.	-	.	1 644	1 782
	平成2年 1990	9 923	6 314	211	4	-	.	1 774	1 620
	7 1995	17 094	9 172	274	18	-	117	5 351	2 162
	8 1996	13 699	8 827	200	34	-	132	2 652	1 854
	9 1997	13 729	9 132	228	50	-	132	2 434	1 753
	10 1998	13 941	9 332	242	60	-	152	2 485	1 670
	11 1999	14 528	9 783	235	63	-	151	2 602	1 694
	12 2000	14 322	9 775	229	75	-	169	2 518	1 556
	13 2001	14 503	10 070	239	76	-	175	2 413	1 530
	14 2002	14 360	10 053	196	64	-	175	2 420	1 452
	15 2003	14 745	10 287	236	81	-	176	2 496	1 469
	16 2004	14 526	10 173	230	81	-	181	2 392	1 469

第16表 死亡数, 死亡の場所・心疾患－脳血管疾患・病類（選択死因）・性別 －平成16年－

Statistics 16 Numbers of deaths from heart diseases and cerebrovascular diseases, by the location of death, disease type (selected causes) and sex: 2004

死因 Cause of death			総数 Total	病院 Hospital	診療所 Clinic	介護老人保健施設 Health services facilities for the elderly	助産所 Maternity home	老人ホーム Home for the elderly	自宅 Home	その他 Other
全死因 All causes	総数 男 女	T. M. F.	1 028 602 557 097 471 505	818 586 447 925 370 661	27 586 12 580 15 006	6 490 1 972 4 518	3 1 2	21 313 5 296 16 017	127 445 68 894 58 551	27 179 20 429 6 750
心疾患 Heart diseases	総数 男 女	T. M. F.	159 625 77 465 82 160	109 355 51 854 57 501	4 232 1 604 2 628	1 562 432 1 130	－ － －	3 834 941 2 893	37 356 20 198 17 158	3 286 2 436 850
急性心筋梗塞 Acute myocardial infarction	総数 男 女	T. M. F.	44 463 24 180 20 283	30 776 16 652 14 124	1 072 486 586	403 124 279	－ － －	892 266 626	10 253 5 825 4 428	1 067 827 240
その他の虚血性心疾患 Other ischaemic heart diseases	総数 男 女	T. M. F.	26 822 14 834 11 988	14 551 8 081 6 470	562 212 350	187 55 132	－ － －	607 141 466	10 188 5 784 4 404	727 561 166
不整脈及び伝導障害 Arrhythmia and conduction disorder	総数 男 女	T. M. F.	20 274 10 070 10 204	14 487 6 999 7 488	476 192 284	153 33 120	－ － －	366 108 258	4 279 2 360 1 919	513 378 135
心不全 Heart failure	総数 男 女	T. M. F.	51 588 21 047 30 541	36 573 14 511 22 062	1 729 567 1 162	720 196 524	－ － －	1 779 387 1 392	10 061 4 910 5 151	726 476 250
脳血管疾患 Cerebrovascular diseases	総数 男 女	T. M. F.	129 055 61 547 67 508	102 264 49 956 52 308	4 401 1 889 2 512	1 310 439 871	－ － －	4 491 1 154 3 337	15 530 7 402 8 128	1 059 707 352
くも膜下出血 Subarachnoid haemorrhage	総数 男 女	T. M. F.	14 737 5 543 9 194	12 496 4 460 8 036	191 51 140	24 5 19	－ － －	95 14 81	1 729 865 864	202 148 54
脳内出血 Cerebral haemorrhage	総数 男 女	T. M. F.	32 060 17 643 14 417	24 948 13 852 11 096	665 328 337	181 60 121	－ － －	491 135 356	5 276 2 895 2 381	499 373 126
脳梗塞 Cerebral infarction	総数 男 女	T. M. F.	78 683 36 697 41 986	63 091 30 834 32 257	3 381 1 453 1 928	1 060 358 702	－ － －	3 724 965 2 759	7 161 2 964 4 197	266 123 143

第17表　死亡数，心疾患－脳血管疾患・病類（選択死因）・
Statistics 17　Numbers of deaths from heart diseases and cerebrovascular diseases, by disease type

死因・病類・性・年齢階級 Cause of death / Sex / Age group			総数 Total	病院 Hospital	診療所 Clinic	介護老人 保健施設 Health services facilities for the elderly	助産所 Maternity home	老人ホーム Home for the elderly	自宅 Home	その他 Other
全死因 All causes	総数 Total	総数	1 028 602	818 586	27 586	6 490	3	21 313	127 445	27 179
		0～4歳	4 281	3 777	66	-	2	-	349	87
		5～9	607	499	3	-	-	-	54	51
		10～14	589	489	3	-	-	-	54	43
		15～19	1 928	1 253	12	-	-	-	270	393
		20～24	3 241	1 638	12	-	-	-	731	860
		25～29	4 157	2 054	11	-	-	-	949	1 143
		30～34	5 969	3 136	38	-	1	1	1 377	1 416
		35～39	7 405	4 331	44	-	-	-	1 644	1 386
		40～44	10 069	6 308	70	2	-	2	2 100	1 587
		45～49	16 098	11 045	141	1	-	1	2 953	1 957
		50～54	31 307	23 113	325	3	-	6	5 027	2 833
		55～59	46 480	36 026	533	7	-	15	6 675	3 224
		60～64	61 579	50 322	776	25	-	77	7 681	2 698
		65～69	81 497	68 873	1 287	72	-	228	8 947	2 090
		70～74	117 114	100 266	2 308	184	-	695	11 887	1 774
		75～79	152 164	128 794	3 760	524	-	1 651	15 758	1 677
		80～84	160 438	132 555	5 153	1 027	-	3 179	17 189	1 335
		85～89	154 810	123 172	5 971	1 631	-	4 993	17 967	1 076
		90歳以上	168 210	120 792	7 071	3 014	-	10 465	25 829	1 039
		不詳 Not Stated	659	143	2	-	-	-	4	510
	男 Male	総数	557 097	447 925	12 580	1 972	1	5 296	68 894	20 429
		0～4歳	2 377	2 096	37	-	1	-	199	44
		5～9	380	318	-	-	-	-	30	32
		10～14	364	309	3	-	-	-	25	27
		15～19	1 297	842	8	-	-	-	177	270
		20～24	2 265	1 077	9	-	-	-	520	659
		25～29	2 832	1 309	7	-	-	-	630	886
		30～34	4 050	1 936	20	-	-	1	962	1 131
		35～39	4 842	2 489	22	-	-	-	1 195	1 136
		40～44	6 747	3 768	39	1	-	-	1 583	1 356
		45～49	10 746	6 710	80	-	-	1	2 288	1 667
		50～54	21 028	14 525	217	2	-	2	3 860	2 422
		55～59	31 818	23 661	346	7	-	12	5 067	2 725
		60～64	42 772	34 310	523	18	-	55	5 642	2 224
		65～69	55 800	46 933	871	51	-	138	6 166	1 641
		70～74	77 929	67 077	1 496	115	-	402	7 543	1 296
		75～79	94 090	80 639	2 239	249	-	755	9 153	1 055
		80～84	80 607	67 726	2 360	366	-	969	8 531	655
		85～89	65 091	53 023	2 290	493	-	1 171	7 656	458
		90歳以上	51 513	39 061	2 012	670	-	1 790	7 665	315
		不詳 Not Stated	549	116	1	-	-	-	2	430
	女 Female	総数	471 505	370 661	15 006	4 518	2	16 017	58 551	6 750
		0～4歳	1 904	1 681	29	-	1	-	150	43
		5～9	227	181	3	-	-	-	24	19
		10～14	225	180	-	-	-	-	29	16
		15～19	631	411	4	-	-	-	93	123
		20～24	976	561	3	-	-	-	211	201
		25～29	1 325	745	4	-	-	-	319	257
		30～34	1 919	1 200	18	-	1	-	415	285
		35～39	2 563	1 842	22	-	-	-	449	250
		40～44	3 322	2 540	31	1	-	2	517	231
		45～49	5 352	4 335	61	1	-	-	665	290
		50～54	10 279	8 588	108	1	-	4	1 167	411
		55～59	14 662	12 365	187	-	-	3	1 608	499
		60～64	18 807	16 012	253	7	-	22	2 039	474
		65～69	25 697	21 940	416	21	-	90	2 781	449
		70～74	39 185	33 189	812	69	-	293	4 344	478
		75～79	58 074	48 155	1 521	275	-	896	6 605	622
		80～84	79 831	64 829	2 793	661	-	2 210	8 658	680
		85～89	89 719	70 149	3 681	1 138	-	3 822	10 311	618
		90歳以上	116 697	81 731	5 059	2 344	-	8 675	18 164	724
		不詳 Not Stated	110	27	1	-	-	-	2	80

死亡の場所・性・年齢（5歳階級）別　－平成16年－
(selected causes), the location of death, sex and age group (by 5-year age scale): 2004

死因・病類・性・年齢階級 Cause of death / Sex / Age group			総数 Total	病院 Hospital	診療所 Clinic	介護老人 保健施設 Health services facilities for the elderly	助産所 Maternity home	老人ホーム Home for the elderly	自宅 Home	その他 Other
心疾患 Heart Diseases	総数 Total	総数	159 625	109 355	4 232	1 562	-	3 834	37 356	3 286
		0～4歳	205	185	2	-	-	-	16	2
		5～9	25	23	-	-	-	-	2	-
		10～14	42	41	-	-	-	-	-	1
		15～19	108	78	2	-	-	-	16	12
		20～24	205	120	-	-	-	-	70	15
		25～29	305	165	-	-	-	-	120	20
		30～34	613	337	4	-	-	-	232	40
		35～39	817	433	9	-	-	-	314	61
		40～44	1 187	651	5	-	-	-	438	93
		45～49	1 947	1 049	11	-	-	-	748	139
		50～54	3 613	1 994	44	1	-	-	1 299	275
		55～59	5 366	3 070	71	1	-	7	1 833	384
		60～64	7 644	4 711	78	4	-	13	2 452	386
		65～69	10 396	6 888	162	15	-	55	2 888	388
		70～74	15 618	10 621	294	42	-	150	4 161	350
		75～79	22 301	15 631	490	140	-	306	5 410	324
		80～84	27 023	19 369	740	270	-	587	5 773	284
		85～89	28 764	20 720	1 033	435	-	893	5 437	246
		90歳以上	33 410	23 256	1 286	654	-	1 823	6 146	245
		不詳 Not Stated	36	13	1	-	-	-	1	21
	男 Male	総数	77 465	51 854	1 604	432	-	941	20 198	2 436
		0～4歳	106	94	2	-	-	-	10	-
		5～9	18	16	-	-	-	-	2	-
		10～14	23	23	-	-	-	-	-	-
		15～19	75	51	1	-	-	-	13	10
		20～24	151	85	-	-	-	-	53	13
		25～29	244	130	-	-	-	-	96	18
		30～34	476	260	2	-	-	-	182	32
		35～39	626	326	4	-	-	-	244	52
		40～44	925	504	4	-	-	-	336	81
		45～49	1 530	799	7	-	-	-	606	118
		50～54	2 860	1 545	33	1	-	-	1 032	249
		55～59	4 149	2 288	51	1	-	5	1 464	340
		60～64	5 726	3 420	57	-	-	10	1 894	345
		65～69	7 380	4 843	108	10	-	35	2 045	339
		70～74	10 044	6 878	179	23	-	92	2 591	281
		75～79	12 466	8 944	223	65	-	130	2 885	219
		80～84	11 718	8 378	293	89	-	175	2 643	140
		85～89	10 118	7 193	340	108	-	175	2 200	102
		90歳以上	8 797	6 064	299	135	-	319	1 902	78
		不詳 Not Stated	33	13	1	-	-	-	-	19
	女 Female	総数	82 160	57 501	2 628	1 130	-	2 893	17 158	850
		0～4歳	99	91	-	-	-	-	6	2
		5～9	7	7	-	-	-	-	-	-
		10～14	19	18	-	-	-	-	-	1
		15～19	33	27	1	-	-	-	3	2
		20～24	54	35	-	-	-	-	17	2
		25～29	61	35	-	-	-	-	24	2
		30～34	137	77	2	-	-	-	50	8
		35～39	191	107	5	-	-	-	70	9
		40～44	262	147	1	-	-	-	102	12
		45～49	417	250	4	-	-	-	142	21
		50～54	753	449	11	-	-	-	267	26
		55～59	1 217	782	20	-	-	2	369	44
		60～64	1 918	1 291	21	4	-	3	558	41
		65～69	3 016	2 045	54	5	-	20	843	49
		70～74	5 574	3 743	115	19	-	58	1 570	69
		75～79	9 835	6 687	267	75	-	176	2 525	105
		80～84	15 305	10 991	447	181	-	412	3 130	144
		85～89	18 646	13 527	693	327	-	718	3 237	144
		90歳以上	24 613	17 192	987	519	-	1 504	4 244	167
		不詳 Not Stated	3	-	-	-	-	-	1	2

第17表　死亡数，心疾患－脳血管疾患・病類（選択死因）・

Statistics 17　Numbers of deaths from heart diseases and cerebrovascular diseases, by disease type

死因・病類・性・年齢階級 Cause of death / Sex / Age group			総数 Total	病院 Hospital	診療所 Clinic	介護老人保健施設 Health services facilities for the elderly	助産所 Maternity home	老人ホーム Home for the elderly	自宅 Home	その他 Other
急性心筋梗塞 Acute myocardial infarction	総数 Total	総数	44 463	30 776	1 072	403	-	892	10 253	1 067
		0～ 4 歳	-	-	-	-	-	-	-	-
		5～ 9	1	1	-	-	-	-	-	-
		10～14	-	-	-	-	-	-	-	-
		15～19	5	4	-	-	-	-	1	-
		20～24	20	11	-	-	-	-	8	1
		25～29	39	23	-	-	-	-	14	2
		30～34	112	59	2	-	-	-	42	9
		35～39	215	116	2	-	-	-	81	16
		40～44	367	219	1	-	-	-	112	35
		45～49	646	398	5	-	-	-	197	46
		50～54	1 231	775	13	1	-	-	344	98
		55～59	1 867	1 220	31	-	-	5	489	122
		60～64	2 636	1 767	26	1	-	4	710	128
		65～69	3 521	2 456	59	6	-	12	851	137
		70～74	5 297	3 722	100	17	-	49	1 276	133
		75～79	7 110	5 044	180	53	-	91	1 628	114
		80～84	7 770	5 510	198	64	-	162	1 735	101
		85～89	7 331	5 147	246	123	-	240	1 508	67
		90歳以上	6 287	4 301	209	138	-	329	1 257	53
		不詳 Not Stated	8	3	-	-	-	-	-	5
	男 Male	総数	24 180	16 652	486	124	-	266	5 825	827
		0～ 4 歳	-	-	-	-	-	-	-	-
		5～ 9	-	-	-	-	-	-	-	-
		10～14	-	-	-	-	-	-	-	-
		15～19	5	4	-	-	-	-	1	-
		20～24	18	10	-	-	-	-	7	1
		25～29	32	18	-	-	-	-	13	1
		30～34	95	51	1	-	-	-	36	7
		35～39	180	98	1	-	-	-	68	13
		40～44	295	180	1	-	-	-	84	30
		45～49	529	321	3	-	-	-	161	44
		50～54	1 016	629	10	1	-	-	287	89
		55～59	1 511	986	23	-	-	3	387	112
		60～64	2 036	1 360	17	-	-	2	538	119
		65～69	2 587	1 787	39	5	-	10	621	125
		70～74	3 567	2 522	70	9	-	29	830	107
		75～79	4 197	3 059	99	28	-	41	888	82
		80～84	3 500	2 493	89	24	-	52	799	43
		85～89	2 748	1 898	82	28	-	51	662	27
		90歳以上	1 856	1 233	51	29	-	78	443	22
		不詳 Not Stated	8	3	-	-	-	-	-	5
	女 Female	総数	20 283	14 124	586	279	-	626	4 428	240
		0～ 4 歳	-	-	-	-	-	-	-	-
		5～ 9	1	1	-	-	-	-	-	-
		10～14	-	-	-	-	-	-	-	-
		15～19	-	-	-	-	-	-	-	-
		20～24	2	1	-	-	-	-	1	-
		25～29	7	5	-	-	-	-	1	1
		30～34	17	8	1	-	-	-	6	2
		35～39	35	18	1	-	-	-	13	3
		40～44	72	39	-	-	-	-	28	5
		45～49	117	77	2	-	-	-	36	2
		50～54	215	146	3	-	-	-	57	9
		55～59	356	234	8	-	-	2	102	10
		60～64	600	407	9	1	-	2	172	9
		65～69	934	669	20	1	-	2	230	12
		70～74	1 730	1 200	30	8	-	20	446	26
		75～79	2 913	1 985	81	25	-	50	740	32
		80～84	4 270	3 017	109	40	-	110	936	58
		85～89	4 583	3 249	164	95	-	189	846	40
		90歳以上	4 431	3 068	158	109	-	251	814	31
		不詳 Not Stated	-	-	-	-	-	-	-	-

死亡の場所・性・年齢（5歳階級）別 －平成16年－
(selected causes), the location of death, sex and age group (by 5-year age scale): 2004

死因・病類・性・年齢階級 Cause of death / Sex / Age group			総数 Total	病院 Hospital	診療所 Clinic	介護老人保健施設 Health services facilities for the elderly	助産所 Maternity home	老人ホーム Home for the elderly	自宅 Home	その他 Other
その他の虚血性心疾患 Other ischaemic heart diseases	総数 Total	総数	26 822	14 551	562	187	-	607	10 188	727
		0～4歳	2	1	1	-	-	-	-	-
		5～9	-	-	-	-	-	-	-	-
		10～14	-	-	-	-	-	-	-	-
		15～19	4	2	-	-	-	-	1	1
		20～24	23	6	-	-	-	-	14	3
		25～29	41	10	-	-	-	-	28	3
		30～34	81	24	-	-	-	-	50	7
		35～39	141	56	-	-	-	-	74	11
		40～44	206	90	-	-	-	-	101	15
		45～49	318	123	-	-	-	-	174	21
		50～54	696	266	6	-	-	-	361	63
		55～59	1 106	419	4	-	-	-	577	106
		60～64	1 656	751	12	-	-	3	798	92
		65～69	2 172	1 114	14	2	-	7	936	99
		70～74	3 072	1 649	34	4	-	25	1 287	73
		75～79	4 183	2 397	57	18	-	45	1 591	75
		80～84	4 443	2 622	93	33	-	98	1 539	58
		85～89	4 286	2 539	155	51	-	137	1 348	56
		90歳以上	4 379	2 477	186	79	-	292	1 309	36
		不詳 Not Stated	13	5	-	-	-	-	-	8
	男 Male	総数	14 834	8 081	212	55	-	141	5 784	561
		0～4歳	2	1	1	-	-	-	-	-
		5～9	-	-	-	-	-	-	-	-
		10～14	-	-	-	-	-	-	-	-
		15～19	4	2	-	-	-	-	1	1
		20～24	21	5	-	-	-	-	13	3
		25～29	33	9	-	-	-	-	21	3
		30～34	69	22	-	-	-	-	41	6
		35～39	112	44	-	-	-	-	58	10
		40～44	172	82	-	-	-	-	77	13
		45～49	262	98	-	-	-	-	145	19
		50～54	571	221	5	-	-	-	288	57
		55～59	913	352	4	-	-	-	463	94
		60～64	1 320	599	10	-	-	3	626	82
		65～69	1 623	858	9	1	-	5	662	88
		70～74	2 122	1 210	25	4	-	17	809	57
		75～79	2 464	1 503	27	8	-	17	855	54
		80～84	2 135	1 293	41	9	-	31	730	31
		85～89	1 691	1 026	48	13	-	28	550	26
		90歳以上	1 308	751	42	20	-	40	445	10
		不詳 Not Stated	12	5	-	-	-	-	-	7
	女 Female	総数	11 988	6 470	350	132	-	466	4 404	166
		0～4歳	-	-	-	-	-	-	-	-
		5～9	-	-	-	-	-	-	-	-
		10～14	-	-	-	-	-	-	-	-
		15～19	-	-	-	-	-	-	-	-
		20～24	2	1	-	-	-	-	1	-
		25～29	8	1	-	-	-	-	7	-
		30～34	12	2	-	-	-	-	9	1
		35～39	29	12	-	-	-	-	16	1
		40～44	34	8	-	-	-	-	24	2
		45～49	56	25	-	-	-	-	29	2
		50～54	125	45	1	-	-	-	73	6
		55～59	193	67	-	-	-	-	114	12
		60～64	336	152	2	-	-	-	172	10
		65～69	549	256	5	1	-	2	274	11
		70～74	950	439	9	-	-	8	478	16
		75～79	1 719	894	30	10	-	28	736	21
		80～84	2 308	1 329	52	24	-	67	809	27
		85～89	2 595	1 513	107	38	-	109	798	30
		90歳以上	3 071	1 726	144	59	-	252	864	26
		不詳 Not Stated	1	-	-	-	-	-	-	1

第17表　死亡数，心疾患-脳血管疾患・病類（選択死因）・

Statistics 17 Numbers of deaths from heart diseases and cerebrovascular diseases, by disease type

死因・病類・性・年齢階級 Cause of death / Sex / Age group			総数 Total	病院 Hospital	診療所 Clinic	介護老人保健施設 Health services facilities for the elderly	助産所 Maternity home	老人ホーム Home for the elderly	自宅 Home	その他 Other
不整脈及び伝導障害 Arrhythmia and conduction disorder	総数 Total	総数	20 274	14 487	476	153	-	366	4 279	513
		0～4歳	47	34	1	-	-	-	10	2
		5～9	9	8	-	-	-	-	1	-
		10～14	12	12	-	-	-	-	-	-
		15～19	35	22	-	-	-	-	8	5
		20～24	62	38	-	-	-	-	18	6
		25～29	94	57	-	-	-	-	31	6
		30～34	133	79	-	-	-	-	44	10
		35～39	147	85	3	-	-	-	49	10
		40～44	216	129	2	-	-	-	71	14
		45～49	305	154	3	-	-	-	117	31
		50～54	489	284	9	-	-	-	157	39
		55～59	697	420	8	1	-	1	211	56
		60～64	998	670	8	-	-	1	255	64
		65～69	1 346	953	25	1	-	9	304	54
		70～74	1 890	1 356	30	1	-	18	443	42
		75～79	2 861	2 096	50	8	-	38	620	49
		80～84	3 444	2 576	81	31	-	44	663	49
		85～89	3 582	2 679	120	48	-	85	613	37
		90歳以上	3 900	2 832	135	63	-	170	663	37
		不詳 Not Stated	7	3	1	-	-	-	1	2
	男 Male	総数	10 070	6 999	192	33	-	108	2 360	378
		0～4歳	26	19	1	-	-	-	6	-
		5～9	8	7	-	-	-	-	1	-
		10～14	4	4	-	-	-	-	-	-
		15～19	26	16	-	-	-	-	7	3
		20～24	44	26	-	-	-	-	13	5
		25～29	75	46	-	-	-	-	24	5
		30～34	107	63	-	-	-	-	36	8
		35～39	114	63	2	-	-	-	40	9
		40～44	160	91	1	-	-	-	56	12
		45～49	238	117	2	-	-	-	96	23
		50～54	380	215	7	-	-	-	122	36
		55～59	521	293	6	1	-	1	170	50
		60～64	745	482	7	-	-	1	201	54
		65～69	943	666	19	-	-	6	208	44
		70～74	1 214	873	17	1	-	14	275	34
		75～79	1 598	1 183	22	2	-	21	333	37
		80～84	1 494	1 104	34	7	-	15	309	25
		85～89	1 294	974	37	14	-	17	236	16
		90歳以上	1 073	754	36	8	-	33	227	15
		不詳 Not Stated	6	3	1	-	-	-	-	2
	女 Female	総数	10 204	7 488	284	120	-	258	1 919	135
		0～4歳	21	15	-	-	-	-	4	2
		5～9	1	1	-	-	-	-	-	-
		10～14	8	8	-	-	-	-	-	-
		15～19	9	6	-	-	-	-	1	2
		20～24	18	12	-	-	-	-	5	1
		25～29	19	11	-	-	-	-	7	1
		30～34	26	16	-	-	-	-	8	2
		35～39	33	22	1	-	-	-	9	1
		40～44	56	38	1	-	-	-	15	2
		45～49	67	37	1	-	-	-	21	8
		50～54	109	69	2	-	-	-	35	3
		55～59	176	127	2	-	-	-	41	6
		60～64	253	188	1	-	-	-	54	10
		65～69	403	287	6	1	-	3	96	10
		70～74	676	483	13	-	-	4	168	8
		75～79	1 263	913	28	6	-	17	287	12
		80～84	1 950	1 472	47	24	-	29	354	24
		85～89	2 288	1 705	83	34	-	68	377	21
		90歳以上	2 827	2 078	99	55	-	137	436	22
		不詳 Not Stated	1	-	-	-	-	-	1	-

死亡の場所・性・年齢（5歳階級）別 －平成16年－
(selected causes), the location of death, sex and age group (by 5-year age scale): 2004

死因・病類・性・年齢階級 Cause of death / Sex / Age group			総数 Total	病院 Hospital	診療所 Clinic	介護老人 保健施設 Health services facilities for the elderly	助産所 Maternity home	老人ホーム Home for the elderly	自宅 Home	その他 Other
心不全 Heart failure	総数 Total	総数	51 588	36 573	1 729	720	–	1 779	10 061	726
		0～ 4 歳	19	16	–	–	–	–	3	–
		5～ 9	2	2	–	–	–	–	–	–
		10～14	13	13	–	–	–	–	–	–
		15～19	21	11	1	–	–	–	5	4
		20～24	54	29	–	–	–	–	21	4
		25～29	76	37	–	–	–	–	32	7
		30～34	193	107	1	–	–	–	77	8
		35～39	201	100	3	–	–	–	81	17
		40～44	252	124	1	–	–	–	109	18
		45～49	439	216	1	–	–	–	193	29
		50～54	795	402	12	–	–	–	334	47
		55～59	1 106	580	16	–	–	1	442	67
		60～64	1 539	923	25	2	–	4	505	80
		65～69	2 286	1 526	51	6	–	27	607	69
		70～74	3 731	2 548	101	17	–	57	928	80
		75～79	5 876	4 243	162	54	–	121	1 229	67
		80～84	8 578	6 403	282	119	–	261	1 452	61
		85～89	10 626	7 965	422	192	–	385	1 596	66
		90歳以上	15 778	11 327	651	330	–	923	2 447	100
		不詳 Not Stated	3	1	–	–	–	–	–	2
	男 Male	総数	21 047	14 511	567	196	–	387	4 910	476
		0～ 4 歳	9	8	–	–	–	–	1	–
		5～ 9	2	2	–	–	–	–	–	–
		10～14	10	10	–	–	–	–	–	–
		15～19	16	9	–	–	–	–	3	4
		20～24	38	21	–	–	–	–	14	3
		25～29	62	31	–	–	–	–	24	7
		30～34	137	77	–	–	–	–	55	5
		35～39	141	68	1	–	–	–	59	13
		40～44	181	82	1	–	–	–	80	18
		45～49	319	144	–	–	–	–	152	23
		50～54	583	282	8	–	–	–	254	39
		55～59	782	367	9	–	–	1	351	54
		60～64	1 075	591	20	–	–	3	393	68
		65～69	1 546	1 010	34	4	–	14	427	57
		70～74	2 203	1 502	52	8	–	32	544	65
		75～79	3 085	2 267	66	24	–	47	646	35
		80～84	3 535	2 658	94	41	–	73	637	32
		85～89	3 461	2 572	141	49	–	67	607	25
		90歳以上	3 860	2 809	141	70	–	150	663	27
		不詳 Not Stated	2	1	–	–	–	–	–	1
	女 Female	総数	30 541	22 062	1 162	524	–	1 392	5 151	250
		0～ 4 歳	10	8	–	–	–	–	2	–
		5～ 9	–	–	–	–	–	–	–	–
		10～14	3	3	–	–	–	–	–	–
		15～19	5	2	1	–	–	–	2	–
		20～24	16	8	–	–	–	–	7	1
		25～29	14	6	–	–	–	–	8	–
		30～34	56	30	1	–	–	–	22	3
		35～39	60	32	2	–	–	–	22	4
		40～44	71	42	–	–	–	–	29	–
		45～49	120	72	1	–	–	–	41	6
		50～54	212	120	4	–	–	–	80	8
		55～59	324	213	7	–	–	–	91	13
		60～64	464	332	5	2	–	1	112	12
		65～69	740	516	17	2	–	13	180	12
		70～74	1 528	1 046	49	9	–	25	384	15
		75～79	2 791	1 976	96	30	–	74	583	32
		80～84	5 043	3 745	188	78	–	188	815	29
		85～89	7 165	5 393	281	143	–	318	989	41
		90歳以上	11 918	8 518	510	260	–	773	1 784	73
		不詳 Not Stated	1	–	–	–	–	–	–	1

第17表（5－4）

第17表 死亡数，心疾患－脳血管疾患・病類（選択死因）・
Statistics 17 Numbers of deaths from heart diseases and cerebrovascular diseases, by disease type

死因・病類・性・年齢階級 Cause of death / Sex / Age group			総数 Total	病院 Hospital	診療所 Clinic	介護老人保健施設 Health services facilities for the elderly	助産所 Maternity home	老人ホーム Home for the elderly	自宅 Home	その他 Other
脳血管疾患 Cerebrovascular diseases	総数 Total	総数	129 055	102 264	4 401	1 310	-	4 491	15 530	1 059
		0～4歳	16	15	-	-	-	-	1	-
		5～9	11	10	-	-	-	-	1	-
		10～14	17	15	-	-	-	-	2	-
		15～19	21	16	-	-	-	-	5	-
		20～24	50	40	-	-	-	-	7	3
		25～29	94	66	-	-	-	-	25	3
		30～34	242	180	2	-	-	-	51	9
		35～39	455	345	1	-	-	-	92	17
		40～44	829	623	6	1	-	2	160	37
		45～49	1 501	1 163	10	-	-	1	282	45
		50～54	2 796	2 179	36	1	-	3	470	107
		55～59	4 167	3 352	53	3	-	2	641	116
		60～64	5 420	4 371	98	10	-	18	814	109
		65～69	7 879	6 521	147	20	-	61	1 017	113
		70～74	12 495	10 431	311	53	-	183	1 427	90
		75～79	18 866	15 614	619	124	-	420	1 994	95
		80～84	23 112	18 834	857	254	-	779	2 293	95
		85～89	24 780	19 603	1 077	327	-	1 086	2 587	100
		90歳以上	26 271	18 863	1 183	517	-	1 936	3 661	111
		不詳 Not Stated	33	23	1	-	-	-	-	9
	男 Male	総数	61 547	49 956	1 889	439	-	1 154	7 402	707
		0～4歳	11	11	-	-	-	-	-	-
		5～9	8	7	-	-	-	-	1	-
		10～14	9	8	-	-	-	-	1	-
		15～19	13	11	-	-	-	-	2	-
		20～24	31	21	-	-	-	-	7	3
		25～29	52	32	-	-	-	-	17	3
		30～34	170	124	2	-	-	-	35	9
		35～39	315	229	1	-	-	-	69	16
		40～44	569	407	4	-	-	-	125	33
		45～49	1 014	749	7	-	-	1	222	35
		50～54	1 860	1 373	20	1	-	2	373	91
		55～59	2 799	2 169	39	3	-	2	485	101
		60～64	3 699	2 938	70	10	-	14	579	88
		65～69	5 229	4 318	101	15	-	37	670	88
		70～74	7 926	6 705	210	33	-	111	800	67
		75～79	11 022	9 265	364	57	-	197	1 081	58
		80～84	10 410	8 653	382	105	-	244	988	38
		85～89	9 303	7 558	394	105	-	236	965	45
		90歳以上	7 081	5 359	295	110	-	310	982	25
		不詳 Not Stated	26	19	-	-	-	-	-	7
	女 Female	総数	67 508	52 308	2 512	871	-	3 337	8 128	352
		0～4歳	5	4	-	-	-	-	1	-
		5～9	3	3	-	-	-	-	-	-
		10～14	8	7	-	-	-	-	1	-
		15～19	8	5	-	-	-	-	3	-
		20～24	19	19	-	-	-	-	-	-
		25～29	42	34	-	-	-	-	8	-
		30～34	72	56	-	-	-	-	16	-
		35～39	140	116	-	-	-	-	23	1
		40～44	260	216	2	1	-	2	35	4
		45～49	487	414	3	-	-	-	60	10
		50～54	936	806	16	-	-	1	97	16
		55～59	1 368	1 183	14	-	-	-	156	15
		60～64	1 721	1 433	28	-	-	4	235	21
		65～69	2 650	2 203	46	5	-	24	347	25
		70～74	4 569	3 726	101	20	-	72	627	23
		75～79	7 844	6 349	255	67	-	223	913	37
		80～84	12 702	10 181	475	149	-	535	1 305	57
		85～89	15 477	12 045	683	222	-	850	1 622	55
		90歳以上	19 190	13 504	888	407	-	1 626	2 679	86
		不詳 Not Stated	7	4	1	-	-	-	-	2

死亡の場所・性・年齢（5歳階級）別　－平成16年－
(selected causes), the location of death, sex and age group (by 5-year age scale): 2004

死因・病類・性・年齢階級 Cause of death / Sex / Age group			総数 Total	病院 Hospital	診療所 Clinic	介護老人保健施設 Health services facilities for the elderly	助産所 Maternity home	老人ホーム Home for the elderly	自宅 Home	その他 Other
くも膜下出血 Subarachnoid haemorrhage	総数 Total	総数	14 737	12 496	191	24	–	95	1 729	202
		0〜4歳	2	2	–	–	–	–	–	–
		5〜9	5	5	–	–	–	–	–	–
		10〜14	9	9	–	–	–	–	–	–
		15〜19	12	8	–	–	–	–	4	–
		20〜24	21	15	–	–	–	–	6	–
		25〜29	46	39	–	–	–	–	6	1
		30〜34	115	87	1	–	–	–	22	5
		35〜39	222	178	–	–	–	–	37	7
		40〜44	392	326	2	–	–	–	55	9
		45〜49	614	529	2	–	–	–	67	16
		50〜54	1 005	856	10	–	–	–	112	27
		55〜59	1 262	1 071	10	1	–	–	150	30
		60〜64	1 424	1 198	14	–	–	1	185	26
		65〜69	1 553	1 316	11	3	–	2	190	31
		70〜74	1 848	1 581	26	4	–	7	213	17
		75〜79	2 063	1 736	32	4	–	16	264	11
		80〜84	1 923	1 645	36	5	–	21	204	12
		85〜89	1 353	1 139	31	4	–	26	148	5
		90歳以上	866	754	16	3	–	22	66	5
		不詳 Not Stated	2	2	–	–	–	–	–	–
	男 Male	総数	5 543	4 460	51	5	–	14	865	148
		0〜4歳	2	2	–	–	–	–	–	–
		5〜9	4	4	–	–	–	–	–	–
		10〜14	5	5	–	–	–	–	–	–
		15〜19	6	5	–	–	–	–	1	–
		20〜24	13	7	–	–	–	–	6	–
		25〜29	17	12	–	–	–	–	4	1
		30〜34	88	65	1	–	–	–	17	5
		35〜39	148	115	–	–	–	–	27	6
		40〜44	233	186	1	–	–	–	38	8
		45〜49	361	298	2	–	–	–	50	11
		50〜54	565	459	1	–	–	–	82	23
		55〜59	692	556	5	1	–	–	106	24
		60〜64	696	562	4	–	–	–	113	17
		65〜69	639	502	7	1	–	1	103	25
		70〜74	667	555	8	–	–	–	92	12
		75〜79	620	502	9	1	–	6	96	6
		80〜84	380	307	9	2	–	–	57	5
		85〜89	274	212	2	–	–	2	55	3
		90歳以上	132	105	2	–	–	5	18	2
		不詳 Not Stated	1	1	–	–	–	–	–	–
	女 Female	総数	9 194	8 036	140	19	–	81	864	54
		0〜4歳	–	–	–	–	–	–	–	–
		5〜9	1	1	–	–	–	–	–	–
		10〜14	4	4	–	–	–	–	–	–
		15〜19	6	3	–	–	–	–	3	–
		20〜24	8	8	–	–	–	–	–	–
		25〜29	29	27	–	–	–	–	2	–
		30〜34	27	22	–	–	–	–	5	–
		35〜39	74	63	–	–	–	–	10	1
		40〜44	159	140	1	–	–	–	17	1
		45〜49	253	231	–	–	–	–	17	5
		50〜54	440	397	9	–	–	–	30	4
		55〜59	570	515	5	–	–	–	44	6
		60〜64	728	636	10	–	–	1	72	9
		65〜69	914	814	4	2	–	1	87	6
		70〜74	1 181	1 026	18	4	–	7	121	5
		75〜79	1 443	1 234	23	3	–	10	168	5
		80〜84	1 543	1 338	27	3	–	21	147	7
		85〜89	1 079	927	29	4	–	24	93	2
		90歳以上	734	649	14	3	–	17	48	3
		不詳 Not Stated	1	1	–	–	–	–	–	–

第17表 死亡数，心疾患－脳血管疾患・病類（選択死因）・
Statistics 17 Numbers of deaths from heart diseases and cerebrovascular diseases, by disease type

死因・病類・性・年齢階級 Cause of death / Sex / Age group			総数 Total	病院 Hospital	診療所 Clinic	介護老人 保健施設 Health services facilities for the elderly	助産所 Maternity home	老人ホーム Home for the elderly	自宅 Home	その他 Other
脳内出血 Cerebral haemorrhage	総数 Total	総数	32 060	24 948	665	181	-	491	5 276	499
		0～4歳	5	4	-	-	-	-	1	-
		5～9	6	5	-	-	-	-	1	-
		10～14	7	5	-	-	-	-	2	-
		15～19	7	6	-	-	-	-	1	-
		20～24	21	17	-	-	-	-	1	3
		25～29	34	20	-	-	-	-	13	1
		30～34	98	69	1	-	-	-	25	3
		35～39	181	126	-	-	-	-	45	10
		40～44	344	235	3	-	-	-	82	24
		45～49	745	528	4	-	-	-	186	27
		50～54	1 352	999	15	1	-	2	268	67
		55～59	2 035	1 567	20	-	-	1	379	68
		60～64	2 342	1 782	33	3	-	4	455	65
		65～69	2 979	2 323	45	7	-	16	535	53
		70～74	4 089	3 217	71	11	-	43	702	45
		75～79	4 960	3 851	104	31	-	74	854	46
		80～84	5 105	4 070	122	34	-	104	741	34
		85～89	4 353	3 468	129	45	-	101	580	30
		90歳以上	3 378	2 644	117	49	-	146	405	17
		不詳 Not Stated	19	12	1	-	-	-	-	6
	男 Male	総数	17 643	13 852	328	60	-	135	2 895	373
		0～4歳	3	3	-	-	-	-	-	-
		5～9	4	3	-	-	-	-	1	-
		10～14	4	3	-	-	-	-	1	-
		15～19	6	5	-	-	-	-	1	-
		20～24	14	10	-	-	-	-	1	3
		25～29	23	14	-	-	-	-	8	1
		30～34	66	46	1	-	-	-	16	3
		35～39	134	89	-	-	-	-	35	10
		40～44	276	184	3	-	-	-	68	21
		45～49	550	376	3	-	-	-	148	23
		50～54	981	690	10	1	-	1	222	57
		55～59	1 491	1 122	16	-	-	1	292	60
		60～64	1 742	1 331	25	3	-	3	324	56
		65～69	2 093	1 643	33	7	-	6	363	41
		70～74	2 608	2 135	51	4	-	25	361	32
		75～79	2 838	2 292	63	11	-	29	415	28
		80～84	2 199	1 803	49	10	-	33	289	15
		85～89	1 623	1 318	53	16	-	13	209	14
		90歳以上	973	774	21	8	-	24	141	5
		不詳 Not Stated	15	11	-	-	-	-	-	4
	女 Female	総数	14 417	11 096	337	121	-	356	2 381	126
		0～4歳	2	1	-	-	-	-	1	-
		5～9	2	2	-	-	-	-	-	-
		10～14	3	2	-	-	-	-	1	-
		15～19	1	1	-	-	-	-	-	-
		20～24	7	7	-	-	-	-	-	-
		25～29	11	6	-	-	-	-	5	-
		30～34	32	23	-	-	-	-	9	-
		35～39	47	37	-	-	-	-	10	-
		40～44	68	51	-	-	-	-	14	3
		45～49	195	152	1	-	-	-	38	4
		50～54	371	309	5	-	-	1	46	10
		55～59	544	445	4	-	-	-	87	8
		60～64	600	451	8	-	-	1	131	9
		65～69	886	680	12	-	-	10	172	12
		70～74	1 481	1 082	20	7	-	18	341	13
		75～79	2 122	1 559	41	20	-	45	439	18
		80～84	2 906	2 267	73	24	-	71	452	19
		85～89	2 730	2 150	76	29	-	88	371	16
		90歳以上	2 405	1 870	96	41	-	122	264	12
		不詳 Not Stated	4	1	1	-	-	-	-	2

死亡の場所・性・年齢（5歳階級）別　-平成16年-
(selected causes), the location of death, sex and age group (by 5-year age scale): 2004

死因・病類・性・年齢階級 Cause of death / Sex / Age group			総数 Total	病院 Hospital	診療所 Clinic	介護老人保健施設 Health services facilities for the elderly	助産所 Maternity home	老人ホーム Home for the elderly	自宅 Home	その他 Other
脳梗塞 Cerebral infarction	総数 Total	総数	78 683	63 091	3 381	1 060	-	3 724	7 161	266
		0～4歳	2	2	-	-	-	-	-	-
		5～9	-	-	-	-	-	-	-	-
		10～14	-	-	-	-	-	-	-	-
		15～19	1	1	-	-	-	-	-	-
		20～24	7	7	-	-	-	-	-	-
		25～29	5	4	-	-	-	-	1	-
		30～34	19	18	-	-	-	-	1	-
		35～39	37	33	1	-	-	-	3	-
		40～44	62	51	1	1	-	2	5	2
		45～49	103	88	3	-	-	1	11	-
		50～54	325	277	11	-	-	1	31	5
		55～59	727	658	22	2	-	1	41	3
		60～64	1 469	1 313	45	7	-	11	87	6
		65～69	3 103	2 775	88	10	-	39	175	16
		70～74	6 188	5 452	202	36	-	127	354	17
		75～79	11 389	9 790	460	86	-	309	714	30
		80～84	15 505	12 829	665	199	-	630	1 139	43
		85～89	18 463	14 659	879	271	-	915	1 676	63
		90歳以上	21 270	15 126	1 004	448	-	1 688	2 923	81
		不詳 Not Stated	8	8	-	-	-	-	-	-
	男 Male	総数	36 697	30 834	1 453	358	-	965	2 964	123
		0～4歳	2	2	-	-	-	-	-	-
		5～9	-	-	-	-	-	-	-	-
		10～14	-	-	-	-	-	-	-	-
		15～19	-	-	-	-	-	-	-	-
		20～24	4	4	-	-	-	-	-	-
		25～29	4	3	-	-	-	-	1	-
		30～34	11	10	-	-	-	-	1	-
		35～39	23	19	1	-	-	-	3	-
		40～44	37	33	-	-	-	-	2	2
		45～49	78	65	2	-	-	1	10	-
		50～54	239	199	9	-	-	1	25	5
		55～59	516	461	17	2	-	1	32	3
		60～64	1 126	991	37	7	-	11	75	5
		65～69	2 344	2 105	59	7	-	29	132	12
		70～74	4 425	3 903	143	27	-	81	255	16
		75～79	7 318	6 332	279	43	-	153	490	21
		80～84	7 583	6 407	311	85	-	205	559	16
		85～89	7 185	5 893	331	87	-	212	635	27
		90歳以上	5 796	4 401	264	100	-	271	744	16
		不詳 Not Stated	6	6	-	-	-	-	-	-
	女 Female	総数	41 986	32 257	1 928	702	-	2 759	4 197	143
		0～4歳	-	-	-	-	-	-	-	-
		5～9	-	-	-	-	-	-	-	-
		10～14	-	-	-	-	-	-	-	-
		15～19	1	1	-	-	-	-	-	-
		20～24	3	3	-	-	-	-	-	-
		25～29	1	1	-	-	-	-	-	-
		30～34	8	8	-	-	-	-	-	-
		35～39	14	14	-	-	-	-	-	-
		40～44	25	18	1	1	-	2	3	-
		45～49	25	23	1	-	-	-	1	-
		50～54	86	78	2	-	-	-	6	-
		55～59	211	197	5	-	-	-	9	-
		60～64	343	322	8	-	-	-	12	1
		65～69	759	670	29	3	-	10	43	4
		70～74	1 763	1 549	59	9	-	46	99	1
		75～79	4 071	3 458	181	43	-	156	224	9
		80～84	7 922	6 422	354	114	-	425	580	27
		85～89	11 278	8 766	548	184	-	703	1 041	36
		90歳以上	15 474	10 725	740	348	-	1 417	2 179	65
		不詳 Not Stated	2	2	-	-	-	-	-	-

第18表（9－1）

第18表　死亡数，心疾患－脳血管疾患・性・
Statistics 18　Numbers of deaths from heart diseases and cerebrovascular diseases, by sex,

全死因　All causes

都道府県 Prefecture			総数 Total								男			
			総数 Total	病院 Hospital	診療所 Clinic	介護老人 保健施設 Health services facilities for the elderly	助産所 Maternity home	老人 ホーム Home for the elderly	自宅 Home	その他 Other	総数 Total	病院 Hospital	診療所 Clinic	介護老人 保健施設 Health services facilities for the elderly
全	国	Total	922 139	682 943	27 555	2 080	2	14 256	168 756	26 547	501 276	381 841	13 719	834
北 海	道	Hokkaido	40 678	33 704	1 690	52	-	502	3 613	1 117	22 945	19 062	877	22
青	森	Aomori	12 496	8 718	831	110	-	241	2 145	451	6 920	5 008	397	44
岩	手	Iwate	12 043	8 991	427	67	-	192	1 944	422	6 527	5 008	213	24
宮	城	Miyagi	15 980	10 787	686	50	-	156	3 806	495	8 676	6 155	340	18
秋	田	Akita	10 931	7 564	310	43	-	220	2 475	319	5 947	4 309	155	22
山	形	Yamagata	11 259	7 509	279	29	-	246	2 926	270	5 981	4 283	125	9
福	島	Fukushima	17 743	12 658	404	58	-	159	4 029	435	9 760	7 308	225	23
茨	城	Ibaraki	21 621	15 584	502	87	-	281	4 570	597	11 858	8 894	254	34
栃	木	Tochigi	14 672	10 006	749	76	-	249	3 158	434	8 121	5 722	416	34
群	馬	Gumma	15 428	11 140	430	60	-	223	3 211	364	8 307	6 188	207	26
埼	玉	Saitama	36 799	28 825	863	24	-	363	5 773	951	20 548	16 391	443	9
千	葉	Chiba	34 317	25 866	887	54	1	228	6 230	1 051	19 081	14 695	443	23
東	京	Tokyo	78 651	65 208	1 306	56	-	605	9 838	1 638	43 286	35 936	649	18
神 奈	川	Kanagawa	46 507	37 366	708	9	-	454	6 686	1 284	26 294	21 301	350	5
新	潟	Niigata	21 222	14 288	203	79	-	415	5 665	572	11 324	8 071	91	34
富	山	Toyama	9 552	7 182	249	16	-	120	1 755	230	5 078	3 935	112	10
石	川	Ishikawa	9 174	6 617	323	98	-	170	1 707	259	4 780	3 569	139	39
福	井	Fukui	6 782	4 473	247	77	-	233	1 570	182	3 541	2 448	129	24
山	梨	Yamanashi	7 168	5 183	134	51	1	155	1 426	218	3 885	2 963	71	18
長	野	Nagano	18 052	11 385	316	61	-	593	5 209	488	9 524	6 433	157	20
岐	阜	Gifu	15 811	10 923	376	43	-	124	3 964	381	8 512	6 210	182	17
静	岡	Shizuoka	26 666	19 033	762	39	-	549	5 614	669	14 586	10 931	390	22
愛	知	Aichi	42 944	32 912	1 120	47	-	252	7 625	988	23 594	18 638	510	20
三	重	Mie	15 072	9 825	386	50	-	445	3 956	410	7 993	5 551	199	24
滋	賀	Shiga	8 958	6 216	39	8	-	60	2 354	281	4 690	3 436	15	4
京	都	Kyoto	19 321	14 560	100	5	-	328	3 776	552	10 300	7 927	52	2
大	阪	Osaka	58 255	46 838	582	29	-	364	8 482	1 960	32 011	25 903	274	7
兵	庫	Hyogo	47 044	30 971	1 126	59	-	755	12 249	1 884	24 873	17 423	575	27
奈	良	Nara	10 106	7 405	103	7	-	171	2 142	278	5 301	4 053	59	2
和 歌	山	Wakayama	10 064	6 503	523	44	-	249	2 446	299	5 294	3 656	252	16
鳥	取	Tottori	5 789	3 813	214	12	-	80	1 518	152	3 078	2 137	107	7
島	根	Shimane	7 687	5 246	245	19	-	229	1 712	236	4 124	2 981	106	8
岡	山	Okayama	16 543	11 390	658	55	-	426	3 567	447	8 675	6 280	315	22
広	島	Hiroshima	22 650	16 088	832	37	-	599	4 446	648	12 449	9 239	426	14
山	口	Yamaguchi	14 484	11 114	422	54	-	428	2 050	416	7 774	6 059	222	22
徳	島	Tokushima	7 641	5 240	432	65	-	187	1 511	206	4 036	2 838	202	24
香	川	Kagawa	8 863	6 044	444	34	-	215	1 875	251	4 731	3 371	218	13
愛	媛	Ehime	13 509	9 091	768	39	-	264	2 987	360	7 210	5 133	349	12
高	知	Kochi	8 093	6 397	360	4	-	82	1 027	223	4 289	3 422	160	3
福	岡	Fukuoka	37 158	30 053	1 159	54	-	590	4 421	881	20 053	16 305	638	16
佐	賀	Saga	7 947	5 673	514	38	-	230	1 312	180	4 155	3 024	260	17
長	崎	Nagasaki	13 605	10 271	735	35	-	320	1 893	351	7 102	5 471	342	13
熊	本	Kumamoto	15 389	11 202	1 043	49	-	409	2 333	353	8 207	6 095	535	23
大	分	Oita	10 937	7 371	850	29	-	336	2 081	270	5 805	4 051	432	15
宮	崎	Miyazaki	9 846	6 923	782	13	-	164	1 710	254	5 215	3 711	392	5
鹿 児	島	Kagoshima	17 272	12 005	1 236	44	-	475	3 028	484	9 030	6 343	619	18
沖	縄	Okinawa	7 283	5 742	187	10	-	119	941	284	3 937	3 041	83	4
不	詳	Not Stated	2 127	1 040	13	1	-	1	-	1 072	1 869	933	12	1
13 大 都 市 （再　掲）		13 major cities (Regrouped)												
東京都区部		Ward areas of Tokyo	57 032	47 367	902	43	-	251	7 349	1 120	31 427	26 148	447	15
札	幌	Sapporo	9 398	8 246	199	5	-	20	697	231	5 288	4 590	110	1
仙	台	Sendai	4 818	3 584	140	34	-	53	836	171	2 640	2 030	53	11
千	葉	Chiba	4 380	3 414	206	7	-	11	601	141	2 449	1 923	100	3
横	浜	Yokohama	18 756	15 266	252	3	-	172	2 540	523	10 569	8 686	113	1
川	崎	Kawasaki	6 333	5 075	108	2	-	24	930	194	3 776	3 027	62	1
名 古	屋	Nagoya	14 353	11 414	374	19	-	23	2 202	321	8 063	6 534	172	10
京	都	Kyoto	10 908	8 564	28	4	-	158	1 849	305	5 775	4 586	14	2
大	阪	Osaka	20 861	16 590	246	5	-	44	3 226	750	11 675	9 294	120	1
神	戸	Kobe	15 089	9 313	160	20	-	194	4 566	836	7 662	5 105	88	6
広	島	Hiroshima	6 860	5 194	276	10	-	191	982	207	3 799	2 960	137	3
北 九	州	Kitakyushu	8 265	6 885	131	17	-	105	911	216	4 455	3 740	66	4
福	岡	Fukuoka	7 130	6 029	137	6	-	34	746	180	3 878	3 264	72	-

死亡の場所・都道府県（14大都市再掲）別 －平成7・12・16年－
the location of death and prefecture (and the 14 major cities, regrouped): 1995, 2000 and 2004

平成7年（1995）

Male					女 Female						都 道 府 県		Prefecture
助産所 Maternity home	老人ホーム Home for the elderly	自宅 Home	その他 Other	総数 Total	病院 Hospital	診療所 Clinic	介護老人保健施設 Health services facilities for the elderly	助産所 Maternity home	老人ホーム Home for the elderly	自宅 Home	その他 Other			
-	4 533	81 324	19 025	420 863	301 102	13 836	1 246	2	9 723	87 432	7 522	全	国	Total
-	193	1 934	857	17 733	14 642	813	30	-	309	1 679	260	北	海 道	Hokkaido
-	76	1 056	339	5 576	3 710	434	66	-	165	1 089	112	青	森	Aomori
-	77	896	309	5 516	3 983	214	43	-	115	1 048	113	岩	手	Iwate
-	56	1 758	349	7 304	4 632	346	32	-	100	2 048	146	宮	城	Miyagi
-	89	1 129	243	4 984	3 255	155	21	-	131	1 346	76	秋	田	Akita
-	87	1 268	209	5 278	3 226	154	20	-	159	1 658	61	山	形	Yamagata
-	59	1 843	302	7 983	5 350	179	35	-	100	2 186	133	福	島	Fukushima
-	85	2 161	430	9 763	6 690	248	53	-	196	2 409	167	茨	城	Ibaraki
-	86	1 526	337	6 551	4 284	333	42	-	163	1 632	97	栃	木	Tochigi
-	73	1 569	244	7 121	4 952	223	34	-	150	1 642	120	群	馬	Gumma
-	134	2 862	709	16 251	12 434	420	15	-	229	2 911	242	埼	玉	Saitama
-	75	3 072	773	15 236	11 171	444	31	1	153	3 158	278	千	葉	Chiba
-	206	5 274	1 203	35 365	29 272	657	38	-	399	4 564	435	東	京	Tokyo
-	142	3 535	961	20 213	16 065	358	4	-	312	3 151	323	神	奈 川	Kanagawa
-	122	2 591	415	9 898	6 217	112	45	-	293	3 074	157	新	潟	Niigata
-	23	837	161	4 474	3 247	137	6	-	97	918	69	富	山	Toyama
-	57	788	188	4 394	3 048	184	59	-	113	919	71	石	川	Ishikawa
-	77	729	134	3 241	2 025	118	53	-	156	841	48	福	井	Fukui
-	54	635	144	3 283	2 220	63	33	1	101	791	74	山	梨	Yamanashi
-	214	2 377	323	8 528	4 952	159	41	-	379	2 832	165	長	野	Nagano
-	42	1 806	255	7 299	4 713	194	26	-	82	2 158	126	岐	阜	Gifu
-	164	2 579	500	12 080	8 102	372	17	-	385	3 035	169	静	岡	Shizuoka
-	75	3 638	713	19 350	14 274	610	27	-	177	3 987	275	愛	知	Aichi
-	134	1 830	255	7 079	4 274	187	26	-	311	2 126	155	三	重	Mie
-	22	1 027	186	4 268	2 780	24	4	-	38	1 327	95	滋	賀	Shiga
-	103	1 822	394	9 021	6 633	48	3	-	225	1 954	158	京	都	Kyoto
-	106	4 286	1 435	26 244	20 935	308	22	-	258	4 196	525	大	阪	Osaka
-	220	5 480	1 148	22 171	13 548	551	32	-	535	6 769	736	兵	庫	Hyogo
-	53	947	187	4 805	3 352	44	5	-	118	1 195	91	奈	良	Nara
-	68	1 100	202	4 770	2 847	271	28	-	181	1 346	97	和	歌 山	Wakayama
-	24	691	112	2 711	1 676	107	5	-	56	827	40	鳥	取	Tottori
-	77	793	159	3 563	2 265	139	11	-	152	919	77	島	根	Shimane
-	145	1 617	296	7 868	5 110	343	33	-	281	1 950	151	岡	山	Okayama
-	172	2 153	445	10 201	6 849	406	23	-	427	2 293	203	広	島	Hiroshima
-	121	1 056	294	6 710	5 055	200	32	-	307	994	122	山	口	Yamaguchi
-	55	770	147	3 605	2 402	230	41	-	132	741	59	徳	島	Tokushima
-	69	901	159	4 132	2 673	226	21	-	146	974	92	香	川	Kagawa
-	68	1 410	238	6 299	3 958	419	27	-	196	1 577	122	愛	媛	Ehime
-	28	523	153	3 804	2 975	200	1	-	54	504	70	高	知	Kochi
-	163	2 302	629	17 105	13 748	521	38	-	427	2 119	252	福	岡	Fukuoka
-	73	649	132	3 792	2 649	254	21	-	157	663	48	佐	賀	Saga
-	86	940	250	6 503	4 800	393	22	-	234	953	101	長	崎	Nagasaki
-	121	1 198	235	7 182	5 107	508	26	-	288	1 135	118	熊	本	Kumamoto
-	101	1 017	189	5 132	3 320	418	14	-	235	1 064	81	大	分	Oita
-	47	864	196	4 631	3 212	390	8	-	117	846	58	宮	崎	Miyazaki
-	164	1 551	335	8 242	5 662	617	26	-	311	1 477	149	鹿	児 島	Kagoshima
-	47	534	228	3 346	2 701	104	6	-	72	407	56	沖	縄	Okinawa
-	-	-	923	258	107	1	-	-	1	-	149	不	詳	Not Stated
												13 大 都 市 （再 掲）		13 major cities (Regrouped)
-	99	3 888	830	25 605	21 219	455	28	-	152	3 461	290	東京都区部		Ward areas of Tokyo
-	11	388	188	4 110	3 656	89	4	-	9	309	43	札	幌	Sapporo
-	19	405	122	2 178	1 554	87	23	-	34	431	49	仙	台	Sendai
-	6	313	104	1 931	1 491	106	4	-	5	288	37	千	葉	Chiba
-	57	1 330	382	8 187	6 580	139	2	-	115	1 210	141	横	浜	Yokohama
-	9	528	149	2 557	2 048	46	1	-	15	402	45	川	崎	Kawasaki
-	8	1 105	234	6 290	4 880	202	9	-	15	1 097	87	名	古 屋	Nagoya
-	49	903	221	5 133	3 978	14	2	-	109	946	84	京	都	Kyoto
-	12	1 693	555	9 186	7 296	126	4	-	32	1 533	195	大	阪	Osaka
-	53	1 942	468	7 427	4 208	72	14	-	141	2 624	368	神	戸	Kobe
-	49	510	140	3 061	2 234	139	7	-	142	472	67	広	島	Hiroshima
-	23	468	154	3 810	3 145	65	13	-	82	443	62	北 九 州		Kitakyushu
-	6	404	132	3 252	2 765	65	4	-	28	342	48	福	岡	Fukuoka

第18表（9－2）

第18表　死亡数，心疾患－脳血管疾患・性・
Statistics 18　Numbers of deaths from heart diseases and cerebrovascular diseases, by sex,

心疾患　Heart diseases

都道府県 Prefecture	総数 Total	病院 Hospital	診療所 Clinic	介護老人保健施設 Health services facilities for the elderly	助産所 Maternity home	老人ホーム Home for the elderly	自宅 Home	その他 Other	総数 Total (男)	病院 Hospital	診療所 Clinic	介護老人保健施設 Health services facilities for the elderly
全国 Total	139 206	90 143	4 320	538	-	2 736	38 147	3 322	69 718	45 572	1 897	198
北海道 Hokkaido	6 570	4 839	338	10	-	125	1 141	117	3 420	2 484	153	6
青森 Aomori	1 974	1 215	133	29	-	34	499	64	1 028	633	71	10
岩手 Iwate	1 815	1 184	71	14	-	42	448	56	927	612	32	2
宮城 Miyagi	2 325	1 378	107	10	-	37	749	44	1 153	729	40	2
秋田 Akita	1 437	868	70	13	-	40	417	29	665	417	19	6
山形 Yamagata	1 699	989	53	5	-	42	574	36	868	528	26	2
福島 Fukushima	2 661	1 641	54	17	-	35	866	48	1 379	864	25	2
茨城 Ibaraki	3 338	2 107	74	22	-	60	1 014	61	1 690	1 062	40	8
栃木 Tochigi	2 221	1 264	97	17	-	36	743	64	1 156	651	42	6
群馬 Gumma	2 361	1 519	69	12	-	40	684	37	1 216	807	29	5
埼玉 Saitama	5 809	4 013	146	5	-	67	1 453	125	3 016	2 087	69	1
千葉 Chiba	5 450	3 505	157	11	-	45	1 594	138	2 793	1 773	82	5
東京 Tokyo	12 417	9 168	201	28	-	151	2 637	232	6 377	4 684	76	9
神奈川 Kanagawa	6 856	4 768	107	2	-	75	1 740	164	3 649	2 521	55	-
新潟 Niigata	2 927	1 744	32	19	-	63	1 016	53	1 408	860	14	7
富山 Toyama	1 339	909	43	6	-	13	346	22	683	463	20	5
石川 Ishikawa	1 383	795	41	22	-	54	424	47	682	395	15	11
福井 Fukui	1 019	587	30	16	-	43	326	17	477	288	9	6
山梨 Yamanashi	1 101	665	29	13	-	32	331	31	558	366	15	3
長野 Nagano	2 768	1 561	53	21	-	101	969	63	1 427	868	23	9
岐阜 Gifu	2 493	1 524	61	6	-	33	832	37	1 306	816	29	2
静岡 Shizuoka	4 233	2 637	145	8	-	63	1 290	90	2 140	1 366	64	5
愛知 Aichi	6 861	4 637	190	19	-	48	1 823	144	3 517	2 428	84	7
三重 Mie	2 341	1 352	71	10	-	72	777	59	1 146	682	28	4
滋賀 Shiga	1 421	842	6	2	-	21	520	30	659	417	1	1
京都 Kyoto	2 859	1 834	16	5	-	72	863	69	1 355	865	9	2
大阪 Osaka	8 829	5 698	91	10	-	85	2 627	318	4 421	2 790	29	2
兵庫 Hyogo	6 388	4 121	126	14	-	147	1 780	200	3 189	2 101	65	7
奈良 Nara	1 555	1 045	12	4	-	36	416	42	708	483	5	1
和歌山 Wakayama	1 663	928	89	11	-	53	546	36	790	473	34	5
鳥取 Tottori	788	454	35	5	-	16	264	14	380	231	11	2
島根 Shimane	1 104	640	42	6	-	41	333	42	549	334	13	1
岡山 Okayama	2 404	1 444	85	13	-	74	729	59	1 154	723	35	6
広島 Hiroshima	3 372	2 028	141	7	-	106	1 011	79	1 651	1 028	65	2
山口 Yamaguchi	2 189	1 398	60	12	-	87	574	58	1 039	643	24	2
徳島 Tokushima	1 295	725	70	19	-	33	426	22	625	342	28	6
香川 Kagawa	1 252	861	70	1	-	16	275	29	602	414	21	1
愛媛 Ehime	2 144	1 214	110	10	-	65	703	42	1 020	588	45	2
高知 Kochi	1 252	861	70	1	-	16	275	29	602	414	21	1
福岡 Fukuoka	4 954	3 636	142	10	-	123	953	90	2 337	1 697	69	2
佐賀 Saga	1 125	670	62	14	-	53	303	23	517	311	32	5
長崎 Nagasaki	1 979	1 264	109	14	-	55	489	48	915	590	42	6
熊本 Kumamoto	2 291	1 458	166	14	-	74	534	45	1 106	713	78	5
大分 Oita	1 748	953	137	3	-	55	555	45	818	451	52	2
宮崎 Miyazaki	1 437	886	102	3	-	38	378	30	681	419	49	1
鹿児島 Kagoshima	2 465	1 553	163	9	-	86	593	61	1 172	736	76	5
沖縄 Okinawa	904	695	25	4	-	10	144	26	436	309	13	2
不詳 Not Stated	234	125	6	-	-	-	-	103	204	109	6	-
13大都市（再掲） 13 major cities (Regrouped)												
東京都区部 Ward areas of Tokyo	8 817	6 565	136	18	-	54	1 895	149	4 581	3 400	50	7
札幌 Sapporo	1 574	1 254	33	1	-	8	256	22	805	622	17	-
仙台 Sendai	656	433	20	8	-	11	171	13	330	232	4	1
千葉 Chiba	683	459	44	2	-	5	157	16	369	241	24	1
横浜 Yokohama	2 719	1 930	27	1	-	24	673	64	1 476	1 037	15	-
川崎 Kawasaki	902	617	22	1	-	2	234	26	498	335	14	-
名古屋 Nagoya	2 436	1 648	71	9	-	4	642	62	1 282	870	31	4
京都 Kyoto	1 550	1 064	6	4	-	34	406	36	716	494	4	2
大阪 Osaka	3 030	2 001	38	-	-	9	855	127	1 566	997	16	-
神戸 Kobe	1 656	1 142	16	3	-	30	392	73	819	562	11	1
広島 Hiroshima	945	614	40	2	-	49	218	22	473	319	19	-
北九州 Kitakyushu	1 174	823	19	3	-	23	275	31	552	367	9	1
福岡 Fukuoka	938	762	21	1	-	5	128	21	469	381	11	-

384

死亡の場所・都道府県（14大都市再掲）別　－平成7・12・16年－
the location of death and prefecture (and the 14 major cities, regrouped): 1995, 2000 and 2004

平成7年（1995）

Male 助産所 Maternity home	老人ホーム Home for the elderly	自宅 Home	その他 Other	総数 Total	病院 Hospital	診療所 Clinic	介護老人保健施設 Health services facilities for the elderly	Female 助産所 Maternity home	老人ホーム Home for the elderly	自宅 Home	その他 Other	都道府県 Prefecture
-	865	18 768	2 418	69 488	44 571	2 423	340	-	1 871	19 379	904	全　　国 Total
-	52	630	95	3 150	2 355	185	4	-	73	511	22	北 海 道 Hokkaido
-	10	251	53	946	582	62	19	-	24	248	11	青　　森 Aomori
-	19	225	37	888	572	39	12	-	23	223	19	岩　　手 Iwate
-	10	339	33	1 172	649	67	8	-	27	410	11	宮　　城 Miyagi
-	15	190	18	772	451	51	7	-	25	227	11	秋　　田 Akita
-	13	271	28	831	461	27	3	-	29	303	8	山　　形 Yamagata
-	13	438	37	1 282	777	29	15	-	22	428	11	福　　島 Fukushima
-	24	512	44	1 648	1 045	34	14	-	36	502	17	茨　　城 Ibaraki
-	14	390	53	1 065	613	55	11	-	22	353	11	栃　　木 Tochigi
-	14	337	24	1 145	712	40	7	-	26	347	13	群　　馬 Gumma
-	28	734	97	2 793	1 926	77	4	-	39	719	28	埼　　玉 Saitama
-	19	809	105	2 657	1 732	75	6	-	26	785	33	千　　葉 Chiba
-	46	1 385	177	6 040	4 484	125	19	-	105	1 252	55	東　　京 Tokyo
-	27	920	126	3 207	2 247	52	2	-	48	820	38	神 奈 川 Kanagawa
-	16	468	43	1 519	884	18	12	-	47	548	10	新　　潟 Niigata
-	3	176	16	656	446	23	1	-	10	170	6	富　　山 Toyama
-	16	213	32	701	400	26	11	-	38	211	15	石　　川 Ishikawa
-	9	152	13	542	299	21	10	-	34	174	4	福　　井 Fukui
-	7	144	23	543	299	14	10	-	25	187	8	山　　梨 Yamanashi
-	32	454	41	1 341	693	30	12	-	69	515	22	長　　野 Nagano
-	16	416	27	1 187	708	32	4	-	17	416	10	岐　　阜 Gifu
-	21	616	68	2 093	1 271	81	3	-	42	674	22	静　　岡 Shizuoka
-	17	869	112	3 344	2 209	106	12	-	31	954	32	愛　　知 Aichi
-	29	369	34	1 195	670	43	6	-	43	408	25	三　　重 Mie
-	6	215	19	762	425	5	1	-	15	305	11	滋　　賀 Shiga
-	23	413	43	1 504	969	7	3	-	49	450	26	京　　都 Kyoto
-	24	1 332	244	4 408	2 908	62	8	-	61	1 295	74	大　　阪 Osaka
-	37	855	124	3 199	2 020	61	7	-	110	925	76	兵　　庫 Hyogo
-	13	175	31	847	562	7	3	-	23	241	11	奈　　良 Nara
-	14	243	21	873	455	55	6	-	39	303	15	和 歌 山 Wakayama
-	3	122	11	408	223	24	3	-	13	142	3	鳥　　取 Tottori
-	12	168	21	555	306	29	5	-	29	165	21	島　　根 Shimane
-	20	325	45	1 250	721	50	7	-	54	404	14	岡　　山 Okayama
-	32	472	52	1 721	1 000	76	5	-	74	539	27	広　　島 Hiroshima
-	34	292	44	1 150	755	36	10	-	53	282	14	山　　口 Yamaguchi
-	7	226	16	670	383	42	13	-	26	200	6	徳　　島 Tokushima
-	7	139	20	650	447	49	-	-	9	136	9	香　　川 Kagawa
-	13	344	28	1 124	626	65	8	-	52	359	14	愛　　媛 Ehime
-	7	139	20	650	447	49	-	-	9	136	9	高　　知 Kochi
-	31	475	63	2 617	1 939	73	8	-	92	478	27	福　　岡 Fukuoka
-	11	141	17	608	359	30	9	-	42	162	6	佐　　賀 Saga
-	12	231	34	1 064	674	67	8	-	43	258	14	長　　崎 Nagasaki
-	22	264	24	1 185	745	88	9	-	52	270	21	熊　　本 Kumamoto
-	15	264	34	930	502	85	1	-	40	291	11	大　　分 Oita
-	11	180	21	756	467	53	2	-	27	198	9	宮　　崎 Miyazaki
-	31	286	38	1 293	817	87	4	-	55	307	23	鹿 児 島 Kagoshima
-	6	85	21	468	386	12	2	-	4	59	5	沖　　縄 Okinawa
-	-	-	-	30	16	-	-	-	-	-	14	不　　詳 Not Stated
												13 大 都 市（再　掲） 13 major cities (Regrouped)
-	19	987	118	4 236	3 165	86	11	-	35	908	31	東京都区部 Ward areas of Tokyo
-	5	142	19	769	632	16	1	-	3	114	3	札　　幌 Sapporo
-	3	78	12	326	201	16	7	-	8	93	1	仙　　台 Sendai
-	2	90	11	314	218	20	1	-	3	67	5	千　　葉 Chiba
-	13	361	50	1 243	893	12	1	-	11	312	14	横　　浜 Yokohama
-	1	128	20	404	282	8	1	-	1	106	6	川　　崎 Kawasaki
-	1	331	45	1 154	778	40	5	-	3	311	17	名 古 屋 Nagoya
-	7	190	19	834	570	2	2	-	27	216	17	京　　都 Kyoto
-	3	447	103	1 464	1 004	22	-	-	6	408	24	大　　阪 Osaka
-	4	203	38	837	580	5	2	-	26	189	35	神　　戸 Kobe
-	12	108	15	472	295	21	2	-	37	110	7	広　　島 Hiroshima
-	5	147	23	622	456	10	2	-	18	128	8	北 九 州 Kitakyushu
-	-	62	15	469	381	10	1	-	5	66	6	福　　岡 Fukuoka

第18表（9－3）

第18表　死亡数，心疾患－脳血管疾患・性・
Statistics 18　Numbers of deaths from heart diseases and cerebrovascular diseases, by sex,

脳血管疾患　Cerebrovascular diseases

都道府県 Prefecture			総数 Total								男			
			総数 Total	病院 Hospital	診療所 Clinic	介護老人 保健施設 Health services facilities for the elderly	助産所 Maternity home	老人 ホーム Home for the elderly	自宅 Home	その他 Other	総数 Total	病院 Hospital	診療所 Clinic	介護老人 保健施設 Health services facilities for the elderly
全	国	Total	146 552	102 174	4 895	433	-	3 630	33 989	1 431	69 587	50 419	2 270	192
北 海	道	Hokkaido	5 885	4 712	276	16	-	126	694	61	2 888	2 311	134	7
青	森	Aomori	2 097	1 345	184	24	-	80	442	22	1 021	700	75	9
岩	手	Iwate	2 225	1 548	92	25	-	50	491	19	1 097	779	45	13
宮	城	Miyagi	3 165	1 880	138	22	-	38	1 043	44	1 514	939	74	10
秋	田	Akita	2 093	1 238	49	11	-	76	687	32	1 003	640	18	9
山	形	Yamagata	2 147	1 210	57	9	-	67	789	15	972	608	21	2
福	島	Fukushima	3 298	2 045	74	14	-	58	1 081	26	1 558	1 046	45	8
茨	城	Ibaraki	3 818	2 478	107	20	-	82	1 097	34	1 796	1 267	49	7
栃	木	Tochigi	2 784	1 710	147	19	-	58	818	32	1 348	864	79	9
群	馬	Gumma	2 581	1 757	83	20	-	50	658	13	1 256	878	40	9
埼	玉	Saitama	5 887	4 481	121	7	-	76	1 151	51	2 920	2 256	57	2
千	葉	Chiba	5 559	4 056	143	10	-	56	1 226	68	2 684	2 004	56	4
東	京	Tokyo	12 283	10 159	266	6	-	129	1 638	85	5 880	4 864	120	1
神 奈	川	Kanagawa	7 157	5 648	141	4	-	128	1 159	77	3 534	2 832	81	3
新	潟	Niigata	4 087	2 291	48	20	-	135	1 557	36	1 867	1 140	19	9
富	山	Toyama	1 667	1 169	72	7	-	46	361	12	769	573	28	4
石	川	Ishikawa	1 470	1 019	47	14	-	47	332	11	653	480	17	7
福	井	Fukui	1 126	697	26	12	-	56	327	8	498	337	11	5
山	梨	Yamanashi	1 145	810	16	7	-	37	255	20	559	424	9	4
長	野	Nagano	3 781	1 993	73	13	-	211	1 443	48	1 788	1 028	35	3
岐	阜	Gifu	2 771	1 649	86	7	-	38	974	17	1 306	846	45	5
静	岡	Shizuoka	4 556	2 891	181	9	-	159	1 274	42	2 169	1 478	84	4
愛	知	Aichi	6 713	4 769	226	5	-	52	1 603	58	3 219	2 394	89	3
三	重	Mie	2 566	1 446	61	22	-	116	898	23	1 163	693	28	12
滋	賀	Shiga	1 419	820	4	1	-	13	563	18	627	394	1	-
京	都	Kyoto	2 966	2 031	14	-	-	58	826	37	1 332	941	4	-
大	阪	Osaka	7 383	6 078	100	5	-	78	1 047	75	3 496	2 920	48	2
兵	庫	Hyogo	5 879	3 939	178	6	-	157	1 518	81	2 862	2 010	87	2
奈	良	Nara	1 519	966	16	1	-	65	455	16	666	433	13	-
和 歌	山	Wakayama	1 590	838	115	5	-	68	549	15	730	413	54	2
鳥	取	Tottori	1 122	604	43	3	-	17	442	13	502	290	21	3
島	根	Shimane	1 274	753	49	5	-	60	392	15	578	378	21	2
岡	山	Okayama	2 711	1 654	129	6	-	120	783	19	1 209	785	62	1
広	島	Hiroshima	3 392	2 286	163	3	-	139	762	39	1 633	1 157	78	-
山	口	Yamaguchi	2 286	1 732	60	7	-	113	354	20	1 060	831	28	4
徳	島	Tokushima	1 181	794	66	13	-	37	258	13	589	405	30	8
香	川	Kagawa	1 339	842	74	3	-	52	357	11	633	421	33	1
愛	媛	Ehime	2 141	1 278	173	12	-	58	602	18	1 001	642	72	3
高	知	Kochi	1 436	1 141	84	1	-	13	183	14	649	527	28	-
福	岡	Fukuoka	5 270	4 398	166	5	-	96	575	30	2 486	2 105	89	2
佐	賀	Saga	1 214	867	74	5	-	58	206	4	540	397	32	3
長	崎	Nagasaki	1 945	1 428	92	2	-	87	326	10	901	673	36	1
熊	本	Kumamoto	2 250	1 565	160	5	-	90	414	16	1 095	784	80	1
大	分	Oita	1 761	1 086	131	13	-	97	418	16	836	551	65	6
宮	崎	Miyazaki	1 627	1 169	115	2	-	46	283	12	788	572	52	1
鹿 児	島	Kagoshima	2 972	2 108	149	6	-	117	553	39	1 337	957	68	1
沖	縄	Okinawa	824	648	23	1	-	20	125	7	408	323	7	-
不	詳	Not Stated	190	148	3	-	-	-	-	39	167	129	2	-
13 大 都 市 （再　掲）		13 major cities (Regrouped)												
東京都区部		Ward areas of Tokyo	9 018	7 506	162	6	-	54	1 234	56	4 286	3 574	73	1
札	幌	Sapporo	1 278	1 091	32	1	-	3	140	11	622	510	19	-
仙	台	Sendai	802	546	23	15	-	13	194	11	373	262	10	6
千	葉	Chiba	618	485	28	-	-	-	98	7	296	230	10	-
横	浜	Yokohama	2 810	2 273	41	1	-	51	417	27	1 375	1 124	21	-
川	崎	Kawasaki	1 004	785	32	1	-	12	159	15	516	417	18	1
名 古	屋	Nagoya	2 229	1 693	80	2	-	4	429	21	1 068	837	27	2
京	都	Kyoto	1 639	1 198	9	-	-	20	388	24	749	550	2	-
大	阪	Osaka	2 621	2 159	51	-	-	8	374	29	1 299	1 068	25	-
神	戸	Kobe	1 405	1 124	19	2	-	35	201	24	695	570	10	1
広	島	Hiroshima	1 026	777	57	-	-	44	136	12	515	394	31	-
北 九	州	Kitakyushu	1 254	1 103	20	1	-	11	110	9	594	535	10	-
福	岡	Fukuoka	878	779	15	-	-	4	76	4	411	367	4	-

死亡の場所・都道府県（14大都市再掲）別 －平成7・12・16年－
the location of death and prefecture (and the 14 major cities, regrouped): 1995, 2000 and 2004

平成7年（1995）

Male				総数	病院	診療所	介護老人保健施設	女 Female				都道府県	
助産所 Maternity home	老人ホーム Home for the elderly	自宅 Home	その他 Other	Total	Hospital	Clinic	Health services facilities for the elderly	助産所 Maternity home	老人ホーム Home for the elderly	自宅 Home	その他 Other	都道府県	Prefecture
-	1 195	14 635	876	76 965	51 755	2 625	241	-	2 435	19 354	555	全　国	Total
-	41	353	42	2 997	2 401	142	9	-	85	341	19	北 海 道	Hokkaido
-	24	197	16	1 076	645	109	15	-	56	245	6	青　森	Aomori
-	21	222	17	1 128	769	47	12	-	29	269	2	岩　手	Iwate
-	13	448	30	1 651	941	64	12	-	25	595	14	宮　城	Miyagi
-	33	279	24	1 090	598	31	2	-	43	408	8	秋　田	Akita
-	28	302	11	1 175	602	36	7	-	39	487	4	山　形	Yamagata
-	22	424	13	1 740	999	29	6	-	36	657	13	福　島	Fukushima
-	26	426	21	2 022	1 211	58	13	-	56	671	13	茨　城	Ibaraki
-	18	356	22	1 436	846	68	10	-	40	462	10	栃　木	Tochigi
-	14	310	5	1 325	879	43	11	-	36	348	8	群　馬	Gumma
-	26	548	31	2 967	2 225	64	5	-	50	603	20	埼　玉	Saitama
-	17	557	46	2 875	2 052	87	6	-	39	669	22	千　葉	Chiba
-	59	771	65	6 403	5 295	146	5	-	70	867	20	東　京	Tokyo
-	43	520	55	3 623	2 816	60	1	-	85	639	22	神 奈 川	Kanagawa
-	41	633	25	2 220	1 151	29	11	-	94	924	11	新　潟	Niigata
-	9	149	6	898	596	44	3	-	37	212	6	富　山	Toyama
-	19	124	6	817	539	30	7	-	28	208	5	石　川	Ishikawa
-	18	124	3	628	360	15	7	-	38	203	5	福　井	Fukui
-	17	97	8	586	386	7	3	-	20	158	12	山　梨	Yamanashi
-	82	608	32	1 993	965	38	10	-	129	835	16	長　野	Nagano
-	14	385	11	1 465	803	41	2	-	24	589	6	岐　阜	Gifu
-	44	541	18	2 387	1 413	97	5	-	115	733	24	静　岡	Shizuoka
-	20	683	30	3 494	2 375	137	2	-	32	920	28	愛　知	Aichi
-	27	394	9	1 403	753	33	10	-	89	504	14	三　重	Mie
-	5	219	8	792	426	3	1	-	8	344	10	滋　賀	Shiga
-	19	345	23	1 634	1 090	10	-	-	39	481	14	京　都	Kyoto
-	21	454	51	3 887	3 158	52	3	-	57	593	24	大　阪	Osaka
-	50	672	41	3 017	1 929	91	4	-	107	846	40	兵　庫	Hyogo
-	19	191	10	853	533	3	1	-	46	264	6	奈　良	Nara
-	18	236	7	860	425	61	3	-	50	313	8	和 歌 山	Wakayama
-	7	176	5	620	314	22	-	-	10	266	8	鳥　取	Tottori
-	18	151	8	696	375	28	3	-	42	241	7	島　根	Shimane
-	49	305	7	1 502	869	67	5	-	71	478	12	岡　山	Okayama
-	51	327	20	1 759	1 129	85	3	-	88	435	19	広　島	Hiroshima
-	29	162	6	1 226	901	32	3	-	84	192	14	山　口	Yamaguchi
-	11	128	7	592	389	36	5	-	26	130	6	徳　島	Tokushima
-	17	154	7	706	421	41	2	-	35	203	4	香　川	Kagawa
-	14	259	11	1 140	636	101	9	-	44	343	7	愛　媛	Ehime
-	6	81	7	787	614	56	1	-	7	102	7	高　知	Kochi
-	20	253	17	2 784	2 293	77	3	-	76	322	13	福　岡	Fukuoka
-	22	83	3	674	470	42	2	-	36	123	1	佐　賀	Saga
-	23	160	8	1 044	755	56	1	-	64	166	2	長　崎	Nagasaki
-	26	195	9	1 155	781	80	4	-	64	219	7	熊　本	Kumamoto
-	30	178	6	925	535	66	7	-	67	240	10	大　分	Oita
-	16	137	10	839	597	63	1	-	30	146	2	宮　崎	Miyazaki
-	39	254	18	1 635	1 151	81	5	-	78	299	21	鹿 児 島	Kagoshima
-	9	64	5	416	325	16	1	-	11	61	2	沖　縄	Okinawa
-	-	-	36	23	19	1	-	-	-	-	3	不　詳	Not Stated
												13 大 都 市（再　掲）	13 major cities (Regrouped)
-	33	561	44	4 732	3 932	89	5	-	21	673	12	東京都区部	Ward areas of Tokyo
-	1	84	8	656	581	13	1	-	2	56	3	札　幌	Sapporo
-	4	85	6	429	284	13	9	-	9	109	5	仙　台	Sendai
-	-	50	6	322	255	18	-	-	-	48	1	千　葉	Chiba
-	18	191	21	1 435	1 149	20	1	-	33	226	6	横　浜	Yokohama
-	5	63	12	488	368	14	-	-	7	96	3	川　崎	Kawasaki
-	2	188	12	1 161	856	53	-	-	2	241	9	名 古 屋	Nagoya
-	7	176	14	890	648	7	-	-	13	212	10	京　都	Kyoto
-	3	184	19	1 322	1 091	26	-	-	5	190	10	大　阪	Osaka
-	13	89	12	710	554	9	1	-	22	112	12	神　戸	Kobe
-	17	67	6	511	383	26	-	-	27	69	6	広　島	Hiroshima
-	4	39	6	660	568	10	1	-	7	71	3	北 九 州	Kitakyushu
-	1	36	3	467	412	11	-	-	3	40	1	福　岡	Fukuoka

第18表（9－4）

第18表 死亡数, 心疾患－脳血管疾患・性・
Statistics 18　Numbers of deaths from heart diseases and cerebrovascular diseases, by sex,

全死因　All causes

都道府県 Prefecture			総数 Total								男			
			総数 Total	病院 Hospital	診療所 Clinic	介護老人 保健施設 Health services facilities for the elderly	助産所 Maternity home	老人 ホーム Home for the elderly	自宅 Home	その他 Other	総数 Total	病院 Hospital	診療所 Clinic	介護老人 保健施設 Health services facilities for the elderly
全	国	Total	961 653	751 581	27 087	4 818	2	17 807	133 534	26 824	525 903	417 214	12 781	1 731
北 海 道		Hokkaido	43 407	36 395	1 353	128	-	519	3 619	1 393	24 528	20 508	633	50
青 森		Aomori	13 147	9 627	904	125	-	282	1 775	434	7 338	5 544	418	40
岩 手		Iwate	12 517	9 760	443	103	-	194	1 606	411	6 813	5 410	195	38
宮 城		Miyagi	17 127	12 659	584	115	-	267	2 920	582	9 463	7 194	270	44
秋 田		Akita	12 026	9 207	252	84	-	295	1 859	329	6 575	5 197	112	35
山 形		Yamagata	11 842	8 673	342	79	-	360	2 128	260	6 280	4 854	139	27
福 島		Fukushima	18 642	14 232	413	125	-	204	3 218	450	10 151	7 872	206	48
茨 城		Ibaraki	22 877	17 961	575	115	-	330	3 292	604	12 642	10 129	287	45
栃 木		Tochigi	15 613	11 864	732	144	-	302	2 228	343	8 575	6 689	369	53
群 馬		Gumma	16 144	12 581	477	126	-	266	2 297	397	8 778	6 963	251	43
埼 玉		Saitama	40 486	33 079	976	89	1	450	4 878	1 013	22 723	18 556	480	32
千 葉		Chiba	37 238	29 436	922	156	-	345	5 302	1 077	20 846	16 627	413	58
東 京		Tokyo	83 849	69 342	1 335	178	-	1 001	10 267	1 726	46 409	38 460	652	66
神 奈 川		Kanagawa	50 539	41 273	721	94	-	643	6 454	1 354	28 874	23 572	330	32
新 潟		Niigata	21 835	16 254	175	154	-	490	4 196	566	11 813	9 136	87	61
富 山		Toyama	9 734	7 756	236	47	-	180	1 263	252	5 186	4 195	96	14
石 川		Ishikawa	9 391	7 288	284	96	-	201	1 255	267	5 018	4 035	105	32
福 井		Fukui	6 931	5 133	277	96	1	220	1 032	172	3 675	2 800	133	37
山 梨		Yamanashi	7 297	5 548	206	47	-	190	1 112	194	3 974	3 103	93	12
長 野		Nagano	19 320	13 606	391	230	-	775	3 830	488	10 363	7 735	190	92
岐 阜		Gifu	16 577	12 737	414	131	-	199	2 740	356	9 018	7 102	191	54
静 岡		Shizuoka	28 323	21 387	803	83	-	721	4 625	704	15 419	12 015	388	23
愛 知		Aichi	45 810	37 068	969	181	-	351	6 124	1 117	25 180	20 644	486	60
三 重		Mie	15 292	11 448	405	123	-	398	2 557	361	8 257	6 459	186	47
滋 賀		Shiga	9 232	7 048	49	19	-	122	1 743	251	4 934	3 951	18	9
京 都		Kyoto	20 233	15 859	118	28	-	375	3 219	634	10 721	8 518	47	7
大 阪		Osaka	61 315	49 423	533	113	-	576	8 488	2 182	34 139	27 296	258	47
兵 庫		Hyogo	41 724	32 050	938	109	-	892	6 532	1 203	22 510	17 600	469	34
奈 良		Nara	10 362	7 954	84	29	-	232	1 773	290	5 519	4 355	43	9
和 歌 山		Wakayama	10 225	7 148	394	90	-	381	1 934	278	5 465	4 003	179	33
鳥 取		Tottori	5 935	4 361	205	105	-	140	979	145	3 157	2 429	104	33
島 根		Shimane	7 700	5 808	177	33	-	238	1 232	212	4 213	3 282	76	14
岡 山		Okayama	16 907	12 625	686	173	-	479	2 538	406	9 023	6 983	319	61
広 島		Hiroshima	23 188	17 602	758	99	-	772	3 346	611	12 692	9 857	352	29
山 口		Yamaguchi	15 126	11 932	470	93	-	458	1 802	371	7 926	6 295	224	32
徳 島		Tokushima	7 940	5 820	453	154	-	280	1 050	183	4 125	3 117	227	50
香 川		Kagawa	9 433	6 876	468	98	-	281	1 475	235	4 966	3 760	218	33
愛 媛		Ehime	13 757	10 128	639	116	-	301	2 199	374	7 350	5 544	298	40
高 知		Kochi	8 306	6 744	247	20	-	106	964	225	4 358	3 494	120	6
福 岡		Fukuoka	38 505	31 831	1 142	193	-	522	3 888	929	20 544	16 965	536	73
佐 賀		Saga	7 899	5 974	434	86	-	235	990	180	4 184	3 217	206	29
長 崎		Nagasaki	13 519	10 529	737	82	-	405	1 389	377	7 217	5 742	342	29
熊 本		Kumamoto	15 973	12 258	1 114	69	-	537	1 660	335	8 304	6 532	498	22
大 分		Oita	11 289	8 130	911	108	-	412	1 411	317	6 021	4 479	409	44
宮 崎		Miyazaki	9 906	7 359	710	46	-	198	1 294	299	5 315	3 961	352	15
鹿 児 島		Kagoshima	16 993	12 534	1 438	78	-	499	2 054	390	8 899	6 692	690	28
沖 縄		Okinawa	7 946	6 230	182	27	-	182	996	329	4 383	3 382	75	10
不 詳		Not Stated	2 276	1 044	11	1	-	1	1	1 218	2 040	961	11	1
13 大 都 市 （再 掲）		13 major cities (Regrouped)												
東京都区部		Ward areas of Tokyo	59 101	48 789	919	105	-	418	7 636	1 234	32 853	27 163	450	37
札 幌		Sapporo	10 800	9 081	196	33	-	58	1 037	395	6 127	5 079	94	14
仙 台		Sendai	5 372	4 089	120	44	-	101	846	172	3 063	2 374	54	19
千 葉		Chiba	4 779	3 861	190	10	-	32	562	124	2 681	2 185	81	1
横 浜		Yokohama	20 116	16 538	261	42	-	200	2 561	514	11 559	9 466	130	15
川 崎		Kawasaki	6 902	5 639	102	12	-	56	880	213	4 090	3 311	39	3
名 古 屋		Nagoya	15 143	12 483	265	62	-	48	1 917	368	8 402	6 922	143	22
京 都		Kyoto	11 252	9 036	35	18	-	167	1 642	354	5 890	4 750	15	6
大 阪		Osaka	21 199	16 942	190	28	-	132	3 060	847	11 933	9 407	81	11
神 戸		Kobe	10 873	8 603	107	12	-	229	1 565	357	5 968	4 755	47	2
広 島		Hiroshima	7 073	5 517	198	27	-	227	885	219	3 926	3 096	78	7
北 九 州		Kitakyushu	8 603	7 285	139	52	-	110	809	208	4 609	3 894	62	20
福 岡		Fukuoka	7 992	6 667	188	38	-	45	836	218	4 253	3 495	87	14

死亡の場所・都道府県（14大都市再掲）別 －平成7・12・16年－
the location of death and prefecture (and the 14 major cities, regrouped): 1995, 2000 and 2004

平成12年（2000）

Male							女　Female					都　道　府　県		
助産所 Maternity home	老人ホーム Home for the elderly	自宅 Home	その他 Other	総数 Total	病院 Hospital	診療所 Clinic	介護老人保健施設 Health services facilities for the elderly	助産所 Maternity home	老人ホーム Home for the elderly	自宅 Home	その他 Other			Prefecture
2	4 755	69 213	20 207	435 750	334 367	14 306	3 087	–	13 052	64 321	6 617	全	国	Total
–	162	2 117	1 058	18 879	15 887	720	78	–	357	1 502	335	北　海　道		Hokkaido
–	80	943	313	5 809	4 083	486	85	–	202	832	121	青	森	Aomori
–	69	800	301	5 704	4 350	248	65	–	125	806	110	岩	手	Iwate
–	75	1 441	439	7 664	5 465	314	71	–	192	1 479	143	宮	城	Miyagi
–	87	901	243	5 451	4 010	140	49	–	208	958	86	秋	田	Akita
–	101	957	202	5 562	3 819	203	52	–	259	1 171	58	山	形	Yamagata
–	55	1 625	345	8 491	6 360	207	77	–	149	1 593	105	福	島	Fukushima
–	80	1 630	471	10 235	7 832	288	70	–	250	1 662	133	茨	城	Ibaraki
–	94	1 108	262	7 038	5 175	363	91	–	208	1 120	81	栃	木	Tochigi
–	76	1 151	294	7 366	5 618	226	83	–	190	1 146	103	群	馬	Gumma
1	125	2 751	778	17 763	14 523	496	57	–	325	2 127	235	埼	玉	Saitama
–	97	2 820	831	16 392	12 809	509	98	–	248	2 482	246	千	葉	Chiba
–	276	5 633	1 322	37 440	30 882	683	112	–	725	4 634	404	東	京	Tokyo
–	176	3 721	1 043	21 665	17 701	391	62	–	467	2 733	311	神　奈　川		Kanagawa
–	132	1 975	422	10 022	7 118	88	93	–	358	2 221	144	新	潟	Niigata
–	42	665	174	4 548	3 561	140	33	–	138	598	78	富	山	Toyama
–	48	594	204	4 373	3 253	179	64	–	153	661	63	石	川	Ishikawa
1	60	516	128	3 256	2 333	144	59	–	160	516	44	福	井	Fukui
–	45	574	147	3 323	2 445	113	35	–	145	538	47	山	梨	Yamanashi
–	201	1 793	352	8 957	5 871	201	138	–	574	2 037	136	長	野	Nagano
–	65	1 358	248	7 559	5 635	223	77	–	134	1 382	108	岐	阜	Gifu
–	198	2 275	520	12 904	9 372	415	60	–	523	2 350	184	静	岡	Shizuoka
–	83	3 063	844	20 630	16 424	483	121	–	268	3 061	273	愛	知	Aichi
–	107	1 220	238	7 035	4 989	219	76	–	291	1 337	123	三	重	Mie
–	24	756	176	4 298	3 097	31	10	–	98	987	75	滋	賀	Shiga
–	87	1 617	445	9 512	7 341	71	21	–	288	1 602	189	京	都	Kyoto
–	163	4 709	1 666	27 176	22 127	275	66	–	413	3 779	516	大	阪	Osaka
–	239	3 267	901	19 214	14 450	469	75	–	653	3 265	302	兵	庫	Hyogo
–	53	853	206	4 843	3 599	41	20	–	179	920	84	奈	良	Nara
–	95	953	202	4 760	3 145	215	57	–	286	981	76	和　歌　山		Wakayama
–	33	453	105	2 778	1 932	101	72	–	107	526	40	鳥	取	Tottori
–	73	618	150	3 487	2 526	101	19	–	165	614	62	島	根	Shimane
–	122	1 254	284	7 884	5 642	367	112	–	357	1 284	122	岡	山	Okayama
–	223	1 790	441	10 496	7 745	406	70	–	549	1 556	170	広	島	Hiroshima
–	117	981	277	7 200	5 637	246	61	–	341	821	94	山	口	Yamaguchi
–	71	534	126	3 815	2 703	226	104	–	209	516	57	徳	島	Tokushima
–	74	722	159	4 467	3 116	250	65	–	207	753	76	香	川	Kagawa
–	80	1 103	285	6 407	4 584	341	76	–	221	1 096	89	愛	媛	Ehime
–	28	531	179	3 948	3 250	127	14	–	78	433	46	高	知	Kochi
–	112	2 142	716	17 961	14 866	606	120	–	410	1 746	213	福	岡	Fukuoka
–	57	538	137	3 715	2 757	228	57	–	178	452	43	佐	賀	Saga
–	112	707	285	6 302	4 787	395	53	–	293	682	92	長	崎	Nagasaki
–	123	896	233	7 669	5 726	616	47	–	414	764	102	熊	本	Kumamoto
–	116	747	226	5 268	3 651	502	64	–	296	664	91	大	分	Oita
–	48	714	225	4 591	3 398	358	31	–	150	580	74	宮	崎	Miyazaki
–	128	1 085	276	8 094	5 842	748	50	–	371	969	114	鹿　児　島		Kagoshima
–	43	611	262	3 563	2 848	107	17	–	139	385	67	沖	縄	Okinawa
–	–	1	1 066	236	83	–	–	–	1	–	152	不	詳	Not Stated
												13 大 都 市（再　掲）		13 major cities (Regrouped)
–	117	4 152	934	26 248	21 626	469	68	–	301	3 484	300	東京都区部		Ward areas of Tokyo
–	14	632	294	4 673	4 002	102	19	–	44	405	101	札	幌	Sapporo
–	21	470	125	2 309	1 715	66	25	–	80	376	47	仙	台	Sendai
–	7	314	93	2 098	1 676	109	9	–	25	248	31	千	葉	Chiba
–	65	1 490	393	8 557	7 072	131	27	–	135	1 071	121	横	浜	Yokohama
–	14	543	180	2 812	2 328	63	9	–	42	337	33	川	崎	Kawasaki
–	12	1 022	281	6 741	5 561	122	40	–	36	895	87	名　古　屋		Nagoya
–	30	838	251	5 362	4 286	20	12	–	137	804	103	京	都	Kyoto
–	43	1 734	657	9 266	7 535	109	17	–	89	1 326	190	大	阪	Osaka
–	57	838	269	4 905	3 848	60	10	–	172	727	88	神	戸	Kobe
–	63	512	170	3 147	2 421	120	20	–	164	373	49	広	島	Hiroshima
–	20	456	157	3 994	3 391	77	32	–	90	353	51	北　九　州		Kitakyushu
–	3	489	165	3 739	3 172	101	24	–	42	347	53	福	岡	Fukuoka

第18表 (9-5)

第18表 死亡数, 心疾患－脳血管疾患・性・
Statistics 18 Numbers of deaths from heart diseases and cerebrovascular diseases, by sex,

心疾患　Heart diseases

都道府県 Prefecture	総数 Total	病院 Hospital	診療所 Clinic	介護老人保健施設 Health services facilities for the elderly	助産所 Maternity home	老人ホーム Home for the elderly	自宅 Home	その他 Other	総数 Total	病院 Hospital	診療所 Clinic	介護老人保健施設 Health services facilities for the elderly
全国 Total	146 741	99 317	4 258	1 294	-	3 525	35 172	3 175	72 156	48 614	1 703	435
北海道 Hokkaido	6 768	4 995	266	48	-	117	1 212	130	3 415	2 440	111	20
青森 Aomori	2 016	1 290	154	32	-	53	444	43	1 009	665	57	12
岩手 Iwate	1 923	1 247	55	24	-	47	497	53	930	607	15	8
宮城 Miyagi	2 524	1 586	114	33	-	68	672	51	1 241	795	50	10
秋田 Akita	1 620	1 116	44	26	-	58	349	27	734	523	11	11
山形 Yamagata	1 773	1 090	75	16	-	71	483	38	859	546	30	4
福島 Fukushima	2 997	1 912	76	38	-	41	862	68	1 510	934	35	16
茨城 Ibaraki	3 478	2 365	76	11	-	69	889	68	1 742	1 172	32	4
栃木 Tochigi	2 497	1 665	85	35	-	42	625	45	1 259	827	32	11
群馬 Gumma	2 493	1 740	59	28	-	54	555	57	1 260	879	33	7
埼玉 Saitama	6 483	4 480	144	27	-	89	1 599	144	3 421	2 300	64	10
千葉 Chiba	6 093	4 033	163	45	-	79	1 634	139	3 071	2 000	57	9
東京 Tokyo	13 056	9 693	222	53	-	171	2 735	182	6 638	4 862	88	16
神奈川 Kanagawa	7 116	5 302	134	36	-	110	1 409	125	3 781	2 783	60	16
新潟 Niigata	3 115	2 068	28	39	-	84	843	53	1 509	1 019	11	10
富山 Toyama	1 377	1 004	54	15	-	25	250	29	645	471	20	1
石川 Ishikawa	1 496	962	43	29	-	43	384	35	720	475	10	13
福井 Fukui	1 067	693	38	24	-	48	247	17	523	342	15	12
山梨 Yamanashi	1 167	729	30	10	-	39	324	35	587	367	13	4
長野 Nagano	2 877	1 873	52	55	-	120	727	50	1 442	994	24	20
岐阜 Gifu	2 671	1 827	65	29	-	41	665	44	1 289	887	22	9
静岡 Shizuoka	4 442	2 925	172	25	-	115	1 116	89	2 157	1 458	76	7
愛知 Aichi	7 526	5 277	140	43	-	94	1 856	116	3 760	2 669	69	12
三重 Mie	2 359	1 579	63	42	-	60	579	36	1 126	785	20	14
滋賀 Shiga	1 436	913	5	8	-	26	461	23	652	449	1	6
京都 Kyoto	3 185	1 956	20	7	-	86	1 018	98	1 501	899	9	2
大阪 Osaka	9 008	5 748	73	40	-	145	2 641	361	4 454	2 627	29	17
兵庫 Hyogo	6 306	4 264	113	36	-	189	1 561	143	2 988	2 035	52	11
奈良 Nara	1 676	1 091	16	7	-	41	479	42	779	506	9	1
和歌山 Wakayama	1 706	994	58	21	-	79	521	33	838	515	20	6
鳥取 Tottori	956	630	27	31	-	26	222	20	451	299	10	7
島根 Shimane	1 087	704	33	3	-	45	271	31	499	316	11	2
岡山 Okayama	2 452	1 541	89	41	-	86	648	47	1 217	773	45	13
広島 Hiroshima	3 579	2 277	120	24	-	192	895	71	1 723	1 099	48	6
山口 Yamaguchi	2 292	1 465	79	26	-	99	579	44	982	609	28	4
徳島 Tokushima	1 272	795	76	37	-	51	283	30	610	386	36	12
香川 Kagawa	1 488	914	51	21	-	65	411	26	716	442	21	5
愛媛 Ehime	2 338	1 399	92	43	-	66	675	63	1 141	683	25	17
高知 Kochi	1 369	1 003	41	5	-	24	270	26	664	467	16	1
福岡 Fukuoka	4 941	3 777	176	48	-	91	771	78	2 290	1 727	65	19
佐賀 Saga	1 100	687	51	20	-	40	278	24	506	320	19	5
長崎 Nagasaki	1 962	1 368	106	27	-	74	353	34	908	641	36	10
熊本 Kumamoto	2 423	1 639	177	19	-	105	447	36	1 072	730	62	6
大分 Oita	1 865	1 082	164	24	-	89	468	38	879	513	61	9
宮崎 Miyazaki	1 531	1 030	92	13	-	44	320	32	723	487	39	5
鹿児島 Kagoshima	2 479	1 675	213	23	-	91	441	36	1 163	808	89	9
沖縄 Okinawa	1 112	792	32	6	-	33	203	46	552	377	15	5
不詳 Not Stated	244	122	2	1	-	-	-	119	220	106	2	1
13大都市 (再掲) 13 major cities (Regrouped)												
東京都区部 Ward areas of Tokyo	9 116	6 750	163	36	-	64	1 975	128	4 676	3 444	63	11
札幌 Sapporo	1 651	1 210	36	7	-	19	339	40	828	573	16	1
仙台 Sendai	810	516	24	15	-	27	215	13	438	281	11	5
千葉 Chiba	748	511	34	5	-	10	171	17	376	254	10	-
横浜 Yokohama	2 825	2 111	49	14	-	32	570	49	1 509	1 117	19	8
川崎 Kawasaki	922	684	18	4	-	16	174	26	482	347	8	1
名古屋 Nagoya	2 604	1 814	34	16	-	16	676	48	1 351	933	15	4
京都 Kyoto	1 786	1 109	6	5	-	44	569	53	820	487	3	2
大阪 Osaka	2 857	1 893	32	8	-	35	752	137	1 433	867	9	3
神戸 Kobe	1 543	1 058	11	1	-	43	392	38	743	494	5	-
広島 Hiroshima	1 053	700	34	8	-	62	229	20	500	325	9	3
北九州 Kitakyushu	1 155	870	21	14	-	15	213	22	550	400	10	6
福岡 Fukuoka	1 010	845	31	10	-	10	102	12	466	381	10	3

死亡の場所・都道府県（14大都市再掲）別 －平成7・12・16年－
the location of death and prefecture (and the 14 major cities, regrouped): 1995, 2000 and 2004

平成12年（2000）

Male							Female					都道府県	
助産所 Maternity home	老人ホーム Home for the elderly	自宅 Home	その他 Other	総数 Total	病院 Hospital	診療所 Clinic	介護老人保健施設 Health services facilities for the elderly	助産所 Maternity home	老人ホーム Home for the elderly	自宅 Home	その他 Other	Prefecture	

-	927	18 048	2 429	74 585	50 703	2 555	859	-	2 598	17 124	746	全	国	Total
-	33	709	102	3 353	2 555	155	28	-	84	503	28	北 海 道		Hokkaido
-	18	224	33	1 007	625	97	20	-	35	220	10	青	森	Aomori
-	15	246	39	993	640	40	16	-	32	251	14	岩	手	Iwate
-	18	328	40	1 283	791	64	23	-	50	344	11	宮	城	Miyagi
-	12	158	19	886	593	33	15	-	46	191	8	秋	田	Akita
-	14	233	32	914	544	45	12	-	57	250	6	山	形	Yamagata
-	15	459	51	1 487	978	41	22	-	26	403	17	福	島	Fukushima
-	22	458	54	1 736	1 193	44	7	-	47	431	14	茨	城	Ibaraki
-	13	340	36	1 238	838	53	24	-	29	285	9	栃	木	Tochigi
-	14	285	42	1 233	861	26	21	-	40	270	15	群	馬	Gumma
-	33	902	112	3 062	2 180	80	17	-	56	697	32	埼	玉	Saitama
-	23	871	111	3 022	2 033	106	36	-	56	763	28	千	葉	Chiba
-	53	1 479	140	6 418	4 831	134	37	-	118	1 256	42	東	京	Tokyo
-	24	796	102	3 335	2 519	74	20	-	86	613	23	神 奈 川		Kanagawa
-	24	403	42	1 606	1 049	17	29	-	60	440	11	新	潟	Niigata
-	9	121	23	732	533	34	14	-	16	129	6	富	山	Toyama
-	14	180	28	776	487	33	16	-	29	204	7	石	川	Ishikawa
-	14	128	12	544	351	23	12	-	34	119	5	福	井	Fukui
-	11	164	28	580	362	17	6	-	28	160	7	山	梨	Yamanashi
-	25	343	36	1 435	879	28	35	-	95	384	14	長	野	Nagano
-	9	332	30	1 382	940	43	20	-	32	333	14	岐	阜	Gifu
-	29	523	64	2 285	1 467	96	18	-	86	593	25	静	岡	Shizuoka
-	23	895	92	3 766	2 608	71	31	-	71	961	24	愛	知	Aichi
-	16	269	22	1 233	794	43	28	-	44	310	14	三	重	Mie
-	3	177	16	784	464	4	2	-	23	284	7	滋	賀	Shiga
-	16	509	66	1 684	1 057	11	5	-	70	509	32	京	都	Kyoto
-	39	1 457	285	4 554	3 121	44	23	-	106	1 184	76	大	阪	Osaka
-	47	731	112	3 318	2 229	61	25	-	142	830	31	兵	庫	Hyogo
-	8	224	31	897	585	7	6	-	33	255	11	奈	良	Nara
-	24	249	24	868	479	38	15	-	55	272	9	和 歌 山		Wakayama
-	9	111	15	505	331	17	24	-	17	111	5	鳥	取	Tottori
-	15	135	20	588	388	22	1	-	30	136	11	島	根	Shimane
-	23	326	37	1 235	768	44	28	-	63	322	10	岡	山	Okayama
-	50	469	51	1 856	1 178	72	18	-	142	426	20	広	島	Hiroshima
-	21	289	31	1 310	856	51	22	-	78	290	13	山	口	Yamaguchi
-	16	143	17	662	409	40	25	-	35	140	13	徳	島	Tokushima
-	23	208	17	772	472	30	16	-	42	203	9	香	川	Kagawa
-	14	349	53	1 197	716	67	26	-	52	326	10	愛	媛	Ehime
-	6	153	21	705	536	25	4	-	18	117	5	高	知	Kochi
-	21	397	61	2 651	2 050	111	29	-	70	374	17	福	岡	Fukuoka
-	6	141	15	594	367	32	15	-	34	137	9	佐	賀	Saga
-	18	177	26	1 054	727	70	17	-	56	176	8	長	崎	Nagasaki
-	16	234	24	1 351	909	115	13	-	89	213	12	熊	本	Kumamoto
-	32	237	27	986	569	103	15	-	57	231	11	大	分	Oita
-	14	156	22	808	543	53	8	-	30	164	10	宮	崎	Miyazaki
-	18	217	22	1 316	867	124	14	-	73	224	14	鹿 児 島		Kagoshima
-	7	113	35	560	415	17	1	-	26	90	11	沖	縄	Okinawa
-	-	-	111	24	16	-	-	-	-	-	8	不	詳	Not Stated
												13 大 都 市 (再 掲)		13 major cities (Regrouped)
-	20	1 046	92	4 440	3 306	100	25	-	44	929	36	東 京 都 区 部		Ward areas of Tokyo
-	4	206	28	823	637	20	6	-	15	133	12	札	幌	Sapporo
-	5	126	10	372	235	13	10	-	22	89	3	仙	台	Sendai
-	2	95	15	372	257	24	5	-	8	76	2	千	葉	Chiba
-	10	317	38	1 316	994	30	6	-	22	253	11	横	浜	Yokohama
-	2	100	24	440	337	10	3	-	14	74	2	川	崎	Kawasaki
-	5	355	39	1 253	881	19	12	-	11	321	9	名 古 屋		Nagoya
-	7	288	33	966	622	3	3	-	37	281	20	京	都	Kyoto
-	10	438	106	1 424	1 026	23	5	-	25	314	31	大	阪	Osaka
-	10	202	32	800	564	6	1	-	33	190	6	神	戸	Kobe
-	14	131	18	553	375	25	5	-	48	98	2	広	島	Hiroshima
-	3	113	18	605	470	11	8	-	12	100	4	北 九 州		Kitakyushu
-	-	62	10	544	464	21	7	-	10	40	2	福	岡	Fukuoka

第18表（9－6）

第18表 死亡数，心疾患－脳血管疾患・性・
Statistics 18 Numbers of deaths from heart diseases and cerebrovascular diseases, by sex,

脳血管疾患 Cerebrovascular diseases

都道府県 Prefecture			総数 Total							男			
			総数 Total	病院 Hospital	診療所 Clinic	介護老人 保健施設 Health services facilities for the elderly	助産所 Maternity home	老人 ホーム Home for the elderly	自宅 Home	その他 Other	総数 Total	病院 Hospital	診療所 Clinic	介護老人 保健施設 Health services facilities for the elderly
全	国	Total	132 529	102 130	4 542	1 037	-	4 219	19 471	1 130	63 127	50 069	1 995	392
北 海 道		Hokkaido	5 723	4 740	171	16	-	117	618	61	2 863	2 380	74	4
青 森		Aomori	1 996	1 457	174	29	-	66	252	18	1 020	783	69	11
岩 手		Iwate	2 091	1 601	98	27	-	46	291	28	1 022	813	34	12
宮 城		Miyagi	2 726	1 933	94	26	-	73	565	35	1 347	997	43	9
秋 田		Akita	1 988	1 422	34	24	-	97	391	20	918	697	12	10
山 形		Yamagata	1 965	1 316	65	23	-	113	433	15	895	650	29	6
福 島		Fukushima	2 889	2 096	78	27	-	49	624	15	1 347	1 000	31	7
茨 城		Ibaraki	3 544	2 696	108	33	-	76	590	41	1 679	1 320	46	13
栃 木		Tochigi	2 494	1 783	135	33	-	114	412	17	1 201	896	58	12
群 馬		Gumma	2 432	1 895	87	38	-	69	328	15	1 131	909	44	14
埼 玉		Saitama	5 657	4 672	130	15	-	90	699	51	2 823	2 320	60	6
千 葉		Chiba	5 115	4 141	148	35	-	80	664	47	2 615	2 148	75	15
東 京		Tokyo	11 172	9 323	244	34	-	237	1 265	69	5 410	4 571	107	16
神 奈 川		Kanagawa	6 946	5 605	175	14	-	134	953	65	3 395	2 760	81	3
新 潟		Niigata	3 487	2 347	50	43	-	129	892	26	1 610	1 168	26	12
富 山		Toyama	1 447	1 161	38	6	-	49	187	6	660	536	18	1
石 川		Ishikawa	1 294	1 010	38	23	-	56	158	9	623	514	15	9
福 井		Fukui	894	648	35	22	-	59	125	5	406	313	18	5
山 梨		Yamanashi	978	730	43	14	-	53	131	7	454	355	22	4
長 野		Nagano	3 615	2 232	106	84	-	274	881	38	1 683	1 146	51	36
岐 阜		Gifu	2 230	1 656	84	22	-	45	412	11	1 126	861	40	11
静 岡		Shizuoka	4 236	3 025	182	17	-	181	771	60	2 016	1 505	85	5
愛 知		Aichi	6 120	4 881	199	38	-	65	896	41	2 978	2 402	90	11
三 重		Mie	2 108	1 502	93	20	-	96	380	17	1 004	762	36	9
滋 賀		Shiga	1 175	832	8	2	-	22	293	18	520	395	2	-
京 都		Kyoto	2 531	1 927	18	3	-	75	478	30	1 135	895	4	-
大 阪		Osaka	6 465	5 517	75	19	-	97	703	54	3 143	2 683	39	9
兵 庫		Hyogo	4 914	3 659	141	20	-	169	882	43	2 296	1 746	61	6
奈 良		Nara	1 305	1 005	7	1	-	49	232	11	576	460	4	-
和 歌 山		Wakayama	1 288	870	66	19	-	83	238	12	581	427	27	5
鳥 取		Tottori	891	593	43	28	-	33	176	18	398	285	21	11
島 根		Shimane	1 048	738	32	5	-	58	206	9	502	376	12	3
岡 山		Okayama	2 385	1 743	114	27	-	108	378	15	1 064	820	41	14
広 島		Hiroshima	3 024	2 273	120	18	-	154	438	21	1 448	1 115	57	9
山 口		Yamaguchi	2 197	1 748	61	23	-	121	233	11	989	809	24	11
徳 島		Tokushima	1 087	782	67	26	-	53	155	4	520	385	32	13
香 川		Kagawa	1 251	868	75	23	-	67	212	6	545	401	28	10
愛 媛		Ehime	1 881	1 401	108	23	-	61	280	8	890	687	52	11
高 知		Kochi	1 313	1 084	42	7	-	18	151	11	594	496	20	1
福 岡		Fukuoka	4 863	4 264	118	32	-	113	311	25	2 208	1 957	52	14
佐 賀		Saga	1 046	824	63	15	-	58	80	6	453	375	27	3
長 崎		Nagasaki	1 849	1 425	122	10	-	83	193	16	834	665	45	4
熊 本		Kumamoto	2 110	1 641	157	11	-	103	183	15	954	792	60	3
大 分		Oita	1 621	1 123	154	33	-	115	184	12	775	563	71	13
宮 崎		Miyazaki	1 457	1 114	117	8	-	41	168	9	648	501	46	2
鹿 児 島		Kagoshima	2 654	1 990	199	16	-	136	293	20	1 231	942	92	6
沖 縄		Okinawa	858	697	24	5	-	34	86	12	442	360	12	3
不 詳		Not Stated	169	140	2	-	-	-	-	27	155	128	2	-
13 大 都 市 （再 掲）		13 major cities (Regrouped)												
東京都区部		Ward areas of Tokyo	7 823	6 622	142	19	-	100	893	47	3 765	3 225	59	7
札 幌		Sapporo	1 439	1 202	26	5	-	16	176	14	699	576	14	1
仙 台		Sendai	735	529	17	6	-	30	148	5	385	297	6	2
千 葉		Chiba	592	500	24	2	-	7	55	4	307	266	11	-
横 浜		Yokohama	2 668	2 175	76	5	-	48	345	19	1 338	1 091	36	2
川 崎		Kawasaki	952	752	27	3	-	10	148	12	481	379	11	-
名 古 屋		Nagoya	2 005	1 655	46	9	-	9	269	17	978	811	26	2
京 都		Kyoto	1 319	1 062	2	-	-	29	207	19	566	456	-	-
大 阪		Osaka	2 290	1 935	21	4	-	25	281	24	1 136	951	9	2
神 戸		Kobe	1 158	915	15	3	-	48	168	9	519	415	6	-
広 島		Hiroshima	957	770	28	5	-	45	101	8	484	405	10	1
北 九 州		Kitakyushu	1 137	1 045	4	5	-	26	52	5	508	471	1	3
福 岡		Fukuoka	900	804	19	6	-	8	56	7	399	361	6	2

死亡の場所・都道府県（14大都市再掲）別　－平成7・12・16年－
the location of death and prefecture (and the 14 major cities, regrouped): 1995, 2000 and 2004

平成12年（2000）

Male 助産所 Maternity home	老人ホーム Home for the elderly	自宅 Home	その他 Other	総数 Total	病院 Hospital	診療所 Clinic	介護老人保健施設 Health services facilities for the elderly	女 Female 助産所 Maternity home	老人ホーム Home for the elderly	自宅 Home	その他 Other	都道府県 Prefecture
-	1 175	8 755	741	69 402	52 061	2 547	645	-	3 044	10 716	389	全　国 Total
-	39	334	32	2 860	2 360	97	12	-	78	284	29	北　海　道 Hokkaido
-	19	122	16	976	674	105	18	-	47	130	2	青　森 Aomori
-	16	130	17	1 069	788	64	15	-	30	161	11	岩　手 Iwate
-	22	248	28	1 379	936	51	17	-	51	317	7	宮　城 Miyagi
-	27	159	13	1 070	725	22	14	-	70	232	7	秋　田 Akita
-	35	166	9	1 070	666	36	17	-	78	267	6	山　形 Yamagata
-	15	285	9	1 542	1 096	47	20	-	34	339	6	福　島 Fukushima
-	16	253	31	1 865	1 376	62	20	-	60	337	10	茨　城 Ibaraki
-	42	177	16	1 293	887	77	21	-	72	235	1	栃　木 Tochigi
-	18	140	6	1 301	986	43	24	-	51	188	9	群　馬 Gumma
-	20	382	35	2 834	2 352	70	9	-	70	317	16	埼　玉 Saitama
-	29	317	31	2 500	1 993	73	20	-	51	347	16	千　葉 Chiba
-	68	599	49	5 762	4 752	137	18	-	169	666	20	東　京 Tokyo
-	35	471	45	3 551	2 845	94	11	-	99	482	20	神　奈　川 Kanagawa
-	37	346	21	1 877	1 179	24	31	-	92	546	5	新　潟 Niigata
-	9	92	4	787	625	20	5	-	40	95	2	富　山 Toyama
-	13	68	4	671	496	23	14	-	43	90	5	石　川 Ishikawa
-	18	47	5	488	335	17	17	-	41	78	-	福　井 Fukui
-	11	58	4	524	375	21	10	-	42	73	3	山　梨 Yamanashi
-	80	350	20	1 932	1 086	55	48	-	194	531	18	長　野 Nagano
-	15	192	7	1 104	795	44	11	-	30	220	4	岐　阜 Gifu
-	49	331	41	2 220	1 520	97	12	-	132	440	19	静　岡 Shizuoka
-	20	428	27	3 142	2 479	109	27	-	45	468	14	愛　知 Aichi
-	33	155	9	1 104	740	57	11	-	63	225	8	三　重 Mie
-	7	108	8	655	437	6	2	-	15	185	10	滋　賀 Shiga
-	18	200	18	1 396	1 032	14	3	-	57	278	12	京　都 Kyoto
-	30	350	32	3 322	2 834	36	10	-	67	353	22	大　阪 Osaka
-	47	404	32	2 618	1 913	80	14	-	122	478	11	兵　庫 Hyogo
-	15	90	7	729	545	3	1	-	34	142	4	奈　良 Nara
-	15	101	6	707	443	39	14	-	68	137	6	和　歌　山 Wakayama
-	6	64	11	493	308	22	17	-	27	112	7	鳥　取 Tottori
-	20	85	6	546	362	20	2	-	38	121	3	島　根 Shimane
-	30	150	9	1 321	923	73	13	-	78	228	6	岡　山 Okayama
-	47	207	13	1 576	1 158	63	9	-	107	231	8	広　島 Hiroshima
-	24	113	8	1 208	939	37	12	-	97	120	3	山　口 Yamaguchi
-	15	73	2	567	397	35	13	-	38	82	2	徳　島 Tokushima
-	15	88	3	706	467	47	13	-	52	124	3	香　川 Kagawa
-	17	119	4	991	714	56	12	-	44	161	4	愛　媛 Ehime
-	4	67	6	719	588	22	6	-	14	84	5	高　知 Kochi
-	25	143	17	2 655	2 307	66	18	-	88	168	8	福　岡 Fukuoka
-	14	31	3	593	449	36	12	-	44	49	3	佐　賀 Saga
-	23	86	11	1 015	760	77	6	-	60	107	5	長　崎 Nagasaki
-	22	69	8	1 156	849	97	8	-	81	114	7	熊　本 Kumamoto
-	32	91	5	846	560	83	20	-	83	93	7	大　分 Oita
-	14	80	5	809	613	71	6	-	27	88	4	宮　崎 Miyazaki
-	40	138	13	1 423	1 048	107	10	-	96	155	7	鹿　児　島 Kagoshima
-	9	48	10	416	337	12	2	-	25	38	2	沖　縄 Okinawa
-	-	-	25	14	12	-	-	-	-	-	2	不　詳 Not Stated
												13大都市（再掲） 13 major cities (Regrouped)
-	31	409	34	4 058	3 397	83	12	-	69	484	13	東京都区部 Ward areas of Tokyo
-	3	97	8	740	626	12	4	-	13	79	6	札　幌 Sapporo
-	9	66	5	350	232	11	4	-	21	82	-	仙　台 Sendai
-	2	26	2	285	234	13	2	-	5	29	2	千　葉 Chiba
-	14	181	14	1 330	1 084	40	3	-	34	164	5	横　浜 Yokohama
-	2	78	11	471	373	16	3	-	8	70	1	川　崎 Kawasaki
-	2	124	13	1 027	844	20	7	-	7	145	4	名　古　屋 Nagoya
-	7	91	12	753	606	2	-	-	22	116	7	京　都 Kyoto
-	10	148	16	1 154	984	12	2	-	15	133	8	大　阪 Osaka
-	11	81	6	639	500	9	3	-	37	87	3	神　戸 Kobe
-	15	48	5	473	365	18	4	-	30	53	3	広　島 Hiroshima
-	6	24	3	629	574	3	2	-	20	28	2	北　九　州 Kitakyushu
-	1	24	5	501	443	13	6	-	7	32	2	福　岡 Fukuoka

第18表（9－7）

第18表 死亡数, 心疾患－脳血管疾患・性・
Statistics 18 Numbers of deaths from heart diseases and cerebrovascular diseases, by sex,

全死因 All causes

都道府県 Prefecture			総数 Total							男			
			総数 Total	病院 Hospital	診療所 Clinic	介護老人保健施設 Health services facilities for the elderly	助産所 Maternity home	老人ホーム Home for the elderly	自宅 Home	その他 Other	総数 Total	病院 Hospital	診療所 Clinic	介護老人保健施設 Health services facilities for the elderly
全	国	Total	1 028 602	818 586	27 586	6 490	3	21 313	127 445	27 179	557 097	447 925	12 580	1 972
北 海 道		Hokkaido	47 335	39 863	1 355	170	1	567	3 900	1 479	26 372	22 019	657	56
青 森		Aomori	14 372	10 798	942	191	-	280	1 659	502	7 955	6 027	413	64
岩 手		Iwate	13 757	10 825	392	208	-	255	1 652	425	7 517	5 978	169	62
宮 城		Miyagi	18 525	14 239	485	148	-	296	2 737	620	10 151	7 884	214	61
秋 田		Akita	12 705	10 009	280	95	-	339	1 641	341	6 869	5 586	110	26
山 形		Yamagata	12 642	9 653	280	88	-	447	1 898	276	6 606	5 228	121	24
福 島		Fukushima	20 015	15 746	508	125	-	291	2 788	557	10 878	8 673	240	38
茨 城		Ibaraki	24 343	19 569	683	127	-	360	3 028	576	13 280	10 810	302	40
栃 木		Tochigi	16 779	13 186	699	138	-	414	1 998	344	9 213	7 349	352	52
群 馬		Gumma	17 267	13 771	464	178	-	322	2 115	417	9 264	7 433	231	58
埼 玉		Saitama	44 987	37 169	1 121	125	-	559	5 058	955	25 048	20 794	537	42
千 葉		Chiba	41 641	33 466	939	203	-	460	5 517	1 056	23 304	18 764	431	58
東 京		Tokyo	88 767	72 375	1 386	200	-	1 572	11 439	1 795	48 465	39 580	651	66
神 奈 川		Kanagawa	55 425	45 519	782	149	-	872	6 808	1 295	31 146	25 606	354	43
新 潟		Niigata	23 511	18 123	130	272	-	700	3 734	552	12 578	10 066	53	87
富 山		Toyama	10 396	8 598	190	72	-	242	1 067	227	5 484	4 637	74	19
石 川		Ishikawa	9 976	7 903	297	147	-	235	1 107	287	5 305	4 278	114	34
福 井		Fukui	7 449	5 701	290	92	-	265	926	175	3 955	3 116	133	32
山 梨		Yamanashi	7 842	6 121	257	52	-	175	1 015	222	4 214	3 357	123	15
長 野		Nagano	20 501	15 182	424	324	-	947	3 170	454	10 799	8 373	204	114
岐 阜		Gifu	17 705	13 789	583	146	-	282	2 464	441	9 567	7 677	254	40
静 岡		Shizuoka	29 809	23 282	763	189	-	884	4 031	660	15 989	12 812	351	60
愛 知		Aichi	49 457	40 916	939	270	1	486	5 782	1 063	27 280	22 777	412	72
三 重		Mie	16 030	12 334	348	174	-	451	2 366	357	8 499	6 702	151	52
滋 賀		Shiga	9 658	7 820	72	20	-	150	1 381	215	5 212	4 328	33	6
京 都		Kyoto	21 129	16 996	103	63	-	485	2 938	544	10 965	8 926	49	25
大 阪		Osaka	65 160	52 550	588	148	-	808	9 086	1 980	35 998	28 654	297	46
兵 庫		Hyogo	44 494	34 767	923	194	-	1 072	6 312	1 226	23 977	19 025	430	54
奈 良		Nara	11 124	8 551	92	25	-	295	1 804	357	5 912	4 668	35	7
和 歌 山		Wakayama	10 600	7 710	379	122	-	385	1 743	261	5 598	4 215	168	34
鳥 取		Tottori	6 166	4 526	286	144	-	207	807	196	3 207	2 468	131	37
島 根		Shimane	8 212	6 330	131	83	-	322	1 126	220	4 365	3 459	47	30
岡 山		Okayama	17 489	13 572	754	174	-	459	2 120	410	9 209	7 269	350	43
広 島		Hiroshima	24 435	18 956	819	132	-	793	3 047	688	13 036	10 259	416	32
山 口		Yamaguchi	15 702	12 558	495	96	-	465	1 707	381	8 239	6 676	223	21
徳 島		Tokushima	8 367	6 292	450	197	-	305	923	200	4 429	3 423	215	62
香 川		Kagawa	9 709	7 310	511	136	-	305	1 192	255	4 939	3 821	214	29
愛 媛		Ehime	14 664	11 330	661	135	-	284	1 862	392	7 772	6 128	287	40
高 知		Kochi	8 723	7 220	192	33	-	85	871	322	4 552	3 699	74	10
福 岡		Fukuoka	41 144	34 359	1 044	210	-	579	3 865	1 087	21 819	18 103	479	57
佐 賀		Saga	8 214	6 485	375	85	1	235	824	209	4 264	3 396	167	23
長 崎		Nagasaki	14 187	11 342	724	104	-	400	1 270	347	7 393	6 011	314	32
熊 本		Kumamoto	17 076	13 339	1 046	109	-	553	1 636	393	8 857	7 031	465	36
大 分		Oita	11 733	8 933	795	151	-	437	1 118	299	6 132	4 880	307	47
宮 崎		Miyazaki	10 578	8 065	828	74	-	250	1 082	279	5 590	4 306	384	21
鹿 児 島		Kagoshima	18 200	13 678	1 589	117	-	572	1 812	432	9 432	7 179	755	41
沖 縄		Okinawa	8 610	6 855	178	55	-	161	1 019	342	4 735	3 671	78	24
不 詳		Not Stated	1 992	905	14	-	-	5	-	1 068	1 727	804	11	-
14 大都市（再掲）		14 major cities (Regrouped)												
東京都区部		Ward areas of Tokyo	62 123	50 536	894	119	-	718	8 591	1 265	34 253	27 864	399	34
札 幌		Sapporo	12 348	10 411	196	51	-	69	1 175	446	6 859	5 657	93	13
仙 台		Sendai	5 978	4 565	71	72	-	115	954	201	3 290	2 514	30	33
さいたま		Saitama	6 176	5 187	58	4	-	37	785	105	3 422	2 904	27	1
千 葉		Chiba	5 624	4 519	175	26	-	46	698	160	3 219	2 555	77	8
横 浜		Yokohama	22 213	18 370	260	82	-	307	2 660	534	12 705	10 463	119	21
川 崎		Kawasaki	7 422	6 085	101	16	-	80	956	184	4 290	3 490	52	5
名 古 屋		Nagoya	16 353	13 553	332	67	-	98	1 941	362	9 106	7 575	154	15
京 都		Kyoto	11 723	9 595	35	52	-	218	1 556	267	5 982	4 890	14	24
大 阪		Osaka	22 670	17 984	191	32	-	221	3 474	768	12 696	9 847	103	9
神 戸		Kobe	11 658	9 177	137	53	-	255	1 682	354	6 296	4 985	68	15
広 島		Hiroshima	7 633	5 933	213	46	-	246	946	253	4 022	3 145	104	11
北 九 州		Kitakyushu	8 919	7 610	129	40	-	113	795	232	4 781	4 032	53	12
福 岡		Fukuoka	8 492	7 160	147	18	-	37	882	248	4 580	3 807	67	4

死亡の場所・都道府県（14大都市再掲）別　－平成7・12・16年－
the location of death and prefecture (and the 14 major cities, regrouped): 1995, 2000 and 2004

平成16年（2004）

Male							女 Female					都　道　府　県 Prefecture
助産所 Maternity home	老人ホーム Home for the elderly	自宅 Home	その他 Other	総数 Total	病院 Hospital	診療所 Clinic	介護老人保健施設 Health services facilities for the elderly	助産所 Maternity home	老人ホーム Home for the elderly	自宅 Home	その他 Other	
1	5 296	68 894	20 429	471 505	370 661	15 006	4 518	2	16 017	58 551	6 750	全　　国　Total
-	169	2 318	1 153	20 963	17 844	698	114	1	398	1 582	326	北　海　道　Hokkaido
-	74	989	388	6 417	4 771	529	127	-	206	670	114	青　　森　Aomori
-	74	903	331	6 240	4 847	223	146	-	181	749	94	岩　　手　Iwate
-	57	1 441	494	8 374	6 355	271	87	-	239	1 296	126	宮　　城　Miyagi
-	89	805	253	5 836	4 423	170	69	-	250	836	88	秋　　田　Akita
-	104	912	217	6 036	4 425	159	64	-	343	986	59	山　　形　Yamagata
-	79	1 423	425	9 137	7 073	268	87	-	212	1 365	132	福　　島　Fukushima
-	101	1 594	433	11 063	8 759	381	87	-	259	1 434	143	茨　　城　Ibaraki
-	112	1 080	268	7 566	5 837	347	86	-	302	918	76	栃　　木　Tochigi
-	85	1 144	313	8 003	6 338	233	120	-	237	971	104	群　　馬　Gumma
-	154	2 811	710	19 939	16 375	584	83	-	405	2 247	245	埼　　玉　Saitama
-	121	3 114	816	18 337	14 702	508	145	-	339	2 403	240	千　　葉　Chiba
-	439	6 349	1 380	40 302	32 795	735	134	-	1 133	5 090	415	東　　京　Tokyo
-	201	3 959	983	24 279	19 913	428	106	-	671	2 849	312	神　奈　川　Kanagawa
-	180	1 794	398	10 933	8 057	77	185	-	520	1 940	154	新　　潟　Niigata
-	47	547	160	4 912	3 961	116	53	-	195	520	67	富　　山　Toyama
-	52	618	209	4 671	3 625	183	113	-	183	489	78	石　　川　Ishikawa
-	62	481	131	3 494	2 585	157	60	-	203	445	44	福　　井　Fukui
-	35	525	159	3 628	2 764	134	37	-	140	490	63	山　　梨　Yamanashi
-	236	1 542	330	9 702	6 809	220	210	-	711	1 628	124	長　　野　Nagano
-	73	1 199	324	8 138	6 112	329	106	-	209	1 265	117	岐　　阜　Gifu
-	207	2 081	478	13 820	10 470	412	129	-	677	1 950	182	静　　岡　Shizuoka
1	115	3 097	806	22 177	18 139	527	198	-	371	2 685	257	愛　　知　Aichi
-	112	1 228	254	7 531	5 632	197	122	-	339	1 138	103	三　　重　Mie
-	22	671	152	4 446	3 492	39	14	-	128	710	63	滋　　賀　Shiga
-	112	1 463	390	10 164	8 070	54	38	-	373	1 475	154	京　　都　Kyoto
-	225	5 246	1 530	29 162	23 896	291	102	-	583	3 840	450	大　　阪　Osaka
-	265	3 314	889	20 517	15 742	493	140	-	807	2 998	337	兵　　庫　Hyogo
-	63	882	257	5 212	3 883	57	18	-	232	922	100	奈　　良　Nara
-	104	898	179	5 002	3 495	211	88	-	281	845	82	和　歌　山　Wakayama
-	45	382	144	2 959	2 058	155	107	-	162	425	52	鳥　　取　Tottori
-	73	599	157	3 847	2 871	84	53	-	249	527	63	島　　根　Shimane
-	114	1 128	305	8 280	6 303	404	131	-	345	992	105	岡　　山　Okayama
-	183	1 675	471	11 399	8 697	403	100	-	610	1 372	217	広　　島　Hiroshima
-	118	941	260	7 463	5 882	272	75	-	347	766	121	山　　口　Yamaguchi
-	80	508	141	3 938	2 869	235	135	-	225	415	59	徳　　島　Tokushima
-	78	622	175	4 770	3 489	297	107	-	227	570	80	香　　川　Kagawa
-	84	956	277	6 892	5 202	374	95	-	200	906	115	愛　　媛　Ehime
-	17	515	237	4 171	3 521	118	23	-	68	356	85	高　　知　Kochi
-	129	2 222	829	19 325	16 256	565	153	-	450	1 643	258	福　　岡　Fukuoka
-	61	459	158	3 950	3 089	208	62	1	174	365	51	佐　　賀　Saga
-	86	692	258	6 794	5 331	410	72	-	314	578	89	長　　崎　Nagasaki
-	114	917	294	8 219	6 308	581	73	-	439	719	99	熊　　本　Kumamoto
-	98	591	209	5 601	4 053	488	104	-	339	527	90	大　　分　Oita
-	57	616	206	4 988	3 759	444	53	-	193	466	73	宮　　崎　Miyazaki
-	146	1 002	309	8 768	6 499	834	76	-	426	810	123	鹿　児　島　Kagoshima
-	41	641	280	3 875	3 184	100	31	-	120	378	62	沖　　縄　Okinawa
-	3	-	909	265	101	3	-	-	2	-	159	不　　詳　Not Stated
												14 大 都 市　14 major cities （再　　掲）　(Regrouped)
-	210	4 768	978	27 870	22 672	495	85	-	508	3 823	287	東京都区部　Ward areas of Tokyo
-	15	714	367	5 489	4 754	103	38	-	54	461	79	札　　幌　Sapporo
-	21	527	165	2 688	2 051	41	39	-	94	427	36	仙　　台　Sendai
-	12	411	67	2 754	2 283	31	3	-	25	374	38	さいたま　Saitama
-	13	443	123	2 405	1 964	98	18	-	33	255	37	千　　葉　Chiba
-	70	1 617	415	9 508	7 907	141	61	-	237	1 043	119	横　　浜　Yokohama
-	19	579	145	3 132	2 595	49	11	-	61	377	39	川　　崎　Kawasaki
-	23	1 065	274	7 247	5 978	178	52	-	75	876	88	名　古　屋　Nagoya
-	53	801	200	5 741	4 705	21	28	-	165	755	67	京　　都　Kyoto
-	61	2 090	586	9 974	8 137	88	23	-	160	1 384	182	大　　阪　Osaka
-	56	931	241	5 362	4 192	69	38	-	199	751	113	神　　戸　Kobe
-	53	538	171	3 611	2 788	109	31	-	193	408	82	広　　島　Hiroshima
-	30	465	189	4 138	3 578	76	28	-	83	330	43	北　九　州　Kitakyushu
-	7	504	191	3 912	3 353	80	14	-	30	378	57	福　　岡　Fukuoka

第18表（9－8）

第18表 死亡数, 心疾患－脳血管疾患・性・
Statistics 18 Numbers of deaths from heart diseases and cerebrovascular diseases, by sex,

心疾患　Heart diseases

都道府県 Prefecture			総数 Total								男			
			総数 Total	病院 Hospital	診療所 Clinic	介護老人 保健施設 Health services facilities for the elderly	助産所 Maternity home	老人 ホーム Home for the elderly	自宅 Home	その他 Other	総数 Total	病院 Hospital	診療所 Clinic	介護老人 保健施設 Health services facilities for the elderly
全	国	Total	159 625	109 355	4 232	1 562	-	3 834	37 356	3 286	77 465	51 854	1 604	432
北 海 道		Hokkaido	7 547	5 525	260	51	-	155	1 408	148	3 757	2 638	121	15
青 森		Aomori	2 240	1 505	164	33	-	42	450	46	1 130	750	60	14
岩 手		Iwate	2 265	1 527	48	46	-	44	543	57	1 151	762	19	15
宮 城		Miyagi	2 908	1 964	93	27	-	68	700	56	1 436	935	39	13
秋 田		Akita	1 829	1 305	66	34	-	56	343	25	845	633	14	9
山 形		Yamagata	1 984	1 309	51	15	-	77	507	25	950	630	19	3
福 島		Fukushima	3 354	2 263	94	35	-	41	859	62	1 692	1 109	38	13
茨 城		Ibaraki	3 805	2 741	100	30	-	66	814	54	1 872	1 338	34	8
栃 木		Tochigi	2 774	1 907	87	28	-	62	645	45	1 410	953	35	11
群 馬		Gumma	2 734	1 923	94	42	-	51	568	56	1 290	903	44	7
埼 玉		Saitama	7 367	5 070	166	45	-	116	1 864	106	3 798	2 549	60	15
千 葉		Chiba	6 877	4 522	120	49	-	92	1 948	146	3 636	2 280	35	12
東 京		Tokyo	13 880	10 072	229	56	-	266	3 036	221	6 912	4 897	85	17
神 奈 川		Kanagawa	7 987	5 781	116	42	-	127	1 759	162	4 125	2 894	45	7
新 潟		Niigata	3 464	2 335	15	52	-	94	907	61	1 666	1 123	4	21
富 山		Toyama	1 356	1 029	27	18	-	31	234	17	618	475	8	5
石 川		Ishikawa	1 568	1 011	54	22	-	40	400	41	720	452	12	4
福 井		Fukui	1 140	734	57	22	-	44	253	30	549	369	22	6
山 梨		Yamanashi	1 228	847	29	17	-	38	267	30	585	410	7	4
長 野		Nagano	3 214	2 165	67	80	-	136	723	43	1 512	1 038	29	28
岐 阜		Gifu	2 892	2 022	82	17	-	52	677	42	1 426	993	28	5
静 岡		Shizuoka	4 713	3 195	119	49	-	131	1 123	96	2 297	1 536	55	12
愛 知		Aichi	7 983	5 844	143	60	-	108	1 706	122	3 981	2 864	55	20
三 重		Mie	2 485	1 611	41	34	-	76	675	48	1 198	754	18	6
滋 賀		Shiga	1 506	1 054	10	5	-	32	377	28	707	513	3	3
京 都		Kyoto	3 413	2 156	14	15	-	69	1 060	99	1 586	953	7	6
大 阪		Osaka	9 894	6 077	81	54	-	204	3 166	312	4 845	2 706	30	10
兵 庫		Hyogo	6 687	4 483	147	43	-	191	1 663	160	3 163	2 065	54	8
奈 良		Nara	1 809	1 117	18	8	-	54	558	54	844	501	9	4
和 歌 山		Wakayama	1 719	1 000	52	28	-	82	523	34	805	467	16	4
鳥 取		Tottori	972	585	51	42	-	40	221	33	432	262	18	12
島 根		Shimane	1 247	841	18	12	-	61	295	20	560	370	6	5
岡 山		Okayama	2 693	1 810	92	37	-	97	613	44	1 253	803	44	12
広 島		Hiroshima	3 903	2 519	138	41	-	161	960	84	1 827	1 158	61	9
山 口		Yamaguchi	2 414	1 504	75	36	-	86	650	63	1 088	648	28	3
徳 島		Tokushima	1 382	913	72	44	-	63	265	25	624	416	27	11
香 川		Kagawa	1 631	1 023	77	40	-	58	401	32	737	471	21	6
愛 媛		Ehime	2 669	1 759	99	27	-	49	669	66	1 279	836	43	7
高 知		Kochi	1 367	991	38	14	-	20	264	40	623	434	12	5
福 岡		Fukuoka	5 285	4 135	118	50	-	95	804	83	2 384	1 812	43	16
佐 賀		Saga	1 163	799	50	16	-	41	234	23	519	347	19	4
長 崎		Nagasaki	2 136	1 509	125	32	-	79	350	41	938	675	45	7
熊 本		Kumamoto	2 559	1 741	170	28	-	98	470	52	1 114	745	58	7
大 分		Oita	1 794	1 150	107	27	-	103	376	31	805	528	31	8
宮 崎		Miyazaki	1 686	1 142	129	21	-	37	326	31	814	546	53	3
鹿 児 島		Kagoshima	2 716	1 898	199	22	-	82	470	45	1 207	848	78	8
沖 縄		Okinawa	1 171	839	28	16	-	18	232	38	561	372	10	4
不 詳		Not Stated	215	103	2	-	-	1	-	109	194	93	2	-
14 大 都 市 （再 掲）		14 major cities (Regrouped)												
東京都区部		Ward areas of Tokyo	9 711	7 023	152	35	-	118	2 229	154	4 902	3 478	53	9
札 幌		Sapporo	1 793	1 274	38	16	-	17	402	46	864	568	13	1
仙 台		Sendai	877	577	19	21	-	26	216	18	444	278	5	11
さいたま		Saitama	1 003	668	9	1	-	13	299	13	524	333	4	1
千 葉		Chiba	856	571	20	6	-	8	235	16	464	288	8	2
横 浜		Yokohama	3 208	2 303	32	22	-	44	729	78	1 698	1 182	12	3
川 崎		Kawasaki	1 113	795	15	6	-	22	249	26	579	398	6	-
名 古 屋		Nagoya	2 731	1 915	47	14	-	29	679	47	1 380	947	20	3
京 都		Kyoto	1 896	1 202	2	11	-	40	596	45	870	515	-	6
大 阪		Osaka	3 184	2 005	23	13	-	57	976	110	1 605	900	8	2
神 戸		Kobe	1 588	1 020	19	11	-	48	440	50	750	437	8	3
広 島		Hiroshima	1 254	807	44	11	-	42	319	31	588	360	21	3
北 九 州		Kitakyushu	1 192	856	13	10	-	22	266	25	528	349	7	4
福 岡		Fukuoka	1 099	925	23	7	-	5	125	14	522	429	10	1

死亡の場所・都道府県（14大都市再掲）別 －平成7・12・16年－
the location of death and prefecture (and the 14 major cities, regrouped): 1995, 2000 and 2004

平成16年（2004）

Male							女 Female					都　道　府　県 Prefecture		
助産所 Maternity home	老人ホーム Home for the elderly	自宅 Home	その他 Other	総数 Total	病院 Hospital	診療所 Clinic	介護老人保健施設 Health services facilities for the elderly	助産所 Maternity home	老人ホーム Home for the elderly	自宅 Home	その他 Other			
-	941	20 198	2 436	82 160	57 501	2 628	1 130	-	2 893	17 158	850	全	国	Total
-	41	831	111	3 790	2 887	139	36	-	114	577	37	北 海	道	Hokkaido
-	15	258	33	1 110	755	104	19	-	27	192	13	青	森	Aomori
-	20	293	42	1 114	765	29	31	-	24	250	15	岩	手	Iwate
-	12	396	41	1 472	1 029	54	14	-	56	304	15	宮	城	Miyagi
-	15	156	18	984	672	52	25	-	41	187	7	秋	田	Akita
-	22	255	21	1 034	679	32	12	-	55	252	4	山	形	Yamagata
-	14	474	44	1 662	1 154	56	22	-	27	385	18	福	島	Fukushima
-	19	430	43	1 933	1 403	66	22	-	47	384	11	茨	城	Ibaraki
-	18	358	35	1 364	954	52	17	-	44	287	10	栃	木	Tochigi
-	10	288	38	1 444	1 020	50	35	-	41	280	18	群	馬	Gumma
-	37	1 054	83	3 569	2 521	106	30	-	79	810	23	埼	玉	Saitama
-	22	1 177	110	3 241	2 242	85	37	-	70	771	36	千	葉	Chiba
-	79	1 662	172	6 968	5 175	144	39	-	187	1 374	49	東	京	Tokyo
-	22	1 025	132	3 862	2 887	71	35	-	105	734	30	神 奈	川	Kanagawa
-	23	457	38	1 798	1 212	11	31	-	71	450	23	新	潟	Niigata
-	8	109	13	738	554	19	13	-	23	125	4	富	山	Toyama
-	8	213	31	848	559	42	18	-	32	187	10	石	川	Ishikawa
-	11	119	22	591	365	35	16	-	33	134	8	福	井	Fukui
-	5	138	21	643	437	22	13	-	33	129	9	山	梨	Yamanashi
-	34	353	30	1 702	1 127	38	52	-	102	370	13	長	野	Nagano
-	9	361	30	1 466	1 029	54	12	-	43	316	12	岐	阜	Gifu
-	38	593	63	2 416	1 659	64	37	-	93	530	33	静	岡	Shizuoka
-	24	921	97	4 002	2 980	88	40	-	84	785	25	愛	知	Aichi
-	23	364	33	1 287	857	23	28	-	53	311	15	三	重	Mie
-	4	166	18	799	541	7	2	-	28	211	10	滋	賀	Shiga
-	24	523	73	1 827	1 203	7	9	-	45	537	26	京	都	Kyoto
-	49	1 804	246	5 049	3 371	51	44	-	155	1 362	66	大	阪	Osaka
-	37	873	126	3 524	2 418	93	35	-	154	790	34	兵	庫	Hyogo
-	11	279	40	965	616	9	4	-	43	279	14	奈	良	Nara
-	24	270	24	914	533	36	24	-	58	253	10	和 歌	山	Wakayama
-	10	104	26	540	323	33	30	-	30	117	7	鳥	取	Tottori
-	13	151	15	687	471	12	7	-	48	144	5	島	根	Shimane
-	24	341	29	1 440	1 007	48	25	-	73	272	15	岡	山	Okayama
-	35	510	54	2 076	1 361	77	32	-	126	450	30	広	島	Hiroshima
-	21	348	40	1 326	856	47	33	-	65	302	23	山	口	Yamaguchi
-	19	140	11	758	497	45	33	-	44	125	14	徳	島	Tokushima
-	18	203	18	894	552	56	34	-	40	198	14	香	川	Kagawa
-	12	332	49	1 390	923	56	20	-	37	337	17	愛	媛	Ehime
-	3	143	26	744	557	26	9	-	17	121	14	高	知	Kochi
-	23	430	60	2 901	2 323	75	34	-	72	374	23	福	岡	Fukuoka
-	11	124	14	644	452	31	12	-	30	110	9	佐	賀	Saga
-	12	177	22	1 198	834	80	25	-	67	173	19	長	崎	Nagasaki
-	16	244	44	1 445	996	112	21	-	82	226	8	熊	本	Kumamoto
-	23	193	22	989	622	76	19	-	80	183	9	大	分	Oita
-	6	183	23	872	596	76	18	-	31	143	8	宮	崎	Miyazaki
-	12	236	25	1 509	1 050	121	14	-	70	234	20	鹿 児	島	Kagoshima
-	5	139	31	610	467	18	12	-	13	93	7	沖	縄	Okinawa
-	-	-	99	21	10	-	-	-	1	-	10	不	詳	Not Stated
												14 大 都 市 （再　掲）		14 major cities (Regrouped)
-	35	1 209	118	4 809	3 545	99	26	-	83	1 020	36	東京都区部		Ward areas of Tokyo
-	3	246	33	929	706	25	15	-	14	156	13	札	幌	Sapporo
-	4	133	13	433	299	14	10	-	22	83	5	仙	台	Sendai
-	4	172	10	479	335	5	-	-	9	127	3	さいたま		Saitama
-	3	149	14	392	283	12	4	-	5	86	2	千	葉	Chiba
-	6	432	63	1 510	1 121	20	19	-	38	297	15	横	浜	Yokohama
-	5	147	23	534	397	9	6	-	17	102	3	川	崎	Kawasaki
-	7	365	38	1 351	968	27	11	-	22	314	9	名 古	屋	Nagoya
-	14	300	35	1 026	687	2	5	-	26	296	10	京	都	Kyoto
-	12	589	94	1 579	1 105	15	11	-	45	387	16	大	阪	Osaka
-	12	252	38	838	583	11	8	-	36	188	12	神	戸	Kobe
-	11	172	21	666	447	23	8	-	31	147	10	広	島	Hiroshima
-	5	143	20	664	507	6	6	-	17	123	5	北 九	州	Kitakyushu
-	-	70	12	577	496	13	6	-	5	55	2	福	岡	Fukuoka

第18表　死亡数，心疾患－脳血管疾患・性・
Statistics 18　Numbers of deaths from heart diseases and cerebrovascular diseases, by sex,

脳血管疾患　Cerebrovascular diseases

都道府県 Prefecture	総数 Total	病院 Hospital	診療所 Clinic	介護老人保健施設 Health services facilities for the elderly	助産所 Maternity home	老人ホーム Home for the elderly	自宅 Home	その他 Other	総数 Total (男)	病院 Hospital	診療所 Clinic	介護老人保健施設 Health services facilities for the elderly
全国　Total	129 055	102 264	4 401	1 310	-	4 491	15 530	1 059	61 547	49 956	1 889	439
北海道　Hokkaido	5 668	4 742	150	25	-	101	586	64	2 834	2 360	61	8
青森　Aomori	2 045	1 571	132	58	-	84	179	21	1 008	801	57	23
岩手　Iwate	2 159	1 659	84	49	-	94	255	18	1 046	830	32	15
宮城　Miyagi	2 627	1 958	82	43	-	77	437	30	1 247	962	36	13
秋田　Akita	1 885	1 428	47	17	-	74	300	19	914	719	20	4
山形　Yamagata	1 852	1 345	50	23	-	139	276	19	872	668	23	4
福島　Fukushima	2 829	2 174	104	20	-	84	422	25	1 348	1 087	38	6
茨城　Ibaraki	3 389	2 599	145	28	-	57	528	32	1 676	1 307	62	11
栃木　Tochigi	2 506	1 890	138	32	-	115	314	17	1 229	952	63	15
群馬　Gumma	2 355	1 900	91	43	-	60	247	14	1 099	903	42	14
埼玉　Saitama	5 812	4 948	145	21	-	104	555	39	2 867	2 455	68	9
千葉　Chiba	5 211	4 305	149	46	-	82	585	44	2 566	2 157	60	20
東京　Tokyo	10 756	8 821	256	21	-	276	1 305	77	5 255	4 369	119	5
神奈川　Kanagawa	6 855	5 486	155	29	-	190	942	53	3 338	2 692	72	12
新潟　Niigata	3 513	2 497	30	62	-	186	710	28	1 658	1 242	14	21
富山　Toyama	1 414	1 203	37	16	-	52	103	3	636	547	23	7
石川　Ishikawa	1 282	1 034	31	35	-	59	110	13	612	515	12	8
福井　Fukui	905	696	38	12	-	66	88	5	410	321	14	8
山梨　Yamanashi	1 001	817	34	15	-	31	97	7	472	392	19	5
長野　Nagano	3 367	2 273	99	98	-	324	549	24	1 553	1 146	46	33
岐阜　Gifu	2 227	1 716	123	42	-	41	282	23	1 027	814	51	10
静岡　Shizuoka	4 027	2 978	178	38	-	185	624	24	1 927	1 480	89	13
愛知　Aichi	5 991	4 830	173	45	-	91	813	39	2 999	2 442	75	16
三重　Mie	2 062	1 561	78	39	-	94	279	11	952	745	35	15
滋賀　Shiga	1 100	852	13	3	-	18	203	11	515	406	3	1
京都　Kyoto	2 410	1 918	19	12	-	96	348	17	1 124	927	8	4
大阪　Osaka	6 414	5 550	78	19	-	114	609	44	3 101	2 673	41	9
兵庫　Hyogo	4 826	3 788	132	25	-	207	638	36	2 333	1 884	63	11
奈良　Nara	1 251	1 003	11	2	-	62	160	13	561	486	2	-
和歌山　Wakayama	1 144	827	68	24	-	55	156	14	513	391	31	10
鳥取　Tottori	870	622	43	38	-	51	112	4	387	301	20	12
島根　Shimane	1 021	748	24	16	-	73	148	12	475	370	6	4
岡山　Okayama	2 242	1 662	136	36	-	81	306	21	1 017	775	62	10
広島　Hiroshima	2 797	2 145	130	18	-	160	310	34	1 277	993	69	3
山口　Yamaguchi	2 099	1 733	58	17	-	93	178	20	961	812	24	8
徳島　Tokushima	1 036	783	65	34	-	46	100	8	493	383	24	14
香川　Kagawa	1 095	854	58	19	-	44	115	5	478	386	18	4
愛媛　Ehime	1 749	1 371	114	23	-	55	180	6	801	641	57	10
高知　Kochi	1 271	1 062	24	2	-	18	142	23	585	474	9	1
福岡　Fukuoka	4 607	4 073	126	29	-	103	256	20	2 131	1 903	54	8
佐賀　Saga	997	825	40	19	-	46	61	6	442	381	13	2
長崎　Nagasaki	1 782	1 401	98	18	-	87	165	13	825	669	33	5
熊本　Kumamoto	2 104	1 674	122	16	-	92	184	16	978	800	46	6
大分　Oita	1 462	1 069	120	35	-	106	125	7	672	545	29	10
宮崎　Miyazaki	1 386	1 086	126	12	-	50	109	3	599	485	51	3
鹿児島　Kagoshima	2 568	1 914	230	24	-	139	236	25	1 112	865	88	6
沖縄　Okinawa	906	729	15	12	-	29	103	18	462	371	6	3
不詳　Not Stated	180	144	2	-	-	-	-	34	160	129	1	-
14大都市（再掲）　14 major cities (Regrouped)												
東京都区部　Ward areas of Tokyo	7 331	6 076	148	17	-	125	912	53	3 558	3 013	67	3
札幌　Sapporo	1 423	1 198	20	7	-	15	160	23	705	567	12	4
仙台　Sendai	753	561	9	13	-	30	130	10	354	272	4	6
さいたま　Saitama	784	674	4	1	-	6	94	5	382	338	2	-
千葉　Chiba	636	538	19	7	-	9	61	2	330	281	10	2
横浜　Yokohama	2 629	2 100	71	17	-	68	353	20	1 340	1 071	36	6
川崎　Kawasaki	897	707	16	4	-	10	152	8	462	361	11	4
名古屋　Nagoya	1 853	1 471	51	11	-	19	287	14	964	774	22	3
京都　Kyoto	1 341	1 097	6	10	-	22	194	12	620	506	4	4
大阪　Osaka	2 272	1 933	19	3	-	28	268	21	1 144	966	10	1
神戸　Kobe	1 123	916	20	7	-	34	135	11	541	436	9	2
広島　Hiroshima	871	690	25	5	-	46	91	14	402	331	13	1
北九州　Kitakyushu	1 023	924	19	4	-	23	49	4	484	437	8	2
福岡　Fukuoka	810	752	14	2	-	2	34	6	398	372	3	-

死亡の場所・都道府県（14大都市再掲）別　－平成7・12・16年－
the location of death and prefecture (and the 14 major cities, regrouped): 1995, 2000 and 2004

平成16年（2004）

Male							Female					都　道　府　県		
助産所 Maternity home	老人ホーム Home for the elderly	自宅 Home	その他 Other	総数 Total	病院 Hospital	診療所 Clinic	介護老人保健施設 Health services facilities for the elderly	助産所 Maternity home	老人ホーム Home for the elderly	自宅 Home	その他 Other		Prefecture	
-	1 154	7 402	707	67 508	52 308	2 512	871	-	3 337	8 128	352	全	国	Total
-	36	324	45	2 834	2 382	89	17	-	65	262	19	北 海 道		Hokkaido
-	20	95	12	1 037	770	75	35	-	64	84	9	青 森		Aomori
-	25	131	13	1 113	829	52	34	-	69	124	5	岩 手		Iwate
-	15	199	22	1 380	996	46	30	-	62	238	8	宮 城		Miyagi
-	21	137	13	971	709	27	13	-	53	163	6	秋 田		Akita
-	37	126	14	980	677	27	19	-	102	150	5	山 形		Yamagata
-	24	177	16	1 481	1 087	66	14	-	60	245	9	福 島		Fukushima
-	17	259	20	1 713	1 292	83	17	-	40	269	12	茨 城		Ibaraki
-	33	154	12	1 277	938	75	17	-	82	160	5	栃 木		Tochigi
-	20	111	9	1 256	997	49	29	-	40	136	5	群 馬		Gumma
-	21	283	31	2 945	2 493	77	12	-	83	272	8	埼 玉		Saitama
-	21	279	29	2 645	2 148	89	26	-	61	306	15	千 葉		Chiba
-	80	630	52	5 501	4 452	137	16	-	196	675	25	東 京		Tokyo
-	46	482	34	3 517	2 794	83	17	-	144	460	19	神 奈 川		Kanagawa
-	48	315	18	1 855	1 255	16	41	-	138	395	10	新 潟		Niigata
-	8	48	3	778	656	14	9	-	44	55	-	富 山		Toyama
-	14	54	9	670	519	19	27	-	45	56	4	石 川		Ishikawa
-	15	47	5	495	375	24	4	-	51	41	-	福 井		Fukui
-	6	46	4	529	425	15	10	-	25	51	3	山 梨		Yamanashi
-	83	228	17	1 814	1 127	53	65	-	241	321	7	長 野		Nagano
-	14	124	14	1 200	902	72	32	-	27	158	9	岐 阜		Gifu
-	45	284	16	2 100	1 498	89	25	-	140	340	8	静 岡		Shizuoka
-	20	414	32	2 992	2 388	98	29	-	71	399	7	愛 知		Aichi
-	26	125	6	1 110	816	43	24	-	68	154	5	三 重		Mie
-	2	98	5	585	446	10	2	-	16	105	6	滋 賀		Shiga
-	16	156	13	1 286	991	11	8	-	80	192	4	京 都		Kyoto
-	33	318	27	3 313	2 877	37	10	-	81	291	17	大 阪		Osaka
-	65	285	25	2 493	1 904	69	14	-	142	353	11	兵 庫		Hyogo
-	16	53	4	690	517	9	2	-	46	107	9	奈 良		Nara
-	12	63	6	631	436	37	14	-	43	93	8	和 歌 山		Wakayama
-	13	39	2	483	321	23	26	-	38	73	2	鳥 取		Tottori
-	21	66	8	546	378	18	12	-	52	82	4	島 根		Shimane
-	21	139	10	1 225	887	74	26	-	60	167	11	岡 山		Okayama
-	34	158	20	1 520	1 152	61	15	-	126	152	14	広 島		Hiroshima
-	24	78	15	1 138	921	34	9	-	69	100	5	山 口		Yamaguchi
-	12	55	5	543	400	41	20	-	34	45	3	徳 島		Tokushima
-	13	53	4	617	468	40	15	-	31	62	1	香 川		Kagawa
-	13	79	1	948	730	57	13	-	42	101	5	愛 媛		Ehime
-	2	82	17	686	588	15	1	-	16	60	6	高 知		Kochi
-	26	128	12	2 476	2 170	72	21	-	77	128	8	福 岡		Fukuoka
-	16	26	4	555	444	27	17	-	30	35	2	佐 賀		Saga
-	24	84	10	957	732	65	13	-	63	81	3	長 崎		Nagasaki
-	20	96	10	1 126	874	76	10	-	72	88	6	熊 本		Kumamoto
-	23	61	4	790	524	91	25	-	83	64	3	大 分		Oita
-	13	46	1	787	601	75	9	-	37	63	2	宮 崎		Miyazaki
-	30	109	14	1 456	1 049	142	18	-	109	127	11	鹿 児 島		Kagoshima
-	10	58	14	444	358	9	9	-	19	45	4	沖 縄		Okinawa
-	-	-	30	20	15	1	-	-	-	-	4	不 詳		Not Stated
												14 大 都 市（再 掲）		14 major cities (Regrouped)
-	33	406	36	3 773	3 063	81	14	-	92	506	17	東京都区部		Ward areas of Tokyo
-	4	99	19	718	631	8	3	-	11	61	4	札 幌		Sapporo
-	5	58	9	399	289	5	7	-	25	72	1	仙 台		Sendai
-	3	35	4	402	336	2	1	-	3	59	1	さいたま		Saitama
-	1	35	1	306	257	9	5	-	8	26	1	千 葉		Chiba
-	17	196	14	1 289	1 029	35	11	-	51	157	6	横 浜		Yokohama
-	3	76	7	435	346	5	-	-	7	76	1	川 崎		Kawasaki
-	6	147	12	889	697	29	8	-	13	140	2	名 古 屋		Nagoya
-	5	92	9	721	591	2	6	-	17	102	3	京 都		Kyoto
-	7	147	13	1 128	967	2	5	-	21	121	8	大 阪		Osaka
-	12	74	8	582	480	11	5	-	22	61	3	神 戸		Kobe
-	5	45	7	469	359	12	4	-	41	46	7	広 島		Hiroshima
-	5	29	3	539	487	11	2	-	18	20	1	北 九 州		Kitakyushu
-	1	17	5	412	380	11	2	-	1	17	1	福 岡		Fukuoka

第19表 粗死亡率（人口10万対），
Statistics 19 Crude death rates (per 100,000 population)

心疾患　Heart diseases

国名 Country		年 Year	男 Male	女 Female	国名 Country		年 Year	男 Male	女 Female
アルバニア	Albania	2001	155.8	115.6	クウェート	Kuwait	2002	50.6	26.4
アルゼンチン	Argentina	2001	175.4	157.4	キルギス	Kyrgyz	2002	197.5	199.3
アルメニア	Armenia	2002	302.1	278.6	ラトビア	Latvia	2002	455.7	395.9
オーストラリア	Australia	2001	175.6	166.4	リトアニア	Lithuania	2002	449.3	438.1
オーストリア	Austria	2002	268.2	347.8	メキシコ	Mexico	2001	63.6	55.6
アゼルバイジャン	Azerbaijan	2002	*249.8	*227.1	モンゴリア	Mongolia	1994	88.6	75.2
バーレーン	Bahrain	2000	50.0	31.0	オランダ	Netherlands	2003	193.8	185.2
ベラルーシ	Belarus	2001	570.5	530.2	ニュージーランド	New Zealand	2000	205.4	180.6
ベルギー	Belgium	1997	240.6	261.2	ノルウェー	Norway	2001	267.1	267.6
ボスニア・ヘルツェゴビナ	Bosnia and Herzegovina	1991	195.3	171.7	パナマ	Panama	2000	58.9	45.9
ブラジル	Brazil	2000	90.0	72.8	パラグアイ	Paraguay	2000	47.2	37.4
ブルガリア	Bulgaria	2002	593.8	505.0	フィリピン	Philippines	1998	78.7	57.7
カナダ	Canada	2000	187.8	165.9	ポーランド	Poland	2002	259.4	219.0
チリ	Chile	2001	82.3	67.6	ポルトガル	Portuguese	2002	177.2	171.8
香港	Hong Kong	1999	72.8	65.9	プエルトリコ	Puerto Rico	2000	167.5	133.2
コロンビア	Colombia	1999	78.3	64.6	カタール	Qatar	1995	49.5	31.5
コスタリカ	Costa Rica	2002	78.9	62.7	韓国	Korea	2002	39.0	36.5
クロアチア	Croatia	2002	354.2	379.5	モルドバ	Moldova	2002	423.1	484.8
キューバ	Cuba	2001	182.4	160.9	ルーマニア	Romania	2002	367.8	316.9
チェコ	Czech Republic	2002	279.3	261.4	ロシア	Russia	2002	*553.4	*458.6
デンマーク	Denmark	1999	267.3	263.3	セルビア・モンテネグロ	Serbia and Montenegro	2000	*405.3	*407.0
エクアドル	Ecuador	2000	57.4	51.2	シンガポール	Singapore	2001	121.1	90.8
エジプト	Egypt	2000	125.4	99.9	スロバキア	Slovak	2000	326.2	334.0
エルサルバドル	El Salvador	1999	70.0	69.1	スロベニア	Slovenia	2002	199.3	217.9
エストニア	Estonia	2002	478.6	464.4	スペイン	Spain	2001	179.3	187.8
フィジー	Fiji	1999	85.3	25.3	スウェーデン	Sweden	2001	321.6	308.1
フィンランド	Finland	2002	281.2	285.7	スイス	Swiss	2000	*225.1	*249.8
フランス	France	2000	172.4	176.0	マケドニア	Macedonia	2000	291.0	259.9
ジョージア	Georgia	2001	388.8	380.3	タイ	Thailand	2000	38.9	26.2
ドイツ	Germany	2001	285.2	357.3	トリニダード・トバゴ	Trinidad and Tobago	1998	184.7	153.8
ギリシャ	Greece	2001	284.2	274.0	トルクメニスタン	Turkmenistan	1998	210.1	181.8
グアテマラ	Guatemala	1999	47.9	48.1	ウクライナ	Ukraine	2002	662.6	679.3
ガイアナ	Guyana	1996	79.6	91.9	イギリス	United Kingdom	2002	262.7	235.2
ハンガリー	Hungary	2002	361.8	342.4	アメリカ	United States of America	2000	241.8	244.4
アイルランド	Ireland	2001	231.7	192.7	ウルグアイ	Uruguay	2000	183.4	157.7
イタリア	Italy	2001	236.1	241.8	ウズベキスタン	Uzbekistan	2000	180.8	193.5
日本	Japan	2004	122.9	122.0	ベネズエラ	Venezuela	2000	93.4	68.0
カザフスタン	Kazakhstan	2002	335.3	292.8					

資料：WHO「WHO Statistical Information System Mortality Database」
注：＊は急性リウマチ熱を含む数値である。

心疾患－脳血管疾患・性・国別
from heart diseases and cerebrovascular diseases, by sex and country

脳血管疾患　Cerebrovascular diseases

国名 Country	年 Year	男 Male	女 Female	国名 Country	年 Year	男 Male	女 Female
アルバニア Albania	2001	89.1	86.3	クウェート Kuwait	2002	8.0	6.1
アルゼンチン Argentina	2001	61.5	59.3	キルギス Kyrgyz	2002	118.6	138.4
アルメニア Armenia	2002	117.3	153.6	ラトビア Latvia	2002	225.9	337.0
オーストラリア Australia	2001	50.5	75.0	リトアニア Lithuania	2002	120.9	179.3
オーストリア Austria	2002	75.8	124.4	メキシコ Mexico	2001	24.2	26.8
アゼルバイジャン Azerbaijan	2002	57.0	69.9	モンゴリア Mongolia	1994	41.7	39.7
バーレーン Bahrain	2000	13.1	12.6	オランダ Netherlands	2003	55.9	85.2
ベラルーシ Belarus	2001	175.5	222.3	ニュージーランド New Zealand	2000	55.3	82.5
ベルギー Belgium	1997	73.5	111.6	ノルウェー Norway	2001	78.8	109.8
ボスニア・ヘルツェゴビナ Bosnia and Herzegovina	1991	78.2	89.5	パナマ Panama	2000	37.6	38.3
ブラジル Brazil	2000	50.9	47.7	パラグアイ Paraguay	2000	29.7	31.5
ブルガリア Bulgaria	2002	273.9	281.1	フィリピン Philippines	1998	30.3	22.4
カナダ Canada	2000	42.1	58.9	ポーランド Poland	2002	94.0	119.9
チリ Chile	2001	47.6	49.5	ポルトガル Portuguese	2002	168.4	207.6
香港 Hong Kong	1999	50.4	55.2	プエルトリコ Puerto Rico	2000	42.1	42.6
コロンビア Colombia	1999	30.3	34.3	カタール Qatar	1995	13.3	21.9
コスタリカ Costa Rica	2002	21.8	24.5	韓国 Korea	2002	72.7	81.7
クロアチア Croatia	2002	169.1	206.2	モルドバ Moldova	2002	164.8	197.6
キューバ Cuba	2001	70.4	73.2	ルーマニア Romania	2002	238.8	267.2
チェコ Czech Republic	2002	130.5	192.1	ロシア Russia	2002	275.4	396.6
デンマーク Denmark	1999	79.4	108.3	セルビア・モンテネグロ Serbia and Montenegro	2000	164.1	200.6
エクアドル Ecuador	2000	22.3	21.8	シンガポール Singapore	2001	38.1	44.3
エジプト Egypt	2000	35.0	28.8	スロバキア Slovak	2000	81.5	91.4
エルサルバドル El Salvador	1999	17.7	16.5	スロベニア Slovenia	2002	86.3	114.4
エストニア Estonia	2002	160.5	247.1	スペイン Spain	2001	75.3	104.2
フィジー Fiji	1999	58.9	55.6	スウェーデン Sweden	2001	92.5	131.6
フィンランド Finland	2002	70.3	114.7	スイス Swiss	2000	49.8	76.6
フランス France	2000	55.7	74.2	マケドニア Macedonia	2000	154.2	169.3
ジョージア Georgia	2001	198.9	226.7	タイ Thailand	2000	16.1	11.1
ドイツ Germany	2001	71.2	118.8	トリニダード・トバゴ Trinidad and Tobago	1998	81.9	86.9
ギリシャ Greece	2001	140.9	197.0	トルクメニスタン Turkmenistan	1998	26.8	31.6
グアテマラ Guatemala	1999	16.3	17.0	ウクライナ Ukraine	2002	190.3	253.2
ガイアナ Guyana	1996	82.6	68.7	イギリス United Kingdom	2002	88.3	138.0
ハンガリー Hungary	2002	172.8	190.8	アメリカ United States of America	2000	46.9	71.8
アイルランド Ireland	2001	57.1	77.1	ウルグアイ Uruguay	2000	91.7	116.6
イタリア Italy	2001	95.7	132.4	ウズベキスタン Uzbekistan	2000	60.3	79.1
日本 Japan	2002	101.0	105.6	ベネズエラ Venezuela	2000	32.7	33.2
カザフスタン Kazakhstan	2002	121.1	150.4				

Source: WHO Statistical Information System Mortality Database, WHO
Note: The figures indicated with * include deaths from acute rheumatic fever.

第20表 粗死亡率（人口10万対），国・心疾患－脳血管疾患・
Statistics 20 Crude death rates (per 100,000 population) from heart diseases and
1951, 1955, 1960, 1965, 1970, 1975, 1980 and after

日 本 Japan

（心疾患粗死亡率・男）

年齢階級 Age group	昭和26年 1951	30年 1955	35年 1960	40年 1965	45年 1970	50年 1975	55年 1980	56年 1981	57年 1982	58年 1983	59年 1984	60年 1985	61年 1986	62年 1987	63年 1988
総数 Total	62.9	62.2	75.9	80.5	90.3	92.0	111.3	110.9	110.6	115.4	118.3	121.6	121.2	121.4	131.1
1歳未満	5.2	6.5	18.8	18.3	17.4	19.0	18.4	15.4	13.7	13.8	17.8	17.7	16.6	17.2	15.0
1～4	6.0	4.3	2.4	1.4	1.4	1.6	3.0	2.7	3.1	2.6	2.6	2.6	2.2	2.7	2.9
5～14	7.5	4.5	3.2	1.7	1.2	1.2	1.4	1.3	1.3	1.3	1.5	1.3	1.0	1.4	1.2
15～24	13.0	10.2	8.5	4.9	5.0	4.9	5.3	5.1	4.6	4.6	4.6	4.8	4.6	4.2	4.6
25～34	20.2	14.9	12.8	11.4	12.0	9.9	10.5	10.5	10.8	10.1	10.6	10.7	10.0	10.5	10.1
35～44	40.4	30.7	25.9	24.1	27.3	26.9	27.0	25.9	24.1	23.9	24.7	23.4	24.3	23.1	23.9
45～54	91.0	75.5	70.3	63.9	63.6	58.7	71.0	67.5	67.6	68.5	67.2	66.5	64.4	62.7	62.1
55～64	241.6	206.7	214.0	202.5	201.4	174.1	180.4	170.8	163.8	161.8	163.7	160.5	155.2	157.1	162.2
65～74	572.2	570.7	615.7	594.9	600.6	538.4	554.5	534.4	515.6	514.8	508.0	499.6	482.4	452.7	469.2
75歳以上	883.1	1 132.2	1 730.2	1 894.5	1 982.9	1 898.4	2 046.7	2 026.5	1 967.0	2 031.3	2 032.0	2 065.1	1 984.3	1 931.4	2 065.7

（心疾患粗死亡率・女）

年齢階級 Age group	昭和26年 1951	30年 1955	35年 1960	40年 1965	45年 1970	50年 1975	55年 1980	56年 1981	57年 1982	58年 1983	59年 1984	60年 1985	61年 1986	62年 1987	63年 1988
総数 Total	64.1	59.6	70.8	73.6	82.2	86.4	99.9	103.2	101.7	107.5	109.6	113.3	114.7	115.3	127.8
1歳未満	6.7	7.0	14.2	16.3	16.5	18.1	15.3	14.0	13.8	12.7	15.6	14.9	15.6	16.8	12.9
1～4	6.1	3.5	2.7	1.9	1.0	1.4	2.3	2.7	2.4	2.5	1.8	2.4	2.4	2.4	2.2
5～14	5.2	4.8	3.5	1.4	1.0	0.8	1.2	1.0	1.0	0.9	0.9	1.0	0.8	1.1	0.8
15～24	18.5	12.5	8.7	4.7	3.4	2.7	1.9	1.9	2.2	2.4	2.2	2.2	2.2	2.1	2.0
25～34	36.4	21.1	16.2	9.7	7.5	4.9	4.5	4.0	4.3	4.5	4.4	4.3	4.2	4.3	4.2
35～44	55.4	35.1	27.0	21.1	17.1	13.1	10.7	10.1	9.6	9.5	9.1	8.8	8.1	8.2	8.6
45～54	95.0	63.8	94.3	48.4	41.7	32.2	28.6	28.4	25.9	25.5	24.8	25.3	23.0	22.1	21.9
55～64	404.1	148.0	139.6	123.7	117.0	93.5	85.9	84.9	79.4	77.5	75.3	71.7	68.5	65.9	65.8
65～74	446.7	404.7	425.8	390.9	394.3	336.4	329.0	326.3	310.8	308.3	302.8	298.3	276.8	257.6	268.2
75歳以上	740.4	879.8	1 315.0	1 515.3	1 661.0	1 684.9	1 693.4	1 716.0	1 633.7	1 685.1	1 663.0	1 664.2	1 631.2	1 585.2	1 712.6

（脳血管疾患粗死亡率・男）

年齢階級 Age group	昭和26年 1951	30年 1955	35年 1960	40年 1965	45年 1970	50年 1975	55年 1980	56年 1981	57年 1982	58年 1983	59年 1984	60年 1985	61年 1986	62年 1987	63年 1988
総数 Total	126.3	143.1	172.3	192.2	190.3	164.2	141.8	135.4	125.3	122.6	116.1	110.6	104.0	98.4	101.4
1歳未満	1.5	1.1	2.5	3.3	4.6	6.3	5.7	4.7	5.7	4.5	4.3	3.4	3.0	2.2	3.3
1～4	1.0	0.6	0.5	0.4	0.8	0.4	0.4	0.4	0.4	0.5	0.3	0.4	0.3	0.4	0.3
5～14	0.8	0.5	0.5	0.4	0.5	0.4	0.5	0.3	0.3	0.3	0.2	0.3	0.4	0.3	0.2
15～24	2.0	2.1	1.8	1.6	1.6	1.2	0.9	1.0	1.0	0.9	0.9	1.0	0.9	0.7	0.9
25～34	5.7	4.7	5.9	7.1	6.9	5.5	4.7	4.6	4.6	4.3	3.9	3.5	3.2	3.0	3.5
35～44	30.9	32.2	31.9	34.6	39.6	34.6	25.6	23.0	21.6	20.3	18.5	17.8	16.4	15.3	16.0
45～54	143.5	169.0	168.1	156.8	121.8	98.1	83.5	80.4	72.7	69.0	64.2	60.3	57.8	49.7	49.2
55～64	524.5	574.9	610.9	565.4	444.5	310.9	204.7	185.3	167.8	160.5	146.9	136.2	126.4	117.3	118.0
65～74	1 515.3	1 557.0	1 645.1	1 703.0	1 510.8	1 092.7	763.1	698.8	619.6	571.8	518.5	472.8	417.9	369.3	362.8
75歳以上	2 634.3	2 755.5	3 472.8	3 991.0	3 995.4	3 420.1	2 776.1	2 621.8	2 355.1	2 265.9	2 108.7	1 957.2	1 776.8	1 657.2	1 667.1

（脳血管疾患粗死亡率・女）

年齢階級 Age group	昭和26年 1951	30年 1955	35年 1960	40年 1965	45年 1970	50年 1975	55年 1980	56年 1981	57年 1982	58年 1983	59年 1984	60年 1985	61年 1986	62年 1987	63年 1988
総数 Total	124.1	129.4	149.7	160.0	159.9	149.4	135.7	131.7	123.3	123.0	118.3	113.9	109.7	105.0	109.3
1歳未満	1.8	1.5	1.7	2.1	3.1	4.4	2.6	3.1	3.0	3.3	2.1	2.6	3.0	3.1	1.9
1～4	0.7	0.3	0.3	0.6	0.3	0.6	0.4	0.3	0.4	0.4	0.3	0.2	0.2	0.3	0.2
5～14	0.4	0.5	0.4	0.4	0.4	0.3	0.3	0.3	0.3	0.3	0.3	0.2	0.3	0.3	0.2
15～24	2.1	1.5	1.3	1.1	1.5	1.0	0.7	0.7	0.7	1.1	0.9	0.7	0.7	0.6	0.6
25～34	6.1	4.6	4.0	3.5	3.6	2.8	2.2	2.2	2.3	2.7	2.5	2.0	2.1	2.0	1.9
35～44	34.8	24.5	20.0	16.9	15.0	13.8	11.2	11.1	10.7	10.3	9.6	8.8	8.9	8.3	7.5
45～54	167.2	136.5	195.4	90.2	66.6	51.0	42.2	39.0	38.0	35.3	34.6	32.7	29.8	28.3	27.2
55～64	901.6	397.1	367.1	316.0	243.0	174.8	118.0	104.6	96.9	88.8	79.7	77.7	70.1	64.9	63.4
65～74	1 170.4	1 133.7	1 179.0	1 105.0	934.4	681.6	473.0	441.1	385.9	367.9	336.5	293.0	269.0	234.4	229.2
75歳以上	2 141.8	2 201.5	2 707.7	3 129.3	3 144.0	2 818.1	2 291.0	2 187.0	1 974.2	1 911.1	1 779.7	1 669.6	1 533.9	1 421.1	1 441.1

資料： WHO「WHO Statistical Information System Mortality Database」
注：1) 1951年～1975年の数値はWHOの死亡数及び人口をもとに算出した。
　　2) 1995年以降の心疾患は「I26 肺塞栓症」及び「I28 その他の肺血管の疾患」を含む。

性・年齢（10歳階級）別－1951・1955・1960・1965・1970・1975・1980年以降－
cerebrovascular diseases, by sex, country and age group (by 10-year age scale):

Crude death rates from heart diseases　　Male

平成元年 1989	2年 1990	3年 1991	4年 1992	5年 1993	6年 1994	7年 1995	8年 1996	9年 1997	10年 1998	11年 1999	12年 2000	13年 2001	14年 2002	15年 2003	年齢階級 Age group
129.5	135.7	138.4	142.6	145.4	129.7	115.4	113.9	115.2	117.2	121.8	118.6	119.3	122.9	…	総数 Total
18.9	14.2	16.9	23.0	20.2	12.3	13.8	10.5	11.5	14.1	13.7	10.8	11.4	13.0	…	1歳未満
3.0	3.1	2.9	3.1	3.5	2.4	1.7	1.6	1.9	1.8	1.5	1.7	1.7	1.3	…	1～4
1.1	1.3	1.3	1.1	1.4	1.0	1.2	0.9	0.9	0.9	0.8	0.9	1.0	0.7	…	5～14
4.2	4.3	4.4	4.2	4.6	3.6	3.6	3.5	3.6	3.6	3.3	3.2	3.4	3.5	…	15～24
9.7	10.2	10.9	9.9	9.7	8.8	7.2	7.8	7.6	8.1	7.5	8.0	7.6	7.6	…	25～34
22.6	23.0	24.7	24.5	24.5	21.3	19.0	18.9	18.4	18.8	20.2	18.7	19.3	19.7	…	35～44
61.0	62.4	61.3	60.9	60.5	54.3	48.0	50.0	49.5	50.3	51.0	50.3	51.3	53.7	…	45～54
154.1	160.8	161.0	160.2	161.5	144.4	129.3	123.5	122.5	119.5	121.7	118.6	118.5	115.1	…	55～64
448.5	436.9	425.6	419.4	416.6	366.7	328.2	317.7	310.2	311.5	315.3	294.7	285.7	282.8	…	65～74
1 974.6	2 017.4	1 994.2	2 021.4	2 004.1	1 725.8	1 452.5	1 371.7	1 347.3	1 316.0	1 318.3	1 196.3	1 139.7	1 125.7	…	75歳以上

Crude death rates from heart diseases　　Female

平成元年 1989	2年 1990	3年 1991	4年 1992	5年 1993	6年 1994	7年 1995	8年 1996	9年 1997	10年 1998	11年 1999	12年 2000	13年 2001	14年 2002	15年 2003	年齢階級 Age group
126.8	134.0	136.1	141.7	145.8	127.5	110.9	110.0	111.7	114.1	121.9	117.9	119.1	122.0	…	総数 Total
14.0	15.3	15.4	13.1	16.6	13.1	10.2	10.4	12.4	12.7	8.3	9.0	10.6	12.1	…	1歳未満
2.3	2.8	2.1	2.5	3.7	2.5	1.6	1.6	1.4	1.7	1.7	1.5	1.6	1.9	…	1～4
0.8	0.9	0.9	1.3	1.0	0.7	0.8	0.6	0.9	0.6	0.9	0.4	0.6	0.6	…	5～14
1.9	2.1	1.8	1.9	1.8	1.9	1.4	1.2	1.1	1.2	1.3	1.3	1.3	1.4	…	15～24
4.0	4.1	4.2	4.3	3.8	3.3	2.6	2.7	2.3	2.7	2.4	2.7	2.5	2.7	…	25～34
7.9	8.2	7.8	9.4	8.6	7.2	5.9	5.7	5.9	5.8	5.9	5.6	5.6	6.1	…	35～44
21.2	21.0	21.5	20.1	19.6	16.8	15.9	15.6	15.2	15.5	15.6	14.2	15.1	15.0	…	45～54
63.9	63.9	60.7	59.8	60.2	53.0	48.5	45.1	42.0	39.9	41.5	38.1	37.2	36.7	…	55～64
251.8	245.4	235.6	230.8	231.0	198.2	171.5	159.7	153.9	149.9	152.8	137.6	134.5	129.4	…	65～74
1 634.1	1 685.1	1 655.4	1 679.0	1 674.2	1 417.0	1 161.7	1 118.7	1 099.4	1 082.1	1 119.3	1 045.8	1 010.6	997.7	…	75歳以上

Crude death rates from cerebrovascular diseases　　Male

平成元年 1989	2年 1990	3年 1991	4年 1992	5年 1993	6年 1994	7年 1995	8年 1996	9年 1997	10年 1998	11年 1999	12年 2000	13年 2001	14年 2002	15年 2003	年齢階級 Age group
94.6	95.6	92.2	91.5	91.0	91.2	114.2	108.8	107.5	106.9	108.3	102.7	102.5	101.0	…	総数 Total
3.7	2.6	2.7	2.4	2.5	2.8	1.8	1.8	1.8	1.6	1.5	1.3	1.7	1.5	…	1歳未満
0.4	0.4	0.3	0.4	0.3	0.2	0.3	0.3	0.2	0.4	0.1	0.2	0.4	0.1	…	1～4
0.3	0.2	0.2	0.2	0.2	0.2	0.2	0.3	0.3	0.3	0.4	0.3	0.3	0.1	…	5～14
0.7	0.7	0.7	0.8	0.7	0.7	0.8	1.0	0.7	0.8	0.8	0.6	0.7	0.6	…	15～24
2.5	3.1	3.1	2.7	2.6	2.9	2.8	3.0	2.8	3.0	2.7	2.4	2.5	2.6	…	25～34
14.0	15.1	14.1	14.4	13.0	12.5	13.1	13.0	12.1	12.7	12.7	10.9	11.8	11.8	…	35～44
45.3	46.4	45.1	41.7	41.5	38.6	40.7	39.5	38.3	37.5	38.3	37.0	37.1	36.5	…	45～54
113.5	112.2	107.3	105.4	103.3	98.8	106.9	101.1	93.4	91.6	88.3	85.3	81.3	76.7	…	55～64
319.7	299.7	275.2	267.2	253.2	248.9	301.7	278.2	268.9	265.9	264.2	241.1	233.2	224.1	…	65～74
1 497.0	1 465.7	1 368.9	1 314.2	1 283.7	1 271.0	1 618.0	1 481.2	1 429.0	1 354.2	1 317.7	1 162.0	1 099.9	1 027.3	…	75歳以上

Crude death rates from cerebrovascular diseases　　Female

平成元年 1989	2年 1990	3年 1991	4年 1992	5年 1993	6年 1994	7年 1995	8年 1996	9年 1997	10年 1998	11年 1999	12年 2000	13年 2001	14年 2002	15年 2003	年齢階級 Age group
102.3	103.0	100.0	99.6	100.7	102.4	121.4	116.2	114.4	113.1	113.2	108.2	102.5	105.6	…	総数 Total
2.3	2.4	2.7	2.0	1.9	2.0	2.1	1.0	1.9	1.4	0.9	1.2	1.7	-	…	1歳未満
0.1	0.2	0.3	0.2	0.3	0.2	0.3	0.2	0.3	0.3	0.0	0.2	0.4	0.0	…	1～4
0.2	0.2	0.2	0.2	0.3	0.2	0.1	0.3	0.2	0.3	0.3	0.3	0.3	0.2	…	5～14
0.4	0.4	0.5	0.5	0.5	0.6	0.5	0.5	0.5	0.6	0.5	0.4	0.7	0.6	…	15～24
1.4	1.4	1.8	1.5	1.7	1.4	1.8	1.8	1.6	1.4	1.5	1.3	2.5	1.5	…	25～34
8.0	7.7	7.3	6.8	7.4	6.5	6.9	6.2	6.5	5.6	5.6	5.8	11.8	4.9	…	35～44
24.6	24.4	24.4	22.8	22.5	22.1	20.9	21.4	19.9	20.2	18.7	18.7	37.1	17.4	…	45～54
58.3	55.8	53.6	55.1	52.0	49.3	53.3	49.0	45.4	42.0	42.1	39.6	81.3	36.3	…	55～64
200.8	189.9	175.7	166.6	162.0	154.9	170.7	155.3	144.6	139.7	132.1	123.7	233.2	107.7	…	65～74
1 297.5	1 267.1	1 182.9	1 137.6	1 117.6	1 117.0	1 295.1	1 191.2	1 133.3	1 076.2	1 043.5	950.1	1 099.9	860.2	…	75歳以上

Source: WHO Statistical Information System Mortality Database, WHO
Notes: 1) The figures for 1951 through 1975 are calculated from the numbers of deaths and population data given by WHO.
2) Heart diseases since 1995 include "I26 Pulmonary embolism" and "I28 Other pulmonary vascular diseases."

第20表 粗死亡率（人口10万対），国・心疾患－脳血管疾患・
Statistics 20 Crude death rates (per 100,000 population) from heart diseases and
1951, 1955, 1960, 1965, 1970, 1975, 1980 and after

アメリカ United States of America

（心疾患粗死亡率・男）

年齢階級 Age group	昭和26年 1951	30年 1955	35年 1960	40年 1965	45年 1970	50年 1975	55年 1980	56年 1981	57年 1982	58年 1983	59年 1984	60年 1985	61年 1986	62年 1987	63年 1988
総数 Total	370.2	384.0	406.4	408.7	413.0	380.7	358.1	350.1	345.2	345.1	336.5	334.1	324.8	316.7	313.6
1歳未満	…	7.4	7.7	10.3	14.1	21.3	24.8	22.3	24.1	29.2	28.0	27.3	29.4	28.0	24.1
1～4	…	1.3	1.2	1.2	1.7	1.9	2.8	2.6	2.5	2.6	2.5	2.2	2.5	2.3	2.3
5～14	…	0.8	1.0	0.7	0.8	0.9	1.0	1.0	0.9	1.0	1.0	0.8	0.9	1.0	1.0
15～24	…	5.2	3.7	3.1	3.6	3.1	3.6	3.0	3.3	3.0	3.3	3.5	3.4	3.5	3.7
25～34	…	19.8	18.5	17.2	14.6	11.8	10.8	10.8	10.9	11.1	10.8	10.8	11.2	10.9	10.7
35～44	…	105.6	106.0	105.3	101.8	82.8	65.6	64.1	60.4	60.2	57.2	56.0	55.6	52.6	50.0
45～54	…	379.0	396.1	385.0	369.4	323.8	275.0	268.4	256.7	244.6	234.9	228.4	213.4	206.6	192.0
55～64	…	963.0	994.8	991.8	980.9	851.8	723.4	704.8	685.9	668.6	650.9	632.1	608.4	579.2	566.1
65～74	…	2 082.2	2 116.5	2 177.1	2 174.1	1 866.0	1 675.5	1 625.3	1 599.2	1 593.2	1 497.6	1 470.0	1 410.4	1 353.1	1 323.1
75歳以上	…	4 820.6	5 038.5	5 017.0	5 030.1	4 871.3	4 632.0	4 488.2	4 393.7	4 480.5	4 322.0	4 284.7	4 140.0	4 032.7	4 013.8

（心疾患粗死亡率・女）

年齢階級 Age group	昭和26年 1951	30年 1955	35年 1960	40年 1965	45年 1970	50年 1975	55年 1980	56年 1981	57年 1982	58年 1983	59年 1984	60年 1985	61年 1986	62年 1987	63年 1988
総数 Total	228.6	239.7	259.0	271.4	295.2	283.7	291.9	287.8	288.4	294.3	291.8	293.1	291.9	289.8	290.5
1歳未満	…	7.3	5.3	8.8	10.2	18.2	19.7	19.7	17.5	23.5	24.0	21.5	22.8	21.7	20.2
1～4	…	1.3	1.0	1.2	1.5	1.5	2.4	2.4	1.9	2.3	2.4	2.1	2.4	2.2	2.4
5～14	…	0.8	0.7	0.6	0.8	0.8	1.0	0.9	1.1	0.8	0.9	0.9	0.8	0.8	0.7
15～24	…	4.4	3.2	2.5	2.3	2.1	2.1	2.0	1.9	1.9	2.2	2.1	2.0	2.0	1.9
25～34	…	11.1	9.9	8.8	7.4	5.2	5.0	5.1	4.8	4.8	4.7	4.9	5.3	5.2	5.0
35～44	…	32.9	31.4	30.8	30.9	24.7	19.7	19.2	18.4	18.1	17.2	17.2	16.5	15.7	15.6
45～54	…	110.4	105.4	104.2	105.1	89.1	79.3	78.8	74.8	73.9	70.6	69.2	67.4	66.0	62.4
55～64	…	354.6	364.8	343.9	343.5	293.9	258.0	254.1	248.6	248.1	243.7	238.1	232.6	228.4	225.3
65～74	…	1 118.5	1 085.4	1 073.9	1 092.8	873.6	788.8	764.8	753.7	750.4	733.1	716.1	696.7	677.3	659.1
75歳以上	…	3 895.3	3 960.8	3 905.7	3 930.2	3 630.7	3 503.3	3 393.6	3 353.5	3 460.1	3 348.7	3 345.0	3 301.5	3 246.4	3 250.0

（脳血管疾患粗死亡率・男）

年齢階級 Age group	昭和26年 1951	30年 1955	35年 1960	40年 1965	45年 1970	50年 1975	55年 1980	56年 1981	57年 1982	58年 1983	59年 1984	60年 1985	61年 1986	62年 1987	63年 1988
総数 Total	102.5	104.0	104.5	98.3	93.8	81.3	63.4	59.6	56.8	55.3	53.6	52.3	50.4	49.8	49.9
1歳未満	…	6.2	5.0	5.2	5.5	5.2	4.9	4.4	4.3	4.7	3.5	4.5	3.3	3.8	4.1
1～4	…	1.1	0.9	0.7	1.2	0.9	0.4	0.3	0.3	0.4	0.4	0.4	0.3	0.4	0.4
5～14	…	0.8	0.7	0.6	0.7	0.5	0.3	0.3	0.3	0.3	0.3	0.2	0.2	0.2	0.2
15～24	…	1.8	1.9	1.5	1.7	1.5	1.1	0.9	0.7	0.8	0.9	0.7	0.7	0.6	0.8
25～34	…	5.1	4.5	4.4	4.3	3.4	2.6	2.7	2.5	2.4	2.3	2.2	2.3	2.3	2.4
35～44	…	16.3	14.6	15.4	15.8	11.6	8.6	8.6	7.8	7.7	7.9	7.4	7.7	7.5	7.5
45～54	…	56.3	52.2	48.2	44.1	33.9	27.3	26.5	25.5	24.2	24.5	23.1	21.7	21.8	21.0
55～64	…	181.3	163.9	149.8	139.5	108.0	74.6	71.6	67.3	65.9	63.6	62.8	59.9	59.7	59.5
65～74	…	576.1	530.7	496.6	456.8	363.1	258.0	242.1	228.4	216.3	205.4	197.8	185.0	178.1	176.5
75歳以上	…	1 819.0	1 873.3	1 718.0	1 604.6	1 463.9	1 114.6	1 022.8	960.9	947.5	892.6	859.6	821.5	802.0	794.5

（脳血管疾患粗死亡率・女）

年齢階級 Age group	昭和26年 1951	30年 1955	35年 1960	40年 1965	45年 1970	50年 1975	55年 1980	56年 1981	57年 1982	58年 1983	59年 1984	60年 1985	61年 1986	62年 1987	63年 1988
総数 Total	105.6	107.9	111.4	108.9	108.7	100.4	85.8	82.3	78.8	77.1	76.3	75.3	73.1	72.7	72.0
1歳未満	…	5.5	3.2	2.9	3.8	4.8	3.7	2.9	2.8	3.2	2.6	2.6	2.5	2.8	3.6
1～4	…	0.7	0.7	0.7	0.7	0.7	0.5	0.3	0.3	0.3	0.4	0.3	0.2	0.3	0.4
5～14	…	0.6	0.6	0.7	0.6	0.5	0.3	0.3	0.3	0.3	0.3	0.2	0.2	0.2	0.2
15～24	…	1.9	1.6	1.4	1.4	1.2	0.8	0.9	0.7	0.8	0.8	0.8	0.6	0.7	0.7
25～34	…	4.8	4.9	5.2	4.7	3.7	2.6	2.6	2.3	2.0	2.2	2.1	2.2	2.2	2.1
35～44	…	16.9	14.8	15.4	15.7	11.8	8.3	8.3	7.6	7.5	7.2	6.9	6.5	6.5	6.2
45～54	…	55.7	46.3	42.0	38.7	30.7	23.4	23.3	22.1	21.0	20.8	19.3	19.1	18.5	17.4
55～64	…	146.8	131.8	107.8	95.6	77.1	56.8	55.3	51.6	50.0	48.8	46.8	46.9	45.5	44.0
65～74	…	480.8	415.7	375.9	344.4	256.9	188.2	178.8	167.0	159.9	154.9	150.5	147.7	140.6	137.3
75歳以上	…	1 801.0	1 845.2	1 708.2	1 575.0	1 400.2	1 115.9	1 044.2	985.9	970.4	934.9	914.2	868.3	858.4	843.7

資料：WHO「WHO Statistical Information System Mortality Database」
注：1955年～1975年の数値はWHOの死亡数及び人口をもとに算出した。

性・年齢（10歳階級）別－1951・1955・1960・1965・1970・1975・1980年以降－
cerebrovascular diseases, by sex, country and age group (by 10-year age scale):

Crude death rates from heart diseases　　Male

平成元年 1989	2年 1990	3年 1991	4年 1992	5年 1993	6年 1994	7年 1995	8年 1996	9年 1997	10年 1998	11年 1999	12年 2000	13年 2001	14年 2002	15年 2003	年齢階級 Age group
296.2	289.5	284.4	278.9	283.5	275.5	273.5	267.9	262.7	258.1	255.9	241.8	…	…	…	総数 Total
20.4	20.8	18.7	18.4	17.9	18.1	17.3	16.8	17.6	15.3	13.3	12.5	…	…	…	1歳未満
2.0	1.8	2.3	2.0	1.9	1.7	1.6	1.4	1.4	1.4	1.3	1.3	…	…	…	1〜4
0.8	0.9	0.8	0.8	0.7	0.8	0.8	0.9	0.8	0.9	0.7	0.7	…	…	…	5〜14
3.2	3.0	3.4	3.4	3.4	3.3	3.5	3.2	3.4	3.4	3.4	3.1	…	…	…	15〜24
10.2	9.8	10.2	10.2	10.6	10.2	10.8	10.2	10.0	10.0	9.7	8.8	…	…	…	25〜34
46.8	45.5	45.0	45.2	44.7	43.7	44.2	41.3	40.4	40.6	40.0	38.2	…	…	…	35〜44
182.3	175.4	171.3	166.1	164.4	161.4	159.4	152.5	147.9	142.2	137.9	131.9	…	…	…	45〜54
532.3	519.1	502.3	484.8	481.0	459.7	446.1	433.7	415.5	390.3	376.3	356.3	…	…	…	55〜64
1 222.5	1 216.7	1 187.4	1 146.3	1 142.5	1 100.7	1 068.8	1 031.9	996.8	962.7	936.7	872.0	…	…	…	65〜74
3 764.2	3 700.9	3 581.1	3 485.7	3 552.4	3 411.6	3 366.7	3 266.9	3 170.2	3 078.0	3 045.0	3 011.9	…	…	…	75歳以上

Crude death rates from heart diseases　　Female

平成元年 1989	2年 1990	3年 1991	4年 1992	5年 1993	6年 1994	7年 1995	8年 1996	9年 1997	10年 1998	11年 1999	12年 2000	13年 2001	14年 2002	15年 2003	年齢階級 Age group
276.8	271.1	268.8	265.0	273.6	266.9	266.8	263.3	258.9	255.8	257.0	244.4	…	…	…	総数 Total
17.8	17.2	15.1	16.8	15.1	16.4	16.5	15.3	14.4	15.4	13.2	11.9	…	…	…	1歳未満
1.6	1.8	2.0	1.7	1.7	1.7	1.4	1.3	1.2	1.4	1.0	0.9	…	…	…	1〜4
0.8	0.7	0.7	0.7	0.8	0.8	0.7	0.8	0.6	0.7	0.6	0.5	…	…	…	5〜14
1.9	1.8	2.0	1.9	2.0	2.0	2.1	1.9	2.3	2.1	2.1	2.0	…	…	…	15〜24
4.9	4.7	5.0	5.1	5.3	5.7	5.2	5.2	5.4	5.4	5.3	4.7	…	…	…	25〜34
14.8	14.0	14.9	15.1	15.9	15.9	15.7	15.3	15.2	15.7	16.0	15.4	…	…	…	35〜44
57.4	56.7	55.4	54.0	53.8	52.8	51.9	52.5	49.8	48.4	47.9	45.9	…	…	…	45〜54
209.8	204.7	199.6	193.4	193.9	185.3	183.6	178.5	171.8	163.3	158.7	150.6	…	…	…	55〜64
611.1	590.9	576.0	563.2	564.8	542.4	533.2	520.1	505.8	498.2	483.7	455.6	…	…	…	65〜74
3 080.2	2 970.4	2 914.5	2 853.0	2 946.7	2 863.6	2 857.3	2 790.3	2 729.0	2 681.8	2 704.2	2 585.4	…	…	…	75歳以上

Crude death rates from cerebrovascular diseases　　Male

平成元年 1989	2年 1990	3年 1991	4年 1992	5年 1993	6年 1994	7年 1995	8年 1996	9年 1997	10年 1998	11年 1999	12年 2000	13年 2001	14年 2002	15年 2003	年齢階級 Age group
47.4	46.8	46.1	45.5	46.9	47.4	48.0	48.1	47.8	46.3	48.4	46.9	…	…	…	総数 Total
3.4	4.1	4.0	5.2	5.8	5.7	6.3	6.3	7.4	8.6	3.2	3.6	…	…	…	1歳未満
0.3	0.3	0.4	0.3	0.3	0.4	0.4	0.3	0.5	0.3	0.3	0.2	…	…	…	1〜4
0.3	0.2	0.2	0.2	0.3	0.2	0.2	0.2	0.2	0.2	0.2	0.2	…	…	…	5〜14
0.6	0.7	0.6	0.6	0.5	0.5	0.5	0.5	0.6	0.6	0.5	0.5	…	…	…	15〜24
2.1	2.1	1.8	1.9	2.0	1.8	1.9	1.7	1.7	1.7	1.6	1.5	…	…	…	25〜34
7.1	6.8	7.1	6.9	6.8	7.1	7.1	6.7	6.5	6.2	5.9	5.8	…	…	…	35〜44
20.0	20.5	20.3	19.3	19.6	20.1	19.8	20.0	19.2	18.5	17.1	17.5	…	…	…	45〜54
55.9	54.4	52.7	53.2	52.5	52.5	53.4	52.5	51.4	49.5	47.6	47.2	…	…	…	55〜64
164.3	166.8	163.8	155.8	157.4	156.0	155.9	154.7	153.1	145.7	149.0	145.0	…	…	…	65〜74
746.5	732.5	707.6	692.9	714.7	713.0	711.2	702.0	684.7	648.8	689.5	690.4	…	…	…	75歳以上

Crude death rates from cerebrovascular diseases　　Female

平成元年 1989	2年 1990	3年 1991	4年 1992	5年 1993	6年 1994	7年 1995	8年 1996	9年 1997	10年 1998	11年 1999	12年 2000	13年 2001	14年 2002	15年 2003	年齢階級 Age group
69.3	68.6	67.2	66.7	69.0	69.8	71.7	71.9	71.2	70.4	73.8	71.8	…	…	…	総数 Total
2.8	3.0	3.7	2.9	4.9	4.2	5.1	5.7	6.2	6.3	2.0	2.5	…	…	…	1歳未満
0.3	0.3	0.3	0.4	0.3	0.2	0.3	0.3	0.3	0.4	0.3	0.4	…	…	…	1〜4
0.2	0.2	0.2	0.1	0.2	0.2	0.2	0.2	0.2	0.2	0.2	0.2	…	…	…	5〜14
0.6	0.6	0.6	0.4	0.6	0.5	0.4	0.4	0.5	0.4	0.5	0.5	…	…	…	15〜24
2.1	2.2	2.0	1.9	1.8	2.1	1.7	1.8	1.7	1.8	1.5	1.5	…	…	…	25〜34
5.9	6.1	5.8	6.1	5.6	5.9	6.0	5.9	6.2	5.7	5.6	5.7	…	…	…	35〜44
16.9	17.0	16.4	15.7	15.8	15.8	15.5	15.9	14.8	14.6	14.0	14.5	…	…	…	45〜54
42.5	42.2	40.7	40.3	40.1	39.3	39.4	38.8	37.9	36.3	35.5	35.3	…	…	…	55〜64
128.9	126.9	120.7	119.2	118.7	119.5	122.2	120.1	120.1	117.2	118.5	115.1	…	…	…	65〜74
804.3	778.5	756.7	745.7	772.2	777.2	795.6	790.6	773.8	762.0	806.7	783.6	…	…	…	75歳以上

Source: WHO Statistical Information System Mortality Database, WHO
Note: The figures for 1955 through 1975 are calculated from the numbers of deaths and population data given by WHO.

第20表 粗死亡率（人口10万対），国・心疾患－脳血管疾患・
Statistics 20 Crude death rates (per 100,000 population) from heart diseases and
1951, 1955, 1960, 1965, 1970, 1975, 1980 and after

韓　国 Korea

（心疾患粗死亡率・男）

年齢階級 Age group	昭和26年 1951	30年 1955	35年 1960	40年 1965	45年 1970	50年 1975	55年 1980	56年 1981	57年 1982	58年 1983	59年 1984	60年 1985	61年 1986	62年 1987	63年 1988
総数 Total	…	…	…	…	…	…	…	…	…	…	…	50.6	46.1	44.8	42.9
1歳未満	…	…	…	…	…	…	…	…	…	…	…	24.5	24.8	36.1	25.7
1～4	…	…	…	…	…	…	…	…	…	…	…	9.8	11.6	9.5	7.0
5～14	…	…	…	…	…	…	…	…	…	…	…	9.3	8.9	7.2	5.1
15～24	…	…	…	…	…	…	…	…	…	…	…	18.6	16.2	14.3	13.2
25～34	…	…	…	…	…	…	…	…	…	…	…	23.7	22.3	20.2	18.6
35～44	…	…	…	…	…	…	…	…	…	…	…	44.9	45.1	38.1	39.8
45～54	…	…	…	…	…	…	…	…	…	…	…	91.2	79.3	78.6	81.1
55～64	…	…	…	…	…	…	…	…	…	…	…	178.9	157.3	152.1	141.3
65～74	…	…	…	…	…	…	…	…	…	…	…	360.1	316.1	313.4	281.8
75歳以上	…	…	…	…	…	…	…	…	…	…	…	993.6	896.5	911.4	782.7

（心疾患粗死亡率・女）

年齢階級 Age group	昭和26年 1951	30年 1955	35年 1960	40年 1965	45年 1970	50年 1975	55年 1980	56年 1981	57年 1982	58年 1983	59年 1984	60年 1985	61年 1986	62年 1987	63年 1988
総数 Total	…	…	…	…	…	…	…	…	…	…	…	39.6	35.9	36.6	34.7
1歳未満	…	…	…	…	…	…	…	…	…	…	…	30.1	23.8	29.5	23.8
1～4	…	…	…	…	…	…	…	…	…	…	…	10.2	10.5	10.6	5.5
5～14	…	…	…	…	…	…	…	…	…	…	…	9.8	8.6	8.8	5.8
15～24	…	…	…	…	…	…	…	…	…	…	…	13.2	10.5	9.7	8.3
25～34	…	…	…	…	…	…	…	…	…	…	…	12.4	11.8	11.5	10.4
35～44	…	…	…	…	…	…	…	…	…	…	…	19.9	20.6	18.6	17.0
45～54	…	…	…	…	…	…	…	…	…	…	…	42.5	35.0	34.6	31.9
55～64	…	…	…	…	…	…	…	…	…	…	…	85.7	74.9	75.2	71.3
65～74	…	…	…	…	…	…	…	…	…	…	…	199.0	179.1	176.1	172.2
75歳以上	…	…	…	…	…	…	…	…	…	…	…	681.1	649.1	666.2	639.1

（脳血管疾患粗死亡率・男）

年齢階級 Age group	昭和26年 1951	30年 1955	35年 1960	40年 1965	45年 1970	50年 1975	55年 1980	56年 1981	57年 1982	58年 1983	59年 1984	60年 1985	61年 1986	62年 1987	63年 1988
総数 Total	…	…	…	…	…	…	…	…	…	…	…	71.9	67.4	63.3	63.2
1歳未満	…	…	…	…	…	…	…	…	…	…	…	7.5	5.3	5.9	6.2
1～4	…	…	…	…	…	…	…	…	…	…	…	2.0	1.9	1.7	1.5
5～14	…	…	…	…	…	…	…	…	…	…	…	1.4	1.5	1.9	1.5
15～24	…	…	…	…	…	…	…	…	…	…	…	3.9	3.7	3.8	3.6
25～34	…	…	…	…	…	…	…	…	…	…	…	8.9	8.9	8.3	8.1
35～44	…	…	…	…	…	…	…	…	…	…	…	35.3	31.3	28.5	29.2
45～54	…	…	…	…	…	…	…	…	…	…	…	114.6	106.9	101.4	99.6
55～64	…	…	…	…	…	…	…	…	…	…	…	354.9	326.8	278.1	266.8
65～74	…	…	…	…	…	…	…	…	…	…	…	890.8	823.2	763.8	735.9
75歳以上	…	…	…	…	…	…	…	…	…	…	…	1 917.3	1 861.1	1 724.5	1 559.2

（脳血管疾患粗死亡率・女）

年齢階級 Age group	昭和26年 1951	30年 1955	35年 1960	40年 1965	45年 1970	50年 1975	55年 1980	56年 1981	57年 1982	58年 1983	59年 1984	60年 1985	61年 1986	62年 1987	63年 1988
総数 Total	…	…	…	…	…	…	…	…	…	…	…	61.6	58.7	57.6	58.2
1歳未満	…	…	…	…	…	…	…	…	…	…	…	7.1	3.4	5.7	5.5
1～4	…	…	…	…	…	…	…	…	…	…	…	1.7	1.2	2.1	2.3
5～14	…	…	…	…	…	…	…	…	…	…	…	1.4	1.5	2.0	1.5
15～24	…	…	…	…	…	…	…	…	…	…	…	2.9	2.7	2.2	2.3
25～34	…	…	…	…	…	…	…	…	…	…	…	3.9	4.2	4.3	4.1
35～44	…	…	…	…	…	…	…	…	…	…	…	18.5	16.8	16.5	15.6
45～54	…	…	…	…	…	…	…	…	…	…	…	69.4	66.3	59.5	61.0
55～64	…	…	…	…	…	…	…	…	…	…	…	181.0	173.1	162.6	156.4
65～74	…	…	…	…	…	…	…	…	…	…	…	479.5	460.7	440.2	443.4
75歳以上	…	…	…	…	…	…	…	…	…	…	…	1 214.5	1 158.2	1 114.3	1 059.9

資料：WHO「WHO Statistical Information System Mortality Database」

性・年齢（10歳階級）別―1951・1955・1960・1965・1970・1975・1980年以降―
cerebrovascular diseases, by sex, country and age group (by 10-year age scale):

Crude death rates from heart diseases　Male

平成元年 1989	2年 1990	3年 1991	4年 1992	5年 1993	6年 1994	7年 1995	8年 1996	9年 1997	10年 1998	11年 1999	12年 2000	13年 2001	14年 2002	15年 2003	年齢階級 Age group
40.8	41.0	43.7	39.8	41.0	43.1	38.9	38.3	37.6	41.2	42.0	40.4	36.1	39.0	…	総数 Total
-	-	10.1	8.3	6.4	11.3	9.2	9.7	6.5	14.0	10.9	11.7	5.2	5.8	…	1歳未満
5.3	1.2	3.1	1.7	1.6	2.4	1.2	1.5	1.3	1.6	1.4	1.1	0.6	0.6	…	1〜4
4.1	4.5	2.7	1.4	1.7	1.5	1.3	1.4	1.0	1.0	0.5	0.8	0.7	0.8	…	5〜14
10.8	10.2	8.2	5.7	5.0	5.1	3.7	3.4	3.3	3.4	2.5	2.0	2.0	2.4	…	15〜24
15.6	13.3	14.1	11.8	12.1	10.7	9.8	8.0	7.4	7.6	7.6	6.5	5.5	5.8	…	25〜34
36.1	30.5	33.5	26.6	28.4	26.4	25.1	23.7	20.6	21.9	22.3	19.3	17.0	17.4	…	35〜44
73.7	69.5	70.9	60.2	59.3	57.3	57.1	59.6	53.9	56.2	52.7	51.7	44.7	43.0	…	45〜54
137.3	125.4	139.3	121.1	115.5	113.3	125.9	123.3	122.8	128.3	126.0	114.2	99.4	100.9	…	55〜64
279.6	293.5	312.5	300.8	305.0	329.8	295.7	280.1	278.2	284.9	288.1	261.3	230.2	228.7	…	65〜74
821.0	973.3	979.9	969.1	1 028.0	1 133.1	762.3	711.3	669.7	741.6	744.6	750.0	640.7	734.4	…	75歳以上

Crude death rates from heart diseases　Female

平成元年 1989	2年 1990	3年 1991	4年 1992	5年 1993	6年 1994	7年 1995	8年 1996	9年 1997	10年 1998	11年 1999	12年 2000	13年 2001	14年 2002	15年 2003	年齢階級 Age group
34.2	36.5	39.9	38.6	40.5	43.1	35.1	33.0	33.7	35.7	36.9	37.3	32.9	36.5	…	総数 Total
0.3	-	12.4	6.8	7.1	12.1	9.7	8.5	8.6	12.1	10.9	10.6	6.8	5.5	…	1歳未満
5.9	1.5	4.8	1.8	1.6	1.8	1.4	1.7	1.6	1.6	2.0	1.2	0.8	0.7	…	1〜4
3.6	4.1	2.3	1.4	1.1	1.1	1.3	1.3	0.9	0.9	0.8	0.6	0.7	0.5	…	5〜14
7.8	6.2	5.0	3.7	3.1	3.1	2.2	1.9	2.1	2.4	2.1	1.7	1.0	1.1	…	15〜24
8.8	8.0	6.9	5.9	4.5	4.6	4.0	3.4	3.2	3.0	2.3	2.4	2.0	2.2	…	25〜34
15.0	13.2	12.2	10.6	10.2	7.3	7.3	6.4	6.7	6.5	5.9	5.3	4.3	4.1	…	35〜44
29.5	28.1	29.5	25.7	22.3	21.5	18.8	18.5	18.1	18.3	16.0	14.5	11.0	12.4	…	45〜54
66.6	64.1	68.6	59.6	56.7	55.5	55.2	49.7	48.1	48.8	49.3	46.9	37.5	39.2	…	55〜64
173.9	177.7	192.9	192.1	198.3	205.6	184.8	170.9	175.0	170.6	177.6	160.7	136.6	135.0	…	65〜74
670.8	782.1	866.1	868.6	944.0	1 031.0	668.7	610.5	597.0	633.3	635.8	667.6	591.6	661.1	…	75歳以上

Crude death rates from cerebrovascular diseases　Male

平成元年 1989	2年 1990	3年 1991	4年 1992	5年 1993	6年 1994	7年 1995	8年 1996	9年 1997	10年 1998	11年 1999	12年 2000	13年 2001	14年 2002	15年 2003	年齢階級 Age group
63.0	62.9	61.3	69.8	75.4	78.7	75.0	70.6	70.3	70.1	69.3	69.4	71.0	72.7	…	総数 Total
5.7	2.6	2.1	2.9	1.1	5.3	4.4	3.3	2.0	4.5	3.4	2.7	2.8	1.2	…	1歳未満
2.9	1.1	1.6	0.6	0.5	0.9	0.4	0.5	0.5	0.5	0.3	0.6	0.3	0.5	…	1〜4
0.9	1.2	1.4	0.4	0.4	0.5	0.7	0.3	0.4	0.7	0.3	0.4	0.3	0.3	…	5〜14
3.7	2.6	2.5	1.9	1.7	1.7	1.4	1.1	1.1	1.2	1.5	1.3	0.8	1.1	…	15〜24
7.5	6.6	6.2	5.7	5.1	4.5	4.6	4.4	3.9	4.4	3.7	3.8	3.2	3.8	…	25〜34
27.5	23.7	22.8	22.0	22.0	22.4	19.4	18.4	17.9	17.8	17.0	16.8	16.6	16.3	…	35〜44
98.6	86.7	83.4	81.0	81.4	74.8	74.7	65.6	64.6	57.8	57.8	54.4	54.8	52.3	…	45〜54
260.1	250.5	234.9	242.9	230.4	238.0	235.5	230.3	218.3	198.9	190.7	185.5	177.8	168.5	…	55〜64
689.7	698.8	674.7	769.4	817.4	815.0	803.4	723.3	688.5	650.3	616.9	580.3	566.0	538.6	…	65〜74
1 563.8	1 622.9	1 513.7	1 964.5	2 288.7	2 428.8	2 007.5	1 788.6	1 728.1	1 742.6	1 647.8	1 637.3	1 668.3	1 717.6	…	75歳以上

Crude death rates from cerebrovascular diseases　Female

平成元年 1989	2年 1990	3年 1991	4年 1992	5年 1993	6年 1994	7年 1995	8年 1996	9年 1997	10年 1998	11年 1999	12年 2000	13年 2001	14年 2002	15年 2003	年齢階級 Age group
58.4	59.9	61.0	74.9	82.3	86.6	83.2	77.9	75.4	76.6	76.7	77.1	76.7	81.7	…	総数 Total
2.7	1.9	3.6	2.7	1.5	3.3	2.1	4.6	1.8	2.6	2.7	3.0	1.5	1.7	…	1歳未満
1.4	0.6	1.3	0.4	0.8	1.0	0.5	0.4	0.8	0.6	0.7	0.6	0.4	0.6	…	1〜4
1.5	1.0	1.0	0.4	0.6	0.5	0.4	0.5	0.7	0.5	0.4	0.5	0.4	0.2	…	5〜14
2.3	1.7	1.5	1.3	1.3	1.5	0.9	0.9	1.2	0.9	1.0	0.9	0.7	1.1	…	15〜24
3.9	3.5	2.8	3.4	3.2	3.0	2.9	2.6	2.1	2.3	2.0	2.1	2.0	1.5	…	25〜34
14.0	11.5	12.3	11.3	11.1	9.5	9.8	10.1	9.0	8.3	8.0	7.8	6.9	6.7	…	35〜44
62.2	57.1	50.8	55.0	54.1	44.6	45.1	41.2	35.5	32.8	31.8	28.7	24.6	25.4	…	45〜54
149.1	145.7	143.1	154.6	153.9	155.1	146.2	137.4	123.5	113.9	106.4	99.8	91.4	87.7	…	55〜64
413.7	433.2	427.1	499.4	514.6	533.3	515.2	484.6	463.3	429.8	408.0	396.5	372.5	366.8	…	65〜74
1 083.5	1 096.4	1 127.3	1 491.6	1 711.8	1 832.0	1 553.1	1 367.9	1 295.1	1 344.9	1 334.5	1 326.8	1 327.0	1 414.8	…	75歳以上

Source: WHO Statistical Information System Mortality Database, WHO

第20表 粗死亡率（人口10万対），国・心疾患－脳血管疾患・
Statistics 20 Crude death rates (per 100,000 population) from heart diseases and
1951, 1955, 1960, 1965, 1970, 1975, 1980 and after

シンガポール Singapore

（心疾患粗死亡率・男）

年齢階級 Age group	昭和26年 1951	30年 1955	35年 1960	40年 1965	45年 1970	50年 1975	55年 1980	56年 1981	57年 1982	58年 1983	59年 1984	60年 1985	61年 1986	62年 1987	63年 1988
総数 Total	…	…	60.5	74.1	85.4	98.9	124.4	125.2	122.7	124.7	136.5	127.7	122.6	126.7	136.2
1歳未満	…	…	…	10.7	16.9	9.7	9.4	18.2	31.4	19.0	9.2	9.1	25.0	13.3	43.9
1～4	…	…	…	-	5.0	5.2	4.9	3.8	2.4	1.2	2.4	1.2	1.2	-	7.3
5～14	…	…	…	2.5	3.4	1.2	2.1	3.1	1.3	1.9	0.9	1.4	0.9	3.3	1.4
15～24	…	…	…	5.3	10.0	5.9	8.0	6.1	6.1	5.5	3.2	5.6	5.4	3.2	3.7
25～34	…	…	…	8.4	9.6	11.9	12.2	14.0	12.4	12.1	11.0	12.8	12.1	14.3	16.7
35～44	…	…	…	55.1	69.4	59.9	51.7	61.4	48.4	49.4	51.1	45.8	46.0	46.1	39.7
45～54	…	…	…	176.5	216.1	222.6	263.7	258.6	212.3	216.1	220.9	183.0	176.5	178.5	170.7
55～64	…	…	…	470.5	462.8	499.2	595.9	620.1	612.7	600.4	663.6	598.0	526.0	530.0	538.4
65～74	…	…	…	} 1 197.1	919.4	} 865.1	1 156.0	1 097.7	1 085.9	1 086.4	1 129.1	1 187.2	1 029.2	1 057.1	1 030.0
75歳以上	…	…	…		1 620.7		2 239.8	2 062.9	2 283.6	2 253.4	2 590.6	2 006.3	2 139.5	2 120.2	2 254.6

（心疾患粗死亡率・女）

年齢階級 Age group	昭和26年 1951	30年 1955	35年 1960	40年 1965	45年 1970	50年 1975	55年 1980	56年 1981	57年 1982	58年 1983	59年 1984	60年 1985	61年 1986	62年 1987	63年 1988
総数 Total	…	…	35.2	45.0	51.5	55.4	81.3	82.5	85.5	85.5	93.4	98.2	90.5	97.0	105.5
1歳未満	…	…	…	-	31.4	15.5	25.1	4.9	4.9	5.1	15.1	29.4	27.1	23.8	54.6
1～4	…	…	…	2.7	3.2	2.2	2.6	2.7	6.8	4.0	-	2.5	1.3	1.3	6.6
5～14	…	…	…	3.0	2.6	2.0	1.8	1.9	2.8	1.0	1.5	2.0	0.5	2.0	2.0
15～24	…	…	…	7.4	5.9	6.6	3.2	3.2	1.8	3.3	2.0	1.6	3.2	3.3	1.3
25～34	…	…	…	16.1	17.2	10.2	5.2	5.8	7.6	4.8	6.5	5.2	4.8	6.1	7.2
35～44	…	…	…	25.9	26.6	29.7	17.5	20.8	15.8	12.2	19.1	10.6	13.6	11.2	17.9
45～54	…	…	…	58.7	83.0	61.6	73.9	95.1	94.1	67.2	60.7	56.3	58.7	51.8	64.4
55～64	…	…	…	190.2	184.7	212.7	247.2	248.1	233.7	241.0	253.5	298.6	247.7	267.9	246.4
65～74	…	…	…	} 759.3	485.5	} 381.8	733.3	643.5	637.5	666.6	749.5	813.8	677.3	671.9	690.1
75歳以上	…	…	…		1 294.6		1 854.2	1 900.0	2 033.3	2 045.7	2 099.5	2 008.2	1 884.6	2 036.0	1 952.8

（脳血管疾患粗死亡率・男）

年齢階級 Age group	昭和26年 1951	30年 1955	35年 1960	40年 1965	45年 1970	50年 1975	55年 1980	56年 1981	57年 1982	58年 1983	59年 1984	60年 1985	61年 1986	62年 1987	63年 1988
総数 Total	…	…	33.8	39.6	51.2	52.3	55.5	53.0	50.9	49.4	51.2	51.8	47.5	45.9	46.2
1歳未満	…	…	…	7.1	25.4	24.2	9.4	-	-	14.3	4.6	4.5	15.1	4.4	11.0
1～4	…	…	…	1.7	1.0	-	-	-	-	-	1.2	-	-	-	-
5～14	…	…	…	0.4	0.7	0.4	0.8	0.4	0.9	0.9	0.9	1.9	-	-	0.5
15～24	…	…	…	2.9	3.0	1.5	3.0	1.0	1.7	0.7	1.1	1.9	0.4	0.4	0.4
25～34	…	…	…	5.3	4.4	1.8	2.5	6.0	3.9	0.8	1.1	2.1	1.4	4.4	2.4
35～44	…	…	…	17.7	31.1	20.8	16.2	19.5	15.5	12.7	9.0	9.7	7.1	8.3	9.5
45～54	…	…	…	91.2	108.7	74.9	69.8	63.2	68.0	52.9	67.8	62.7	46.6	38.4	61.6
55～64	…	…	…	226.7	288.1	240.4	248.5	218.3	211.3	207.4	187.9	194.7	158.9	185.9	133.4
65～74	…	…	…	} 769.2	641.1	} 536.9	595.9	546.4	490.2	465.2	478.9	518.3	473.1	386.8	415.4
75歳以上	…	…	…		1 137.9		1 405.0	1 401.6	1 320.9	1 380.3	1 389.3	1 169.8	1 209.1	1 082.0	898.1

（脳血管疾患粗死亡率・女）

年齢階級 Age group	昭和26年 1951	30年 1955	35年 1960	40年 1965	45年 1970	50年 1975	55年 1980	56年 1981	57年 1982	58年 1983	59年 1984	60年 1985	61年 1986	62年 1987	63年 1988
総数 Total	…	…	31.1	40.4	49.1	58.4	64.5	64.9	68.3	67.2	60.7	59.2	57.4	57.1	61.4
1歳未満	…	…	…	7.5	13.4	5.2	10.0	9.8	9.8	5.1	5.0	4.9	10.8	4.8	3.9
1～4	…	…	…	0.9	1.1	-	-	-	-	-	-	-	-	-	-
5～14	…	…	…	1.1	0.4	-	0.4	1.4	0.5	1.0	0.5	0.5	0.5	0.5	1.0
15～24	…	…	…	0.6	1.4	1.5	2.5	1.8	0.7	1.1	1.1	-	-	0.8	3.0
25～34	…	…	…	2.4	4.5	1.8	1.8	2.5	2.0	2.0	2.7	1.5	1.1	1.4	3.2
35～44	…	…	…	19.2	18.7	14.0	9.9	9.7	20.0	9.7	9.9	5.3	8.5	7.5	5.1
45～54	…	…	…	69.2	63.3	97.8	48.3	59.4	50.4	45.5	55.2	46.7	29.8	34.8	36.0
55～64	…	…	…	177.0	208.3	191.6	202.2	167.4	159.8	146.9	142.5	133.4	131.5	133.9	108.9
65～74	…	…	…	} 742.4	587.0	} 412.1	533.3	547.1	559.0	566.9	407.9	439.3	430.3	396.9	422.1
75歳以上	…	…	…		1 241.1		1 703.1	1 670.0	1 771.4	1 735.2	1 571.4	1 453.1	1 357.7	1 288.8	1 261.0

資料：WHO「WHO Statistical Information System Mortality Database」
注：1965年～1975年の数値はWHOの死亡数及び人口をもとに算出した。

性・年齢（10歳階級）別―1951・1955・1960・1965・1970・1975・1980年以降―
cerebrovascular diseases, by sex, country and age group (by 10-year age scale):

Crude death rates from heart diseases　Male

平成元年 1989	2年 1990	3年 1991	4年 1992	5年 1993	6年 1994	7年 1995	8年 1996	9年 1997	10年 1998	11年 1999	12年 2000	13年 2001	14年 2002	15年 2003	年齢階級 Age group
138.0	131.3	108.6	120.7	114.6	116.0	115.5	119.6	114.9	122.0	117.5	114.4	121.1	…	…	総数 Total
8.0	11.3	4.0	3.9	11.6	15.7	7.9	7.9	4.1	13.3	4.4	-	9.3	…	…	1歳未満
3.5	4.4	1.0	2.0	1.9	2.9	2.9	1.0	2.0	-	1.1	3.3	-	…	…	1～4
0.5	2.4	-	1.4	1.4	-	-	1.3	0.8	0.8	0.8	1.2	-	…	…	5～14
5.5	5.0	3.0	1.3	3.1	1.8	1.8	4.1	0.9	1.9	3.3	2.4	3.8	…	…	15～24
11.6	13.1	6.3	8.3	4.3	6.1	9.8	6.1	4.6	5.0	4.3	6.3	5.0	…	…	25～34
32.4	40.5	25.2	28.1	23.7	32.3	28.1	31.0	25.5	30.8	25.9	25.9	25.1	…	…	35～44
171.1	151.2	122.0	117.3	116.7	114.4	93.8	100.1	92.4	96.4	84.6	89.6	103.7	…	…	45～54
553.8	497.8	424.2	453.2	380.9	392.8	375.3	381.0	330.0	353.6	308.3	269.4	317.0	…	…	55～64
1 143.5	1 052.1	936.0	1 011.2	949.8	905.6	863.9	878.5	842.4	856.4	806.7	741.2	737.5	…	…	65～74
2 105.3	2 041.5	1 644.0	1 930.5	1 940.0	1 840.0	1 968.0	1 968.7	2 037.4	2 089.4	2 121.1	2 057.9	1 974.4	…	…	75歳以上

Crude death rates from heart diseases　Female

平成元年 1989	2年 1990	3年 1991	4年 1992	5年 1993	6年 1994	7年 1995	8年 1996	9年 1997	10年 1998	11年 1999	12年 2000	13年 2001	14年 2002	15年 2003	年齢階級 Age group
101.5	100.2	89.3	89.3	89.8	91.3	91.5	98.0	97.5	92.9	99.0	96.0	90.8	…	…	総数 Total
8.7	16.2	12.6	8.4	-	4.2	4.3	17.2	4.4	9.5	4.8	-	-	…	…	1歳未満
1.3	2.3	-	-	1.0	3.1	4.1	4.2	1.1	-	1.1	2.4	3.6	…	…	1～4
1.6	1.0	2.0	2.0	-	1.0	1.4	-	-	2.2	0.4	1.2	0.8	…	…	5～14
1.7	2.2	0.9	3.2	0.5	1.4	1.0	2.4	1.9	1.0	1.0	1.0	1.9	…	…	15～24
5.8	3.8	3.7	2.7	3.7	3.5	2.3	3.0	3.7	1.7	4.7	2.4	2.9	…	…	25～34
10.6	12.4	8.1	8.0	6.1	7.3	7.2	5.2	5.7	7.6	7.4	6.2	7.5	…	…	35～44
60.4	58.9	40.2	42.6	46.2	29.2	40.2	34.7	32.9	24.3	31.6	28.8	21.8	…	…	45～54
242.9	241.1	214.2	178.0	186.4	185.7	185.0	157.8	167.9	154.7	159.7	150.0	120.7	…	…	55～64
681.5	652.8	617.7	560.7	569.5	591.5	530.1	578.9	583.6	524.8	532.0	517.6	456.9	…	…	65～74
1 865.6	1 822.0	1 610.2	1 735.5	1 688.7	1 703.7	1 722.6	1 931.9	1 838.2	1 802.7	1 885.8	1 797.1	1 735.2	…	…	75歳以上

Crude death rates from cerebrovascular diseases　Male

平成元年 1989	2年 1990	3年 1991	4年 1992	5年 1993	6年 1994	7年 1995	8年 1996	9年 1997	10年 1998	11年 1999	12年 2000	13年 2001	14年 2002	15年 2003	年齢階級 Age group
53.2	57.2	52.2	52.5	46.2	50.2	48.1	53.6	47.9	46.5	44.4	41.8	38.1	…	…	総数 Total
12.1	-	4.0	-	-	3.9	-	4.0	-	-	-	-	-	…	…	1歳未満
-	-	-	-	-	-	-	-	-	-	-	-	-	…	…	1～4
-	1.0	0.5	0.5	0.9	-	-	0.9	-	-	-	0.8	0.4	…	…	5～14
0.4	0.8	0.4	0.4	0.4	-	0.5	-	1.4	0.5	0.5	0.5	0.5	…	…	15～24
2.8	3.3	2.0	2.7	1.3	2.4	2.1	0.4	1.4	1.1	0.4	1.5	1.5	…	…	25～34
12.7	8.9	8.0	10.0	9.3	7.5	6.9	6.1	3.0	8.4	4.4	5.3	5.0	…	…	35～44
43.8	61.9	45.8	49.1	38.5	33.1	25.4	41.9	36.6	31.6	22.3	21.5	17.9	…	…	45～54
166.3	175.8	162.2	128.7	159.2	131.6	130.9	123.6	119.3	104.1	111.3	93.5	77.0	…	…	55～64
478.2	487.0	421.4	422.4	351.9	404.8	398.4	377.0	347.0	301.9	275.9	277.5	234.9	…	…	65～74
1 065.8	1 149.4	1 128.0	1 173.7	891.4	1 083.6	992.9	1 236.9	1 023.8	1 053.0	1 028.7	887.2	829.5	…	…	75歳以上

Crude death rates from cerebrovascular diseases　Female

平成元年 1989	2年 1990	3年 1991	4年 1992	5年 1993	6年 1994	7年 1995	8年 1996	9年 1997	10年 1998	11年 1999	12年 2000	13年 2001	14年 2002	15年 2003	年齢階級 Age group
64.1	64.7	64.3	60.4	62.5	58.3	59.4	59.2	53.0	51.5	52.2	54.5	44.3	…	…	総数 Total
-	-	-	-	-	-	-	-	-	-	-	-	-	…	…	1歳未満
-	-	-	-	-	1.0	-	-	-	-	-	1.2	-	…	…	1～4
0.5	0.5	-	0.5	-	-	0.5	0.5	-	-	-	0.8	-	…	…	5～14
1.3	0.9	0.9	-	0.9	0.5	0.9	0.5	0.5	-	-	-	0.5	…	…	15～24
1.1	2.1	0.3	2.4	-	0.7	0.3	0.7	1.4	1.0	0.3	0.3	1.1	…	…	25～34
5.8	6.2	6.6	5.5	5.3	3.3	4.6	3.4	3.7	5.6	2.6	4.4	2.8	…	…	35～44
33.5	34.4	26.0	29.5	24.1	24.1	25.7	18.2	15.4	17.8	12.5	15.5	8.1	…	…	45～54
121.4	129.2	134.7	97.9	97.8	108.1	104.7	90.0	81.7	80.3	62.4	56.7	43.4	…	…	55～64
406.0	412.7	447.8	359.0	397.7	377.2	352.4	334.3	277.2	245.0	244.9	242.4	222.0	…	…	65～74
1 346.3	1 305.1	1 242.5	1 274.9	1 293.7	1 125.9	1 160.3	1 237.1	1 107.1	1 073.2	1 159.5	1 188.3	913.0	…	…	75歳以上

Source: WHO Statistical Information System Mortality Database, WHO
Note: The figures for 1965 through 1975 are calculated from the numbers of deaths and population data given by WHO.

第20表 (11-5)

第20表 粗死亡率（人口10万対），国・心疾患ー脳血管疾患・
Statistics 20 Crude death rates (per 100,000 population) from heart diseases and 1951, 1955, 1960, 1965, 1970, 1975, 1980 and after

フランス France　　　　　　　　　　　　　　　　　　　　　　　　　　　　　　　　（心疾患粗死亡率・男）

年齢階級 Age group	昭和26年 1951	30年 1955	35年 1960	40年 1965	45年 1970	50年 1975	55年 1980	56年 1981	57年 1982	58年 1983	59年 1984	60年 1985	61年 1986	62年 1987	63年 1988
総数 Total	228.3	215.0	209.8	204.4	197.8	211.3	209.8	205.5	201.5	204.9	201.5	208.6	202.3	195.9	189.0
1歳未満	15.9	12.5	7.8	5.2	14.9	12.5	9.5	12.6	7.6	7.8	6.4	9.4	7.0	8.6	11.1
1〜4	3.0	3.1	2.0	1.5	1.8	0.9	1.3	1.6	1.1	1.2	1.7	1.5	1.9	1.4	1.0
5〜14	2.8	1.8	0.8	0.5	0.8	1.1	0.7	0.9	0.7	1.0	0.7	0.8	0.7	0.8	0.6
15〜24	5.7	5.1	3.2	2.8	2.0	2.7	2.9	2.7	2.8	2.4	2.3	2.5	2.0	2.3	1.7
25〜34	7.3	10.3	8.7	9.6	7.4	6.0	7.8	7.3	6.3	6.9	7.3	7.2	7.7	7.1	6.5
35〜44	32.5	31.7	29.6	35.8	34.3	33.7	32.1	28.0	28.1	26.1	27.2	27.8	29.8	28.2	29.1
45〜54	157.3	114.5	120.6	120.1	101.2	121.4	111.0	108.2	107.4	103.3	100.8	99.9	100.5	89.8	82.5
55〜64	464.7	362.3	363.7	361.9	333.3	336.0	289.4	278.3	282.7	278.7	284.5	286.7	272.6	253.5	237.1
65〜74	1 186.7	1 021.4	982.1	925.7	890.9	905.8	825.9	798.8	795.1	796.5	759.4	749.0	730.1	666.0	602.3
75歳以上	2 959.4	2 797.7	2 811.4	2 665.9	2 564.7	2 611.5	2 483.3	2 458.0	2 373.1	2 447.9	2 380.9	2 472.8	2 521.6	2 292.9	2 227.4

（心疾患粗死亡率・女）

年齢階級 Age group	昭和26年 1951	30年 1955	35年 1960	40年 1965	45年 1970	50年 1975	55年 1980	56年 1981	57年 1982	58年 1983	59年 1984	60年 1985	61年 1986	62年 1987	63年 1988
総数 Total	226.0	208.7	205.7	199.7	196.0	201.5	214.2	211.0	204.8	209.8	204.5	212.8	206.2	198.2	195.9
1歳未満	18.6	9.4	8.8	3.6	13.5	10.5	8.7	8.4	6.7	8.2	5.9	4.3	7.1	6.9	8.5
1〜4	3.1	4.2	1.7	1.9	1.5	1.6	1.1	1.5	1.6	1.6	1.2	1.4	1.4	1.5	1.6
5〜14	2.7	1.7	1.0	0.5	0.6	0.6	0.9	0.6	0.7	0.7	0.7	0.6	0.4	0.7	0.6
15〜24	4.8	3.6	2.7	2.0	1.3	1.4	1.3	1.5	1.6	1.6	1.4	1.4	1.6	1.3	1.1
25〜34	10.1	8.3	4.8	5.4	3.6	2.9	3.0	2.5	2.5	2.7	2.6	3.1	2.7	2.4	2.4
35〜44	24.5	19.3	11.4	12.7	9.8	8.0	9.7	7.7	6.8	6.3	5.8	5.8	6.2	5.6	5.7
45〜54	68.7	56.1	44.1	37.8	31.9	27.7	23.8	22.3	22.5	22.7	20.8	21.5	21.0	18.8	17.3
55〜64	214.2	168.7	145.1	132.7	117.6	105.4	80.4	77.8	76.5	74.7	77.3	78.5	73.7	67.9	64.2
65〜74	718.0	612.7	549.2	503.2	452.9	421.5	373.5	366.6	366.4	354.9	343.6	331.8	308.4	277.3	250.0
75歳以上	2 414.1	2 257.7	2 240.8	2 127.4	2 028.5	2 048.4	2 096.8	2 056.7	1 990.2	2 042.8	1 967.5	2 036.4	2 060.6	1 873.4	1 844.4

（脳血管疾患粗死亡率・男）

年齢階級 Age group	昭和26年 1951	30年 1955	35年 1960	40年 1965	45年 1970	50年 1975	55年 1980	56年 1981	57年 1982	58年 1983	59年 1984	60年 1985	61年 1986	62年 1987	63年 1988
総数 Total	137.3	136.3	125.5	120.6	132.5	128.6	108.9	106.1	100.5	99.5	95.4	97.1	92.9	84.5	79.1
1歳未満	23.9	29.5	12.1	6.6	4.4	4.5	2.7	1.9	2.9	2.6	1.8	2.0	2.0	3.1	2.0
1〜4	1.7	1.7	1.1	1.4	1.2	1.2	0.3	0.5	0.3	0.3	0.6	0.2	0.1	0.7	0.3
5〜14	0.6	0.6	0.6	0.5	0.9	0.5	0.5	0.3	0.2	0.5	0.4	0.4	0.4	0.2	0.3
15〜24	2.0	1.7	1.1	1.2	1.6	1.4	1.3	1.3	1.4	1.4	1.3	1.2	1.2	1.2	1.1
25〜34	3.2	4.4	3.6	2.9	3.7	3.3	3.5	3.5	3.0	3.6	4.1	3.3	3.3	2.9	2.5
35〜44	15.1	15.6	11.2	11.7	12.6	13.6	11.5	9.9	9.2	9.4	9.1	9.4	9.0	8.9	7.3
45〜54	80.5	64.7	49.7	47.7	41.4	43.0	37.0	32.1	31.4	31.0	29.6	27.8	27.7	25.8	21.1
55〜64	249.6	201.5	172.2	159.3	159.4	135.4	91.9	94.4	91.0	88.5	89.2	86.8	81.5	73.7	69.4
65〜74	728.1	655.2	581.4	526.0	550.3	497.9	377.6	365.2	341.3	336.7	316.9	297.1	280.0	238.3	212.8
75歳以上	1 906.7	1 898.7	1 964.4	1 924.3	2 161.4	1 990.0	1 573.7	1 533.0	1 450.4	1 419.8	1 340.9	1 379.2	1 394.0	1 170.5	1 091.2

（脳血管疾患粗死亡率・女）

年齢階級 Age group	昭和26年 1951	30年 1955	35年 1960	40年 1965	45年 1970	50年 1975	55年 1980	56年 1981	57年 1982	58年 1983	59年 1984	60年 1985	61年 1986	62年 1987	63年 1988
総数 Total	150.6	151.2	147.5	143.4	161.3	163.6	142.0	141.4	135.0	134.9	126.9	129.9	122.9	113.5	106.7
1歳未満	15.6	15.1	7.1	5.2	3.4	1.9	2.8	1.8	1.5	3.0	1.6	1.6	2.1	2.9	0.8
1〜4	1.4	1.2	0.6	0.8	0.9	0.7	0.2	0.5	0.2	0.5	0.4	0.3	0.4	0.5	0.3
5〜14	0.9	0.3	0.7	0.4	0.7	0.6	0.4	0.3	0.3	0.5	0.2	0.3	0.3	0.3	0.3
15〜24	1.4	1.2	0.8	0.9	1.1	0.9	1.1	0.6	0.8	0.9	1.0	1.0	0.6	0.9	0.8
25〜34	3.4	2.5	2.1	2.0	2.1	2.3	2.4	2.1	2.4	2.5	2.3	1.9	2.2	2.1	2.0
35〜44	12.9	11.0	7.4	7.5	7.3	7.5	6.4	5.4	5.5	5.4	5.5	5.2	4.6	4.7	4.5
45〜54	55.3	47.0	38.1	30.1	25.4	24.0	18.9	18.2	15.7	16.7	14.9	14.0	12.8	12.5	11.3
55〜64	164.1	146.9	112.8	92.7	87.0	67.5	45.6	44.4	44.1	43.2	42.0	36.3	34.5	32.5	30.7
65〜74	512.8	470.4	412.3	354.3	347.0	298.2	211.1	210.3	202.4	200.9	180.5	176.4	158.8	130.1	113.5
75歳以上	1 499.4	1 544.3	1 554.2	1 544.8	1 728.6	1 739.9	1 436.8	1 422.5	1 356.2	1 339.9	1 251.5	1 277.3	1 261.7	1 099.8	1 024.4

資料：WHO「WHO Statistical Information System Mortality Database」
注：1951年〜1975年の数値はWHOの死亡数及び人口をもとに算出した。

性・年齢（10歳階級）別－1951・1955・1960・1965・1970・1975・1980年以降－
cerebrovascular diseases, by sex, country and age group (by 10-year age scale):

Crude death rates from heart diseases　Male

平成元年 1989	2年 1990	3年 1991	4年 1992	5年 1993	6年 1994	7年 1995	8年 1996	9年 1997	10年 1998	11年 1999	12年 2000	13年 2001	14年 2002	15年 2003	年齢階級 Age group
183.8	178.8	180.5	176.8	180.0	173.9	179.3	180.2	176.3	172.6	172.0	172.4	…	…	…	総数 Total
9.4	8.4	8.2	7.6	7.7	6.9	5.6	6.9	5.1	8.2	5.2	10.6	…	…	…	1歳未満
1.2	1.1	1.2	0.9	1.4	0.8	0.6	0.6	0.8	1.0	1.1	0.5	…	…	…	1～4
0.5	0.5	0.4	0.4	0.6	0.4	0.3	0.4	0.4	0.3	0.4	0.4	…	…	…	5～14
1.3	1.8	1.8	1.7	1.9	1.6	1.7	1.3	1.5	1.8	1.9	1.8	…	…	…	15～24
6.0	5.8	5.8	5.8	5.2	5.0	4.6	4.8	4.8	4.2	4.6	3.9	…	…	…	25～34
26.9	28.6	27.7	25.9	25.2	24.6	24.3	24.4	23.4	22.9	23.0	22.0	…	…	…	35～44
77.1	72.7	71.6	69.2	65.4	65.1	65.1	64.8	65.1	67.4	68.8	67.5	…	…	…	45～54
226.0	213.3	211.9	198.4	197.7	187.0	179.5	182.1	172.8	171.5	161.1	157.5	…	…	…	55～64
558.3	538.1	551.0	547.0	538.7	522.8	531.2	512.2	499.3	483.6	475.2	465.9	…	…	…	65～74
2 178.3	2 155.3	2 217.5	2 215.0	2 322.1	2 227.7	2 226.7	2 176.1	2 057.1	2 084.1	2 008.5	1 981.8	…	…	…	75歳以上

Crude death rates from heart diseases　Female

平成元年 1989	2年 1990	3年 1991	4年 1992	5年 1993	6年 1994	7年 1995	8年 1996	9年 1997	10年 1998	11年 1999	12年 2000	13年 2001	14年 2002	15年 2003	年齢階級 Age group
194.4	187.7	189.1	184.6	189.6	182.0	187.0	188.8	183.7	177.8	176.5	176.0	…	…	…	総数 Total
8.8	8.9	7.3	7.2	9.8	5.2	5.1	5.3	7.4	6.7	4.1	6.6	…	…	…	1歳未満
1.4	0.9	1.6	1.5	1.5	0.5	0.7	0.4	1.2	1.0	1.0	0.9	…	…	…	1～4
0.4	0.2	0.4	0.6	0.4	0.6	0.5	0.3	0.3	0.3	0.4	0.4	…	…	…	5～14
0.9	1.1	1.0	1.1	0.9	1.1	0.9	0.8	0.8	0.9	0.8	1.0	…	…	…	15～24
2.3	2.2	1.9	2.2	2.6	1.9	1.9	2.1	1.7	2.1	2.4	2.0	…	…	…	25～34
6.3	5.1	5.5	6.6	5.3	5.6	6.1	6.2	5.7	5.4	5.2	5.0	…	…	…	35～44
15.7	15.5	16.1	16.1	14.7	13.4	14.3	14.2	14.8	14.0	14.4	15.2	…	…	…	45～54
61.0	56.4	56.6	53.7	54.7	50.8	48.9	45.9	44.8	46.9	43.1	39.4	…	…	…	55～64
226.0	211.0	211.9	211.2	209.1	210.7	200.0	197.6	184.6	190.5	178.9	168.1	…	…	…	65～74
1 825.6	1 819.0	1 876.8	1 864.4	1 958.2	1 882.5	1 890.9	1 864.3	1 778.2	1 753.3	1 697.3	1 671.6	…	…	…	75歳以上

Crude death rates from cerebrovascular diseases　Male

平成元年 1989	2年 1990	3年 1991	4年 1992	5年 1993	6年 1994	7年 1995	8年 1996	9年 1997	10年 1998	11年 1999	12年 2000	13年 2001	14年 2002	15年 2003	年齢階級 Age group
75.8	71.4	71.3	67.7	67.2	63.5	64.1	63.5	61.8	58.3	58.1	55.7	…	…	…	総数 Total
2.3	3.1	1.0	1.3	1.4	0.5	1.3	2.7	1.9	2.1	4.2	3.3	…	…	…	1歳未満
0.3	0.2	0.2	0.4	0.4	0.4	0.1	0.1	0.1	0.1	0.2	0.2	…	…	…	1～4
0.3	0.2	0.3	0.2	0.5	0.3	0.1	0.2	0.2	0.2	0.3	0.2	…	…	…	5～14
1.2	0.8	1.1	0.9	0.8	0.9	0.5	0.7	0.7	0.5	0.9	0.7	…	…	…	15～24
2.4	2.8	2.2	2.3	2.4	2.2	2.1	2.2	1.8	1.7	2.1	1.4	…	…	…	25～34
8.0	8.1	7.8	7.2	7.9	7.5	7.5	7.0	6.7	6.2	6.7	5.2	…	…	…	35～44
22.1	21.2	19.7	17.9	18.4	16.6	16.6	16.3	16.4	16.0	17.1	14.7	…	…	…	45～54
63.9	59.6	59.1	53.4	55.0	49.4	51.0	44.9	46.7	45.2	44.1	39.0	…	…	…	55～64
192.4	172.8	179.1	172.7	172.5	164.4	164.6	167.2	154.4	153.7	149.1	140.6	…	…	…	65～74
1 037.2	998.8	1 016.8	987.1	977.6	924.9	889.0	845.3	800.0	765.9	731.4	699.8	…	…	…	75歳以上

Crude death rates from cerebrovascular diseases　Female

平成元年 1989	2年 1990	3年 1991	4年 1992	5年 1993	6年 1994	7年 1995	8年 1996	9年 1997	10年 1998	11年 1999	12年 2000	13年 2001	14年 2002	15年 2003	年齢階級 Age group
104.3	99.0	98.2	92.8	90.9	85.8	85.1	84.9	82.6	78.4	77.2	74.2	…	…	…	総数 Total
0.5	1.1	2.4	1.7	2.0	1.4	1.4	0.3	0.3	2.2	1.7	4.0	…	…	…	1歳未満
0.2	0.1	0.1	0.2	0.3	0.2	0.2	0.2	0.1	0.3	0.1	0.2	…	…	…	1～4
0.3	0.2	0.3	0.3	0.1	0.2	0.3	0.1	0.1	0.2	0.2	0.2	…	…	…	5～14
0.8	0.7	0.8	0.4	0.6	0.7	0.5	0.6	0.5	0.5	0.7	0.3	…	…	…	15～24
1.9	1.7	1.4	1.5	1.8	1.7	1.4	1.4	1.4	1.4	1.7	1.6	…	…	…	25～34
4.7	4.0	5.1	4.4	4.7	4.0	4.0	4.6	3.9	4.7	4.2	3.9	…	…	…	35～44
11.3	10.2	10.5	10.0	9.0	9.4	8.2	8.7	9.0	8.4	7.7	8.3	…	…	…	45～54
27.0	28.4	26.7	25.9	23.5	23.0	21.0	21.0	21.0	20.5	21.3	18.0	…	…	…	55～64
102.8	98.2	97.4	93.8	92.8	91.4	91.1	86.3	81.5	85.6	79.9	76.1	…	…	…	65～74
995.3	967.7	984.0	947.7	943.6	890.2	857.0	834.3	793.2	763.1	731.8	690.7	…	…	…	75歳以上

Source: WHO Statistical Information System Mortality Database, WHO
Note: The figures for 1951 through 1975 are calculated from the numbers of deaths and population data given by WHO.

第20表 粗死亡率（人口10万対）, 国・心疾患－脳血管疾患・
Statistics 20 Crude death rates (per 100,000 population) from heart diseases and
1951, 1955, 1960, 1965, 1970, 1975, 1980 and after

ドイツ連邦共和国 Germany　　　　　　　　　　　　　　　　　　　　　　　　　　　　（心疾患粗死亡率・男）

年齢階級 Age group	昭和26年 1951	30年 1955	35年 1960	40年 1965	45年 1970	50年 1975	55年 1980	56年 1981	57年 1982	58年 1983	59年 1984	60年 1985	61年 1986	62年 1987	63年 1988
総数 Total	253.3	223.2	246.9	283.7	321.7	346.6	370.8	…	…	…	…	377.7	…	…	…
1歳未満	243.1	4.7	4.9	2.2	4.1	2.9	3.5	…	…	…	…	6.3	…	…	…
1～4	18.3	2.1	1.5	0.7	0.6	0.9	0.7	…	…	…	…	0.4	…	…	…
5～14	7.5	1.9	1.0	0.6	0.4	0.5	0.3	…	…	…	…	0.7	…	…	…
15～24	12.8	5.6	3.9	2.9	2.6	2.6	2.7	…	…	…	…	2.4	…	…	…
25～34	23.9	13.1	11.6	11.4	10.1	8.6	9.0	…	…	…	…	7.9	…	…	…
35～44	53.3	41.5	44.3	53.2	52.9	44.9	49.2	…	…	…	…	42.2	…	…	…
45～54	155.9	152.5	172.2	209.6	188.4	195.9	198.1	…	…	…	…	167.2	…	…	…
55～64	453.3	463.9	520.3	600.0	591.2	609.2	568.5	…	…	…	…	547.4	…	…	…
65～74	1 248.9	1 109.9	1 210.5	1 374.3	1 524.0	1 564.0	1 601.4	…	…	…	…	1 546.0	…	…	…
75歳以上	3 452.4	2 644.1	2 712.2	2 942.2	3 897.3	4 205.6	4 164.6	…	…	…	…	4 274.5	…	…	…

（心疾患粗死亡率・女）

年齢階級 Age group	昭和26年 1951	30年 1955	35年 1960	40年 1965	45年 1970	50年 1975	55年 1980	56年 1981	57年 1982	58年 1983	59年 1984	60年 1985	61年 1986	62年 1987	63年 1988
総数 Total	233.2	178.5	183.3	207.5	272.4	310.6	346.1	…	…	…	…	381.8	…	…	…
1歳未満	178.1	4.4	5.0	1.4	3.5	3.1	2.3	…	…	…	…	4.2	…	…	…
1～4	14.4	1.4	1.2	0.9	0.7	1.1	1.1	…	…	…	…	1.3	…	…	…
5～14	6.9	1.5	0.8	0.5	0.3	0.7	0.7	…	…	…	…	0.4	…	…	…
15～24	12.2	4.7	2.6	2.0	1.5	1.2	1.6	…	…	…	…	0.9	…	…	…
25～34	18.5	11.1	7.6	5.8	4.0	3.7	3.6	…	…	…	…	3.2	…	…	…
35～44	36.8	22.4	19.0	18.4	18.2	12.2	12.0	…	…	…	…	10.0	…	…	…
45～54	91.3	60.6	56.9	61.0	56.2	50.8	46.5	…	…	…	…	38.7	…	…	…
55～64	286.1	203.7	195.3	201.2	195.7	188.4	162.8	…	…	…	…	169.4	…	…	…
65～74	1 098.8	787.2	716.6	702.3	754.3	721.2	699.6	…	…	…	…	683.9	…	…	…
75歳以上	3 425.9	2 470.4	2 332.6	2 266.7	3 088.5	3 236.3	3 194.7	…	…	…	…	3 198.1	…	…	…

（脳血管疾患粗死亡率・男）

年齢階級 Age group	昭和26年 1951	30年 1955	35年 1960	40年 1965	45年 1970	50年 1975	55年 1980	56年 1981	57年 1982	58年 1983	59年 1984	60年 1985	61年 1986	62年 1987	63年 1988
総数 Total	123.8	160.4	164.5	165.3	153.8	143.8	137.0	…	…	…	…	120.6	…	…	…
1歳未満	6.1	0.8	1.7	2.2	1.9	1.0	1.6	…	…	…	…	-	…	…	…
1～4	0.4	0.3	0.3	0.7	0.6	0.2	-	…	…	…	…	0.2	…	…	…
5～14	0.4	0.2	0.3	0.3	0.6	0.4	0.4	…	…	…	…	0.3	…	…	…
15～24	1.7	1.0	0.8	0.7	0.9	0.9	0.9	…	…	…	…	0.8	…	…	…
25～34	3.5	2.4	2.6	1.9	2.5	2.8	2.6	…	…	…	…	2.0	…	…	…
35～44	9.0	8.8	7.2	9.0	9.0	9.7	9.5	…	…	…	…	7.1	…	…	…
45～54	41.0	40.1	37.1	39.6	31.4	32.6	32.1	…	…	…	…	25.8	…	…	…
55～64	192.7	198.7	183.2	182.1	160.4	145.3	110.8	…	…	…	…	94.8	…	…	…
65～74	734.9	855.6	822.3	756.0	697.5	612.0	528.5	…	…	…	…	428.2	…	…	…
75歳以上	1 947.4	2 723.9	2 860.9	2 840.0	2 649.9	2 322.4	2 033.5	…	…	…	…	1 753.8	…	…	…

（脳血管疾患粗死亡率・女）

年齢階級 Age group	昭和26年 1951	30年 1955	35年 1960	40年 1965	45年 1970	50年 1975	55年 1980	56年 1981	57年 1982	58年 1983	59年 1984	60年 1985	61年 1986	62年 1987	63年 1988
総数 Total	134.5	173.9	182.5	198.1	193.2	192.6	193.0	…	…	…	…	182.7	…	…	…
1歳未満	3.1	0.8	1.8	1.4	1.5	1.4	-	…	…	…	…	-	…	…	…
1～4	0.9	0.3	0.2	0.4	0.4	0.1	0.4	…	…	…	…	0.3	…	…	…
5～14	0.6	0.4	0.3	0.3	0.3	0.3	0.3	…	…	…	…	0.3	…	…	…
15～24	1.1	1.0	0.8	0.5	0.8	0.8	0.9	…	…	…	…	0.8	…	…	…
25～34	2.1	2.1	1.4	1.2	2.0	1.7	3.5	…	…	…	…	2.2	…	…	…
35～44	7.5	7.6	4.8	5.7	6.9	6.8	7.2	…	…	…	…	6.4	…	…	…
45～54	42.7	37.8	32.0	28.3	21.0	21.5	19.4	…	…	…	…	15.1	…	…	…
55～64	170.1	168.9	140.7	123.5	93.3	80.3	59.4	…	…	…	…	51.2	…	…	…
65～74	723.5	803.3	698.4	607.9	494.7	411.8	338.8	…	…	…	…	274.0	…	…	…
75歳以上	2 017.1	2 644.0	2 711.7	2 624.3	2 445.7	2 157.9	1 914.2	…	…	…	…	1 629.9	…	…	…

資料：WHO「WHO Statistical Information System Mortality Database」
注：1）1951年～1975年の数値はWHOの死亡数及び人口をもとに算出した。
　　2）1990年以前は旧西ドイツの数値である。

性・年齢（10歳階級）別－1951・1955・1960・1965・1970・1975・1980年以降－
cerebrovascular diseases, by sex, country and age group (by 10-year age scale):

Crude death rates from heart diseases　Male

平成元年 1989	2年 1990	3年 1991	4年 1992	5年 1993	6年 1994	7年 1995	8年 1996	9年 1997	10年 1998	11年 1999	12年 2000	13年 2001	14年 2002	15年 2003	年齢階級 Age group
…	334.7	334.6	320.1	325.0	314.5	316.6	310.2	304.4	301.0	297.4	288.5	285.2	…	…	総数 Total
…	10.3	8.2	6.2	6.3	6.1	4.1	3.7	4.3	5.2	6.1	5.6	3.7	…	…	1歳未満
…	1.5	1.8	1.1	1.2	1.0	1.6	0.9	1.3	1.5	1.8	1.3	1.0	…	…	1～4
…	1.1	0.5	0.5	0.9	0.5	0.8	0.7	0.9	0.5	0.7	0.8	0.6	…	…	5～14
…	3.0	2.4	2.7	2.7	2.3	2.6	2.4	2.6	2.3	2.3	2.4	2.1	…	…	15～24
…	9.0	8.0	7.2	7.4	6.9	7.1	7.1	6.3	6.2	6.3	5.6	6.1	…	…	25～34
…	37.8	38.1	37.5	35.7	35.5	35.0	32.8	31.9	31.1	28.9	28.4	26.9	…	…	35～44
…	138.5	143.9	134.8	132.7	126.8	123.0	115.8	112.2	108.6	105.3	100.9	101.5	…	…	45～54
…	462.8	460.8	444.1	423.9	400.3	384.0	360.2	345.3	327.2	315.6	298.6	292.2	…	…	55～64
…	1 207.7	1 195.1	1 155.6	1 183.6	1 140.8	1 129.8	1 084.8	1 033.6	1 005.3	962.3	900.5	855.4	…	…	65～74
…	4 059.2	4 172.2	4 088.1	4 319.7	4 201.0	4 184.9	4 034.3	3 882.6	3 789.2	3 698.4	3 511.7	3 362.8	…	…	75歳以上

Crude death rates from heart diseases　Female

平成元年 1989	2年 1990	3年 1991	4年 1992	5年 1993	6年 1994	7年 1995	8年 1996	9年 1997	10年 1998	11年 1999	12年 2000	13年 2001	14年 2002	15年 2003	年齢階級 Age group
…	377.9	378.7	369.7	378.3	371.6	376.5	375.1	370.3	371.7	369.5	362.1	357.3	…	…	総数 Total
…	6.3	5.4	4.6	4.1	4.0	2.7	3.9	2.8	4.4	6.7	4.5	4.8	…	…	1歳未満
…	1.7	1.3	1.3	1.5	1.5	0.7	1.2	1.0	1.7	1.2	1.4	1.5	…	…	1～4
…	1.1	0.6	0.5	0.5	0.5	0.4	0.3	0.5	0.6	0.6	0.4	0.7	…	…	5～14
…	1.8	1.4	1.3	1.4	1.7	1.4	1.1	1.4	1.2	1.2	1.2	1.3	…	…	15～24
…	3.2	3.3	2.9	2.9	2.9	2.9	2.7	2.6	2.8	2.7	2.7	2.6	…	…	25～34
…	11.0	10.3	9.0	10.1	9.4	10.0	10.0	10.0	8.9	8.9	8.4	8.6	…	…	35～44
…	34.2	34.8	32.5	30.6	29.9	30.0	29.8	28.9	28.8	26.7	26.7	27.9	…	…	45～54
…	147.7	146.7	135.1	129.6	125.3	115.3	110.0	105.4	103.2	96.9	90.1	84.6	…	…	55～64
…	533.6	535.2	525.8	538.8	529.6	525.8	503.6	485.4	466.9	439.2	409.2	382.3	…	…	65～74
…	3 135.6	3 208.0	3 230.8	3 412.8	3 394.6	3 417.3	3 350.5	3 250.6	3 234.7	3 198.0	3 108.4	3 037.3	…	…	75歳以上

Crude death rates from cerebrovascular diseases　Male

平成元年 1989	2年 1990	3年 1991	4年 1992	5年 1993	6年 1994	7年 1995	8年 1996	9年 1997	10年 1998	11年 1999	12年 2000	13年 2001	14年 2002	15年 2003	年齢階級 Age group
…	98.9	102.9	97.3	95.4	93.1	91.2	89.1	83.8	81.7	77.7	72.7	71.2	…	…	総数 Total
…	0.4	-	1.0	0.7	-	0.3	0.2	0.2	0.7	0.8	0.8	0.8	…	…	1歳未満
…	0.3	0.3	0.4	0.3	0.2	0.3	0.4	0.2	0.4	0.3	0.2	0.2	…	…	1～4
…	0.3	0.2	0.3	0.2	0.3	0.3	0.2	0.1	0.2	0.3	0.2	0.2	…	…	5～14
…	0.7	0.7	0.7	0.7	0.9	0.7	0.8	0.8	0.8	0.6	0.5	0.7	…	…	15～24
…	1.7	2.1	2.1	1.8	2.0	1.8	1.5	1.6	1.8	1.7	1.4	1.3	…	…	25～34
…	6.1	7.1	6.5	6.4	6.5	6.9	6.2	5.6	5.6	5.1	5.2	4.7	…	…	35～44
…	21.2	23.0	22.1	22.1	21.4	19.9	19.6	19.0	17.1	14.9	15.6	15.8	…	…	45～54
…	77.4	84.1	77.0	75.3	73.5	67.4	64.9	61.5	58.8	53.3	52.1	49.4	…	…	55～64
…	284.5	289.4	285.5	285.1	284.5	273.9	256.7	241.6	231.5	222.6	203.1	191.0	…	…	65～74
…	1 529.8	1 639.8	1 599.6	1 611.7	1 569.5	1 521.8	1 456.1	1 316.5	1 255.0	1 165.4	1 042.1	989.2	…	…	75歳以上

Crude death rates from cerebrovascular diseases　Female

平成元年 1989	2年 1990	3年 1991	4年 1992	5年 1993	6年 1994	7年 1995	8年 1996	9年 1997	10年 1998	11年 1999	12年 2000	13年 2001	14年 2002	15年 2003	年齢階級 Age group
…	165.1	172.7	165.2	163.2	160.7	154.6	151.7	142.9	136.8	129.9	122.7	118.8	…	…	総数 Total
…	-	-	0.5	0.3	-	-	0.5	0.5	0.5	0.3	0.5	0.3	…	…	1歳未満
…	0.3	0.3	0.2	0.1	0.2	0.1	0.1	0.1	0.3	0.1	0.2	0.3	…	…	1～4
…	0.2	0.2	0.2	0.3	0.2	0.2	0.2	0.2	0.2	0.2	0.1	0.2	…	…	5～14
…	0.6	0.6	0.5	0.7	0.7	0.5	0.5	0.3	0.4	0.5	0.4	0.7	…	…	15～24
…	1.5	2.3	1.7	1.8	1.8	1.9	1.7	1.3	1.7	1.5	1.6	1.2	…	…	25～34
…	6.1	5.9	5.6	5.9	6.3	5.7	5.6	5.2	4.8	4.5	4.1	4.3	…	…	35～44
…	12.4	13.6	12.8	12.5	13.5	12.8	12.3	12.7	11.8	11.2	10.3	10.5	…	…	45～54
…	41.6	43.8	40.1	38.5	36.7	36.2	32.6	30.5	28.7	26.6	25.2	24.3	…	…	55～64
…	186.6	195.2	190.1	188.2	190.7	179.6	168.6	157.9	149.3	137.1	124.7	115.0	…	…	65～74
…	1 445.4	1 542.6	1 518.2	1 545.6	1 533.9	1 457.8	1 408.5	1 296.7	1 223.1	1 148.1	1 070.4	1 022.5	…	…	75歳以上

Source: WHO Statistical Information System Mortality Database, WHO
Notes: 1) The figures for 1951 through 1975 are calculated from the numbers of deaths and population data given by WHO.
2) The figures for 1990 and earlier represent the former West Germany.

第20表 粗死亡率（人口10万対），国・心疾患−脳血管疾患・

Statistics 20 Crude death rates (per 100,000 population) from heart diseases and 1951, 1955, 1960, 1965, 1970, 1975, 1980 and after

イタリア Italy

（心疾患粗死亡率・男）

年齢階級 Age group	昭和26年 1951	30年 1955	35年 1960	40年 1965	45年 1970	50年 1975	55年 1980	56年 1981	57年 1982	58年 1983	59年 1984	60年 1985	61年 1986	62年 1987	63年 1988
総数 Total	177.3	194.0	228.0	257.8	253.8	278.6	274.3	267.4	258.6	272.6	249.8	243.6	238.9	230.7	227.4
1歳未満	3.8	…	3.1	3.7	3.0	3.7	4.7	4.3	2.1	3.2	3.9	8.6	6.2	4.5	4.4
1〜4				1.8	0.5	1.3	1.0	1.0	2.2	1.9	1.2	1.8	2.1	1.9	1.7
5〜14	4.4	…	2.7	2.2	1.3	0.8	0.8	0.8	0.6	0.9	1.0	0.7	0.6	1.0	0.4
15〜24	9.1	…	7.6	7.0	5.3	3.6	4.3	3.9	3.4	3.6	3.7	3.1	2.6	3.3	3.2
25〜34	15.2	…	14.4	14.6	11.3	10.4	9.7	9.9	9.8	9.6	9.9	8.6	7.7	7.3	7.5
35〜44	47.6	…	45.4	56.5	45.1	41.8	38.1	36.6	38.8	37.1	34.2	32.6	31.5	30.7	29.3
45〜54	161.0	…	147.6	170.6	147.6	167.6	148.0	147.2	135.9	137.6	128.1	121.2	109.6	106.0	96.2
55〜64	241.9	…	439.2	468.9	437.5	476.4	416.6	403.5	390.7	404.1	378.0	365.9	354.7	336.6	315.4
65〜74			1 169.6	1 268.4	1 209.4	1 155.8	1 082.1	1 055.4	1 019.3	1 084.4	997.3	948.1	908.6	840.2	796.1
75歳以上	1 599.2	…	3 764.7	3 786.6	3 783.6	3 906.2	3 432.1	3 216.6	3 304.0	3 465.9	3 062.7	2 931.3	2 827.1	2 677.0	2 633.3

（心疾患粗死亡率・女）

年齢階級 Age group	昭和26年 1951	30年 1955	35年 1960	40年 1965	45年 1970	50年 1975	55年 1980	56年 1981	57年 1982	58年 1983	59年 1984	60年 1985	61年 1986	62年 1987	63年 1988
総数 Total	196.3	206.9	221.9	249.0	249.3	262.6	252.2	243.5	235.7	251.3	225.5	223.0	217.2	211.1	211.7
1歳未満	3.2	…	2.9	3.7	5.5	4.6	3.5	4.3	1.0	2.4	2.1	4.8	4.8	7.0	4.3
1〜4				2.0	1.0	1.2	1.1	1.1	1.0	1.6	1.4	1.5	1.1	2.7	1.8
5〜14	5.4	…	2.5	2.0	1.0	1.0	0.7	0.6	0.6	0.6	0.7	0.7	0.8	0.8	0.5
15〜24	10.5	…	7.1	5.8	3.3	2.1	1.4	1.6	2.0	1.8	1.7	1.6	1.0	1.5	1.2
25〜34	18.5	…	14.6	12.0	7.7	5.3	5.0	3.6	4.0	3.8	3.7	3.5	2.9	2.7	2.5
35〜44	40.2	…	29.9	27.9	21.9	15.1	12.3	11.0	10.4	10.0	9.3	9.4	8.1	7.5	7.6
45〜54	93.3	…	76.5	77.8	59.5	52.2	40.6	39.9	36.1	36.8	32.7	30.0	29.4	26.2	24.7
55〜64	281.7	…	227.3	221.9	195.2	183.2	138.5	131.5	123.0	127.8	119.8	113.3	106.4	102.4	93.7
65〜74			872.1	862.6	763.4	663.5	554.8	526.2	507.7	525.8	481.3	463.2	429.5	395.8	363.1
75歳以上	1 711.2	…	3 576.6	3 621.8	3 412.1	3 458.2	2 982.9	2 802.1	2 806.4	2 956.1	2 557.8	2 468.1	2 349.4	2 223.0	2 195.9

（脳血管疾患粗死亡率・男）

年齢階級 Age group	昭和26年 1951	30年 1955	35年 1960	40年 1965	45年 1970	50年 1975	55年 1980	56年 1981	57年 1982	58年 1983	59年 1984	60年 1985	61年 1986	62年 1987	63年 1988
総数 Total	129.5	126.9	131.9	134.0	127.7	128.3	123.3	120.5	121.5	124.8	119.1	123.3	121.5	116.8	117.1
1歳未満	1.1	…	1.7	3.1	−	0.9	1.5	0.3	0.9	1.0	0.3	0.7	0.7	1.7	0.7
1〜4				0.3	0.3	0.3	0.2	0.8	0.9	0.9	0.5	0.6	0.5	0.9	0.3
5〜14	0.2	…	0.4	0.3	0.5	0.5	0.5	0.5	0.5	0.6	0.8	0.7	0.5	0.9	0.6
15〜24	0.8	…	1.0	0.8	1.6	1.4	1.4	1.3	1.3	1.3	1.2	1.3	1.4	1.4	1.3
25〜34	2.7	…	2.7	3.0	3.2	3.6	3.1	3.3	3.6	3.1	3.1	3.2	2.9	3.0	2.5
35〜44	11.1	…	7.5	11.1	12.8	12.5	11.4	11.0	9.9	10.0	9.7	9.9	9.5	8.9	7.3
45〜54	63.7	…	45.8	47.9	41.4	44.1	39.8	38.4	34.6	35.0	36.1	30.3	28.7	27.1	23.8
55〜64	158.5	…	207.0	193.6	165.8	163.2	127.7	120.1	118.0	116.3	113.7	111.2	103.5	98.3	93.6
65〜74			791.8	727.4	645.2	561.5	498.2	477.3	482.7	498.4	468.9	450.2	428.1	380.4	350.4
75歳以上	1 332.4	…	2 452.4	2 295.6	2 214.7	2 065.0	1 792.0	1 721.0	1 870.2	1 909.0	1 775.5	1 871.0	1 812.9	1 722.5	1 725.6

（脳血管疾患粗死亡率・女）

年齢階級 Age group	昭和26年 1951	30年 1955	35年 1960	40年 1965	45年 1970	50年 1975	55年 1980	56年 1981	57年 1982	58年 1983	59年 1984	60年 1985	61年 1986	62年 1987	63年 1988
総数 Total	123.6	123.6	130.0	138.5	135.9	143.5	142.8	141.2	142.5	148.6	144.0	150.7	150.5	147.6	147.1
1歳未満	0.7	…	1.1	2.9	0.2	1.0	−	1.0	0.3	1.0	1.0	1.4	2.2	0.4	−
1〜4				0.3	0.2	0.9	0.3	0.6	0.5	0.5	0.8	0.4	0.7	0.3	0.4
5〜14	0.3	…	0.3	0.3	0.3	0.4	0.4	0.3	0.6	0.7	0.6	0.6	0.5	0.7	0.8
15〜24	0.7	…	0.7	0.8	1.2	1.3	0.8	1.0	0.8	1.3	1.2	1.0	1.1	0.8	0.8
25〜34	1.9	…	1.4	2.1	2.0	2.3	2.0	2.1	2.3	2.4	2.6	2.0	2.0	1.9	1.8
35〜44	7.7	…	6.2	7.6	7.2	7.6	7.0	7.6	7.1	6.4	6.5	5.4	6.0	5.8	6.2
45〜54	48.3	…	38.6	36.7	31.3	28.3	22.9	23.8	22.4	22.5	21.5	19.5	17.9	17.2	15.5
55〜64	190.8	…	148.5	133.3	112.6	98.9	75.1	71.1	71.8	66.9	67.8	64.1	60.4	54.9	51.6
65〜74			602.2	556.0	452.5	392.4	339.3	319.1	320.3	321.7	302.5	301.3	279.2	251.6	233.0
75歳以上	1 142.3	…	1 990.1	1 927.4	1 812.9	1 844.7	1 658.2	1 609.2	1 677.6	1 745.1	1 652.4	1 708.9	1 676.3	1 616.3	1 572.6

資料：WHO「WHO Statistical Information System Mortality Database」
注：1951年、1960〜1975年の数値はWHOの死亡数及び人口をもとに算出した。

性・年齢（10歳階級）別－1951・1955・1960・1965・1970・1975・1980年以降－
cerebrovascular diseases, by sex, country and age group (by 10-year age scale):

Crude death rates from heart diseases　Male

平成元年 1989	2年 1990	3年 1991	4年 1992	5年 1993	6年 1994	7年 1995	8年 1996	9年 1997	10年 1998	11年 1999	12年 2000	13年 2001	14年 2002	15年 2003	年齢階級 Age group
227.7	228.1	238.9	236.9	239.4	239.2	248.0	244.9	241.8	252.0	244.7	235.1	236.1	…	…	総数 Total
6.9	9.0	11.9	9.6	6.3	7.6	10.0	7.3	8.5	6.6	7.4	6.5	8.8	…	…	1歳未満
1.8	1.9	1.9	2.1	3.9	2.1	2.5	2.7	2.3	2.1	1.3	1.8	2.0	…	…	1〜4
0.6	0.6	0.7	0.7	1.2	0.8	1.2	1.3	1.1	0.9	0.6	1.1	1.1	…	…	5〜14
2.9	2.8	3.3	3.1	3.0	3.0	3.8	3.4	2.9	3.4	3.2	3.2	3.2	…	…	15〜24
7.6	7.2	7.8	7.4	6.9	7.2	7.6	8.0	7.3	7.2	6.8	7.6	8.7	…	…	25〜34
27.3	29.6	27.5	27.8	26.2	25.6	25.2	24.3	24.1	23.5	21.0	20.8	22.9	…	…	35〜44
95.6	90.9	97.7	93.9	88.8	88.4	81.3	78.2	80.9	81.0	74.8	76.0	73.9	…	…	45〜54
302.7	287.2	292.4	275.6	264.3	255.2	249.4	237.1	225.0	228.2	216.8	199.9	192.5	…	…	55〜64
755.9	724.7	738.1	712.4	721.6	714.9	724.1	694.6	660.3	675.3	625.7	577.7	543.0	…	…	65〜74
2 618.1	2 617.7	2 660.8	2 575.3	2 658.2	2 675.0	2 771.7	2 667.3	2 584.3	2 705.6	2 597.4	2 441.2	2 315.1	…	…	75歳以上

Crude death rates from heart diseases　Female

平成元年 1989	2年 1990	3年 1991	4年 1992	5年 1993	6年 1994	7年 1995	8年 1996	9年 1997	10年 1998	11年 1999	12年 2000	13年 2001	14年 2002	15年 2003	年齢階級 Age group
212.3	217.6	225.3	225.0	231.3	232.5	243.2	240.9	246.6	257.1	252.4	244.8	241.8	…	…	総数 Total
4.7	5.0	8.2	9.1	4.5	6.9	5.5	11.7	7.5	3.9	5.9	5.4	5.4	…	…	1歳未満
1.4	2.3	1.9	1.9	4.3	4.7	3.4	3.8	6.7	2.2	1.8	1.7	2.5	…	…	1〜4
0.4	0.7	0.5	0.6	1.4	1.1	1.6	1.6	1.2	0.8	0.7	0.8	0.8	…	…	5〜14
0.8	1.2	1.3	0.9	1.6	1.3	1.4	1.5	1.5	1.7	1.7	1.1	1.5	…	…	15〜24
2.6	2.1	2.8	2.6	2.8	2.4	2.8	2.8	2.5	2.6	2.6	2.4	2.4	…	…	25〜34
7.2	7.2	7.2	7.6	6.9	6.6	6.7	6.9	6.7	6.7	6.4	6.2	6.2	…	…	35〜44
24.9	22.5	22.7	22.1	20.8	20.6	22.7	20.9	20.2	20.5	20.2	17.6	19.2	…	…	45〜54
87.8	87.5	85.7	80.4	76.3	75.8	76.2	69.0	68.6	71.7	65.4	61.2	59.9	…	…	55〜64
348.1	327.8	318.4	311.3	316.0	320.7	318.6	300.6	289.2	286.2	270.4	252.9	239.5	…	…	65〜74
2 151.1	2 173.2	2 218.2	2 197.8	2 293.0	2 307.5	2 379.5	2 290.9	2 288.1	2 278.7	2 188.0	2 078.7	1 980.1	…	…	75歳以上

Crude death rates from cerebrovascular diseases　Male

平成元年 1989	2年 1990	3年 1991	4年 1992	5年 1993	6年 1994	7年 1995	8年 1996	9年 1997	10年 1998	11年 1999	12年 2000	13年 2001	14年 2002	15年 2003	年齢階級 Age group
111.0	109.8	113.9	111.2	112.0	109.5	102.7	99.4	101.5	104.2	99.0	97.6	95.7	…	…	総数 Total
1.4	1.0	1.0	1.7	3.5	1.8	3.0	5.9	4.4	1.1	0.4	1.1	-	…	…	1歳未満
0.3	0.5	0.5	0.4	0.5	1.3	0.5	0.4	0.6	0.5	0.2	0.3	-	…	…	1〜4
0.5	0.4	0.5	0.5	0.7	0.7	0.5	0.6	0.4	0.4	0.2	0.4	0.2	…	…	5〜14
0.9	0.9	0.9	0.9	1.0	0.9	0.9	0.8	0.8	1.0	0.5	0.3	0.6	…	…	15〜24
2.9	2.5	2.7	2.5	2.1	2.0	2.1	1.7	1.7	1.6	1.5	1.4	1.3	…	…	25〜34
7.1	7.4	6.9	7.5	7.2	7.0	5.9	5.6	4.9	4.8	5.7	4.4	4.7	…	…	35〜44
24.2	22.9	22.6	22.1	21.7	18.3	18.2	16.2	16.1	15.9	15.7	15.2	14.9	…	…	45〜54
86.8	80.3	78.6	77.3	65.1	65.2	60.6	53.7	53.6	53.5	48.3	46.2	44.6	…	…	55〜64
317.3	288.7	278.4	267.1	260.8	259.3	235.1	227.4	222.5	220.6	206.7	195.9	176.5	…	…	65〜74
1 591.9	1 574.3	1 612.4	1 514.9	1 587.9	1 555.8	1 431.8	1 337.1	1 332.9	1 369.7	1 259.0	1 216.6	1 121.1	…	…	75歳以上

Crude death rates from cerebrovascular diseases　Female

平成元年 1989	2年 1990	3年 1991	4年 1992	5年 1993	6年 1994	7年 1995	8年 1996	9年 1997	10年 1998	11年 1999	12年 2000	13年 2001	14年 2002	15年 2003	年齢階級 Age group
139.5	141.3	145.5	145.3	147.6	147.8	138.3	134.7	138.1	142.2	137.0	134.5	132.4	…	…	総数 Total
1.1	1.8	0.7	2.5	0.7	1.2	3.9	3.1	1.6	2.3	0.8	-	0.8	…	…	1歳未満
0.3	0.6	0.1	0.6	3.1	2.2	0.6	1.0	2.6	0.3	0.4	0.1	0.4	…	…	1〜4
0.3	0.6	0.4	0.3	1.1	0.6	0.9	0.8	0.6	0.1	0.3	0.3	0.2	…	…	5〜14
0.8	0.8	0.8	0.8	1.0	0.8	0.6	0.8	0.7	0.7	0.6	0.4	0.4	…	…	15〜24
1.7	1.6	2.2	2.1	2.2	1.9	1.9	1.5	1.3	1.4	1.1	1.5	1.4	…	…	25〜34
5.8	5.1	5.0	5.1	4.6	4.9	4.7	4.8	4.4	3.9	3.9	4.0	3.5	…	…	35〜44
15.9	13.8	15.2	13.2	12.5	12.2	12.0	11.5	11.0	11.9	9.6	10.0	10.3	…	…	45〜54
47.0	43.4	43.1	39.0	38.5	35.8	32.6	32.0	28.6	28.0	26.6	24.6	23.5	…	…	55〜64
203.2	188.8	177.0	171.2	170.3	170.7	156.0	143.1	139.3	140.0	123.5	116.1	108.6	…	…	65〜74
1 457.2	1 460.1	1 482.3	1 474.7	1 517.2	1 529.2	1 401.0	1 321.5	1 323.6	1 296.7	1 227.4	1 177.5	1 120.4	…	…	75歳以上

Source: WHO Statistical Information System Mortality Database, WHO
Note: The figures for 1951 and 1960 through 1975 are calculated from the numbers of deaths and population data given by WHO.

第20表（11-8）

第20表 粗死亡率（人口10万対），国・心疾患－脳血管疾患・
Statistics 20　Crude death rates (per 100,000 population) from heart diseases and
1951, 1955, 1960, 1965, 1970, 1975, 1980 and after

オランダ Netherlands

（心疾患粗死亡率・男）

年齢階級 Age group	昭和26年 1951	30年 1955	35年 1960	40年 1965	45年 1970	50年 1975	55年 1980	56年 1981	57年 1982	58年 1983	59年 1984	60年 1985	61年 1986	62年 1987	63年 1988
総数 Total	167.8	201.8	222.2	261.0	290.5	288.3	290.7	292.1	293.3	290.6	286.8	294.5	279.9	263.2	257.5
1歳未満	8.7	7.8	4.1	6.4	10.6	3.3	4.3	8.8	6.8	8.0	6.7	7.7	4.3	1.0	8.4
1～4	0.4	0.7	0.6	0.8	1.0	0.7	0.8	0.6	-	0.6	0.8	0.3	1.1	-	0.3
5～14	1.5	1.1	0.4	0.4	0.5	0.2	0.3	0.5	0.6	0.1	0.9	0.5	1.0	0.2	0.3
15～24	3.8	2.4	1.6	2.2	2.1	2.4	2.4	2.0	1.7	2.4	1.7	2.3	2.4	2.0	2.0
25～34	9.8	8.0	8.1	7.2	6.6	6.3	7.2	8.7	6.1	6.2	6.1	6.6	7.4	5.9	6.0
35～44	25.9	24.3	34.8	54.7	54.5	44.0	42.9	39.8	44.1	39.7	35.6	39.1	40.2	36.4	35.4
45～54	99.9	137.1	144.0	197.0	222.8	213.3	190.3	187.2	179.1	170.8	170.2	161.8	157.1	143.3	138.2
55～64	318.5	401.0	446.1	542.1	631.3	591.2	560.4	549.9	537.2	529.2	512.3	529.8	505.8	458.9	436.9
65～74	951.8	1 090.9	1 124.1	1 335.3	1 472.3	1 428.5	1 382.1	1 374.0	1 380.5	1 363.3	1 345.4	1 355.2	1 292.1	1 192.2	1 151.9
75歳以上	3 248.9	3 417.3	3 477.6	3 575.5	3 762.7	3 815.2	3 762.7	3 800.8	3 810.7	3 774.3	3 683.2	3 767.4	3 471.3	3 314.9	3 227.7

（心疾患粗死亡率・女）

年齢階級 Age group	昭和26年 1951	30年 1955	35年 1960	40年 1965	45年 1970	50年 1975	55年 1980	56年 1981	57年 1982	58年 1983	59年 1984	60年 1985	61年 1986	62年 1987	63年 1988
総数 Total	152.0	167.2	173.8	186.3	201.5	204.8	218.1	224.4	226.0	225.7	227.1	233.0	227.6	212.4	217.0
1歳未満	4.6	1.8	6.9	4.2	8.6	4.6	2.3	5.7	6.0	3.6	3.5	4.6	2.2	2.2	5.5
1～4	1.5	1.6	1.6	1.0	0.4	0.5	0.3	1.2	0.6	0.9	0.6	0.9	0.9	1.2	1.4
5～14	2.9	0.9	0.4	0.2	0.4	0.3	0.4	0.8	0.4	0.2	0.3	0.3	0.1	0.3	0.3
15～24	1.8	3.0	1.1	1.0	0.9	0.7	0.9	0.8	0.8	0.9	0.6	1.8	0.9	1.3	1.0
25～34	6.7	5.9	3.9	3.6	2.5	2.7	3.3	2.4	3.6	3.1	3.3	3.2	3.2	2.4	2.3
35～44	13.0	14.5	10.1	12.4	13.4	12.2	11.7	10.5	8.3	8.9	9.1	9.4	9.1	9.1	7.2
45～54	44.3	44.9	37.2	37.7	40.1	42.7	41.6	43.4	37.9	38.1	36.9	38.3	35.3	32.9	28.6
55～64	175.3	181.4	175.4	168.9	178.8	146.4	141.7	143.5	138.5	138.8	148.2	145.0	133.4	123.1	123.3
65～74	810.3	802.3	736.4	701.0	725.9	635.3	592.6	607.0	587.8	555.3	554.2	545.4	506.3	483.7	446.8
75歳以上	3 146.0	3 226.8	3 171.7	3 145.1	2 993.9	2 850.2	2 693.6	2 696.0	2 688.8	2 656.9	2 590.5	2 623.0	2 556.0	2 321.7	2 386.7

（脳血管疾患粗死亡率・男）

年齢階級 Age group	昭和26年 1951	30年 1955	35年 1960	40年 1965	45年 1970	50年 1975	55年 1980	56年 1981	57年 1982	58年 1983	59年 1984	60年 1985	61年 1986	62年 1987	63年 1988
総数 Total	75.7	92.1	84.6	92.4	88.8	84.8	75.5	75.6	73.1	71.1	72.1	68.3	68.5	65.8	67.4
1歳未満	0.9	4.3	1.7	2.4	8.2	2.2	3.2	1.1	3.4	2.3	-	1.1	-	1.0	1.0
1～4	0.8	-	0.9	0.4	0.4	0.5	-	0.3	-	0.3	0.6	0.3	0.3	-	0.3
5～14	0.5	0.4	0.4	0.5	0.3	0.5	0.3	0.3	-	0.5	0.2	0.4	0.6	0.2	0.2
15～24	1.2	0.7	1.6	1.4	1.5	1.2	1.2	1.3	0.9	1.1	0.8	1.3	1.1	0.9	0.7
25～34	2.4	3.0	2.0	2.5	1.8	2.1	2.1	2.1	2.4	2.3	1.8	2.2	2.0	2.0	1.6
35～44	5.2	5.4	4.2	5.2	8.1	7.7	7.3	6.7	4.9	4.4	6.3	4.7	5.1	4.0	5.0
45～54	26.5	20.1	20.3	24.8	24.3	29.2	24.9	23.1	20.4	19.4	21.2	18.1	17.9	15.7	16.3
55～64	105.5	104.0	94.6	107.5	107.3	91.8	72.2	70.8	75.6	62.9	71.8	64.3	64.9	61.4	54.7
65～74	475.5	518.4	423.6	426.9	407.0	383.3	329.5	311.8	289.6	291.7	290.0	261.4	257.1	232.9	244.8
75歳以上	1 634.0	1 981.5	1 725.9	1 803.3	1 635.6	1 530.6	1 305.1	1 335.4	1 285.9	1 250.6	1 231.4	1 183.5	1 182.0	1 155.6	1 168.3

（脳血管疾患粗死亡率・女）

年齢階級 Age group	昭和26年 1951	30年 1955	35年 1960	40年 1965	45年 1970	50年 1975	55年 1980	56年 1981	57年 1982	58年 1983	59年 1984	60年 1985	61年 1986	62年 1987	63年 1988
総数 Total	96.7	110.3	101.0	105.0	105.5	100.5	94.5	94.1	96.2	92.7	96.3	93.7	93.5	91.8	95.9
1歳未満	1.8	1.8	1.7	0.8	6.0	1.2	1.1	-	1.2	-	-	1.1	1.1	-	-
1～4	0.2	0.5	0.9	-	1.1	0.2	0.3	-	0.3	0.6	0.6	-	0.3	0.3	-
5～14	0.4	0.5	0.4	0.4	0.3	0.5	0.5	0.4	0.1	0.2	0.3	0.2	0.1	0.9	0.5
15～24	1.0	0.9	0.8	1.0	1.2	1.4	1.3	0.7	0.8	1.2	0.7	1.1	0.5	0.6	0.5
25～34	1.2	0.8	2.0	1.6	2.8	3.6	2.3	2.5	2.5	3.1	3.0	2.8	3.4	2.9	3.2
35～44	5.6	5.4	5.1	6.4	5.6	7.1	6.4	6.1	5.4	5.6	5.8	5.1	6.5	5.4	5.3
45～54	32.3	26.9	22.1	20.0	23.4	19.8	18.4	18.0	17.0	14.1	16.0	14.5	18.3	14.1	13.9
55～64	141.7	115.3	85.4	84.4	76.6	61.9	50.6	41.9	45.5	41.6	39.5	42.1	38.0	35.8	30.9
65～74	524.5	541.1	430.2	390.0	350.3	297.2	216.1	207.7	208.7	191.5	190.0	179.2	163.3	151.2	146.8
75歳以上	1 914.5	2 171.6	1 888.2	1 815.6	1 645.3	1 428.7	1 232.4	1 216.5	1 211.1	1 153.1	1 179.9	1 122.3	1 111.3	1 088.2	1 137.0

資料：WHO「WHO Statistical Information System Mortality Database」
注：1951年～1975年の数値はWHOの死亡数及び人口をもとに算出した。

性・年齢（10歳階級）別－1951・1955・1960・1965・1970・1975・1980年以降－
cerebrovascular diseases, by sex, country and age group (by 10-year age scale):

Crude death rates from heart diseases　Male

平成元年 1989	2年 1990	3年 1991	4年 1992	5年 1993	6年 1994	7年 1995	8年 1996	9年 1997	10年 1998	11年 1999	12年 2000	13年 2001	14年 2002	15年 2003	年齢階級 Age group
254.8	249.6	244.6	236.8	251.0	235.1	236.8	233.1	221.5	220.8	213.9	209.2	197.0	193.9	193.8	総数 Total
4.2	5.9	2.0	5.0	4.0	2.0	2.1	5.1	8.1	6.9	3.9	4.7	7.7	6.7	5.8	1歳未満
0.3	0.8	1.0	0.8	-	0.7	0.7	0.7	0.3	0.5	1.3	1.2	1.5	0.7	1.0	1～4
0.5	0.3	-	0.7	0.3	0.4	0.5	0.5	0.6	0.7	0.1	0.5	0.5	0.8	0.4	5～14
2.2	2.1	2.1	1.5	1.8	1.7	1.5	2.6	2.1	3.0	2.1	2.7	2.0	2.1	2.8	15～24
5.7	6.5	5.7	5.8	6.2	5.0	5.8	6.2	6.6	6.1	6.1	5.3	5.5	5.0	5.7	25～34
33.2	31.1	31.5	31.4	30.5	30.1	31.5	27.8	30.5	26.7	27.4	26.0	20.9	21.4	24.7	35～44
128.6	119.9	116.5	107.5	103.9	101.2	100.7	105.0	92.4	95.0	92.4	92.0	79.8	83.6	83.4	45～54
434.6	403.6	394.6	363.2	363.5	346.0	321.8	309.9	290.7	282.9	258.4	255.5	217.0	207.4	214.3	55～64
1 092.7	1 099.5	1 059.0	1 016.5	1 076.8	982.2	978.8	935.6	873.9	868.7	813.1	763.9	714.3	662.1	624.5	65～74
3 240.0	3 156.2	3 096.8	3 030.9	3 274.2	3 045.2	3 070.0	2 985.1	2 800.9	2 740.2	2 666.3	2 593.9	2 485.1	2 443.1	2 399.7	75歳以上

Crude death rates from heart diseases　Female

平成元年 1989	2年 1990	3年 1991	4年 1992	5年 1993	6年 1994	7年 1995	8年 1996	9年 1997	10年 1998	11年 1999	12年 2000	13年 2001	14年 2002	15年 2003	年齢階級 Age group
214.6	214.4	215.0	214.7	230.0	215.4	217.9	213.3	204.5	204.6	201.8	200.0	190.1	190.2	185.2	総数 Total
3.2	5.1	4.1	2.1	5.2	3.1	5.4	8.7	-	5.1	5.1	3.0	5.1	5.1	5.1	1歳未満
1.1	0.5	0.3	0.5	0.3	0.8	-	1.0	1.6	0.5	1.1	1.0	0.5	0.8	0.2	1～4
0.3	0.2	-	0.2	-	0.3	0.7	0.7	0.5	0.7	0.6	-	0.5	0.5	0.2	5～14
0.9	0.6	0.6	0.8	1.5	0.8	0.9	1.0	1.6	1.1	1.6	1.2	0.6	0.7	1.8	15～24
3.1	2.8	1.7	2.2	3.5	2.3	3.6	3.3	3.1	3.2	3.8	3.8	3.1	3.4	3.4	25～34
7.4	6.5	9.5	10.2	9.3	10.7	12.4	10.0	10.4	11.1	12.2	11.5	10.6	10.7	10.4	35～44
30.4	27.2	30.3	29.6	29.1	30.4	28.2	27.5	28.0	27.1	32.6	28.3	27.2	28.4	25.7	45～54
121.7	116.1	124.1	113.0	115.9	109.6	102.2	101.6	92.8	96.5	83.2	82.1	72.8	74.3	65.0	55～64
433.5	436.6	436.9	430.3	447.7	418.0	411.4	415.4	380.9	377.8	348.3	346.8	309.3	299.4	284.9	65～74
2 319.1	2 302.1	2 266.7	2 264.9	2 437.4	2 265.5	2 283.8	2 183.9	2 084.3	2 058.0	2 035.3	2 012.4	1 931.2	1 928.4	1 885.9	75歳以上

Crude death rates from cerebrovascular diseases　Male

平成元年 1989	2年 1990	3年 1991	4年 1992	5年 1993	6年 1994	7年 1995	8年 1996	9年 1997	10年 1998	11年 1999	12年 2000	13年 2001	14年 2002	15年 2003	年齢階級 Age group
67.9	66.7	67.8	66.6	66.5	65.7	62.5	62.5	61.5	60.7	61.5	59.7	58.1	60.5	55.9	総数 Total
-	1.0	-	1.0	2.0	4.0	-	2.0	1.0	-	1.9	-	1.0	-	1.0	1歳未満
-	-	-	0.3	-	0.2	0.7	0.5	-	0.3	0.3	0.5	0.2	-	-	1～4
0.2	0.5	0.2	0.1	0.2	0.2	0.3	0.2	0.1	0.2	0.4	-	0.5	0.1	0.1	5～14
1.0	0.9	0.5	0.9	0.7	1.1	0.3	0.9	0.5	1.0	0.4	0.7	0.9	0.7	0.3	15～24
1.7	2.0	1.9	2.0	1.8	1.1	1.2	1.1	1.0	1.6	1.2	0.8	1.2	1.3	1.1	25～34
3.9	5.0	5.5	4.5	4.9	4.5	4.1	4.2	5.0	4.3	3.4	4.1	3.2	4.6	4.4	35～44
15.5	15.2	15.1	15.2	15.4	16.3	13.0	15.9	13.4	15.3	14.3	13.8	15.5	14.2	13.7	45～54
59.0	60.1	52.2	53.1	55.9	55.5	52.5	55.5	52.2	43.2	45.1	47.6	43.0	43.8	38.4	55～64
247.9	236.2	230.6	234.1	223.1	236.3	220.8	219.3	206.1	204.2	194.8	186.0	180.6	188.6	165.4	65～74
1 153.0	1 124.3	1 174.7	1 127.9	1 129.8	1 076.4	1 024.7	979.6	969.5	944.4	963.8	912.3	874.2	892.7	823.6	75歳以上

Crude death rates from cerebrovascular diseases　Female

平成元年 1989	2年 1990	3年 1991	4年 1992	5年 1993	6年 1994	7年 1995	8年 1996	9年 1997	10年 1998	11年 1999	12年 2000	13年 2001	14年 2002	15年 2003	年齢階級 Age group
97.1	98.7	100.2	103.3	101.9	97.7	97.6	94.7	93.8	93.0	95.1	93.0	89.7	90.6	85.2	総数 Total
1.1	-	1.0	-	-	1.0	-	-	1.1	1.0	1.0	-	-	3.1	-	1歳未満
-	0.3	-	-	-	0.3	0.3	0.3	-	0.3	-	-	-	-	0.2	1～4
0.3	0.1	0.2	0.2	0.1	0.3	0.2	0.5	0.1	0.1	0.2	0.7	0.1	-	0.3	5～14
0.8	0.4	0.9	0.8	0.8	0.8	0.8	0.7	0.5	0.7	0.4	0.3	0.2	0.1	0.8	15～24
1.6	2.5	2.4	2.7	2.2	1.7	1.8	2.0	2.4	1.0	1.7	1.8	2.5	1.5	1.7	25～34
5.1	5.8	4.9	7.6	6.7	5.2	6.2	7.2	5.8	7.2	6.5	6.5	4.9	4.5	6.5	35～44
13.8	13.4	11.9	13.8	12.7	13.6	15.4	12.7	15.7	14.5	13.7	15.0	15.7	18.2	13.6	45～54
36.5	37.3	35.8	34.2	35.0	30.5	37.1	30.5	32.3	31.7	31.3	29.2	28.2	31.4	24.2	55～64
150.5	146.1	155.4	155.4	148.5	146.1	141.4	135.7	134.3	135.3	139.9	131.0	119.8	114.9	100.7	65～74
1 122.4	1 133.7	1 137.7	1 164.8	1 153.1	1 101.0	1 077.4	1 034.1	1 004.3	983.0	996.8	971.9	940.4	945.6	898.7	75歳以上

Source: WHO Statistical Information System Mortality Database, WHO
Note: The figures for 1951 through 1975 are calculated from the numbers of deaths and population data given by WHO.

第20表　粗死亡率（人口10万対），国・心疾患−脳血管疾患・
Statistics 20　Crude death rates (per 100,000 population) from heart diseases and
1951, 1955, 1960, 1965, 1970, 1975, 1980 and after

ロシア　Russia

（心疾患粗死亡率・男）

年齢階級 Age group	昭和26年 1951	30年 1955	35年 1960	40年 1965	45年 1970	50年 1975	55年 1980	56年 1981	57年 1982	58年 1983	59年 1984	60年 1985	61年 1986	62年 1987	63年 1988
総数 Total	…	…	…	…	…	…	302.7	297.8	295.2	268.6	324.2	314.6	287.2	292.5	290.7
1歳未満	…	…	…	…	…	…	3.0	6.5	5.9	5.4	6.3	8.3	5.7	4.9	8.3
1～4	…	…	…	…	…	…	0.7	1.1	1.0	1.4	1.1	1.0	1.4	0.9	1.3
5～14	…	…	…	…	…	…	1.3	0.9	0.8	0.6	0.8	1.0	0.8	1.0	0.9
15～24	…	…	…	…	…	…	7.8	7.3	7.5	5.2	7.4	6.9	6.0	5.3	5.2
25～34	…	…	…	…	…	…	36.3	35.3	34.5	27.3	35.7	30.9	26.4	25.7	24.6
35～44	…	…	…	…	…	…	156.1	152.5	152.5	115.8	144.1	127.3	108.6	105.9	103.9
45～54	…	…	…	…	…	…	366.0	356.5	358.0	287.5	374.1	343.6	309.2	324.5	327.8
55～64	…	…	…	…	…	…	800.9	762.9	748.0	632.2	801.9	765.5	694.0	726.2	736.2
65～74	…	…	…	…	…	…	1 939.4	1 921.8	1 894.9	1 767.0	2 087.7	2 055.8	1 857.9	1 856.9	1 781.0
75歳以上	…	…	…	…	…	…	5 890.8	5 668.0	5 344.8	5 257.9	5 707.1	5 628.0	5 177.6	5 080.8	4 974.1

（心疾患粗死亡率・女）

年齢階級 Age group	昭和26年 1951	30年 1955	35年 1960	40年 1965	45年 1970	50年 1975	55年 1980	56年 1981	57年 1982	58年 1983	59年 1984	60年 1985	61年 1986	62年 1987	63年 1988
総数 Total	…	…	…	…	…	…	365.3	357.5	350.1	345.2	398.5	399.6	365.9	371.0	366.6
1歳未満	…	…	…	…	…	…	2.1	5.8	5.6	6.0	7.1	7.1	6.8	5.7	8.2
1～4	…	…	…	…	…	…	0.8	1.2	1.1	1.0	1.5	1.3	1.0	1.4	1.2
5～14	…	…	…	…	…	…	0.9	1.2	0.8	0.8	1.0	1.2	0.9	0.8	0.5
15～24	…	…	…	…	…	…	3.9	3.5	3.1	2.3	3.6	2.7	2.7	2.7	3.0
25～34	…	…	…	…	…	…	9.4	8.9	7.8	4.9	7.8	7.5	6.3	6.1	5.9
35～44	…	…	…	…	…	…	33.4	31.2	30.9	20.5	28.4	24.5	18.7	18.5	18.7
45～54	…	…	…	…	…	…	99.6	94.6	89.7	68.8	92.2	84.5	70.4	69.5	70.5
55～64	…	…	…	…	…	…	298.3	281.9	275.4	233.8	303.4	294.7	263.7	269.5	267.1
65～74	…	…	…	…	…	…	1 068.9	1 044.3	1 033.8	985.3	1 156.8	1 169.2	1 058.4	1 058.8	984.7
75歳以上	…	…	…	…	…	…	4 641.6	4 445.1	4 239.2	4 296.2	4 701.4	4 676.1	4 269.5	4 260.4	4 200.9

（脳血管疾患粗死亡率・男）

年齢階級 Age group	昭和26年 1951	30年 1955	35年 1960	40年 1965	45年 1970	50年 1975	55年 1980	56年 1981	57年 1982	58年 1983	59年 1984	60年 1985	61年 1986	62年 1987	63年 1988
総数 Total	…	…	…	…	…	…	145.7	149.8	148.5	152.2	162.0	161.4	152.1	154.4	157.6
1歳未満	…	…	…	…	…	…	0.5	0.3	0.3	0.2	0.5	0.9	1.2	0.7	1.2
1～4	…	…	…	…	…	…	0.1	0.1	0.1	0.1	0.0	0.1	0.1	0.1	0.3
5～14	…	…	…	…	…	…	0.1	0.2	0.2	0.2	0.2	0.2	0.3	0.2	0.3
15～24	…	…	…	…	…	…	1.6	1.5	1.4	1.4	1.6	1.3	1.7	1.5	1.6
25～34	…	…	…	…	…	…	7.3	7.0	7.1	7.2	7.0	6.2	5.0	5.6	5.3
35～44	…	…	…	…	…	…	32.8	34.0	33.1	31.6	32.3	25.6	21.8	19.3	20.5
45～54	…	…	…	…	…	…	115.2	114.6	109.5	111.8	115.5	106.1	91.6	92.1	93.1
55～64	…	…	…	…	…	…	376.5	370.7	357.4	354.7	366.5	361.5	337.8	349.3	359.7
65～74	…	…	…	…	…	…	1 140.8	1 183.3	1 187.9	1 204.9	1 274.7	1 284.1	1 198.3	1 186.3	1 150.4
75歳以上	…	…	…	…	…	…	3 334.7	3 379.7	3 250.6	3 289.5	3 481.0	3 499.8	3 351.4	3 377.2	3 466.4

（脳血管疾患粗死亡率・女）

年齢階級 Age group	昭和26年 1951	30年 1955	35年 1960	40年 1965	45年 1970	50年 1975	55年 1980	56年 1981	57年 1982	58年 1983	59年 1984	60年 1985	61年 1986	62年 1987	63年 1988
総数 Total	…	…	…	…	…	…	242.7	252.0	253.4	261.5	281.9	287.9	283.4	290.7	298.2
1歳未満	…	…	…	…	…	…	0.1	0.5	0.4	0.1	0.8	1.0	0.2	1.3	1.1
1～4	…	…	…	…	…	…	0.1	0.2	0.1	0.0	0.1	0.1	0.2	0.1	0.2
5～14	…	…	…	…	…	…	0.2	0.3	0.4	0.2	0.2	0.3	0.2	0.3	0.2
15～24	…	…	…	…	…	…	0.7	0.7	0.9	1.0	1.1	0.9	1.1	0.9	1.4
25～34	…	…	…	…	…	…	2.9	2.8	2.9	3.1	3.1	2.8	2.3	2.6	2.7
35～44	…	…	…	…	…	…	15.3	15.1	15.0	15.2	15.4	12.9	11.3	10.2	10.6
45～54	…	…	…	…	…	…	68.9	70.6	68.7	70.1	71.6	66.6	58.6	56.2	55.4
55～64	…	…	…	…	…	…	221.5	220.7	218.7	224.4	236.3	239.9	230.1	229.4	230.8
65～74	…	…	…	…	…	…	766.6	793.7	799.9	818.5	879.9	885.5	867.4	872.7	849.2
75歳以上	…	…	…	…	…	…	2 954.8	3 009.2	2 960.7	2 997.3	3 192.9	3 254.0	3 192.9	3 258.0	3 352.3

資料：WHO「WHO Statistical Information System Mortality Database」
注：1999年～2002年の心疾患は急性リウマチ熱を含む。

性・年齢（10歳階級）別－1951・1955・1960・1965・1970・1975・1980年以降－
cerebrovascular diseases, by sex, country and age group (by 10-year age scale):

Crude death rates from heart diseases　Male

平成元年 1989	2年 1990	3年 1991	4年 1992	5年 1993	6年 1994	7年 1995	8年 1996	9年 1997	10年 1998	11年 1999	12年 2000	13年 2001	14年 2002	15年 2003	年齢階級 Age group
294.4	307.9	315.3	341.8	436.0	490.6	455.1	425.4	407.9	405.9	456.0	493.7	514.1	553.4	…	総数 Total
8.0	8.1	8.6	10.9	12.6	9.9	10.4	9.9	8.0	8.8	12.3	9.1	8.5	8.3	…	1歳未満
0.9	0.6	0.9	1.1	1.0	1.1	0.8	1.1	1.4	1.1	1.2	1.5	1.3	1.2	…	1～4
0.7	0.5	0.6	0.6	0.7	0.7	0.7	0.7	0.8	0.5	0.9	1.1	0.9	0.7	…	5～14
5.4	5.4	5.7	6.5	8.2	9.7	11.0	10.6	10.3	11.0	11.9	14.2	10.7	8.8	…	15～24
26.5	29.0	30.5	38.1	52.9	65.3	60.8	51.5	43.7	43.8	48.9	58.7	54.0	59.8	…	25～34
113.7	126.0	131.5	154.4	210.7	250.3	225.0	189.9	165.5	161.5	183.0	209.0	215.8	239.0	…	35～44
357.0	387.1	390.7	448.8	578.7	664.8	578.8	504.3	427.0	426.3	490.0	560.4	588.2	637.9	…	45～54
768.1	820.5	824.2	886.2	1 140.1	1 314.9	1 183.6	1 078.4	1 017.7	1 004.5	1 168.9	1 286.6	1 374.9	1 460.3	…	55～64
1 722.4	1 695.2	1 695.9	1 738.4	2 129.7	2 280.2	2 147.6	2 068.1	2 059.5	2 057.5	2 279.2	2 403.3	2 464.3	2 563.3	…	65～74
4 687.6	4 647.5	4 662.8	4 654.3	5 303.4	5 372.8	5 013.4	4 813.6	4 754.5	4 614.7	4 842.2	4 775.4	4 621.8	4 688.7	…	75歳以上

Crude death rates from heart diseases　Female

平成元年 1989	2年 1990	3年 1991	4年 1992	5年 1993	6年 1994	7年 1995	8年 1996	9年 1997	10年 1998	11年 1999	12年 2000	13年 2001	14年 2002	15年 2003	年齢階級 Age group
350.1	352.3	347.0	353.2	413.6	434.8	408.5	396.5	391.5	386.2	417.6	427.8	433.4	458.6	…	総数 Total
7.1	6.6	6.1	9.0	10.1	5.6	10.5	6.2	7.1	6.6	11.8	10.8	6.8	6.6	…	1歳未満
1.0	0.6	0.9	0.9	0.8	1.1	1.1	1.1	1.1	1.0	1.3	1.2	1.6	0.9	…	1～4
0.7	0.5	0.5	0.6	0.7	0.8	0.6	0.8	0.5	0.5	0.6	0.6	0.8	0.6	…	5～14
2.7	2.5	2.5	2.6	3.0	3.2	2.9	3.0	3.1	3.1	3.7	3.8	3.4	3.3	…	15～24
5.9	5.9	6.4	8.0	11.3	14.7	13.9	11.0	9.8	9.9	11.2	13.9	14.1	15.8	…	25～34
19.5	21.0	22.5	29.4	43.3	54.7	47.0	38.6	31.7	30.8	39.1	43.0	47.5	56.5	…	35～44
76.4	83.0	85.4	96.2	138.7	160.8	136.4	113.3	94.0	91.1	110.4	125.0	137.2	150.8	…	45～54
272.0	280.4	284.7	304.9	376.9	421.3	373.9	344.0	326.1	317.7	363.4	398.3	422.1	449.2	…	55～64
923.8	901.3	872.4	885.7	1 038.4	1 106.2	1 043.7	1 036.6	1 041.0	1 035.1	1 117.4	1 146.8	1 152.4	1 199.9	…	65～74
3 883.0	3 818.9	3 715.8	3 710.9	4 190.4	4 267.2	4 092.7	4 026.0	3 999.3	3 882.6	4 037.9	3 941.1	3 800.7	3 835.8	…	75歳以上

Crude death rates from cerebrovascular diseases　Male

平成元年 1989	2年 1990	3年 1991	4年 1992	5年 1993	6年 1994	7年 1995	8年 1996	9年 1997	10年 1998	11年 1999	12年 2000	13年 2001	14年 2002	15年 2003	年齢階級 Age group
155.7	160.7	162.9	171.5	205.4	229.4	221.6	215.6	218.0	220.8	237.3	254.3	264.0	275.4	…	総数 Total
2.3	1.6	1.9	2.1	2.4	3.1	2.6	2.5	2.9	3.0	1.0	2.1	1.6	2.9	…	1歳未満
0.2	-	0.1	0.1	0.2	0.1	0.1	0.1	-	0.1	0.1	-	0.2	-	…	1～4
0.2	0.2	0.1	0.2	0.1	0.1	0.1	0.1	0.1	0.1	0.4	0.3	0.3	0.2	…	5～14
2.0	1.8	1.8	2.0	2.0	2.3	2.1	2.0	1.9	2.2	2.6	2.5	2.2	2.1	…	15～24
6.1	6.0	6.2	7.3	8.6	9.5	9.0	8.5	7.7	7.5	8.6	8.7	8.9	9.0	…	25～34
21.6	24.5	25.2	28.3	36.2	41.5	38.9	35.4	32.0	31.7	35.4	39.5	41.2	43.1	…	35～44
99.3	106.9	109.7	119.1	146.1	167.0	148.9	132.5	118.9	118.7	132.8	147.9	154.9	159.3	…	45～54
365.9	377.6	385.0	392.5	467.6	531.2	500.2	467.2	457.2	456.5	518.5	574.6	595.5	605.4	…	55～64
1 085.1	1 051.6	1 023.3	1 043.4	1 220.1	1 336.6	1 296.2	1 280.4	1 320.9	1 355.1	1 447.1	1 540.4	1 583.7	1 619.3	…	65～74
3 280.1	3 323.4	3 282.9	3 352.3	3 779.8	3 965.3	3 782.0	3 650.1	3 678.3	3 631.9	3 665.7	3 695.2	3 610.4	3 553.4	…	75歳以上

Crude death rates from cerebrovascular diseases　Female

平成元年 1989	2年 1990	3年 1991	4年 1992	5年 1993	6年 1994	7年 1995	8年 1996	9年 1997	10年 1998	11年 1999	12年 2000	13年 2001	14年 2002	15年 2003	年齢階級 Age group
282.7	287.7	287.9	296.4	332.7	353.5	347.2	341.7	348.3	355.1	369.8	379.5	389.0	396.6	…	総数 Total
1.0	1.4	1.3	1.0	1.2	1.8	1.5	1.1	1.8	1.4	1.0	0.7	1.9	1.0	…	1歳未満
0.3	0.2	0.1	0.1	0.1	0.1	0.1	0.2	0.0	0.1	0.1	0.2	0.1	0.1	…	1～4
0.2	0.2	0.2	0.1	0.2	0.2	0.2	0.1	0.2	0.2	0.4	0.2	0.3	0.2	…	5～14
1.7	1.3	1.4	1.4	1.3	1.4	1.4	1.4	1.3	1.2	1.5	1.2	1.2	1.2	…	15～24
2.4	2.9	3.1	3.3	3.7	4.0	4.0	3.6	3.6	3.4	4.1	4.0	4.4	4.0	…	25～34
10.7	11.0	11.9	12.8	15.6	16.6	16.5	15.1	14.2	14.0	16.0	16.9	16.9	17.7	…	35～44
59.9	59.3	60.7	65.7	78.5	83.6	76.8	69.3	64.6	63.4	70.2	75.0	77.3	76.9	…	45～54
223.0	228.8	228.5	239.4	275.0	296.4	274.1	262.3	256.7	256.2	274.2	300.0	308.8	304.0	…	55～64
774.2	752.2	737.0	760.3	857.3	920.5	901.9	899.1	921.8	948.3	979.8	1 007.6	1 033.9	1 022.1	…	65～74
3 118.7	3 137.3	3 124.7	3 192.0	3 527.0	3 722.2	3 712.4	3 661.6	3 734.3	3 753.4	3 814.4	3 770.3	3 718.3	3 687.4	…	75歳以上

Source: WHO Statistical Information System Mortality Database, WHO
Note: Heart diseases in 1999 and after includes acute rheumatic fever.

第20表　粗死亡率（人口10万対），国・心疾患－脳血管疾患・
Statistics 20　Crude death rates (per 100,000 population) from heart diseases and
1951, 1955, 1960, 1965, 1970, 1975, 1980 and after

スウェーデン　Sweden　　　　　　　　　　　　　　　　　　　　　　　　　　　　　　　　　　　　　　（心疾患粗死亡率・男）

年齢階級 Age group	昭和26年 1951	30年 1955	35年 1960	40年 1965	45年 1970	50年 1975	55年 1980	56年 1981	57年 1982	58年 1983	59年 1984	60年 1985	61年 1986	62年 1987	63年 1988
総数 Total	255.9	294.1	348.2	390.4	420.3	472.2	509.1	…	…	…	…	495.3	…	479.5	473.6
1歳未満	…	3.7	1.9	3.2	1.8	1.9	6.0	…	…	…	…	…	…	7.5	5.2
1～4	…	0.5	0.5	0.9	-	0.9	-	…	…	…	…	…	…	0.5	-
5～14	…	0.3	0.4	0.4	0.6	0.3	1.4	…	…	…	…	0.7	…	1.0	0.4
15～24	…	2.7	1.3	2.0	2.5	2.0	2.0	…	…	…	…	3.2	…	2.8	2.7
25～34	…	7.0	6.7	6.2	5.5	4.6	5.3	…	…	…	…	6.5	…	6.2	5.6
35～44	…	29.3	24.6	33.4	29.3	28.3	29.6	…	…	…	…	27.1	…	26.3	30.1
45～54	…	133.4	128.2	146.0	159.5	172.3	179.7	…	…	…	…	150.3	…	141.5	126.4
55～64	…	487.7	544.0	533.6	553.4	586.4	616.6	…	…	…	…	550.2	…	519.7	516.3
65～74	…	1 324.7	1 459.2	1 543.1	1 611.8	1 637.0	1 722.4	…	…	…	…	1 569.8	…	1 472.9	1 394.9
75歳以上	…	3 845.3	4 372.5	4 718.6	4 784.9	5 127.0	5 039.7	…	…	…	…	4 673.7	…	4 460.9	4 464.7

（心疾患粗死亡率・女）

年齢階級 Age group	昭和26年 1951	30年 1955	35年 1960	40年 1965	45年 1970	50年 1975	55年 1980	56年 1981	57年 1982	58年 1983	59年 1984	60年 1985	61年 1986	62年 1987	63年 1988
総数 Total	241.1	248.5	274.4	292.7	314.5	347.7	372.3	…	…	…	…	367.3	…	365.6	375.1
1歳未満	…	13.8	-	6.7	-	-	-	…	…	…	…	2.1	…	5.9	7.4
1～4	…	1.0	-	1.0	0.9	0.9	0.5	…	…	…	…	0.5	…	2.1	1.0
5～14	…	0.3	0.2	0.2	0.2	0.2	0.4	…	…	…	…	0.4	…	0.4	0.4
15～24	…	1.4	1.6	0.7	0.2	0.6	1.5	…	…	…	…	1.1	…	1.4	0.9
25～34	…	4.3	2.9	1.7	1.4	1.9	2.5	…	…	…	…	2.9	…	2.2	2.9
35～44	…	13.5	8.8	12.9	7.3	8.9	8.3	…	…	…	…	5.2	…	5.9	7.7
45～54	…	57.1	50.8	47.2	36.9	40.1	30.5	…	…	…	…	25.1	…	29.1	26.9
55～64	…	214.2	193.0	185.1	170.6	156.4	140.8	…	…	…	…	126.2	…	133.6	132.2
65～74	…	939.5	876.4	803.1	789.9	718.2	670.3	…	…	…	…	567.6	…	541.9	540.1
75歳以上	…	3 388.8	3 768.8	3 725.6	3 712.5	3 741.1	3 630.3	…	…	…	…	3 234.5	…	3 088.3	3 142.1

（脳血管疾患粗死亡率・男）

年齢階級 Age group	昭和26年 1951	30年 1955	35年 1960	40年 1965	45年 1970	50年 1975	55年 1980	56年 1981	57年 1982	58年 1983	59年 1984	60年 1985	61年 1986	62年 1987	63年 1988
総数 Total	120.7	123.3	123.0	108.9	96.3	107.4	99.9	…	…	…	…	99.1	…	97.8	98.3
1歳未満	…	1.9	-	-	1.8	-	-	…	…	…	…	2.0	…	-	-
1～4	…	-	-	0.4	0.4	-	-	…	…	…	…	-	…	0.5	-
5～14	…	0.5	0.3	0.5	0.2	0.7	0.2	…	…	…	…	0.6	…	0.2	0.6
15～24	…	1.6	1.3	0.6	1.1	0.7	1.2	…	…	…	…	1.2	…	0.5	0.7
25～34	…	3.7	3.7	4.7	3.0	4.7	2.2	…	…	…	…	2.7	…	2.1	2.4
35～44	…	8.7	8.1	9.4	8.6	10.1	7.6	…	…	…	…	6.4	…	5.9	6.7
45～54	…	38.9	31.0	29.3	29.7	27.2	29.1	…	…	…	…	19.8	…	18.6	17.5
55～64	…	144.3	133.2	100.4	86.5	88.2	72.2	…	…	…	…	67.3	…	59.3	63.7
65～74	…	551.2	480.0	394.0	327.5	346.3	300.7	…	…	…	…	261.7	…	241.9	233.2
75歳以上	…	1 880.9	1 837.7	1 559.7	1 303.6	1 340.9	1 173.8	…	…	…	…	1 112.3	…	1 098.3	1 098.3

（脳血管疾患粗死亡率・女）

年齢階級 Age group	昭和26年 1951	30年 1955	35年 1960	40年 1965	45年 1970	50年 1975	55年 1980	56年 1981	57年 1982	58年 1983	59年 1984	60年 1985	61年 1986	62年 1987	63年 1988
総数 Total	152.9	155.9	146.3	132.8	114.7	130.9	120.8	…	…	…	…	132.3	…	130.2	133.0
1歳未満	…	-	-	1.7	1.9	-	4.2	…	…	…	…	-	…	2.0	-
1～4	…	-	1.0	-	-	-	-	…	…	…	…	-	…	-	-
5～14	…	0.7	0.5	-	0.6	0.2	0.2	…	…	…	…	-	…	-	0.4
15～24	…	1.1	0.6	1.2	1.5	0.7	0.7	…	…	…	…	0.5	…	0.3	0.5
25～34	…	1.4	2.0	2.2	2.6	4.4	1.8	…	…	…	…	1.1	…	2.7	1.4
35～44	…	10.0	8.1	10.3	6.8	8.9	8.6	…	…	…	…	7.3	…	4.5	5.1
45～54	…	52.5	29.7	25.0	21.8	24.5	18.9	…	…	…	…	11.9	…	13.8	14.8
55～64	…	160.9	111.7	80.7	71.0	68.7	47.2	…	…	…	…	40.2	…	33.8	36.9
65～74	…	592.9	488.3	366.8	268.9	263.6	205.2	…	…	…	…	188.0	…	159.3	168.8
75歳以上	…	1 997.3	1 927.8	1 669.7	1 330.3	1 365.9	1 167.4	…	…	…	…	1 178.7	…	1 144.5	1 140.3

資料：WHO「WHO Statistical Information System Mortality Database」
注：1955年～1975年の数値はWHOの死亡数及び人口をもとに算出した。

性・年齢（10歳階級）別－1951・1955・1960・1965・1970・1975・1980年以降－
cerebrovascular diseases, by sex, country and age group (by 10-year age scale):

Crude death rates from heart diseases　Male

平成元年 1989	2年 1990	3年 1991	4年 1992	5年 1993	6年 1994	7年 1995	8年 1996	9年 1997	10年 1998	11年 1999	12年 2000	13年 2001	14年 2002	15年 2003	年齢階級 Age group
428.3	429.6	421.8	406.5	405.5	377.3	383.5	367.3	354.0	352.8	346.1	329.2	321.6	…	…	総数 Total
10.1	4.7	17.3	14.2	10.0	10.5	13.2	6.2	4.3	2.2	4.4	2.1	4.2	…	…	1歳未満
-	1.4	0.9	0.4	0.4	0.4	0.8	0.8	1.3	0.5	1.5	-	0.5	…	…	1〜4
0.4	1.0	0.6	0.6	0.8	0.4	0.4	-	0.7	0.2	1.3	-	0.9	…	…	5〜14
1.0	1.4	2.6	2.3	2.2	2.0	1.5	2.0	3.0	1.5	1.5	1.5	1.9	…	…	15〜24
6.0	5.1	5.5	3.6	4.9	5.0	4.7	4.6	2.7	4.8	4.5	4.8	3.5	…	…	25〜34
29.3	23.4	21.6	21.5	23.1	22.4	20.2	18.8	17.2	20.8	21.9	15.8	15.1	…	…	35〜44
107.6	106.4	99.5	91.7	91.3	86.3	93.2	89.3	83.6	78.1	75.5	80.0	78.3	…	…	45〜54
440.5	423.2	422.5	382.5	365.8	343.1	330.5	292.5	284.5	260.0	249.4	236.1	225.5	…	…	55〜64
1 274.6	1 267.1	1 191.6	1 166.8	1 113.8	1 055.2	1 027.3	975.3	920.4	883.6	840.7	771.4	733.2	…	…	65〜74
4 045.9	4 111.7	4 109.9	3 975.5	4 057.7	3 740.1	3 837.9	3 649.1	3 490.9	3 511.5	3 444.5	3 278.0	3 208.7	…	…	75歳以上

Crude death rates from heart diseases　Female

平成元年 1989	2年 1990	3年 1991	4年 1992	5年 1993	6年 1994	7年 1995	8年 1996	9年 1997	10年 1998	11年 1999	12年 2000	13年 2001	14年 2002	15年 2003	年齢階級 Age group
342.3	349.4	344.4	344.8	353.1	320.7	328.7	323.8	317.8	321.0	317.5	309.8	308.1	…	…	総数 Total
7.1	3.3	8.3	5.0	1.7	3.6	2.0	8.6	6.8	4.6	7.0	4.6	2.3	…	…	1歳未満
0.5	1.4	0.5	0.9	0.4	0.4	-	0.9	-	0.5	0.5	0.5	1.1	…	…	1〜4
0.2	0.4	0.8	-	0.8	0.2	-	0.6	0.6	0.4	0.7	0.2	0.5	…	…	5〜14
0.5	1.1	0.9	0.9	1.1	0.6	1.5	1.5	1.8	0.8	0.4	1.0	1.2	…	…	15〜24
2.5	1.9	2.1	2.1	2.3	1.9	2.0	2.6	2.1	2.8	1.4	1.9	1.5	…	…	25〜34
7.0	7.0	7.2	8.7	4.9	4.8	5.7	6.5	5.4	5.5	7.0	6.4	5.3	…	…	35〜44
25.1	24.2	24.2	25.8	20.4	23.3	22.5	19.9	18.0	20.2	18.4	21.3	22.0	…	…	45〜54
108.5	116.2	115.2	114.1	100.2	97.3	92.1	79.6	75.5	78.0	79.1	70.9	73.0	…	…	55〜64
479.6	471.3	457.7	457.4	424.5	383.0	382.6	380.8	359.7	341.7	318.2	293.6	290.3	…	…	65〜74
2 861.3	2 913.0	2 857.1	2 843.3	2 975.9	2 688.4	2 738.2	2 648.0	2 583.3	2 596.7	2 568.7	2 512.4	2 495.1	…	…	75歳以上

Crude death rates from cerebrovascular diseases　Male

平成元年 1989	2年 1990	3年 1991	4年 1992	5年 1993	6年 1994	7年 1995	8年 1996	9年 1997	10年 1998	11年 1999	12年 2000	13年 2001	14年 2002	15年 2003	年齢階級 Age group
96.1	101.3	104.5	100.2	99.8	96.1	97.0	96.0	101.0	100.8	96.8	96.1	92.5	…	…	総数 Total
1.7	1.6	-	-	1.7	-	2.1	-	-	-	-	-	-	…	…	1歳未満
-	0.5	-	-	0.4	0.4	-	-	-	-	-	-	-	…	…	1〜4
0.6	-	-	0.8	0.4	0.2	-	0.2	0.7	0.7	-	-	-	…	…	5〜14
0.7	0.7	0.5	0.2	1.1	0.2	0.5	0.4	0.2	0.7	0.4	0.4	0.6	…	…	15〜24
1.2	1.6	2.1	1.1	1.6	1.1	0.9	1.4	1.4	0.6	0.6	0.6	1.1	…	…	25〜34
5.4	6.8	5.6	5.7	6.2	6.4	4.3	5.4	3.8	4.3	5.4	3.1	3.8	…	…	35〜44
15.4	16.0	17.3	15.6	14.4	18.9	11.9	17.5	16.9	13.9	16.6	15.9	14.6	…	…	45〜54
59.3	64.4	68.5	68.8	64.3	51.5	54.3	54.1	51.0	54.9	46.9	43.6	40.9	…	…	55〜64
229.3	225.2	252.6	241.5	232.9	224.5	223.4	205.6	220.6	221.3	203.2	202.3	174.8	…	…	65〜74
1 076.2	1 148.4	1 151.2	1 101.5	1 109.4	1 073.9	1 092.1	1 061.8	1 110.5	1 092.5	1 049.0	1 045.5	1 022.4	…	…	75歳以上

Crude death rates from cerebrovascular diseases　Female

平成元年 1989	2年 1990	3年 1991	4年 1992	5年 1993	6年 1994	7年 1995	8年 1996	9年 1997	10年 1998	11年 1999	12年 2000	13年 2001	14年 2002	15年 2003	年齢階級 Age group
131.6	138.8	137.6	137.6	134.4	131.1	128.0	132.3	133.8	135.6	135.6	133.3	131.6	…	…	総数 Total
-	1.7	-	1.7	-	-	-	-	-	-	2.3	-	-	…	…	1歳未満
-	-	0.9	-	0.4	-	-	-	-	-	-	-	-	…	…	1〜4
-	0.2	-	-	-	-	-	0.2	-	-	-	-	0.2	…	…	5〜14
0.2	0.5	-	0.4	0.6	0.2	0.7	0.4	0.2	0.6	0.4	0.4	-	…	…	15〜24
1.8	1.7	1.7	1.5	1.3	0.8	0.8	1.0	1.1	0.5	1.5	0.3	0.3	…	…	25〜34
4.2	4.2	4.5	4.0	4.1	3.3	4.0	4.3	2.6	2.8	4.1	3.6	2.7	…	…	35〜44
13.5	11.0	11.1	13.0	11.0	12.7	10.5	13.5	13.3	10.3	13.4	9.2	11.5	…	…	45〜54
35.7	36.7	38.3	33.3	36.5	34.0	30.9	30.4	31.6	28.6	27.0	30.6	27.4	…	…	55〜64
152.7	150.0	158.3	153.0	149.0	150.7	130.0	137.0	127.6	132.5	125.1	114.1	118.5	…	…	65〜74
1 133.2	1 201.1	1 171.1	1 172.1	1 139.4	1 105.1	1 084.9	1 093.3	1 101.1	1 109.3	1 104.0	1 090.9	1 072.6	…	…	75歳以上

Source: WHO Statistical Information System Mortality Database, WHO
Note: The figures for 1955 through 1975 are calculated from the numbers of deaths and population data given by WHO.

第20表　粗死亡率（人口10万対），国・心疾患－脳血管疾患・
Statistics 20　Crude death rates (per 100,000 population) from heart diseases and
1951, 1955, 1960, 1965, 1970, 1975, 1980 and after

イギリス United Kingdom

（心疾患粗死亡率・男）

年齢階級 Age group	昭和26年 1951	30年 1955	35年 1960	40年 1965	45年 1970	50年 1975	55年 1980	56年 1981	57年 1982	58年 1983	59年 1984	60年 1985	61年 1986	62年 1987	63年 1988
総数 Total	...	...	...	...	...	...	435.1	429.1	425.1	425.7	408.6	417.5	405.6	394.4	385.1
1歳未満	...	...	...	...	...	...	9.8	10.2	7.3	5.4	5.6	7.3	6.8	6.6	7.6
1～4	...	...	...	...	...	...	1.0	1.6	1.2	1.0	0.7	1.4	1.2	1.0	1.0
5～14	...	...	...	...	...	...	0.6	0.8	0.5	0.9	0.6	0.5	0.6	0.6	0.6
15～24	...	...	...	...	...	...	2.4	2.4	2.5	1.8	2.3	1.7	1.9	2.1	2.0
25～34	...	...	...	...	...	...	8.8	9.1	7.9	8.0	7.6	6.7	7.1	6.6	6.7
35～44	...	...	...	...	...	...	62.2	58.8	52.1	51.2	46.9	48.4	47.1	46.1	41.1
45～54	...	...	...	...	...	...	290.2	278.0	263.0	259.6	241.6	234.9	230.8	213.7	202.1
55～64	...	...	...	...	...	...	794.8	760.0	753.1	758.9	736.2	726.3	701.6	675.1	646.5
65～74	...	...	...	...	...	...	1 805.7	1 775.0	1 761.2	1 783.8	1 705.4	1 711.3	1 631.3	1 585.8	1 534.7
75歳以上	...	...	...	...	...	...	4 237.8	4 036.9	4 024.2	3 938.8	3 753.0	3 876.8	3 747.6	3 579.8	3 506.4

（心疾患粗死亡率・女）

年齢階級 Age group	昭和26年 1951	30年 1955	35年 1960	40年 1965	45年 1970	50年 1975	55年 1980	56年 1981	57年 1982	58年 1983	59年 1984	60年 1985	61年 1986	62年 1987	63年 1988
総数 Total	...	...	...	...	...	...	352.2	349.8	348.7	346.8	335.3	347.9	334.8	327.7	327.4
1歳未満	...	...	...	...	...	...	9.3	7.6	7.7	7.1	5.9	4.9	6.5	5.8	6.3
1～4	...	...	...	...	...	...	1.5	1.4	1.0	1.2	1.0	1.7	1.0	1.5	1.1
5～14	...	...	...	...	...	...	0.5	0.5	0.7	0.5	0.4	0.6	0.4	0.4	0.3
15～24	...	...	...	...	...	...	1.5	1.2	0.8	1.0	1.1	0.9	0.9	0.9	1.2
25～34	...	...	...	...	...	...	3.1	2.9	2.6	2.9	2.6	1.8	2.1	2.4	1.7
35～44	...	...	...	...	...	...	14.4	12.9	11.3	11.2	10.1	9.4	9.3	9.1	8.8
45～54	...	...	...	...	...	...	66.1	64.3	61.6	59.5	55.0	53.3	48.0	48.4	44.0
55～64	...	...	...	...	...	...	262.0	245.7	249.7	252.6	244.5	242.4	233.5	229.4	219.4
65～74	...	...	...	...	...	...	831.3	825.0	820.6	818.5	789.0	794.5	765.8	740.2	719.5
75歳以上	...	...	...	...	...	...	3 063.7	2 988.3	2 940.1	2 877.7	2 750.1	2 852.4	2 714.8	2 617.5	2 626.0

（脳血管疾患粗死亡率・男）

年齢階級 Age group	昭和26年 1951	30年 1955	35年 1960	40年 1965	45年 1970	50年 1975	55年 1980	56年 1981	57年 1982	58年 1983	59年 1984	60年 1985	61年 1986	62年 1987	63年 1988
総数 Total	...	...	...	...	...	...	116.6	112.9	110.8	108.0	113.0	114.6	113.0	107.6	105.0
1歳未満	...	...	...	...	...	...	0.8	1.6	2.2	2.4	1.1	1.0	1.3	2.5	1.0
1～4	...	...	...	...	...	...	0.2	0.1	0.1	0.4	0.3	0.3	0.3	0.2	0.3
5～14	...	...	...	...	...	...	0.4	0.4	0.3	0.3	0.3	0.3	0.2	0.2	0.3
15～24	...	...	...	...	...	...	1.4	1.2	1.2	1.3	0.9	1.0	1.0	1.0	0.8
25～34	...	...	...	...	...	...	3.4	2.9	3.3	3.0	2.8	2.5	2.3	2.3	2.6
35～44	...	...	...	...	...	...	8.9	9.1	8.6	8.4	8.2	8.2	7.5	7.9	6.7
45～54	...	...	...	...	...	...	35.9	33.5	31.3	30.4	28.2	28.8	27.4	25.1	24.3
55～64	...	...	...	...	...	...	119.1	109.5	109.4	107.8	107.6	101.9	102.7	93.6	86.9
65～74	...	...	...	...	...	...	452.9	436.0	419.4	409.2	424.6	402.6	386.4	358.7	342.1
75歳以上	...	...	...	...	...	...	1 629.2	1 518.7	1 480.8	1 412.2	1 488.6	1 531.9	1 493.3	1 403.3	1 367.4

（脳血管疾患粗死亡率・女）

年齢階級 Age group	昭和26年 1951	30年 1955	35年 1960	40年 1965	45年 1970	50年 1975	55年 1980	56年 1981	57年 1982	58年 1983	59年 1984	60年 1985	61年 1986	62年 1987	63年 1988
総数 Total	...	...	...	...	...	...	177.8	172.9	171.7	168.8	175.2	179.2	174.5	170.1	168.4
1歳未満	...	...	...	...	...	...	-	0.6	1.1	0.6	1.7	1.4	1.6	2.9	2.1
1～4	...	...	...	...	...	...	0.4	0.2	0.4	0.3	0.1	0.2	0.3	0.3	0.3
5～14	...	...	...	...	...	...	0.3	0.3	0.4	0.2	0.3	0.3	0.3	0.2	0.4
15～24	...	...	...	...	...	...	1.2	1.3	1.0	1.0	0.7	0.7	0.6	0.9	0.8
25～34	...	...	...	...	...	...	3.2	3.1	2.9	3.1	2.8	3.3	2.7	2.5	2.5
35～44	...	...	...	...	...	...	9.8	8.4	8.7	8.6	7.6	8.4	7.3	7.6	7.2
45～54	...	...	...	...	...	...	32.2	29.0	28.3	26.5	24.1	22.9	21.4	21.9	20.0
55～64	...	...	...	...	...	...	87.1	83.5	86.2	82.2	77.9	80.2	73.1	70.3	66.6
65～74	...	...	...	...	...	...	345.1	330.5	324.0	314.7	317.6	303.7	297.5	274.1	263.2
75歳以上	...	...	...	...	...	...	1 712.5	1 632.4	1 596.5	1 554.9	1 615.1	1 647.4	1 592.3	1 540.6	1 520.2

資料：WHO「WHO Statistical Information System Mortality Database」

性・年齢（10歳階級）別－1951・1955・1960・1965・1970・1975・1980年以降－
cerebrovascular diseases, by sex, country and age group (by 10-year age scale):

Crude death rates from heart diseases　Male

平成元年 1989	2年 1990	3年 1991	4年 1992	5年 1993	6年 1994	7年 1995	8年 1996	9年 1997	10年 1998	11年 1999	12年 2000	13年 2001	14年 2002	15年 2003	年齢階級 Age group
376.0	366.1	360.7	349.7	361.8	334.8	332.1	321.0	305.4	299.6	289.1	272.5	270.4	262.7	…	総数 Total
7.6	7.8	8.9	7.2	12.4	9.9	12.8	10.1	11.6	11.9	10.9	13.5	7.9	7.3	…	1歳未満
0.9	1.4	0.5	1.3	1.7	1.1	1.0	1.2	1.6	1.2	2.0	0.7	0.6	0.9	…	1～4
0.8	0.3	0.6	0.6	0.7	0.8	0.7	0.3	0.6	0.4	0.5	0.4	0.5	0.4	…	5～14
2.1	1.9	2.3	2.0	2.6	2.4	2.4	2.0	2.0	2.2	1.6	2.1	2.1	2.0	…	15～24
5.8	5.7	5.4	5.7	6.2	5.7	6.2	6.0	5.6	5.8	5.6	5.5	6.1	6.0	…	25～34
41.6	42.1	39.1	36.7	35.0	32.2	32.2	30.4	28.9	29.2	27.5	25.1	26.6	27.0	…	35～44
183.1	171.8	165.5	152.1	149.0	130.5	131.2	124.7	121.4	118.3	111.4	107.5	105.7	103.0	…	45～54
603.5	569.6	543.7	520.6	516.5	464.0	447.6	421.9	397.9	377.9	351.3	326.9	301.2	278.8	…	55～64
1 464.4	1 437.4	1 400.1	1 355.7	1 393.0	1 292.4	1 251.9	1 189.1	1 098.5	1 062.5	1 009.5	925.1	854.0	792.9	…	65～74
3 504.5	3 405.9	3 450.1	3 361.5	3 571.8	3 365.3	3 308.8	3 197.6	3 033.3	2 971.3	2 887.3	2 723.3	2 674.3	2 605.3	…	75歳以上

Crude death rates from heart diseases　Female

平成元年 1989	2年 1990	3年 1991	4年 1992	5年 1993	6年 1994	7年 1995	8年 1996	9年 1997	10年 1998	11年 1999	12年 2000	13年 2001	14年 2002	15年 2003	年齢階級 Age group
325.8	313.9	316.3	308.1	326.6	301.3	299.5	289.8	278.7	274.4	262.3	244.0	239.1	235.2	…	総数 Total
5.3	6.4	5.8	8.9	11.5	11.2	8.4	10.3	7.1	8.3	10.3	12.7	6.4	5.5	…	1歳未満
1.6	1.3	1.6	1.0	1.1	1.3	1.1	1.1	1.1	1.7	1.1	1.7	1.4	0.7	…	1～4
0.5	0.6	0.4	0.5	0.6	0.5	0.6	0.6	0.3	0.4	0.4	0.2	0.5	0.4	…	5～14
0.9	1.2	0.8	1.1	1.5	1.1	1.4	1.0	1.2	1.0	1.6	1.2	1.2	1.3	…	15～24
1.9	2.1	2.2	2.0	2.9	2.7	2.9	2.8	2.4	2.8	2.6	2.6	1.4	2.4	…	25～34
8.4	8.2	8.5	8.1	8.5	9.3	8.3	7.8	8.2	7.8	8.2	8.5	7.3	7.2	…	35～44
40.3	41.6	36.3	33.8	34.5	32.0	32.3	31.7	29.6	29.1	29.9	28.4	25.7	25.7	…	45～54
205.6	203.0	192.0	176.8	175.7	159.1	151.5	146.6	137.2	128.7	118.1	108.3	99.1	91.0	…	55～64
704.4	667.1	663.0	640.3	664.5	616.3	597.0	558.7	528.4	513.7	477.3	432.7	397.0	374.0	…	65～74
2 614.0	2 508.6	2 528.9	2 488.5	2 688.8	2 507.9	2 471.3	2 386.0	2 296.9	2 264.5	2 180.0	2 039.0	2 040.9	2 021.8	…	75歳以上

Crude death rates from cerebrovascular diseases　Male

平成元年 1989	2年 1990	3年 1991	4年 1992	5年 1993	6年 1994	7年 1995	8年 1996	9年 1997	10年 1998	11年 1999	12年 2000	13年 2001	14年 2002	15年 2003	年齢階級 Age group
104.1	101.9	104.3	100.5	92.5	88.0	89.3	88.2	86.0	84.6	81.5	76.9	87.5	88.3	…	総数 Total
2.0	2.0	1.0	1.7	1.5	2.6	5.1	3.2	4.0	5.2	3.1	4.3	0.9	1.7	…	1歳未満
0.5	0.4	0.1	-	0.6	0.4	0.1	0.3	0.3	0.3	0.2	0.3	0.1	0.3	…	1～4
0.3	0.2	0.4	0.2	0.3	0.5	0.2	0.3	0.2	0.2	0.2	0.3	0.3	0.2	…	5～14
0.7	1.0	0.7	0.7	0.8	0.9	0.8	0.7	0.4	0.5	0.8	0.5	0.7	0.6	…	15～24
2.5	2.1	2.1	2.0	2.1	2.3	2.1	1.7	2.3	1.9	1.7	2.1	1.8	1.6	…	25～34
7.0	6.4	6.9	6.9	6.1	7.1	6.4	6.1	5.9	5.9	5.7	5.9	5.8	5.6	…	35～44
21.9	22.3	22.8	19.2	19.8	18.3	20.3	19.1	18.6	19.2	17.4	17.9	17.4	18.5	…	45～54
84.1	81.1	81.4	78.5	71.1	66.3	64.5	66.8	61.4	61.5	56.3	48.9	51.6	49.2	…	55～64
327.5	314.6	315.4	291.3	274.2	261.8	258.6	248.7	242.2	231.2	218.8	200.2	205.8	202.0	…	65～74
1 355.7	1 323.6	1 375.1	1 348.5	1 234.6	1 181.0	1 173.9	1 141.2	1 097.1	1 067.9	1 030.2	970.5	1 101.6	1 101.4	…	75歳以上

Crude death rates from cerebrovascular diseases　Female

平成元年 1989	2年 1990	3年 1991	4年 1992	5年 1993	6年 1994	7年 1995	8年 1996	9年 1997	10年 1998	11年 1999	12年 2000	13年 2001	14年 2002	15年 2003	年齢階級 Age group
166.7	162.9	165.4	159.8	151.3	144.5	146.5	143.9	138.1	137.6	134.7	126.1	137.1	138.0	…	総数 Total
1.8	2.3	2.1	0.8	4.0	2.5	3.1	4.2	0.8	4.0	2.3	1.5	-	1.2	…	1歳未満
0.1	0.3	0.3	0.1	0.1	0.1	0.3	0.1	0.3	0.2	0.2	0.2	0.1	0.2	…	1～4
0.1	0.2	0.3	0.2	0.2	0.2	0.2	0.2	0.2	0.2	0.2	0.2	0.2	0.2	…	5～14
0.9	0.7	1.1	0.7	0.7	0.7	0.6	0.8	0.7	0.5	0.8	0.7	0.3	0.5	…	15～24
2.0	2.2	1.7	2.1	2.1	1.6	2.2	2.1	1.6	1.9	1.7	1.6	1.7	1.3	…	25～34
6.8	6.5	6.6	6.5	6.5	7.1	6.6	5.7	5.9	6.1	5.6	4.7	5.6	5.4	…	35～44
17.5	17.3	17.9	16.9	15.6	16.7	16.0	15.4	15.5	15.9	15.5	15.1	14.8	15.7	…	45～54
63.5	58.5	57.0	55.0	53.7	47.3	47.3	45.9	45.2	44.6	42.9	37.7	37.1	35.6	…	55～64
253.8	240.5	235.4	229.5	212.7	209.3	202.1	193.6	183.6	175.7	171.2	154.1	154.9	146.1	…	65～74
1 498.5	1 467.6	1 484.4	1 435.2	1 374.7	1 323.4	1 326.7	1 294.0	1 234.5	1 229.2	1 206.8	1 138.0	1 259.4	1 274.4	…	75歳以上

Source: WHO Statistical Information System Mortality Database, WHO

IV 算出に用いた人口
The population used forcalculations

表1　年　次　・
Table 1　Population by

年次 Year		総数 Total	男 Male	女 Female	備考
明治32年	1899	43 404 000	21 836 000	21 568 000	（地域の範囲）
33	1900	43 847 000	22 051 000	21 796 000	イ）明治32年～昭和19年：樺太を除く旧内地（北海道、本州、四
34	1901	44 359 000	22 298 000	22 061 000	国、九州、及び沖縄）
35	1902	44 964 000	22 606 000	22 358 000	ロ）昭和20年以降：前述の地域のうち、北海道の一部、東京都の
36	1903	45 546 000	22 901 000	22 645 000	一部、九州の一部及び沖縄を除く地域。
37	1904	46 135 000	23 195 000	22 940 000	なお、後年、我が国に復帰した地域は、その都度以下により
					地域の範囲を加えた。
38	1905	46 620 000	23 421 000	23 199 000	
39	1906	47 038 000	23 599 000	23 439 000	〔地　　域〕　　〔復帰年月日〕　　〔範囲に加えた年〕
40	1907	47 416 000	23 786 000	23 630 000	鹿児島県大島郡十島村　昭和26年12月 5 日　　昭和27年
41	1908	47 965 000	24 041 000	23 924 000	〃　　奄美群島　　昭和28年12月25日　　昭和29年
42	1909	48 554 000	24 326 000	24 228 000	東京都小笠原諸島　　昭和43年 6 月26日　　昭和43年
					沖　縄　県　　　　　昭和47年 5 月15日　　昭和48年
43	1910	49 184 000	24 650 000	24 534 000	
44	1911	49 852 000	24 993 000	24 859 000	
大正元年	1912	50 577 000	25 365 000	25 212 000	（人的範囲）
2	1913	51 305 000	25 737 000	25 568 000	イ）明治32年～大正 8 年：内地人
3	1914	52 039 000	26 105 000	25 934 000	ロ）大正 9 年～昭和41年（昭和19年～21年を除く）：前述の地域
					にある外国人を含む総人口
4	1915	52 752 000	26 465 000	26 287 000	「昭和19年、20年」：陸海軍の部隊及び艦船にあるもの及び
5	1916	53 496 000	26 841 000	26 655 000	外国人を含んでない。
6	1917	54 134 000	27 158 000	26 976 000	「昭和21年」：外国人及び外国人の世帯のあるものを含んで
7	1918	54 739 000	27 453 000	27 286 000	いない。
8	1919	55 033 000	27 602 000	27 431 000	「昭和22年以降」：外国軍隊・外国政府の公館員及びその家
					族を含んでいない。
9*	1920	55 963 053	28 044 185	27 918 868	ハ）昭和42年以降：日本人人口
10	1921	56 665 900	28 411 700	28 254 200	
11	1922	57 390 100	28 799 700	28 590 300	
12	1923	58 119 200	29 176 900	28 942 300	（調査の時期）
13	1924	58 875 600	29 568 700	29 306 900	イ）明治32年～大正 8 年： 1 月 1 日現在
					ロ）大正 9 年以降（昭和19年～21年を除く）：10月 1 日現在
14*	1925	59 736 822	30 013 109	29 723 713	「昭和19年」： 2 月22日現在
昭和元年	1926	60 740 900	30 521 300	30 219 600	「昭和20年」：11月 1 日現在
2	1927	61 659 500	30 981 500	30 677 500	「昭和21年」： 4 月26日現在
3	1928	62 595 300	31 449 100	31 146 100	
4	1929	63 460 600	31 890 600	31 570 000	
5*	1930	64 450 005	32 390 155	32 059 850	
6	1931	65 457 500	32 898 500	32 559 000	
7	1932	66 433 800	33 354 600	33 079 200	
8	1933	67 431 600	33 844 500	33 587 000	
9	1934	68 308 900	34 293 800	34 015 100	
10*	1935	69 254 148	34 734 133	34 520 015	
11	1936	70 113 600	35 102 800	35 010 800	
12	1937	70 630 400	35 127 900	35 502 500	
13	1938	71 012 600	35 124 900	35 887 700	
14	1939	71 379 700	35 225 600	36 154 100	
15	1940	71 933 000	35 387 400	36 545 600	
16	1941	71 680 200	34 706 000	36 974 200	
17	1942	72 384 500	34 873 400	37 511 100	
18	1943	72 883 100	34 766 800	38 116 400	
19	1944	73 064 300	34 625 000	38 439 400	
20	1945	71 998 100	33 894 100	38 104 000	
21	1946	73 114 100	34 904 600	38 209 500	
22*	1947	78 101 473	38 129 399	39 972 074	
23	1948	80 002 500	39 129 900	40 872 500	
24	1949	81 772 600	40 062 700	41 709 900	
25*	1950	83 199 637	40 811 760	42 387 877	
26	1951	84 573 000	41 494 000	73 079 000	
27	1952	85 852 000	42 148 000	43 704 000	
28	1953	87 033 000	42 749 000	44 284 000	
29	1954	88 293 000	43 379 000	44 914 000	

性別人口
sex : Japan, 1899-2004

年次 Year		総数 Total	男 Male	女 Female	備考
昭和30年	1955	89 275 529	43 860 718	45 414 811	(資　料)
31	1956	90 259 000	44 355 000	45 903 000	イ) 明治32年～大正8年：大正9年国勢調査結果より、出生、死
32	1957	91 088 000	44 771 000	46 317 000	亡、就籍、除籍を加除して推計（内閣統計局による）
33	1958	92 010 000	45 230 000	46 781 000	「昭和25年国勢調査報告第8巻」（昭和30年3月刊）－総理
34	1959	92 971 000	45 707 000	47 264 000	府統計局
35*	1960	93 418 501	45 877 602	47 540 899	ロ) *印：国勢調査結果
36	1961	94 285 000	46 304 000	47 981 000	「昭和15年」：国勢調査による銃後人口に内地にある軍人・
37	1962	95 178 000	46 744 000	48 434 000	軍属の推計数を加えたもの
38	1963	96 156 000	47 230 000	48 925 000	「昭和19年～21年」：人口調査
39	1964	97 186 000	47 744 000	49 443 000	「昭和22年～58年」：総理府統計局推計
					「昭和59年～平成11年」：総務庁統計局推計
40*	1965	98 274 961	48 244 445	50 030 516	「平成13年以降」：総務省統計局推計
41	1966	99 056 000	48 628 000	50 429 000	「昭和24年以前」：「大正9年～昭和15年及び昭和22年～昭
42	1967	99 637 000	48 899 000	50 738 000	和25年年齢別人口」（昭和31年3月刊）
43	1968	100 794 000	49 480 000	51 315 000	「大正9年～昭和25年都道府県人口」（昭和32年3月刊）
44	1969	102 022 000	50 103 000	51 919 000	（100の位未満四捨五入）
					「昭和26年～48年」：各年次における「全国年齢別人口の推
45*	1970	103 119 447	50 600 539	52 518 908	計」「都道府県別人口の推計」（1000の位未満四捨五入）
46	1971	104 345 000	51 225 000	53 120 000	「昭和49年以降」：各年次における「10月1日現在推計人
47	1972	105 742 000	51 848 000	53 894 000	口」（1000の位未満四捨五入）
48	1973	108 079 000	53 001 000	55 078 000	なお、昭和31年、32年については昭和34年7月発表の改訂
49	1974	109 410 000	53 678 000	55 732 000	値。昭和33年は昭和35年6月発表の改訂値。
					他の年次については、その後改訂値が公表された場合でも
50*	1975	111 251 507	54 724 867	56 526 640	これを用いていない。
51	1976	112 420 000	55 334 000	57 086 000	昭和45年、50年、55年、60年、平成2年、7年、12年（按
52	1977	113 499 000	55 860 000	57 639 000	分済み人口）については、国勢調査の確定数、60年は「昭和
53	1978	114 511 000	56 362 000	58 149 000	60年国勢調査抽出速報集計結果」（昭和61年5月刊）－総務
54	1979	115 465 000	56 837 000	58 628 000	庁統計局（昭和45～55年は総理府統計局）
					45年、50年、55年の各年報ではそれぞれ1％抽出集計結果
55*	1980	116 320 358	57 201 287	59 119 071	を用いたので、各報告書と数字が異なる。
56	1981	117 204 000	57 654 000	59 551 000	
57	1982	118 008 000	58 053 000	59 955 000	
58	1983	118 786 000	58 435 000	60 352 000	
59	1984	119 523 000	58 793 000	60 730 000	
60*	1985	120 265 700	59 044 000	61 221 700	
61	1986	120 946 000	59 438 000	61 508 000	
62	1987	121 535 000	59 723 000	61 811 000	
63	1988	122 026 000	59 964 000	62 062 000	
平成元年	1989	122 460 000	60 171 000	62 289 000	
2*	1990	122 721 397	60 248 969	62 472 428	
3	1991	123 102 000	60 425 000	62 677 000	
4	1992	123 476 000	60 597 000	62 879 000	
5	1993	123 788 000	60 730 000	63 057 000	
6	1994	124 069 000	60 839 000	63 230 000	
7*	1995	124 298 947	60 919 153	63 379 794	
8	1996	124 709 000	61 115 000	63 594 000	
9	1997	124 963 000	61 210 000	63 753 000	
10	1998	125 252 000	61 311 000	63 941 000	
11	1999	125 432 000	61 358 000	64 074 000	
12*	2000	125 612 633	61 488 005	64 124 628	
13	2001	125 908 000	61 595 000	64 313 000	
14	2002	126 008 000	61 591 000	64 417 000	
15	2003	126 139 000	61 620 000	64 520 000	
16	2004	126 176 000	61 597 000	64 579 000	

表2 （3-1）

表2　年次・性・年齢
Table 2　Trends in population

年齢階級 Age	昭和25年 1950	26年 1951	27年 1952	28年 1953	29年 1954	30年 1955	31年 1956	32年 1957	33年 1958
総数 Total									
総数 Total	83 199 637	84 573 000	85 852 000	87 033 000	88 293 000	89 275 529	90 259 000	91 088 000	92 010 000
0～ 4歳	11 205 457	11 705 000	11 263 000	10 598 000	9 819 000	9 247 741	8 781 000	8 361 000	8 108 000
5～ 9 Years	9 522 665	9 092 000	9 421 000	9 907 000	10 399 000	11 042 592	11 575 000	11 160 000	10 494 000
10～14	8 699 917	8 865 000	9 056 000	9 247 000	9 670 000	9 507 817	9 058 000	9 389 000	9 912 000
15～19	8 567 668	8 680 000	8 758 000	8 746 000	8 636 000	8 625 519	8 793 000	9 012 000	9 240 000
20～24	7 725 542	7 874 000	8 040 000	8 225 000	8 356 000	8 403 243	8 530 000	8 608 000	8 598 000
25～29	6 185 120	6 521 000	6 861 000	7 177 000	7 446 000	7 604 328	7 757 000	7 920 000	8 072 000
30～34	5 202 237	5 231 000	5 342 000	5 570 000	5 888 000	6 116 932	6 474 000	6 797 000	7 100 000
35～39	5 048 073	5 097 000	5 081 000	5 059 000	4 983 000	5 115 126	5 174 000	5 305 000	5 503 000
40～44	4 482 980	4 664 000	4 759 000	4 822 000	4 905 000	4 945 330	4 989 000	4 978 000	4 962 000
45～49	4 004 549	3 968 000	4 029 000	4 093 000	4 250 000	4 367 173	4 544 000	4 634 000	4 712 000
50～54	3 388 668	3 506 000	3 629 000	3 720 000	3 798 000	3 849 490	3 817 000	3 882 000	3 948 000
55～59	2 749 029	2 845 000	2 905 000	3 022 000	3 098 000	3 205 514	3 319 000	3 430 000	3 518 000
60～64	2 303 895	2 347 000	2 403 000	2 420 000	2 446 000	2 496 593	2 604 000	2 674 000	2 780 000
65～69	1 770 715	1 755 000	1 782 000	1 837 000	1 918 000	1 967 019	2 007 000	2 046 000	2 077 000
70～74	1 281 608	1 288 000	1 324 000	1 340 000	1 361 000	1 392 662	1 385 000	1 409 000	1 448 000
75～79	685 653	745 000	779 000	806 000	848 000	875 701	897 000	906 000	924 000
80～84	275 783	390 000	420 000	445 000	474 000	377 787	411 000	426 000	451 000
85～89	79 053	…	…	…	…	111 355	142 000	151 000	165 000
90歳以上	16 355	…	…	…	…	22 767	…	…	…
男 Male									
総数 Total	40 811 760	41 494 000	42 148 000	42 749 000	43 379 000	43 860 718	44 355 000	44 771 000	45 230 000
0～ 4歳	5 718 490	5 970 000	5 748 000	5 410 000	5 016 000	4 726 330	4 489 000	4 277 000	4 151 000
5～ 9 Years	4 825 426	4 612 000	4 783 000	5 040 000	5 297 000	5 636 491	5 909 000	5 695 000	5 354 000
10～14	4 400 387	4 481 000	4 581 000	4 680 000	4 895 000	4 815 800	4 592 000	4 769 000	5 044 000
15～19	4 317 567	4 382 000	4 426 000	4 417 000	4 363 000	4 341 369	4 435 000	4 552 000	4 672 000
20～24	3 835 815	3 913 000	4 011 000	4 123 000	4 198 000	4 196 415	4 263 000	4 306 000	4 307 000
25～29	2 821 898	3 041 000	3 276 000	3 497 000	3 663 000	3 775 382	3 861 000	3 946 000	4 020 000
30～34	2 360 240	2 343 000	2 370 000	2 465 000	2 632 000	2 797 239	3 032 000	3 258 000	3 468 000
35～39	2 376 105	2 386 000	2 366 000	2 338 000	2 284 000	2 319 498	2 318 000	2 356 000	2 437 000
40～44	2 198 955	2 260 000	2 279 000	2 294 000	2 319 000	2 324 750	2 333 000	2 315 000	2 291 000
45～49	2 018 848	2 002 000	2 022 000	2 034 000	2 090 000	2 135 515	2 196 000	2 215 000	2 234 000
50～54	1 719 275	1 775 000	1 831 000	1 876 000	1 909 000	1 929 249	1 908 000	1 930 000	1 950 000
55～59	1 378 661	1 429 000	1 464 000	1 518 000	1 556 000	1 607 703	1 664 000	1 714 000	1 754 000
60～64	1 109 567	1 136 000	1 168 000	1 180 000	1 198 000	1 226 793	1 279 000	1 315 000	1 366 000
65～69	795 919	792 000	812 000	846 000	890 000	919 056	943 000	964 000	980 000
70～74	540 291	544 000	561 000	567 000	578 000	593 776	593 000	608 000	634 000
75～79	267 690	292 000	305 000	314 000	332 000	342 059	352 000	354 000	361 000
80～84	95 589	134 000	145 000	150 000	159 000	133 192	145 000	149 000	158 000
85～89	24 507	…	…	…	…	33 852	42 000	45 000	49 000
90歳以上	4 250	…	…	…	…	5 829	…	…	…
女 Female									
総数 Total	42 387 877	43 079 000	43 704 000	44 284 000	44 914 000	45 414 811	45 903 000	46 317 000	46 781 000
0～ 4歳	5 486 967	5 734 000	5 515 000	5 188 000	4 801 000	4 521 411	4 292 000	4 083 000	3 957 000
5～ 9 Years	4 697 239	4 480 000	4 638 000	4 867 000	5 102 000	5 406 101	5 667 000	5 465 000	5 139 000
10～14	4 299 530	4 384 000	4 475 000	4 567 000	4 775 000	4 692 017	4 466 000	4 620 000	4 868 000
15～19	4 250 101	4 299 000	4 332 000	4 329 000	4 274 000	4 284 150	4 357 000	4 459 000	4 567 000
20～24	3 889 727	3 961 000	4 029 000	4 102 000	4 158 000	4 206 828	4 268 000	4 303 000	4 291 000
25～29	3 363 222	3 480 000	3 586 000	3 681 000	3 782 000	3 828 946	3 896 000	3 974 000	4 051 000
30～34	2 841 997	2 888 000	2 973 000	3 105 000	3 256 000	3 319 693	3 442 000	3 540 000	3 633 000
35～39	2 671 968	2 711 000	2 715 000	2 721 000	2 699 000	2 795 628	2 856 000	2 949 000	3 066 000
40～44	2 284 025	2 404 000	2 480 000	2 527 000	2 585 000	2 620 580	2 656 000	2 663 000	2 672 000
45～49	1 985 701	1 966 000	2 006 000	2 059 000	2 160 000	2 231 658	2 348 000	2 418 000	2 477 000
50～54	1 669 393	1 730 000	1 798 000	1 844 000	1 889 000	1 920 241	1 909 000	1 951 000	1 998 000
55～59	1 370 368	1 416 000	1 441 000	1 504 000	1 542 000	1 597 811	1 655 000	1 715 000	1 764 000
60～64	1 194 328	1 211 000	1 235 000	1 239 000	1 249 000	1 269 800	1 324 000	1 359 000	1 414 000
65～69	974 796	962 000	969 000	992 000	1 028 000	1 047 963	1 065 000	1 082 000	1 097 000
70～74	741 317	743 000	763 000	773 000	783 000	798 886	792 000	801 000	814 000
75～79	417 963	454 000	474 000	492 000	516 000	533 642	546 000	552 000	563 000
80～84	180 194	256 000	275 000	295 000	314 000	244 595	266 000	277 000	293 000
85～89	54 546	…	…	…	…	77 503	100 000	106 000	116 000
90歳以上	12 105	…	…	…	…	16 938	…	…	…

注：昭和26～29年の「80～84」は、「80歳以上」、昭和31～34年、36～39年、41～44年、46～49年、51～54年の「85～89歳」は「85歳以上」である。

（5歳階級）別人口
by sex and age:Japan

昭和34年 1959	35年 1960	36年 1961	37年 1962	38年 1963	39年 1964	40年 1965	41年 1966	42年 1967	年齢階級 Age
									総数　Total
92 971 000	93 418 501	94 285 000	95 178 000	96 156 000	97 186 000	98 274 961	99 056 000	99 637 000	総数　Total
8 005 000	7 844 433	7 783 000	7 839 000	7 885 000	7 953 000	8 133 483	8 000 000	8 200 000	0～ 4歳
9 702 000	9 204 635	8 752 000	8 352 000	8 051 000	7 934 000	7 849 292	7 789 000	7 776 000	5～ 9 Years
10 398 000	11 017 538	11 503 000	11 066 000	10 479 000	9 703 000	9 183 407	8 733 000	8 251 000	10～14
9 634 000	9 308 538	8 862 000	9 245 000	9 843 000	10 360 000	10 851 888	11 444 000	10 997 000	15～19
8 497 000	8 318 450	8 491 000	8 735 000	8 967 000	9 397 000	9 068 689	8 634 000	8 956 000	20～24
8 171 000	8 209 360	8 261 000	8 280 000	8 312 000	8 204 000	8 363 829	8 490 000	8 612 000	25～29
7 350 000	7 517 805	7 676 000	7 850 000	7 954 000	8 027 000	8 257 330	8 365 000	8 378 000	30～34
5 813 000	6 038 030	6 386 000	6 703 000	7 024 000	7 275 000	7 498 539	7 666 000	7 801 000	35～39
4 884 000	5 019 130	5 100 000	5 210 000	5 417 000	5 726 000	5 961 402	6 328 000	6 617 000	40～44
4 786 000	4 816 559	4 856 000	4 870 000	4 842 000	4 771 000	4 921 811	4 977 000	5 082 000	45～49
4 087 000	4 201 390	4 378 000	4 465 000	4 552 000	4 622 000	4 657 998	4 718 000	4 696 000	50～54
3 589 000	3 641 207	3 619 000	3 674 000	3 735 000	3 875 000	4 002 009	4 165 000	4 225 000	55～59
2 845 000	2 931 617	3 065 000	3 196 000	3 257 000	3 323 000	3 344 459	3 330 000	3 401 000	60～64
2 107 000	2 160 402	2 268 000	2 327 000	2 424 000	2 490 000	2 562 311	2 669 000	2 771 000	65～69
1 510 000	1 563 804	1 615 000	1 659 000	1 665 000	1 696 000	1 744 561	1 829 000	1 888 000	70～74
939 000	954 678	964 000	984 000	1 007 000	1 062 000	1 095 914	1 126 000	1 161 000	75～79
474 000	482 925	497 000	508 000	515 000	526 000	528 116	531 000	553 000	80～84
179 000	155 813	208 000	216 000	226 000	241 000	199 158	264 000	275 000	85～89
…	32 187	…	…	…	…	50 765	…	…	90歳以上
									男　Male
45 707 000	45 877 602	46 304 000	46 744 000	47 230 000	47 744 000	48 244 445	48 628 000	48 899 000	総数　Total
4 098 000	4 012 563	3 967 000	4 001 000	4 040 000	4 078 000	4 149 581	4 086 000	4 194 000	0～ 4歳
4 952 000	4 702 331	4 470 000	4 253 000	4 115 000	4 055 000	3 995 011	3 965 000	3 960 000	5～ 9 Years
5 298 000	5 620 477	5 845 000	5 637 000	5 344 000	4 952 000	4 670 170	4 442 000	4 197 000	10～14
4 874 000	4 677 763	4 495 000	4 694 000	4 997 000	5 272 000	5 478 341	5 787 000	5 567 000	15～19
4 262 000	4 125 266	4 200 000	4 352 000	4 476 000	4 703 000	4 496 297	4 287 000	4 466 000	20～24
4 072 000	4 094 656	4 116 000	4 109 000	4 117 000	4 061 000	4 157 028	4 211 000	4 265 000	25～29
3 623 000	3 746 898	3 854 000	3 943 000	3 973 000	4 004 000	4 147 254	4 194 000	4 188 000	30～34
2 602 000	2 763 208	2 990 000	3 204 000	3 437 000	3 595 000	3 747 509	3 845 000	3 919 000	35～39
2 237 000	2 274 344	2 292 000	2 317 000	2 396 000	2 560 000	2 729 666	2 968 000	3 174 000	40～44
2 255 000	2 256 804	2 261 000	2 260 000	2 228 000	2 177 000	2 224 594	2 223 000	2 246 000	45～49
1 999 000	2 040 674	2 108 000	2 115 000	2 145 000	2 164 000	2 172 903	2 187 000	2 161 000	50～54
1 784 000	1 802 182	1 784 000	1 817 000	1 822 000	1 871 000	1 930 469	1 987 000	1 991 000	55～59
1 398 000	1 437 574	1 504 000	1 556 000	1 588 000	1 615 000	1 625 089	1 615 000	1 641 000	60～64
997 000	1 026 993	1 072 000	1 102 000	1 151 000	1 182 000	1 218 867	1 269 000	1 313 000	65～69
667 000	693 566	724 000	745 000	745 000	762 000	788 994	826 000	854 000	70～74
368 000	376 706	389 000	400 000	408 000	435 000	451 871	466 000	483 000	75～79
166 000	169 144	176 000	179 000	182 000	186 000	186 946	190 000	199 000	80～84
53 000	48 193	57 000	59 000	66 000	71 000	60 127	79 000	82 000	85～89
…	8 260	…	…	…	…	13 728	…	…	90歳以上
									女　Female
47 264 000	47 540 899	47 981 000	48 434 000	48 925 000	49 443 000	50 030 516	50 429 000	50 738 000	総数　Total
3 906 000	3 831 870	3 816 000	3 839 000	3 845 000	3 875 000	3 983 902	3 915 000	4 006 000	0～ 4歳
4 750 000	4 502 304	4 282 000	4 099 000	3 936 000	3 880 000	3 854 281	3 824 000	3 816 000	5～ 9 Years
5 100 000	5 397 061	5 658 000	5 429 000	5 135 000	4 751 000	4 513 237	4 290 000	4 054 000	10～14
4 760 000	4 630 775	4 367 000	4 550 000	4 847 000	5 088 000	5 373 547	5 657 000	5 430 000	15～19
4 235 000	4 193 184	4 291 000	4 383 000	4 491 000	4 694 000	4 572 392	4 347 000	4 490 000	20～24
4 099 000	4 114 704	4 145 000	4 171 000	4 194 000	4 143 000	4 206 801	4 279 000	4 347 000	25～29
3 727 000	3 770 907	3 822 000	3 907 000	3 981 000	4 023 000	4 110 076	4 171 000	4 190 000	30～34
3 211 000	3 274 822	3 396 000	3 498 000	3 588 000	3 680 000	3 751 030	3 821 000	3 883 000	35～39
2 648 000	2 744 786	2 807 000	2 893 000	3 021 000	3 166 000	3 231 736	3 359 000	3 443 000	40～44
2 530 000	2 559 755	2 595 000	2 609 000	2 614 000	2 594 000	2 697 217	2 754 000	2 836 000	45～49
2 088 000	2 160 716	2 270 000	2 350 000	2 407 000	2 458 000	2 485 095	2 530 000	2 535 000	50～54
1 805 000	1 839 025	1 835 000	1 856 000	1 913 000	2 004 000	2 071 540	2 178 000	2 234 000	55～59
1 447 000	1 494 043	1 561 000	1 640 000	1 669 000	1 708 000	1 719 370	1 715 000	1 760 000	60～64
1 110 000	1 133 409	1 196 000	1 225 000	1 272 000	1 308 000	1 343 444	1 399 000	1 458 000	65～69
843 000	870 238	891 000	914 000	920 000	933 000	955 567	1 002 000	1 034 000	70～74
571 000	577 972	575 000	585 000	599 000	628 000	644 043	660 000	678 000	75～79
308 000	313 781	321 000	328 000	333 000	341 000	341 170	342 000	353 000	80～84
126 000	107 620	151 000	157 000	161 000	170 000	139 031	185 000	193 000	85～89
…	23 927	…	…	…	…	37 037	…	…	90歳以上

Note: The categories of "80 - 84" in 1951 - 1954 represent the population aged 80 or over, and those of "85 - 89" in 1956 - 1959, 1961 - 1964, 1966 - 1969, 1971 - 1974, and 1976 - 1979 represent the population aged 85 or over.

表2 (3-2)

表2 年次・性・年齢
Table 2 Trends in population

年齢階級 Age	昭和43年 1968	44年 1969	45年 1970	46年 1971	47年 1972	48年 1973	49年 1974	50年 1975	51年 1976
総数 Total									
総数 Total	100 794 000	102 022 000	103 119 447	104 345 000	105 742 000	108 079 000	109 410 000	111 251 507	112 420 000
0～ 4歳	8 414 000	8 637 000	8 746 089	9 289 000	9 460 000	9 798 000	9 953 000	9 934 745	9 776 000
5～ 9 Years	7 823 000	7 873 000	8 100 003	7 987 000	8 219 000	8 515 000	8 709 000	8 877 006	9 402 000
10～14	7 997 000	7 902 000	7 799 284	7 736 000	7 788 000	7 951 000	8 003 000	8 223 394	8 089 000
15～19	10 389 000	9 635 000	8 998 395	8 548 000	8 234 000	8 104 000	8 014 000	7 891 996	7 827 000
20～24	9 524 000	10 078 000	10 594 925	11 137 000	10 754 000	10 227 000	9 527 000	9 007 448	8 584 000
25～29	8 787 000	9 139 000	9 037 118	8 554 000	8 923 000	9 501 000	9 984 000	10 730 221	11 352 000
30～34	8 346 000	8 222 000	8 327 691	8 462 000	8 640 000	8 890 000	9 242 000	9 193 706	8 739 000
35～39	7 951 000	8 035 000	8 170 903	8 298 000	8 343 000	8 393 000	8 281 000	8 378 792	8 548 000
40～44	6 932 000	7 198 000	7 305 820	7 446 000	7 656 000	7 899 000	8 017 000	8 189 237	8 325 000
45～49	5 283 000	5 595 000	5 839 717	6 167 000	6 504 000	6 830 000	7 071 000	7 329 028	7 472 000
50～54	4 690 000	4 625 000	4 776 975	4 866 000	4 986 000	5 231 000	5 537 000	5 747 161	6 140 000
55～59	4 307 000	4 393 000	4 401 704	4 453 000	4 464 000	4 513 000	4 482 000	4 648 187	4 692 000
60～64	3 471 000	3 602 000	3 709 919	3 869 000	3 984 000	4 091 000	4 158 000	4 263 359	4 319 000
65～69	2 859 000	2 927 000	2 973 692	2 959 000	3 040 000	3 138 000	3 272 000	3 435 492	3 620 000
70～74	1 974 000	2 032 000	2 127 751	2 230 000	2 331 000	2 434 000	2 496 000	2 567 573	2 548 000
75～79	1 188 000	1 219 000	1 265 890	1 356 000	1 394 000	1 485 000	1 538 000	1 636 768	1 719 000
80～84	577 000	617 000	648 477	677 000	701 000	733 000	757 000	807 299	855 000
85～89	282 000	293 000	229 325	312 000	322 000	346 000	368 000	308 519	413 000
90歳以上	…	…	65 769	…	…	…	…	81 576	…
男 Male									
総数 Total	49 480 000	50 103 000	50 600 539	51 225 000	51 848 000	53 001 000	53 678 000	54 724 867	55 334 000
0～ 4歳	4 313 000	4 438 000	4 482 505	4 747 000	4 861 000	5 037 000	5 122 000	5 093 653	5 015 000
5～ 9 Years	3 986 000	4 013 000	4 140 644	4 068 000	4 203 000	4 356 000	4 457 000	4 552 267	4 810 000
10～14	4 070 000	4 021 000	3 976 006	3 940 000	3 973 000	4 058 000	4 088 000	4 207 013	4 119 000
15～19	5 264 000	4 892 000	4 538 341	4 344 000	4 176 000	4 118 000	4 078 000	4 011 716	4 005 000
20～24	4 769 000	5 066 000	5 279 558	5 595 000	5 353 000	5 102 000	4 769 000	4 531 815	4 336 000
25～29	4 350 000	4 523 000	4 490 569	4 266 000	4 419 000	4 706 000	4 950 000	5 392 687	5 717 000
30～34	4 161 000	4 090 000	4 158 837	4 198 000	4 296 000	4 414 000	4 582 000	4 597 513	4 371 000
35～39	3 992 000	4 032 000	4 102 995	4 190 000	4 170 000	4 189 000	4 128 000	4 190 146	4 280 000
40～44	3 393 000	3 562 000	3 647 406	3 721 000	3 837 000	3 955 000	4 013 000	4 107 047	4 169 000
45～49	2 328 000	2 494 000	2 656 868	2 880 000	3 104 000	3 328 000	3 485 000	3 638 962	3 734 000
50～54	2 143 000	2 097 000	2 139 891	2 135 000	2 185 000	2 286 000	2 448 000	2 597 119	2 851 000
55～59	2 011 000	2 037 000	2 028 700	2 038 000	2 031 000	2 037 000	2 008 000	2 057 581	2 051 000
60～64	1 666 000	1 713 000	1 746 039	1 797 000	1 833 000	1 868 000	1 889 000	1 924 318	1 936 000
65～69	1 351 000	1 380 000	1 393 260	1 388 000	1 415 000	1 453 000	1 501 000	1 563 671	1 625 000
70～74	893 000	920 000	958 330	1 001 000	1 046 000	1 089 000	1 116 000	1 143 548	1 128 000
75～79	494 000	509 000	530 763	569 000	585 000	622 000	645 000	686 223	727 000
80～84	211 000	228 000	240 917	254 000	263 000	275 000	286 000	307 179	329 000
85～89	83 000	86 000	71 438	95 000	98 000	107 000	115 000	100 742	130 000
90歳以上	…	…	17 472	…	…	…	…	21 667	…
女 Female									
総数 Total	51 315 000	51 919 000	52 518 908	53 120 000	53 894 000	55 078 000	55 732 000	56 526 640	57 086 000
0～ 4歳	4 100 000	4 199 000	4 263 584	4 543 000	4 599 000	4 760 000	4 831 000	4 841 092	4 760 000
5～ 9 Years	3 837 000	3 860 000	3 959 359	3 919 000	4 016 000	4 158 000	4 252 000	4 324 739	4 592 000
10～14	3 928 000	3 882 000	3 823 278	3 796 000	3 815 000	3 893 000	3 916 000	4 016 381	3 971 000
15～19	5 125 000	4 743 000	4 460 054	4 204 000	4 058 000	3 986 000	3 936 000	3 880 280	3 823 000
20～24	4 756 000	5 011 000	5 315 367	5 542 000	5 401 000	5 126 000	4 758 000	4 475 633	4 248 000
25～29	4 437 000	4 616 000	4 546 549	4 288 000	4 503 000	4 795 000	5 035 000	5 337 534	5 634 000
30～34	4 185 000	4 132 000	4 168 854	4 264 000	4 344 000	4 476 000	4 660 000	4 596 193	4 368 000
35～39	3 959 000	4 003 000	4 067 908	4 108 000	4 172 000	4 204 000	4 152 000	4 188 646	4 268 000
40～44	3 539 000	3 635 000	3 658 414	3 725 000	3 819 000	3 943 000	4 004 000	4 082 190	4 156 000
45～49	2 955 000	3 101 000	3 182 849	3 286 000	3 400 000	3 503 000	3 587 000	3 690 066	3 738 000
50～54	2 546 000	2 528 000	2 637 084	2 731 000	2 802 000	2 945 000	3 089 000	3 150 042	3 289 000
55～59	2 297 000	2 356 000	2 373 004	2 415 000	2 433 000	2 475 000	2 475 000	2 590 606	2 641 000
60～64	1 805 000	1 889 000	1 963 880	2 072 000	2 150 000	2 223 000	2 269 000	2 339 041	2 383 000
65～69	1 508 000	1 547 000	1 580 432	1 571 000	1 625 000	1 685 000	1 771 000	1 871 821	1 995 000
70～74	1 081 000	1 112 000	1 169 421	1 229 000	1 285 000	1 345 000	1 381 000	1 424 025	1 420 000
75～79	694 000	710 000	735 127	787 000	809 000	862 000	893 000	950 545	992 000
80～84	365 000	389 000	407 560	423 000	438 000	458 000	472 000	500 120	525 000
85～89	199 000	206 000	157 887	217 000	224 000	239 000	253 000	207 777	283 000
90歳以上	…	…	48 297	…	…	…	…	59 909	…

（5歳階級）別人口
by sex and age:japan

昭和52年 1977	53年 1978	54年 1979	55年 1980	56年 1981	57年 1982	58年 1983	59年 1984	60年 1985	年齢階級 Age
									総数　Total
113 499 000	114 511 000	115 465 000	116 320 358	117 204 000	118 008 000	118 786 000	119 523 000	120 287 484	総数　Total
9 540 000	9 186 000	8 804 000	8 458 080	8 153 000	7 914 000	7 716 000	7 573 000	7 407 504	0～ 4歳
9 569 000	9 782 000	9 919 000	9 966 787	9 830 000	9 551 000	9 187 000	8 786 000	8 476 133	5～ 9 Years
8 353 000	8 554 000	8 756 000	8 900 365	9 437 000	9 607 000	9 824 000	9 965 000	9 979 653	10～14
7 904 000	7 961 000	8 010 000	8 215 420	8 096 000	8 357 000	8 564 000	8 770 000	8 921 571	15～19
8 208 000	7 992 000	7 940 000	7 783 812	7 752 000	7 823 000	7 898 000	7 968 000	8 133 264	20～24
10 860 000	10 220 000	9 464 000	8 976 957	8 539 000	8 149 000	7 916 000	7 841 000	7 754 420	25～29
9 080 000	9 596 000	10 068 000	10 708 629	11 284 000	10 867 000	10 235 000	9 477 000	8 985 165	30～34
8 749 000	8 957 000	9 335 000	9 151 151	8 697 000	9 057 000	9 581 000	10 059 000	10 674 546	35～39
8 386 000	8 374 000	8 270 000	8 296 039	8 460 000	8 680 000	8 897 000	9 280 000	9 085 080	40～44
7 686 000	7 851 000	7 951 000	8 057 805	8 191 000	8 267 000	8 260 000	8 160 000	8 196 632	45～49
6 429 000	6 742 000	7 012 000	7 170 337	7 351 000	7 518 000	7 676 000	7 775 000	7 901 885	50～54
4 863 000	5 062 000	5 365 000	5 582 330	5 922 000	6 245 000	6 547 000	6 805 000	6 972 229	55～59
4 342 000	4 347 000	4 299 000	4 442 551	4 522 000	4 665 000	4 859 000	5 152 000	5 377 416	60～64
3 705 000	3 806 000	3 899 000	3 947 606	4 016 000	4 040 000	4 052 000	4 015 000	4 173 715	65～69
2 662 000	2 743 000	2 876 000	3 012 121	3 170 000	3 276 000	3 377 000	3 472 000	3 549 428	70～74
1 818 000	1 900 000	1 970 000	2 030 820	2 051 000	2 137 000	2 219 000	2 343 000	2 485 333	75～79
912 000	977 000	1 030 000	1 091 136	1 165 000	1 241 000	1 312 000	1 367 000	1 429 323	80～84
431 000	460 000	498 000	409 300	442 000	477 000	517 000	550 000	602 269	85～89
…	…	…	119 112	126 000	139 000	151 000	166 000	181 418	90歳以上
									男　Male
55 860 000	56 362 000	56 837 000	57 201 287	57 654 000	58 053 000	58 435 000	58 793 000	59 105 872	総数　Total
4 897 000	4 718 000	4 524 000	4 336 838	4 182 000	4 061 000	3 961 000	3 887 000	3 792 227	0～ 4歳
4 910 000	5 017 000	5 086 000	5 109 227	5 040 000	4 896 000	4 710 000	4 504 000	4 344 677	5～ 9 Years
4 276 000	4 381 000	4 487 000	4 564 462	4 842 000	4 929 000	5 038 000	5 111 000	5 115 079	10～14
4 034 000	4 067 000	4 095 000	4 194 921	4 139 000	4 277 000	4 386 000	4 494 000	4 570 951	15～19
4 141 000	4 041 000	4 022 000	3 932 017	3 925 000	3 968 000	4 014 000	4 058 000	4 133 561	20～24
5 448 000	5 124 000	4 747 000	4 513 252	4 294 000	4 101 000	3 987 000	3 954 000	3 914 705	25～29
4 549 000	4 812 000	5 053 000	5 388 380	5 678 000	5 463 000	5 143 000	4 760 000	4 523 801	30～34
4 372 000	4 476 000	4 663 000	4 568 728	4 346 000	4 535 000	4 806 000	5 054 000	5 365 107	35～39
4 199 000	4 187 000	4 132 000	4 137 879	4 219 000	4 329 000	4 438 000	4 627 000	4 526 633	40～44
3 842 000	3 925 000	3 976 000	4 016 696	4 084 000	4 118 000	4 111 000	4 060 000	4 071 950	45～49
3 055 000	3 270 000	3 439 000	3 531 231	3 633 000	3 726 000	3 805 000	3 854 000	3 910 930	50～54
2 109 000	2 191 000	2 351 000	2 494 018	2 717 000	2 934 000	3 139 000	3 297 000	3 395 073	55～59
1 942 000	1 931 000	1 896 000	1 932 902	1 944 000	1 988 000	2 067 000	2 219 000	2 364 657	60～64
1 657 000	1 690 000	1 722 000	1 734 457	1 758 000	1 760 000	1 754 000	1 726 000	1 770 154	65～69
1 182 000	1 214 000	1 263 000	1 312 106	1 368 000	1 404 000	1 437 000	1 472 000	1 496 528	70～74
762 000	796 000	825 000	845 842	854 000	888 000	919 000	963 000	1 013 672	75～79
348 000	374 000	395 000	416 672	445 000	473 000	500 000	519 000	540 707	80～84
138 000	148 000	161 000	138 497	150 000	162 000	176 000	186 000	202 888	85～89
…	…	…	33 162	35 000	39 000	43 000	47 000	52 572	90歳以上
									女　Female
57 639 000	58 149 000	58 628 000	59 119 071	59 551 000	59 955 000	60 352 000	60 730 000	61 181 612	総数　Total
4 644 000	4 468 000	4 280 000	4 121 242	3 970 000	3 853 000	3 755 000	3 686 000	3 615 277	0～ 4歳
4 659 000	4 765 000	4 832 000	4 857 560	4 789 000	4 655 000	4 477 000	4 282 000	4 131 456	5～ 9 Years
4 078 000	4 173 000	4 269 000	4 335 903	4 595 000	4 677 000	4 785 000	4 854 000	4 864 574	10～14
3 871 000	3 894 000	3 915 000	4 020 499	3 957 000	4 079 000	4 177 000	4 276 000	4 350 620	15～19
4 067 000	3 951 000	3 917 000	3 851 795	3 828 000	3 855 000	3 883 000	3 911 000	3 999 703	20～24
5 412 000	5 096 000	4 717 000	4 463 705	4 245 000	4 049 000	3 929 000	3 887 000	3 839 715	25～29
4 530 000	4 783 000	5 015 000	5 320 249	5 606 000	5 404 000	5 092 000	4 716 000	4 461 364	30～34
4 377 000	4 481 000	4 672 000	4 582 423	4 351 000	4 521 000	4 774 000	5 006 000	5 309 439	35～39
4 188 000	4 187 000	4 139 000	4 158 160	4 241 000	4 350 000	4 459 000	4 653 000	4 558 947	40～44
3 844 000	3 925 000	3 975 000	4 041 109	4 107 000	4 149 000	4 149 000	4 100 000	4 124 682	45～49
3 374 000	3 472 000	3 574 000	3 639 106	3 718 000	3 792 000	3 871 000	3 921 000	3 990 955	50～54
2 754 000	2 871 000	3 014 000	3 088 312	3 205 000	3 311 000	3 408 000	3 507 000	3 577 156	55～59
2 400 000	2 415 000	2 403 000	2 509 649	2 578 000	2 676 000	2 792 000	2 933 000	3 012 759	60～64
2 049 000	2 117 000	2 177 000	2 213 149	2 258 000	2 280 000	2 298 000	2 289 000	2 403 561	65～69
1 481 000	1 530 000	1 613 000	1 700 015	1 802 000	1 872 000	1 940 000	1 999 000	2 052 900	70～74
1 056 000	1 104 000	1 145 000	1 184 978	1 197 000	1 249 000	1 300 000	1 380 000	1 471 661	75～79
564 000	603 000	635 000	674 464	720 000	768 000	812 000	847 000	888 616	80～84
294 000	312 000	336 000	270 803	293 000	315 000	342 000	364 000	399 381	85～89
…	…	…	85 950	91 000	100 000	109 000	118 000	128 846	90歳以上

表2 (3-3)

表2 年次・性・年齢
Table 2 Trends in population

年齢階級 Age	昭和61年 1986	62年 1987	63年 1988	平成元年 1989	2年 1990	3年 1991	4年 1992	5年 1993	6年 1994
総数 Total									
総数 Total	120 946 000	121 535 000	122 026 000	122 460 000	122 721 397	123 102 000	123 476 000	123 788 000	124 069 000
0～ 4歳	7 267 000	7 119 000	6 926 000	6 698 000	6 469 790	6 300 000	6 165 000	6 050 000	6 005 000
5～ 9 Years	8 164 000	7 918 000	7 713 000	7 559 000	7 436 656	7 281 000	7 117 000	6 913 000	6 683 000
10～14	9 842 000	9 565 000	9 204 000	8 805 000	8 495 909	8 184 000	7 943 000	7 742 000	7 595 000
15～19	9 451 000	9 616 000	9 829 000	9 963 000	9 967 712	9 833 000	9 561 000	9 206 000	8 812 000
20～24	8 028 000	8 308 000	8 521 000	8 729 000	8 721 441	9 274 000	9 473 000	9 719 000	9 880 000
25～29	7 694 000	7 738 000	7 783 000	7 845 000	7 976 511	7 851 000	8 111 000	8 322 000	8 530 000
30～34	8 554 000	8 167 000	7 924 000	7 835 000	7 713 009	7 644 000	7 684 000	7 730 000	7 771 000
35～39	11 249 000	10 834 000	10 209 000	9 466 000	8 945 897	8 521 000	8 139 000	7 901 000	7 812 000
40～44	8 635 000	8 997 000	9 527 000	10 011 000	10 617 643	11 183 000	10 779 000	10 162 000	9 418 000
45～49	8 360 000	8 577 000	8 793 000	9 175 000	8 989 654	8 548 000	8 909 000	9 437 000	9 915 000
50～54	8 033 000	8 111 000	8 110 000	8 018 000	8 068 623	8 223 000	8 440 000	8 648 000	9 017 000
55～59	7 144 000	7 307 000	7 460 000	7 558 000	7 713 773	7 844 000	7 919 000	7 917 000	7 818 000
60～64	5 703 000	6 010 000	6 298 000	6 548 000	6 735 670	6 897 000	7 057 000	7 203 000	7 294 000
65～69	4 261 000	4 403 000	4 593 000	4 874 000	5 090 871	5 405 000	5 697 000	5 969 000	6 204 000
70～74	3 621 000	3 654 000	3 674 000	3 648 000	3 809 840	3 893 000	4 034 000	4 210 000	4 472 000
75～79	2 631 000	2 740 000	2 841 000	2 938 000	3 014 473	3 091 000	3 125 000	3 150 000	3 134 000
80～84	1 456 000	1 541 000	1 617 000	1 725 000	1 831 720	1 953 000	2 052 000	2 145 000	2 238 000
85～89	653 000	708 000	757 000	797 000	832 886	856 000	916 000	974 000	1 053 000
90歳以上	200 000	223 000	247 000	269 000	289 319	322 000	355 000	389 000	418 000
男 Male									
総数 Total	59 438 000	59 723 000	59 964 000	60 171 000	60 248 969	60 425 000	60 597 000	60 730 000	60 839 000
0～ 4歳	3 723 000	3 649 000	3 553 000	3 438 000	3 317 367	3 231 000	3 163 000	3 105 000	3 083 000
5～ 9 Years	4 185 000	4 057 000	3 952 000	3 871 000	3 810 008	3 731 000	3 647 000	3 544 000	3 426 000
10～14	5 046 000	4 902 000	4 718 000	4 513 000	4 358 230	4 197 000	4 073 000	3 969 000	3 892 000
15～19	4 846 000	4 933 000	5 041 000	5 110 000	5 107 977	5 044 000	4 906 000	4 724 000	4 522 000
20～24	4 085 000	4 234 000	4 350 000	4 463 000	4 437 613	4 726 000	4 837 000	4 967 000	5 060 000
25～29	3 887 000	3 912 000	3 941 000	3 979 000	4 035 709	3 971 000	4 104 000	4 213 000	4 324 000
30～34	4 310 000	4 119 000	3 997 000	3 952 000	3 891 907	3 859 000	3 881 000	3 907 000	3 926 000
35～39	5 656 000	5 444 000	5 130 000	4 759 000	4 499 773	4 289 000	4 100 000	3 983 000	3 937 000
40～44	4 307 000	4 498 000	4 772 000	5 022 000	5 333 198	5 617 000	5 411 000	5 099 000	4 724 000
45～49	4 154 000	4 263 000	4 373 000	4 562 000	4 471 972	4 256 000	4 445 000	4 718 000	4 961 000
50～54	3 977 000	4 013 000	4 012 000	3 967 000	3 990 975	4 068 000	4 179 000	4 283 000	4 462 000
55～59	3 491 000	3 580 000	3 657 000	3 706 000	3 781 532	3 846 000	3 881 000	3 879 000	3 831 000
60～64	2 575 000	2 778 000	2 971 000	3 122 000	3 234 444	3 323 000	3 406 000	3 475 000	3 518 000
65～69	1 786 000	1 830 000	1 905 000	2 049 000	2 189 318	2 385 000	2 574 000	2 752 000	2 889 000
70～74	1 522 000	1 530 000	1 529 000	1 507 000	1 556 586	1 572 000	1 614 000	1 681 000	1 808 000
75～79	1 063 000	1 100 000	1 133 000	1 169 000	1 196 534	1 223 000	1 231 000	1 233 000	1 218 000
80～84	550 000	581 000	608 000	643 000	678 463	716 000	747 000	775 000	807 000
85～89	219 000	237 000	253 000	265 000	275 903	282 000	300 000	317 000	339 000
90歳以上	57 000	64 000	70 000	76 000	81 460	90 000	97 000	105 000	112 000
女 Female									
総数 Total	61 508 000	61 811 000	62 062 000	62 289 000	62 472 428	62 677 000	62 879 000	63 057 000	63 230 000
0～ 4歳	3 545 000	3 470 000	3 373 000	3 260 000	3 152 423	3 069 000	3 002 000	2 945 000	2 922 000
5～ 9 Years	3 980 000	3 860 000	3 761 000	3 688 000	3 626 648	3 550 000	3 470 000	3 369 000	3 257 000
10～14	4 797 000	4 663 000	4 487 000	4 292 000	4 137 679	3 986 000	3 871 000	3 773 000	3 703 000
15～19	4 605 000	4 683 000	4 788 000	4 853 000	4 859 735	4 789 000	4 656 000	4 482 000	4 290 000
20～24	3 943 000	4 074 000	4 171 000	4 266 000	4 283 828	4 548 000	4 636 000	4 751 000	4 821 000
25～29	3 807 000	3 826 000	3 842 000	3 866 000	3 940 802	3 880 000	4 007 000	4 109 000	4 206 000
30～34	4 244 000	4 048 000	3 927 000	3 883 000	3 821 102	3 785 000	3 803 000	3 824 000	3 844 000
35～39	5 593 000	5 390 000	5 080 000	4 708 000	4 446 124	4 232 000	4 039 000	3 919 000	3 875 000
40～44	4 328 000	4 499 000	4 755 000	4 989 000	5 284 445	5 566 000	5 368 000	5 062 000	4 694 000
45～49	4 206 000	4 314 000	4 421 000	4 613 000	4 517 682	4 292 000	4 464 000	4 719 000	4 954 000
50～54	4 056 000	4 098 000	4 098 000	4 052 000	4 077 648	4 155 000	4 261 000	4 365 000	4 554 000
55～59	3 653 000	3 727 000	3 803 000	3 852 000	3 932 241	3 997 000	4 038 000	4 037 000	3 987 000
60～64	3 129 000	3 232 000	3 327 000	3 426 000	3 501 226	3 574 000	3 651 000	3 727 000	3 776 000
65～69	2 474 000	2 573 000	2 687 000	2 825 000	2 901 553	3 020 000	3 123 000	3 218 000	3 315 000
70～74	2 099 000	2 124 000	2 145 000	2 141 000	2 253 254	2 321 000	2 420 000	2 530 000	2 664 000
75～79	1 567 000	1 641 000	1 708 000	1 770 000	1 817 939	1 869 000	1 894 000	1 917 000	1 917 000
80～84	906 000	960 000	1 009 000	1 082 000	1 153 257	1 237 000	1 305 000	1 370 000	1 431 000
85～89	434 000	471 000	504 000	532 000	556 983	574 000	616 000	657 000	714 000
90歳以上	142 000	159 000	177 000	193 000	207 859	233 000	258 000	283 000	306 000

（5歳階級）別人口
by sex and age:japan

平成7年 1995	8年 1996	9年 1997	10年 1998	11年 1999	12年 2000	13年 2001	14年 2002	15年 2003	16年 2004	年齢階級 Age
										総数　Total
124 298 947	124 709 000	124 963 000	125 252 000	125 432 000	125 612 633	125 908 000	126 008 000	126 139 000	126 176 000	総数　Total
5 949 623	5 925 000	5 903 000	5 913 000	5 891 000	5 859 973	5 844 000	5 818 000	5 744 000	5 679 000	0〜 4歳
6 493 110	6 330 000	6 187 000	6 059 000	5 986 000	5 984 829	5 952 000	5 934 000	5 936 000	5 889 000	5〜 9 Years
7 424 703	7 285 000	7 125 000	6 933 000	6 713 000	6 507 152	6 332 000	6 196 000	6 073 000	6 015 000	10〜14
8 491 929	8 181 000	7 941 000	7 743 000	7 591 000	7 433 115	7 276 000	7 118 000	6 919 000	6 686 000	15〜19
9 765 295	9 691 000	9 459 000	9 138 000	8 768 000	8 300 297	8 040 000	7 829 000	7 653 000	7 506 000	20〜24
8 614 403	9 135 000	9 312 000	9 543 000	9 708 000	9 626 221	9 512 000	9 237 000	8 906 000	8 547 000	25〜29
7 968 686	7 845 000	8 093 000	8 296 000	8 492 000	8 608 881	9 131 000	9 293 000	9 502 000	9 626 000	30〜34
7 709 028	7 650 000	7 683 000	7 729 000	7 768 000	7 978 061	7 852 000	8 100 000	8 302 000	8 493 000	35〜39
8 916 937	8 506 000	8 121 000	7 883 000	7 794 000	7 706 162	7 643 000	7 679 000	7 731 000	7 775 000	40〜44
10 544 944	11 115 000	10 711 000	10 104 000	9 364 000	8 845 461	8 437 000	8 060 000	7 835 000	7 758 000	45〜49
8 867 530	8 434 000	8 788 000	9 308 000	9 794 000	10 391 001	10 946 000	10 535 000	9 938 000	9 224 000	50〜54
7 912 482	8 074 000	8 283 000	8 488 000	8 852 000	8 698 453	8 275 000	8 604 000	9 114 000	9 582 000	55〜59
7 445 934	7 586 000	7 667 000	7 679 000	7 597 000	7 711 606	7 879 000	8 061 000	8 262 000	8 609 000	60〜64
6 373 007	6 532 000	6 689 000	6 834 000	6 928 000	7 091 585	7 249 000	7 345 000	7 374 000	7 312 000	65〜69
4 674 557	4 973 000	5 242 000	5 497 000	5 718 000	5 889 998	6 097 000	6 191 000	6 338 000	6 444 000	70〜74
3 276 736	3 370 000	3 507 000	3 676 000	3 911 000	4 139 567	4 414 000	4 656 000	4 881 000	5 082 000	75〜79
2 293 864	2 373 000	2 418 000	2 462 000	2 460 000	2 609 499	2 711 000	2 845 000	3 009 000	3 222 000	80〜84
1 134 102	1 228 000	1 308 000	1 388 000	1 462 000	1 530 334	1 602 000	1 654 000	1 694 000	1 713 000	85〜89
442 077	473 000	525 000	582 000	637 000	700 438	772 000	854 000	929 000	1 013 000	90歳以上
										男　Male
60 919 153	61 115 000	61 210 000	61 311 000	61 358 000	61 488 005	61 595 000	61 591 000	61 620 000	61 597 000	総数　Total
3 046 659	3 036 000	3 024 000	3 031 000	3 020 000	3 001 629	2 995 000	2 984 000	2 947 000	2 914 000	0〜 4歳
3 325 548	3 242 000	3 170 000	3 104 000	3 066 000	3 066 297	3 050 000	3 039 000	3 039 000	3 015 000	5〜 9 Years
3 799 992	3 730 000	3 648 000	3 551 000	3 439 000	3 334 963	3 245 000	3 176 000	3 112 000	3 082 000	10〜14
4 352 058	4 195 000	4 072 000	3 969 000	3 889 000	3 808 608	3 730 000	3 650 000	3 551 000	3 431 000	15〜19
4 979 898	4 952 000	4 839 000	4 680 000	4 494 000	4 254 807	4 126 000	4 021 000	3 932 000	3 858 000	20〜24
4 369 726	4 637 000	4 731 000	4 851 000	4 944 000	4 894 452	4 836 000	4 699 000	4 539 000	4 366 000	25〜29
4 034 652	3 973 000	4 099 000	4 200 000	4 298 000	4 365 637	4 630 000	4 707 000	4 810 000	4 875 000	30〜34
3 889 083	3 862 000	3 880 000	3 904 000	3 922 000	4 035 168	3 970 000	4 090 000	4 190 000	4 284 000	35〜39
4 482 072	4 277 000	4 085 000	3 964 000	3 918 000	3 882 767	3 852 000	3 866 000	3 893 000	3 914 000	40〜44
5 289 590	5 575 000	5 367 000	5 059 000	4 685 000	4 436 003	4 233 000	4 043 000	3 932 000	3 891 000	45〜49
4 393 729	4 182 000	4 366 000	4 630 000	4 878 000	5 186 499	5 461 000	5 250 000	4 951 000	4 596 000	50〜54
3 885 871	3 968 000	4 071 000	4 171 000	4 346 000	4 274 659	4 066 000	4 236 000	4 495 000	4 733 000	55〜59
3 597 767	3 668 000	3 708 000	3 713 000	3 674 000	3 739 992	3 821 000	3 911 000	4 009 000	4 172 000	60〜64
2 987 287	3 075 000	3 154 000	3 221 000	3 266 000	3 352 690	3 432 000	3 480 000	3 496 000	3 470 000	65〜69
1 931 305	2 109 000	2 279 000	2 441 000	2 565 000	2 666 691	2 745 000	2 819 000	2 889 000	2 941 000	70〜74
1 254 390	1 276 000	1 315 000	1 376 000	1 484 000	1 621 115	1 776 000	1 921 000	2 054 000	2 161 000	75〜79
821 596	848 000	860 000	870 000	862 000	913 181	939 000	978 000	1 034 000	1 125 000	80〜84
361 022	386 000	408 000	430 000	451 000	476 535	498 000	512 000	521 000	524 000	85〜89
116 908	123 000	134 000	147 000	157 000	176 312	191 000	210 000	226 000	246 000	90歳以上
										女　Female
63 379 794	63 594 000	63 753 000	63 941 000	64 074 000	64 124 628	64 313 000	64 417 000	64 520 000	64 579 000	総数　Total
2 902 964	2 889 000	2 879 000	2 883 000	2 871 000	2 858 344	2 849 000	2 834 000	2 797 000	2 765 000	0〜 4歳
3 167 562	3 088 000	3 017 000	2 955 000	2 919 000	2 918 532	2 902 000	2 896 000	2 897 000	2 874 000	5〜 9 Years
3 624 711	3 555 000	3 477 000	3 382 000	3 274 000	3 172 189	3 088 000	3 021 000	2 961 000	2 933 000	10〜14
4 139 871	3 986 000	3 869 000	3 774 000	3 701 000	3 624 507	3 546 000	3 467 000	3 368 000	3 256 000	15〜19
4 785 397	4 739 000	4 620 000	4 457 000	4 273 000	4 045 490	3 914 000	3 807 000	3 721 000	3 649 000	20〜24
4 244 677	4 498 000	4 581 000	4 692 000	4 765 000	4 731 769	4 676 000	4 538 000	4 367 000	4 181 000	25〜29
3 934 034	3 872 000	3 994 000	4 095 000	4 194 000	4 243 244	4 502 000	4 586 000	4 692 000	4 751 000	30〜34
3 819 945	3 788 000	3 803 000	3 825 000	3 845 000	3 942 893	3 882 000	4 010 000	4 111 000	4 208 000	35〜39
4 434 865	4 229 000	4 036 000	3 918 000	3 876 000	3 823 395	3 791 000	3 813 000	3 838 000	3 861 000	40〜44
5 255 354	5 541 000	5 344 000	5 046 000	4 680 000	4 409 458	4 205 000	4 017 000	3 903 000	3 867 000	45〜49
4 473 801	4 252 000	4 422 000	4 678 000	4 915 000	5 204 502	5 485 000	5 285 000	4 988 000	4 628 000	50〜54
4 026 611	4 107 000	4 212 000	4 317 000	4 506 000	4 423 794	4 210 000	4 368 000	4 619 000	4 849 000	55〜59
3 848 167	3 918 000	3 960 000	3 965 000	3 923 000	3 971 614	4 058 000	4 150 000	4 254 000	4 437 000	60〜64
3 385 720	3 458 000	3 536 000	3 612 000	3 662 000	3 738 895	3 817 000	3 865 000	3 878 000	3 842 000	65〜69
2 743 252	2 864 000	2 962 000	3 056 000	3 153 000	3 223 307	3 294 000	3 371 000	3 449 000	3 503 000	70〜74
2 022 346	2 095 000	2 192 000	2 300 000	2 427 000	2 518 452	2 638 000	2 735 000	2 826 000	2 921 000	75〜79
1 472 268	1 526 000	1 558 000	1 592 000	1 598 000	1 696 318	1 772 000	1 867 000	1 975 000	2 098 000	80〜84
773 080	841 000	900 000	958 000	1 011 000	1 053 799	1 104 000	1 142 000	1 173 000	1 190 000	85〜89
325 169	350 000	391 000	435 000	480 000	524 126	581 000	643 000	702 000	768 000	90歳以上

表3　性・年齢（5歳階級）
Table 3　Populatin sortd by sex, age group

配偶関係 Maritals tatus		総数 Total	15～19歳 Years	20～24	25～29	30～34	35～39	40～44	45～49
総数	Total								
総数	Total	104 431 511	8 491 929	9 765 295	8 614 403	7 968 686	7 709 028	8 916 937	10 544 944
有配偶	Married	63 525 481	36 492	908 139	3 475 493	5 438 827	6 127 711	7 377 957	8 886 125
未婚	Single	29 123 721	8 412 127	8 764 039	4 974 225	2 278 695	1 261 043	1 033 800	885 987
死別	Widowed	8 147 993	152	1 398	4 691	12 885	29 427	76 547	176 435
離別	Divorced	3 083 120	1 132	32 524	111 826	201 508	260 842	390 923	543 455
男	Male								
総数	Total	50 746 954	4 352 058	4 979 898	4 369 726	4 034 652	3 889 083	4 482 072	5 289 590
有配偶	Married	31 782 484	10 943	318 201	1 378 491	2 435 452	2 889 629	3 558 334	4 413 368
未婚	Single	16 240 244	4 318 012	4 618 381	2 925 861	1 504 142	879 242	736 164	591 587
死別	Widowed	1 280 191	70	428	1 035	2 691	6 197	16 858	38 341
離別	Divorced	1 115 778	277	8 228	33 300	66 675	92 684	143 838	209 460
女	Female								
総数	Total	53 684 557	4 139 871	4 785 397	4 244 677	3 934 034	3 819 945	4 434 865	5 255 354
有配偶	Married	31 742 997	25 549	589 938	2 097 002	3 003 375	3 238 082	3 819 623	4 472 757
未婚	Single	12 883 477	4 094 115	4 145 658	2 048 364	774 553	381 801	297 636	294 400
死別	Widowed	6 867 802	82	970	3 656	10 194	23 230	59 689	138 094
離別	Divorced	1 967 342	855	24 296	78 526	134 833	168 158	247 085	333 995

配偶関係 Maritals tatus		総数 Total	15～19歳 Years	20～24	25～29	30～34	35～39	40～44	45～49
総数	Total								
総数	Total	107 067 429	7 419 590	8 283 983	9 607 641	8 592 300	7 963 085	7 692 306	8 829 742
有配偶	Married	64 213 226	45 527	733 309	3 481 694	5 298 313	5 897 045	6 128 392	7 179 565
未婚	Single	29 505 378	7 371 122	7 509 366	5 955 142	3 005 548	1 584 127	1 041 356	923 201
死別	Widowed	8 589 027	269	1 799	5 379	12 652	27 603	56 308	131 292
離別	Divorced	3 800 499	2 055	37 220	160 800	269 303	339 991	378 543	498 169
男	Male								
総数	Total	51 960 374	3 799 600	4 243 859	4 882 084	4 354 603	4 025 226	3 873 623	4 425 700
有配偶	Married	32 145 128	16 239	285 440	1 439 263	2 387 114	2 781 274	2 946 428	3 489 552
未婚	Single	16 476 199	3 782 413	3 946 632	3 392 020	1 873 144	1 037 911	713 869	647 942
死別	Widowed	1 391 347	149	762	1 578	3 025	6 183	12 342	30 100
離別	Divorced	1 401 888	529	10 125	47 946	89 482	119 600	139 725	191 334
女	Female								
総数	Total	55 107 055	3 619 990	4 040 124	4 725 557	4 237 697	3 937 859	3 818 683	4 404 042
有配偶	Married	32 068 098	29 288	447 869	2 042 431	2 911 199	3 115 771	3 181 964	3 690 013
未婚	Single	13 029 179	3 588 709	3 562 734	2 563 122	1 132 404	546 216	327 487	275 259
死別	Widowed	7 197 680	120	1 037	3 801	9 627	21 420	43 966	101 192
離別	Divorced	2 398 611	1 526	27 095	112 854	179 821	220 391	238 818	306 835

注：1）各年次10月1日現在国勢調査人口の確定数。（「日本人人口」である。）
　　2）総数には配偶者関係の「不詳」を含む。

・配偶関係・年次別人口
(by 5-year age scale), and marital status 1995 and 2000

平成7年（1995）

50～54	55～59	60～64	65～69	70～74	75～79	80～84	85～89	90歳以上
8 867 530	7 912 482	7 445 934	6 373 007	4 674 557	3 276 736	2 293 864	1 134 102	442 077
7 575 172	6 698 333	6 096 969	4 884 988	3 080 753	1 712 506	885 244	283 981	56 791
494 723	332 970	261 247	197 675	118 493	59 100	31 116	13 571	4 910
298 252	483 565	765 585	1 049 401	1 327 293	1 417 083	1 323 431	811 341	370 507
448 349	348 769	273 471	202 211	132 588	72 909	40 176	16 587	5 850
4 393 729	3 885 871	3 597 767	2 987 287	1 931 305	1 254 390	821 596	361 022	116 908
3 824 913	3 451 709	3 221 328	2 663 180	1 687 576	1 044 474	615 165	221 438	48 283
292 008	168 388	102 183	55 957	25 800	12 442	6 392	2 710	975
60 076	89 563	136 694	180 638	182 211	178 659	188 819	131 980	65 931
182 097	144 394	107 656	65 390	32 215	16 148	8 936	3 465	1 015
4 473 801	4 026 611	3 848 167	3 385 720	2 743 252	2 022 346	1 472 268	773 080	325 169
3 750 259	3 246 624	2 875 641	2 221 808	1 393 177	668 032	270 079	62 543	8 508
202 715	164 582	159 064	141 718	92 693	46 658	24 724	10 861	3 935
238 176	394 002	628 891	868 763	1 145 082	1 238 424	1 134 612	679 361	304 576
266 252	204 375	165 815	136 821	100 373	56 761	31 240	13 122	4 835

平成12年（2000）

50～54	55～59	60～64	65～69	70～74	75～79	80～84	85～89	90歳以上
10 372 267	8 682 659	7 697 802	7 079 386	5 880 374	4 133 156	2 605 557	1 528 075	699 506
8 539 505	7 206 269	6 263 370	5 459 644	4 101 818	2 309 175	1 060 211	412 761	96 628
799 177	444 081	294 599	230 652	171 470	99 652	45 639	21 026	9 220
281 735	448 908	696 444	1 043 468	1 352 792	1 546 972	1 391 264	1 029 661	562 481
632 199	481 577	355 978	262 017	181 081	111 101	54 952	25 567	9 946
5 174 238	4 264 397	3 731 102	3 344 958	2 660 796	1 617 570	911 176	475 484	175 958
4 254 659	3 653 106	3 256 392	2 926 055	2 293 248	1 333 109	695 303	308 127	79 819
524 899	255 162	142 892	84 187	43 754	18 468	7 828	3 496	1 582
62 710	91 884	130 795	187 379	232 282	214 934	180 265	148 648	88 311
252 785	200 245	150 086	102 730	56 226	24 498	10 414	4 618	1 545
5 198 029	4 418 262	3 966 700	3 734 428	3 219 578	2 515 586	1 694 381	1 052 591	523 548
4 284 846	3 553 163	3 006 978	2 533 589	1 808 570	976 066	364 908	104 634	16 809
274 278	188 919	151 707	146 465	127 716	81 184	37 811	17 530	7 638
219 025	357 024	565 649	856 089	1 120 510	1 332 038	1 210 999	881 013	474 170
379 414	281 332	205 892	159 287	124 855	86 603	44 538	20 949	8 401

Notes: 1) Based on the final data of National Census, as of October 1 of each year. (The population refers to the number of Japanese nationals.)
2) The total includes the number of marital status unknown.

表4 (3-1)

表4 年次・都道府県
Table4 Trends in Population

総数　Total

都道府県 Prefecture	昭和25年 * 1950	30年 * 1955	35年 * 1960	40年 * 1965	45年 * 1970	50年 * 1975
全国 Total	83 199 637	89 275 529	93 418 501	98 274 961	103 119 447	111 251 507
北海道 Hokkaido	4 295 567	4 773 087	5 039 206	5 171 800	5 177 286	5 330 284
青森 Aomori	1 282 867	1 382 523	1 426 606	1 416 591	1 425 702	1 466 742
岩手 Iwate	1 346 728	1 427 097	1 448 517	1 411 118	1 369 948	1 383 931
宮城 Miyagi	1 663 442	1 727 065	1 743 195	1 753 126	1 815 282	1 950 790
秋田 Akita	1 309 031	1 348 871	1 335 580	1 279 835	1 240 345	1 231 389
山形 Yamagata	1 357 347	1 353 649	1 320 664	1 263 103	1 224 918	1 219 429
福島 Fukushima	2 062 394	2 095 237	2 051 137	1 983 754	1 943 989	1 968 270
茨城 Ibaraki	2 039 418	2 064 037	2 047 024	2 056 154	2 140 122	2 338 151
栃木 Tochigi	1 550 462	1 547 580	1 513 624	1 521 656	1 578 146	1 695 848
群馬 Gumma	1 601 380	1 613 549	1 578 476	1 605 584	1 656 209	1 753 436
埼玉 Saitama	2 146 445	2 262 623	2 430 871	3 014 983	3 858 607	4 809 517
千葉 Chiba	2 139 037	2 205 060	2 306 010	2 701 770	3 358 440	4 136 216
東京 Tokyo	6 277 500	8 037 084	9 683 802	10 869 244	11 324 994	11 568 852
神奈川 Kanagawa	2 487 665	2 919 497	3 443 176	4 430 743	5 439 126	6 359 334
新潟 Niigata	2 460 997	2 473 492	2 442 037	2 398 931	2 358 323	2 388 992
富山 Toyama	1 008 790	1 021 121	1 032 614	1 025 465	1 027 956	1 068 930
石川 Ishikawa	957 279	966 187	973 418	980 499	999 535	1 066 669
福井 Fukui	752 374	754 055	752 696	750 557	740 024	768 867
山梨 Yamanashi	811 369	807 044	782 062	763 194	760 492	781 360
長野 Nagano	2 060 831	2 021 292	1 981 433	1 958 007	1 952 346	2 012 816
岐阜 Gifu	1 544 538	1 583 605	1 638 399	1 700 365	1 749 524	1 858 066
静岡 Shizuoka	2 471 472	2 650 435	2 756 271	2 912 521	3 082 792	3 300 856
愛知 Aichi	3 390 585	3 769 209	4 206 313	4 798 653	5 340 594	5 873 395
三重 Mie	1 461 197	1 485 582	1 485 054	1 514 467	1 535 937	1 618 449
滋賀 Shiga	861 180	853 734	842 695	853 385	883 837	978 639
京都 Kyoto	1 832 934	1 935 161	1 993 403	2 102 808	2 210 609	2 381 360
大阪 Osaka	3 857 047	4 618 308	5 504 746	6 657 189	7 464 961	8 108 360
兵庫 Hyogo	3 309 935	3 620 947	3 906 487	4 309 944	4 599 673	4 918 041
奈良 Nara	763 883	776 861	781 058	825 965	925 403	1 071 894
和歌山 Wakayama	982 113	1 006 819	1 002 191	1 026 975	1 038 348	1 067 419
鳥取 Tottori	600 177	614 259	599 135	579 853	567 405	579 779
島根 Shimane	912 551	929 066	888 886	821 620	772 000	767 357
岡山 Okayama	1 661 099	1 689 800	1 670 454	1 645 135	1 700 064	1 806 484
広島 Hiroshima	2 081 967	2 149 044	2 184 043	2 281 146	2 422 069	2 630 578
山口 Yamaguchi	1 540 882	1 609 839	1 602 207	1 543 573	1 497 703	1 541 072
徳島 Tokushima	878 511	878 109	847 274	815 115	790 845	804 784
香川 Kagawa	946 022	943 823	918 867	900 845	906 951	960 233
愛媛 Ehime	1 521 878	1 540 628	1 500 687	1 446 384	1 416 299	1 463 158
高知 Kochi	873 874	882 683	854 595	812 714	786 058	807 035
福岡 Fukuoka	3 530 169	3 859 764	4 006 679	3 964 611	4 004 275	4 266 394
佐賀 Saga	945 082	973 749	942 874	871 885	837 063	836 326
長崎 Nagasaki	1 645 492	1 747 596	1 760 421	1 641 245	1 566 634	1 568 429
熊本 Kumamoto	1 827 582	1 895 663	1 856 192	1 770 736	1 697 991	1 713 300
大分 Oita	1 252 999	1 277 199	1 239 655	1 187 480	1 152 520	1 187 299
宮崎 Miyazaki	1 091 427	1 139 384	1 134 590	1 080 692	1 050 027	1 083 957
鹿児島 Kagoshima	1 804 118	2 044 112	1 963 104	1 853 541	1 728 075	1 722 732
沖縄 Okinawa	…	…	…	…	…	1 036 288

注：1）各年次の人口は10月1日現在。＊は国勢調査人口である。
　　2）昭和40年以前は総人口、45年以降は日本人人口である。
　　3）昭和22年は地域的に配分されない調査もれを除く。
　　4）昭和35年の長野県西筑摩郡山口村と岐阜県中津川市の境界紛争地域の人口73人（男39人、女34人）は全国総数に含まれているが、長野県・岐阜県のいずれにも含まれていない。
　　5）昭和45年、50年、55年、平成2年(按分済み人口)、7年、12年(按分済み人口)については、国勢調査確定数。45年、50年、55年の各年報では、それぞれ1％抽出集計結果を用いたので報告書が異なる。

・性 別 人 口
by sex:Japan,each prefecture

昭和55年 * 1980	60年 * 1985	平成2年 * 1990	7年 * 1995	12年 * 2000	16年 2004
116 320 358	120 287 484	122 721 397	124 298 947	125 612 633	126 176 000
5 566 372	5 670 327	5 635 049	5 675 838	5 670 558	5 630 000
1 521 778	1 522 419	1 480 947	1 478 123	1 472 690	1 448 000
1 420 078	1 431 905	1 415 036	1 416 864	1 412 338	1 389 000
2 076 657	2 170 754	2 243 117	2 319 433	2 354 916	2 358 000
1 255 499	1 252 713	1 226 062	1 211 616	1 186 209	1 155 000
1 250 989	1 260 671	1 256 930	1 253 941	1 239 132	1 218 000
2 032 547	2 077 598	2 100 255	2 127 214	2 118 100	2 095 000
2 552 775	2 718 777	2 834 279	2 929 220	2 954 817	2 950 000
1 789 218	1 862 873	1 925 886	1 965 431	1 983 723	1 987 000
1 845 138	1 917 320	1 955 819	1 981 799	1 996 251	1 997 000
5 405 466	5 846 205	6 374 361	6 696 390	6 875 484	6 967 000
4 719 383	5 131 348	5 527 777	5 744 010	5 868 599	5 967 000
11 506 944	11 706 066	11 695 218	11 543 005	11 850 305	12 123 000
6 883 647	7 388 546	7 918 632	8 152 458	8 390 552	8 613 000
2 448 056	2 475 219	2 470 352	2 480 287	2 466 374	2 440 000
1 101 485	1 116 324	1 117 550	1 117 592	1 113 787	1 107 000
1 115 559	1 148 785	1 160 786	1 175 042	1 174 630	1 172 000
789 497	812 660	818 325	819 320	819 080	814 000
802 490	831 115	850 075	873 970	877 168	871 000
2 078 832	2 131 316	2 148 242	2 173 400	2 181 873	2 175 000
1 949 993	2 018 449	2 055 219	2 081 104	2 081 092	2 074 000
3 438 445	3 565 549	3 650 475	3 699 146	3 714 992	3 725 000
6 167 929	6 399 208	6 625 160	6 769 815	6 932 577	7 056 000
1 678 831	1 738 994	1 782 332	1 824 717	1 833 408	1 833 000
1 072 440	1 147 818	1 213 357	1 272 620	1 324 040	1 351 000
2 483 007	2 540 266	2 556 321	2 572 600	2 599 052	2 596 000
8 295 801	8 487 560	8 557 249	8 603 130	8 633 901	8 653 000
5 063 478	5 199 755	5 326 121	5 318 913	5 467 653	5 508 000
1 202 655	1 298 168	1 368 434	1 421 770	1 434 340	1 423 000
1 081 999	1 082 589	1 069 930	1 075 666	1 065 104	1 045 000
602 335	614 202	613 792	612 602	610 224	606 000
783 143	792 939	779 317	768 865	757 072	744 000
1 862 741	1 908 444	1 917 173	1 937 865	1 938 268	1 938 000
2 722 521	2 802 855	2 832 764	2 858 462	2 855 782	2 852 000
1 572 752	1 587 656	1 559 181	1 542 204	1 515 291	1 493 000
824 433	834 274	830 753	830 479	821 369	809 000
998 442	1 021 121	1 021 571	1 023 865	1 017 973	1 012 000
1 504 298	1 527 753	1 512 674	1 503 411	1 488 550	1 471 000
829 609	837 458	823 853	814 302	811 516	800 000
4 523 770	4 691 991	4 784 331	4 896 451	4 984 938	5 025 000
864 052	878 603	876 300	882 320	874 068	866 000
1 586 916	1 590 432	1 558 502	1 540 498	1 511 864	1 489 000
1 788 076	1 835 238	1 837 612	1 855 087	1 854 933	1 846 000
1 225 548	1 247 086	1 233 612	1 227 269	1 216 436	1 208 000
1 150 321	1 174 128	1 167 286	1 173 631	1 167 555	1 158 000
1 783 351	1 817 746	1 795 908	1 791 419	1 782 567	1 764 000
1 101 062	1 174 261	1 217 472	1 265 783	1 311 482	1 352 000

Notes: 1) The population data are given as of October 1 of each year. The figures indicated with * represent the data from Population Census.
2) The figures for 1965 and earlier represent the overall population, while the data for 1970 and after only include Japanese nationals.
3) The data for 1947 exclude geographically unidentified figures.
4) In the data for 1960, 73 people (including 39 males and 34 females) residing in the area between Yamaguchi-mura, Nishichikuma-gun, Nagano Prefecture, and Nakatsugawa-shi, Gifu Prefecture, are not included in the populations of Nagano or Gifu, because there was dispute over the borders between them. However, the 73 are included in the overall population.
5) The populations for 1970, 1975, 1980, 1990 (prorated), 1995 and 2000 (prorated) represent the final data of National Census. The Annual Reports for 1970, 1975 and 1980 use different values, given by the compilation of 1% sampling.

表4 （3-2）

表4 年次・都道府県
Table4 Trends in Population

男 Male

都道府県 Prefecture	昭和25年 *1950	30年 *1955	35年 *1960	40年 *1965	45年 *1970	50年 *1975
全国 Total	40 811 760	43 860 718	45 877 602	48 244 445	50 600 539	54 724 867
北海道 Hokkaido	2 169 393	2 428 833	2 544 753	2 583 159	2 548 598	2 616 571
青森 Aomori	635 547	678 837	694 037	682 972	684 479	706 182
岩手 Iwate	664 000	698 563	702 697	679 497	657 610	667 243
宮城 Miyagi	828 879	846 404	848 579	854 043	886 902	957 778
秋田 Akita	646 445	660 066	644 671	614 429	592 663	589 854
山形 Yamagata	660 555	651 737	630 997	605 185	587 084	586 417
福島 Fukushima	1 006 823	1 016 756	986 836	954 988	935 003	952 109
茨城 Ibaraki	993 694	1 006 093	1 000 184	1 007 852	1 052 159	1 157 536
栃木 Tochigi	752 266	749 636	729 692	735 781	768 506	833 590
群馬 Gumma	778 910	781 607	759 639	778 916	806 727	857 665
埼玉 Saitama	1 049 695	1 110 083	1 200 573	1 511 947	1 946 868	2 430 387
千葉 Chiba	1 036 932	1 074 181	1 128 734	1 343 167	1 690 355	2 088 099
東京 Tokyo	3 169 389	4 115 823	4 997 023	5 564 583	5 755 815	5 854 673
神奈川 Kanagawa	1 247 934	1 470 415	1 746 926	2 280 926	2 804 223	3 265 877
新潟 Niigata	1 194 929	1 195 872	1 177 923	1 160 283	1 138 673	1 159 256
富山 Toyama	488 850	494 109	500 545	491 662	491 595	514 033
石川 Ishikawa	460 859	463 477	464 889	468 518	478 877	516 918
福井 Fukui	364 343	363 770	360 288	359 649	354 393	370 912
山梨 Yamanashi	393 550	390 205	379 057	367 739	366 039	378 293
長野 Nagano	1 001 192	979 004	954 673	937 219	933 811	969 893
岐阜 Gifu	762 295	774 062	796 825	821 444	843 723	902 131
静岡 Shizuoka	1 206 651	1 301 198	1 353 122	1 428 930	1 512 812	1 623 594
愛知 Aichi	1 649 189	1 829 729	2 064 726	2 382 085	2 671 221	2 940 320
三重 Mie	704 805	717 819	716 715	727 802	738 723	783 379
滋賀 Shiga	413 110	409 813	403 281	409 502	426 755	478 099
京都 Kyoto	891 616	944 278	973 040	1 028 073	1 081 579	1 168 506
大阪 Osaka	1 899 745	2 290 170	2 766 229	3 355 699	3 743 356	4 044 552
兵庫 Hyogo	1 622 755	1 773 488	1 917 887	2 120 749	2 264 578	2 414 982
奈良 Nara	368 863	377 961	382 494	400 353	448 164	520 767
和歌山 Wakayama	475 324	490 533	484 994	497 256	500 878	515 419
鳥取 Tottori	289 787	297 015	286 716	275 572	268 801	276 348
島根 Shimane	444 355	456 730	432 481	393 670	366 834	366 270
岡山 Okayama	804 357	815 837	797 748	781 418	815 827	874 082
広島 Hiroshima	1 015 955	1 047 184	1 058 829	1 107 878	1 180 978	1 288 509
山口 Yamaguchi	760 220	792 546	780 439	740 934	712 163	736 647
徳島 Tokushima	427 684	427 204	408 300	389 795	376 572	384 586
香川 Kagawa	457 980	456 711	438 924	427 058	430 238	460 798
愛媛 Ehime	742 092	749 342	721 311	688 063	670 030	696 694
高知 Kochi	425 968	429 175	411 162	386 725	371 509	382 731
福岡 Fukuoka	1 745 606	1 895 365	1 954 636	1 911 317	1 919 831	2 056 064
佐賀 Saga	455 824	470 437	448 797	410 937	392 862	393 915
長崎 Nagasaki	812 079	859 689	860 623	788 667	746 074	748 487
熊本 Kumamoto	882 420	917 171	887 038	838 584	796 918	808 860
大分 Oita	604 825	616 402	590 963	559 433	538 950	560 205
宮崎 Miyazaki	535 107	559 771	552 285	517 235	497 425	514 614
鹿児島 Kagoshima	868 963	985 617	935 282	872 751	803 358	803 680
沖縄 Okinawa	…	…	…	…	…	507 342

・性 別 人 口
by sex:Japan,each prefecture

昭和55年 * 1980	60年 * 1985	平成2年 * 1990	7年 * 1995	12年 * 2000	16年 2004
57 201 287	59 105 872	60 248 969	60 919 153	61 488 005	61 597 000
2 731 359	2 761 165	2 718 461	2 727 566	2 713 299	2 683 000
734 299	730 379	703 845	702 351	701 308	687 000
687 401	690 798	679 290	680 790	679 886	667 000
1 022 732	1 068 660	1 102 361	1 140 128	1 154 105	1 150 000
602 721	598 874	584 003	576 603	563 704	547 000
604 902	608 920	606 405	606 138	600 034	588 000
989 087	1 011 062	1 022 530	1 039 147	1 034 435	1 022 000
1 269 694	1 354 804	1 413 482	1 462 678	1 473 555	1 468 000
883 968	922 639	957 324	977 371	985 746	987 000
907 057	945 009	965 827	977 895	984 816	984 000
2 730 531	2 952 097	3 229 425	3 384 961	3 471 147	3 511 000
2 374 182	2 579 684	2 789 174	2 896 807	2 951 889	2 991 000
5 793 927	5 889 889	5 887 794	5 770 200	5 925 437	6 026 000
3 513 491	3 780 930	4 064 653	4 159 965	4 259 603	4 350 000
1 191 870	1 203 397	1 198 492	1 205 815	1 198 125	1 184 000
531 716	537 984	537 465	538 200	537 037	533 000
540 721	555 842	560 881	568 409	568 938	567 000
381 729	394 585	397 865	398 115	397 912	395 000
390 658	407 013	417 320	430 744	431 577	427 000
1 006 218	1 035 308	1 044 399	1 060 695	1 065 513	1 061 000
948 710	981 725	998 010	1 009 799	1 009 870	1 006 000
1 691 415	1 754 843	1 798 240	1 822 004	1 830 059	1 835 000
3 084 462	3 200 115	3 321 224	3 386 955	3 470 932	3 530 000
813 477	843 221	864 385	885 246	888 976	888 000
525 393	564 625	596 507	626 896	653 699	665 000
1 215 942	1 240 706	1 244 673	1 247 727	1 256 444	1 250 000
4 112 507	4 195 391	4 221 800	4 224 473	4 223 003	4 209 000
2 470 060	2 528 059	2 580 404	2 570 836	2 634 709	2 641 000
583 613	629 628	660 251	684 140	687 190	679 000
520 882	517 916	508 727	511 271	504 942	494 000
288 956	294 588	294 002	293 313	292 242	290 000
376 649	382 040	372 822	367 610	362 141	356 000
901 314	921 943	922 486	932 037	930 372	930 000
1 328 238	1 365 676	1 377 077	1 387 437	1 381 971	1 378 000
752 050	756 905	738 350	730 108	716 958	706 000
395 535	399 342	395 518	394 725	390 813	384 000
480 327	491 947	490 719	492 103	489 661	486 000
717 259	727 387	715 877	710 949	702 537	694 000
395 459	397 092	388 464	383 195	382 780	377 000
2 184 606	2 256 516	2 290 227	2 338 280	2 374 505	2 386 000
410 096	416 553	413 885	417 710	413 363	409 000
756 376	755 738	734 372	724 562	710 224	699 000
849 621	871 606	868 233	877 530	876 472	871 000
581 308	591 388	583 066	579 968	573 998	570 000
549 538	557 616	550 803	555 207	551 060	545 000
838 693	855 736	841 735	839 862	836 688	828 000
540 538	578 531	596 116	620 632	644 330	663 000

表4 (3-3)

表4 年次・都道府県
Table4 Trends in Population

女 Female

都道府県 Prefecture	昭和25年 *1950	30年 *1955	35年 *1960	40年 *1965	45年 *1970	50年 *1975
全国 Total	42 387 877	45 414 811	47 540 899	50 030 516	52 518 908	56 526 640
北海道 Hokkaido	2 126 174	2 344 254	2 494 453	2 588 641	2 628 688	2 713 713
青森 Aomori	647 320	703 686	732 569	733 619	741 223	760 560
岩手 Iwate	682 728	728 534	745 820	731 621	712 338	716 688
宮城 Miyagi	834 563	880 661	894 616	899 083	928 380	993 012
秋田 Akita	662 586	688 805	690 909	665 406	647 682	641 535
山形 Yamagata	696 792	701 912	689 667	657 918	637 834	633 012
福島 Fukushima	1 055 571	1 078 481	1 064 301	1 028 766	1 008 986	1 016 161
茨城 Ibaraki	1 045 724	1 057 944	1 046 840	1 048 302	1 087 963	1 180 615
栃木 Tochigi	798 196	797 944	783 932	785 875	809 640	862 258
群馬 Gumma	822 470	831 942	818 837	826 668	849 482	895 771
埼玉 Saitama	1 096 750	1 152 540	1 230 298	1 503 036	1 911 739	2 379 130
千葉 Chiba	1 102 105	1 130 879	1 177 276	1 358 603	1 668 085	2 048 117
東京 Tokyo	3 108 111	3 921 261	4 686 779	5 304 661	5 569 179	5 714 179
神奈川 Kanagawa	1 239 731	1 449 082	1 696 250	2 149 817	2 634 903	3 093 457
新潟 Niigata	1 266 068	1 277 620	1 264 114	1 238 648	1 219 650	1 229 736
富山 Toyama	519 940	527 012	532 069	533 803	536 361	554 897
石川 Ishikawa	496 420	502 710	508 529	511 981	520 658	549 751
福井 Fukui	388 031	390 285	392 408	390 908	385 631	397 955
山梨 Yamanashi	417 819	416 839	403 005	395 455	394 453	403 067
長野 Nagano	1 059 639	1 042 288	1 026 760	1 020 788	1 018 535	1 042 923
岐阜 Gifu	782 243	809 543	841 574	878 921	905 801	955 935
静岡 Shizuoka	1 264 821	1 349 237	1 403 149	1 483 591	1 569 980	1 677 262
愛知 Aichi	1 741 396	1 939 480	2 141 587	2 416 568	2 669 373	2 933 075
三重 Mie	756 392	767 763	768 339	786 665	797 214	835 070
滋賀 Shiga	448 070	443 921	439 414	443 883	457 082	500 540
京都 Kyoto	941 318	990 883	1 020 363	1 074 735	1 129 030	1 212 854
大阪 Osaka	1 957 302	2 328 138	2 738 517	3 301 490	3 721 605	4 063 808
兵庫 Hyogo	1 687 180	1 847 459	1 988 600	2 189 195	2 335 095	2 503 059
奈良 Nara	395 020	398 900	398 564	425 612	477 239	551 127
和歌山 Wakayama	506 789	516 286	517 197	529 719	537 470	552 000
鳥取 Tottori	310 390	317 244	312 419	304 281	298 604	303 431
島根 Shimane	468 196	472 336	456 405	427 950	405 166	401 087
岡山 Okayama	856 742	873 963	872 706	863 717	884 237	932 402
広島 Hiroshima	1 066 012	1 101 860	1 125 214	1 173 268	1 241 091	1 342 069
山口 Yamaguchi	780 662	817 293	821 768	802 639	785 540	804 425
徳島 Tokushima	450 827	450 905	438 974	425 320	414 273	420 198
香川 Kagawa	488 042	487 112	479 943	473 787	476 713	499 435
愛媛 Ehime	779 786	791 286	779 376	758 321	746 269	766 464
高知 Kochi	447 906	453 508	443 433	425 989	414 549	424 304
福岡 Fukuoka	1 784 563	1 964 399	2 052 043	2 053 294	2 084 444	2 210 330
佐賀 Saga	489 258	503 312	494 077	460 948	444 201	442 411
長崎 Nagasaki	833 413	887 907	899 798	852 578	820 560	819 942
熊本 Kumamoto	945 162	978 492	969 154	932 152	901 073	904 440
大分 Oita	648 174	660 797	648 692	628 047	613 570	627 094
宮崎 Miyazaki	556 320	579 613	582 305	563 457	552 602	569 343
鹿児島 Kagoshima	935 155	1 058 495	1 027 822	980 790	924 717	919 052
沖縄 Okinawa	…	…	…	…	…	528 946

・性別人口
by sex:Japan,each prefecture

昭和55年 * 1980	60年 * 1985	平成2年 * 1990	7年 * 1995	12年 * 2000	16年 2004
59 119 071	61 181 612	62 472 428	63 379 794	64 124 628	64 579 000
2 835 013	2 909 162	2 916 588	2 948 272	2 957 259	2 947 000
787 479	792 040	777 102	775 772	771 382	761 000
732 677	741 107	735 746	736 074	732 452	723 000
1 053 925	1 102 094	1 140 756	1 179 305	1 200 811	1 208 000
652 778	653 839	642 059	635 013	622 505	608 000
646 087	651 751	650 525	647 803	639 098	630 000
1 043 460	1 066 536	1 077 725	1 088 067	1 083 665	1 074 000
1 283 081	1 363 973	1 420 797	1 466 542	1 481 262	1 482 000
905 250	940 234	968 562	988 060	997 977	1 000 000
938 081	972 311	989 992	1 003 904	1 011 435	1 013 000
2 674 935	2 894 108	3 144 936	3 311 429	3 404 337	3 456 000
2 345 201	2 551 664	2 738 603	2 847 203	2 916 710	2 976 000
5 713 017	5 816 177	5 807 424	5 772 805	5 924 868	6 097 000
3 370 156	3 607 616	3 853 979	3 992 493	4 130 949	4 263 000
1 256 186	1 271 822	1 271 860	1 274 472	1 268 249	1 257 000
569 769	578 340	580 085	579 392	576 750	574 000
574 838	592 943	599 905	606 633	605 692	605 000
407 768	418 075	420 460	421 205	421 168	419 000
411 832	424 102	432 755	443 226	445 591	444 000
1 072 614	1 096 008	1 103 843	1 112 705	1 116 360	1 114 000
1 001 283	1 036 724	1 057 209	1 071 305	1 071 222	1 068 000
1 747 030	1 810 706	1 852 235	1 877 142	1 884 933	1 891 000
3 083 467	3 199 093	3 303 936	3 382 860	3 461 645	3 527 000
865 354	895 773	917 947	939 471	944 432	944 000
547 047	583 193	616 850	645 724	670 341	685 000
1 267 065	1 299 560	1 311 648	1 324 873	1 342 608	1 347 000
4 183 294	4 292 169	4 335 449	4 378 657	4 410 898	4 444 000
2 593 418	2 671 696	2 745 717	2 748 077	2 832 944	2 867 000
619 042	668 540	708 183	737 630	747 150	744 000
561 117	564 673	561 203	564 395	560 162	551 000
313 379	319 614	319 790	319 289	317 982	315 000
406 494	410 899	406 495	401 255	394 931	389 000
961 427	986 501	994 687	1 005 828	1 007 896	1 009 000
1 394 283	1 437 179	1 455 687	1 471 025	1 473 811	1 474 000
820 702	830 751	820 831	812 096	798 333	787 000
428 898	434 932	435 235	435 754	430 556	425 000
518 115	529 174	530 852	531 762	528 312	525 000
787 039	800 366	796 797	792 462	786 013	777 000
434 150	440 366	435 389	431 107	428 736	423 000
2 339 164	2 435 475	2 494 104	2 558 171	2 610 433	2 639 000
453 956	462 050	462 415	464 610	460 705	457 000
830 540	834 694	824 130	815 936	801 640	790 000
938 455	963 632	969 379	977 557	978 461	975 000
644 240	655 698	650 546	647 301	642 438	639 000
600 783	616 512	616 483	618 424	616 495	613 000
944 658	962 010	954 173	951 557	945 879	937 000
560 524	595 730	621 356	645 151	667 152	688 000

表5　15歳以上人口，
Table 5 population 15years of age and over by occupation

職　業（大分類） Occupation(major groups)	総　数 Total	15～19歳 Years	20～24	25～29	30～34	35～39
総　数 Total						
総　数　Total	107 260 679	7 433 115	8 300 297	9 626 221	8 608 881	7 978 061
就業者総数　Employed	62 412 501	1 049 326	5 354 098	7 348 324	6 241 294	6 010 460
A　専門的・技術的職業従事者	8 422 444	44 120	764 155	1 248 746	1 145 560	1 144 049
B　管理的職業従事者	1 783 319	157	3 144	17 581	41 513	80 555
C　事務従事者	12 028 496	145 002	1 147 952	1 852 395	1 420 113	1 326 274
D　販売従事者	9 444 617	186 510	836 283	1 171 115	1 019 109	959 046
E　サービス職業従事者	5 479 682	232 660	753 894	560 980	412 307	403 156
F　保安職業従事者	996 945	17 974	96 176	123 438	94 132	97 755
G　農林漁業作業者	3 148 158	11 105	45 459	62 982	74 668	109 981
H　運輸・通信従事者	2 249 534	11 682	114 857	237 304	250 349	229 388
I　生産工程・労務作業者	18 146 362	358 130	1 468 772	1 972 063	1 711 171	1 603 702
J　分類不能の職業	712 943	41 984	123 406	101 718	72 372	56 554
無　職　Unemployed	43 146 458	6 331 718	2 707 340	2 039 253	2 205 056	1 855 069
男　Male						
総　数　Total	52 085 116	3 808 608	4 254 807	4 894 452	4 365 637	4 035 168
就業者総数　Employed	36 941 703	560 901	2 714 550	4 254 878	3 951 298	3 726 342
A　専門的・技術的職業従事者	4 716 772	15 683	248 915	613 583	676 462	689 335
B　管理的職業従事者	1 585 307	108	2 335	14 901	36 557	71 564
C　事務従事者	4 524 495	29 956	233 322	527 445	523 568	540 574
D　販売従事者	6 031 643	79 634	423 392	784 765	750 358	697 957
E　サービス職業従事者	1 931 918	98 338	328 103	250 856	178 724	142 510
F　保安職業従事者	946 106	15 842	85 678	112 162	88 816	94 007
G　農林漁業作業者	1 799 208	9 208	36 592	48 002	49 786	64 017
H　運輸・通信従事者	2 141 926	8 814	102 993	219 831	237 365	218 596
I　生産工程・労務作業者	12 864 240	282 545	1 185 602	1 624 704	1 365 401	1 173 736
J　分類不能の職業	400 087	20 773	67 617	58 629	44 262	34 047
無　職　Unemployed	13 994 044	3 218 186	1 382 941	473 660	296 921	225 844
女　Female						
総　数　Total	55 175 563	3 624 507	4 045 490	4 731 769	4 243 244	3 942 893
就業者総数　Employed	25 470 798	488 425	2 639 549	3 093 446	2 289 995	2 284 118
A　専門的・技術的職業従事者	3 705 672	28 438	515 240	635 163	469 098	454 715
B　管理的職業従事者	198 012	49	809	2 681	4 956	8 992
C　事務従事者	7 504 001	115 046	914 630	1 324 950	896 546	785 700
D　販売従事者	3 412 974	106 876	412 891	386 350	268 752	261 089
E　サービス職業従事者	3 547 764	134 322	425 791	310 123	233 583	260 646
F　保安職業従事者	50 839	2 132	10 498	11 276	5 316	3 748
G　農林漁業作業者	1 348 949	1 898	8 867	14 981	24 881	45 964
H　運輸・通信従事者	107 608	2 868	11 863	17 473	12 984	10 792
I　生産工程・労務作業者	5 282 122	75 585	283 170	347 360	345 770	429 966
J　分類不能の職業	312 856	21 211	55 789	43 090	28 111	22 507
無　職　Unemployed	29 152 414	3 113 532	1 324 399	1 565 593	1 908 135	1 629 225

注：1)　「国勢調査」平成12年10月1日現在の日本人人口（按分済み）。
　　2)　「無職」は国勢調査による労働力状態が「完全失業者」と「非労働力人口」を合計したものである。

(5歳階級)・職業（大分類）・性別
(major groups),age(by 5-year age groups),or sex

平成12年（2000）

40〜44	45〜49	50〜54	55〜59	60〜64	65〜69	70〜74	75歳以上
7 706 162	8 845 461	10 391 001	8 698 453	7 711 606	7 091 585	5 889 998	8 979 838
6 157 371	7 125 571	8 117 465	6 245 442	3 882 548	2 504 171	1 413 223	963 207
1 092 472	982 855	856 431	524 805	264 179	167 634	112 219	75 217
131 608	209 743	352 954	356 077	245 470	160 336	100 785	83 397
1 328 030	1 433 504	1 508 054	1 006 261	461 743	232 011	110 029	57 129
930 665	1 039 362	1 231 202	882 218	504 156	316 336	190 849	177 766
451 265	586 222	737 528	594 900	393 662	209 277	86 393	57 439
105 934	124 634	131 345	88 850	59 715	39 265	14 429	3 300
158 799	229 119	277 395	284 809	456 034	572 782	502 075	362 949
217 469	270 407	371 817	312 178	153 652	63 900	14 170	2 360
1 690 086	2 190 242	2 581 983	2 142 193	1 307 375	719 380	269 117	132 147
51 043	59 483	68 756	53 151	36 562	23 251	13 159	11 503
1 463 574	1 628 413	2 165 694	2 361 613	3 727 302	4 472 115	4 369 104	7 820 206
3 882 767	4 436 003	5 186 499	4 274 659	3 739 992	3 352 690	2 666 691	3 187 143
3 613 190	4 099 410	4 754 839	3 784 242	2 404 480	1 597 981	888 443	591 150
614 768	557 645	513 765	333 942	184 615	124 899	86 049	57 110
118 137	188 988	319 097	325 154	220 674	138 531	83 669	65 593
546 700	589 496	642 712	476 638	223 011	113 417	51 875	25 781
639 961	656 356	756 974	544 369	306 652	190 565	107 253	93 407
135 261	159 234	193 121	159 845	136 533	88 953	37 067	23 372
102 143	120 214	127 124	85 767	58 226	38 667	14 224	3 237
86 610	124 458	150 568	137 188	238 896	323 379	300 811	229 692
206 446	256 510	357 136	304 163	150 731	62 959	14 046	2 336
1 134 885	1 414 811	1 657 312	1 387 910	864 381	502 955	185 736	84 262
28 277	31 697	37 030	29 266	20 761	13 656	7 713	6 360
206 595	268 560	352 568	424 166	1 262 392	1 674 763	1 709 235	2 498 214
3 823 395	4 409 458	5 204 502	4 423 794	3 971 614	3 738 895	3 223 307	5 792 695
2 544 181	3 026 161	3 362 626	2 461 199	1 478 069	906 191	524 780	372 057
477 704	425 210	342 665	190 863	79 564	42 735	26 170	18 107
13 470	20 755	33 857	30 923	24 797	21 805	17 115	17 804
781 330	844 008	865 342	529 623	238 731	118 594	58 154	31 348
290 703	383 005	474 228	337 848	197 505	125 771	83 597	84 359
316 003	426 988	544 407	435 055	257 129	120 323	49 326	34 066
3 791	4 420	4 221	3 083	1 489	599	204	63
72 189	104 661	126 826	147 621	217 137	249 403	201 264	133 257
11 023	13 898	14 682	8 015	2 922	941	124	23
555 201	775 431	924 671	754 283	442 994	216 425	83 381	47 885
22 766	27 786	31 726	23 885	15 800	9 595	5 445	5 144
1 256 979	1 359 854	1 813 126	1 937 447	2 464 910	2 797 352	2 659 869	5 321 993

Notes: 1) The prorated population of Japanese nationals, as of October 1, 2000, based on the National Census.
2) The number of "unemployed" represents the addition of "completely unemployed" and "non-workers" in the National Census.

表6　15歳以上人口，
Table 6: Population 15 years of age and over

産　業（大分類） Industry (major groups)	総　数 Total	15～19歳 Years	20～24	25～29	30～34	35～39
総　数　Total						
総　数　Total	107 260 679	7 433 115	8 300 297	9 626 221	8 608 881	7 978 061
就業者総数　Employed	62 412 501	1 049 326	5 354 098	7 348 324	6 241 294	6 010 460
第1次産業　Primary	3 171 143	10 370	42 683	61 438	75 725	113 666
A　農業	2 851 254	7 712	34 223	49 154	60 489	93 163
B　林業	67 119	393	1 802	2 757	2 742	3 844
C　漁業	252 770	2 265	6 658	9 527	12 494	16 659
第2次産業　Secondary	18 301 661	263 983	1 317 049	2 089 283	1 891 169	1 767 830
D　鉱業	53 276	309	1 973	3 908	4 298	4 858
E　建設業	6 246 083	96 914	441 313	704 281	606 700	539 543
F　製造業	12 002 302	166 760	873 763	1 381 093	1 280 171	1 223 429
第3次産業　Tertiary	40 213 624	733 027	3 869 465	5 092 749	4 199 788	4 071 004
G　電気・ガス・熱供給・水道業	351 808	2 764	25 549	49 241	44 821	43 153
H　運輸・通信業	3 890 001	33 189	269 203	478 363	434 563	406 477
I　卸売・小売業・飲食店	14 190 368	486 150	1 544 465	1 668 210	1 323 560	1 279 049
J　金融・保険業	1 749 558	5 451	152 341	253 851	228 919	219 610
K　不動産業	740 741	1 379	26 963	56 543	55 396	54 106
L　サービス業	17 145 949	188 650	1 719 470	2 314 432	1 870 991	1 820 073
M　公務	2 145 199	15 444	131 475	272 109	241 538	248 536
N　分類不能の産業	726 074	41 946	124 901	104 855	74 612	57 960
無　業　Unemployed	43 146 458	6 331 718	2 707 340	2 039 253	2 205 056	1 855 069
男　Male						
総　数　Total	52 085 116	3 808 608	4 254 807	4 894 452	4 365 637	4 035 168
就業者総数　Employed	36 941 703	560 901	2 714 550	4 254 878	3 951 298	3 726 342
第1次産業　Primary	1 783 169	8 440	33 548	44 795	48 115	63 914
A　農業	1 538 197	5 989	26 074	34 446	35 837	48 033
B　林業	55 583	358	1 544	2 321	2 397	3 305
C　漁業	189 388	2 093	5 930	8 028	9 881	12 575
第2次産業　Secondary	13 221 157	198 337	930 365	1 545 130	1 451 184	1 319 390
D　鉱業	44 964	257	1 456	3 089	3 617	4 178
E　建設業	5 313 253	91 439	380 581	596 479	518 172	451 888
F　製造業	7 862 940	106 640	548 329	945 562	929 395	863 323
第3次産業　Tertiary	21 532 822	333 418	1 683 102	2 605 653	2 407 024	2 308 428
G　電気・ガス・熱供給・水道業	302 146	2 336	20 062	39 801	38 506	37 926
H　運輸・通信業	3 161 060	23 252	177 997	350 607	352 862	336 556
I　卸売・小売業・飲食店	6 973 528	213 076	718 961	876 985	742 260	677 990
J　金融・保険業	842 100	745	30 445	93 268	115 105	114 162
K　不動産業	452 441	652	11 894	30 960	35 337	34 429
L　サービス業	8 171 735	81 045	634 761	1 024 141	940 773	911 654
M　公務	1 629 813	12 312	88 982	189 892	182 181	195 710
N　分類不能の産業	404 555	20 707	67 534	59 299	44 976	34 611
無　業　Unemployed	13 994 044	3 218 186	1 382 941	473 660	296 921	225 844
女　Female						
総　数　Total	55 175 563	3 624 507	4 045 490	4 731 769	4 243 244	3 942 893
就業者総数　Employed	25 470 798	488 425	2 639 549	3 093 446	2 289 995	2 284 118
第1次産業　Primary	1 387 974	1 930	9 135	16 643	27 610	49 752
A　農業	1 313 057	1 722	8 149	14 708	24 652	45 130
B　林業	11 535	35	258	436	345	539
C　漁業	63 382	172	727	1 499	2 613	4 084
第2次産業　Secondary	5 080 504	65 647	386 684	544 152	439 986	448 440
D　鉱業	8 312	51	518	819	681	680
E　建設業	932 831	5 475	60 732	107 802	88 528	87 654
F　製造業	4 139 362	60 120	325 434	435 531	350 777	360 106
第3次産業　Tertiary	18 680 801	399 609	2 186 363	2 487 095	1 792 764	1 762 577
G　電気・ガス・熱供給・水道業	49 662	428	5 487	9 440	6 315	5 227
H　運輸・通信業	728 941	9 937	91 205	127 756	81 701	69 921
I　卸売・小売業・飲食店	7 216 840	273 074	825 504	791 224	581 299	601 058
J　金融・保険業	907 458	4 706	121 896	160 583	113 814	105 449
K　不動産業	288 300	727	15 069	25 584	20 059	19 677
L　サービス業	8 974 214	107 604	1 084 709	1 290 292	930 218	908 419
M　公務	515 386	3 132	42 493	82 216	59 357	52 826
N　分類不能の産業	321 519	21 239	57 367	45 556	29 635	23 349
無　業　Unemployed	29 152 414	3 113 532	1 324 399	1 565 593	1 908 135	1 629 225

注：1)　「国勢調査」平成12年10月1日現在の日本人人口（按分済み）。
　　2)　「無業」は国勢調査による労働力状態が「完全失業者」と「非労働力人口」を合計したものである。

年齢（5歳階級）・産業（大分類）・性別

by age, industry (major groups) and sex

平成12年（2000）

40～44	45～49	50～54	55～59	60～64	65～69	70～74	75歳以上
7 706 162	8 845 461	10 391 001	8 698 453	7 711 606	7 091 585	5 889 998	8 979 838
6 157 371	7 125 571	8 117 465	6 245 442	3 882 548	2 504 171	1 413 223	963 207
163 998	234 997	283 993	288 973	456 846	572 045	502 500	363 910
138 982	201 633	242 924	249 187	412 260	529 912	479 037	352 578
4 281	6 070	8 352	9 807	10 481	9 489	4 862	2 238
20 735	27 294	32 717	29 979	34 105	32 644	18 600	9 094
1 783 522	2 243 122	2 671 236	2 158 352	1 147 616	605 752	237 391	125 356
5 705	7 290	9 169	7 600	4 462	2 296	933	475
592 768	784 378	913 335	702 848	466 569	268 059	94 428	34 947
1 185 049	1 451 455	1 748 731	1 447 904	676 585	335 397	142 030	89 933
4 157 947	4 586 858	5 092 222	3 744 096	2 241 155	1 302 871	660 067	462 374
45 551	46 974	46 687	32 968	9 889	2 975	923	313
396 383	470 093	611 029	468 130	204 576	83 858	24 967	9 171
1 348 980	1 589 950	1 868 475	1 344 874	793 917	470 867	255 679	216 194
220 610	229 272	208 247	134 973	54 218	24 169	11 000	6 898
52 839	64 520	92 258	88 149	81 450	67 214	48 248	51 676
1 822 326	1 871 245	1 956 927	1 493 322	1 022 270	604 758	292 574	168 911
271 258	314 806	308 600	181 680	74 833	49 031	26 678	9 212
51 905	60 594	70 014	54 020	36 932	23 503	13 266	11 568
1 463 574	1 628 413	2 165 694	2 361 613	3 727 302	4 472 115	4 369 104	7 820 206
3 882 767	4 436 003	5 186 499	4 274 659	3 739 992	3 352 690	2 666 691	3 187 143
3 613 190	4 099 410	4 754 839	3 784 242	2 404 480	1 597 981	888 443	591 150
86 718	124 454	150 550	136 505	236 258	320 153	299 881	229 839
67 976	99 474	119 814	107 791	203 394	287 123	281 375	220 871
3 548	5 011	6 792	7 874	8 457	7 959	4 127	1 891
15 194	19 969	23 944	20 839	24 407	25 072	14 379	7 077
1 271 903	1 561 139	1 857 353	1 535 587	831 432	457 597	174 736	87 003
4 817	6 134	7 915	6 589	3 868	1 926	738	381
497 983	666 347	770 304	597 552	400 518	233 814	80 302	27 874
769 104	888 658	1 079 134	931 446	427 046	221 857	93 696	58 749
2 225 960	2 381 600	2 709 290	2 082 319	1 315 716	806 383	406 040	267 890
40 033	40 880	40 657	29 409	8 777	2 660	825	275
323 392	379 407	518 020	412 401	182 831	75 144	21 434	7 157
656 836	711 070	841 475	631 663	401 800	255 746	135 133	110 532
113 766	122 770	110 514	82 327	34 182	14 525	6 141	4 151
31 416	37 428	55 000	56 504	55 320	44 046	29 558	29 897
844 505	840 114	898 355	734 874	582 579	378 965	191 735	108 233
216 011	249 932	245 269	135 141	50 227	35 296	21 215	7 646
28 608	32 216	37 647	29 832	21 074	13 848	7 786	6 418
206 595	268 560	352 568	424 166	1 262 392	1 674 763	1 709 235	2 498 214
3 823 395	4 409 458	5 204 502	4 423 794	3 971 614	3 738 895	3 223 307	5 792 695
2 544 181	3 026 161	3 362 626	2 461 199	1 478 069	906 191	524 780	372 057
77 280	110 543	133 443	152 468	220 589	251 892	202 619	134 071
71 006	102 159	123 110	141 396	208 866	242 789	197 662	131 708
733	1 059	1 561	1 933	2 024	1 531	736	346
5 541	7 324	8 773	9 140	9 698	7 572	4 221	2 017
511 619	681 983	813 882	622 765	316 184	148 156	62 654	38 353
888	1 156	1 254	1 011	595	370	195	94
94 786	118 031	143 031	105 296	66 051	34 245	14 126	7 074
415 945	562 797	669 597	516 458	249 538	113 540	48 333	31 185
1 931 987	2 205 258	2 382 933	1 661 777	925 438	496 489	254 027	194 483
5 518	6 093	6 031	3 558	1 112	315	98	38
72 991	90 686	93 009	55 729	21 745	8 713	3 532	2 015
692 143	878 880	1 027 000	713 211	392 117	215 121	120 546	105 662
106 843	106 502	97 732	52 646	20 036	9 644	4 859	2 747
21 423	27 092	37 258	31 645	26 131	23 168	18 690	21 779
977 821	1 031 131	1 058 572	758 448	439 691	225 793	100 839	60 678
55 247	64 875	63 331	46 539	24 606	13 736	5 463	1 566
23 296	28 377	32 368	24 188	15 858	9 654	5 480	5 150
1 256 979	1 359 854	1 813 126	1 937 447	2 464 910	2 797 352	2 659 869	5 321 993

Notes: 1) The prorated population of Japanese nationals, as of October 1, 2000, based on the National Census.
　　　2) The number of "unemployed" represents the addition of "completely unemployed" and "non-workers" in the National Census.

		定価は表紙に表示してあります
平成18年8月31日	発行	

第 1 回
心疾患－脳血管疾患死亡統計
人口動態統計特殊報告

編　集	厚生労働省大臣官房統計情報部
発　行	財団法人　厚生統計協会 郵便番号　106-0032 東京都港区六本木5丁目13番14号 電　話　03－3586－3361～3
印　刷	統計印刷工業株式会社